Christina von Braun

VERSUCH ÜBER DEN SCHWINDEL

Religion, Schrift, Bild, Geschlecht

Pendo
Zürich München

INHALT

VORBEMERKUNGEN

Ja, es handelt sich um einen Versuch. Die Fragen, um die es in diesem Buch geht, lassen sich nur vorsichtig ertasten. Die ersten Bruchstücke des Textes sind vor etwa zehn Jahren entstanden. Seither habe ich – wenn auch mit Unterbrechungen, die durch Filme, Vorträge oder die Lehre an der Universität verursacht wurden – kontinuierlich an diesem Stoff gearbeitet. Die unterschiedlichen Stränge meiner Forschungsarbeit der letzten Jahre, die auf den Gebieten Gender, Medien und dem Verhältnis von jüdischer und christlicher Tradition lagen, laufen in diesem Buch zusammen. Zunächst hatte ich daran gedacht, daß es zwei Bücher werden, von denen das eine den ›Fremdkörper des Juden‹, das andere den ›Fremdkörper Frau‹ zum Thema hat. Es erwies sich aber als schwierig, die beiden Bereiche voneinander zu trennen: Entsprach der weibliche Körper als die ›Anomalie‹ des Kollektivkörpers in vielen Hinsichten der Rolle des ›jüdischen Fremdkörpers‹ in der christlichen und nach-christlichen Gesellschaft, so waren die Bilder ›des Juden‹ ihrerseits von Sexualallegorien durchsetzt. Vor allem im säkularen Kontext vermischten sich die beiden Bilder vom ›Anderen‹.

Die Frage nach den Gründen für diese Überschneidung wurde allmählich zum Leitgedanken meiner Forschung. Die Fragestellungen in diesem Buch richteten sich zunehmend auf ein Feld, das sich als konstitutiv für das Reden über die ›Anomalie‹ und den ›Fremdkörper‹ erwies: die Phantasien vom Kollektivkörper. Zwar unterscheiden sich die ›Funktionen‹, die die symbolische Ordnung der abendländischen Gesellschaft dem ›anderen Geschlecht‹ und der ›anderen Religionsgemeinschaft‹ zugewiesen hat. Doch ist ihnen gemeinsam, daß beide – auf unterschiedliche Weise – der Definition der christlichen und säkular-christlichen Gemeinschaft dienen. Dabei ermöglicht die vergleichende Betrachtung von Geschlechterbildern und Bildern ›des Juden‹ die Entschlüsselung von kollektiven Imaginationen, die eine große historische Wirkungsmacht entfaltet haben. So geht es in diesem Buch auch um die ›Entzifferung‹ eines unausgesprochenen, ungeschriebenen und unterschwelligen Diskurses, der dem ›Fortschrittsgedanken‹ des christlichen Abendlandes zugrunde zu liegen scheint und der das Denken, Fühlen, die Körperwahrnehmung des einzelnen – damit natürlich auch meine – prägt.

Die Bilder vom ›Fremdkörper‹ und von der ›Anomalie‹ stellen auf unterschiedliche Weise den Negativabdruck des Kollektivkörpers dar.

Sie spiegeln – in Umkehrung – das Idealbild einer Gemeinschaft wider, die sich selbst als kollektiven *Körper* versteht, gleichgültig ob dieser seinen Zusammenhalt, seine Homogenität und seine Unteilbarkeit aus religiösen oder säkularen Bildern bezieht. Die Frage nach den verschiedenen Definitionen des ›Fremdkörpers‹ erwies sich so als Möglichkeit, die Phantasien vom Kollektivkörper zu ›lesen‹ und dabei auch nach den Rückwirkungen zu fragen, die diese Phantasien auf die soziale, politische, kulturelle ›Realität‹ sowie auf naturwissenschaftliche und medizinische Lehren gehabt haben. In diesem Buch wird der Versuch unternommen, aus verschiedenen Perspektiven – der Geschichte der Religion, der Gesellschaft, der Geschlechter und der Medien – Grundfragen nachzugehen, die in allen Kapiteln, mit unterschiedlicher Gewichtung, auftauchen.

Zentral ist dabei die Frage nach dem ›kollektiven Imaginären‹, d. h. nach den Bildern, die historische Wirkungsmacht entwickeln. Mit dem kollektiven Imaginären ist keine unfaßbare, abstrakte oder gar transzendente Wirkungskraft gemeint, sondern jene Macht, die die westliche Gemeinschaft zusammenhält und den Konsens herstellt, der das Zusammenleben von vielen Individuen sichert. Die Form, die der Konsens annimmt, entspricht keiner bewußten Bestimmung. Dennoch steht sie unter dem Einfluß von Technik und Wissenschaft. Sie entspricht den medialen Bedingungen jedes Zeitalters. Das heißt, sie verdankt sich einem Netzwerk, das durch die verschiedenen Medien gebildet wird, über die ein Zeitalter verfügt – dazu gehören vor allem Schriftlichkeit und Bildlichkeit, aber auch die akustischen Speichersysteme ebenso wie Währungen oder präzise Zeitmeßgeräte. Dieses Netzwerk ist nicht der einzige, aber ein entscheidender Faktor bei der Strukturierung von Gemeinschaft, und es entfaltet eine historische Wirkungsmacht, die für religiöse wie für politische Entwicklungen, für die Geschlechterordnung wie für naturwissenschaftliche Paradigmen konstitutiv ist. Am deutlichsten zeigt sich die historische Wirkungsmacht des ›kollektiven Imaginären‹ am Konzept des Kollektivkörpers, das sich als Kernfigur westlichen Denkens beschreiben ließe. Der Kollektivkörper, der auf der Analogie von individuellem Körper und sozialer Gemeinschaft beruht, ist geformt ›nach dem Ebenbild‹ des kollektiven Imaginären. Im vieldeutigen Begriff des ›Schwindels‹ wird die Wechselwirkung von Medien oder Illusionstechniken, Gemeinschaftsbildung und Körperwahrnehmung besonders sinnfällig. Deshalb beginnt das Buch auch mit einem Kapitel über die Geschichte des ›Schwindels‹.

Wer meine Arbeit in den letzten Jahren mehr oder weniger sporadisch verfolgt hat, wird manche Teile aus Vorträgen oder Aufsätzen wiedererkennen. Diese Beiträge entstanden von Anfang an als Bruchstücke eines größeren Projekts, dessen genaue Konturen und Inhalte erst allmählich deutlicher wurden. Vorträge bieten oft eine geeignete Möglichkeit, Gedankengänge ›auszuprobieren‹ und mit Kritik zu konfrontieren. Leider ist es zu einer Unsitte geworden (ich bekenne mich hierbei auch selbst schuldig), daß von jeder Tagung ein Band erscheinen soll. Damit werden viele Gedanken, die sich noch in unfertigem Zustand befinden, in einen ›endgültigen‹ Zustand versetzt, der oft dem Stoff noch nicht angemessen ist.

Nicht nur Romane, auch Bücher ›wissenschaftlicher‹ Art entstehen aus einer Notwendigkeit. Nur wenn es wirklich schmerzt, setzt man sich diesem einsamen und manchmal so zermürbenden und langwierigen Prozeß des Bücherlesens und Bücherschreibens aus. So muß ich mich natürlich auch fragen, worin für mich die Notwendigkeit dieses Stoffes lag. Einiges weiß ich, anderes ahne ich. Was ich weiß: daß sich die Frage nach dem ›Unbehagen in der Geschlechterordnung‹ (das keineswegs nur dem einen Geschlecht vorbehalten bleibt) nicht mit einer Schuldzuweisung an ein Geschlecht beantworten läßt. Hier sind andere Gesetze am Werke, die weit jenseits einer einseitigen Ermächtigung liegen. Diese Gesetze galt es – wenigstens teilweise – zu entziffern. Was ich ahne: daß das Bedürfnis, die Gesetze zu entziffern, den Gesetzen selbst zugrunde liegt, die entziffert werden sollen.

Zuletzt noch eine besondere Danksagung an meine Lektorin Claudia Sandkühler, deren kenntnisreicher, genauer und engagierter Redaktion ich viele wertvolle Anregungen und Präzisierungen verdanke.

KAPITEL I
VERSUCH ÜBER DEN
SCHWINDEL

1786 erschien in Berlin ein Buch unter dem Titel *Versuch über den Schwindel*. Der Autor Marcus Herz, Arzt und Philosoph, Leibarzt des preußischen Königs, wird im allgemeinen als Ehemann von Henriette Herz erinnert, die einen intellektuellen Salon in Berlin unterhielt und der es zusammen mit ihrem Mann gelang, als Juden in der preußischen Gesellschaft akzeptiert zu werden. Ich war auf dieses Buch gestoßen, weil ich mich für die Etymologie des Wortes ›Schwindel‹ und die Entstehung seiner Doppelbedeutung interessierte. Daß zwischen den beiden Formen von ›Schwindel‹ – dem physiologischen Krankheitsbild einerseits und der Täuschung andererseits – eine enge Verbindung besteht, zeigt sich nicht nur in der deutschen Sprache. Zwar unterscheidet man im Englischen und Französischen zwischen vertigo/vertige und swindle/tromperie, doch wird auch hier immer wieder ein Zusammenhang hergestellt. So schließt etwa Shakespeares *Viel Lärm um nichts* mit dem Fazit der Hauptfigur Benedict, den seine Freunde erst durch einen inszenierten Schwindel zur Heirat bewegen können. Nachdem er fünf Akte lang Spott über alle ausgegossen hat, die sich binden wollen, rechtfertigt er nun seinen Sinneswandel mit den Worten: »Macht nur keine Glossen wegen dessen, was ich ehemals dagegen gesagt habe; denn der Mensch ist ein schwindliges (›giddy‹) Geschöpf, und dabei bleibt's.«[1] Deutlich wird die Überlagerung der beiden Bedeutungen auch in Alfred Hitchcocks Film *Vertigo*, wo der Höhenschwindel des männlichen Protagonisten mit einem dichten Netz von Betrug, Verstellungen und Simulation in Beziehung gesetzt wird, in das der Held verwickelt wird.

In seiner Vielschichtigkeit bietet der Begriff des ›Schwindels‹ einen Schlüssel zu den komplexen Querverbindungen zwischen verschiedenen kulturgeschichtlichen Erscheinungen, denen ich in den letzten Jahren nachgegangen bin. Er taucht in zahlreichen Zusammenhängen auf, die von den ›Frauenkrankheiten‹ – der langen und wechselvollen Geschichte der Hysterie, den weiblichen Eßstörungen sowie dem modernen Krankheitsbild der »Multiplen Persönlichkeit« – bis hin zu den rassistischen Bildern vom ›Körper des Juden‹ reichen. Diese Erscheinungen – die sich als medizinische, physiologische *und* kulturelle Phänomene lesen lassen – sind wiederum eng verflochten mit der Entwicklung der alten und neuen Medien wie auch der Sehtechniken. In jedem dieser Bereiche taucht der Begriff des ›Schwindels‹ in seinen *beiden* Bedeutungen auf. Ob es um die Symbolik des Blutes, die (echten oder zugeschriebenen) Krankheitszustände von Frauen oder die Simulationstechniken geht: immer gibt es den Betrug *und* den schwindelerregenden Zustand, in den das Individuum versetzt wird. Bevor ich in den folgenden Kapiteln die einzelnen kulturgeschichtlichen Stränge und ihre Verknüpfung darstelle, werde ich einführend ihr Zusammenspiel beleuchten, wie es sich in der Geschichte des Schwindels manifestiert.

Etymologie des Schwindels

Das deutsche Wort ›schwindeln‹ im Sinne von Schwindel empfinden ist eine Ableitung vom mittelhochdeutschen Wort ›swinden‹, was soviel heißt wie »abnehmen«, »vergehen«, »abmagern«, »bewußtlos werden«. Es geht also um ein Schwinden der Sinne, des Körpers oder des Bewußtseins. Ab dem 9. Jahrhundert taucht das Wort »verschwinden« auf, was soviel wie »unsichtbar –, unwirklich werden, vergehen und sterben« bedeutet.[2] Es sei an dieser Stelle bereits angemerkt, daß das Wort »verschwinden« und mit ihm die Vorstellung des »Unsichtbar- und Unwirklich-Werdens« in der Zeit aufkommt, in der das Christentum eine tiefe Spaltung um die Frage der Bilderverehrung bzw. des Verhältnisses von sichtbarer und unsichtbarer Welt erfährt. Im Zentrum des Bilderstreits stand die Frage von Wirklichkeit (oder Körperlichkeit) und Simulation.

Die zweite Bedeutung des Begriffs ›Schwindel‹ (im Sinne von Täuschung, Betrug) bürgerte sich erst mit der Neuzeit, ab dem 16. Jahrhundert, ein – also parallel zur kopernikanischen Wende und dem Schwindelgefühl, das den abendländischen Menschen im Zuge zahlreicher Neuerungen, darunter auch der Neuorientierung des Sehens und der damit einhergehenden Welt- und Ich-Betrachtung, überkam. Bedeutete der Begriff ›Schwindel‹ zunächst »abenteuerliche Versprechungen machen« – ein Phantast, der unwahrscheinliche oder unglaubwürdige Geschichten erzählt, wurde als »Schwindler« bezeichnet –, so entwickelte sich später daraus der Lügner, Betrüger und Hochstapler. Ausgehend von der im 16. Jahrhundert ausgeprägten Bedeutung »unbesonnenes Handeln« bildete sich im 18. Jahrhundert die Bedeutung »unlauteres Handeln«, heraus: eine Formel, die vor allem im Bereich der

Der schöne Schein.

Geldgeschäfte eine wichtige Rolle spielte. In diesem Kontext ist es nicht unerheblich, daß sich der Begriff des Schwindels (im Sinne von Betrug) parallel zur allmählichen Durchsetzung des Papiergeldes einbürgerte,[3] d. h. zur Verlagerung des Wertes in das Zeichen. Die ersten Versuche, die Ware durch ein Zeichen zu ersetzen, fanden natürlich schon in der Antike durch die Einführung der Münzen statt. Aber hielt sich das Geld zunächst noch an ›feste Werte‹ – insbesondere die seltenen Metalle, deren Echtheit das Siegel garantierte –, so wurden diese bald durch das ›reine‹ Zeichen substituiert. Im 12. Jahrhundert entstand im oberitalienischen Stadthandel der Wechsel, hervorgegangen aus dem »schriftlichen Versprechen der Geldwechsler, an einem anderen Ort in der dortigen Währung, selbst oder durch einen Geschäftsfreund, Zahlungen zu leisten«.[4] Aus dem Wechsel sollten sich später andere Zeichen- und Schriftformen für das Geld ableiten wie die Aktie und im 18. Jahrhundert auch die Banknote. Als 1971 in Bretton Woods die Ablösung der Währung vom Gold beschlossen wurde, löste sich das Geld endgültig von jeglicher Anbindung an die ›Realität‹ – eine Entwicklung, die ihrerseits ermöglichte, daß heute, im Zeitalter der elektronischen Notierung des Aktien- und Devisenmarktes, jeden Tag Milliardenbeträge auf dem Globus verschoben werden und auf einen Schlag ganze Banken samt ihren simulierten Geschäftspartnern »verschwinden« können. So etwa geschehen 1995 in Singapur und London mit der Baring Bank.

Bei der Entwicklung der neueren Bedeutung von Schwindel (Täuschung) spielt der aus dem Englischen ins Deutsche übertragene Begriff des ›swindler‹ eine wichtige Rolle. Gegen Ende des 18. Jahrhunderts wird als ›swindler‹ bezeichnet, wer »Geld und Güter durch die Vorspiegelung falscher Tatsachen erlangt«. Der Begriff soll um 1762 durch aus Deutschland zugewanderte Juden in London eingeführt worden sein. Um 1806 taucht er als kaufmännischer Ausdruck wiederum in Hamburg auf, das mit England in regem Handelsaustausch stand.[5] Im Englischen wie im Deutschen fand der Begriff schnell eine breite literarische Anwendung, die sich nicht nur auf die Geschäftswelt bezog: Er erhielt eine Bedeutung, die dem »Flunkern« oder dem »Blenden« entsprach.

Trotz der unterschiedlichen Bedeutungen des ›Schwindels‹ läßt sich doch ein gemeinsamer Nenner entdecken, der auch den Zusammenhang zwischen den verschiedenen Arten des Schwindels anzeigt. In beiden Geschichten des Schwindels – des Krankheitsbildes wie der ›Täuschung‹ – geht es immer wieder um Fragen der sinnlichen Wahrnehmung: Einerseits wurde das Symptom des Schwindels sehr oft auf eine Irritation des Sehvermögens zurückgeführt;[6] andererseits standen Sehen und Blick auch im Zentrum der großen abendländischen Debatten über die Fragen der kollektiven Wahrnehmung von *Wirklichkeit*: Das galt nicht nur für die Entwicklung des Papiergeldes; es galt auch für den Bilderstreit des frühen Mittelalters und für die Debatten um die Transsubstantiationslehre im 13. Jahrhundert, bei der es um die Frage ging, ob Hostie und Wein nur ein *Symbol* sind oder den *realen* Leib und das *wirkliche* Blut des Herrn darstellen.

Die sinnliche Wahrnehmung spielte auch im Zusammenhang mit einem weiteren Wandel des Begriffs ›Schwindel‹, der sich nach 1800 vollzog, eine zentrale Rolle. Parallel zur Entstehung der zweiten Bedeutung (Täuschung) erhielt der Schwindel (vertigo) einen neuen Sinn, der zunehmend auf den Bereich des Seelischen verwies und positiv konnotiert wurde. Schwindel konnte nun bedeuten: »Erregungstaumel« oder »Taumel der Begeisterung, der eine Masse ergreift« und dabei »auch den furchtsamsten« mitreißt.[7] Oder er bezog sich auf das Ich, das im »süßen Schwindel« mit der Seele des anderen verschmilzt (Schiller: *Don Carlos*)[8] bzw. die Klugheit im »verliebten Schwindel unterliegen« läßt (Platen).[9] Das heißt, mit der Aufklärung erhält das Symptom des Schwindels zunehmend die Konnotation eines »lustvollen Verzichts« auf Selbstbestimmung. Daß dieser Wandel wiederum mit dem Schwindel als ›Täuschung‹ zusammenhängt, dokumentiert sich vor allem in der Philosophiegeschichte.

Der Schwindel in der Philosophiegeschichte

Der wichtigste Unterschied zwischen dem Schwindel, der das Individuum *befällt*, und dem Schwindel, den das Individuum *verübt*, besteht darin, daß der Mensch im einen Fall passiv, im anderen aktiv beteiligt ist. Das ist an sich schon ein Hinweis darauf, daß es in der Geschichte des Schwindels immer auch um den Subjekt- und Objektbegriff geht – eine kategoriale Unterscheidung, die ihrerseits einen ›roten Faden‹ der abendländischen Philosophiegeschichte bildet. Doch je mehr man sich der Moderne nähert, desto fließender wird der Unterschied zwischen Subjekt und Objekt, zwischen Handeln und Erleiden. Ab 1800 ist eine aktive Teilnahme am passiv erlittenen Schwindel zu beobachten – sei es in der Form der Bereitschaft oder der Beteiligung an den Schwindel- und

Täuschungsübungen selbst. Der Schwindelnde trägt dazu bei, daß ihm schwindlig *wird*.

Insgesamt stand der Begriff des Schwindels – anders als etwa die ›Einbildung‹ – nicht hoch im Kurs bei den Philosophen, vermutlich weil er zu schillernd, zu ungenau war. Bei Platon erscheint der Schwindel noch als eine »Folge des Philosophierens«, durch die es »schlechterdings der Tugend unmöglich ist, sich zu üben und zu bewähren«.[10] Thomas Morus gebraucht den Begriff des Schwindels im Zusammenhang mit der »Wahrsagerei«, der die echte Astronomie gegenübergestellt wird.[11] Er ist ein Synonym für Aberglauben, von dem es die ›echte Wissenschaft‹ abzugrenzen gilt. Dabei entspricht der ›Schwindel‹ nicht einer passiven Leichtgläubigkeit, sondern einem aktiven Handeln. Schon bei Leibniz wird die Grenze zwischen dem erlittenen und dem verübten Schwindel allerdings fließend. Er spricht vom Schwindel im Zusammenhang mit der Unmöglichkeit, eine »Gewißheit« zu finden, auf die eine Beweiskette aufbauen kann.[12] Selbst wenn die Gewißheit eine selbst gesetzte oder »angenommene« sei, so bilde sie doch die Voraussetzung von Erkenntnis.

»Wenn man sich gewisse Prinzipien gemacht hat und sie aufrechterhalten will, weil sonst das ganze System der einmal angenommenen Lehre zusammenfallen würde, so ist das Argument nicht entscheidend, denn man muß zwischen dem unterscheiden, was zur Aufrechterhaltung unserer Erkenntnisse notwendig ist, und dem, was aus unseren angenommenen Meinungen oder praktischen Grundsätzen als Stütze dient.«[13]

Die Logik beruht also auf einer Hypothese, und um keinen Schwindel zu erleiden, muß sie einen Schwindel – die »angenommene« Sicherheit – verüben. Hegel, der ebenfalls gelegentlich den Begriff des ›Schwindels‹ heranzog, ging noch weiter: Das Bewußtsein, das »die absolute dialektische Unruhe« darstelle – ein »Gemisch von sinnlichen und gedachten Vorstellungen, deren Unterschiede zusammenfallen« –, sei der »Schwindel einer sich immer erzeugenden Unordnung«.[14] Hier ist die Grenze zwischen dem ›aktiven Schwindel‹ (Bewußtsein) und dem erlittenen Schwindel ganz und gar fließend: Es ist ein selbst erzeugter Schwindel, der bei Hegel auch nicht durch Zufall in enger Verbindung zur Langeweile steht. Hegel bezieht sich auf den Begriff des »Erhabenen« bei Kant, laut dem sich »das Subjekt mit dem Gedanken über den Platz erhebt, den es in der Sinnenwelt einnimmt«,[15] um einen immer noch ferner liegenden Ort zu entdecken. Das, so Hegel, verursache einen Schwindel:

»Was den Gedanken erliegen macht und das Fallen desselben und den Schwindel hervorbringt, ist nichts anderes als die *Langeweile* der Wiederholung, welche eine Grenze verschwinden und wieder auftreten und wieder verschwinden und wieder verschwinden, so immer das eine *um* das andere und eins *im* anderen, in dem Jenseits das Diesseits, in dem Diesseits das Jenseits perennierend entstehen und vergehen läßt und nur das Gefühl der *Ohnmacht* dieses Unendlichen oder dieses Sollens gibt, das über das Endliche Meister werden will und nicht kann.«[16]

Ist einerseits die Ewigkeit Verursacherin des Schwindels, so wird andererseits der Versuch, die Ewigkeit »durch das Aufbürden und Auftürmen von Zahlen und Welten« zu beschreiben, als großer Schwindel abgetan.[17]

Auch Kierkegaard stellte einen engen Bezug zwischen der Langeweile und dem Schwindel her. Doch bei ihm erscheint die ewige »Wiederholung« als das Nichts: »Langeweile ruht auf dem Nichts, das sich durch das Dasein schlingt, ihr Schwindel ist wie jener, der uns befällt, wenn wir in einen unendlichen Abgrund blicken, unendlich.«[18] Hegel ersetzte die ›Ewigkeit‹ durch die Wiederholung und Kierkegaard die ›Wiederholung‹ durch das Nichts – hier ist eine Verschiebung am Werk, die den Schwindel schließlich lesbar macht als Resonanz auf ein Vakuum, das der ›Tod Gottes‹ hinterlassen hat. Dieser ›Tod‹ ist aber wiederum durch die Logik selbst herbeigeführt worden, etwa durch die Leibnizsche »angenommene Gewißheit«, auf der eine Beweiskette beruhen muß. So konvergiert die Geschichte des Logos mit der Geschichte des Schwindels – wenn sie nicht überhaupt gleichursprünglich sind. Dem Denker – der etwa die Gewißheit von der Existenz Gottes als ›Schwindel‹ diagnostiziert – schwindelt vor der Macht des ›eigenen‹ Denkens. Deutlicher kann die Annäherung der passiven und aktiven Form des Schwindels kaum hervortreten. Dem trägt Kierkegaard auch Rechnung, wenn er – einen Ausweg aus dem ›unendlichen Schwindel‹ suchend – zur Besonnenheit mahnt, »damit man sich nicht, von der Langenweile dämonisch besessen, indem man ihr entfliehen will, gerade in sie hineinarbeitet«. Denn: »Nach Veränderung rufen alle, die sich langweilen.«[19] Es bleibt schließlich Nietzsche überlassen, den Finger auf die Wunde zu legen und den »Schwindel« zu benennen, der Willen und Ohnmacht zusammenführt:

»Oh diese Menschen von ehedem haben verstanden zu *träumen* und hatten nicht erst nötig, einzuschlafen! – und auch wir Menschen von heute verstehen es noch viel zu gut, mit allem unserem Willen zum Wachsein und zum Tage! Es genügt zu lieben, zu hassen, zu begehren, überhaupt zu empfinden – *sofort* kommt der Geist und die Kraft des Traumes über uns, und wir steigen offnen Auges und kalt gegen alle Gefahr auf den gefährlichsten Wegen empor, hinauf auf die Dächer und Türme der Phantasterei, und ohne allen Schwindel, wie geboren zum Klettern – wir Nachtwandler des Tages! Wir Künstler! Wir Verhehler der Natürlichkeit! Wir Mond- und Gottsüchtigen! Wir totenstillen, unermüdlichen Wanderer, auf Höhen, die wir nicht als Höhen sehen, sondern als unsere Ebenen, als unsere Sicherheiten!«[20]

Zwar sah Nietzsche im Willen selbst die Ursache des Unfreiwilligen; doch das hinderte ihn nicht, im »Schaffen« den Ausweg aus dem Dilemma zu sehen. In *Also sprach Zarathustra* schreibt er, daß es den »menschlichen Gebeinen« Schwindel und »dem Magen ein Erbrechen« verursache zu denken, daß Gott nur »eine Mutmaßung«, »ein Gedanke« sei, doch für ihn sei gerade diese Mutmaßung eine »drehende Krankheit«. Mit dieser Diagnose wird der Schwindel nicht etwa stillgelegt, sondern als eine Art von Levitationsübung freigesetzt:

»schaffen – das ist die große Erlösung vom Leiden, und des Lebens Leichtwerden. Aber daß der Schaffende sei, dazu selber tut Leid not und viel Verwandlung.

Ja, viel bitteres sterben muß in eurem Leben sein, ihr Schaffenden! Also seid ihr die Fürsprecher und Rechtfertiger aller Vergänglichkeit.

Daß der Schaffende selbst das Kind sei, das neu geboren werde, dazu muß er auch die Gebärerin sein wollen und der Schmerz der Gebärerin.«[21]

Bei Nietzsche wird ein weiterer Aspekt der Geschichte des Schwindels deutlich: Die Paarung des Willens mit der Ohnmacht, die Verflüssigung der Grenze zwischen Subjekt und Objekt, die sich in der Geschichte des Schwindels offenbart, spiegeln sich im Zerfließen der Grenze zwischen den Geschlechtern wider, in einer wachsenden Uneindeutigkeit, die die Opposition von ›Männlichkeit‹ und ›Weiblichkeit‹ zu absorbieren scheint: Ist der Schaffende – oder das Subjekt – nicht nur Kind und seine eigene ›Gebärerin‹, sondern auch die ›Geburtswehen‹ selbst, so handelt es sich um eine Selbstgeburt in jedem Sinne des Wortes. Die geschlechtliche Codierung dieses schwindelerregenden Vorgangs läßt sich besonders deutlich an der Geschichte der männlichen Hysterie ablesen.

Im Verlauf des 19. Jahrhunderts wird die männliche Hysterie salonfähig, ja, sie gilt auch als Zeichen besonderer Kreativität, die auf der gleichzeitigen Verfügung über männliche Zeugungskraft und weibliche Gebärfähigkeit beruht. In ›weiblichen‹ Symptomen wie Migränen, Krankheiten und Ohnmachtsanfällen erfaßten Künstler wie Novalis, Gustave Flaubert oder Stéphane Mallarmé die Lust am Fallen und der Taumel der Begeisterung für die eigene Ohnmacht. »Seltsamer- und eigentümlicherweise«, so schrieb etwa Mallarmé, »habe ich alles geliebt, was sich in diesem Wort Sturz zusammenfassen läßt«.²² Flaubert, der an Schwindelanfällen und an ›Fallsucht‹ (epilepsieähnlichen Anfällen) litt – vor allem während er *Madame Bovary* schrieb –, sagte von sich selber: »Woher kommt es nur, daß ich so oft zum Spiegel ging, wenn ich weinte, um mich darin zu betrachten? Diese Lust, über sich selbst zu stehen, ist vielleicht die Quelle jeglicher Tugend.«²³ Die Lust, über sich selbst zu stehen, ließe sich aber auch als Rückzug des Ich vor der Beziehung zum Anderen interpretieren: als Versuch, einen Raum zu erzeugen, in dem das Ich einem ›selbstgeschaffenen‹ Anderen gegenübersteht. So steht hinter dieser ›Lust‹, die eine Lust an der eigenen Ohnmacht und die Abtötung der eigenen Leiblichkeit beinhaltet, auch die Lust an der Macht der schriftstellerischen Tätigkeit, durch die sich der Autor einen fiktiven, ›simulierten‹ Körper zulegte: etwa in der Gestalt der Emma Bovary. In einem Brief an Louise Colet schrieb Flaubert:

> »Die Tinte ist mein natürliches Element. Schöne Flüssigkeit, übrigens, diese dunkle Flüssigkeit! Und gefährlich! wie man darin ertrinken kann! Wie sie einen anzieht!«²⁴

Jean Starobinski verweist auf die enge Verbindung zwischen dem »schwarzen Stoff«, in dem Flaubert ertrinken möchte, und der Vergiftung, an der Emma stirbt. Als man den Kopf der Toten hebt, »quoll schwarze Flüssigkeit aus dem Munde hervor, als erbräche sie sich«.²⁵ Damit, so Starobinski, offenbart Flaubert auch die tödliche Macht des ›natürlichen Elements‹, das ihm so viel Lust bereitet:

> »Die Heldin, deren Liebesglut in den Bildern der schlechten Literatur ihren Vorwand fand, gleitet hinüber in den Tod und endgültige Kälte mit dem Geschmack der Flüssigkeit im Munde, die ihre Existenz bestimmte. Spiegelbildliche Verdoppelung der Vergiftung: dieses durch den falschen Zauber der Lektüre fehlgeleitete Schicksal endet so, als würde mit ihm auch

der falsche Zauber des Schreibens offenbart. Emma ist nicht etwa die Verkörperung des Autors im Roman (trotz des berühmten ›das bin ich‹), sie enthüllt vielmehr die tödliche Kraft dessen, was der Schriftsteller als sein ›Element‹ bezeichnet.«[26]

Flauberts Lust am Schwindel hängt also einerseits mit den Gefahren zusammen, in die ihn die Imagination – oder die Versetzung in den Körper eines selbsterschaffenen Anderen – führt; sie ist andererseits aber auch Ausdruck für die Machtgefühle, die ihm diese Simulation vermittelt. Dem ›Schwindel‹ liegt eine Spaltung des Ich zugrunde, bei der das ›reale‹ Ich – d. h. das körperliche bzw. biologisch-geschlechtlich codierte Ich – untergeht und durch ein anderes Ich ersetzt wird, das jedoch als mindestens genauso ›real‹ wahrgenommen wird wie der überwundene Körper:

»Derjenige, der jetzt lebt und der ich bin, sinnt unaufhörlich über den anderen nach, der tot ist. Ich habe zwei sehr unterschiedliche Existenzen geführt. Äußere Ereignisse symbolisierten das Ende der ersteren und die Geburt der zweiten. All das ist Mathematik. Mein aktives Leben, leidenschaftlich, bewegt, voller entgegengesetzter Bocksprünge und vielschichtiger Empfindungen endete mit 22 Jahren. Zu dieser Zeit machte ich auf einmal große Fortschritte, und es ist etwas anderes gekommen. Also habe ich zu meinem persönlichen Gebrauch die Welt und mich klar in zwei Hälften geteilt: auf der einen Seite das äußere Element, das ich mir vielfältig, vielfarbig, harmonisch, großartig wünsche, von dem ich nichts anderes akzeptiere als das Schauspiel und das ich genießen will; auf der anderen Seite das innere Element, welches ich konzentriere, um es noch mehr zu verdichten und in das ich in vollen Strömen die reinsten Strahlen des Geistes durch das geöffnete Fenster der Intelligenz eindringen lasse.«[27]

Mit solchen Bildern von der Verlagerung des Selbst in eine rein geistige Welt werden einige der Phantasien vorweggenommen, die mehr als hundert Jahre später unter den Begriffen *Cyberspace* und ›virtuelle Realität‹ gehandelt werden. Daß diese Arten der Simulation in einem genealogischen Zusammenhang stehen, zeigt – unabhängig von der medientechnischen Entwicklung – schon die Etymologie des Wortes ›virtuell‹. Der Begriff ist sehr viel älter als der Computer, und er hatte auch nicht immer die heutige Bedeutung einer Schein- oder künstlichen Welt. Seine Geschichte geht bis in die Antike zurück: ›virtuell‹ bedeutet in etwa »der Anlage nach als Möglichkeit vorhanden«. Von *vir*, dem Mann, abgeleitet, konnotiert er Attribute wie »kräftig«, »tüchtig«,

»mannhaft«. Der »Virtuose«, ein Begriff, der im 18. Jahrhundert entstand, um einen »großen Künstler«, vor allem in der Tonkunst, zu bezeichnen, ist eine direkte Ableitung von ›virtuell‹ in diesem Sinne. Eine weitere Ableitung von ›vir‹ ist die Tugendhaftigkeit, die als ›virtus‹ für Männlichkeit, vor allem soldatische Männlichkeit steht. Auf Frauen bezogen, hatte der Begriff der ›virtus‹ zwar ebenfalls die Konnotation von Sittlichkeit und sexueller Zurückhaltung, aber ohne die anderen Bedeutungen von ›tatkräftig‹ und ›schöpferisch‹. Die ›virtuelle Realität‹ ist mithin eine ›mögliche‹ oder ›denkbare‹ Wirklichkeit, die aus Männlichkeit und Tatkraft, gepaart mit Enthaltsamkeit, erschaffen wird: Sie entspricht einer *creatio ex nihilo*, einer Zeugungskraft, die nicht auf die Begegnung mit einem ›Anderen‹ angewiesen ist. In jeder ihrer Konnotationen ist die ›virtuelle Realität‹ der ›Wirklichkeit‹ vergleichbar, die Flaubert schuf, als er, zurückgezogen in Croisset als »hysterischer Eremit«[28] lebend, eine aus Worten und Zeichen bestehende ›Realität‹ erzeugte.

Flaubert nimmt auch das Bild der ›multiplen Persönlichkeit‹[29] mit ihren wechselnden Ichs voraus, die sich der Surfer im Cyberspace aneignet: »Schreiben ist etwas Köstliches, nicht mehr man selbst zu sein, sondern in der ganzen Schöpfung zu kreisen, von der man spricht. Heute zum Beispiel bin ich als Mann und Frau zugleich, als Liebhaber und Geliebte [...] durch einen Wald geritten.«[30] Flaubert führt den lustvollen Zustand einer Austauschbarkeit des Selbst auf die Macht des Schreibens zurück. Auch die neuen Medientechniken bieten ein *immersive environment*, in das das Ich aktiv wie passiv eintauchen kann. Mit diesem Begriff wird unter anderem ein ›Schnittstellendesign‹ bezeichnet, »dessen Realitätsfiktion derart suggestiv ist, daß es als solches gar nicht wahrnehmbar wird«.[31] Daß beim Cyberspace das Eintauchen in eine ›Flüssigkeit‹ phantasiert wird, geht auch aus dem Begriff des ›Surfers‹ hervor, der auf – oder in – den Wellen reitet. Dabei spielt die eigene Aktivität, also die handelnde Teilnahme am ›Eintauchen‹, eine wichtige Rolle: Sie bildet einen Teil der Anziehungskraft des Vorgangs. Es ist dieselbe Verbindung von Omnipotenz und Ohnmacht, die auch die ›Lust am Schwindel‹ – und wie wir später noch sehen werden: das Verhältnis zum ›Lebenssaft‹ der Sprache in der Schriftkultur – kennzeichnet.

Wie sehr bei Flaubert die Lust am Schwindel von der Macht des eigenen Handelns geprägt ist – einer autoerotisch wirkenden Imagination, mit der sich das Ich in einen selbsterzeugten Reizzustand versetzt –, zeigt eine weitere Passage aus dem oben zitierten Brief an Louise Colet. Er beschreibt hier eine Erfahrung, in der sich die *ars memoria* der Antike mit der Unwillkürlichkeit der modernen Epiphanie verbindet:

>»Wenn ich daran denke, daß ich hier, an dieser Stelle, beim Anblick dieser weißen Mauer mit grünen Verzierungen Herzklopfen hatte und daß ich damals voller ›Poehesie‹ war, bin ich ganz verblüfft, vergesse alles um mich herum und mir wird schwindlig, als ob ich plötzlich eine steile Mauer von 2000 Fuß Höhe unter mir entdecke.«[32]

Nicht nur am Beispiel Flauberts, sondern auch anderer Künstler und Autoren, läßt sich darstellen, wie eng im 19. Jahrhundert der Zusammenhang zwischen den Sinnen, Vorgängen der Entkörperung, Simulations- bzw. Selbsttäuschungstechniken und einer mit all dem einhergehenden Lust am Schwindel geworden ist. Wenn Baudelaire von sich selbst schrieb: »Ich bewohne für immer ein einstürzendes Gebäude, ein Gebäude, das von einer heimtückischen Krankheit zerfressen wird«,[33] so spielten auch hier die Imagination und der Höhenschwindel eine wichtige Rolle.[34] Zusammenfassend könnte man sagen, daß auch der dritte Bedeutungswandel des Begriffs ›Schwindel‹ im Kontext einer Veränderung der sinnlichen Wahrnehmung zu begreifen ist. Diese Umcodierung generiert ein neues Subjekt, das sich als omnipotent phantasiert und dabei Lust am Untergang bzw. der ›Verweiblichung‹ des Ich verspürt.

Das betrachtende Subjekt

Der Zusammenhang zwischen dem ›modernen‹ Schwindel und der Geschichte der sinnlichen Wahrnehmung läßt sich an einigen Beispielen illustrieren. In Goethes Bildungsroman *Wilhelm Meisters Lehrjahre* erklimmt Wilhelm einen Berggipfel, auf dem er seinen alten Freund Montan wiedertrifft. Als Wilhelm nach unten blickt, erfaßt ihn der Schwindel. Montan läßt ihn niedersitzen. »›Es ist nichts natürlicher‹, sagte er, ›als daß uns vor einem großen Anblick schwindelt, vor dem wir uns unerwartet befinden, um zugleich unsere Kleinheit und unsere Größe zu fühlen. Aber es ist ja überhaupt kein echter Genuß, als da, wo man erst schwindeln muß.‹«[35]

Goethe selbst hatte schlechte Erfahrungen gemacht mit dem Schwindel, als er im April 1770 den Turm des Straßburger Münsters bestieg.

»Besonders«, so schrieb er später in *Dichtung und Wahrheit*, »ängstigte mich ein Schwindel, der mich jedesmal befiel, als ich von einer Höhe herunter blickte«. Die Besteigung des Münsters betrachtete er als eine Übung, mit der er diesen Höhenschwindel aktiv zu bekämpfen versuchte. Es sei,

> »als wenn man sich auf einer Montgolfiere in die Luft erhoben sähe. Dergleichen Angst und Qual wiederholte ich so oft, bis der Eindruck mir ganz gleichgültig ward, und ich habe nachher bei Bergreisen und geologischen Studien, bei großen Bauten, wo ich mit den Zimmerleuten um die Wette über die freiliegenden Balken und über die Gesimse des Gebäudes herlief, ja in Rom, wo man eben dergleichen Wagstücke ausüben muß, um bedeutende Kunstwerke näher zu sehen, von jenen Vorübungen großen Vorteil gezogen.«[36]

Goethe schrieb diese Zeilen um 1811; in demselben Jahr erschien auch die erste Fassung des *Wilhelm Meister* mit Montans Bemerkungen über den »echten Genuß«. Daß die Umwertung des Schwindels mit einer technischen Neuerung verknüpft war, dokumentiert Goethes Vergleich mit der Montgolfiere. 1783, dreizehn Jahre *nach* seiner angstvollen Besteigung des Straßburger Münsters und fast dreißig Jahre *vor* dem Erscheinen des *Wilhelm Meister*, war es den Brüdern Montgolfier gelungen, mit einem Warmluftballon den ältesten Traum der Menschheit zu verwirklichen: zu fliegen. Zum ersten Mal konnte sich der Mensch aus seiner irdischen Gebundenheit lösen und einen Blick von oben auf die Welt werfen – einen Blick, der bis dahin Gott vorbehalten blieb. Montans *Lust* am Schwindel könnte also auch das Produkt dieser Gewißheit sein, in einem ganz physischen Sinne über die Welt (oder über die Mächte der Natur) erhaben zu sein. Die Erfahrung des ›Erhabenen‹ hat Kant in seiner *Kritik der Urteilskraft* 1790, also sieben Jahre nach dem gelungenen Aufstieg (und vor allem geglückten Abstieg) der Montgolfiers, paradigmatisch beschrieben:

> »am Himmel sich auftürmende Donnerwolken, mit Blitzen und Krachen einherziehend, Vulkane in ihrer ganzen zerstörenden Gewalt, Orkane mit ihrer zurückgelassenen Verwüstung, der grenzenlose Ozean, in Empörung gesetzt, ein hoher Wasserfall eines mächtigen Flusses u.d.gl. machen unser Vermögen zu widerstehen in Vergleichung mit ihrer Macht, zur unbedeutenden Kleinigkeit. Aber ihr Anblick wird nur um desto anziehender, je furchtbarer er ist, wenn wir uns nur in Sicherheit befinden; und wir nennen diese Gegenstände gern erhaben, weil sie die Seelenstärke über ihr gewöhnliches Mittelmaß erhöhen, und ein Vermögen zu widerstehen

von ganz anderer Art in uns entdecken lassen, welches uns Mut macht, uns mit der scheinbaren Allgewalt der Natur messen zu können.«[37]

Kant kannte noch nicht das Refugium des Fernsehsessels, in dem uns der Anblick der Weltkatastrophen »desto anziehender« erscheint, »je furchtbarer er ist«. Doch was für diesen medial vermittelten Effekt bestimmend ist, gilt auch für die Erfahrung des Erhabenen, wie sie Kant in seiner Abhandlung über das Ästhetische auf den Begriff gebracht hat.[38] Weder das moderne Medium noch die Montgolfiere, die der Willkür von Wind und Wetter ausgeliefert ist, vermögen die Naturgewalten zu bannen, doch sie ermöglichen eine Wahrnehmung, die das Subjekt in die Position des Erhabenen versetzt. Das Gefühl der Allmacht basiert auf einer Sicherheit, die von der Distanz des Betrachtens bestimmt wird. Um diese als ein neues Paradigma der ›Selbstbehauptung‹ zu begründen, genügte allerdings noch nicht allein der ›Blick von oben‹. Schon Petrarca hatte mit seiner Besteigung des Mont Ventoux das Ende des Mittelalters eingeläutet und das Recht des Menschen verkündet, wie Gott, von oben schauen zu dürfen und zu können. Dies wird von dem Blick aus der Montgolfiere überboten: Er verdankte sich nicht einem hohen Berg, der von der Natur oder von Gott erschaffen wurde, sondern von Menschen geschaffener Technik, die es erlaubt, sich nicht nur geistig – wie Petrarca[39] –, sondern auch physisch über die Welt zu erheben. Erst unter dieser Voraussetzung wurde der Blick als eine *actio* aus Distanz codiert, die das Gefühl von Allmacht verleiht.

Der ›Blick von oben‹ steht in der Tradition des abstrakten Denkens, das schon Aristoteles mit dem Sinn des Sehens in Verbindung gebracht hatte. Weil das Betrachten – anders als das Hören, Riechen oder Tasten – Distanz vom betrachteten Objekt der Wahrnehmung voraussetzt, bezeichnete Aristoteles das Sehen als den höchsten der Sinne. Diese Funktion des Sehens, Distanz, Abstraktion und ›Über-Blick‹ herzustellen, erfuhr zu Beginn der Neuzeit durch die Zentralperspektive eine Verstärkung. Hatte im Mittelalter das Ohr (und damit ein Nahsinn) als Pforte des Glaubens gegolten, so setzte sich nun ein Denken durch, bei dem sich das Ich über den Blick konstituierte. Das Subjekt wurde durch die Zentralperspektive geschaffen, schuf diese aber auch als Ausdruck einer ›Emanzipation‹ aus der ›Hörigkeit‹. Dieser Umbruch vollzog sich zeitlich parallel zum oben beschriebenen Übergang vom ›erlittenen‹ zum ›verübten‹ Schwindel.

Mit der Renaissance begann das Auge auch zunehmend die anderen Sinne zu dominieren und neu zu codieren. Thomas Kleinspehn hat dargelegt, wie sich mit der Neuzeit eine zunehmende »Ästhetisierung« der Eßkultur durchsetzte, die die orale Lust der visuellen Lust unterwarf.[40] Am Beispiel der *Historia von Dr. Johann Faustus*, einem sehr verbreiteten, populären Text des späten 16. Jahrhunderts, hat Bettina Mathes gezeigt, wie sehr auch der Geruchssinn vom Sinn der Augen domestiziert wurde: Faustus gelingt es, seinen Studenten und deren Verwandten mitten im Winter eine wunderschöne Sommerlandschaft vorzugaukeln, die sie nicht nur zu sehen, sondern sogar zu riechen vermögen.[41] Der ›Schwindel‹, dem die Augen – u. a. durch die Zentralperspektive – unterliegen, beherrscht also, vermittelt durch den ›imprägnierten‹ Blick, auch die Nahsinne.

Die neue Herrschaft des Auges ging mit einer Neubewertung des Körpers und der Sexualität einher. Galt für das Mittelalter das Ohr als Pforte des Glaubens, so bildete das Auge die »Einfallspforte der Sünde«, wie Klaus Schreiner schreibt:

»Die häufig angestellten Diskurse über die *disciplina oculorum* haben in dieser Einschätzung ihr moraltheologisches Fundament. Eva, beteuerte der karolingische Theologe Hrabanus Maurus (gest. 856), habe *per oculos* den Tod verursacht. Indem sie nämlich nach *visibilia* verlangte, habe sie den Blick auf die *invisibiles virtutes* verloren. Die Augen galten als ›Vorboten der Unzucht‹ *(anuntii fornicationis)*, als wirksamste Waffe der *luxuria*. Ein Gemeinplatz lautete: Verlangen nach Lust der Sinne und des Fleisches komme aus dem Sehen *(ex visione)*.«[42]

Das änderte sich mit der Neubewertung des Sehens in der frühen Neuzeit: Der Blick war nicht mehr das Tor zur Sünde, sondern er wurde zur definitorischen Macht über die Erscheinung des *Anderen*. Allerdings hatte er auch hier sexuelle Konnotationen. Betrachten wurde zunehmend mit »Männlichkeit« gleichgesetzt, während das Betrachtet-Werden als ›weiblich‹ galt. Dies zeigte sich deutlich in den bildenden Künsten: So kann man etwa an Tizians Venus-Darstellungen erkennen, wie sehr schon im 16. Jahrhundert der distanzierte, gleichsam ›lesende‹ männliche Blick auf das ›unbeschriebene Blatt‹ des weiblichen Körpers zum Thema geworden war.[43] In den Naturwissenschaften wurde alsbald der weibliche Körper zum *Symbol* für das große Objekt der Betrachtung, die Natur. Mit Fernrohr und Mikroskop bewaffnet, eignet sich das koloniale Auge ›die Welt‹ an und ›penetriert‹ ihre tiefsten Geheimnisse. Es entstanden Wachsmoulagen wie die sogenannte *mediceische Venus*, die der Anatomielehre dienten und zugleich eine spezifische Form von Voyeurismus befriedigten.[44] In diesen ›Venusskulpturen‹, die das Innerste des weiblichen Körpers den Blicken preisgaben, spiegelte sich eine neue Form von Erkenntnislust wider, die an das Sehen gebunden war und zugleich ›Macht‹ – also auch ›machen‹ – implizierte. Eine Statue in der Pariser Ecole de Médecine, die einen sich selbst entkleidenden Frauenkörper darstellt und den Titel trägt »Die Natur entschleiert sich vor den Augen der Wissenschaft«, zeigt deutlich die sexuellen Implikationen dieses wissenschaftlichen Blicks. Anders als der alttestamentarische Begriff des ›Erkennens‹, der ebenfalls Sexualität mit Wissen verbindet, stellt dieses naturwissenschaftliche ›Erkennen‹ einen einseitigen Akt dar, der sich als ›Penetration des Blicks‹ vollzieht.

Mit der Photographie entstand im 19. Jahrhundert ein technisches Sehgerät, das die Ermächtigung des Blicks weiter vorantrieb: Es erlaubte dem Auge, – wie das Auge Gottes – zu sehen, ohne selbst gesehen zu werden. Die Photographie verstärkte nicht nur die Phantasien von der Macht des Auges, den Anderen zu definieren, sondern läutete zugleich den Beginn eines Wandels ein, dessen Koordinaten mit dem Aufkommen des Films manifest werden sollten. Auf der Folie dieses Wandels, der auch die Ordnung der Geschlechter erfaßte, ist die Entwicklung der ›Lust am Schwindel‹ zu lesen.[45]

1895 führen in Berlin die Brüder Skladanowsky und in Paris die Brüder Lumière die ersten bewegten Bilder, die ersten Filmstreifen vor.[46] Wenige Monate zuvor hatte – ebenfalls in Paris – der erste öffentliche Striptease stattgefunden. Er hieß ›Yvette geht zu Bett‹. Diese auf den ersten Blick zusammenhanglosen Ereignisse sind aufs engste miteinander verknüpft – und zwar nicht nur, weil aus dem ersten öffentlichen auch der erste gefilmte Striptease wurde. Der Striptease an sich (der in seiner gefilmten Form eineinhalb Minuten dauert und auch nicht bis zum offenbarenden Ende durchgeführt wird) stellte noch nicht die entscheidende Neuerung an dem kleinen Film über Yvettes Bettgang dar; dieser erzählt vielmehr etwas über die Geschichte des Mediums selbst. Die Entkleidung des weiblichen Körpers – des Körpers überhaupt – kennzeichnete als bevorzugtes Bildmotiv auch schon das Aufkommen der Photographie. Darin manifestierte sich einerseits die Vorstellung, daß die dem Frauenkörper zugeschriebene Bedrohlichkeit durch das allmächtige Auge der Kamera entschärft wurde – eine Auffassung, die sich bereits mit der Einführung der Zentralperspektive und den ersten technischen Sehgeräten durchzusetzen begann.[47] Zugleich diente der nackte Körper auch als Beweis für die ›Echtheit‹ oder Realitätsnähe der Abbildung: Je realistischer die Bildwiedergabetechnik wurde – und das

Alfons Mucha, Die Natur, Paris 1899. Der weibliche Körper als Symbol der Natur.

zeigte sich u. a. daran, daß die Kamera auch den beweglichen Körper im Bild zu bannen vermochte –, desto wichtiger wurde das Abbild des entkleideten Körpers. In den Nacktphotos dokumentierte sich weniger eine Lockerung der Sitten als vielmehr der Anspruch, die technischen Bilder als Wiedergabe der ›nackten Wahrheit‹ zu verstehen. Dies galt auch noch für die ersten Filmaufnahmen der Skladanowskys mit der Bioskop-Kamera: Schon der Name ›Bioskop‹ – was soviel heißt wie ›Blick aufs Leben‹ – signalisierte die Prämisse, daß sich mit Hilfe der technischen Sehgeräte die ›Wirklichkeit‹ oder das ›Echte‹ widerspiegeln läßt.

Mit dem Film kam eine weitere Komponente hinzu, die evident macht, daß sich die Gleichzeitigkeit von Striptease und Film nicht einem Zufall, sondern vielmehr der neuen Wahrnehmungslogik des Mediums verdankt: In ›Yvettes Bettgang‹ wird der Mann zwar als Voyeur – als Betrachter – gezeigt, während die Frau als das Objekt der Betrachtung erscheint. Aber gleichzeitig taucht ein unsichtbarer Dritter auf: der eigentliche Voyeur, die Filmkamera, die auch den Mann, den Voyeur selbst, zum Objekt ihrer Betrachtung macht. Die Filmkamera erscheint wie das ›dritte Auge‹ des Künstlers und Schriftstellers.[48] Mit dem neuen Medium wird dieses Auge jedoch in die Äußerlichkeit eines technischen Geräts verlagert. Darin besteht die entscheidende Neuerung, die mit dem Kino aufkommt: Das voyeuristische Auge der Kamera liegt außerhalb des Subjekts und erscheint deshalb wie ein geschlechtsneutraler Beobachter. Zwar wird das Sehen weiterhin als ›männlich‹ und ›penetrierend‹ gedacht und der oder die Betrachtete als ›weiblich‹ wahrgenommen. Aber das Entscheidende ist, daß sich in die Geschichte des Blicks die Vorstellung einer Neutralität des Sehens einschleicht, die wiederum die Positionen der Geschlechter austauschbar erscheinen läßt – strukturell vergleichbar der oben zitierten Beschreibung von Flaubert: »Heute zum Beispiel bin ich als Mann und Frau zugleich, als Liebhaber und Geliebte [...] durch einen Wald geritten.«

Bei diesem Vorgang wird das moderne Paradigma des ›Schwindels‹ aktualisiert, bei dem sich im Subjekt das Gefühl der Allmacht mit der Lust an der Ohnmacht paart. Diese erlebt im Zusammenhang mit den modernen elektronischen Bildträgern noch eine Verstärkung – und auch hier wird deutlich, wie eng die Lust am Schwindel an die Sicherheit gebunden ist, auf distanzierte Weise ›zu erleben‹. Das gilt sowohl für die *adventure rides* im Cyberspace selbst, wo das Individuum einen dunklen Tunnel passieren muß, bevor es in ›die andere Welt‹ gelangt, als auch

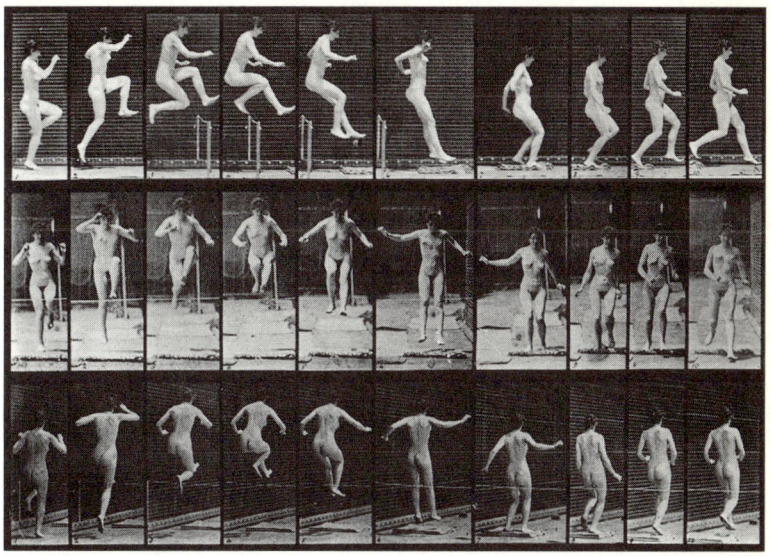

Eadweard Muybridge, Frau beim Hochsprung, 1887. Die Photographie als ›nackte Wahrheit‹.

auf der Ebene der Rezeption. Die Phantasie, durch den Blick die Vergänglichkeit des Körpers (die in der geschlechtlichen Differenz ihren deutlichsten Ausdruck findet) überwinden zu können, findet ihre Befriedigung in den simulierten – erschwindelten und schwindelerregenden – Bildräumen, in die sich das Individuum hineinversetzen kann. Auch hier (wie in der Montgolfiere) paart sich die Vorstellung einer technischen Eroberung des Raumes mit der Lust an der Ohnmacht. In den Worten des Medientheoretikers Florian Rötzer:

»Was seit Daidalos nur als Unfall erfahren werden konnte, nämlich der drohende Aufprall auf der Erde, wird nun zum Faszinosum: der gebändigte Suizid. [...] Das Trauma wird zur Wunscherfüllung, der Schwindel, der uns in die Tiefe zieht und der uns nach Kierkegaard die Freiheit offenbart, kann als Lust erlebt werden. Die Attraktion, den Tod herauszufordern, mit dem Absturz zu rechnen, ist auch eine, sich in einen Zustand zu katapultieren, bei dem einem Hören und Sehen vergeht.«[49]

In dieser Aussage ist alles vereint, was in der Geschichte des Schwindels eine Rolle spielt: der Blick als Mittler einer Erfahrung, die Angst vor dem Sturz *und* Lust am Fallen beinhaltet. Doch diese Lust am Schwindel kann nur vor dem Hintergrund eines großen Schwindels statthaben – eines Betrugs, der das ganze, sich durch die Sinne konstituierende Subjekt einbezieht: Es geht sowohl um den Schwindel des Geschlechtertausches (ein Omnipotenzphantasma) als auch um die erschwindelte Rückkehr in einen ›sicheren Raum‹, der dank einer Sinnestäuschung entstanden ist; und es geht schließlich auch um die damit einhergehende Begeisterung für die eigene Ohnmacht, die auf dem Gefühl von Allmacht basiert.

In gewisser Weise geht es aber auch darum, daß das ›Medium‹ als Mittler einer erotischen Vereinigung erlebt wird, die als unbedrohlich, weil technisch reproduzierbar wahrgenommen wird. Diese Funktion des Mediums hat Fritz Lang in seinem Film *Metropolis* mit seiner künstlich erschaffenen *Maria*, die zugleich Roboter und Frau ist, reflektiert: Empfängt die biblische *Maria* durch das Licht das Wort Gottes, so wird sie bei Lang aus dem Geist der Chemie und der Elektrodynamik geboren. Es handelt sich um eine ›unbefleckte Empfängnis‹ im wahrsten Sinne der Kirchendogmatik, die schon die Zeugung der Muttergottes zu einer ungeschlechtlichen Zeugung erklärte. Auf der anderen Seite erscheint die Maria in Langs *Metropolis* auch wie eine Symbolgestalt für das moderne Konzept des ›Unbewußten‹, das sich zwischen berechenbarer Technik und unberechenbarer Seele ansiedelt. Doch während die Filmtechnik auf der Anwendung von Licht und Chemie beruht, bezieht die Psychoanalyse nur ihr Vokabular – Widerstand, Übertragung usw. – aus der Elektrodynamik. Während das Kino mit seinen Bildern das Unbewußte zu ›besetzen‹ versucht, entspricht die Psychoanalyse dem Versuch, so Freud, die Bilder des Unbewußten ›abzutragen‹. In beiden Fällen geht es um den Ort und die Funktion der Bilder, nur daß im einen Fall der simulierte Raum eröffnet, im anderen der simulierte Raum als Simulation erkennbar gemacht werden soll.

Im Begriff des ›Schwindels‹ verdichtet sich eine Geschichte, die von der Fragilität des Selbst, vom Schwinden der Sinne und vom erlittenen Schwindel erzählt, um schließlich bei einer Lust am Schwindel anzukommen, die sich den Techniken der Eroberung des Raumes wie denen der Simulation – des verübten Schwindels – verdankt. Da die Geschichte des Schwindels zugleich den Ausgangspunkt und den Endpunkt der abendländischen Subjekt-Philosophie markiert, überrascht es nicht, daß man ihm in jedem Kontext begegnet, wo es um den ›Anderen‹ geht: sowohl bei den ›Frauenkrankheiten‹ als auch bei den Phantasien über den ›jüdischen Körper‹.

Der ›simulierende‹ jüdische Körper

Paradigmen von Sehen und Unsichtbarwerden, von Simulation und Betrug spielten auch im Zusammenhang mit den antisemitischen Bildern vom ›jüdischen Körper‹ eine wichtige Rolle: Das Bild des ›Schwindlers‹ wurde nicht nur auf jüdische Geldgeschäfte übertragen (obgleich es gerade Juden waren, die den Begriff zur *Abwehr* von unlauteren Geschäften eingeführt hatten), sondern auch auf die Assimilation. In dem Maße, in dem den Juden die vollen bürgerlichen Rechte zugestanden wurden und viele von ihnen freiwillig die traditionellen Merkmale sichtbarer Andersheit wie Kaftan, Bart und Locken ablegten, kam das Motiv des ›simulierenden Juden‹ auf: des Schwindlers, der sich hinter der *Maske* des braven Bürgers verbirgt. Schon wenige Monate nach den ersten Emanzipationsgesetzen der Habsburger-Monarchie (1782 unter Joseph II.), durch die den Juden (beschränkte) Rechte eingeräumt wurden, zirkulierten Bücher und Abbildungen in Europa, die die Assimilation als Simulation und Betrug darstellten.[50] Wenn der Jude sich den Bart rasieren lasse, besagten sie, könne nur der Teufel selbst seine Hand im Spiel haben. Die Darstellungen sollten kenntlich machen, daß ›der Jude‹ trotz eines *sichtbaren* Wandels ›in Wirklichkeit‹ noch immer der ›verstockte‹ oder gefährliche ›Andere‹ sei. Gerade wegen seiner neuen ›Unsichtbarkeit‹ galt dieser – von der christlichen Tradition des Antijudaismus geschaffene – ›Andere‹ als besonders gefährlich. Das Bedürfnis, den ›unsichtbaren Juden‹ wieder ›sichtbar‹ zu machen, trug zur Entstehung der Theorien von der jüdischen Rasse bei, mit denen dem Juden eine physiologisch ›andere‹ Beschaffenheit zugewiesen werden sollte. Es waren Theorien, die ihrerseits Wissenschaftlichkeit simulierten.

Das Bild des ›jüdischen Betrügers‹ (oder ›Simulanten‹), dessen Äußeres über sein ›wahres Wesen‹ keinen Aufschluß gebe, vermischte sich wiederum mit dem Bild des Geldes: Die Assoziation ›Jude‹ und Geld war schon mit dem Zinsgeschäft im Mittelalter aufgekommen. Aber sie hing nicht nur mit dem Leihwesen zusammen, sondern auch mit der ›Unfaßbarkeit‹ des Geldes selbst, das sich so leicht für Betrug und Schwindel einsetzen ließ. Die Verknüpfung verstärkte sich noch durch die Emanzipation, die einerseits die ›Assimilation‹ (das Unsichtbarwerden) des Juden brachte, andererseits Juden aber auch die Möglichkeit eröffnete, tatsächlich im Wirtschaftsleben eine Rolle zu spielen. So wurde ›der Jude‹ zur ›Verkörperung‹ des abstrakten, unfaßbaren Geldes selbst und das Bild vom ›täuschenden‹ Aussehen des Juden, der innen anders sei als außen, wiederum auf Münzen übertragbar. Als während des Siebenjährigen Kriegs Friedrich II. die Berliner Münze an den Hofjuwelier Ephraim verpachtete, mit der Auflage, die Münzen zu einem geringeren als dem Nennwert zu prägen, hieß es: »Von außen schön, von innen schlimm / Von außen Friederich, von innen Ephraim.«[51] Es war das Bild einer »getauften Münze«.[52] Im Verlauf des 19. Jahrhunderts, mit dem Industriezeitalter und einer zunehmenden Anonymität des großen Kapitals, das ›kein Gesicht‹ mehr hatte, verschmolz das Bild des Geldes noch mehr mit dem des Juden, um sich im Bild des ›Betrügers‹ zu verfestigen. Bezeichnend dafür die Artikelserie Otto Glagaus in der Berliner *Gartenlaube* von 1874/75 unter dem Titel »Der Börsen- und Gründungsschwindel in Berlin«. Der Artikel erschien zu einer Zeit, als die Gründerkrise nach dem Deutsch-Französischen Krieg und der anschließenden Reichsgründung (als den Juden zum ersten Mal in Deutschland die vollen Bürgerrechte zugestanden wurden) in eine lang anhaltende große Depression überging. Die Angst vor der Wirtschaftskrise, die die Industrialisierung in allen Ländern Europas auslöste, und vor einer

Ueber die
Unnütz- und Schädlichkeit
der
Jüden
im Königreiche Böheim und Mähren.

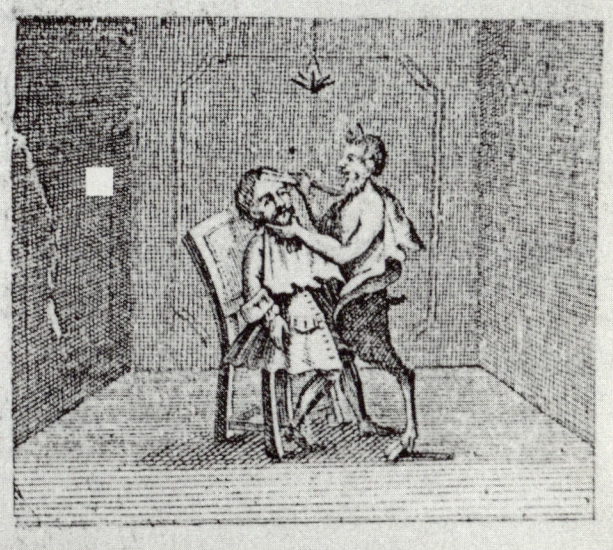

Anonyme Schrift, ca. 1782.

(für Deutschland neuen) unberechenbaren Spekulationswelle wurde von Glagau geschickt in eine antijüdische Richtung kanalisiert.[53]

Auch im Zusammenhang mit der Dreyfus-Affäre wurden die antisemitischen Dimensionen des ›Schwindels‹ deutlich – auf paradoxe Weise. Bei den Anschuldigungen gegen Dreyfus ging es einerseits um Fragen des Sehens und des Betrugs: um den Juden, dem man partout den Landesverrat *ansehen* wollte, den man als ›Fremdkörper‹ im nationalen ›Ich‹ *entlarven* wollte. Und andererseits ging es um die dreisten Schwindel und gefälschten Briefe, mit denen diese Unterstellungen bewiesen werden sollten. In dieser Hinsicht ähnelten die Debatten um die Dreyfus-Affäre wiederum den Debatten um die Hysterie, die zeitgleich (sowohl in Wien als auch in Paris) geführt wurden: Die Hysterie, für die keine organische Ursache auszumachen war, galt als die uralte Krankheit weiblicher Simulationsfähigkeit. Dasselbe sagten die Antisemiten vom assimilierten Juden. Beiden – der Hysterikerin wie dem Juden – wurde unterstellt, einen ›unechten‹ Leib zu haben: eine Parallelisierung von ›Judentum‹ und ›Weiblichkeit‹, die nicht nur im offenkundig antisemitischen Diskurs zu beobachten war. So räumte etwa der große Psychiater Jean-Martin Charcot einerseits mit dem Dogma auf, daß nur die Frau an Hysterie erkranken könne, erklärte andererseits aber, daß jüdische Männer besonders hysterieanfällig seien.[54] Während in Frankreich die Dreyfus-Affäre mit dem Sieg des Rechtsstaates (der Rehabilitierung von Dreyfus) endete (die *nationalistische* Judenfeindschaft sollte freilich noch fortbestehen), blieb im deutschen Sprachraum das Bild vom ›falschen jüdischen Körper‹ erhalten und übte beträchtlichen Einfluß auf die kollektive Wahrnehmung aus. So genügte es, im NS-Propaganda-Film *Der Ewige Jude* dokumentarische Aufnahmen von Juden ohne die traditionelle Kleidung zu zeigen, um auf die Gefahr des »jüdischen Betrugs und der jüdischen Verstellungskunst« hinzuweisen. In dem Film sind Juden zu sehen, die zunächst Bart und Kaftan tragen und dann in »normalen« Straßenanzügen erscheinen. Die darauffolgenden Szenen zeigen einen eleganten Berliner Salon der 20er Jahre, in dem sich städtische und offenbar wohlhabende Menschen bewegen. Dazu hört man den Kommentar:

»Eine ganze Gruppe von polnischen Juden: eben noch Kaftan-Träger und nun in westeuropäischer Kleidung, bereit, sich in die westliche Zivilisation einzuschleichen. Natürlich wissen sich diese Ghetto-Juden zunächst noch nicht richtig in den sauberen europäischen Anzügen zu bewegen. Etwas besser können es diese Berliner Juden. Ihre Väter und Großväter haben zwar auch noch im Ghetto gelebt, aber davon merkt man nun äußerlich nichts mehr. Hier, in der zweiten und dritten Generation, hat die Assimilation ihren Höhepunkt erreicht. Darin liegt die ungeheure Gefahr. Denn auch diese assimilierten Juden bleiben immer Fremdkörper im Organismus ihres Gastvolkes, sosehr sie ihm äußerlich ähnlich sehen mögen.«[55]

Die unterschiedlichen Entwicklungen der nationalistischen Diskurse – die nicht nur etwas über den Blick auf den jüdischen Körper, sondern auch über unterschiedliche Formen besagen, das Ich bzw. das ›Wir‹ wahrzunehmen – hatten eine lange Vorgeschichte, die in Frankreich schon mit der Hinrichtung Ludwigs XVI. besiegelt wurde.[56] Mit dieser Hinrichtung vollzog sich die endgültige Abkehr vom Bild eines Kollektivs, das sich in einem individuellen Körper – dem Körper des Königs – widerspiegelte. Die Volksgemeinschaft bedurfte offenbar nicht mehr eines Repräsentanten, um sich als Gemeinschaft zu begreifen. Es waren andere Formen der Gemeinschaftsbildung entstanden: eine Konsensgemeinschaft, die zunehmend auf einer medialen Vernetzung – Bücher, Presse, Bilder – beruhte. Auch die technischen Neuerungen wie der Strom, später die Kommunikationssysteme, spielten dabei eine wichtige Rolle.[57] Die Guillotine markierte das Ende einer Zeit, die den Blutsbanden der Gemeinschaft – repräsentiert durch den Körper des Königs – eine wichtigere Funktion eingeräumt hatte als den medialen Banden.

In Deutschland hatte, anders als in Frankreich, ein Prozeß der Vereinheitlichung von Sprache und Religion nie stattgefunden. Im Gegenteil: Mit der Reformation war eine tiefe religiöse Spaltung eingetreten, die eine nationale Metaphorik der Blutsbande um so dringlicher erscheinen ließ. Als die napoleonischen Feldzüge die Notwendigkeit einer nationalen Einheit verstärkten, fand ein Rückgriff auf christliche Bilder von der Gemeinschaft statt, die säkularisiert und biologisch umgedeutet wurden: Es etablierte sich ein rassistischer Diskurs, der dem Juden einen spezifischen ›Körper‹ und ein spezifisches Blut unterstellte, gegen die sich der ›christliche Gemeinschaftskörper‹ definierte. Zugleich verbreitete sich auch das Bild des ›Juden‹ als ›Simulant‹ und Schwindler.

Die Tatsache, daß der ›Schwindel‹ im antisemitischen Diskurs eine zentrale Rolle spielt, ist ein wichtiger Hinweis darauf, daß die Geschichte dieses Begriffs eng mit dem Säkularisierungsprozeß zusammenhängt. Diese Verkettung gründet zum einen im Wandel des Sehens: Je genauer die technischen Sehgeräte wurden, desto unsichtbarer wurde der ›Jude‹ im Prozeß der ›Assimilation‹; um so mehr wuchs aber auch das Bedürfnis, den ›Juden‹ sichtbar zu machen – etwa durch die Erfindung eines spezifisch jüdischen Körpers. Zum anderen war der Wandel des Kollektivkörpers konstitutiv: Da der Jude als ›Fremdkörper‹ definiert wurde, nahm seine Darstellung jeweils die Gestalt an, die dem Gegenbild des Kollektivkörpers entsprach. Diese Wandelbarkeit und Funktion des ›jüdischen Fremdkörpers‹ trat wiederum in einigen medizinischen Theorien über den Schwindel zutage.

Der Wandel des medizinischen Schwindels

Parallel zum Bedeutungswandel des Schwindels (im Sinne von Betrug) vollzog sich auch ein Wandel in der medizinischen Auslegung des Schwindels (vertigo), dessen Definitionen als Symptom von Krankheit Rückschlüsse auf die Rolle des ›Schwindels‹ für den sozialen ›Körper‹ zulassen. Die Tatsache, daß der Begriff des Schwindels (Betrug) in enger Beziehung zur Entwicklung der Assimilation steht, könnte erklären, warum sich der Arzt Marcus Herz, als einer der ersten assimilierten Juden Deutschlands, intensiv mit dem Phänomen beschäftigt hat. Darauf verweisen die Deutungsmuster, die er für dieses Krankheitsbild entwickelte. Um das zu zeigen, möchte ich zwei Theorien zur Krankheit ›vertigo‹ vergleichen, die sich beide dem Zeitalter der Aufklärung verdankten.

1751 verfaßte Julien Offray de La Mettrie die Abhandlung *Traité du Vertige*. La Mettrie war wegen seiner materialistischen Auffassung der Seele aus Frankreich verbannt worden: Er hatte eine *Naturgeschichte der Seele* verfaßt, und auch in seiner berühmten Schrift *L'homme machine* vertrat er die Ansicht, daß das geistige Leben in jeder Beziehung von der körperlichen Verfassung abhänge. In seiner Abhandlung über den Schwindel (vertige) beschrieb La Mettrie diesen als ein Produkt der »Imagination«[58] oder der Phantasietätigkeit des Hirns, das vor allem durch optische Illusionen auf der Netzhaut hervorgerufen werde. Die optischen Illusionen führte er wiederum auf eine schlechte Durchblutung des menschlichen Organismus zurück.[59] »Die Veranlagung zum Schwindel«, so schrieb er,

»die man bei den einen mehr als bei den andren beobachtet, hängt, meiner Ansicht nach, mit der Langsamkeit des Kreislaufs zusammen. Und hier mein Beweis. Wenn der Mensch heute tausendmal mehr robust ist als früher, so liegt es wahrscheinlich daran, daß seine Blutgefäße tausendmal schwächer und sein Blut tausendmal dünnflüssiger waren.«[60]

Dementsprechend verschrieb La Mettrie zur Heilung des Schwindels Mittel, die den Kreislauf anregen sollten. Denn: »Der Blutkreislauf vereint die einzelnen Teile [des Körpers], und je schneller das Blut zirkuliert, desto enger und stärker ist der Zusammenhalt des Ganzen.«[61] Der Schwindel erscheint in dieser medizinischen Theorie also als eine Schwäche, die auftaucht, sobald die Blutbahnen nicht mehr die Einheit und Einheitlichkeit des Körpers sichern.

Ganz anders die Theorie, die Marcus Herz drei Jahrzehnte später entwickelte. In seinem 1786 in Berlin veröffentlichten *Versuch über den Schwindel* führte er den Ursprung des Schwindels auf den Mangel oder den Überschuß »einer vom Blut *abgesonderten* Flüßigkeit« im Hirn zurück, »die man gewöhnlich den Nervensaft nennt«.[62] Der ungeordnete Fluß des »Nervensaftes« bewirke, daß »Vorstellungen, die sich der Seele darbieten, geschwinder aufeinanderfolgen, als ihr natürlicher Fortgang der Ideen es erfordert«. Wenn sich aber der Wechsel zu schnell vollziehe, fielen die Bilder

»ineinander, die Seele unterscheidet sie nicht mehr deutlich, sondern stellt sie sich als ein verworrenes Ganzes vor, in dem weder Ordnung noch deutliche Abstechung der Theile ist, und geräth endlich selbst in den Zustand der Verwirrung, einen Zustand, der eigentlich den Schwindel ausmacht«.[63]

In beiden Theorien spielt also die Einbildung eine wichtige Rolle. Aber während es bei La Mettrie eher um die optischen Illusionen auf der Netzhaut, also des physischen Auges, geht, bezieht sich Herz auf »innere Bilder« bzw. Bilder vor dem »inneren Auge« – eine Vorstellung, der wir später mit den »inneren Bildern« der Psychoanalyse und im Zusammenhang mit den ›Einbildungen‹ im Sexualleben wieder begegnen werden. Beiden Theorien ist ein neues, säkulares Verständnis von ›Seele‹ gemeinsam – ein Denken, das z. B. auch im gleichzeitig entstehenden Mesmerismus seinen Ausdruck fand: der Vorstellung vom ›Weltäther‹ und den magnetischen Strömen, die das Denken und Fühlen der Individuen beeinflussen. Es sind die ersten Entwürfe zu einem naturwissenschaftlichen Verständnis seelischer Vorgänge, die in dieser Zeit formuliert werden und die dazu führen, daß der Begriff der ›Seele‹ schließlich durch den des ›Unbewußten‹ ersetzt wird. Denn ebenso wie La Mettrie eine *Naturgeschichte der Seele* geschrieben hatte, plädierte auch Marcus Herz dafür, bestimmte Fragen nicht der Religion oder der Philosophie zu überlassen, sondern in die Zuständigkeiten der Naturwissenschaften zu überführen: »Man mag über die spekulative Philosophie denken wie man will, die Psychologie gehört nicht zu ihrem Gebiete, sondern macht einen eben so wesentlichen Theil der Naturlehre aus als die Wissenschaft von der Seele.«[64]

Beiden Theorien liegt schließlich auch eine Vorstellung von der Bedeutung des Kreislaufs zugrunde. Sowohl Herz als auch La Mettrie begreifen den Schwindel als eine Schwäche, die dann auftaucht, wenn die Einheit und Homogenität des Körpers gefährdet ist. Aber es gibt Unterschiede in den Vorstellungen darüber, *wie diese Einheitlichkeit zu sichern ist*: Während La Mettrie sich auf den *Kreislauf des Blutes* bezieht, verweist die Theoriebildung von Herz auf eine Einheitlichkeit, die durch das *Nervensystem* entsteht.

Die Implikationen, die sich daraus ablesen lassen, betreffen vor allem das Bild des Kollektivkörpers. In diesen beiden Theorien des Schwindels (zwischen denen die 35 Jahre liegen, in denen sich in Frankreich die Entbehrlichkeit des ›Körpers des Königs‹ herausbildete und die Montgolfiers die erste erfolgreiche Ballonfahrt hinter sich gebracht hatten) spiegelt sich der weiter oben beschriebene Übergang von einem Gemeinschaftskörper, der aus Blutsbanden besteht, zu einem ›medialen‹ (oder, um einen Ausdruck von Benedict Anderson zu gebrauchen: *imaginären*)[65] Gemeinschaftskörper wider, der im Bild der Gesellschaft als einem System von ›Nervensträngen‹ seinen Ausdruck findet.

Nun wäre einer solchen Interpretation entgegenzuhalten, daß die Vorstellung vom ›Nervensaft‹, die sich mit dem Modell eines medial bedingten sozialen Konsenses assoziieren läßt, eher in Frankreich als in Deutschland hätte entstehen müssen, entsprach diese medizinische Theorie doch eher dem ›kollektiven Imaginären‹ Frankreichs, wo, anders als in Deutschland, eine Konsensgemeinschaft auf der Basis medialer Vernetzung entstanden war. Hier spielt jedoch die Tatsache, daß ein Jude die Theorie vom ›Nervensaft‹ als Ursache des Schwindels erfand, eine gewisse Rolle. Für eine Volksgemeinschaft, die sich auf ein ›gemeinsames Blut‹ beruft, stellte Marcus Herz einen ›Fremdkörper‹ im Sinne von ›fremdem Blut‹ dar. Zudem war er einer der ersten *assimilierten* Juden Preußens – ›Schwindler‹ also par excellence, folgt man den Bildern derer, die in dieser Zeit die *Assimilation* zur *Simulation* erklärten. So mag die Diffamierung der ›Assimilation‹ als Täuschungsmanöver nicht nur einer der Gründe für sein Interesse am Symptom des Schwindels, sondern auch für das Interpretationsmodell gewesen sein, mit dem er dessen Ursache bestimmte. Daß er in seiner Theorie über die Ursachen des Schwindels (und die Einheitlichkeit des Körpers) *nicht* auf die Bilder des Blutes zurückgriff, hing – so meine These – mit der Rolle zusammen, die ihm als Juden in Deutschland zugeschrieben wurde. Auch wenn die Rassenvorstellungen, die in dieser Zeit aufkamen, noch nicht das Bild des ›Rassejuden‹ hervorgebracht hatten,[66] so muß ihm dennoch der Rückgriff auf Bilder des Blutes, die schon im christlichen Antijudaismus eine zentrale Rolle spielten, problematisch erschienen sein. Es waren Bilder, die ihn als Juden ausschlossen, weil er erstens nicht Teil einer christlichen Gemeinschaft werden konnte, die in der *Kommunion*, der gemeinsamen Einnahme des vergossenen Blutes des Erlösers, ihren Zusammenhalt fand; und weil er zweitens als Jude einer Gemeinschaft angehörte, die sich u. a. durch Blutsbande definierte: Als Jude gilt traditionell, wer eine jüdische Mutter hat. Dahingegen war eine Vorstellung von Einheitlichkeit, die sich am Bild eines einheitlichen ›Nervensystems‹ orientiert, durchaus vereinbar mit der gleichzeitig vertretenen Hoffnung auf eine geistige oder kulturelle Integration der Juden in die deutsche Gesellschaft. Es war zudem ein Konzept, das mit der jüdischen Tradition der Schriftkultur mehr als vereinbar schien und Raum ließ für eine Zugehörigkeit sowohl zur deutschen als auch zur jüdischen Gemeinschaft.

Interpretiert man diese beiden medizinischen Theorien über den Schwindel als Wunschbilder vom sozialen Körper – und die Ausnahmesituation, in der sich beide Theoretiker (La Mettrie als Verbannter, Herz als Jude) befanden, spricht für diese Möglichkeit –, so spiegelt sich in der einen Theorie das Bild eines Kollektivkörpers wider, der von den gemeinsamen Blutbahnen zusammengehalten wird, und im anderen ein Kollektivkörper, der durch gemeinsame ›Nervenstränge‹ definiert wird. Beide Vorstellungen sollten zum Leitfaden eines Säkularisierungsprozesses werden, bei dem sich christliche Bilder von der Gemeinschaft und vom ›Fremdkörper‹ des Juden auf eine weltliche Ebene verlagern. Aber während das eine Paradigma zum Bild des ›Rassejuden‹ führte, sollte das andere eine spezifische Form von Antisemitismus hervorbringen, die etwa in der Diffamation des Intellektuellen als eines ›geistigen Fremdkörpers‹ ihren Ausdruck fand.

In mehr als einer Hinsicht waren sich die beiden Schwindel-Theoretiker hingegen einig: La Mettrie und Herz legten nicht nur beide das Strukturmodell des ›Kreislaufs‹ sowie den Begriff der ›Einbildung‹ zugrunde; sie vertraten auch einmütig die Ansicht, daß Frauen besonders schwindelanfällig seien. Männer, so konstatierten ebenfalls beide, werden vom Schwindel nur dann ergriffen, wenn sie weibliche Züge haben: vor allem junge Menschen, die sich »durch Ausschweifung in der Selbstbefleckung [...] eine solche Nervenschwäche zugezogen« haben.[67] Die Gleichsetzung von männlicher Masturbation mit weiblicher Krankhaftigkeit entsprach den obsessiven Debatten des späten 18. und frühen 19. Jahrhunderts über die Onanie und eine Sexualität, die nicht der Fortpflanzung dient, sondern der Einbildung unterliegt. Zugleich verweist diese Gleichsetzung aber auch auf ein spezifisches Bild ›weiblicher Krankhaftigkeit‹.

Sowohl für Marcus Herz als auch für La Mettrie konzentrierte sich die Schwindelanfälligkeit ganz besonders bei den *Hysterikerinnen*.[68] Das entspricht einem bekannten Muster, das die ›Schwachpunkte‹ der Gesundheit gerne am weiblichen Körper festmacht. Geht man jedoch davon aus, daß das Krankheitsbild des Schwindels nicht nur als Gegenbild zum gesunden Körper, sondern auch zum homogenen Sozialkörper zu lesen ist, so heißt das, daß die Hysterie, ›Frauenkrankheit‹ par excellence, für sie auch eine Art von Gegenbild zur Normalität des Kollektivkörpers darstellte. (Die Frage, wieweit es sich hier um eine Projektion auf den Frauenkörper oder um eine Inszenierung dieser Projektion *durch* den Frauenkörper handelt, wieweit es sich also um einen erlittenen oder einen verübten Schwindel handelt, ist dabei relativ gleichgültig, weil sich das eine schwerlich vom anderen trennen läßt.)[69] Die ›Frauenkrankheiten‹ bildeten in der Geschichte abendländischer Gemeinschaftsbildung immer wieder einen Gegenpol zum Kollektivleib – und die Tatsache, daß sowohl La Mettrie als auch Herz die Hysterie in Zusammenhang mit dem Schwindel bringen, spricht dafür, daß mit ihren medizinischen Krankheitsbildern vom Schwindel auch der Kollektivkörper verhandelt wird. Ganz generell spiegelt sich in der wechselvollen Geschichte des Schwindels die Geschichte der ›Frauenkrankheiten‹ wider. Nicht nur werden dem weiblichen Körper all jene Qualitäten zugeschrieben, die auf die Fragilität und den defizienten Zusammenhalt des menschlichen Körpers verweisen: also auf die Anfälligkeit für den erlittenen Schwindel. Darüber hinaus tritt in den ›Frauenkrankheiten‹ wie Hysterie, Magersucht und (dem im ›medialen Zeitalter‹ geborenen) Krankheitsbild der ›Multiplen Persönlichkeitsstörung‹ das Motiv des Schwindels im Sinne von ›swinden, verschwinden, abmagern und unsichtbar werden‹ wie auch im Sinne der

Simulation zutage. Gerade weil die Symptome der ›Frauenkrankheiten‹ auf keine organische Ursache zurückzuführen waren, wurden sie zu *dem* Paradigma der Simulation. Als *Verkörperung der Simulation* – als ›Bild‹ – konnte der Frauenkörper aber auch wiederum zum Sinnbild für die Gemeinschaft selbst werden: Als *Ecclesia, Germania* oder *Marianne* repräsentierte er die Geschlossenheit und Einheitlichkeit des Kollektivkörpers.[70] Insofern ist die Geschichte des Schwindels auch in Parallele zur Geschichte der passiven und aktiven Inszenierungen von ›Weiblichkeit‹ zu lesen.

Schwindel und Schriftlichkeit

Die Geschichte des Schwindels hängt schließlich auch mit dem Verhältnis von Schriftlichkeit und Mündlichkeit zusammen – ein komplexes und historisch wirkungsmächtiges Verhältnis, das in vielen Bereichen grundlegend ist: Körperlichkeit, Gender, Gemeinschaftsbildung, Zeitwahrnehmung, Bilderverehrung und Bilderverbot sowie Säkularisierungsprozesse. Da das Verhältnis von geschriebener und gesprochener Sprache einen wichtigen Leitfaden für die in diesem Buch beschriebenen Zusammenhänge bildet, möchte ich in diesem einführenden Kapitel abschließend den ›Schwindel‹ aufzeigen, den die Überlagerung von Schriftlichkeit und Mündlichkeit ab etwa 1800 im westlichen Abendland (mit dem Beginn der allgemeinen Alphabetisierung) verursachte. Als Beispiele mögen die unterschiedlichen Reaktionsformen von zwei Dichtern auf die sie existentiell betreffende Entwicklung des Schreibens dienen: Gustave Flaubert und Arthur Rimbaud sprachen dieselbe Sprache, lebten in derselben Zeit (wenn auch dem einen eine erheblich längere Lebens- und Schaffenszeit beschieden war als dem anderen). Dennoch unterschied sich ihr Verhältnis zur Sprache und Dichtung zutiefst, vor allem unter dem Aspekt von Mündlichkeit und Schriftlichkeit betrachtet. Mit welchem Problem sie konfrontiert waren, läßt sich durch einen Exkurs in die moderne Sprachwissenschaft, insbesondere zum Begriff des ›linguistic turn‹, verdeutlichen.

Über die Rolle der Sprache in der Moderne schreibt die französische Kulturtheoretikerin und Psychoanalytikerin Julia Kristeva:

»Wenn die Renaissance den Kult Gottes durch den des Menschen ersetzt hat, so bringt unsere Epoche eine nicht minder bedeutende Revolution, nämlich die Auslöschung jeglichen Kultes. Denn sie ersetzt den Kult des Menschen durch ein System, das der wissenschaftlichen Analyse zugänglich ist: die Sprache. Der Mensch als Sprache, die Sprache anstelle des Menschen, das wäre die demystifizierende Handlung par excellence, die die Wissenschaft in die komplexe und ungenaue Zone des Menschlichen einführt: dorthin, wo sich (gemeinhin) Ideologien und Religionen ansiedeln.«[71]

Es ist fraglich, ob die Sprache tatsächlich an die Stelle getreten ist, an der sich vorher die Religionen befanden. Aber die Sprache hat zumindest *eine* der Funktionen der Religion übernommen. Alle Religionen haben nicht nur eine transzendente Botschaft zum Inhalt, sondern auch die Aufgabe, Gemeinschaften zu einem ›sozialen Körper‹ zusammenzuschließen. Ebendiese Funktion ging im Verlauf des Säkularisierungsprozesses zunehmend auf die Sprache über – allerdings auf eine Sprache, die nach den ›Regeln‹ der Schriftlichkeit strukturiert ist. Das heißt, es bedarf einer Definition von ›Sprache‹, die sich nicht nur auf das Sprechen selbst, sondern auch auf das verschriftlichte Sprechen bezieht und die die medialen Techniken der Visualisierung, die die Alphabetschrift hervorgebracht hat, umfaßt. Die Tatsache, daß die medialen Techniken und das von ihnen geschaffene Kommunikationsnetz die Möglichkeit eröffneten, die Gemeinschaft nicht nur zu ›informieren‹, sondern auch zu ›formatieren‹, verleiht dieser ›Sprache‹ erst ihre Macht: eine Macht, die zu neuen Formen des Nachdenkens *über* die Sprache geführt hat.

1953 führte der Sprachwissenschaftler Gustav Bergmann den Begriff des »linguistic turn« ein.[72] Er benannte damit ein Problem, das schon seit der Jahrhundertwende Philosophen wie Bertrand Russell und Ludwig Wittgenstein beschäftigte: die Frage, ob es überhaupt möglich ist, über philosophische Fragen nachzudenken, ohne die strukturierende Macht der Sprache einzubeziehen. Die von Kant eröffnete Frage nach den Bedingungen der Möglichkeit von Erkenntnis und sinnlicher Wahrnehmung stellte sich ihnen neu und radikaler als das Problem, mit einem ›Instrument‹, nämlich der Sprache, denken zu müssen, das die Möglichkeiten jeder Erkenntnis vorgibt. Bergmann erwog die Möglichkeit einer ›Idealsprache‹, durch die gleichsam das Reden über das Reden von einem »neutralen« Standpunkt aus gesichert sein sollte. Der Sprachwissenschaftler und Kulturtheoretiker Richard Rorty griff 1967 den Begriff des ›linguistic turn‹ auf: Er verwarf zwar das Ziel einer ›Idealsprache‹, benannte mit dem ›linguistic turn‹ aber die Zweifel an den philosophischen Systemen der

Vergangenheit, die nicht auf die Probleme der Sprache eingegangen seien:

»Der linguistischen Philosophie ist es in den letzten dreißig Jahren gelungen, die gesamte philosophische Tradition von Parmenides über Descartes und Hume bis Bradley und Whitehead in die Defensive zu versetzen. Sie tat das durch eine sorgfältige und genaue Untersuchung der Weisen, mit der traditionelle Philosophen sich der Sprache bei der Formulierung ihrer Probleme bedienten. Diese Leistung genügt, um diese Epoche zu einer der großen der Philosophiegeschichte zu machen.«[73]

Während der ›linguistic turn‹ für die einen also die Verwandlung der Sprachphilosophie in eine ›strikte Wissenschaft‹[74] im Sinne von *hard science* darstellte (und dieser Versuch findet im Konzept der ›Idealsprache‹ wie in der Annäherung eines Teils der Linguistik an die Mathematik seinen Ausdruck), bezeichnete derselbe Begriff für andere Sprachphilosophen gerade das notwendige Scheitern eines solchen Konstruktionsversuchs. In beiden Fällen wird jedoch deutlich, daß die Sprache als eine Art ›Fessel‹ empfunden wurde, die den Menschen ›programmiert‹ und ihm vor-schreibt, nicht nur was, sondern auch *wie* er erkennt und begreift. Galt Heidegger die Sprache als eine ›Behausung‹, so erschien sie diesen Denkern als ein ›Gefängnis‹. Was zu dieser Entwicklung geführt hatte, sei hier zunächst nur einleitend skizziert: Ab dem Beginn der Neuzeit setzte sich zunehmend eine Überlagerung von Schriftlichkeit und Mündlichkeit durch, für die die allgemeine Alphabetisierung in den Industriegesellschaften nur *ein* Ausdruck war. Die geschriebene Sprache hatte einerseits die gesprochene Sprache nach ihren Regeln der Grammatik und der Homogenität strukturiert; andererseits war dabei aber auch die Unterscheidung von geschriebener und gesprochener Sprache zunehmend verschwunden, was der geschriebenen Sprache – insbesondere der Dichtung – die Aneignung von Eigenschaften der gesprochenen Sprache ermöglichte: Subjektivität, Ambivalenz, Körpernähe. Die Wechselwirkung hing mit der Tatsache zusammen, daß sich die Alphabetschrift, die Phoneme in Zeichen überträgt, selbst aus der mündlichen Sprache abgeleitet hatte, mithin also auch auf diese zurückwirken konnte. Der ›linguistic turn‹, der in der Sprachwissenschaft erst im 20. Jahrhundert als theoretisches Problem auftaucht (es ist übrigens erstaunlich, wie wenig in der Diskussion um den ›linguistic turn‹ die Frage der Schriftlichkeit und ihr Einfluß auf die Entstehung eines neuen Sprachproblems mitgedacht werden), zeitigte schon im 19. Jahrhundert

Rückwirkungen auf Dichtung und Prosa, und er führte zu einer intensiven Beschäftigung von Schriftstellern mit den Möglichkeiten und den Grenzen von Sprache. Es war diese Beschäftigung, die Flaubert in Schwindelzustände versetzte und Rimbauds Wortexplosionen hervorbrachte.

Da der ›linguistic turn‹ einerseits eine Wende bezeichnet, an der die Sprache als ›Fessel‹ des Denkens erkannt wird, andererseits aber auch einen Umbruch markiert, der die Korrelation von Sprache und technischen ›Medien‹, den Speichersystemen und den neuen Visualisierungstechniken, sichtbar macht, erstaunt es nicht, daß alsbald auch vom ›pictorial turn‹ die Rede ist, den der Kunsthistoriker W. J. Thomas Mitchell in den 80er Jahren einführte.[75] Mitchell beschäftigte die Frage, wie man über das Bild, Visualisierungstechniken und Sehgewohnheiten in einer Weise sprechen kann, die die Strukturierung des Sehens durch die Techniken selbst einbezieht. Da zudem auch über Bilder und das Sehen durch Texte und das Wort verhandelt wird, stellte sich hier ein ganz ähnliches Problem wie in der Sprachwissenschaft. Beim ›pictorial turn‹, so Mitchell, gehe es nicht um eine »Bändigung des Ikons durch den Logos«, und er führe auch »weit über das vergleichende Studium von verbalen und bildenden Künsten hinaus, hin zur grundlegenden Konstituiertheit des menschlichen Subjekts durch sowohl Sprache als auch bildliche Darstellung«.[76] Die Ikonologie müsse sich selbst als eine »Ideologie« erkennen, »das heißt, als ein System der Naturalisierung, ein homogenisierender Diskurs, der Konflikte und Differenzen in Bildern von ›organischer Einheit‹ und ›synthetischer Intuition‹ auslöscht«.[77] Drückt sich im ›linguistic turn‹ also die Bedrängnis durch eine ›sinnlich‹ gewordene Schriftlichkeit (im Sinne einer Überlagerung von Mündlichkeit und Schriftlichkeit sowie der Assimilation bildlicher Eigenschaften durch die Schrift) aus, so bezeichnet der ›pictorial turn‹ die Erkenntnis, daß das Bild ein »komplexes Wechselspiel von Visualität, Apparat, Institutionen, Diskurs, Körpern und Figurativität« darstellt.[78] Der »pictorial turn«

»ist die Erkenntnis, daß die Formen des Betrachtens (das Sehen, der Blick, der flüchtige Blick, die Praktiken der Beobachtung, Überwachung und visuelle Lust) ebenso tiefgreifende Probleme wie die verschiedenen Formen der Lektüre (das Entziffern, Dekodieren, Interpretieren etc.) darstellen und daß visuelle Erfahrung oder ›die visuelle Fähigkeit zu lesen‹ nicht zur Gänze nach dem Modell der Textualität erklärbar sein dürften. Entscheidenderweise aber enthält der pictorial turn die Erkenntnis, daß, obgleich sich das Problem der bildlichen Repräsentation immer schon gestellt hat, es uns heute unabwendbar mit noch nie dagewesener Kraft bedrängt, und das auf allen Ebenen der Kultur, von den raffiniertesten philosophischen Spekulationen bis zu den vulgärsten Produkten der Massenmedien.«[79]

Das heißt, so wie die Sprachwissenschaft ist auch die moderne Bildwissenschaft der Frage ausgesetzt, ob sie über einen ›neutralen‹ Blick verfügt, der sich jenseits des Programmierten und ›Vor-geschriebenen‹ verorten kann. Mit ebendiesem Problem waren Künstler und Dichter des 19. Jahrhunderts konfrontiert – und es traf sie mit einer um so größeren Intensität, als sie noch nicht über das Instrumentarium der linguistischen oder ikonologischen Theorien verfügten, die diese Fragen erst hundert Jahre später stellen sollten. Erschien bis dahin Schriftstellern die geschriebene Sprache – wegen ihrer abstrahierenden Eigenschaften – als ein Instrument der Freiheit und der Distanzierung von der Realität, als Möglichkeit, »eine andere Wirklichkeit zu denken«, so wurde sie nun zunehmend als ›Bevormundung‹ erfahren. Sie hatte sich einerseits des sprechenden Körpers bemächtigt, dabei aber auch ihre Funktion als ›das Andere‹ des Körpers, als ›virtuelle Realität‹ eingebüßt. Auf diesen Verlust reagierten Dichter auf unterschiedliche Weise – und in dieser Differenz spiegeln sich die beiden Pole wider, zwischen denen sich die Geschichte des Schwindels im 19. Jahrhundert bewegte.

In den Werken von Arthur Rimbaud und Gustave Flaubert kommen gegensätzliche Konzepte von der Wechselbeziehung zwischen Sprache und Körper zum Ausdruck. Rimbaud erklärt: »C'est faux de dire: je pense. On devrait dire: on me pense. Je est un autre.«[80] Flaubert hingegen verkündet: »Madame Bovary c'est moi.« In ihrer Spiegelbildlichkeit besagen diese Sätze zunächst das gleiche: Das Ich sei durchsetzt oder untrennbar vom Anderen, und gemeint ist damit auch die Sprache selbst. Doch während bei Flaubert dieser ›Andere‹ eine weibliche (oder erfundene) literarische Gestalt annimmt und einen *abgespaltenen* Teil des Selbst darstellt (»Schreiben ist etwas Köstliches, nicht mehr man selbst zu sein, sondern in der ganzen Schöpfung zu kreisen, von der man spricht.«), wird der ›Andere‹ bei Rimbaud in das Ich integriert, dem Selbst *einverleibt*. Bei Rimbaud erscheint der Andere wie die Hostie beim heiligen Abendmahl, bei dem sich das ›Fleisch gewordene Wort‹ mit dem Leib des Gläubigen vereint, um diesem Unsterblichkeit zu verleihen. Allerdings ist bei ihm nicht zu unterscheiden, ob mit dem ›Wort‹ die geschriebene oder die gesprochene Sprache gemeint ist. Die Mündlichkeit scheint in die geschriebene Sprache eingeflossen und von dieser ›assimiliert‹ zu sein. Doch so wie sich in den Verrenkungen und Symptomen des hysterischen Körpers die gesprochene Sprache als unterschwelliger Strom gegen den *Logos* erhielt – der Körper lehnte sich gegen die von der Schrift verhängte Trennung von Sprache und Körper auf, indem er den Körper ›sprechen‹ ließ –,[81] so erscheint auch die Dichtung von Rimbaud wie ein Versuch, zur Mündlichkeit zurückzuführen.

Rimbaud wollte die Grenze zwischen Dichtung und Leben, zwischen Wort und ›Realität‹ aufheben, der Sprache eine Kraft, ja Gewalt verleihen, die sie, als ›sinnliche Erfahrung‹ wahrgenommen, vom Körper ununterscheidbar macht. Diese Vorstellungen entwickelt er in seinen beiden »Seher-Briefen«, die im Jahr der Pariser *Commune* (1871), deren begeisterter Anhänger er war, entstanden sind. »Es geht darum, die Seele zum Ungeheuer zu weiten [...]. Man muß sich einen Menschen vorstellen, der Warzen in sein Gesicht einpflanzt und sie pflegt.«[82] Zur Rolle des Dichters schreibt er:

»Der Dichter macht sich zum *Seher* durch eine langdauernde, unerhörte und wohlüberlegte *Entgrenzung aller Sinne*. Alle Formen der Liebe und des Leidens, des Wahnsinns; er durchforsche sich selbst, er schöpfe alle Gifte seines Wesens aus und bewahre nur ihre Quintessenz für sich. Unsagbare Folter, für die er seinen ganzen Glauben braucht, seine ganze übermenschliche Kraft, und durch die er unter allen Wesen der große Kranke, der große Verbrecher, der große Verdammte – und der Allwissende – wird! – Denn er kommt an im *Unbekannten*.«[83]

Der Begriff des »Unbekannten« konnotiert Gott. Aber dieser Gott wird im Selbst angesiedelt. Auf diese Weise wird der Dichter selbst zum ›Fleisch gewordenen Wort‹. Obgleich er immer wieder seinem Haß auf die Kirche Ausdruck verleiht, ist die Nähe zur christlichen Erbschaft bei Rimbaud kaum zu übersehen. Nur nehmen bei ihm die Metaphern der Kirche weltlichen Charakter an: Die Begriffe ›Blut‹, ›Rasse‹ stehen für ein Evangelium, das sich als ›Natur‹ geriert und in ihm selbst Gestalt angenommen hat. In *Böses Blut* heißt es:

»Meine Erinnerung geht nicht weiter als dies Land hier und das Christentum. Ich sehe das Ende nicht ab, ich finde mich ewig in dieser Vergangenheit. Aber immer allein: ohne Familie. Und: welche Sprache hab ich gesprochen? Nie seh ich mich im Rate Christi; nie im Rate der großen Herrn – Christi Stellvertretern.
[...]
Das heidnische Blut kehrt wieder!

Der Geist ist nahe, warum hilft Christus mir nicht
und gibt meiner Seele Adel und Freiheit.
Ach, das Evangelium. Die Zeit des Evangeliums ist vorbei!
Des Evangeliums. Ich warte auf Gott mit Gier.«[84]

Wenn Gott, der Andere, die Sprache selbst repräsentiert, die Rimbaud – wie das heilige Abendmahl – ›mit Gier‹ erwartet, so impliziert diese Vorstellung, daß er mit seinem »Je est un autre« auch die Sehnsucht einer Verschmelzung mit den anderen meint. Die Dichtung wird bei ihm zu einem – libidinös besetzten – ›Medium‹, das den vereinzelnden Modus der Schriftlichkeit transzendiert und eine universale, symbiotische, ›zeugende‹ Verbindung stiftet:

»Diese Sprache wird von der Seele kommen und zur Seele gehen und alles zusammenfassen: Düfte, Töne, Farben und den Gedanken, der dem Gedanken folgt und ihn weiterführt. Der Poet bestimmt dann das Ausmaß des Unbekannten, das zu seiner Zeit in der Allseele erwacht: er gäbe mehr – als die Formel seines Gedankens, als die Aufzeichnung *seines Weges zum Fortschritt*! Indem er das Ungewöhnliche zum Gewöhnlichen macht und alle es aufnehmen in sich, würde er in der Tat zu *einem Vervielfacher des Fortschritts*! Diese Zukunft, Sie werden es sehen, wird materialistisch sein.«[85]

In Gesellschaften mit mündlicher Überlieferung wird die Sprache als eine Art von ›Lebenssaft‹ wahrgenommen, der die einzelnen Körper der Gemeinschaft zu einem Gemeinschaftskörper zusammenschließt. So auch bei Rimbaud, für den die dichterische Sprache zum ›immersive environment‹ wird, zu einer fließenden Umgebung, in die er eintauchen möchte. Im Gedicht *Le Bateau Ivre* (das wie der Versuch erscheint, dem Selbst die Erfahrung des Schwindels zu bereiten) wird er, der Dichter, zu einem tanzenden, steuerlosen Schiff. Hier entwickelt Rimbaud eine Bildersprache, in der die Worte selbst ›unmittelbares Erleben‹ stiften.

»Ich träumte eine grüne Nacht, blendende Weiße,
Die leicht die Meere küßt, bis zu den Augen auf,
Das Schäumen unerhörter Säfte, rings im Kreise,
Den singenden Phosphor in gelb und blauem Lauf!«[86]

Für Rimbaud waren Körper und Worte untrennbar geworden, und der größte Feind einer solchen Sprache war die Abstraktion, mithin die Schriftlichkeit, die als körperfremd und dissoziierend abgelehnt wurde:

»Eine Sprache finden: – und wenn schließlich jedes Wort ein Gedanke ist, dann kommt auch die Zeit einer Universalsprache! Man muß schon Akademie-Mitglied sein – mehr tot als ein Fossil –, um ein Wörterbuch zu verfassen, in welcher Sprache auch immer. Wenn Schwächlinge anfangen, über den ersten Buchstaben des Alphabets *nachzudenken*, können sie ganz schnell dem Wahnsinn verfallen.«[87]

Statt dessen sei der Dichter dazu berufen, die gesamte Menschheit, »ja sogar alle Lebewesen«, »seine Entdeckungen fühlen, ertasten, hören [zu] lassen«.[88] Ein solches Bild von Sprache, die eine synästhetische Wahrnehmung durch die Nahsinne vermittelt und erzeugt, impliziert einerseits eine Rückkehr zur ›unmittelbaren‹ Sinnlichkeit, die der distanzierten ästhetischen Wahrnehmung konträr ist, andererseits aber auch eine ›sinnliche Belebung‹ des Abstrakten, wie wir ihr im 19. Jahrhundert in vielen Zusammenhängen begegnen: etwa bei Richard Wagner, der von seiner Musik schreibt, daß sie mit »ihren feinen, feinen geheimnisvoll-flüssigen Säften durch die subtilsten Poren der Empfindung bis auf das Mark des Lebens eindringt, um dort Alles zu überwältigen, was irgendwie Klugheit und selbstbesorgte Erhaltungskraft sich ausnimmt«.[89] Der neue Glaube an die gesprochene Sprache galt nicht nur für Künstler, sondern auch für viele politische, insbesondere die »völkischen« Bewegungen. Er spielte eine zentrale Rolle im Antisemitismus, dessen feindselige Haltung zur Schriftlichkeit gegen Ende des 19. Jahrhunderts mit der Dreyfus-Affäre in der Diffamation des ›Intellektuellen‹ und ›Literaten‹ einen deutlichen Ausdruck finden sollte. Auch in Hitlers *Mein Kampf* (1926) werden Mündlichkeit und Schriftlichkeit polarisiert. »Die größten Umwälzungen auf dieser Welt sind nie durch einen Gänsekiel geleitet worden«, schreibt er. Dazu sei nur die gesprochene Sprache fähig: »Die Macht aber, die die großen historischen Lawinen religiöser und politischer Art ins Rollen brachte, war seit urewig nur die Zauberkraft des gesprochenen Wortes.«[90] Die »Zauberkraft« der mündlichen Sprache im Industriezeitalter beruhte jedoch auf den technischen Geräten, die die gesprochene Sprache zu speichern (Grammophon) und zu verbreiten (Radio) erlaubten. Und sie basierte auch auf der Tatsache, daß sich die geschriebene Sprache in einem langen historischen Prozeß die Eigenschaften ›körperlicher‹ Mündlichkeit angeeignet hatte.

Rimbauds Schaffenszeit dauerte nur vier Jahre, vom 15. bis 19. Lebensjahr, 1869 bis 1873. Das heißt, dem Aufbruch folgte schon früh die Ernüchterung:

»Ich erfand die Farbe der Vokale! *A* Schwarz, *E* weiß, *I* rot, *O* blau, *U* grün. Ich bestimmte Form und Bewegung jedes Konsonanten. Mit instinktiven Rhythmen schmeichelte ich mir, ein poetisches Wort zu erfinden, das allen Sinnen dereinst zugänglich sein wird. [...]

Es endete damit, daß ich das Chaos in meinem Kopf für heilig erklärte. Ich war träge, in den Fängen eines heftigen Fiebers: Ich neidete den Tieren ihr Glück – den Raupen die Unschuld des Unent-larvten, ich war eifersüchtig auf Maulwürfe, auf Dornröschens Schlaf!

Mein Wesen wurde gallenbitter. Im Stil einer Romanze nahm ich Abschied von der Welt.«[91]

Natürlich konnte Rimbaud die politischen Dimensionen einer geschriebenen Sprache, die sich der ›Zauberkraft‹ der gesprochenen Sprache bemächtigt hatte, nicht erkennen. Aber er konnte begreifen, daß die gesprochene Sprache nicht mehr ihre Rolle als Vermittlerin von ›Wirklichkeit‹ erfüllte. Oder daß die ›Wirklichkeit‹, von der sie erzählte, nicht jener entsprach, nach der er suchte und der er Ausdruck verleihen wollte. Die dichterische Sprache hatte die Grenzen der Schriftlichkeit gesprengt und war zugleich ›Medium‹ im Sinne der Technologie geworden, vergleichbar den Visualisierungstechniken, die zunehmend über das Sehen bestimmten. Um so enttäuschender war für ihn die Einsicht, ein Gefangener *dieser* Sprache zu sein. In einem Käfig zu sitzen, aus dem es kein Entkommen gibt. Die *Alchimie du Verbe* hatte für ihn versagt. Das heißt, Rimbauds Auseinandersetzung mit der Sprache führte ihn einerseits auf den Beginn der Literalität zurück: zu der – durch die Schriftlichkeit entfachten – Sehnsucht, etwas ›Neues‹ zu sagen, Worte im Mund zu führen, die noch keiner benutzt hatte. Auf der anderen Seite erkannte er aber auch, daß eine mündlich gewordene Schriftlichkeit zu einer ›geregelten‹ Wirklichkeit führte, die anders war als die unberechenbare, unbeherrschbare Wirklichkeit, auf die er seine Hoffnungen richtete. Stand am Anfang der Schriftlichkeit die berechtigte Hoffnung auf neue Worte, die Befreiung der Sprache vom Zwang der Wiederholung, so führte ebenjene Unmittelbarkeit, in die Rimbaud seine Hoffnungen auf Erneuerung setzte, dazu, daß die gesprochene Sprache der ›magischen Aufladung‹ der geschriebenen diente. Damit waren auch die Mauern des Gefängnisses unsichtbar und mithin unüberwindbar geworden. Der Dichter, der die Körpernähe der gesprochenen Sprache suchte, war zum Gefangenen einer ›materialisierten Abstraktion‹ geworden. »Ich schrieb Schweigen und Nacht. Ich formulierte das Unsagbare. Ich bannte den Taumel in der Schrift.«[92] Sogar der Schwindel hatte seine Macht verloren: Er war gefangen in den Mauern der Schrift; das »trunkene Schiff« war zum Stillstand gekommen. So fällt Rimbaud die Entscheidung, sowohl Europa als auch die Poesie aufzugeben. Allerdings entkommt er auch in Afrika, als Kaffee-, Waffen- und Sklavenhändler, nicht der Erkenntnis, daß er nicht zur ›Wirklichkeit‹ des Körpers durchzudringen vermag. Im Alter von 37 Jahren stirbt er, nachdem der Körper, den er zum ›Sprechen‹ hatte bringen wollen, vom Drogenmißbrauch und den Krankheiten ausgezehrt war.

Flauberts Umgang mit der Überlagerung von Schriftlichkeit und Mündlichkeit war nahezu konträr. Beinhaltete die Ununterscheidbarkeit von geschriebener und gesprochener Sprache, daß sich die Schrift im sprechenden Körper ›inkarnierte‹, so schlug er den Weg der ›Desinkarnation‹ ein. Er versuchte, dem Körper durch die Rückbesinnung auf die Abstraktionsfähigkeit der Schrift zu entkommen. Im *Idiot der Familie,* einer meisterlichen Abhandlung über Flaubert, schreibt Jean-Paul Sartre: »Die Wörter bezeichnen in seinen Augen [...] niemals, was er empfindet, was er fühlt. Noch sein wahres transzendentes Verhältnis zur Welt. Die Gegenstände der Umgebung sind die Dinge der Anderen.«[93]

Flaubert versucht zu einer Sprache zu finden, die nicht durch die Mündlichkeit ›magisch aufgeladen‹ ist. Sartre nennt diesen Prozeß die »systematische Derealisierung des Sprechens«.[94] Flaubert, der sich selbst gerne als »hysterisch« bezeichnet, ist laut Sartre in seinem Jahrhundert der erste, der systematisch die Umwertung der Neurose betreibt.[95] Die Vorlage dazu hatten die Romantiker geliefert, ohne freilich zum ›Objektivismus‹ seiner Sprache vorzudringen. Allerdings bezieht sich bei Flaubert der Objektivismus nicht auf die gegenständliche Welt, sondern auf eine ›virtuelle Realität‹, eine ›Denkmöglichkeit‹. Sartre vergleicht die Sprache Flauberts mit der eines bildenden Künstlers, der versucht, mit Hilfe des Gegenständlichen das Unsagbare darzustellen.

Wie Rimbaud will auch Flaubert eine Sprache finden, die ›demoralisierend‹ ist, eine subversive Sprache, die die herrschende Ordnung unterwandert. Doch er geht dabei anders vor als Rimbaud. Seine ›Entlarvung‹ besteht in der Rückführung der Schriftsprache auf ihre imaginären, immateriellen Eigenschaften. Flaubert will, so drückt es Sartre aus, »vor allem seine ›nervösen Halluzinationen‹ dazu verwenden, jenem fortschreitenden Sieg des Irrealen über die Realität und des Nichts über das Sein einen lebendigen und konkreten Inhalt [zu] verleihen«.[96] Um das zu erreichen, »derealisiert« er nicht nur sein Sprechen, sondern auch seine leibliche Existenz. Sein Rückzug nach Croisset, die Entfernung seines Körpers aus der materiellen Welt der anderen (mit denen er nur noch brieflich verkehrt), und seine Aneignung von ›imaginären‹ Symptomen (die aus der Phantasie erschaffen sind) werden zur Voraussetzung dafür, daß er schreiben kann. Dabei beinhaltet sein Leben als »hysterischer Eremit« nicht wirklichen Verzicht auf Körperlichkeit, sondern die Erschaffung eines ›virtuellen Körpers‹ aus dem Geist der Schrift. Auch hier also ein ›Fleisch gewordenes Wort‹ – aber ein ›Fleisch‹, das immer wieder seinen Ursprung aus dem geschriebenen Wort betont. Darin liegt der Sinn der Migränen und Schwindelanfälle: Sie besagen, daß dieser Körper, der von der ›Fallsucht‹ befallen ist, auch einen großen Schwindel im Sinne von Betrug und Täuschung darstellt: Es ist eine creatio ex nihilo, wie sie dem lieben Gott – und der Hysterie mit ihren Symptomen ohne organische Ursache – vorbehalten bleibt. Flaubert, so schreibt Sartre, »ist sein ganzes Leben lang darauf versessen […], den Künstler und den Heiligen miteinander zu vermischen«.[97] Das heißt, es geht ihm um ›virtus‹ in jedem Sinne des Wortes: Enthaltsamkeit und männliche, schöpferische Potenz. Beides zusammen bildet die Voraussetzung dafür, eine ›virtuelle Realität‹ zu schaffen. Die ›Realität‹ und Körperlichkeit einer Schriftsprache, die die Eigenschaften der gesprochenen Sprache angenommen hat, stellt dabei nur eine ›denkbare Möglichkeit‹ unter anderen dar. Freilich, auch Flaubert wird an seiner ›Realität‹ scheitern. Als 1870 die Preußen in Frankreich einmarschieren, wird er von einer ›Wirklichkeit‹ eingeholt, gegen die seine ›Derealisierung‹ des Sprechens nichts vermag. »Die Literatur erscheint mir eine müßige und nutzlose Sache«, bekundet er in einem Brief an George Sand[98] – mit Worten, die auch aus der Feder Rimbauds hätten stammen können. Sartre schreibt dazu:

> »Dieses unendliche Nicht-Sein, diese funkelnde Leere, aus der er sich gemacht glaubte, war nur eine List des Seins, ein ganz reales Mittel, ihn sechsundzwanzig Jahre nach seiner Bekehrung von Pont-L'Evêque [dem ersten seiner Schwindelanfälle, CvB] mit seiner Endlichkeit, mit seiner Faktizität zusammenfallen zu lassen. Nach dieser Entdeckung versteht man, daß er ständig kotzt: er kotzt natürlich auf die Niederlage und auf die Republik und auf Preußen. Vor allem kotzt er auf sich selbst, er versucht, auf diese Einnahme des Nichts durch das Sein zu kotzen, die ich – im Kontrast zu dieser Derealisierungsanstrengung eines halben Jahrhunderts – seine *Realisierung* nennen werde.«[99]

Beide – Rimbaud wie Flaubert – waren gescheitert: der eine, weil er an die ›Unmittelbarkeit‹ der gesprochenen Sprache geglaubt hatte; der andere, weil er meinte, dieser ›Unmittelbarkeit‹ durch die »Derealisierungsanstrengungen« der geschriebenen Sprache entkommen zu können. Beide waren zu den Zeugen eines schwindelerregenden Schwindels geworden: den Täuschungen einer geschriebenen Sprache, die sich der Wirklichkeitsmacht des sprechenden Körpers bemächtigt hatte.

Die Geschichte des Schwindels spielte sich vor dem Hintergrund eines Wandels medialer Techniken ab, die die Körperwahrnehmung, die Geschlechterordnung und die Gestalt des Sozialkörpers beeinflußt haben. Im folgenden Kapitel soll die erste und weichenstellende dieser medialen Techniken behandelt werden: das Alphabet und seine historische Wirkungsmacht.

KAPITEL II
DER KÖRPER
DES ALPHABETS

1897 erschien in Berlin ein Buch unter dem Titel *Die akademische Frau*, in dem sich über hundert Universitätsprofessoren und andere Gelehrte zu der Frage äußerten, ob Frauen über die notwendigen Voraussetzungen für ein wissenschaftliches Studium und ganz generell für geistige Arbeit verfügen. Obgleich die Universitäten Englands, Frankreichs, der USA, der Schweiz und vieler anderer Länder Frauen schon längst zum Studium zugelassen hatten – in Preußen sollten die Schranken erst 1908 fallen –,[1] lehnten die meisten der im Buch Befragten das Frauenstudium ab. Dabei fällt auf, daß sie sich in ihren Argumenten weniger auf den weiblichen Kopf als auf den Unterleib bezogen. Schon Rudolf Virchow hatte erklärt: »Alles, was wir an dem wahren Weibe Weibliches bewundern und verehren, ist nur eine Dependenz der Eierstöcke.«[2] Und auch die anderen deutschen Wissenschaftler beriefen sich auf angebliche *Naturgesetze*, die einige Befürworter des Frauenstudiums nur in besonderen *Ausnahmefällen* zu umgehen bereit waren. Zu ihnen gehörte etwa Max Planck. Er erklärte, »wenn eine Frau, was nicht häufig, aber doch bisweilen vorkommt, für die Aufgaben der theoretischen Physik besondere Begabung besitzt und den Trieb in sich fühlt, ihr Talent zur Entfaltung zu bringen«, so werde er ihr »den probeweisen und stets widerruflichen Zutritt zu meinen Vorlesungen und Übungen gestatten«. Allerdings halte er es für verfehlt, »Frauen zum Studium heranzuziehen«. Denn »Amazonen sind auch auf geistigem Gebiete naturwidrig«. Man könne

> »nicht stark genug betonen, daß die Natur selbst der Frau ihren Beruf als Mutter und als Hausfrau vorgeschrieben hat und daß Naturgesetze unter keinen Umständen ohne schwere Schädigungen, welche sich im vorliegenden Falle besonders an dem nachwachsenden Geschlecht zeigen würden, ignoriert werden können«.[3]

Dem Theologen Philipp von Nathusius erschien es als eine »Erniedrigung der Frauen«, ihnen »gelehrte Bildung zu geben«,[4] während der Nationalökonom Lorenz von Stein die Ansicht vertrat: »Die Frau, die den ganzen Tag hindurch am Pulte, am Richtertisch, auf der Tribüne stehen soll, kann sehr ehrenwert und nützlich sein, aber sie ist keine Frau mehr, sie kann nicht Mutter sein.«[5] Laut Heinrich von Sybel, Historiker,

»schüttelt sich jeder, wenn er von einem weiblichen Advokaten, Literaten oder Zeitungsschreiber hört«.[6] Der Professor der Medizin Georg Lewin, Direktor der Klinik für Syphilis an der Königlichen Charité in Berlin, befürchtete vor allem den Schaden, den ein Studium der Medizin bei Frauen anrichten könnte:

»Eine Frau, die über die Anatomie der Geschlechtsteile nicht allein des Weibes, sondern auch des Mannes orientiert ist und über das Mysterium des Geschlechtsakts ohne Erröten sprechen kann, wird den Mann, wenn nicht abstoßen, so doch immer kalt lassen.«[7]

Der Historiker Heinrich von Treitschke verwies ausdrücklich Studentinnen aus seinen sonst öffentlichen Vorlesungen, denn er hielt nicht nur die weibliche Attraktivität, sondern auch »Zucht und Sitte« für gefährdet: »Durch die Gleichberechtigung der Frau mit dem Manne ergibt sich von selbst die Auflösung aller häuslichen Liebe und Zucht, und die Ehe verwandelt sich in ein Konkubinat.«[8] Der Jurist Otto von Gierke sah im Frauenstudium gar die Gefahr einer Auflösung der Staatsordnung:

»Also weibliche Rechtsanwälte und Notare? Oder weibliche Richter? Oder weibliche Staatsanwälte? Oder weibliche Verwaltungsbeamte? Mit jedem Schritt vorwärts beträte man hier die abschüssige Bahn, auf der es keinen Halt mehr gibt, bis die Austilgung der Unterschiede der Geschlechter im öffentlichen Recht erreicht ist. [...] Unsere Zeit ist ernst. Das deutsche Volk hat anderes zu thun, als gewagte Versuche mit Frauenstudium anzustellen. Sorgen wir vor allem, daß unsere Männer Männer bleiben! Es war stets ein Zeichen des Verfalles, wenn die Männlichkeit den Männern abhanden kam und ihre Zuflucht zu den Frauen nahm!«[9]

Darüber hinaus befürchteten einige, daß die wissenschaftliche Tätigkeit von Frauen zu erblichen Schäden führen könnte. »Ich denke dabei«, so schreibt ein Mediziner, »an die hereditäre Übertragung von der unter den studierenden Mädchen ohne Zweifel erheblich zunehmenden Kurzsichtigkeit und der nervösen Disposition«.[10]

Nur wenige Wissenschaftler sprachen sich bedingungslos *für* ein Frauenstudium aus. Ihre Argumente repräsentiert das Fazit des evangelischen Theologen Hermann von Soden:

»Ist das, was wir alle als Hauptaufgabe der Frau ansehen, so wenig tief in ihrer Natur begründet, daß sie durch wissenschaftliches Studium und öffentliche Berufsthätigkeit den Sinn dafür verlieren könnte, so wäre es

*Satirische Darstellung aus »The Graphic«, 1887. ›Widernatürliche‹
weibliche Geistigkeit.*

nur doppelt eine Gewalttätigkeit, wollte man sie auf die Aufgabe beschränken.«[11]

Welche spezifischen Eigenschaften die weibliche ›Natur‹ im Gegensatz zur männlichen aufweist, beschrieb der Anatom Theodor Ludwig von Bischoff:

> »Der Mann ist mutig, kühn, heftig, trotzig, rauh, verschlossen; das Weib furchtsam, nachgiebig, sanft, zärtlich, gutmüthig, geschwätzig, verschmitzt. Der Mann besitzt mehr Festigkeit, das Weib ist wandelbar und inconsequent. Der Mann handelt nach Überzeugungen, das Weib nach Gefühlen; die Vernunft beherrscht bei jenem das Gefühl, bei diesem umgekehrt das Gefühl die Vernunft. Das Weib ist schamhafter, und die Regungen des groben Genusses der Sinnlichkeit sind bei ihm in der Regel geringer als beim Manne. Seine Sittsamkeit, Demuth, Geduld, Gutmüthigkeit, Aufopferungsfähigkeit, theilnehmende Lebensstimmung, Frömmigkeit sind viel größer als beim männlichen Geschlecht. Der wahre Geist der Naturwissenschaften wird deshalb dem Weibe stets verschlossen bleiben.«[12]

Dennoch bevölkern schon wenige Jahrzehnte später Frauen die Universitäten – zunächst als Studentinnen, später auch als Lehrende. Wie konnten angebliche ›Naturgesetze‹ in solch kurzem Zeitraum außer Kraft gesetzt werden? Dieser institutionelle Wandel machte evident, wie sehr es sich bei der Geschlechterordnung nicht um eine naturgegebene, biologische, sondern um eine symbolische Ordnung handelte. Und so ist umgekehrt zu fragen, was die ›Verwechslung‹ von kulturellem Kodex und ›Naturgesetz‹ ermöglichte. Worin gründet die Tragfähigkeit einer Denkfigur, die die symbolische Ordnung als ›unwandelbare Natur‹ erscheinen ließ?

Im abendländischen Denken hat nicht nur die grundlegende Dichotomie von Geist und Körper, Kultur und Natur eine lange Tradition, sondern auch deren Überlagerung mit der Opposition von Männlichkeit und Weiblichkeit. Die Vorstellung, daß Geist und Materie als Gegensätze zu betrachten seien und der Geist den Körper zu beherrschen habe, fand ihren symbolischen Ausdruck in der Geschlechterdifferenz. Männlichkeit wurde zur Symbolgestalt für das Geistige, Vernunft und ›Festigkeit‹; Weiblichkeit hingegen zur Symbolgestalt für den Körper, Gefühl, Unbeständigkeit, das sterbliche Fleisch, die ›Materie‹, in deren Wortstamm schon die ›Mutter‹, Matrix, *mater*, enthalten ist. Von dieser Differenz leiten sich wiederum viele andere Dichotomien ab: etwa rational/irrational, gesund/krank, rein/unrein usw. Diese Denkstruktur läßt sich von der griechischen Antike über das Christentum bis in die

Neuzeit und Moderne verfolgen, und sie zeigt sich – in historisch unterschiedlichen Formen – sowohl in kirchlichen als auch in politischen, in künstlerischen wie in wissenschaftlichen Zusammenhängen. Wurde die Geschlechterordnung als symbolische Ordnung installiert, so sollte sie über die Jahrhunderte allmählich den Anschein einer ›Naturordnung‹ annehmen.

Wie aber konnte eine solche symbolische Ordnung entstehen und zudem eine Wirkungsmacht entfalten, die sie schließlich als Naturgesetz erscheinen ließ? In diesem Kapitel soll dargestellt werden, daß die Symbole selbst – die alphabetischen Schriftzeichen – nicht nur eine neue symbolische Geschlechterordnung schufen, sondern auch den ›Sozialkörper‹ prägten. Nicht durch Zufall spiegelt sich in Virchows Bild von der »Dependenz der Eierstöcke« die schon im *corpus hippocraticum* formulierte Idee über die Ursache der Hysterie als Symptom für die mangelnde Befriedigung des weiblichen Unterleibs wider – ein nosologisches Muster, mit dem schon in der Antike erste Versuche unternommen wurden, die symbolische Geschlechterordnung zu ›naturalisieren‹. Die Vorstellung, daß der weibliche Geist in Abhängigkeit vom weiblichen Unterleib stehe, entwickelte sich parallel zur Durchsetzung des griechischen Alphabets.

Die Alphabetschrift

Daß die phonetische Alphabetschrift als ein ›Medium‹ zu begreifen ist, das neue Denkstrukturen hervorgebracht hat und seine Wirkungsmacht bis in die sozialen und politischen Ordnungen hinein ausübt, ist natürlich kein neuer Gedanke. Er ist von vielen Schrifttheoretikern – Harold Innis, Eric Havelock, Ignace J. Gelb, Jack Goody, Walter Ong, Marshall MacLuhan, Jan und Aleida Assmann, Derick de Kerckhove (um nur einige Namen zu nennen) – beschrieben worden. Bemerkenswert an diesen Studien ist allerdings das seltsame Schweigen über die Auswirkungen der Schriftlichkeit auf die Geschlechterbilder. Der Alphabetschrift wird zugetraut, am Ursprung des Monotheismus und linearer Zeitvorstellung zu stehen, Auslöser für die Entstehung der Polis und der attischen Demokratie zu sein und die Geschichtsschreibung und neue Formen des kulturellen Gedächtnisses geschaffen zu haben. Allein, was den Zusammenhang von Schrift und Geschlechterordnung betrifft, herrscht in der Theoriebildung eine seltsame Leere. Dies ist um so erstaunlicher, als das Geschlecht und die Regeln, die über das Verhältnis der Geschlechter bestimmen, im Zentrum jedes Kodex und jeder Gemeinschaftsbildung stehen. Durch die genaue Regulierung der Fortpflanzung sichert die Gemeinschaft ihr Fortleben; andererseits sollen auch die antisozialen Kräfte der Sexualität kontrolliert werden. Angesichts der zentralen Bedeutung von Geschlechterbildern für die Konstitution der Gemeinschaft ist es kaum vorstellbar, daß die Verschriftlichung des Denkens nicht auch Rückwirkungen auf die Geschlechterordnung gehabt haben soll.

Für Wahrnehmungslücken gibt es meist triftige Gründe. Eine Wissenschaft, die die Auswirkungen des eigenen Notationssystems auf die Geschlechterordnung vergißt (oder vergessen macht), braucht nicht über die geschlechtlich kodierten Wissensstrukturen zu reflektieren, die das Notationssystem hervorgebracht hat. »Die Wissenschaft, wenn man genau hinsieht«, schreibt Jacques Lacan, »hat kein Gedächtnis. Einmal konstituiert, vergißt sie die Peripetien, aus denen sie hervorgegangen ist.«[13] Das gilt in gesteigertem Maße gerade für jene Bereiche, in denen von Biologie oder ›Natur‹ die Rede ist, wie etwa bei Fragen des Geschlechts.

Dabei ist zumindest der zeitliche Zusammenhang zwischen der Schriftlichkeit und der Entstehung einer neuen Geschlechterordnung kaum zu übersehen. Zweifellos gilt das schon für die Schriftsysteme Altägyptens und Israels. Aber noch deutlicher wird es bei der vollen phonetischen Alphabetschrift, die um 800 v. Chr. entwickelt wurde und innerhalb weniger Jahrhunderte zur Geburt von Philosophie und Wissenschaft und der Durchsetzung neuer Parameter des Denkens führte: Logik, Norm und Berechenbarkeit. »Die geschriebene Chronik«, so schreibt Harold Innis, der als einer der ersten über den Zusammenhang von Schriftlichkeit und Staatsbildung nachgedacht hat, »bezeichnete, versiegelte und übertrug geschwind das, was für die Militärmacht und die Verbreitung der Regierungshoheit essentiell war. Kleine Gemeinschaften wurden größeren Staaten eingeschrieben, und Staaten konsolidierten sich als Imperien. Die Monarchien Ägyptens und Persiens, das Römische Reich sowie die Stadtstaaten waren vornehmlich Produkte der Schriftlichkeit.«[14] Das galt nicht nur für die Kolonisierung nach außen, sondern auch für die Strukturierung der Gesellschaft nach innen.

Daß die Entstehung und Durchsetzung einer neuen Staatsräson in der griechischen Klassik mit einem Wandel der Geschlechterordnung einherging, hat Nicole Loraux am Beispiel der Eingrenzung der weiblichen Trauerklage dargestellt – eine Eingrenzung, hinter der sich sehr viel mehr verbirgt, als auf den ersten Blick ersichtlich sein mag. Es ging dabei um einen Eingriff in die Ordnung der Fortpflanzung, der Genealogie sowie um die Domestizierung der Gefühle und ihre Unterwerfung unter die Gesetze der Rationalität.[15] Die Durchsetzung der Staatsräson im Zusammenhang mit der Trauer ist auch als Durchsetzung der Ordnung der Schrift zu begreifen. In den *Schutzflehenden* behandelt Euripides die ›Verstaatlichung‹ der Trauer, und gleichzeitig heißt es:

> »Nichts ist dem Volke so verhaßt wie ein Tyrann.
> Dort gelten nicht als Höchstes die gemeinsamen
> Gesetze; *einer* schaltet als Gesetzesherr
> ganz unumschränkt; und das ist keine Gleichheit mehr.
> Doch wurden die Gesetze schriftlich festgelegt,
> genießt der Arme wie der Reiche gleiches Recht.«[16]

Für Euripides ist der Zusammenhang von Schrift und Polis/Demokratie eindeutig. Den narrativen Kern des Dramas bildet jedoch die Geschichte der Frauen von Argos, deren Söhne und Männer im Krieg gegen Theben gefallen sind. Kreon, der König von Theben, verweigert die Freigabe der Leichname der gefallenen Krieger und verhindert somit ihre Bestattung nach hellenischem Brauch und Recht. Da rufen die Mütter Theseus zu Hilfe. Der junge Held besiegt Theben und bemächtigt sich der Toten. Doch statt die Toten von den Müttern und Frauen betrauern und bestatten zu lassen, eignet er sich das kulturelle Recht der Frauen auf die Trauer an. Er wäscht die Toten und verbrennt sie auf einem Scheiterhaufen. Erst als der Leichnam der Gefallenen bis zur Unkenntlichkeit reduziert ist, dürfen die Frauen die Überreste der Toten berühren. Dabei fordert Theseus, daß die Totenklage dem Verlust der Gemeinschaft – nicht dem der Familien – zu gelten habe. An die Stelle der Blutsverwandtschaft tritt die Polis. Die Gefallenen sind nicht mehr Söhne ihrer Mütter, sondern werden zu den Söhnen der Gemeinschaft, die von nun ab als die eigentliche Mutter erscheint. Auch auf einer anderen Ebene wird in diesem Drama der Wandel der Geschlechterordnung behandelt. Das Stück beginnt mit dem Auftritt Demeters und endet mit dem von Athena: zwei verschiedenen und fast unvereinbaren Aspekten des alten Griechenlands, wie Stephen Scully schreibt: »einer bezog sich auf Fruchtbarkeit, Leben, Tod und Erneuerung; der andere auf den politischen Diskurs, die militärische Aktion und ›Realpolitik‹«.[17] Mit dieser Rahmenhandlung beschreibt Euripides zugleich auch den Übergang einer Kultur, die von der Mündlichkeit geprägt ist, zu einer Kultur, die von den Denkformen der Schrift bestimmt wird.

Gerade die Tatsache, daß die Geschichte der Zeichen erheblich weiter zurückgeht als das griechische Alphabet, läßt darauf schließen, daß die geistige Revolution des Hellenismus in der spezifischen Form der Verschriftlichung selbst angelegt und also in einem hohen Maß medial bedingt ist. Während diese Erkenntnis schon bei Innis und anderen Theoretikern zu finden ist, beträchtet Jan Assmann die Rolle des Schriftsystems als »eher untergeordnet«.[18] Im folgenden möchte ich jedoch versuchen – gerade mit Hilfe des reichhaltigen Stoffes von Assmann, dem ich viele Einsichten verdanke – darzustellen, in welcher Weise das Alphabet auf die Entstehung des griechischen und christlichen Denkens – und damit auch einer spezifischen Geschlechterordnung – eingewirkt hat. Dabei gehe ich keineswegs von einem monokausalen Zusammenhang oder einem vereinfachenden ›Apriori‹ der medialen Rahmenbedingungen aus. Es soll vielmehr der Blick auf kulturgeschichtlich weniger beachtete Stränge gelenkt werden.

Anders als der ›politische Kontext‹ oder das historische Ereignis berühren die medialen Bedingungen die Dimension des Unbewußten, die der Frage des Geschlechts auch immer zugrunde liegt. Zudem gibt die lange Geschichte der Zeichen, die auch eine Geschichte von Bildern ist, einen Hinweis darauf, warum die Alphabetschrift im einen Fall – dem semitischen Alphabet – ein strenges Bilderverbot hervorgebracht hat, im anderen hingegen die griechische Bilderverehrung, die sich im Christentum fortsetzte. Im Verhältnis zum Bild – ob nun ikonoklastisch oder ikonophil – spiegeln sich wiederum die symbolischen Geschlechterrollen in beiden Religionen wider. Im folgenden seien zunächst die Unterschiede zwischen dem griechischen und dem semitischen Alphabet sowie die unterschiedlichen Denkformen skizziert, die aus den beiden Schriftsystemen hervorgegangen sind. Es versteht sich, daß eine solche Differenzierung nur in idealtypischer Form, nicht unter Berücksichtigung aller – oft widersprüchlicher oder gegenläufiger – Auswirkungen in der Geschichte dargestellt werden kann. Das gilt insbesondere für die Aussagen, die sich auf den Zusammenhang zwischen Schriftsystem und religiösem Denken beziehen.

Mit der jüdischen Religions- und Volksgemeinschaft entstand um etwa 1000 vor unserer Zeitrechnung zum ersten Mal in der Weltgeschichte eine ›textual community‹: eine Gemeinschaft, deren Zusammenhalt weder auf einem gemeinsamen Territorium noch auf einer Herrscherdynastie, sondern auf einer Schrift beruhte. Ihr Gott hatte sich durch das Wort offenbart. Diese Gemeinschaft hatte ein Schriftsystem, das anders war als das der altägyptischen Kultur. Das altägyptische Zeichensystem bestand aus einer Kombination von Piktogrammen und Silbensymbolen. Piktogramm-Schriften umfassen sehr viele Zeichen. Die chinesische Schrift, die sich von Bildern ableitet, besteht aus 50000 Zeichen. Sie zu erlernen setzt einen Bildungsweg von etwa dreißig Jahren voraus. In Kulturen, deren Gedächtnis auf Bildzeichen beruht, kann deshalb zwangsläufig nur eine Elite lesen und schreiben. So ist es auch eine Elite, die über Vergangenheit und Zukunft verfügt. Dies war auch in Ägypten der Fall. Die lange Lebensdauer der altägyptischen Kultur – und anderer Kulturen mit vielen Schriftzeichen – hängt letztlich damit zusammen, daß Eliten Macht über die Gedächtnisstrukturen haben und diese nutzen, um den gesellschaftlichen Ist-Zustand zu erhalten. Als in altägyptischer Zeit Ägypten unter Fremdherrschaft stand, erhöhte sich der Bestand der Zeichen von 700 auf ca. 7000 Zeichen.[19] »Wie jede Elite entwickelten auch die ägyptischen Priester unter den Bedingungen der Fremdherrschaft ein gesteigertes Distinktionsbedürfnis und verrätselten ihr Wissen.«[20] Auf der anderen Seite verschwindet aber das Wissen über eine Kultur – so z. B. die mykenische –, wenn (etwa nach einer Naturkatastrophe) mit der Bevölkerung auch die schriftkundigen Eliten untergehen. Für die griechische Kultur, deren Speichersystem leicht erlernbar war und schnell eine weite Verbreitung fand, hätte sich ein solcher Verlust des kulturellen Gedächtnisses nicht ereignen können. Auch wenn die gesamte hellenische Halbinsel im Meer verschwunden wäre, wüßten wir noch heute, worin die Grundzüge der griechischen Kultur bestanden und welche Namen die Griechen ihren Göttern gegeben hatten.

Der hebräischen Schrift lag ein phonetisches Alphabet zugrunde, das erste Alphabet der Geschichte überhaupt – sieht man von einem rudimentären Alphabet ab, das schon älter war und dem Handelsverkehr diente. Das semitische Schriftsystem konnten alle Mitglieder der Gemeinschaft leicht erlernen. Dennoch dauerte es fast 600 Jahre, bis die

Schrift und damit auch der heilige Text zum Allgemeingut wurden. Erst um 440 v. Chr. beschloß der Schriftgelehrte Esra, Angehöriger der israelitischen Priesteraristokratie, daß die Thora kein Geheimwissen mehr darzustellen habe, sondern allen gehöre: Vor den Toren von Jerusalem versammelte er die Bevölkerung und ließ die Thora laut verlesen und auslegen. Damit hörte das »Kernstück der religiösen Tradition auf, ein ›praktisch versiegeltes Buch‹ zu sein, und wurde für jeden, der es studieren wollte, zugänglich«.[21] »Hier haben wir«, so schreibt Josef Hayim Yerushalmi, »die Geburtsstunde der Schrift und zugleich die Geburtsstunde der Exegese.«[22] Der Zeitpunkt der Eröffnung dieses Geheimwissens war aber zugleich der Zeitpunkt, an dem die Thora »geschlossen wurde«, d. h. an dem sie aufhörte, in einem fließenden »Traditionsstrom« zu stehen, und Kanon-Charakter annahm. Von nun an durfte sie nicht mehr verändert werden. Dem Ereignis war zirka 200 Jahre zuvor die in der Bibel berichtete ›Wiederentdeckung‹ des ›Buchs der Gesetze Gottes‹ vorausgegangen, mit der die Weichen für die Entstehung der ›Textgemeinschaft‹ gestellt worden waren. Sie ›ereignete‹ sich unter König Josija, der der monotheistischen ›Jahwe-Allein-Bewegung‹ anhing und ein Verfechter des Bilderverbots war. Neu an Esras Handlung – verglichen mit Josija – war die Tatsache, daß der Text der Heiligen Schrift nun nicht mehr verändert werden durfte, andererseits aber auch für die individuelle Auslegung ›freigegeben‹ wurde. Damit enstand das ›Nebeneinander‹ von Schriftlichkeit und Mündlichkeit, das allmählich die jüdische Tradition charakterisieren sollte.

Zeitgleich mit Esras Entscheidung kam eine Entwicklung zu ihrem Abschluß, in deren Verlauf die ›Jahwe-Allein-Bewegung‹, eine ursprünglich kleine puritanische Sekte Israels, die einen strikten Monotheismus und Ikonoklasmus predigte, sich gegen die Majorität durchsetzte. Über Jahrhunderte hatte sich der größere Teil des Volkes Israel nur geringfügig von den umliegenden Kulturen unterschieden und mit diesen auch vermischt. Die Majorität vertrat einen Polytheismus, in dem Jahwe lediglich die oberste Gottheit darstellte, vergleichbar der Gestalt Marduks für die Babylonier und Assurs für die Assyrer, und sie kannte auch den Bilderkult.[23] Die ›Jahwe-Allein-Bewegung‹, die um etwa 900 v. Chr. aufkam, bekämpfte nicht nur den Kult der umliegenden Kulturen, sondern auch die assimilierenden Strömungen in der eigenen Kultur. Assmann führt die Tatsache, daß sich diese minoritäre Gruppe gegen die Majorität durchsetzen konnte, auf die Exodus-Situation zurück, in der schon die Konstitution Israels eine Abgrenzung gegen die anderen Kulturen dargestellt habe. »Die *Herausführung* des Volkes aus Ägypten ist der Gründungsakt schlechthin, der nicht nur die Identität des Volkes, sondern vor allem auch des Gottes begründet. [...] Das heißt: von allem Anfang her wird das Volk durch die Auswanderung und Ausgrenzung bestimmt.«[24] Die Exilsituation, also »Distinktion und Seklusion«, sei bestimmend geworden für die Identität Israels, und dies habe sich in den Epochen der Fremdherrschaft oder Deportation noch verstärkt. Ohne den Kanon hätten die Deportierten das Exil nicht ohne Identitätsverlust überstanden, und ohne das Exil hätten sich die mitgebrachten Traditionen nicht zu der Form verfestigt, in der sie zur Thora wurden.[25]

Nun gab es im Orient aber viele Völker, die das Schicksal der Deportation erlitten, und damit war tatsächlich fast immer der Untergang der kollektiven Identität verbunden. Warum sollte es Israel gelungen sein, die eigene Identität zu wahren und im Exil sogar noch zu verstärken? Assmann begründet dies mit dem gruppenkonstituierenden Charakter der ursprünglichen Exodus-Situation sowie mit der Tatsache, daß das Alte Testament zum Träger einer »neuen, verinnerlichten und vergeistigten Form von Identität« geworden sei,[26] »ein portatives Vaterland«[27] mit einem »extraterritorialen Gott«.[28]

Kann man es als einen Zufall erachten, daß beides – das Schriftsystem und das mosaische Gesetz, das auf der Abgrenzung gegen das Andere und auf dem Prinzip der Extraterritorialität beruht – gleichzeitig entstanden sind? Und ist es nur Koinzidenz, daß sich dieser unsichtbare Gott einzig in den Buchstaben der Schrift offenbart? Der Exodus ist, trotz intensiver Forschung, historisch nicht nachweisbar und stellt nach Assmann eher eine »Erinnerungsfigur« als ein Ereignis dar. Könnte der ›Bericht‹ über den Exodus nicht auch als eine zu Geschichte und Mythos verdichtete Metapher für das Schriftsystem zu verstehen sein? Das würde nicht zuletzt den Mangel an historischer Evidenz erklären. Dieses Schriftsystem unterschied sich so grundlegend vom ägyptischen Schriftsystem, daß es an sich schon eine Revolution darstellte: An die Stelle der ›heiligen Bilder‹ oder Piktogramme, denen das kulturelle Gedächtnis in Ägypten anvertraut wurde, traten im semitischen Schriftsystem phonetische Zeichen. Bilder und Tempel kann man nicht transportieren, sie lassen den Gedanken der Extraterritorialität nicht einmal aufkommen; wohl aber kann ein Buch, eine in alphabetische Zeichen geronnene Sprache, zum »portativen Vaterland« werden. Insofern trug der Unterschied zwischen ägyptischem Piktogramm und semitischer Alphabetschrift auch zum Ikonoklasmus der jüdischen Religion bei. Polytheismus und Ikonophilie bedingten sich gegenseitig, weil die polytheistischen Götter als ›Gestalten‹ der sinnlich wahrnehmbaren Welt betrachtet wurden. Die Ägypter sahen in den abbildbaren Figuren »die Gedanken des Schöpfergottes, die der Gott Thoth, der Erfinder der Schrift, in ›Formen‹ [...] artikuliert, d. h. bildhaft und abbildbar gestaltet hat«.[29] Allerdings wurden auch die phonetischen Zeichen von Bildern abgeleitet. Das heißt, es fand mit der Entstehung des Alphabets ein Abstraktionsprozeß statt, in dessen Verlauf aus Piktogrammen, die sich auf Dinge beziehen, zunehmend Signifikanten für Gedanken, also Ideogramme wurden. Diesem allmählichen Abstraktionsprozeß entsprach die Entstehung eines ›unsichtbaren Gottes‹, der die Welt durch das Wort – oder die Idee – zu erschaffen fähig ist.

Sigmund Freud, der sich ausführlich mit der Gestalt des Moses und der Entstehung des Monotheismus auseinandergesetzt hat, sah in dem Religionsstifter eine herausragende Persönlichkeit, einen »großen Mann«, wenngleich er sich selbst die Frage stellte, wie es überhaupt möglich sei, »daß ein einzelner Mensch eine so außerordentliche Wirksamkeit entfaltet, daß er aus indifferenten Individuen und Familien ein Volk formt, ihm seinen endgültigen Charakter prägt und sein Schicksal über Jahrtausende bestimmt?«[30] Sieht man jedoch in der Gestalt des Moses (für die es ebenso wenige historische Belege gibt wie für den Exodus) nicht einen »großen Mann«, sondern eine Erinnerungsfigur für die Schriftlichkeit – und Freud selbst verweist nicht ungern auf die Möglichkeit, »daß die Israeliten jener Urzeit, also die Schreiber des Moses, nicht unbeteiligt an der Erfindung des ersten Alphabets gewesen sind« –,[31] so erscheinen seine Überlegungen über den Monotheismus und die Geschichte der jüdischen Volks- und Religionsgemeinschaft in ganz anderem Licht. Auch erhält, wie ich später noch ausführen werde, seine These vom ›Mord am Urvater‹, den er als Ursprung der Geschichte des Judentums betrachtet, einen überraschend einleuchtenden Sinn, die allerdings weniger mit einer singulären Gestalt, sondern vielmehr mit der Geschichte des Symbolischen verknüpft ist. Freud schreibt:

»Noch mehr befremdend wirkt die Vorstellung, daß ein Gott sich mit einem Male ein Volk ›auswählt‹, es zu seinem Volk und sich zu seinem Gott erklärt. Ich glaube, es ist der einzige solche Fall in der Geschichte der menschlichen Religionen. Sonst gehören Gott und Volk untrennbar zusammen, sie sind von allem Anfang an Eines; man hört wohl manchmal davon,

Sigmund Freuds Schreibtisch im Freud-Museum, London. »Der Mann Moses und die monotheistische Religion«.

daß ein Volk einen anderen Gott annimmt, aber nie, daß ein Gott sich ein anderes Volk aussucht. Vielleicht nähern wir uns dem Verständnis dieses einmaligen Vorgangs, wenn wir der Beziehungen zwischen Moses und dem Judenvolke gedenken. Moses hat sich zu den Juden herabgelassen, sie zu seinem Volk gemacht; sie waren sein ›auserwähltes Volk‹.«[32]

Setzt man an die Stelle des Religionsstifters die Schriftlichkeit an sich, so eröffnet sich ein historischer Zugang zu diesem »einmaligen Vorgang«: Es erscheint evident, daß dieses völlig andere Schriftsystem nicht nur eine Gemeinschaft konstituiert, deren Kohäsion auf einem heiligen Text beruht, sondern auch den Glauben an einen neuen Gott entstehen läßt, der im Kreise derer wirkt, die nach diesem Schriftsystem leben. Ich sage ausdrücklich: *leben*, weil das Alphabet konkrete Formen von Körperwahrnehmung zur Folge hatte. Auch ist die Einmaligkeit weniger überraschend, schließlich war das semitische Alphabet das erste Alphabet überhaupt. (Die Tatsache, daß das Alphabet in einer rudimentären Form schon Anfang des 2. Jahrtausends für Handelszwecke eingesetzt wurde, widerspricht dem nicht: Auch das Schriftsystem der Sumerer – die ersten Schriftzeichen entstanden um etwa 3000 v. Chr. in Uruk – wurde zunächst für die Buchhaltung benutzt und diente erst später der Niederschrift von Mythen und Religionsgesetzen.) Freud, der in diesem Zusammenhang auf die Entstehung des Monotheismus eingeht, fragt nun weiter:

»In Ägypten war der Monotheismus erwachsen, so weit wir es verstehen, als eine Nebenwirkung des Imperialismus, Gott war die Spiegelung des ein großes Weltreich unumschränkt beherrschenden Pharao. Bei den Juden waren die politischen Zustände der Fortentwicklung von der Idee des exklusiven Volksgottes zu der des universellen Weltherrschers höchst ungünstig, und woher kam dieser winzigen und ohnmächtigen Nation die Vermessenheit, sich für das bevorzugte Lieblingskind des großen Herrn auszugeben?«[33]

Die Antwort auf diese Frage fällt leichter, wenn man den Anspruch auf Auserwähltheit nicht im Kontext einer politischen Weltmacht, sondern im Zusammenhang mit den Kapazitäten einer phonetischen, d. h. abstrakten Schriftlichkeit sieht. Waren mit der Heiligen Schrift der jüdischen Religionsgemeinschaft das ›Medium‹ einer »neuen, verinnerlichten und vergeistigten Form von Identität« und ein »portatives Vaterland« mit einem »extraterritorialen Gott« entstanden, so hatte das nicht nur Folgen für die jüdische Gemeinschaft, sondern schloß auch die Möglichkeit einer Ausbreitung ein. Erst mit der Entstehung des ›vollen‹ griechischen Alphabets im 8. Jahrhundert sollte eine Schriftform entstehen, die in Konkurrenz mit dem semitischen Schriftsystem treten konnte.

Weiter fragt sich Freud, wie es möglich war, daß die Botschaft des Moses erhalten blieb – trotz »priesterlicher Bearbeitung« mit »entstellender Tendenz« –[34] und erst Jahrhunderte nach ihrer ersten Verkündung wirkungsmächtig wurde. Er vermutet, daß die Tradition eher in der Mündlichkeit bewahrt blieb als in den »entstellten« Texten.

»Die merkwürdige Tatsache, der wir hier begegnen, ist aber, daß diese Traditionen, anstatt sich mit der Zeit abzuschwächen, im Laufe der Jahrhunderte immer mächtiger wurden, sich der späteren Bearbeitungen der offiziellen Berichterstattung eindrängten und endlich sich stark genug zeigten, um das Denken und Handeln des Volkes entscheidend zu beeinflussen. Welche Bedingungen diesen Ausgang ermöglicht haben, das entzieht sich zunächst unserer Kenntnis.«[35]

Dagegen ließe sich einwenden, daß mündliche Traditionen die Tendenz haben, sich zu verändern bzw. die Vergangenheit der Gegenwart anzupassen.[36] Sie bleiben also nicht identisch erhalten, und schon gar nicht verstärken sie sich. Wenn man die Antwort auf die Bewahrung der Tradition jedoch nicht in der Mündlichkeit sucht und auch nicht in den spezifischen Texten, die tatsächlich immer wieder neu geschrieben und ergänzt wurden, sondern in der Alphabetschrift selbst, die erst allmählich ihre Wirkungsmacht zu entfalten begann, so erscheint auch die »merkwürdige Tatsache« einer Verstärkung der Tradition, statt ihrer Abschwächung, weniger rätselhaft. Betrachtet man die Geschichte der »Mosesreligion« als untrennbar von der Geschichte der Alphabetschrift, so erklärt sich durchaus, daß sich eine »Art Erinnerung« an die ursprüngliche Mosesreligion erhalten konnte:

»Aber die Mosesreligion war nicht spurlos untergegangen, eine Art Erinnerung an sie hatte sich erhalten, eine vielleicht verdunkelte und entstellte Tradition. Und diese Tradition einer großen Vergangenheit war es, die gleichsam aus dem Hintergrund zu wirken fortfuhr, allmählich immer mehr Macht über die Geister gewann und es endlich erreichte, den Gott Jahve in den mosaischen Gott zu verwandeln und die vor langen Jahrhunderten eingesetzte und dann verlassene Religion des Moses wieder zum Leben zu erwecken. Daß eine verschollene Tradition eine so mächtige Wirkung auf das Seelenleben eines Volkes ausüben sollte, ist keine uns vertraute Vorstellung. Wir finden uns da auf einem Gebiet der Massenpsychologie, in dem wir uns nicht heimisch fühlen.«[37]

In welcher Weise das Alphabet prägend auf die Gestalt des Moses einwirkte, darauf wird weiter unten zurückzukommen sein. Obgleich sich Freud auf dem Gebiet der Massenpsychologie »nicht heimisch« fühlt, hat er doch – nicht nur im *Mann Moses und die monotheistische Religion*, sondern auch in *Totem und Tabu* – immer wieder kollektive Phänomene mit der Individualpsychologie zu erklären versucht. Allerdings suchte er die Brücke zwischen Kollektiv und Individuum nicht in der Theorie eines »kollektiven Unbewußten«: »Es wird uns nicht leicht, die Begriffe der Einzelpsychologie auf die Psychologie der Massen zu übertragen, und ich glaube nicht, daß wir etwas erreichen, wenn wir den Begriff eines ›kollektiven Unbewußten‹ einführen. Der Inhalt des Unbewußten ist ja überhaupt kollektiv, allgemeiner Besitz des Menschen.«[38] Das Unbewußte stellte für Freud vielmehr eine Art von genetischem Erbgut dar. So erstaunt es nicht, daß Freud die Brücke zwischen Individuum und Kollektiv in der Theorie einer genetischen Vererbung erworbener Eigenschaften vermutet, in dieser Hinsicht ganz der positivistische Naturwissenschaftler, der sich immer wieder in ihm manifestierte: »Wir entschließen uns endlich zur Annahme, daß die psychischen Niederschläge jener Urzeiten Erbgut geworden waren, in jeder Generation neu der Erweckung, nicht der Erwerbung bedürfen.«[39] Als Beweis für die genetische Vererbung erworbener Fähigkeiten führt Freud das Beispiel der Sprachsymbolik an: »die symbolische Vertretung eines Gegenstandes durch einen anderen«, die von Kindern ohne Anstrengung und ohne Unterweisung, gleichsam instinktiv erworben werde. »Wir können ihnen nicht nachweisen, wie sie es erlernt haben, und müssen in vielen Fällen zugestehen, daß ein Erlernen unmöglich ist.«[40] Tatsächlich hat die neuere Sprachforschung, insbesondere die von Noam Chomsky, gezeigt, daß die Sprachfähigkeit bis in die grammatikalischen Strukturen hinein im Menschen genetisch angelegt ist.[41] Doch was für die gesprochene Sprache gilt, trifft nicht unbedingt auf Religionen (oder die Erinnerung an einen ›Ur-Mord‹) zu, auch nicht auf die Zugehörigkeit des einzelnen zur sozialen Gemeinschaft, der sich das Individuum alles andere als ›instinktiv‹ einfügt. Wäre das der Fall, bedürfte es nicht der Initiationsrituale und Symbole (Riten, Körperbemalungen, Uniformen), mit denen die Gemeinschaft die ›Wir-Identität‹ betont oder gar herstellt. Erkennt man jedoch die Wirkungsmacht der Alphabetschrift auf Kollektiv wie Individuum – und gerade ihre Wirkungsmacht auf das Verhältnis des Individuums *zum* Kollektiv –, so bietet sich eine andere Form von Brücke zwischen der individuellen und der kollektiven Psyche an: eine Brücke, die einerseits kultureller, erworbener Art ist, andererseits aber auch mit der Sprache, also gleichsam dem genetischen Erbgut zusammenhängt. Eben wegen ihres engen Zusammenhangs zur gesprochenen Sprache vermag die phonetische Alphabetschrift ihre materielle, d. h. soziale und körperliche Wirkungsmacht zu entfalten. Freud hat die Bedeutung der Schrift für das jüdische Volk gesehen, aber für ihn hatte sie Instrumentalcharakter; sie war nicht ein ›Medium‹, das seine eigene Religions- und Volksgemeinschaft hervorbringt.

»Wir wissen, daß Moses den Juden das Hochgefühl vermittelt hatte, ein auserwähltes Volk zu sein; durch die Entmaterialisierung Gottes kam ein neues wertvolles Stück zu dem geheimen Schatz des Volkes hinzu. Die Juden behielten die Richtung auf geistige Interessen bei, das politische Unglück der Nation lehrte sie, den einzigen Besitz, der ihnen geblieben war, ihr Schrifttum, seinem Wert nach einzuschätzen. Unmittelbar nach der Zerstörung des Tempels in Jerusalem durch Titus erbat sich Rabbi *Jochanan ben Sakkai* die Erlaubnis, die erste Thoraschule in *Jabne* zu eröffnen. Fortan war es die heilige Schrift und die geistige Bemühung um sie, die das versprengte Volk zusammenhielt. [...] Diese charakteristische Entwicklung des jüdischen Wesens [wurde] durch das Verbot Moses', Gott in sichtbarer Gestalt zu verehren, eingeleitet.«[42]

Alphabetschrift und Exklusionscharakter

Die spezifische Wirkungsmacht der Alphabetschrift wird besonders deutlich beim Vergleich zwischen dem griechischen und dem semitischen Alphabet. Da das semitische Alphabet nur die Konsonanten schreibt, kann hebräische oder arabische Texte nur lesen, wer zugleich die gesprochene Sprache beherrscht. Das griechische Alphabet hingegen schreibt auch die Vokale. Jeder kann die Wörter lesen, die mit diesem Schriftsystem geschrieben sind, auch dann, wenn er die Sprache nicht spricht. Das hatte zur Folge, daß sich das volle Alphabet erheblich besser für die Übertragung in andere Sprachen eignete als das semitische, und in dieser Eigenschaft sollte es später auch zum Träger der weiten Verbreitung des Christentums werden. In der Wiedergabe der eigenen Sprache stehen die semitischen Konsonantenschriften dem griechischen Alphabet in nichts nach, wohl aber sind sie weniger geeignet zur Übertragung in fremde Sprachen. Könnte nicht auch diese Tatsache eine Grundlage für den Distinktions- und Seklusionscharakter der jüdischen

Religion bilden? Esra machte nicht nur die Thora allgemein zugänglich; er billigte auch die Übernahme der aramäischen Schriftzeichen für Bibeltexte. Die aramäische Schrift wurde allerdings nicht einfach übernommen, sondern es wurden neue Zeichen ausgebildet: Sie erhielten die typisch quadratische Form, die bis heute die hebräische Schrift kennzeichnet und auch zur Verschriftlichung des Jiddischen, des Judenspanischen, des Jüdisch-Persischen und anderer jüdischer Sprachvarianten diente, die auf diese Weise an das semitische Schriftsystem ›angeschlossen‹ wurden. Bei derselben Gelegenheit wurden auch Vokalbezeichnungen eingeführt: Punkte und Striche oberhalb oder unterhalb der Konsonantenzeichen – ein System, das seine konventionelle Ausgestaltung allerdings erst viel später (im 8. Jahrhundert) finden sollte.[43] Daß es bei Esras Entscheidung, die Thora allgemein zugänglich zu machen, nicht nur um die Kanonisierung der Texte, sondern auch um Fragen der Abgrenzung gegen das griechische Alphabet (und seine Wirkungsmacht) gegangen sein könnte, dafür spricht auch der Zeitpunkt 440 v. Chr., der weitgehend mit dem historischen Moment (403 v. Chr.) übereinstimmt, in dem in Athen das jüngere ionische Alphabet zur Amtssprache erhoben und für den Schulunterricht vorgeschrieben wurde. Dieser Akt, »die erste Schriftreform auf europäischem Boden«, implizierte, so Harald Haarmann, die Vereinheitlichung der griechischen Schriftsysteme und damit die »Normierung des Alphabets«. Danach entwickelte sich das klassische Alphabet allmählich »zum zentralen Kulturträger des antiken Hellenismus«.[44]

Warum aber sollte ein Bedürfnis nach Abgrenzung gegen das andere und so ähnliche Schriftsystem bestanden haben? Dies läßt sich darauf zurückführen, daß die beiden Alphabetschriften unterschiedliche Formen der Gemeinschaftsbildung erzeugten – was sich später auch im feindseligen Verhältnis vom Christentum zum Judentum niederschlug – und diese wiederum unterschiedliche Formen der individuellen Ich-Bildung zur Folge hatten. »Man ist sich darüber einig«, schreibt Jan Assmann,

»daß die einzigartige Ideenrevolution, aus der im Laufe weniger Jahrhunderte die fundierenden Texte, Traditionen und Denkformen des okzidentalen Rationalismus hervorgingen, weitgehend eine Sache der Schriftkultur, und zwar der griechischen Schriftkultur gewesen ist. Wenn wir Religion (im emphatischen Sinne) und Staat als die spezifische Errungenschaft der israelitischen bzw. ägyptischen Schriftkultur identifizieren können, dann stellen Philosophie und Wissenschaft, also die Entwicklung eines logischen Regeln der Wahrheitssuche verpflichtenden Diskurses, die spezifische Errungenschaft Griechenlands, den griechischen Sonderweg dar.«[45]

Aber ist nicht auch der Normcharakter, der diesen Regeln der Logik eigen ist, als »staatsbildend« zu begreifen? Hat nicht auch dieser Diskurs eine Form von Gemeinschaftsbildung hervorgebracht, die in enger Beziehung zur Schriftlichkeit der vollen phonetischen Alphabetschrift steht? Vernunft und ›Wahrheitssuche‹ haben auch andere Kulturen für sich in Anspruch genommen. Aber das Spezifikum der westlichen Kultur besteht darin, daß als ›Wahrheit‹ betrachtet wird, was den Regeln der Berechenbarkeit entspricht – und das hatte normbildenden Charakter.

Indem Esra dem Volk die Thora zugänglich machte und damit auch die Aufrechterhaltung der Gebote auferlegte, erhob er das Volk oder erhob *sich* das Volk zum Bündnispartner Gottes. Ein solches ›Bündnis‹ war etwas Unerhörtes für die Alte Welt, die höchstens die Götter als *Zeugen* für die Bündnisse mit den anderen Völkern anrief.[46] Ein Bündnis *mit* einem Gott hatte es bis dahin noch nicht gegeben. Durch diesen Schritt, der zugleich die endgültige Durchsetzung des Monotheismus und des Bilderverbots besiegelte, schrieb sich das Volk das Gesetz Gottes auf den eigenen Leib.

»Wer nach diesen Gesetzen lebt, vergißt keinen Augenblick, wer er ist und wohin er gehört. Diese Lebensform ist so schwierig, daß sie nur in der Form unaufhörlichen Lernens und Bewußthaltens realisiert werden kann. Es handelt sich im Grunde um eine professionelle Kunst, die sonst nur Spezialisten obliegt, die sich um nichts anderes zu kümmern haben, nämlich um ein Repertoire hochkomplexer priesterlicher Tabus und Reinheitsvorschriften. Diese werden jetzt zum Kernbestand einer allgemeinen Gesetzgebung. Damit wird das auch sonst, und gerade in Ägypten, beobachtete Prinzip der priesterlichen Absonderung auf das ›Volk‹ übertragen: ›denn du bist ein dem Herrn, deinem Gott, *geweihtes* Volk‹.«[47]

Wenn Gott zum Volk Israel sagt: ›Ihr sollt heilig sein, denn ich bin heilig‹,[48] so ist der Begriff ›heilig‹ gleichbedeutend einerseits mit ›durchsetzt vom Wort Gottes‹ und andererseits mit ›eine Gemeinschaft bildend‹. Die eine Bedeutung ist nicht ohne die andere zu denken. Das wirft ein besonderes Licht auf die ›Funktion‹ des Exodus. Die Israeliten, so sagt Gott, »sollen erkennen, daß ich der Herr, ihr Gott, bin, der sie aus Ägypten herausgeführt hat, um in ihrer Mitte zu wohnen«.[49] Das bedeutet, so Alfred Marx, daß Gott sein Volk nicht aus Ägypten herausgeführt hat, »um seinem heimatlosen und unterdrückten Volk ein eigenes Land zu geben«, sondern, »um in seiner Mitte zu wohnen«. Das Novum gegenüber der vorexilischen Zeit bestehe darin, daß Gott nicht im Tempel, sondern »inmitten Israel« wohnt. »Diese Wohnung wird jetzt zum Ort schlechthin der Begegnung zwischen Gott und seinem Volk«.[50] Die Gemeinschaft ist also zur ›Wohnung‹ geworden; und sie entsteht durch die Verbindung zu Gott, der das Volk Israel zu seiner ›Wohnung‹ erklärt hat. Hatte die Verschriftlichung der gesprochenen Sprache durch das Alphabet zum Verlust der ›Behausung‹ in der Sprache geführt, so entstand mit diesem Alphabet zugleich ein Gott, der die Gemeinschaft in eine neue ›Behausung‹ verwandelte – im Zeichen der Schrift, seiner Form der Offenbarung. In dem Schutz, den diese neue Gemeinschaft dem einzelnen bot, bestand wiederum die »Motivation« für die Unterwerfung des einzelnen unter das Gesetz und unter Regeln, die nicht der ›Natur‹ des Menschen entsprachen.[51]

Setzt man an die Stelle von Gott die Schrift oder das Schriftsystem, so wird sehr schnell ersichtlich, daß sich in Griechenland mit der Entstehung und Verbreitung der vollen phonetischen Alphabetschrift ein ähnlicher Prozeß vollzog. Nur geschah dies in Griechenland in ganz anderer Weise: Es fand kein Rückbezug auf einen ›Heiligen Text‹ statt. Assmann vergleicht zwar die *Ilias* mit der Heiligen Schrift Israels, wenn er schreibt, daß sich beide Nationen im »Rückgriff auf einen fundierenden Text« bildeten.[52] Er spricht sogar von einem auf den Texten beruhenden »ethnogenetischen Prozeß«.[53] Doch spielte das Epos der *Ilias* für die nationale Identität der Griechen und ihr auf die Vergangenheit projiziertes Selbstbild eine kaum bedeutendere Rolle als das Nibelungenlied für die Konstitution der deutschen oder die Artuslegende für die englische Nation. Noch schwieriger scheint es, die *Ilias* für einen »ethnogenetischen Prozeß«, in dem das Bild einer Bluts- oder Stammesgemeinschaft enthalten ist, verantwortlich zu machen. Das hellenische Gefühl von Einheit und nationaler Identität, das über die politischen Konflikte hinweg tragfähig war, basierte vielmehr auf einer vereinheitlichenden Logik, die dem Schriftsystem selbst zugrunde lag. Sie bildete die Grundlage der ›Identität‹ des Denkens und der politischen Organisation, vergleichbar der vereinheitlichenden Funktion, die der Buchdruck später auf die europäischen Sprachen und laut Benedict Anderson auf die Bildung der Nationen ausüben sollte.[54] Mit anderen Worten: Die ›Heilige Schrift‹ Griechenlands war nicht ein *bestimmter* Text, sondern das Alphabet selbst. Sie ähnelte hierin der Funktion der Hieroglyphen für das alte Ägypten, die für den Dienst im Tempel eingesetzt wurden und bei denen nicht nur die Aussage, sondern auch die Form selbst entscheidend war: »Stillgestellt, kanonisiert wurde nicht der Bestand, sondern das generative Prinzip, nämlich das Prinzip der Bildhaftigkeit. Die Schriftzeichen mußten immer *Bilder* bleiben.«[55] Ein ähnliches »generatives Prinzip« galt auch für die Alphabetschrift in Griechenland – allerdings in einer anderen Form.

Warum sollten die abstrakten Zeichen des griechischen Alphabets ein solches »generatives Prinzip« darstellen? Weil das volle phonetische Alphabet der Griechen völlig die mündliche Sprache erfaßte, wirkte es auch auf die gesprochene Sprache zurück. Auch gab es beim Alphabet eine feste Anzahl von Zeichen – im Gegensatz zu den Hieroglyphen, deren Anzahl beliebig erweitert werden kann. Die völlige Erfassung des gesprochenen Wortes durch das griechische Alphabet ermöglichte einen hohen Grad an Abstraktion. Dadurch verlagerte sich das »generative Prinzip«: Gerade weil keine neuen Schriftzeichen generiert werden, wird das Schriftsystem selbst zum »generativen Prinzip«, das – durch das abstrakte Denken – auf die ›Welt‹ einwirkt. Dies hatte auch einen Rückgriff auf den Körper des Sprechenden zur Folge und damit auch auf das Geschlecht. Dieser Zugriff auf den ›sprechenden Körper‹, der sich der Überlagerung von Schriftlichkeit und Mündlichkeit verdankte, sollte eine große historische Wirkungsmacht entfalten, die sich u.a. in der symbolischen Geschlechterordnung niederschlug: Die Logik, die dem schriftlichen Denken zugrunde lag, ermöglichte die ›Naturalisierung‹ oder Biologisierung der Dichotomie Natur/Kultur, die das griechische Alphabet geschaffen hatte.

Alphabetschrift und Mündlichkeit

Worin besteht die Beziehung von Körper und Mündlichkeit? Die Gesetze der Mündlichkeit erfordern Repetition und Kontinuität. Mündlich überlieferte ›Texte‹ »halten sich nur dann im kulturellen Gedächtnis, wenn sie weitgehend Bekanntes zur Sprache bringen«.[56] Das bedeutet, daß sie mit der Vorstellung einer sich wiederholenden Zeit einhergehen. Das Bleibende, nicht die Veränderung wird betont. »Vom Barden erwartet das Publikum das Vertraute, vom Autor das Unvertraute.«[57] So gehört die mündliche Überlieferung in den Rahmen des Ritus, der ebenfalls das Bleibende wiederholt und die Einbettung des Menschen in eine zyklische Zeitvorstellung sichert: »Durch das den Riten zugrunde-liegende Prinzip der strikten Wiederholung paßt sich der Mensch der zyklischen Struktur natürlicher Regenerationsprozesse an und hat auf diese Weise Anteil an dem als göttlich und ewig wiederkehrenden kos-mischen Leben.«[58]

Für den Dichter mündlicher Überlieferung hat die Einbindung in die zyklische Zeit zur Folge, daß die Tradition durch ihn hindurchgeht und ihn von innen erfüllt.[59] Es besteht für ihn also notwendigerweise ein enger Zusammenhang zwischen seinem Körper (seinem Denken, sei-ner Libido) und der Welt oder Gemeinschaft, und der gesprochene Text stellt das Bindeglied zwischen beidem dar. Das gilt nicht nur für den ›Barden‹, sondern auch für den Rezipienten mündlicher Überlieferung. Auch hierin entspricht die mündliche Überlieferung dem ›Ritus‹, der den einzelnen in einen Gemeinschaftszusammenhang stellt: »Zwischen zeremonieller Kommunikation und Identität besteht ein enger, syste-matischer Zusammenhang. Die Riten sind die Kanäle, die ›Adern‹, in denen der identitätssichernde Sinn fließt, die Infrastruktur des Identi-tätssystems.«[60]

So werden Ritus und Sprache in oralen Gesellschaften zu einem ›Le-benssaft‹, der die Gemeinschaft durchfließt und den einzelnen zu einem Teil des Gemeinschaftskörpers werden läßt. Diese Qualität der münd-lichen Sprache wird später in die Schriftkultur einfließen, die aus dem vollen griechischen Alphabet hervorgegangen ist. Immer wieder werden Vorstellungen vom Gemeinschaftskörper entstehen, die das Bild eines gemeinsamen ›Lebenssaftes‹ vermitteln und weiterentwickeln, gleich-sam als Ersatz und in Erinnerung an den zirkulierenden Lebenssaft der gesprochenen Sprache.

Kurzer Exkurs in die Moderne

Wir haben im letzten Kapitel am Beispiel von Flaubert und Rimbaud die Konsequenzen der Überlagerung von Mündlichkeit und Schriftlich-keit in der Moderne darzustellen versucht und in einen Zusammenhang mit der modernen Sprachphilosophie gestellt, die die Sprache als ›Fessel‹ oder ›Programmierung‹ des Denkens thematisiert. Diese Entwicklung verdankt sich einer zunehmenden Gestaltung der gesprochenen Spra-che durch die Schrift. Allerdings findet die Tatsache, daß die moderne gesprochene Sprache nach den Gesetzen der Schrift gestaltet ist, nur selten Berücksichtigung. Im Gegenteil: Versucht Rimbaud Zugang zu einer ›unmittelbaren‹ Sprache zu finden, so spricht Heidegger von den

»behausenden« Eigenschaften der Sprache, die »das vom Sein ereignete und aus ihm durchgefügte Haus des Seins« bilde.[61] Andererseits beklagt er sich aber auch über die »Heimatlosigkeit des neuzeitlichen Menschen«. Es sei zum »Weltschicksal« geworden, »aus dem Wesen der Geschichte des Seins her zu denken«.[62] In der Durchdringung dieser »Entfremdung« sei »die marxistische Anschauung der Geschichte der übrigen Historie überlegen«.[63] Warum weist Heidegger einerseits der Sprache die Funktion einer »Behausung« zu sowie die Eigenschaft, »eine lichtend-verbergende Ankunft des Seins selbst« zu sein,[64] meint andererseits aber im marxistischen Geschichtsmodell eine Erklärung für den Verlust der »Heimat« zu finden? Es scheint fast, als sei er – freiwillig oder unfreiwillig – blind gewesen für den Verlust der ›Heimat‹ durch die Verschriftlichung der Sprache. »Der Mensch muß, bevor er spricht, erst vom Sein sich wieder ansprechen lassen auf die Gefahr, daß er unter diesem Anspruch weniger oder selten etwas zu sagen hat. Nur so wird dem Wort die Kostbarkeit seines Wesens, dem Menschen aber die Behausung für das Wohnen in der Wahrheit des Seins wiedergeschenkt.«[65] Aus solchen Worten »Der Mensch muß…« spricht eine seltsam ahistorische Betrachtung der Sprache, die – Heideggers eigenem Bild der Sprache als ›Behausung‹ und Seinsbedingung zum Trotz – diese gleichsam zu einem Faktor erklärt, an den sich der Mensch in ›richtiger‹ oder ›falscher‹ Weise richten kann. Wenn man, wie Heidegger es an sich tut, von einer Wirkungsmacht der Sprache auf das Denken, Fühlen und die ›Behausung‹ des Menschen ausgeht, so kann der Mensch nicht aus eigenem Antrieb entscheiden, wie er sich der Sprache oder dem Sein zuzuwenden hat. Dieser Widerspruch, so scheint mir, erklärt Heideggers eigentümliche Ablehnung der Geschichte. Er sieht in ihr den eigentlichen Gegensatz zu den behausenden Eigenschaften der Sprache und verschließt sich der Tatsache, daß die Sprache selbst dem Gesetz der Geschichte unterlag:

»Das Sein ist die Hut, die den Menschen in seinem ek-sistenten Wesen dergestalt zu ihrer Wahrheit behütet, daß sie die Ek-sistenz in der Sprache behaust. Darum ist die Sprache zumal das Haus des Seins und die Behausung des Menschenwesens. Nur weil die Sprache die Behausung des Wesens des Menschen ist, können die geschichtlichen Menschentümer und Menschen in ihrer Sprache nicht zu Hause sein, so daß sie ihnen zum Gehäuse ihrer Machenschaften wird.«[66]

Der Widerspruch, daß die Sprache in der Moderne einerseits als ›Fessel‹ und andererseits als ›Behausung‹ begriffen werden kann, basiert auf der Tatsache, daß der Beginn der Verschriftlichung schon den Verlust der Sprache als Teil des Körpers implizierte: Das Alphabet entriß dem Körper die Zunge. In einem langen historischen Prozeß, der über die Verbreitung eines Schriftdenkens im Mittelalter, den Buchdruck zu Beginn der Neuzeit und die allgemeine Alphabetisierung um 1800 verlief, radikalisierte sich einerseits die Gestaltung des Sprechens durch das geschriebene Wort; andererseits wuchs aber auch die Sehnsucht danach, dem abstrakten Körper der Schrift eine Sinnlichkeit zuzueignen. An dieser Stelle entstand die ›Moderne‹: Für die einen war die Sprache zu einem Gefängnis geworden; den anderen erschienen die sinnlichen Eigenschaften, die sie sich kompensatorisch angeeignet hatte, als ›Wiedereroberung‹ sinnlicher Qualitäten. In Wirklichkeit hatte sich aber nur eine ›magische Aufladung‹ des abstrakten Schriftdenkens vollzogen – und wenn Jacques Derrida in *Grammatologie* von einer Vorrangigkeit der Schrift vor der gesprochenen Sprache ausgeht, so scheint er dabei die historische Perspektive dieser Wechselbeziehung zu übersehen, bei der sich das (griechische) Alphabet von der gesprochenen Sprache ableitet, um dann wiederum gestaltend auf diese zurückzuwirken.

Diese beiden widersprüchlichen Positionen gelten nicht nur für die Sprachphilosophie, sondern zeigen sich auf allen ›medialen‹ Ebenen: Viele visuelle wie akustische Techniken der Moderne lassen sich – in Analogie zum Verhältnis von Schriftlichkeit und Mündlichkeit – als Versuch umschreiben, die verlorene ›Behausung‹ der gesprochenen Sprache mit den Mitteln von Rationalität, Wissenschaft und Technik herzustellen. Besonders Richard Wagner erhob dieses Konzept zum Prinzip seines schöpferischen Werks.[67] In einem Brief an Mathilde Wesendonk schrieb er:

»Nun denken Sie meine Musik, die mit ihren feinen, feinen geheimnisvoll-flüssigen Säften durch die subtilsten Poren der Empfindung bis auf das Mark des Lebens eindringt, um dort Alles zu überwältigen, was irgendwie Klugheit und selbstbesorgte Erhaltungskraft sich ausnimmt. Alles hinwegschwemmt, was zum Wahn der Persönlichkeit gehört und nur den wunderbar erhabenen Seufzer des Ohnmachtsbekenntnisses übrigläßt.«[68]

Wagners Darstellung seiner Musik greift das Bild der mündlichen Sprache auf, die den Körper gleich einem Lebenssaft durchfließt und das Ich mit der Gemeinschaft verschmelzen läßt. Aber anders als die mündliche Sprache basiert dieses Modell auf Technik und Berechenbarkeit: Wagner erfand den verdunkelten Zuschauerraum, das versenkte Orchester (den »mystischen Abgrund«), um den Zuschauer in den Zustand des ›Ohnmachtsbekenntnisses‹ zu versetzen. Im Unterschied zum ›Barden‹ der mündlichen Tradition betrachtete Wagner sich selbst jedoch nicht als Gefangener des ›Saftes‹, sondern als ›Herzschrittmacher‹, der den Saft zirkulieren läßt. Er ist die Triebkraft, nicht der Getriebene der Zirkulation. Genau das unterscheidet die Sprache in oralen Gemeinschaften von dem ›Lebenssaft‹ der modernen Techniken, die dem Gesetz der Berechenbarkeit gehorchen. Und indem Sprache und Körper den Gesetzen von Technik und Rationalität unterworfen werden, wächst wiederum das Bedürfnis, Macher und nicht ›Gemachter‹ zu sein. *(Ende des Exkurses)*

Im Gegensatz zur mündlichen Sprache repräsentiert die Schrift das Unveränderbare – und im ›Kanon‹, in der Entstehung von heiligen Texten, die nicht verändert werden dürfen, wird diese Eigenschaft der Schrift zum Gesetz selbst erhoben. Ebendeshalb hungern die Schriften aber nach Neuem, dem Besonderen. Alle Schriftreligionen – nicht nur die drei ›Religionen des Buches‹, Judentum, Christentum und Islam – entstanden aus einem Kontext der Abgrenzung gegen das Bestehende. Anders als der Dichter mündlicher Überlieferung empfindet der Autor in Schriftgesellschaften die Tradition als etwas Fremdes und Übermächtiges; er verzweifelt daran, »dieser Tradition gegenüber seine Rede als etwas Eigenes und Neues zu behaupten und zu legitimieren. Der schreibende Dichter [...] sieht sich der Tradition von außen gegenüber und fühlt sich auf sein innerstes Selbst angewiesen, um sich ihr gegenüber behaupten zu können.«[69] Diese Erfahrung haben schon die ersten Schriftgelehrten beschrieben. Assmann zitiert die berühmte Klage des Chacheperreseneb, eines ägyptischen Schriftgelehrten, der gegen Anfang des 2. Jahrtausends v. Chr. lebte:

> »O daß ich unbekannte Sätze hätte, seltsame Aussprüche,
> neue Rede, die noch nie vorgekommen ist,
> frei von Wiederholungen,
> keine überlieferten Sprüche, die die Vorfahren gesagt haben.
> Ich wringe meinen Leib aus und was in ihm ist
> und befreie ihn von allen meinen Worten.
> Denn was gesagt wurde, ist Wiederholung,
> und gesagt wird nur, was gesagt wurde.
> [...]
> O wüßte ich, was die anderen nicht wissen,
> was keine Wiederholung darstellt.«[70]

Eine solche Klage war nur denkbar, weil die Schrift ein Denken hervorgebracht hatte, das auf das Neue und die Erneuerung gerichtet ist. Der einzelne möchte als Individuum, das sich von den anderen unterscheidet, in Erscheinung treten. Er möchte sich herauslösen aus dem Kontext eines ›Lebenssaftes‹, den er zunehmend als Gefängnis empfindet. Das gilt keineswegs nur für die Schriftgelehrten, sondern für alle, die unter dem Gesetz der Literalität stehen, egal, ob sie lesen und schreiben können. Wo eine Gesellschaft auf Schriftzeichen basiert, üben diese immer ihre Wirkungsmacht auf das Verhalten des einzelnen aus. Eine solche Herauslösung aus dem Gemeinschaftsband der Sprache konnte der altägyptische Schriftgelehrte freilich nur *denken*, nicht verwirklichen. Denn die Verbindung von Welt und Sprache wird durch das ägyptische Schriftsystem nicht durchbrochen. Dank seiner Bildlichkeit wird dieses Schriftsystem als Teil der Ritualisierung begriffen.[71] Es bindet den einzelnen an die Welt oder die Gemeinschaft in einer ähnlichen Weise wie die gesprochene Sprache.

»Als Fazit ergibt sich, daß sich die einzigartige Kontinuität der ägyptischen Kultur, trotz ihrer intensiven Schriftlichkeit, eher einer rituellen als einer textuellen Kohärenz verdankt. Die Kanonisierung der Bildkunst und der ihr zugrundeliegenden Regelgrammatik steht im Dienste der Wiederholbarkeit, nicht der Anschließbarkeit (d.h. regulierenden Variation). Wir haben es mit dem Sonderfall einer schrift- und textgestützten Ritualkultur zu tun. Daher erklärt es sich, daß die Kultur der Spätzeit, als sie unter den Bedingungen des Perser- und Makedonienreichs sich gegen den Assimilationsdruck der herrschenden Fremdkultur zu verteidigen hatte, nicht, wie in Israel, die Form eines Buches annahm, sondern die eines Tempels: der Tempel als das Gehäuse der rituellen Kohärenz, auf der die Kontinuität dieser Kultur beruhte.«[72]

 Die Alphabetschrift hingegen nimmt eine Zäsur zwischen Welt und Wort vor. Sie zertrümmert die Sprache in ihre einzelnen phonetischen Teile, die für sich genommen keinen Sinn ergeben. So wird das Sprach-Band durchschnitten, auf dem der soziale Rahmen beruht, dank dessen der einzelne in einer bestimmten, von der umgebenden Kultur geprägten Weise wahrnimmt, denkt, fühlt und eine ›Identität‹ herausbildet.[73] Das hat das ›Herausfallen‹ des einzelnen aus der physisch wahrnehmbaren Gemeinschaft zur Folge – ein ›Mangel‹, den die ›bleibenden‹ Texte der Schrift wiederum zu beheben haben: nicht nur durch die Texte selbst, sondern auch durch die Art der Gemeinschaftsbildung.

Die jüdische Religion begegnet dem ›Mangel‹ durch ein strenges Regelwerk, das den einzelnen an die Gemeinschaft bindet. Auf diese Weise wird das »geistige Israel«[74] in eine Gemeinschaft verwandelt, die die Charakteristika einer physiologischen Gemeinschaft aufweist. »Das Ethnikon ›Jude‹ wird zu einer ›normativen Selbstdefinition‹ [...], dem Bekenntnis zu einem normativen und formativen Selbstbild von höchster Verbindlichkeit, an dem auch auf Kosten des eigenen Lebens festgehalten werden muß.«[75] Hier wird deutlich, daß die ›Ethnizität‹ ein Produkt des ›geistigen Israels‹ ist und als Begriff erst sinnvoll erscheint für die Zeit nach der öffentlichen Verlesung der Thora unter Esra. Auch erhielt erst unter dem Eindruck der Diaspora das Gesetz, laut dem Jude ist, wer eine jüdische Mutter hat, eine wirklich gemeinschaftsbildende Funktion. In den Jahrhunderten davor wurde vielmehr als Jude anerkannt, wer sich an die Gesetze der Thora hielt – und bis zu Esra galt dies nur für eine Minorität der Juden. Von einer Ethnie kann auch deshalb schwerlich gesprochen werden, weil sich die Juden der Königszeit mit den umgebenden Kulturen und Gemeinschaften vermischten. Das heißt, es handelte sich nicht um eine »Stammesgemeinschaft« im Sinne einer hereditären Blutsgemeinschaft, sondern um eine Sprach- oder kulturelle Gemeinschaft, deren Zusammenhalt zusätzlich durch bestimmte Riten und Gesetze geregelt wurde. Im heutigen Sprachgebrauch implizieren die Begriffe ›Stamm‹ und ›Ethnie‹ aber eher hereditäre Gemeinschaften; sie rücken damit in die Nähe des Begriffs der ›Rasse‹, an dessen Geschichte sich deutlich zeigen läßt, wie sehr er seine ›biologischen‹ Konnotationen erst allmählich angenommen hat. Über die Etymologie des Wortes gibt es unterschiedliche Theorien – sie reichen von Ableitungen aus den lateinischen Wörtern ›ratio‹ (Wesen, Natur) und ›radix‹ (Wurzel) über das germanische ›reiza‹ (genealogische Linie) bis zum arabischen ›râz‹ (Kopf, Haupt, Führer). Belegt ist jedoch, daß der Begriff erst allmählich mit biologischen Konnotationen aufgeladen wurde. Vereinzelt belegt im 13. Jahrhundert, taucht der Begriff verstärkt erst im 16. Jahrhundert im englischen und französischen Sprachraum auf. Zwar bezog er sich auf eine Familiengenealogie, »im Sinne von ›edlem Geschlecht‹ bis hin zum Synonym für ›Herrscherhaus‹«[76], aber bei dieser Konnotation ging es vor allem um die ›edle‹ Herkunft‹, durch die auf eine ›lange Ahnenreihe‹ verwiesen werden sollte: »il vient d'une noble race« (›er kommt aus einer edlen Rasse‹) war der typische Sinngebrauch.[77] Natürlich geht es dabei auch um das ›edle Blut‹. Doch wenn man bedenkt, wie sehr sich das Konzept des ›edlen Blutes‹ für Aristokratie und Herrscherhaus einer Übernahme aus kirchlichen Zusammenhängen verdankt – in dieser Hinsicht verdanken wir Ernst Kantorowicz wichtige Einsichten –,[78] so wird deutlich, daß das Konzept des Blutes, das heute mit dem Begriff der ›Rasse‹ (wie der ›Ethnie‹ und dem ›Stamm‹) verbunden wird, zunächst auf *geistige* Formen der Genealogie verwies. ›Biologisiert‹ (und damit auch negativ besetzt) wurde der Begriff der ›Rasse‹ erst im antijudaistischen Zusammenhang, nämlich dem spanischen Zwangsbekehrungsedikt von 1492 und den Forderungen nach ›Reinheit des Blutes‹ (den Gesetzen zur ›limpieza de sangre‹), die die zum Christentum konvertierten Juden zu ›Fremdkörpern‹ im christlichen Spanien erklärten. Hier war zum ersten Mal auch von den Gefahren der ›Kontamination‹ die Rede, die die Verehelichung des spanischen Adels mit ›dieser Rasse‹ bedeute.[79] Gerade an diesem Beispiel, bei dem es um einen Religionskonflikt, also um eine geistige Andersheit ging, kann man den Biologisierungsprozeß erkennen, den der Rassebegriff durchlief. Sein eigentlich geistiger Ursprung war jedoch bis in den Nationalsozialismus hinein präsent. In seiner *Rassenkunde des jüdischen Volkes* schreibt *der* Rassentheoretiker des Nationalsozialismus, Hans F.K. Günther, daß weder die (von ihm unterstellte) »wirtschaftlich-politische Übermacht« der Juden noch die Frage einer »jüdisch-nichtjüdischen Blutmischung« den »Kern der Judenfrage« darstelle: »Was die Judenfrage aber heute so brennend gemacht hat, ist die jüdische Einwirkung auf den Geist der abendländischen Völker.«[80]

In der Geschichte des Begriffs der ›Rasse‹ – wie dem der Ethnie und des Stamms – spiegelt sich der Prozeß einer ›Naturalisierung des Symbolischen‹ wider, wie er weniger für die Geschichte der jüdischen Religionsgemeinschaft als für die Geschichte der vollen Alphabetschrift bezeichnend ist. Für die jüdische Gemeinschaft konnte die Religion gar kein Mittel sein, »ethnischer Identität Permanenz zu verleihen«.[81] Denn diese entstand mit der Religion, die dank ihrer Berufung auf das geschriebene Wort zur Nomokratie wurde und das Leben des einzelnen in der Gemeinschaft ›vorschrieb‹. Die jüdische Religion verlieh keiner *bestehenden* Identität Permanenz, sondern sie schuf eine *neue* Gemeinschaft. Daß der Aspekt der Heredität nachträglich entstanden ist, geht auch aus der Tatsache hervor, daß Esra die öffentliche Verlesung der Heiligen Schrift nicht nur mit der feierlichen Erneuerung des Bundes mit

Gott verband, sondern auch mit der Verpflichtung, von nun an keine Mischehen mehr mit den Frauen anderer Völker einzugehen. Soweit jüdische Männer bereits mit ›fremden Frauen‹ verheiratet waren, trennten sie sich von diesen und den Kindern aus dieser Ehe.[82] Wäre es um eine bestehende Heredität gegangen, wären zumindest die betroffenen Kinder als Teil der Gemeinschaft betrachtet worden. Auch die Tatsache, daß durch Konversion wiederum jeder zu einem Mitglied dieser Gemeinschaft werden konnte, verweist darauf, daß das religiös bestimmte Gesetz der ›Absonderung‹ als vorrangig und die Heredität als nachrangig zu begreifen waren.

Dennoch spielt unbestreitbar in der kulturellen oder religiösen Gemeinschaft der Juden der Körper eine wichtige Rolle. Die von Gott erlassenen Gebote fordern eine Anpassung der Wirklichkeit des Körpers und der sozialen Gemeinschaft an *Sein* Wort und an Gesetze, die im Geistigen ihren Ursprung haben. Tatsächlich handelt es sich um das bewußte Bekenntnis zu einer »normativen Selbstdefinition«. Das bedeutet jedoch, daß es nicht um eine ethnische Zugehörigkeit gehen kann, in die der oder die einzelne hineingeboren wird und die keine Freiwilligkeit beinhaltet. Auch die Beschneidung, das wichtigste Symbol des Bundes zwischen Gott und seinem Volk, ist als Zeichen zu verstehen, das dem Körper ›eingeschrieben‹ wird. Deshalb erklärte Aristeas (ein alexandrinischer Jude, Hofbeamter beim ägyptischen König, dem ein im 3. Jahrhundert v. Chr. verfaßter Kommentar zur Septuaginta, der Übersetzung der hebräischen Bibel ins Griechische, zugeschrieben wird) die Reinheitsvorschriften und Speisegesetze mit den Notwendigkeiten des Monotheismus (und nicht etwa mit denen einer Ethnie):

»Der Gesetzgeber, von Gott zu umfassender Erkenntnis ausgerüstet, umschloß uns mit nicht zu durchbrechenden Palisaden und ehernen Mauern, damit wir mit keinem der anderen Völker in irgendeiner Hinsicht in Verkehr seien, rein an Leib und Seele, frei von trügerischen Vorstellungen, den Gott, der allein Gott, allein mächtig ist, im Unterschied zur Schöpfung verehrten.«[83]

Auch das Bilderverbot, das Verbot der ›Idolatrie‹, das auf den ersten Blick wenig mit dem Körper zu tun zu haben scheint, ist ein Gebot, das sich auf die Leiblichkeit bezieht. Bedenkt man, wie eng die Ikonophilie mit der Menschenähnlichkeit der Götter zusammenhängt – und im christlichen Bilderstreit wird die ›Menschwerdung‹ Gottes zum Hauptargument der Ikonophilen für die Darstellbarkeit Gottes –, so muß man den jüdischen Ikonoklasmus als Betonung der *Differenz* zwischen Gott und dem mit einem sterblichen Körper versehenen Menschen verstehen. Durch das Bilderverbot wird dem Menschen immer wieder in Erinnerung gerufen, daß er nicht die Gesetze seiner Leiblichkeit überwinden kann. Deshalb werden die Ikonophilen in den jüdischen Texten auch immer wieder mit Worten umschrieben, die auf Aussätzigkeit, Krankheit und Vergänglichkeit verweisen. Das Bild der Seuche, das auf den ›Fremdkörper‹ verweist, verdeutlicht, daß es letztlich um die Betonung der Leiblichkeit geht. Es gehört zu den typischen Erscheinungsformen des christlichen Antijudaismus, daß sich diese Bilder später wiederum gegen die Juden richten sollten, die als Träger von Pest und Syphilis diffamiert wurden.

Assmann erklärt die Tatsache, daß die monotheistischen Gesetze Israels im 5. Jahrhundert mit einer solchen Schärfe durchgesetzt wurden, mit dem Umstand, daß »die Grenze«, die es zu errichten galt, »innerhalb der eigenen Kultur« verlief.[84] Dies war zweifellos ein wichtiger Faktor. Zugleich läßt sich die Schärfe der Gesetzesanwendung aber auch darauf zurückführen, daß es sich um ›geistige Gesetze‹ handelte, die keine Evidenz in der Welt hatten und ebendeshalb mit solchem Nachdruck den Realitätscharakter, der der physischen Welt eignet, entwickeln mußten. Das wird besonders deutlich beim Märtyrertum. »Das ›Šema Israel‹ wird zum Bekenntnis einer Identität, für die man auch zu sterben bereit sein muß.«[85] Das vergossene Blut des Märtyrers wird zum Beweis dafür, daß die Gemeinschaft geistiger *und* körperlicher und damit ›wirklicher‹ Art ist. Diese Funktion des vergossenen Blutes wird sich im Christentum noch verstärken. Das wird besonders deutlich in der christlichen Kreuzigungsmetapher: Es genügt hier, darauf hinzuweisen, daß das Schriftzeichen + im hebräischen Alphabet ›Zeichen‹ bedeutet,[86] im Christentum als † jedoch für den Mensch gewordenen Gott oder das Fleisch gewordene Wort steht. Daß Gott tatsächlich Mensch geworden ist, erweist sich erst in seiner Sterblichkeit.

Die griechische Alphabetschrift, die auch die Vokale schreibt, durchtrennte sehr viel deutlicher als das semitische Alphabet das Sprach-Band zwischen dem einzelnen und der Welt. Das geschah gerade deshalb, *weil* sie die Mündlichkeit vollständig wiederzugeben vermochte. Während in den meisten Kulturen Mündlichkeit und Schriftlichkeit nebeneinander bestehen, fand in der griechischen Klassik eine ›Verschriftlichung der Mündlichkeit‹ selbst statt. Assmann betrachtet es als Eigentümlichkeit der griechischen Kultur, daß sie

»die magischen, ›schamanistischen‹, orgiastischen und anderweitig irrationalen Wurzeln ihrer Kultur beim Übergang in die Literalität nicht abgedrängt hat in das Schattendasein einer auf Distanz gehaltenen Subkultur [...], sondern es verstanden hat, die darin Gestalt gewordenen Bedeutsamkeiten, ästhetischen Schönheiten und anthropologischen Wahrheiten in die rationalen Formen des künstlerischen und wissenschaftlichen Diskurses zu überführen.«[87]

Aber ebenso wie ein Zusammenhang zwischen der Entstehung des jüdischen Monotheismus und der Konsonantenschrift besteht, läßt sich auch dieses Phänomen der griechischen Kultur als Folge des ›vollen‹ phonetischen Alphabets begreifen, das in einer noch nie dagewesenen Form die mündlichen Traditionen aufzunehmen, zu integrieren *und* abzuspalten vermochte. Wenn die Mündlichkeit in den »wissenschaftlichen Diskurs überführt« wird, so bedeutet das doch, daß die Mündlichkeit nach den Gesetzen der Schriftlichkeit neu gestaltet wurde – d. h. nach den Gesetzen der Logik und Berechenbarkeit. Zugleich wurden die angeblich ›irrationalen‹ Eigenschaften der Mündlichkeit neu erfunden. Aus der ›eigenen‹ Perspektive verfügt die mündliche Sprache durchaus über eine ›Vorhersagbarkeit‹, die Verläßlichkeit garantiert. In den Schriftkulturen Europas wird sie jedoch zunehmend als »Muttersprache« mit Weiblichkeit gleichgesetzt[88] und allmählich »zur Folklore oder zum Aberglauben herabgestuft«[89] und damit auch von der Schriftlichkeit abgespalten. Läßt sich angesichts dieser Wechselwirkung dann noch die Behauptung aufrechterhalten, daß das Alphabet die gesprochene Sprache nur wiedergibt?[90]

Während die jüdische Religion dem ›Herausfallen‹ des einzelnen aus der existentiellen Sicherheit des zirkulierenden Lebenssaftes der gesprochenen Sprache durch ein strenges Regelwerk zu begegnen versucht, das ihn an die Welt und die Gemeinschaft bindet, wird die Kultur, die aus dem griechischen Alphabet hervorgeht, diesem ›Mangel‹ einerseits durch eine vereinheitlichende Funktion begegnen, die im Zeichen von Rationalität, Logik und ›Wissenschaftlichkeit‹ steht; andererseits wird sie aber auch die Religion des Mensch gewordenen Gottes hervorbringen, die Wort und Fleisch wieder zusammenführt: als das Fleisch *gewordene* Wort.[91] Auf diesen Aspekt werden wir später zurückkommen. Die normative Wirkungsmacht des griechischen Alphabets wird sich im Verlauf der abendländischen Geschichte nicht nur in den Texten und im Buchdruck niederschlagen, sondern auch in der Gesetzgebung, den Währungen, technischen Kommunikationsmitteln, kurz: in zahl-

reichen Faktoren, die unter dem Begriff der Berechenbarkeit subsumier-
bar sind und die sich alle als Simulationstechniken zur Erstellung von
Gemeinschaft begreifen lassen. Zugleich muß man sich fragen, ob nicht
die lateinische Sprache selbst, die sich erst allmählich herausbildete und
in einem vorher nicht gekannten Maße nach den Gesetzen von Rationalität und Logik strukturiert war, von den Gesetzen der griechischen
Schriftlichkeit geprägt, wenn nicht gar erschaffen wurde. Zu einer literarischen Sprache wurde sie erst um etwa 240 v. Chr., und das Zeitalter der ›goldenen Latinität‹, in dem sich die Normierung der Sprache
vollzog, lag zwischen 100 v. Chr. und 14 n. Chr. Diese Daten entsprechen sowohl der Ausbreitung des Römischen Reichs (dessen Sprache vor
allem dort Spuren hinterließ, wo das Griechische noch nicht beheimatet
war) als auch dem Aufkommen des Christentums, zu dessen Missions-
träger die lateinische Sprache werden sollte. Dem Lateinischen liegen
dieselben Strukturen zugrunde, die auch die Alphabetschrift charakterisieren: Logik und universelle Anwendbarkeit. Dank dieser Eigenschaften trug die lateinische Sprache zur Verbreitung des *Prinzips* der
Rationalität in der abendländischen Gesellschaft bei – ob es sich dabei
um die kirchliche oder staatliche Verwaltung, das Recht oder die Wissenschaft handelte.

Einen entscheidenden Schritt auf dem Weg zur Normativität stellt
die Entwicklung abstrakter Denkformen dar. Für Niklas Luhmann entsteht durch die Trennung von Schrift und Mündlichkeit geradezu die
Notwendigkeit einer übergeordneten Verbindlichkeit, die den Gesetzen
der Logik unterliegt:

> »Sobald alphabetisierte Schrift es ermöglicht, Kommunikation über den
> zeitlich und räumlich begrenzten Kreis der Anwesenden hinauszutragen,
> kann man sich nicht mehr auf die mitreißende Kraft mündlicher Vortrags-
> weise verlassen; man muß stärker von der Sache selbst her argumentieren.
> Dem scheint die ›Philosophie‹ ihren Ursprung zu verdanken.«[92]

Es fragt sich, ob nur die Philosophie diesem Sachverhalt ihren Ursprung verdankt. Denn etwas Vergleichbares gilt auch für die Wissenschaft. Betrachtet man freilich die hochentwickelten wissenschaftlichen
und technischen Neuerungen Chinas oder der arabischen Welt, so läßt
sich die Behauptung, daß Griechenland der Geburtsort von Philosophie
und Wissenschaft gewesen sei, kaum aufrechterhalten. Es ist vielmehr
der Geburtsort einer *spezifischen* Form von Philosophie und Wissenschaftlichkeit, die auf Logik und Berechenbarkeit beruht. Der Prozeß

Als ›Muttersprache‹ werden die mündlichen Traditionen mit
›Weiblichkeit‹ gleichgesetzt und zur Folklore oder zum Aberglauben
herabgestuft.

läßt sich gut am Begriff des ›Logos‹ selbst nachvollziehen, der sich im homerischen Kontext noch auf das gesprochene Wort, gar den Mythos bezieht, um dann im Laufe der Klassik zunehmend eine Bedeutung anzunehmen, die auf die ›Lehre‹ (Herodot) und den reinen Geist verweist.[93] Die Höherbewertung der Logik hatte zur Folge, daß die Griechen (wie später die aus dem griechischen Denken hervorgegangenen Christen) zwischen Glauben und Denken, Religion und Philosophie zu *unterscheiden* begannen: Religion und Vernunft galten Platon ebenso wie Augustinus oder Thomas von Aquin als Gegensätze, wohingegen in der jüdischen Religion das Denken selbst, die kritische Auseinandersetzung mit dem Text als Teil der religiösen Praxis betrachtet wird. Für die jüdische Religion bestand erst in der Diaspora und in der Auseinandersetzung mit dem Hellenismus und später dem Christentum die Notwendigkeit einer Theologie. »Dort, wo sich das Judentum ganz unter sich befand, wurde die Notwendigkeit theologischer Definition kaum empfunden«, schreibt Schalom Ben-Chorin.[94]

Der vereinheitlichenden Funktion und Wirkungsmacht der Schrift scheint die Tatsache zu widersprechen, daß eine immer wieder vorgebrachte Kritik am griechischen Denken den Mangel an Konsistenz hervorhob. So verglich der jüdische Historiker Josephus Flavius im 1. Jahrhundert die ›Eindeutigkeit‹ der Heiligen Schrift mit der Widersprüchlichkeit der griechischen Bücher, von denen eines das andere widerlege.[95] Dazu schreibt Assmann:

»Die Schriftlichkeit, die in Israel zu einer kristallinen Stillstellung und Monolithisierung der Überlieferung führt, führt in Griechenland zur Verflüssigung, zum Strittigwerden und zur Differenzierung der Überlieferung. Beide Prinzipien, der jüdische ›Einklang‹ *(symphonoi)* und der griechische ›Widerspruch‹ *(diaphoniai)*, stehen der Struktur mündlicher Überlieferung gleichermaßen fern.«[96]

Der Einschätzung, daß der griechische ›Widerspruch‹ der Struktur mündlicher Überlieferung fernstehe, kann man nur bedingt folgen. Denn indem sie die Elemente mündlicher Überlieferung integrierte, hat die griechische Schriftkultur nicht nur deren ›schamanistische‹ und ›orgiastische‹ Aspekte übernommen, sondern diese auch in Philosophie und Wissenschaft überführt. Die *Diaphonie,* das Sprechen mit vielen Stimmen, ist ein Resultat *schriftlich gewordener Mündlichkeit.* Während es in der jüdischen Tradition ein *Nebeneinander* von Mündlichkeit und Schriftlichkeit gibt – eben weil die Schrift kanonisiert und stillgelegt ist –, ist in der griechischen Schriftkultur die Mündlichkeit in den

Text eingeflossen. Das bedeutet aber, daß die ›Auslegung‹, durch die der Text immer wieder in die gelebte Gegenwart überführt wird, auch in der Schriftlichkeit stattfindet, und zwar gerade in der ›wissenschaftlichen‹ Schriftlichkeit.

In der jüdischen Tradition bedingen sich Mündlichkeit und Schriftlichkeit gegenseitig: Erstens erfordert die reine Konsonantenschrift die Fähigkeit, einen Text laut lesen zu können, sie setzt die Beherrschung der gesprochenen Sprache voraus. Darüber hinaus erfordert die Thora, die ohne Satzzeichen geschrieben ist, daß der Leser sie schon im Akt der Lektüre interpretiert. Die Worte der fünf Bücher Moses werden jeden Samstag abschnittsweise gelesen und am letzten Feiertag des jüdischen Kalenders der letzte und erste Abschnitt hintereinander, um die Unabschließbarkeit des Textes symbolisch zu demonstrieren und die in der Wiederholung verborgene Erneuerung lebendig werden zu lassen. »Das Lesen der Thora ist also ein Vokalisieren und damit zugleich Sinngebung. Es ist ganz so, als ob das Vokalisieren der konsonantischen Struktur der Wörter diesen Leben einhaucht.«[97] Die Kanonisierung des Textes, die Tatsache, daß an der Heiligen Schrift kein Wort mehr verändert werden durfte, hatte gerade zur Folge, daß der Text immer wieder der Auslegung bedarf, um »produktiv rezipiert« zu werden.[98] Gott hat dem Menschen das Gesetz übergeben und sich damit in eine »unkündbare Beziehung zum Menschen gesetzt. [...] Eben weil die ›Thora nicht mehr im Himmel ist‹, muß sie mit den menschlichen Potenzen vermittelt werden.«[99] Und diese bestehen in der gesprochenen Sprache. Darauf basiert die jüdische Tradition der »mündlichen Thora«, die sich in der jüdischen Religionspraxis bis heute erhalten hat. Sie bildet eine der Grundlagen des »dialogischen« Aspektes der jüdischen Religion, von dem etwa Martin Buber spricht:

»Die Sprache wird vom Judentum als ein über das Dasein des Menschen und der Welt hinausgreifendes Geschehen erkannt. Gegenüber der Statik der Logosidee erscheint hier das Wort in seiner vollen Dynamik, als das, was sich begibt. Der Schöpfungsakt Gottes ist Sprache; aber auch jeder beliebige Augenblick ist es. Die Welt wird dem sie wahrnehmenden Menschen zugesprochen, und das Leben des Menschen selbst ist ein Zwiegespräch. Was ihm widerfährt, sind die großen und kleinen, unübertragbaren, aber unverkennbaren Zeichen einer Anrede; was er tut und läßt, kann Antwort oder Versagen der Antwort sein. Und so ist die ganze Geschichte der Welt, die heimliche, wirkliche Weltgeschichte, ein Dialog zwischen Gott und seiner Kreatur; ein Dialog, in dem der Mensch echter, rechtmäßiger Partner ist, der sein eigenes selbständiges Wort von sich aus zu sprechen befugt und ermächtigt ist.«[100]

Wer aber das Sprechen ins Zentrum stellt, bezieht sich auch auf den Körper. So erscheint die Mündlichkeit wie ein Spiegelbild der 613 Gebote der jüdischen »Orthopraxie«.[101] Dank der Ritual-, Speise und Zeremonialgesetze nimmt der einzelne nicht nur geistig, sondern auch mit seinem Körper bewußt Anteil an der Heiligkeit Gottes. »Das Ceremonialgesetz selbst«, so schreibt Moses Mendelssohn, »ist eine lebendige, Geist und Herz erweckende Art von Schrift, die bedeutungsvoll ist, und ohne Unterlass zu Betrachtungen erweckt und zum mündlichen Unterrichte Anlass und Gelegenheit gibt.«[102] Mendelssohn hat immer wieder die Bedeutung der Mündlichkeit und der »Handlungen« hervorgehoben – bezeichnenderweise gibt es im Hebräischen nur einen Begriff für ›Wort‹ und ›Tat‹, und dieser Begriff bezieht sich auf das gesprochene Wort. Dementsprechend hegte er gegenüber der Schriftlichkeit erhebliche Vorbehalte: Während die Bilderschrift zum Götzendienst verführe, bestehe in der »alphabetischen Schreiberei« die Gefahr, daß sie »den Menschen zu speculativ« mache. Sie enthebe ihn der »Mühe des Eindringens und Forschens« und mache zwischen »Lehre und Leben eine gar zu weite Trennung«. Die Menschen sollten »an Handlungen und Verrichtungen gebunden sein, und diese ihnen statt der Zeichen dienen«. Zwar seien die Handlungen vorübergehend, nicht bleibend:

»Sie haben aber auch den Vorzug vor Buchstabenzeichen, dass sie den Menschen nicht isoliren, nicht zum einsamen, über Schriften und Büchern brütenden Geschöpfe machen. Sie treiben vielmehr zum Umgange, zur Nachahmung und zum mündlichen, lebendigen Unterrichte. Daher waren der geschriebenen Gesetze nur wenig, und auch diese ohne mündlichen Unterricht und Ueberlieferung nicht ganz verständlich, und es war verboten, über dieselben mehr zu schreiben.«[103]

Schließlich wird die jüdische Gemeinschaft durch die Gebote auch als Gemeinde ›sichtbar‹. Die Speise- und vor allem die Sexualgesetze ließen die Juden (vor sich und den anderen) als ›Gemeinschaftskörper‹ erscheinen, der sich von den anderen Gemeinschaften deutlich unterschied. So waren es vor allem bekehrte Heiden, die Paulus drängten, jüdische Bräuche zu übernehmen. »Sie hatten den Wunsch«, so schreibt Peter Brown, »wie Juden zu werden und nicht Geschöpfe, die zu ritueller Unsichtbarkeit verdammt waren.« Paulus' Idee einer ›neuen Schöpfung‹, d.h. einer Gemeinschaft, die »ohne die handgreiflichen, körperlichen Attribute einer unverwechselbaren religiösen Regel gebildet wurde, erschien vielen als düstere und heimatlose Perspektive«.[104] Warum aber entschloß sich Paulus, auf die Beschneidung zu verzichten? Freud erklärt diese Entscheidung mit dem Verzicht auf den Auserwähltheitsgedanken:

>»Paulus, der Fortsetzer des Judentums, wurde auch sein Zerstörer. Seinen Erfolg verdankte er gewiß in erster Linie der Tatsache, daß er durch die Erlösungsidee das Schuldbewußtsein der Menschheit beschwor, aber daneben auch dem Umstand, daß er die Auserwähltheit seines Volkes und ihr sichtbares Anzeichen, die Beschneidung, aufgab, so daß die neue Religion eine universelle, alle Menschen umfassende sein konnte.«[105]

Der Verzicht auf die Beschneidung ließe sich aber auch als Folge der Entstehung des vollen phonetischen Alphabets interpretieren, das wie kein anderes Schriftsystem universell einsetzbar war und mithin auch überhaupt erst die Entstehung einer »universellen, alle Menschen umfassenden« Gemeinschaft ermöglichte. Da das volle phonetische Alphabet sich ohnehin des ›sprechenden Körpers‹ bemächtigte, bedurfte es keiner besonderen Kennzeichen, die dem Körper eingeschrieben wurden. »Die wahre Beschneidung«, so sagte Paulus, »ist die Beschneidung des Herzens im Geist, nicht nach dem Buchstaben.«[106] Das Christentum verzichtete, verglichen mit anderen Religionen, weitgehend auf jede Form von äußerer Prägung des Körpers – durch Ritus, Speisegesetze oder auf andere Weise –, weil Christus einen »neue[n] Bund in meinem Blute« geschlossen hatte.[107] Die Buchstaben dieses Alphabets waren nicht mehr *als Zeichen* erkennbar, sie hatten im Fleisch selbst Gestalt angenommen.

Obgleich die Speise- und Ritualgesetze der jüdischen Religion auf dem geschriebenen Wort eines unsichtbaren Gottes basieren und sich von einer geistigen Lehre ableiten, wirken sie ein auf die physische Welt, indem sie dem einzelnen vorschreiben, wie er zu leben, essen, ruhen, Krankheiten zu begegnen und sich im Umgang mit dem anderen Geschlecht zu verhalten hat. Sie schreiben dem Individuum vor, auf welche Weise es zu einem ›Glied‹ des Gemeinschaftskörpers wird. Indem die Beschaffenheit des einzelnen Körpers – des männlichen wie des weiblichen – durch die Gesetze und durch bestimmte Regeln, die ihm auferlegt sind, immer wieder ins Bewußtsein gerufen wird, erfährt jedes ›Mitglied‹ aber auch die Verheißung der ›Unsterblichkeit‹: nicht im Sinne einer individuellen Unsterblichkeit, sondern im Sinne eines Anteils an der Gemeinschaft, die sich immer wieder erneuert und durch den Bund mit Gott ›heilig‹ ist. Dennoch bleibt – gerade durch die Vielzahl der Gesetze, deren Einhaltung sich nicht von selbst versteht – ein Bewußtsein der individuellen, sterblichen Leiblichkeit erhalten.

Im Gegensatz zur Heiligen Schrift Israels versucht die griechische Alphabetschrift den tiefen Einschnitt zwischen Sprache und Körper zu beheben, indem sie die Mündlichkeit in die Schriftlichkeit überführt – und umgekehrt. Wenn aber die griechische Mündlichkeit in den Text selbst eingegangen ist und sich so der geschriebene Text in einen ›fließenden‹ Text verwandelt hat, so muß man sich fragen, welche Form die Kanonisierung annimmt, die mit jeder Schriftlichkeit einhergeht. Assmann ist der Ansicht, daß es der integrativen Funktion der *Ilias* und ihrer Verbreitung zu verdanken sei, daß aus Hellas eine Nation wurde, die sich nicht nur als Gemeinschaft der Sprache, sondern auch des Blutes verstand und über gemeinsame Heiligtümer, gleiche Riten und Sitten verfügte.[108] Gewiß läßt sich auf die *Ilias* der Begriff des ›Kanons‹ anwenden. Doch übte die ›Heilige Schrift‹ Israels nicht nur deshalb ihre kanonische Wirkung aus, weil kein Wort verändert werden durfte. Ihre verbindliche Kraft beruhte vor allem darauf, daß sie ein Gesetzbuch war, das bestimmte Regeln vorgab, nach denen jedes Mitglied der Gemeinschaft zu *leben* – d. h. mit seinem *Körper* – umzugehen hatte. Nichts davon in der *Ilias*, die bestenfalls ein National*gefühl* vermittelt, in der aber keine Anleitungen und schon gar keine Gesetzesvorschriften für körperliches Verhalten enthalten sind. Tatsächlich läßt sich aber auch in Griechenland ein Kanon-Begriff finden, der sich auf den Körper bezieht, und dieser Begriff offenbart, daß das Nationalgefühl nicht auf einem ›fundierenden Text‹, sondern auf der Schriftlichkeit selbst basiert. Der normativen und vereinheitlichenden Funktion der Schriftlichkeit – und zwar der spezifischen Schriftlichkeit, die das volle phonetische Alphabet Griechenlands hervorgebracht hat – ist es zu verdanken, daß sich im 5. Jahrhundert in Griechenland auf mehreren Ebenen gleichzeitig – philosophischen, sozialen, ästhetischen, pädagogischen, politischen und auch medizinischen – das Bedürfnis nach der Vereinheitlichung der Begriffe und der Regeln durchsetzte, »die es ermöglichte, identischen Sinn gegenüber verschiedenen Partnern in verschiedenen Situationen festzuhalten und daraus gleiche oder ähnliche Konsequenzen zu ziehen«.[109] Das Alphabet war nicht nur die ›Heilige Schrift‹ Griechenlands, sondern auch die Grundlage griechischer und christlicher Orthopraxie.

Der Begriff ›Kanon‹, der sich heute fast ausschließlich auf Texte mit Norm- und Maßstabcharakter bezieht, leitet sich ab vom altägyptischen Wort für Rohr, Stange, Stab und stammt ursprünglich aus der Baukunst. Im 5. Jahrhundert, also zur Zeit der Durchsetzung der vollen Alphabetschrift, übertrug der griechische Bildhauer Polyklet den Begriff auf den menschlichen Körper. Er verfaßte eine Lehrschrift, in der er die Maßstäbe für die ideale Proportionierung des menschlichen Körpers festlegte.[110] Dabei stellten weniger die angegebenen Proportionen den entscheidenden Einschnitt dar als vielmehr die Tatsache, daß er den Körper an sich nach solchen ›Maßstäben‹ vermaß, mithin der Berechenbarkeit unterwarf. Der ›ideale‹ Körper sollte von nun an ein Körper sein, der einem metrischen System entsprach. Denn der Körper kann laut Polyklet nur ein »beseeltes Ganzes« bilden, wenn er »voll berechenbar« ist. Er begriff den Körper als ein ›System‹ mit einer festen Ordnung. In dieser Anschauung spiegelte sich die griechische Philosophie einer kosmischen Ordnung wider, die im Einzelnen ihre Entsprechung findet. Die Auswirkungen von Polyklets Vorstellungen eines ›idealen Körpers‹ lassen sich noch heute in den Glyptotheken und Museen antiker griechischer Bildhauerkunst bewundern. Dieses Körperbild wird die Geschichte des Abendlandes begleiten und sich später in Descartes' Vorstellung vom Körper als einem ›Uhrwerk‹ ebenso wiederfinden wie in den Schädel- und Körpervermessungen der Eugeniker.

Es vollzog sich in der griechischen Antike, parallel zur Verschriftlichung der Gesellschaft – oder der Durchsetzung einer neuen Form von Gemeinschaft, die auf Normierung und Vereinheitlichung beruhte – eine ›Verschriftlichung‹ des Körpers. Daß es sich hier um einen analogen Vorgang handelte, geht nicht zuletzt aus der Tatsache hervor, daß sich Polyklet des Kanon-Begriffs bediente, der später vor allem in der Schriftlichkeit an Bedeutung gewinnen sollte. »Die Kanonmetapher postuliert zugleich mit der Konstruktivität der Welt – der Mensch als Baumeister seiner Wirklichkeit, seiner Kultur und seiner selbst – die Letztinstanzlichkeit und Hochverbindlichkeit der Prinzipien, denen solche Konstruktion sich unterwerfen muß, wenn das ›Haus‹ Bestand haben soll.«[111] Dieser Konstruktionscharakter wurde nicht nur auf das ›Haus‹ oder die soziale Gemeinschaft übertragen, sondern auch auf den individuellen Körper. Mit dem vollen phonetischen Alphabet der Griechen entwickelte sich der Gedanke, daß sich die Schrift, die die Zunge dem Körper entreißt, des Körpers nicht nur bemächtigen kann, sondern diesen auch neu zu erschaffen vermag.

Im Mythos von Orpheus und Eurydike nahm das ›griechische‹ Verhältnis von Mündlichkeit und Schriftlichkeit Gestalt an. Orpheus übt ›Verrat‹ an Eurydike, die, wie der weibliche Körper überhaupt, als Symbolgestalt der Mündlichkeit zu begreifen ist. Er vermag sie nicht vor dem Untergang zu retten, findet aber selbst in dem neuen ›Medium‹ einer geschriebenen Dichtung eine Form von Ewigkeit.[112] Zwar zerreißen die Mänaden seinen Leib in Stücke, so wie die Schrift die Sprache zertrümmert, doch Orpheus – körperlos geworden – überlebt in seiner Dichtung. Das ist der Sinn des Bildes vom Dichter, dessen abgerissener Kopf in der Strömung des Flusses treibt, immer noch weitersingend. Parallel zur Vorstellung einer ›Zerstückelung‹ des Körpers durch die Verschriftlichung der Sprache setzte sich die Vorstellung durch, daß sich der Mensch des Körpers zu *entledigen* vermag und damit auch der Vergänglichkeit. Es entstand die Phantasie, daß es möglich sei, einen ›anderen Körper‹ zu erschaffen, der den Gesetzen von zyklischer Zeit, von Untergang und Verfall enthoben ist. Dieser Gedanke nahm schon in der Antike unterschiedliche Formen an. Platons Ideal vom Philosophen, der sich der Gesetze des Körpers entledigt hat, ist ein Ausdruck dafür. Bei ihm geht die Phantasie noch mit dem Bewußtsein einer notwendigen Harmonie zwischen Mensch und Natur einher. Der im *Staat* entwickelten Vorstellung einer genauen Regulierung der Fortpflanzung liegt zwar die Idee einer berechenbaren Fortpflanzung zugrunde, aber es handelt sich dabei um eine Berechenbarkeit, die man hinter den Gesetzen des Kosmos vermutete.

Daß das normative Denken die Gemeinschaft und den einzelnen Körper formt und als ›Kanon‹ eines formatierenden Metatextes zu verstehen ist, das zeigt sich nicht nur an der ›Systematisierung‹ des Körpers in der Bildhauerkunst, sondern auch in der Medizin der Antike – und hier werden die Rückwirkungen der Normen auf die Geschlechterbilder besonders deutlich. Mit dem ›idealen‹, d. h. berechenbaren Körper, war nicht *der* Körper allgemein, sondern der *männliche* Körper gemeint. Nur dieser repräsentierte – im Sinne eines Symbolträgers – die Berechenbarkeit der Schriftlichkeit und des Kanons. Der weibliche Körper hingegen symbolisierte das Unberechenbare, ›Unreine‹ und Auszusondernde. Er stand für das A-Normale, das ›Nicht-A‹, dessen jeder Kanon bedarf.

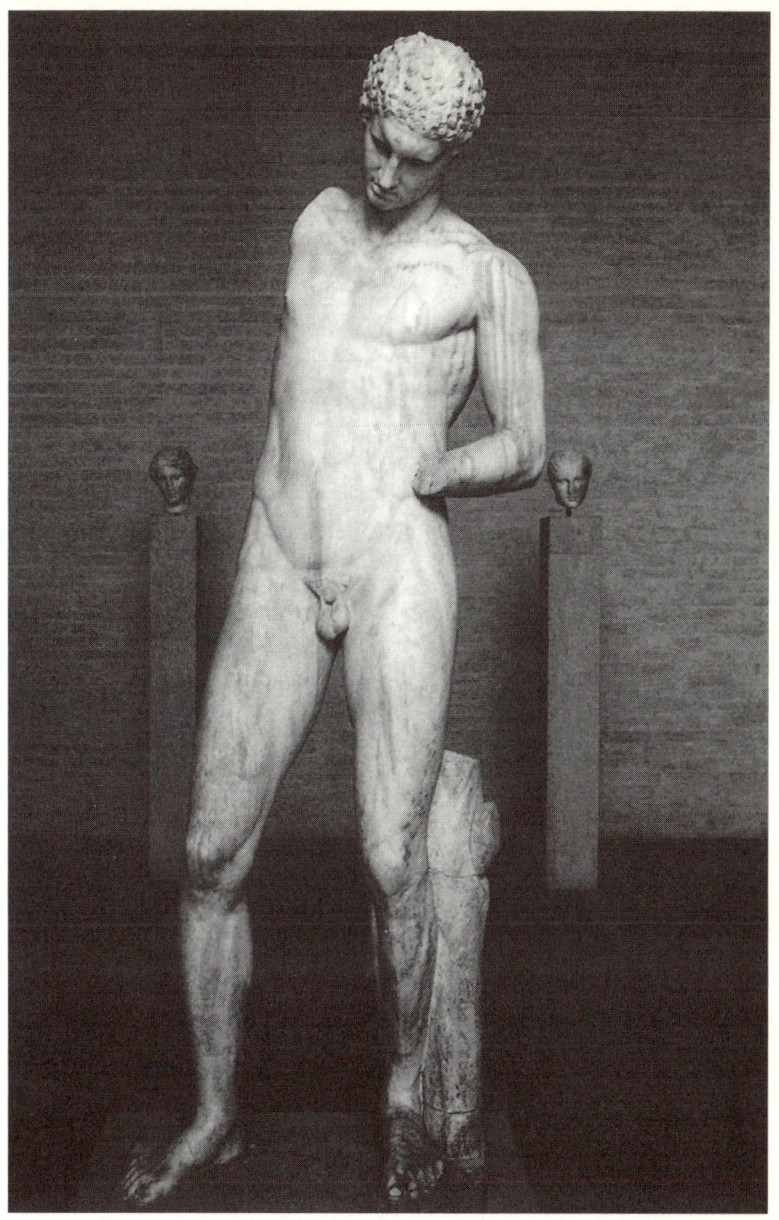

Athlet, ca. 350 v. Chr. Der männliche Körper als ›Norm‹ und ›Kanon‹.

»Die ›Richtschnur‹ des Kanons – im Sinne eines generalisierbaren, situationsunabhängigen, das Verschiedenartige vergleichbar machenden Maßstabs – zieht eine scharfe Trennungslinie zwischen A und Nicht-A. Das ist die erste und entscheidende Orientierungsleistung dieses Instruments. Der konkrete Kanon zieht sie zwischen dem Geraden und Krummen sowie zwischen dem Maßgerechten und dem Abweichenden. Der moralische Kanon zieht sie zwischen Gut und Böse, der ästhetische zwischen Schön und Häßlich, der logische zwischen Wahr und Falsch, der ›politische‹ zwischen Gerecht und Ungerecht.«[113]

An die Stelle der ›Richtschnur‹ des Kanons könnte man hier auch die Gesetze der Reinheit setzen, die, in jeder Gemeinschaft anders definiert, strukturell eine ähnliche Funktion haben wie der Kanon: Sie sollen die Grenze zwischen ›Ordnung‹ und ›Unordnung‹ ziehen und sind zugleich bestimmend für das Verhältnis der Geschlechter. Wenn es im Kanon »um Ordnung, Reinheit und Harmonie, um den Ausschluß von Zufall und unkontrollierter Abweichung, von ›Schlendrian‹ und lavierender Anpassung ans Gegebene« geht,[114] so werden mit den auszuschließenden Faktoren auch die Eigenschaften benannt, die die abendländischen Phantasien über den weiblichen Körper begleiteten. Diese Phantasien treten besonders deutlich im Krankheitsbild der Hysterie zutage, das in jeder Epoche neu definiert wurde, dabei aber immer ein getreues Spiegelbild der herrschenden Normen und der Ordnung der Geschlechter darstellte.

Kann man es als einen Zufall erachten, daß fast zeitgleich mit Polyklets Lehrschrift über die idealen Maßstäbe des Körpers im *corpus hippocraticum* die Hysterie als ein Krankheitsbild konstruiert wird, dem die Unberechenbarkeit selbst zugrunde liegt? Während dem griechischen Bildhauer die Aufgabe zufällt, den ›kanonisierten Körper‹ zu vermessen und zu beschreiben, und im antiken Drama, wie etwa Euripides' *Schutzflehenden*, die neue Moral der Polis und der Geschlechter im öffentlichen Raum umrissen wird, kommt dem *corpus hippocraticum* die Funktion zu, das Nicht-A des physiologischen Körpers zu definieren. Das Krankheitsbild der Hysterie, ältester Begriff unseres medizinischen Vokabulars,[115] ist in jedem Zeitalter unterschiedlich diagnostiziert und behandelt worden. Mal wurden die seltsamen Symptome der Hysterikerinnen als Folgen einer Wanderung der Gebärmutter beschrieben, dann wieder als ›Besessenheit‹ durch die Mächte des ›Bösen‹ (oder des Antichrist) verstanden, um schließlich – bei Sigmund Freud – als Ausdruck einer Symptom gewordenen Sprache betrachtet zu werden: ein

Paradigma, mit dem die Hysterie gleichsam an den Beginn ihrer ›Unruhen‹, die ›herausgerissene Zunge‹, zurückkehrte.[116] Allen unterschiedlichen nosologischen Mustern war gemeinsam, daß diese Krankheit nicht nur als typisch weiblich, sondern auch als Ausdruck der Unberechenbarkeit selbst gehandelt wurde. »Die Hysterie«, so drückte es der Arzt Freud aus, »verhält sich bei ihren Paralysen und Symptomen, als ob es die Anatomie nicht gäbe oder als ob sie kein Wissen darüber besäße.«[117] Der hysterische Körper erscheint wie die mündliche Sprache, die von Vernunft und Logik nichts wissen will und deshalb mit ›Aberglauben‹ gleichgesetzt wird. Dieses Krankheitsbild wurde symptomatisch für die Zuschreibungen verschiedener Epochen an das ›Weibliche‹ als Repräsentationsform der ›Anomalie‹.

Warum aber die Notwendigkeit, der Weiblichkeit einen ›unberechenbaren‹ Körper zuzuweisen? ›Normalität‹ läßt sich nie positiv, nur in Abgrenzung gegen die ›Anomalie‹ definieren, weshalb die Sprache auch den Begriff der ›A-Normalität‹ nicht kennt (die kein ›Gesetz‹ sein darf), nur den der ›Anomalie‹, also den Einzelfall, der nicht der Norm entspricht. Auch in dieser Hinsicht ähnelt der ›Kanon‹ der ›Reinheit‹, die niemals positiv, nur in Abgrenzung gegen das Unreine definiert werden kann. Die Hysterie als Sinnbild für ›Weiblichkeit‹ erfüllt jedoch die Funktion der ›A-Normalität‹: Die Berechenbarkeit bedarf der Unberechenbarkeit, um zum ›Gesetz‹ zu werden. Diese Funktion hängt wiederum mit den spezifischen Denkstrukturen zusammen, die die griechische Alphabetschrift hervorgebracht hat.

Mit dem griechischen Alphabet entstand das paradoxe Phänomen eines ›fließenden Kanons‹, d. h. eines Kanons, der – im Gegensatz zum Kanon der ägyptischen Kultur und der ›Heiligen Schrift‹ der jüdischen Religion – immer wieder neu definiert werden muß. Seine Gesetze und ›Richtschnüre‹ müssen laufend erneuert werden, damit sie ihre Gültigkeit bewahren – aber das geschieht nicht durch die ›mündliche Exegese‹, wie in der jüdischen Tradition, sondern durch die Aufeinanderfolge vieler Texte.

»Die Form, in die eine Sache, ein Thema gebracht werden muß, damit ihre Bedeutsamkeit die konkrete Situation überdauert und spätere Autoren zu ihr und das heißt zugleich, zu dem Text, der sie behandelt, zurückkehren läßt, ist das ›Problem‹. [...] Das Problem ist für die Wissenschaft das, was die ›Mythomotorik‹ für die Gesellschaft im Ganzen ist. Das Problem enthält ein Element dynamischer Beunruhigung. Die Wahrheit ist einerseits problematisch, andererseits wenigstens theoretisch lösbar geworden. Der mythische Diskurs ist insofern beruhigt, als er keinen Widerspruch sichtbar werden und alle Aussagen und Bilder gleichberechtigt nebeneinander stehen läßt. Der kanonische Diskurs ist beruhigt, weil er keinen Widerspruch duldet. Der hypoleptische Diskurs ist demgegenüber eine Kultur des Widerspruchs. Er beruht auf einer verschärften Wahrnehmung von Widersprüchen, d. h. Kritik, bei gleichzeitiger Bewahrung der kritisierten Positionen.«[118]

Mit »hypoleptischem Diskurs« bezeichnet Assmann die »Bezugnahme auf Texte der Vergangenheit in der Form einer kontrollierten Variation«.[119] Mit »Mythomotorik« meint er die »selbstbildformende und handlungsanleitende« Bedeutung, die ein Mythos für die Gegenwart haben kann. Er wird zur »orientierenden Kraft« für eine Gemeinschaft und verleiht den Gesetzen, der Sozialordnung sowie den Riten ihren Sinn.[120] Genau diese beiden Aufgaben erfüllt das Krankheitsbild der Hysterie: Es bietet die Möglichkeit, immer neue Varianten einer Definition zu formulieren, und ist in dieser Funktion wiederum »selbstbildformend und handlungsanleitend«. Das heißt, die Hysterie erfüllt für die Wissenschaft (oder den Kanon) das, was die Mythomotorik für die Kulturen darstellt, die in einer zyklischen Zeitvorstellung leben. Sie repräsentiert »das Problem«. Aber im Gegensatz zu den anderen »Problemen« erneuert sich das der Hysterie ständig. So wird die Hysterie gleichsam zum Motor des abendländischen Fortschrittsgedankens: Sie befriedigt das paradoxe Bedürfnis dieser Schriftgesellschaft nach einem »Problem«, das gelöst wird und dennoch bestehen bleibt.

Frauen reagierten und reagieren auf diese ›Zuschreibungen‹ an die Weiblichkeit manchmal durch den Versuch, möglichst ›unauffällig‹ zu erscheinen, manchmal aber auch durch die ›Darstellung‹ oder ›Realisierung‹ der ›Anomalie‹. Diese Reaktionsform tritt auch in den Theoriebildungen zutage, die die ›Maskerade‹ oder Darstellung der ›Anomalie‹ zur Strategie der ›Subversion‹ erklären: so etwa bei Judith Butler in *Das Unbehagen der Geschlechter*. Ganz unbestreitbar gibt es eine »kulturelle Norm, die die Materialisierung von Körpern regiert«.[121] Aber ebendiese kulturelle Norm sieht auch vor, daß ›Anomalie‹ und ›Subversion‹ die ›Normalität‹ des Weiblichen darstellen. Es ist richtig, die ›natürliche Gegebenheit‹ des Materiellen (oder des Biologischen und Geschlechtlichen) zu hinterfragen; und vor allem ist es richtig zu erkennen, wie sehr das Geschlechtliche der ›Naturalisierung‹ des Symbolischen dient. Aber es gilt auch zu verstehen, daß diese Hinterfragung selbst – oder die ›Subversion‹ des Kanons – zum ›Gesetz‹ des Weiblichen erklärt wor-

Die Besessene. Der weibliche Körper als ›Anomalie‹ und ›Problem‹.

den ist und daß dieses wiederum als Motor des ›Fortschritts‹ und der Normbildung dient. Diese Blickweise eröffnet sich allerdings erst unter historischer Perspektive.

Das Krankheitsbild der Hysterie läßt sich auch als Symptom dafür lesen, daß sich im abendländischen Schriftsystem die Rationalität mit dem mythischen Denken ›ritueller Kohärenz‹ verbindet, wie sie für die ägyptische Kultur bestimmend war. Angesichts der Tatsache, daß die Logik zu *dem* Paradigma abendländischen Denkens wurde, mag das paradox klingen. Aber dann weist gerade dies ins Zentrum der These, die entwickelt werden soll. Auf eine Kurzform gebracht, besagt sie, daß die abendländische Rationalität, die aus den spezifischen Eigenschaften der vollen phonetischen Alphabetschrift hervorgegangen ist, als Motor einer historischen Entwicklung zu begreifen ist, durch die die Rationalität selbst überflüssig wird.

Wenn aber die Rationalität als Ursprung von Bewußtsein *und* als Motor einer Entwicklung zum Zustand der ›Bewußtlosigkeit‹ zu verstehen ist, so wirft das ein besonderes Licht auf die Funktionsweise des kulturellen Gedächtnisses in den Kulturen, die aus der griechischen Alphabetschrift hervorgegangen sind. Auch hier erweist sich ein Blick auf das Krankheitsbild der Hysterie als hilfreich. Denn dieses Krankheitsbild macht besonders deutlich, daß sich das kollektive Gedächtnis nicht nur in den Riten, Überlieferungen und der bewußt gewordenen Teilhabe an einer Tradition niederschlägt, sondern auch in den unbewußten, unterschwelligen, fragmentierten Teilen der Erinnerung. Diese können, wie das Beispiel der Hysterie zeigt – Freud nannte sie die »Krankheit des Gegenwillens«[122] –, kollektiver Art sein und eine konstitutive Rolle bei der Gemeinschaftsbildung spielen.

Der weibliche Körper gilt einerseits als ›geschichtslos‹, weil er im Gegensatz zum ›kanonisierten‹ männlichen Körper über kein kollektives Gedächtnis, kein »identitätskonkretes und identitätskonstruierendes Gedächtnis« im Sinne von Maurice Halbwachs verfügt.[123] Die Hysterie, das ›Nicht-A‹ des Kanons, die ›A-Normalität‹, wird zu einem Symptom dieser Geschichtslosigkeit. Das bedeutet aber, daß in der Hysterie und ihren Symptomen etwas sichtbar wird, das eigentlich gar nicht existiert, weil es keine Geschichte hat. So wird die Hysterie zum Paradigma einer »verdrängten Erinnerung«, als welche sie bei Freud um 1900 auch wieder in Erscheinung tritt. Allerdings fragt es sich, ob hier überhaupt von »verdrängter Erinnerung« die Rede sein kann. Zwar weist diese »Erinnerung« auf den ersten Blick Ähnlichkeiten mit der verdrängten Erinnerung des Traumas auf – und das war auch der Grund dafür, daß Freud in den hysterischen Symptomen zunächst die Folge von Traumatisierungen, zudem sexuellen Traumatisierungen sah. Doch anders als bei den ›verdrängten Erinnerungen‹ eines Traumas, die an ein vom Individuum erfahrenes Ereignis gebunden sind, gibt es für die verdrängten Erinnerungen der Hysterie – das Gedächtnis der ›A-Normalität‹ – nur ein kollektiv erfahrenes ›Ereignis‹. Dieses ›Ereignis‹ ist der Verlust der gesprochenen, mit dem Körper verbundenen Sprache. Er schreibt sich als Erinnerung dem weiblichen Körper ein und bringt sich so zur Sprache: Die Hysterikerinnen verwandeln Worte in Symptom und verweisen so auf das durch die Alphabetschrift zerschnittene Band von Körper und gesprochener Sprache. Andererseits steht die Hysterie aber auch im Dienst der Schriftlichkeit und des Fortschritts: Sie hat für die ›magische Aufladung der Texte‹ zu sorgen.

Wenn die hysterischen Symptome das ›Nicht-A‹ darstellen, dessen der Kanon zu seiner Selbstdefinition bedarf, so bedeutet das, daß die ›Normierung‹ auf die (unberechenbare) Macht des Unbewußten angewiesen ist, um überhaupt ›funktionieren‹, d.h. ihre Definitionsmacht entwickeln zu können. Unter diesen Umständen erscheint es wiederum problematisch, von einer *bewußten* »Wir-Identität« als Grundlage der individuellen Identität zu sprechen.

»Erst durch Bewußtmachung – z.B. durch Initiationsriten – oder Bewußtwerdung – z.B. durch die Begegnung mit andersartigen Gesellschaften und Lebensformen – können diese Zugehörigkeiten sich zu einer Wir-Identität steigern. Eine kollektive Identität ist nach unserem Verständnis reflexiv gewordene gesellschaftliche Zugehörigkeit. Kulturelle Identität ist entsprechend die reflexiv gewordene Teilhabe bzw. das Bekenntnis zu einer Kultur.«[124]

Solchen Kriterien mag die jüdische Tradition entsprechen: In der jüdischen Tradition stellt die ›Wir-Identität‹ gerade nicht eine ›Selbstverständlichkeit‹ dar; vielmehr muß sie durch die vielen einzuhaltenden Gebote immer wieder hergestellt werden: »Wer nach diesen Gesetzen lebt, vergißt keinen Augenblick, wer er ist und wohin er gehört. Diese Lebensform ist so schwierig, daß sie nur in der Form unaufhörlichen Lernens und Bewußthaltens realisiert werden kann.«[125] Dasselbe läßt sich jedoch nicht auf die griechische und christliche Kultur übertragen.

Aus der abendländischen Kultur verschwanden die Initiationsriten allmählich, oder sie wurden, wie die Taufe, zunehmend in ein Alter verlegt, in der sie keiner bewußten Entscheidung entsprachen. Während all die Formen einer ›reflexiven‹ Bewußtmachung der Zugehörigkeit immer mehr an Bedeutung einbüßten, nahmen jedoch die Technologien zu, durch die das Individuum auf *unbewußte* Weise in die Gemeinschaft integriert wurde. Das Krankheitsbild der Hysterie erscheint seinerseits wie ein Gegenbild zur Geschichte der Illusions- und Simulationstechnologien, mit deren Entwicklung im Industriezeitalter die Hysterie als ›Krankheitsbild‹ allmählich verschwindet. Bezog sich der Begriff der ›Hysterie‹ bis etwa 1800 ausschließlich auf den weiblichen Körper und auf Erscheinungen weiblicher ›A-Normalität‹, so wurde er im Verlauf des 19. Jahrhunderts zunehmend auf den männlichen Körper angewandt. Dabei waren es zunächst vor allem Schriftsteller und Künstler (die Pioniere der Illusionstechniken), die das Krankheitsbild auf sich selbst bezogen, bevor die ›männliche Hysterie‹ auch in die Medizinbücher Einlaß fand. Parallel dazu vollzog sich ein Wandel des Begriffs der Hysterie. Es entstand eine Definition von ›Hysterie‹, die der ursprünglichen fast konträr war. Hysterisch war nun nicht mehr der einzelne Körper, der nicht der Norm entsprach, sondern das einzelne Ich, das lustvoll in der Masse aufging. Max Nordau war einer der ersten, die den Begriff der Hysterie in diesem Sinne benutzten. Er umschrieb damit die ›Hörigkeit‹ der Wagner-Anhänger und Bayreuth-Pilger.[126] Diese Entwicklung, wie überhaupt die Entstehung des Begriffs der ›Massenhysterie‹ um 1900, begleitete den Bedeutungswandel des Wortes ›Schwindel‹, von dem im vorigen Kapitel die Rede war. Kurz: Die abendländische ›Wir-Identität‹, der durchaus ein normativer Charakter eigen ist, basiert *nicht* auf einer bewußten und immer wieder zelebrierten Symbolisierung, sondern auf der Überführung in eine ›Selbstverständlichkeit‹, die gerade nicht auf Bewußtheit beruht.

»Damit einer im Umgang mit anderen eine personale Identität ausbilden kann, muß er mit ihnen in einer gemeinsamen ›symbolischen Sinnwelt‹ leben. Das heißt aber nicht, daß die Gemeinsamkeit notwendigerweise auch ihrerseits eine (kollektive) Identität darstellt. Sie tut dies nur, wenn sie bewußt gemacht und bewußt gehalten wird. Im Grund- oder, wenn die paradoxe Wendung gestattet ist, im Naturzustand von Kultur ist aber genau das Gegenteil der Fall: sie wird mit all ihren Normen, Werten, Institutionen, Welt- und Lebensdeutungen zu einer Selbstverständlichkeit, einer schlechthinnigen, alternativlosen Weltordnung naturalisiert und in ihrer Eigenart und Konventionalität unsichtbar. In ihrer Unsichtbarkeit vollkommener

Selbstverständlichkeit und Implizität kann sie dem Einzelnen auch kein Wir-Bewußtsein, keine Identität vermitteln.«[127]

Auf keine andere Kultur trifft dieses Bild einer »Kultur im Naturzustand« so deutlich zu wie auf die abendländische, eben weil sie aus einer Rationalität hervorgegangen ist, die sich selbst zum Verschwinden zu bringen versucht. Das gilt insbesondere für die modernen Industriestaaten, deren Simulationstechnologien immer wieder darauf abzielen, die Technik selbst ›unsichtbar‹, nicht wahrnehmbar zu machen. ›Entschleiert sich die Natur vor den Augen der Wissenschaft‹, so läßt sich für die Technologie genau das Gegenteil diagnostizieren: Sie verschleiert sich vor den Augen des Benutzers, um als ›Naturzustand‹ wahrgenommen zu werden.

Vergleichend stellt sich die Frage nach der Funktion und Symbolik des weiblichen Körpers in der jüdischen Religion. Repräsentiert er auch hier das ›Nicht-A‹, das ›Problem‹, das ›Andere‹ der Rationalität, das die Mythomotorik vorantreibt? In der jüdischen Religion wird die Geschlechtlichkeit selbst als Teil der *Conditio humana* betrachtet; sie bietet – als Bedingung der Fortpflanzung – die Möglichkeit, dem Stachel des Todes zu begegnen, ist zugleich aber auch Symptom menschlicher Unvollständigkeit und der Differenz zu Gott. Der Gott Israels, so schreibt Tykwa Frymer-Kensky, Leiterin des Departments of Biblical Civilisation am Rabbinical College,

»wird männlich gedacht, aber nicht geschlechtlich. Er ist überhaupt nicht phallisch und kann weder männliche Virilität noch sexuelle Potenz repräsentieren. Die anthropomorphe biblische Sprache benutzt Körperbilder des Armes, der rechten Hand, des Mundes, aber Gott wird nicht unterhalb der Gürtellinie imaginiert. [...] Gott ist asexuell oder transsexuell oder metasexuell, je nachdem wie wir das Phänomen betrachten. Er ist niemals sexuell.«[128]

Auch verhalte sich Gott nicht ›sexuell‹. Zwar sei »Gott der ›Gatte‹ Israels«, eine »mächtige eheliche Metapher«, aber Gott »küßt nicht, streichelt nicht, liebkost nicht und zeigt auch sonst keine körperlichen Affekte für Israel«. Eben weil Gott »kein Modell für die Sexualität« sei, so Frymer-Kensky weiter, gibt es in den Ritualen eine strenge *Trennung* zwischen dem Sexuellen und dem Heiligen. Nach dem Geschlechtsverkehr bzw. einer sexuellen Emission gilt der Gläubige als unrein bis zum Abend desselben Tages.[129] Erst nach einer Waschung darf der Tempel betreten werden. »Die Trennung von Sexualität und Kultus waren auch in den Reinheitsvorschriften der Ritualgesetze enthalten. Die

Unreinheitsgesetze Israels hatten zum Ziel, die essentiellen Existenzbedingungen des Menschen intakt zu halten: heilig und profan, Leben und Tod.«[130]

Spiegelt sich die Differenz von Gott und Mensch in der Tatsache wider, daß Gott als unkörperlich und ohne Geschlecht gedacht wird, so findet die Körperlichkeit und Versehrtheit des Menschen gerade in der Betonung der geschlechtlichen Differenz ihren Ausdruck. Durch die Beschneidung wird dem männlichen Körper die eigene Unvollständigkeit und Verletzlichkeit symbolisch eingeschrieben, während die Gesetze der *Nidda*, die Vorschriften über den Umgang mit dem weiblichen Blut, die Besonderheit des Weiblichen hervorheben. Mit beiden wird ganz generell die Differenz der Geschlechter betont. Das Wort *nidda* kommt von ›nadad‹, was soviel wie ›entfernt‹, ›getrennt‹ bedeutet.[131] Die Gesetze der *Nidda* werden oft mit ›Reinheitsvorschriften‹ übersetzt, mit denen das ›Unsaubere‹ abgesondert werden soll, und als Herabsetzung des weiblichen Körpers während der Menstruation und nach der Niederkunft interpretiert. Diese ›negative‹ Interpretation der *nidda* und die Vorstellung einer ›Abspaltung‹ des Weiblichen entspricht eher der griechisch-christlichen Gleichsetzung von Weiblichkeit mit ›Anomalie‹. Es ist unsinnig anzunehmen, daß in einer religiösen Tradition, in der Nachkommen und die Fortpflanzung zu den höchsten Gütern gehören, die Frau ausgerechnet nach der Geburt eines Kindes und in den Momenten, wo ihr Körper Symptome seiner Zeugungs- und Gebärfähigkeit zeigt, negativ besetzt wird. Die hebräische Sprache kennt dreizehn verschiedene Begriffe für Reinheit und sechs für Unreinheit, je nachdem ob sie sich auf Sexualität, die Speisen oder andere Zusammenhänge beziehen.[132] Der Begriff der ›Reinheit‹ hat also eine völlig andere Bedeutung als im griechisch-christlichen Denken und ist nur aus dem jeweiligen Kontext zu verstehen. (Damit stellen sich übrigens auch ganz grundlegende Fragen zur Übersetzung oder Übersetzbarkeit der hebräischen Bibel.) Im Falle der *Nidda* scheint die Funktion der ›Reinheit‹ in der Betonung der sexuellen Differenz zu liegen, und diese bestimmt nicht nur über das Leben der Frau, sondern auch das des Mannes: Die Tatsache, daß ein verheirateter Mann im Rhythmus weiblicher Absonderung lebt und der Rabbiner mit den Funktionen des weiblichen Körpers aufs intimste vertraut ist, veranlaßt Susannah Heschel zur Frage: »Wessen Vagina ist es? Oder ist die Vagina als ein Zeichen zu verstehen, vielleicht parallel zum Phallus, ein Zeichen, das mit jener emotionalen Bedeutung beladen ist, die die Geschlechtsidentität formt? [...] Die Nidda-Gesetze machen die Vagina zu einem transzendenten Zeichen der Geschlechtsidentität und des jüdischen Status.«[133]

In der jüdischen Tradition repräsentiert der weibliche Körper also nicht das Andere der Normalität, die ›Anomalie‹, sondern beiden Geschlechtern ist ihre jeweilige ›Andersartigkeit‹ eingeschrieben. Diese Lesart der symbolischen Geschlechterordnung offenbart sich auch im Zusammenhang mit dem Konsonantenalphabet. Wenn der männliche Körper den Symbolträger der Schriftlichkeit darstellt, so symbolisiert der weibliche Körper die Mündlichkeit, die in den *nichtgeschriebenen* Zeichen: den Vokalen, enthalten ist. Für das Konsonantenalphabet bedeutet ›Symbolträger der Mündlichkeit‹ etwas anderes als beim vollen phonetischen Alphabet. Der weibliche Körper verweist auf die ›Leerstellen‹ des semitischen Alphabets, die ›aufgeschobene Physis‹, den ›klingenden Körper‹, ohne den die Zeichen nicht zur Welt kommen können. Der weibliche Körper ist nicht Symbolträger der Offenbarung – die ist den Zeichen der Schrift, und diese sind über die Beschneidung wiederum dem männlichen Körper eingeschrieben –, aber er ist Symbolträger für das ›Lautwerden‹ der Offenbarung, für die ›sprechende‹, ›mündliche Thora‹. Das bedeutet aber, daß die beiden symbolischen Funktionen – der männliche Körper als Symbolträger der Zeichen und der weibliche Körper als ein ›Lautwerden‹ der Zeichen – aufeinander angewiesen sind. Die Laute ohne die Zeichen sind insignifikant, und andersherum können die Zeichen auch nur über die Laute ›Bedeutung‹ erlangen. Jeder symbolische Körper kann für sich genommen keine ›Vollständigkeit‹ in Anspruch nehmen, nur in der Interdependenz mit dem anderen stellt sich ein ›Sinn‹ her. So wie die Religion selbst auf der Begegnung von Schriftlichkeit und Oralität beruht, beruht sie auch auf dem Zusammenspiel der symbolischen Rollen, die beiden Geschlechtern zugewiesen werden.

Das Alpha – der Buchstabe als ›Vater‹

Die mit der vollen Alphabetschrift sich vollziehende Überlagerung von Geistigkeit und Männlichkeit war schon vorgegeben durch die symbolische Funktion von ›Männlichkeit‹ und ›Weiblichkeit‹ in Gesellschaften mit zyklischem Zeitdenken. Hier symbolisierte der weibliche Körper die Regeneration und Kontinuität, während der männliche als Symbolgestalt des (mit der zyklischen Zeit notwendigerweise einhergehenden)

Untergangs betrachtet wurde. Der kretische Zeus war ein sterblicher Gott, der jedes Jahr in die Unterwelt zurückkehren mußte, um wiedergeboren zu werden. Schon für die Griechen war die kretische Vorstellung eines sterblichen Gottes undenkbar. (Allerdings floß sie in gewandelter Form in die Gestalt des Dioynsos ein: Sein Name bedeutet ›Sohn des Zeus‹; er ist der ›zweimal Geborene‹ und taucht in Griechenland um 800 v. Chr. auf, also zeitgleich mit dem Alphabet). Sollten die Gesetze menschlicher Sterblichkeit und einer sich zyklisch regenerierenden Natur ›überwunden‹ werden – genau das versprachen die Zeichen der Schrift –, so mußte der männliche Körper notwendigerweise zur Symbolgestalt dieser Überwindung werden. Was bedeutete nun die Gleichsetzung mit Geistigkeit für den männlichen Körper?

In der *Traumdeutung* schreibt Freud um 1900: »Ganz unverkennbar ist es auch, daß alle Waffen und Werkzeuge zu Symbolen des männlichen Gliedes verwendet werden: Pflug, Hammer, Flinte, Revolver, Dolch, Säbel usw.«[134] Eine eigentümliche Aufzählung! Einerseits erscheinen diese Symbolbilder – wie Freuds ›Unbewußtes‹ ganz allgemein – seltsam a-historisch, ganz im Sinne der ›Naturgesetze‹, auf die sich die Naturwissenschaftler der Jahrhundertwende im Zusammenhang mit den Geschlechterbildern beriefen. Andererseits vergleicht er hier aber auch das männliche ›Geschlecht‹ – also ›Natur‹ – mit historischen und technischen Errungenschaften des Geistes wie dem Pflug oder dem Gewehr. Vor allem überrascht aber die Zusammenstellung selbst: Der Pflug, ein lebenserhaltendes Werkzeug, wird in einem Atemzug mit Tötungsinstrumenten genannt, und beide betrachtet Freud gleichermaßen als Symbol für das männliche Zeugungsglied.

Die Plausibilität dieser Zusammenstellung, die auf den ersten Blick kategoriale Unterschiede schlicht zu ignorieren scheint, erschließt sich aus der Geschichte der Zeichen, von der Alfred Kallir in seinem Buch *Sign and Design. The Psychogenetic Source of the Alphabet* erzählt.[135] Für viele, so schreibt er, »ging Freud zu weit«, als er die tiefen Einwirkungen der Sexualität auf das Alltagsleben beschrieb:

> »ich hingegen würde sagen, daß er, in gewisser Weise, nicht weit genug gegangen sein könnte: er untersuchte nicht das, was hinter dem sexuellen Impakt steht – das Feld magischer Interaktion, das sich bei einer tieferen Studie des Alphabets offenbart.«[136]

Kallir hatte 1942, im Exil in Oxford, wohin er vor den Nationalsozialisten geflohen war, durch einen Zufall begonnen, sich für die Geschichte des Alphabets zu interessieren. Er mußte bald feststellen, daß die Literatur zur Geschichte der Schrift zwar umfangreich war, die Geschichte der Zeichen in allen einschlägigen Disziplinen aber unterbelichtet blieb. Für die Wissenschaften erschienen die Zeichen der Alphabetschrift entweder arbiträr oder ›naturgegeben‹, geschichtslos – d. h. ebenso unhintergehbar wie die ›Natur‹ der Geschlechterordnung. Daß sich die Geschichte der Zeichen im Gedächtnis erhalten hat, sollte zu einer der Gegenthesen von Kallir werden.

Die Reaktionen auf den Versuch, die Geschichte der Zeichen zu erzählen, waren zurückhaltend – entsprechend dem Geist des Kanons, der seine eigenen ›Techniken‹ verschleiert und in ›Natur‹ verwandeln möchte. Kallirs Buch, schon in den 40er Jahren begonnen, erschien erst 1961 auf Englisch. 1944 hatte er – aufmerksam geworden durch die rasche Verbreitung und Akzeptanz der ›V‹-Kampagne *(V for Victory)* – einen kleinen Text über den Buchstaben ›V‹ veröffentlicht, der ebenfalls erst sehr viel später Beachtung fand.

»Überrascht von dem sofortigen Erfolg des V-Zeichens am entscheidenden Wendepunkt des Kriegs, war mir plötzlich klargeworden, daß der Buchstabe V sich aus der menschlichen Gebetshaltung herauskristallisiert hatte und daß er unseren unterdrückten spirituellen Bedürfnissen entspricht, deren Freisetzung die viel diskutierte und gesuchte Frage nach dem Ziel des Kriegs enthielt. Und zwar für alle Nationen.«[137]

In seinem Buch *Sign and Design* spekuliert Kallir u. a. darüber, daß alle Sprachen aus einer einzigen hervorgegangen sein könnten – eine Spekulation, die seither von der Sprachforschung für immer wahrscheinlicher gehalten wird.[138] Spekulativ erscheinen auf den ersten Blick auch die Fragen, die Kallir an die Geschichte der Schriftzeichen stellt. Denn er geht nicht so sehr von den historisch nachweisbaren Querverbindungen aus, etwa zwischen Ägypten und Griechenland, mit der kretisch-minoischen Kultur als Bindeglied. Sein Interesse richtet sich vielmehr auf die psychologischen Muster, die er dem ›kollektiven Unbewußten‹ zuordnet. Die Schriftzeichen, so sagt er, stellen von Bildern abgeleitete Ideogramme dar, deren Bedeutungen als Zeichen auch heute noch ›gelesen‹ und ›entziffert‹ werden – weil sie dem kulturellen Gedächtnis eingeschrieben sind.

»Eine sich selbst und ihr Produkt (Rindersuppe) stilisierende Geschäftsfirma ›Bovril‹, die im Zentrum von London, in der Mitte einer hell erleuchteten Lichtreklame mit ihrem Namen, die fast genauen Linien des kretischen Ochskopfes zeigt, muß zumindest eine grobe Ahnung von dem festen Zugriff dieses uralten Symbols auf das Unbewußte der Öffentlichkeit haben.«[139]

Kallir geht bei der Entstehung der Alphabetschrift von einer »progressiven Assimilation«[140] verschiedener Bedeutungen durch ein Zeichen aus. So steht das A oder ›Alpha‹ einerseits für den Stier, der Männlichkeit inkarniert, andererseits aber auch für das Haupt bzw. die Krone (oft dargestellt als Hörner), also für geistige Kräfte, sowie für alle Bedeutungen, die mit dem Begriff ›vorwärts‹- oder ›aufwärts‹-strebend zusammenhängen. Er macht auch auf die Tatsache aufmerksam, daß das A-L-P-H im Buchstaben ›Alpha‹ eine metathetische Umkehrung des P-H-A-L in Phallus darstellt.[141] All diese Bedeutungen, so sagt er, seien dem kulturellen Gedächtnis als ›archetypische‹ Symbole eingeschrieben. Dabei bezieht er sich ausdrücklich auf C. G. Jung und auf dessen Bild eines *unhistorischen* kollektiven Unbewußten. In dieser Hinsicht widerspricht er freilich seinem eigenen Material. Denn es gibt auffallende Parallelen zwischen der Geschichte der Schriftzeichen und einem Wandel des religiösen Denkens, also *historischen* Entwicklungen. Die Tatsache, daß die Schriftzeichen noch bis in die Jetztzeit im kollektiven Imaginären wirkungsmächtig sind, zeugt wiederum von der Macht der Erinnerung an diese Geschichte der Zeichen – einer Erinnerung, die mit ihrer einschneidenden und traumatischen Bedeutung für den männlichen Körper zusammenhängen mag.

Am Beispiel des ›A‹ bzw. ›Alpha‹ zeigt sich das besonders deutlich. In allen semitischen Sprachen rund ums Mittelmeer bedeutet das Wort *Aleph* oder Alpha ›Stier‹ bzw. ›Ochse‹. Damit verweist der erste und wichtigste Buchstabe des Alphabets – die Reihenfolge der Buchstaben ist nicht willkürlich, sondern entspricht einer Hierarchie der Zeichen, der sogenannten *Akrokratie* – auf das höchste der Opfertiere, das zugleich Symbol für Fruchtbarkeit und für Männlichkeit ist. (Nicht durch Zufall taucht es heute auch wieder im @ auf, *dem* Logo der modernen Speichersysteme.) Die Darstellung des Tieres – also das Zeichen – durchlief viele Phasen und nahm im Laufe der zunehmenden Abstraktion die Form von drei Strichen an. Diese Striche stellten zunächst die Hörner des Stieres dar. Dabei zeigten die Schrägstriche nach oben; rechts und links markierten zwei Punkte die Augen. Im Laufe seiner Geschichte (die sich über 2000 Jahre hinzog) stellte sich das Zeichen quer, dabei u. a. die Bedeutung des Pflugs assimilierend, um schließlich auf dem Kopf stehend durch einen Querstrich ergänzt zu werden. Der Querstrich verweist auf das Joch. Das heißt, die (hier sehr verkürzt wie-

Entwicklungsstufen des Alpha.

dergegebene) Geschichte des Buchstabens ›Alpha‹ erzählt von einem Prozeß, in dessen Verlauf aus dem Stier, Symbol für Männlichkeit, der kastrierte, bezähmte Ochse wird, der mit seinem Joch zugleich eine wertvolle Unterstützung des Ackerbaus darstellt.

»Auf den frühen ägyptischen Darstellungen sind Kühe, nicht Ochsen vor dem Pflug zu sehen. Die Bezähmung des Ochsen ist die große Errungenschaft der sich entwickelnden Agrarzivilisation und stellt, wie die Erfindung des Alphabets, einen Meilenstein im Fortschritt des Menschen dar. Die beiden Ereignisse scheinen sich zeitgleich vollzogen zu haben: wahrscheinlich Anfang des zweiten vorchristlichen Jahrtausends.«[142]

Die Verlagerung von Stier zu Ochse wurde von einem gegenläufigen Prozeß begleitet, in dessen Verlauf das Zeichen ›A‹ zunehmend anthropomorphe Gestalt annahm. Zwar hatten Semiten und Griechen dasselbe Design für ihren ersten Buchstaben. Doch zeigte das (alte) *aleph* seitwärts, während das griechische *alpha* aufwärts zeigte. Daß später auch alle anderen semitischen Buchstaben senkrecht gestellt wurden, interpretiert Kallir folgendermaßen:

»Erst als der Buchstabe beginnt, Mensch (bzw. Mann) zu symbolisieren, erscheint er von vorne und stehend. […] Die Aufrichtung der semitischen Buchstaben um 90 Grad fällt zusammen mit dem Übergang von einem theriomorphischen zu einem anthropomorphischen Weltkonzept; dies scheint uns die eigentliche Erklärung für das Phänomen zu sein. Der Übergang vom *aleph*, dem Stier, zum *alpha*, Abbild des Menschenwesens, typisiert dieses Ereignis.«[143]

Auf diese Weise werde der Mensch »zum Meister der Welt«. Während sich der machtvolle Vierbeiner nur zur Seite bewegt, erstreckt und blickt, spiegelt die aufrecht stehende und nach oben blickende menschliche Figur »das monotheistische Glaubensbekenntnis« wider, das das »anthropozentrische Weltverständnis« begleitet. Damit erhält auch der phonetische Wert des ›Aleph‹ (im semitischen Konsonantenalphabet ein gutturaler Laut) einen durch die neue Religion eröffneten Sinn:

»nachträglich offenbart sich sowohl im kollektiven als auch im individuellen Zusammenhang eine tiefere Bedeutung: ›Und der Herr schuf den Menschen ... und blies in seine Nase einen Lebenshauch‹ (Gen 2,7). *A(leph)-A(lif)* ist der Widerhall des schöpferischen Prinzips, ob dies nun tierisch, menschlich oder göttlich sei.«[144]

Der Buchstabe ›Aleph‹ erzählt also von einem Prozeß, in dessen Verlauf nicht nur der Ackerbau, sondern auch eine neue Religion entsteht, die mit der Phantasie einer Herrschaft über die Natur einhergeht. Vermutlich, so meint Kallir, waren alle alphabetischen Schriftzeichen zunächst Fruchtbarkeitssymbole. Allerdings, so muß man hinzufügen, vollzieht sich dabei ein *Bedeutungswandel* des Begriffs ›Fruchtbarkeit‹. Das legt eine nähere Betrachtung des historischen Prozesses nahe, den das Stieropfer durchlief. Dieser Wandel stützt zugleich die von Kallir angebotene Interpretation für die Transformationen des Buchstabens ›A‹.

Das Stieropfer stand im Zentrum des Kults der *Magna Mater*, der sich (etwa in Anatolien) bis in die neolithische Epoche zurückverfolgen läßt. Für die Griechen wurde ihr phrygischer Name, *Matar Kubileya*, aus dem später Kybele wurde, bestimmend. Mit den die Erde ›befruchtenden‹ Blutopfern des Kultes wurden, wie der Gräzist und Althistoriker Walter Burkert schreibt, die Naturgesetze von Untergang und Schöpfung, Tod und Zeugung zelebriert und kultisch dargestellt:

»Was die Aufmerksamkeit vor allem auf sich zog, war die Kultform des alten Priesterstaates Pessinus: Hier gab es *galloi*, die Eunuchenpriester, die sich zu Ehren der Muttergöttin selbst entmannt hatten. Dazu gehört der Mythos von Attis, dem Geliebten der Meter, der kastriert wird und unter einer Fichte stirbt und doch der *parhedros* der Göttin bleibt.«[145]

Das Stieropfer war also schon früh von einer Fruchtbarkeitssymbolik geprägt, die in enger Beziehung zur Kastration stand. In der frühen Form mußte das Stieropfer alle zwanzig Jahre, also für jede Generation, wiederholt werden. Es war kein Opfer, das ›für die Ewigkeit‹ bestimmt war, sondern einem zyklischen Zeitdenken, einem Denken in Generationen und Regenerationen, unterlag.

»Es ist, als ob das Stierblut eine schützende Haut gebildet hätte, die sich so abnützt und daher nach einer bestimmten Zeit erneuert werden muß. So kommt wiederum explizit die Perspektive der Votivreligion ins Spiel: Durchs Taurobolium ›nimmt‹ der Initiand ›die Gelübde des 20jährigen Kreises auf sich‹, *bis deni vota suscipit orbis* […]. Der Kreis der Wiederholungen soll dem Wohlergehen in diesem Leben Dauer verleihen. Darum ist das Taurobolium das ›Zeichen des geglückten Gelingens‹, *symbolon eutychies*, eine Versicherung gegen alle widrigen Umstände, die das Leben bedrohen können.«[146]

In seiner Wiederholbarkeit, die eine Form von Mnemotechnik darstellt, gleicht das Opfer dem Vertragstext, der in einigen antiken Traditionen den Vertragspartnern in regelmäßigen Abständen vorgelesen werden muß, damit der Vertrag Bestand hat,[147] bzw. dem mosaischen

Gesetz, das turnusmäßig vor allem Volk, alle sieben Jahre am Laubhüttenfest, verlesen werden muß.[148]

Dieses ursprünglich dem Kult einer *Magna Mater* geweihte Stieropfer wird allmählich auf andere kulturelle Kontexte übergehen und dabei im Lauf der Zeit eine neue Bedeutung erlangen, die auf seine zunehmende Auslagerung aus der alten ›rituellen Kohärenz‹ verweist und seine Integration in eine von der alphabetischen Schriftordnung geprägte Linearität beinhaltet. So wird der Stier, der schon im Zentrum der altägyptischen Religion von Heliopolis stand, von dem Pharao Echnaton übernommen, der für kurze Zeit im alten Ägypten den Monotheismus, begleitet von einem strengen Ikonoklasmus, einführte. Echnaton, der sonst alle anderen Tempel zerstören ließ, machte in Heliopolis eine Reihe von Anleihen, darunter das Bild des heiligen Stiers.[149] Später gerät der Stier ins Zentrum religiöser Konflikte zwischen Ägyptern und Juden. Der Stier, Symboltier von Osiris, repräsentierte zusammen mit dem Widder eines der heiligsten Symbole der Ägypter. Daß der Gott der Juden das Opfer von Lamm und Stier vorschrieb, war ein Affront für die Ägypter, wie Assmann am Beispiel einer historischen Episode aus Elephantine im 5. Jahrhundert v. Chr. eindrücklich schildert.[150] Für Israel wurde der Stier als ›Goldenes Kalb‹ zu *dem* Symbol der Idolatrie.[151] Allerdings stand der Stier auch für die Schriftlichkeit selbst: Nach dem Tod Salomons, rund 250 Jahre vor der Wiederentdeckung des *Buchs der Gesetze Gottes* unter Josija, wurden im Nordreich Israels zwei ›Konkurrenztempel‹ zum Tempel von Jerusalem errichtet, wo der »befreiende Gott Israels« im Angesicht eines goldenen Jungstiers verehrt wurde. König Jerobeam, der die Tempel errichten ließ, sprach bei der Tempelweihe das Volk mit den Worten an: »Nun ist es genug mit dem Pilgern nach Jerusalem. Siehe, Israel, das da ist dein Gott, der dich aus dem Ägyptenland herausgeführt hat.« Micha Brumlik schreibt dazu: »Der Gott, der dort in Stiergestalt angebetet werden sollte, war also alles andere als ein Götze oder Fetisch, sondern genau jener befreiende Gott, den sogar Mose nur rückseitig herüberziehen sah.« Er fragt weiter nach dem Grund dafür, daß ein Stier als Symbolgestalt für den gestaltlosen Gott verehrt wurde, und kommt zu dem Schluß, daß »die Goldenen Kälber in Nordisrael nicht Gott selbst abbilden sollten, sondern eher als sichtbare Throne Gottes angesehen wurden«.[151] Warum aber sollten ausgerechnet Kälber zum Thron werden? Betrachtet man jedoch den Stier als eine Symbolgestalt der Schriftlichkeit, so erstaunt die Wahl dieses ›Idols‹ nicht. Das würde bedeuten, daß das Alphabet selbst, das einen gestaltlosen Gott ›denkbar‹ erscheinen ließ, verehrt wurde. So gesehen, handelte es sich durchaus um Idolatrie, die darin bestand, daß das Symbol auf seine leibliche (oder bildliche) Ursprungsgestalt zurückgeführt und in dieser verehrt wurde – es war ein Verzicht auf die mit der Schriftlichkeit einhergehende Fähigkeit, ein Symbol als abstraktes ›Zeichen‹ zu lesen. Mit dieser Vorstellung von ›Idolatrie‹ war auch die Hieroglyphenschrift gemeint, bei der der Bezug zwischen Urbild und Abbild erhalten bleibt: »Bilder und Bilderschrift«, so schreibt Moses Mendelssohn, »führen zu Aberglauben und Götzendienst.«[152]

Zugleich taucht der Stier auch in zahlreichen Mythen der kretisch-minoischen Kultur auf. Im 8. Jahrhundert v. Chr., als in Griechenland das volle phonetische Alphabet entsteht, wird er zum Symboltier des Dionysos, des geopferten und ›zweimal geborenen‹ Gottes. Auch im Mithras-Kult wird das Stieropfer eine wichtige Rolle spielen – und hier, wo es im Zentrum der kultischen Handlung steht, zeigt sich der Wandel besonders deutlich. Über die Ursprünge des Mithras-Kultes weiß man relativ wenig. Er fand erst spät eine weite Verbreitung. Ursprünglich eine Gottheit Mittelasiens, vermischte sich die Gestalt von Mithras nach dem Tod Alexanders, durch den der Hellenismus und damit auch das griechische Alphabet prägend für viele Kulturen wurden, mit Zügen von Apoll und Helios. Das aus dieser Verschmelzung hervorgegangene Mysterium gelangte mit kilikischen Seeräubern um 67 v. Chr. nach Griechenland. Im 1. Jahrhundert n. Chr. verbreitete sich die Mithras-Verehrung durch die römischen Soldaten nach Pannonien, Germanien und Britannien. War das Stieropfer einst dem Kult der *Magna Mater* geweiht, so wurden Frauen nun vom Kult ausgeschlossen. Seinen Höhepunkt erreichte der Mithras-Kult im letzten Drittel des 3. Jahrhunderts n. Chr., als er, mit der orientalischen Sonnenreligion gleichgesetzt, unter Aurelian römische Staatsreligion wurde. Vom Christentum wurde die Mithras-Verehrung nachdrücklich bekämpft, nicht zuletzt wegen gewisser äußerer Ähnlichkeiten, die sich etwa auf das Blutopfer beziehen.[153] Im 5. Jahrhundert war der Kult so gut wie verschwunden, hierin den frühen gnostischen Strömungen vergleichbar.

Sowohl die späte Ausbreitung als auch die Verbindung zum Sonnengott, der für lineares Zeitdenken und eine Ablösung vom Mondkalender steht, legen eine enge Beziehung zur vollen Alphabetschrift nahe, die zur Entwicklung des Denkens in fortlaufender Zeit führte.[154] In der Tatsache, daß der Stier des Mithras-Kultes in der Höhle erlegt wird und die Initiation der Mysten in einer Höhle stattfand, sieht Burkert wiederum eine Beziehung zur griechischen Philosophie des klassischen Zeitalters: »Ein Nachhall von Platons Höhlengleichnis ist nicht zu überhören«, schreibt er. So bleibe auch »unklar, inwieweit Mithras eine Erlösung aus dieser Welt, der ›Höhle‹, den Mysten verhieß oder vielmehr heroisch-sieghaftes Durchhalten in ebendieser Welt garantierte«.[155]

Die Tatsache, daß der Mithras-Kult unter den Soldaten im antiken Rom eine weite Verbreitung fand, legt es wiederum nahe, in dem Kult eine Art von Vorläufer des Christentums, das ebenfalls viele Soldaten anzog, zu sehen. Burkert beschreibt ein Ritual, das seit dem 2. Jahrhundert v. Chr. nachweisbar ist: »Der Myste kauert in einer balkengedeckten Grube, über der der Stier geschlachtet wird, so daß das ausströmende Blut auf ihn niederfließt – eine Bluttaufe im vollen Sinne.«[156] Bei dieser Bluttaufe spielte das sexuelle Element eine wichtige Rolle, nun aber in einem ganz anderen Sinne als bei dem Priesterstaat von Pessinus. In den Mithras-Mysterien, so Burkert, scheint

»kriegerische Männlichkeit alles Sexuell-Weibliche zu verdrängen. ›Mithras haßt Frauen‹, hieß es. Eine merkwürdige Aufmerksamkeit gilt nichtsdestoweniger in den bekannten Kultreliefs den Genitalien des sterbenden Stiers: Samen, der sich ergießt, wird in einem Krater aufgefangen, ein Skorpion greift nach den Hoden, der Schwanz verwandelt sich in Getreideähren – Metamorphose der Zeugung noch im Tode. Doch haben wir keinen dazugehörigen Text. In den Metermysterien wird die Kastration zum zentralen *fascinosum*; man hat den Eindruck, Besessenheit von Sexualität im Negativbild zu finden.«[157]

Mit anderen Worten: Im Mithras-Kult wird ein zentrales Opfersymbol der Fruchtbarkeitskulte aufgegriffen und neu gedeutet: An die Stelle des Kults der *Magna Mater* tritt ein Kult des Männlichen, begleitet von einem *neuen* Kult der Fruchtbarkeit, der einerseits den Tod des Männlichen als *sexuelles* Fruchtbarkeitssymbol beinhaltet, andererseits aber das Bild einer *geistigen* Fruchtbarkeit errichtet, die mit Männlichkeit gleichgesetzt wird.

Eine solche Lesart der Geschichte des Stieropfers liegt auch nahe, wenn man sie in Parallele zur aristotelischen Lehre vom »beseelten Samen« sieht, die sich zeitgleich mit der Durchsetzung der griechischen Schriftlichkeit entwickelte und ebenfalls auf das Prinzip ›geistiger Fruchtbarkeit‹ verweist. In seiner Lehre *Über die Zeugung der Geschöpfe* verkündete Aristoteles, daß der männliche Samen »von oben her« komme. Er sei zwar nicht die Seele, aber er sei »beseelt« durch »eine von außen eingedrungene Vernunft«, die einen immateriellen

»Urstoff der Himmelskörper« darstelle und göttlich sei. Die Tatsache, daß Frauen überhaupt geboren werden, führte Aristoteles darauf zurück, daß sich der »beseelte Samen« in vielen Fällen nicht ausreichend gegen die »Materie«, also das Irdische, durchsetzen könne und so der Lebensquell »sich geschlagen geben muß, bevor er die Entwicklung bis zur eigenen Art fördern« kann.[158] Diese Lehre spiegelt sich auch in den medizinischen Vorstellungen der Antike wider, laut denen das Sperma aus Blut entstehe, das im Gehirn »raffiniert« werde. Thomas Laqueur beschreibt die Lehren von Hippokrates und Galen folgendermaßen: »Sperma, ein Schaum fast wie der des Meeres, werde zunächst aus dem Blut raffiniert; dann gehe es zum Gehirn; vom Gehirn nehme es den Weg zurück durch das Rückenmark, die Nieren, die Hoden und in den Penis.«[159] Dieses Modell, das eine enge Beziehung zwischen Sperma und Hirn herstellt, hatte noch für die Medizin der Neuzeit normativen Charakter,[160] und es zeigte sich – wenn auch in Umkehrung – in der Überzeugung des 18. Jahrhunderts, daß die Masturbation zum Schwund von Rückenmark und Hirn führe. Aristoteles' Lehre vom ›beseelten Samen‹ entstand wenige Jahrzehnte, nachdem in Athen das jüngere ionische Alphabet zur Amtssprache erhoben und damit ein Wandel besiegelt worden war, der mit der Einführung der phonetischen Alphabetschrift begonnen hatte. Auch wegen dieser zeitlichen Überschneidung bietet es sich an, den Mithras-Kult mit seiner Vorstellung einer ›geistigen Fruchtbarkeit‹ im Kontext der Verbreitung des griechischen Alphabets zu sehen.

In seiner späteren Entwicklung erfährt der Mithras-Kult einen entscheidenden Wandel, der ihn immer mehr dem christlichen Opfergedanken einer ›ewigen Erlösung‹ annähert – ein Wandel, der gleichzeitig belegt, wie sehr dieser Opferritus zum Ausdruck eines neuen religiösen Denkens geworden war:

»Eine berühmte, oft zitierte Taurobolium-Inschrift, gesetzt von Aedesius, versichert, der so Geweihte sei für ewig wiedergeboren, *in aeternum renatus*. Dies ist kaum zu vereinbaren mit dem mehrfach und früher schon bezeugten Prinzip, daß das Taurobolium nach 20 Jahren zu wiederholen sei. Die Aedesius-Inschrift stammt aus dem Jahr 376, zwei Generationen nach dem Sieg des Christentums, inmitten der letzten ›heidnischen Reaktion‹. Die Vermutung, daß hier schließlich doch eine Anleihe beim Christentum gemacht wurde, drängt sich auf.«[161]

Daß diese ›Anleihe‹ überhaupt gemacht werden konnte, verdankt sich der im Mithras-Kult vollzogenen Umdeutung von sexueller zu geistiger Fruchtbarkeit, in der die Aufhebung der zyklischen Zeitvorstellung von Verfall und Erneuerung bereits angelegt war. Doch er erscheint auch auf einer anderen Ebene als eine Art von Vorläufer des Christentums. An der raschen Ausbreitung der neuen Religion hatte die in alle Sprachen übertragbare volle Alphabetschrift erheblichen Anteil. Deren Wirkungsmacht wurde wiederum durch den Mithras-Kult befördert, der sich als ein Motor der Verschriftlichung begreifen läßt. Dagegen spricht augenscheinlich, daß er vor allem unter Soldaten verbreitet war, die weder lesen noch schreiben konnten. Daß sie von einem Kult angezogen waren, in dessen Zentrum das Stieropfer und damit das ›Alpha‹ stand, mag sich dennoch erklären: Es liegt in der spezifischen Weise begründet, in der er das Symbolische inauguriert. Grundsätzlich ist natürlich zu konstatieren, daß Gesellschaften unter dem ›Gesetz der Schrift‹ stehen können, selbst wenn die Mehrheit der Bevölkerung der Schrift nicht mächtig ist. Das galt etwa auch für das europäische Mittelalter, das nach der Etablierung der Kirche unter dem ›Gesetz der Schrift‹ stand, obgleich der weit überwiegende Teil der Bevölkerung des Lesens und Schreibens nicht mächtig war. Beim Mithras-Kult kommt noch eine zusätzliche Dimension hinzu. Er ließe sich als ein ›Kult der Schriftlichkeit ohne die Schrift‹ beschreiben, bei dem an die Stelle der Schriftlichkeit oder des Symbols der *Träger* des Symbols – der männliche Körper – tritt. In ebendieser ›Konkretheit‹ mag die besondere Anziehungskraft dieser symbolischen Ordnung bestanden haben – vor allem für jene, denen das Symbol – oder die domestizierende Macht der Schrift – unzugänglich war, wenn sie ihnen nicht gar als ›Zerstörerin‹ des sprechenden Körpers bedrohlich erschien. Das heißt, der Mithras-Kult stand zwar unter dem Zeichen der Schrift, aber seine zentrale Botschaft besagte, daß sich das Geistige im männlichen Körper *inkarniert* hatte und ›Natur‹ geworden war. Hier erkennt man schon in der Frühzeit der Alphabetschrift, daß der historisch wirkungsmächtige Impuls, das ›Wort Fleisch werden‹ zu lassen, vom griechischen Denken ausging.

Kurzer Exkurs

Was bedeutet ›Kult der Schriftlichkeit ohne die Schrift‹? Der paradoxe Begriff erklärt, so meine ich, warum Gruppen, in denen sich der Kult der Schriftlichkeit – im Sinne einer Gleichsetzung von Geistigkeit mit Männlichkeit – mit ›Unbelesenheit‹ paart (›Unbelesenheit‹ im Sinne von Unfähigkeit, ein Symbol oder eine symbolische Ordnung als symbolisch zu begreifen), wie etwa im Mithras-Kult und in vielen fundamentalistischen Bewegungen, eine besondere Neigung zur Gewalt eigen ist: eine Gewalt, die sich vor allem gegen jene richtet, die als ›Fremdkörper‹ definiert werden, darunter ›der Ausländer‹, ›die Frau‹ oder ›der Jude‹. Eben weil die symbolische Ordnung nicht als *symbolische*, sondern als reale (biologische, natürliche) Ordnung angesehen wird, fehlt die Einsicht in die Tatsache, daß dieser ›Fremdkörper‹ das Produkt einer symbolischen Zuschreibung ist (vergleichbar der ›Krankheit‹ oder ›Seuche‹ als Sinnbilder für Idolatrie). Ebenso fehlt auch die Einsicht, daß der ›männliche‹ Körper – und seine gesellschaftliche Funktion – das Produkt einer symbolischen Zuschreibung und nicht Ausdruck einer ›natürlichen Ordnung‹ ist. Man kann in dieser Hinsicht von einer ›Naturalisierung des Phallus‹ sprechen, die durch die Gleichsetzung von Phallus und Penis vollzogen wird.[162] Diese Gleichsetzung bleibt keineswegs nur ›Ungebildeten‹ vorbehalten; sie kommt auch in den zu Anfang dieses Kapitels zitierten Aussagen der Wissenschaftler über die beim Mann physiologisch bedingte Anlage zu geistiger Tätigkeit zum Ausdruck. Und noch der Psychoanalytiker Jacques Lacan begründet die Privilegierung des Phallus mit der Analogie zwischen Symbol und ›Realität‹:[163] Einerseits betont er, daß die Zeugungsmacht des Phallus gerade auf der Tatsache beruht, daß es sich um einen »reinen Signifikanten« handelt: »Der Phallus ist der Signifikant dieser Aufhebung selbst, die er durch sein Verschwinden einleitet und initiiert.«[164] Andererseits schreibt er aber auch:

»Man kann sagen, daß die Wahl auf diesen Signifikanten fällt, weil er am auffallendsten von alledem, was man in der Realität antrifft, die sexuelle Kopulation ausdrückt wie auch den Gipfel des Symbolischen im buchstäblichen (typographischen) Sinn dieses Begriffs, da er im sexuellen Bereich der (logischen) Kopula entspricht. Man kann auch sagen, daß er kraft seiner Turgeszenz das Bild des Lebensflusses ist, soweit dieser in die (in der) Zeugung eingeht.«[165]

Für Lacan bezieht der Phallus seine Zeugungsmacht also aus der Tatsache, daß er mit dem Zeugungsglied gleichgesetzt wird. Betrachtet man den Vorgang unter dem Blickwinkel der Geschichte des Alphabets, so ist es gerade umgekehrt: Die ›Zeugungsmacht‹ des männlichen Glieds im gesellschaftlichen Kontext beruht auf der Zuweisung an den männlichen Körper, Symbolträger für die Zeugungsmacht der Schriftlichkeit, der geistigen Fruchtbarkeit zu sein. Nicht das Sperma ist *logos*, sondern der *logos* ist *logos spermatikos*. Dabei ist freilich bemerkenswert, wie sehr bei Lacan, etwa im obigen Zitat, die Schriftlichkeit (das ›Buchstäbliche‹ oder Typographische) immer wieder als Bild für die ›Signifikation‹ oder Zeugungsmacht des Phallus herangezogen wird.

Die symbolische Bedeutung des Phallus als Signifikant für ›geistige Fruchtbarkeit‹ ist ein allgemeines Phänomen von Schriftgesellschaften; es kommt z. B. auch im ägyptischen Mythos von Osiris zum Ausdruck: Osiris (der laut dem Mythos Ägypten Ackerbau und Viehzucht schenkte) wird von seinem Bruder Seth getötet und in vierzehn Teile zerstückelt, von seiner Schwester/Geliebten Isis jedoch wieder zusammengesetzt und ins Leben zurückgerufen. Nur das Zeugungsglied, das Seth in den Nil geworfen hatte, kann Isis nicht finden und muß es durch einen künstlichen Phallus ersetzen: Kurz danach wird ihr gemeinsamer Sohn Horus geboren. Mit der vollen Alphabetschrift vollzog sich jedoch auch eine ›Naturalisierung des Phallus‹: Der männliche Körper wurde nicht nur als *Symbolträger* des Geistigen, sondern als ›Körper gewordener Geist‹ betrachtet – allerdings um den Preis der Bedeutung, die seiner sexuellen Fruchtbarkeit zugewiesen wurde und der im Stieropfer seinen Ausdruck fand.

Die griechische Alphabetschrift konnte die den ägyptischen Hieroglyphen inhärente ›rituelle Kohärenz‹ nicht wiederherstellen; aber indem sie den ›sprechenden Körper‹ völlig erfaßte, konnte sie eine solche Rückkehr ›simulieren‹: durch das ›Fleisch gewordene Wort‹, die Überlagerung von Schriftlichkeit und Mündlichkeit, die ›Naturalisierung‹ des Abstrakten. Unter dem Blickwinkel eines ›Kults der Schriftlichkeit ohne die Schrift‹ erscheint es bedenkenswert, daß die jüdische Religion – als einzige Religion der Welt – von allen männlichen Mitgliedern der Religionsgemeinschaft fordert, lesen und schreiben zu lernen. Diese Pflicht zum geschriebenen Wort steht im Zusammenhang mit der symbolischen Wunde der Beschneidung, die dem männlichen Körper eingeschrieben wird. Die Beschneidung ist ein rituelles – immer wieder zu erinnerndes und immer sichtbar bleibendes – Symbol für die Wunde, die das Zeichen oder die Alphabetschrift dem männlichen Körper zugefügt hat. Zugleich erinnert sie daran, daß ein Symbol ein Symbol und nicht die ›Realität‹, biologische Realität, ist.[166] Im Islam hat die Beschneidung offenbar eine andere symbolische Funktion. Das geht schon aus der Tatsache hervor, daß sie in einem fortgeschrittenen Alter durchgeführt und nicht als ›Zeichen des Bundes‹ mit Gott betrachtet wird. Auch gibt es im Islam keine Verpflichtung zum geschriebenen Wort. In der jüdischen Religion hingegen wird die Beschneidung am achten Tag nach der Geburt des Kindes durchgeführt. Sie läßt sich auch als Zeichen für den

Gott fordert von Abraham die Beschneidung als Zeichen des Bundes
zwischen ihm und seinem Volk. Bei derselben Begegnung verkündet
er dem 99jährigen Abraham, daß er mit Sara einen Sohn haben werde
(Gen 17, 9–19). Isaak ist somit sowohl ›Sohn Gottes‹ – was Gott durch
die Forderung nach seiner Opferung bekräftigt (Gen 22, 1–19) – als auch
Sohn Abrahams. Die Beschneidung erscheint wie ein Zeichen für diese
doppelte – leibliche und geistige – Vaterschaft.

Beginn einer ›zweiten Schöpfungsgeschichte‹ lesen, was dem Konzept einer ›geistigen Fruchtbarkeit‹ durch das Gesetz der Schrift entspricht. Wie eng der Zusammenhang von Schrift und Beschneidung im jüdischen Kontext ist, hat Jacques Derrida in seiner autobiographischen *Zirkumfession* verdeutlicht, in der er immer wieder auf diesen Zusammenhang zurückkommt:

»Beschneidung: über nichts anderes habe ich stets gesprochen, denken Sie nur an den Diskurs über die Grenze, die Ränder, die Freiräume, die Marken oder Markierungen, die Mark oder das Grenzland etc., über die Geschlossenheit, den Ring (Bündnis und Gabe), das Opfer, die Schrift des Körpers, den ausgeschlossenen oder abgeschnittenen *pharmakos*, den Einschnitt/die Naht in *Glas*, den Schlag, Stich, Schnitt und das Vernähen – daher also die Hypothese, daß ich, ohne es zu wissen und während ich nie oder nur am Rande wie von einem Beispiel von ihr sprach, über nichts anderes als die Beschneidung stets gesprochen habe oder mich zu Worten kommen ließ – es sei denn, andere Hypothese, die Beschneidung wäre selber nur ein Beispiel dessen, wovon ich sprach, ja, aber ich war, ich bin und ich werde immer beschnitten sein, ich und kein anderer, und das rührt an einen Bereich, der nicht mehr der eines Beispiels ist, und er ist es, der mich interessiert und mir nicht verrät, inwiefern ich ein Fall, sondern wo ich kein Fall mehr bin – als zunächst, zumindest das Wort, beschnitten, CIRCONCIS, vermittelt durch unzählige, von meiner ›Kultur‹, dem Lateinischen, der Philosophie etc. vermittelte Schaltstellen, so, wie es sich meiner ihrerseits beschnittenen Zunge *eingraviert hat*.«[167]

Einerseits ist dem semitischen Alphabet zwar auch die Hierarchie des Geistigen über das Leibliche, die Materie eingeschrieben, andererseits bedarf diese Schrift des ›sprechenden Körpers‹, um zur ›Erfüllung‹ zu gelangen. Durch diese ›Abhängigkeit‹ wird zugleich die Suprematie der Schriftlichkeit relativiert. So gesehen, stellte das semitische Konsonantenalphabet nicht nur eine radikale Infragestellung der ägyptischen Bilderschrift dar; es repräsentierte auch eine bleibende ›Kastrationsdrohung‹ für das volle griechische Alphabet, das die ›Lücke‹ im semitischen Alphabet auffüllte und antrat, den zirkulierenden ›Lebenssaft‹ der dem Körper entrissenen Sprache wieder herzustellen. Damit erscheint das semitische Alphabet einerseits als eine ›Ursprungsgewalt‹, die Freud im Judentum selbst vermutete, andererseits wird es aber auch zu einer ›schöpferischen Instanz‹. Indem es immer wieder die Unüberbrückbarkeit der Differenz von Signifikant und Signifikat in den Vordergrund rückt, zwingt es das griechisch-christliche Denken, ständig neue Formen des Imaginären zu entwickeln, die das Wissen um die Leerstellen zum Verschwinden bringen. Insofern erfüllt es für die Mythomotorik des griechisch-christlichen Denkens eine dem weiblichen Körper vergleichbare Funktion. Doch gibt es einen Unterschied: Während der weibliche Körper als ›Problem‹ die Mythomotorik der ›Normalität‹ und des Kanons vorantreibt, stellt das jüdische Denken für diesen Kanon einen nicht integrierbaren ›Stachel‹ dar. In manchen Epochen wird er als ›Fremdkörper‹ wahrgenommen, den es auszustoßen gilt; in anderen als ›Ferment‹, das den griechisch-christlichen Kanon aufgehen läßt. Deshalb spielte an vielen ›Schaltstellen‹ der abendländischen Geistesgeschichte immer wieder ›jüdisches Denken‹ eine wesentliche Rolle – gleichgültig, ob es als ›innovativ‹ begrüßt oder als ›zersetzend‹ bekämpft wurde. Das bedeutet freilich, daß der abendländische Motor ohne die Fragen, die das ›jüdische Denken‹ ihm stellt, schon längst zum Stillstand gekommen wäre und daß das ›jüdische Denken‹ einen wichtigen Anteil hat an den historischen Entwicklungen des griechisch-christlichen Denkens. Es besteht eine Interdependenz, die mit dem viel benutzten Begriff der ›jüdisch-christlichen Kultur‹ nicht zu fassen ist, wohl aber – und auf paradoxe Weise – der auf dem Prinzip der Differenz beruhenden Geschlechterordnung der jüdischen Religion ähnelt.

Echnaton

Zurück in die Antike. Mit dem Denkmodell eines ›Kults der Schriftlichkeit ohne die Schrift‹ eröffnet sich eine besondere Lesart für die Gestalt und das Wirken Echnatons, die Freud so intensiv beschäftigte. Er vermutete in den von Echnaton herbeigeführten religiösen Umwälzungen den Schlüssel zur Gewalt, der die jüdische Gemeinschaft in ihrer Geschichte immer wieder ausgesetzt wurde. Es lohnt sich deshalb, auf diese Gestalt und die verschiedenen Interpretationen, die sie im 20. Jahrhundert erfuhr, ausführlicher einzugehen. Laut Freud, der mehrfach auf den Stoff zurückkam und sich erst kurz vor seinem Tod, im Londoner Exil, entschloß, seine Überlegungen zu veröffentlichen, hing die Gewalt gegen das jüdische Volk mit den radikalen Einschnitten zusammen, die Echnaton in der ägyptischen Kultur und Religion vorgenommen hatte und deren Erbschaft das Judentum angetreten habe. Das heißt, in Freuds Lesart lag so etwas wie eine jüdische ›Ursprungsgewalt‹, die im Ikonoklasmus und Monotheismus der jüdischen Religion begründet sei. Daß Echnaton traumatische Spuren in der ägyptischen Geschichte hinterließ, ist unbestreitbar. Fraglich ist jedoch, ob der von ihm verkündete Monotheismus und Ikonoklasmus mehr als nur äußerliche Ähnlichkeiten mit der jüdischen Religion aufwies und nicht eher einer gewalttätigen Tradition entsprach, die im *Anti*judaismus ihren Ausdruck fand.

Echnaton – eigentlich Amenophis IV. – war ein ägyptischer Pharao, der im 14. Jahrhundert v. Chr. in einem radikalen Schritt die alten Tempel zerstören, die Namen der Götter ausradieren ließ und die alten Kulte und Riten untersagte. An die Stelle der alten Gottheiten führte er den Ein-Gott-Glauben ein: den Glauben an ›Aton‹, den Gott des Lichts, und er verlieh sich selbst den Namen ›Echnaton‹ – »Er ist dem Aton angenehm«. Selbst der Ausdruck ›Götter‹ durfte nicht mehr gebraucht werden. Darüber hinaus führte er einen strengen Ikonoklasmus ein. Der Ägyptologe James Henry Breasted, der Ende des 19. Jahrhunderts Genaueres über die Figur des Echnaton zutage förderte – 1885 wurden etwa 300 Briefe und Sendschreiben gefunden, die sogenannten ›Tell-Amarna-Briefe‹, die näheren Aufschluß über das Verhältnis des Pharaos zu den Herrschern Asiens und die Auflösung der ägyptischen Herrschaft über diese Gebiete gaben –, nannte Echnaton einen »Träumer«, »Idealisten« und »eine der ausgeprägtesten Persönlichkeiten in der Geschichte der Menschheit«.[168] Die moderne Welt müsse noch lernen, diesen Mann, »der in so fernen Zeiten und unter so widrigen Bedingungen der erste Idealist und die erste Persönlichkeit in der Weltgeschichte wurde, [...] seinem Wert entsprechend [zu] würdigen«.[169] Angesichts der Einschnitte, die Echnaton für Ägypten darstellte, ist diese Einschätzung erstaunlich und ihrerseits nur mit der großen zeitlichen Distanz zu den Ereignissen zu erklären. Die Zeitgenossen Echnatons erlebten die 17 Jahre seiner Regentschaft so sehr als historisches Trauma, daß nach seinem Tod alle Spuren seiner Herrschaft vernichtet wurden und sein Name aus der Herrscherfolge verschwand. Auch brach unter diesem ›Idealisten‹ das von seinen Vorfahren errichtete Weltreich zusammen.

Aufgrund des Ein-Gott-Glaubens und des Ikonoklasmus vermutete Freud, der sich auf die Forschungen Breasteds stützte, daß Moses selbst ägyptischen Ursprungs und ein Nachfolger/Priester Echnatons gewesen sei oder aber seine Gestalt in der kollektiven Erinnerung mit diesem verschmolz. Nach dem Tod Echnatons und dem Untergang der monotheistischen Religion in Ägypten habe Moses den Monotheismus im Volk der Hebräer wieder zum Leben zu erwecken versucht:

»Der Träumer *Ikhnaton* hatte sich seinem Volk entfremdet und hatte sein Weltreich zerbröckeln lassen. Moses' energische Figur entsprach dem Plan, ein neues Reich zu gründen, ein neues Volk zu finden, dem er die von Ägypten verschmähte Religion zur Verehrung schenken wollte. Es war, wie man erkennt, ein heldenhafter Versuch, das Schicksal zu bestreiten, sich nach zwei Richtungen zu entschädigen für die Verluste, die ihm die Katastrophe *Ikhnatons* gebracht hatte. Vielleicht war er zur Zeit Statthalter jener Grenzprovinz (Gosen), in der sich [...] gewisse semitische Stämme niedergelassen hatten. Diese wählte er aus, daß sie sein neues Volk sein sollten. Eine weltgeschichtliche Entscheidung!«[170]

Weil Echnaton auch jede Form von magischem Glauben verbot und den in der ägyptischen Kultur so wichtigen Totenkult untersagte, wurde er von Wissenschaftlern des 19. Jahrhunderts, darunter auch Freud, als ›aufgeklärt‹ betrachtet.

»Kein anderes Volk des Altertums hat soviel getan, um den Tod zu verleugnen, hat so peinlich vorgesorgt, eine Existenz im Jenseits zu ermöglichen. [...] Die altjüdische Religion hingegen hat auf die Unsterblichkeit voll verzichtet; der Möglichkeit einer Fortsetzung der Existenz nach dem Tode wird nirgends und niemals Erwähnung getan. Und dies ist umso merkwürdiger, als ja spätere Erfahrungen gezeigt haben, daß der Glaube an ein jenseitiges Dasein mit einer monotheistischen Religion sehr gut vereinbar ist.«[171]

Man könnte einwenden, daß die jüdische Religion auf die Sterblichkeit des Individuums verzichtet hat, nicht jedoch auf die der Gemeinschaft, die durch den Bund mit Gott an dessen ›Heiligkeit‹ Anteil hat; und daß das Christentum – mit seiner Dreieinigkeitslehre – nur im beschränkten Maße als eine monotheistische Religion zu betrachten sei. Das ist hier aber nicht von entscheidender Bedeutung. Laut Freud führten die radikalen Einschnitte, die Monotheismus, Bilderverbot und Verzicht auf den Totenkult den Ägyptern und später den Hebräern aufzwangen, zur Ablehnung der beiden Religionsstifter – im Fall von Moses sogar zu dessen Ermordung:

»Moses, aus der Schule Ikhnatons stammend, bediente sich keiner anderen Methoden als der König, er befahl, drängte dem Volk seinen Glauben auf. [...] Moses wie Ikhnaton fanden dasselbe Schicksal, das aller aufgeklärten Despoten wartet. Das Judenvolk des Moses war ebensowenig imstande, eine so hoch vergeistigte Religion zu ertragen, in ihren Darbietungen eine Befriedigung ihrer Bedürfnisse zu finden, wie die Ägypter der 18. Dynastie. In beiden Fällen geschah dasselbe, die Bevormundeten und Verkürzten erhoben sich und warfen die Last der ihnen auferlegten Religion ab. Aber während die zahmen Ägypter damit warteten, bis das Schicksal die geheiligte Person des Pharao beseitigt hatte, nahmen die wilden Semiten das Schicksal in ihre Hand und räumten den Tyrannen aus dem Wege.«[172]

So wird bei Freud nicht die Botschaft Echnatons, sondern der Akt der Verdrängung seiner Botschaft zur traumatischen Erfahrung. Das habe einerseits dazu geführt, daß die über Jahrhunderte untergegangene mosaische Tradition dennoch bewahrt blieb und später wieder zur Geltung kam:

»Eine Tradition, die nur auf Mitteilungen gegründet wäre, könnte nicht den Zwangscharakter erzeugen, der den religiösen Phänomenen zukommt. Sie würde angehört, beurteilt, eventuell abgewiesen werden wie jede andere Nachricht von außen, erreichte nie das Privileg der Befreiung vom Zwang des logischen Denkens. Sie muß erst das Schicksal der Verdrängung, den Zustand des Verweilens im Unbewußten durchgemacht haben, ehe sie bei ihrer Wiederkehr so mächtige Wirkungen entfalten, die Massen in ihren Bann zwingen kann, wie wir es an der religiösen Tradition mit Erstaunen und bisher ohne Verständnis gesehen haben.«[173]

Andererseits habe dieser »Zwangscharakter« der Religion wiederum zum Exklusionscharakter und Auserwähltheitsanspruch des jüdischen Volkes geführt – und dieser bilde nun die Ursache des Antisemitismus:

»Ich wage die Behauptung, daß die Eifersucht auf das Volk, welches sich für das erstgeborene, bevorzugte Kind Gottvaters ausgab, bei den anderen heute noch nicht überwunden ist, so als ob sie dem Anspruch Glauben geschenkt hätten. Ferner hat unter den Sitten, durch die sich die Juden absonderten, die der Beschneidung einen unliebsamen, unheimlichen Eindruck gemacht, der sich wohl durch die Mahnung an die gefürchtete Kastration erklärt und damit an ein gern vergessenes Stück der urzeitlichen Vergangenheit rührt.«[174]

Es ist unbestreitbar, daß Ikonoklasmus und Monotheismus sowohl die Amarna-Religion als auch die mosaischen Gesetze charakterisierten. Zieht man jedoch die Möglichkeit eines ›Kults der Schriftlichkeit ohne die Schrift‹ in Betracht, so treten Unterschiede, ja Gegensätze zwischen der Religion des Echnaton und der jüdischen Religion zutage. Diese Gegensätze bieten wiederum einen anderen

Schlüssel zur Frage nach der Gewalt gegen das jüdische Volk, von der Freud ausging.

Bei näherem Hinsehen hat die Gestalt und Regierungszeit Echnatons mehr mit dem Phantasma totalitärer Herrschaft im 20. Jahrhundert gemein als mit der jüdischen Religion. Bei beiden gab es ähnlich gewalttätige Einschnitte: Bei Echnaton wurden die Tempel zerstört, bei den Nationalsozialisten die Synagogen verbrannt, die Kulte und Riten der anderen verboten, die Namen auf Inschriften getilgt. Der nationalsozialistischen Vernichtung von Büchern und der Verfolgung von Intellektuellen entsprach die Verfolgung der Priester bei Echnaton. Und beide Regime hinterließen historisch vergleichbare Spuren: Trotz ihrer kurzen Dauer – im einen Fall siebzehn, im anderen zwölf Jahre – hinterließen sie ein tiefes Trauma, das von den betroffenen Gemeinschaften als ›dunkle Zeit‹ oder als ›Vakuum‹ ihrer Geschichte behandelt wird.

Auch in anderen Hinsichten ähneln sich die beiden ›Herrschaften‹. Echnaton entwarf und baute eine Stadt, deren Ausmaß und quasireligiöser Anspruch mit den Entwürfen Albert Speers zu vergleichen sind. Sie war dem Gott geweiht und diente zugleich als Königsresidenz. Die Stadt, Achet-Aton, die mit dem sie umgebenden Gebiet als »Besitz Gottes« bezeichnet wurde, erstreckte sich von Norden nach Süden über 12 Kilometer und in der Breite über 18 bis 25 Kilometer: »Auf beiden Ufern wurden im ganzen 14 große Stelen, eine von ihnen 7½ m hoch, in den Felsen gemeißelt, mit Inschriften, welche die Grenzen des heiligen Bezirks um die Stadt herum festlegten.«[175] Alles, was in dieser neuen Stadt und in der Ausbreitung des Atonglaubens geplant und ausgeführt wurde, ging auf den König selbst zurück und trug »den Stempel seiner Persönlichkeit«.[176] Wer die Gunst des Königs genießen wollte, mußte »seine Bekanntschaft mit dem Atonglauben und mit der Stellung, die der König in ihm einnahm, durch einen reichlichen Gebrauch der in ihm geläufigen Redensarten und Anspielungen zu erkennen geben«.[177] Dieser König, der bewußt die Götter der anderen zu vernichten suchte und der nicht zögerte, den Namen des eigenen Vaters auf den Denkmälern auszumeißeln, um den Gott Amon, den »großen Feind seiner revolutionären Bewegung, aus dem Wege zu schaffen, war nicht gewillt, auf halbem Wege stehenzubleiben, und die Männer seiner Umgebung müssen unwillkürlich durch seinen Herrscherwillen mit fortgerissen worden sein«.[178] Das verhinderte nicht, daß der Atonglauben »nichts als die Lieblingsidee des Idealisten Echnaton und eines kleinen Kreises, der seinen Hofstaat bildete«, blieb.[179] Die Parallelen zum Nationalsozialismus erstrecken sich nicht nur auf die Zentrierung der Macht und einen als ›göttlich‹ inszenierten Herrscher, sie gelten auch für das Verhältnis zur Wirklichkeit. Echnatons Verständnis von Kunst erscheint wie eine Vorwegnahme des Programms der ›Deutschen Kunst‹. Die Künstler seines Hofes wurden gelehrt, »den Meißel und den Pinsel das erzählen zu lassen, was sie wirklich sahen. Der Erfolg war einfacher und schöner Realismus, der klarer und richtiger sah, als irgendeine Kunst es früher getan hatte […] all dies gehörte zu der ›Wahrheit, von der Echnaton lebte‹.«[180]

Obgleich Echnaton den Monotheismus und die Undarstellbarkeit Gottes verkündete, fehlte ihm, laut Breasted, »doch eine eigentlich vergeistigte Auffassung der Gottheit; ihr werden auch keine sittlichen Eigenschaften zugeschrieben außer denen, welche den ägyptischen Göttern schon zukamen. Doch findet sich in seiner ›Lehre‹ eine beständige Betonung der Wahrheit, wie wir ihr weder früher noch später in ähnlicher Weise begegnen. Der König fügt seinem Namen immer die Worte hinzu ›Der von der Wahrheit lebt‹.«[181] Der Bezug zur ›Wahrheit‹ und zum Realismus, der Mangel an einer vergeistigten Auffassung der Gottheit macht den Unterschied zur jüdischen Religion ganz offensichtlich, zeigt aber auch die Ähnlichkeit zum Nationalsozialismus. Natürlich konnte Breasted, dessen *Geschichte Ägyptens* 1906 erschien, nicht die Ähnlichkeiten zwischen seinen Beschreibungen und den totalitären Systemen des 20. Jahrhunderts sehen. Rückblickend lassen sich jedoch die Parallelen erkennen. Um so mehr erstaunt Jan Assmanns Einschätzung des ägyptischen Herrschers. Echnaton sei der erste, »der eine Religion im Zeichen der Wahrheit begründet und alles Vorhergehende als Unwahrheit verworfen hat«.[182] Die Unterscheidung zwischen »wahr« und »unwahr« werde

»im Raum der Sprache getroffen und muß im Medium der Schrift befestigt werden. Zwischen dem Typus der Gegenreligion und dem Phänomen der Kanonbildung scheint eine notwendige Verbindung zu bestehen. Alle Gegenreligionen gründen sich auf ausgedehnte Korpora kanonischer Texte. Sie entstehen im Raum der ›textuellen Kohärenz‹. […] Gegenreligionen existieren im Gedächtnis der Schrift, das sie aufbauen und pflegen müssen.«[183]

In diesem Sinne war natürlich auch die jüdische Religion eine ›Gegenreligion‹, und auch bei ihrer Entstehung hatten die Schrift und die Entwicklung eines Kanons entscheidenden Anteil. Dennoch gibt es eklatante Unterschiede. Während die Betonung der Differenz von Symbol und Symbolisiertem zu einem zentralen Anliegen der jüdischen Religion wurde, erscheint die *Aufhebung* der Unterscheidung zwischen Symbol und Symbolisiertem als das *Hauptanliegen* der Amarna-Religion. Es findet gleichsam eine ›Biologisierung‹ der göttlichen Ordnung statt, bei der die Natur selbst zur Göttlichkeit erhoben wird.

»Die ikonoklastische Verwerfung der mythischen Bilderwelt betrifft vor allem den kosmischen Feind und das Totenreich. Die traditionellen Sonnenlieder besangen die tägliche Überwindung des kosmischen Feindes. Sie gaben dem Sonnenlauf den politischen Sinn einer Durchsetzung von Herrschaft, Gerechtigkeit und Ordnung. Und sie stellten die Nachtfahrt der Sonne als einen *descensus ad inferos* dar, der den Toten Licht brachte und dem Sonnenlauf die Bedeutung einer todüberwindenden Heilstat gab, auf der die Hoffnung auf ein Leben nach dem Tode beruhte. Hiervon ist in Echnatons Hymnen keine Rede mehr. Der Lauf der Sonne hat keinen anderen Sinn als das, was sich den Sinnen anbietet: durch Licht und Wärme die Welt zu beleben und durch Zeit zur Entfaltung zu bringen. Die Hymnen preisen den Gott Aton nämlich als die Quelle nicht nur des Lichts, sondern auch der Zeit, die aus der Bewegung hervorgeht. Die neue Wahrheit, die sie verkünden, besteht darin, nachzuweisen, daß Aton durch Licht und Zeit schlechthin alles erschafft und daß alles Erschaffene in kreatürlicher Abhängigkeit auf ihn angewiesen ist. Diese Konzeption ersetzt die herkömmliche Bilderwelt nicht nur des Sonnenlaufs, sondern auch der Kosmogonie. Die Schöpfung, das Zentralthema der traditionellen ägyptischen Theologie, spielt in den Amarna-Hymnen keine Rolle. Es gibt keine Urzeit des ersten Entstehens, sondern nur die ewige Gegenwart der licht- und zeitspendenden Sonne.«[184]

Die Amarna-Religion entwickelte demnach einen an der Sonne orientierten Zeitbegriff, hierin den Sonnenkalender vorwegnehmend, der später das Aufkommen des linearen Zeitdenkens begleiten wird (während das Zeitmaß der jüdischen Religion weiterhin vom Mondkalender bestimmt bleibt); und in ihrem Zentrum steht der ›Glaube‹ an die Sonne, in der man den Ausdruck »eines göttlichen Wesens« sah, »dessen Energie sich in ihren Strahlen kundgab«.[185] Auch die Bedeutung von Sonne und Sonnenrune in beiden ›Religionen‹ verweist auf eine Verwandtschaft von Echnaton-Kult und säkularen Kulten des 20. Jahrhunderts. Der jüdischen Religion ist sowohl die direkte als auch die metaphorische Verehrung der Natur fremd.

Die Schriftlichkeit bildete die Folie, auf der sowohl die Echnaton-Religion als auch das mosaische Gesetz entstanden. Das gilt einerseits für den historischen Zeitpunkt – die Echnaton-Regierung fällt in etwa mit der Entstehung der semitischen Alphabetschrift zusammen –, es gilt andererseits auch für die Form, in der sich die beiden Religionen in Abgrenzung gegen die Bildlichkeit und den Polytheismus der ägyptischen Kultur entwickelten. Doch während die jüdische Religion auf einen transzendenten Gott verwies, ähnelt die Amarna-Religion eher den ›politischen Religionen‹ des 20. Jahrhunderts. Beides sind Erscheinungen der Schriftgesellschaft. Doch, anders als die jüdische Religion, scheint der ›Kult der Schriftlichkeit ohne die Schrift‹ das Ziel zu verfolgen, die der Schriftlichkeit inhärente Abstraktion unsichtbar zu machen. Es gab also zwei konträre Strömungen, mit der Spaltung von Symbol und Symbolisiertem umzugehen: auf der jüdischen Seite die Betonung dieser Spaltung; auf der Seite Echnatons jedoch der Versuch, die Verbindung zwischen Welt und Schrift wiederherzustellen und in gewisser Weise – so merkwürdig das angesichts der von Echnaton angerichteten Zerstörungen klingen mag – in die ›rituelle Kohärenz‹ zurückzuführen, die dem ägyptischen Schriftsystem eingelagert ist. Beim Volk Israel führte das neue Schriftsystem zur Auswanderung, während Echnaton es in die ›Logik‹ des ägyptischen Schriftsystems zu integrieren suchte. Die Unmöglichkeit dieses Vorhabens mag der Grund für das Chaos sein, das nach dem Tod Echnatons in Ägypten eintrat. Mit anderen Worten: Die von Freud angesprochene ›Ursprungsgewalt‹ lag im alphabetischen Schriftsystem selbst, aus der auf der einen Seite die jüdische Religion mit Monotheismus und Bilderverbot hervorging und auf der anderen Seite Echnatons Strategie der ›Naturalisierung‹ des Abstrakten, mit der sich schon vor der Entstehung der ›vollen‹ Alphabetschrift die Konfiguration abzeichnete, die sich erst mit der griechisch-christlichen Schriftkultur – mit letzter Konsequenz im totalitären Regime des 20. Jahrhunderts – entfalten sollte.

Die Tatsache, daß in der Amarna-Religion der »Lauf der Sonne [...] keinen anderen Sinn [hat] als das, was sich den Sinnen darbietet«, ähnelt dem wissenschaftlichen Glauben des 19. Jahrhunderts, der sich auf das Sichtbare berief. Dieser Impuls, das Religiöse oder Transzendente zu übergehen, ist der jüdischen Religion ebenso konträr, wie er der weltlichen ›Vernunftreligion‹ ähnelt, die etwa in der Eugenik ihren Ausdruck fand. Assmann beschreibt die Echnaton-Rituale folgendermaßen:

»Die ikonoklastische Entbilderung der Religion betrifft aber auch die Bilder im engeren Sinne. In der Amarna-Religion gibt es keine Kultbilder mehr. Die Sonne selbst ist das Kultbild und in Gestalt des Lichts im Tempel anwesend. Daher müssen die Tempel ungedeckt sein. Sie bestehen aus einem Weg, einer via conclusa, auf dem der König durch Pylonen und langgestreckte Höfe auf den Hauptaltar zuschreitet. Der Gott der neuen Religion heißt nicht ›Aton‹, sondern ›Der lebende Aton‹. Das Wort ›Aton‹ heißt ›Scheibe‹, es ist das Wort für die Sonne als Gestirn, nicht als Gott [...].«[186]

Vielleicht liegt es an mir: Bei dieser Beschreibung habe ich Leni Riefenstahls Bilder des Nürnberger Reichsparteitags von 1934 vor Augen. Viele nationalsozialistische Zeremonien erscheinen wie eine Re-Inszenierung der Echnaton-Rituale. Solche Inszenierungen sind aber alles andere als ikonoklastisch. Nicht nur die Sonne, auch die lebendigen Körper werden in dieser Religion ›inszeniert‹, sie erstarren zum ›Bild‹. Eines unterscheidet freilich Echnatons Inszenierungen von den nationalsozialistischen Parteitagen: Von letzteren sind Bilder überliefert, Bilder, die aus dem Geist der modernen Technik entstanden sind. Und diese Bilder verdoppeln noch einmal die Ideologie der Bild gewordenen Wirklichkeit. Deshalb konnte Leni Riefenstahl ihren Film *Triumph des Willens* zur *Abbildung* der Realität erklären.

»Mein Film ist nur ein Dokument. Ich habe das gezeigt, was alle Welt damals sehen konnte oder zumindest erfuhr. [...] Dieser Film [...] enthält überhaupt keine gestellte Szene. Alles ist wahr daran. Und er enthält auch überhaupt keinen tendenziösen Kommentar, er enthält überhaupt keinen Kommentar. Er ist Geschichte, ein reiner Geschichtsfilm. Ich betone: es ist ein Film-vérité. Er spiegelt die Wahrheit wider, die Geschichte, so wie sie damals, 1934, war. Es ist ein Dokument, kein Propagandafilm.«[187]

Assmann vergleicht den Ikonoklasmus der Echnaton-Rituale mit dem der jüdischen Religion,[188] und auch Freud sah eher die Parallelen als die Unterschiede zwischen Echnaton und der mosaischen Reform. Der Unterschied liegt jedoch in der Tatsache, daß mit dem Bilderverbot der jüdischen Religion die Differenz von Gott und Natur betont wird, während bei Echnaton wie bei den Nationalsozialisten die ›Natur‹ zur Gottheit selbst erklärt wird. Es handelt sich also, so paradox das klingen mag, um eine ›visuelle Inszenierung des Ikonoklasmus‹ – hierin vergleichbar dem ›Kult der Schriftlichkeit ohne die Schrift‹.

Geistige Fruchtbarkeit

Die Geschichte des Zeichens ›Alpha‹ begleitet und erzählt also die Geschichte eines gewandelten Stieropfers, das zunächst im Rahmen einer zyklischen Zeitwahrnehmung und einer Fruchtbarkeitssymbolik stand, die auf dem Prinzip der Wiederkehr beruhte. Später erhielt dieses Opfer eine neue Bedeutung, die auf die Vorstellung von linearer Zeit und geistiger Fruchtbarkeit verweist. Dabei erzählt die Geschichte des Buchstabens ›A‹ auch von der Domestizierung des Geschlechts durch das Symbol selbst. Im Mithras-Kult wird der Stier kastriert. In einen Ochsen verwandelt, ist er dem Joch unterworfen, und in dieser Funktion wird er zur Symbolgestalt einer ›berechenbaren‹ (dem Ackerbau entsprechenden) Fruchtbarkeit. Auf vielen Darstellungen des Mithras-Kultes geht der Schwanz des getöteten Stiers in eine Getreideähre über. »Indem der Schwanz des Stieres sich in Ähren verwandelt«, so schreibt Burkert, »wird der Ackerbau im Opfer begründet.«[189] Daß die Griechen selbst eine Verbindung zwischen Alphabetschrift und Ackerbau sahen, zeigt sich u. a. daran, daß sie das lineare Schreiben mit dem Pflügen des Ackers verglichen.[190] Auch ist es kein Zufall, daß sich das englische und französische Wort für Seite, *page*, von lateinisch ›pagus‹, das Feld, der Acker, ableitet. So erscheint, im Kontext des Stieropfers gesehen, die von Freud hergestellte Verbindung von Pflug, Tötungs-instrumenten und männlichem Genital nicht so willkürlich und un-historisch, wie sie zunächst anmutet. Zugleich beschreibt die Geschichte des ›Alpha‹ aber auch, warum eine symbolische Ordnung entstanden ist, die den männlichen Körper zum Symbolträger des Geistigen erklärte.

Mit der Verlagerung von sexueller zu geistiger Fruchtbarkeit vollzog sich ein Wandel im Wechselverhältnis von symbolischer und ›realer‹ (oder sozialer) Ordnung, der ihre Auswirkungen vor allem in den Ge-sellschaften zeigen sollte, die unter dem Gesetz der vollen Alphabet-schrift standen:[191] Stellten die Kulte der Muttergottheiten den Versuch dar, die Gesetze der Natur auf geistiger, symbolischer Ebene widerzu-spiegeln, so offenbarte sich im Mithras-Kult ein ›projektives‹ Denken, durch das die Welt gestaltet werden sollte. Das unterschiedliche Verhält-nis von Symbol und Welt (oder Kultur und Natur) zeigt sich wiederum besonders deutlich im Verhältnis von Religion und Geschlecht. Der Kult der ›Großen Göttin‹ – wie etwa der Kult der Isis in Ägypten – gibt nur wenig Aufschluß über die soziale Ordnung der Gesellschaften, in denen Muttergottheiten verehrt werden: Sie können matrilinear oder patri-linear, matrilokal oder patrilokal sein und auch eine Sozialordnung haben, in der das weibliche Geschlecht eine untergeordnete Rolle spielt. In den Schrift-Religionen hingegen hat die Übergeordnetheit des Geistigen, das mit ›Männlichkeit‹ gleichgesetzt wird, Rückwirkungen auf die Geschlechterordnung: In allen drei ›Religionen des Buches‹ wird das Männliche zur ordnungsetzenden Instanz erklärt (allerdings handelt es sich in der jüdischen Religion um eine ›beschnittene‹ Männlichkeit, der also gerade nicht das Phantasma der ›Unversehrbarkeit‹ eignet). Der Logos, das Geistige, das allem Leiblichen als übergeordnet gilt, bestimmt über die soziale Ordnung – und diese erklärt den männlichen Körper zur Symbolgestalt der Geistigkeit, des abstrakten Zeichens. In der griechisch-christlichen Ordnung wurde diese symbolische Funktion ›naturalisiert‹, mit der Beschaffenheit des männlichen Körpers begründet. Da bildete auch Freud keine Ausnahme:

»Die Wendung von der Mutter zum Vater bezeichnet überdies einen Sieg der Geistigkeit über die Sinnlichkeit, also einen Kulturfortschritt, denn die Mutterschaft ist durch das Zeugnis der Sinne erwiesen, während die Vaterschaft eine Annahme ist, auf einen Schluß und auf eine Voraussetzung aufgebaut.«[192]

Dank des Sieges der ›Väter‹ über die ›Mütter‹ stehe man, so Freud weiter, vor dem »Phänomen, daß in der Entwicklung der Menschheit die Sinnlichkeit allmählich von der Geistigkeit überwältigt wird«.[193] So liegt es auch nahe, daß Freud die Theorie vom ›großen Mann‹ entwickelt, durch dessen Werk (und spätere Ermordung) die Geistigkeit in die Welt Einzug finden konnte. Worin zeichnet sich aber dieser ›große Mann‹ aus? Freud verwirft sowohl die Konzepte von Schönheit, Kraft als auch die von reiner Geistigkeit. Vielmehr beeinflusse der ›große Mann‹ die Mitmenschen durch seine Persönlichkeit und durch die Idee, für die er sich einsetzt: »Diese Idee mag ein altes Wunschgebilde der Massen betonen oder ihnen ein neues Wunschbild zeigen oder in noch anderer Weise die Masse in ihren Bann ziehen.«[194] Aus der Psychologie des Einzelmenschen wisse man, woher dieses Bedürfnis der Masse stamme: »Es ist Sehnsucht nach dem Vater, die jedem von seiner Kindheit her innewohnt, nach demselben Vater, den überwunden zu haben der Held der Sage sich rühmt.«[195] Ganz generell stellt für Freud die Gestalt des »Heros« den Sohn dar, »der sich ja immer gegen den Vater empört und ihn in irgendeiner Gestalt tötet«.[196] Diesen Helden sieht Freud wiederum deutlich in der Gestalt des Mithras verkörpert.[197] Damit setzt er freilich auch den ›Stier‹ mit dem ›Vater‹ gleich.

»Unzweifelhaft war es ein gewaltiges Vatervorbild, das sich in der Person des Moses zu den armen jüdischen Fronarbeitern herabließ, um ihnen zu versichern, daß sie seine lieben Kinder seien. [...] Wahrscheinlich wurde es ihnen nicht leicht, das Bild des Mannes Moses von dem seines Gottes zu scheiden, und sie hatten recht darin, denn Moses mag Züge seiner eigenen Person in den Charakter eines Gottes eingetragen haben wie die Zornmütigkeit und Unerbittlichkeit.«[198]

Ich möchte an dieser Stelle nochmals vorschlagen, den ›großen Mann‹ als eine Symbolgestalt der Schriftlichkeit zu begreifen.

Allerdings stellt sich dann die Frage, warum Freud so sehr daran gelegen war, die Geschichte des jüdischen Volkes, die Entwicklung der Menschheit zur Geistigkeit und die Entstehung einer vergeistigten Religion – er bezeichnete das Bilderverbot als »eine Zurücksetzung der sinnlichen Wahrnehmung gegen eine abstrakt zu nennende Vorstellung, einen Triumph der Geistigkeit über die Sinnlichkeit, streng genommen einen Triebverzicht mit seinen psychologisch notwendigen Folgen«[199] – partout einem einzelnen Mann zuschreiben wollte und nicht etwa dem »genius of the people« (Warburton) oder dem »Volksgeist« (Herder).[200] Gewiß wollte Freud die geistige Verfassung oder die symbolische Ordnung, die den männlichen Körper zum Symbolträger des Geistigen erklärt hatte, als biologische Ordnung begreifen, hierin ganz Wissenschaftler seiner Zeit. Seine Charakteristika des ›großen Mannes‹ – die »Entschiedenheit der Gedanken, die Stärke des Willens, die Wucht der Taten [...], Selbständigkeit und Unabhängigkeit, seine göttliche Unbekümmertheit, die sich zur Rücksichtslosigkeit steigern darf«[201] – entsprechen fast wörtlich der am Anfang dieses Kapitels zitierten Charakterisierung des männlichen Geschlechts durch den Anatomie-Gelehrten Theodor Ludwig von Bischoff. Hatten Akademiker wie er die Nichtbefähigung der Frau zum höheren Studium mit der Beschaffenheit des weiblichen Unterleibs zu erklären versucht, so suchte Freud die Befähigung des Mannes zu geistiger Tätigkeit in dessen ›Vaterschaft‹, d.h. in dessen sexueller Potenz. Diese Nähe von sexueller ›Potenz‹ und geistiger Fruchtbarkeit legt aber wiederum die Geschichte des ›Alpha‹ und der Wandel des Stieropfers nahe.

Freud beruft sich auf Charles Darwins Evolutionstheorie, nach der das »starke Männchen«, das »Herr und Vater der ganzen Horde« gewesen sei, über das alleinige Recht verfügt habe, Sexualbeziehungen mit den Frauen einzugehen.[202] Deshalb hätten sich die Söhne, die, wenn sie die Eifersucht des Vaters erregten, von diesem entweder »erschlagen oder kastriert oder ausgetrieben« wurden, miteinander verbunden, um den Vater zu töten und ihn roh zu verzehren.

»Wesentlich ist es aber, daß wir diesen Urmenschen die nämlichen Gefühlseinstellungen zuschreiben, wie wir sie bei den Primitiven der Gegenwart, unseren Kindern, durch analytische Erforschung feststellen können. Also daß sie den Vater nicht nur haßten und fürchteten, sondern ihn auch als Vorbild verehrten, und daß jeder sich in Wirklichkeit an seine Stelle setzen wollte.«[203]

Einen solchen Mord habe auch das jüdische Volk an seinem Vater, dem Religionsstifter Moses, begangen. Und dieses Schuld-Trauma sei der Grund dafür, daß sich das Wissen um die Botschaft des Moses erhielt und schließlich wieder an die Oberfläche kam:

»Die [...] Tötung des Moses durch sein Judenvolk wird so ein unentbehrliches Stück unserer Konstruktion, ein wichtiges Bindeglied zwischen dem vergessenen Vorgang der Urzeit und dem späten Wiederauftauchen in der Form der monotheistischen Religionen. Es ist eine ansprechende Vermutung, daß die Reue um den Mord an Moses den Antrieb zur Wunschphantasie vom Messias gab, der wiederkommen und seinem Volk die Erlösung und die versprochene Weltherrschaft bringen sollte.«[204]

Gerade die Phantasie, daß der Gründung der jüdischen Religion ein ›Mord‹ zugrunde lag, legt die Vermutung nahe, daß mit der Gestalt des Moses die Schriftlichkeit selbst gemeint ist.[205] Dafür spricht sowohl die Herkunft des Namens ›Moses‹ als auch die Geschichte des Buchstabens ›M‹. Die Volksetymologie, so schreibt Breasted, führe den Ursprung des Namens auf die seltsamen Umstände der Erscheinung des Moses zurück und übersetze ihn mit »der aus dem Wasser Gezogene«. In Wirklichkeit bedeute das Wort ›Moses‹ im Ägyptischen aber soviel wie ›Kind‹ und diene – wie das Wort ›Sohn‹ in den nordischen Sprachen – als Affix zu einem anderen Namen.[206] Ohne einen zusätzlichen Namen würde das Wort Moses dann soviel wie ›Mensch‹ oder ›Menschensohn‹ bzw. ›Mann‹ bedeuten.

Eine solche Allgemeingültigkeit spricht schwerlich für eine einmalige historische Gestalt.[207] Zudem steht Moses, anders als etwa Abraham, nicht in einer genealogischen Kette – weder weiß man viel über seine Herkunft (er ist aus dem Wasser geboren, wie die Götter vieler Schöpfungsmythen), noch ist viel von Nachfahren die Rede.[208] (Er hat zwar einen Sohn, aber dessen Geschichte wird in der Bibel nicht weiter verfolgt.) Die Vermutung, daß es sich bei Moses um eine symbolische Gestalt handelt, verstärkt sich, wenn man Kallirs Ausführungen zum Buchstaben ›M‹ liest, in dem sich die verschiedenen kulturellen Bedeutungen der mosaischen Schriftlichkeit wie auch der Mosesgeschichte selbst verdichten. In diesem Buchstaben, so sagt Kallir, ist einerseits das Wasser enthalten: *mu* im Ägyptischen heißt ›Wasser‹; das Zeichen selbst stellt in seiner hieroglyphischen Form Wellen dar; und dieses Bild wurde auch in den ursprünglichen (nordsemitischen) hebräischen Buchstaben ›m‹ übernommen, dessen Buchstabenname ›mēm‹ Wasser bedeutet.[209] In allen Wörtern, die sich auf das ›Meer‹ beziehen, ist dieser Ursprung bewahrt. Andererseits bezieht sich der Buchstabe ›M‹ auch auf die ›Mutter‹, das mütterliche Element, dem das lautsprachliche ›mā‹ für ›Mutterbrust‹[210] sowie die Ursprünge des Wortes ›Moder‹, das sich einerseits von ›waschen, baden‹, andererseits aber auch von Bedeutungen wie ›Verfall‹ ableitet,[211] zugrunde liegen; von ihnen abgeleitet: ›mulier‹, die Frau. Das ›M‹, so Kallir, verweise auch auf den Tod:

> »Wir zitieren: Sanskrit *ma*, griechisch *mé*, beides bedeutet ›nicht‹; das Präfix *mis* (amiss) und ›to miss, misery, macabre‹; to ›mar, moan and mourn‹, lateinisch *malus* (schlecht) und ›malice‹, lateinisch *morbus*, Krankheit (daher ›morbid‹) und *mors*, Tod, daher unser ›Mord‹, ›mortal‹ und ›mortuary‹ (französisch *morgue*).«[212]

Daneben steht das ›M‹ aber auch für Zeugungskraft im Sinne von maskulin/Männlichkeit, mit zahlreichen Männlichkeit konnotierenden Ableitungen wie ›Meister‹, ›Magier‹, ›Magister‹, ›Majestät‹, ›Macht‹, latein. *magnus, maior*, ›machen‹ usw. Man erkennt in dieser Verbindung von ›Wasser/Fruchtbarkeit‹ mit ›Mütterlichkeit‹, kombiniert mit ›Tod‹ und ›Männlichkeit‹, die Ambivalenz der ›geistigen Fruchtbarkeit‹, bei der sich ein symbolischer Tötungsakt mit Zeugungskraft verbindet und dabei zugleich ›mütterliche‹ Eigenschaften sowohl negativ besetzt (›Sterblichkeit‹) als auch – wie später noch auszuführen sein wird – als Metapher von ›Leben‹ übernimmt. Die Verbindung von ›Mutter‹ und Mann, so Kallir, führe wiederum zu einer weiteren Bedeutung, die auf ›das Mittlere‹ und die Mittlung *(Marriage)* verweise, aus der schließlich ›der Mensch‹ hervorgehe:

> »Die Vermischung ist die männlich-weibliche Vermischung durch die Vermengung *(mingling)* männlichen und weiblichen Wassers, und hierin liegt die Hauptbedeutung (*m*ain *m*eaning) (to ›mean‹ impliziert ›beabsichtigen‹) des Akts, der schließlich in der Mitte vollbracht wird – gleich weit entfernt von zwei Extremen. ›Mean‹ bezieht sich etymologisch auf das griechische *meta*, inmitten von, daher auch ›mediate‹, ›Mitte‹ und ›Medium‹ [...]. Das Medium, wie französisch *moyen* und deutsch *Mittel*, designiert

sowohl das Zentrum als auch die Funktion des Zentrums, zwischen zwei Extremen zu vermitteln.«[213]

Deshalb sei das ›M‹ auch immer, trotz unterschiedlicher Anzahl der Buchstaben im Alphabet, »mit mathematischer Präzision« der zentrale Buchstabe des Alphabets geblieben, von beiden Enden der Zeichenliste aus gerechnet der jeweils zehnte, zwölfte oder dreizehnte Charakter.[214]

Kastration und Erinnerung

An sich erscheint es erstaunlich, daß die ›Erfinder‹ des Alphabets die symbolische Ordnung im ›Design‹ der Buchstaben mitgedacht und diese Ordnung im Symbol selbst ›eingemauert‹ haben sollen. Aber die Tatsache, daß es sich bei dieser Erfindung um ein kollektives Phänomen handelt, läßt das plausibel erscheinen. Allerdings fragt es sich, wie sich das Wissen um die Geschichte der Buchstaben erhalten konnte – und es hat sich erhalten, wie Kallir an vielen Beispielen gezeigt hat, etwa dem Buchstaben ›V‹. Eine mögliche Erklärung für diese erstaunliche Leistung des *unbewußten* kollektiven Gedächtnisses wäre in der Verdrängung selbst zu suchen. »Die Amnesie der Verdrängung«, so Jacques Lacan, »ist eine der lebendigsten Formen des Gedächtnisses.«[215] Der Verdrängungsprozeß würde erklären, warum der symbolische Ursprung der Geschlechterordnung einerseits aus dem Bewußtsein verschwinden konnte, andererseits aber die Bedeutung der Zeichen im kulturellen Gedächtnis noch präsent ist. Auf dem Gebiet der Verdrängungsleistung ist auch Freud bereit, Erkenntnisse der Individualpsychologie auf das Kollektiv zu übertragen:

»Ich meine, die Übereinstimmung zwischen dem Individuum und der Masse ist in diesem Punkt eine fast vollkommene, auch in den Massen bleibt der Eindruck der Vergangenheit in unbewußten Erinnerungsspuren erhalten.

Beim Individuum glauben wir klar zu sehen. Die Erinnerungsspur des früh Erlebten ist in ihm erhalten geblieben, nur in einem besonderen psychologischen Zustand. Man kann sagen, das Individuum hat es immer gewußt, so wie man eben um das Verdrängte weiß. [...] Das Vergessene ist nicht ausgelöscht, sondern nur ›verdrängt‹, seine Erinnerungsspuren sind in aller Frische vorhanden, aber durch ›Gegenbesetzungen‹ isoliert. Sie können nicht in den Verkehr mit den anderen intellektuellen Vorgängen eintreten, sind unbewußt, dem Bewußtsein unzugänglich.«[216]

Wer Verdrängung sagt, sagt allerdings auch Trauma – und darauf kommt Freud im Zusammenhang mit dem ›Mord‹ an Moses zu sprechen. Allen Traumen, so schreibt er, seien drei Dinge gemeinsam: Erstens gehören sie der frühen Kindheit bis etwa fünf Jahren an. Es seien Eindrücke »aus der Zeit der beginnenden Sprachfähigkeit«. Zweitens seien die Erlebnisse in der Regel völlig vergessen, höchstens in Erinnerungsresten oder Deckerinnerungen vorhanden; und drittens beziehen sie sich »auf Eindrücke sexueller und aggressiver Natur, gewiß auch auf frühere Schädigungen des Ichs (narzißtische Kränkungen)«. Das Überwiegen des »sexuellen Elements« sei sehr auffällig und verlange »nach theoretischer Würdigung«. Die drei Punkte gehören eng zusammen: »Die Traumen sind entweder Erlebnisse am eigenen Körper oder Sinneswahrnehmungen, meist von Gesehenem und Gehörtem, als Erlebnisse oder Eindrücke.«[217]

Alle drei Kriterien lassen sich auch auf die Entstehung bzw. den Erwerb der Schriftlichkeit übertragen: erstens das Verdrängen um das Wissen, d. h. um die Geschichte, die in den Buchstaben eingeschlossen ist; zweitens die »Eindrücke sexueller und aggressiver Natur« (d. h. die Verwandlung von sexueller Männlichkeit in geistige Männlichkeit, die mit einer Kastrationssymbolik einhergeht, wie sie im Stieropfer ihren Ausdruck findet); und drittens auch der frühe Zeitraum des Geschehens, der sowohl für das Kollektiv (die Verbreitung der Alphabetschrift) als auch für den individuellen Menschen gilt, der mit etwa fünf Jahren die Schriftlichkeit und schon vorher die Fähigkeit erwirbt, Symbol (Abbild) und Symbolisiertes zu unterscheiden. Freud lädt den Leser ein, »den Schritt zur Annahme zu machen, daß im Leben der Menschenart Ähnliches vorgefallen ist wie in dem der Individuen. Also daß es auch hier Vorgänge gegeben hat sexuell-aggressiven Inhalts, die bleibende Folgen hinterlassen haben, aber zumeist abgewehrt, vergessen wurden.«[218] Allerdings besteht für ihn das ›Trauma‹ im Mord am ›Urvater‹ bzw. am Religionsstifter Moses:

»Nach Sellin war die Tradition vom Mord an Moses in Priesterkreisen immer vorhanden, bis sie endlich ihren schriftlichen Ausdruck fand, der allein es Sellin möglich machte, sie zu erraten. Aber sie kann nur wenigen bekannt gewesen sein, sie war nicht Volksgut. Und reicht das aus, um ihre Wirkung zu erklären? Kann man einem solchen Wissen von Wenigen die Macht zuschreiben, die Massen so nachhaltig zu ergreifen, wenn es zu ihrer Kenntnis kommt? Es sieht doch eher so aus, als müßte auch in der unwissenden Masse etwas vorhanden sein, was dem Wissen der Wenigen irgendwie verwandt ist und ihm entgegenkommt, wenn es geäußert wird.«[219]

Dieses tradierte Wissen könnte freilich auch im Ritus der Beschneidung enthalten sein, die Freud selbst und wiederholt als symbolische Kastration beschreibt:

»Wenn wir hören, daß Moses sein Volk ›heiligte‹ durch die Einführung der Sitte der Beschneidung, so verstehen wir jetzt den tiefen Sinn dieser Behauptung. Die Beschneidung ist der symbolische Ersatz der Kastration, die der Urvater einst aus der Fülle seiner Machtvollkommenheit über die Söhne verhängt hat, und wer dieses Symbol annahm, zeigte damit, daß er bereit war, sich dem Willen des Vaters zu unterwerfen, auch wenn er ihm die schmerzlichsten Opfer auferlegte.«[220]

Setzt man nun an die Stelle von Moses oder des ›Urvaters‹ die Alphabetschrift und bedenkt man die Geschichte des ›Alpha‹ selbst, so wird ersichtlich, daß in der Beschneidung auch die Bedeutung der symbolischen Kastration enthalten sein könnte, bei der aus sexueller Männlichkeit geistige Männlichkeit wurde. Der ›Mord‹ an Moses wäre gleichsam die Umkehrung dieser Kastration: ein ›ein-gebildeter Mord‹, die Umkehrung der Versehrung. Damit läge auch eine Erklärung dafür vor, wie sich ein Wissen (über die Ursprünge und die Implikationen der Schriftlichkeit) über Jahrhunderte erhalten, ja sogar verstärken konnte, ohne daß die Schriftlichkeit selbst – oder auch die ›Heilige Schrift‹ – allen zugänglich war. Auch für Freuds These von der ›Vererbung‹ des archaischen Wissens vom ›Vatermord‹ – ein Wissen, das er im Ödipuskomplex von Generation zu Generation immer wieder auftauchen sieht – eröffnet sich in diesem Kontext eine neue Lesart:

»Wenn wir die Reaktionen auf die frühen Traumen studieren, sind wir oft genug überrascht zu finden, daß sie sich nicht strenge an das wirklich selbst Erlebte halten, sondern sich in einer Weise von ihm entfernen, die weit besser zum Vorbild eines phylogenetischen Ereignisses paßt und ganz allgemein nur durch dessen Einfluß erklärt werden kann. Das Verhalten des neurotischen Kindes zu seinen Eltern im Ödipus- und Kastrationskomplex ist überreich an solchen Reaktionen, die individuell ungerechtfertigt erscheinen und erst phylogenetisch, durch die Beziehung auf das Erleben früherer Geschlechter, begreiflich werden.«[221]

Begreift man die Tradierung dieses Wissens um die ›Kastration‹ nicht als genetischen Vorgang, sondern als das Produkt – oder genauer: die *Erfahrung* – der Schriftlichkeit, so ist es durchaus einleuchtend, daß es eine Kastrationsangst gibt, die sich »nicht strenge an das wirklich Erlebte« hält.

Yerushalmi hat die Entstehung von Freuds *Der Mann Moses* in engem Zusammenhang mit Freuds Rückkehr zur ›Religion der Väter‹ gedeutet. Er geht dabei auch auf die viel diskutierte Frage des Verhältnisses von Freud zu seinem Vater ein – eine Diskussion, die mal den ›kastrierenden Vater‹ und mal den ›Vatermord‹ durch den Sohn ins Zentrum rückt. Yerushalmi verlagert diese Diskussion auf eine andere Ebene, indem er die ›Schuldgefühle‹ Freuds gegenüber seinem Vater mit der Frage einer ›Schuld‹ gegenüber dem Judentum und der Schrift verknüpft. Er bezieht sich dabei auf die Widmung, die Jakob Freud seinem Sohn zum 35. Geburtstag in die (»mit neuer Lederhaut« versehene) Bibel schreibt und in der er Sigmund auffordert, zu den »Quellen« zurückzukehren. In der Faszination, die Michelangelos Moses auf Freud ausübte, kamen, so Yerushalmi, die ›Schuldgefühle‹ gegenüber der ›Religion der Väter‹ zum Ausdruck, in der Entstehung von *Der Mann Moses* jedoch die späte Einlösung der Aufforderung des Vaters. Der Text stelle ein Bekenntnis zu den Mächten der jüdischen Überlieferung ohne Verzicht auf die eigenen, der Moderne geschuldeten Einsichten dar, insbesondere die Erkenntnisse der Psychoanalyse. In diesem Vermächtnis Freuds sieht Yerushalmi wiederum einen Grund, die Psychoanalyse als eine moderne, säkulare Form jüdischer Tradition zu sehen.

»Jakob Freuds Geschenk zu Sigmunds fünfunddreißigstem Geburtstag bedeutete, daß er ihm die Bibel zum zweitenmal schenkte, eine Parallele zu den zweiten Gesetzestafeln, nachdem Moses die ersten zerschmettert hatte. So ist in dieser liebevollen Widmung, die unterschwellig einen Tadel, ja unterdrückten Zorn enthält, auch Moses schon mitgedacht. Wenn Jakob Freud seinem Sohn tatsächlich ein ›Mandat‹ hinterließ, wie Marianne Krüll meint, so bezog es sich nicht darauf, Jakobs angebliche Schuld auf sich zu nehmen oder zu verbergen. Das Mandat liegt hier, in dieser hebräischen Widmung, in der dramatischen Aufforderung, zur Bibel und zu den Werten zurückzukehren, die Sigmund ursprünglich mit dem Vater gemeinsam hatte, ›zum Gedächtnis und als Erinnerung der Liebe‹. Und erst dieser hebräische Text Jakobs zeigt den Weg zu einem psychologischen Verständnis von Freuds Beschäftigung mit Moses, die mit *Der Moses* des Michelangelo begann und mit *Der Mann Moses* ihren Höhepunkt erreichte.«[222]

Dabei macht Yerushalmi deutlich, daß es in dieser Geschichte auch um die Schriftlichkeit selbst geht. Auf den Ödipuskomplex anspielend, fragt er: »Wer ist also in unserer Geschichte die Mutter? Ich antworte schlicht und kühn – die Thora, die Lehre, die Offenbarung, die im Hebräischen grammatikalisch weiblich ist und im Midrasch mit einer Braut verglichen wird.«[223] So gesehen erscheint die Entstehung der Psychoanalyse wie der Versuch, die Erinnerung an die Geschichte der Zeichen zu erhalten oder aus der Sicht der Moderne: zurückzurufen. Tatsächlich benutzt Freud auch sehr oft Bilder aus der Schriftgeschichte, wenn er die Funktionsweise des Unbewußten behandelt: Er spricht vom Rebus, von Hieroglyphen und bezeichnet die Träume als ›heilige Texte‹.[224] Dennoch stellt sich die Frage, ob die Psychoanalyse nur als Fortführung des jüdischen Denkens zu begreifen ist. Natürlich ›transportiert‹ sie viele Traditionen, die eher dem jüdischen als dem christlichen Denken eignen: z.B. die Rolle, die der Mündlichkeit zukommt. Die Psychoanalyse ist eine ›exegetische Methode‹, die die Zeichen der Schrift immer wieder ›produktiv zu rezipieren‹ fordert; sie zeichnet sich durch einen ›dialogischen Aspekt‹ aus, bei dem die Sprache »als ein über das Dasein des Menschen hinausgreifendes Geschehen erkannt« wird.[225] Zugleich kennzeichnet die psychoanalytische Methode auch ein ›Blick von außen‹ auf das Unbewußte, der der christlichen Religion fremd ist. Das volle phonetische Schriftsystem, das den Anspruch erhob, die ›Leerstellen‹ des semitischen Alphabets – die Vokale – zu schließen und damit auch die ›Wunde zu heilen‹, die die Alphabetschrift selbst geschlagen hatte, trat an, das Unbewußte zu ›besetzen‹: die Kollusion von Bewußtsein und Unbewußtem herbeizuführen. Dennoch entstand die Psychoanalyse innerhalb der westlichen, von christlichen Traditionen geprägten Kultur. Allein Freuds Anspruch, einem säkularen Denken zu entsprechen – und Säkularisierung heißt hier: einer ›naturalisierten‹ symbolischen Ordnung –, ist geleitet von den Bedingungen, die die griechisch-christliche Tradition hervorbrachte. So läßt sich die Psychoanalyse eher als ›Grenzgängerin‹ umschreiben: als Versuch, *innerhalb* eines spezifisch ›christlichen Denkens‹ das ›jüdische Denken‹ aufrechtzuerhalten.

Daß sich ein Bewußtsein von der Geschichte des Zeichens in der jüdischen Tradition erhalten konnte, hing mit den Faktoren zusammen, die das Konsonantenalphabet schuf. Auch verweist das hebräische Wort *eleph*, Stier, bis in die Gegenwart auf die enge Beziehung zwischen dem Zeichen und der ursprünglichen Gestalt, für die es stand. Wie aber konnte sich im griechischen Alphabet das Wissen um die Geschichte der Buchstaben erhalten? Für die Griechen hat das ›Alpha‹ als Wort keine

Bedeutung. Wenn überhaupt, konnte das Wissen um den Ursprung des Zeichens nur in der visuellen oder rituellen Darstellung fortbestehen. Daß es erhalten blieb, ist allerdings unbestreitbar. Es genügt ein Blick nach Spanien und auf die enge Verbindung zwischen dem Stiertöten und dem Kult der Männlichkeit, um zu begreifen, wie präsent die Bedeutung des Stieropfers noch heute ist. Auch bietet sich das Symbol des Stiers an der Börse an. Das Geld, die Aktie beinhalten wie kein anderes Medium den Sachverhalt eines materialisierten Zeichens, und der Stier an der Börse wird zur Symbolgestalt für die Zeugungsfähigkeit des Zeichens. Laut Kallir symbolisieren die zwei Striche, die im Zeichen des Dollars (\$) sowie des Englischen Pfunds (£) enthalten sind, noch heute die Symbolik der Stierhörner,[226] und die Tatsache, daß sie nun auch den Euro (€) markieren, scheint ihm recht zu geben. Daß sich *pecus* – das Geld, das ›Pekuniäre‹ – vom lateinischen Wort für ›Vieh‹ ableitet, verweist ebenfalls auf einen analogen Zusammenhang.

Wie aber erklärt sich diese Gedächtnisleistung, bei der weder das Wort an den Ursprung erinnert noch die Beschneidung die Geschichte der Zeichen vergegenwärtigt? Paulus sprach nicht nur von der »Beschneidung des Herzens«,[227] er sagt auch ausdrücklich, daß das christliche Kreuzigungsopfer, »der Bund im Blute«, als Ersatz für das Stieropfer zu betrachten sei: »Denn wenn das Blut von Böcken und Stieren und die Asche einer Kuh durch Besprengung die Verunreinigten heiligt, indem sie die Reinheit des Fleisches bewirkt, um wieviel mehr wird das Blut Christi, der kraft ewigen Geistes sich selbst makellos Gott dargebracht hat, unser Gewissen von toten Werken reinigen, auf daß wir dienen dem lebendigen Gott.«[228] Das bedeutet aber, daß auch das griechische Alphabet im Sinne einer ›Beschneidung‹ zu lesen ist: allerdings einer ›Beschneidung‹, die den ganzen Körper erfaßt. Kein anderes Schriftsystem impliziert so deutlich wie das volle phonetische Alphabet der Griechen (eben weil es, im Gegensatz zum semitischen Alphabet, auch die Vokale schreibt) die Phantasie einer Herrschaft über die Körperlichkeit durch die Domestizierung der mündlichen Sprache. Dies wird als ein ›Kastrationsakt‹ erfahren, der sich in jedem einzelnen wiederholt. Für eine solche Interpretation spricht ein griechischer Mythos, den Aleida Assmann zitiert und als spezifisches Gedächtnismodell deutet.

In diesem Mythos bittet Phylakos den Seher Melampos um ein Mittel, das der Unfruchtbarkeit seines Sohnes Iphiklos abhelfen soll. Melampos entdeckt, daß die Unfruchtbarkeit auf eine verdrängte Erinnerung zurückgeht, die er zu heilen versucht, indem er zwei Stiere schlachtet und zerstückelt. Von den herbeigerufenen Weissagevögeln erfährt er, daß Phylakos einst auf dem Felde Widder kastriert und dann das noch blutige Messer neben Iphiklos gelegt habe. Der Knabe habe Furcht bekommen und sei geflohen. Phylakos aber habe das Messer in die heilige Eiche hineingestoßen, so daß die den Baum umgebende Rinde es bedeckte. Aleida Assmann interpretiert diese Geschichte als Aufdeckung eines frühkindlichen Traumas, dessen

> »gegenständliches Korrelat das in die Eiche eingeschlossene Messer ist. Wie das Messer, das im Baum präsent, aber unsichtbar ist, hat sich die Erinnerung unzugänglich in einer ›Krypta‹ des Bewußtseins stabilisiert. Die Spur dieses verborgenen Gedächtnisses ist die körperliche Symptomatik der Unfruchtbarkeit, die durch die Kastrationsangst des Kindes ausgelöst worden ist.«[229]

Diese Geschichte läßt sich nicht nur als Trauma im individuellen Gedächtnis lesen, sondern auch als kollektive Erinnerung interpretieren (sonst hätte die Geschichte auch nicht die Form eines Mythos angenommen). In diesem Kontext würde aus dem kastrierenden Messer des Vaters, von dem sich der Sohn bedroht fühlt und das seine Unfruchtbarkeit herbeiführt, ein ›kulturelles Messer‹. Der Zusammenhang mit dem Stieropfer, der in diesem Mythos hergestellt wird, verweist wiederum auf die Geschichte des Alphas. So könnte mit dem kastrierenden Messer, von dem sich das Kind bedroht fühlt, die Schriftlichkeit selbst gemeint sein. Einer solchen Interpretation entspricht auch die Heilung, die der Weissagevogel vorschlägt: Iphiklos solle zehn Tage lang vom abgeschabten Rost des Messers trinken, dann werde er einen Sohn zeugen. Er muß also die ›Wohltaten‹ des schneidenden Werkzeugs erfahren, um ›fruchtbar‹ zu werden – nun freilich im Sinne einer ›geistigen Fruchtbarkeit‹. Aleida Assmann schreibt, daß die Therapie, die in diesem Mythos für das im ›Körpergedächtnis‹ eingeschriebene Trauma vorgeschlagen wird, nicht viel mit der Psychoanalyse zu tun habe. Liest man das Bild jedoch im Kontext einer *kulturellen* Kastrationserfahrung, so lassen sich durchaus Analogien zu psychoanalytischen Deutungsmustern entdecken.

In diesem Sinne möchte ich zum Abschluß dieses Kapitels eine ›historische‹ Lesart der Freudschen Lehre vom Ödipuskomplex anbieten, die, obgleich *nicht* biologisch, dennoch erklärt, warum das ›Dreieck‹ vom männlichen und vom weiblichen Geschlecht unterschiedlich erfahren wird. Läßt Yerushalmi die Thora an die Stelle der ›Mutter‹ treten, so rückt beim Blick auf die aus dem griechischen Alphabet hervorgegangene kulturelle Ordnung die Schriftlichkeit selbst an die Stelle des Vaters. Jacques Lacan (bei dem viele Anspielungen auf die Typographie und damit auch auf das Design der Zeichen, nicht jedoch auf deren Geschichte zu finden sind) machte aus dem kastrierenden, leiblichen ›Vater‹ die Fähigkeit zur Symbolisierung: Die Sprache, repräsentiert durch den Vater, sei das Gesetz, das die Aufhebung der frühkindlichen Symbiose mit der Mutter (bzw. der Welt) und den Eintritt in die ›symbolische Ordnung‹ zur Folge habe. Begreift man nun die Gestalt dieses ›Vaters‹ als eine Sprache, die von der Schrift erzeugt und geprägt wurde (und Lacan, der durchaus vom ›Drängen des Buchstabens‹ im Unbewußten spricht,[230] unterschlägt die *historische* Dimension dieser Veränderung), so erscheint das ödipale Dreieck wie eine ständige Re-Präsentation oder Vergegenwärtigung der Geschichte des Buchstabens *Alpha* mit den beiden Aspekten, die der Stieropfersymbolik eigen waren: symbolische Kastration einerseits und Verwandlung von ›Männlichkeit‹ in ›geistige Fruchtbarkeit‹ andererseits. Mag sein, daß die Schnitte, die die Verschriftlichung des Denkens und der Sprache mit sich bringt – Schnitte, die ›Entkörperung‹ besagen und die Herauslösung der Zunge aus dem Leib beinhalten; Schnitte, die jedes Kind bei der ersten Begegnung mit der Schrift am eigenen Leibe erfährt –, daß also diese von Generation zu Generation wiederholten Verwundungen dazu beitrugen, daß sich das *Secretum* der Zeichen des Alphabets im kollektiven Gedächtnis erhalten konnte. »Man brennt etwas ein, damit es im Gedächtnis bleibt«, schreibt Nietzsche: »nur was nicht aufhört, wehzutun, bleibt im Gedächtnis«.[231]

Diese Interpretation impliziert allerdings, daß die ›symbolische Kastration‹ keine Drohung von außen darstellt, sondern, wie die Alphabetschrift selbst, als großartige Erfindung des abendländischen Menschen zu betrachten ist – als eine selbstgesetzte ›Drohung‹ also,[232] die, wie in den folgenden Kapiteln zu zeigen sein wird, zum Motor des abendländischen Erfindungsgeistes und der von ihm entwickelten Simulationstechniken wurde.

KAPITEL III
DER EIN-GEBILDETE
KÖRPER

Neo – oder: *one*, der ›eine‹ – heißt in Wirklichkeit Anderson: der andere Sohn. Neo wird eingeschläfert, durchläuft dann einen schmerzhaften Prozeß der Neugeburt, bevor er erkennen und sehen kann, daß die Welt nicht schön, sondern unendlich düster und zerstört ist. Sie wird beherrscht von Gestalten, die das Aussehen der Menschen haben, aber in Wirklichkeit Maschinen sind. Die Maschinen züchten menschliche Geschöpfe und halten sie als Energiequellen. Damit die Menschen sich nicht gegen ihr Schicksal erheben, verändern die Maschinen ihre sinnliche Wahrnehmung: Sie programmieren ihr Gehirn, so daß sich die Menschen in einer sonnigen, normalen und glücklichen Welt wähnen. Allein *Morph* (Morpheus: der Gott des Schlafs und des Traums) sowie eine kleine Gruppe von Auserwählten und die Einwohner der Stadt *Zion*, die sich, für die Maschinen unerreichbar, im Innersten der Welt versteckt halten, wissen, daß die schöne Welt eine Täuschung der Maschinenmenschen ist. In Wirklichkeit ist sie dem Leben abgestorben. *Neo* hat die Wahl, sich den Wissenden anzuschließen oder in der Illusion zu verbleiben. *Morph* hat in ihm den *Erlöser* erkannt – und *Neo* enttäuscht ihn nicht. Es gelingt ihm, die Maschinen zu besiegen.

Nicht nur wer den Film *Matrix* gesehen hat, erkennt die Geschichte, von der hier die Rede ist. Im Film handelt es sich um eine Zukunftsbeschreibung, die sich aus der Philosophie des ›Konstruktivismus‹ und zugleich aus einer uralten Tradition speist: der Lehre der ›Gnosis‹. Wie die Schlange in der Schöpfungsgeschichte bietet auch *Morph* dem Menschen an, vom Baum der Erkenntnis zu essen oder den Apfel zu verweigern. Die Erzählung der Genesis im sogenannten *Apokryphon des Johannes*, ein gnostischer Text und angebliche Offenbarung des Herrn an den Jünger Johannes, erscheint wie der theologische Grundlagentext zur Filmerzählung von *Matrix*.

»Der erste Archont (Jaldabaoth) brachte ihn und setzte ihn in das Paradies, von dem er sagte, daß es für ihn (eine) ›Wonne‹ sei, das heißt, daß es ihn täuschen werde, denn ihre (der Archonten) Wonne ist bitter und ihre Schönheit ist ungehörig. Ihre Wonne ist ein Betrug, und ihr Baum war eine Feindseligkeit. Ihre Frucht war ein Gift, gegen das es keine Heilung gibt, und ihre Verheißung ist ein Tod für ihn. Ihr Baum aber, den sie gesetzt haben, ist der ›Baum des Lebens‹. Ich werde euch das Geheimnis ihres Lebens verkündigen, das ist ihr Nachahme-Geist, der aus ihnen stammt, daß er ihn abwendet, damit er nicht seine Vollendung erkennt.«[1]

In *Matrix* sind es die Maschinenmenschen, die die Menschen in der Illusion der ›Wonne‹ belassen, damit sie gefügig bleiben und der ›falschen‹ Welt nicht zu entkommen versuchen. Und wie in *Matrix* Menschen gezüchtet und als Rohstoffquellen für die Energieversorgung genutzt werden, so haben auch in der Gnosis die »Archonten [...] den Menschen zu dem ausdrücklichen Zweck erschaffen, jenen Lichtteil (der sich in die Finsternis gesenkt hat) hier gefangenzuhalten«.[2]

Ging es im letzten Kapitel um die unterschiedliche historische Wirkungsmacht der beiden Alphabetschriften, so werden im folgenden Bild und Einbildung im Zentrum stehen. Da das Alphabet nicht nur Abstraktion, sondern zugleich auch Visualisierung beinhaltet – überführt es doch Phoneme in visuelle Zeichen, die sich ihrerseits von Bildern und Ideogrammen ableiten –, ist es nicht erstaunlich, daß im westlichen Abendland, das unter dem Gesetz des ›vollen‹ Alphabets steht, das Sehen und die Bildlichkeit eine so zentrale Rolle spielen. Wie sich mit der allmählichen Durchsetzung der griechischen Schrift auch ein neues Verständnis von ›Bild‹ und ›Einbildung‹ entwickelte, läßt sich besonders deutlich an der Geschichte der Gnosis ablesen.

Die Gnosis

Hans Jonas, der sich über Jahrzehnte mit den gnostischen Bewegungen beschäftigte, schreibt über die Bilderwelt der Gnosis:

»Aus dem Nebel der Anfänge unseres Zeitalters taucht ein Schauspiel mythischer Gestalten auf, deren gewaltige, übermenschliche Konturen die Wände und die Decke einer zweiten Sixtinischen Kapelle bevölkern könnten. Ihr Antlitz und ihre Gebärden, die Rolle, die sie besetzen, das Drama, das sie aufführen, würde andere Bilder zum Vorschein bringen als die biblischen, mit denen die Phantasie des Betrachters aufgewachsen ist, und doch wären sie merkwürdig vertraut und auf beunruhigende Weise bewegend.«[3]

Jonas sieht in der Gnosis eine mächtige »unterirdische Strömung«, die sich während der Jahrhunderte des Hellenismus gebildet habe, d.h. während einer Zeit, in der das Denken der abendländischen Welt von der Ägäis bis zu den Grenzen Indiens reichte. In dieser unterirdischen

Strömung, die zeitgleich mit dem Christentum aufkam, sei der Orient am Werk gewesen, der nach den Jahrhunderten einer ›Bevormundung‹ durch den Hellenismus wieder zu sich selbst fand. Jonas begründet diese These weitgehend mit den politischen und sozialen Umwälzungen, die neue Formen von Religiosität hervorbrachten. Die damals entstandene erste kosmopolitische Zivilisation sei nur durch »Katastrophen« möglich geworden, »die über die ursprünglichen Einheiten einer regionalen Kultur hereinbrachen«.[4]

Im folgenden möchte ich zeigen, daß die von Jonas beschriebenen politischen und sozialen Umwälzungen auch mit dem Prozeß der ›Alphabetisierung‹ zusammenhingen – d. h. der Neuordnung der Welt unter den Zeichen des griechischen Alphabets, durch das die für die Gnosis charakteristische Gegenüberstellung von ›echter‹ und ›eingebildeter‹ Welt zustande kam. Das Aufkommen der gnostischen Bewegungen läßt sich auch als Folge der Konflikte und Veränderungen begreifen, die das volle phonetische Alphabet der Griechen mit sich brachte. Sie stellten nicht nur eine Reaktion auf die Übermacht des Hellenismus dar, sondern auch auf die ›Bevormundung‹ (im ganz wörtlichen Sinne) der Mündlichkeit durch die Schriftlichkeit. Zugleich spiegelt sich in der Geschichte der Gnosis aber auch der *Sieg* des griechischen Alphabets wider, das ein Begehren schuf, dem Körper, der Welt zu entkommen – in der Abstraktion die Freiheit und den ›Frieden‹, das ›Schöne‹ und das ›Reine‹ zu finden. Beides scheint in der mächtigen Bewegung der Gnosis enthalten: sowohl das Bekenntnis zum griechischen *logos* als auch die Angst vor der Übermacht der Denkformen, die er schuf.

Die Gnosis stellt in mancher Hinsicht das Bindeglied zwischen dem griechischen Denken und der Entstehung des Christentums dar, das das Licht nicht mehr als in der ›anderen Welt‹ gefangengehalten, sondern als in die diesseitige gekommen betrachtete. So ist es nicht erstaunlich, daß die gnostischen Bewegungen zeitgleich mit dem Christentum entstehen und mit der festen Etablierung der christlichen Kirche wieder verschwinden – bzw., wie Peter Sloterdijk und Thomas Macho gezeigt haben, »in den Untergrund gehen«, um in den verschiedensten religiösen und säkularen Zusammenhängen periodisch an die Oberfläche zu kommen: von den Bogomilen und Katharern über die mittelalterliche Mystik, Kabbala und Alchemie, den Chiliasmus, Jakob Böhme, die Rosenkreuzer bis zum Deutschen Idealismus, der Romantik, Existentialismus und totalitären Strömungen des 20. Jahrhunderts.[5] Diese Erscheinungen lassen sich auch als Versuche interpretieren, den Aufstand gegen die Schriftlichkeit zu proben *und* die ›Versinnlichung‹ (oder Naturalisierung) des Schriftdenkens voranzutreiben: ein Versuch, der in jeder historischen Epoche ein anderes Gesicht annimmt und vor allem in Zeiten kulturellen Wandels und geistiger Umwälzungen eine wichtige Rolle spielt. Obgleich Jonas selbst die Bedeutung der Alphabetschrift bei der Entstehung der Gnosis nicht in Betracht zieht, ist sein Material besonders geeignet, diese These zu stützen.

Das Wort ›Gnosis‹ kommt aus dem Griechischen und bedeutet ›Wissen‹, ›Erkenntnis‹. Die Erkenntnis wird zum Mittel der Erlösung oder zur Erlösung selbst. Es geht darum, sich von der falschen Welt der ›Illusion‹ zu befreien. »Was Befreiung bringt, ist die Erkenntnis, wer wir waren, was wir wurden; wo wir waren, wohinein wir geworfen wurden; wohin wir eilen, woraus wir erlöst werden; was Geburt ist, was Wiedergeburt«, schreibt Valentinos.[6] Was mit der ›Erkenntnis‹ gemeint ist, ändert sich freilich von einer gnostischen Bewegung zur anderen. Allen gemeinsam sind folgende Grundzüge: Die Gottheit ist außerweltlich, ihr Wesen ist dem des Universums fremd, das sie weder geschaffen hat noch regiert und zu dem sie die Antithese bildet. Dem geschlossenen und fernen göttlichen Reich des Lichts steht die Welt als Reich der Finsternis gegenüber. Wie die ›niedere Welt‹ entstanden ist und woher die ›Archonten‹ ihre Macht beziehen, wird in den gnostischen Erzählungen unterschiedlich beschrieben: Doch alle gehen davon aus, daß der Mensch, an die Welt gebunden, durch die natürliche Offenbarung nichts über die Existenz des ›anderen‹ oder ›fremden‹ Gottes erfahren kann. Denn dieser ist nicht erkennbar, nicht sichtbar, durch die Worte und die Sprache nicht erreichbar. Ein Hymnos an Gott betont, daß Gott »nicht ausdrückbar in irgendeiner Sprache« sei; er sei »allein unaussprechlich«, während er doch alles erzeugte, »was der Sprache offen ist«, und »allein unerkennbar«, während er alles erzeuge, »was offen dem Denken ist«.[7]

Mit dem semitischen Alphabet war zum ersten Mal ein unsichtbarer Gott entstanden, dessen Name unaussprechlich ist und der sich einzig durch die Schrift und ›das Gesetz‹ zu erkennen gibt. Das geschieht hier aber auf der Basis eines vollen Alphabets, dessen Durchsetzung sich in der Entstehung der ambivalenten Strömungen der Gnosis niederschlägt: Entsprechen der Glauben an den unsichtbaren, fremden Gott sowie die Bilderverachtung den jüdischen Traditionen, so entspricht die gnostische Körperfeindlichkeit den tiefen Einschnitten, die das volle Alphabet bewirkt und für die erst das Christentum eine ›Kompensation‹ anbieten

wird. »*Gnosis* meinte in erster Linie Wissen *von* Gott oder Gotteserkenntnis, und aus dem, was wir über die radikale Transzendenz der
Gottheit gesagt haben, folgt, daß es sich beim ›Wissen von Gott‹ um die
Erkenntnis von etwas von Natur aus Nicht-Erkennbarem und deshalb
an sich nicht um einen natürlichen Zustand handelt.«[8] Bei der Gnosis
handelt es sich um eine religiöse Strömung, die nicht nur von einem
tiefen Gefühl der Ohnmacht gekennzeichnet ist, sondern auch von der
Aussichtslosigkeit, die Mächte zu erkennen, denen der Mensch oder das
Selbst ausgeliefert ist. Schon dieser Aspekt weist darauf hin, daß jene
Mächte nicht politischer Natur sind, sondern einer ›geistigen‹ Macht
entsprechen.

Jonas sieht in dem von Alexander dem Großen geschaffenen Weltreich, der Vereinigung von Ost und West, die historischen Bedingungen
für die Entstehung der Gnosis. Auch als das Reich Alexanders des Großen zerfiel, habe sich der Prozeß der Verschmelzung fortgesetzt, es sei
eine Homogenität entstanden, der später das Römische Reich politische Form verlieh. Wenn man nun bedenkt, wie entscheidend die Rolle
der Alphabetschrift bei der Herausbildung des Hellenismus, des griechischen Denkens und der Polis war, so erscheint es naheliegend, daß
auch der Prozeß der Verschmelzung und Homogenisierung von Ost
und West mit der Schriftlichkeit zusammenhing. Wie im letzten Kapitel
dargestellt, entsprach der ›Hellenismus‹ weniger einem Nationalgefühl
als einer gemeinschaftsbildenden geistigen Haltung: Die hellenistische
Idee von Kultur hatte sich zur Zeit Alexanders bis zu dem Punkt
entwickelt, »wo es möglich wurde, zu sagen, man sei Hellene nicht
durch Geburt, sondern durch Bildung, so daß auch ein als Barbar Ge-
borener ein wahrer Hellene werden konnte«.[9] Durch Bildung und Sprache hatte der Hellenismus seine ›kosmopolitische‹ Dimension errungen
und hatte das griechische Denken seine ›universalistische‹ Form angenommen:

»So sehr wurde alles Griechische zu einer Frage der geistigen Haltung
und Qualität, daß die Teilnahme daran jedem rationalen Subjekt, das heißt
jedermann, offenstand. [...] Ein guter Bürger des Kosmos zu sein, ein *kos-
mopolites*, ist die moralische Bestimmung des Menschen. Sein Anspruch
auf dieses Bürgerrecht beruht einzig und allein darauf, daß er *logos*, Vernunft besitzt [...]. Ihre volle Entfaltung erlangte diese kosmopolitische
Ideologie im Römischen Reich, doch in allen wesentlichen Zügen war die
universalistische Stufe des griechischen Denkens bereits zur Zeit Alexanders erreicht.«[10]

Die Alphabetschrift ist einerseits universell, in jede Sprache übertragbar, andererseits brachte sie die spezifisch ›logischen‹ Strukturen der griechischen Philosophie und Wissenschaftlichkeit hervor. Den *logos*, »eine der größten Entdeckungen in der Geschichte des menschlichen Geistes«,[11] stellte der Hellenismus dem Osten zur Verfügung.

Daß sich die Homogenisierung von Ost und West letztlich der Verbreitung der Alphabetschrift verdankte, dafür spricht auch die *Art*, wie sich der Hellenismus ausbreitete – nämlich nicht in Form von Kolonisierung oder militärischer Unterwerfung, wie sie die Griechen in früheren Zeiten betrieben hatten, sondern als ›geistige Eroberung‹, wie sie sich weder militärisch noch politisch hätte herbeiführen lassen. Dabei gab es im Fall des Hellenismus zugleich eine bemerkenswerte Bereitschaft der Besiegten, die Kultur der Sieger zu übernehmen. Obwohl die Nichthellenen den Hellenen zahlenmäßig weit überlegen waren, kam es zur raschen Verbreitung der griechischen Sprache,[12] vergleichbar der Verbreitung des amerikanischen Englisch heute. Beide verbindet nicht nur eine große sprachliche Flexibilität und Wandelbarkeit, wie sie eigentlich Sprachen in Kulturen mit mündlicher Überlieferung eigen ist, sondern auch die Tatsache, daß sie universelle Speichersysteme repräsentieren: bei der griechischen Sprache war es das volle Alphabet; beim modernen Englisch die Computersprache. Das heißt, die geistige Eroberung des Hellenismus hing weniger mit der griechischen Sprache selbst als mit der Tatsache ihrer Verschriftlichung zusammen. Sofern der Osten »überhaupt nach literarischem Ausdruck strebte«, mußte er sich »in griechischer Sprache und Manier äußern«.[13]

Die geistige Homogenisierung hatte allerdings, laut Jonas, zwei Folgen: Erstens führte sie zur Verdrängung der kulturellen und geistigen Strömungen des Ostens durch den Hellenismus. Zweitens hatte sie eine Auflösung der Beziehung zwischen dem einzelnen Bürger und dem Stadtstaat zur Folge. War es der einzelne Bürger gewohnt, direkt Verantwortung für die *polis* zu übernehmen, so konnte bei dem sich entwickelnden ›kosmopolitischen‹ Reich der einzelne nicht mehr direkt in das politische Leben eingreifen. Das hatte die Vereinzelung der Individuen und ihre Hinwendung zu religiösen Bewegungen bzw. zu beruflichen und politischen Verbänden zur Folge. Beide Entwicklungen spielten bei der Entstehung der Gnosis wie des Christentums eine wichtige Rolle. Daß der Osten sich nicht stärker gegen die geistige Überlagerung durch den Hellenismus zur Wehr zu setzen vermochte, führt Jonas auf die »politische Apathie« und »kulturelle Stagnation« des

Ostens zurück. Tatsächlich ist aber auch hier zu bedenken, daß einerseits Griechenlands historische Dynamik eng mit der Schriftlichkeit zusammenhing, während andererseits das Ruhen in der Gegenwart bzw. die ›Stagnation‹ zu den Charakteristika von Kulturen mit Bilderschrift gehört. Das orientalische Denken »sprach sich in Bildern und Symbolen aus und verbarg seine innersten Inhalte eher in Mythen und Riten, statt sie logisch zu artikulieren«.[14] Das erinnert an die »rituelle Kohärenz« des alten Ägypten, in der Hieroglyphen den Riten entsprechen und die Bilderschrift zum Tempel selbst wird. Aus dieser »Gefangenschaft« in seinen uralten Symbolen »wurde es durch den belebenden Anhauch des griechischen Denkens befreit«.[15] Ebenso wie für das alte Ägypten das jüdische Bilderverbot eine tiefe Bedrohung darstellte und den Exklusionscharakter der Heiligen Schrift Israels förderte, so muß auch der Einbruch des griechischen Alphabets als Bedrohung der rituellen Kohärenz des Orients erschienen sein. Warum aber wehrte sich das alte Ägypten gegen das semitische Alphabet (und das mit ihm einhergehende Bilderverbot), während der Orient das griechische Alphabet begierig aufnahm? Mir scheint die Antwort auf diese Frage in der Tatsache zu liegen, daß es sich beim griechischen Alphabet um ein ›volles phonetisches Alphabet‹ handelte: Es beinhaltete nicht ein Nebeneinander von Schriftlichkeit und Mündlichkeit, sondern die Assimilierung der Mündlichkeit durch die Schriftlichkeit selbst. Somit näherte es sich auch der rituellen Kohärenz, die auf der Bilderschrift wie auf der mündlichen Überlieferung beruhte. Umgekehrt läßt sich die Tatsache, daß sich das jüdische Volk als einziges Volk des Ostens der Hellenisierung und später der Eingemeindung in das Römische Reich widersetzte, auch damit erklären, daß es über eine eigene Alphabetschrift verfügte.

Die geistigen Umwälzungen, die der Hellenismus im Orient bewirkte, hatten ihrerseits Rückwirkungen auf den Hellenismus. Aus einem Denken, das sich selbst als politisch, ethisch und kulturell verstand, wurde eine Art von Religion. »Die hellenistische weltliche Kultur verwandelte sich, sowohl in Selbstverteidigung gegen das Christentum als auch aus innerer Notwendigkeit, in eine ausgeprägt religiös-heidnische Kultur. Dies besagt, daß der Hellenismus in einer Epoche der aufsteigenden Weltreligion selbst zu einer Konfession wurde.«[16] Damit öffnete sich der Hellenismus auch für religiöse Strömungen, die aus anderen Kulturen stammten, etwa den aus dem Orient importierten Mithras-Kult. Doch wurde der ganze Kampf im Rahmen der einen universellen hellenistischen Kultur und Sprache ausgefochten. »So sehr war dies der Fall, daß der Sieger und Erbe in diesem Kampf, die christliche Kirche des Ostens, eine vorwiegend griechische Kultur wurde.«[17] Die Schriftlichkeit bildete einerseits die Grundlage einer neuen Gesellschaftsordnung – den Rechtsstaat mit seinem geschriebenen Gesetz. Andererseits wirkte sie aber auch als ›Medium‹ in weniger faßbarer Weise auf die Menschen ein. Zugleich ähnelte das Wechselverhältnis zwischen Griechenland und dem Orient dem Wechselverhältnis von griechischer Alphabetschrift und gesprochener Sprache. So wie die Einflüsse der Mündlichkeit auf die Schriftlichkeit ›unsichtbar‹ blieben, wirkte auch der Orient auf untergründige Weise auf das ›neue Denken‹ ein: »Angesichts der besonderen Anonymität – wir könnten fast sagen: Pseudonymität –, in die das orientalische Element sich hüllt, müssen wir uns mit dem allgemeinen Eindruck zufriedengeben, daß im Bereich des griechischen Denkens in dieser ganzen Zeit orientalische Einflüsse im weitesten Sinne wirksam waren.«[18]

Die griechische Überlegenheit hatte laut Jonas noch eine andere, vielleicht tiefer greifende Wirkung auf das Innenleben des Ostens, die erst sehr viel später offenbar werden sollte: die Teilung des orientalischen Geistes in eine oberirdische und eine unterirdische Strömung, eine öffentliche und eine geheime Überlieferung. Bei dieser Teilung repräsentierte der *logos* die ›Vatersprache‹, während das Denken des Orients wie die Agentin der ›Muttersprache‹ mit ihrer Konnotation von Körperlichkeit, Folklore, Aberglauben und Hysterie erschien:

»Die Kraft des griechischen Vorbilds hatte nicht nur anregende, sondern auch repressive Wirkung. Seine Auswahlkriterien wirkten wie ein Filter: alles, was hellenisiert werden konnte, gelangte hindurch und erhielt einen Platz im Licht, wurde also zu einem Teil der gesonderten Oberschicht der kosmopolitischen Kultur; das Übrige, ganz Andere, nicht Assimilierbare, wurde ausgeschlossen und tauchte unter. Dieses ›Andere‹ konnte sich durch die konventionellen Gebilde der literarischen Welt nicht zum Ausdruck gebracht fühlen und vermochte in der allgemeinen Botschaft seine eigene nicht wiederzuerkennen.«[19]

Das ›Andere‹, das in den Erzählungen der Gnosis hervorbrach, war das Andere der Literatur, des geschriebenen Textes, das Mühe hatte, »seine eigene Sprache zu finden«. Da nur die ›griechische Stimme‹ gehört wurde, war der Osten zur ›Sprachlosigkeit‹ verdammt, d. h., er konnte »nicht für sich selbst, im eigenen Namen« sprechen. Nach Lage der Dinge, so schreibt Jonas, waren es die »echtesten und eigenständigsten«

Tendenzen des östlichen Geistes, die zu einer Existenz als unterirdische Strömung gezwungen wurden. Es gab zahllose und sehr unterschiedliche unterirdische Strömungen, die auf das Monopol des Hellenismus reagierten; und diese Diversifikation spricht dafür, daß sich die unterirdischen Strömungen weniger gegen die griechische Sprache und die Kultur Griechenlands als gegen ein bestimmtes Denksystem richteten. Da die Gnosis von allen anderen ›Erzählungen‹ etwas übernahm, bietet sie, so Jonas, auch den wichtigsten Schlüssel zum Verständnis der Umwälzungen in dieser Epoche.

In der Gnosis kommen nicht nur Elemente einer überlagerten und verdrängten Mündlichkeit zutage. Ihre Botschaft ist zugleich vom Dualismus geprägt, der der Alphabetschrift inhärent ist und zu der abendländischen Gegenüberstellung von Geistigkeit und Körperlichkeit, Kultur und Natur führen sollte.

»Der Begriff eines fremden Lebens ist eines der wichtigsten und eindrucksvollsten Symbolworte, die uns in der gnostischen Sprachwelt begegnen, und es ist völlig neu in der Geschichte menschlichen Redens überhaupt. Es findet überall in der gnostischen Literatur Entsprechungen, etwa bei Marcion im Begriff des ›fremden Gottes‹ oder einfach des ›Fremden‹, des ›Anderen‹, des ›Unbekannten‹, des ›Namenlosen‹, des ›Verborgenen‹, oder aber – in vielen christlich-gnostischen Schriften – in der Rede vom ›unbekannten Vater‹.«[20]

Wir haben am Beispiel des *Alpha* gesehen, daß die Schriftlichkeit das Bild eines ›anderen Vaters‹ und einer ›geistigen Vaterschaft‹ hervorbrachte. Mit dem ›Fremden‹ oder ›unbekannten Vater‹ ist einerseits das ›ganz und gar Transzendente‹ gemeint. Es läßt sich andererseits aber auch als Versuch interpretieren, der Entfremdung des Ich und dem Verlust der ›Behausung‹ in der Sprache einen Ausdruck zu verleihen. Die Hoffnungen richteten sich auf eine andere Welt, in der das Selbst nicht vom zirkulierenden ›Lebenssaft‹ ausgeschlossen ist – genauer: in der ein neuer ›Lebenssaft‹ erschaffen wird. Dies erscheint wie eine Hinwendung zur ›geistigen Vaterschaft‹, zu der Denkweise mithin, wie sie der Alphabetschrift entspricht. »Adam faßte *Liebe* zum Fremden Manne, dessen Rede fremd, der Welt entfremdet ist.«[21]

Im gnostischen Denken, so Jonas, tritt ›die Welt‹ an die Stelle der traditionellen Unterwelt (Hades) und stellt ihrerseits schon das Reich der Toten, d. h. der zum Leben zu Erweckenden dar. Der Körper wird zum Gefängnis und zum Ausdruck eines Aus-der-Welt-gefallen-Seins. »Wer hat mich aus meiner Stätte und meinem Orte weg gefangengenommen, aus dem Kreise meiner Eltern, die mich großgezogen? [...] Warum habt ihr mich von meinem Orte weg in die Gefangenschaft gebracht und in den stinkenden Körper geworfen?«[22] Solche Bilder erzählen nicht nur von der Entfremdung von Geist und Körper, sondern auch vom Verlust des Bandes zwischen dem einzelnen Körper und dem Gemeinschaftskörper. Das Bild des »stinkenden Körpers« wird ebenso wie Seuchen und Krankheiten zur Chiffre für »Fremdheit«.

In der ›Entmischung‹ des Lichtes von der Finsternis besteht die Befreiung des Geistes vom ›Schmutz‹ und der als ›unrein‹ definierten Welt. Gibt es an sich viele Ähnlichkeiten zwischen Christentum und Gnosis, vor allem auf der Ebene der Erzählung, so treten hier die Unterschiede zutage. Im Christentum besteht die Erlösung darin, daß das Licht in die Welt gekommen ist und das Wort Gottes menschliche, leibliche Gestalt angenommen hat. In der Gnosis hingegen soll das Licht vom Körper und seiner Gefangenschaft in der materiellen Welt befreit werden. Dennoch ähneln die Bilder der ›Vermischung‹ dem Bild der christlichen ›Empfängnis‹. Für die Gnosis ist die Seele (wie das griechische Wort *psyché*) weiblich und wird durch Gott »befruchtet«. Dieses Bild antizipiert die Darstellung der Verkündigung, in der Maria durch einen Lichtstrahl die Botschaft Gottes empfängt: das Wort, das in Christus ›Fleisch‹ wird. Doch während die Empfängnis des ›Lichts‹ im Christentum als Heilsgeschehen entworfen wird, gilt sie in der Gnosis als Zustand der Unerlöstheit.

Im Persischen gab es nur ein Wort für Religion und »ich«,[23] und diese Kongruenz verweist auf eine enge Beziehung zwischen dem ›Gefühl‹ und dem religiösen Denken, so wie auch für Platon die Psyche ein ›göttliches Prinzip‹ darstellte. In der Gnosis hingegen ist immer nur vom Geist die Rede: *pneuma*, was eigentlich soviel wie ›Wind‹ oder ›Atem‹ bedeutet. ›Seele‹ und ›Geist‹ erscheinen als Gegensätze. Es wird das *spirituelle* Selbst betont, ein Charakteristikum, in dem sich die Abstraktion und der *logos* widerspiegeln: Im gnostischen Denken gilt nur der Geist, nicht die Psyche, als fähig, sich aus dem Körper zu lösen – so wie der geschriebene Gedanke auch dann noch existiert, wenn der Körper, der ihn im Text festgehalten hat, schon längst verstorben ist.

Vergleichbar mit dem Christentum ist die Rolle des Gehörs von zentraler Bedeutung für die Gnosis – gerade daran wird deutlich, wie groß der Einfluß der Schriftlichkeit und der Verlust der Mündlichkeit bei der Entstehung der gnostischen Bewegungen gewesen sind. Sollte später dem christlichen Mittelalter das Ohr als »Pforte des Glaubens« gelten, so heißt es für die Gnosis:

»Das Symbol des Rufes als Erscheinungsform des Nicht-Weltlichen ist so fundamental für die östliche Gnosis, daß wir die mandäische und die manichäische Religion geradezu als ›Religionen des Rufes‹ bezeichnen können. Der Leser wird sich an die enge Verbindung erinnern, die im Neuen Testament zwischen Hören und Glauben besteht. Sie begegnet häufig in mandäischen Schriften: Glaube ist die Antwort auf den Ruf von außerhalb, den man nicht sehen kann, sondern hören muß.«[24]

Die Mündlichkeit wird sogar auf geschriebene Texte übertragen. So verwandelt sich im *Seelenhymnus* (dem sogenannten *Lied von der Perle*) der *Thomasakten* ein ›Brief‹, den die Himmlischen an ihren in der Welt verbannten Angehörigen aussenden, bei seiner Ankunft in ›Stimme‹:

»Wie ein Gesandter war der Brief, den der König mit seiner Rechten versiegelt hatte [...]. Er erhob sich wie ein Adler, der König allen Gefieders, und ließ sich neben mir nieder und wurde ganz Rede. Bei seiner Stimme erwachte ich aus der Trunkenheit und stand auf von meinem Schlaf.«[25]

Aus einem *geschriebenen* Text wird eine *hörbare* Botschaft. Das erscheint zunächst wie die Sehnsucht nach einer Rückverwandlung von Schriftlichkeit in Mündlichkeit, um auf diese Weise dem »Aus-der-Welt-geworfen-Sein« zu begegnen. Dennoch handelt es sich nicht um eine Ablehnung der Schriftlichkeit, sondern eher um die Sehnsucht, daß die Schriftlichkeit sich jene ›behausenden‹ Eigenschaften der Mündlichkeit aneignen möge.

»Da erhob Adam seine Augen auf und weinte; furchtbar erhob er seine Stimme wie ein brüllender Löwe, er zerriß (sein Kleid), schlug sich auf die Brust und sprach: Wehe, wehe über den Bildnern meines Leibes, über den Fessler meiner Seele und über die Empörer, die mich versklavt haben.«[26]

In der Gnosis kommt nicht nur die Auflösung eines Gemeinschaftskörpers zum Ausdruck, der an den zirkulierenden ›Lebenssaft‹ der mündlichen Sprache gebunden war, sondern es findet zugleich eine Umdeutung statt, die manifestiert, daß die neue symbolische Ordnung das Verlorene noch nicht zu erstatten vermag. Der entfremdete ›Leib‹ wird als Gefängnis wahrgenommen und zugleich das zerrissene Band der gesprochenen Sprache nachträglich als Fessel gedeutet. Aus der Klage des Adam spricht nicht der Wunsch, in die Vergangenheit zurückzukehren, sondern vielmehr, das Neue mit den Eigenschaften des Alten auszustatten. Aufgrund dieses Begehrens bilden sich später die neuen Formen des christlichen Kollektivkörpers heraus – und die Gnosis bietet einen Schlüssel, diesen Übergang zu verstehen.

Zwar hatte der Hellenismus dazu geführt, daß der einzelne nicht mehr Mitglied einer übersichtlichen Polis war, sondern in ein großes Reich eingegliedert wurde, an dessen Gestaltung er nur geringen Anteil haben konnte. Dennoch hielten die Griechen (soweit sie sich nicht den neuen religiösen Strömungen anschlossen) am Bild der alten Ordnung fest. Sie übertrugen den Begriff der Polis auf das Reich oder, wie später Cicero, auf das Universum selbst, von dem sie sich eine ähnliche Ordnung erhofften wie vom übersichtlichen, rational gestalteten Stadtstaat. Diese Überzeugung bildete laut Jonas »so etwas wie eine Religion der Intellektuellen«.[27] Die gnostischen Bewegungen griffen den Gedanken der Ordnung auf, aber verkehrten ihn in sein Gegenteil. Die göttliche Ordnung, die die Griechen in der Natur am Werke sahen, wurde der Gnosis zum Ausdruck der Mächte des Dunkels. Es sind

»gerade die Kennzeichen der Ordnung, der Herrschaft und des Gesetzes, die bei der gnostischen Neudeutung der Welt nicht nur beibehalten werden, sondern deren Macht und Wirkung auf den Menschen noch zusätzlich gesteigert erscheinen – allerdings so, daß ihre geistige Qualität, ihr Sinn und ihr Wert eine radikale Veränderung erfahren. Die Verkehrung der Göttlichkeit der kosmischen Ordnung in das Gegenteil des Göttlichen vollzieht sich beinahe auf dem Weg der Übertreibung. Ordnung und Gesetz bedeutete der Kosmos auch hier, allerdings eine rigide und feindselige Ordnung, ein tyrannisches Gesetz, ihres Sinnes und ihrer Güte entleert, den Zwecken und dem inneren Wesen des Menschen fremd, kein Gegenstand seiner Verständigung oder Bejahung.«[28]

War für die Griechen die Natur Ausdruck der Ordnung und eines »verständigen« Kosmos, so spiegelte sich für die gnostischen Bewegungen das Böse gerade in der Ordnung und den Gesetzen der Natur wider. »Der Makel der Natur liegt nicht in einem Mangel an Ordnung, sondern in ihrer zu großen, alles durchdringenden Vollständigkeit der Ordnung.«[29]

Stellte das Gegengewicht zu dieser übermächtigen, erdrückenden Ordnung der Welt die *jenseitige* Gottheit dar, die nicht nur *außer-* und *über*weltlich, sondern in einem äußersten Sinne zugleich *gegen*weltlich war, so waren für die Gnostiker – im Gegensatz zu den Griechen – Welt und Gott, Gott und Natur, Geist und Natur notwendigerweise einander fremd. Das Christentum sollte später auf vielfältige Weise versuchen, diese Kluft zu schließen. In den Bildern der Gnosis blieb die Spaltung jedoch unüberbrückbar. »Es besteht die Grunderfahrung eines Risses zwischen dem Menschen und dem, worin er sich selbst behaust vorfindet, der Welt. [...] Das gnostische Denken ist von der qualvollen Entdeckung der Einsamkeit des Menschen im Kosmos, der äußersten Andersheit seines Seins gegenüber dem Universum im ganzen inspiriert.«[30]

So offenbart sich in der Gnosis die Entstehung eines neuen Selbst, das »Ich« sagt, *weil* es sich als herausgerissen aus dem Kosmos empfindet. War in der Klage des ägyptischen Gelehrten Chacheperreseneb, keine eigenen Worte finden zu können, die *Sehnsucht* nach dem unverkennbaren Selbst zum Ausdruck gekommen, so entdeckt das Zeitalter, in dem die phonetische Schrift das Ich von der Welt trennt, die *tatsächliche* Verlorenheit und Einsamkeit des Ich in der Welt. »Niemals zuvor oder später hat sich ein solcher Abgrund zwischen dem Menschen und der Welt, zwischen dem Leben und seinem Erzeuger aufgetan, und zu keiner Zeit hat ein solches Gefühl kosmischer Einsamkeit, Verlassenheit und transzendentaler Überlegenheit des Selbst vom Bewußtsein des Menschen Besitz ergriffen.«[31] Damit erfährt sich dieses Ich aber auch als Herrscher über das eigene Schicksal.

Diese Entwicklung läßt sich nicht nur mit der Ausbreitung des Reichs und der Vereinzelung des Individuums in der Gemeinschaft erklären, wie Jonas vorschlägt. Auch danach sollten sich neue und gewaltige Reiche bilden, die das Individuum aus seiner sozialen ›Behausung‹ und seinem vertrauten Kontext herausrissen. Wenn es dennoch nie wieder zu Umwälzungen wie denen des ersten Jahrhunderts kam, so hing dies mit den tiefgreifenden Einschnitten der Alphabetschrift zusammen, die Innis als »imperial« – im Sinne von »Imperialismus« – umschrieben hat.[32] Mit ihr, die einerseits Abstraktion, andererseits aber auch ›Konstruktion‹ beinhaltete, entstand ein Denken in berechenbaren, konstruierbaren Modellen von Welt und Körperlichkeit. Dies spiegelt sich auch in der Gnosis wider, die nicht nur von der Vereinzelung erzählt, sondern mit ihrem Bild einer von den Archonten erschaffenen Welt auch die Konstruierbarkeit herausstellt. Die Gnosis sah darin eine Bedrohung. Doch parallel zu den gnostischen Bewegungen entwickelten sich neue Modelle, die in der Neuerschaffung der Welt eine Erlösung sahen: am deutlichsten sichtbar im Christentum, das eben daraus seine Anziehungskraft beziehen sollte. Sowohl das Herausfallen aus der Welt als auch die Entstehung dieser neuen Formen von Gemeinschaftsbildung und Homogenisierung verdankten sich der Wirkungsmacht der Alphabetschrift, dieser ›heiligen Schrift‹, die einerseits von einem ›Reich‹ erzählte, ›das nicht von dieser Welt ist‹ – das Wort *templum* bedeutet: ›das, was aus dem Raum herausgelöst ist‹ –, andererseits aber auch ein Reich versprach, das zur Welt gekommen ist.

Die Tatsache, daß sich Gnosis und Christentum unterschiedlichen, ja gegensätzlichen Wirkungsmächten der Schriftlichkeit verdankten, erklärt die Antinomie zwischen den beiden Religionen und die Erbitterung, mit der die Kirche die gnostischen Bewegungen verfolgte. Jonas interpretiert diesen Widerstreit mit der Tatsache, daß sich das Christentum trotz der ihm »eigenen akosmischen Tendenzen – angesichts der Exzesse des antikosmischen Dualismus dennoch als Erbin der Antike erwies«.[33] Aber ist es nicht eher so, daß Christentum und später die Kirche antraten, den verlorenen Menschen in eine neue Ordnung zu überführen: in eine Ordnung, die den neuen Lebensbedingungen und einer neuen Rolle des Zeichens entsprach? Das gilt nicht nur für den Gemeinschaftskörper, den die Kirche schuf, es gilt auch für die christliche Botschaft selbst, in deren Zentrum das Körper gewordene Zeichen stand.

Lag der Vorstellung vom ›Ich‹ die Grunderfahrung der Trennung zwischen dem Selbst und der Welt zugrunde, so hatte dies notwendigerweise Rückwirkungen auf die Geschlechterordnung. Da dem weiblichen Körper die Rolle zugewiesen worden war, die Welt, das Materielle, den Körper zu symbolisieren, repräsentierte die Geschlechterdifferenz auch die Kluft zwischen dem Selbst und der Welt. So wird in einigen gnostischen Texten die Welt oder der Körper – als ›Finsternis‹, als das ›Böse‹ und die Sterblichkeit – mit Weiblichkeit gleichgesetzt: »Der von der Mutter geborene ist in den Tod, das heißt in die Welt gebracht; der von Christus Wiedergeborene ist in das Leben […] versetzt.«[34] Obgleich für die Gnosis – anders als für das Christentum – der Riß zwischen Welt und Geist unüberwindbar erscheint, tauchen hier doch Bilder auf, die eng ans Christentum angelehnt sind. Die Worte von Jesus zu Nikodemus sind fast identisch: »Was aus dem Fleisch geboren ist, ist Fleisch; was aus dem Geist geboren ist, ist Geist. Wundere dich nicht darüber, daß ich dir sage, ihr müßt von oben her geboren werden.«[35] Fleischlich zu leben, so wird Paulus später folgern, bedeute zu sterben. »Wenn ihr aber mit dem Geist die Werke des Fleisches tötet, werdet ihr leben.«[36] In allen diesen Texten erscheint der weibliche Körper als Symbolträger der Materie, mithin all dessen, was den Menschen an die Erde bindet. Aber während sich der Grieche durch die Gleichsetzung von Männlichkeit mit Geistigkeit dieser Unterworfenheit entzieht und das Christentum eine zweite ›erlöste Natur‹ verspricht, gibt es in den meisten gnostischen Bewegungen kein Entrinnen aus der Körperlichkeit.

Weil in der Gnosis der menschliche Leib als »teuflische Substanz« begriffen wurde, galt nicht nur die Sexualität, sondern auch die Fortpflanzung als Erfindung der Mächte der Finsternis. So heißt es, daß die Archonten Eva nicht nur erschaffen haben, um Adam zu verführen und ihn an die Freuden der Leiblichkeit zu binden, sondern auch um der Fortpflanzung willen, »der schrecklichsten Erfindung in Satans Strategie. Denn sie sollte nicht nur die Gefangenschaft des Lichtes auf unabsehbare Zeit verlängern, sondern zugleich das Licht durch die Vermehrung so verstreuen, daß das Werk der Erlösung [...] unendlich erschwert würde.«[37] Eine Sexualität ohne Fortpflanzungsabsicht, d. h. eine Geschlechtlichkeit, die nicht den Mächten der ›Natur‹ diente, wurde dagegen als Möglichkeit betrachtet, den Leib abzuwerten. In einigen gnostischen Bewegungen wurde mit dem Sündigen »so etwas wie ein Programm absolviert und – als Preis für die endgültige Freiheit – eine Pflicht erfüllt«.[38] In theologischer »Umkehrung der Idee der Sünde« wurde das Sündigen der Weg zur Erlösung – laut Jonas ein »Vorläufer des mittelalterlichen Satanismus und zugleich ein Archetyp des Faustmythos«.[39] In jedem Fall erkennt man, wie sehr die Angst der katholischen Kirche vor einer Sexualität, die nur der Lust dient, auch in der Auseinandersetzung mit den gnostischen Strömungen wurzelte.

Die Tatsache, daß die jüdische Religionsgemeinschaft schon früh ein eigenes Modell der Gemeinschaftsbildung entwickelt hatte, das der spezifischen Wirkungsmacht der semitischen Alphabetschrift Rechnung trug, erklärt, warum die Juden zum ›Fremdkörper‹ sowohl der gnostischen Bewegungen als auch des christlichen Gemeinschaftskörpers wurden. Allerdings beruhte diese Feindseligkeit auf unterschiedlichen Beweggründen. Für die Gnosis verkehrt sich das jüdische Bild des monotheistischen ›einzigen Gottes‹ in das Bild des Demiurgen, der im Wahn lebt, alleine zu existieren und keinen Gott über sich zu haben. Der höchste Archont verkündet: »Ich bin Gott, und es ist kein anderer Gott als ich«. Und die gnostische Entgegnung lautet: »Du irrst« oder »Lüge nicht! [...] Über dir existiert«.[40] Solche Bilder von Überheblichkeit und Verlogenheit sollten später in den christlichen Bildern vom »verstockten« oder »verlogenen« Juden wiederkehren. Bei der Gnosis kamen noch andere Elemente hinzu. Manche Aussagen der Archonten stellen wortwörtliche Zitate aus dem Alten Testament dar, die in ihrer Bedeutung pervertiert wurden. Der Name des höchsten Archonten, Jaldabaoth, und viele Namen der düsteren Erdenmächte waren Verballhornungen der Namen des jüdischen Gottes. Das heißt, die Gnosis sah in den Archonten Repräsentanten des Judentums, und sie bediente sich der biblischen Schöpfungsgeschichte, um die Erschaffung der Welt den Archonten zuzuschreiben: »Sie sahen im Wasser das Aussehen des Abbildes [von Gott]. Sie sprachen zueinander: Kommt laßt uns einen Menschen nach dem Bilde und Aussehen Gottes machen.«[41] Hinter dieser Gleichsetzung der Juden mit den Archonten verbarg sich die erbitterte Ablehnung einer Form von Religiosität, die Diesseitsbejahung beinhaltet. Die jüdische Religion stellt ein Bekenntnis zur Welt und zum Körper dar, das mit dem Glauben an Gott als Schöpfer zusammenhängt und für das Max Brod den poetischen Ausdruck des ›Diesseitswunders‹ erfunden hat:

»Diese *Diesseitsbetonung des Judentums* ist oft erkannt worden, aber fast immer falsch gedeutet. Das diesseitige Leben des Judentums ist nicht das heidnische Diesseits, das schlechtweg gegebene und bejahte – es ist, wenn man so sagen kann, *ein Diesseits hinter dem Wunder*, ein zunächst in Verzweiflung untergegangenes und gnadenweise wiedergeborenes Diesseits, ein Geschenk Gottes – als solches als unverdiente Gnade vom Menschen empfunden [...]: *das Judentum ist die Religion des Diesseitswunders.*«[42]

Eine solche Vorstellung war der Gnosis, für die die diesseitige Welt eine teuflische Erfindung darstellte, nicht nur fremd, sondern bedeutete sogar eine Bedrohung.

Der christlichen Kirche hingegen erschien ›der Jude‹ deshalb als ›Fremdkörper‹, weil er einer anderen Gemeinschaft angehörte, die sich ebenfalls auf der Basis einer Alphabetschrift, aber einer anderen, mit anderen Gesetzen geformt hatte. Das ›Diesseitswunder‹ der christlichen Religion war der Mensch gewordene Gott, der wiederum in der Kirche und der Gemeinschaft der Gläubigen sein ›Ebenbild‹ fand. Der Wandel, der sich von der gnostischen zur christlichen Wahrnehmung des jüdischen ›Diesseitswunders‹ vollzog, bestand darin, daß für die Gnosis das Feindbild ›des Juden‹ auf dessen Weltlichkeit beruhte (die etwa die Bejahung der Geschlechtlichkeit und der Fortpflanzung beinhaltete), für den Christen hingegen auf der *anderen* Vorstellung vom Diesseits.

Jonas beschreibt die Gnosis als »Faktor in der geschichtlichen Wende des kollektiven Bewußtseins, die wir oft bloß negativ als den Untergang der Antike beschrieben finden, die aber zugleich den Aufstieg einer

Palatinische Kapelle in Palermo, 12. Jahrhundert. Christus – Schöpfer und das fleischgewordene Wort.

neuen Form des Menschen bezeichnet«.[43] Die radikale Neuerung bestand in der »Revolte gegen die Welt und ihren Gott im Namen einer absoluten geistigen Freiheit«.[44] Diese ›Freiheit‹ erwuchs aus dem Abgrund, der sich zwischen dem Selbst und der Welt aufgetan hatte; daraus sollte aber zugleich das Bekenntnis zu den Gesetzen der Schrift hervorgehen. Dies zeigt sich besonders deutlich an der Rolle, die dem Bild und der Bildlichkeit zugewiesen wurde. Das Verhältnis zum Bild bietet einen wichtigen Schlüssel, die große religiöse Wende dieser Zeit zu begreifen. Denn von nun an wird es eine traditionelle Bilderverehrung geben, wie sie etwa die Kultur des alten Ägyptens charakterisierte – und daneben wird sich ein neues Modell von Ikonophilie durchsetzen, dem die Konstruktion von ›Wirklichkeit‹ inhärent ist. Der Übergang zwischen diesen beiden Paradigmen des Bildes begleitet Aufkommen und Untergang der gnostischen Strömungen.

In der gnostischen Vorstellung gibt es den Menschen in der jenseitigen Welt, als Geist oder als Licht. Man könnte an die Stelle des Lichts oder des Geistes auch das abstrakte Zeichen setzen. Der irdische Mensch erscheint nur als Simulakrum des jenseitigen Menschen. Dabei wird Gott oft auch als »Urmensch« der jenseitigen Welt begriffen, d. h. mit dem Menschen selbst, wenn auch einem transzendenten Menschen, gleichgesetzt. Diese Vorstellung war allen gnostischen Bewegungen gemeinsam und stellte eines der wichtigsten Kennzeichen der gnostischen Mythologie dar.

»Es zeigt sich darin ein neuer metaphysischer Status des Menschen in der Seinsordnung, und der Weltschöpfer wird, indem er darüber belehrt wird, auf seinen Platz verwiesen. Verbindet man mit dem theologischen Begriff die praktische Folgerung, die der Name als solcher zusichert, daß nämlich der irdische Mensch sein innerstes Wesen (›Geist‹, ›Licht‹ usw.) mit dieser überkosmischen Macht identifizieren, daher seine kosmischen Unterdrücker verachten und auf seinen letztlichen Triumph über sie vertrauen kann, so wird klar, daß die Lehre vom ›Gott-Menschen‹ [...] den ausgesprochen *revolutionären* Aspekt der Gnosis auf der kosmischen Ebene bezeichnet.«[45]

Bei aller Gegensätzlichkeit erkennt man hier, daß die Gnosis auch als Vorläufer des Christentums mit seinem Mensch gewordenen Gott zu betrachten ist: Indem sie die Wesensverwandtschaft Gottes mit dem Menschen deklarierte, ermöglichte sie die Vorstellung einer Ebenbildlichkeit des Menschen mit Gott. Auf der anderen Seite wurde der irdische Mensch – mit seinem sterblichen Körper und seiner wahrnehmbaren Gestalt – als Schöpfung der Archonten begriffen. Das wird besonders deutlich im Manichäismus, dem »wichtigsten Erzeugnis der Gnosis«.[46] In der Schöpfungsgeschichte des Manichäismus entsteht der Mensch als »die große Gegenmaßnahme der Finsternis gegen die Strategie des Lichts«. Der irdische Mensch wird als *falsches* Abbild Gottes erschaffen. »Indem sie die göttliche Gestalt selbst für ihre Zwecke nutzt, verwandelt sie auf geniale Weise die gefährlichste Bedrohung ihres Herrschaftsbereichs in ihre wichtigste Verteidigungswaffe.« Aus der biblischen Schöpfungsgeschichte, laut der der Mensch ›nach Gottes Ebenbild‹ erschaffen wurde, wird also ein taktisches Manöver, eine »teuflische List«: »Wie das Ziel der Finsternis allgemein die ›Nicht-Scheidung des Lichts von der Finsternis‹ ist, so konnte in der Ähnlichkeit mit der göttlichen Gestalt ein besonders großer Anteil des Lichts als ›Seele‹ gebunden und wirksamer als in irgendeiner anderen Form festgehalten werden.«[47]

Der »teuflischen Ebenbildlichkeit« (der wir später etwa in den berühmten Fresken von Luca Signorelli im Dom von Orvieto wiederbegegnen, auf denen der Teufel in der Gestalt des Heilands erscheint) steht eine »gute Ebenbildlichkeit« gegenüber. Auf der einen Seite gibt es die Ebenbildlichkeit des Menschen mit Gott; auf der anderen die ›täuschende Kopie‹ des jenseitigen Menschen, die ihn an die finstere Welt bindet. Wie soll der Mensch zwischen beiden unterscheiden lernen? Plotin, der im 3. Jahrhundert n. Chr. in Rom lehrte und bei dem sich platonisches und aristotelisches Denken mit gnostischem Gedankengut verband, bietet eine Lösung: Er erklärt die »niedere« Seele, die in die Welt gekommen ist, zum Bild: »Die Hinabwendung der Seele sei nichts anderes gewesen als das Erleuchten dessen, was unter ihr war, wodurch die Erleuchtung ein *eidolon*, eine Widerspiegelung erzeugt habe – diese aber sei die den Leidenschaften unterworfene niedere Seele; die ursprüngliche Seele aber sei niemals wirklich hinabgestiegen.«[48] Der sichtbare Körper des Menschen ist also nicht mehr eine Schöpfung der Archonten, sondern eine ›Einbildung‹ in die Materie, die aus dem ›Einen‹ als der Quelle des Lichts hervorgeht. Der Mensch ist zwar immer noch in der Welt gefangen, aber er ist das ›Duplikat‹ des göttlichen, jenseitigen Menschen. Mit dieser Entwicklung wird die christliche Ikonophilie vorausgenommen, die ihre Rechtfertigung im ›Fleisch gewordenen Wort‹ sucht. Plotin bietet eine Möglichkeit, der Unaufhebbarkeit des gnostischen Dualismus zu entkommen, und stellt eine Brücke zwischen Gnosis und Christentum dar.

Die Ikonophilie sollte ihrerseits eine Vielzahl visueller Techniken zeitigen, die den allmählichen Säkularisierungsprozeß begleiteten. Insofern erzählt *Matrix* mit seiner ›gnostischen Geschichte‹ zugleich über den Ursprung des Films, d. h. über ein Begehren, das schließlich zur Entstehung eines Mediums führen wird, das im Kern schon in der griechischen Alphabetschrift angelegt war. Das Christentum hat mit einer ›neuen Bildlichkeit‹, die den Gesetzen der Schrift entsprach, auf das ›gnostische Begehren‹ geantwortet. Die Meta-Erzählung des Films *Matrix* steht zwischen den Polen von Verheißung und ikonophiler Erfüllung und erzeugt als solche ein Paradox, durch das sich im Zuschauer wiederholt, was dem Filmhelden *Neo* widerfährt: Er steht vor der Entscheidung. Als sich *Neo* für die Wahrheit, d. h. gegen die Simulation entscheidet, stößt er auf die leere, tote Welt. Diese wird im Film als Bild sichtbar. Für die Gnostiker wäre sie nicht sichtbar geworden – darin bestand die Unerlöstheit des Menschen. Wie in einem Spiegelbild wird die Struktur der Story, die *Matrix* erzählt, auf eine zweite Ebene verlagert. Indem der Film die ›Wahrheit‹ durch die Simulationstechniken des Films erzählt, richtet sich das Begehren, das als ein Begehren nach Wahrheit codiert wird, auf die Möglichkeiten des technischen Mediums selbst. Statt der zwei Pillen, zwischen denen sich *Neo* entscheiden muß, bleibt dem Zuschauer nur die Wahl zwischen der Lust am Täuschungsmanöver und dem Wissen um diese Lust. Der Film liefert nicht nur eine Dekonstruktion der Simulation, sondern besetzt auch auf libidinöse Weise die Sehnsucht nach dem ›Abtragen‹ des Bildes: Er verweist auf das verborgene, unsichtbar bleibende ›Zion‹. Im Film *Matrix* ist auch das ›Andere‹ des Films eingeschrieben, das in einem anderen Schriftsystem verankert ist und vor Gnosis und Christentum liegt: das semitische Alphabet. Die Auseinandersetzung mit diesem verborgenen Zion wird die Geschichte christlicher Ikonophilie begleiten.

Die Einbildung

Mit dem Begriff der ›Einbildung‹ verhält es sich ähnlich wie mit dem ›Schwindel‹: Er hat eine lange und komplexe Geschichte. »In seinem Reichtum und in seiner Dehnbarkeit eröffnet der Begriff der Einbildungskraft«, so schreibt Starobinski, »ein Feld, das noch das geübteste Auge nicht ohne Schwindel betrachtet; denn es ist nicht möglich, zu den üblichen Klassifizierungen zu kommen, die unvereinbare Bedeutungen unterscheiden.«[49] Diese Komplexität der Geschichte der ›Einbildung‹ spiegelt sich auch in der Geschichte der Geschlechterordnung wider.

Die älteste Bedeutung des Wortes ›Bild‹, von dem sich die ›Einbildung‹ ableitet, ist ›Vorbild, Muster‹. Dem Begriff eignet also von Anfang an eine definitorische, gestaltende Macht. Erst später überwiegt die Bedeutung ›Abbild‹. Zugehörig zum althochdeutschen Wort *bilidi* ist das Wort *unbilidi*, was soviel wie ›Unförmigkeit‹, später im Mittelhochdeutschen auch ›maßlos‹ und das ›Unrechte‹ bedeutet. Das mittelhochdeutsche *unbil* heißt ›ungemäß, ungerecht‹. ›Billig‹ und ›Unbill‹ sind Ableitungen dieser Bedeutungen. Aus *bilidi* geht auch *bilidon* hervor: ›gestalten, Form geben‹.[50] Von diesem Sinn leitet sich der Begriff der ›Einbildung‹ in der mittelalterlichen Mystik ab: Für die Mystiker bedeutete ›Einbildung‹ soviel wie ›etwas in die Seele oder die Seele in Gott einprägen‹. Gemeint war eine Form von Durchdrungensein mit dem Geist Gottes. Im kirchlichen Bereich sollte daraus später ›einprägen‹ im Sinne von bewußtem Lernen und Erwerb von Wissen werden. Seit dem 17. Jahrhundert entwickelt sich der Begriff mit dem Reflexivum: ›sich einbilden‹, nun negativ im Sinne von ›irrtümlich annehmen, wähnen‹ konnotiert. Daneben bestand auch eine positive Bedeutung: Im 18. Jahrhundert werden ›Bildung‹ und ›gebildet‹ zu einem zentralen Begriff der Pädagogik, während die ›Einbildung‹ in der Naturphilosophie, vor allem bei Schelling, eine Bedeutung annimmt, die viel Ähnlichkeit mit dem Sprachgebrauch der mittelalterlichen Mystiker hat.

In der Geschichte der Philosophie spielt die ›Einbildung‹ eine wichtige Rolle. Betrachtet man den Wandel, den der Begriff durchläuft, so läßt sich ein historischer Leitfaden erkennen, der exemplarisch an einigen ›kanonisierten‹ Texten skizziert werden soll.

Ob Platon den Begriff der ›Einbildung‹ verwendet oder nicht, hängt natürlich von der jeweiligen Übersetzung ab. In manchen Übersetzungen ist auch von ›Vorstellung‹ die Rede. Im *Staat* spricht er von einer ›Kraft‹, die einerseits zur ›Meinung‹, andererseits aber auch zur ›Wissenschaft‹ führen könne. Beide seien unvereinbar; deshalb sei es »nicht möglich, daß Gegenstand der Erkenntnis und der Meinung dasselbe sei«.[51] Die Vorstellung sei weder Unwissenheit noch Erkenntnis; sie sei »dunkler als die Erkenntnis, aber heller als die Unwissenheit«.[52] Da sich die Erkenntnis aber »auf das Seiende« beziehe, »Unkenntnis aber notwendig auf das Nichtseiende«, müsse man »auch für dieses in der Mitte Liegende etwas suchen, das in der Mitte liegt zwischen Unwissenheit und Wissenschaft«.[53] Das sei die Vorstellung. In einigen Übersetzungen ist statt von ›Vorstellung‹ auch vom ›Glauben‹ die Rede, als »ein von dem Wissen verschiedenes Vermögen«.[54] Glaube und Vorstellung beziehe sich auf etwas, das sich »in der Mitte zwischen dem rein Seienden und dem schlechterdings Nichtseienden« befinde und das »weder Wissenschaft noch Unwissenheit« beinhalte.[55]

Mit dem ›Seienden‹ meint Platon allerdings nicht die physische Erscheinungswelt, das ›Werden‹, sondern das Reich der Ideen. Während erstere »sichtbar, aber nicht denkbar« sei, seien die Gedankenbilder, »nur denkbar und nicht sichtbar«.[56] Das »Seiende« dieser Gedankenwelt entspricht wiederum den Gesetzen von Logik und Wissenschaft:

> »Welche von beiden Hauptlebensbedingungen scheinen nun nach deiner Meinung des höheren reinen Seins teilhaftiger zu sein: etwa die wie Brot, Trank, Fleisch, überhaupt sämtliche leibliche Nahrung; oder das, was in sich begreift wahre Vorstellung, Wissenschaft, Vernunfteinsicht und überhaupt wiederum jede geistige Stärkung! Bilde aber dein Urteil hier auf folgende Weise: Das an das immer Gleichbleibende, Unsterbliche und an die ewige Wahrheit sich Haltende, das selbst so Beschaffene und in einem solchen Entstehende, ist das ein wesenhafteres Sein als das mit dem niemals sich Gleichbleibenden und Vergänglichen Verwandte, selbst so Beschaffene und auch in einem solchen Entstehende?
>
> Ein weit wesenhafteres Sein, sagte er, hat das mit dem ewig Gleichbleibenden Verwandte.«[57]

An der Definition dieser ›erdachten‹ Wahrheit oder Wirklichkeit wird deutlich, daß die Spaltung der ›Einbildung‹, die sich in der Nachfolge Platons entwickeln wird, der Spaltung entspricht, die die Alphabetschrift selbst eingeführt hatte: Alle Definitionen des »wesenhafteren Seins« – das immer Gleichbleibende, Unsterbliche und an die ewige Wahrheit sich Haltende – sind Umschreibungen für die Wirkungsmacht der Schriftlichkeit, während das Nichtseiende (das mit Unwissen, Meinung oder auch Glauben gleichgesetzt wird) als den Gesetzen des Sinnlichen, Veränderlichen und Sterblichen unterliegend beschrieben wird: also mit Eigenschaften ausgestattet, die auf die mündliche Sprache und Weiblichkeit verweisen. »Die auf die Nahrung des Körpers gehenden Lebensbedingungen sind weniger der Wahrheit und des wesenhaften Seins teilhaftig als die Lebensbedingungen, die sich andererseits auf die Nahrung der Seele beziehen.«[58]

Allerdings wird die ›Welt‹ als das ›Körperliche‹, das ›Werdende‹ und ›Erzeugte‹ bei Platon als »Abbild« des Seienden begriffen, d.h., sie ist den Gesetzen von Logik und ›Wissenschaft‹ unterworfen. So schreibt er im *Timaios*, daß der ›Vater‹, ›Urheber‹ oder ›Bildner‹ die Welt nach dem »Vorbild« des »Unvergänglichen« schuf: »Und so darf man es denn mit Wahrscheinlichkeit aussprechen, daß diese Welt als ein wirklich beseeltes und vernünftiges Wesen durch Gottes Vorsehung entstanden ist.« Und Gott schuf die Welt nicht nur als ein Werdendes ›nach seinem Ebenbild‹, sondern auch in anderer Hinsicht:

> »Sprechen wir also mit Recht nur von einer Welt, oder wäre es richtiger, von vielen, ja von einer unbegrenzten Zahl zu reden? Nur von einer kann die Rede sein, wenn anders sie wirklich nach ihrem Urbilde ins Werk gesetzt sein soll. Denn jenes, alle nur immer der Gedankenwelt angehörigen belebten Gebilde umfassende Wesen kann unmöglich ein zweites neben einem anderen sein. […] Damit sie also als gleichfalls einzig in ihrer Art dem vollkommenen lebendigen Wesen ähnlich wäre, darum bildete der Schöpfer weder zwei noch auch unzählige Welten, sondern, wie dies Weltgebäude als ein einzig geborenes entstanden ist, so besteht es auch und wird auch fernerhin also bestehen.«[59]

Auch dieser Aspekt des ›Weltentwurfs‹ – die Welt als Einheit mit einem ›einzigen‹ Schöpfer, der sich der Welt als seinem ›Ebenbild‹ ›einbildet‹ – entspricht den Phantasien, die das Schriftdenken, das Denken in abstrakten und sich gleichbleibenden ›Möglichkeiten‹, hervorgebracht hatte. Doch wird hier der ›Urheber‹ oder ›Werkmeister‹ nicht als eine Schöpfung der Schriftlichkeit begriffen, sondern er erscheint als Schöpfer des logischen Denkens und der ›einen Welt‹.

Bei Platon stehen zwei Formen der ›Einbildung‹ nebeneinander: auf der einen Seite die Einbildung der ›Meinungsliebenden‹ und derer, die sich dem ›Nichtseienden‹ hingeben; und auf der anderen Seite die ›Einbildung‹ der ›Weisheitsliebenden‹, der Philosophen, die durch die Erkenntnis zum Reich der Ideen, Gottes Welt der Vernunft, vordringen. Letztere werden im *Staat* zu den Gestaltern der Gemeinschaft deklariert. Ein Staat könne niemals glücklich werden, »wenn nicht Maler den Plan dazu entworfen haben nach einem göttlichen Ideale«. Indem der Philosoph die Betrachtung auf das Seiende richte, »worin eine ewige Ordnung und Unwandelbarkeit herrscht, […] worin alles nach einer himmlischen Ordnung und Vernunftmäßigkeit geht«, könnte es ihm auch gelingen, dieses »nachzuahmen und soviel als möglich davon in seinem Leben ein Abbild darzustellen«.[60] So werde den Philosophen auch »das genauere Ausmalen« des Menschenideals gelingen. »Dabei werden sie, glaube ich, bald hier eine irdisch menschliche Farbe austilgen, bald dort eine göttliche auftragen, bis sie die irdisch menschlichen

Natureigentümlichkeiten gottgefällig gemacht haben.«[61] Der Philosoph wird zum »Bildner« der Gesellschaft, in die er sich, laut der Übersetzung von Friedrich Schleiermacher, »hineinbildet«.[62] Genausogut, vielleicht treffender, könnte man aber auch sagen, daß er sich ›einschreibt‹. In den beiden Konzepten von ›Einbildung‹ – einer Einbildung, die aus Unwissen oder ›Glauben‹ entsteht; und einer ›Einbildung‹, bei der die vom Alphabet erschaffene ›Wahrheit‹ in die Gesellschaft und den einzelnen ›hineingebildet‹ wird – spiegelt sich die abendländische Dichotomie Kultur/Natur wider, die u. a. in der Geschlechterordnung ihr Sinnbild und ihre ›Naturalisierung‹ fand.

Mit dem Christentum wird sich eine Wende vollziehen, bei der der ›Glaube‹ nicht mehr auf der Seite des Unwissens steht, sondern das ›wahre Wissen‹ repräsentiert. Das wird besonders deutlich im Mittelalter. (Auf die lange dazwischenliegende ›Latenzzeit‹ des Christentums, in der der von der ›Einbildung‹ kaum zu trennende Bilderstreit eine wichtige Rolle spielt, komme ich später zurück.) In seiner Streitschrift *Warum Gott Mensch geworden* argumentiert etwa Anselm von Canterbury (1033–1109) gegen die Ungläubigen, die die Vorstellung eines Mensch gewordenen Gottes als ›Einbildung‹ abtun. Gott könne den Menschen auf vielfältige Weise hervorbringen: entweder aus Mann und Weib oder, wie Adam, weder aus dem Manne noch aus dem Weibe; oder, wie Eva, aus einem Manne ohne das Weib. Oder schließlich auch aus dem Weib ohne den Mann. »Um daher zu zeigen, daß auch diese Art der Hervorbringung seiner Macht unterliege und gerade für dieses Werk aufgespart worden sei; so erscheint doch nichts geziemender, als daß er den uns fraglichen Menschen aus dem Weibe ohne den Mann nehme. Ob solches weiterhin mit mehr Angemessenheit aus einer Jungfrau geschehe, bedarf keiner Erörterung; vielmehr werden wir unbedenklich behaupten, daß aus einer Jungfrau der Gottmensch geboren sein müsse.« Das sei »gesicherte Wirklichkeit«, während die Vorstellungen der Ungläubigen auf »leerer Einbildung beruhen«.[63]

Bei Anselm wird das Undenkbare und noch nicht Geschehene zur »gesicherten Wirklichkeit« und zum Gegenteil von ›Einbildung‹. Daneben entwickelt sich mit der christlichen Mystik aber auch die andere Form von ›Einbildung‹ im Sinne einer Durchdringung der Seele durch den göttlichen Geist – hierin vergleichbar Platons Bestimmung des Philosophen als ›Bildner‹, der durch die ›theoria‹ (Schau) des Unvergänglichen göttlich werde (in den Grenzen des Menschlichen) und so dazu beitrage, das Göttliche den menschlichen Sitten ›einzubilden‹. Bei den

Mystikern beinhaltet das aber nicht die Entfremdung vom eigenen Körper, die Platon von den Philosophen fordert, vielmehr geht es um die *Eins*werdung des Menschen mit der Unsterblichkeit Gottes. Die ›Einbildung‹ erhält also die zusätzliche Dimension der ›Ver*ein*igung‹ mit dem *Einen* – und in diesem Sinne wird sie, wie später noch auszuführen, sexuelle Konnotationen annehmen und über die symbolische Geschlechterordnung des Christentums bestimmen.

Bei Nikolaus von Kues (1401–1464), der an der Grenze zwischen mittelalterlicher Mystik und neuzeitlichem Humanismus stand, verlagerte sich die Vorstellung von ›Einbildung‹ auf eine andere Ebene, um nicht nur die gegenseitige Durchdringung von Seele und Gott, sondern auch die unlösbare Einheit von Gott und Welt zu benennen:

»Alles am Stein ist Stein, an der Seele Seele, am Leben Leben, am Gesichte Gesicht, an der Einbildung Einbildung, am Verstande Verstand, an der Vernunft Vernunft, an Gott Gott. Und nun betrachte, wie das Universum in Vielheit ist und die Vielheit in Einheit. Erwäge noch reiflicher und du wirst einsehen, daß jegliches wirklich existirende Ding darin seine Ruhe findet, daß Alles in ihm es selbst ist, und es selbst in Gott – Gott.«[64]

Die *Verschiedenheit* der Dinge sei nur deshalb entstanden, weil »jedes Ding nicht in Wirklichkeit (actu) Alles sein konnte, weil es sonst Gott wäre«.[65] So sei die Welt ›Abbild‹ Gottes; der Schöpfer könne in der sichtbaren Welt »wie in einem Spiegel und Räthsel erkannt werden«. Allerdings lassen sich die Gesetze Gottes – oder das Verhältnis, das alle Dinge miteinander verbindet – weder durch Verstand noch durch Einbildung erfassen. Nikolaus propagiert vielmehr die »Wissenschaft des Nichtwissens«. Das heißt, der Begriff der Einbildung verweist bei ihm einerseits auf einen an die Mystiker anknüpfenden Glauben an die Identität von Gott und Welt, bei der sich der (unsichtbare) Gott in der sichtbaren Welt widerspiegelt (ihr eingebildet hat); andererseits warnt er aber auch vor den Werken der ›Einbildung‹, die der Erkenntnis der ›Wahrheit‹ im Wege stehen. Für ihn wird die Mathematik zu einem »trefflichen Hülfsmittel im Erfassen göttlicher Wahrheiten«. Alle scheinbar gegensätzlichen mathematischen Formen fänden in der Dreieinigkeit ihre Einheit und die Aufhebung der Widersprüche, die sie unterscheiden.[66]

Obgleich auch Agrippa von Nettesheim (1486–1535) schon mit beiden Beinen auf dem Boden der Neuzeit stand, vertrat er eine eher skeptische Haltung gegenüber weltlicher Gelehrtheit. Als Theologe, Offizier, Arzt, Historiker und Astrologe repräsentierte er einerseits den Humanismus, schrieb andererseits aber ein Pamphlet über die *Ungewißheit und Eitelkeit aller Künste und Wissenschaften*, in dem er sich vornahm, »wider den grossen und allgemeinen Riesen-Krieg aller Künste und Wissenschaften die Waffen zu ergreifen« und die »starken und mächtigen Jäger aller Gelehrsamkeit« – nämlich die Doktoren, Magister, Baccalaurien und Schulfüchse – herauszufordern. Diese seien »eingebildet«, blind und auf der Suche nach der falschen Wahrheit: »Was ist es doch für eine grausame Unbesonnenheit und für eine stolze Einbildung, die philosophischen Schulen den Kirchen Christi vorzuziehen, und den Menschentand und ihre ungegründeten Satzungen Gottes heiligem Worte gleich zu achten?«[67] In dem Konflikt zwischen Glauben und Gelehrsamkeit, der sich mit der Neuzeit anbahnt und in der Aufklärung zu einem offenen Kampf zwischen Kirche und Wissenschaft führen wird, schlägt sich Agrippa noch ganz auf die Seite der ›unwissenschaftlichen‹, mit der Vernunft nicht erfaßbaren Seite der ›Wahrheit‹ des christlichen Glaubens. Und jene, die meinen, über das Wissen die Welt ›erkennen‹ zu können, bezichtigt er der ›Einbildung‹ – eine negative Beurteilung, die sich mit der Aufklärung genau umkehren wird. Als ›Einbildung‹ erscheinen dann die kirchlichen Dogmen und der Glaube an die Auferstehung und die Existenz einer sinnlich nicht erfaßbaren Welt.

Nach der Renaissance entsteht eine Korrelation zwischen Einbildung und Zweifel, die die vorigen historischen Epochen nicht gekannt hatten. Waren die Zweifel der Ungläubigen im frühen Mittelalter mit *Argumenten* bekämpft worden, so wird mit dem Beginn der Neuzeit der Zweifel als Ketzertum verfolgt. Daneben wuchs aber auch der Skeptizismus selbst – und beide Richtungen bedienten sich des Begriffs der ›Einbildung‹.

Als Staatsmann und Diplomat befürwortete Michel Eyquem de Montaigne (1533–1592) zwar die ordnende Macht der Kirche. Doch für den Glauben finden sich in seinen Schriften nur spöttische Worte: »Die Christen finden allezeit eine Gelegenheit zu glauben, wenn sie etwas Unglaubliches antreffen. Eine Sache ist um so viel vernünftiger, je mehr sie der menschlichen Vernunft widerspricht. Käme sie mit der Vernunft überein: so würde sie kein Wunder mehr seyn.«[68] Ebenso fragwürdig erscheint ihm freilich auch der Glaube an die Macht des Wissens:

»Des Menschen Pest ist die Einbildung, daß er etwas wisse. Deswegen wird uns die Unwissenheit so stark in unserer Religion angepriesen, weil sie ein zum Glauben und zum Gehorsam unentbehrliches Stück ist. [...] Die

Götter haben, wie die Philosophie saget, die Gesundheit wirklich, und die Krankheit der Vorstellung nach: der Mensch im Gegentheil besitzet seine Vollkommenheiten der Einbildung nach, und seine Unvollkommenheiten wirklich.«[69]

Hundert Jahre später wird Baruch de Spinoza (1632–1677) Montaignes allgemeine Zweifel an der Macht menschlicher Vernunft in die Religionsphilosophie übertragen. In der jüdischen Religionsgemeinschaft aufgewachsen, aber von dieser 1656 wegen »Irrlehren« mit dem Bannfluch belegt, spielte in Spinozas Schriften das unterschiedliche Verhältnis der jüdischen und der christlichen Religion zum Bild eine Rolle. Gerade seine Einstellungen zum Bild und zur ›Einbildung‹ zeigen allerdings, daß er in seinem Denken eher der jüdischen als der christlichen Tradition verhaftet blieb. Er unterschied zwischen einer Einbildung im Sinne Montaignes (Vorgaukelung falscher Tatsachen) und einer Einbildungskraft als Erkenntniskraft, die es erlaubt, das Wort Gottes zu verstehen. Als Beispiel führt Spinoza die prophetischen Erscheinungen an:

»Wenn gesagt wird, Gott habe sich dem Daniel nicht deutlich offenbaren wollen, so hat man die Worte des Engels nicht gelesen, der ausdrücklich sagt (X. 14): ›er sei gekommen, um Daniel zu wissen zu thun, was seinem Volke in späteren Zeiten zustossen werde.‹ Diese Dinge blieben nur deshalb so dunkel, weil damals Niemand eine solche starke Einbildungskraft besass, um sie deutlicher offenbaren zu können.«[70]

Dieser Einbildungskraft setzte er eine andere Einbildung gegenüber, »welche tief unter der Vernunft steht«.[71] Aber so hoch er die Vernunft auch schätzte, so unzulänglich erschien sie ihm doch als Mittel, die göttliche Botschaft zu verstehen. Das Ansehen der Schrift hänge einzig vom Ansehen der Propheten ab, und deren »Gewißheit« beruhe auf dreierlei: »1) auf der deutlichen und lebendigen Einbildung; 2) auf Zeichen, und 3) hauptsächlich auf einem dem Billigen und Guten zugewendeten Gemüthe. Die Propheten stützten sich nie auf andere Gründe, und deshalb können sie weder dem Volke, zu dem sie einst in lebendiger Rede sprachen, noch uns, zu denen sie schriftlich sprechen, ihr Ansehen aus anderen Gründen darlegen.«[72]

Spinoza unterschied also zwischen der Einbildung, die reine Täuschung ist, und einer Einbildung, die tiefere Erkenntnis – die Erkenntnis des Wortes Gottes – eröffnet. Dieser Differenz entsprach auch seine Unterscheidung zwischen zwei Arten des Bildes. Auf der einen Seite gab es für ihn das ›Bild‹ im Sinne des Sichtbaren und auf der anderen Seite ein

›Bild‹, das als Metapher gedacht wird. Zwar verwendet Spinoza nicht das Wort Metapher, aber die ihm entsprechende Bedeutung kommt doch deutlich zum Ausdruck, wenn er von den ›Bildern‹ der Bibel oder Gottes spricht:

»Denn in der Bibel wird Vieles als wirklich geschehen berichtet und geglaubt, was doch nur Vorstellung und Einbildung war; so dass Gott (das höchste Wesen) von dem Himmel herabgestiegen sei (Exod. XIX. 18; Deut. V. 24), und dass der Berg Sinai geraucht habe, weil Gott mit Feuer umgeben auf ihn herabgestiegen sei; dass Elias in einem feurigen Wagen und mit feurigen Pferden zum Himmel aufgestiegen sei. Dies Alles waren nur Bilder der Einbildungkraft, angepasst an die Meinungen Derer, die uns dies, so wie sie es sich vorstellten, d.h. als wirkliche Ereignisse berichten. Denn Jedermann, der nur etwas mehr als die grosse Menge versteht, weiss, dass Gott keine rechte und linke Hand hat, sich weder bewegt noch ausruht, an keinem Orte, sondern unendlich ist, und dass er alle Vollkommenheit enthält.«[73]

Spinoza unterschied zwischen den Bildern der Sprache und visuellen Bildern, und diese Unterscheidung spielt, wie wir später noch sehen werden, eine wichtige Rolle für die unterschiedliche Interpretation der ›Ebenbildlichkeit‹ des Menschen mit Gott.

Ab dem späten 16. Jahrhundert nahm der Begriff der ›Einbildung‹ eine geteilte Bedeutung an: Mal galt die Einbildungskraft als Tor zu einer ›Erkenntnis‹, die sich der Vernunft entzieht, dann aber auch als Hindernis im Prozeß der Erkenntnis. So etwa bei dem Philosophen und Mathematiker René Descartes (1596–1650), der in der Einbildung den deutlichsten Gegensatz zur Vernunft sieht: »Denn man darf, mag man wachen oder träumen, sein Fürwahrhalten nur auf das Zeugniss der Vernunft stützen und nicht auf das der Einbildung oder der Sinne.«[74] Während Descartes die Wahrnehmung des Körpers und der Seele der ›Einbildung‹ zurechnet, erklärt er das Denken zum objektiven Faktor des Wissens. »Hier treffe ich es; das Denken ist; dies allein kann von mir nicht abgetrennt werden; es ist sicher, ich bin, ich bestehe.«[75] Das Denken ist also ›objektiv‹, weil es sich vom Sein nicht abtrennen läßt, wohl aber kann das Sein als vom Körper losgelöst gedacht werden. In den *Meditationen* spricht er der Einbildungskraft eine Mittlerfunktion zwischen ›res extensa‹ und ›res cogitans‹ zu. »Betrachte ich nämlich aufmerksamer, was die Einbildungskraft eigentlich ist, so leuchtet mir ein, daß sie nichts anderes ist, als eine gewisse Anwendung der Erkenntniskraft auf den Körper, der ihr unmittelbar gegenwärtig ist, und der demnach existiert.«[76] Der Geist richte sich beim reinen Denken »sozusagen auf sich selbst […]. Wenn er aber etwas in der Einbildung hat, so richtet er sich auf den Körper und schaut in ihm irgend etwas an, das der entweder von ihm selbst gedachten oder sinnlich erfaßten Idee entspricht.«[77]

Wie aber soll man die Vernunft und das Denken definieren, die Descartes zum Maßstab allen ›Fürwahrhaltens‹ erklärt? Montaigne hatte bezweifelt, daß es möglich sei, sich mit der Vernunft den Kräften der Einbildungskraft zu entziehen, weil es kein objektives Kriterium für die Vernunft gebe.[78] Blaise Pascal (1623–1662) jedoch behauptet in seinen *Gedanken über die Religion*, ein solches Kriterium gefunden zu haben – im Bild der Räderwerkuhr. Diese ermögliche es, Gefühl und Einbildung von der Wahrheit zu unterscheiden:

> »Jemand sagt: mein Gefühl sei Einbildung und seine Einbildung sei Gefühl und ich sage ein Gleiches von meiner Seite. Man brauchte dazu eine Regel, die Vernunft bietet sich wohl dar, aber sie ist für alle Sinne biegsam und so giebt es keine Regel. […] Wer über ein Werk nach Regeln urteilt ist im Vergleich zu den andern, wie einer, der eine Uhr hat, im Vergleich zu denen, die keine haben. Einer sagt: ›Wir sind zwei Stunden hier.‹ Der andre sagt: ›Es sind nur drei Viertelstunden.‹ Ich sehe nach meiner Uhr und sage zu dem einen: ›Du langweilst dich‹ und zum andern: ›Die Zeit wird dir nicht lang, denn es ist anderthalb Stunden‹, und ich lache über die, welche sagen: die Zeit komme mir nur so vor und ich urteile nach meiner Einbildung. Sie wissen nicht, daß ich darüber nach meiner Uhr urteile.«[79]

Die Räderwerkuhr, diese Erfindung aus dem Geist der Berechenbarkeit, die es zum ersten Mal erlaubte, über die Zeit nach meßbaren, objektiven Kriterien zu urteilen, wird zu *der* Metapher für eine der Einbildung entgegengesetzte ›objektive Wahrheit‹. Für einen solchen ›Glauben‹ an die Berechenbarkeit hatte auch Descartes schon die Weichen gestellt, indem er die Funktionsweise des menschlichen Körpers mit der Mechanik des Uhrwerks verglich.[80]

Mit der Unterscheidung zwischen Einbildung und Rationalität begann eine Suche nach den Kriterien, nach denen sich die Einbildung – und damit auch die Einbildungen der Sinneswahrnehmung – objektivieren läßt. Unter dem Eindruck der sich konstituierenden exakten Wissenschaften verlegt Thomas Hobbes (1588–1679) die Suche nach diesen Maßstäben in das Innere des Menschen, in seine Denkfähigkeit. Gerade weil die »Anfänge alles Wissens die Phantasmen der Sinne und Einbildung« seien,[81] gelte es, die Erscheinungen nicht an der Wirklichkeit zu prüfen, sondern »unsere eignen Phantasmen ins Auge zu fassen und zu vergleichen«. Er vergleicht diese Tätigkeit mit der Astronomie: »Um Größen und Bewegungen am Himmel und auf Erden zu berechnen, steigen wir nicht zum Himmel empor, um ihn zu teilen und die Bewegungen dort zu messen, sondern wir tun das ruhig in unserem Studierzimmer oder im Dunkeln.«[82] So solle sich auch der Mensch mit seinen Vernunftwerkzeugen ein ›Bild‹ seiner selbst und seiner Einbildungen machen.

Paradoxerweise wird diese ›objektivierte‹ Vernunft, die ihre Objektivität u. a. aus der Analogie zu einem von Menschen geschaffenen Medium bezieht (und man muß die Uhr als ein ›Medium‹ begreifen, nicht im Sinne eines Werkzeugs, sondern im Sinne einer realitätsverändernden Macht wie die Alphabetschrift), wiederum zu einer Art von Gottesbeweis, den etwa Gottfried Wilhelm Leibniz (1646–1716) in der ›Universal-Mathematik‹ findet. Gegen die objektive Wahrheit nehme sich die Einbildung als Dummheit und Eigensinn aus. Die Vorstellung, »wonach man sich nicht blos von der Neigung, sondern selbst von der Vernunft im Innern und von dem Guten und Schlechten in der Aussenwelt unabhängig erklärt«, sei »eine hohle Einbildung und eine Unterdrückung der Vernunft durch den Eigensinn«, die allenfalls »für irgend einen Don Juan an einem Petersfeste« passe.[83] So wehrt sich Leibniz auch strikt gegen eine »Vertauschung des Bildes mit der Vorstellung«.[84] Der Mensch habe eine »vollständige oder richtige Vorstellung der Ewigkeit, weil wir deren Definition haben, obschon wir davon kein Bild haben«.[85]

John Locke (1632–1704) hingegen richtet den Blick nicht auf die Gottsuche, sondern auf die Fragen der Erkenntnistheorie, und er läßt *nur* die Sinneswahrnehmung als Möglichkeit der Erfahrung gelten. Für ihn wird die sichtbare Wirklichkeit zum Maßstab der Objektivität und zum Faktor der Widerlegung von Einbildung. Allerdings ist das Beispiel, an dem er das darstellt, aufschlußreich:

»So sehe ich, während ich dies schreibe, dass ich die Farbe des Papiers verändern und durch Zeichnung der Buchstaben voraussagen kann, welche neue Vorstellung es den nächsten Augenblick zeigen soll, und zwar blos dadurch, dass ich meine Feder darüber führe. Dies zeigt sich nicht (ich mag mir es einbilden, so viel ich will), wenn meine Hand still hält, oder wenn ich meine Feder mit geschlossenen Augen bewege; ebenso muss ich, wenn diese Schriftzeichen einmal gemacht sind, sie so sehen, wie sie sind, d. h. ich muss die Vorstellungen solcher Buchstaben haben, wie ich sie gemacht habe. Daraus erhellt, dass sie nicht blos ein Spiel meiner Einbildungskraft sind; denn die nach dem Belieben meiner Gedanken ausgeführten Schriftzeichen wollen ihnen nicht gehorchen, und verschwinden nicht, wenn ich es mir einbilde, sondern erregen den Sinn fortwährend und regelmässig so, wie die Gestalten gemacht worden sind.«[86]

Es ist bemerkenswert, daß sich Locke zur Begründung des Empirismus ausgerechnet des Beispiels der Schrift bediente, trug doch gerade sie dazu bei, daß die Vorstellung einer unsichtbaren, geistigen ›Wirklichkeit‹ entstand, die als das ›wahre Sein‹ begriffen wurde. So wie Pascal in der Uhr, suchte auch Locke in den von Menschen erfundenen Schriftzeichen einen objektiven Maßstab für die ›Wirklichkeit‹. Lockes Argumentation trägt dem doppelten Effekt der Schriftlichkeit Rechnung, daß sie einerseits die Abstraktion des Logos und innere Bilder hervorbringt und andererseits das eröffnete Spielfeld der Einbildungskraft und Vorstellung begrenzt. Locke diagnostizierte also implizit die Wirkungsmacht der Schrift, die ein ›freies Reich des Geistes‹ begründet und zugleich ein Medium der Disziplinierung des Geistes darstellt. Es hängt wohl nicht zuletzt mit der Erfindung des Buchdrucks und ihren Folgen zusammen, daß die Materialität der Schrift, ihre sinnliche Qualität und ihre Macht bei der Erzeugung von Vorstellungen ins Blickfeld rückten. Mit dem Buchdruck war die Zeichensprache des Schriftsystems in die Mündlichkeit und die Körperlichkeit eingeflossen. Dank der Mechanisierung und massiven Verbreitung von Schriftstücken war aus der ›Einbildung‹ eine ›Einprägung‹ geworden. So erstaunt es nicht, daß Locke für seine Beweisführung auch die *gesprochene* Sprache hinzuzieht. Nicht nur seien die Buchstaben sichtbar; außerdem sei es so, daß »der Anblick dieser Buchstaben einen Andern zum Aussprechen solcher Laute bestimmt, wie ich vorher gewollt habe, und so kann man nicht bezweifeln, dass diese Worte, die ich geschrieben, wirklich ausser mir bestehn, da sie eine lange Reihe von Lauten veranlassen, die meine Ohren erregen; dies konnte weder von meiner Einbildung kommen, noch konnte mein Gedächtniss sie in dieser Ordnung behalten.«[87] Der Einfluß des Schriftsystems auf die gesprochene Sprache wird mit dem Alphabetisierungsschub um 1800 noch wirkungsmächtiger werden und forciert noch einmal die Impulse, die schon in der ›Schriftkultur der Unbelesenen‹ am Werke waren. Um 1800 wird sich die ›neue Unmittelbarkeit‹ im Topos der ›Empfindsamkeit‹ ebenso wie in der Forderung nach mündlicher Kommunikation niederschlagen: So klagte der Staats- und Gesellschaftstheoretiker Adam Müller, daß die schriftliche Kommunikation die Entstehung einer nationalen Gemeinschaft verhindere.[88] Locke geht noch nicht so weit: Er versucht noch nicht, die Schriftlichkeit selbst qua beflügelter Einbildungskraft zum Verschwinden zu bringen. Aber bei ihm wird doch die Schrift, Medium schlechthin einer Abstraktion von der sinnlich wahrnehmbaren Welt, erkenntnistheoretisch auf paradoxe Weise ›funktionalisiert‹: Indem er die sinnlich wahrnehmbare Welt durch die Schrift substituiert – und damit die alte Metapher der Welt als ›Buch‹ umkehrt –, wird die Differenz zwischen Symbol und Symbolisiertem aufgehoben. So verschiebt sich unter der Hand auch die Differenzierung zwischen Wirklichkeit und Einbildung in eine Genealogie der Einbildungskraft, die beides – Wirklichkeit und Einbildung – in ein und demselben ›Ursprung‹ konvergieren läßt: der Schrift. Lockes ›Empirismus‹ wäre somit ein Empirismus, der sich auf eine durch die Schrift erschaffene ›Wirklichkeit‹ bezieht, also auf eine, wenn man so will, ›eingebildete‹ Wirklichkeit.[89] Wie hinter der Geschichte des Schwindels verbirgt sich auch hinter der Geschichte des Begriffs der ›Einbildung‹ ein Prozeß, in dessen Verlauf die geschriebene Sprache zunehmend ihre eigene ›Wirklichkeit‹ erschafft. Und wie bei der Geschichte des Schwindels paaren sich Omnipotenzgefühle mit der ›Lust‹ am Schwindel. Der Autor als Schöpfer von »Gestalten« (Buchstaben) rückt einerseits in die Position Gottes; andererseits sagt er aber auch, daß diese Gestalten auf ihn zurückwirken. Die Macht seiner Einbildungskraft schlägt in Ohnmacht gegenüber der eigenen Schöpfung um.

Hatte sich mit der Renaissance eine Gegenüberstellung von ›Einbildung‹ und Rationalität angebahnt, so setzt sich mit der Aufklärung zunehmend die Vorstellung einer geteilten ›Einbildung‹ durch: Sie wird einerseits dem Bereich der schöpferischen (und mithin aktiven) Vorstellungskraft, andererseits aber auch dem Bereich der passiv erfahrenen Suggestion zugeordnet – eine Teilung, der wir auch in der Geschichte des Schwindels begegnet sind: mit der Unterscheidung zwischen dem Schwindel, der eine Person befällt, und dem Schwindel, den eine Person verübt. Andererseits entspricht die Gegenüberstellung von ›fruchtbarer Einbildung‹ und ›trügerischer Einbildung‹ aber auch der im letzten Kapitel beschriebenen Gegenüberstellung von ›geistiger‹ (logischer, männlicher) und ›sexueller‹ (unvernünftig-abergläubischer, weiblicher) Fruchtbarkeit.

Bei Immanuel Kant (1724–1804) wird die ›Einbildungskraft‹ als produktives Vermögen zu einer zentralen Kategorie. In den *Träumen eines Geistersehers* (1766), in dem er sich mit den Theorien des Theosophen Emanuel Swedenborg auseinandersetzt, kritisiert er die »Erdichtungen und Chimären, welche eine stets fruchtbare Einbildung ausheckt«.[90] Gewinne diese Einbildungskraft die Oberhand, so verfalle der Mensch dem Wahnsinn, der psychischen Erkrankung: »Das Eigentümliche dieser Krankheit bestehet darin: daß der verworrene Mensch bloße Gegenstände seiner Einbildung außer sich versetzt, und als wirklich vor ihm gegenwärtige Dinge ansieht.« Während für den Gesunden »der Ort, darin er sich seines Bildes bewußt ist, zur Zeit des Wachens in ihm selbst gedacht« wird, befinde sich für den Kranken der »focus imaginarius« außerhalb des denkenden Subjekts, »und das Bild, welches ein Werk der bloßen Einbildung ist, wird als ein Gegenstand vorgestellt, der den äußeren Sinnen gegenwärtig wäre«. So sei es kein Wunder, »wenn der Phantast manches sehr deutlich zu sehen oder zu hören glaubt, was niemand außer ihm wahrnimmt«.[91]

Kant, der die radikale Trennung von Theologie und Philosophie forderte, interessierte sich für die Bedingungen der Erkenntnismöglichkeit. Er stellte nicht die Frage nach dem Sinn, sondern nach den Bedingungen der Sinneserfahrung. Raum und Zeit, so sagte er, seien weder relativ (wie Leibniz unterstellte)[92] noch absolut (wie Newton sagte)[93]; vielmehr seien sie subjektive Formen, unter denen der Mensch die Dinge anschaue. Durch eine kritische Prüfung der Verstandeskräfte wollte Kant die Quellen und Grenzen der Erkenntnis untersuchen. In der *Kritik der reinen Vernunft* (1781) entwickelt er die Vorstellung, daß nicht das Bewußtsein von den Gegenständen der Erfahrung abhänge, sondern die Gegenstände von einer apriorischen Struktur des Bewußtseins. »Die Bedingungen der Möglichkeit der Erfahrung überhaupt sind zugleich Bedingungen der Möglichkeit der Gegenstände der Erfahrung, und haben darum objektive Gültigkeit in einem synthetischen Urteile a priori.«[94] In diesem Zusammenhang wird der Begriff der ›Einbildungskraft‹ für ihn eine wichtige Rolle spielen – allerdings ganz anders als im Zusammenhang mit den ›Träumen eines Geistersehers‹. Denn diese ›Einbildungskraft‹ verbindet sich mit den Kräften des Verstandes, um die »Synthesis« der mannigfaltigen Eindrücke zu ermöglichen, die wiederum Voraussetzung für Erkenntnis ist. »Ich verstehe aber unter Synthesis in der allgemeinsten Bedeutung die Handlung, verschiedene Vorstellungen zu einander hinzuzutun, und ihre Mannigfaltigkeit in einer Erkenntnis zu begreifen.« Diese Synthesis sei »die bloße Wirkung der Einbildungskraft, einer blinden, obgleich unentbehrlichen Funktion der Seele, ohne die wir überall gar keine Erkenntnis haben würden, der wir uns aber selten nur einmal bewußt sind. Allein, diese Synthesis auf

Begriffe zu bringen, das ist eine Funktion, die dem Verstande zukommt, und wodurch er uns allererst die Erkenntnis in eigentlicher Bedeutung verschaffet.«[95] Die Einbildungskraft stelle einerseits das Vermögen dar, »einen Gegenstand auch ohne dessen Gegenwart in der Anschauung vorzustellen«; andererseits aber auch das Vermögen, »die Sinnlichkeit a priori zu bestimmen«.[96] Über die Einbildungskraft wirke der Verstand auf die Sinneswahrnehmung ein und erlaube es, die mit den Sinnen wahrgenommenen Objekte schematisch zu ordnen:

> »Das Schema ist an sich selbst jederzeit nur ein Produkt der Einbildungskraft; aber indem die Synthesis der letzteren keine einzelne Anschauung, sondern die Einheit in der Bestimmung der Sinnlichkeit allein zur Absicht hat, so ist das Schema doch vom Bilde zu unterscheiden. So, wenn ich fünf Punkte hinter einander setze ....., ist dieses ein Bild von der Zahl fünf. Dagegen, wenn ich eine Zahl überhaupt nur denke, die nun fünf oder hundert sein kann, so ist dieses Denken mehr die Vorstellung einer Methode, einem gewissen Begriffe gemäß eine Menge (z. E. Tausend) in einem Bilde vorzustellen, als dieses Bild selbst, welches ich im letztern Falle schwerlich würde übersehen und mit dem Begriff vergleichen können. Diese Vorstellung nun von einem allgemeinen Verfahren der Einbildungskraft, einem Begriff sein Bild zu verschaffen, nenne ich das Schema zu diesem Begriffe.«[97]

Der Rückgriff auf das Beispiel der Zahl geschieht nicht zufällig. Denn die Einbildungskraft verbündet sich bei Kant mit der Mathematik, ›konstruktive Wissenschaft‹ schlechthin, und ganz allgemein mit Vernunft und Verstand, um auf diese Weise eine schöpferische Wirklichkeitsmacht zu entfalten, wie er sie in der *Kritik der Urteilskraft* (1790) entwickeln sollte: »Die Einbildungskraft (als produktives Erkenntnisvermögen) ist nämlich sehr mächtig in Schaffung gleichsam einer andern Natur, aus dem Stoffe, den ihr die wirkliche gibt. Wir unterhalten uns mit ihr, wo uns die Erfahrung zu alltäglich vorkommt; bilden diese auch wohl um: zwar noch immer nach analogischen Gesetzen, aber doch auch nach Prinzipien, die höher hinauf in der Vernunft liegen.« Die Natur habe uns zwar ihren Stoff geliehen, dieser könne aber »von uns zu etwas ganz anderem, nämlich dem, was die Natur übertrifft, verarbeitet werden«.[98]

Dieser ›kreativen‹ Einbildungskraft setzte Kant eine andere gegenüber, »deren Synthesis lediglich empirischen Gesetzen, nämlich denen der Assoziation, unterworfen ist, und welche daher zur Erklärung der Möglichkeit der Erkenntnis a priori nichts beiträgt, und um deswillen nicht in die Transzendentalphilosophie, sondern in die Psychologie gehört«.[99] Kant ordnete die beiden Formen von ›Einbildungskraft‹ nicht ausdrücklich den beiden Geschlechtern zu. Doch die Konnotationen – Verstand und Kreativität im einen Fall; rein ›reproduktive‹ Synthesis im anderen – verweisen auf solche Zuordnungen, in denen sich die abendländische Dichotomie widerspiegelt, die ›Männlichkeit‹ mit Definitionsmacht, ›Weiblichkeit‹ hingegen mit der vom Verstand definierten Leiblichkeit gleichsetzt. Auch wenn er in der *Kritik der Urteilskraft* von den schöpferischen Fähigkeiten der Einbildungskraft spricht und diese als ein Vermögen des ›Genies‹ bestimmt, dessen »Gemütskräfte« aus der »Vereinigung von Einbildungskraft und Verstand« bestehen, wodurch ein glückliches Verhältnis zustande komme, »welches keine Wissenschaft lehren und kein Fleiß erlernen kann«,[100] so konnotiert das keinen geschlechtsneutralen, sondern einen ›männlichen‹ Geist, dessen ›Talent‹ gleichsam ›angeboren‹ ist. In der engen Verbindung, die Kant zwischen der produktiven Einbildungskraft und dem geschriebenen Wort herstellt,[101] scheint die Geschichte der ›Vatersprache‹ auf, ebenso wie seine Hierarchie der Künste geschlechtlich codiert ist. Während die Musik »von Empfindungen zu unbestimmten Ideen« führe, leiteten die bildenden Künste von »bestimmten Ideen zu Empfindungen«; letztere seien »von bleibendem« Wert, erstere aber nur von »transitorischem Eindrucke«.[102] Solche Bilder entsprechen einer geschlechtlichen Codierung, die Männlichkeit mit der ›Idee‹ und Weiblichkeit mit Empfindung bzw. Männlichkeit mit dem ›Kanon‹ und Weiblichkeit mit Geschichtslosigkeit verbindet. Daß mit diesen Vorstellungen auch tatsächlich ›Kanon‹ und ›Normalität‹ gemeint waren, sagt Kant ganz deutlich, wenn er die »ästhetische Normalidee« als eine »einzelne Anschauung (der Einbildungskraft)« bezeichnet, die das »Richtmaß« der Beurteilung darstelle. Man habe sich die Wirkungsart der produktiven Einbildungskraft so vorzustellen, daß sie »auf eine uns gänzlich unbegreifliche Art« nicht nur die Zeichen für Begriffe, »sondern auch das Bild und die Gestalt des Gegenstandes aus einer unaussprechlichen Zahl von Gegenständen verschiedener Arten […] zu reproduzieren« vermöge und zu »Vergleichungen« befähige, indem sie »ein Bild gleichsam auf das andere fallen« lasse und, »durch die Kongruenz der mehrern von derselben Art, ein Mittleres herauszubekommen wisse, welches allen zum gemeinschaftlichen Maße dient«.[103] Mit dieser Beschreibung nimmt Kant nicht nur die Statistik und das stochastische Denken des 19. Jahrhunderts voraus, sondern auch die Rolle der Photographie bei der Synchronisierung der Wahrnehmungsweisen. Denn mit demselben von ihm beschriebenen Verfahren der produktiven Einbildungskraft – bei dem ein Bild über das andere kopiert wird – sollte der Eugeniker Francis Galton rund hundert Jahre später den ›devianten Typus‹ bzw. den Typus ›des Juden‹ zu definieren versuchen. Kant beschreibt die Vorgehensweise der produktiven Einbildungskraft folgendermaßen:

»Jemand hat tausend erwachsene Mannspersonen gesehen. Will er nun über die vergleichungsweise zu schätzende Normalgröße urteilen, so läßt (meiner Meinung nach) die Einbildungskraft eine große Zahl der Bilder (vielleicht alle jene tausend) auf einander fallen; und, wenn es mir erlaubt ist, hiebei die Analogie der optischen Darstellung anzuwenden, in dem Raum, wo die meisten sich vereinigen, und innerhalb dem Umrisse, wo der Platz mit der am stärksten aufgetragenen Farbe illuminiert ist, da wird die mittlere Größe kenntlich, die sowohl der Höhe als Breite nach von den äußersten Grenzen der größten und kleinsten Staturen gleich weit entfernt ist; und dies ist die Statur für einen schönen Mann. (Man könnte ebendasselbe mechanisch heraus bekommen, wenn man alle tausend mäße, ihre Höhen unter sich und Breiten (und Dicken) für sich zusammen addierte, und die Summe durch tausend dividierte. Allein die Einbildungskraft tut eben dieses durch einen dynamischen Effekt, der aus der vielfältigen Auffassung solcher Gestalten auf das Organ des innern Sinnes entspringt.) [...] Diese Normalidee ist nicht aus von der Erfahrung hergenommenen Proportionen, als bestimmten Regeln, abgeleitet; sondern nach ihr werden allererst Regeln der Beurteilung möglich. Sie ist das zwischen allen einzelnen, auf mancherlei Weise verschiedenen, Anschauungen der Individuen schwebende Bild für die ganze Gattung, welches die Natur zum Urbilde ihren Erzeugungen in derselben Spezies unterlegte, aber in keinem einzelnen völlig erreicht zu haben scheint. Sie ist keineswegs das ganze Urbild der Schönheit in dieser Gattung, sondern nur die Form, welche die unnachlaßliche Bedingung aller Schönheit ausmacht, mithin bloß die Richtigkeit in Darstellung der Gattung. Sie ist, wie man Polyklets berühmten Doryphorus nannte, die Regel.«[104]

Nicht durch Zufall greift Kant hier auf Männerkörper als Beispiel für die ›Normalidee‹ zurück und zieht den Vergleich mit Polyklet, in dessen Bildhauerkunst der männliche Körper in der Antike zum Symbolträger des ›Kanons‹ geworden war.

Nach Kant wird die Geschichte der Einbildung zwei gegensätzliche Richtungen einschlagen, die die Spaltung zwischen einer ›fruchtbaren‹, produktiven und einer ›reproduktiven‹ Einbildung immer klarer hervortreten lassen, zugleich aber auch den Begriff der ›Einbildung‹ in eine künstlerische und eine psychologische Kategorie überführen. Als letztere wird die Einbildung in die Nähe der ›Suggestion‹ rücken und vor allem dem weiblichen Geschlecht zugeordnet.

Die Vorstellung einer ›fruchtbaren Einbildung‹ tritt am deutlichsten in der Naturphilosophie Friedrich Wilhelm Joseph von Schellings (1775–1854) zutage, der den Begriff der Einbildung in einem Sinne verwendet, der dem Sprachgebrauch der mittelalterlichen Mystiker sehr ähnlich ist. Allerdings bezieht er sich bei ihm nicht auf Gott, sondern auf die Natur, die er als »Einbildung des Unendlichen auf das Endliche« beschreibt.[105] So wie der mittelalterliche Mystiker durch die Anschauung Gottes wird bei Schelling die Natur durch den »Akt der Einbildung des Unendlichen ins Endliche« beseelt.[106] Kritisiert er den Pantheismus als »unmännlichen Schwindel«,[107] so sieht er im Magnetismus einen Beweis für die Beseelung der Natur.[108] »Der Magnetismus ist der allgemeine Akt der Beseelung, Einpflanzung der Einheit in die Vielheit, des Begriffs in die Differenz.«[109]

So bestehe das »materielle Universum« nicht aus »besonderen Einheiten«, noch bilde es eine »anorganische Masse«, sondern es sei »die dem gemeinen Auge unfaßbare Identität von diesem allem«.[110] In diesem Kontext wird die Einbildung, die sich für Schelling im Magnetismus auswirkt, zu einem einigenden Band:

»Beseelung ist Einbildung des Ganzen in ein Einzelnes. Als Beseelung wird es betrachtet, daß der Magnetstein das Eisen, das Elektron leichte Körper an sich zieht; aber ist es nicht unmittelbare Beseelung, daß jeder Körper, ohne sichtbare Ursache, gleichsam magischerweise, zum Zentrum bewegt wird?«[111]

In der Naturphilosophie Schellings offenbaren sich Vorstellungen, die einerseits an die Sehnsucht nach den ›behausenden Eigenschaften‹ der gesprochenen Sprache anknüpfen, in denen andererseits aber auch schon das Konzept des Kollektivkörpers als ›Nervensystem‹ zutage tritt. Diese Bilder tauchen in einem historischen Moment auf, in dem in den europäischen Ländern eine allgemeine Alphabetisierung eingesetzt hatte, die Schriftlichkeit also gleichsam den sozialen Körper durchfloß. Es war ein Prozeß, der eng mit dem Ideal der ›Bildung‹ zusammenhing. Aber ›Bildung‹ bezog sich nun zunehmend auf die Psyche. An dieser historischen Schwelle um 1800, an der religiöser Glauben vom Glauben an die Naturwissenschaften abgelöst wird, vermischte sich kanonisierte Philosophie (die eine Philosophie des geschriebenen Wortes ist) mit der Körperlichkeit der gesprochenen Sprache. Ebendas bildete die Grundlage für die Hinwendung zur Sichtbarkeit, der sich Denis Diderot und andere Enzyklopädisten verschrieben. Von nun an fand eine »magische Aufladung« des Kanons durch die ›Sinnlichkeit‹ der gesprochenen Sprache statt.

Eine andere – geradezu konträre – Entwicklung des Begriffs der ›Einbildung‹ zeigt sich in den Schriften von Ludwig Feuerbach (1804–1872), der die Einbildung in einen religions*kritischen* Zusammenhang brachte. In seinem Hauptwerk *Das Wesen des Christentums* (1841) begreift er Gott als ein vom Menschen geschaffenes Wesen, auf das der Mensch seine Ideale, Nöte und Wunschbilder projiziere. »Daß Gott ein andres Wesen ist, das ist nur Schein, nur Einbildung. Daß er dein eignes Wesen, das sprichst du damit aus, daß Gott ein Wesen für dich ist. Was ist also der Glaube anders als die Selbstgewißheit des Menschen, die zweifellose Gewißheit, daß sein eignes subjektives Wesen das objektive, ja absolute Wesen, das Wesen der Wesen ist?«[112] Feuerbach bediente sich des Begriffs der ›Einbildung‹, um darzulegen, daß das Christentum, die einzige Religion, mit der er sich auseinandergesetzt hat, ein großer Schwindel sei, der auf der Einbildungskraft des Gläubigen beruhe. Sein Begriff der ›Einbildung‹ ähnelt der Einbildung, die Kant dem ›Geisterseher‹ oder Träumer zuordnete:

»Die Religion ist der Traum des menschlichen Geistes. Aber auch im Traume befinden wir uns nicht im Nichts oder im Himmel, sondern auf der Erde – im Reiche der Wirklichkeit, nur daß wir die wirklichen Dinge nicht im Lichte der Wirklichkeit und Notwendigkeit, sondern im entzückenden Scheine der Imagination und Willkür erblicken. Ich tue daher der Religion – auch der spekulativen Philosophie oder Theologie – nichts weiter an, als daß ich ihr die Augen öffne oder vielmehr nur ihre einwärts gekehrten Augen auswärts richte, d. h. ich verwandle nur den Gegenstand in der Vorstellung oder Einbildung in den Gegenstand in der Wirklichkeit.«[113]

Am deutlichsten trete das Werk der ›Einbildung‹ bei den Mysterien oder Wundern des Christentums zutage – also den Stigmata bzw. der Verwandlung von Wein in Blut und Hostie in Fleisch.

»Dem Sinnenschein oder der gemeinen Anschauung nach ist es Brot, der Wahrheit nach aber Fleisch. Wo daher einmal die Einbildungskraft des Glaubens eine solche Gewalt über die Sinne und Vernunft sich angemaßt hat, daß sie die evidenteste Sinnenwahrheit leugnet, da ist es auch kein Wunder, wenn sich die Gläubigen selbst bis zu dem Grade exaltieren konnten, daß sie wirklich statt Wein Blut fließen sahen. Solche Beispiele hat der Katholizismus aufzuweisen. Es gehört wenig dazu, außer sich, sinnlich wahrzunehmen, was man im Glauben, in der Einbildung als wirklich annimmt.«[114]

Daß Feuerbach ausgerechnet am Beispiel der Eucharistie die Einbildungskraft des Christentums – oder des Glaubens – festmacht, ist im vorliegenden Kontext nicht unwichtig. Denn das heilige Abendmahl sollte nicht nur zu einem Abbild der Vereinigung des Gläubigen mit Gott werden, es diente auch als Vorbild für die ›Einswerdung‹ der Geschlechter, von der im nächsten Abschnitt die Rede sein wird.

In gewisser Weise schloß sich der Kreis der abendländischen Philosophie der Einbildung mit Feuerbach. Hatte die griechische Alphabetschrift – und die aus ihr entsprungene Philosophie – das Denken in ›anderen Möglichkeiten‹ eröffnet, so kritisierte Feuerbach das Christentum als Mittel zur Umsetzung dieser Denkmodelle. Hatte Platon die Bedeutung der Einbildung als wirkender Kraft gefordert, so sah Feuerbach dieses Werk vollendet: dank der Einbildungskraft. Damit erübrigte sich für ihn auch die Einbildungskraft als historisch wirkungsmächtiger Faktor. »Solange der Glaube an das Mysterium des Abendmahls als eine heilige, ja die heiligste, höchste Wahrheit die Menschheit beherrschte, so lange war auch das herrschende Prinzip der Menschheit die Einbildungskraft. Alle Unterscheidungsmerkmale zwischen Wirklichkeit und Unwirklichkeit, Unvernunft und Vernunft waren verschwunden; alles, was man sich nur immer einbilden konnte, galt für reale Möglichkeit.«[115] Mit der Entstehung einer Wirklichkeit, die aus dem Imaginären hervorgegangen war, verschwand die Notwendigkeit, die ›Möglichkeit‹ für real zu halten. An dieser Stelle wird aus der ›Einbildung‹ eine Wirkungskraft der reinen Täuschung. Und sie wird zu einer Wirkungskraft, die der Weiblichkeit überlassen wird. Das sollte insbesondere die Psychologie des 19. Jahrhunderts – und ihr liebstes Kind: die Hysterie – zeigen. Die Hysterie, deren wandelbare Symptome und Erklärungsmuster die Geschichte des Logos und des Schriftdenkens begleitet hatten, wurde nun zu *dem* Symptom und Krankheitsbild einer Einbildung, die Selbstbetrug und Schwindel besagte.

In der Philosophiegeschichte sollte Eduard von Hartmann (1842–1906) zu einem der Protagonisten dieser Entwicklung werden. Hartmann, der zunächst Offizier werden wollte, aus Krankheitsgründen aber gezwungen war, den Beruf aufzugeben, lebte als Schriftsteller und Privatgelehrter und beschäftigte sich mit zahlreichen Themen, die von *Wahrheit und Irrtum im Darwinismus* (1875) über *Geschichte und Begründung des Pessimismus* (1880) bis zu *Der Spiritismus* und

Das Judentum (1885) reichen. Mit seiner *Philosophie des Unbewußten* (1869) gilt er als einer der Vorläufer von Sigmund Freud und der Psychoanalyse. Bei Hartmann wird deutlich, wie sehr die ›Überwindung‹ des religiösen Denkens im christlichen Säkularisierungsprozeß mit einer ›Überwindung‹ der Einbildungskraft einhergeht. Die Einbildungen des Christentums, insbesondere die Stigmata, werden zu einem durch Hypnose oder Autosuggestion herbeigeführten Zustand falscher Einbildungen:

»Die neuerlichen Versuche französischer Aerzte haben festgestellt, dass man Hypnotisirten befehlen kann, eine bestimmte Zeit nach dem Erwachen an bestimmten Körperstellen Hautröthung, Blasenziehen, capillaren Bluterguss in das Unterhautgewebe, Brandwunden, Nasenbluten, Hautblutungen u.s.w., hervortreten zu lassen, und dass man auf diese Weise sehr wohl die Phänomene der Stigmatisation künstlich erzielen kann. [...] Was bei dem künstlichen Somnambulismus die posthypnotische Suggestion des Experimentators oder Magnetiseurs vermag, das vermag bei spontanen Somnambulen die Autosuggestion des lebhaften Wunsches und der gläubigen Erwartung des Wunderzeichens.«[116]

So seien diese Krankheitszustände, die nicht auf anatomischen Veränderungen, sondern auf »hysterischer Autosuggestion« beruhen, auch durch »posthypnotische Suggestion zu beseitigen, insofern der Einfluss des psychischen Rapports mit dem Experimentator stärker ist als der Einfluss der hysterischen Einbildung oder Autosuggestion«.[117] Die Suggestionskraft des Arztes oder Hypnotiseurs, der im Gegensatz zum Priester als objektiv und ›wissenschaftlich‹ gilt, wird damit zur Therapie gegen den Einfluß des Priesters.

Betrachtet man die lange Geschichte der Vorstellungen über die Irrationalität und die ›normierte A-Normalität‹ des weiblichen Geschlechts, so erstaunt es nicht, daß Suggestibilität und Leichtgläubigkeit zu *weiblichen* Eigenschaften erklärt werden. Zudem erhalten die Eigenschaften den Namen der ›Hysterie‹, was deren tradierter Funktion entspricht: als das ›Problem‹, das die Mythomotorik des Abendlandes erhält.

»Die Personen, von welchen derartige Blutungen berichtet werden, sind fast ausnahmslos hysterische Frauenzimmer mit tief zerrüttetem Nervensystem und mehr oder minder gestörter Gemüthsverfassung, die von perversen Trieben beherrscht werden und in Betreff der moralischen Bedeutung ihrer Handlungen nichts weniger als zurechnungsfähig genannt werden können. Die instinctive List und Verstellungssucht des weiblichen Charakters, welche bei solchen Individuen meist schon vor ihrer Erkrankung

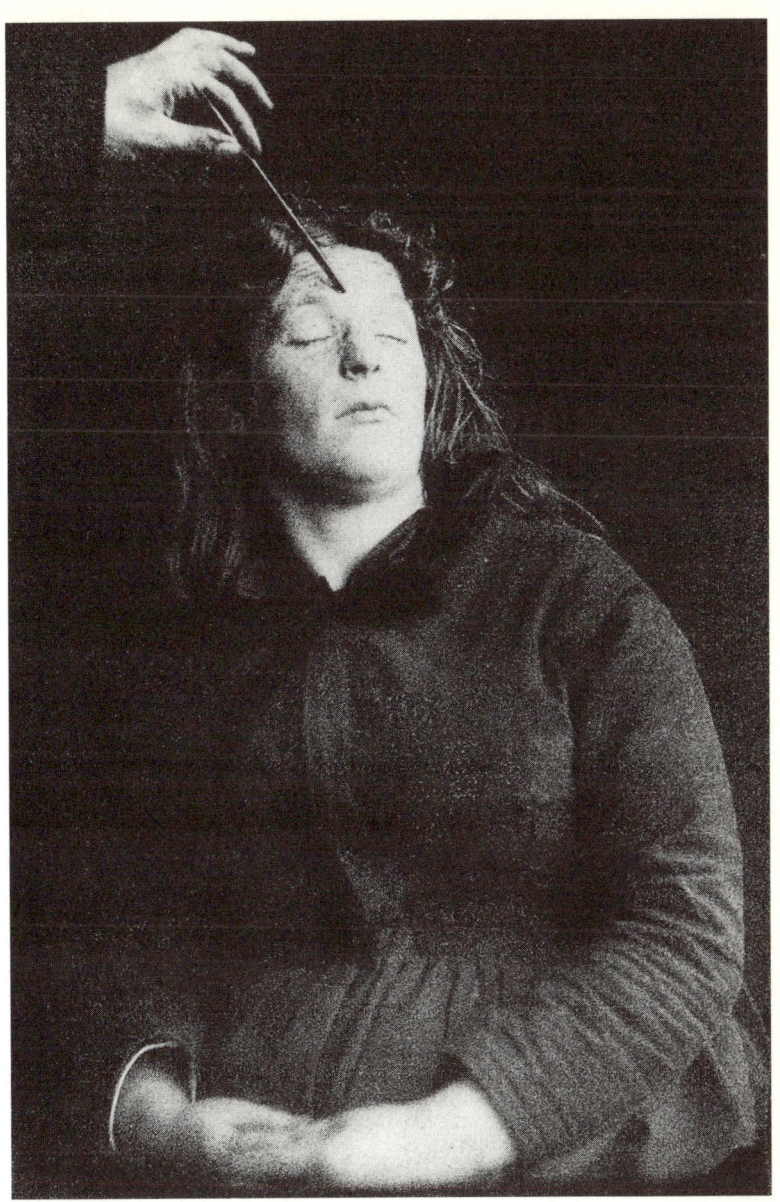

Salpêtrière: Hysterie. Weibliche Suggestibilität.

abnorm entwickelt ist, wendet sich dann im Zustande der Hysterie auf scheinbar ganz sinnlose Ziele, und bietet oft einen erstaunlichen Scharfsinn auf, um selbst die Nächststehenden in völlig zweckloser Weise zu täuschen. Es ist sehr gewöhnlich, dass die natürliche weibliche Eitelkeit sich in solchen Fällen auf den Krankheitszustand selbst wirft, um durch die Ungewöhnlichkeit seiner Erscheinungen Interesse zu erwecken, und nicht selten vereinigt sich hiermit der perverse Trieb der Selbstbeschädigung und physischen Selbstquälerei, um wollüstig in der Einbildung eines auferlegten Martyriums zu schwärmen und zu schwelgen.«[118]

Bei Hartmann wird deutlich, daß die ›Überwindung‹ der Religion, die die Aufklärer des 19. Jahrhunderts so mächtig vorantrieben – insbesondere die Medizin, die sich selbst als neue säkulare oder wissenschaftliche Form der Heilslehre sah –, darin bestand, die ›Einbildungskraft‹, die ein mächtiger Motor historischen Wandels gewesen war, als Hindernis für den geschichtlichen Fortschritt zu betrachten und an das weibliche Geschlecht zu delegieren. Die christliche Gläubigkeit, die über Jahrhunderte das Gesicht des Abendlandes geprägt hatte und ebenjene Form von Wissenschaftlichkeit hervorgebracht hatte, die das säkulare Christentum als seinen Feind betrachtete, erschien als ein Schwindel, den die Priester dank ihrer Suggestionskraft inszenieren konnten. Das weibliche Geschlecht aber, dem über Jahrhunderte die Fähigkeit zum Glauben abgesprochen worden war, galt nun als geradezu prädestiniert für christliche Leichtgläubigkeit:

»Da nun das Irresein beim weiblichen Geschlecht, sowohl das wirkliche wie das hysterische Irresein, vorzugsweise nach zwei Richtungen gravitirt, nach der geschlechtlichen oder nach der religiösen (oder nach beiden zugleich), so liegt es nahe, dass nichts mehr geeignet sein muss, solche perversen Neigungen zu bestärken und in bestimmte Bahnen zu lenken, als eine religiöse Exaltation, und speciell die von der katholischen Kirche künstlich genährte Verquickung von geschlechtlicher Erregung, Grausamkeitswollust und religiöser Extase beim glühenden Versenken der Phantasie in die Martern des himmlischen Bräutigams.«[119]

Bedenkt man, welche Rolle die ›Einbildung‹ in den modernen Technologien spielt – vom Automaten über das Panorama bis zu Oper, Film und den ›virtuellen Realitäten‹ des Cyberspace –, so erscheint rückblickend das Interesse des 19. und 20. Jahrhunderts am Topos der weiblichen Suggestibilität wie das Versuchsgelände der modernen Illusionstechnologien. Dieser Eindruck verstärkt sich noch durch die Tatsache, daß der Begriff des ›Mediums‹ zunächst im Zusammenhang mit

Spiritismus und Parapsychologie auftaucht, um dann auf die Informationstechnologien übertragen zu werden. Beides sind Erscheinungen des Industriezeitalters: Entspricht die Informationstechnologie den Omnipotenzphantasien dieses Zeitalters, so drücken sich in den Phantasien der Parapsychologie eher die Sehnsüchte nach einer Ohnmacht aus, die der späten Entwicklung des Schwindels entspricht – dem Wunsch nach dem Vorhandensein von Gesetzen und Mächten, die sich dem Zugriff der Rationalität entziehen. Letzteres hat im ausgehenden 20. Jahrhundert erneut zu einem Wandel des Begriffs ›Medium‹ geführt: Galt das Medium – ob als Film, Telefon oder als Computer – zunächst als ein ›Werkzeug‹, dessen sich der Mensch bedient, um seine Informations- und Kommunikationsbedürfnisse zu befriedigen, so hat sich zunehmend die Erkenntnis durchgesetzt, daß der Mensch – oder der Körper – ein Werkzeug ist, dessen sich die Maschine oder das Netz der Maschinen, gleichsam als Metamaschine, bedient. Mehr noch: nicht nur bedienen sich die Maschinen der Menschen, sie programmieren sie auch ›nach ihrem Ebenbild‹ wie im anfangs beschriebenen Film *Matrix*. Rückblickend erscheint die Geschichte der ›Einbildungskraft‹ als ein Prozeß, in dessen Verlauf die psychische Macht der Täuschung (oder Selbsttäuschung) technische Instrumente und Geräte hervorbringt, die die Täuschungsanstrengung übernehmen können. Bildete zunächst die Einbildungskraft ein *immersive environment*, so werden sich allmählich Simulationstechniken entwickeln, die diese Funktion übernehmen – und den von ihnen geschaffenen Räumen überläßt sich das ›schwindlige Geschöpf‹ mit einem lustvollen Ohnmachtsseufzer.

Betrachtet man die Geschichte der ›Einbildung‹ unter dem Aspekt des visuellen ›Bildes‹, so wird man einerseits auf das unterschiedliche Verhältnis zum Bild in der jüdischen und christlichen Religion zurückkommen, andererseits aber auch die Parallelen zu den symbolischen Geschlechterordnungen erkennen, die den beiden religiösen Traditionen eigen sind. Davon soll im folgenden Abschnitt die Rede sein, wobei auch hier die Unterschiede der beiden Religionen nur in idealtypischer Weise dargestellt werden können. Beim Christentum beschränkt sich diese Beschreibung zudem weitgehend auf die Entwicklung der Kirche im Westen, die sich von der Ostkirche auf vielen Ebenen zutiefst unterschied. Allerdings sollte die Westkirche auch historisch wirkungsmächtiger werden.

Bilderverbot, Bilderverehrung und Geschlechterbilder

Das alttestamentarische Bilderverbot bezieht sich auf sichtbare Bilder, nicht auf Sprachbilder. Wenn in der Bibel stehe, so Spinoza, daß Gott Moses »erkannt habe«, so sei damit nicht ein visuelles Erkennen gemeint: »Dies ist nämlich blos von der Stimme zu verstehen, denn auch Moses hat das Angesicht Gottes niemals gesehen.« Außer den Mitteln der Sprache, so Spinoza weiter, »finde ich in der heiligen Schrift keine weitere, durch die Gott sich den Menschen mitgetheilt hat; deshalb darf man auch, wie erwähnt, keine weiter erdichten und zulassen«.[120] Das alttestamentarische ›nach seinem Ebenbild‹, schreibt Abraham Joshua Heschel, bedeute deshalb auch keine Ebenbildlichkeit im visuellen Sinne, sondern vielmehr ›von seinem Geist durchdrungen‹.[121] In diesem sprachlichen Sinne taucht der Begriff der *Imago* auch beim jüdisch-hellenistischen Religionsphilosophen Philo von Alexandrien auf (13 v.–45/50 n. Chr.), der ihn vom Begriff des Logos her bestimmte.[122] Bei den vielen Textpassagen des Alten Testaments, in denen Gottes Hand oder Arm die Geschicke lenken bzw. das Auge Gottes den Menschen auf allen seinen Wegen begleitet,[123] handelt es sich also um Metaphern. In *sprachlichen* Bildern kann Gott in der hebräischen Bibel nicht nur sichtbare, sondern sogar menschliche Gestalt annehmen (allerdings keine geschlechtlich codierte). Das alttestamentarische Bilderverbot hing auch mit dem Verbot zusammen, *fremde* Götter zu verehren: die Götter der bilderfreundlichen Religionen Altägyptens, Mesopotamiens, Griechenlands und anderer Kulturen, mit denen das Volk Israel in Berührung kam.[124] In den bilderfreundlichen Religionen wird »die Gottheit [...] im Bild festgehalten. [...] Das Bild handelt als Gottheit. [...] Die Gottheit handelt als Bild.« Ohne den Zusammenhang zur Gottheit bleibt das Bild unkenntlich.[125]

Gegen eine solche Gleichsetzung von Gott oder göttlicher Wirkungsmacht mit *Bild*, die ein Teilhabe-Verhältnis von Urbild (Idee) und Abbild (Natur/Mensch) impliziert, richtet sich das jüdische Bilderverbot.[126] Micha Brumlik schreibt dazu:

»Das Verbot des Bildes verweist auf das, worauf eine bestimmte Art von Bildern zu verweisen pflegt, nämlich auf das Rettende. Das, was Horkheimer und Adorno als das ›Rettende‹ bezeichnen, mag man es nun Gott nennen oder nicht, kann seine Kraft nur dadurch bewahren, daß die Menschen es sich untersagen, mit ihm in einen vermeintlich unmittelbaren, sinnlichen Kontakt zu treten. Die Lehre von der Unverfügbarkeit des

*Ecclesia und Synagoge, 15. Jahrhundert. Das Christentum warf den
Juden vor, ›blind‹ und ›verstockt‹ zu sein, weil sie die christlichen Lehren,
darunter die Menschwerdung Gottes, mit der die Bilderverehrung
gerechtfertigt wurde, ablehnten.*

Gestaltlosen gilt auch heute noch als einleuchtend. [...] Es wird sich freilich zeigen, daß die Argumente jener, die glaubten Gott abbilden zu können, wesentlich stärker sind, als man auf den ersten Blick zu glauben geneigt ist. In der Debatte zwischen Bilderfeinden und Bilderfreunden hat die Spannung zwischen zwei ganz unterschiedlichen, gleichermaßen ersehnten wie widersprüchlichen Hoffnungen des Menschen auf das Absolute Gestalt angenommen: Unverfügbarkeit und Freiheit scheinen gegen Zuwendung und Nähe zu stehen.«[127]

An dieser Beschreibung des ›Rettenden‹ werden die unterschiedlichen Vorstellungen von Religion und Sprache als ›Behausung‹, wie sie die beiden Schriftformen hervorgebracht haben, deutlich: im einen Fall Hoffnung auf ›Rettung‹ dank der Übermacht eines abstrakten Gottes, im anderen durch die Entstehung eines *immersive environments*, das ›Zuwendung‹ und ›Nähe‹ verspricht. Daß das zweite dieser beiden ›Rettungsangebote‹ nicht die ›stärkeren Argumente‹, wohl aber eine besondere Anziehungskraft entwickelt hat, zeigt sich an seiner historischen Wirkungsmacht.

Das jüdische Bilderverbot entwickelte sich in seiner strengen Form erst allmählich. Noch für das Israel der Königszeit ist ein reichhaltiges Bildmaterial bezeugt.[128] Es entsprach dem Polytheismus mit einem Jahwe als höchster Gottheit des frühen Israel und sollte erst mit der Stillegung und Kanonisierung der Thora durch Esra um 400 v. Chr. zurückgehen. Verschärfte sich mit der Entwicklung der christlichen Bilderverehrung das jüdische Bilderverbot,[129] so wurden wiederum die ersten christlichen Bilderlehren in der antijüdischen Literatur des 7. Jahrhunderts entwickelt. Dort trat neben die traditionelle Rechtfertigung der Kreuzesverehrung die Rechtfertigung des Bildes im christlichen Gebrauch.[130] Das heißt, die beiden Formen des Umgangs mit Bildhaftigkeit standen in einem antagonistischen Verhältnis zueinander, das auch der Abgrenzung gegen die andere Religionsgemeinschaft diente. Diese Gegensätzlichkeit spiegelt sich in der symbolischen Geschlechterordnung der beiden Religionen wider.

Die enge Beziehung zwischen der Geschlechterordnung und dem Verhältnis zum Bild zeigt sich bis in die Moderne, etwa bei Freud, der mit fast denselben Worten die »Überwindung des Matriarchats« und die Entstehung des Bilderverbots umschrieb. Stellte für ihn die »Wendung von der Mutter zum Vater [...] einen Sieg der Geistigkeit über die Sinnlichkeit, also einen Kulturfortschritt« dar,[131] so nannte er das Bilderverbot »eine Zurücksetzung der sinnlichen Wahrnehmung gegen eine abstrakt zu nennende Vorstellung, einen Triumph der Geistigkeit über die Sinnlichkeit«.[132] Diese Gleichsetzung von »Bild« mit Sinnlichkeit genügt allerdings noch nicht als Erklärung für das divergierende Verhältnis zum Bild und die unterschiedliche Geschlechterordnung in den beiden Religionen. Denn ein »Kulturfortschritt« (in Freuds Sinne einer »Wendung von der Mutter zum Vater«) ist in beiden Religionen gegeben. Es gilt zu unterscheiden, was mit »Kulturfortschritt« jeweils gemeint ist.

In der jüdischen Religion spiegelt sich die Betonung der geschlechtlichen Differenz in dem Teil der Ritualgesetze wider, die sich auf das Verhältnis der Geschlechter beziehen. Mit der Beschneidung des Mannes und den Vorschriften zum Menstruationsblut wird, wie im letzten Kapitel dargestellt, die *Differenz* der Geschlechter festgeschrieben. Zugleich stellt die Beschneidung auch eine symbolische Einschreibung der Zeichen der Schrift in den *männlichen* Körper dar, dem die Religion die Verfügung über die Buchstaben anvertraut. Die Betonung der Geschlechterdifferenz erscheint wie ein Spiegelbild der Betonung der Differenz von Mündlichkeit und Schriftlichkeit, setzt man letztere mit Geistigkeit und erstere mit Sinnlichkeit gleich. In diesem Sinne könnte man sagen, daß der ›Kulturfortschritt‹ in der jüdischen Tradition die bewußte Einschreibung und Ritualisierung der ›Differenz‹ zwischen den Geschlechtern beinhaltet. Dabei wird die Betonung der Geschlechterdifferenz zum Spiegelbild der Differenz zwischen Gott und Mensch – und das Bilderverbot reflektiert diesen Vorgang.

In der christlichen Tradition scheint ›Kulturfortschritt‹ eine fast konträre Bedeutung zu haben: Er beinhaltet ein Ideal der Vereinigung mit Gott, und das spiegelt sich sowohl in der Geschlechterordnung wider, der ein Ideal der Symbiose zugrunde liegt, als auch im Verhältnis zum Bild, der Bilderverehrung. Der Unterschied zwischen der symbolischen Geschlechterordnung Israels und Griechenlands zeigt sich deutlich an der unterschiedlichen Auslegung des Begriffs der ›Erkenntnis‹. In allen drei religiösen Traditionen – der jüdischen, der griechischen und der Gnosis, in der sich der Übergang zum Christentum ankündigt – spielt er sowohl im Zusammenhang mit Wissen als auch mit Geschlechtlichkeit eine wichtige Rolle, allerdings mit fast konträrer Bedeutung. Im Alten Testament heißt es einerseits von Adam, daß »er sein Weib erkannte«, und andererseits verspricht die Schlange den Menschen, die vom Baum der Erkenntnis essen: »[...] und Ihr werdet sein wie die Götter, die Gutes und Böses erkennen«.[133] Das heißt, einerseits ist hier mit ›Erkenntnis‹

Geschlechtsakt und Zeugung gemeint, und andererseits wird ein Wissen bezeichnet, das die Kenntnis der *Unterscheidung* von Gut und Böse, damit aber auch die Fähigkeit zur Unterscheidung überhaupt beinhaltet. Micha Brumlik stellt diese Bedeutung von ›Erkenntnis‹ dem in Platons *Gastmahl* beschriebenen Ursprungsmythos von den Kugelwesen gegenüber, die, mit vier Armen und vier Beinen ausgestattet, den Göttern gleich sein wollten. Um sie zu strafen, teilte Zeus die Kugelwesen in zwei Hälften – und er befahl Apollon, das Gesicht herumzudrehen, »nach der Schnittfläche hin, damit der Mensch seine Zerschnittenheit vor Augen habe«.[134] Seitdem irre der Mensch über die Erde, auf der Suche nach seiner verlorenen Hälfte. Das sei, so Platon, der Ursprung der Liebe. Liebe und Geschlechtlichkeit haben hier also nicht die Funktion des *Wissens um die Unterscheidung*, sondern die fast konträre Funktion – das Schließen der Wunde. Brumlik schreibt:

> »Bei Platon besteht der Sinn der geschlechtlichen Vereinigung in einer Restitution der verloren gegangenen Einheit, während die ›Erkenntnis‹ genannte Tätigkeit des Mannes in der Bibel der Beglaubigung einer unwiderruflichen Endlichkeit nach der Vertreibung aus dem Garten Eden dient. Wo also Platon […] den Geschlechtsakt letztlich als Ausdruck einer unauslöschlichen Nostalgie deutet, sieht ihn die Bibel als auf die Zukunft gerichtete, Nachkommen erzeugende Tätigkeit, deren Existenz das brutum factum individueller Sterblichkeit ausgleicht. Geht es bei Platon um den Ausgleich des Verlusts der Einheit, so in der Bibel um den Ausgleich des Verlusts von Unsterblichkeit und Unschuld. Wo bei Platon die Macht des Eros Unterschiede und Differenzierungen auszulöschen versucht, bestätigt die ›Erkenntnis‹, der ›jda‹ genannte Akt […] Unterscheidungen.«[135]

Während also die symbolische Geschlechterordnung der jüdischen Religion das Bewußtsein der Differenz zu nähren versucht – und in dieser Differenz die ›Unvollständigkeit‹ des Menschen und seine ›Differenz‹ zu Gott reflektiert –, befördert bei Platon die Sexualität oder die Liebe *nicht* das Wissen um die eigene Unvollständigkeit, sondern gerade die Überwindung dieses Wissens.

Auch in der Gnosis ist die ›Erkenntnis‹, die zugleich Erlösung bedeutet, auf die Aufhebung einer Spaltung ausgerichtet. Erkenntnis besteht in der Befreiung von den ›Fesseln des Fleisches‹, von Fortpflanzung und Sexualität. Dabei tritt in vielen gnostischen Erzählungen dem Verstorbenen, der den Weg der Erkenntnis gefunden hat, sein Gewissen in Form eines schönen Mädchens oder eines prächtigen Gewandes entgegen.[136] Bei beiden, dem Mädchen wie dem Gewand, so Jonas, handelt es sich um einen abgespaltenen Teil des Selbst, der im geistigen Raum oder im Jenseits verblieben ist und nicht durch die Berührung mit der Materie und dem fleischlichen Körper befleckt wurde. Für den Gnostiker bedeute »die Begegnung mit diesem abgetrennten Aspekt seiner selbst das Erkennen des eigenen Abbilds in ihm und die Wiedervereinigung mit ihm den wirklichen Moment seiner Erlösung«.[137] Da der weltliche Mensch für die Gnosis nur eine ›Kopie‹, ein *eidolon* des ›wahren‹, jenseitigen Menschen darstellt und die erlösende Erkenntnis in der Entmischung von ›Licht‹ und ›Finsternis‹ besteht – und das beinhaltet auch die Unterscheidung zwischen ›Original‹ und Abbild –, läßt sich die Vorstellung dieser Begegnung auch als eine ›Rückübersetzung‹ des *eidolon* in das ›Original‹ interpretieren, die den Geist, den Gott-Menschen, von der ›schlechten Bildlichkeit‹ befreit.

Das Christentum griff ähnliche Bilder vom ›reinen‹ weiblichen Körper auf, verlieh ihnen aber eine fast konträre Bedeutung: Stellte für die Gnostiker die Begegnung mit dem ›schönen Mädchen‹ oder dem ›prächtigen Gewand‹ die Befreiung von den Fesseln des Fleisches dar, so bedeutete für die Christen die Begegnung des Wortes mit dem ›unbefleckten‹ Leib Marias die »Fleischwerdung des Wortes« – und dieses Heilsgeschehen vollzieht sich, anders als in der Gnosis, nicht in der jenseitigen, sondern in der diesseitigen Welt. Im Christentum nimmt der ›Geist‹ fleischliche Gestalt an: durch den weiblichen Körper, aus dem Christus geboren wird, und im weiblichen Körper, der zunehmend als das ›materialisierte Zeichen‹ begriffen wird. Deshalb tritt in der symbolischen Geschlechterordnung der christlichen Religion auch das Ideal der Symbiose, die Aufhebung der Unterscheidung, in den Vordergrund. ›Erkenntnis‹ wird zu einem Synonym für ›Identifizierung‹ im Sinne von ›identisch sein‹ – und das zeigt sich wiederum an der christlichen Ikonophilie.

»Im Bereich der *Spiritualität* oder Mystik ermöglicht die ›Bildgemäßheit‹ dem Menschen, zur Gotteserkenntnis zu gelangen; denn Gleiches wird nur von Gleichem erkannt, und Erkenntnis setzt eine gewisse Wesensverwandtschaft zwischen Subjekt und Objekt voraus. [...] Im Zustand der Seligkeit schließlich entsprechen Ähnlichkeit und Vergöttlichung nach 1 Joh 3,2 dem Schauen von Angesicht zu Angesicht. Umgekehrt bringt die Betrachtung Christi oder Gottes in der Seele das Bild zur Entfaltung: die verwandelnde Betrachtung gleicht den Betrachter dem Betrachteten an. Es handelt sich eher um ein geistliches, intuitives Erkennen als um verstandesmäßige, logische Erkenntnis.«[138]

Ein solcher Begriff von ›Erkenntnis‹, der ›Ähnlichkeit‹, ›Wesensverwandtschaft‹ bedeutet, entspricht zunächst der Vorstellung von ›Erlösung‹ in der Gnosis, die nicht durch Denken oder rationale Erkenntnis erlangt werden kann, sondern an eine Offenbarungserfahrung gebunden ist, »so daß *Empfangen* der Wahrheit – sei es durch heilige und geheime Lehre oder durch innere Erleuchtung – an die Stelle rationaler Argumentation und Theorie tritt«.[139] Daher, so Jonas, eigne dem gnostischen ›Wissen‹ auch »ein eminent praktischer Aspekt. Der höchste ›Gegenstand‹ der Gnosis ist Gott: wenn seine ›Erkenntnis‹ sich in der Seele ereignet, wird der Erkennende selbst umgestaltet und zu einem Teilhaber am göttlichen Sein.«[140] Im Christentum jedoch findet diese *Umgestaltung* des Menschen durch die ›vereinigende Erkenntnis‹ bei der Eucharistie statt, die – anders als in der Gnosis – Zeugnis ablegt von der *Mensch*werdung Gottes. Beim heiligen Abendmahl vereinigt sich der Mensch mit Gott und wird auf diese Weise durch ihn ›gestaltet‹. Die Vereinigung ereignet sich auch in der mystischen Erfahrung, wie sie Meister Eckehart beschreibt; und hier spielt der Begriff des ›Bildes‹ wiederum eine zentrale Rolle:

»Ich habe es schon öfters gesagt: Ein Bild *als* Bild und *das*, *dessen* Bild es ist, das kann niemand voneinander sondern. Wenn die Seele darin lebt, worin sie Gottes Bild ist, so gebiert sie; darin liegt rechte Einigung, die können alle Kreaturen (miteinander) nicht zertrennen. Gott selber zum Trotz, den Engeln zum Trotz, den Seelen und allen Kreaturen zum Trotz (sage ich), daß sie die Seele, wo sie Bild Gottes ist, (von Gott) nicht zu trennen vermöchten! Das ist rechte Einigung, und darin liegt rechte Seligkeit. Manche Meister suchen die Seligkeit in der Vernunft. Ich (aber) sage: Die Seligkeit liegt weder in der Vernunft noch im Willen, sondern über ihnen beiden: dort (nämlich) liegt die Seligkeit, wo die Seligkeit *als Seligkeit* (und) nicht als Vernunft und wo Gott als Gott und die Seele, wie sie Gottes Bild ist, liegt.«[141]

Für Eckehart siegt die ›Seligkeit‹ über die Vernunft und den Willen – und diese ›Seligkeit‹ wird zugleich mit Worten umschrieben, die sonst dem ›Gestammel der Liebe‹ vorbehalten bleiben. Tatsächlich findet das christliche Bild einer Vereinigung mit dem Blut und Leib des Herrn im Ideal der Geschlechter-Vereinigung sein Spiegelbild. Dazu muß der weibliche Körper freilich in das ›Abbild‹ des göttlichen Geistes verwandelt werden. In der griechischen Philosophie hatte das Betrachten der Natur einen betont visuellen Charakter: Für die *theoria* stellte das Betrachten der Welt eine »Schau der Vernunft« dar, durch die sich der zeitliche Geist eine Teilhabe am Ewigen erwarb, »doch dies selbst tut nichts dazu, wird nicht davon berührt, die Distanz des Sehens verbleibt und mit ihr die Einseitigkeit des Subjekt-Objekt-Verhältnisses«.[142] Eine ähnliche Form des Betrachtens von Subjekt zu Objekt überträgt das Christentum auf die Betrachtung der Natur und auf deren Symbolträger, den weiblichen Körper. Wird der männliche Körper zur Inkarnation der Betrachtung, so der weibliche zum betrachteten ›Bild‹. Aber anders als in der *theoria* strebt in der symbolischen Ordnung des Christentums der Betrachter die *Vereinigung* mit dem betrachteten Bild an.

Die Herausbildung einer Geschlechterordnung, die auf ›Vereinigung‹ und die Aufhebung von Differenz ausgerichtet ist, zeigte sich keineswegs nur auf transzendent-theoretischer oder symbolischer Ebene. Sie prägte auch die realen Geschlechterverhältnisse und spiegelte sich in der Entwicklung der christlichen Kirche wider. In der frühchristlichen Idealisierung der Askese manifestierte sich die Aufhebung der Geschlechterdifferenz – es war die Zeit, in der es noch viele Parallelen zwischen Christentum und Gnosis gab. Doch später, mit der Etablierung der Staatskirche, sollte das Ideal der Geschlechtersymbiose bestimmend werden.

Die Idealisierung der Askese

Das frühe Christentum wurde von der Vorstellung geleitet, eine Gruppe ›gleichgesinnter Seelen‹ zu bilden, für die der Körper und das Geschlecht bedeutungslos seien. Es war das Ideal des ›engelhaften Leibes‹, das auch vielen Bewegungen der Gnosis eignete und nicht durch Zufall etwa zeitgleich mit diesen verschwand. (Allerdings kam das gnostische Denken in vielen politischen und kulturellen Strömungen des Abendlandes immer wieder an die Oberfläche, wie auch heute der ›engelhafte Leib‹ im immateriellen Körper der Internet- und Cyberspace-Phantasien in Erscheinung tritt.)[143] Der menschliche Körper erschien Hieronymus (ca. 340–420) als ein »verdunkelter Wald, der vom Gebrüll wilder Tiere erfüllt« sei. Durch Hieronymus, so schreibt Peter Brown in seinem Buch *Die Keuschheit der Engel*, wurde »Paulus' Begriff des *Fleisches* endgültig sexualisiert«.[144] Im *Fasten* sah Hieronymus eine Möglichkeit, sich den Versuchungen der sinnlichen Welt zu widersetzen.

Während das Fasten im Alten Testament als ein Akt der Demut gewertet wird, durch den der Zorn Gottes beschwichtigt und dieser zum Mitleid gestimmt werden soll, versuchten die asketischen Bewegungen des Frühchristentums durch die Enthaltsamkeit *Vollkommenheit* zu erlangen und zugleich das Gesetz der genealogischen Kette zu durchbrechen, unter dessen Zeichen sowohl die antike heidnische als auch die jüdische Welt standen. Die christliche Vollkommenheit sollte im Verschwinden der sexuellen Differenz ihren Ausdruck finden. Dieser Gedanke beruhte auch auf dem Bedürfnis, in der Konkurrenz mit der jüdischen Religion den ›Neuen Bund‹ als dem ›Alten Bund‹ überlegen darzustellen. Nichts beeindruckte die griechische und römische Antike so tief an der jüdischen Religion wie deren Disziplin bei der Einhaltung der Speise- und der Ritualgesetze. Diese Gesetze machten die Juden als Gemeinschaft erkennbar und von allen anderen unterscheidbar. Auch beeindruckte die ›sozialisierte‹ Form von Sexualität, die die jüdische Religion forderte, indem sie Männer wie Frauen einem strengen Regelwerk unterwarf. Der jüdischen Religion wie der heidnischen Antike erschien die Sexualität als ein ›Trost‹ für die Endgültigkeit des Todes. Da Sexualität und Fortpflanzung den Erhalt der Gemeinschaft sicherten, wurden sie zum Tribut an die Gemeinschaft, den Männer und Frauen zu erbringen hatten. Der sozialen Ordnung der Antike stellte das frühe Christentum eine neue Form der Gemeinschaftsbildung gegenüber, die in der Enthaltsamkeit ihren Ausdruck fand. Übten die Patriarchen des Alten Bundes eine disziplinierte Sexualität, so erklärten die christlichen ›Väter der Wüste‹, die Asketen und Eremiten, die in die unwirtlichsten Gegenden der Welt aufbrachen, sich für Jahre oder Jahrzehnte in Höhlen verkrochen oder auf ihren Säulen saßen, ihren Körper zum Schauplatz einer neuen Form von Gemeinschaft, für die Geistigkeit nicht *Disziplinierung* des Sexualtriebs, sondern dessen *Überwindung* beinhaltete. Jede religiöse Gemeinschaft basiert auf einer Übereinkunft darüber, wie sie dem Gesetz menschlicher Vergänglichkeit zu begegnen hat. Diese Gemeinschaft fand ihn im ›Boykott des Schoßes‹. »Die neue Denkweise, die im 2. Jahrhundert in christlichen Kreisen aufkam«, so Peter Brown, »verschob den Schwerpunkt des Denkens über die Natur menschlicher Schwachheit vom Tod auf die Sexualität. Denn die Sexualität wurde nicht mehr als freundliches Mittel gegen den Tod dargestellt.« Vielmehr wurde sie »privilegiertes Symptom dafür, daß die Menschheit in Knechtschaft verfallen war«.[145] Diese ›Verschiebung‹ zeugt davon, daß Phantasien einer Überwindung der menschlichen ›Unvollständigkeit‹ (Sterblichkeit) am Werke waren, die einerseits eng mit den Verheißungen der Schriftlichkeit einhergingen und andererseits eine Veränderung der Geschlechterordnung zur Folge haben mußten.

Besonders deutlich zeigten sich diese Phantasien an der Idealisierung der Jungfräulichkeit, mit der sich nicht nur das Ideal der Keuschheit, sondern auch die Hoffnung auf eine Überwindung der Geschlechterdifferenz verband. Gregor von Nyssa, der um etwa 370 n. Chr. ein Werk *Über die Jungfräulichkeit* verfaßte, erschien der jungfräuliche Körper wie der unbefleckte Spiegel einer Seele, die die strahlende Reinheit Gottes aufgefangen hatte. Mit dem jungfräulichen Leib verband sich für ihn schon im Diesseits das Versprechen eines geschlechtslosen Leibes bei der Auferstehung. Die Einteilung der Geschlechter in männlich und weiblich, so Gregor, sei ein vorübergehender, anomaler Zustand, der im Jenseits verschwinden werde. Sowohl Origines (185–254) als auch der frühe Hieronymus waren deshalb überzeugt von einer grundsätzlichen Identität des *Geistes* bei Männern und Frauen. Der jungfräuliche Körper wurde für viele schon im Diesseits zum Schutzschild der Gemeinschaft. In jedem Haus, so schrieb ein Autor, sollte eine Jungfrau wohnen, denn »das Heil des ganzen Hauses« beruhe auf ihrer Gegenwart.[146] Dieses Ideal einer Aufhebung der sexuellen Bestimmung eröffnete besonders für Frauen einen neuen Handlungsraum und mag erklären, warum sie in der Mission des frühen Christentums eine so prominente Rolle spielten. Durch langes Fasten hatten viele asketische Frauen ihren Körper zu ›engelhafter Unbestimmtheit‹ gebracht. Sie hatten ihre Haare geschoren und Männerkleidung angelegt. Sie waren von den christlichen Gelehrten ermutigt worden, sich aus den Familien zu lösen und den Heiratsplänen der Eltern zu widersetzen. Für die alte Gemeinschaft war ein solches Verhalten ›staatsgefährdend‹, und es erklärt einen Teil der Unerbittlichkeit, mit der die frühchristlichen Gemeinden verfolgt wurden.

Für die Gnostiker wie für die Christen (in der Frühzeit des Christentums war die Grenze zwischen Gnosis und Christentum fließend) bedeutete Askese auch Aufhebung der Gesellschaftsordnung der antiken Welt, die in der sozialen Trennung zwischen Armen und Reichen, Freien und Sklaven, Männern und Frauen bestand. Für sie hatte die Sexualität bestenfalls noch einen ›Sinn‹ in der permanenten Versuchung, die es zu *überwinden* galt. Durch die Konfrontation mit der sexuellen Begierde vergewisserte sich der Gläubige seiner ›Festigkeit‹ gegenüber den körperlichen Bedürfnissen. Die heidnische Welt der Antike deutete dies allerdings keineswegs als Überwindung der Leidenschaft: Von der heiligen Thekla, die, von den Predigten des Paulus beeindruckt, beschloß, Jungfrau zu bleiben und ihren Leib der Kirche zu weihen, sagten die eigenen Eltern, daß sie »von einer nie gekannten Begierde und unheimlichen Leidenschaft ergriffen« sei.[147] Da, wo sonst die Sexualität ihren mächtigen Sog entwickelt, sah man nun die ›Begierde der Enthaltsamkeit‹ am Werke. Der Vergleich war nicht ganz falsch, betrachteten doch auch die frühen Christen die Enthaltsamkeit als eine Form von ›Leidenschaft‹. Die ›heißen Stürme‹ des Sexualtriebs ersetzten sie durch den ›göttlichen Geist‹, der ihren Körper überflutete. Die Geistigkeit wurde als ›wahre‹ Form der Fortpflanzung, als eine ›überlegene‹ Art der Sexualität betrachtet – hierin die ›geistige Fruchtbarkeit‹ widerspiegelnd, von der im Zusammenhang mit dem ›Alpha‹ die Rede war. »Ägyptische Christen«, so schreibt Brown, »glaubten jetzt, daß die runzligen, sterilen Körper von Mönchen und Jungfrauen das Tal jedes Jahr grün werden ließen.«[148] Die fastenden Körper, die für die frühchristlichen Gemeinden zum Vorbild wurden – auch für die, die sich keiner strengen Enthaltsamkeit verschrieben hatten und an der Familie sowie den traditionellen Werten der Gemeinschaft festhielten –, schienen das Gesetz der zyklischen Regeneration, die das Fundament der alten Gemeinschaft bildete, radikal in Frage zu stellen.

Den Asketen ging es aber nicht nur um die *Verwerfung* des Fleisches und die Überwindung der ›alten Welt‹; durch den Hunger versuchten sie auch, ihren Leib *neu* zu erschaffen. Das bedeutete aber, daß mit dem christlichen Fasten nicht ein Akt der Demut gemeint war, wie ihn die meisten Kulturen mit dem Fasten verbinden. Diese Form der Askese stellte den Versuch dar, dem Geist einen Leib zu verschaffen, dem Wort ›sein‹ Fleisch zu geben. Aus der frühchristlichen Nahrungsverweigerung sprach neben der Verlorenheit und Einsamkeit des Ich auch die Vorstellung von der ›transzendentalen Überlegenheit des Selbst‹: vom Ich, das sich als Herrscher über das eigene Schicksal und als Baumeister der Welt erfährt. Beidem sind wir schon im Zusammenhang mit den gnostischen Strömungen begegnet. Das heißt, aus der Nahrungsverweigerung sprach ein Bekenntnis zum Individuum, dem es gelingt, sich aus allen Bindungen der Gemeinschaft herauszulösen und das Selbst neu zu gestalten. Es war ein Denken, das einerseits das Herausfallen aus dem ›Lebenssaft‹ der gesprochenen Sprache widerspiegelte, andererseits auch schon die Suche und Konstruktion einer neuen

›Behausung‹ ahnen ließ, die die verlorene Heimat der Sprache zu ersetzen hatte.

Diese Suche sollte dazu führen, daß ab etwa 400 n. Chr. – d. h. in der Zeit, in der sich die ›Staatskirche‹ herausbildete und ein spezifisch christlicher Gemeinschaftskörper entstand, der die Strömungen der Gnosis in den Untergrund abdrängte – eine neue Geschlechterordnung entstand, in der für das Ideal eines geschlechtsneutralen Körpers kein Platz mehr war. So betonten die christlichen Lehren zunehmend die *Gegensätzlichkeit* der Geschlechter. 34 der 81 Kanones der im Jahre 306 in Elvira versammelten Bischöfe betrafen Fragen der Ehe und sexueller Vergehen, ein Viertel aller Entscheidungen beinhaltete eine verstärkte Kontrolle der Frauen in der christlichen Gemeinschaft.[149]

Das ein-gebildete Geschlecht

An die Stelle der Idealisierung der ›engelhaften Unbestimmtheit‹ trat nun eine neue Form von sexueller *Bestimmung*. Allerdings zielte auch sie auf eine Aufhebung der Differenz – nun aber auf der Basis der Hierarchisierung und Asymmetrie der Geschlechter. Der neuen Ordnung lag ein Denken zugrunde, das u. a. bei Plotin (bei dem angeblich zum ersten Mal in der Philosophie der Begriff des ›Ich‹ auftaucht)[150] seinen Ausdruck fand. Für Plotin ging alles Seiende durch Emanation aus dem *Einen* hervor, »wie aus der Licht ausstrahlenden Sonne«. Dieses *Eine* stand über der Weltvernunft. In der Materie und in der körperlichen Welt, die er dem »Schlechten« zuordnete, spiegelte sich, so Plotin, das Nichtseiende wider.[151] Plotins Begriff des *Einen* korrespondierte also mit der Vorstellung eines nichtmateriellen, einsamen und körperlosen Selbst, das sich aus der weltlichen Gemeinschaft *und* von den Fesseln des Fleisches zu lösen vermag. An sich legt eine solche Philosophie die Idealisierung der ›geschlechtlichen Unbestimmtheit‹ nahe. Tatsächlich verbarg sich dahinter aber die Vorstellung eines geistigen Schöpfungsakts, bei dem die ›Schrift‹ ihr eigenes ›Ebenbild‹ bzw. das Wort sein eigenes ›Fleisch‹ hervorbringt – und dieser Vorgang fand in der Geschlechterordnung sein Spiegelbild.

Die neue Ordnung war schon vorgegeben durch Paulus, der erklärt hatte, daß sich der Mann das Haupt nicht zu verhüllen brauche, »weil er Bild und Abglanz Gottes ist; die Frau dagegen Abglanz des Mannes«.[152] Der Satz widersprach der Aussage der Genesis, laut der Gott den

Menschen »als Mann *und* Frau« nach seinem Bilde erschaffen habe.[153] Augustinus (354–430) versuchte den Widerspruch zwischen der Genesis und Paulus dadurch zu lösen, daß er erklärte, die Frau sei nur dann ein Ebenbild Gottes, wenn Mann und Frau als *ein Wesen* in Erscheinung treten. Alleine sei sie kein Ebenbild Gottes, denn sie sei als Ebenbild Adams erschaffen worden, wohingegen der Mann auch alleine ein Ebenbild Gottes sei.[154] Das entsprach Paulus. Da Augustinus aber auch der Aussage der Genesis gerecht werden wollte, entwickelte er in der *Dreieinigkeitslehre* die Vorstellung von der Zweigeteiltheit der Seele, die einen ›inneren Menschen‹ *(homo interior)* und einen ›äußeren Menschen‹ *(homo exterior)* umfasse. Der äußere Mensch sei für die irdischen Bedürfnisse zuständig und weiblich, der innere aber für die spirituellen Bedürfnisse und männlich. Da allen Menschen, egal welchen Geschlechts, beide Teile der Seele eignen, die weibliche Seele mithin auch einen ›homo interior‹ habe, sei auch die Frau ein ›Ebenbild‹ Gottes, allerdings nur dann, wenn ihr Körper in Übereinstimmung mit dem männlichen Teil der Seele handle. Wenn ihr Körper hingegen in Übereinstimmung mit dem weiblichen Teil der Seele handle, dann sei die Frau *nicht* ein Ebenbild Gottes.[155]

Die Vorstellung einer Ebenbildlichkeit der (als männlich definierten) geistigen Seele mit Gott und die davon abgeleitete Vorstellung einer Schöpfermacht des Geistigen über das Leibliche bildete die Grundlage der neuen Geschlechterordnung, die einerseits die Festschreibung der Geschlechts*unterschiede* und andererseits Symbiose, Vereinigung beinhaltete. Der männliche Körper galt nun nicht nur als *Symbolträger* des ›Geistigen‹, sondern auch als *Gestalter* des Materiellen, das durch den weiblichen Körper symbolisiert wurde. War der Adam des Paradieses das sichtbar gewordene Zeichen, ›Ebenbild‹ von Gottes Reinheit, so wurde nun das ›Weibliche‹ zum ›Symptom‹ oder Abbild des als ›männlich‹ definierten Geistes. Diese symbolische Rollenzuweisung an die Geschlechter hatte mit der Etablierung der Staatskirche konkrete Rückwirkungen auf die sozialen Geschlechterverhältnisse, darunter auch auf die Haltung gegenüber den frommen Frauen. Waren den Heiden die enthaltsamen Christen staatsgefährdend erschienen, so betrachtete nun das Christentum die asketischen Frauen als eine Gefahr. Um 390 n.Chr. drohten kaiserliche Gesetze, jeden Bischof seines Amtes zu entheben, der Frauen in die Kirche ließ, die »unter dem Einfluß ihrer asketischen Überzeugung gegen die menschlichen und göttlichen Gesetze« verstießen, indem sie sich das Haupthaar schoren, ihren Reichtum den Armen

MARIA
FRAU ALLER VÖLKER
MITERLÖSERIN MITTLERIN FÜRSPRECHERIN

Der weibliche Körper als ›Medium‹ der Gemeinschaftsbildung.

schenkten und die gleiche Kleidung trugen wie die Sklaven.[156] Die frühen christlichen Kirchenväter hatten die jungen Frauen ermutigt, sich der Familie und der Fortpflanzungspflicht zu entziehen; nun galt jedoch die weibliche Askese als Form unbotmäßiger weiblicher Willensfreiheit. Auch auf die soziale Rolle von Männern hatte die neue Geschlechterordnung Rückwirkungen. 390 erlebte Rom zum ersten Mal die öffentliche Verbrennung von männlichen Prostituierten. Bestraft wurde nicht der Libertinismus an sich, sondern die Tatsache, daß der männliche Körper, wie der einer Frau, penetriert werde. Diese Vorstellung war unvereinbar mit dem Prinzip der strikten Geschlechter*trennung*, die die Voraussetzung für die ›Imprägnierung‹ des Weiblichen und seine Funktionalisierung als Bild der Gemeinschaft darstellte.

Frauen waren zu Vorkämpferinnen der Mission geworden, weil sie im Ideal der ›engelhaften Unbestimmtheit‹ eine Möglichkeit sahen, individuelle Freiheit zu erringen. Die Neudefinition der Geschlechterrollen sah nun jedoch eine ›geistige Fruchtbarkeit‹ vor, die dem männlichen Körper vorbehalten blieb. Der weibliche Körper hingegen hatte die ›Schöpfung‹ dieses Geistes zu inkarnieren. In den Kanon, der dem weiblichen Körper die Möglichkeit absprach, ›Geistigkeit zu erlangen‹, stimmte auch Hieronymus ein, der in seinen frühen Schriften noch die geistige Gleichheit der Geschlechter verkündet hatte.

Hatte die Gemeinschaft des frühen Christentums in der Spiritualität ihre Einheit gefunden, so wurden nun zunehmend die *unauflösbaren* Bande, die den ›weiblichen Körper‹ mit dem ›männlichen Geist‹ vereinten, zum Abbild des christlichen Gemeinschaftskörpers, der Einheit von Christus und Kirche, erhoben. Dieser Prozeß spiegelte sich auch in der Symbolik der Nahrung wider. Die Gleichsetzung von Sexualität mit Nahrungsaufnahme war an sich nicht neu. Sie spielte schon lange vor dem Christentum eine wichtige Rolle, und auf ihr basierte auch die frühchristliche Gleichsetzung von Nahrungs*verweigerung* mit sexueller Askese. Die Tradition läßt sich etwa am griechischen Mythos der Persephone (Proserpina) ablesen: Die Tochter der Demeter, der Göttin der Fruchtbarkeit, wird von Hades, dem Gott der Unterwelt, geraubt. Dem Reich der Toten gehört sie aber erst an, als sie von einem Granatapfel[157] aus dem Garten des Hades gegessen hat. Bis zu diesem Moment gilt ihre Ehe mit ihm nicht als vollzogen. Auch bei Augustinus und anderen Kirchenvätern repräsentierte der Apfel, dessen Genuß die Vertreibung aus dem Paradies zur Folge hat, die Sexualität, die den Niedergang des Menschen durch den Verlust des Willens mit sich bringt.

Diese Symbolik der sexuellen Vereinigung wird in der Eucharistie aufgegriffen und neu gedeutet. Hatte die *Verweigerung* der Nahrungsaufnahme einen Akt des Willens und der geistigen Abgrenzung gegen die Gemeinschaft der antiken Welt bedeutet, so wird in der christlichen Eucharistie die Nahrungs*aufnahme* zu einem Symbol für die spirituelle und physische *Vereinigung* mit Gott – und dieses Bild spiegelt sich wider in der Einswerdung der Geschlechter. Beim heiligen Abendmahl vereint sich der Gläubige mit Gott und den anderen Mitgliedern der Gemeinde; die Teilnehmenden werden zu ›einem Fleisch und einem Blut‹. Die Metaphern des Paulus für die Ehe ähneln deshalb auch seinen Bildern vom heiligen Abendmahl. »Weil es ein einziges Brot gibt«, sagt er, »sind wir Vielen ein einziger Leib.«[158] Die einzelnen Gläubigen bezeichnet er als »Glieder«, die in Christus einen unteilbaren Leib bilden.[159] Er bestimmt die Ehe als eine Einheit, in der der Mann das Haupt und die Frau den Leib darstelle – so wie Christus das Haupt der Gemeinde und diese sein ›Körper‹ sei.[160] Und Paulus weiter: »So sollen auch die Männer ihre Frauen lieben wie ihren eigenen Leib. Wer seine Frau liebt, liebt sich selbst.«[161] Deutlicher läßt sich die Unauflösbarkeit der ›Ehe‹, bei der die beiden Geschlechter *einen* gemeinsamen Leib bilden, kaum benennen.

Mit dem Vorbild einer Einheit der Geschlechter, die den christlichen ›Gemeinschaftskörper‹ widerspiegelt und in zahlreichen Vergleichen von Eucharistie und Ehe zum Ausdruck kommt, unterscheidet sich das Christentum grundlegend von der jüdischen Religion. Die Ordnung der jüdischen Gemeinschaft ist von der Wahrung der geschlechtlichen Differenz bestimmt, die zugleich das Bewußtsein der Differenz zwischen Gott und Mensch garantiert. Das spiegelt sich u.a. in den Gesetzen wider, die sich auf das *Verbot* der Berührung von Blut im Geschlechtsverkehr oder bei der Nahrungsaufnahme beziehen.[162] Bleibt in der jüdischen Religion die Verfügung über das Blut, Symbol des Lebens, allein dem Schöpfer vorbehalten – »nur Fleisch mit seiner Seele, nämlich dem Blut, sollt ihr nicht essen« –,[163] so wird die Einnahme des Blutes zum wichtigsten Sakrament des christlichen Glaubens. Beim heiligen Abendmahl vereint sich der Gläubige mit Gott, die Unterscheidung wird aufgehoben. Wenn in der jüdischen Religion von einer ›Gemeinsamkeit mit Gott‹ die Rede ist, so ist sie geistiger Art. »Menschensohn«, sagt Gott, »nähre deinen Leib und erfülle dein Inneres mit dieser Buchrolle, die ich dir reiche.«[164] Christus hingegen reicht Brot und Wein und sagt: »Nehmet, esset, dies ist mein Leib.« Er bezieht sich auf ein *Fleisch* gewordenes

Buch, und diese Bedeutung spiegelt sich in den Geschlechterverhältnissen wider. Deshalb konnte Meister Eckehart auch die Eucharistie mit Worten beschreiben, die deutlich sexuell konnotiert sind:

> »Denn in ihm wirst du entzündet und heiß, und in ihm wirst du geheiligt und ihm allein verbunden und vereint. Im Sakrament nämlich und nirgends so eigentlich findest du *die* Gnade, daß deine leiblichen Kräfte durch die hehre Kraft der körperlichen Gegenwart des Leibes unseres Herrn so geeinigt und gesammelt werden, daß alle zerstreuten Sinne des Menschen und das Gemüt hierin gesammelt und gereinigt werden [...]; und gestärkt durch seinen Leib wird dein Leib erneuert. Denn wir sollen in ihn verwandelt und völlig mit ihm vereinigt werden (vgl. 2 Kor 3,18), so daß das Seine unser wird und alles Unsere sein, unser Herz und das seine *ein* Herz, und unser Leib und der seine *ein* Leib.«[165]

Eine solche ›Erotisierung‹ der Vereinigung mit Gott findet man keineswegs nur bei Meister Eckehart, der für seine Zeit unbestreitbar als Außenseiter galt. (1326 eröffnete der Erzbischof von Köln gegen ihn ein Inquisitionsverfahren wegen ›Verbreitung glaubensgefährlicher Lehren‹; 1329 bestätigte der Papst die Verurteilung. Kurz zuvor war Meister Eckehart verstorben.) Beispiele für die Erotisierung des heiligen Abendmahls bzw. einer Vereinigung mit Gott lassen sich auch in vielen anderen Texten des Mittelalters finden, etwa bei Abaelard (1079–1142) oder bei Bernhard von Clairvaux (1091–1153).[166] Bei beiden handelte es sich nicht um Häretiker: Bis Ende des 12. Jahrhunderts wurden dreihundert Klöster gegründet, die den Lehren des Bernhard von Clairvaux folgten; unter seinen Schülern befanden sich drei Päpste. 1174 wurde er heiliggesprochen und 1830 zum ›Kirchenlehrer‹ erhoben.

Die Bemerkungen Meister Eckeharts zur Ehe und zur Liebe zwischen den Geschlechtern machen ganz deutlich, daß die Parallelen zwischen der Liebe zu Gott und der Liebe zum anderen Geschlecht durchaus beabsichtigt sind. »Der Liebe aber eignet von Natur, daß sie entspringt und ausfließt von zweien als schlechthin Einziges. Niemals als ein Zwiefaches: als zwei existiert Liebe nicht! Zwei als Eins, das gibt unweigerlich und naturgemäß Liebe, voller Drang und Glut und Begierde.«[167] Auch Thomas von Aquin (1225–1275) betont die Parallele zwischen der heiligen und der säkularen ›Kommunion‹: Es sei notwendig, so sagt er, daß die Frau aus einer Rippe des Mannes erschaffen wurde, denn erstens werde damit die Einheit von Mann und Weib bezeugt, und zweitens habe es auch eine sakramentale Bedeutung: denn von dem am Kreuz »schlafenden« Christus seien die Sakramente – namentlich Blut und Wasser – geflossen, auf denen die Kirche errichtet sei.[168] Die Wunde des Gekreuzigten wird also gleichsam zur ›Geburtswunde‹, vergleichbar der gebärenden Frau – und das Bild der Wunde des Heilands als ›nährender Busen‹ spielte auch auf vielen christlichen Darstellungen des Mittelalters eine wichtige Rolle. Auch ist es kein Zufall, daß sich in der christlichen Kirche zeitgleich mit der Transsubstantiationslehre (1215) auch die Lehre von der Unauflösbarkeit der Ehe durchsetzt (eine Lehre, die allein der christlichen Religion vorbehalten bleibt) und die eheliche Vereinigung zum »Sakrament« erhoben wird. Damit nimmt die Ehe, die Gemeinsamkeit von Bett und Tisch, den Status des heiligen Abendmahls selbst ein.

Das Ideal der Symbiose wurde noch verstärkt durch das Gesetz ›consensus facit nuptias‹ (die Ehen gründen auf Zustimmung), das die Kirche schon im 8. und 9. Jahrhundert verkündet hatte und das katholische Recht im 12. Jahrhundert festschrieb. Laut diesem Gesetz entscheidet der gemeinsame Wille der Eheleute, und nicht der Vater der Braut oder des Bräutigams, darüber, ob eine Ehe zustande kommt. Das war neu, insbesondere, was die Zustimmung der Tochter betraf.[169] Ein solches Gesetz beinhaltete zwar eine größere Freiheit gegenüber den Eltern bzw. gegenüber der genealogischen Kette, schuf aber auch eine emotionale Grundlage für die enge Bindung der Ehepartner, die dem christlichen Ideal der ›Einswerdung‹ und Symbiose der Geschlechter entsprach und ab dem 18. Jahrhundert, mit der allmählichen Verlagerung kirchlicher Vorstellungen auf die weltliche Ebene, in die Forderung nach der ›Liebesehe‹ einmünden sollte. Auch im Topos des Geschwister-Inzests – ein Motiv, das die Literatur des 19. und frühen 20. Jahrhunderts durchziehen sollte – fand dieses christliche Symbiose-Ideal einen säkularen Ausdruck.[170]

Die Idealisierung der Ungeschlechtlichkeit ging zeitlich einher mit der *Aufrechterhaltung* des Bilderverbots im Christentum. Die Entstehung der neuen Geschlechterordnung, in der der weibliche Körper zum ›Symptom‹ des (als ›männlich‹ definierten) Geistes erklärt wurde, entsprach dem Beginn der christlichen Bilderbejahung. Malereien tauchen in den Kirchen erst ab 300 auf.[171] Wenn man sich nun vergegenwärtigt, wie eng die Geschichte der Transsubstantiationslehre mit der Geschichte des Bilderstreits in der christlichen Kirche zusammenhängt, wird deutlich, daß nicht nur eine Beziehung zwischen christlicher Ikonophilie und christlichem Ideal der Einswerdung der Geschlechter bestand, sondern es erklärt auch, daß beides – Geschlechterordnung und

Bildverehrung – zu einem zentralen Topos des christlichen Antijudaismus wurde. Den Debatten über die Transsubstantiationslehre waren die Debatten um das ›verletzte Kultbild‹, um die weinende oder blutende Ikone, vorausgegangen. »In einem höchst eigenartigen Vorgang, den Religionswissenschaft und Volkskunde als den der Beseelung oder der Verkörperlichung […] benennen«, so schreibt Leopold Kretzenbacher, »ist es den Kultbildern gegeben, zu bestimmten Zeichen-Aussagen wie ein Mensch zu weinen, zu erbleichen, sich zu bewegen, zu bluten.« Diese Erscheinungen erfüllen die Absicht, »eine ›Beglaubigung‹ *(autoritas)* für das Göttliche im menschenähnlichen Bilde zu geben«.[172] Weil es um Beglaubigung oder Festigung des Glaubens ging, fanden die ›Wunder‹ zumeist in Gegenwart von Ungläubigen oder Frevlern statt, so z. B. im bayerischen Neukirchen bei Heilig Blut anläßlich eines angeblichen Hussitenfrevels. Die ›Frevlerlegenden‹ hatten die Funktion zu bezeugen, daß das Bild – wie Hostie und Wein – nicht ein Symbol für den Leib des Herrn, sondern dessen reale Präsenz darstellt. Durch das ›Leiden‹ erschien es evident, daß das Bild als Wirklichkeit, nicht als Zeichen, zu begreifen war. Erinnert man sich nun, wie eng in der christlichen Lehre die Durchsetzung der Transsubstantiationslehre mit der Durchsetzung eines neuen Konzepts von Ehe zusammenhing, so liegt es nahe, sowohl den Bilderstreit als auch die christliche Ikonophilie als *Spiegelbild* der unterschiedlichen symbolischen Rollen der Geschlechter zu lesen: Während in der jüdischen Religion die Betonung der geschlechtlichen Differenz (die mit der Betonung der Differenz von geschriebener und gesprochener Sprache einhergeht) im Bilderverbot ihren Ausdruck findet, spiegelt sich in der christlichen Kirche das Ideal der Einheit der Geschlechter in der Lehre wider, daß es zwischen dem Symbol und der ›Realität‹ (Fleisch) keinen Unterschied geben darf. Das hing auch mit der christlichen Zusammenführung von Physis und Metaphysik zusammen – symbolisiert im Kreuz: Christus ist Mensch gewordener Gott und als solcher dessen ›Abbild‹. Daß in Christus das göttliche Wort fleischliche, irdische und damit sichtbare Gestalt angenommen habe, führten die Befürworter als Rechtfertigung für die Bilderverehrung an. Hatte Gott sich der Erde ›eingebildet‹, wie Meister Eckehart es ausdrückt,[173] so bildete sich im Christentum das ›ein-gebildete Geschlecht‹ heraus: Einerseits wird der männliche Körper zur Inkarnation des Logos, der sich der Erde ›eingebildet‹ hat; und andererseits wird der weibliche Körper zum ›Symptom‹ oder Abbild einer männlichen Definitionsmacht, die ihn später wiederum als ›suggestibel‹ und empfänglich für die täu-

Blutende Ikonen, blutende Hostien: Durch das Blut wurde dem ›Symbol‹ der Anschein von ›Wirklichkeit‹ verliehen.

schenden ›Einbildungen‹ der Priester bezeichnen wird. Darüber hinaus ging es auch um eine Form von ›Ein-Bildung‹, bei der die Geschlechter eine Einheit bildeten. Dieses Konzept war der symbolischen Geschlechterordnung der jüdischen Religion konträr, und der Unterschied läßt erkennen, warum der Begriff des ›Kulturfortschritts‹ divergierende Bedeutungen annehmen konnte.

Die unterschiedlichen Formen der Gemeinschaftsbildung, deren Differenz auch mit den beiden Schriftsystemen zusammenhing, beinhalteten notwendigerweise unterschiedliche Begriffe von ›Bewußtsein‹. Als Freud das Bilderverbot »eine Zurücksetzung der sinnlichen Wahrnehmung« und »einen Triumph der Geistigkeit über die Sinnlichkeit« nannte und dieses mit einer »Wendung von der Mutter zum Vater« gleichsetzte, konnte er sich bei dieser Gleichsetzung schwerlich auf die christliche Tradition berufen. Dennoch ist es unbestreitbar, daß es auch in der christlichen Gesellschaft einen ›Kulturfortschritt‹ gegeben hat. Dieser wird zumeist mit dem Begriff des ›Bewußtseins‹ umschrieben. Aber findet hier nicht eine Verwechslung von Bewußtsein mit Rationalität statt? Der ›christliche‹ Kulturfortschritt bestand in einer Hinwendung zum Bild, was nach Freuds Definition einen »Triumph der Sinnlichkeit über die Geistigkeit« beinhalten müßte. Aber kann man sagen, daß im westlichen Abendland die Geistigkeit von der Sinnlichkeit besiegt wurde? Und wird irgend jemand behaupten können, daß die Kultur des Abendlandes eine »Wendung des Vaters zur Mutter« brachte? Schwerlich, zumindest nicht in dem Sinne, in dem Freud von dieser Wendung sprach. Die Frage ließe sich aber auch anders stellen: Könnte es nicht sein, daß der Kulturfortschritt des christlichen Abendlandes gerade darin bestand, mit den Mitteln väterlicher ›Geistigkeit‹ oder Vernunft Sinnlichkeit herzustellen, zu fabrizieren? Ja, mit den Mitteln von Wissenschaft und Technik auf den Weg zur ›Mutter‹ zu führen? Allerdings ginge es dabei um eine rationale, berechenbare, zuverlässige Sinnlichkeit und um eine ›Mutter‹, die den Gesetzen des *logos* entspricht.[174]

Im folgenden Abschnitt möchte ich einen gewaltigen historischen Sprung machen, um zu zeigen, wie das Ideal einer geschlechtlichen ›Einswerdung‹, das mit der Bilderverehrung einhergeht, bis in die moderne Kunst und die Rezeptionsmuster der modernen medialen Techniken wirkungsmächtig geblieben ist. Insbesondere bei den Simulationstechnologien läßt sich die strukturelle Verwandtschaft mit den christlichen Vorstellungen einer Vereinigung mit Gott erkennen. Der Versuch, ein *immersive environment* zu schaffen, in dem der Betrachter völlig eingeht, um nicht zu sagen, auf- und untergeht, kann als gemeinsamer Nenner sehr unterschiedlicher Formen moderner Kunst gelten – ob es sich um Kino, Video, um akustische oder visuelle Installationen oder um digitale Techniken handelt. Wie in der christlichen Kommunion hängen die Rezeptionsmuster der Technologien wiederum eng mit Geschlechterkonzepten zusammen. Die ›Sexualbilder‹ erscheinen wie Parameter für die Sinnlichkeit und Täuschungskompetenz der Technologien, und der ›Kulturfortschritt‹ bemißt sich daran, wie gut es ihnen gelingt, die sexuelle Vereinigung zu simulieren. Wenn bei diesem Sprung in die Gegenwart historisch wichtige ›Wendepunkte‹ in der Geschichte der abendländischen Geschlechterordnung – insbesondere der Zeit um 1800, an der sich viele für die Moderne entscheidende Veränderungen vollziehen – [175] nur wenig Berücksichtigung finden, so deshalb, weil in diesem Kapitel der Anfang und das Ende einer medialen Entwicklung in Beziehung gesetzt, der Zusammenhang von christlicher Religion und den Simulationstechniken der Moderne dargestellt werden sollen.

Blick und Berührung

Im folgenden soll an zwei Beispielen dargestellt werden, wie das Bild nicht nur das religiöse, sondern zunehmend auch das weltliche Denken des christlichen Abendlandes zu prägen beginnt – und zwar durch die Verbindung mit einem taktil codierten Blick.

In den französischen Fassungen der Artuslegende, die ab Mitte des 12. Jahrhunderts entstehen, spielt die verbotene Liebe zwischen Lancelot und der Königin Guenièvre, Ehefrau des Königs Artus, eine zentrale Rolle.[176] Als Lancelot in Gefangenschaft gerät und zweieinhalb Jahre eingesperrt in einem Turm lebt, malt er Szenen von sich und der fernen Geliebten auf die Wand seiner Zelle. »Morgens«, so heißt es in der Legende, »geht er zu allen Darstellungen der Königin und küßt sie auf Mund und Augen mit solcher Hingabe, als hätte er die Königin selber vor sich, klagt sein Leid und umarmt die Bilder.«[177] Die Abbildungen der Königin erscheinen in dieser Erzählung wie eine Ikone, wie ein religiöses Kultbild, durch das hindurch das Urbild – oder die ›wirkliche Person‹ – herbeigerufen wird. Als Artus Lancelots Bilder zu sehen bekommt, glaubt er, was er bisher nicht glauben wollte: daß die Liebe zwischen Guenièvre und Lancelot nicht platonischer Art ist. Die Abbildungen lassen bei ihm alle Zweifel an der Wirklichkeit, für die sie stehen, verschwinden. »Ich sehen schinbarlich«, so sagt er, »das er by ir geschlaffen hat«.[178] Er will die Königin verstoßen. Aber der Papst droht, das Artusreich mit dem Bannfluch zu belegen. Schließlich, so argumentiert der Papst, habe der König »sie nit by hern Lancelot [...] funden in der missetat«.[179] Er läßt nicht gelten, daß dem Bild, das im religiösen Kontext auf die ›Wirklichkeit‹ – das ›Fleisch gewordene Wort‹ – verweist, auch im weltlichen Kontext Beweiskraft zukommt. Der König hingegen gesteht den weltlichen Bildern die gleiche ›Unmittelbarkeit‹ zu, die den ›heiligen Bildern‹ zugeschrieben wird. Denn an dieser historischen Stelle beginnt die christliche Bilderlehre auch auf die weltliche Bilderwahrnehmung einzuwirken – und diese ›Säkularisierung‹ der Ikonophilie vollzieht sich zeitlich parallel zur Transsubstantiationslehre, die – im Hinblick auf den Gral – auch für die Artuslegende von Bedeutung gewesen sein dürfte. Obgleich sich der König den Anordnungen des Papstes fügt, kommt es zum Krieg gegen Lancelot – ein Krieg, an dessen Anfang Bilder stehen und an dessen Ende beide, der Ehemann und der Geliebte, ihr Leben lassen. Guenièvre überlebt und verbringt die letzten Jahre ihres Lebens im Kloster.

Das zweite Beispiel spielt in der Jetztzeit. Es handelt sich nicht um eine Legende, kreist aber auch um die Frage, ob Bilder etwas über die Realität zu sagen vermögen. Eine junge Frau begibt sich in Psychotherapie, weil sie herauszufinden versucht, ob sie in ihrer Kindheit von ihrem Vater sexuell mißbraucht worden ist. (Daß sie diese Frage beschäftigt, stellt sich erst im Verlauf der Therapie heraus.) Parallel zur Analyse unterzieht sie sich einer Hypnose, die aber außer Stimmungsbildern und Gefühlseindrücken keine konkreten Erinnerungen zutage fördert. Außerdem wendet sie sich an eine Selbsthilfegruppe von mißbrauchten Frauen, in der sie gefragt wird, ob sie an Eßstörungen leide. Als sie verneint, gibt man ihr zu verstehen, daß sie kein Opfer sexuellen Mißbrauchs gewesen sein könne – eine Antwort, die ihr nicht viel weiterhilft (im vorliegenden Kontext aber nicht unwichtig ist, wie ich später noch ausführen werde). Nun erhofft sie sich von der Psychoanalyse die Gewißheit, die sie einerseits fürchtet, andererseits – als Gewißheit – aber auch herbeiwünscht: So äußert sie immer wieder die Befürchtung, daß ihr Analytiker sie sexuell mißbrauchen könne – eine Vorstellung, die ihren Ängsten die Anbindung an reale Erfahrungen verschafft hätte. Es kommt nicht dazu; aber die Analyse fördert auch keine Erinnerungen zutage. Eines Tages erscheint sie jedoch in der Sitzung mit einem kleinen

Super-8-Vorführgerät (ein Apparat, der mit der Hand gekurbelt wird) und einem Amateurfilm, den ihr Vater gemacht hatte und den sie schon seit langem kennt. Auf diesem Film sieht man sie und ihre Schwester – das eine Mädchen sechs, das andere vier Jahre alt – unbekleidet auf dem Bett liegen. Der Blick der Kamera konzentriert sich auf den rhythmisch bewegten Unterleib der Mädchen. Wenige Monate nach dieser Sitzung ist die Analyse beendet. Die junge Frau hört auf, nach einem eindeutigen Beweis dafür zu suchen, daß sie von ihrem Vater sexuell mißbraucht worden ist. Sie kann damit leben, für einen solchen Tatbestand keine konkreten Anhaltspunkte zu finden. Zugleich ist für sie aber etwas anderes formulierbar geworden: daß sie den Blick des Vaters, der sich hinter dem mechanischen Auge der Kamera versteckt, als sexuellen Mißbrauch erfahren hat.

Zunächst eine Parenthese, die angesichts der Diskussion um den Mißbrauch mit dem sexuellen Mißbrauch nicht überflüssig erscheint: Es soll mit dieser Geschichte nicht unterstellt werden, daß jeder Vater, der sein Kind nackt filmt oder photographiert, sexuellen Mißbrauch begeht. Vielmehr geht es darum, daß der Blick als physische Verletzung erfahren werden kann. Hier liegt vielleicht sogar der Schlüssel zum Rätsel, warum so oft in diesem Zusammenhang nach Beweisen für konkreten Mißbrauch gesucht wird, wenn es sich vielleicht ›nur‹ um eine Frage des Sehens handelt – eines gewalttätigen Sehens, das vom ›öffentlichen Blick‹ ausgeht. Die ›false-memory-debate‹, die um die Frage nach der Zuverlässigkeit der Erinnerung kreist,[180] könnte unter dieser Perspektive eine andere Dimension annehmen. Statt danach zu fragen, ob es sich bei den unbeweisbaren Erinnerungen an sexuellen Mißbrauch um ›reale Ereignisse‹ oder ›eingebildete‹ bzw. suggerierte Erinnerungen handelt, ließe sich auch die Frage stellen, ob nicht in einigen Fällen der Blick die Grenze zwischen Suggestion und Tatsache verwischt: also eine erhöhte Bereitschaft besteht, das Sehen und Betrachtetwerden mit ›Wirklichkeit‹ gleichzusetzen. Damit soll (falls es überhaupt nötig ist, das zu betonen) *nicht* unterstellt werden, daß es keinen sexuellen Mißbrauch gibt. Vielmehr geht es darum, daß die Geschichte des Blicks hier einen eigenen Zugang eröffnet: Sie legt nahe, daß auch da, wo kein konkreter sexueller Mißbrauch stattgefunden hat, dennoch der Blick auf den weiblichen Körper als Mißbrauch erfahren werden kann. Dabei braucht dieser Blick keineswegs nur, wie im Fall der Analysandin, auf den Vater zurückzugehen. Es kann sich auch um den öffentlichen Blick auf den weiblichen Körper handeln. Allerdings ist der ›Mißbrauch durch den Blick‹ schwer zu definieren und schon gar nicht strafrechtlich erfaßbar, allein deshalb nicht, weil in diesem Konzept der ›Täter‹ im traditionellen Sinne nicht vorkommt. Wir stoßen hier auf ein Problem, das immer wieder in der Geschichte des Umgangs mit dem weiblichen Körper auftaucht: Einerseits gibt es nichts ›Privateres‹ als den sexuellen Mißbrauch (auch dann, wenn nur der Blick als solcher erfahren wird); andererseits handelt es sich aber gerade beim Blick um eine kollektive Erscheinung.

Die Gemeinsamkeiten zwischen den beiden Bilder-Geschichten bestehen erstens darin, daß ein Bild den Beweis für eine Sache liefert (zumindest für die Betroffenen). Doch im Fall von Lancelot verweist das Bild auf eine Wirklichkeit, die außerhalb der Abbildung liegt, während im Fall der Analysandin das Bild die Sache selbst ist: Das Filmen *ist* der Mißbrauch. Eine zweite Gemeinsamkeit besteht darin, daß in beiden Fällen die Bilder auf verbotene Sexualbeziehungen verweisen: im einen Fall geht es um Ehebruch, im anderen um Inzest. Aber auch hier offenbart sich ein Unterschied. Wenn Lancelots Darstellungen für die Beschreibung von Wirklichkeit gehalten werden, so deshalb, weil nicht nur Guenièvre, sondern auch er selbst darauf zu sehen ist – mit der Geliebten vereint. Auf dem Super-8-Film hingegen ist nur die Tochter zu sehen. Der Vater ist physisch abwesend und zugleich anwesend durch seinen Blick auf den Körper der Tochter. Damit verbindet sich ein weiterer Unterschied: Während bei Lancelot die Abwesenheit der Geliebten zur Entstehung der Bilder führt und erst seine Küsse und Umarmung der Darstellungen den Anspruch widerspiegeln, die ersehnte physische Gegenwart Guenièvres im Bild zu erlangen, suggerieren die Bilder des Super-8-Films, daß die technischen Bilder den Anspruch auf die Wiedergabe der physischen Wirklichkeit beglaubigen. Dabei stellt aber der Blick der Kamera, der die Schamgrenze der Mädchen durchbricht – »Scham« im Sinne der sichtbaren Geschlechtsmerkmale und »Scham« im Sinne der psychischen Grenzen, die das Ich gegen den Anderen schützen[181] –, die eigentliche Wirklichkeit dieser Bilder dar. So wird in diesem Dokument die gleiche Struktur sinnfällig, die der ungarische Historiker Istvan Rév am Beispiel der Sexualberichte in den Archiven der Geheimpolizei beschreibt (es geht um die Zeit der stalinistischen Schauprozesse um 1950):

»Wie im Fall der Orgienanschuldigungen des Mittelalters, die mehr über das Denken der Ankläger als über die Gewohnheiten der Angeklagten erzählten, berichten auch die Dokumente in den Archiven der Geheimpolizei

von der Geschichte der Vernehmungsbeamten. [...] Diese benutzen Pornographie, weil sich diese Gattung für Polizeiberichte eignet. [...] Die Autoren
pornographischer Texte geben vor, daß sie ›Augenzeugen der Szenen, die sie
beschreiben‹ waren. [...] D. h., Pornographie taucht in der Verkleidung des
Dokumentarischen auf. Sowohl billige pornographische Romane wie die
Selbstanschuldigungen der Schauprozesse dokumentieren aber Phantasien:
die der Verfasser. Das Zeitalter der Schauprozesse stellt das Ausagieren der
Phantasien der Vernehmungsbeamten dar. Deshalb können sich Historiker auf die politische Pornographie verlassen. Sie offenbart etwas über die
wahre Natur des Systems.«[182]

Auch die Bilder, die der Vater von seinen Töchtern macht, geben vor,
»Augenzeugen der Szenen, die sie beschreiben«, zu sein. Und wie im
Fall der Vernehmungsbeamten erzählen diese Dokumentaraufnahmen
nichts über die Wirklichkeit der ›Tat‹, sondern über die Wirkungsmacht
des Blicks. Der Blick des Vaters tritt dabei in mehrfacher Hinsicht die
Erbschaft der christlichen Ikonologie mit ihrer Geschichte der Einbildung an: Erstens ist in seinem inzestuösen Begehren das Ideal der Vereinigung und Symbiose der Geschlechter enthalten; zweitens ist es ein
Blick, der den weiblichen Körper in ein ›Bild‹ verwandelt; und drittens
sind ihm die ›zeugenden‹ Eigenschaften des betrachtenden Auges eigen.
In diesem Fall verlagert sich das Bild freilich auf eine Ebene, die von
technischen Sehgeräten bestimmt wird. Der Vater ist nicht nur als gene-
tischer Vater, sondern auch als Photograph ›Erzeuger‹ seines Kindes, der
jungen Frau.

Seine definitorische Macht verdankt der Blick seiner engen Beziehung zur Schrift, die auch als abstrakte Alphabetschrift ein ›visuelles
System‹ darstellt. Im Mittelalter wurden »malen« und »schreiben« fast
wie Synonyme gebraucht; das gilt auch für den Begriff ›graphein‹, der
sich auf beides bezieht. Mal hieß es von einem Bild, daß es »geschriben«
wurde, ein anderes Mal von einem Text oder einer Dichtung, daß sie
»gemâlt« seien.[183] Die italienischen Wörter für Feder *(penna)* und für
Pinsel *(pennello)* sind fast identisch.[184] (Daß beiden zudem eine phalli-
sche Bedeutung in Wort und Bild zukommt, sei hier zunächst nur angemerkt.) Diese enge Verwandtschaft von Schreiben und Malen bedeutete
nicht, daß die beiden Medien miteinander verwechselt wurden; die Unterschiede zwischen Bild und Text wurden deutlich wahrgenommen,
aber als gegenseitige Ergänzungen begriffen. Der Mediävist Horst Wenzel schreibt:

»Das Bild repräsentiert die optische Wahrnehmung und über diese auch das Sprechen; Schrift repräsentiert die Sprache und über diese auch das Sehen. Grundsätzlich zielen beide Medien ab auf eine ganzheitliche Repräsentation der audiovisuellen Wahrnehmung. Aber der Primat des Hörens und des Sehens ändert sich mit dem Wechsel von der Schrift zum Bild und umgekehrt vom Bild zur Schrift.«[185]

Malen und Schreiben fanden also in der Sprache – und damit auch dem sichtbaren, sprechenden Körper – ihren gemeinsamen Nenner.[186] Mit zunehmender Alphabetisierung wird sich jedoch die Sprache vom sprechenden Körper entfernen. Damit rücken einerseits Bild und Sprechen, andererseits aber auch die Schrift und das ›alte‹ Sehen auseinander. Diese Entwicklung wird zur Voraussetzung dafür, daß die Schrift ein ›neues‹, konstruierendes Sehen einführen kann. So kommt es im späten Mittelalter dank einer zunehmenden Lesekultur zu einer »Neu- und Umbewertung des Auges«, die ihrerseits »eine verstärkte Reflexion über die Erkenntniskraft des Auges und dessen Beziehung zum Schönen« beinhaltet.[187] Der Wandel manifestiert sich deutlich in den Verkündigungsbildern. Weil Maria, wie Klaus Schreiner schreibt, die »Botschaft des Engels mit ihren Ohren gläubig aufgenommen hatte«,[188] zeigten die Verkündigungsbilder eine ›Befruchtung durch das Ohr‹. Gehör und Glauben – die ›Hörigkeit‹ gegenüber Gott – standen in einem engen Zusammenhang. Als gegen Ende des Mittelalters das Auge eine wichtigere Rolle zu spielen begann, wird Marias ›Hörigkeit‹ *visuell* dargestellt. Die ›Befruchtung‹ wird nun oft auf doppelte Weise visualisiert: Einerseits sieht man das ›Wort‹, das in Marias Ohr eindringt, um in ihrem Leib zu ›Fleisch‹ zu werden; andererseits ist sie aber auch über ein Buch, die Heilige Schrift, gebeugt: Nicht nur mit dem Ohr, sondern auch mit den Augen, lesend, nimmt sie die Botschaft Gottes in sich auf. Martin Burckhardt hat Darstellungen wie das Verkündigungsbild von Robert Campin (1426), in dem Maria durch das Ohr *und* durch die Buchstaben befruchtet wird, mit dem Buchdruck in Verbindung gebracht.[189] Die Buchstaben prägen sich als ›Patrix‹ der ›Matrix‹ ein; zu bleiernen Lettern geschmolzen, ermöglichen sie, daß sich ein ›geordneter‹ schwarzer Saft auf jungfräulich-weißes Papier ergießt.[190]

An dieser historischen Wende entsteht auch die Zentralperspektive, die der ›Befruchtung‹ durch den Blick eine zusätzliche Dimension verleiht. Mit ihr verband sich ein Raum, in dem das Subjekt, der Betrachter, ›aufgehoben‹ ist – in jedem Sinne des Wortes. Erwin Panofsky hat die geistigen Umwälzungen beschrieben, die sich mit der Entstehung der Zentralperspektive verbanden:

»Diese ganze ›Zentralperspektive‹ macht, um die Gestaltung eines völlig rationalen, d.h. unendlichen, stetigen und homogenen Raums gewährleisten zu können, stillschweigend zwei sehr wesentliche Voraussetzungen: Zum einen, daß wir mit einem einzigen und unbewegten Auge sehen würden, zum anderen, daß der ebene Durchschnitt durch die Sehpyramide als adäquate Wiedergabe unseres Sehbildes gelten dürfte. In Wahrheit bedeuten aber diese beiden Voraussetzungen eine überaus kühne Abstraktion von der Wirklichkeit. [...] Denn die Struktur eines unendlichen und stetigen und homogenen, kurz rein mathematischen Raumes ist derjenigen des Psychologischen geradezu entgegengesetzt [...]. ›Der homogene Raum ist daher der niemals gegebene, sondern der konstruktiverzeugte Raum‹.«[191]

Die Zentralperspektive schafft eine Vorform des *immersive environments*, und diese ist der ›symbolischen Form‹ der Schrift außerordentlich ähnlich: sowohl was die Homogenität als auch was die Abstraktion und Konstruiertheit betrifft. In beiden Fällen entsteht eine ›Behausung‹, in die sich das Individuum hineinphantasieren kann. In dieser Hinsicht ähnelt die Zentralperspektive dem Roman, der sich später entwickeln wird: Sie bietet einen Raum, in dem sich der Betrachter/Leser ›im Geiste‹ aufhalten kann – allerdings unter Zurücklassung seines physischen Körpers. Der Blick, so schreibt Norman Bryson in *Vision and Painting*, sei auf einen einzigen Punkt, die Makula der Retina, konzentriert und versetze das Auge außerhalb der Dimensionen von Zeit und Raum.[192] Das setzt Mieke Bal mit dem Blick des Lesers gleich: Der zentralperspektivische Blick entspreche »einer lesenden Haltung, die das Objekt fixiert und auf die Illusion baut, daß sich das Objekt außerhalb von Zeit, Raum und dem Körper des Betrachters befindet«.[193] Diese verschiedenen Aspekte werfen ein besonderes Licht auf die Tatsache, daß Buchdruck und Zentralperspektive gleichzeitig entwickelt werden. Verwandelt der Buchdruck die europäische Gesellschaft in eine ›volle Schriftkultur‹, so erscheint die Zentralperspektive einerseits wie eine Bestätigung dieses Vorgangs, andererseits aber auch wie der Versuch, dem Ich über die Augen eine ›Behausung‹ zu verschaffen, die der Abstraktion der Schrift entgegenwirkt.

Die folgenden Jahrhunderte werden eine ständige ›Verbesserung‹ dieses *immersive environments* bewirken, dessen ›imaginäre‹ Qualitäten zunehmend durch ›reale‹ ersetzt werden: Einerseits wird die Kunst der

Fuge für das Gehör einen der Zentralperspektive vergleichbaren Raum eröffnen, in den der Körper jedoch einbezogen wird. Die Tatsache, daß sich diese Form der Kirchenmusik vor allem im protestantischen Raum entwickelte, wo ein stärkerer Ikonoklasmus herrschte, legt die Vermutung nahe, daß die Fuge – mit dem geometrischen Raum, den sie für das Gehör eröffnete – als akustische Parallele zur ›symbolischen Form‹ der Zentralperspektive zu begreifen ist. Andererseits werden auch visuelle Umgebungsfelder wie etwa das Panorama entstehen. Ganz generell lädt die Malerei zunehmend den Betrachter dazu ein, sich in sie zu ›vertiefen‹ (paradigmatisch in der romantischen Bildtechnik, z. B. bei Caspar David Friedrich). Es bildet sich das Ideal einer synästhetischen Wahrnehmung der Kunst heraus, die die Aufspaltung der Sinne transzendiert. Die »Werke herrlicher Künstler«, so verkündet Wilhelm Heinrich Wackenroder, seien »nicht darum da, daß das Auge sie sehe, sondern darum, daß man mit entgegenkommendem Herzen in sie hineingehe und in ihnen lebe und atme«. Und er vergleicht – wie die Mystiker des Mittelalters – das Verhältnis zum Bild mit der Liebe und der religiösen Empfindung: »man lernt dann die Religion und die Wunder des Himmels begreifen, der Geist wird demütiger und stolzer, und die Kunst redet uns besonders mit allen ihren Tönen bis in das innerste Herz hinein«.[194] Zuletzt werden sich – in der Oper und später dem Kino – Visualität und Akustik zu einem multisensorischen *immersive environment* verbünden – vergleichbar der mittelalterlichen Kathedrale. Parallel zu dieser Entwicklung verstärkt sich der Ruf, zur Sinnlichkeit der gesprochenen Sprache zurückzukehren. »Bücher sind todte Kohlen, der Redner-Geist facht, wie ein Sirocco, die todte Asche an«, so schreibt Gustav Anton von Seckendorff.[195] Für den Dichter Goethe stellt das Schreiben einen »Mißbrauch der Sprache, stille für sich lesen ein trauriges Surrogat der Rede« dar.[196] Das heißt, das ›konstruierende Auge‹, das mit der Zentralperspektive entstanden war, und die geschriebene Sprache, die mit der Entstehung der Druckerpresse neue imaginäre Räume eröffnet hatte, eignen sich beide zunehmend die ›behausenden‹ Eigenschaften der gesprochenen Sprache an – und diese Eigenschaften werden schließlich *immersive environments* entstehen lassen, in die Leser und Betrachter mit einer Lust *am* Schwindel und lustvollem Schwindel eintauchen können.

Mit den technischen Sehgeräten – und zu diesen gehören in der Renaissance Fernrohr und Camera obscura, im 19. Jahrhundert Photographie und Film und im 20. Jahrhundert die elektronischen Bildträger –

vollzog sich eine Visualisierung, die aus der Schrift selbst hervorgegangen war und deshalb nicht nur ihrer eigenen Entstehungs- und Entwicklungsgeschichte entsprach, sondern auch ihre Nachteile zu kompensieren versuchte. Die technischen Bilder, so Flusser, sind »Abstraktionen dritten Grades [...]: Sie abstrahieren aus Texten, die aus traditionellen Bildern abstrahieren, welche ihrerseits aus der konkreten Welt abstrahieren. Historisch sind traditionelle Bilder vorgeschichtlich und die technischen ›nachgeschichtlich‹.«[197] Setzt das Lesen und Schreiben der abstrakten abendländischen Schrift die Bereitschaft voraus, auf die Anbindung an das Sichtbare zu verzichten, so entstanden durch die technischen Bilder die Bedingungen dafür, dieser Abstraktion wieder einen Bezug zum Sichtbaren zu verschaffen. Allerdings handelt es sich um eine sichtbare ›Wirklichkeit‹, die durch die Bilder selbst konstruiert wird. Das Industriezeitalter, so Vilém Flusser, hat »technische Bilder wie Fotos, Filme, Fernsehen und numerisch generierte Computerbilder erfunden, und diese übernahmen die meisten Rollen, die bisher von den Buchstaben eingenommen worden waren«.[198] Anders als die mittelalterlichen Bilder stellen die technischen Bilder der Neuzeit also keine Ergänzung zur Schrift, sondern deren visuelle Umsetzung oder ›Realisierung‹ dar. Führte die Alphabetschrift zu einem Prozeß der Entkörperung, so sind die technischen Bilder als Bild gewordene Schrift zu begreifen. Das hat, wie die Entstehung der Alphabetschrift selbst, auch Rückwirkungen auf die Geschlechterordnung und wird begleitet von einer zunehmenden Überlagerung von Blick und Berührung.

In der abendländischen Tradition galt das Sehen seit Aristoteles als der ›höchste‹ der fünf Sinne, weil er der Rationalität am nächsten stehe. Der Tastsinn hingegen galt als der niedrigste, weil er auf Lust und Eros verweist. Eros wurde gleichgesetzt mit dem Gegenteil von Rationalität: mit Sprachlosigkeit, Unbeherrschtheit, manchmal auch Wahnsinn. Beides, Wahnsinn und Lust, verweist auf einen Zustand jenseits der Symbolisierungsfähigkeit. Gleichzeitig wurde der Tastsinn aber auch als der grundlegende aller Sinne bestimmt: als Basis für die Funktion der anderen Sinne.[199] So betrachtet Hartmut Böhme das Sehen als eine *Ableitung* aus der Berührung:

> »Könnte es sein, daß die Blicke eine Art abgeleiteten Tastens sind? Wissen wir nicht sofort, was es heißt, etwas ins Auge zu fassen, etwas aus dem Blick zu verlieren – wie man nämlich ein von der Haut gespürtes Ding aus der Hand verliert, so daß man keinen Kontakt mehr zu ihm hat. Ist also das Sehen kontagiös? Ein Berühren, Ertasten, Erspüren, Fassen, Um-

schließen, ja auch Streicheln oder (Ver-)Werfen, ein Durchdringen oder Plastizieren?«[200]

Mit der Entstehung der modernen Sehtechniken scheint sich die Berührung jedoch zunehmend vom Sehen abzuleiten. Eigentlich handelt es sich beim Sehen und Tasten um Sinne, die sich gegenseitig ausschließen. Wirkliches Betrachten setzt die Entfernung vom Betrachteten, also die Aufhebung der Berührung voraus: Ebendeshalb gilt das Sehen als »das Sinnbild des Rationalen, aber es handelt sich um eine durch physische Distanz vom wahrgenommenen Objekt gewonnene Rationalität«.[201] Doch in der abendländischen Geschichte des Eros spielt gerade die Wechselbeziehung zwischen dem höchsten und dem niedrigsten Sinn eine wichtige Rolle. Denn indem sich das Sehen – und mit ihm die Kunst – mit dem niedrigsten der Sinne, der Berührung, verband, konnte der Tastsinn – und damit die Sexualität – vom Sinn des Sehens und damit der Rationalität an die Zügel genommen werden.

War mit der Alphabetschrift ein abstraktes Denken entstanden, das seine eigene Art des Sehens hervorbrachte, so entwickelte sich nun ein Sehen, das den Tastsinn dominiert. Bildete die Abstraktion vom Sichtbaren die Voraussetzung dafür, daß die Schrift das Sehen neu ›gestalten‹ konnte, so wird die vom Blick geforderte Aufhebung der Berührung zur Bedingung dafür, daß der Sinn des Sehens seinen eigenen Tastsinn formen kann. Diese Entwicklung vollzieht sich parallel zu den großen Neuerungen, die sich zuerst mit dem Buchdruck und um 1800 mit der allgemeinen Alphabetisierung vollziehen. Eben weil dem Sehen – sozusagen einem schreibenden Sehen – eine neue ordnende Bedeutung zukommt, wird auch die Berührung den Gesetzen der Schrift unterworfen und schließlich von dieser neu definiert.

Daß in der Renaissance Lust in Schaulust übergeht, dafür gibt es eine Vielfalt von Anzeichen und auch eine Reihe von rationalen – und weniger rationalen – Erklärungen. Zu den rationalen gehört die Tatsache, daß die epidemische Ausbreitung der Syphilis nach 1495 – und damit die Gefahr, die mit der physischen Berührung verbunden war – erheblich dazu beitrug, die Betrachtung zu einer Form von »safer sex« werden zu lassen,[202] so wie heute Aids dazu beiträgt, daß Telefonsex, Sexgespräche am Computerterminal und bald auch Cybersex wachsenden Zuspruch finden. »Ich hoffe«, so verkündet Madonna in ihrem Buch mit dem überraschenden Titel *SEX*, »daß mein Video den Betrachter sexuell erregt. Das ist die sicherste Form von Sex, die es gibt: Voyeurismus.«[203]

Eine Frau vor dem Inquisitionstribunal. In der Renaissance geht Lust in Schaulust über als eine Form von ›safer sex‹.

Eine andere Erklärung für die allmähliche Verdrängung der Berührung durch das Sehen ist weniger rational – beinhaltet aber den Wunsch nach Rationalisierung. Berührung, Tastsinn im erotischen Sinne bedeutet immer Begegnung mit einer anderen Haut, bedeutet also die Erfahrung, zu berühren und berührt zu werden, Subjekt wie Objekt eines erotischen Dialogs zu sein. Die Berührung setzt deshalb auch die Bereitschaft voraus, das Ich einer Erfahrung von Ohnmacht und Abhängigkeit auszusetzen. Das Sehen, der rationalste der Sinne, der Distanz vom betrachteten Objekt voraussetzt, entbindet das Ich von ebendieser Erfahrung der Ohnmacht. Es entbindet das Ich freilich nicht völlig, denn das betrachtende Subjekt kann auch zum Objekt der Betrachtung des anderen werden: dann, wenn das andere Auge zurückblickt.

Mit dem Einzug der technischen Sehgeräte ändert sich das: Der Blick wird einseitig. Das gilt schon für den ›konstruierenden Blick‹ der Zentralperspektive und verstärkt sich mit den technischen Sehgeräten des 19. Jahrhunderts, die die Unmöglichkeit eines Blicks zurück einführen: Für den Photographen gibt es keinen Rück-blick und keine Rück-sicht mehr. Dadurch entsteht für das betrachtende Subjekt die Möglichkeit zum »safer sex« in jedem Sinne des Wortes: als Schutz gegen die (infektiöse) Berührung und als Sicherheit gegen die Erfahrung der Ohnmacht. Das heißt, mit dem mechanischen Auge entfernt sich der Sinn des Sehens von der Berührung. Gleichzeitig beginnt er aber auch, seine eigene Form der ›Berührung‹ und des Eros zu entwickeln.[204] So entstehen die Voraussetzungen dafür, daß der Blick, wie im Fall der anfangs zitierten Analysandin, als physischer Mißbrauch erfahren werden kann.

Rückblickend erscheint das Verlangen nach einer Befreiung aus der Ohnmacht als wichtige Triebfeder für die Entwicklung der technischen Sehgeräte. Bekanntlich hätte die Photographie rein technisch schon 200 Jahre früher entstehen können. Es bedurfte offenbar dieser Zeit, um den Tastsinn, der in den allegorischen Darstellungen oft als gefährlich dargestellt wurde – als Biß einer Schlange oder eines Vogels –, zu domestizieren und in ein anderes Wahrnehmungsfeld zu überführen. Der Vorgang selbst zeigt sich an einem Wandel der visuellen Darstellung des Tastsinns: Die Allegorien des Tastsinns waren traditionell weibliche Figuren. Doch gegen Ende des 18. Jahrhunderts mehren sich die Darstellungen, in denen der weibliche Körper nicht als symbolische Figur, sondern als *Objekt* des Tastsinns gezeigt wird. »Die traditionelle Feminisierung der Empfindung wird offenkundig das Sinnbild des Objekts des Begehrens.«[205] In ebendieser »Objektivierung« des weiblichen Kör-

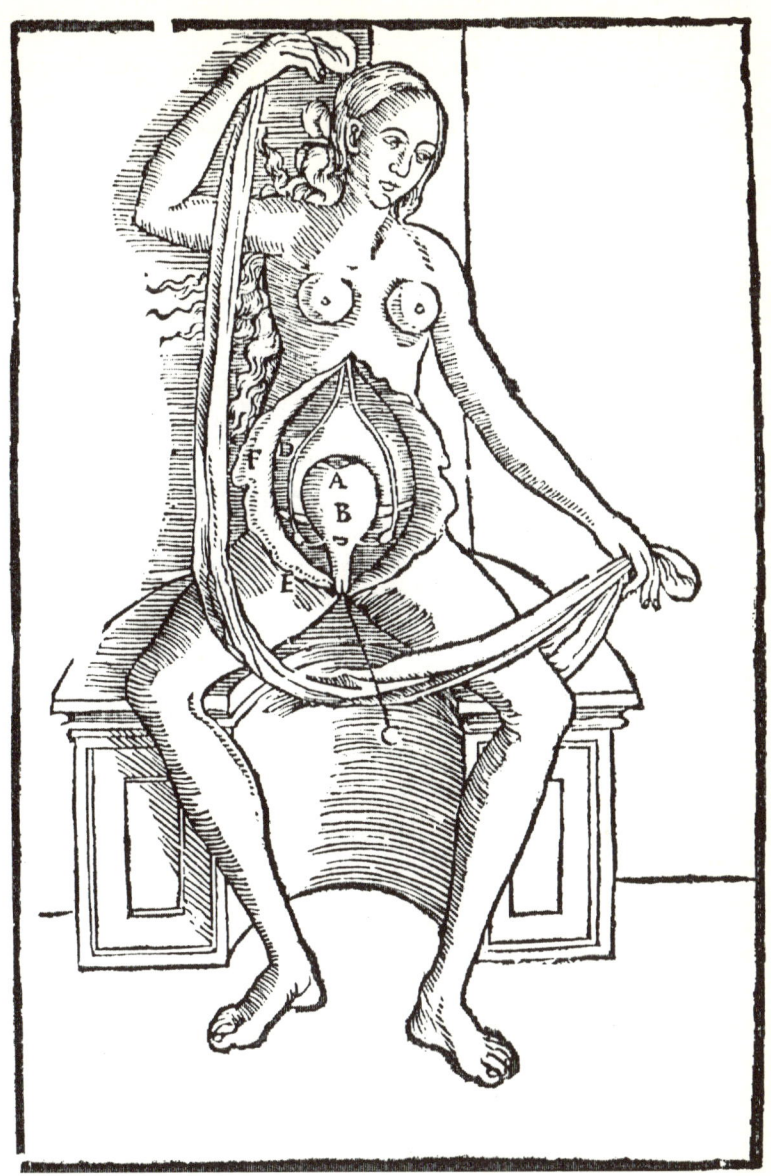

Holzschnitt aus Mundinus, Anatomia, Marburg 1541. Der männliche Blick penetriert den weiblichen Körper.

pers erfährt der Tastsinn seine eigentliche Domestizierung. Mochte der Renaissance das zentralperspektivische Sehen noch als Mittel dienen, die Berührung zu *vermeiden*, so entwickelt sich mit den modernen technischen Sehgeräten eine Form des Sehens, die für die Berührung selbst steht.

Technische Bilder: Photographie

Die Photographie, so hat Flusser geschrieben, »wurde als erstes technisches Bild im 19. Jahrhundert erfunden, um die Texte wieder magisch zu laden«.[206] Was ist unter dieser ›Aufladung‹ zu verstehen? Es bedeutet, die der Schrift inhärente Abstraktion von der Körperlichkeit zum Verschwinden zu bringen, ohne daß die Bilder ihre (von der Schriftlichkeit abgeleitete) Definitionsmacht verlieren. So besagt eine grundlegende Theorie über die Photographie (die in verschiedenen Varianten auftaucht), daß das Auge des Betrachters immer ein ›herrschendes‹ sei. Es entfalte seine ›Aktivität‹ und ›Wirklichkeitsmacht‹, indem es den anderen in sich aufnehme, mit Haut und Haaren verschlinge, um sich seiner zu bemächtigen – eine Form von optischer Aneignung, auf die schon Otto Fenichel in seinem Aufsatz *Schautrieb und Identifizierung* (1935) hingewiesen hat: »das gesehene Objekt fressen, ihm ähnlich werden (es nachahmen müssen), oder umgekehrt es zwingen, einem selbst ähnlich zu werden«.[207] Das »gefräßige Auge«[208] findet durch die visuelle Einverleibung des anderen seine ›Unversehrtheit‹ oder ›Vollständigkeit‹ – eine Erlösungsmetapher, bei der sich eine Verlagerung der christlichen Eucharistie auf die Augen vollzogen zu haben scheint: Nimmt der Christ den Leib des Herrn in sich auf, um das ewige Leben zu erringen, so verschafft sich der säkulare Christ die Unsterblichkeit, indem er sich den anderen *mit den Augen* einverleibt.

Wie bemächtigt sich das photographische Auge des Anderen? Erstens, indem es seine Zeit zum Stillstand bringt; zweitens, indem es ihn erzeugt. Der Tötungsakt schlägt sich im Vokabular der Photographie selbst nieder, deren Bilder ›geschossen‹ werden. In seinem Aufsatz über *Foto, Fetisch* schreibt Christian Metz, daß »Unbewegtheit und Stille Merkmale des Todes« wie der Photographie seien.[209] Philippe Dubois, der von der Photographie als *Thanatografie* spricht, sagt von der photographierten Person, daß sie gestorben sei, »weil sie gesehen wurde«.[210] Für Peter Wollen bewahrt das Photo die Fragmente der Ver-

Photographie – der unerwiderbare Blick.

gangenheit »wie der Bernstein die Fliegen«.[211] Und Roland Barthes erscheint das Photographiertwerden wie »im kleinen das Ereignis des Todes [...] ich werde wirklich zum Gespenst. [...] Wenn ich mich auf dem aus der Operation hervorgegangenen Gebilde erblicke, so sehe ich, daß ich GANZ UND GAR Bild geworden bin, das heißt der TOD in Person.«[212]

Die technischen Seh- und Aufnahmegeräte wurden vor allem für die Zerstörungstechnik des Militärs entwickelt und optimiert. Aber auch in anderer Hinsicht dient das Medium Photographie als Waffe. Photohistoriker (und Betrachter der Wehrmachtsausstellung) hat immer wieder die Vielzahl an photographischen oder filmischen Dokumenten erstaunt, die Täter von ihren Verbrechen hinterlassen haben. Auch die Photos der Konzentrationslager oder des Warschauer Ghettos sind mit wenigen Ausnahmen von den Tätern gemacht worden. Das gleiche galt auch für die Ermordung politischer Widersacher. Es galt sogar für Verbrechen, die ohne Befehl und ohne staatliche Ermächtigung verübt wurden, für die die Täter also zumindest mit der Möglichkeit einer Scheinstrafe zu rechnen hatten. So gibt es Photos der »Köpenicker Blutwoche«, bei der im Juni 1933 (als die Rechtsstaatlichkeit noch nicht völlig aufgehoben war) Angehörige der SA und SS rund 500 Mitglieder der KPD, SPD und der Gewerkschaften nachts in ihren Häusern überfielen, folterten, zum Teil ermordeten, bevor sie die Leichen in Säcke geschnürt in einen nahe gelegenen Fluß warfen. Auch von diesen Verbrechen gibt es Photos, die in der DDR zur Überführung und Verurteilung der Täter führten.

Welche Funktion haben solche Photos für den, der sie ›schießt‹? Wie erklärt es sich, daß sich in den Brusttaschen gefallener deutscher Soldaten Aufnahmen der von Deutschen in Rußland begangenen Greueltaten fanden? Es ist unwahrscheinlich, daß diese Soldaten in der Kriegssituation gegen den deutschen Staat Belastungsmaterial sammeln wollten. Die Photos erscheinen vielmehr wie der Beweis für eine Befehlsgewalt über den *anderen* und wie ein Beleg für die Macht, ihn auszulöschen. Dabei dienen sie offenbar auch der Vergewisserung, daß man selbst zu den ›Überlebenden‹ gehört.[213] Die Bilder mit den Erschießungen der *anderen* transportierten für den Soldaten offenbar die Hoffnung, daß der Tod dem *anderen* vorbehalten bleibt. Durch das am eigenen Leibe getragene Photo vom Grauen, das dem anderen widerfährt, soll der Tod vom Ich ferngehalten werden. Diese Denkweise hängt mit dem Medium selbst zusammen, das das Gefühl definitori-

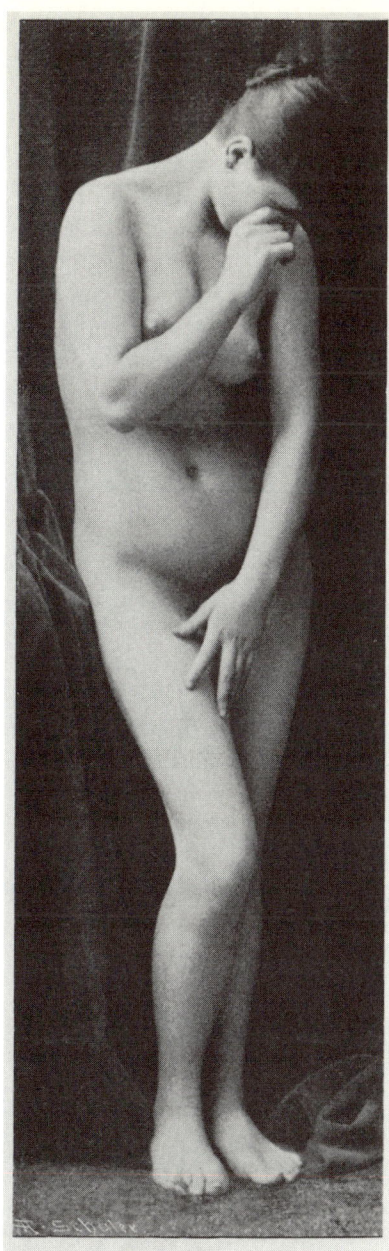

Entkleidetes Mädchen.
Sekundärer Ausdruck des Schamgefühl

scher Macht vermittelt: nicht nur über den Tod, sondern auch über das Leben des anderen.

Weil die Photographie dem Photographierenden die Vorstellung einer Herrschaft über Zeit und Verfall vermittelt, imaginiert sich das photographische Auge auch als *Erzeuger* des oder der anderen – ein Phantasma, das im oben beschriebenen Blick des Vaters auf seine Tochter zum Ausdruck kam. Das ›sehende Subjekt‹, das sich mit der Renaissance als Phantasie herausbildet und in der Moderne durch den unerwiderbaren Blick der Photographie konstituiert, stellt das ›Ebenbild‹ eines allmächtigen Gottes dar, der sehen kann, ohne gesehen zu werden.[214] Doch der zeugende Blick nimmt eine andere Form an. Hatte sich einst Gott der Erde und das männliche dem weiblichen Geschlecht ›eingebildet‹, so bildet das moderne sehende Subjekt durch den Blick der technischen Sehgeräte den anderen *ab*; zugleich hält es sich den anderen durch das Bild auch ›vom Leibe‹. Dabei nimmt das Wort ›Bild‹ eine andere Bedeutung an: Es beinhaltet die Verwandlung des anderen in einen abgespaltenen Teil des Selbst – und diese Vorstellung vom anderen als ›Reproduktion‹ des Selbst wird auch in der Geschlechterordnung ihren Ausdruck finden.

Die Phantasie einer zeugenden Macht des Blicks kommt vor allem in den Sexualphantasien zum Ausdruck, die mit den technischen Bildern einhergehen. In dieser Hinsicht zeigt sich der Vorgang der ›magischen Aufladung‹ besonders deutlich. Schon mit dem Beginn der Neuzeit kündigte sich – nicht nur auf religiöser, sondern auch auf weltlicher Ebene – in der Geschlechterordnung die Phantasie einer zeugenden Macht des Blicks an. Jahrhunderte vor der Entstehung der Photographie hatte sich, so Thomas Kleinspehn, ein »normativer Blick auf die Frau« durchgesetzt, der »ihren Körper im Kern als eine Inszenierung männlicher Phantasien erscheinen« ließ.[215] Aufschlußreich ist in dieser Hinsicht der Wandel des Begriffs der ›Scham‹.

Der Begriff der ›Scham‹ stand immer in enger Beziehung zum Sehen: Die Scham impliziert das Bewußtsein eines Blicks der anderen auf das Selbst. So berichtet Isokrates, daß ›in den alten Tagen‹ junge Männer, wenn sie die Agora zu überqueren hatten, in »große Scham und Verlegenheit« gerieten.[216] Der englische Moralphilosoph Bernard Williams schreibt:

»Die Grunderfahrung der Scham besteht darin, gesehen zu werden – im unpassenden Augenblick, von den falschen Leuten, in der falschen Lage. Sie hängt unmittelbar mit Nacktheit zusammen, insbesondere in sexuellen

Konstellationen. Das Wort *aidoia*, eine Ableitung von *aidos*, ›Scham‹, ist eine übliche griechische Bezeichnung für die Genitalien, und ähnliche Begriffe finden sich in anderen Sprachen. Die Reaktion ist die, sich zu bedecken oder zu verbergen, und die Menschen versuchen instinktiv, solche Situationen zu vermeiden.«[217]

Auch in der deutschen Sprache bezeichnet das Wort ›Scham‹ sowohl das Scham*gefühl* als auch die Geschlechtsmerkmale. Aber das Gefühl der Scham beschränkt sich nicht allein auf den sexuellen Bereich. Es hat mehr mit einer allgemeinen Leiblichkeit und dem Gefühl des Betrachtetwerdens zu tun. Wo sich der Begriff der Scham auf die Geschlechtlichkeit bezieht, vollzog sich allerdings eine Veränderung. So hieß es in der Antike und noch bis in den Beginn der Neuzeit hinein, daß das *Erblicken* der weiblichen Scham den Mann in einen Zustand der Ohnmacht versetze: eine Vorstellung, in der sich auch der Topos vom ›bösen Blick‹ der Frau oder dem tödlichen Blick der Medusa widerspiegelt.[218] In der zweiten Hälfte des 18. Jahrhunderts, als dank der technischen Sehgeräte der Blick zunehmend einseitig wird und ›Erkenntnis‹ soviel wie ›Eindringen‹ und ›Penetration‹ bedeutet, nimmt die ›Scham‹ eine neue Bedeutung an,[219] die auf einen Wandel des Blicks im Geschlechterverhältnis verweist. Dies zeigt sich besonders deutlich bei Jean-Jacques Rousseau, der in seinem Erziehungsroman *Emile* die Schamesröte zu einem Zeichen von Weiblichkeit und dem *einzig* zulässigen Symptom weiblichen Begehrens erklärt.[220] Das heißt, für Rousseau, dem an der Frau nichts anziehender erscheint als ebendiese Scham, tritt in gewisser Weise das *sichtbare Erröten* an die Stelle der *sichtbaren Geschlechtsmerkmale* der Frau. Das weibliche Erröten, so Rousseau, wird aber erst durch die ›eindringlichen‹ Blicke des Mannes erzeugt. Bei ihm offenbart sich eine Interpretation des Blicks, die dem Mann die Fähigkeit und Macht zuweist, mit seinen Augen die weibliche Scham – und damit ihre sinnliche Geschlechtlichkeit – *zu erzeugen*.[221]

Parallel zu diesem Wandel der ›weiblichen Scham‹ vollzieht sich ein Wandel in der Vorstellung von männlicher Scham, die sich nun ebenfalls von den sichtbaren Geschlechtsmerkmalen fort und hin zum Blick verlagert. Für den Mann besteht, laut Rousseau, die ›Scham‹ darin, *beim Sehen ertappt* zu werden: also dem der anderen ausgesetzt zu sein. In seinen *Bekenntnissen* beschreibt er seine Verehrung für eine junge Frau, an der er »mit gierigen Augen alles verschlang, was ich unbemerkt sehen konnte«. Er folgt ihr heimlich in ihr Zimmer, wo er entdeckt wird. »Tief beschämt« sinkt er auf die Knie. Dieses Schamgefühl hindert ihn jedoch nicht daran, den Moment in lustvoller Erinnerung zu behalten: »Vielleicht«, so schreibt er, »hat sich gerade darum das Bild dieser liebenswürdigen Frau meinem Herzen so reizvoll eingeprägt.«[222]

Der Wandel der Vorstellung von ›Scham‹ – und die unterschiedliche Zuschreibung des Begriffs an das männliche und an das weibliche Geschlecht – offenbart, daß sich mit der Neuzeit zunehmend eine von den Augen bestimmte Ordnung im Verhältnis der Geschlechter durchgesetzt hat: eine Ordnung, bei der der Sexualakt selbst durch das Sehen und Betrachtetwerden ersetzt zu werden scheint. E.T.A.Hoffmann hat die Phantasie eines Eros zwischen einem sehenden Subjekt und einem blinden Objekt der Betrachtung in seiner Erzählung *Der Sandmann* aufgegriffen. Der Held Nathanael verliebt sich in Olimpia: ein »hohes, sehr schlank, im reinsten Ebenmaß gewachsenes Frauenzimmer«, das er mit Hilfe eines Taschenperspektivs im gegenüberliegenden Hause sitzen sieht: »Sie schien mich nicht zu bemerken, und überhaupt hatten ihre Augen etwas Starres, beinah möchte ich sagen, keine Sehkraft, es war mir so, als schliefe sie mit offnen Augen.«[223] Ebendieser Frau, einer Puppe, die er sehen kann, die aber nicht selber zu sehen vermag, verfällt er im Liebeswahn. Hoffmann sieht die Gefahren, die in dieser erotischen Konstellation auch für den Sehenden bestehen: die Gefahr einer Ohnmacht, bei der es für den Betrachter nur noch ein ›eingebildetes Du‹, ein Spiegelbild des Selbst, gibt. Hoffmanns Erzählung erschien 1816. In demselben Jahr gelang es Nicéphore und Claude Niepce zum ersten Mal, Lichtbilder auf Papier unter Verwendung von Silberchlorid mit einer Kamera herzustellen.

Der Wandel der ›Scham‹ hatte Folgen. Er drückte sich u.a. in der rasanten Entkleidung des weiblichen Körpers seit dem späten 19.Jahrhundert aus. Galt der Anblick des unbekleideten weiblichen Körpers bis zur Renaissance als ebenso gefährlich wie der weibliche Blick, so verschwindet allmählich diese Angst, um mit der Entstehung der Photographie in das Gegenteil umzuschlagen: Der nackte weibliche Körper, dem einst unterstellt wurde, die Lüge zu verkörpern – etwa in den Bildern der verführerischen Frau, hinter deren Maske sich der Tod verbirgt –, wird nun zum bevorzugten Objekt der Darstellung von ›Wahrheit‹ und ›Wirklichkeit‹. Allerdings wurde diese Wirklichkeit als ›Erzeugnis‹ des Blicks gedacht. Das zeigt sich u.a. daran, daß das Vokabular der optischen Reproduktionstechniken mit dem der Gentechnologie sehr oft identisch ist: Die Photographie erscheint wie die Einübung der Phantasie einer technischen Reproduzierbarkeit des Menschen[224] – eine Phantasie, die schon in der frühen Eugenik am Werke war, als etwa Galton sich der Photographie bediente, um den Typus des ›Devianten‹ zu entwickeln. [225] Und nicht durch Zufall bedient sich Steven Spielberg in *Jurassic Park* zur Darstellung des biologischen Klonings einer Sequenz, in der sich Richard Attenborough *filmisch* vervielfacht. Insgesamt stellt die Geschlechtersymbolik eine der Schnittstellen von Medientechnologie und Gentechnologie dar: Bei beiden geht es um zentrale Begriffe wie ›Reproduktion‹, ›Simulation‹ oder ›Inkarnation‹. Diese Macht brachte allerdings auch Ängste hervor, die sich im Motiv des verlorenen Schattens widerspiegeln, das die Literatur des 19. Jahrhunderts durchzieht. [226] In diesem Motiv kam die Angst zum Ausdruck, daß die ›Kopie‹ die Herrschaft über das Original antreten könnte. Besonders deutlich in Andersens Märchen vom Schatten, der dick und reich wird und schließlich seinen Meister hinrichten läßt. [227] In *Jurassic Park* sind es die Klone, die sich unabhängig machen und ihre Schöpfer gefährden.

Insgesamt kann man sagen, daß die Differenz zwischen dem Sehen und Gesehenwerden die Geschlechterdifferenz überlagert, ja usurpiert hat. Männlichkeit wird durch Sehen, Weiblichkeit durch Betrachtetwerden definiert. Dabei ist es freilich wichtig festzuhalten, daß sich heute diese Definitionen nicht unbedingt auf den männlichen oder weiblichen Körper beziehen und auch keineswegs nur den zwischengeschlechtlichen Verhältnissen vorbehalten bleiben. Wegen der Art, in der das mechanische Auge sein Objekt ›penetriert‹, wird der Betrachter, egal ob männlich oder weiblich, als männlich gedacht und das betrachtete Objekt als weiblich wahrgenommen. Diese Form der Wahrnehmung bewegt sich über die Geschlechtergrenzen hinweg und prägt auch die Selbstwahrnehmung des einzelnen und der einzelnen.

Technische Bilder: Film

Den theoretischen Überlegungen über die Wirkungsweise der *Photographie*, bei der sich die ›Herrschaft‹ des Betrachters mit der Ohnmacht des oder der Betrachteten paart, stehen Theorien über den *Film* gegenüber, die in gewisser Weise genau das Gegenteil besagen. Sie wurden im Zusammenhang mit der Geschichte des Schwindels kurz skizziert und sollen im folgenden noch einmal aufgegriffen werden, um die strukturellen Parallelen zur christlichen Geschichte der Bilderverehrung zu zeigen. Die Filmtheorien leiten sich zum Teil aus psychoanalytischen

Erklärungsmustern ab. Film und Psychoanalyse entstanden fast zeitgleich, allerdings ist der Umgang mit dem Bild fast konträr: Geht es im Film um ›sichtbare Bilder‹, die das Unbewußte besetzen – hierin ähnelt der Film dem christlichen Paradigma einer Fleischwerdung des Wortes –, so ging es Freud um die ›Zersetzung‹ der Bilder durch Sprache: Das Sprechen, so sagte er, trage dazu bei, daß die Bilder (und damit die Symptome) »zerbröckeln« und »undeutlich werden«. [228]

In dem Aufsatz *Das Kino und das Imaginäre* beschreibt Hans-Thies Lehmann die spezifische Ich-Erfahrung des Kinobesuchers:

> »Der Zuschauer, dessen Blick in den imaginären Raum fällt, verfällt dem Geschehen. In einer faszinierenden, Lust und Angst mischenden Bewegung erfährt der Blick in Travelling, Zoom oder Schnitt passiv ohnmächtig und lustvoll diesen Raum. Die Kamera, das Instrument, das beherrscht und gesteuert wird, kann der Zuschauer kaum vom eigenen Blick unterscheiden. Die Herrschaft, die ein anderer ausübt (der Regisseur, der Kameramann) wird als eigene erfahren, das technische Gerät wird zur Realfigur des menschlichen Blicks. Man kann das wesentliche Kennzeichen jener Wunschbefriedigung, die das Filmbild vorspie(ge)lt, in einer *ambivalenten Allmachtserfahrung* erblicken. Hier liegt jedoch zugleich das Kernproblem des Kinos, denn der Allmachtstraum ist potentiell aggressiv, da er die ihm widersprechenden Realitäten fortwährend unterdrücken und ausschließen muß. Das Phantasma der Allmacht ist kindlicher Kompensation radikaler Ohnmacht entsprungen, und das Subjekt neigt dazu, zwanghaft zu verleugnen, was an Abhängigkeit erinnert, an einen Bruch im Ich, an jede Form von Spaltung, an alles, was in uns Schwäche ist, ohnmächtige Ausgeliefertheit, kurzum: an Tod.« [229]

Das Kino ist Ort der Allmachts- *und* der Ohnmachtserfahrung, wie wir ihr auch in der Geschichte des Schwindelgefühls bei Flaubert begegnet sind. Im Kino paart sich das Gefühl von Herrschaft, das durch die Identifizierung mit dem Blick der Kamera entsteht, mit einem Gefühl von Ohnmacht, weil der Blick der Kamera von einem *anderen* bestimmt wird. In ihrem Aufsatz *Schaulust und masochistische Ästhetik* führt die amerikanische Filmtheoretikerin Gaylyn Studlar die ›lustvollen Ohnmachtsgefühle‹ im Kino auf einen weiteren Faktor zurück. Sie weist darauf hin, daß die Erfahrung der Passivität vom Zuschauer keineswegs verleugnet werde. Im Gegenteil: Das Lusterlebnis im Kino bestehe gerade darin, daß der Zuschauer und die Zuschauerin die Möglichkeit haben, Macht *und* Ohnmacht zu erfahren. Diese Möglichkeit werde ihnen nicht nur durch die Identifizierung mit dem Kcamerablick eröffnet, sondern auch durch die freie Wahl der Identifizierung mit den männlichen *und* den weiblichen Rollen. Tatsächlich sei die ›aktiv-allmächtige‹ Rolle keineswegs immer an die männliche Hauptfigur gebunden, ebensowenig wie die ›passiv-ohnmächtige‹ an die weibliche. Studlar führt als Beispiel die klassischen Filme von Josef von Sternberg an, in denen Marlene Dietrich den ›aktiven Blick‹, ihre männlichen Partner aber das Muster der Passivität verkörpern. Die Attraktivität dieser Filme – und des Mythos um Marlene Dietrich – habe gerade darin bestanden, daß sie die geschlechtlichen Muster undeutlich werden ließen und Männern wie Frauen die Möglichkeit boten, beliebig in die Rolle des einen oder des anderen Geschlechts hineinzuschlüpfen.[230]

Aus genau diesem Grund galt das Kino von Anfang an als Ort des Anzüglichen: Dabei unterstellte man paradoxerweise, daß es einerseits Brutstätte lasterhafter Ausschweifungen *zwischen* den Geschlechtern sei, andererseits aber auch die Geschlechterdifferenz zum Verschwinden bringe. Schon in den 20er Jahren verglich Hugo von Hofmannsthal die Kinoerfahrung mit dem lustvollen Verlust des Selbst:

»Diese ganze unterirdische Vegetation bebt mit bis in ihren dunkelsten Wurzelgrund, während die Augen von dem flimmernden Film das tausendfältige Bild des Lebens ablesen. Ja, dieser dunkle Wurzelgrund des Lebens, er, die Region, wo das Individuum aufhört Individuum zu sein, er, den so selten ein Wort erreicht, kaum das Wort des Gebetes oder das Gestammel der Liebe, er bebt mit.«[231]

Die Erfahrung einer Verschmelzung mit dem anderen bei gleichzeitiger *Aufhebung* der Geschlechterpolarität ist das Produkt des Mediums selbst. Denn anders als die Photographie rufen die Rezeptionsmuster des Films eine doppelte Subjektbildung hervor: Der Zuschauer identifiziert sich einerseits mit dem betrachtenden Auge der Kamera und andererseits mit dem Objekt der Betrachtung, den auf der Leinwand agierenden Darstellern, die aber nicht als Objekt, sondern als Subjekt ihres Handelns wahrgenommen werden. Bedenkt man, daß das Sehen und Betrachtetwerden die Geschlechterdifferenz überlagert hat, so begreift man, daß sich mit dem Film ein radikaler Wandel der symbolischen Ordnung der Geschlechter vollzieht, bei dem die Geschlechtergrenzen ihre strengen Konturen verlieren: Es vollzieht sich eine Auflösung der traditionellen Geschlechterordnung, die jedoch zugleich an die Phantasien des frühen Christentums von der ›engelhaften Unbestimmtheit‹ wie auch an die späteren christlichen Bilder von der ›Seligkeit der Vereinigung‹ anschließt.

Die Vergleichbarkeit von Kino und Kommunion gilt auch in anderer Hinsicht. »Wenn Sakrament geschieht«, so schreibt der Theologe Raphael Schulte,

> »dann geschieht, was geschehen ist, jetzt, konkret je heute; dann nehmen die Betreffenden an dem teil und lassen *mit* und *in* sich geschehen, was sich im Kreuzesgeschehen *für* alle ereignete. [...] Das je einzelne sakramentale Geschehen ist folglich als *Gottes*geschehen zu fassen, *in* dem die betreffenden Menschen entsprechend der jeweiligen (unterschiedlichen) Thematik der einzelnen Sakramente mit-beteiligt werden, und das in solcher Konkretheit, daß vom *Mit*-gekreuzigt-, *Mit*-begraben-, *Mit*-auferweckt-Werden gesprochen werden muß.«[232]

Ebenso wie das Heilsgeschehen im heiligen Abendmahl als ›jetzt‹ erfahren wird, bringt auch das Kino die Zeitwahrnehmung zum Verschwinden. Anders als das Photo, das Zeugnis von einem Moment liefert, der unwiederbringlich der Vergangenheit angehört, wird das Erlebnis im Film als gegenwärtig sich ereignend wahrgenommen. Christian Metz und Roland Barthes haben deshalb den Film als Medium der permanenten Gegenwart umschrieben, während sie die Photographie als Medium des Vergangenen bezeichnen.[233] Ich möchte an dieser Stelle noch einmal an Meister Eckehart erinnern, der schreibt: »Wo sieht man Gott? Wo nicht Gestern noch Morgen ist, wo ein Heute ist und ein Jetzt, da sieht man Gott.«[234]

Hatte die Ikone den Sinn, »den Heiligen präsent zu machen«,[235] so geschieht im Kino dieser Akt der ›Vergegenwärtigung‹ durch die Rezeptionsmuster des Mediums selbst, die das Ich in einen imaginären Raum der permanenten Gegenwart versetzen, hierin vergleichbar der Funktionsweise des Unbewußten, das – ähnlich wie der Film – auf Bild gewordener Sprache beruht. Freuds Beschreibung des Unbewußten ähnelt in dieser Hinsicht den Rezeptionsmustern des Kinos. Das Unbewußte kenne weder die ›logischen Denkgesetze‹ noch den Widerspruch, und die ›äußere Realität‹ werde durch die psychische ersetzt. Auch kenne das Unbewußte nicht Vergangenheit und Zukunft; es befinde sich in einem Zustand permanenter Gegenwart. »Die Vorgänge des Systems *Ubw* sind zeitlos, d. h. sie sind nicht zeitlich geordnet, werden durch die verlaufende Zeit nicht abgeändert, haben überhaupt keine Beziehung zur Zeit. [...] Ebensowenig kennen die *Ubw*-Vorgänge eine Rücksicht auf die Realität. Sie sind dem Lustprinzip unterworfen; ihr Schicksal hängt davon ab, wie stark sie sind, und ob sie die Anforderungen der Lust-Unlustregulierung erfüllen.«[236] Eben wegen dieser strukturellen

Ähnlichkeit gelingt es dem Kino auch immer wieder, das Unbewußte zu ›besetzen‹. Allerdings gibt es einen Unterschied zwischen den Bildern des Kinos und denen des Unbewußten: Während es sich bei ersteren um visuell gewordene Schrift handelt, beziehen sich letztere auf die gesprochene Sprache. Wenn allerdings die gesprochene Sprache selbst schon nach den Gesetzen der Schrift gestaltet ist, schwindet auch dieser Unterschied. Deshalb ist die strukturelle Ähnlichkeit der Rezeptionsmuster des Kinos und der von Freud beschriebenen Funktionsweise des Unbewußten auch vielleicht als Spezifikum westlichen Denkens und als Folge des griechischen Alphabets wie christlicher Ikonophilie zu betrachten.

Christian Metz, für den das Kino die Fiktion evoziert, während das Photo auf das Dokument ausgerichtet sei, schreibt, daß diese Unterscheidung im ›Familien-Film‹ zunächst verwischt werde. Doch bei näherer Betrachtung zeige sich ein entscheidender Unterschied zwischen den photographischen und den filmischen Dokumenten der Erinnerung an Menschen, die man gekannt hat:

»Der Film erstattet den Toten eine Lebensähnlichkeit zurück, die zwar schwankend, schattenhaft und vergänglich ist, zugleich aber durch das Begehren des liebenden Zuschauers und durch sein unabweisbares Verlangen nach Befriedigung verstärkt wird, während die Fotografie vermöge der objektiven Suggestion ihres Signifikanten – Unbewegtheit und Stille – die Toten als Tote würdigt.«[237]

Die Tatsache ihrer ›Beweglichkeit‹ weckt also das Begehren des Betrachters nach ›Wiedervereinigung‹ mit den Verstorbenen. Der Tod wird gewissermaßen verleugnet. Hier besteht die Anziehungskraft des bewegten Bildes also darin, die Grenzen zwischen Tod und Leben zu überschreiten – so wie der Film auch die Grenzen zwischen den Geschlechtern verwischt. Diese beiden Grenzen entsprechen sich aber. Denn indem sie dem weiblichen Geschlecht die Rolle zuwies, den Körper, die Materie zu symbolisieren, hat die symbolische Ordnung der Schrift dem ›anderen‹ Geschlecht auch die Rolle zugewiesen, die Sterblichkeit selbst zu inkarnieren: also in jedem Sinne des Wortes ›verschieden‹ zu sein. Doch die Rezeptionsmuster des Films ermöglichen es dem Zuschauer, sich in die Rolle der Ohnmacht oder des Betrachtetwerdens – kurz: der Weiblichkeit – zu versetzen und sich damit auch der ›Erfahrung‹ der eigenen Sterblichkeit auszusetzen. Auf ebendieser Möglichkeit beruht das Lusterlebnis im Kino, das hier einer ähnlichen Konstruktion unterliegt wie die Lust am Schwindel, die dann einsetzt, wenn sich Omnipotenz- und Impotenzgefühle paaren.

Der Film verschafft also jene Erfahrung der Ohnmacht, die der photographische Blick zu überwinden vorgibt. Aus der Perspektive des *Ich-Bildes* gesehen, widersprechen sich die beiden Formen der Selbsterfahrungen allerdings keineswegs so sehr, wie das auf den ersten Blick erscheinen mag. Wenn das Subjekt beliebig zwischen der Identifizierung mit ›dem Mann‹ oder ›der Frau‹, zwischen der Erfahrung der ›Unversehrtheit‹ und der des ›Mangels‹ *wählen* kann, so stehen dahinter nur unterschiedliche Phantasmen von Macht. Vermittelt die Photographie das Phantasma einer Allmacht über die Auslöschung und Erzeugung des *Anderen*, so eröffnet das Kino dem Ich alle *Seins*möglichkeiten: die Möglichkeit, Subjekt und Objekt, Ich und Du, Leben und Tod, Mann *und* Frau zu sein.

Damit eröffnet sich eine zusätzliche Perspektive auf das Sehen in der Moderne. Wenn sich das Subjekt im Kino beliebig mit Macht und Ohnmacht, mit Subjekt und Objekt des Blicks identifizieren kann, so heißt das, daß es sich auch als Opfer oder als Täter, als ›untergehend‹ oder als ›auferstehend‹ imaginieren kann: Die Tatsache, daß es sich um ein ›Medium‹ handelt, erlaubt es ihm, solche Gefühle ohne Schuld und ohne tiefgehende Bedrohung zu erfahren: Die eigene Verletzlichkeit wird zu einem Nervenkitzel, zu einer lustvollen ›Selbstentzweiung‹.[238] Dahinter steht die pseudoreligiöse Dimension eines transzendenten Erlebnisses, bei dem die Psyche die eigene Zerstörung und Erneuerung durchläuft. Sie macht die dionysische Erfahrung der Zerstückelung – und kommt dennoch ungeschoren davon. Daß mit diesen Techniken auch tatsächlich ›religiöse‹ Erfahrungen verbunden werden, zeigen die Visionen des Bewußtseinsforschers Stanislav Grof, der in den durch die Elektronik ermöglichten ›virtuellen Realitäten‹ die revolutionäre Möglichkeit sieht, mit technischen Mitteln den ›anderen Bewußtseinszustand‹ der Mystiker zu erlangen. Dank der technischen Medien lasse sich nun nicht nur die traditionelle Angst des Abendlandes vor den ›schamanistischen‹ und esoterischen Bewegungen überwinden, sondern diese könnten sogar technisch reproduziert, d.h. auf eine berechen- und beherrschbare Ebene verlagert werden.[239] Mit anderen Worten: Dank einer Technik, die er den Anstrengungen seines Bewußtseins (Berechnung, Planung) verdankt, kann der abendländische Mensch es bewerkstelligen, den Zustand des wachen Bewußtseins zu verlassen. Die im ›anderen Zustand‹ erfahrene Verletzlichkeit wird als technisch beherrschbar und damit auch als Zeichen der eigenen Allmacht begriffen.

Es liegt nahe, daß eine solche Wahrnehmung der *Darstellung* von Wirklichkeit auch auf die Wahrnehmung der Wirklichkeit selbst zurückwirken muß. Was aber ist ›Wirklichkeit‹? Hier sind zwei Definitionen aufschlußreich, die sich keineswegs ausschließen. Die eine stammt von Vilém Flusser, der Wirklichkeit als das definiert, »wogegen wir auf unserem Weg zum Tode stoßen«.[240] Die andere stammt aus der Physik und besagt, daß »kein physisches Objekt an zwei verschiedenen Stellen zugleich sein kann«.[241] In beiden Fällen bezieht sich der Begriff ›Wirklichkeit‹ auf eine physische Realität, der die Vergänglichkeit zugrunde liegt. Was bedeuten die filmischen Rezeptionsmuster nun für die Wahrnehmung von Realität – etwa bei Kriegsgeschehen oder Naturkatastrophen? Wir haben gesehen, daß der Film Begehren erweckt. Darüber hinaus bewirkt er aber auch, daß sich der Zuschauer in ein Geschehen hineinphantasieren kann, ohne davon physisch bedroht zu werden. Er wird in einen lustvollen Schwindel versetzt. Die technischen Bilder sind damit zu einem wichtigen Werkzeug bei der *Verhinderung* der Wahrnehmung von Verletzlichkeit – des Selbst oder des Anderen – geworden. Das gilt natürlich auch für die Schrift, die ebenfalls das Phantasma einer Überwindung der Körperlichkeit vermittelt. Doch bei der Schrift verlangt dieses Ziel zunächst die Trennung (Abstraktion) von der ›Wirklichkeit‹ (im Sinne von Vergänglichkeit), die ihrerseits die Voraussetzung dafür darstellt, daß eine ›andere Wirklichkeit‹ an diese Stelle treten kann: eine Wirklichkeit, die nach den Gesetzen der Schrift ›gebildet‹ ist. Die technischen Bilder stellen die Implementierung dieser ›geschriebenen‹ Wirklichkeit dar. Eben weil es sich bei ihnen um ›Schriftbilder‹ handelt, wird ihre Wirkungsweise auch von vielen Autoren schon lange vor der Entstehung von Photographie und Film beschrieben. So kritisiert Novalis an der Schrift, »daß wir am Ende nur noch Bücher, aber keine Dinge mehr sehn und unsre 5 leiblichen Sinne beynah so gut, wie nicht mehr haben«.[242] Er setzt auf die ›Einbildungskraft‹, die als der ›eine Sinn‹ alle anderen Sinne ersetzen soll, um der abstrahierenden Wirkungsmacht der Schrift entgegenzuwirken.[243] Alle Wahrnehmungsvermögen seien vom Auge bestimmt. »Die Objekte müssen durch entgegengesetzte Media durch, um richtig auf der Pupille zu erscheinen.«[244] Allerdings übergeht Novalis dabei, daß der Sinn des Sehens auch der ›rationalste‹ der Sinne, mithin der Abstraktion der Schriftlichkeit am nächsten, ist. Der Sinn des Sehens hatte ja gerade deshalb an Bedeutung gewonnen, weil er die gefährliche Berührung, also den Tastsinn, domestiziert und funktionalisiert hatte. Er war zu einer ›gehobenen Form‹

des Tastsinns und aller Nahsinne geworden. Sander Gilman, der sich auf Freuds Beobachtung bezieht, daß ein unterdrückter Sexualtrieb oft kompensiert werde durch sozial anerkannte (weil vom Sinn des Sehens bestimmte) Handlungen wie den Theaterbesuch,[245] schreibt dazu: »Es kommt nicht nur darauf an, daß es akzeptabel ist, ein Theaterstück anzusehen; es geht vor allem darum, daß das Sehen – zumindest im westlichen Wertesystem – eine höhere Form der Stimulation ist als das Fühlen. Bei der Konstruktion der erotischen Implikation der Sinne erreicht der Tastsinn nur dann ›ästhetischen‹ Wert, wenn er auf irgendeine Weise mit dem höheren Gesichtssinn verbunden wird.«[246] So erstaunt es nicht, daß die Funktionsweise der ›Einbildungskraft‹ bei Novalis nicht dem einfachen Sehen entspricht, sondern die der technischen Bilder antizipiert: »Alle Sinne sollten *Augen* werden. Fernröhre.«[247] Das Fernrohr sei »ein künstliches unsichtbares Organ«.[248] In Klingsohrs Märchen *(Heinrich von Ofterdingen)* steigt ›Fabel‹ in einen dunklen Raum, in dem Licht und Schatten »ihre Rollen vertauscht« haben, und verkündet, Fäden spinnend: »Aus ist die Zeit der Fehden. *Ein* Leben sollt' ihr seyn.«[249] Es ist das gleiche Paradigma der ›Verschmelzung‹ – »die Region, wo das Individuum aufhört Individuum zu sein« –, das Hofmannsthal für das Kino beschrieben hat.

Wie mit der vollen Alphabetschrift und anderen medialen Neuerungen, hat sich auch mit den technischen Bildern ein ›Bild‹ der Wirklichkeit vor die Wirklichkeit selbst geschoben und verdrängt diese aus dem Feld des Erfahrbaren. Dennoch handelt es sich um eine von Menschen geschaffene Technik. Die Rezeptionsmuster des Films sind besonders geeignet zu zeigen, daß der abendländische ›Kulturfortschritt‹, der ein Fortschritt zur Berechenbarkeit ist, zu einer ganz spezifischen Form von ›Bewußtsein‹ führt, die die amerikanische Filmtheoretikerin E. Ann Kaplan auf die knappe Formel bringt:

> »Das Kino stellt die nächste Analogie auf dem Gebiet des Symbolischen zur Rückkehr in den Mutterschoß dar; sie erlaubt dem Subjekt, die Lust der Wiedervereinigung mit dem mütterlichen Leib zu erfahren – eine Vereinigung, die nach der ödipalen Phase in Wirklichkeit nicht möglich ist.«[250]

Der Fortschritt über die Technik führt also ›zurück zur Mutter‹ oder, um es in Lacanschen Termini auszudrücken: in den präödipalen Zustand einer Sprache ohne Worte, in dem sich das Individuum noch nicht vom Rest der Welt unterschieden weiß.

Insofern ähneln die Rezeptionsstrukturen des Kinos auch einem autoerotischen ›Phantasma‹, wie Jean Laplanche und Jean Bertrand Pontalis es beschrieben haben: »Das Phantasma ist nicht der Gegenstand des Wunsches, es ist Szene. Das Subjekt zielt im Phantasma in Wahrheit nicht auf ein Objekt oder sein Zeichen, sondern es tritt selbst in der Bilderfolge auf. Es stellt sich nicht das erwünschte Objekt vor, sondern wird als Teilnehmer an der Szene vorgestellt.«[251]

Auch Jean-Louis Baudry beschreibt das Kino als Ort eines lustvollen Subjektverlustes. Dabei vergleicht er die Passivität, die der Zuschauer im Kino erlebt, mit Formen der Befriedigung aus der frühesten Kindheit. Allerdings fragt es sich, ob dieser Effekt des Kinos nicht gerade damit zusammenhängt, *daß* es sich um eine hochentwickelte, von Menschen geschaffene und mithin berechenbare Technik handelt, die ebendeshalb Sicherheitsgefühle zu vermitteln vermag. Nur sie ermöglicht die ›Lust am Schwindel‹: durch einen ›Schwindel‹, der darin besteht, die eigene ›Mutter‹ oder die eigene *Matrix* zu erschaffen. Die von der Alphabetschrift herbeigeführte Abstraktionsfähigkeit und Berechenbarkeit, unter deren Zeichen die moderne Technologie steht, hat also ebenjene »Behausung« geschaffen, die einst der mündlichen Sprache eigen war: ein Band, das die einzelnen Körper miteinander verschmelzen läßt. In den Worten von Annette Brauerhoch:

»Auch mich treibt oft nicht so sehr der Wunsch nach einem bestimmten Film ins Kino, sondern eine gewisse, ungewisse Stimmung – eine Sehnsucht nach einem spezifischen Gefühl, eine Art sich auf ›die Welt‹ zu beziehen, die nur im Kino so erlebt werden kann: ein Verlangen nach Gemeinschaft im Allein-Sein, nach Umhüllung durch die Dunkelheit, nach dem Reiz des Lichtspiels auf meiner Netzhaut. Es ist auch das Verlangen nach einer Kommunikation, die der Worte und des sozialen Umgangs nicht bedarf.«[252]

Nun könnte man gegen diese Bewertung der technischen Bilder einwenden, daß zeitgleich mit Photographie und Film auch andere Formen der Visualität entstanden, die der oben beschriebenen Form einer ›Fabrikation von Bewußtlosigkeit‹ entgegengesetzt seien. Das ist zweifellos richtig, wenn man z. B. an die Arbeiten von Marcel Duchamp denkt, der Sehweisen zu entwickeln versuchte, die dem *immersive environment* entgegengesetzt sind. Aber es gilt nicht durchweg für die abstrakte Kunst, die etwa zeitgleich mit dem Film die Bühne des Augentheaters betrat. Gewiß propagierte Kasimir Malewitsch eine Form des Sehens, die dem ›Realismus‹ der technischen Bilder konträr war. Dennoch eignete auch dem Suprematismus eine ähnliche Struktur des *immersive environments* wie der christlichen Ikonophilie und den Rezeptions-mustern der technischen Bilder.

Gegenstandslose Kunst

In seinem Buch *Die gegenstandslose Welt* schreibt Malewitsch: »Unter Suprematismus verstehe ich die Suprematie der reinen Empfin-dung in der bildenden Kunst.«[253] Das erinnert an die ›Seligkeit‹, die bei Meister Eckehart über der Vernunft liegt. Malewitsch schreibt weiter, daß der Wert eines Kunstwerks »ausschließlich in der zum Ausdruck gebrachten Empfindung« liege: »Alles, was die gegenständliche Struk-tur des Lebens und der ›Kunst‹ bestimmte: Ideen, Begriffe und Vorstel-lungen […] alles hat der Künstler verworfen, um der reinen Empfindung Gehör zu verschaffen.«[254] Auf diese Weise gelange die Kunst

»in eine ›Wüste‹, in der [es] keine ›Ebenbilder der Wirklichkeit‹ – keine ideellen Vorstellungen –, nichts als eine Wüste [gibt], die Wüste aber ist erfüllt vom Geiste der gegenstandslosen Empfindung, der alles durch-dringt. […] Und so steht denn die neue gegenstandslose Kunst da als Aus-druck der reinen Empfindung, die keine praktischen Werte, keine Ideen, kein ›gelobtes Land‹ sucht.«[255]

Die Sehnsucht nach der ›Wüste‹ (die an die frühchristlichen Asketen erinnert, die in die Wüste zogen, um sich einen ›engelhaften Leib‹ anzu-eignen), die Ablehnung einer Hoffnung auf das ›gelobte Land‹ (in der die Ablehnung des jüdischen Messianismus enthalten ist), die Forderung nach einer ›reinen Empfindung‹ (in der kein Raum für den ›jüdischen Zweifel‹ ist) – vieles spricht dafür, daß auch in der abstrakten Kunst von Malewitsch Kräfte am Werke sind, die in der christlichen Tradition ste-hen, vergleichbar den Rezeptionsstrukturen des Kinos. Auch bei Male-witsch geht es um ein *immersive environment* und um die Versetzung des Individuums in einen Zustand der ›permanenten Gegenwart‹:

»Augenscheinlich müßte demnach das künstlerische Moment in jeder Hinsicht als das entscheidende angesehen werden: solange dies nicht der Fall ist, wird in dem Leben der Menschen untereinander statt der ersehnten Ruhe der ›absoluten Ordnung‹ die Unruhe der ›provisorischen Ordnungen‹ herrschen.«[256]

Daß Malewitsch sich als in der christlichen Tradition stehend betrachtete, zeigt nicht nur sein Verständnis von der Funktion der

Kunst als eines Raumes, in dem das Selbst verschwindet, sondern auch viele Aussagen, in denen das Bild des ›Juden‹ als Gegenbild beschworen wird. So bezichtigt Malewitsch »die Juden«, Christus nicht als den Messias »erkannt« zu haben, weil sie »sich ein Bild von ihm gemacht hatten«. »Er sah nicht aus wie dieses Bild, deshalb wurde er gekreuzigt.« Nach seinem Tod sei Christus »groß geworden«, mit jedem Jahrhundert sei seine »Persönlichkeit gewachsen«. Aber: »Das neue Bild in Ihm ist nur einem Teil der Bevölkerung erschienen.«[257] Solche Vorstellungen von der Blindheit der ›verstockten Juden‹, die die ›Wahrheit‹ nicht erkennen wollen, haben eine lange Tradition in den christlichen Darstellungen der Synagoga mit verbundenen Augen. Malewitsch geht weiter. Der »mosaische Weg«, so sagt er, sei dem »Konkreten«, Materiellen und der »mathematischen Berechnung des Gewinns« gewidmet, und Christus sei gekommen, »nicht um die berechnenden Gesetze von Moses zu bestätigen, sondern um sie aufzuheben«.[258] Auch dieses Bild des berechnenden, an materiellen Werten orientierten ›Juden‹, das mit dem christlichen Selbstbild der Aufopferung und des Idealismus kontrastiert wird, gehört in die Asservatenkammer des christlichen Antijudaismus. Nur tritt bei Malewitsch an die Stelle des Christentums der Suprematismus, der angetreten sei, dem »Utilitarismus, der Berechnung und Ziellosigkeit« ein Ende zu setzen. Deshalb komme der »schärfste Angriff auf die gegenstandslose Kunst« vom »Mosaismus«.[259] Schließlich der Aufruf an den Künstler als den »modernen Heiligen«:

»Der moderne Heilige muß sich selbst vor dem Kollektiv und in diesem ›Bild‹ zerstören, das seine Vollkommenheit im Namen der Einigkeit und Einheit erreicht; die Einheit aber ist Gott, d.h. mein Sein, das, wohin ich reise und in dem ich reise. Meine jetzige Gegenwart durch Einheit, Brüderlichkeit und die Vereinigung der Völker strebt danach, das Reich Gottes auf Erden zu erschaffen, in dem Gott Mensch sein wird als die Vollendung seines Seins, so wie die Heiligen Gott in sich tragen.«[260]

In diesem Aufruf sind alle Bilder vereinigt, die die christliche Heilsbotschaft und ihre allmähliche Säkularisierung begleitet haben: der Aufruf zur Einswerdung mit Gott, zur Menschwerdung Gottes, zum Verweilen in der ewigen Gegenwart und zur Erschaffung des Paradieses auf Erden.

Die ›magische Aufladung‹ der Texte vollzieht sich nicht nur durch die technischen Bilder. Wenn von der Suprematie des Auges in der abendländischen Kultur die Rede ist, so sollte in Erinnerung gerufen werden, daß es eine Prämisse zu dieser Entwicklung gab. Das Bedürfnis, durch die Augen Macht auszuüben, stellte auch eine Reaktion auf die Macht des Gehörs dar – und der Prototyp dieser Macht des Gehörs, dieses *immersive environments,* in das das Ich eintauchen kann, um darin zu verschwinden und aufzugehen, ist nicht die Musik (und nicht das Rauschen des Waldes oder des Meeres), sondern die gesprochene Sprache. Die gesprochene Sprache als ›Behausung‹ des Menschen stellt die ›ursprüngliche‹ Form des *immersive environments* dar. Sie ist der existentielle Lebenssaft, in dem das Ich schwimmt und von dem es auch gefangengehalten wird. Die Sprache ist die Mutter – la mère/mer und mēm, das Wasser –, die einerseits nährt, andererseits aber auch nicht freigeben kann. Genau dort setzte die große Neuerung an, die mit der Verschriftlichung der Sprache eingeleitet wurde. Die Alphabetschrift ließ es möglich erscheinen, den nährenden Lebenssaft zu erhalten, ohne daß er zum Gefängnis wird. Durch sie wurde das Gehör – das den Menschen so fesselt, weil jedes Geräusch, jeder Ton in das Innerste seines Körpers einzudringen vermag, ohne daß er sich dem verschließen könnte – durch das Distanz fordernde Auge ersetzt. Wenn man davon ausgeht, daß Geschichte (und damit auch große Innovationen wie die Schrift) nicht nur auf geplanten, rational erfaßbaren Faktoren beruht, so entsprach die geniale Erfindung des phonetischen Alphabets, d. h. die Übertragung von Phonemen in visuelle Zeichen, nicht nur der Notwendigkeit wachsender Wirtschafts- und Handelsverhältnisse, sondern auch dem Bedürfnis, den nährenden Stoff der Sprache vom ›Nahsinn‹ des Gehörs in den ›Fernsinn‹ der Augen zu überführen.

Doch, wir haben es gesehen, die Herstellung von Distanz genügte noch nicht. Es galt auch, einen Ersatz für die verlorengegangene Behausung zu schaffen, der – so wie die Töne – in den Körper eindringt und die Gefühle, die Gedanken, das Geschlecht zum Vibrieren bringt. So blieb den Augen nichts anderes übrig, als sich eine Stimme zuzulegen, die genauso penetrierend, verführerisch, überwältigend war wie die Töne. Die ›Bild-Töne‹ waren (mehr oder weniger) berechenbare Töne, weil sie den Gesetzen des Auges, den Gesetzen der Schrift, den Gesetzen der Notations- und später der Speichersysteme entsprachen. Aber diese

Töne penetrierten den Körper tiefer, als jeder blinde, tastende oder vom Geruch getragene Ton es je getan hatte. Es waren nicht ›Natur‹-Töne, sondern hart erarbeitete Töne, die von der Kunstfertigkeit des Menschen erzählten und in vielerlei Hinsicht den technischen Bildern vergleichbar waren. Von der Entstehung dieser sprechenden, singenden ›Augen‹ soll in diesem Abschnitt die Rede sein.

Die Geschichte dieser Töne ist lang und ließe sich auf viele Weisen erzählen. Sie könnte ein eigenes Buch füllen. So soll sie exemplarisch – und in verdichteter Form – am Beispiel der Opernstimme erzählt werden: einer relativ modernen Erscheinung, die eng mit der Entstehung der imaginären Räume der visuellen Techniken und der modernen Speichersysteme zusammenhängt. Ohne die Oper des 19. Jahrhunderts ist der Kinosaal des 20. kaum denkbar. In seinem Bayreuther Festspielhaus mit technischen Einrichtungen wie dem verdunkelten Zuschauerraum und dem versenkten Orchester (›mystischer Abgrund‹) nahm Richard Wagner die Technik des Kinosaals um Jahrzehnte voraus. Im folgenden werde ich die Geschichte des modernen Gehörs der Augen – mit ihren vielen sexuellen Aspekten – in Form eines Dialogs erzählen: zwischen der Vergangenheit, der Geschichte der Schrift, und der Moderne, der Geschichte der Oper. Dabei werden einige der medialen Entwicklungen, die im letzten und in diesem Kapitel beschrieben wurden, noch einmal rekapituliert. Von der Geschichte der Oper erzählt Wayne Koestenbaum, der in seinem Buch *Königin der Nacht* ein doppeltes ›coming out‹ feierte – als Homosexueller und als Opernliebhaber:

»Die Oper macht, daß ich mich zweigeschlechtlich fühle, die Idee der Heterosexualität blüht in meinem Kopf auf. Violetta und Alfredo lieben sich in meinem Blutkreislauf, und so ist mein Körper nicht einfach ein Körper – zwei zuvor widerstrebende Ströme begegnen sich. Die Oper erregt mich nicht sinnlich (die Oper ist kein Aphrodisiakum), aber sie stellt mir ein illusorisches heterosexuelles Festmahl auf, das ich gierig verzehre – ich umfasse, meistere, überwältige es.«[261]

Diese Bilder erinnern an Meister Eckeharts ›Seligkeit‹ der Vereinigung mit Gott und an seine Beschreibung der Eucharistie. Der Vergleich ist nicht willkürlich. Koestenbaum selbst greift auf christliche Bilder zurück:

»Manche Nonnen im Mittelalter glaubten, sie seien schwanger, weil Jesus an sie gedacht hatte; kein Wunder, daß Operntunten, Nonnen eines namenlosen Ordens, glauben, die durch das Ohr eindringenden Stimmen seien Manifestationen des Heiligen Geistes. [...] Hören heißt metaphorisch: geschwängert werden – mit Gedanken, Klang und Empfindung.«[262]

Für Koestenbaum rückt die Diva an die Stelle, an der sich für den christlichen Gläubigen der Gekreuzigte befindet. Worin besteht aber die Gemeinsamkeit? Der eine mit seinem gemarterten Leib, die andere mit ihren gemarterten Nerven; der eine mit seinem Versprechen der Auferstehung, die andere mit ihren aufsehenerregenden Versprechen? Und vor allem: der eine mit seinem Anspruch auf einen ›göttlichen Vater‹, die andere mit ihrem Anspruch auf eine göttliche Stimme? (Das Wort ›Diva‹ leitet sich vom lateinischen Wort für das ›Göttliche‹ ab.) Oder liegt etwa gerade in diesen Unterschieden ihre Verwandtschaft? Man braucht die ›Diva‹ nur als Stimme gewordenes Zeichen zu begreifen, als Buchstaben der Schrift, die in ihr wieder einen Körper, einen göttlichen Klang-Körper, angenommen haben. Ist es nicht so, daß mit dem Auftritt der Diva die seit 2000 Jahren erwartete und heiß ersehnte Wiederkehr des Heilands stattfindet – allerdings ohne Kreuz und mit einer ›Passionsgeschichte‹ versehen, die sich auf jeder Bühne hören und sehen lassen kann?

»Ich träume von einem ungeteilten Raum (wo an den Türen keine binäre Symbolik Women und Men trennt, W und M, das M ein umgestülptes W), und so wende ich mich der Oper zu, die ein doppeltes Vergnügen verspricht und eine Heilung für den Riß durch die Seele.«[263]

Worin besteht der Riß durch die Seele? Koestenbaum deutet auf seine Homosexualität. Aber ist es nicht eher die Sehnsucht nach einer Aufhebung der Geschlechterdifferenz, eine Sehnsucht, die an die platonische Sage von den geteilten Kugelwesen erinnert? Und entspricht diese Sehnsucht nicht auch dem Bedürfnis nach einer ›Wiederbelebung‹ des Zeichens? Die Buchstaben hatten dem Körper die Zunge entrissen; sie hatten sein Gestammel – des Gebets oder der Liebe – in abstrakte Zeichen übertragen. Lesen, sammeln konnte man diese Zeichen, mit distanziertem Auge betrachten, sie blieben sogar erhalten, wenn der sprechende Körper, der sie niedergeschrieben hatte, schon längst unter der Erde lag. Aber man konnte sie nicht auf der Zunge zergehen lassen. Die Zeichen des Alphabets waren nicht zu schmecken, zu riechen, nicht einmal zu hören. Die phonetischen Zeichen verboten dem Körper, Lust wie Schmerz zu empfinden: War das Alphabet eingeschaltet, so wurde der Körper ausgeschaltet. Aber der Körper ließ sich diese ›Bevormundung‹ nicht ohne weiteres gefallen: Ebendeshalb betrat zeitgleich mit der

Alphabetschrift die Hysterika die Bühne des abendländischen Geschehens – sie trat an, der Zunge einen neuen Körper zu verleihen.

»Ihre Stimme ließ auf lange Versuche schließen, das Inakzeptable zu domestizieren. [...] Wenn man die halberstickte Stimme der Callas genoß, erklärte man seine Affinität mit verborgenen Dingen. – Ihre Stimme schlug dramatischen Vorteil aus der Annahme des Zuhörers, daß die Oper ihren planmäßigen Gang nehmen würde. Sie lauerte den Hörern auf.«[264]

Die Hysterika ergriff das Wort mit ihren Verrenkungen, Krämpfen und Erstickungsanfällen. Ihre Symptome sprachen eine Sprache, die jeder sehen und vernehmen konnte. Und alle Symptome erzählten dieselbe Geschichte: die Geschichte von der herausgerissenen Zunge, vom Körper, dem die Sprache entzogen wird. Seither haben viele, vor allem weibliche Körper die Geschichte wieder und wieder erzählt. Sie wurde von Generation zu Generation weitergegeben: als Geheimnis. Und sie erfand wundersame Details, die Hysterika: den *globus hystericus* z. B., mit dem die arme, gefangene Stimme um Entlassung flehte. Sie erzählte ihre Geschichten nicht mit Worten, sondern mit Körperbildern und physischen Zeichen.

»Ein Hauptgrund, weshalb die Stimme als etwas Weibliches erscheint, liegt darin, daß die Organe, die sie hervorbringen, dem Blick verborgen bleiben. [...] Handbuchautoren beschreiben die Epiglottis als Efeublatt oder stellen sich die Glottis vor als [...] aufwendig inszenierte Alternativen zu unseren langweiligen Genitalien, unseren vom Schleim alter Geschichten überzogenen Genitalien, die so eingesperrt sind in die Vergangenheit, daß sie uns die Freiheit nur versprechen können, wenn wir für sie eine völlig neue Geschichte verfassen würden.«[265]

Mit dem Alphabet war eine große Not entstanden: Die einen (die Hysterikerinnen) wollten den guten alten Leib auf ihrer Zunge wiederhaben; und die anderen (die Gnostiker) wollten nur ein Zeichen ohne Leib ihr eigen nennen. Was blieb dem Menschensohn anderes übrig als zu zeigen, daß auch ein Zeichen einen Leib *haben* kann? Mehr noch: ein Leib *sein* kann. Darum ging der Menschensohn ans Kreuz. Erst im Leiden und der Sterblichkeit erweist es sich, ob ein Leib ›echt‹ ist oder Simulation. Nur wer wirklich blutet und vor aller Augen stirbt, hat einen ›echten‹ Körper. Und wenn je etwas vor aller Augen geschehen ist, dann dieses Sterben. Man denke an die unzähligen Zeugnisse dieses Todes in der christlichen Kunst: Nichts hat das Auge über Jahrhunderte so gebannt wie dieses Körper gewordene Zeichen, *das zu sterben fähig war.* Genaugenommen ist dieser Bild gewordene Tod das einzige Thema nicht nur der christlichen, sondern auch der nachchristlichen Kunst. Denn jedes Bild versucht den Beweis zu erbringen, daß es mehr als ein Zeichen ist. Aus den ›verletzten Kultbildern‹ des Mittelalters sprach die Wunde, die von ›Wirklichkeit‹ zeugt. Mit der Entstehung der Oper schloß sich die Wunde.

»Wenn ich lausche, lächelt mich die Liebe in mir wie ein Fremder an, ein maskierter Gast, und das merkwürdigste Gefühl von Zerteiltheit überkommt mich: ich werde zur Heterosexualität an sich, in meinem braven schwulen Körper summt der Magnetismus, den wir ›heterosexuell‹ nennen, weil er der Tanz von Gegensätzen ist, aber ist es immer noch heterosexuell, wenn ein Körper beide spielt?«[266]

Mit Kreuzigung und Eucharistie begann die ›Ehe‹ des Zeichens mit dem hysterischen Leib; und sie sollte zum Motor des abendländischen Fortschritts werden. Freilich war und blieb es eine konfliktreiche Ehe: Das Zeichen segelte unter dem Banner der Berechenbarkeit, während die unberechenbare Hysterika viele Klippen und Unwetter erfand, das Zeichen von seinem gradlinigen Weg abzubringen. Aber diese Manöver sollten nur den Geist des Zeichens schärfen. Ja, die Homogenität des Zeichens bedurfte geradezu der hysterischen Unberechenbarkeit, um sich – im Akt ihrer ›Normalisierung‹ – neu zu beleben.

»Ein wichtiges Ziel des frühen Phonographen war es, die Stimme vom Körper zu trennen und die Illusion von Autonomie und eigenem Willen bei der Erzeugung der Töne auszulöschen. Eine Broschüre aus dem Jahre 1878, die den Phonographen feiert, behauptet, dieser könne Töne ›mit und ohne Wissen und Zustimmung ihrer Quelle‹ einfangen. Diese eingefangenen Stimmen waren oft die von Frauen, doch der Wunsch, den Klang zu fangen, war männlich. Und es war dies ein in enger Kollaboration betriebenes Begehren.«[267]

Je unberechenbarer sich der hysterische Körper verhielt, desto mehr hatte das Zeichen zu tun, um Maß, Einheitlichkeit, den Kanon herzustellen: die Synchronität der Stimmen, der Zungen, der Kehlen. Dabei eignete sich das Zeichen die Eigenschaften der Zungen an. Die Zeichen begannen, mit ›einer Stimme‹ zu sprechen.

»Ihre Stimme dringt in mich ein, macht mich zum ›Ich‹, ich werde zu einem Inneren, indem etwas in mich eingedrungen ist. Die Sängerin dringt osmotisch durch die poröse Membran des Selbst und widerlegt die Fiktion, daß die Körper getrennte, begrenzte Einzelpackungen sind. Die Sängerin zerstört die Teilung zwischen ihrem eigenen Körper und dem unseren, denn ihr Klang dringt in den Organismus ein. Höre ich Leontyne Price zu oder verleibe ich sie mir ein, verschlucke ich sie, lerne ich sie inwendig auswendig? Sie wird Teil meines Gehirns. Und ich beginne zu glauben – reinste Illusion! –, daß sie mein Ich aus sich herausspinnt.«[268]

Keine einfache Konstellation für eine Ehe, wenn man bedenkt, daß diese ›Ehe‹ *in* einem einzigen Körper geführt wurde. Erinnern wir uns: »Weil es ein einziges Brot gibt, sind wir Vielen ein einziger Leib«, schreibt Paulus.[269] In Christus bilden die einzelnen ›Glieder‹ einen unteilbaren Leib.[270] Dennoch ›heiratet‹ Christus diesen seinen eigenen Leib bei der Kommunion, um, wie Mann und Frau, mit ihm ›ein Geist und ein Fleisch‹ zu werden.[271]

»Wenn ich einer Oper zuhöre, verkleide ich mich innerlich als das Geschlechtsrollensystem, als die Ehelichkeit in Person; ich werde zu Braut und Bräutigam; ich nehme das ganze System in mich auf, weil ich davon träume, ich könnte es so zerreißen und neu zusammensetzen – so, wie ein Tenor seine Männlichkeit ganz zu Stimme macht und sie dadurch unvertraut werden läßt. Die Oper kann im wirklichen Leben nichts verändern, aber sie verändert unsere Phantasien, und ich kann keine Trennungslinie zwischen privaten Sehnsüchten und öffentlichen Zuständen ziehen, zwischen der Oper im Kopf und der blutenden Welt.«[272]

So seltsam diese Ehe ›mit dem eigenen Leib‹ auch sein mag, sie hielt 2000 Jahre und mehr. Und sie ward fruchtbar. Es entstanden Kinder wie Orgelpfeifen. Über lange Zeit sprachen die Ehepartner kaum ein Wort miteinander. Beide hatten ihre eigene Sprache, jeder eine eigene Stimme. Das ›Haupt‹ verkündete in den Worten der Vatersprache seine eigene Geschichte – und mit Geschichte war hier nicht die Erzählung gemeint, sondern: Historia, harte Fakten, Wissenschaft und Theologie. »Für die gebildeten *litterati* ist historisch beglaubigt, was die lateinische Schrift tradiert oder bezeugt: Der Durchgang durch die lateinische Schriftfassung gewährleistet historische Glaubwürdigkeit auch für die volkssprachliche Dichtung.«[273] Der hysterische Leib dagegen sprach mit zugeschnürter Kehle. Mit seinen Verrenkungen und Symptomen erzählte er von den Geschichten, für die es keine Augenzeugen und keine lateinische Schriftauffassung gab. Er berichtete von den kreisrunden Bewegungen der Zeit und von der Schlange, die sich in das Dunkel der Unterwelt verkrochen hatte. Anders als die ›Vatersprache‹ war die ›Muttersprache‹ vom Ohr bestimmt, von einer Öffnung des Körpers, die der Wille nicht zu schließen vermag und die nicht Pforte des Wissens, sondern des Glaubens war. In dieses ›Loch‹ drang das Wort Gottes ein.

»Das Loch in der Schallplatte hat mich immer fasziniert. Alles an der Plattenoberfläche hat sich verbündet, um diese Öffnung zu betonen: die Preisangabe umkreist es, das Etikett und das runde Fenster in der Schutzhülle nehmen seine Gestalt auf. Wenn man eine alte Melba-Platte aus dem Cover nimmt, sieht man im Inneren der Schutzhülle eine Photographie der Diva, als sei die runde Mitte dieser Hülle ein Fenster in eine sich zurückziehende, hermetische Welt. – Das Loch macht keine eindeutige anatomische Anspielung. Es macht viele. Es entspricht nicht auf reduktionistische Weise – nicht einmal im Unbewußten des Hörers – einem bestimmten Teil des menschlichen Körpers. Aber zu mir hat es immer von der Leere inmitten der aufgezeichneten Stimme gesprochen, von der Leere am Mittelpunkt des Lebens eines lauschenden Hörers und den Mehrdeutigkeiten in jedem Sexualkörper, den homosexuellen Leib eingeschlossen, was die korrekten und unangemessenen Funktionen seiner Öffnung angeht.«[274]

Galten dem frühen Mittelalter die Augen als ›Einfallspforte der Sünde‹, so wird mit dem Übergang zur Neuzeit das Sichtbare zur frohen Botschaft: das Wort Gottes auf dem Papier. Dieser Wandel prägte die Vorstellung von Geschichte und Wirklichkeit. »Grundlegend für das Mittelalter ist die Geschichtsauffassung des Isidor von Sevilla, der den Begriff *historia* von der optischen Wahrnehmung ableitet und die Überzeugung vertritt, niemand habe in der Antike Geschichte geschrieben, der nicht selbst Augenzeuge des Berichtes gewesen sei.«[275] Es war eben dieser ›stechende‹ Blick, der der ›Vatersprache‹ schließlich zum Durchbruch verhalf.

»Der menschgewordene Gottessohn wurde vom Vater diktiert, im Schoß Mariens vom Heiligen Geist auf jungfräuliches Pergament (pellis virginae) geschrieben, der Welt zur Kenntnis gebracht in der Offenbarung der Geburt, ›korrigiert‹ (correctus) in der Passion, ›abgeschabt‹ (rasus) bei der Geißelung, ›punktiert‹ (punctatus) und durchstochen bei der Durchbohrung der Wunden, auf das Lesepult gestellt im Akt der Kreuzigung (super pulpito positus in crucifixione), ›illuminiert‹ (illuminatus), d. h. mit roten Buchstaben versehen durch die Vergießung des Blutes, ›gebunden‹ (illigatus) in der Auferstehung und schließlich zur Disputation gestellt (disputatus) bei der Himmelfahrt, als die Engel frugen: ›Wer ist jener König der Herrlichkeit? Wer ist jener, der aus Edom kommt?‹ Geöffnet und aufgeschlagen (apertus et explicatus) wird das ›Christus-Buch‹ im letzten Gericht.«[276]

Die Vorstellung, daß Christus und sein Leib inkarnierte Buchstaben seien und daß Gott bei seiner Zeugung auf oder in den Frauenkörper schreibe, prägte die Geschlechterbeziehung. Im Lied eines unbekannten Verfassers aus dem späten 15. Jahrhundert spiegelt sich die ›Ehe‹ von ›Vatersprache‹ und ›Muttersprache‹ wider: »Wer zärtliche Liebe genießen will, dem gebe ich den Rat und den Hinweis, sich an die Studenten zu halten; die wissen, was Zucht und Ehre ist. Sie können bei zärtlichen Frauenzimmern das ABC schreiben; ihr Schreiben tut niemandem weh, die Frauen macht es sanft. Nun schreib, schreib, mein feiner Schreiber, nun schreib auf, was mein Herz sich wünscht! Es soll dir auch immer wohl ergehen – der Federkiel ist so hart.«[277] Der Text entstand, kurz nachdem Gutenberg die Druckerpresse erfunden hatte. Das heißt, die Tatsache, daß sich die ›Vatersprache‹ über die Augen definiert und der ›Federkiel‹ im Geschlechtsverkehr eine Rolle spielte, verdankte sich der Verbreitung der Schrift.[278] Mit Buchdruck und Zentralperspektive schlossen ›Vatersprache‹ und ›Muttersprache‹ einen neuen Ehebund – und der sollte in der Oper schließlich seinen ›Vollzug‹ finden.

»Text. Musik. Im Englischen gibt es eine alliterative Affinität zwischen *words* und *woman* und zwischen *music* und *man*, während im Italienischen *parole* sich zu *padre* stellt und *musica* zu *madre* paßt. Wir wissen, daß Text und Musik in ein System von Geschlechtsspezifika gehören – es ist ja ein Gemeinplatz, daß die Sprache maskulin ist und die Musik feminin. Die Oper verkündet dieses Ordnungsschema – und hilft uns, es zu vergessen. Beim Zuhören vergessen wir den Unterschied von Text und Musik, Männlich und Weiblich, weil die Oper eine Bastardform ist, ein Zwitter, und die Unterscheidung verwischt.«[279]

An dieser historischen Schwelle, an der die Notationssysteme selbst zu verschwinden scheinen, weil Text, Musik und Stimme sich überlagern, beginnt die Karriere der ›Göttlichen‹. Zunächst muß sie sich noch mit dem Leib des Kastraten begnügen. Aber in seiner Verletzung selbst ist auch schon die Aura der verletzten Diva enthalten. Hatte die Alphabetschrift das Hören und Sprechen den visuellen Zeichen unterworfen, so begann mit dem Buchdruck die ›Vatersprache‹, sich nicht nur den Körper, sondern auch die Stimme der Hysterika anzueignen. »Wenn wir uns zwischen Worten und Musik zu entscheiden hätten, würden wir beides wählen.«[280] Je mehr die ›Muttersprache‹ unter dem Mangel an Augenzeugen für *ihre* Geschichte verstummte, desto tiefer penetrierte ›His Master's Voice‹ ihr Ohr – so tief, bis schließlich die Ehepartner ›ein Fleisch und ein Geist‹ wurden, ›Vatersprache‹ und ›Muttersprache‹ mit einer Stimme zu sprechen begannen.

»Es ist kein Zufall, daß der Phonograph von zusammenarbeitenden Männern erfunden wurde, denn es gibt viele Beispiele für die Zusammenarbeit von Schriftstellern und Wissenschaftlern im neunzehnten Jahrhundert, um Geheimnisse unter Kontrolle zu bringen und nachzuvollziehen, die man sich als feminin und reproduktiv vorstellte. Der Phonograph war wie die Psychoanalyse oder das Telephon oder Kubismus und Surrealismus eine kollaborative männliche Erfindung, die mit den Grenzen von (oft weiblicher oder mütterlicher) Stimme und Identität spielte und die Stimme als Emanation des männlichen Willens erscheinen ließ. – Der Phonograph konnte reproduzieren, durch die von Männern gemachte Erfindung konnte er als Frau sprechen. Der Phonograph konnte – einer medizinischen Zeitschrift zufolge – ›das Schluchzen der Hysterie, den Seufzer der Melancholie, den Schluckauf der Erschöpfung, den Schrei der Gebärenden in den verschiedenen Stadien der Wehen wiedergeben‹. Obwohl er ein Werkzeug des männlichen Träumens und der männlichen Selbstverewigung war, war er reproduktionsfähig: das Original, von dem die Aufnahmenkopien gemacht wurden, hieß ›mother‹, Matrix, Mutter.«[281]

Ist es unter diesen Umständen verwunderlich, daß die Frauen um 1900 das Stimmrecht erhalten? Wenn ›His Master's Voice‹ mit weiblicher Stimme spricht, wenn aus der Kehle von ›Vatersprache‹ und ›Muttersprache‹ ein einziger Kanon ertönt, wer wollte noch – wer könnte noch – der ›Muttersprache‹ das Recht verweigern, mitzusingen im Chor? Neben das Sakrament der Vermählung, die Unauflösbarkeit der Ehe, trat die Synchronisierung der Stimmen: die Lust der Selbstauflösung in einem ›Wir‹, das kein Ich und kein Du mehr kennt.

»Ich wende mich der Oper zu, weil sie die Struktur der Vermählung enthält. Ich glaube nicht an Eheschließungen, wie sie auf Standesämtern und in Synagogen stattfinden, aber ich glaube an die Ehe als Phantasie. Ich beanspruche ›Hochzeit‹ für den Hörer, dessen Inneres von der doppelten Artikulation der Oper – Worte/Musik – entzweigerissen ist und die die Naht wieder zunähen möchte.«[282]

Mit der Oper schloß sich der ›Riß in der Seele‹. In der Stimme der Diva wurde die Vatersprache, wurde das Zeichen nicht nur sichtbar, sondern auch hörbar. War Christus das verkörperte Buch, so nahmen in ihr die Buchstaben des Alphabets wieder eine Stimme, einen Körper an. Die Oper schloß die Wunde, die die herausgerissene Zunge hinterlassen hatte. Kein Mezzosopran und allemal kein Tenor und kein Baß konnten diese Wunde schließen – nur der Sopran, die Göttliche, diese Wiedergängerin der Hysterika, deren ›gefreite‹ Kehle die wunderbarsten, ekstatischsten und unberechenbarsten Töne von sich zu geben vermag.

»Die Diva darf singen, aber nicht zu lange; ihr wird die Macht zugestanden, sich mit einer Melodie in höchste Höhen zu erheben, doch nur unter gewissen Bedingungen, und wenn die Stimme versagt, dann zeigt sie uns, wie armselig und partiell ihr Triumph gewesen ist. Die Stimmkrise ist eine Form von Kommunikation. Sie sagt uns, daß die Oper eine Kunst der Unterbrechung, des Risses, der körperlichen Gefahr ist. Die Sängerin in der Stimmkrise ist für ihre Erhabenheit bestraft worden. Aber die Stimmkrise ist auch der Moment, da die schwulen Bedeutungen der Oper zu sprechen beginnen – da im Augenblick der Verletzlichkeit und des Zusammenbruchs die Diva den Beweis erbringt, daß das mühelose Singen eine Maskerade war und jetzt ihr angeknackstes, geschwächtes, mißtönendes Selbst unverhohlen zum Vorschein kommt.«[283]

Nein, die Diva ist *nicht* Nachlaßverwalterin der Hysterika. Jene war Symptom der herausgerissenen Zunge, sie stand im Zeichen der Trennung von ›Vatersprache‹ und ›Muttersprache‹. Die Diva hingegen verkörpert die mündlich gewordene Schriftlichkeit. Ihre Arie ist die Stimme des Zeichens. Darin bestehen ihre Funktion *und* ihre Anziehungskraft. »Die Callas«, so sagte Leonard Bernstein, »die war reine Elektrizität«.[284] Dennoch wird diese Technik gewordene Hysterie mit der Unberechenbarkeit der ›ursprünglichen Hysterie‹ verwechselt – auch bei Koestenbaum:

»Ich verehre sie, weil sie Fehler gemacht hat und weil sie Ausdruckskraft höher zu schätzen schien als Schönheit. Wir glauben nicht mehr an die Natur, aber die Callas vertrat die Wirkung des Naturhaften gegen den Anschein der Ordnung und bot annehmbare, verdauliche Anarchie, eine Folge von Klängen am Rand des Chaos – aber als Genuß. Hier lag die Gefahr, die Verlockung: Sie war vollkommen durcheinander und sie war eine Göttin.«[285]

Aber sind das ›Chaos‹ und die ›Anarchie‹ dieser Göttin nicht letztlich die Batterien und Frequenzen, an denen auch der ›Volksempfänger‹ hing? Mit dem Radio entstand ein *technisches* Medium, das an das alte religiöse Paradigma von ›Gehör und Hörigkeit‹ anknüpfte. »Der Rundfunk als modernes ›Verkündigungsmittel‹, als ›Kanzel‹ des NS sollte nicht nur im physikalisch-technischen Sinne ›Sendung‹ sein, sondern endlich im geistigen Sinn ›Sendung‹. Konsequenterweise verstand man die Funkschaffenden als ›Apostel der Idee‹. In dem Aufsatz ›Im Rundfunk: Kult des neuen Staates‹ hieß es 1933/34 in aller Deutlichkeit: ›Was das Gebäude der Kirche für die Religion, das wird der Rundfunk für den Kult des neuen Staates sein‹.«[286] Im Zeitalter der digitalen ›Vatersprache‹ bietet sich auch der Vergleich mit der digitalen Stimme an: »Der digitale Code ist eine Form der Schrift, die ungeachtet der erstaunlichen Schnelligkeit, mit der sie funktioniert, den Ton, die Stimme usw. zuerst in Daten umwandeln muß, um sie übertragen zu können. [...] Jeder Schall muß zur Schrift werden, bevor er losgeschickt werden kann. [...] Eine solche Vorstellung liegt einer der wichtigsten historischen fiktionalen Imaginationen der Voice Mail zugrunde: der Speicherung durch Einfrieren und der Reproduktion durch anschließendes Wiederauftauen.«[287] Die göttliche Stimme der Diva befreite den Menschen aus seinem Gefängnis der Hörigkeit. Dennoch ist sein Körper durchdrungen von jenen Klängen, vor deren verführerischer Kraft er einst geflohen war. Nur daß er diese verführerische Kraft nun selbst erzeugt – mit den Apparaturen der Fernsinne.

Im 20. Jahrhundert haben zwei gegensätzliche Strömungen die Erbschaft des Gehörs angetreten: Die Stimme der Schrift und des Bildes hat die Gestalt des ›Volksempfängers‹ angenommen, dieses großen Samenspenders, dem sich kein Mann und keine Frau und schon gar nicht das Volk und die Masse als weiblich gedachter ›Körper‹[288] entziehen darf – oder will.[289] In dieser Erbschaftslinie werden die Eigenschaften der Hysterie, die den Körper sprechen läßt, ›konstruktiv umcodiert‹, um in der Technik selbst eine ›Behausung‹ zu schaffen. In der anderen Erbschaft setzt sich die ›unbewußte‹ Botschaft der Hysterie fort, die sich der Simulation wie der Konstruktion von Unbewußtheit widersetzt. Die Psychoanalyse sollte zu einem Träger beider Erbschaften werden. Nicht durch Zufall ging sie aus der Beschäftigung mit den Erzählungen von Hysterikerinnen hervor. Daneben trat die Psychoanalyse aber auch die Erbschaft der ›mündlichen Thora‹ der jüdischen Tradition an. Im Bekenntnis zur Mündlichkeit, die auch ein Bekenntnis zur Paradoxie beinhaltet, zur ›Unordnung‹ der freien Assoziation, zu Wiederholung und Erneuerung, zu einem Sprach- und Gedankenfluß, der unabgeschlossen, ohne Anfang und Ende ist, sieht Yigal Blumenberg eine der wichtigsten Gemeinsamkeiten von jüdischer Tradition und Psychoanalyse:

»Im *Talmud* eröffnet sich uns ein über 2 500 Jahre erfolgter kollektiver Diskussionsprozeß um das Gesetz; das historische Nacheinander der Gesetzesinterpretation tritt uns als ein gegenwärtiges Nebeneinander entgegen – *als ein im Hier und Jetzt sich reflektierender historischer Gruppenprozeß, der sich bewußt gestaltet.* [...] Wir haben es beständig mit dem Zirkulieren von Kommentaren um einen Text zu tun – um die *Mischna*, jenen Lehrsätzen, die in der *Gemara* beständig bewegt und wiederholt werden – und genau dies stellt das Lehren und Lernen, die schöpferische Aneignung der Tradition dar. [...] Die Lehrsätze scheinen sich in den Kommentaren, Diskussionen und in den Streitgesprächen der Gelehrtengruppen gleichsam zu verlieren, tauchen unvermuteterweise wieder auf und scheinen ihren Sinn erneuert zu haben. Höchst bemerkenswert diese Bewegung: Ohne daß in der Lektüre der unsagbare und zugleich wohlbegründete (Sinn-)Zusammenhang zwischen Gesetz und Kommentar aufgegeben wird, provoziert eine Frage die andere, eine Assoziation führt zur zweiten, eine Idee kreiert die nächste – als ob über viele Seiten allein die psychoanalytische Grundregel die Redaktion des *Talmud* diktiert hätte. – So stoßen wir fast wie von selbst wiederum auf eine uns in der Psychoanalyse begegnende rabbinische Tradition.«[290]

Die Stimme der Diva wie die technischen Sehgeräte dienten der ›magischen Aufladung‹ der Texte. Dem widersetzte sich die Hysterie – so lange, bis in der Diva ein Double gefunden worden war, das der Hysterika ›zum Verwechseln‹ ähnlich sah. Damit verlagerte sich das Aktionsfeld der Hysterie. Im Zeitalter der technischen Bilder läßt sie den Körper nicht mehr durch Verrenkungen und eine ›zugeschnürte Kehle‹ sprechen. Statt dessen formt sie ›ungebildete‹ Körper.

Ungebildete Körper

Es gibt in der modernen Kunst nicht nur den Versuch, ein *immersive environment* zu schaffen, sondern auch viele Versuche, dem entgegenzusteuern. Die ›Dekonstruktion‹ (hier im wahrsten Sinne des Wortes) widersetzt sich den ›Behausungen‹ der modernen Technologien: Sie bedient sich derselben Simulationstechniken – seien es Texte, Photographie oder Film –, spielt jedoch die Medien gegeneinander aus. Werden Medien als wirklichkeitsmächtig begriffen, so wird hier deutlich, daß sie auch der ›Dechiffrierung‹ dienen können – der Darstellung der medialen Konstruiertheit von Wirklichkeit.

So konstatiert etwa die Filmemacherin und Autorin Marguerite Duras, daß man die »Wirklichkeit der Dinge nur über den Mangel« beschreiben könne. Nach diesem Prinzip gestaltet sie ihre Filme: »Man zeigt das Licht über das Fehlen von Licht, das Begehren über den Mangel an Begehren, die Liebe über das Fehlen von Liebe.«[291] Bei Duras, die etwa im Film *Le Camion* Gérard Dépardieu von einem Film *erzählt*, den sie mit ihm drehen will, dient das Bild der Abwendung des Blicks vom Bild und der Hinwendung zu dem, was man – mit Psychoanalyse und den ›unsichtbaren‹ Bildern der Sprache – die ›inneren Bilder‹ nennen könnte. Auf eine völlig andere Weise werden die Bilder in den Filmen von Peter Greenaway ihrer ›Lesbarkeit‹ zugeführt: Hier erschlägt der Bilderreichtum den Zuschauer, wenn er sie nicht zugleich auf einer zweiten Ebene – einer philosophischen, politischen, kunstgeschichtlichen Ebene – ›liest‹. Der Zuschauer wird durch den Bilderreichtum zur Abstraktion gezwungen. Jean-Luc Godard wiederum ›dekonstruiert‹ die Filmbilder, etwa indem er den Tonspuren andere, den Bildern widersprechende ›Informationen‹ anvertraut.

Diese Form von Filmbetrachtung hat einerseits Rückwirkungen auf die geschlechtliche Codierung des Zuschauers, andererseits aber auch auf seine Selbstwahrnehmung *als* Zuschauer. Das hat die Filmtheoretikerin Teresa de Lauretis am Beispiel des Films von Sheila McLaughlin *She Must Be Seing Things* (1987) dargestellt. (Der Titel heißt wörtlich übersetzt ›Sie muß Dinge sehen‹ und im übertragenen Sinne ›Sie hat Halluzinationen‹.) In diesem Film wird die Liebesbeziehung von zwei Frauen mit der Frage der geschlechtlichen Codierung des Sehens verbunden: Eine der beiden Frauen im Film, Jo, ist Filmemacherin – und man sieht, als Film im Film, einige Ausschnitte ihrer Dreharbeiten. Die andere, Agatha, ist nicht Filmemacherin, aber auch sie ›sieht‹ Dinge: Unter anderem gaukelt ihr die Eifersucht vor, ihre Freundin zu sehen, während diese einen Mann küßt. McLaughlin, so Teresa de Lauretis, thematisiere in diesem Film die Beziehung zwischen Zuschauerschaft (spectatorship) und Phantasie, zwischen Subjektivität und dem Begehren nach dem Imaginären, Unsichtbaren. Teresa de Lauretis liest diesen Film einerseits als Möglichkeit, dem Zuschauer ein Sehen zu eröffnen, das der heterosexuellen Codierung des Blicks entgeht. Andererseits schreibt sie aber auch: »Es ist der Raum zwischen dem Phantasieszenario und dem selbstkritischen, ironischen, lesbischen Blick [...], der mich als Zuschauer anspricht und mir eine Subjektposition anbietet. [...] Womit ich mich identifiziere, ist der Raum des Überschusses und der Widersprüche, den die Rolle, die mangelnde Angepaßtheit, die Schnitte, die Diskrepanz zwischen Charakter und Rolle in jeder Figur hervorhebt.«[292] Wie bei Marguerite Duras, die »das Licht durch das Nicht-Licht« zeigt, wird hier das Begehren auf ein ›Dazwischen‹ gelenkt, das Platz läßt für eine Phantasie jenseits des Kinos.

Einen ähnlichen Effekt erzielen bildende Künstlerinnen auf ganz andere Weise: In den Selbstinszenierungen und Maskeraden spielen

Friederike Pezold, Cindy Sherman oder Madonna mit der ›Zurschau-stellung‹ des weiblichen Körpers und durchbrechen dabei traditionelle Sehgewohnheiten. Auch die Ensembles von Anna Oppermann, in denen die Künstlerin sich selbst im kreativen Prozeß – beim Sehen – zusieht, gehören in diesen Kontext. In jedem dieser Beispiele begibt sich eine Künstlerin in das Vakuum, das die Beziehung zwischen Betrachter und Betrachtetem eröffnet. Daß diese Form des Umgangs oft mit der Pro-duktion von Videos einhergeht – also dem Versuch, ›an zwei Stellen zugleich‹ zu sein (vor und hinter der Kamera) –, zeigt, daß es darum geht, die technischen Bilder auf ihre ›Virtualität‹, auf ihren Mangel an Bezug zur ›Wirklichkeit‹ zurückzuführen.[293] Dieser Umgang scheint sogar dann möglich, wenn ein Mensch ›sich selbst beim Sterben zu-sieht‹ – so etwa beim Tod von Jacqueline Onassis, die von ihrem Sterbe-bett aus im Fernsehen eine vor ihrem Haus stehende Ansammlung von Menschen auf ihren Tod warten sah.

Der Umgang mit den Simulationstechniken ist nicht immer ›spiele-rischer‹ Art, wie bei Künstlern und Künstlerinnen, Filmemachern und Filmemacherinnen. Widerständigkeit gegen die mediale ›Behausung‹ zeigt sich auch an einigen Krankheitsbildern, die sich – eben weil der weibliche Körper bevorzugtes ›Medium‹ der Einbildung ist – vor allem auf diesem ›Territorium‹ entwickeln. Das gilt vor allem für die anorek-tische Nahrungsverweigerung, die als Versuch zu lesen ist, den ›eigenen Körper‹ und die ›eigene Stimme‹ der Bevormundung durch die Simu-lationstechniken zu entziehen. In Valérie Valères *Haus der verrückten Kinder*, in dem die Autorin ihre Anorexie und Therapie beschreibt, heißt es:

»Er kann stundenlang, ja tagelang hier bleiben, er wird meine Stimme nicht vernehmen. Ich werde wenigstens etwas bei mir, für mich behalten. Sie werden mich nicht kriegen, sie werden weder meine Stimme kriegen noch meine Gedanken, nichts… immerhin besitzen sie schon meinen Kör-per, meine Freiheit, immerhin haben sie einen Teil meines Geistes an sich gerissen. Er wird nichts erfahren, nur ich allein weiß Bescheid.«[294]

Die Anorexie wird schon wenige Jahre nach der Geburt der Photo-graphie zu einer breiten Symptombildung in den Industrieländern: 1873 erscheinen im Abstand von wenigen Monaten in London und Paris (also den Wirkungsstätten von William Talbot und Jacques Daguerre) die ersten großen Untersuchungen über eine Form der Nahrungsverweige-rung, die fast nur bei Frauen zutage trat.[295] Die Nahrungsverweigerung erscheint u. a. wie der Versuch, den weiblichen Körper seiner ›Objektivierung‹ oder Verwandlung in ein ›Bild‹ zu entziehen. Durch das Aushungern verweigert er sich dem verschlingenden Blick des sehenden Subjekts. Zugleich weigert sich der anorektische Körper aber auch, von diesem Blick ›erzeugt‹ zu werden, d. h. jene Weiblichkeit zu ›inkarnieren‹, die ihm das mechanische Auge zugewiesen hat. »Wenn andere sich ein Bild von mir machen«, so hat es eine anorektische Patientin ausgedrückt, »muß ich sterben [...]. Ich muß dann nämlich dieses Bild sein, wenn ich es nicht mehr bin, bin ich für andere nicht mehr erreichbar.«[296] Die Nahrungsverweigerung dient so der Bewahrung einer Definitionsmacht über das Ich; sie wird zum Mittel, Subjekt des eigenen Körpers zu bleiben.[297]

Daß es bei den weiblichen Eßstörungen um die Definitionsmacht über den weiblichen Körper geht, legt auch der Blick zurück in die Geschichte der christlichen Ikonophilie nahe. Wir haben gesehen, wie eng Bilderverehrung, Eucharistie und die Entstehung des ›ein-gebildeten‹ Geschlechts miteinander verbunden sind. So erstaunt es nicht, daß ausgerechnet die Nahrungsverweigerung zu einer ›Waffe‹ wurde, sich dem Prozeß der ›Einbildung‹ zu widersetzen. Das bedeutet freilich, daß die weibliche Nahrungsverweigerung völlig unterschiedliche Bedeutungen annehmen kann, je nach Kontext. Im weiblichen Fasten der asketischen Bewegungen des frühen Christentums und der Gnosis drückte sich der Wunsch aus, den eigenen Leib der ›engelhaften Unbestimmtheit‹ zuzuführen; das Fasten der Klosterfrauen des 13. Jahrhunderts stellte den Versuch dar, dem weiblichen Körper jene Spiritualität zu verleihen, die dem männlichen Körper vorbehalten blieb. In den Eßstörungen der Moderne hingegen geht es um die Verweigerung des ›öffentlichen Blicks‹ der technischen Sehgeräte auf den weiblichen Körper. In allen drei Fällen spielt die Definitionsmacht über den eigenen Körper eine wichtige Rolle. Denn ob der *Hexenhammer* von 1487 die »Unersättlichkeit der fleischlichen Begierde« zum Merkmal des Weiblichen erklärt oder die Sexualwissenschaften des späten 19. Jahrhunderts verkünden, daß der »weibliche Geschlechtstrieb dem des Mannes weit unterlegen« sei,[298] ob der weibliche Körper in medizinischen Büchern vor 1800 zum ›Spiegelbild‹ des männlichen oder nach der Aufklärung zu einer ›Anomalie‹ erklärt wird:[299] es bleibt immer eine ›fremde‹ Definitionsmacht – und in den Eßstörungen drückt sich eine Reaktionsform darauf aus. Versuchten die religiös bestimmten Asketinnen, sich durch eine im Hunger *sichtbar* werdende Enthaltsamkeit der Gemeinschaft zu entziehen und ihren Körper ›neu zu gestalten‹, so versuchen die jungen Frauen heute zum ›Schöpfer‹ des eigenen Körpers zu werden.

Solche Reaktionsformen bleiben nicht allein dem weiblichen Körper vorbehalten; sie können auch beim männlichen Körper eine Rolle spielen, wenn dieser mit Weiblichkeit gleichgesetzt wird. Das gilt insbesondere für den ›jüdischen Körper‹, der in den rassistischen Phantasien des Antisemitismus sehr oft mit ›Weiblichkeit‹ konnotiert wurde. (Davon wird noch die Rede sein.) Auch er ist ein ›Fremdkörper‹ – und er widersetzt sich auf ähnliche Weise der Definitionsmacht des modernen ikonophilen Auges. In seinem Tagebuch notiert Franz Kafka:

> »Sehe ich eine Wurst, […] beiße ich in meiner Einbildung mit ganzem Gebiß hinein und schlucke rasch, regelmäßig und rücksichtslos wie eine Maschine. Die Verzweiflung …] steigert meine Eile. […] Fülle mich mit Heringen, Gurken und allen schlechten alten scharfen Speisen an. Bonbons werden aus ihren Blechtöpfen wie Hagel in mich geschüttet.«[300]

Kafka empfand und ›betrieb‹ seine Magersucht geradezu als literarische Vorarbeit. Davon erzählt das Tagebuch: »Als es in meinem Organismus klargeworden war, daß das Schreiben die ergiebigste Richtung meines Wesens sei, drängte sich alles hin und ließ alle Fähigkeiten leer stehn, die sich auf die Freuden des Geschlechts, des Essens, des Trinkens […] richteten. Ich magerte nach allen diesen Richtungen ab.«[301] Der Körper wird bei ihm »zum Textkörper und zum Antikörper«, schreibt Henrike Thomsen, »zum Ort einer radikalen Ästhetisierung einerseits, der Überreizung und Auflösung andererseits. Dies wird offensichtlich nicht von der Sehnsucht bestimmt, einen perfekten Körper zu haben, sondern von dem Wunsch, selber ein perfektes Medium abzugeben.«[302] Es geht darum, sich der Definitionsmacht der anderen zu entziehen – und dieser Rückzug findet statt durch einen Rückzug in die Zeichen des Alphabets. In Kafkas Erzählung *Beschreibung eines Kampfes* sagt eine Frau zum Ich der Erzählung: »Sie sind Ihrer ganzen Länge nach aus Seidenpapier herausgeschnitten, aus gelbem Seidenpapier, so silhouettenartig, und wenn Sie gehn, so muß man Sie knittern hören. Daher ist es auch unrecht, sich über Ihre Haltung oder Meinung zu ereifern, denn Sie müssen sich nach dem Luftzug biegen, der gerade im Zimmer ist.«[303] Hans-Thies Lehmann schreibt dazu: »Hier verwandelt sich das Ich buchstäblich als Körper in den corpus eines Buchs, aus Seiden- (oder Seiten-)Papier, das man knittern hört beim Umwenden der Seiten, das sich im Luftzug biegt.«[304] Hatte sich das ›volle‹ Alphabet im christlich-westlichen Denken einen Leib zugelegt, so kämpft Kafka darum, die Schrift wieder auf das abstrakte Zeichen zurückzuführen und die Unterscheidung zwischen Symbol und Leib zu restituieren.

Niemand wird behaupten, daß ›dekonstruktive‹ Kunstwerke und Filme oder auch die Eßstörungen historisch wirkungsmächtig seien. Sie sind Symptome einer Verweigerung des kollektiven ›Schwindels‹. Die Verweigerung hingegen ist immer individueller Art und scheint eher dem erlittenen Schwindel zu entsprechen. Da aber die Form dieser Verweigerung – ob reflexiver Art wie bei den Künstlern oder unmittelbarer Art wie bei der Nahrungsverweigerung – immer ein aktiv handelndes Subjekt voraussetzt, kann sie ihrerseits zu dem ›Problem‹ werden, das die Mythomotorik des Abendlandes vorantreibt, oder gar in den ›lustvollen Schwindel‹ umschlagen, der die Partizipation an der Entstehung des *immersive environments* kennzeichnet. Es bedarf also einer näheren Betrachtung der Wechselbeziehung von individueller und kollektiver Imagination. Davon soll im nächsten Kapitel die Rede sein.

KAPITEL IV
DAS KOLLEKTIVE
IMAGINÄRE

Gemeinschaft und Individuum

Kann man Geschichte – Sozialgeschichte, Religionsgeschichte, Geschlechtergeschichte – ›erklären‹, indem man sie auf ›mediale Bedingungen‹ zurückführt? Greifen diese Faktoren, die dem Bereich des Imaginären angehören, nicht viel zu kurz? Wir denken, daß dieses Modell durchaus Einsichten in die Wirkungsweise von kollektiven Erscheinungen eröffnet. Natürlich soll damit nicht unterstellt werden, daß es keine anderen und ›handfesteren‹ historischen Wirkungsmächte gibt. Doch es ist unbestreitbar, daß die medialen Rahmenbedingungen eine eigene historische Wirkungsmacht entwickeln: Weil sie über das Wechselverhältnis von Individuum und Gemeinschaft bestimmen, bringen sie auch Individuen hervor, die zu Trägern von Geschichte werden. Um auf diese Weise historisch wirkungsmächtig zu werden, bedürfen die medialen Bedingungen eines Bindeglieds: Diese ›Kopula‹ zwischen Geschichte und Medien nennen wir das ›kollektive Imaginäre‹. Will man die Funktionsweise und begrifflichen Implikationen des ›kollektiven Imaginären‹ näher bestimmen, stellt sich damit auch die Frage nach dem Verhältnis von Psychoanalyse und Geschichtswissenschaft. Allerdings müssen dabei die medialen Rahmenbedingungen mitbedacht werden, die die Psychoanalyse selbst hervorgebracht haben. Es ist viel darüber diskutiert worden, ob sich die Entstehung der Psychoanalyse einer ›jüdischen‹, einer nichtjüdischen oder gar einer christlichen Traditionslinie verdankt. Wir gehen davon aus, daß sich in ihrer Entstehung das Aufeinandertreffen von jüdischen und christlichen Denktraditionen manifestierte; ja, daß sie das ›Produkt‹ einer Gegensätzlichkeit bildete, die durch den christlichen Säkularisierungsprozeß erheblich verschärft worden war. Es ist offenkundig,

»daß die Psychoanalyse einer Vielfalt kultureller Quellen entsprungen ist. Gerade aber, weil wir es mit einem mehrschichtigen und das Judentum hermetisch verleugnenden und vernichtenden (kultur)historischen Prozeß zu tun haben, drängt sich die Frage auf, ob nicht die jüdische Tradition – auf Grund ihrer inneren Natur und Geschichte – sozusagen in verdichteter Form jene Vielfalt unterschiedlicher und gegensätzlicher kultureller Quellen in sich birgt und erträgt. Das Spezifische unserer Ausgangsfrage verweist also darauf, daß das Judentum selbst im Verlauf der 3000 J. sich in einer lebendigen Weise mit anderen Kulturen auseinandergesetzt hat und die Besonderheit vielleicht gerade darin zu suchen ist, daß es fremde Kulturen zu assimilieren verstand und zugleich die eigene Identität zu bewahren vermochte. [...] Weil das Ausmaß der Institutionalisierung in der jüdischen Tradition auf das absolute Minimum begrenzt wurde, konnte die Auseinandersetzung mit dem Unbewußten, das sich als ein Fremdes und Exilisches im Eigenen zu erkennen gibt, sich lebendig erhalten.«[1]

Einige zentrale ›Erkenntnisse‹ der Psychoanalyse über das Unbewußte – etwa die Ubiquität des Inzestwunsches – scheinen eher dem christlichen Ideal der Geschlechtersymbiose zu entsprechen als der jüdischen Geschlechterordnung, die die Differenz betont. In ihrer Methodik hingegen scheint die Psychoanalyse eher jüdische Traditionen zu reflektieren: Das gilt für die Nähe zur ›mündlichen Thora‹ ebenso wie für die durch die Diaspora entstandene Auseinandersetzung mit fremden Kulturen und ihren bewußten oder unbewußten Botschaften. Die *Nähe* zu anderen Kulturen macht verständlich, weshalb die Psychoanalyse – in einer bestimmten Form – so mühelos vom Nationalsozialismus ›integriert‹ werden konnte, während die kritische Distanz erklärt, warum sie zugleich als ›jüdische Wissenschaft‹ diffamiert wurde. Nur »in der Hand eines destruktiven Geistes«, so erklärten die ›deutschen Psychoanalytiker‹ schon wenige Monate nach der ›Machtergreifung‹, sei sie ein »gefährliches Instrument«.[2] Dieses Bild des ›destruktiven‹ oder ›zersetzenden‹ jüdischen Geistes begleitet die gesamte Geschichte des christlich-jüdischen Verhältnisses – vom religiösen Antijudaismus bis zum säkularen Antisemitismus. Die Frage nach der Anwendbarkeit psychoanalytischer Erkenntnisformen auf historische Erscheinungen erfordert also auch eine Reflexion über die unterschiedlichen – jüdischen und christlichen – Traditionslinien, die die Psychoanalyse hervorgebracht haben.

Der gemeinsame Nenner von Psychoanalyse und Geschichtswissenschaft ist das Gedächtnis. In der Psychoanalyse hat man es jedoch mit der Entwicklung und Geschichte des Individuums zu tun, während sich die Historiker in erster Linie für allgemeine, kollektive Ereignisse und Phänomene interessieren. Freud selbst sah sich als guten Kenner der Individualpsychologie, hielt sich jedoch für unbewandert auf dem Gebiet der »Massenpsychologie«.[3] Dennoch hat es ihn immer wieder getrieben, Gemeinschaftsphänomene unter psychoanalytischer Perspektive zu betrachten. So entstanden Texte wie *Totem und Tabu, Der Mann*

Moses und der Monotheismus und *Die kulturelle Sexualmoral und die moderne Nervosität.* Er scheute sich, den Begriff des »kollektiven Unbewußten« zu verwenden, außer im Sinne einer allen Menschen gemeinsamen, genetisch bedingten Triebstruktur[4] – und dennoch spricht Freud von einem vererbten Wissen, das durch unbewußte Mitteilung weitergegeben werde: »Wenn wir von dem Fortbestand einer alten Tradition in einem Volk, von der Bildung eines Volkscharakters sprechen, hatten wir meist eine solche ererbte Tradition und nicht eine durch Mitteilung fortgepflanzte im Sinne.«[5] Er vermutete sogar, daß es allen Gruppen gemeinsame genetische Erinnerungsspuren gibt, die im einzelnen wirkungsmächtig werden. »Wenn wir den Fortbestand solcher Erinnerungsspuren in der archaischen Erbschaft annehmen, haben wir die Kluft zwischen Individual- und Massenpsychologie überbrückt, können die Völker behandeln wie den einzelnen Neurotiker.«[6] Diese Bemerkung in *Der Mann Moses* entstand in einem historischen Kontext, in dem Freud die kollektive Gewalt zu begreifen versuchte, der die jüdische Gemeinschaft in ihrer Geschichte immer wieder ausgesetzt war.

Unter psychoanalytischen Gesichtspunkten erscheint es fragwürdig, ob sich die Völker als ›Neurotiker‹ begreifen oder gar behandeln lassen. Zwar vergleicht Tom Nairn den Nationalismus mit einer ›Pathologie‹, die »genauso ›unvermeidlich‹ wie die ›Neurose‹ beim einzelnen Menschen« sei. Der Nationalismus offenbare »eine ähnliche Tendenz zum Abgleiten in den Wahnsinn, deren Wurzeln in der Situation der Hilflosigkeit (gleichsam in der Infantilphase von Gesellschaften) praktisch auf der ganzen Welt liegen«.[7] Aber bedeutet das schon, daß sich psychoanalytische Muster auf die Gemeinschaft übertragen lassen? Wo läßt sich eine Entsprechung für den Ödipuskomplex – den Freud als den ›Kern‹ der psychoanalytischen Lehre bezeichnete – bei den Völkern verorten? Zwar steht die Entstehung des Über-Ich in enger Beziehung zum Kollektiv, seine Kontinuität beruht geradezu auf der Existenz vieler Über-Ichs. Aber *hat* eine Gemeinschaft ein Über-Ich? Auch Inzestwunsch, Sexualverbote, Männlichkeits- und Weiblichkeitsbilder spielen für das Kollektiv eine wichtige Rolle. Aber man kann schwerlich von einer ›Geschlechtlichkeit‹ *des* Kollektivkörpers sprechen. Wohl aber kann man konstatieren, daß die Geschlechtlichkeit der Individuen in einer solchen Weise ›kanalisiert‹ wird, daß eine sexuelle Übertragung auf den ›Gemeinschaftskörper‹ stattfindet. Mehr noch: daß das Individuum in einer solchen Weise als ›Ich‹ konstituiert werden kann, daß es sein Begehren auf die Gemeinschaft richtet. Was ist das jedoch für ein Begehren, das die Gemeinschaft ›erotisch‹ besetzt? Läßt sich ein solches Begehren mit dem Begriff der ›Sexualität‹ oder gar der genitalen Geschlechtlichkeit erfassen? Gewiß nicht. Eher handelt es sich um eine ›frei zirkulierende‹ Geschlechtlichkeit, wie sie etwa Michel Foucault mit seinem Begriff der ›Macht‹ umschrieben hat. Warum aber dieses Bedürfnis, die Erotik in den Dienst der Gemeinschaft zu stellen? Völker oder Gemeinschaften haben keinen Körper; sie können nicht geschlechtlich empfinden. Aber sie *imaginieren* sich als einen Körper oder als einen Organismus. Und sie imaginieren sich sogar als geschlechtlich codierte Körper, wie man an der *Ecclesia* oder den Nationalallegorien ablesen kann.[8] Dennoch fehlt den imaginierten Sozialkörpern das entscheidende Kriterium der Leiblichkeit: die Sterblichkeit. Gerade darauf beruht aber die historische Wirkungsmacht der kollektiven Phantasie, einen Körper zu bilden. Die integrative Anziehungskraft des westlichen ›Kollektivkörpers‹ besteht darin, daß er einerseits imaginär, d. h. unsterblich ist, andererseits aber physiologischer Art zu sein scheint, u. a. durch seine geschlechtliche Codierung.

Wenn es zwischen der individuellen und kollektiven Erfahrung auch zu unterscheiden gilt, so scheint die Psychoanalyse doch ein geeignetes Instrument zur Erforschung der Wechselbeziehung zwischen Individuum und Kollektiv zu sein. Zwar lassen sich psychoanalytische Denkmuster nicht auf die Völker übertragen, als handle es sich bei letzteren um individuelle Neurotiker. Aber Imaginationen können als kollektive Imaginationen ›entschlüsselt‹ und in ihrer Wirkungsmacht auf den einzelnen untersucht werden. Gerade dabei zeigt es sich auch, daß die Psychoanalyse ihre eigenen ›medialen Rahmenbedingungen‹ hat, die bei der Betrachtung des Wechselverhältnisses von Individuum und Gemeinschaft besonders deutlich zutage treten. Denn während manchen Gemeinschaften psychoanalytische Interpretationsmuster als ›zersetzend‹ gelten, werden sie von anderen als gemeinschaftsbildend erfahren. Das legt die Diskussion um die ›jüdischen Ursprünge‹ der Psychoanalyse nahe: Von ihren Gegnern wurde sie nicht nur als ›jüdische‹, sondern auch als gemeinschaftsgefährdende Wissenschaft diffamiert, während viele ihrer Befürworter den Blick auf die Ähnlichkeiten von Psychoanalyse und jüdischer Gemeinschaftsbildung richteten. (Sie beziehen sich dabei nicht auf die Gemeinschaft ›der Juden‹, sondern auf eine idealtypische ›jüdische Gemeinschaft‹; das gilt auch für weitere Überlegungen in diesem Kapitel.) Der Psychoanalytiker Yigal Blumenberg hat darauf hingewiesen, daß fließende Rede, Streitgespräch und Bekenntnis zur Ambivalenz sowohl die Psychoanalyse als auch die jüdische Gemeinschaftsbildung charakterisieren:

>»Im Denken des *Talmud*, in dieser Diskussion und Streitgespräch der Gruppe über die Auslegung des Gesetzes und dessen Kommentierung haben wir offenkundig eine, vielleicht die einzige Form, in der nicht nur Ideologie ausgeschlossen wird, vielmehr eine Anti-Ideologie konstituiert wird. Es scheint, als ob allein auf diese Weise die lebendige Auseinandersetzung in Fluß gehalten werden kann, indem eine Synthese oder ein System verweigert wird. Im *Talmud* ist uns eine Gruppenmatrix und ein Denken präsent, das unzählige Interpretationen zuläßt, im strengen Sinne sogar fordert. [...] Der einzelne ist im Akt des sinngebenden Lesens persönlich verwickelt, der Interpret im Akt des Begreifens verwoben. [...] Tatsächlich sieht es so aus, daß je deutlicher der einzelne sich in seiner eigenen Bedeutung erkennen kann, desto bewußter wird ihm sein sozialhistorischer Zusammenhang, seine kollektive Tradition und Verwurzelung.«[9]

Wenn aber die Psychoanalyse im einen Kontext als gemeinschaftsbildend erfahren wird und im anderen als gemeinschaftsgefährdend, so stellt sich nicht nur die Frage nach der Anwendbarkeit psychoanalytischer Interpretationsmuster auf historische Entwicklungen, sondern auch die Frage nach der Wechselbeziehung von Individuum und Gemeinschaft in ganz anderer Weise. Es stellt sich sogar die Frage, ob das Konzept des ›Unbewußten‹ für die jüdischen Denktraditionen ›Sinn‹ ergibt. Blumenbergs Beschreibung der ›jüdischen‹ Gemeinschaftsbildung, bei der sich der einzelne in seiner ›eigenen Bedeutung erkennen‹ soll und ihm der sozialhistorische Zusammenhang, in den er eingebettet ist, bewußt wird, erscheint wie eine ›Gegenstrategie‹ zum *Unbewußten*, wie Freud es definiert hat. Man muß sich fragen, ob Freud mit dem Begriff des ›Unbewußten‹ nicht eher auf eine Erscheinung antwortete, die christlichen und säkular-christlichen Denktraditionen entsprach. (Was auch dann zutreffen mag, wenn Freud die Existenz des ›Unbewußten‹ bei seinen jüdischen Patienten ausmachte, die doch – wie er selbst – in einem ›assimilierten‹, mithin von christlichem Denken zutiefst ›besetzten‹ Umfeld lebten.) Beinhaltet die Etablierung und Verinnerlichung jedes Gesetzes die Entstehung des Unbewußten – oder ist es nicht eher so, daß das Unbewußte erst dann entsteht, wenn sich das Gesetz als ›Natur‹ auszugeben versucht, wie es in der griechisch-christlichen Tradition der Fall ist? Bei diesem ›Schwindel‹ spielt wiederum die christliche Bilderverehrung eine wichtige Rolle: Sie trägt dazu bei, ein *immersive environment* zu erzeugen, das, wie wir etwa am Beispiel der Rezeptionsmuster des Kinos gesehen haben, der Definition des Unbewußten bei Freud sehr ähnlich ist. Auf die Fragen, die sich in diesem Kontext stellen, möchte das vorliegende Kapitel einige denkbare Antworten zu geben versuchen.

Die Erkenntnis, daß die Grenzen zwischen dem Ich und dem Wir fließend sind, ist natürlich nicht neu – und sie spielt eine wichtige Rolle bei der Differenzierung von kollektiver und individueller Erinnerung. Alle Verhaltensmuster und Störungen des Individuums haben nicht nur mit einer individuellen Geschichte, sondern auch mit kollektiven Mustern zu tun, die sich der Psyche des einzelnen einschreiben. Der Begriff der ›Identitätsverunsicherung‹ tauchte zum ersten Mal im Zweiten Weltkrieg auf, um die psychischen Störungen von Menschen zu beschreiben, denen das Gefühl abhanden gekommen war, in einer kulturellen Kontinuität zu stehen. Über die enge Beziehung von Identität und Gedächtnis hat der französische Soziologe und Philosoph Maurice Halbwachs schon in den 20er und 30er Jahren einige grundlegende Theorien geliefert.[10] Er betrachtete die »mémoire collective«, das kollektive Gedächtnis, als den sozialen Rahmen, der darüber bestimmt, was sich der individuellen Erinnerung einschreibt. Der soziale Rahmen wird nach Halbwachs allerdings nicht nur in der selektiven Funktion des kollektiven Gedächtnisses wirksam, das die Erinnerungsstücke gleichsam ›vorsiebt‹, bevor sie sich in der individuellen Erinnerung festsetzen, sondern zugleich als der »Bezugsrahmen«, dessen »sich die in der Gesellschaft lebenden Menschen bedienen, um ihre Erinnerungen zu fixieren und wiederzufinden«.[11] So basiert für Halbwachs das individuelle Gedächtnis auf der Teilnahme des einzelnen an dem kommunikativen Netz, das eine Gemeinschaft bildet. Angesichts der Bedeutung, die die Formen des kommunikativen Netzes im 20. Jahrhundert annahmen, ist es allerdings erstaunlich, daß Halbwachs den medialen Bedingungen der Erinnerung wenig Beachtung schenkt. Ebensowenig unterscheidet er zwischen den verschiedenen Formen der Gemeinschaftsbildung, wie sie sich – u. a. medial bedingt – für die jüdische und die christliche Gesellschaft herausgebildet haben.

Laut Halbwachs ist das kollektive Gedächtnis gruppenkonstitutiv. So bilde jede soziale Gruppe eine ›Erinnerungsgemeinschaft‹. Besteht keine Gemeinsamkeit der Erinnerung, so sei auch die Gruppe als Gemeinschaft gefährdet.[12] Gegen dieses Konzept eines gruppenkonstitutiven Gedächtnisses wäre einzuwenden, daß es neben der bewußten Erinnerung auch die unbewußten oder verdrängten Erinnerungen gibt und daß diese nicht minder wirkungsmächtig sind, wenn auch in anderer Weise. Ausdruck dieser Erinnerung sind z.B. die Symptome des hysterischen Körpers, die sich sowohl auf individuelle als auch auf kollektive ›Ursachen‹ zurückführen lassen. Zu den unbewußten Erinnerungen gehören auch viele geistige Strömungen, die Thomas Macho als »ideengeschichtliche Wiedergänger« bezeichnet hat: »Tote und lebende Sprachen, tote und lebende Weltbilder, tote und lebende Religionen: Nicht alle Gestalten der Geistesgeschichte fügen sich diesem Schematismus. Es gibt ideenhistorische ›Wiedergänger‹, Systeme einer Welt- und Lebensanschauung, die sich dem *Entweder-Oder* von lebendig und tot, vergangen und gegenwärtig, einflußreich und ohnmächtig, mit Eigensinn entziehen; Gedankengebäude, die – allen Abbruchunternehmen zum Trotz – immer wieder von neuem errichtet werden; Haltungen und Evidenzen, die offenkundig nicht mit dauerhaftem Erfolg überwunden werden können.« Zu diesen »ideengeschichtlichen Wiedergängern« gehöre die Gnosis: »diese Wiedergängerin hartnäckig ungelöster Fragen und nicht bewältigter Probleme«.[13] Diese verdrängten Erinnerungen richten sich *gegen* den Kanon, auf dem die Gemeinschaft beruht; und zugleich spielen sie eine wichtige Rolle für das kollektive Gedächtnis. Sie stellen eine ›geheime Kontinuität‹ dar, die u.a. für das Verhältnis des Individuums zur Gemeinschaft wichtig ist; und sie bilden eine generationenübergreifende Kontinuität, deren ›Transmissionskanäle‹ ebenso verdeckt sind wie die Erinnerungen selbst.

Nicolas Abraham und Maria Torok haben für diese ›verdeckte‹ Form von Gedächtnis den Begriff der »Verkryptung« eingeführt: Anders als bei der ›verdrängten Erinnerung‹, die sich auf eine individuelle Erfahrung bezieht, werde hier ein ›intrapsychisches Geheimnis‹ von einer Generation zur nächsten weitergegeben:

»Gewiß, alle Verstorbenen mögen wiederkehren, aber einige sind dazu bestimmt zu spuken: die Toten, die in ihrem Leben beschämt wurden, und solche, die unaussprechliche Geheimnisse mit ins Grab nahmen. [...] Eines ist sicher: Das ›Phantom‹, in welcher Form auch immer, ist eine Erfindung der Lebenden. Ja, eine Erfindung in dem Sinne, daß das Phantom dazu bestimmt ist – ob nun in der Form individueller oder kollektiver Halluzinationen –, die Leere zu vergegenständlichen, die ein verborgener Teil des Lebens eines Liebesobjekts hinterlassen hat. Das Phantom ist deshalb auch eine metapsychologische Tatsache: Das heißt, es sind nicht die Verschiedenen, die spuken, sondern die Lücken, die die Geheimnisse der anderen in uns gelassen haben.«[14]

Diese ›verkrypteten Erinnerungen‹, die der Träger in sich verschließen muß »wie in einem Sarg«,[15] entziehen sich der Versprachlichung oder der figurativen Darstellung und seien deshalb als »Antimetaphern« zu begreifen. »Die Worte, deren sich das Phantom zu seiner Wiederkehr bedient«, haben ihren Ursprung nicht in dem Gesagten, »sondern in einer Lücke im Sagbaren«.[16]

»Der Patient erscheint nicht vom eigenen Unbewußten, sondern von dem eines anderen besessen. [...] Das Phantom ist eine Gestalt des Unbewußten, deren Eigenart darin besteht, nie bewußt geworden zu sein – aus gutem Grunde. Es gleitet – in einer noch zu definierenden Weise – vom Unbewußten eines Elternteils in das des Kindes. [...] Die periodische, zwanghafte, bis ins Symptom entweichende Wiederkehr des Phantoms (im Sinne einer Wiederkehr des Verdrängten), funktioniert wie ein Bauchredner, wie ein Fremder in der dem Subjekt eigenen Topographie.«[17]

Abraham und Torok beziehen sich bei diesen Erinnerungen auf ›Geheimnisse‹, die aus einzelnen, konkreten Generationenketten stammen. Aber das Bild dieses Gedächtnisses läßt sich auch auf ›Geheimnisse‹ aus abstrakten Generationenketten übertragen: ›geheime Botschaften‹, die von Generation zu Generation weitergegeben werden und von der ›Wunde‹ erzählen, die ›die Geschichte‹ im einzelnen geschlagen hat. Das scheint jedoch für die westliche Kultur, die die Erbschaft des vollen Alphabets angetreten hat, in erhöhtem Maße zu gelten. Geht man davon aus, daß die Beschneidung in der jüdischen Religion eine bewußte Einschreibung des Alphabets sowie der Unterscheidung von Symbol und Symbolisiertem in den Körper darstellt, so kann hier kaum von einer ›geheimen Botschaft‹ die Rede sein. Wohl aber läßt sich das Bild einer kollektiven, ›verkrypteten Erinnerung‹ auf die christliche und postchristliche Kultur anwenden. Wie für das Individuum, gibt es hier auch für das Kollektiv Erinnerungen, die sich der Versprachlichung und Repräsentation entziehen und ebendeshalb zu ›ideengeschichtlichen Wiedergängern‹ werden, und diese Erinnerungen sind auf eigene Weise gruppenkonstitutiv: In der Verweigerung selbst spiegelt sich die Konstruktion und Entwicklung der Gemeinschaft wider. Da die Gemeinschaft zugleich bestrebt ist, ihre Entstehungsgeschichte vergessen zu machen, um so den Ist-Zustand als ›ursprünglich‹ erscheinen zu lassen, liefern die ›verkrypteten‹ Erinnerungen der ›Wiedergänger‹ eine Garantie dafür, daß ein bestimmtes Wissen nicht untergeht. In dieser Funktion ähneln sie dem Trauma.

Gibt es ein kollektives Trauma? Auf den ersten Blick scheint die Antwort einfach: Der Name Auschwitz steht für ein solches Trauma. Wenn es jedoch stimmt, wie Aleida Assmann schreibt, daß das Trauma »den Körper unmittelbar zur Prägefläche macht«,[18] so muß man fragen, wie der ›Körper‹ beschaffen ist, dem ein *kollektives* Trauma widerfährt. Auschwitz stellt für die jüdische Gemeinschaft ein kollektives Trauma dar, aber dies wird als ein solches erfahren, weil die einzelnen Menschen in den Gaskammern ums Leben kamen. Das Trauma der Gemeinschaft war identisch mit dem Trauma des einzelnen Körpers. Kann jedoch von einem ›kollektiven Trauma‹ der Deutschen die Rede sein? Wo wird bei den Tätern der ›einzelne Körper zur Prägefläche‹? *Wenn* für Deutschland ›Auschwitz‹ ein Trauma repräsentiert, so nicht deshalb, weil der einzelne Körper zur ›Prägefläche‹ wurde, sondern weil die Gemeinschaft sich selbst als ›einen Körper‹ imaginierte und dieses Bild sich dem einzelnen vermittelte. Genau diese Imagination war aber auch schon bei den Verbrechen selbst aktiv; und sie hält offenbar auch rückblickend an. Denn das Bewußtsein der kollektiv begangenen Verbrechen wurde als tiefer historischer Einschnitt sogar von denen erfahren, die sich als ›Nichtbetroffene‹ bezeichneten oder auf die ›Gnade der späten Geburt‹ pochten. Die Debatte um das Berliner Holocaust-Mahnmal hat dies auf paradoxe Weise gezeigt.

In der Debatte um das Holocaust-Mahnmal wurde die Frage, ob das Mahnmal dem Gedenken der Ermordeten oder der ›Scham‹ der Mörder zu setzen sei, nie wirklich geklärt – das allein war einer der Gründe für die Schwierigkeiten der Diskussion. Wie schwierig es ist, als Erben der Mörder dem Gedenken der Ermordeten ein Denkmal zu setzen, hat Reinhart Koselleck beschrieben: »Nachdem wir Deutsche fünf bis sechs Millionen Juden erschlagen, erschossen oder vergast, dann in Asche, Luft und Wasser aufgelöst haben, machen wir uns nunmehr anheischig, symbolisch eben diesen Juden eine Auferstehung anzubieten.«[19] Koselleck verdeutlicht, daß mit diesem Mahnmal eine Phantasie am Werke ist, die das Gegenteil von dem bewirken könnte, was bezweckt ist, nämlich eine christliche ›Umfunktionierung‹ des Leidens und der Toten.

Jedes Mahnmal hat seine eigene Geschichte, die unabhängig vom Kontext verläuft, in dem es entstand, und diese entwickelt sich unabhängig vom geplanten Sinn des Entwurfs. Mahnmale – und die christlich-westliche Kultur kennt unzählige, im Gegensatz zur jüdischen, die eher Erinnerungs*tage* kennt – stehen *nicht* im Dienst der Verstorbenen, auch wenn diese geehrt werden, sondern im Dienst der Lebenden, der nachfolgenden Generationen, die die beabsichtigte Bedeutung des Denkmals weitertragen. Ebensogut können sie es aber auch ›umfunktionieren‹. Deshalb eignen sich Mahnmale für Soldaten, die ihr Leben auf dem ›Altar des Vaterlandes‹ geopfert haben. Mit einem solchen Mahnmal für die Gefallenen ehrt die Nation sich selbst. Die Gemeinschaft verleiht den Toten ›Unsterblichkeit‹, weil sie in ihnen ihre eigene Unvergänglichkeit feiert: Die Sorgfalt, mit der die Gräber der Gefallenen auf den Soldatenfriedhöfen gepflegt werden, hat wenig mit einem Interesse für das tragische Schicksal der einzelnen Opfer des Kriegs zu tun. Im ›Ewigen Ruherecht‹, das den Gefallenen gewährt wird, setzt die nationale Gemeinschaft sich vielmehr selbst ein ›Denk-Mal‹, das ihrer Vergänglichkeit entgegenwirken soll. Dieses Bild des einzelnen, der in der Gemeinschaft aufgeht, spiegelt sich in der Architektur der Soldatenfriedhöfe wider, wo die Gräber in Reih und Glied stehen und die Erinnerung nicht zwischen den einzelnen Gefallenen unterscheidet: Ihre (sterbliche) Individualität ist im (unsterblichen) Kollektivkörper in jedem Sinne des Wortes ›aufgehoben‹.

Mit dem Mahnmal für die Toten von Auschwitz und der anderen nationalsozialistischen Vernichtungsstätten verhält es sich anders. Diese Toten werden nicht geehrt, weil sie ihr ›Leben auf dem Altar des Vaterlandes geopfert‹ hätten. Dieser Toten soll gedacht werden, weil sie ermordet wurden. In der Erinnerung an sie bekennt sich die Nation zur eigenen Scham über ein kollektives Verbrechen. Doch läßt sich die Scham in einer ähnlichen Weise petrifizieren, wie es mit der Trauer um gefallene Soldaten geschieht? Ist damit nicht ein Akt der ›Aufhebung‹ verbunden, durch den die einzelnen Toten der nationalen Gemeinschaft (in diesem Fall: der Täter) ›einverleibt‹ werden? Weil Mahnmale die Funktion haben, die Kontinuität der Gemeinschaft zu sichern, ist es sogar vorstellbar, daß ein solches Mahnmal von späteren Generationen in der Weise ›umfunktioniert‹ oder umgedeutet wird, daß es zu einem Bild der nationalen Opfergeschichte wird, die dem Gedanken des Heldentums und der Unsterblichkeit der Nation zugrunde liegt. Das deutet sich schon an, wenn Koselleck von einer ›Wiederauferstehung‹ der Toten spricht. Er verweist damit auf ein christliches Konzept der Unsterblichkeit, das mit dem Glauben an das ›Fleisch gewordene Wort‹ zusammenhängt und der jüdischen Religion fremd ist. So bietet es sich im Zusammenhang mit der Frage nach dem kollektiven Trauma auch an, die unterschiedlichen Formen von Gedächtnis in der jüdischen und der christlichen Kultur zu untersuchen.

Jüdisches und christliches Gedenken

Aleida Assmann hat Jean-François Lyotards Konzept der Erinnerung[20] an den nationalsozialistischen Genozid kritisiert: Mit seinem Trauma-Begriff ›nobilitiere‹ und verharmlose er das Trauma. »Lyotard empfiehlt das Trauma als den adäquaten Stabilisator für die Erinnerung an den Holocaust. Mit seiner Kollektivierung und Nobilitierung ist der Trauma-Begriff Lyotards metaphorisch geworden; in dieser Form hat er Einlaß in die Literaturtheorie gefunden und signalisiert dort eine allgemeine ›Krise der Repräsentation‹.« Mit seiner Analyse, die typisch sei für einen ›Paradigmenwechsel in der Gedächtnistheorie‹, mache sich Lyotard zum »Anwalt des Traumas als unbefriedetes Vergessen«. Es gehe ihm nicht um »Vergangenheitsbewältigung, sondern um Vergangenheitsbewahrung«. Seine Haltung setze voraus, »daß es auf sozialer Ebene keine Entsprechung zu dem gibt, was auf individueller Ebene das befriedete Vergessen ist«.[21] Gegen diese Kritik läßt sich einwenden, daß Lyotard nicht nur von der Traumabewältigung gesprochen hat, sondern auch von einer spezifisch jüdischen ›Erinnerungskultur‹ – und diese unterscheidet sich zutiefst von der christlichen. Lyotard schreibt:

»Einzig die Juden gehen davon aus und geben zu, daß ein Ereignis das Volk affiziert hat – und nicht aufhört, es zu affizieren –, ohne daß dieses Volk das Ereignis darstellen könnte – was ihm auch nicht aufgegeben ist. Darstellen hieße hier: die Bedeutung des Ereignisses zu enthüllen und wiederherzustellen. ›Bund‹ ist der Name des Ereignisses; der ›Bund‹ ist das Ereignis, mit dem Gott, der nicht-nennbare, das jüdische Volk heimgesucht hat – das Volk, das seinerseits völlig unvorbereitet war und ist, sich dem Ereignis zu fügen und es gebührend zu achten. Die beängstigende, erhebende und schmerzliche Gewalt dieser Heimsuchung geht einher mit dem Versprechen der Vergebung. In der Zeit der Erwartung des Messias werden Bund und Versprechen noch einmal und schmerzlich vom Propheten in Erinnerung gerufen. Alles, was den Messias darstellen will – etwa Jesus – ist verdächtig; verdächtig nämlich, nur Schutzbildung, Verstellung, bloßes Symptom zu sein. Verraten ist damit das unvergeßliche und doch unerinnerbare Ereignis des Gesetzes. Der Verdacht ergeht im Namen der Treue zum Affekt, der hervorging aus dem Ereignis, das immer wieder vergessen zu werden droht. Und genau aus diesem Grund gelingt es den Juden nicht, sich den okzidentalen Vorstellungssystemen des Denkens, der Politik und der Sitten einzufügen. Sie können weder eine ›Nation‹ im Sinn des Mittelalters noch ein Volk im Sinn der Neuzeit bilden.

Das Gesetz selbst verbietet ihnen den Status einer selbständigen Ethnie. Das Verhältnis, das sie zum Ereignis des Bundes und seines Versprechens unterhalten, ist das Verhältnis einer Abhängigkeit – nicht hingegen von Erde und Geschichte, sondern Abhängigkeit von den Buchstaben eines Buchs und einer paradoxen Zeitlichkeit.«[22]

Das Ereignis, das als schmerzlich erinnert wird, der ›Bund‹, darf nur in der Beschneidung – dem Zeichen des Bundes – zur Darstellung kommen – eine Form der Darstellung, die die Nicht-Repräsentierbarkeit widerspiegelt –, und der ›Schmerz‹ besteht im Gesetz, *daß* es nicht dargestellt werden darf. Nur so schreibt sich die Erinnerung daran immer wieder dem Gedächtnis ein. Das eigentliche ›Trauma‹ besteht also darin, daß die ›Wunde‹ nie geschlossen wird, weil sie nicht darstellbar ist. Bedenkt man nun, daß dieser Bund mit einem Gott geschlossen wird, der sich einzig durch die Schrift offenbart – und Lyotard spricht ausdrücklich von der ›Abhängigkeit von den Buchstaben des Buches‹ –, so wird deutlich, daß sich der ›Affekt‹, der aus einem Ereignis, ›das nicht vergessen werden darf‹, hervorgeht, auf die Schriftlichkeit oder die Symbolisierungsfähigkeit selbst bezieht. Die jüdische ›Erinnerungskultur‹ beruht also auf dem Prinzip, daß es keine ›Heilung‹ zwischen Zeichen und Körper gibt: Beides muß nebeneinander und getrennt voneinander bestehen bleiben. Auf diese Notwendigkeit verweist die Beschneidung.

Das Christentum hingegen trat an, den Abgrund zwischen dem Zeichen und dem Körper zu überbrücken, und es versuchte, die erste Wunde durch eine zweite kollektive Wunde zu schließen: die Kreuzigung. Durch Kreuzigung und Auferstehung konnte der Beweis erbracht werden, daß der göttliche Leib, das Fleisch gewordene Wort, dennoch sterblich ist und einer physischen Wirklichkeit entspricht. Lange vor der Entstehung des Christentums hatten schon andere Bilder diese Form der ›Heilung‹ angekündigt. In der griechischen Mythologie stellt die Gestalt des Dionysos (des ›zweimal Geborenen‹) einen Vorläufer der christlichen Vorstellung eines gewaltsamen Todes und der Wiederauferstehung dar: Dionysos ist Sohn des Zeus und, laut der häufigsten Variante des Mythos, der Semele, die ihrerseits Tochter des Kadmos ist, dem die Erfindung der Schrift zugewiesen wird.[23] Zeus tötet Semele, als diese im sechsten Monat schwanger ist. Um das ungeborene Kind zu retten, näht es Hermes, der auch als ›Geburtshelfer‹ des Alphabets

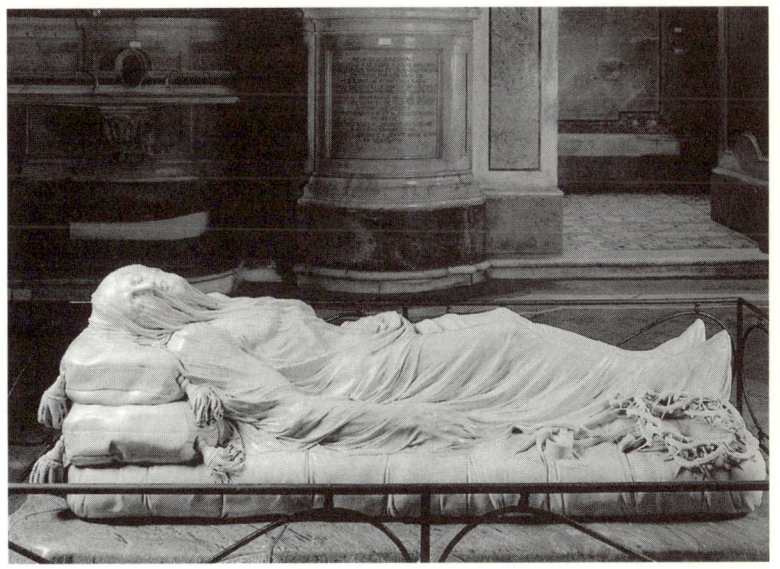

Giuseppe Sanmartino, Der verschleierte Christus, 1753. Opfer und Tod als sinnliche Erfahrung – das Schließen der Wunde zwischen Zeichen und Leib.

gilt, in den Schenkel des Zeus ein. Aus diesem wird Dionysos schließlich geboren. Durch die Wiedergeburt aus dem Schenkel des unsterblichen Vaters wird Dionysos selbst unsterblich: Als er später zerstückelt wird, gelingt seine ›Auferstehung‹ mit unversehrtem Leib. Die Gestalt des Dionysos hielt in Griechenland um 800 v. Chr., also mit der Einführung des vollen phonetischen Alphabets, ihren Einzug und präfiguriert einen Prozeß, der sich im Christentum noch sehr viel deutlicher zeigen wird: die Aneignung ›weiblicher‹ Eigenschaften (das Gebären) durch die Gestalt des Erlösers. Der Gekreuzigte wird jedoch nicht ›zerstückelt‹, sondern bleibt unversehrt, und auf diesen Aspekt legt das Johannesevangelium auch besonderen Wert: Während den beiden Mitgekreuzigten die Schenkel zerschlagen wurden,[24] blieb Christus davon verschont: »Als sie aber zu Jesus kamen und sahen, daß er schon gestorben war, zerschlugen sie ihm die Schenkel nicht.«[25] Die griechischchristlichen Bilder von Zerstückelung und ›Heilung‹ erscheinen wie Sinnbilder für das griechische Alphabet selbst, das, anders als das semitische Alphabet, das gesprochene Wort zerstückelt und als volle phonetische Einheit wieder zusammensetzt. Das heißt, im griechischen Alphabet, das die gesprochene Sprache überlagert und sich den sprechenden Körper einverleibt, ist nicht nur das ›Fleisch gewordene Wort‹ der christlichen Heilsbotschaft enthalten, sondern auch die Botschaft von Kreuzigung (Tod) und Wiederauferstehung. Die Tatsache, daß bei Christus die Ganzheit des Körpers nicht zerstört wird, macht ihn wiederum zu einem besonders geeigneten Leitbild für die Vorstellung eines unversehrten christlichen Kollektivkörpers. Fand die jüdische Gemeinschaft in der ›Heiligen Schrift‹ ihr ›portatives Vaterland‹, so erfährt die christliche Gemeinschaft in der Tatsache, daß der Leib des Erlösers ›heil‹ bleibt, ihr Zusammengehörigkeitsgefühl – und diese ›Heimat‹ wird zum Ersatz für die verlorengegangene ›Behausung‹ in der Sprache.

Nicht anders als der kollektive Vorgang einer Verschriftlichung des gesprochenen Wortes wird auch das kollektive ›Trauma‹ der Kreuzigung als individuelles erlebt und physisch ›am eigenen Leibe‹ erfahren. Doch während das jüdische Gedenken immer wieder daran erinnert, daß es zwischen Zeichen und Leib keine Heilung gibt, besteht das christliche Gedächtnis in einer Wunde, die der *Schließung* der ›ursprünglichen‹ Wunde – durch die Alphabetschrift – dient. Die Kreuzigung wird wiederum als ›Trauma‹ erfahren, das den einzelnen Körper zur ›Prägefläche‹ macht, und in dieser Funktion trägt sie zur Konstitution der Glaubensgemeinschaft der Christen bei. Dieses ›Modell‹ des ›Decktraumas‹ wurde auch prägend für die Gedächtnisstrukturen säkularer Gemeinschaften.

Der Psychoanalytiker und Sozialwissenschaftler Vamik Volkan, der die historischen Wurzeln ethnischer Konflikte untersuchte und dabei die psychologischen Mechanismen erforschte, die über das Verhältnis des einzelnen zur Gemeinschaft in kollektiven Konfliktsituationen bestimmen, spricht vom »gewählten Trauma«. Er meint damit die gemeinsame Erinnerung an ein besonders schmerzhaftes Ereignis der Vergangenheit, das eine für den Gruppenzusammenhalt konstitutive Funktion übernimmt. Als Beispiel für ein ›gewähltes Trauma‹ benennt Volkan die verlorene Schlacht am Amselfeld, die für die serbische Volksgemeinschaft gruppenkonstitutive Funktion hat:

»Es ist keineswegs die historische Wahrheit (oder eine der vielen Versionen derselben), die für die serbische Kollektivpsyche von Bedeutung ist. Wichtig ist vielmehr die gemeinsame mentale Repräsentation der Schlacht auf dem Amselfeld und der Gestalten, die dabei Schlüsselrollen spielten. Während Jahrzehnte und Jahrhunderte vergingen, wurden mit Mythen angereicherte Berichte über die Schlacht durch eine starke mündliche und religiöse Tradition in Serbien von Generation zu Generation überliefert, die das serbische Grundgefühl einer traumatisierten gemeinsamen Identität stärkten. Dieses gewählte Trauma ist ein wahrnehmbarer Teil der gegenwärtigen serbischen Identität geworden.«[26]

Wird in einer Konfliktsituation dieses Trauma aktiviert, so bricht laut Volkan bei den Angehörigen der betroffenen ethnischen Gruppe das Zeitgefühl zusammen. Sie verhalten sich, als hätten sie die Ereignisse vor Hunderten von Jahren selbst erlebt. Eine solche Form von Gedächtnis – das schreibt Volkan allerdings nicht – entspricht auf frappierende Weise dem Muster des christlichen Gedenkens, wenn die Gemeinde der Gläubigen beim heiligen Abendmahl das die Gemeinschaft konstituierende ›Trauma‹, die Kreuzigung, ›vergegenwärtigt‹ und zur ›eigenen Erfahrung‹ macht.

Es handelt sich also um einen Umgang mit dem Trauma, der, vom Christentum ausgehend, auch in den säkularen Gemeinschaften des Abendlandes gruppenkonstitutiven Charakter angenommen hat. Dieser Umgang mit dem Trauma, der zugleich die Funktion eines Heilsgeschehens hat, ist dem von Lyotard beschriebenen konträr. Denn durch die erinnerte und vergegenwärtigte ›Wunde‹ soll zugleich die Wunde, die zwischen dem Körper und dem Zeichen (oder der gesprochenen und der geschriebenen Sprache) klafft, geschlossen werden. Das bedeutet aber, daß der Begriff des Traumas nicht nur eine unterschiedliche Bedeutung annimmt, je nachdem ob er sich auf Individuum oder Gruppe bezieht; es bedeutet auch, daß es zwei unterschiedliche, sich gegenseitig ausschließende Formen von kollektivem Gedächtnis gibt – und daß das eine Trauma das andere ausschließt.

»Die Juden missionieren nicht; sie haben keine Vorstellung zu verbreiten, auch keine Formel, die das Übel heilen könnte. Die Endlösung war jenes Unternehmen, diese unfreiwilligen Zeugen des vergessenen Ereignisses zu vernichten, ein für allemal mit diesem nicht-darstellbaren Affekt und dieser Angst aufzuhören und aufzuräumen; einer Angst, deren Darstellung im und für den Okzident die Juden sind.«[27]

Die unterschiedlichen Formen der Erinnerung beinhalten einerseits, daß im Christentum das ›ursprüngliche‹ Trauma nicht nur in der Kreuzigung bzw. dem ›gewählten Trauma‹ durch eine Deckerinnerung ausgelöscht wird, sie implizieren auch, daß der Versuch, die ›Wunde‹ zu schließen, dazu führen kann, ›willige Vollstrecker‹ hervorzubringen. Daß hier *keine* Zwangsläufigkeit vorliegt, versteht sich von selbst – auch wenn Lyotards Beschreibung eine solche fast zu implizieren scheint. Vielmehr geht es um die Anerkennung der Tatsache, daß die jüdische Kultur – und damit ihre Erinnerungskultur – ebenso wie die christliche einen untrennbaren, nicht abspaltbaren Teil der westlichen Kultur bildet. Die Entstehung der Psychoanalyse ist eines der Symptome dieser Tatsache.

Der soziale Rahmen als ›immersive environment‹

Wenn es richtig ist, daß das Gedächtnis gruppenkonstitutiven Charakter hat, so hat der unterschiedliche Umgang mit dem Gedächtnis notwendigerweise unterschiedliche Formen der Einbindung des einzelnen Körpers in die Gemeinschaft zur Folge. Auch hier zeigen sich die Unterschiede zwischen griechisch-christlicher und jüdischer Gemeinschaftsbildung.

Eben weil das Gedächtnis gruppenkonstitutiv ist, »rekonstruiert« es laut Halbwachs die Erinnerung in einer Weise, die der Bestätigung des Selbstbildes der Gruppe dient. Das heißt, das Gedächtnis ›besetzt‹ die Vergangenheit mit Bildern, die die Gegenwart legitimieren. Eine Erinnerung, so Halbwachs, kann sich überhaupt nur dann festsetzen, wenn sie ›Gestalt‹ annimmt. Sie muß sich an ein konkretes Ereignis, eine Person, einen Ort binden, die ihrerseits im vorhandenen Kollektivsystem einen ›Sinn‹ erhalten. »Jede Persönlichkeit und jedes historische Faktum wird schon bei seinem Eintritt in dieses Gedächtnis in eine Lehre, einen Begriff, ein Symbol transponiert; es erhält einen Sinn, es wird zu einem Element des Ideensystems der Gesellschaft.«[28] Beide Phänomene – die Rekonstruktion der Erinnerung aus dem Jetzt und die Tatsache, daß diese Erinnerung Gestalt annimmt – charakterisieren auch Gesellschaften ohne Schrift, die auf die mündliche, also keine kanonisierte Überlieferung angewiesen sind. Ähnliches gilt auch für Kulturen, die über eine Bilderschrift mit vielen Zeichen verfügen.[29] Maurice Halbwachs macht keinen Unterschied zwischen schriftlosen Kulturen, Kulturen mit Piktogrammschriften und Kulturen mit Alphabetschrift. Aber seine Beispiele sind fast alle der Geschichte des christlichen Abendlands entnommen. Damit verweist Halbwachs aber auch – implizit – auf die Verwandtschaft von ›christlichen‹ Gedächtnisstrukturen und Gedächtnisstrukturen von Gesellschaften mit mündlicher (oder bildlicher) Überlieferung. Für Halbwachs, der sich nicht für die medialen Aspekte des Gedächtnisses interessiert, mag das unerheblich sein. In unserem Kontext, wo es um die Wechselbeziehung zwischen dem kollektiven Imaginären und dem Denken und Fühlen des einzelnen geht, ist diese Parallele jedoch aufschlußreich. Denn sie verweist auf die strukturelle Ähnlichkeit des kollektiven Gedächtnisses mündlicher Kulturen und Kulturen der *vollen* phonetischen Alphabetschrift. Die Beobachtung, daß die technischen Bilder ›visuell gewordene‹ Schrift darstellen, findet ihr Gegenstück in den Strukturen des Gedächtnisses selbst, die die Form mündlicher Erinnerung angenommen haben. Das bietet aber auch einen Schlüssel zum Begreifen der Wechselbeziehung zwischen Individuum und Gemeinschaft in der christlichen und postchristlichen Gesellschaft – und der Vergleich mit der jüdischen Tradition bzw. der Vergleich zwischen dem Konsonanten- und dem vollen Alphabet ist bei der Entzifferung dieser ›Verhältnisse‹ erhellend.

Für Halbwachs gilt die Wechselwirkung von Gemeinschaft und Individuum nicht nur für das Gedächtnis, sondern ganz generell für die Wahrnehmungsmuster von Individuen in einer Gemeinschaft. Seine Theorie ähnelt hierin dem von Erving Goffman entwickelten Begriff der ›Rahmenanalyse‹, mit dem er die Tatsache bezeichnet, daß jede Alltagserfahrung vom sozialen Kontext vorgegeben ist.[30] Der normative Charakter der kollektiv vorgegebenen Wahrnehmungsmuster zeigt sich besonders deutlich an psychischen Störungen, die gleichsam den Negativabdruck des Kanons bieten, auf dem der Konsens einer Gemeinschaft beruht. Allerdings können diese Störungen im kollektiven Kontext auch zur Norm werden. Ein Beispiel: Eine Grundannahme der Psychoanalyse über die Paranoia besagt, daß sie das Produkt eines idealisierten Anderen sei, den die Psyche als abgespaltenen Teil des Selbst in einen Verfolger verkehrt. Dieses Interpretationsmuster läßt sich auch auf manche kollektive Erscheinungsformen im Zusammenhang mit Nationalismus und Rassismus anwenden, wo es sich ebenfalls um einen ›abgespaltenen Teil‹ des Selbst handelt, der zum ›Fremden‹ erklärt wird. Doch wird das, was die Psychoanalyse im individuellen Kontext als ›Anomalie‹ diagnostiziert, im kollektiven Kontext oft als Norm gesetzt: nicht die Phantasien über ›den Juden‹ gelten als Störung, sondern ›der Jude‹ *ist* die Störung: Er erscheint als der ›Rassenschänder‹, der den ›arischen‹ Gemeinschaftskörper bedroht. In dieser Funktion hat das Bild ›des Juden‹ sogar gruppenkonstitutiven Charakter.

Bezieht man diese Frage nach den psychischen Störungen auf das Verhältnis von Individuum und Gemeinschaft, so stellt sich allerdings die Frage, warum bestimmte Bilder vom ›Anderen‹ oder vom ›Fremden‹ auf einige Menschen größeren Einfluß auszuüben vermögen als auf andere. Warum wirkt sich der soziale Rahmen – oder die kollektiven Wahrnehmungsmuster – bei dem einen mehr und bei dem anderen weniger normierend aus? Daß die kollektiven Phantasien – etwa über ›den Juden‹ – in einigen Epochen wirkungsmächtiger waren als in anderen, mag sich nach den Theorien von Halbwachs damit erklären, daß das Bild vom ›Fremden‹ den ›Bedürfnissen‹ der Gemeinschaftskonstitution diente. Woran liegt es jedoch, daß in ein und derselben Gesellschaft manche Individuen zwischen dem ›realen‹ und dem ›imaginären‹ Juden zu unterscheiden vermögen (also die ›Konstruktion‹ erkennen) und andere nicht? Warum sind im Nationalsozialismus einige Antisemiten nie zu ›Tätern‹ geworden, während sich einer der wichtigsten Organisatoren des Tötungsapparates, Adolf Eichmann, vorher nicht als ein ›leidenschaftlicher‹ Antisemit zu erkennen gab? Während seines Prozesses führte Eichmann ein Tagebuch unter dem Titel *Götzen*, mit dem er sich zu rechtfertigen versuchte. Darin nannte er sich selbst ein ›Rädchen‹, einen Befehlsempfänger, der nur die Anordnungen der ›Götter und Untergötter‹ ausgeführt habe. Das »Kollektiv« habe ihm die Gelegenheit geboten, »als Einzelpersönlichkeit zu verschwinden und sich ideologisch gleichzufühlen mit dem Massendenken«. Solche Aussagen sind ernst zu nehmen: nicht als Rechtfertigung, sondern als Spiegelbild von Ichlosigkeit, die Eichmann – wie andere – prädisponierte, nicht nur die Befehle ›von oben‹, sondern auch die Botschaften des kollektiven Imaginären aufzunehmen und sich zu eigen zu machen. Deshalb stellt sich die Frage: Welches sind die Mechanismen der *individuellen* Aneignung kollektiver Phantasien, die historisch wirkungsmächtig werden – und sind sie ein Spezifikum des griechisch-christlichen Denkens?

Mario Erdheim sieht vor allem in den repressiven Funktionen der Gemeinschaft eine solche Wirkungsmacht am Werke. Er spricht vom »gesellschaftlichen Unbewußten«, das das Individuum mit anderen Mitgliedern einer Gemeinschaft teilt und das durch eine Art von Ausleseprinzip entsteht: »Jede Kultur gestattet gewissen Phantasien, Trieben und anderen Manifestationen des Psychischen ebenso wie Wahrnehmungen der Realität den Zutritt ins Bewußtsein und verlangt, daß andere verdrängt werden. Unbewußt muß all das werden, was die Stabilität der Kultur bedroht.« Dabei geht er davon aus, daß in diesem Unbewußten – womit er jenen Teil des Unbewußten meint, den das Individuum mit der Mehrzahl der Mitglieder einer Gruppe teilt – dieselben Kräfte gebieten, »die Freud für das Es annahm«.[31] In seiner Interpretation beruht das Es also auf der Unterdrückung ›antisozialer‹ Kräfte. Ganz unbestreitbar verändert sich unter dem Druck totalitärer Herrschaft die Psyche des Individuums. Aber die Macht des Kollektivs über das Individuum hat nicht nur mit Repression zu tun, sie kann auch das Produkt einer spezifischen Anziehungskraft sein, die einerseits auf dem Anschein der Unsterblichkeit des Kollektivs beruht: »Was bedeutet es schon, wenn ich sterbe, sagt der General, da die Armee doch unsterblich ist.«[32] Andererseits beruht sie aber auch auf dem ›Eros‹ des Gemeinschaftskörpers, der durch mediale Simulationstechniken ein soziales *immersive environment* schafft, in dem das Individuum ›aufgehoben‹ ist. Das heißt, die ›gesellschaftliche Produktion von Unbewußtheit‹ (so der Titel von Erdheims Buch) läßt sich nicht nur als ein kulturelles System von *Regeln* begreifen, die Individuen akzeptieren müssen, sondern auch als *bewußte Anstrengung der Gemeinschaft, Unbewußtheit herzustellen* – und zwar nicht durch Repression, sondern durch eine frei flottierende erotische Phantasie oder zirkulierende Lust. Dabei trägt das Phantasma vom ›Kollektivkörper‹ dazu bei, die individuellen Sexualphantasien auf die ›Einswerdung‹ zu lenken. Diese Phantasie hat aber sehr viel mehr mit der griechisch-christlichen Erbschaft zu tun als mit der jüdischen. Vollzog sich für die gläubige christliche Gemeinschaft die Vereinigung mit Gott beim heiligen Abendmahl – ein Vorgang, der in der Einswerdung der Geschlechter sein Spiegelbild fand –, so scheint mit der allmählichen Auflösung der Kirchengemeinschaft die Phantasie einer erotischen Vereinigung mit ›den anderen‹ an diese Stelle gerückt zu sein. Das soll an einem kurzen Exkurs in die Aktualität exemplarisch dargestellt werden:

Exkurs
Warum haben Talkshows und Docu-Soaps wie *Big Brother* höhere Einschaltquoten als viele andere Fernsehsendungen? Es ist einerseits der Anspruch auf das ›Dokumentarische‹, das Nichtinszenierte; andererseits aber auch gerade die artifizielle Situation, in der diese Vorführungen stattfinden. Diese erinnern an die Arena der Römer. Welcher von den Sklaven oder Christen wird die Spiele überleben? Wer liefert ein gutes Spektakel? Bei diesen Ereignissen konnte die Bevölkerung von Rom in Ekstase geraten. Ihre Lust hatte allerdings auch mit der Tatsache zu tun, daß die Menschen in der Arena um das nackte Leben kämpften. Alle Zuschauer wußten das – und es machte sie an. Aber was reizt die Zuschauer – oder Akteure – bei diesen Spielen, bei denen die Teilnehmer freiwillig die Arena betreten und es auch nicht ums Leben geht?

Wenn Erdheim das gesellschaftliche Unbewußte als einen Ort bezeichnete, an dem die antisozialen, destabilisierenden Triebkräfte verwahrt werden, so verhält es sich mit diesen Sendungen genau umgekehrt: Gerade der Sexualtrieb, der als der antisozialste aller Triebe gilt (weshalb er in den meisten Gesellschaften auch strengen Kontrollsystemen unterliegt), wird hier nicht mehr ins gesellschaftliche Unbewußte abgedrängt, sondern öffentlich zur Schau gestellt – und in dieser Funktion wird er auch zum *stabilisierenden* Faktor der Gesellschaft. Der soziale Klebstoff der Moderne heißt ›Sex‹, aber es handelt sich um einen ›Geschlechtsverkehr‹ besonderer Art. Kein Zeitalter hat je zuvor die tiefsten Geheimnisse der Seele, des Liebeslebens oder auch des Leidens so in den öffentlichen Raum gestellt wie das heutige, so daß man sich fragen kann, worin in den modernen Industriegesellschaften überhaupt noch das ›Verdrängte‹ besteht. Die Sexualität jedenfalls gehört nicht dazu. Gerade sie wird gerne zur Schau gestellt – unmittelbar gefolgt von den anderen ›traditionellen‹ Geheimnissen wie Krankheit, Leiden, Ehekonflikte etc., die sich, nicht weniger als die Freuden des Sexuallebens, einer intensiven öffentlichen Aufmerksamkeit erfreuen. Sie haben Krebs? Sie leiden an Diabetes? Mit oder ohne Potenzstörungen? Ihr Mann hat sie wegen einer Jüngeren verlassen? Genau Sie haben wir gesucht! Kommen Sie doch bitte in unsere Sendung, und erzählen Sie uns davon!

1966 veröffentlichte Charlotte Berardt ein Buch, *Das Dritte Reich des Traums*, in dem Menschen von ihren Träumen während des Nationalsozialismus berichteten. Ein Arzt erzählte von einem Traum aus dem Jahre 1934: »Während ich mich nach der Sprechstunde, etwa gegen neun Uhr abends, mit einem Buch über Matthias Grünewald friedlich auf dem Sofa ausstrecken will, wird mein Zimmer, meine Wohnung plötzlich wandlos. Ich sehe mich entsetzt um, alle Wohnungen, soweit das Auge reicht, haben keine Wände mehr. Ich höre einen Lautsprecher brüllen: ›Laut Erlaß zur Abschaffung von Wänden vom 17. des Monats‹…« Am Vortag war der Blockwart mit der Frage zu ihm gekommen, warum er nicht geflaggt habe. Er habe ihn beruhigt und ihm einen Schnaps eingegossen, aber gedacht: »in meinen vier Wänden…, in meinen vier Wänden…«[33] Der Traum erzählt von der Angst, daß die Wohnung und die Mauern um das Selbst keinen Schutz mehr bieten vor Übergriffen: daß also die Psyche ›wandlos‹ geworden sei. Ein solcher Traum ist symptomatisch für Diktaturen, wie sie George Orwell in *1984* beschrieben hat.

Die Fernsehsendung *Big Brother* bedient sich aus dem Fundus dieser Dystopie nicht nur bei der Namensgebung – und dennoch offenbaren sich ganz andere Aspekte. Auch hier ein ›wandloser Raum‹, in den der öffentliche Blick eindringt; auch hier eine Öffentlichkeit, die keine Geheimnisse duldet; auch hier eine Erfahrung von Entblößung, die mit Nacktheit nicht nur im übertragenen Sinne zu tun hat. Doch es gibt einen entscheidenden Unterschied: Der Traum des Arztes von 1934 erzählte von einer unfreiwilligen Entblößung, hinter der zudem eine lebensbedrohliche Staatsmacht stand. Bei *Big Brother* hingegen handelt es sich um eine freiwillige Entblößung, bei der sich die Öffentlichkeit zwar des Spektakels erfreut, aber keinen Zwang ausübt. Gerade hierin mag aber auch eine weitere Parallele zwischen dem Traum und der Docu-Soap liegen. Zwei argentinische Psychoanalytiker, Horacio Amigorena und Marcel Vignar, haben die Veränderungen beschrieben, die sich im Individuum unter dem Druck eines totalitären Regimes vollziehen. Indem das Regime Repression ausübe, erreiche es, daß die Überwachung zur Struktur des Subjekts werde. »Die Macht prägt sich im Inneren ein und wird in ihm verborgen; sie wird zu einer tyrannischen Instanz, die lautlos wirkt.«[34] Auch bei *Big Brother* wird der öffentliche Blick verinnerlicht. Aber die Unterwerfung unter die Kontrolle

geschieht nicht nur freiwillig, sondern sogar mit Lustgewinn. Eben-
darin scheint die Funktion dieser und anderer Docu-Soaps für das gesellschaftliche Unbewußte zu liegen: eine erotische Beziehung zwischen
dem Kollektiv und der individuellen Psyche herzustellen. Das Lusterlebnis besteht im Akt der Vereinigung zwischen denen vor der Kamera
und denen vor dem Fernseher. Damit ist nicht Gruppensex gemeint,
sondern Sex mit der Gruppe. Im Akt der Vereinigung zwischen denen
›drinnen‹ und denen ›draußen‹ besteht das eigentliche Lusterlebnis. Verändert sich die Psyche des Individuums unter dem Druck totalitärer
Herrschaft, so scheint die Gemeinschaft auch Macht über den einzelnen durch einen frei zirkulierenden Eros auszuüben. In der *Geburt der
Tragödie* sprach Nietzsche vom ›dionysischen Gefühl‹, das Kollektivverhalten auslöst. Dieses Gefühl ergreift den einzelnen beim Fußball-
spiel ebenso wie bei einem Popkonzert oder beim Spiel an der Börse
(egal, ob sich die eigenen Werte auf Berg- oder Talfahrt befinden).

Die Kanäle, durch die sich die Lustströme bewegen, sind die medialen Simulationstechniken. Das heißt, das Bild des *immersive environments* trifft nicht nur auf visuelle und akustische Installationen zu,
wie sie im letzten Kapitel beschrieben wurden. Es gilt auch für den
Sport und für politische Ereignisse. Erst durch die medialen Über-
tragungstechniken (zuerst Radio, später Fernsehen) konnten Fußball-
oder Tennisspiele zu Veranstaltungen werden, an denen ganze Nationen,
ja Kontinente teilhatten. Erst durch die medialen Techniken vermitteln
sie das ›dionysische Gefühl‹, das den Kollektiverlebnissen eignet. Das
gleiche Lustprinzip bestimmt auch an der Börse: Seitdem PC und Internet die direkte Intervention auf dem Aktienmarkt ermöglichen, unterliegen die Kurse gespenstischen Achterbahnfahrten, über deren Verlauf
Millionen von Anlegern auf ebenso unvorhersehbare wie einmütige
Weise entscheiden. Und es gilt auch für Ereignisse wie die Bestattung
von Prinzessin Diana: Während der Trauerfeier saßen weltweit zwei
bis drei Milliarden Menschen vor dem Fernsehgerät; und ihre ›Ergrif-
fenheit‹ galt nicht nur der Verstorbenen selbst, sondern war auch vom
Wissen um die kollektive Teilnahme an dieser Trauer bestimmt. Für
einen historischen Moment waren ein Mensch und ein Ereignis zum
Knotenpunkt einer Kollektiverfahrung geworden, die ahnen ließ, was
nach Goethes ›Weltliteratur‹, Kants ›Weltbürger‹[35] und Hegels ›Welt-
geist‹ ein ›Weltgefühl‹ einmal bedeuten könnte. Ereignisse wie dieses
verweisen darauf, daß die modernen – vernetzten – Gemeinschaften
zu großen *immersive environments* geworden sind, in die der einzelne

eintauchen kann, um daraus Lust zu beziehen und, wie nach einem ›gesunden‹ Beischlaf, neue Energien zu schöpfen. Das heißt, die ›gesellschaftliche Produktion von Unbewußtheit‹ läßt sich nicht nur als ein kulturelles System von Regeln begreifen, denen sich Individuen bewußt und unbewußt unterwerfen, sondern auch als Anstrengung der Gesellschaft, den einzelnen und die (abgedrängten) Triebkräfte des Unbewußten so zu aktivieren, daß sie im ›Gemeinschaftsgefühl‹ aufgehen.

Daß auch in der Politik erotische Kollektivphantasien am Werke sind, zeigte das Impeachment-Verfahren gegen Präsident Clinton. Zwei Jahre, nachdem ihm wegen einer Sexaffäre die Amtsenthebung drohte, ergaben die Meinungsumfragen die höchsten Popularitätsquoten, die je für einen scheidenden US-Präsidenten registriert wurden. Über die Lewinsky-Affäre berichteten die amerikanischen Medien dreimal soviel wie über den Irak-Krieg – und rückblickend erscheint es fast, als beruhe Clintons Popularität auf genau dieser frei fluktuierenden Erotik, die er den Amerikanern – dank der medialen Berichterstattung – bot. Aus ›seiner‹ Affäre mit Monica Lewinsky war ein Gemeinschaftserlebnis geworden, das die nationale Gemeinschaft in einer bis dahin nicht erlebten Weise symbiotisch vereinte.

Solche Prozesse vollziehen sich nicht gegen den Willen des einzelnen, und es gibt auch nicht einen ›Drahtzieher‹, einen großen Bruder, der die Energien und Sexualströme lenkt und sich gefügig macht. Vielmehr handelt es sich um einen Prozeß, der den modernen medialen Techniken selbst inhärent ist. Niemand ›beherrscht‹ die Kanäle der ›Informationsgesellschaft‹. Diese sind vielmehr selbst die Agenten, die die Individuen ›in Formation‹ bringen und die Gemeinschaften ›formatieren‹. Die erotisierten – ›elektrisierenden‹ – Informationsströme verdanken sich einer hochentwickelten Technologie, und dennoch bewegen sie sich nach unberechenbaren Mustern: wie die Börse und wie der Devisenmarkt, seitdem jeder im Netz seinen individuellen Funken Eros eingeben kann.

Manchmal werden die Phantasien eines medial bedingten Eros auch direkt als Sexualphantasien angesprochen. Der norwegische Computerkünstler Stahl Stenslie bastelte an einem ›Sexcomputer‹, der aus Bildschirmen mit simulierten Körpern (berühmter oder weniger berühmter Persönlichkeiten) sowie aus Körperanzügen, Sensoren und Vibratoren bestand, und malte das Bild eines künftigen Geschlechtslebens aus, bei dem keine Phantasie mehr tabuisiert ist: »Wir können es mit Schauspielern und Schauspielerinnen treiben. Wir können es mit unserer

Mutter treiben. Wir können es mit Hunden und Märchengestalten treiben. Und sobald wir genug davon haben, können wir sie alle sterben lassen. Das wird großartig. Und es ist nicht gefährlich. Kein Aids, kein Frühstück danach, keine Polizei und Körpergeruch.«[36] Solche Aussagen verdeutlichen, daß es bei Cybersex nicht um den Geschlechtsverkehr mit einem (wie auch immer gearteten) *anderen* geht, sondern um die Vorstellung des Verkehrs mit *den* anderen. Die Anziehungskraft dieses Eros besteht nicht darin, daß ich es mit allen machen kann, sondern mit allen auf einmal. Wenn heute vom ›Untergang des Körpers‹ im Cyberspace die Rede ist, so wird dabei vergessen, daß der Begriff des ›Körpers‹ selbst eine neue Bedeutung angenommen hat: Er bezieht sich immer weniger auf den einzelnen, ach so fragilen und ach so langweiligen menschlichen Körper und immer mehr auf einen großen Körper, durch dessen Adern die Lust an sich strömt und der die vielen kleinen Körper zu einer Einheit verschmelzen läßt. Das ist mit dem ›Eros‹ gemeint, der sich zwischen Individuum und Kollektivkörper bewegt. Dieser Eros ist am besten mit dem Begriff des ›kollektiven Imaginären‹ zu umschreiben.

Das kollektive Imaginäre

Was ist das kollektive Imaginäre? Das kollektive Imaginäre hat nichts mit den von C. G. Jung entworfenen ›Archetypen‹ zu tun, die sich durch Unveränderbarkeit auszeichnen; noch ist damit das ›kollektive Unbewußte‹ gemeint – weder die Freudsche Definition eines gleichsam genetisch angelegten Unbewußten noch das kollektive Unbewußte, bei dem sich die Spuren einer gemeinsamen kulturellen Tradition durch Symbole, Riten und die ungeschriebenen Gesetze einer Gemeinschaft in die Psyche der Individuen eingegraben haben. Der Begriff des ›kollektiven Imaginären‹ ist eher dem verwandt, was Walter Benjamin als »Wunschbilder«[37] oder »Bilder« bezeichnet hat, die »einer bestimmten Zeit angehören« und denen eigen ist, »daß sie erst in einer bestimmten Zeit zur Lesbarkeit kommen«.[38] Das ›kollektive Imaginäre‹ besteht aus den *historisch wandelbaren* Leitbildern oder Idealentwürfen, die jede Epoche hervorbringt und die dazu beitragen, das Selbstbild der Gesellschaft dieser Epoche zu prägen. Dabei ist allen Idealentwürfen des kollektiven Imaginären gemeinsam, daß sie auf die eine oder andere Weise eine ›Heilsbotschaft‹ transportieren, die die Aufhebung menschlicher

Versehrtheit beinhaltet. Schon aus dieser Definition wird deutlich, daß die jüdische Religion, deren wichtigste Botschaft darin besteht, dem einzelnen seine Unvollständigkeit und Versehrtheit immer wieder vor Augen zu führen, für die Rührigkeit des kollektiven Imaginären weniger offen ist als das griechisch-christliche Denken. Betrachtet man darüber hinaus die Vielzahl an Simulationstechniken, die das christliche und säkular-christliche Abendland hervorgebracht hat, so läßt sich der Begriff des kollektiven Imaginären auch dahin gehend erweitern, daß es nicht nur die Heilsbotschaft der Unversehrtheit umfaßt, sondern auch die Techniken, die verhindern, daß diese Heilsbotschaften ›lesbar‹ werden.

Man könnte einwenden, es handle sich beim kollektiven Imaginären nur um einen anderen Begriff für ›Religion‹. Dagegen spricht aber, daß sich das kollektive Imaginäre wohl auf das christliche, nicht aber auf das jüdische Denken anwenden läßt. Auch umfaßt der Begriff der ›Religion‹ – der sich bisher allerdings noch jeder allgemeingültigen Definition entzogen hat[39] – neben den säkularen auch transzendente Heilslehren, die keine unmittelbare ›Erfüllung‹ anbieten, während mit dem ›kollektiven Imaginären‹ eher auf das Diesseits bezogene Heilsbotschaften gemeint sind, die zugleich die ›Erfüllung‹ beinhalten. Allerdings sind auch viele Theoretiker des 20. Jahrhunderts dazu übergegangen, den Begriff der ›Religion‹ auf weltliche Erscheinungen anzuwenden. So führte Eric Voegelin den Begriff der ›politischen Religionen‹ ein, um das Denken totalitärer Staaten zu kennzeichnen, die sowohl auf dem Prinzip der Gewalt als auch auf dem Prinzip eines ›Heilsversprechens‹ beruhen.[40] Und auch Freud vertrat ein säkulares Verständnis von Religion, das auf psychischen Mechanismen beruhte. Er hob die Bedeutung der ›Schuld‹ für die Entstehung und Wirkungsmacht von Religionen hervor: Nur die Schuld könne den »Zwangscharakter erzeugen, der den religiösen Phänomenen zukommt«.[41] Die Parallelen zu solchen weltlichen Konzepten von ›Religion‹ sind unbestreitbar. Doch unterscheidet sich das kollektive Imaginäre von ihnen in einer Hinsicht: Für seine Funktionsweise sind weniger Gewalt, Vergehen und Angst bestimmend, sondern eher positive und identifikatorische Bedürfnisse, wie wir sie am Prinzip der christlichen oder erotischen ›Einswerdung‹ beschrieben haben. Gemeinsam ist den religiösen Bildern und den Bildern des kollektiven Imaginären allerdings, daß sie nur so lange eine Macht über das Individuum ausüben, wie sie nicht als Phantasien – oder Imaginationen – erkannt, d.h. ›lesbar‹ werden. Sie ›funktionieren‹, solange sie als ›Wirklichkeit‹

gelten. »Daraus folgt unmittelbar«, so schreibt der Sozialwissenschaftler und Philosoph Cornelius Castoriadis in seinem Buch über die *Gesellschaft als imaginäre Institution*, »daß die ›Realität‹ gesellschaftlich instituiert ist, und zwar nicht nur als Realität überhaupt, sondern als bestimmte Realität, Realität dieser Gesellschaft. So ist die Befruchtung der Frau durch einen Geist für manche Gesellschaften möglich – also real –, während sie in unserer Gesellschaft außerhalb des Möglichen liegt, also irreal ist.«[42] Diese Eigenschaft des kollektiven Imaginären, als ›Wirklichkeit‹ wahrgenommen zu werden, offenbart viele Gemeinsamkeiten mit der ›Schriftkultur der Unbelesenen‹, in der das Symbol nicht als Symbol begriffen, sondern mit der ›Natur‹ selbst gleichgesetzt wird. Von dieser Struktur des kollektiven Imaginären leitet sich wiederum die christliche Bilderverehrung ab, die dem jüdischen Bilderverbot und dem Gebot »du sollst lesen« gegenübersteht.

Der Begriff des ›Imaginären‹ impliziert eine ›permanente Gegenwart‹, wie sie dem Abendmahlsgeschehen ebenso wie der Re-Präsentation in der Ikone und schließlich auch den technischen Rezeptionsmustern des Films entspricht. Daß die abendländische Schriftlichkeit ein solches Imaginäres erzeugte, hängt mit den spezifischen Neuerungen zusammen, die die Einführung der vollen Alphabetschrift implizierte. Diese schuf nicht nur die Notwendigkeit, sondern auch die Möglichkeit, den Verlust der Behausung in der Sprache zu kompensieren. Sie erzeugte das Bedürfnis nach dem ›Gehäuse‹ des kollektiven Imaginären. Die Zeichen der ›vollen‹ phonetischen Schrift, die dem Bereich des Symbolischen angehören, versprachen die ›Rückerstattung‹ für einen Verlust, der allerdings erst nachträglich spürbar geworden war. Und die Rückerstattung wurde in der Münze des kollektiven Imaginären bezahlt – in jedem Sinne des Wortes: nicht nur mit dem ›schönen Schein‹ einer Dollarnote, sondern auch zum Preis, daß diese mit der ›Realität‹ selbst, die sie bezeichnet, gleichgesetzt wird. Denn das kollektive Imaginäre kann nur dann wirkungs- und wirklichkeitsmächtig werden, wenn es nicht als Imagination erkennbar ist. Die Wirkungsmacht der griechisch-christlichen Schriftkultur hat in jeder Hinsicht nah am ›Schwindel‹ gebaut: Sie verweist einerseits auf den passiv erlebten Schwindel, den das Eindringen des Buchstabens verursacht – eine ›Penetration‹, die erlitten wird, aber auch lustvoll erlebt werden kann, sobald sie sich mit einem Gefühl der Herrschaft über die ›Wirklichkeit‹ paart. Zur Herstellung dieser Herrschaft bedarf es wiederum der aktiven Täuschung: der Simulationsfähigkeiten des Schwindels.

Der Begriff des ›Imaginären‹ taucht im individuellen wie im kollektiven Kontext auf. Das hängt damit zusammen, daß das Imaginäre selbst die Unterscheidung zwischen Individuum und Gemeinschaft unterläuft. Paul Virilio und Jean Baudrillard verwenden den Begriff im kollektiven Sinne, wenn sie die Jetztzeit als Austritt aus der symbolischen Ordnung bzw. als Eintritt in die Welt der Simulation interpretieren. Andere – darunter auch ein Teil der modernen Filmtheorie – beziehen sich auf den Begriff des Imaginären bei Lacan, der ihn im individuellen Kontext definiert. Lacan unterscheidet zwischen der Struktur (oder dem ›Stadium‹) des *Imaginären* und der des *Symbolischen*. Mit dem Stadium des Imaginären bezeichnet er einen Zustand, in dem das Individuum keinen Unterschied zwischen dem Ich und dem Du macht. Das sprachlose Kleinkind identifiziere sich mit der Gestalt des anderen – zumeist der Mutter –, die es deshalb auch gar nicht als ›verschieden‹ wahrnehme. Diese Erfahrung wird aktualisiert, wenn es sich zum ersten Mal im Spiegel erkennt. Es erkenne das Spiegelbild zwar als ›Bild‹ (also als Simulation). Doch in diesem Akt der Identifikation erlebe es auch die Befriedigung, sich selbst als ›abgeschlossen‹ und ›unversehrt‹ wahrzunehmen. Mit dieser Selbstwahrnehmung im Spiegel konstituiert sich das ›Ich‹. Bei derselben Gelegenheit wird es sich aber auch – rückblickend – der eigenen Ohnmacht und Verletzlichkeit gewahr.

Das Stadium des Imaginären impliziert bei Lacan eine fundamentale narzißtische Beziehung zum Selbst, die sich u. a. in der Unfähigkeit ausdrückt, zwischen Symbol und Symbolisiertem zu unterscheiden. Mit dem Spracherwerb tritt das Subjekt in die ›symbolische Ordnung‹ ein. Lacan spricht vom »nom-du-père« für das ›Nein‹ und den ›Namen‹ des Vaters, der sich in Form von Sprache trennend zwischen Mutter und Kind stellt und die Auflösung der symbiotischen Bindung herbeiführt. Beim Eintritt in die ›symbolische Ordnung‹ werde das Individuum gezwungen, die eigene Endlichkeit (in jedem Sinne des Wortes) zu erkennen – ein Prozeß, der wiederum nur dank der Sprache ertragen werden könne. Ein solches Konzept von Erkenntnis der eigenen Versehrtheit mag auf den ersten Blick dem Gesetz der jüdischen symbolischen Ordnung ähneln. Doch gibt es entscheidende Unterschiede. Erstens ist die Erkenntnis der eigenen Versehrtheit – wie sie sich nach Lacan in der durch das Spiegelstadium bedingten Phantasie vom ›zerstückelten Körper‹ einstellt – an den Blick, ein Bild, das Sichtbare gebunden, das die jüdische Religion untersagt. Und zweitens wird die ›Versehrtheit‹ dem ›jüdischen Körper‹ durch die Ritualgesetze, die selber aus einem

›unvollständigen‹ Zeichensystem hervorgingen, immer wieder bewußt gemacht. Lacan hingegen erklärt sie zum Produkt des Spracherwerbs. Da jedoch die Sprache – in der griechisch-abendländischen Tradition – nach den Gesetzen einer Schrift strukturiert ist, die die ›Behausung‹ im kollektiven Imaginären verheißt und immer wieder zu erfüllen sucht, erscheint es fragwürdig, ob mit ›Versehrtheit‹ und symbolischer Ordnung bei Lacan dasselbe gemeint sein kann wie in der jüdischen Tradition. Lacan sagt, daß das Unbewußte »wie die Sprache strukturiert« sei;[43] und er vergleicht die Struktur des Unbewußten mit einem Schriftsystem.[44] Aber er unterscheidet nicht zwischen den einzelnen Schriftsystemen – weder zwischen Alphabet und Hieroglyphen noch zwischen den alphabetischen Schriftsystemen selbst. Sonst hätte er beide Prinzipien vergleichen und zur Erkenntnis gelangen müssen, daß das Unbewußte deshalb wie die Sprache strukturiert ist, *weil* das volle phonetische Alphabet – und nur dieses – die gesprochene Sprache nach den Gesetzen der Schrift neu gestaltet hat und weil diese Gesetze besagen: Einkehr in die Ordnung des kollektiven Imaginären. Dieses kollektive Imaginäre hat mit der voralphabetischen Ordnung soviel zu tun wie der ›naturalisierte‹ Phallus mit dem männlichen Zeugungsglied.

Die Kollusion von symbolischer Ordnung und kollektivem Imaginären, die u. a. darauf beruht, daß das Unbewußte ›wie die *geschriebene Sprache* strukturiert‹ ist, wirft ein besonderes Licht auf die *Gesellschaft als imaginäre Institution* bei Castoriadis, der, anders als Lacan, den Begriff des ›Imaginären‹ nur im kollektiven Kontext verwendet. Castoriadis betrachtet das Imaginäre als eine Art von Triebkraft kollektiver Prozesse, die im Symbolischen ihren Ausdruck finden. Es gibt für ihn keinen Gegensatz zwischen Symbolischem und Imaginärem. Vielmehr, so sagt er, wirke sich das Imaginäre auf das Symbolische aus, werde von diesem aber auch strukturiert.[45] Die Wechselwirkung zeigt Castoriadis an den beiden Begriffen *legein* (unterscheiden, auswählen, aufstellen, zusammenstellen, zählen, sagen) und *teukein* (zusammenstellen, zurichten, herstellen, aufbauen).[46] Zum *legein* gehöre die Geschichte des gesellschaftlichen Vorstellens und Sagens, »also all dessen, was zur Schöpfung von Bedeutungen, gemeinsamen Vorstellungen und Ideen rechnet und sich in der Sprache niederschlagen kann«,[47] während sich von *teukein techne* und davon wiederum *Technik* herleite.[48] Die Produktionstechniken an sich spielen für ihn eine untergeordnete Rolle. Vielmehr seien die Institutionen selbst – das Dorf, die Stadt, die ›asiatische‹ Monarchie, die Polis sowie der moderne Staat – »giganti-

Andrea Pozzi, S. Cecilia. Der Sieg der Sinnlichkeit über die Geistigkeit.

sche Werkzeuge oder Instrumente«. Castoriadis rechnet dazu auch die »Megamaschine«, von der Lewis Mumford spricht: der organisierten Arbeiter- und Sklavenarmeen. Zu den Erscheinungen des *teukein* zählt er schließlich auch alle Erscheinungsformen der *techne*:

> »Produkte wie sexuelle, magische oder politische Techniken, Techniken zur Organisation von Menschen oder Diskursen, des Körpers oder des Verstandes, des künstlerischen Ausdrucks oder des Kriegs. Schließlich gehört auch jene *techne* hierher, die das wirkungsvollste Werkzeug schuf, das die Gesellschaft je hervorgebracht hat: das gesellschaftliche Individuum.«[49]

Die Institution der Gesellschaft entstehe aus einem Zusammenspiel von *legein* und *teukein*, »weil eine solche Institution nicht bestehen kann, solange nicht ›Dinge‹, ›Individuen‹, ›Objekte‹, ›Zeichen‹ und ›Werkzeuge‹ auf eine dem Sein einer Gesellschaft angemessene Weise zwecks Entstehenlassen einer Gesellschaft getrennt/vereinigt/zusammengestellt/hergestellt worden sind«. Dieses Sich-Herstellen und Sich-Sagen sei das Werk des »radikalen Imaginären als instituierender Gesellschaft«.[50]

Der Vielheit individueller Vorstellungen (und vorstellender Individuen) werde durch ein »gesellschaftlich-geschichtliches *phantasma*« Zusammenhalt verliehen, das deshalb ›gesellschaftlich‹ sei, weil es allen und keinem gehört. Dank der Zeichen schaffe das gesellschaftliche *phantasma* die Möglichkeiten seiner Repräsentation, die ihrerseits das Individuum zu einem gesellschaftlichen werden lassen. Damit jedoch das Zeichen seine Funktion erfüllen könne, müssen die Individuen die Zeichen aufnehmen und ständig reproduzieren.

> »Dieses gesellschaftliche *phantasma* geht nicht in den Schemata auf, in denen man die Imagination und das Imaginäre stets hat denken wollen und nicht hat denken können. Es ist offensichtlich weder abgeschwächte Wiederholung, Reproduktion oder partielle Retention eines Gegebenen, noch ist es Nachahmung oder Ähnliches. Es ist vielmehr Schöpfung, Setzung, Institution einer nicht-realen Figur oder Gruppe von Figuren durch das gesellschaftliche Imaginäre; eine Schöpfung, die konkrete Figuren (die Materialisierungen, die vorkommenden Exemplare des ›Wortbildes‹) als das *sein läßt*, was sie sind: Wortgestalten, Zeichen (und nicht Geräusch oder Spuren). Imaginär: unmotivierte Schöpfung, die sich nur in der und vermittels der Setzung von Bildern vollzieht. Gesellschaftlich: undenkbar als Werk oder Produkt eines Einzelnen oder einer Masse von Individuen (das Individuum selbst ist gesellschaftliche Institution), weder aus der Psyche ableitbar noch erklärbar.«[51]

Das ›Imaginäre‹, das Castoriadis als eine »Schöpfung ex nihilo« bezeichnet,[52] tritt bei ihm also gleichsam an die Stelle des Göttlichen: nicht *als* Gott an sich, sondern als die Kraft, die eine bestimmte Gottesvorstellung entstehen läßt und damit auch ein Muster, nach dem rational nicht zu erklärende Gesetze und Prinzipien ihre Rechtfertigung finden. Als Beispiel zitiert Castoriadis einen Fall aus den *Numeri* des Alten Testaments, wo von einem Mann berichtet wird, der am Sabbat gearbeitet hat. Obgleich das Gesetz keine präzise Strafe für dieses Vergehen vorsieht, wird der Mann, auf Anweisung von Moses, dem sich Gott offenbart hat, gesteinigt. Das Erstaunliche an diesem Vorgehen, so sagt er, sei die Maßlosigkeit der Strafe, das Fehlen einer rational nachvollziehbaren Verbindung zwischen dem Verstoß und seiner Bestrafung.[53] Von diesem Beispiel ausgehend, fragt Castoriadis nach dem Imaginären:

»Warum hat sich von all den Hirtenvölkern, die im zweiten Jahrtausend vor unserer Zeitrechnung in der Wüste zwischen Theben und Babylon herumgeirrt sind, ein einziges entschlossen, einen namenlosen, strengen und rachsüchtigen Vater zum Himmel zu entsenden, um aus ihm den alleinigen Schöpfer, den Grund des Gesetzes zu machen und damit den Monotheismus in die Geschichte einzuführen? Und warum hat sich von allen Völkern, die im Mittelmeerbecken Städte gegründet haben, ein einziges dafür entschieden, ein unpersönliches Gesetz anzunehmen, das sogar über den Göttern steht? Wie kam es dazu, dieses Gesetz mit vernünftiger Rede schlechthin gleichzusetzen, auf diesem *logos* die Beziehung zwischen den Menschen gründen zu lassen und so mit einem Schlag Philosophie und Demokratie zu erfinden? Wie ist es möglich, daß wir noch dreitausend Jahre später die Folgen von etwas spüren, das sich die Juden und die Griechen erträumt haben?«[54]

Für Castoriadis ist die Antwort auf alle drei Fragen – die Frage nach dem jüdischen Monotheismus, nach dem griechischen Logos und nach der langen Wirkungsmacht von beiden – im »radikal Imaginären« zu suchen, d.h.: in einer »elementare[n] und nicht weiter zurückführbare[n] Fähigkeit, ein Bild hervorzurufen«.[55] Sosehr man dem von Castoriadis beschriebenen Zusammenwirken von *legein* und *teukein* auch folgen mag (das ein Zusammenwirken von Individuum und Gesellschaft umfaßt), so fragwürdig erscheint die Gleichsetzung dieses ›radikal Imaginären‹ mit einer Art von essentieller Urkraft. Und noch fragwürdiger erscheint die Herleitung sowohl des griechischen Logos als auch des jüdischen Monotheismus aus derselben Quelle: dem ›radikal Imaginären‹. Vielmehr stellt sich die Frage, ob sich die beiden

Konzepte – und ihre lange Lebensdauer – nicht eher aus den Schriftsystemen erklären. In diesem Fall wäre der Begriff des ›radikal Imaginären‹ auf den griechischen Logos durchaus anwendbar, wenn auch
verstanden als eine Schöpfung aus dem Symbolischen. Im Fall des jüdischen Monotheismus scheint jedoch eher der Begriff des ›Symbolischen‹
angebracht. Der Mann, der sich gegen den Sabbat vergangen hat, wird
dafür gesteinigt, daß er das Gesetz Gottes – also die symbolische Ordnung – durchbrach, auf der der Gemeinschaftskonsens basierte, und das
hohe Strafmaß hängt damit zusammen, daß sein Vergehen die Gemeinschaft als ›textual community‹ bzw. als ›Behausung Gottes‹ gefährdete.

Die Schrift – egal, in welchem Schriftsystem – gehört immer dem
Bereich des Symbolischen an. Doch während die jüdische Tradition der
›mündlichen Thora‹ den Bereich des Symbolischen immer wieder hinter-
fragt, scheint sich in der Denkwelt, die sich vom griechischen Alphabet
ableitet, eher ein Vorgang vollzogen zu haben, bei dem das ›kollektive
Imaginäre‹ gerade nicht, wie Castoriadis unterstellt, die Grundlage,
sondern das *Produkt* der symbolischen Ordnung darstellt. Und die Kollusion von Symbolischem und Imaginärem zeichnet sich u. a. dadurch
aus, daß die symbolische Verfaßtheit des Imaginären immer wieder zum
Verschwinden gebracht wird. Das ist eine der Fragen, die mich während der Entstehung dieses Buchs ständig begleitet haben: Läßt sich die
abendländische Geschichte des ›Fortschritts‹ nicht auch als eine historische Entwicklung begreifen, bei der das Kollektiv seine einzelnen
Mitglieder durch die Kräfte des Symbolischen in das Reich des Imaginären *hineinführt*? Daher die Bedeutung des *immersive environments*
an so vielen Schaltstellen der Religions-, Kultur- und Sozialgeschichte.
Und daher auch das Bedürfnis nach einer ›Naturalisierung‹ des Symbolischen. Sie verleiht dem ›Fortschritt‹ den Anschein der ›Rückkehr‹ in
eine Ursprünglichkeit, die aber erst vom Fortschritt erschaffen wurde.
In einem solchen Interpretationsrahmen wären die geschriebene Sprache – und die aus ihr abgeleiteten symbolischen Formen der Kommunikation – als ›Medien‹ der Überführung des Individuums in einen
Zustand der ›Bewußtlosigkeit‹ zu verstehen. Die ›mündliche Schriftsprache‹, die *nicht* ein Wissen um die eigene ›Unvollständigkeit‹ (als
geschlechtlicher und sterblicher Körper), sondern die Überwindung dieses Wissens zur Folge hat, erzeugt, wie die modernen Simulationstechniken, die aus ihr hervorgegangen sind, ein *immersive environment*.
Das also wäre die Grundlage für die moderne Lust am Schwindel, die
manchmal als Täuschungsmanöver erkennbar wird. Es ist der Vergleich

mit der jüdischen Tradition, der es ermöglicht, diese Wirkungsweise des griechisch-christlichen Denkens immer wieder sichtbar, entzifferbar, ›lesbar‹ zu machen. Daher die Angst des kollektiven Imaginären vor dem Dialog mit diesem ›anderen‹ Denken.

Psychoanalyse und das kollektive Imaginäre

Damit kommen wir zurück zur anfangs gestellten Frage nach der Anwendbarkeit psychoanalytischer Denkmuster auf kollektive Erscheinungen. Die Beantwortung ist nicht nur deshalb schwierig, weil sich die klinische Psychoanalyse nach Freud so gut wie ausschließlich auf die individuelle Biographie beschränkt hat und die kollektiven Denkmuster als gebietsfremd betrachtet. Aber auch *wenn* sie verstärkt den Blick auf die Wechselbeziehung von Individuum und Gemeinschaft richten würde, müßte sie sich mit der Frage auseinandersetzen, ob sie sich in einem Denken bewegen will, das der ›radikal symbolischen‹ Ordnung verpflichtet ist, oder in einem Denken, das in der symbolischen Ordnung des ›radikal Imaginären‹ angesiedelt ist. Wenn sie sich letzteres vornimmt, so stellt sich die Frage, ob die Fähigkeit, das ›radikal Imaginäre‹ zu lesen und zu entziffern, *kollektiv* vermittelt werden kann. Gewiß können Rezeptionsmuster erforscht, die Rückwirkungen der ›Speichersysteme‹ auf das individuelle und kollektive Gedächtnis untersucht und daraus Rückschlüsse über das Verhältnis von Individuum und Gemeinschaft abgeleitet werden. Aber setzt die Entzifferung des kollektiven Imaginären nicht immer den Blick von außen voraus? Kann eine ganze Gesellschaft diesen Blick von außen auf sich selbst werfen? Die Untersuchung der Gesetze des ›kollektiven Imaginären‹ erfordert eine Distanzierung vom Kanon, auf dem der Zusammenhalt der Gemeinschaft beruht. Ein Individuum kann diesen Schritt tun, indem es sich selbst mit den Augen der anderen betrachtet, mithin als ›fremd‹ erfährt. Aber diese Erfahrung ist nur dem einzelnen gegeben, nicht der Gemeinschaft als Gemeinschaft. Für eine Gemeinschaft wird immer nur die *andere Gemeinschaft* oder der ›Frevler‹ innerhalb der eigenen Gemeinschaft ›fremd‹ sein; sich selbst kann sie nicht als ›fremd‹ erfahren – dies widerspräche den Gesetzen des kollektiven Imaginären, die die Gemeinschaft nur dann konstituieren, wenn sie sich ihrer Lesbarkeit entziehen. Das bedeutet, daß psychoanalytische Denkmuster nur beim Individuum zur Anwendung gelangen können, indem sie ihm dazu verhelfen, sich und die eigene Einbindung in das kollektive Imaginäre mit einem ›Blick von außen‹ zu betrachten. Das hat aber wiederum andere Konsequenzen.

Das kollektive Imaginäre des Abendlandes funktioniert auf paradoxe Weise. Daß sich einzelne Wissenschaftler oder Denker aus dem ›Kanon‹ einer wissenschaftlichen Disziplin, einer ›korporativen‹ Identität oder einer politischen Gruppe herauslösen, ist oft geschehen und geschieht weiterhin. Vor allem die Geschichte des Christentums ist reich an solchen ›Frevlern‹, deren Kritik am Kanon mit dem Ausschluß aus der Gemeinschaft geahndet wurde. Sie ist aber auch geprägt von der Geschichte ihrer darauf folgenden Kanonisierung. Auf den Ausschluß folgte, nach mehr oder minder langer Verzögerung, die Reintegration. Der Zeitpunkt der Reintegration hing von der Tiefe des Verstoßes gegen den Kanon ab. Der Vorgang galt nicht nur für wissenschaftliche ›Frevler‹ wie Galileo Galilei, sondern auch für religiöse ›Frevler‹ wie etwa Meister Eckehart. Obgleich er sich zu Lebzeiten sogar vor einem Inquisitionsgericht gegen den Vorwurf verteidigen mußte, ›glaubensgefährliche Lehren‹ zu verbreiten, sind heute seine Predigten, Traktate und Unterweisungen als Taschenbücher erhältlich und werden weitaus mehr gelesen als viele kanonisierte Texte seiner Zeitgenossen. Die westliche Gesellschaft hegt eine paradoxe Liebe zum *Außenseiter*, der einerseits verstoßen, andererseits aber auch wieder aufgenommen, valorisiert und zum ›Helden‹ erhoben wird. Meines Wissens gibt es eine solche Dynamik in keiner anderen Kultur.

Diese Neigung des Abendlandes zum reintegrierten Außenseiter ist nicht durch Zufall vergleichbar mit seiner paradoxen ›Liebe‹ zum weiblichen Körper, der einerseits die ›Anomalie‹, das Fremde, andererseits aber auch das begehrte Objekt einer symbiotischen Vereinigung darstellt. Was steckt dahinter? Bei der Reintegration des ›Frevlers‹, bei der Vereinigung mit der ›Anomalie‹ findet eine Umwandlung der ›Dekonstruktion‹ statt und ihre Überführung in den ›Kanon‹. Auf dieser Dynamik beruht der Gedanke des ›Fortschritts‹ im Abendland. Das heißt, jede ›Dekonstruktionsarbeit‹ bietet einen Innovationsschub für die Konstruktionsarbeit des kollektiven Imaginären, vergleichbar dem ›Problem‹, das für die Mythomotorik der Gemeinschaft sorgt: Sie enthält ein »Element dynamischer Beunruhigung« und stellt die »Wahrheit« dar, die »einerseits problematisch ist, andererseits wenigstens theoretisch lösbar geworden ist«.[56] Die Kritik führt also nicht nur zur Reintegration des einzelnen ›Frevlers‹, sie kann sogar zum Instrument der Verstärkung des ›kollektiven Imaginären‹ werden, gegen das sie sich zunächst richtet.

Diese für das Abendland spezifische Dynamik hat zur Folge, daß psychoanalytische Denkmuster, die nicht kollektiv, sondern nur beim Individuum dazu beitragen, die Bilder des ›kollektiven Imaginären‹ ihrer ›Lesbarkeit‹ zuzuführen, zum ›Motor‹ des kollektiven Imaginären werden können. Ohnehin ist die Psychoanalyse, wie wir schon sahen, Grenzgängerin zwischen jüdischen und christlichen kulturellen Traditionen: Ihre Interessengebiete entsprechen säkular-christlichen Entwicklungen; ihre Methodik hingegen jüdischen Denktraditionen. Diese Nichteindeutigkeit zeigt sich auch im Verhältnis zur Gemeinschaftskonstitution. Ist die Psychoanalyse im jüdischen Kontext ebendeshalb gruppenkonstitutiv, weil die immer wiederholte Rückführung des Individuums auf seine ›Fremdheit‹ Teil des ›Programms‹ und der Denktraditionen ist, so ist sie für das christliche und säkular-christliche Denken gemeinschaftsbildend, weil sie dem christlichen kollektiven Imaginären die ›Frevler‹ verschafft, deren dieses zu seiner ›Mythomotorik‹ bedarf. Konstituiert sich der ›Kanon‹ durch die immer wiederholte Reintegration der Kritik am Kanon, so entsteht notwendigerweise ein immer wieder zu deckender Bedarf an ›Frevlern‹, die die Bilder des kollektiven Imaginären ›ihrer Lesbarkeit zuführen‹. In diesem Sinne trägt auch die Psychoanalyse zur ›gesellschaftlichen Produktion von Unbewußtheit‹ bei. Dieser Widerspruch ist meiner Ansicht nach unlösbar; er kann nur als solcher stehenbleiben und ertragen werden. Er geht auch weit über die reine Frage der Beziehung von Psychoanalyse und kollektivem Imaginären hinaus. In ihm scheinen die Konflikte und Gegensätze auf, die die Geschichte der christlich-jüdischen Beziehung von Anfang an begleitet haben. An den historischen Schaltstellen, wo eine ›Lösung‹ gesucht wurde für diesen Widerspruch, daß die ›Kritik‹ auf konträre Weise zur Konstitution der jüdischen und der christlichen Gemeinschaft beiträgt, schlug er oft in Gewalt gegen die jüdische Gemeinschaft um.

In den beiden folgenden Kapiteln soll die historische Wirkungsmacht dieses Widerspruchs dargestellt werden. Denn das kollektive Imaginäre des Abendlandes, das selbst auf (fast) immateriellen Bedingungen beruht – einem Zeichensystem –, hat seinerseits geschichtliche Wirklichkeit hervorgebracht: handfeste, konkrete, politische, soziale Wirklichkeit, und diese findet im Konzept des ›Kollektivkörpers‹ ihren deutlichsten Ausdruck.

KAPITEL V
DER KOLLEKTIVKÖRPER

Die Analogie von individuellem und sozialem Körper

Das ›kollektive Imaginäre‹ des griechisch-christlichen Denkens fordert seine Weltwerdung. Es will sich ›beleiben‹, materiell und sichtbar werden. Aus dem kollektiven Imaginären soll ein kollektiver Körper hervorgehen, der den Anschein von ›Natur‹, Physiologie erweckt. In gewisser Weise versuchen die meisten Gemeinschaften, durch die Analogie zum individuellen Körper oder Organismus sich selbst den Anschein einer ›unteilbaren‹ Einheit zu geben. Eben weil die soziale Gemeinschaft über keine ›realen‹ oder physischen Körpergrenzen verfügt – das Kollektiv hat keine Haut –, wird diese Analogie zentral für das Gefühl von Einheitlichkeit und Geschlossenheit. Bilder, die auf die Parallelen von Gemeinschaft und menschlichem Körper verweisen, sind in Stammeskulturen verbreitet: Hier zeigen sie sich an Ritualen wie ›Blutsbrüderschaften‹, durch die etabliert werden soll, daß ein und dasselbe Blut durch verschiedene Körper fließt. Sie tauchen aber auch in den ›Korporationen‹ von Schriftgemeinschaften auf. Armeen erscheinen als ›Korporationen‹; Behörden bilden Körperschaften; Universitäten pochen auf die ›corporate identity‹. Jeder dieser ›sozialen Körper‹ wird als unsterblich imaginiert; stirbt eines der Mitglieder, so lebt der Gemeinschaftskörper dennoch fort. Insofern kennt der soziale Körper auch nicht den Phantomschmerz: Ihm wachsen die ›Glieder‹ nach.

Natürlich ist auch der individuelle Körper, mit dem sich die Gemeinschaften vergleichen, ein kulturelles Konstrukt, das in jeder Gesellschaft und in jeder Epoche neu und anders gedacht und definiert wird. Die wechselnden Definitionen des individuellen Körpers hängen wiederum eng mit den Bildern zusammen, die dem sozialen Körper zugeeignet werden. Das kann sich an den Riten der Initiation ebenso wie an den verschiedenen Krankheitsbildern zeigen, die in einzelnen Epochen relevant werden: Beide erscheinen wie Vexierbilder oder Negativabdrücke des sozialen Körpers. Wir haben das im ersten Kapitel an zwei medizinischen Erklärungsmustern für die Krankheit des ›Schwindels‹ gesehen. Am Topos der ›nervösen Krankheiten‹, auf die am Ende dieses Kapitels einzugehen sein wird, zeigt sich eine ähnliche Korrelation.

Für Schriftgesellschaften, deren Schriftsystem entscheidenden Anteil an der Entstehung der Gemeinschaft hat, ist der Bezug zum physischen

Leib besonders wichtig. Da ihr Zusammenhalt auf einem abstrakten Zeichensystem beruht, müssen sie sich die Merkmale des ›Realen‹ aneignen, um den Anschein einer ›Verwurzelung in der Welt‹ zu erwecken. Diesen Anschein kann ihnen die Analogie zum ›Organismus‹ (die Metapher vom Baum mit seinen Wurzeln in der Erde und den verzweigten Ästen ist in dieser Hinsicht sehr verbreitet) oder die Analogie zum menschlichen Körper verschaffen. Durch das Bild des ›einen Körpers‹, der durch ›gemeinsame Blutbahnen‹ oder ein ›homogenes Nervensystem‹ zusammengehalten wird, erscheint der soziale Körper unteilbar. Diese Vorstellung entspricht natürlich einer Metapher. Doch ist im christlichen Denken die metaphorische Ebene zunehmend einer anderen Ebene der Wahrnehmung gewichen: der Vorstellung von der ›Realität‹ des Kollektivkörpers.

Auch in der jüdischen Tradition wird ein Bezug zwischen Körper und Gemeinschaft hergestellt. In der Orthopraxie – durch die Ritual-, Speise- und Zeremonialgesetze, die den Körper des einzelnen genauen Vorschriften unterwerfen – wird eine Einheit *der* Körper gestiftet. Es ist ein bewußter Vorgang, an den immer wieder erinnert wird und bei dem niemals das Wissen verschwindet, daß jeder Körper für sich noch immer einen einzelnen Leib darstellt. Das wird besonders deutlich an der Betonung der Geschlechterdifferenz, auf die schon im Kapitel II und III hingewiesen wurde. Die christliche Gemeinschaft hingegen wächst bei der Kommunion, bei der die Gläubigen ›ein Fleisch‹ mit Gott und den anderen Mitgliedern der Gemeinde werden, zu einem Gemeinschaftskörper zusammen. Wein und Hostie, die sich bei der Messe in das reale Blut und Fleisch des Herrn verwandeln, stellen eine kaum zu überbietende Materialisierung eines kollektiven Imaginären dar, das sich im Bild dieses Körpers ›naturalisiert‹.[1] Es ist ein Bild, das schon von Paulus beschworen wurde, als er die Gemeinschaft der Gläubigen als *Corpus Christi mysticum* bezeichnete: »Wie nämlich der Leib nur einer ist, jedoch viele Glieder hat, alle Glieder des Leibes aber trotz ihrer Vielheit einen einzigen Leib bilden, so ist es auch mit Christus. Denn in *einem* Geiste sind auch wir alle zu *einem* Leibe getauft worden.«[2] Während in der katholischen Kirche das heilige Abendmahl auch weiterhin die Konstitution der Kirchengemeinschaft impliziert, überwiegt in der Evangelischen Kirche die Vorstellung des ›Gastmahls‹, zu dem der getaufte Christ geladen wird. (An diesem unterschiedlichen Verständnis des heiligen Abendmahls scheiterten bisher die Versuche, ein offizielles ökumenisches Abendmahl einzuführen. Allerdings kann man sich fragen, ob die protestantische ›Öffnung‹ des Abendmahls nicht selbst schon ein Indiz für den Säkularisierungsprozeß darstellt – im Sinne einer Weltwerdung der Religionsgemeinschaft, die sich nach der Reformation zunehmend in eine Nationalgemeinschaft verwandeln sollte.)

Der christliche und der säkulare Kollektivkörper

Ernst Kantorowicz hat in seiner erhellenden Untersuchung *Die zwei Körper des Königs* an vielen historischen Entwicklungen und Details die allmähliche Verlagerung christlicher Vorstellungen auf den säkularen Staat beschrieben. Es ist ein Prozeß, in dem sich die ›Materialisierung‹ des kollektiven Imaginären und seine Überführung in einen Kollektiv*körper* deutlich widerspiegelt. Im Jahre 1302 erklärte Papst Bonifaz VIII.: »Vom Glauben gedrängt sind wir verpflichtet, an *eine* heilige Kirche, katholisch und auch apostolisch, zu glauben [...], die *einen* mystischen Leib darstellt, dessen Haupt Christus ist, und das Haupt Christi ist Gott.«[3] Im Zuge der Herausbildung einer Staatskirche, die über das weltliche Leben bestimmte, nahm der Begriff des *Corpus mysticum* eine doppelte Bedeutung an: Einerseits bezog er sich auf die Hostie, andererseits aber auch auf die Gemeinde der Gläubigen. Die Doppelbedeutung zeigte sich deutlich im 12. Jahrhundert und mochte, so schreibt Kantorowicz,

»einen gewissen Zusammenhang mit dem großen Disput des 11. Jahrhunderts über die Transsubstantiation gehabt haben. Als Antwort auf die Lehren Berengars von Tours und ketzerischer Sektierer, die das Sakrament des Altars vergeistigt und mystisch deuteten, betonte die Kirche nicht eine geistige oder mystische, sondern die reale Anwesenheit des menschlichen wie des göttlichen Christus in der Eucharistie. Das geweihte Brot erhielt nun den kennzeichnenden Namen *corpus verum* oder *corpus naturale* oder einfach *corpus Christi*. Unter diesem Namen wurde auch das Fest *Corpus Christi* von der Westkirche im Jahre 1264 eingeführt.«[4]

Während also der paulinische Ausdruck für die ›Kirche‹ auf die geweihte Hostie übertragen wurde, wurde der Begriff des *Corpus mysticum*, der für die Hostie gegolten hatte, nach 1150 auf die Kirche als die Organisation der Christenheit angewandt. Auf diese Weise nahm der Ausdruck ›mystischer Leib‹ zunehmend eine weltliche Bedeutung an.

Bei diesem Prozeß wurde die ›doppelte Natur‹ Christi, sein Gott- und Menschsein, im Sinne der Gemeinschaft umgedeutet. »Der Körper Christi sind zwei: der menschliche materielle Leib, den er von der Jungfrau bekam, und der geistliche Körper, das Kollegium der Kirche«, schrieb Simon von Tournai um 1200.[5] Für ihn stellte die Gemeinschaft der Gläubigen einen ›geistigen Leib‹ dar. Mit dem Hochmittelalter, so schreibt Kantorowicz, wurde die Kirche »ein mystischer Körper eigenen Rechts. Das bedeutete, daß der Kirchenorganismus in fast juristischem Sinn ein ›mystischer Leib‹ wurde; eine mystische Korporation. Der Wechsel der Terminologie kam nicht von ungefähr. Er war nur ein Schritt in der Richtung, die dazu führte, daß die priesterliche korporative Institution des *corpus ecclesiae iuridicum* mit dem *corpus ecclesiae mysticum* zusammenfiel, womit der Begriff des ›mystischen Leibs‹ sozusagen säkularisiert wurde.«[6]

Der Säkularisierungsprozeß fand auch in den Staatstheorien seinen Niederschlag – besonders deutlich abzulesen an der Lehre von den ›zwei Körpern des Königs‹: »Der König hat in sich zwei Körper«, so lautet diese Lehre in den Worten der englischen Kronjuristen unter Elisabeth I.:

»nämlich den natürlichen (body natural) und den politischen (body politic). Sein natürlicher Körper ist für sich betrachtet ein sterblicher Körper, der allen Anfechtungen ausgesetzt ist, die sich aus der Natur oder aus den Unfällen ergeben, dem Schwachsinn der frühen Kindheit oder des Alters und ähnlichen Defekten, die in den natürlichen Körpern anderer Menschen vorkommen. Dagegen ist der politische Körper ein Körper, den man nicht ansehen oder anfassen kann. Er besteht aus Politik und Regierung, er ist für die Lenkung des Volks und des öffentlichen Wohls da. Dieser Körper ist völlig frei von Kindheit und Alter, ebenso von den anderen Mängeln und Schwächen, denen der natürliche Körper unterliegt. Aus diesem Grund kann nichts, was der König in seiner politischen Leiblichkeit tut, durch einen Defekt seines natürlichen Leibs ungültig gemacht oder verhindert werden.«[7]

Im Konzept der zwei Körper des Königs werden zwar gewisse Traditionen und Denkmuster aus der Antike übernommen. Aber der Großteil entstammt doch dem christlichen Denken und der Lehre von der ›doppelten Natur‹ Christi. Durch die Lehre der Tudor-Juristen fand eine Verlagerung statt, die vom paulinischen *Corpus Christi* zum mittelalterlichen *corpus ecclesiae mysticum* und von dort zum *corpus rei publicae mysticum* führte, das dem *corpus morale et politicum* des Staates gleichgesetzt wurde. »Ungeachtet einiger Ähnlichkeit mit zusammenhanglosen heidnischen Begriffen sind die ›zwei Körper des

Königs‹ ein Produkt christlichen theologischen Denkens und bilden folglich einen Markstein christlicher politischer Theologie.«[8] Während sich einerseits die Vorstellung von der Kirche als mystischer Körper auf eine weltliche Ebene verlagerte, vollzog sich andererseits eine Sakralisierung des Staates, der dabei ebenfalls die metaphorische Form eines Körpers annahm. So definierten Juristen die Kirche als eine Körperschaft, »die ›eine Person‹ repräsentiert, von der man nicht sagen kann, daß sie je gelebt hat, weil diese Person weder leiblich noch sterblich ist, denn sie ist Gott«.[9]

Mit der Lehre von den zwei Körpern des Königs wurde die Analogie des Kollektivkörpers zum Individualkörper durch den Verweis auf den Körper des Herrschers hergestellt, dem dazu alle Insignien eines imaginären Körpers verliehen wurden. Der von seinem Amt als Herrscher abgeleitete ›Körper‹ verlieh dem König Unsterblichkeit. »Sein politischer Körper, der seinem natürlichen Körper angefügt ist, nimmt die Schwäche des natürlichen Körpers hinweg und zieht den natürlichen Körper, welcher der geringere ist, mit all seinen Effekten an sich.«[10] Auch diese Vorstellung, laut der der »würdigere Körper den weniger würdigen an sich zieht«, leitet sich von christlichen Heilsvorstellungen ab, laut denen der menschliche Körper unsterblich wird, wenn sich beim heiligen Abendmahl der göttliche Körper in ihn versenkt. »Gesät wird in Verweslichkeit, auferweckt in Unverweslichkeit. Gesät wird in Unansehnlichkeit, auferweckt in Herrlichkeit; gesät wird in Schwachheit, auferweckt in Kraft. [...] Und die Toten werden als Unverwesliche auferweckt werden, und wir werden verwandelt werden. Es muß nämlich dieses Verwesliche Unverweslichkeit anziehen und dieses Sterbliche Unsterblichkeit anziehen.«[11] So kommt Plowden, der Kronjurist unter Elisabeth I., auch zu einer Schlußfolgerung, die den königlichen Körper wie den mit ›zwei Naturen‹ ausgestatteten Körper Christi erscheinen läßt. »*Ergo* sind der politische und der natürliche Körper des Königs nicht verschieden, sondern vereint und wie *ein* Leib.«[12] Kantorowicz schreibt dazu:

»Es scheint, daß man zwischen dem ›politischen‹ und dem ›mystischen‹ Körper keinen großen Unterschied machte. [...] Es ist offenkundig, daß die theologische und kirchenrechtliche Doktrin, wonach die Kirche, wie die christliche Gesellschaft im allgemeinen, ein *corpus mysticum* mit Christus als Haupt ist, von den Juristen aus der theologischen Sphäre in jene des Staates übertragen wurde, dessen Haupt der König ist.«[13]

Man könne die Sprache der elisabethanischen Juristen »kryptotheologisch« nennen. Über eine halbreligiöse Terminologie sei das

Königtum faktisch mit christologischen Begriffen definiert worden. Die im römischen Recht bezeichnenderweise »Priester der Gerechtigkeit« genannten Juristen entwickelten in England eine »Theologie des Königtums«, die zur Folge hatte, daß der christliche Herrscher zum ›christomimētēs‹, buchstäblich: Schauspieler und Darsteller Christi, wurde. »Der göttliche Prototyp und sein sichtbarer Stellvertreter waren einander ähnlich, einer spiegelte sich im anderen.« Allerdings war Christus König durch sich selbst, während sein Vertreter auf Erden König nur durch die Gnade Christi war. »Indes der Geist im Augenblick der kirchlichen Weihe in den irdischen König ›sprang‹ und ihn zu einem anderen Menschen (alius vir) machte, allerdings nur in der Zeitlichkeit, war derselbe Geist von Ewigkeit her eins mit dem Himmelskönig und blieb eins mit ihm in alle Ewigkeit.«[14]

Die christologischen Implikationen des Königtums hatten zur Folge, daß auf den König die Bilder des ›besonderen Blutes‹ und ›höchster Reinheit‹ übergingen, die sich im kirchlichen Kontext auf den irdischen Körper Christi bezogen. War das geopferte Blut des Erlösers Garant für die Unsterblichkeit der Gemeinschaft der Gläubigen, so wurde für den weltlichen Staat das königliche Blut zu diesem Garanten. Ab 1270 wurde in England und ab 1272 in Frankreich die Thronfolge als Geburtsrecht des ältesten Sohnes anerkannt. Beim Tod oder Begräbnis des regierenden Monarchen wurde ›sein Blut‹, der Sohn oder sonstige legitime Erbe, automatisch zum König. Bildeten in der christlichen Dreieinigkeitslehre ›Vater‹ und ›Sohn‹ eine Einheit, so galt nun auch für die Dynastie: »Vater und Sohn sind nach rechtlicher Fiktion eins.«[15] Damit war die Kontinuität gesichert, zugleich aber auch die Unsterblichkeit des politischen Königskörpers auf den natürlichen Körper des Königs übergegangen. »Der Heilige Geist, der sich früher in den Stimmen der Wähler offenbart hatte, während seine Gaben durch die Salbung übertragen wurden, saß jetzt im königlichen Blut selbst, sozusagen *natura et gracia*, durch Natur und Gnade.« Das königliche Blut wurde »zu einer geheimnisvollen Flüssigkeit«.[16] Dieser ›Naturalisierungsprozeß‹ vollzog sich in etwa zeitgleich mit der Transsubstantiationslehre und der Erhebung der Ehe zum Sakrament, die sich beide ebenfalls im Sinne einer ›Naturalisierung‹ des Kollektivkörpers verstehen lassen.

Das königliche Blut nahm so sakrale Züge an. 1302 erklärte ein französischer Prediger, daß die französischen Könige heilig seien: erstens aufgrund der vollkommenen Reinheit des königlichen Blutes, das »heilig« sei, weil Reinheit an sich schon eine Art Heiligkeit ist *(puritas quae*

Der sterbliche und der unsterbliche Körper, mittelalterliche Darstellung.

est sanctitas quaedam); zweitens begründe der Schutz der Heiligkeit der Kirche ihre Heiligkeit; drittens seien sie auch durch die Zeugung neuer Heiliger heilige Könige. Außerdem würden sie wie Heilige Wunder bewirken.[17] An diesen Bildern läßt sich erkennen, warum in der Französischen Revolution von 1789 so viel Blut fließen mußte. Die Konfiskation des Eigentums genügte nicht. Da die Macht der Aristokratie auf dem Mythos eines ›heiligen‹ und unsterblichen Blutes beruhte, mußte dieses Blut selbst ›ausgemerzt‹ werden, um die Machtverhältnisse zu ändern.

Die ›Sakralisierung‹ des Königtums hatte die ›Sakralisierung‹ des Staates zur Folge, was dazu führte, daß die Juristen zunehmend die Funktion einer weltlichen Geistlichkeit übernahmen. »Ebenso wie die Priester heilige Dinge verabreichen und herstellen, tun auch wir, denn die Gesetze sind höchst heilig... Ebenso wie der Priester, wenn er eine Buße auferlegt, jedem gibt, was ihm zusteht, tun auch wir, wenn wir Urteil sprechen.«[18] Indem der König zur »*lex animata*, dem lebendigen oder beseelten Recht, und schließlich zur Inkarnation der Gerechtigkeit«[19] wurde, nahm auch der Kult der Gerechtigkeit bei den Juristen quasireligiösen Charakter an. »Ein neuer Typ der *persona mixta* stieg aus dem Recht hervor, mit der Iustitia als Modellgöttin und dem Fürsten als ihrer Inkarnation und ihrem *Pontifex maximus*.«[20]

Eine dem Recht vergleichbare Funktion erfüllte auch der Fiskus, was dazu beitrug, den unsterblichen christlichen Kollektivkörper durch den ›unsterblichen Staat‹ zu ersetzen. Der König war nicht nur die Inkarnation des ›Ewigen Rechts‹, sondern auch des nationalen Eigentums, das einerseits auf der nationalen Erbschaft, andererseits aber auch auf dem Recht, Steuern zu erheben, beruhte. Hatte Friedrich II. als ›*lex animata*‹ die Ewigkeit seines Herrschertums »in einer unsterblichen Idee der Gerechtigkeit gesucht«, so entwickelten die englischen Juristen des 13. Jahrhunderts pragmatischere Vorstellungen von Ewigkeit: »Aus dem König als *vicarius Christi* wurde für sie ein *vicarius fisci*.« Die quasiewige Dauer des überpersönlichen Königs begann von der quasiewigen Dauer der unpersönlichen öffentlichen Sphäre abhängig zu werden, zu der auch der Fiskus gehörte. »Die Herrscher des 13. Jahrhunderts hatten letztlich das eine gemein, daß sie den Hauch von Ewigkeit nicht so sehr der Kirche als den von Rechtsgelehrten ausgelegten Begriffen von Gerechtigkeit und öffentlichem Recht entliehen, ob sie nun *iustitia* oder *fiscus* sagten.«[21]

Mit dem ausgehenden Mittelalter hatte sich also eine Entwicklung vollzogen, in deren Verlauf der Begriff des *Corpus mysticum*, der ursprünglich dem Sakrament des Altars vorbehalten war, dazu diente, das *corpus politicum* oder *iuridicum* der Kirche zu bezeichnen. Damit war an die Stelle der klassischen christologischen Unterscheidung der zwei Naturen Christi ein korporativer, weltlicher Begriff der Zwei Körper Christi getreten: »der eine ein natürlicher, individueller und persönlicher *(corpus naturale, verum, personale)*, der andere ein über-individueller, politischer und kollektiver, das *Corpus mysticum*, auch als *persona mystica* interpretiert. Während das *corpus verum* durch das Dogma der Transsubstantiation und die Einführung des Festes *Corpus Christi* [...] eine eigene Mystik entwickelte, wurde das eigentliche *Corpus mysticum* im Laufe der Zeit immer weniger mystisch und bedeutete schließlich einfach die Kirche als politische Organisation oder – auf dem Wege der Übertragung – jede politische Körperschaft der säkularen Welt.«[22]

Ab Mitte des 13. Jahrhunderts – etwa zeitgleich mit der Durchsetzung der Transsubstantiationslehre – nahm das weltliche Gemeinwesen Staat die Gestalt eines mystischen und unsterblichen ›Körpers‹ an. Er wurde zwar nicht als ›Corpus mysticum‹ bezeichnet, erhielt aber doch die Namen *corpus fictum, corpus imaginatum, corpus repraesentatum*.[23] Schon an den Namen läßt sich erkennen, wie eng die Entwicklung mit dem Bedeutungswandel der Begriffe ›Einbildung‹ und ›Schwindel‹ zusammenhing: Das neue Gemeinwesen war ein ›ein-gebildetes‹ Gemeinwesen in jedem Sinne des Wortes, und seine Entstehung entsprach einem ›Schwindel‹, der u. a. mit der Entwicklung von nationalen Währungen einherging. Diese schufen Handelszonen, die auf der Zirkulation der Zeichen beruhten und zugleich ›Wirklichkeit‹ – Ware – besagten.

Die Rolle der Simulationstechniken zeigte sich auch an den königlichen Bestattungsritualen: Dort trat zunehmend ein *Bild* an die Stelle des königlichen Körpers. Zum ersten Mal bezeugt ist der Vorgang bei der Bestattung Eduards II. von England im Jahre 1327. Drei Monate nach dem Tod des Königs im Oktober wurde sein einbalsamierter Leichnam zusammen mit seinem Abbild nach Gloucester gebracht und dort in der Abtei von St. Peter bestattet. Man weiß nicht, ob es praktische Gründe dafür gab, daß statt der Leiche bei der Bestattung ein Abbild gezeigt wurde. Von nun an wurde es jedoch Brauch, »auf den Sarg eine ›königliche Repräsentation‹ zu legen, ein Bild oder eine Figur *ad similitudinem regis*«.[24] Der Brauch führte dazu, daß der König – nicht nur der verstorbene, auch der lebende König – zunehmend als

›Repräsentant‹ im figurativen Sinne, vergleichbar seinem Abbild auf der Münze der nationalen Währung, gedacht wurde.

»Das Abbild war aus Holz oder Leder, ausgestopft und gegipst; es trug die Königsgewänder, später eine parlamentarische Robe. Das Abbild trug die königlichen Insignien zur Schau. Auf dem Kopf des Bildes, das seit Heinrich VII. nach der Totenmaske gearbeitet war, saß die Krone, in den künstlichen Händen trug es Szepter und Reichsapfel. Wo es die Umstände nicht verboten, wurden von da an die Bilder bei königlichen Begräbnissen verwendet. Im bleiernen Sarg, der von einer Holzkiste umschlossen war, ruhte die Leiche des Königs, sein sterblicher und sonst sichtbarer, wenn auch jetzt unsichtbarer natürlicher Leib, während sein sonst unsichtbarer ›politischer Körper‹ bei diesem Anlaß in Gestalt des königlich geschmückten Abbilds zur Schau gestellt war. Eine *persona ficta*, das Abbild, personifizierte eine andere *persona ficta*, die *dignitas*.«[25]

Ab 1422 übernahm der französische Hof den englischen Brauch für die Bestattung der Könige. Bei den Begräbnisritualen wurde das Abbild bald ebenso wichtig wie der Leichnam selbst. Die Zurschaustellung des Bildes verknüpfte sich mit den politischen Ideen der Zeit: Das Abbild repräsentierte die Dauer, das Unsterbliche des Königs und führte dazu, daß der Verstorbene wie ein Lebender behandelt wurde. So wurde beim Tod von Franz I. von Frankreich (1515–1547) eine lebensgroße Statue geschaffen, ein Abbild des Königs. Der Raum, in dem sie stand, war nicht als Ort der Trauer, sondern prächtig ausgeschmückt, und das Abbild wurde behandelt, als handle es sich um den lebendigen König. »Diener der Intendantur stellten einen Eßtisch auf. Würdenträger mit den Titeln Brotträger, Schenk und Vorschneider traten ein; vor ihnen ging ein Zeremonienmeister, hinter ihnen der Truchseß, der den Tisch mit den üblichen Verbeugungen deckte. Nachdem das Brot gebrochen war, brachte man den Braten und die anderen Gänge des Mahls. [...] Der Haushofmeister reichte dem Ranghöchsten der anwesenden Würdenträger die Serviette, mit welcher der letztere die Hände des *Seigneur* (d. h. des Königs im Bild) abzuwischen hatte.«[26]

Dagegen erfuhr der ›reale‹ Leichnam des verstorbenen Königs eine zunehmende Entwürdigung: War der König im Mittelalter mit Krone und Insignien oder Kopien davon bestattet worden, so wurde er nun nackt und in Linnen gehüllt ins Grab gelegt. Er kam »als armer, elender Mensch in den Himmel, indes die Insignien dem Abbild vorbehalten blieben, welches der wahre Träger des königlichen Glanzes und das Symbol der Dignität war, die ›nie starb‹«.[27] Später wurden sogar getrennte Leichenzüge durchgeführt: einer mit der Leiche, dem Trauerbezeugungen galten, und einer mit dem Abbild, das prunkvoll und triumphal in Szene gesetzt wurde.[28] Von den beiden Körpern des Königs hatte sich der unsterbliche ins ›Bild‹ verlagert.

Durch die Lehre von den ›zwei Körpern des Königs‹ waren Staat und königlicher Herrscher ununterscheidbar geworden. Der Repräsentant hatte dem Staat seine Leiblichkeit verliehen, wodurch eine Analogie von Gemeinschaft und Körper hergestellt wurde. Diese Analogie sollte sich zunehmend auf das ›Volk‹ verlagern, das anstelle des Staates die Gestalt eines unsterblichen ›Körpers‹ annahm. Nach Auffassung des Juristen Baldus war »ein *populus* nicht einfach die Summe der Individuen einer Gemeinschaft, sondern *hominum collectio in unum corpus mysticum*, die Sammlung von Menschen in *einem* mystischen Körper«.[29] Für den Erhalt dieses kollektiven Körpers mußte das Individuum zu sterben bereit sein. Denn der Kollektivkörper war seinerseits Garant seiner Unsterblichkeit. Für ihn zu sterben bedeutete Einswerdung mit ihm, Aufgehen in ihm. Man starb nun nicht mehr für den Fürsten oder Lehnsherrn, sondern ›opferte‹ sich für die Gemeinschaft. »Der christliche Märtyrer, der sich für das unsichtbare Reich geopfert hatte und für seinen himmlischen Herrn *pro fide* gestorben war, sollte bis ins 20. Jahrhundert das wahre Vorbild staatsbürgerlicher Selbstaufopferung bleiben.«[30] Wie bei den christlichen Märtyrern der ersten Jahrhunderte wird nun der Tod auf dem ›Altar des Vaterlandes‹ zu einem »Sieg« und zu einem »Mittel, seine Seele zu retten«.[31] Hatte der Evangelist Johannes verkündet, daß sich jeder, der für seine Brüder den Tod erleidet, »Gott als lebende Hostie« anbietet,[32] so vereinigte sich nun auch der, der für die Nation sein Leben ließ, mit dem unsterblichen Kollektivkörper der nationalen Gemeinschaft. »Mit anderen Worten: die Treue zu der neuen, begrenzten, territorialen *patria*, dem gemeinsamen Vaterland aller Untertanen der Krone, trat an die Stelle der übernationalen Bindungen an ein fiktives Universalreich.«[33] Auf diese Weise wurde die nationale Gemeinschaft zu einem ›auserwählten Volk‹ und ihr Territorium zum »Heiligen Land«.[34] Der mystische Körper der *patria*, etwa Frankreichs, umfaßte nun nicht nur jeden lebenden Franzosen, sondern auch alle, die früher gelebt hatten oder in Zukunft leben würden. »La France éternelle«, die Vorstellung vom Staat als einem ewig lebenden ›Organismus‹, hat hier ihre Wurzeln.[35]

Weltliche Herrscher bedienten sich dieses quasireligiösen Gefühls, das auf die Nation übertragen wurde, um politische Ziele zu verfolgen.

Das ging so weit, daß es nicht als ein Verbrechen galt, wenn »jemand im Dienste der Vaterlandsverteidigung seinen Vater umbringe«.[36] Eine solche Entwicklung war nur möglich, weil der ›heilige Staat‹, dessen Unsterblichkeit auf die ›Heilige Nation‹ übergegangen war, zum ›eigentlichen Vater‹ geworden war.[37] Wir stehen also vor einer ähnlichen Entwicklung, wie sie im Zusammenhang mit der Alphabetschrift beschrieben wurde, die die Entstehung eines Ideals der ›geistigen Fruchtbarkeit‹ oder einer ›geistigen Vaterschaft‹ zur Folge hatte. Nur wird hier das Konzept auf den Kollektivkörper übertragen.

Mit der Säkularisierung setzte sich also zunehmend die Vorstellung durch, daß Repräsentant und Staat (bzw. Volk) nicht ›zwei Körper‹ darstellen, sondern zu einem verschmolzen sind: dem Kollektivkörper, dem damit der Anschein einer unsterblichen *Leiblichkeit* verliehen wurde. Diese Verschmelzung von Gemeinschaft und Repräsentation schuf die Voraussetzungen dafür, daß ein politischer Denker wie Hobbes auf die Analogie zum Körper des Königs oder des Heilands verzichtete. Sein *Leviathan* erschien 1651, nach den Wirren des Bürgerkriegs, die zur Enthauptung des englischen Monarchen geführt hatten. Mit Karl I. von England wurde zum ersten Mal ein König hingerichtet. Karl war mit dem Parlament über Kriegsmittel und die Verfügung über Steuereinnahmen in Konflikt geraten (es sei hier daran erinnert, daß der Fiskus eines der Symbole des Ewigen Staates darstellte), und nachdem sich der Konflikt zu einem Bürgerkrieg ausgeweitet hatte, wurde der König ›im Namen des Königs‹ hingerichtet. Eine solche Paradoxie – die noch durch die Paradoxie verstärkt wird, daß der enthauptete König das symbolische ›Haupt‹ des Kollektivkörpers darstellte, der sich auf diese Weise also selbst um ›Kopf und Kragen‹ brachte – war nur denkbar vor dem Hintergrund der Lehre von den zwei Körpern des Königs, die den Leib des Souveräns in einen sterblichen und einen immateriellen, ewigen geteilt hatte. »Es wird anerkannt«, so besagte die parlamentarische Doktrin, »daß der König die Quelle der Gerechtigkeit und des Schutzes ist, aber die Handlungen der Justiz und des Schutzes werden nicht von seiner Person ausgeübt und hängen nicht von seinem Gefallen ab, sondern von seinen Gerichten und Ministern, die hier ihre Pflicht tun müssen, *auch wenn es ihnen der König in eigener Person verbieten sollte*: und wenn sie gegen den Willen und persönlichen Befehl des Königs Urteile fällen, sind *es immer noch die Urteile des Königs*.«[38] Mit anderen Worten, die Identität von König und Kollektivkörper hatte dazu geführt, daß der unsterbliche, souveräne Teil des königlichen Körpers auf den

Staat übergegangen war und sich vom sterblichen Teil des Körpers lösen und über diesen sogar richten konnte. Das ist die Voraussetzung für Hobbes' Vorstellung des Staates als ›Überperson‹ oder als ›sterblicher Gott‹. Hobbes läßt den Staat an die Stelle rücken, an der sich vorher der Monarch als symbolische ›Verkörperung‹ des Staates befunden hatte. Das Kollektiv, so Hobbes, werde zwar durch einen Souverän bzw. durch eine Versammlung ›verkörpert‹, die die alleinige Autorität ausübe. Doch setze diese Autorität die absolute Unterwerfung des einzelnen voraus. Hobbes gesteht dem einzelnen weder Glaubens- noch Gewissensfreiheit zu, weil er in diesen den Ausgangspunkt von Uneinigkeit sieht. Das heißt, im Hobbesschen *Leviathan* nimmt die Idee Gestalt an, daß die Gemeinschaft erst dann eine Gemeinschaft bildet, wenn die Individuen tatsächlich zu einem einzigen Körper verschmolzen sind. Dieses Ziel, so Hobbes, rechtfertige auch die Anwendung von Gewalt.[39]

In diesem Modell einer Gemeinschaftsbildung, in dem das Gewaltmonopol der modernen Staaten vorweggenommen ist, dient die Gewalt der Begründung von Autorität nach *innen*. Andere Gemeinschaften konstituieren sich, indem die Gewalt nach außen abgeleitet wird, etwa durch Opferrituale. René Girard hat in seinem Werk *Das Heilige und die Gewalt*[40] solche Rituale beschrieben und dargelegt, daß in archaischen wie historischen Gesellschaften Opfer und ritualisierte Gewalt dazu dienen können, den Gemeinschaftskonsens herzustellen, indem Konflikte und potentielle Gewaltherde auf ›Außenseiter‹ gelenkt und diese wiederum ausgestoßen werden. Auf diese Weise wird die Gewalt nach außen geleitet und aus der Gemeinschaft gebannt. Der Außenseiter kann ein ›Fremder‹ sein: z. B. ein Kriegsgefangener oder ein Verbrecher aus der eigenen Gemeinschaft, der zum ›Fremden‹ geworden ist, weil er die Regeln der Gemeinschaft verletzt hat. Der Außenseiter kann aber auch der Herrscher oder Fürst sein, d. h. der Repräsentant der Gemeinschaft, der alle nur denkbaren Sünden auf sich laden muß, um zum ›Frevler‹ und ›Außenseiter‹ erklärt zu werden. Durch seine symbolische oder reale Ausstoßung soll der Gemeinschaftskonsens hergestellt werden: durch einen Ritus, der periodisch wiederholt wird. Etwas Vergleichbares vollzog sich auch mit der Hinrichtung von Karl I. – und später erneut bei Ludwig XVI. nach der Französischen Revolution. Nur diente er hier der Abschaffung der Monarchie – des ›repräsentativen Körpers‹ – selbst.

Das Konzept des ›Kollektivkörpers‹, wie es sich in der christlichen und zunehmend säkular-christlichen Gesellschaft entwickelte, ist von zwei Leitgedanken geprägt: Der eine beruht auf dem Bild der Gemeinschaft der Gläubigen als *Corpus mysticum*, aus dem das *Corpus imaginatum* der Nation wird; der andere ist bestimmt vom Bild eines ›naturalisierten‹ Kollektivkörpers. Das eine ist untrennbar vom anderen. Gerade weil das Christentum als eine ›textual community‹ begonnen hatte (die allerdings nicht auf einer Heiligen Schrift wie die jüdische Religionsgemeinschaft, sondern auf einem ›heiligen‹ Schriftsystem beruhte), spielten die Imaginationen über die leiblichen Eigenschaften des Kollektivkörpers eine wichtige Rolle. Sie verliehen dem kirchlichen oder nationalen *Corpus imaginatum* oder *fictivum* den Anschein, ›real‹ zu sein. Dabei handelte es sich um einen historischen Prozeß, in dessen Verlauf einerseits die Imagination ›wirkliche‹, ›leibliche‹ Gestalt annahm; andererseits entwickelte sich aber auch ein kollektives Körperkonzept, bei dem die medialen Bedingungen Gefühle und Bindungen hervorriefen und Erfahrungen von ›Sinnlichkeit‹ vermittelten. Einige Aspekte dieses Prozesses haben wir im Kapitel über den ›eingebildeten Körper‹ dargestellt. Im folgenden Abschnitt soll gezeigt werden, daß die Eigenschaften eines ›eingebildeten Körpers‹ auch nationale Gemeinschaften charakterisierten. Hatte die christliche Religion mit Bilderverehrung und dem heiligen Abendmahl den *Glauben* an einen Gemeinschaftskörper herbeigeführt, so trugen Faktoren wie Buchdruck, Währungen oder die Synchronisierung der Zeiterfahrung (durch die mechanische Uhr) zur Entstehung ›realer‹, diesseitiger, nationaler Gemeinschaften bei. Wie sehr das Geld dabei eine *christliche* Erbschaft antrat, wird deutlich in Hobbes' *Leviathan*. Im Kapitel 24 *(Von der Ernährung und Nachkommenschaft eines Staates)* vergleicht er das Geld mit dem Blutkreislauf im Körper. Es wandere »innerhalb des Staates von Mensch zu Mensch« und »ernähre« auf seinem Umlauf jeden Teil, den es berührt:

> »Insofern ist diese Verarbeitung gewissermaßen der Blutkreislauf des Staates, denn das natürliche Blut entstand auf die gleiche Weise aus den Früchten der Erde und ernährt durch Zirkulation unterwegs jedes Glied des menschlichen Körpers. [...] Und auch darin bleibt die Ähnlichkeit des künstlichen Menschen mit dem natürlichen bestehen, dessen Venen das Blut aus verschiedenen Teilen des Körpers erhalten und zum Herzen leiten,

so es aus dem Herzen belebend gemacht und durch die Arterien wieder ausgesandt wird, um alle Glieder des Körpers zu beleben und zur Bewegung fähig zu machen.«[41]

Zweifellos spielt bei dieser Analogie William Harveys Entdeckung des Blutkreislaufs, die nur wenige Jahrzehnte zurücklag (1628), eine wichtige Rolle. Doch ist sie ohne die christliche Metaphorik von der gemeinschaftsbildenden Funktion des Blutes nicht denkbar. Nur so kann Hobbes zum Ergebnis kommen, daß der Staat »*eine* Person« darstelle und Gott deshalb auch »nur auf *eine* Art zu verehren« sei.[42] Zweifellos war Hobbes eher Skeptiker als Gläubiger und sein Bekenntnis zum christlichen Staat eher der Konvention als der Überzeugung geschuldet.[43] Doch greift er an vielen Stellen christliche Bilder auf und versetzt sie in einen staatlichen Kontext, um sodann von einem ›natürlichen Reich Gottes‹ zu sprechen. Am deutlichsten geschieht das im Kontext mit dem heiligen Abendmahl. Im Kapitel 37 *(Von Wundern, und wozu sie bewirkt werden)* geht er mit eher spöttischem Ton auf Mirakel ein. Er führt jedoch das ›Wunder‹ der Eucharistie als Beispiel für die Autorität an, die dem Souverän zukommt:

»Denn wenn zum Beispiel jemand behauptet, daß nach dem Aussprechen bestimmter Worte über einem Stück Brot dieses kein Brot mehr ist, sondern von Gott zugleich zu einem Gott, einem Menschen oder beidem gemacht wird und doch immer noch wie ein Brot aussieht, so hat niemand Grund zu der Annahme, dies sei wirklich geschehen, oder ihn deswegen zu fürchten, bis er Gott durch seinen Stellvertreter oder Statthalter befragt hat, ob dies geschehen ist oder nicht. [...] Bejaht er es, so hat man ihm nicht zu widersprechen.«[44]

Dieser Autorität, die Hostie zu einem ›realen Leib‹ zu erklären, entspricht die Autorität des Herrschers, wenn dieser über den Wert einer Münze entscheidet. Wie der Hostie wird auch dem Geld die geheimnisvolle Macht der ›Transsubstantiation‹ zugesprochen. Und wie diese schafft auch das Geld eine ›Glaubensgemeinschaft‹. Seit dem hohen Mittelalter, so schreibt Jochen Hörisch, seien »Tendenzen unverkennbar, Gott und Geld zu versöhnen. [...] Den Platz der irdischen Realpräsenz Gottes in Brot und Wein, die die Versammlung von Sein und Sinn garantiert, hat Geld eingenommen.«[45] Diese »erstaunliche Transsubstantiation«,[46] die vom Zeichen der Hostie zum nominalen Wert des Geldes führt, habe ihrerseits zur Auflösung des Substanzdenkens geführt:

»Je näher Geld sich noch zu religiösen Formationen und Epochen verhält, um so deutlicher treten Versuche hervor, realistische bzw. substantialistische Deckungen des Geldwertes (etwa durch Goldbestände bei Nationalbanken oder durch das Bruttosozialprodukt einer Volkswirtschaft) zu behaupten. Diese Geldwerttheorien sind nach dem Bild des Abendmahlsstreites entworfen. Wie die göttliche Realpräsenz in Brot und Wein, so ist jedoch auch die reale Deckung des Geldwertes immer unplausibler geworden.«[47]

Dieser gegenläufige Prozeß der Substantialisierung des Zeichens und der Desubstantialisierung des ›Realen‹ verläuft parallel zum Prozeß der Verschriftlichung der Gesellschaft und hängt eng mit dem Verhältnis von Mündlichkeit und Schriftlichkeit im Mittelalter zusammen.

Transsubstantiation – die Verwandlung einer oralen Gemeinschaft in eine Schriftgesellschaft

Benedict Anderson hat den Begriff der ›imagined communities‹ zur Beschreibung der Idee des Nationalismus entwickelt.[48] Für ihn spielen die medialen Bedingungen der Neuzeit, insbesondere der Buchdruck, eine zentrale Rolle bei der Entstehung der modernen Nationen. Allerdings ist es – gerade wegen der Bedeutung, die er der Verbreitung des geschriebenen Wortes beimißt – verwunderlich, daß er nicht auch die Vorläufer zu dieser Entwicklung einbezieht. Er beschreibt den Einfluß, den der Buchdruck auf die Regionalsprachen, die Entstehung eines nationalen Sprach- und Literaturschatzes und damit auch auf die Entwicklung eines National*gefühls* ausübte. Ein solches Einwirken der Schriftsprache auf die gesprochene Sprache ist aber nur denkbar, weil die Schriftsprache selbst aus einem phonetischen Zeichensystem hervorgegangen ist, das – anders als beim semitischen Alphabet – *alle* Aspekte der gesprochenen Sprache umfaßt. Hatte dieses Schriftsystem zunächst zu einer strengen Trennung zwischen Schriftsprache und gesprochener Sprache geführt – die der Unterscheidung zwischen ›Vatersprache‹ und ›Muttersprache‹, zwischen ›Kanon‹ und ›Anomalie‹ entsprach –, so entwickelte sich ab dem Spätmittelalter eine ›Wiederaneignung‹ der Mündlichkeit durch die Schriftlichkeit, die mit der Entstehung des Buchdrucks eine neue Dimension annahm. Er trat an der historischen Stelle in Erscheinung, an der die gesprochene Sprache nach den Gesetzen des Schriftdenkens neu gestaltet worden war und das Schriftdenken ›es sich erlauben konnte‹, das Gewand der mündlichen Sprache überzustreifen. Das heißt, Luthers Bibelübersetzung, die ihre Verbreitung dem Buchdruck verdankte, trug erheblich zur Vereinheitlichung der (gesprochenen) deutschen Sprache bei. Aber die gesprochene Sprache war ihrerseits an dieser historischen Schwelle auch ›reif‹ für eine solche Vereinheitlichung. Beides sollte zur Entstehung der nationalen Gemeinschaften beitragen.

Der Prozeß einer allmählichen Umgestaltung von einer oralen zu einer Gesellschaft, die nach den Gesetzen der Schrift lebt, vollzog sich parallel zu der von Kantorowicz beschriebenen Verlagerung von der Kirchengemeinschaft zur Staatsgemeinschaft. Noch im 10. und 11. Jahrhundert, so schreibt Brian Stock, erscheint die traditionelle Unterscheidung zwischen schriftlichen und mündlichen Kulturen fragwürdig. In dieser Zeit, in der sich auch die Macht der Kirche fest etablierte, habe der mündliche Diskurs innerhalb eines Universums funktioniert, das zunehmend von Texten regiert wurde. »Bei vielen Gelegenheiten waren gar keine Texte vorhanden. Aber die Leute dachten oder verhielten sich, als ob es sie gäbe.«[49] Die Annäherung zwischen dem Mündlichen und dem Schriftlichen, die Niederschrift von Ereignissen, die ›Redaktion‹ von Erfahrung »hatte vorher nicht gekannte Parallelen zwischen Literatur und Leben zur Folge: In dem Maße, in dem Erfahrungen von Texten geformt wurden, begannen auch Männer und Frauen Texte zu leben.«[50]

Genauso wie es unmöglich sei, für das westliche Mittelalter ›Literalität‹ *(literacy)* zu definieren – der Begriff *litteratus* bezeichnete eigentlich den Schriftkundigen, wurde aber fast ausschließlich auf den Gelehrten, der des Lateinischen mächtig war, angewandt –, so gab es laut Stock auch keine ›pure Oralität‹ (die er als »mündlichen, von der Schriftlichkeit unbeeinflußten Diskurs« umschreibt)[51] Zwar könne man an einigen Ritualen und feudalen Zeremonien noch die ›reine‹ mündliche Tradition erahnen, aber es habe sich auch hier schon um eine Form von ›Präliteralität‹ gehandelt. Der Unterschied zwischen ›Illiteralität‹ und ›Präliteralität‹ besteht darin, daß bei ersterem die Schrift in juristischen und institutionellen Angelegenheiten keine große Rolle spielt, während bei der ›Präliteralität‹ die Frage relevant wird, ob man in einer Gesellschaft, in der Rechts- und Verwaltungskommunikation zunehmend in schriftlicher Form stattfindet, lesen und schreiben kann. Wer dies nicht beherrscht, gehört zu den kulturell Benachteiligten.[52] Es vollzog sich im 10. und 11. Jahrhundert also ein Wandel, bei dem »der Präliterat, der ohne Texte auskam, redefiniert wurde als Illiterat, d.h. als eine Person, die die Grammatik und Syntax der geschriebenen Sprache nicht versteht. Literalität wurde so zu einem Faktor der sozialen Mobilität: die unteren Stände konnten weder lesen noch schreiben, aber ihr Leben wurde zunehmend von denen beeinflußt, die es konnten.«[53] Der Wechsel vollzog sich nicht von einer mündlichen zu einer schriftlichen Kultur, sondern von einer überwiegend oralen Kultur zu einer Kultur, die auf verschiedenen Kombinationen von Schriftlichkeit und Mündlichkeit beruhte.[54] Dieser Wandel war allerdings tiefgreifender, als die reine Frage der Verschriftlichung des Sprechens vermuten läßt. Die Einführung von Texten in Gemeinschaften, die bis dahin mit der Schrift nicht vertraut waren, versprach »eine neue Technologie des Geistes«.[55]

So wie die Alphabetschrift in der Antike zu einer Veränderung der sozialen und psychologischen Strukturen geführt hatte, wurde auch der Mensch im Mittelalter einer neuen Erfahrungsdimension ausgesetzt, die frühere Muster des Denkens und Handelns auf unwiederbringliche Weise zerschlugen. Das Individuum antwortete nicht mehr auf ererbte Prinzipien, die von Mund zu Mund weitergegeben worden waren. »Die individuelle Erfahrung zählt noch, aber ihre Rolle ist beschränkt; stattdessen unterliegen Treue und Gehorsam einem mehr oder minder standardisierten Satz von Regeln, die außerhalb liegen.«[56] Auch wer nicht lesen und schreiben konnte, hatte diesen Regeln zu folgen. Stock sieht hier die historische Zäsur, die die Etablierung der Schriftkultur unwiderruflich machte. »Bis zum 11. Jahrhundert hätte sich Europa noch zu einer vorwiegend oralen Zivilisation entwickeln können. Um 1100 jedoch waren die Würfel gefallen.«[57] Betrachtet man die lange Geschichte der Alphabetschrift sowie die Tatsache, daß sie zum ›Vehikel‹ sowohl des Hellenismus als auch des Christentums wurde, so erscheint es allerdings absurd zu glauben, daß es vor 1100 noch »einen Weg zurück« in die Mündlichkeit gegeben hätte. Die christliche Religionsgemeinschaft selbst basierte einerseits auf einem Text, andererseits aber auch auf einem Kanon ›schriftlicher Mündlichkeit‹. Die Gleichzeitigkeit von Mündlichkeit und Schriftlichkeit war der christlichen – wie der jüdischen – Religion von Anfang an inhärent. Allerdings implizierte sie im christlichen Denken kein Nebeneinander von Oralität und Schriftlichkeit wie in der jüdischen Religion, sondern die allmähliche gegenseitige Durchdringung. Die christliche Tradition schuf »nicht gerade eine neue Sprache, aber doch neue Formen des Ausdrucks. Im Alltag, in der Literatur und in der Liturgie führten Christen Worte und Ausdrücke ein, die der Umgangssprache und dem einfachen Leben entnommen waren. Die lateinischen Versionen der Bibel, die vieles aus der Umgangssprache bezogen, beeinflußten die Sprechmuster der christlichen Gemeinschaften, und dieses linguistische Phänomen, in dem sich die niedere soziale Herkunft der Konvertiten widerspiegelte, eröffnete ein gewisses Maß an Freiheit innerhalb der Beschränkungen der geschriebenen Sprache.«[58] So spielte die christliche Kirche auch eine wichtige Rolle bei der Verbreitung des ›einfachen Lateins‹, das sich neben dem offiziellen kirchlichen Latein durchsetzte. Paradoxerweise kamen auf diese Weise viele bis dahin ›stimmlose‹ Individuen in erste Berührung mit einer Kultur, die vom geschriebenen Wort abhing. »Das Resultat war eine tiefe Interaktion zwischen Sprache, Texten und Gesellschaft.«[59]

Aufschlußreich sind in diesem Kontext die verschiedenen Begriffe für die *illiterati*, die manchmal auch als *indocti, laici, rustici* und *idiotae* bezeichnet wurden. Auf der einen Seite signalisierten diese Begriffe die immer größer werdende Kluft zwischen den Gebildeten und den Ungebildeten nach 1100.[60] Auf der anderen Seite transportierten sie aber auch Konnotationen aus der römischen Antike, die neben ›Sprache der Ungebildeten‹ auch ›ländliche Einfachheit‹ besagten. Mit der Verbreitung des Christentums wurde dieser Topos einer ›einfachen und gesunden Ursprünglichkeit‹ zunehmend auf das Evangelium übertragen. »Obgleich christliche Autoren von Augustinus an die Rhetorik studierten und beherrschten, wurden sie immer wieder daran erinnert, daß Jesus und die Apostel in der einfachen Sprache ungebildeter Menschen sprachen, die, wie das Neue Testament bezeugte, *idiotae* waren.«[61] So bezog sich der Begriff der *idiotae* nicht nur auf den einfachen Menschen, der nichts von Wissenschaft und Dogmatik versteht, sondern auch auf eine Vorstellung von ›gesegneter Einfachheit‹ oder ›Unmittelbarkeit des Glaubens‹.[62] Darin enthalten war auch das der mündlichen Tradition eigene Bild des göttlichen Wortes, das über das Ohr direkt in den Körper des Gläubigen eindringt.

Die einschneidendste Konsequenz der Schriftlichkeit im Mittelalter bestand in der Gleichsetzung von Schriftlichkeit mit Rationalität. Diese Parallelisierung von geschriebenem Wort und Logik galt auch für die griechische Antike. Doch anders als in der Antike gab es im europäischen Mittelalter

»keine einzelne Figur, die die Aufmerksamkeit auf Schlüsselfragen lenkte und als Sprecher für eine durch Kohärenz gekennzeichnete kulturelle Entwicklung agierte. Stattdessen wurde der Mentalitätenwandel durch eine Anzahl von Disziplinen – Recht, Philosophie, Theologie, Geschichtsschreibung, Musik und Naturwissenschaften – verbreitet, die nicht immer miteinander kommunizierten. Wie die Antike hatte das Mittelalter seine *Geisteswissenschaften*, aber anders als diese keine integrale Vorstellung davon, wie sie zueinander stehen, und erst recht nicht von ihrem Einfluß auf sozialen Wandel.«[63]

War schon im nachhomerischen Zeitalter die Verbreitung des Alphabets mit einem radikalen sozialen und kommerziellen Strukturwandel einhergegangen, der auf Logik und Rationalität abzielte, so koinzidierte nun auch im 11. Jahrhundert in Europa die ›Wiedergeburt der Literalität‹ mit Innovationen auf dem Gebiet der Landwirtschaft, der Kriegsmittel und einer breiten ›Monetarisierung‹, die die Ökonomie revolutionierte.[64] Besonders deutlich läßt sich der Zusammenhang von Schriftlichkeit und Rationalität an der Bedeutung erkennen, die die Institutionen des Rechts als Träger des ›Ewigen Gesetzes‹ für die Gemeinschaft und den Kollektivkörper errangen. Die Prozesse, die Kantorowicz am Beispiel der ›zwei Körper des Königs‹ beschrieben hat, sind nicht zu trennen von den Entwicklungen auf dem Gebiet der Schriftlichkeit: Fand in der Religion ein Aufstieg des theologischen Gelehrtentums statt, so vollzog sich in der Politik »eine Verlagerung vom Priester-König, der in Beziehung zur oralen, piktoralen, rituellen und liturgischen Kultur steht, zum desakralisierten Rechts-König«, dessen Macht auf dem geschriebenen Wort, der Verwaltung und dem konstitutionellen Recht beruht.[65] Das früheste Beispiel für ein ›administratives Königtum‹, das auf dem Zusammenhang von Schriftlichkeit und Jurisprudenz basiert, sieht Stock in der Herrschaft Heinrichs I., der um 1100 den englischen Thron bestieg. Heinrich zentralisierte die Buchhaltung und die Vorgänge der Staatsfinanzen, er steigerte die Qualität und Quantität der Urkunden, verstärkte erheblich die königliche Kontrolle der Justiz. Als erster König schuf er das Amt eines *magister scriptorii*, der seinen Aktivitäten auch in Abwesenheit des Königs nachging.[66] Dieser Entwicklung der königlichen Administration entsprach wiederum eine zunehmende Verschriftlichung des Handels. Zwar ersetzte die Schriftform noch nicht die traditionelle Form des Handels – ein Kaufvertrag beruhte auf einem öffentlichen Akt und fand vor Zeugen statt –, aber zur Bezeugung des Eigentums wurden zunehmend auch schriftliche Urkunden angefertigt. Einige Rituale und Zeremonien zeigen besonders deutlich, wie sehr sich die (mit Zeugenschaft verbundene) mündliche Tradition und schriftliche Praktiken überlagerten:

»Das Fortbestehen der oralen Tradition zeigt sich nirgendwo deutlicher als in der Zeremonie der *levatio cartae*. Bevor der Vertrag geschrieben wurde, legte man Pergament, Feder und Tinte auf das zu verkaufende Land. In der Vorstellung der Teilnehmer wurden so die Werkzeuge von den Kräften der Erde durchdrungen. Mit dem ›Signieren‹ des Vertrags verwandelte sich dieser in ein symbolisches Abbild des Rituals, das den Tausch feierlich besiegelte. Es war sowohl eine legale Urkunde als auch ein quasi magisches Objekt.«[67]

Ab dem 12. Jahrhundert ersetzten zunehmend geschriebene Dokumente die mündliche Zeugenschaft. Die schriftlichen Urkunden galten als zuverlässiger, langlebiger, objektiver als die Zeugenschaft eines sterblichen Menschen. Paradoxerweise nahmen damit aber auch die Fälschungen zu. »Zu diesem Zeitpunkt hatte sich die Fälschung bereits zu einer hohen Kunst entwickelt. In oralen Kulturen war ein Fälscher nicht jemand, der rechtsgültige Texte veränderte, sondern ein Verräter. Er verriet nicht die Beziehung zwischen Worten und Dingen, sondern die zwischen Menschen. Erst durch die Verbindung von Eigentumsansprüchen mit der schriftlichen Aufzeichnung von Rechtstiteln setzte sich die gegenteilige Ansicht durch. Die Zunahme der Fälschungen – mehr als ihre Entdeckung – ist eines der sichersten Indizien, über die wir verfügen, für die allgemeine Bedeutungszunahme legaler Verfahren.«[68] Die Verschriftlichung des Rechts und der Rechtsgeschäfte, die eigentlich das Versprechen von Objektivität, Wahrheit und Rationalität in sich barg, hatte also eine Erweiterung der Möglichkeiten von Betrug und Schwindel zur Folge.

Dennoch sahen die Menschen die Fakten in den Texten beurkundet, ja sogar »verkörpert«.[69] Text und Fakt rückten näher aneinander, und diese Entwicklung hatte einerseits die Verbreitung von Schriften zur Folge – schon lange vor dem Buchdruck waren viele Klöster zu ›Dokumentationsstätten‹ geworden –, schuf andererseits aber auch die Notwendigkeit einer leichteren Lesbarkeit der Texte. Man führte laufende Kopfzeilen, Kapitelüberschriften, Initialen in unterschiedlicher Größe, die alphabetische Indexierung etc. ein:[70] Begriffe, die erkennen lassen, wie sehr das Buch als ein ›Körper‹ mit ›Kopf‹, ›Fuß‹, ›Rücken‹ gedacht wurde. Indem die Schriftlichkeit Einfluß auf alle kulturellen und sozialen Bereiche ausübte, verstärkte sich die Wechselbeziehung zwischen mündlicher und schriftlicher Überlieferung. »Narrative Stoffe wechselten oft zwischen mündlicher und schriftlicher Form, ohne daß dies merkliche Spuren hinterließ. Im Falle der um 1200 in Österreich niedergelegten Fassung des *Nibelungenlieds* handelt es sich indessen um ›die Niederschrift eines mündlichen Vortrags‹, bei der erhebliche Unterschiede zwischen beiden Fassungen entstanden sind.«[71]

Deutlich wird der Einfluß einer von der Schriftlichkeit bestimmten Rationalität auch im Bereich von Architektur und Kunst. Die essentiellen Eigenschaften der Gotteshäuser, die nach 1100 gebaut wurden, bestanden, so Ernst Kitzinger, darin, alle Teile des Gebäudes einem uniformen Gesetz zu unterwerfen und die Architektur zum integralen Bestandteil der von ihr vermittelten Botschaft zu machen. Die Kathedrale »proklamiert das Evangelium in Stein«.[72] Insofern weist der Übergang zur gotischen Bauweise ab etwa 1130 Parallelen zu den Entwicklungen auf, die sich in der Justiz und der Literatur vollzogen: »das geschriebene Wort diente nicht mehr nur der Niederlegung von Fakten, sondern diktierte die Prinzipien der Kohärenz und der tieferen Bedeutung«.[73] Das Gedankengut der Scholastik, das auf einem »logischen Ordnungssystem« beruhte und die »Erklärung des Glaubens durch die Vernunft« verfolgte, wurde, so Erwin Panofsky, zum Prinzip selbst der gotischen Architektur:[74] »Es verwundert kaum, daß eine Denkweise, die es für nötig hielt, den Glauben durch einen Appell an die Vernunft und die Vernunft durch einen Appell an die Vorstellungskraft ›klarer‹ zu machen, sich auch verpflichtet fühlte, die Vorstellungskraft wiederum durch einen Appell an die Sinne ›klarer‹ zu machen.«[75] Mit der Gotik war der Begriff des ›Kanons‹, der sich auf Texte verlagert hatte, wieder zu seinem Ursprung, der Baukunst, zurückgekehrt. Mit dieser Entwicklung wandte sich die volle phonetische Alphabetschrift auch zurück zum ›verlorenen Paradies‹ der rituellen Kohärenz. Erinnert man sich, daß die Alphabetschrift ebendiese rituelle Kohärenz zertrümmert hatte, so wird deutlich, daß die Einheit von Architektur und Schriftdenken, die sich im Spätmittelalter am Beispiel der gotischen Kathedrale beobachten läßt, sowie die gegenseitige Durchdringung von gesprochener und geschriebener Sprache auch den ›kollektiven Sinn‹ hatten, diese Wunde wieder zu schließen. Die Kathedrale wurde zur ›steinernen Inkarnation‹ eines Kollektivkörpers, der durch das volle phonetische Alphabet zertrümmert worden war und nun wieder neu ›zusammenbuchstabiert‹ wurde.[76]

Handel und Ökonomie wurden zu einem anderen Bereich medial bedingter Kohärenz. So wie die Dogmatik, das Recht und die Architektur wurden auch sie regiert »von einem Satz abstrakter Regeln, die, wie die Preise, weitgehend unabhängig waren von menschlicher Kontrolle. Wie der Markt garantierte Schriftlichkeit, daß eine ›Entität‹, die den Parteien eines Austauschs äußerlich war – der Text –, schließlich die notwendigen Kriterien für eine durch Übereinkunft bestimmte Bedeutung liefern würde. So wie der Markt eine Ebene ›abstrakter Entitäten‹ und ›modellhafter Beziehungen‹ zwischen Produzenten und Verbrauchern schuf, erzeugte Schriftlichkeit ein Feld lexikalischer und syntaktischer Strukturen, das die Person des Sprechers unwichtig erscheinen ließ.«[77] Das heißt, im Wirtschaftsleben nahm das monetäre System die Rolle ein, die die geschriebenen Texte für die gesprochene Sprache hatten. Münzen, deren Gebrauch im 12. und 13. Jahrhundert ständig zunahm (eine Rückläufigkeit fand nur nach dem wirtschaftlichen Niedergang im Anschluß an den Schwarzen Tod statt), sowie Waren mit monetärem Wert wurden zum wichtigsten Faktor einer »Objektivierung wirtschaftlicher Entwicklungen«[78] – und die ›Objektivierung‹ entsprach einem Notationssystem, das zunehmend auf die Anbindung an die Ware – oder ›das Wahre‹ – verzichten konnte. 1360 führte Nicolas Oresme, Finanzberater des französischen Hofes, den Louisdor als nationale Währung für Frankreich ein. Diese Münze, die auf Gold beruhte, war kein ›reines Zeichen‹, aber mit ihr wurden schon die Voraussetzungen für eine Währung geschaffen, die Jahrhunderte später keine Goldparität mehr kennt und nur mehr Zeichen ist, wie die Schriftlichkeit selbst.

Es entstand in Europa ein »Markt der Ideen«, deren essentielle Voraussetzung ein Kommunikationssystem war, das auf Texten beruhte. War das scholastische System das logische Produkt der Organisation der Texte und der Klassifizierung von Wissen, so war der Markt »das natürliche Instrument für eine vom Preis regulierte Verbreitung von Waren«.[79] Dabei ging das Ökonomische weder dem Kulturellen voraus, noch bildete es die Grundlage kultureller Transformationen: »Beides funktionierte nebeneinander, und das Neue wurde mit dem Vokabular des Alten getarnt. Abstrakte Marktbeziehungen wurden als menschliche Beziehungen ausgegeben; eine archaische Terminologie von Tauschhandel und Gabe erhielt sich sowohl im Feudalismus als auch in der Literatur. Unter der Oberfläche bestimmte sich der Wert der Waren jedoch zunehmend nach den Gesetzen von Angebot und Nachfrage.«[80] Die materiellen Verhältnisse bildeten also keineswegs die Grundlage kultureller Entwicklungen, vielmehr konnten sie auch ihr Produkt sein, vor allem im Zusammenhang mit medialen Entwicklungen. Das zeigte sich auch an der Entwicklung des Konzepts der Nation, das sich in der Neuzeit sowohl in Europa als auch in anderen Gebieten – den Kolonialstaaten oder den Vereinigten Staaten von Amerika – durchsetzte und eine spezifische Form von Nationalismus hervorbrachte. Dieser, so Benedict Anderson, war einerseits zu verstehen »als Antwort auf den weltumspannenden Imperialismus, wie ihn die Errungenschaften des Industriekapitalismus möglich gemacht haben«,[81] verdankte sich andererseits aber auch der ›Naturalisierung‹ von ›Einbildungen‹.

Imaginäre Gemeinschaften

»Ich gehe davon aus«, schreibt Benedict Anderson, »daß Nationalität [...] und gleichermaßen Nationalismus kulturelle Produkte einer besonderen Art sind.«[82] Diesem Phänomen der Neuzeit seien drei paradoxe Charakteristika eigen: Erstens steht der objektiven Neuheit von Nationen das subjektive Alter in den Augen der Nationalisten gegenüber. Zweitens steht der formalen Universalität von Nationalität als soziokulturellem Begriff – »in der modernen Welt kann, sollte und wird jeder eine Nationalität ›haben‹, so wie man ein Geschlecht ›hat‹« – die marginale Besonderheit ihrer jeweiligen Ausprägungen gegenüber, wie z. B. die definierte Einzigartigkeit der Nationalität ›Griechisch‹. Drittens steht der ›politischen‹ Macht des Nationalismus eine philosophische Armut gegenüber. »Anders als andere Ismen hat der Nationalismus nie große Denker hervorgebracht – keinen Hobbes, keinen Marx und keinen Weber.«[83] Das hänge damit zusammen, daß der Nationalismus keine Theorie, sondern ein ›Gefühl‹ sei. Es würde »die Angelegenheit leichter machen, wenn man Nationalismus nicht für eine Weltanschauung unter anderen hält, wie ›Liberalismus‹ oder ›Faschismus‹, sondern wie ›Verwandtschaft‹ oder ›Religion‹«.[84] Nur so sei es zu erklären, daß ein Gefühl von ›Brüderlichkeit‹ entstand, »das es in den letzten zwei Jahrhunderten möglich gemacht hat, daß Millionen von Menschen für so begrenzte Vorstellungen weniger getötet haben als vielmehr bereitwillig gestorben sind«.[85] Dagegen wäre freilich einzuwenden, daß viele Tote dieses Jahrhunderts alles andere als freiwillig in den Tod gegangen sind: schon gar nicht die Toten der Terrorregime; ebensowenig kann bei den Kriegsopfern unter der Zivilbevölkerung von ›Opferbereitschaft‹ die Rede sein. Auch hängt die Tatsache, daß die Zahl der Getöteten die der Tötenden weit überwiegt, mit der schier unglaublichen Potenzierung der Tötungswerkzeuge zusammen: Zur Betätigung der Bombe von Hiroshima, die 260000 Menschen das Leben kostete und 163000 Verletzte hinterließ, bedurfte es eines einzigen Waffenträgers: des Piloten. Es wäre also richtiger zu sagen, daß der Nationalismus eine bemerkenswerte Bereitschaft zu sterben *und* zu töten hervorgebracht hat. Wir stoßen hier auf ein Problem, das im vorigen Kapitel angeschnitten wurde und uns im letzten Kapitel noch ausführlicher beschäftigen wird: die Frage danach, ob der Kollektivkörper an sich ein Ethos haben, ethisch zu empfinden vermag. Dies erscheint eher zweifelhaft. Je mehr das Individuum im modernen Kollektivkörper ›behaust‹ ist, desto geringer wird seine eigene Fähigkeit, ethisch zu empfinden und zu handeln, und der Nationalsozialismus ist dafür eines der furcht-erregendsten Beispiele. Die Hemmung zu töten – Paradigma schlechthin des Ethos – hängt in der Moderne offenbar mit der Bereitschaft des Individuums zusammen, auf einen Teil der ›behausenden‹ Eigenschaften des Kollektivkörpers zu verzichten.

Der Fähigkeit der Nation, eine tiefe Empfindung und Anhänglichkeit hervorzurufen, stellt Anderson die Tatsache gegenüber, daß die ›Nation‹ eine ›vorgestellte politische Gemeinschaft‹ ist: »Vorgestellt ist sie deshalb, weil die Mitglieder selbst der kleinsten Nation die meisten anderen niemals kennen, ihnen begegnen oder auch nur von ihnen hören werden, aber im Kopf eines jeden die Vorstellung ihrer Gemeinschaft existiert.«[86] Demgegenüber sind die auf mündlicher Überlieferung basierenden, meist kleinen, isolierten Gemeinschaften durch ein enges Netz von Verwandtschaftsverhältnissen und Gruppensolidarität gekennzeichnet. Ihre Reaktion auf die Außenwelt, so Stock, sei »oft von Angst und Feindseligkeit« geprägt.[87] Ganz ähnlich beschreibt Anderson das Nationalgefühl. Wie kommt es aber, daß die ›vorgestellten Gemeinschaften‹ ähnliche Gefühle hervorbringen wie eine auf mündlichem Austausch und Verwandtschaftsverhältnissen basierende Gemeinschaft? Wie erklärt es sich, »daß die kümmerlichen Einbildungen der jüngeren Geschichte (von kaum mehr als zwei Jahrhunderten) so ungeheure Blutopfer gefordert haben? Ich bin der Überzeugung, daß die Antwort in den kulturellen Wurzeln des Nationalismus liegt.«[88]

Einerseits gehe der Beginn des Nationalismus mit dem Niedergang des religiösen Denkens nach dem Beginn der Neuzeit einher.[89] Für das »Verschwinden *des unbewußten Zusammenhalts* der christlichen Religionsgemeinschaft« im späten Mittelalter seien zwei Gründe ausschlaggebend: erstens die Relativierung des eigenen Weltbildes durch die Entdeckung anderer Kulturen, die sich aus den Forschungsreisen und Kolonialeroberungen ergab; zweitens die »Degradierung der heiligen Sprache« durch einen wachsenden Buchmarkt, der ein Gefühl von Gleichzeitigkeit und Gleichsprachlichkeit hervorbrachte.[90]

»Die Vorstellung eines sozialen Organismus, der sich bestimmbar durch eine homogene und leere Zeit bewegt, ist eine genaue Analogie zur Nation, die ebenfalls als beständige Gemeinschaft verstanden wird, die sich gleichmäßig die Geschichte hinauf (oder hinunter) bewegt. Ein Amerikaner wird niemals mehr als eine Handvoll seiner vielleicht 240 Millionen Landsleute kennenlernen oder auch nur deren Namen wissen. Er hat keine Vorstellung, was sie irgendwann gerade tun. Doch er hat volles Vertrauen in ihr stetes, anonymes, gleichzeitiges Handeln.«[91]

Mit anderen Worten, an die Stelle der Verwandtschaftsverhältnisse in mündlichen Kulturen tritt ein Gefühl von Gemeinsamkeit, das ausgerechnet vom Buchdruck bestimmt wird.[92] Der Buchdruck schuf die Möglichkeit einer massenhaften Verbreitung *desselben* Textes: Luthers Werke machten nicht weniger als ein Drittel *aller* deutschsprachigen Bücher aus, die zwischen 1518 und 1525 verkauft wurden. »Hier treffen wir zum ersten Mal auf eine wirkliche Massenleserschaft und eine jedem zugängliche Volksliteratur.«[93] Auf diese Weise entstand die Möglichkeit der Gleichschaltung von Ereignissen, deren Bedeutung paradoxerweise gerade darin bestand, daß sie gleichzeitig in weiten Teilen des Landes *wahrgenommen* wurden. In dieser Hinsicht wurde das Buch der Gutenberg-Ära zum Vorläufer der Zeitung:

»Das Veralten der Zeitung am Tag nach ihrem Erscheinen – wie seltsam, daß ein frühes massenproduziertes Gut so den geplanten Verschleiß der modernen Konsumgüter vorwegnimmt – bringt darum eine außergewöhnliche Massenzeremonie hervor: den praktisch gleichzeitigen Konsum der Zeitung als Fiktion. Wir wissen, daß Morgen- und Abendausgaben immer zwischen dieser und jener Stunde konsumiert werden und nur an diesem Tag, nicht am nächsten.«[94]

Obgleich kein Leser die Tausende oder Millionen seiner ›Mit-Leser‹ kennt, so Anderson, sei er von deren Existenz überzeugt.[95] »Kann man sich ein anschaulicheres Bild für die säkularisierte, historisch gebundene und vorgestellte Gemeinschaft denken?«[96] So wird die Entwicklung der Druckerzeugnisse zum »Schlüssel für die Entstehung völlig neuer Vorstellungen von Gleichzeitigkeit«.[97] Diese Gleichzeitigkeit verstärkte wiederum den Einfluß der Reformation, die zur Ablösung der nationalen Gemeinschaft von Rom führte: Hatte der Vatikan vor dem Zeitalter des Buchdrucks jeden Feldzug gegen die Häresie in Westeuropa leicht gewonnen, weil er über die besseren Kommunikationswege verfügte, so mußte er nun erleben, daß die Thesen, die Martin Luther im Jahre 1517 an die Kirchentür von Wittenberg schlug, nicht nur ins Deutsche übersetzt, sondern auch gedruckt und innerhalb von vierzehn Tagen in allen Teilen des Landes bekannt waren.[98] Die »Koalition von Protestantismus und Druckmarkt«[99] bestand also einerseits in der Schaffung von Gleichzeitigkeit, andererseits aber auch in der Abgrenzung des nationalen Kollektivkörpers von der kirchlichen Zentralgewalt. Allerdings wäre hinzuzufügen, daß die Ablösung von Rom auch die deutsche ›Nation‹ spaltete, in katholische und protestantische Gemeinschaften. Wegen ebendieser Gespaltenheit sollte später im deutschen Sprachraum das Konzept des ›Volkskörpers‹, dessen Einheit auf rassische, biologische, ›natürliche‹ Eigenschaften zurückgeführt wird, so anziehend erscheinen.

Der Buchmarkt schuf ein neues Bewußtsein für die nationalen Sprachen, das seinerseits zu einer neuen Suche und ›Erfindung‹ von nationalen Wort- und Literaturschätzen führte. Lexikographen, Grammatiker, Philologen und Literaten der Umgangssprache wurden zu den Agenten nationaler Sinnstiftung. Mit ihnen entstanden auch neue Bildungssysteme. »Das Wachstum der Schulen und Universitäten«, so Eric Hobsbawm, »ist ein Maßstab für das Anwachsen des Nationalismus, ebenso wie die Schulen und Universitäten zu seinen bewußtesten Verfechtern wurden.«[100] Die Entwicklung vollzog sich unabhängig vom tatsächlichen Grad der Alphabetisierung. Denn noch um 1840 war in den meistentwickelten Ländern Europas, England und Frankreich, fast die Hälfte der Bevölkerung des Lesens und Schreibens unkundig (in Rußland sogar 98 Prozent).[101]

Nicht nur die unterschiedlichen Sprachen erlebten eine Renaissance, auch die historische Vergangenheit wurde neu erfunden. Indem die Sprache durch den Buchdruck eine neue Fixierung erlebte, half sie, »auf lange Sicht jenes Bild vergangener Zeiten zu errichten [...], das für die subjektive Vorstellung der Nation von zentraler Bedeutung ist«.[102] Und diesem rückwärts gewandten Blick auf die neue ›Nation‹ unterwarfen sich selbst die europäischen Dynastien, die viel älter waren als der Nationalgedanke selbst und ihre Legitimität nicht aus der Sprach- oder Territorialgemeinschaft, sondern aus der Genealogie, dem ›königlichen Blut‹ bezogen. Auch sie standen unter starkem Drang, sich zu ›nationalisieren‹, wollten sie ihre repräsentative Funktion nicht verlieren. »Die Romanows entdeckten, daß sie Großrussen, die Hannoveraner, daß sie Engländer, die Hohenzollern, daß sie Deutsche waren – und um einiges schwerer wurden ihre Vettern zu Rumänen, Griechen etc.« Die neue Zugehörigkeit trug »zur Legitimation einer Herrschaft bei, deren Fundamente, die vorgebliche Sakralität und ihr Alter, im Zeitalter des Kapitalismus, des Skeptizismus und der Naturwissenschaften zu zerbröckeln drohten«.[103] Nicht nur die Nation, sondern auch der König, Repräsentant des kollektiven Körpers, wurde also ›neu erfunden‹: und zwar nach dem ›Ebenbild‹ des sakralen Königtums, dessen Ende die Hinrichtung von Ludwig XVI. markiert hatte.

Die verschiedenen Formen von Gemeinsamkeit und Gleichzeitigkeit führten zur Entstehung des neuen ›Familiengefühls‹. »Die Natur der politischen Liebe läßt sich zu einem gewissen Teil der Begrifflichkeit entnehmen, mit der die verschiedenen Sprachen den Gegenstand dieser Liebe benennen: Es geht um Verwandtschaft *(motherland*, Vaterland, *patria)* oder Heimat *(home* oder *tanah air* [Erde und Wasser, den Begriff für die heimatliche Inselgruppe der Indonesier]).«[104] Die Nation wurde zum Ausdruck eines Gefühls von Zugehörigkeit zu einer Schicksalsgemeinschaft, und so wie allem ›Natürlichen‹ immer der Aspekt des ›Nicht-bewußt-Gewählten‹ eignet, so erschien auch die Zugehörigkeit zur Nation wie vorgegeben, vergleichbar der Hautfarbe, dem Geschlecht, der Herkunft oder der Zeit, in die man geboren wird: »all dem also, was nicht zu ändern ist. Was man in diesen ›natürlichen Bindungen‹ verspürt, könnte man die ›Schönheit der Gemeinschaft‹ nennen. Mit anderen Worten: gerade weil solche Bindungen nicht bewußt eingegangen werden, erhalten sie den hehren Schein, hinter ihnen steckten keine Interessen.«[105]

Daß es sich dennoch um eine Zugehörigkeit handelt, die nicht allein auf Geburt beruht, geht aus der Tatsache hervor, daß es möglich ist, in eine fremde Gemeinschaft aufgenommen zu werden, die nationale Zugehörigkeit zu wechseln.[106] So ist der Aspekt der Schicksalhaftigkeit und ›Natürlichkeit‹ der nationalen Zugehörigkeit eher als ›Camouflage‹ für ein *kulturell* bedingtes Gefühl von Zusammengehörigkeit zu sehen. Deshalb trat auch im 19. Jahrhundert – bedingt durch die Folgen des Buchdrucks – die Sprache an die Stelle, an der sich vorher die Religion befunden hatte. »Noch 1848, zwei Generationen nach der Geburt des Schweizer Staates, war die Kluft zwischen den Religionen politisch viel hervorstechender als die zwischen den Sprachen. In Gebieten, die ein für allemal als katholisch festgelegt waren, war der protestantische Glaube *ungesetzlich* – und umgekehrt.«[107] Die Sprache hingegen blieb der persönlichen Entscheidung überlassen. Das änderte sich nach 1848: »Als

Gegenreaktion auf das revolutionäre Aufbegehren in ganz Europa, mit der Ausbreitung nationaler Bewegungen in den Landessprachen, nahm die Sprache den Platz der Religion ein, und das Land wurde in ein für allemal festgelegte Sprachgebiete aufgeteilt. (Nun wurde die Religion zu einer persönlichen Angelegenheit).«[108]

Es war nicht nur der Buchdruck, sondern die ›Kommunikationstechnologien‹ im weitesten Sinne, die die ›Nationen‹ entstehen ließen: Technologien wie Eisenbahn, Telegraf, Telefon, die es erlaubten, weit auseinanderliegende Punkte miteinander zu verbinden und zu vernetzen, schufen das Bild eines ›zirkulierenden‹ Saftes, das dem verlorengegangenen ›Lebenssaft‹ der gesprochenen Sprache insofern ähnlich war, als es ›Konsensgemeinschaften‹ schuf. Darauf basierte die Tiefe der Emotionen, die die Technologien hervorriefen. Die Kommunikationstechnologien waren mehr als nur ein Verbindungsmittel *zwischen* den Menschen. Wie die Kommunion in der Kirche schufen sie *neue* Menschen in einer Weise, die geradezu ›körperlich‹ war. In dieser Hinsicht sind die Kommunikationstechnologien als ›erweiterte Mündlichkeit‹ zu verstehen – aber eben als eine Mündlichkeit, die nach den Gesetzen der Schrift, der Technik, geformt ist.

Zu den Kommunikationstechnologien gehört auch die moderne Kartographie. Landkarte und Landvermessung verschufen dem Kollektivkörper ein Territorium und damit seinen ›Gliedern‹ eine territoriale Zugehörigkeit. Durch die Landvermessung wurden willkürlich Grenzen gezogen und neue Nationen geschaffen. So schreibt der thailändische Historiker Winichakul Thongchai:

»Nach den neueren Kommunikationstheorien und dem gesunden Menschenverstand ist eine Landkarte eine wissenschaftliche Abstraktion der Wirklichkeit. Eine Landkarte repräsentiert lediglich etwas, das es objektiv bereits ›dort‹ gibt. In der von mir behandelten Geschichte ist dieses Verhältnis auf den Kopf gestellt. Die Landkarte nimmt die räumliche Wirklichkeit vorweg, nicht umgekehrt. In anderen Worten: die Landkarte war eher ein Vorbild für das, was sie vorgab zu sein, als dessen Abbild. [...] Sie wurde zu einem wirklichen Instrument, um Projektionen auf die Oberfläche der Erde zu übertragen.«[109]

Eine heutige Form von Kartographie, durch die territoriale Zugehörigkeit definiert wird, ist die Wetterkarte im Fernsehen, die Millionen von Zuschauern täglich vor Augen führt, wo sie hingehören. Sie zeitigt eine ähnliche Wirkung wie die willkürliche Grenzziehung in den aus dem Kolonialismus hervorgegangenen Nationen. Vor der Wiedervereinigung regnete es in Deutschland nur bis zum ›Eisernen Vorhang‹. Danach ließ eine neue Wetterkarte einen ›gemeinsamen‹ Blick auf den ›nationalen Boden‹ entstehen. Ähnlich willkürlich zerschneidet die Wetterkarte den nordamerikanischen Kontinent, indem sie eine schnurgerade Linie zwischen den USA und Kanada zieht.

Ein anderer Faktor bei der Schaffung des ›nationalen Kollektivkörpers‹, ebenfalls medial bedingt, war der Zensus: Schon im 19. Jahrhundert wurden Statistik und Volkszählung zu entscheidenden Faktoren bei der Definition nationaler Zugehörigkeit. Sie schufen Normen und Bevölkerungsgruppen, die sich durch ihre Visualisierung wiederum der Wahrnehmung des einzelnen einprägten. So schreibt Sybilla Nikolow:

»Die Tatsache, daß statistische Karten, Kurven, Diagramme und Schaubilder zu Beginn des 20. Jahrhunderts z. B. in Ausstellungen, der populären Presse und der Arbeiterbildung eine breite Verwendung fanden, verweist auf ihre erfolgreiche Einbettung in die visuelle Kultur der Moderne. Es handelt sich hierbei um jene graphischen Darstellungstechniken, die über die moderne Wissenschaftssprache und -kultur hinaus prägend wurden, so daß es nicht unberechtigt erscheint, sie als Kulturtechniken zu bezeichnen. Durchgängig an quantifizierbares und quantifiziertes statistisches Wissen gekoppelt, stellen die graphisch-statistischen Verfahren den Musterfall einer normalistischen Kollektivsymbolik dar. Sie verweisen auf die in einer Kultur am weitesten verbreitete sogenannte ›Bildlichkeit‹. Insbesondere waren und sind sie für die normalisierenden wissenschaftlichen Diskurse seit dem epistemischen Bruch um 1800 entscheidend.«[110]

Der wichtigste Faktor der Entstehung des Gemeinschaftsgefühls dürfte jedoch die Zeitwahrnehmung gewesen sein. Mit dem wachsenden Bewußtsein einer fortschreitenden Zeit ›historisierte‹ sich die Wahrnehmung der Gemeinschaft;[111] die Verstorbenen wurden zu einem Teil der Gegenwart. Der große Chronist (und Mythologe) der Französischen Revolution, Jules Michelet, betrachtete sich als Historiker der Toten, schrieb ›im Namen der Toten‹ und wußte, wofür sie auf dem Schafott oder dem Schlachtfeld gestorben waren – auch wenn diese es selbst nicht wußten.[112] Anderson spricht in diesem Zusammenhang von einer »rückwärts gewandte[n] Kunst des Bauchredens«.[113] Die Bedeutung der ›Zeit‹ beruhte aber auch auf ihrer Macht, das Leben von Menschen zu ›synchronisieren‹. Die homogenisierende Wirkungsmacht der Zeitwahrnehmung setzt schon lange vor dem Buchdruck und auch lange vor der Entstehung der Räderwerkuhr im 13. Jahrhundert ein. Sie steht in enger Beziehung zur Geschichte der Schriftlichkeit, und deshalb lassen sich an ihr die medialen Rahmenbedingungen für die Entstehung und Verbreitung des abendländischen Kollektivgefühls besonders deutlich zeigen.

Die Zeit und das taktlose Geschlecht

In dem, was gewesen ist, ruht das Unveränderbare. Darüber sind sich, bei allen Differenzen, die Zeitphilosophen einig: Noch nie hat ein Beobachter eine Rückläufigkeit der Zeit feststellen können. Die einzige unverrückbare Sicherheit, über die der historisch denkende Mensch verfügt, ist die Unveränderbarkeit des Gewesenen. Sie entstand mit der phonetischen Alphabetschrift, die das lineare Zeitdenken einführte. Aus dem Erzähler, der die Überlieferung immer neu zu ›erfinden‹ hatte, wurde der Geschichtsschreiber, der die Vergangenheit unveränderlich machte.

Natürlich war auch schon im ägyptischen Totenkult die Schrift zur Wahrerin der Erinnerung geworden. Mit der Geschichtsschreibung der Griechen erhält die Vergangenheit jedoch eine neue Funktion: Man mißt das Vorige, das Unveränderbare in der Hoffnung, davon eine berechenbare Zukunft abzuleiten.[114] Die Sicherheit, die die Unveränderbarkeit der Vergangenheit bietet, wird auf die Zukunft übertragen. Gleichzeitig begann die Zeit, sich nach vorne zu bewegen. Man unterschied zwischen Vergangenheit, Gegenwart und Zukunft. Dabei vollzog sich eine ›Synchronisierung‹ der Menschen: Parallel zur sprachlichen fand auch eine zeitliche Homogenisierung statt. Die Zeichen der Schrift, das Zeitmaß und die Zahl wurden zu austauschbaren Begriffen. In vielen Kulturen, so schreibt Günter Dux, wird die Zeit »zur obersten Gottheit, die, wenn es not tut, auch Gott und Teufel erst aus sich heraus entstehen läßt«.[115] Er konstatiert auch eine »Vergöttlichung« der Zeit,[116] ohne den Bezug zur Tatsache herzustellen, daß dieses Phänomen in derselben Zeit stattfindet – dem 5. und 6. Jahrhundert v. Chr. –, in der auch die Alphabetschrift das griechische Denken neu zu ordnen beginnt. Erst mit der Durchsetzung des phonetischen Alphabets nahm die Zeit ihre schöpferische und tödliche Symbolik an, wie sie in manchen schriftlosen Gesellschaften (etwa bei den Maori, auf die Dux verweist) den Geschlechtsorganen des Mannes und der Frau zugewiesen wird.[117] Hier symbolisiert die sexuelle Fortpflanzung Wiederkehr wie Sterblichkeit.

Nicht durch Zufall begannen im 8. Jahrhundert v. Chr. an vielen Stellen neue Zeitrechnungen: 753 wird Rom gegründet, 747 beginnt in Babylon mit der Regierung Nebahassars eine neue Zeitrechnung, 776 werden in Griechenland die Olympischen Spiele eingeführt.[118] Die Daten fallen in die Entstehungszeit des vollen Alphabets. Bald hielten die abstrakten Zeichen der Schrift nicht nur eine unsichtbar gewordene Vergangenheit fest, sie erlaubten es auch, eine *noch* nicht sichtbare Entwicklung vorauszudenken. Platons Gesellschaftsutopie *Der Staat*, die zum Vorläufer aller späteren Utopien werden sollte, ist das erste Beispiel dafür. In den Utopien werden neue Modelle für eine bessere Zukunft entworfen: für Thomas Morus oder Tommaso Campanella war es der Staat ohne Eigentum; für Francis Bacon eine Technik und Naturwissenschaft ohne Grenzen. Eines war allen Utopien gemeinsam: Ihre Autoren waren der Überzeugung, daß die ›bessere Welt‹ eine berechenbare und planbare Welt sei.[119]

Der Grundgedanke des linearen, nach vorne gerichteten Zeitdenkens *ist* die Berechenbarkeit, die der Schriftlichkeit eignet: Um so mehr erstaunt es, wie wenig die Geschichte der Zeit im Zusammenhang mit der Geschichte der Schrift gelesen wird, selbst da, wo sich der Zusammenhang direkt anbietet, wie etwa zur Zeit Solons, der durch geschriebene Gesetze das Leben der Polis neu gestaltete. Bei vielen Zeittheoretikern ließe sich das Wort ›Zeit‹ ohne weiteres durch den Begriff ›Schrift‹ ersetzen: »Bewußter als zuvor rückt die Zeit jetzt auch als causa in den Ursprung allen Geschehens ein«, schreibt Dux. »Eben deshalb gewinnt sie einen deutlich futuristischen Aspekt: Sie führt herauf, was hinkünftig sein wird. Darauf baute *Solon*. Die Wirklichkeitswahrnehmung erfährt unter dieser bewußt thematisierten handlungslogischen Struktur eine entschieden teleologische Akzentuierung.«[120]

In vielen Epochen wird die Natur als ein ›Buch‹ begriffen, das es zu ›lesen‹ galt. Mit der Entwicklung der Räderwerkuhr (vermutlich um 1270) bildete sich aber auch allmählich das Konzept einer Natur heraus, die wie eine Uhr nach einer voraussehbaren, berechenbaren Mechanik funktioniert. In beiden Fällen – der Natur als Buch und der Natur als Räderwerk – entsprach diese einer bezähmten, durch menschliche Kunstfertigkeit gestalteten Schöpfung. Inkarnierte für das frühe Christentum der ›engelhafte Leib‹ die ›bezähmte Natur‹, so schreibt Christine de Pisan (1364–ca. 1432) über die Bezähmung der Triebe:

»Die Mäßigkeit sollte gleichfalls als eine Göttin gelten. Und weil unser menschlicher Körper aus vielen Teilen besteht und von der Vernunft reguliert sein sollte, kann man ihn als Uhr darstellen, die eine Reihe von Rädern und Maße enthält. Und so wie eine Uhr nichts taugt, solange sie nicht reguliert ist, so arbeitet auch unser menschlicher Körper nicht, solange nicht Mäßigung ihn leitet.«[121]

Schon bevor das Räderwerk erfunden wurde, hatten die Klöster und Kirchen begonnen, für eine einheitliche Regulierung der Zeit in den Dörfern zu sorgen. Doch mit der mechanischen Uhr, die gleichbleibende Stunden markierte, bedurfte es dafür nicht mehr der geregelten Gebetsstunden. Mit der Uhr entstand, so Lewis Mumford, die entscheidende Voraussetzung für den allmählichen Prozeß der Mechanisierung und Industrialisierung, der ab dem Spätmittelalter die Geschichte des Abendlandes begleiten sollte. Die Räderwerkuhr habe dazu geführt, daß sich »die Zeit von den menschlichen Ereignissen trennte und zur Entstehung des Glaubens an eine unabhängige Zeit beitrug, in der alles auf mathematisch berechenbare Weise abläuft: die spezielle Welt der Naturwissenschaften«.[122] Mit der mechanischen Uhr entstanden große Verwaltungseinheiten,[123] ein koordinierter Markt, Handelsnetze mit einheitlicher Währung. Diese Entwicklung wurde durch die Erfindung des Buchdrucks verstärkt. Auch in dieser Hinsicht ist die Geschichte der Zeit nicht von der Geschichte der Schriftlichkeit zu trennen.

Die soziale Gleichschaltung

Die Geschichte der abendländischen Philosophie der Zeit, die von Begriffen wie ›linear‹, ›Zeitpfeil‹ sowie von der Metaphorik des Uhr- und Räderwerks geprägt war, unterschied sich deutlich vom Zeitdenken anderer Kulturen, die, wie etwa die schriftlosen Kulturen, in einer zyklischen, sich wiederholenden Zeit leben oder, wie der Buddhismus, auf die erhoffte Aufhebung der Zeit zugehen. Im Gegensatz zur jüdischen Zeitwahrnehmung, die von der Erwartung geprägt ist, beruht die christliche und säkular-christliche Zeitwahrnehmung auf einer gespaltenen Zeit, die sowohl unter dem Zeichen der erfüllten Verheißung – Geburt und Auferstehung Christi – als auch unter dem Zeichen einer Hoffnung auf seine Wiederkehr und das Jüngste Gericht steht.[124]

Thorleif Bomann hat gezeigt, daß dieses unterschiedliche Zeitverständnis in der jüdischen und der griechisch-christlichen Kultur auch mit der Tatsache zusammenhängt, daß das griechische Denken die Zeit ›verräumlicht‹ und damit gewissermaßen in einen abstrakten oder ›objektiven‹ Wahrnehmungsrahmen versetzt hat, während das Zeitgefühl des hebräischen Denkens von »dem Redenden« bestimmt werde:

»Das hebräische Imperfektum stellt im Gegensatz zum Perfektum solche Handlungen, Ereignisse oder Zustände dar, die sich dem Redenden in irgendeinem Zeitpunkt als noch andauernde oder im Vollzug begriffene oder auch als neu eintretende bemerkbar machen. [...] Da liegt nämlich der Kern der Sache. Während wir durch unsere drei Tempora die Handlungen in den Raum verlegen, in casu auf einer Linie festhalten, ist für die Semiten das Bewußtsein des Redenden der feste Punkt, an dem sich die Handlungen orientieren. In diesem Fall sind zwei psychologische Möglichkeiten vorhanden: die Handlungen können abgeschlossen vorliegen oder noch in der Entwicklung begriffen sein. Unsere Handlungen werden objektiv, unpersönlich, räumlich orientiert, die Hebräer denken subjektiv, persönlich, zeitlich.«[125]

An dieser Beschreibung wird deutlich, wie eng das Zeitgefühl der Griechen und der ›Hebräer‹ mit den jeweiligen alphabetischen Schriftsystemen zusammenhängt, von denen das eine (Griechenland) einen hohen Grad von Abstraktion von der gesprochenen Sprache aufweist, während das andere an den ›Redenden‹ – den sprechenden Körper – gebunden ist.

Die christliche Zeitwahrnehmung ist von einer Paradoxie geprägt, die sich als ›spiralförmige‹ Zeit umschreiben ließe: Sie wiederholt sich und bewegt sich dennoch vorwärts. Das entspricht der seltsamen Mittlerstellung des Christentums zwischen völliger Einbindung in das abstrakte Denken der Alphabetschrift und Rückkehr in die ›rituelle Kohärenz‹ der oralen Kulturen. Die Linearität in diesem Konzept von Zeit basiert auf der Berechenbarkeit, während die Wiederholung den Versuch widerspiegelt, eine rituelle Kohärenz zu schaffen – nun aber auf bewußte, berechenbare Weise.

»Die Uhrenmetapher«, so schreibt Otto Mayr, »verschafft uns Zugang zur kollektiven Mentalität.«[126] Das ist insofern nicht erstaunlich, als sie auch an ihrer Herausbildung beteiligt war. »Die Uhr ist eindeutig keine prothesenartige Maschine; sie verstärkt weder die menschliche Muskelkraft, noch erweitert sie die Fähigkeiten der Sinne. Sie ist eine autonome Maschine«, schreibt Joseph Weizenbaum, der die Uhr mit dem Computer und seiner historischen Wirkungsmacht vergleicht.[127] Bis ins späte Hochmittelalter konkurrierten verschiedene Zeitvorstellungen miteinander: die Temporal- und die Äquinoktialstunden. Während sich erstere an der Ausdehnung des Tages orientierten und folglich je nach Jahreszeit unterschiedliche Länge hatten, sind letztere gleichbleibend. Diese Zeiteinteilung entsprach der Logik des Räderuhrwerks, und sie hatte Rückwirkungen nicht nur auf die Wahrnehmung des Tages, sondern auch auf die ›Lebenszeit‹. Noch im Mittelalter, so schreibt Aaron Gurjewitsch,

> »fühlt und begreift sich der Mensch gleichzeitig in zwei zeitlichen Ebenen: in der Ebene des lokalen, vergänglichen Lebens und in der Ebene der gesamtgeschichtlichen, für die Geschichte der Welt entscheidenden Ereignisse, der Erschaffung der Welt und der Geburt und Leiden Christi.«[128]

Bei aller Wechselhaftigkeit, die die Geschichte des christlichen Zeitdenkens durchlaufen hat, erkennt man rückblickend, daß eine Konstante die Entwicklung des abendländischen Zeitdenkens begleitet hat: die ›Gleichschaltung‹, die einer inneren wie äußeren Uhr entsprach. Die Geschichte des Abendlandes ist daher auch als ein gewaltiger Versuch der Synchronisierung zu lesen: der Regionen, der Sprachen, des sozialen Lebens, des Körpers und der Psyche. Dieses Ausbreitungsprinzip entsprach wiederum der vollen Alphabetschrift, die sich als einziges Schriftsystem auf alle Sprachen übertragen läßt. Durch die Homo-Genisierung (in jedem Sinne des Wortes) der Zeit entstand ein soziales *immersive environment*, das den anderen medialen Rahmenbedingungen entsprach.

Mit der zunehmenden Verweltlichung der christlichen Heilsbotschaft wurde der Glauben an die Macht Gottes über die Zeit schließlich abgelöst durch die Vorstellung einer ›rational‹ oder nach ›Vernunftgesetzen‹ gestalteten, berechenbaren Zeit. Auf dieser Grundlage entstand Descartes' mechanistisches Bild der Natur und des Körpers:

> »Und so wie eine aus Rädern und Gewichten gefertigte Uhr nicht weniger genau alle Naturgesetze befolgt, wenn sie schlecht gefertigt ist und die Zeit schlecht anzeigt, als wenn sie allseitig den Wünschen des Künstlers entspricht, so betrachte ich auch den menschlichen Körper als eine Art Maschine, welche aus Knochen, Nerven, Muskeln, Adern, Blut und Haut so eingerichtet und zusammengesetzt ist, dass sie, auch wenn keine Seele in ihr bestände, doch alle die Bewegungen vollziehen würde, welche in ihr ohne Geheiss des Willens und deshalb nicht von der Seele ausgehen.«[129]

Dieses Bild des menschlichen Körpers prägt bis heute die medizinische und allgemeine Wahrnehmung der Leiblichkeit. Es wurde aber auch auf das Bild des Sozialkörpers übertragen. »Zu Beginn der Neuzeit«, so schreibt Klaus Mainzer, »überträgt Thomas Hobbes die Galileischen und Cartesischen Bewegungsgesetze der Mechanik auf die Anthropologie und Staatslehre. In seinem Modell des *Leviathan* wird der Staat wie eine zentralistisch gesteuerte Maschine organisiert, in der die Bürger in ihren Funktionen wie Zahnräder ineinandergreifen.« Dasselbe galt für die Wirtschaftslehren.[130] Für Leibniz wurden Maschine und Uhrwerk sogar zu einer Art von Gottesbeweis: »So ist jeder organische Körper eines Lebewesens sozusagen eine göttliche Maschine oder ein natürlicher Automat, der alle künstlichen Automaten unendlich übertrifft [...]. Aber die Maschinen der Natur, d. h. die lebenden Körper, sind noch in ihren kleinsten Teilen, bis ins Unendliche, Maschinen.«[131] In diese Logik bezog er auch die Seele ein, von der er schrieb, daß sie »ein geistiger, bewunderungswürdiger Automat« sei, der »durch göttliche Präformation erzeugt« werde.[132] Während für Newton die Zeit nicht durch die Materie und deren Bewegung oder Vergänglichkeit beeinflußt wird – »die absolute, wirkliche und mathematische Zeit fließt in sich und in ihrer Natur gleichförmig, ohne Beziehung zu irgendetwas außerhalb ihrer Liegenden«[133] –, stellt die Zeit für Leibniz eine relationale Ordnung dar, eine Erscheinungsweise der möglichen und wirklichen Phänomene.[134] Auf den ersten Blick erscheinen die beiden Theorien unvereinbar – und sie führten unter den Naturwissenschaftlern der Zeit auch zu polarisierenden Auseinandersetzungen. Betrachtet man sie jedoch unter dem Aspekt der Synchronisierung, so erscheint der Unterschied weniger groß. Er läßt sich auf die knappe Formel bringen: »Nach Newton *hat* das Universum eine Uhr, nach Leibniz *ist* es eine.«[135]

Der Prozeß der Synchronisierung schuf neue, synchron geschaltete Menschen. David S. Landes hat das am Beispiel der Geschichte der Pünktlichkeit beschrieben. Im letzten Viertel des 18. Jahrhunderts wurden in England jährlich mehr als 150 000 bis 200 000 Uhren für den Export hergestellt. Die jährliche Gesamtproduktion in Europa wird auf rund 500 000 geschätzt.[136] Diese Uhren, die am Körper getragen wurden, schrieben sich dem Körper und der Psyche des einzelnen ein.

»Die mechanische Uhr war selbstgenügsam, und sobald Uhrmacher gelernt hatten, sie mit einer Sprungfeder, statt eines Fallgewichts, anzutreiben, konnte sie verkleinert werden, um tragbar zu sein, ob im Haushalt oder an der Person. Diese Möglichkeit eines weit verbreiteten privaten Gebrauchs wurde zur Basis für *Zeitdisziplin*, im Gegensatz zu *Zeitgehorsam*. Man kann, wie wir sehen werden, öffentliche Uhren benutzen, um Menschen für den einen oder anderen Zweck zusammenzurufen. Aber das ist keine Pünktlichkeit. Pünktlichkeit kommt von innen, nicht von außen. Die mechanische Uhr ermöglichte, wie man das auch immer beurteilen mag, eine Zivilisation, die sich der Vergänglichkeit der Zeit bewußt und damit auch produktiv und performativ war.«[137]

Das heißt, in der Neuzeit, als mit der Entstehung des protestantischen ›Gewissens‹ Gott ›nach innen‹ genommen wird,[138] verlagert sich auch die Uhr ›nach innen‹. Das bedeutet aber, daß das Ich in ebenjener Zeit, in der es aufgewertet wird, weil es Gott nach innen nimmt, auch seine Unterscheidung vom anderen verliert, weil es mit vielen Ichs gleichgeschaltet wird, die dieselbe ›Zeit‹ verinnerlichen. Die Entstehung der Pünktlichkeit, so Landes, »war Teil eines größeren Prozesses der Depersonalisierung und Desindividuierung«.[139]

Die Zeit und das Unbewußte

Anderson vergleicht die gleichgeschaltete Zeit, die die massenhafte Verbreitung der Zeitungen im öffentlichen Raum bewirkt, mit der von Zugplänen,[140] und er setzt beides in Parallele zum Roman mit seinen »spektakulären Möglichkeiten, simultane Handlungsabläufe in einer homogenen leeren Zeit darzustellen«.[141] Seine Beobachtung ähnelt in mancher Hinsicht Freuds Beschreibung von der ›Zeitlosigkeit‹ des Unbewußten, die sich dem logischen Denken entzieht:

> »Für die Vorgänge im Es gelten die logischen Denkgesetze nicht, vor allem nicht der Satz des Widerspruchs. [...] Es gibt im Es nichts, was man der Negation gleichstellen könnte, auch nimmt man mit Überraschung die Ausnahme von dem Satz des Philosophen wahr, daß Raum und Zeit notwendige Formen unserer seelischen Akte seien. Im Es findet sich nichts, was der Zeitvorstellung entspricht, keine Anerkennung eines zeitlichen Ablaufs und, was höchst merkwürdig ist und seiner Würdigung im philosophischen Denken wartet, keine Veränderung des seelischen Vorgangs durch den Zeitablauf. Wunschregungen, die das Es nie überschritten haben, aber auch Eindrücke, die durch Verdrängung ins Es versenkt worden sind, sind virtuell unsterblich, verhalten sich nach Dezennien, als ob sie nie vorgefallen wären.«[142]

Im letzten Kapitel wurde schon darauf hingewiesen, daß Freuds Konzept des ›Unbewußten‹ als ein Produkt des griechisch-christlichen Denkens zu verstehen sein könnte, das das spezifische Bedürfnis hervorbrachte, das Unbewußte, oder das Imaginäre, mit den Mitteln des Bewußtseins herzustellen. Die dem Unbewußten eigene Zeitlosigkeit ließe sich also auch als die Wirkung eines kollektiven Imaginären begreifen, das den Zustand oraler Kulturen herzustellen versucht. Diesem Bedürfnis scheint der Roman ebenso Rechnung zu tragen wie der Film, von dessen Rezeptionsstrukturen als Wahrnehmung von permanenter Gegenwart im Kapitel III schon die Rede war. Auch in der Literatur lassen sich viele Beispiele für den Versuch finden, mit den Mitteln des Mediums einen Zustand der Zeitlosigkeit herzustellen. Das gilt insbesondere für Liebesgeschichten, in denen sich der Topos der Liebe oft mit der Sehnsucht nach einem Stillstand der Zeit überlagert. So etwa bei Vladimir Nabokov, in dessen Liebesgeschichten die ›Liebe‹ fast zu einem Synonym für Zeitlosigkeit wird. »Ich gestehe, daß ich nicht an die Zeit glaube«, schreibt er in seinen Memoiren, »und am meisten genieße ich die Zeitlosigkeit.«[143] In seinem großen letzten Roman *Ada oder Das Verlangen* setzt er diese Sehnsucht nach Zeitlosigkeit in Parallele zur leidenschaftlichen Liebe zwischen zwei Geschwistern: Van, die männliche Hauptfigur, wird nicht nur als ausdauernder Liebhaber, sondern auch als Autor einer *Textur der Zeit* beschrieben, in der es um die »vorsätzliche Gegenwart« geht: »Reine Zeit, wahrnehmbare Zeit, Anfaßbare Zeit, Zeit frei von Inhalt, Zusammenhang und laufendem Kommentar [...]. Meine Zeit ist auch die Reglose Zeit.«[144] Van ist das Alter ego von Nabokov selbst, der in der Liebe zur Schwester – »douceur« [›douceur‹ = douce sœur: sanfte Schwester], sagt der Bruder zur Schwester, »mein Kind, mein Reim«[145] – auch seine eigene Liebe zum Roman beschreibt: ›Van's Book‹ heißen die Aufzeichnungen, in denen der greise Liebhaber von seiner Leidenschaft erzählt. ›Van's Book‹ ist ein Anagramm, das neu durchgeschüttelt ›Nabokov's‹ ergibt. Durch das ›Medium‹ des Romans entsteht ein *immersive environment*, das – wie das Unbewußte – eine reglose Zeit umschließt, und dieser Zustand findet in der Vereinigung der Geschwister und Liebenden ihr Spiegelbild.

Dem Topos der Liebe als Herstellung von ›regloser Zeit‹ geht ein langer historischer Prozeß voraus, der die Geschichte des Christentums begleitet hat. Er weist große Ähnlichkeiten mit dem Prozeß der Vereinigung der Geschlechter auf, der im Kapitel ›Das ein-gebildete Geschlecht‹ beschrieben wurde. Ein Beispiel aus Peter Browns Buch *Die Keuschheit der Engel* macht deutlich, wie eng der von der Alphabetschrift bewirkte Wandel der Zeitwahrnehmung mit dem Wandel der Geschlechterordnung im griechisch-christlichen Denken verbunden war. Brown stellt den asketischen Bewegungen des frühen Christentums die Heidin Sosipatra gegenüber, die im 4. Jahrhundert n. Chr. im »mächtigen Kosmos spätheidnischer Frömmigkeit« lebte und, obgleich dem Dienst der Götter und damit der Keuschheit geweiht, den Philosophen Eustathius heiratete. »Ich werde dir drei Kinder gebären«, sagt sie,

»aber du wirst mir von hinnen gehen. [...] Nur noch fünf Jahre wirst
du deine Dienste der Philosophie widmen.« So geschah es auch. Brown
schreibt:

> »Sie wußte, daß sie und Eustathius nur kurze Zeit in ihren Körpern sein
> würden. Sie konnte mit mystischer Inbrunst von der Herabkunft der Seele
> in ihr vergängliches ›Kleid von Lehm‹ sprechen. [...] Sosipatra lebte ruhig in
> einer unwandelbaren Welt, und sie hätte wenig Sinn darin gesehen, die Ehe
> aus ihrem Leben zu entfernen. Die Ehe war keine Wand, die man beiseite
> räumen mußte, um eine geheimnisvolle Verkürzung der Zeit herbeizufüh-
> ren. [...] Sosipatra konnte abwarten. Sie konnte ihre Rolle als junge Frau,
> die von der Natur dazu bestimmt war, dem antiken Staat Kinder zu liefern,
> so heiter akzeptieren, wie sie den Platz als verkörperte Seele akzeptierte,
> die für einen flüchtigen Augenblick in das materielle Gefüge eines zeitlosen
> Universums verwoben war.«[146]

Weil sie die Zukunft als einen Teil der Gegenwart begriffen, gab es
für Sosipatra und Eustathius keine Eile. Sie lebten noch in der Zeitwahrnehmung der zyklischen Regeneration. Daneben war die lineare Zeitvorstellung entstanden, unter der Sosipatras christlicher Zeitgenosse
Gregor von Nyssa, früher Kirchenvater und großer Asket, lebte. In seine
Zeitvorstellung war der Glaube an eine ›andere Wirklichkeit‹ eingeschlossen – und Gregors »Zeitgefühl war hastig«, denn für ihn

> »waren weder das Universum noch der Staat sicher. Alle Kreatur stand
> in gespannter Erwartung der Wiederkehr Christi. [...] Es war das Gefühl
> für eine Zeit, die durch menschliche Bemühungen, durch die Ehe und
> die Hervorbringung der menschlichen Gesellschaft, in die Länge gezogen
> wurde. Selbst unter den Enthaltsamen gab es das Gefühl, die Zeit rase im
> menschlichen Herz, da sie der Auferstehung zustrebe.«[147]

Die Asketen wollten durch die sexuelle Entsagung der fortlaufenden
Zeit Einhalt gebieten: »Zumindest ein Teil jenes mächtigen Stroms«,
schreibt Brown, »ließ sich symbolisch im Sexualtrieb und in seinen
manifesten Konsequenzen, dem endlos wiederholten Kreislauf von Geburt und Tod«, aufhalten.[148] War in den Geschlechtsunterschieden die
Quelle der Regeneration und der Vergänglichkeit beheimatet, so konnten paradiesischer Stillstand und Ewigkeit nur herbeigeführt werden,
indem die Geschlechtsunterschiede verschwanden. Auch das Sakrament
der Ehe, ihre Unauflösbarkeit, sollte zu einem Mittel werden, die reglose
Zeit herzustellen.

Aber ebenso wie das frühchristliche Ideal des ›engelhaften Leibes‹
mit der Etablierung der Kirche von einer neuen Geschlechterordnung

abgelöst wurde, die die Unterscheidung der Geschlechter hervorhob, so setzte sich auch die Vorstellung einer ›männlichen‹ und einer ›weiblichen‹ Zeit durch. Die durch die Schrift geschaffene symbolische Geschlechterordnung, die den weiblichen Körper zum Symbolträger von Materialität und Leiblichkeit und den männlichen Körper zum Symbolträger von Geistigkeit erklärte, spiegelte sich in der Zeitwahrnehmung wider: Der weibliche Körper inkarnierte die zyklische Zeit, während der männliche Körper die lineare, historisch rückblickende und vorwärts schreitende Zeit verkörperte. Die ›weibliche Zeit‹ entsprach der wechselhaften, von Körper und Jahreszeit bestimmten Temporalzeit, während die ›männliche Zeit‹ mit der unveränderlichen Äquinoktialzeit gleichgesetzt wurde: 1602 veröffentlicht Francis Bacon, der mit *Nova Atlantis* die große Utopie des wissenschaftlichen Fortschritts verfaßt hatte, eine Arbeit über den Fortschritt unter dem Titel »Die männliche Geburt der Zeit«.[149] Sie ist eines unter vielen Zeichen dafür, daß sich die Äquinoktialzeit gegen die Temporalzeit durchgesetzt hatte. Gleichzeitig wurde ›die Zeit‹ in der deutschen Sprache zu einem Femininum. Bis dahin war das Wort ›Zeit‹ grammatikalisches Neutrum. Von nun an sollte die Temporalzeit – wie die mündliche Sprache selbst und alle Faktoren, die auf Sinnlichkeit und Körperlichkeit verweisen – zunehmend der ›magischen Aufladung‹ der berechenbaren Zeit dienen.

Das taktlose Geschlecht

In ebenjener Epoche, in der sich – mit der Entstehung der ›Geschichtsschreibung‹ – das Denken nach vorne richtete und die Zeit in der Berechenbarkeit der Zukunft ihre Orientierung suchte, begann das weibliche Geschlecht aus dem Takt zu fallen. Das Verlangen nach einer Rückkehr ins zyklische Zeitdenken, das Vergangenheit und Zukunft als Verlängerungen des Jetzt verstand, fand in den Gebärden und Symptomen des hysterischen Körpers seinen Niederschlag. Die Hysterie als Krankheit der ›wandernden Gebärmutter‹, wie Platon sie umschrieb,[150] läßt sich nicht nur als Bild für ein Geschlecht verstehen, das dem Verlust der gesprochenen Sprache Ausdruck verlieh, sondern auch als Ausdruck eines Geschlechts, das sich der Synchronisierung widersetzte. Das griechische Wort ›hystereo‹ heißt ›ich komme zu spät, ich säume, ich erreiche nicht, ich lasse vorbei‹.[151] ›Hysterologos‹ bedeutet auch ›das letzte Wort habend‹. Es wurde verwendet für den Schauspieler, der die letzte Rolle eines Bühnenstücks innehatte.[152] Hierin liegt die Verwandtschaft von Hysterika und Historiker: Beide kommen immer zu spät. Aber während der ›Blick zurück‹ des Historikers der Berechenbarkeit der Zukunft geschuldet ist, gilt der ›Blick zurück‹ der Hysterika der Unberechenbarkeit, dem Unregelmäßigen der Zeit. Dennoch ist auch die Hysterie eine Schöpfung der linearen, historischen Zeit.

Das Wort ›Takt‹ hat bekanntlich zwei Bedeutungen: Beide – das Zeitmaß wie das Fingerspitzengefühl – kommen von *tangere*, berühren. Aber während sich in der einen Bedeutungsübertragung die Synchronisierung niedergeschlagen hat, verweist die andere auf den unberechenbaren Sinn des Tastens, den schon Aristoteles so nah beim Wahnsinn verortet hatte. Diese semantische Dichotomie des Wortes ›Takt‹ besagt etwas über die Rolle des weiblichen Geschlechts im Zusammenhang mit der Geschichte des abendländischen Synchronisierungsprozesses. Wir haben schon im Zusammenhang mit der ›Mythomotorik‹ der griechischen Schriftlichkeit gesehen, daß der abendländische Fortschrittsmotor nicht von der Norm, sondern von der Normierung, nicht vom festen Kanon, sondern vom immer wiederholten Prozeß der Kanonisierung lebt. Das gilt auch für das Uhrwerk, das nicht die Homogenität, sondern die Homogenisierung zur Aufgabe hat. Ebenso wie sich die ›Normalität‹ nie positiv definieren läßt, nur in ihrer Abgrenzung gegen die ›Anomalie‹, kann auch die vereinheitlichte Zeit nur in Abgrenzung gegen das Asynchrone beschrieben werden. Die synchrone Zeit bedarf der ›Taktlosigkeit‹, um sagen zu können: Ich laufe nach einem berechenbaren Räderwerk. In dieser Funktion erfüllt die ›Taktlosigkeit‹ des weiblichen Geschlechts die Rolle des ›Problems‹, das Triebfeder der abendländischen Motorik und damit auch einer linearen, dynamischen Zeit ist.

Der Synchronisierungsprozeß kann sich nur fortsetzen, solange es eine ›andere‹ Zeitwahrnehmung gibt. Da das abendländische Räderwerk jedoch alles ›Fremde‹ der eigenen Zeit, dem eigenen Takt einzuverleiben bemüht ist, kann die Taktlosigkeit, die den Motor am Leben hält, nicht unbegrenzt aus der Fremde, von außen kommen. Sie muß selbst produziert werden: als eine falsch laufende Zeit, in deren Asynchronität und Taktlosigkeit das Fremde und der Fortschritt bewahrt bleiben. Dieses Bedürfnis ist der Schlüssel zur widersprüchlichen Rolle, die dem weiblichen Körper zugewiesen wurde. Mal inkarniert er den Prozeß der Homo-Genisierung, die Einheit und Ganzheit des Kollektivkörpers: in dem Kontext *ist* er das Uhrwerk selbst; dann repräsentiert er das ganz andere, das Fremde, das Ausgeschlossene. Nirgendwo wird das deutlicher als in den sogenannten ›Frauenkrankheiten‹, die die Geschichte der Schrift und des geschriebenen Denkens im Abendland begleitet haben: Hysterie, Magersucht und das Syndrom der ›Multiplen Persönlichkeit‹. Diese drei Krankheitsbilder, in denen sich die Phantasien jedes Zeitalters sowohl über ›die Weiblichkeit‹ als auch über den Kollektivkörper widerspiegeln, lassen sich als ein Zerrbild des Homogenisierungs- und Synchronisierungsprozesses lesen: als eine Uhr, die »nicht ganz richtig tickt«.[153]

Diese Rolle des weiblichen Körpers, das ›Asynchrone‹ zu verkörpern, kann hier nur kurz angedeutet werden.[154] Von der Hysterie, die immer ›zu spät kommt‹, war schon die Rede. In der Nahrungsverweigerung der Anorektikerin ist wiederum das ›noch nicht‹ des Mangels enthalten: Die Erwartung tritt an die Stelle der Erfüllung; die Gewißheit des Blicks zurück verkehrt sich in die Ungewißheit des Blicks nach vorne. In dieser Ungewißheit bleiben ›Anomalie‹ und ›das Problem‹ bewahrt. Das Krankheitsbild der ›Multiplen Persönlichkeit‹ (oder der ›Dissoziationsstörungen‹) erscheint hingegen wie ein Zerrbild des modernen, medial bedingten Kollektivkörpers. Der durch Verkehrssysteme, Telekommunikationsmittel, technische Bilder entstandenen synchronen Homogenität stellt die ›multiple Persönlichkeitsstörung‹ eine andere Zeitwahrnehmung gegenüber: In den rasch wechselnden Ichs der Multiplen (ein Vorgang, der manchmal mit dem Zapping beim Fernsehen verglichen worden ist),[155] in ihren Amnesien, die die Geschichte und Vergangenheit der jeweils anderen Ichs ausschalten, spiegelt sich eine asynchrone Zeitwahrnehmung wider.

Als Allegorie der Gemeinschaft repräsentiert der Frauenkörper den synchron geschalteten Kollektivkörper; zugleich repräsentiert er aber auch das Ausgeschlossene, Asynchrone der Gemeinschaft. In den drei Frauenkrankheiten manifestiert sich die Paradoxie dieser Rollen, die dem weiblichen Körper im Prozeß der linearen Zeit und des ›Fortschritts‹ zugewiesen wurden – ein Fortschritt, ich erinnere, der als eine über Berechnung und Technik zu erschaffende ›Heimführung‹ in das Stadium des kollektiven Imaginären beschrieben wurde. Die ›Frauenkrankheiten‹ stellen in diesem Prozeß die ›Störung‹ dar: den Widerstand (im ganz elektrodynamischen Sinne), der sichert, daß der Prozeß nicht zum Stillstand kommt. Sie offenbaren, daß der große abendländische Synchronisierungsversuch seine eigene Asynchronität hervorbringen muß, damit der Synchronisierungsprozeß nicht zu einem Ende kommen kann. Der abendländische Motor mit seiner immer präziser laufenden Uhr hätte eigentlich längst zum Stillstand kommen müssen. Wenn er dennoch läuft und sich der Fortschritt in immer rascheren Schritten nach vorne bewegt, so ist der Grund dafür in der selbst produzierten ›Taktlosigkeit‹ zu suchen, die dem weiblichen und jedem ›fremden‹ Körper zugewiesen wird.

Die ›Naturalisierung‹ des Kollektivkörpers

Der medial bedingte Kollektivkörper prägt das Individuum bis in den Leib, die Psyche, die Gefühlswelt hinein. Worauf gründet sich aber die Macht der Simulationstechniken, daß sie ein ›Gefühl‹ wie den Nationalismus hervorzubringen vermögen, der die Bereitschaft impliziert, zu töten oder sich für die Gemeinschaft zu opfern? Wenn Anderson das Gefühl des Nationalismus mit ›Religion‹ und ›Verwandtschaft‹ vergleicht, so bezieht er sich dabei offenbar auf Mächte, die Leiblichkeit bedeuten. Diese Mächte werden verständlicher, wenn man sich dem Prozeß der ›Naturalisierung‹ zuwendet, den die christlichen Bilder vom Kollektivkörper durchliefen und der gleichsam die Voraussetzung für den Säkularisierungsprozeß bildete. Definiert man ›Säkularisierung‹ nicht als ›Überwindung der Religion‹, sondern als Verweltlichung ihrer ›Botschaft‹, so erscheint es fast zwingend, daß die Geschichte des Kollektivkörpers in einem Prozeß der ›Naturalisierung‹ besteht, der sich u. a. in der ›Naturalisierung‹ der symbolischen Geschlechterordnung niederschlug. Eben weil das griechisch-christliche Denken die Möglichkeit der Abstraktion und der völligen ›Herauslösung‹ aus der sinnlich wahrnehmbaren Welt schuf, bedurfte es einer Anbindung an physiologische ›Realitäten‹, wie sie durch Bilder der ›Blutsgemeinschaft‹, durch Reinheitsgesetze, Opferrituale, aber auch Uniformen beschworen werden.

So gegensätzlich die Bilder der jüdischen und der christlichen Gemeinschaftsbildung auch sind, eines ist ihnen doch gemeinsam: In beiden ›Religionen des Buches‹ wird die Welt durch das Wort erschaffen bzw. stellt im Christentum der Heiland das Fleisch gewordene Wort dar. In beiden Religionen wird die Schrift zum gesetzgebenden Element erhoben: Im einen Fall handelt es sich um die ›Heilige Schrift‹, im anderen um die heilbringende Schriftlichkeit selbst. Auch wird in beiden Religionen die geistige Kohärenz der Gemeinschaft durch Verweis auf die Körperlichkeit betont. Doch diese Verweise auf den Körper unterscheiden sich zutiefst. Bei den Körperbildern spielen vor allem drei Faktoren eine wichtige Rolle: die Reinheit, das Blut und die Sexualbilder. Auf allen

Der »natürliche Kultus«, Darstellung aus der Zeit der Französischen Revolution. Die ›Naturalisierung‹ des Kollektivkörpers.

drei Gebieten sollte sich der Gegensatz von Judentum und Christentum besonders deutlich zeigen – und deshalb sind die drei Begriffe im christlichen Antijudaismus auch von zentraler Bedeutung.

›Reinheit‹

Das Wort ›kollektiv‹ leitet sich ab vom griechischen Wort *legein*: *Kollegein* heißt also ›zusammenlesen‹. Das ist schon ein Hinweis darauf, wie eng das Bild von kollektiven Institutionen mit der Tradition der Schriftlichkeit zusammenhängt. *Legein* heißt aber nicht nur ›lesen‹, sondern auch ›auslesen‹, ›unterscheiden‹, ›zählen‹. Das ›zusammenlesen‹ impliziert also auch einen Vorgang der Aussonderung oder Abspaltung. Beim Kollektivkörper zeigt sich das besonders deutlich am Begriff der ›Reinheit‹, die zur *physiologischen* Definition des Kollektivkörpers beiträgt. Die Etymologie des Wortes ›rein‹ verweist auf die Nähe zum ›legein‹: Aus mittelhochdeutsch *reine* stammend (in anderen germanischen Sprachen: *reini*, *hreni*, *hrains*, *hreinn*, *hrene*), bedeutet das Wort ursprünglich ›gesiebt, gesäubert‹ (vergleichbar dem Wortstamm ›krei‹: ›scheiden, sichten‹; von griechisch *krino*, lateinisch *cernere*).[156] Im Wort ›rein‹ steckt also auch die Bedeutung von ›herein‹ oder ›hereinnehmen‹; es impliziert zugleich Einschluß und Ausschluß.

Wenige Begriffe üben eine solche Macht über das Denken von Individuen und Gemeinschaften aus wie die ›Reinheit‹. Es gibt kaum einen Bereich – Religion, Politik, Sexualität, Naturwissenschaft, Kunst und Psychologie –, in dem er nicht eine Schlüsselstellung einnimmt. Dabei ist der Begriff der ›Reinheit‹ nur in seiner Gegensätzlichkeit zum ›Unreinen‹ zu definieren. »Rein ist, was nicht mit Unheilmacht geladen und daher verkehrsfähig ist.«[157] Das bedeutet, daß der Begriff deshalb eine so wichtige Rolle spielt, weil er – je nach Definition – dazu dient, Abgrenzungen vorzunehmen und bestimmten Grundsätzen die Aura der ›Wahrheit‹ zu verleihen, gegen die das ›Unreine‹ als unwahr gilt. Das gilt für religiöse wie für säkulare Zusammenhänge. Tatsächlich haben wenige Begriffe so unbeschadet – wenn auch mit wechselnden Inhalten – den abendländischen Prozeß der Säkularisierung überdauert. Im Begriff der ›Reinheit‹ offenbart sich die Kontinuität christlichen Denkens im postchristlichen Zeitalter besonders deutlich. Allerdings fand dabei eine Bedeutungsverlagerung statt: Verwies er zunächst auf das Göttliche, so nimmt er mit dem Säkularisierungsprozeß zunehmend weltliche Bedeutung an, um heute fast zu einem Synonym für ›Eindeutigkeit‹ geworden zu sein.

In der jüdischen Religion beziehen sich die Reinheitsgesetze im großen und ganzen auf zwei Bereiche: die Speisegesetze und die Gesetze, die im Zusammenhang mit dem Verbot stehen, Blut zu berühren. Die Ritualgesetze, so schreibt Mary Douglas in ihrem Standardwerk zum Thema ›Reinheit‹, sind als »Zeichen« zu lesen,

»die in jedem Moment zum Nachdenken über die Einheit, Reinheit und Vollkommenheit Gottes anregten. Die Meidungsvorschriften verliehen der Heiligkeit bei jeder Begegnung mit dem Tierreich und bei jeder Mahlzeit einen physischen Ausdruck. So gesehen, erscheint die Einhaltung der Speisegesetze als bedeutungsvoller Teil des großen liturgischen Aktes der Anerkennung und Anbetung, der im Tempelopfer kulminierte.«[158]

Die Übertretung der Speisegesetze entspricht einer Überschreitung der Grenze zwischen menschlicher Ohnmacht und göttlicher Allmacht. Durch die Reinheitsgesetze wird zugleich die Einheit der Gläubigen garantiert. Das heißt, in der jüdischen Religion beinhalten die Reinheitsgesetze einerseits die strenge Beachtung der Grenze, die den unvollkommenen Menschen von der Vollkommenheit Gottes *unterscheidet*, und andererseits beinhalten sie die *Einheit* der menschlichen Gemeinschaft im Glauben an Gott und in der gemeinsamen Beachtung der Ritualgesetze.

In der christlichen Religion hingegen bezieht sich die ›Reinheit‹ (und damit der Zusammenschluß der Gemeinschaft) auf Rituale, die die *Vereinigung* mit Gott ins Zentrum rücken: Entweder ist der Mensch rein, weil er einen ›verklärten‹, vergeistigten Leib angenommen hat, der ihn mit Gott vereint. Der heilige Antonius (252–356), der die Vorform des Mönchtums, die Einsiedlerkolonien, schuf, schrieb an seine Schüler, daß der Geist an ihren Werke tue,

»wodurch sie ihre Seele und ihren Leib bezwingen mögen, auf daß beide gereinigt werden und in ihr Erbe kommen [...]. Und er trennt uns von allen Früchten des Fleisches, die sich mit allen Gliedern des Körpers seit ihrer ersten Missetat vermischt haben.«[159]

Oder aber der Gläubige ist rein, weil er sich mit dem Blut des Erlösers vereint hat. Das Blut des Erlösers ist rein, weil er auf ›geistige Weise‹ gezeugt und im unbefleckten Leib der Muttergottes empfangen wurde. Die im heiligen Abendmahl vollzogene Vereinigung mit seinem ›reinen Blut‹ beinhaltet wiederum das Versprechen einer Erlösung von der Unreinheit der ›Erbsünde‹, in der die menschliche Unvollkommenheit und Sterblichkeit enthalten ist. Das heißt, anders als in der jüdischen Religion beinhaltet das Gesetz der Reinheit in der christlichen Religion die *Aufhebung* der Grenze, die zwischen der Vollkommenheit Gottes und der Unvollkommenheit des Menschen besteht. In den beiden Vorstellungen von ›Reinheit‹ – der jüdischen und der christlichen – spiegeln sich gleichzeitig die symbolischen Geschlechterrollen der beiden Religionen wider bzw. die gegensätzlichen Ideale von ›Differenz‹ und ›Symbiose‹, von denen in Kapitel III die Rede war.

Sosehr sich die jüdischen und christlichen Vorstellungen von ›Reinheit‹ auch unterscheiden mögen – ja, Gegensätze bilden –, ist doch beiden gemeinsam, daß sich hinter dem Begriff der Reinheit eine Vorstellung von der Einheit und Abgeschlossenheit der Gemeinschaft verbirgt. Das heißt, die Gesetze der Reinheit betonen die *Gemeinsamkeit* ebenso wie den *Ausschluß* von jedem ›Fremdkörper‹, der als ›unrein‹ oder als verunreinigend gilt. Und dieses Bild spielt wiederum im säkularen Kontext eine wichtige Rolle – vor allem im Antisemitismus. »Durch Reinheit zur Einheit« lautete eines der Schlagworte des Antisemitismus in der Donaumonarchie: Durch das Feindbild des ›Juden‹ sollte der Vielvölkerstaat in Homogenität überführt werden.[160] Man kann das Schlagwort aber auch umdrehen: »Durch Einheit zur Reinheit«, will man die Funktion von Uniformen, von Truppen im Einheitsschritt usw. begreifen. Ob die Einheit (der Uniformen) der Reinheit oder die Reinheit der Einheit dient – in beiden Fällen geht es darum, dem Gemeinschaftskörper den Anschein eines geschlossenen und einheitlichen Körpers zu verleihen.

Der Begriff der *Reinheit* steht in enger Beziehung zum *Opfer* und zum *Heiligen*. Viele Opferhandlungen stellen eine Ausschlußhandlung dar, die der Reinigung einer Person oder der Gemeinschaft dient: Dabei kann das Opfer (als Sündenbock) aus den eigenen Reihen genommen oder dem Fremden zugerechnet werden.[161] Das ›Heilige‹ hingegen bezeichnet die Wirkungsmacht des Eigenen. »Heiligkeit ist das Erkennen der Exklusivität«, schreibt Bruce Malina. »Etwas ausschließlich machen bedeutet, es zu weihen, heilig zu machen, abzusondern. Wörtlich heißt das ›heiligen‹. Das Wort ›sacrificium‹ hat tatsächlich die gleiche Bedeutung wie ›consecrare‹. Sie bezeichnen den Vorgang, wenn jemand oder etwas ausschließlich gemacht wird.«[162] Diese Bedeutung des Heiligen als das ›Eigene‹ entstand vermutlich erst mit der durch die westliche Schriftgesellschaft herbeigeführten Dichotomie von Natur/Kultur, Geist/Körper. In der urgermanischen Sprache bezog sich das Wort *haila* auf Kräfte, die sowohl nützlich als auch schädlich sein konnten. Mit dem

›Heiligen‹ waren hier alle Mächte gemeint, die mit göttlichen Kräften geladen sind. Das konnten magische Kräfte sein, die einem Objekt oder einem Berg oder einer Person innewohnten. Freud war die ambivalente Bedeutung des Begriffs noch sehr bewußt:»›Sacer‹ bedeutet nicht nur ›heilig‹, ›geweiht‹, sondern auch etwas, was wir nur mit ›verrucht‹, ›verabscheuenswert‹ übersetzen können (›auri sacra fames‹).«[163] Im christlichen Sprachgebrauch hingegen ist der Begriff fast zu einem Synonym für das ›Gute‹ oder heilbringende Kräfte geworden. Das heißt, es gilt, das Gute vom Schlechten zu *trennen*, und diese Trennung wird wiederum durch Opferhandlungen oder durch Reinigungsrituale vollzogen.

In allen Kulturen muß allerdings der ›Schmutz‹ oder das ›Unreine‹ überhaupt erst rituell benannt, sichtbar gemacht oder sogar hergestellt werden. Erst wenn es seine Übermacht und die Gefahren, die es birgt, zeigt, kann das Unreine durch das Opfer vom Reinen abgespalten werden. René Girard beschreibt Kulturen, in denen der König oder der Priester vor den Weihehandlungen die größten Sünden und Tabuverletzungen begehen muß, damit er anschließend als die Verkörperung des Bösen und Unreinen symbolisch aus der Gruppe ausgestoßen werden kann: »Der quasi enzyklopädische Charakter der Übertretungen wie auch die eklektische Natur der inzestuösen Übertretung machen klar, welche Persönlichkeit der König zu verkörpern hat: jene des Frevlers *par excellence*, des Wesens, das nichts respektiert, das sich alle, sogar die grausamsten Formen der *hybris* zu eigen macht.«[164] Auf diese Weise wird die Reinheit und Einheit der Gruppe, des Kollektivs gesichert. Indem sie die Gewalt nach außen kanalisieren, sollen diese Rituale, auf denen ein gut Teil der Opferhandlungen basiert, die Gruppe als Einheit konstituieren:

»Das Opfer hat hier eine reale Funktion, und das Problem der Stellvertretung stellt sich auf der Ebene der Gemeinschaft als Ganzes. Das Opfer tritt nicht an die Stelle dieses oder jenes besonders bedrohten Individuums, es wird nicht diesem oder jenem besonders blutrünstigen Individuum geopfert, sondern es tritt an die Stelle aller Mitglieder der Gesellschaft und wird zugleich allen Mitgliedern der Gesellschaft von allen Mitgliedern dargebracht. Das Opfer schützt die ganze Gemeinschaft vor *ihrer* eigenen Gewalt, es lenkt die ganze Gemeinschaft auf andere Opfer außerhalb ihrer selbst.«[165]

Bei Tieropfern schließt sich oft an die Opferhandlung der gemeinsame Verzehr des Opfers an. Durch das gemeinsame Mahl konstituiert sich – vergleichbar der Eucharistie – der Gemeinschaftskörper als Einheit. Töten und Verzehr werden zu Garanten der Einheit der Gemeinschaft.

Mit der Durchsetzung der abendländischen Schriftkultur und der Christianisierung verliert das Wort ›heilig‹ allmählich seine Doppelbedeutung von Gut *und* Böse[166] – und dabei nimmt auch der Begriff der ›Reinheit‹ zunehmend eindeutige Züge an: Das Eigene – oder Reine – braucht nicht in Unreines verwandelt zu werden, um den Ausschluß zu ermöglichen, sondern das Eigene gilt a priori als ›rein‹ und wird als solches dem Fremden als dem Unreinen gegenübergestellt. Die Funktion des Schmutzes für die Konstitution des Gemeinschaftskörpers spielte bis ins säkulare Denken hinein eine wichtige Rolle und sollte in den antisemitischen Bildern vom ›Juden‹ als Träger von Unreinheit und Krankheit besonders deutlich zutage treten. Im NS-Propagandafilm *Der Ewige Jude* erscheint der ›Jude‹ als das Gift, das sich in den Gemeinschaftskörper einschleicht und diesen von innen zersetzt:

»Immer dort, wo sich an einem Volkskörper eine Wunde zeigt, setzen sie sich fest und ziehen aus dem zerfallenden Organismus ihre Nahrung. Mit den Krankheiten der Völker machen sie ihre Geschäfte, und darum sind sie bestrebt, Krankheitszustände zu vertiefen und zu verewigen.«[167]

Aufschlußreich ist auch Fritz Hipplers eigene Umschreibung seines ›Werks‹: »eine Symphonie des Ekels und des Horrors«.[168] Solche Bilder sollten die Notwendigkeit der ›Reinigung‹ und des Ausschlusses betonen.

Zu den Vorschriften zur Herstellung von *Reinheit* gehören neben den Opferhandlungen auch bestimmte Verhaltensmuster. Darunter gibt es ›prophylaktische‹ und solche Handlungen, die in den Zustand der Reinheit zurückführen. Zu den prophylaktischen Reinheitsvorschriften gehört das Fernhalten von Befleckung, wobei sich dies zumeist auf den Umgang mit Toten bzw. die sexuelle Askese und den Verzicht auf bestimmte Speisen bezieht: etwa das Schweinefleisch in der jüdischen Religion und im Islam. Zu den Reinheitsvorschriften kann auch das Fasten gehören, wobei das Fasten sowohl als prophylaktische Handlung verstanden wird (im Sinne der Askese) als auch der Reinigung von Befleckung oder Sünde dient. In diesem Fall handelt es sich um eine Entsühnungsreinigung. Fast alle Religionen kennen Entsühnungsreinigungen durch Wasser. Dazu zählt auch die christliche Taufe, vor allem im Urchristentum, wo die Taufe des Erwachsenen zugleich das Glaubensbekenntnis darstellt. In vielen Fällen paarte sich die Taufe mit einem

Gelübde der Enthaltsamkeit,[169] so daß aus der Entsühnungsreinigung zugleich eine ›prophylaktische‹ Form der Reinheit wurde.

Manchmal werden Reinigungs- und Entsühnungshandlungen auch durch Feuer vollzogen. Das gilt vor allem für Kulturen, die ihre Toten verbrennen – darunter viele Kulturen ohne Schrift.[170] Unter manchen Indianerstämmen des Amazonas wird nicht nur der Leichnam des Verstorbenen verbrannt und die Asche in den Fluß gestreut, auch das gesamte Hab und Gut wird vernichtet, der Holzpfosten, an dem seine Hängematte befestigt war, wird so lange abgerieben, bis keine Spur mehr zu sehen ist; die Fußspuren des Verstorbenen werden von den Sandwegen entfernt. Auch sein Name darf nicht mehr erwähnt werden. Das heißt, die ›Reinigung‹ besteht darin, alle Spuren, die die Erinnerung an den Verstorbenen wachhalten könnten, auszulöschen. Das hat zur Folge, daß sich der Kollektivkörper in einer permanenten Gegenwart bewegt, wie sie Kulturen mit mündlicher Überlieferung bzw. Kulturen mit Bilderschrift eignet. Riten einer ›Reinigung‹ durch Auslöschung des Verstorbenen finden sich auch im antiken Griechenland, wo nach dem Tod eines Bewohners das Haus gereinigt, der Herd gelöscht und das Feuer neu entfacht werden mußten.

Gebiete der Reinheit: Im *religiösen* Zusammenhang bedeutet ›Reinheit‹ ursprünglich das Freisein von kultisch Befleckendem, d. h. dem negativ Numinosen.[171] Durch ihre enge Beziehung zum Heiligen repräsentiert die Reinheit auch die Bindung an Gott. Dabei finden in fast allen Religionen die Reinheitsgesetze in den Vorschriften ihren Ausdruck, die sich auf die Berührung der Toten bzw. auf geschlechtliche Vorgänge beziehen. Die Bestattungsregeln (ob als Ritualisierung von permanenter Gegenwart oder als Gedächtniskult) sowie die Regeln, die sich auf das Verhältnis der Geschlechter bzw. die Fortpflanzung beziehen, sind konstitutiv für das Leben und die Kontinuität einer Gemeinschaft. Unrein ist demnach, was Berührung mit der Sphäre des Todes bringt. Unrein kann aber auch sein, was an die Sterblichkeit *erinnert*: Regeneration und Generationenablösung. Gilt in einigen Kulturen die Sexualität nur dann als verunreinigend, wenn sie nicht nach bestimmten domestizierenden Regeln vollzogen wird, so kann in anderen Gemeinschaften die Sexualität schlechthin als verunreinigend gelten und mit dem ›Tod‹ gleichgesetzt werden. Das gilt vor allem da, wo der sexuellen Fruchtbarkeit eine ›geistige Fruchtbarkeit‹ gegenübergestellt wird.

In der hebräischen Bibel wird all das als ›unrein‹ bezeichnet, was gegen die Gesetze Gottes verstößt: nicht nur die verbotenen Speisen, auch die Bilderverehrung oder die Verletzung der Gebote (z.B. Ehebruch). Unrein sind aber auch die Opfertiere oder Kultbilder anderer Religionen. ›Reinheit‹ steht also auch für das Gebot der *Abgrenzung* gegen die anderen Gemeinschaften. Ganz anders im Christentum, in dessen Zentrum der Missionsgedanke steht. In der christlichen Religion geht es darum, die anderen Länder und anderen Religionen *in das Eigene zu überführen* – aus dem ›Ausland‹ also ›Inland‹ zu machen.[172] So deklarierten die spanischen Conquistadores die Indianer zu ›Unreinen‹. Ließen sie sich taufen, so verloren sie ihre Unreinheit. (Andernfalls wurden sie ermordet.) Es ging also weniger um eine Abgrenzung gegen den Anderen als um eine Auslöschung des Anderen, soweit er sich der Integration in den Gemeinschaftskörper entzog.

Während in der jüdischen Religion die Reinheit – d.h. die Zugehörigkeit zu Gott – immer wieder rituell bewiesen und in Erinnerung gerufen wird – durch Waschungen, Speise- und Ritualgesetze –, gibt es im Christentum nur die einmalige Taufe. Danach gibt es keine spezifischen Reinheitsvorschriften, denn das Opfer Christi hat alle ›Befleckungen‹ vom Gläubigen genommen. Allerdings kann die Sünde des Zweifels auch den christlichen Gläubigen in einen ›Unreinen‹ verwandeln: Der Zweifel, tiefste Sünde im Christentum, ist Grund zur Exkommunikation, zum Ausschluß aus dem Kollektivkörper. Da sich das Festhalten am ›Glauben‹ durch keinen Akt oder Ritus ›beweisen‹ läßt, schwebt diese Bedrohung beständig über dem Haupt des Christen.

Weil kultische Unreinheiten in den frühen Religionen durch Waschung oder andere Entsühnungshandlungen beseitigt werden konnten, hatte der Begriff des ›Reinen‹ ursprünglich keinen ethischen Gehalt. Erst mit der Entwicklung der Entscheidungsfreiheit bzw. des Gewissens nahm er auch ethische Qualitäten an. So beziehen sich die Reinheitsbestimmungen des Alten Testaments zwar alle auf den Körper (Speisen, Ritualgesetze etc.),[173] aber der Begriff einer ›Reinheit der Hände‹ oder ›reiner Lippen‹ beinhaltete auch sittliches Verhalten wie Lauterkeit und Treue.[174] In der christlichen Rede vom ›reinen Herzen‹ wie in der griechischen Antike – »rein an Leib und Seele bringe du den Göttern deine Opfer«, schreibt Hesiod – taucht zusätzlich noch eine psychische Qualität der Reinheit auf, die vom Handeln unabhängig ist. Trotz sittlichen Verhaltens kann es zu einer ›Verunreinigung von innen her‹ kommen.[175] Bei den Orphikern wird diese Form der Unreinheit u.a. durch die Askese bekämpft.[176] Die Idee, daß die völlige sexuelle Entsagung eine Form von prophylaktischer ›innerer Reinigung‹ darstellt, entwickelt sich im

Abendland erst nach der Durchsetzung eines Schriftdenkens, das in der Vergeistigung einen Ausdruck von Reinheit sah.

Die seelische Reinheit bzw. Reinigung: Das griechische Wort ›Katharsis‹ bedeutet Reinigung und beinhaltet das Abreagieren von Affekten. Aristoteles sah in der Tragödie ein Mittel, die Katharsis herbeizuführen. Allerdings ist umstritten, ob er meinte, daß sich die Affekte *(phobos* und *eleos)* reinigen oder die Seele *von* Affekten gereinigt wird. Dementsprechend ist die aristotelische Katharsis auch immer wieder unterschiedlich interpretiert worden: im Barock als Erziehung zum Stoizismus durch Schrecken, im französischen Klassizismus als Reinigung der Seele von Leidenschaften. Lessing sah in der Katharsis die Verwandlung der Leidenschaften in einen Endzustand der ›rechten Mitte‹, die zu Mitleidsbereitschaft führe. Für neuere Theoretiker besteht die Wirkung der Tragödie darin, daß sie eine bestimmte Lustform im Zuschauer auslöse. Durch den Schauder vor der unentrinnbaren Schicksalsgewalt und durch die Erkenntnis der existentiellen Ohnmacht des Menschen werde beim Publikum ein gereinigtes, intensiveres Daseinsgefühl ausgelöst, das vom Bewußtsein einer Beständigkeit der göttlichen Ordnung gestützt werde.[177] Andere moderne Deutungen vergleichen die aristotelische Katharsis mit einer Läuterung der Seele, wie sie die Pythagoreer durch Musik zur Überwindung von Angstgefühlen zu erreichen versuchten.[178]

Noch im Laufe der griechischen Antike setzte sich ein Wandel des Umgangs mit der Katharsis durch, der vielleicht auch die unterschiedliche Ausdeutbarkeit der aristotelischen Vorstellung erklärt. Wie schon beschrieben, untersagten die solonischen Gesetze des 6. Jahrhunderts jede Form von exzessiver Trauer bei der Bestattung der Toten. Nicole Loraux hat dargelegt, wie eng dieser Wandel der Trauerklage mit der Entstehung des neuen Staatsdenkens zusammenhing, das nicht nur die Ordnung der Polis neu gestaltete, sondern auch das Denken und Fühlen der einzelnen Bürger zu erfassen suchte.[179] Die Veränderung vollzog sich im Rahmen eines neuen Abstraktions- oder Vergeistigungsschubs, und es ist denkbar, daß beide Möglichkeiten, die Funktionsweise der Katharsis zu erklären, nebeneinander bestanden: Die Exzesse der Trauer verweisen auf eine Reinigung der Affekte; eine vergeistigte Form der Katharsis würde hingegen eher die Reinigung *von* Affekten beinhalten. Diese beiden konträren Bedeutungen von ›Reinheit‹ tauchen heute in der unterschiedlichen Bedeutung des Begriffs in Kunst und Ästhetik sowie in den Naturwissenschaften auf. Während die Reinheit in der Kunst (wie etwa im Suprematismus) für das ›reine Gefühl‹, die von keiner Vernunft und keiner Konvention verfälschte subjektive Wahrnehmung und Wahrheit steht, wurde sie in den Naturwissenschaften zum Synonym für Objektivität, Rationalität und die Abwesenheit von Affekten. ›Reinheit‹ in der Wissenschaft bedeutet, daß kein Element des Psychischen, des Historischen oder des ›Subjektiven‹ auf das Denken Einfluß nimmt; daß also das System auf ›reiner Logik‹ beruht. Die Gesetze dieses Denkens werden als selbstverständlich und vorgegeben begriffen, sind aber das Resultat der Schriftlogik, die überhaupt erst diese Kategorien geschaffen hat. Eine solche Vorstellung von ›Reinheit‹, die zugleich Geistigkeit und Berechenbarkeit besagt, hat sich nur im Abendland entwickelt.

Die Bilder der Naturwissenschaft werden wiederum auf das Verhalten der Menschen übertragen. So stammt der Begriff der ›Sublimation‹ aus der Alchemie: Er leitet sich ab von lateinisch *sublimare*, ›erheben‹, und bezeichnet den unmittelbaren Übergang fester Körper unter Dampfdruck in den gasförmigen Aggregatzustand, der dem ›reinen Geist‹ gleicht. In der Psychologie bezeichnet er u. a. die Überführung des Sexualtriebs (das Subjektive schlechthin) in geistige Tätigkeit, verweist also auf eine Verlagerung von sexueller auf geistige ›Fruchtbarkeit‹.

In der modernen Psychologie und Psychoanalyse – mit ihrem »chimney sweeping«, wie Joseph Breuers Patientin Anna O. die Psychotherapie bezeichnete[180] – bedeutet Katharsis die Befreiung der Seele von Bedrückendem. Auch andere Formen von Therapie versuchen, seelische Konflikte durch ›Abreagieren‹ aufzulösen, wobei die ›Abreaktion‹ sehr unterschiedliche Formen annehmen kann. Im allgemeinen geht es darum, verdrängte und damit in ihrer direkten Auswirkung verhinderte Affekte durch Hypnose, Träume und freie Assoziationen offenzulegen. Das Bewußtwerden – zumeist durch die Versprachlichung von Bildern des Unbewußten – wird als Befreiung erfahren.[181] Diese Form der ›Katharsis‹ entspricht einer Form von Affektentladung, die nur im abstrakten Denken denkbar ist. Überhaupt ist anzumerken, daß ein hoher Grad an Gefühlswelt oder Pathos dem modernen Denken als ›fremd‹ – mithin als ›unrein‹ – gilt. Zumindest dann, wenn das Individuum dieser Gefühlswelt ›ausgeliefert‹ erscheint. Das Pathos hingegen, das ›künstlich reproduzierbar‹, also den Gesetzen der Berechenbarkeit unterworfen ist, unterliegt nicht diesem ›Reinheitsgebot‹. Die Gesetze der Berechenbarkeit sind aber Gesetze der Schrift, und diese Eigenschaft läßt das geschriebene Wort als ›rein‹, weil abstrakt und von den ›Leidenschaften‹ des Körpers befreit, erscheinen. In dieser Umkehrung begründet sich die Macht des *kollegein* über das Gefühlsleben.

Die Reinheit im sexuellen Kontext: Die Sexualität an sich gilt als gefährlich und befleckend, es sei denn, sie vollzieht sich nach genau festgelegten, den Trieb ›sozialisierenden‹ und der Gemeinschaft dienenden Gesetzen. Diese Gesetze – egal, wie sie im einzelnen formuliert sind – verbieten die Vermischung von streng Geschiedenem. So gibt es zwar in allen Gesellschaften ein Inzesttabu, aber die Definition von ›Verwandtschaft‹ und damit von ›unreinem‹ Verkehr unterscheidet sich von einer Kultur zur anderen. Das heißt, in gewisser Weise wiederholt sich in den geschlechtlichen Reinheitsgesetzen die Funktion, die dem ›Opfer‹ zugewiesen wird, nämlich die strenge Trennung zwischen dem Eigenen und dem Fremden. Dabei werden im Kontext einer Vergeistigung der Reinheitsvorstellung das Körperliche und die Sexualität selbst als ›unrein‹ gedacht und dem Weiblichen zugewiesen. Der Leib und seine Bedürfnisse gelten als ›kontaminierend‹ für das Ideal eines entleibten Geistes. Wo der Geist als fruchtbarer ›Samen‹ begriffen wird, hat der natürliche Samen eine mindere Bedeutung und wird die Sexualität zur ›unreinen‹ Form der Fortpflanzung:

> »Lehre und Taufe und nicht das Zeugen von Kindern stellten die beste Vorsorge für die Zukunft dar. Der natürlich in der Gesellschaft lebende Mensch errang Kontinuität durch körperlichen Verkehr; aber solcher Verkehr produzierte nur Futter für den Tod. Wahrhaft dauernde Kontinuität kam durch spirituelle Geburt, die auf spirituellem Verkehr beruhte.«[182]

Peter Browns Beschreibung der asketischen Bewegungen des frühen Christentums offenbart die Gegenüberstellung von geistiger Fruchtbarkeit, die mit Reinheit gleichgesetzt wird, und Fortpflanzung, die ›Unreinheit‹, weil Sterblichkeit besagt. Das Bild einer ›überlegenen‹, weil geistigen und mithin reinen Fruchtbarkeit, die der materiellen Fruchtbarkeit der Natur bzw. des weiblichen Körpers gegenübergestellt wird, spiegelt sich in vielen anderen Oppositionen wider: etwa der Gegenüberstellung vom ›unreinen‹ Menstruationsblut und dem ›reinen‹ Blut der Märtyrer und der Jungfrau. Die Idealisierung der Jungfräulichkeit, die in der christlichen Religion eine wichtigere Rolle als in irgendeiner anderen Religion spielt, sowie die Sakralisierung des Blutes der Märtyrer stehen in enger Beziehung zur christlichen Vorstellung, daß es für den Menschen möglich sei, Anteil an der Vollkommenheit Gottes zu haben. Mit dem heilbringenden, reinen Blut der Märtyrer – etwa dem von San Gennaro, dem Schutzheiligen der Stadt Neapel, dessen Blut sich jedes Jahr erneut verflüssigt – und dem Bild von Jungfrauen verbinden sich viele Vorstellungen von Heilsgeschehen, die nicht nur transzendenter Art sind. Noch bis weit in die Neuzeit glaubte man, daß der Beischlaf mit einer Jungfrau zur Heilung von bösen Krankheiten, vor allem der Syphilis, führe.[183] Von diesem christlichen Ideal einer Reinheit, die auf sexueller Unberührtheit basiert, wird sich im säkularen Kontext eine Form von Sexualität ableiten, die den Verkehr mit dem ›Fremden‹ verbietet. Am offensichtlichsten wird das in der antisemitischen Forderung nach der ›Reinhaltung‹ des Blutes.

Ganz allgemein erfuhren Krankheitsbilder eine kollektive Funktionalisierung, so etwa die Syphilis, die, weil geschlechtlich übertragen, zum Sinnbild für das ›böse Blut‹ wurde. In dieser Funktion wurde die Syphilis (wie im 20. Jahrhundert Aids) zum Symbol des ›Unreinen‹, mit dem alle benannt wurden, die sich außerhalb der eigenen Gruppe befanden.[184] In *Mein Kampf* bezeichnet Hitler die ›Seuche der Syphilis‹ als ein Resultat der »Verjudung unseres Seelenlebens und Mammonisierung unseres Paarungstriebes«.[185] Diese Metaphorisierung der realen Krankheit sollte wiederum zu dem unter den Antisemiten sehr verbreiteten Schlagwort von der ›Syphilisation‹ führen, mit dem auf die *geistigen* ›Gefahren‹ verwiesen wurde, denen die ›arische Kultur‹ durch die ›jüdische Zivilisation‹ ausgesetzt sei. Die Vorstellung einer geistigen und physischen ›Reinhaltung der Rasse‹ führte im säkularen Zusammenhang, vor allem im rassistischen Antisemitismus, zu einer regelrechten Idealisierung des Inzests: als Verkehr mit dem ›eigenen Blut‹.[186] Das heißt, was in anderen Kulturen als eine Extremform der Verunreinigung verstanden wurde, verkehrte sich in diesem Kontext zu einer Extremform von ›Reinheit‹.

Die Reinheit im politischen Kontext: Viele der religiösen Bilder von Reinheit tauchen auch im säkularen Zusammenhang auf. Dabei handelt es sich zum Teil um direkte Ableitungen: In einigen Fällen besteht a priori keine Trennung zwischen dem Religiösen und dem Politischen, etwa bei schriftlosen Kulturen. In anderen werden religiöse Vorstellungen auf einen weltlichen Zusammenhang übertragen, um auf diese Weise eine ›geistige‹ Botschaft zu ›naturalisieren‹. Aufschlußreich ist in dieser Hinsicht der Begriff der ›Degeneration‹: Das Wort *degenerieren* (zurückentwickeln, verkümmern) leitet sich ab von *Genus*: Geschlecht, Art, Gattung. Genus bildet seinerseits eine Ableitung aus dem lateinischen Wort *gignere*, hervorbringen, das den Bedeutungskern vieler verwandter Wortgruppen darstellt: z.B. *genital*, die Fortpflanzung betreffend; *Gen*, Erbgut; *Genre*, Gattung im Sinne von Klasse oder Sippe bzw. einer Gruppe von Menschen gleicher Abstammung. Verwandte Begriffe sind: *Epigone, Gendarm, Genealogie, General, generell, generieren, generisch, generös, Genese, Genie, Genitiv, Genius, Gentleman, genuin, heterogen, homogen, imprägnieren, Ingenieur, naiv, Nation, Natur, regenerieren, Renaissance…*, um nur diese Beispiele zu nennen. So unterschiedlich diese ganzen Ableitungen auch sein mögen, eine Gemeinsamkeit liegt ihnen doch zugrunde: In der einen oder anderen Form wird immer die Gemeinschaft angesprochen. Entweder geht es um das gemeinsame Erbgut, um die Gesetze und Repräsentanten des Kollektivs, oder aber es geht um den Schutz des ›Wahren‹, ›Echten‹, der immer die Bezeichnung und den Ausschluß des ›Unwahren‹ oder ›Unechten‹ einschließt. Auch wenn von der ›Reinheit der Sprache‹ die Rede ist, wird unter ›Unreinheit‹ immer das ›fremde‹ Wort und Begriffe aus einer anderen Sprache verstanden.

Weil die Reinheit so eng mit der Konstitution einer Gemeinschaft zusammenhängt, ist der Begriff, zumindest im abendländischen Denken, eng verbunden mit dem der ›Nation‹. Der Begriff der ›Nation‹ als Staatsgemeinschaft entsteht im 14. Jahrhundert und ist entlehnt aus dem lateinischen Wort *natio, nationis*, wörtlich: geboren werden, Geburt. Es handelt sich um eine Ableitung von lateinisch *nasci* (*natus sum*), das seinerseits mit *genus* verwandt ist. Demnach wäre eine ›Nation‹ eine Gemeinschaft desselben Ursprungs. An diese Bedeutung sollten sich später die Bedeutungskomponenten ›gleiche Sprache‹ und ›gleiche Kultur‹ anschließen. Tatsächlich sind die modernen Nationen aber, wie Anderson gezeigt hat, *imagined communities*, denen die ›Ursprünglichkeit‹ nur nachträglich zugewiesen wurde. Es gibt also zwei Faktoren, aus denen sich eine ›Nation‹ zusammensetzt: auf der einen Seite die *geistige oder kulturelle Homogenisierung*, die weiter oben beschrieben wurde, und auf der anderen Seite die ›magische Aufladung‹ durch das Bild einer *gemeinsamen Herkunft*, die die Homogenisierung nachträglich zu einem ›Naturzustand‹ erklärt. An den vielen Beispielen, die Kantorowicz zusammengetragen hat, läßt sich deutlich ablesen, wie sehr die abendländische Kultur im Prozeß der Säkularisierung immer wieder zwischen diesen beiden Polen – einerseits Askese oder Vergeistigung als Form von Reinheit (kulturelle Homogenisierung) und andererseits ›Reinheit‹ als körperliche Einheit (gemeinsame Herkunft) – geschwankt hat.

In den modernen Industriestaaten, die nach Gesetzen funktionieren, die angeblich weder religiös noch ideologisch bestimmt sind, bilden Hygiene und Sauberkeit einen der wichtigsten Grundpfeiler des Gemeinschaftskonsenses. Sie scheinen an die Stelle der ›Reinheit‹ getreten zu sein. Es gibt einen breiten, gemeinschaftsbildenden Konsens darüber, daß Sauberkeit, Hygiene und Gesundheit etwas Gutes darstellen, während alles, was unter den Begriff des ›Schmutzes‹ fällt, dem Schlechten und Fremden angehört.[187] Auch in der Forderung nach ›Hygiene‹ ist also noch immer das Prinzip von Ausschluß und Einheit enthalten, das das alte Gesetz der ›Reinheit‹ kennzeichnet. Das läßt sich schon an der Stadtentwicklung des 17. und 18. Jahrhunderts zeigen, bei der die Maßnahmen zur Verbesserung der hygienischen Bedingungen zugleich eine Erweiterung des Kontrollsystems der Regierung bedeuteten. Annick Le Guérer schreibt:

»Das Bestreben, die Stadt durch Säuberung, Pflasterung und Beseitigung der Abfälle geruchlos zu machen, wird begleitet von dem Willen zur moralischen Kontrolle und Reinigung. Man kann sozusagen mit ansehen, wie sich ein ›Über-Ich‹ der Stadt bildet, das seine moralischen Ansprüche nach Maßgabe der Reinlichkeitsgebote formuliert. [...] Während man die Stadt sauber halten will und sich dagegen verwahrt, daß sie als Abfallgrube dient, wo man Tierkadaver, Dung, Exkremente, Urin, schmutziges Wasser, Blut von Aderlässen usw. hinschüttet, unterbindet man zugleich alle Vergnügungen durch Tanz, Glücksspiel oder Wirtshausbesuche, und die Prostituierten werden vertrieben.«[188]

Hier dienten die ›Reinheitsgesetze‹ also dazu, zwischen den Armen und den Reichen eine Grenze zu ziehen. Es entstand eine Form von Ausschluß- und Einschlußsystem, das nicht vom Gemeinschaftskörper ›Nation‹, sondern vom Besitz bestimmt war.

Das bedeutet aber, daß Fragen der ›Sauberkeit‹ von eminent politischer Bedeutung sind und auch in diesem Sinne begriffen werden. Aus Fragen des ›reinen Bieres‹, des ›reinen Tierfutters‹ oder des ökologischen Anbaus sind heute Fragen geworden, über die sich Gemeinschaften definieren und gegen andere abgrenzen. Bei den heftigen Demonstrationen und Zusammenstößen bei der Weltwirtschaftskonferenz in Seattle bzw. in Prag in den Jahren 1999/2000 ging es u.a. um die Frage eines ›reinen‹ Saatguts: Die einen verstanden darunter das ursprüngliche Saatgut, das sich regeneriert, die anderen hybrides, genetisch manipuliertes Saatgut. Nur wenn man begreift, daß die Reinlichkeit zu einer *politischen Kategorie* geworden ist, kann man auch die Auseinandersetzungen in der

Europäischen Gemeinschaft (um die Definition der ›Reinheit‹ der Nahrungsmittel) oder im weltweiten Handel (um die Verbreitung von ›sauberen‹ Filmen) verstehen.

Das Blut als Sinnbild für ›Wirklichkeit‹

Die Gemeinschaften, die sich auf der Basis der vollen Alphabetschrift herausgebildet haben, verfügen über eine Fülle von Symbolen und ›Verhaltensmustern‹, die den Unterschied zwischen den imaginären Eigenschaften des Sozialkörpers und denen des physiologischen Körpers zum Verschwinden bringen sollen. Das wichtigste unter diesen ›Symbolen‹ der Wirklichkeit ist das Blut. In archaischen Gesellschaften besiegeln oft Initiationsriten oder Riten, die die Vermischung und Vereinheitlichung des Blutes betonen, die Aufnahme eines neuen Mitglieds in die Gemeinschaft – etwa bei den Riten der Blutsbrüderschaft.[189] In den Gesellschaften der vollen Alphabetschrift, die das ›zerschnittene Band‹ der gesprochenen Sprache, den verlorenen ›Lebenssaft‹, durch andere Bilder von Gemeinschaft zu kompensieren versuchten, nimmt das Bild des gemeinsamen Blutes eine besonders wichtige Rolle ein. Der unterschiedliche Gebrauch der Metapher des Blutes in der christlichen und der jüdischen Religion zeigt wiederum, daß es sich nicht um eine archaische *Erbschaft* handelt, sondern um die *Aneignung* archaischer Bilder, die dazu dienen, den Gemeinschaftskörper ›magisch aufzuladen‹. Dieser Annektion archaischer Bilder durch das Christentum ist es zu verdanken, daß die Symbolik des Blutes sich nicht nur in zahlreichen Formen von Aberglauben bis ins 20. Jahrhundert halten konnte, sondern auch immer wieder neu belebt wurde.[190] Das gilt vor allem für antisemitische Bilder wie die vom ›jüdischen Blut‹ oder den ›jüdischen Ritualmorden‹, die weniger mit archaischer Erbschaft als mit dem Antagonismus zu tun hatten, den die unterschiedliche Symbolik des Blutes in der jüdischen und christlichen Religion hervorbrachte. Bei vielen Bildern des Blutes im Antijudaismus und im Antisemitismus handelt es sich um Inversionen des christlichen Paradigmas.

Die unterschiedliche Symbolik des Blutes in der jüdischen und christlichen Religion ist von großer Relevanz für die ›Naturalisierung‹ des Kollektivkörpers. In den Bildern des Blutes konkretisieren sich die unterschiedlichen Schriftsysteme, aus denen die zwei verschiedenen Religions- und Gemeinschaftsformen hervorgegangen sind, und sie spiegeln sowohl die unterschiedliche symbolische Geschlechterordnung als auch das Verhältnis zum Bild wider.

In der jüdischen Religion hat das strikte *Verbot*, Blut zu berühren, eine einheitstiftende Funktion: Über das Blut, Symbol des Lebens, so besagt das Verbot, darf allein der Schöpfer verfügen. »Nur Fleisch mit seiner Seele, nämlich dem Blut, sollt ihr nicht essen«, sagt Gott schon zu Noah. »Auch euer Blut, das Blut eueres Lebens, werde ich fordern.«[191] So wird das Blut geopferter Tiere auf dem Altar des Tempels versprengt und darf ein erlegtes Tier erst dann verzehrt werden, wenn es völlig ausgeblutet ist.[192] Vergossenes Blut wird ›bestattet‹, in der Erde vergraben, um sich so wieder mit dem Rest der göttlichen Schöpfung zu verbinden.[193] Für die jüdische Religions- und Volksgemeinschaft bildet das Blut also auf zwei verschiedenen Ebenen ein verbindendes Element: Erstens spielt die Blutsverwandtschaft eine wichtige Rolle (als Jude definiert sich, wer eine Jüdin zur Mutter hat – eine Definition, die allerdings erst in der Diaspora eine größere Bedeutung erlangte); und zweitens gibt es das Gesetz, daß der Herr das alleinige Verfügungsrecht über das Blut besitzt. Dieses Einverständnis über die göttliche Verfügungsgewalt über das Blut wird seinerseits durch eine Wunde, die Beschneidung, besiegelt, das Zeichen des Bundes zwischen Gott und seinem Volk.

Ganz anders die Symbolik des Blutes im Christentum, wo sich die Gemeinschaft gerade über die gemeinsame *Einnahme* des Blutes bildet. Durch die Kommunion vollzieht sich für den Gläubigen die *Vereinigung* mit Gott, d. h. durch den Verzehr des Leibes, den der Herr als Mensch angenommen und für die Menschen geopfert hat. Bei der Kommunion wiederholt sich die Menschwerdung Gottes: Als Hostie dringt der Herr in den Leib des Gläubigen ein und verwandelt sich dabei in ›irdische Substanz‹. Zugleich hat der Gläubige auch Anteil an der göttlichen Substanz, die seinen Leib verwandelt. Nicht die Nahrung wird zu einem Teil des Körpers, sondern: »Wer von meinem Fleische ißt und von meinem Blute trinkt, wird in mir bleiben und ich in ihm.« Es gibt einen Unterschied zwischen anderen Formen der Speisen und dieser, so schreibt ein Prediger: »Während erstere sich in uns verwandeln und zu einem Teil unserer eigenen Substanz werden, verwandelt letztere uns in sich.«[194] Nach der Durchsetzung der Transsubstantiationslehre wird das heilige Abendmahl zu einer völlig neuen Wahrnehmung des menschlichen Körpers führen, wie Piero Camporesi schreibt:

»der Magen wurde zu einem versteckten Altar, in dem magische und unverständliche Dinge geschahen, zu einem Ort liturgischer Kontemplation zwischen Himmel und Erde, dem Göttlichen und dem Tierischen, an dem sich ein unvorstellbarer Ritus der Verwandlung vollzog«.[195]

Die Einnahme des Blutes setzt wiederum voraus, daß Blut geflossen ist, bedingt also den leidenden verwundeten Körper. Das heißt, im Christentum betont die Symbolik des Blutes sowohl die Geschlossenheit der Gemeinschaft als auch die Verletzlichkeit des *Mensch* gewordenen Gottes, der mit seiner menschlichen Gestalt auch einen sterblichen und verletzlichen Leib angenommen hat. Das Bild des Kreuzes stellt die symbolische Form dar, in der sich das Irdische mit dem Transzendenten trifft.[196] Mit anderen Worten: Die christliche Gemeinschaft vereint eine Symbolik des Blutes, die nicht auf Blutsverwandtschaft beruht, sondern auf einen Gemeinschaftskörper verweist, der *die Blutsverwandtschaft herstellt* – über die Vereinigung mit einem Mensch gewordenen Gott.

Der Antagonismus der christlichen und jüdischen Bilder des Blutes ist nur einer der Gründe für die Wirkungsmacht dieser Bilder in der Geschichte des Christentums. Ihre Macht hängt auch mit der Tatsache zusammen, daß das Christentum eine *Glaubens*gemeinschaft bildet, die den einzelnen (durch die Taufe) aufnehmen, aber (durch die Exkommunikation) auch wieder ausschließen kann. Während ein Jude in den Augen der eigenen Gemeinschaft nie aufhört, Jude zu sein (auch dann, wenn er sich nicht an die Gebote hält, und auch dann, wenn er, wie Spinoza, wegen seiner Lehren mit dem Bann belegt wird), kann der Christ schon wegen Glaubenszweifeln exkommuniziert werden. Das nährt wiederum die Angst des Individuums vor einem Ausschluß aus der Gemeinschaft. So dienen die antijudaistischen Bilder des Blutes der Abwehr dieser Angst.

Die blutenden Wunden des Heilands verstärken nicht nur die Analogie von kollektivem und individuellem Körper, sie dienen auch als ›Beweis‹ für die Realität des Transzendenten, für das ›Fleisch gewordene Wort‹. Nach der Durchsetzung der Transsubstantiationslehre im frühen 13. Jahrhundert mehrten sich die Berichte über blutende Hostien. Wo diese Legenden auftauchten, waren immer Ungläubige zugegen: entweder Juden oder ungläubige Christen. In den Anschuldigungen der ›Hostienschändung‹ wurde Juden unterstellt, durch Mißhandlungen Hostien zum Bluten zu bringen: ein Bild, in dem sich die Passionsgeschichte des Heilands wiederholt. Diese Anschuldigungen dienten also der Glaubensfestigung des Christen (nicht unähnlich den Legenden von den ›Frevlern‹, die Ikonen zum Bluten brachten). Die Hostienschändungsanklagen waren wiederholt Anlaß für Pogrome gegen die jüdischen Gemeinden, und sie hatten Auswirkungen bis weit ins 20. Jahrhundert. Erst 1992 fand auf Geheiß des Bischofs von Regensburg die *Deggendorfer Gnad* ein Ende. Bis dahin fand jedes Jahr eine Prozession statt, mit der an eine angebliche Hostienschändung von Juden erinnert werden sollte. Historisch bezeugt ist nur ein Pogrom von 1338, bei dem die Bewohner von Deggendorf die jüdische Gemeinde des Ortes ausraubten und ermordeten. Das Pogrom, das zu einer Welle von weiteren Judenverfolgungen in ganz Niederbayern führte, war offenkundig veranlaßt durch eine hohe Verschuldung der Gemeinde bei den Juden: Das Pogrom fand kurz vor dem Zahltag am Michaelifest Ende September oder Anfang Oktober statt. Unmittelbar zuvor hatte eine Heuschreckenplage fast die gesamte Ernte vernichtet. Erst ab 1370, also mehr als eine Generation später, ist in bayerischen Quellen von einem Gerücht über eine angebliche Hostienschändung durch Juden die Rede.[197] In den um 1388 entstandenen *Gründungsgeschichten der Klöster Bayerns* wird erstmals der konkrete Vorwurf gegen die Juden erhoben, sich im Jahre 1337 an einer Hostie vergangen zu haben. Die Rechtfertigung für das Pogrom wurde also nachträglich geliefert – und dies mit einer Begründung, die dem Christen des Mittelalters, den nichts tiefer bewegte als das Leiden des Herrn, die Werkzeuge der Marter und die Verehrung der Wundmale, überzeugend erschienen sein muß. Diese Beschuldigungen hatten die Funktion, einerseits den Glauben an die ›Realität‹ der Hostie zu stärken, andererseits aber auch die Grenzen zwischen denen ›drinnen‹ und denen ›draußen‹ zu ziehen, d. h. die Grenzen des Kollektivkörpers deutlich zu markieren.

Der ›Ungläubige‹ konnte auch Christ, ja sogar ein Priester sein, wie beim *Wunder von Bolseno* (in Orvieto auf einem Fresko von 1263 festgehalten), wo die Hostie in den Händen eines Priesters, der nicht an die Transsubstantiationslehre glauben wollte, zu bluten begann.[198] Die Einführung des Fronleichnamsfestes (*vrônlîcham* bedeutet ›Herrenleib‹) geht auf ähnliche ›Ereignisse‹ zurück: Der Feiertag wurde aufgrund der Vision einer Nonne aus Lüttich, Juliana, erstmalig im Jahre 1246 begangen und sollte nach Abschluß der 50tägigen Osterfeier das Abendmahlsgedächtnis des Gründonnerstags wieder aufgreifen. 1264 ordnete Papst Urban IV. das Fest für die gesamte katholische Kirche an. Die Transsubstantiationslehre stärkte einerseits die Macht des Klerus, weil sie die Materialisierung des Kollektivkörpers beinhaltete. Andererseits ängstigte sie auch viele Christen, darunter Geistliche selbst, die oft vor den quasi magischen Kräften zurückschreckten, die ihnen im Akt der Konsekration, der Verwandlung von Hostie und Wein in Fleisch und Blut, zufielen.[199] Welch tiefe Verunsicherung die neue Lehre unter den Gläubigen ausgelöst haben muß, geht aus einem Bericht hervor, in dem von einem frommen ›alten Einsiedler‹ die Rede ist, der die Überzeugung vertrat, daß die Hostie nur den Leib *symbolisiere*. Diesen Ungläubigen führten seine Freunde zur Sonntagsmesse, damit er von seinem Irrtum befreit werde. Dort

> »sahen alle drei ein junges Kind auf dem Altar, und als der Priester die Hostie zu brechen begann, war es ihnen, als stiege ein Engel vom Himmel herab, der das Kind mit einem Messer in zwei Hälften zerteilte und das Blut in einem Kelch auffing. Und als der Priester die Hostie in mehrere Teile zerbrach, um der Gemeinde die Kommunion zu reichen, sahen sie, daß der Engel auch das Kind in mehrere Teile zerschnitt. Und als der Einsiedler schließlich am Ende der Messe selber zur Kommunion ging, war es ihm, als empfinge nur er einen Teil des blutigen Fleisches des Kindes. Als er das sah, war er mit solchem Grauen erfüllt, daß er schrie und sagte: ›Mein Herr, nun glaube ich wirklich, daß das auf dem Altar geweihte Brot Dein Leib und daß der Kelch, also der Wein, Dein Blut ist.‹ Und sofort erschien es ihm, als sei das Fleisch wieder zu Brot geworden, und er empfing die Kommunion. Die anderen beiden Einsiedler aber sagten: ›Gott, der weiß, daß es die menschliche Natur mit Grauen erfüllt, rohes Fleisch zu essen, hat es so gefügt, daß das Sakrament den Anschein von Brot und Wein hat‹.«[200]

Wir haben es mit einem gnädigen Schwindel zu tun, bei dem der ›wirkliche Leib‹ nur wie eine Hostie, ein Symbol ›erscheint‹. Dieser Schwindel ähnelt der Aneignung der Bilder der Blutsgemeinschaft durch die *imagined community*, die sich auf diese Weise in eine ›ursprüngliche‹, ›geborene‹ Gemeinschaft verwandelt. Das Grauen, das die Vorstellung eines Verzehrs von Menschenfleisch auslöst, verkehrte sich jedoch in das Bild vom ›Juden‹, dem diese Taten unterstellt wurden. Die Ritualmordbeschuldigungen, laut denen die Juden Menschenblut und Menschenfleisch verzehren, sind nur vor dem Hintergrund dieses vom Selbst abgespaltenen Grauens zu begreifen – eine Angst, die zugleich nach der Wirklichkeitssymbolik des Blutes verlangte.

Die Rolle des Blutes, die ›Wirklichkeit‹ der Glaubensgemeinschaft zu sichern, zeigt der Umgang Spaniens mit den getauften Juden und Mauren nach 1492, als die *estatutos de limpieza de sangre* (Statuten über die Reinheit des Blutes) erlassen wurden. Es waren Gesetze, mit denen Konvertiten aus allen öffentlichen Ämtern und Privilegien verdrängt

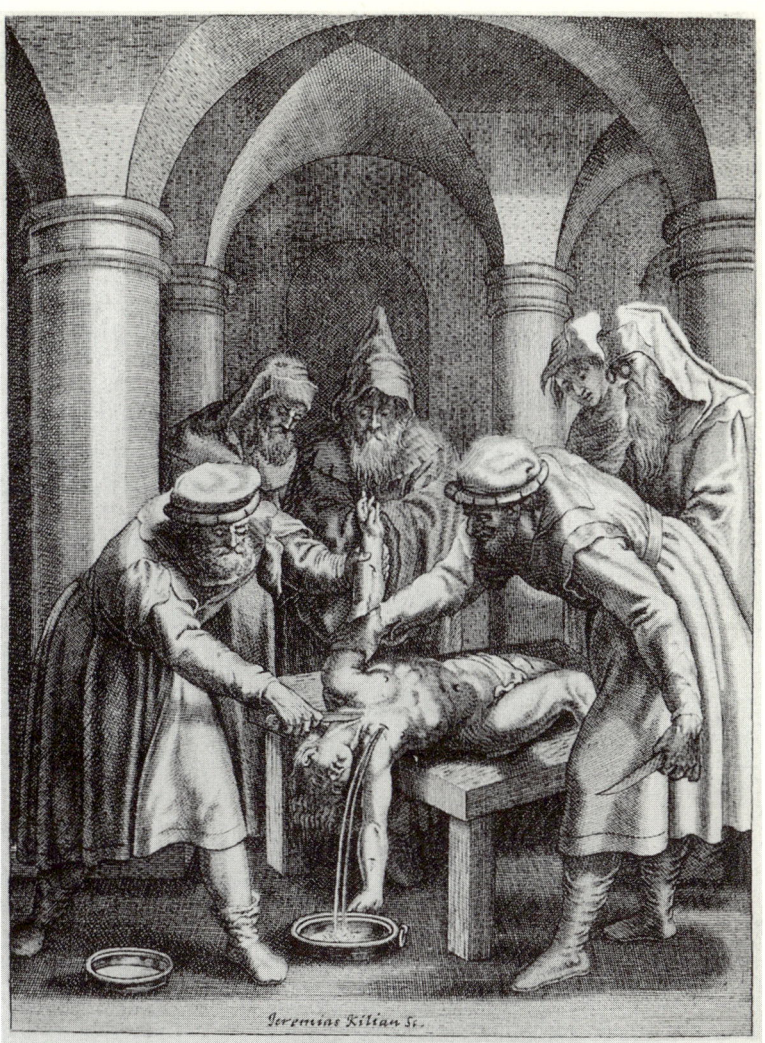

Jeremias Kilian sc.

Die Ermordung des Knaben Heinrich durch die Juden
zu München im Jahre 1345

Das heilige Abendmahl und die Ritualmordbeschuldigung.

werden konnten, wenn sie keine christliche Genealogie von mehreren Generationen, also keine Blutsverwandtschaft mit anderen Christen nachweisen konnten. Der christliche ›Glaube‹ bestand nun darin, eine ›unbefleckte‹ christliche Abstammung nachweisen zu können. Ausgerechnet das Spanien der Inquisition verleugnete also, daß im Christentum die Taufe Aufnahme in die Glaubensgemeinschaft bedeutete. Die geforderten ›Reinheitsbeweise‹ – also der Nachweis einer langen Kette von christlichen Vorfahren – griffen um vieles weiter zurück als der ›Arierpaß‹ der Nationalsozialisten und führten noch im 17. und 18. Jahrhundert zur Unterscheidung zwischen ›alten‹ und ›neuen‹ Christen.[201] 1673 – also fast 200 Jahre nach der Verbannung der Juden aus Spanien – veröffentlichte ein Pater, Fra Francisco de Torrejoncillo, einen *Mahnruf gegen die Juden*, der deutlich an nationalsozialistische Definitionen vom ›Ganz-, Halb- und Vierteljuden‹ erinnert:

> »Um ein Feind der Christen, von Christus und seines Heiligen Gesetzes zu sein, bedarf es nicht eines jüdischen Vaters und einer jüdischen Mutter. Ein Elternteil alleine genügt. Es will nichts bedeuten, daß der Vater nicht Jude ist; die Mutter genügt. Und selbst wenn sie nicht völlig jüdisch ist, schon die Hälfte genügt; und selbst wenn sie das nicht ist, auch ein Viertel genügt oder selbst ein Achtel. Die Heilige Inquisition hat in unserer Zeit entdeckt, daß das jüdische Blut sich bis ins einundzwanzigste Glied fortsetzt.«[202]

Freud hat den Antisemitismus als das Resultat einer gewaltsamen christlichen Mission und einer mißlungenen Taufe bezeichnet. Man solle nicht vergessen, »daß alle diese Völker, die sich heute im Judenhaß hervortun, erst in späthistorischen Zeiten Christen geworden sind, oft durch blutigen Zwang dazu getrieben. Man könnte sagen, sie sind alle ›schlecht getauft‹, unter einer dünnen Tünche von Christentum sind sie geblieben, was ihre Ahnen waren, die einem barbarischen Polytheismus huldigten.«[203] Ihr Judenhaß sei »im Grunde Christenhaß«. Dagegen ist allerdings einzuwenden, daß Spanien nicht zu den ›spät getauften‹ Kulturen gehört. Wohl aber gab es auf der Iberischen Halbinsel über Jahrhunderte ein friedliches Nebeneinander von Mauren, Juden und Christen. Hinzu kommt, daß die spanischen *estatutos de limpieza de sangre* ebenso wie die Nürnberger Rassengesetze des 20. Jahrhunderts von einem Bild der Reinheit des Blutes zeugen, das eng mit den christlichen Bildern von Reinheit verwandt ist. So muß der Antisemitismus – zumindest teilweise – eher als Teil der Taufe oder als ›zusätzliche Taufe‹ betrachtet werden, als Abwehr gegen den ›Glaubenszweifel‹.

Rückblickend erscheint die Transsubstantiationslehre wie der Beginn eines Säkularisierungsprozesses, bei dem ein Gemeinschaftskörper entsteht, der mit ›Natur‹ und Biologie gleichgesetzt wurde, dessen christlicher Ursprung jedoch deutlich zu erkennen ist. Gerade in dieser ›Naturalisierung‹ des Imaginären bestand wiederum die Anziehungskraft und Macht der Bilder. Das sollte mit der Neuzeit immer deutlicher werden. »Der Gottheit«, so schrieb Jakob Böhme (1575–1624), »hat gelüstert, Fleisch und Blut zu werden«,[204] und er fügt hinzu, daß der Mensch »zu dem Ende darein erschaffen worden [ist], daß er dasselbe Mysterium offenbare und die Wunder ans Licht und in Formen nach der ewigen Weisheit bringe«.[205] Für ihn ist der Mensch das Werk, durch das sich die Offenbarung bzw. die Sichtbarwerdung der göttlichen Schöpfung überhaupt erst vollziehen kann. Böhmes Schüler Friedrich Christoph Oetinger bringt diese Vorstellung auf den kurzen Nenner: »Leiblichkeit ist das Ende der Werke Gottes.«[206] Er bezieht sich dabei ausdrücklich nicht nur auf Böhme, sondern auch auf das 20. Kapitel der Johannesoffenbarung.

Daß das Blut zum christlichen Sinnbild von ›Wirklichkeit‹ geworden ist, darauf hat schließlich auch Feuerbach in seiner Kritik des Christentums verwiesen:

> »Wie aber die Wahrheit der Persönlichkeit die Einheit, die Wahrheit der Einheit die Wirklichkeit, so ist die Wahrheit der wirklichen Persönlichkeit – das Blut. Der letzte, von dem Verfasser des vierten Evangeliums mit besonderm Nachdruck hervorgehobne Beweis, daß die sichtbare Person Gottes kein Phantasma, keine Illusion, sondern wirklicher Mensch gewesen, ist, daß Blut aus seiner Seite am Kreuze geflossen. Wo der persönliche Gott eine wahre Herzensnot ist, da muß er selbst Not leiden. Nur in seinem Leiden liegt die Gewißheit seiner Wirklichkeit; nur darauf der wesentliche Ein- und Nachdruck der Inkarnation. Gott sehen genügt dem Gemüte nicht; die Augen geben noch keine hinlängliche Bürgschaft. Die Wahrheit der Gesichtsvorstellung bekräftigt nur das Gefühl. Aber wie subjektiv das Gefühl, so ist auch objektiv die Fühlbarkeit, Antastbarkeit, Leidensfähigkeit das letzte Wahrzeichen der Wirklichkeit – das Leiden Christi daher die höchste Zuversicht, der höchste Selbstgenuß, der höchste Trost des Gemütes; denn nur im Blute Christi ist der Durst nach einem persönlichen, d. i. menschlichen, teilnehmenden, empfindenden Gotte gestillt.«[207]

Die Bedeutung des Blutes als Symbol von ›Wirklichkeit‹ beschränkt sich keineswegs nur auf die christliche Ikonologie. Sie gilt auch für die Rolle des Blutes in der Kunst der Moderne und im Film. Ob es sich um den Einsatz des eigenen (oder fremden) Körpers in der Kunst oder um das üppig fließende Blut im Thriller, dem Horrorfilm, den *trash* oder *splash movies* handelt: Das Auftauchen von Blut transportiert immer die Botschaft ›Wirklichkeit‹. So wie das Blut im Christentum dem ›verklärten Leib‹ zur Realität verhalf, wirkt es in den säkularen Gesellschaften der medial bedingten ›Unwirklichkeit‹ oder ›Simulation‹ der technischen Bilder entgegen.[208] Auf ironische Weise wird dieses Thema in dem Film *Interview mit einem Vampir* behandelt, wo einerseits der Vampir (für den die Begegnung mit Sonnenlicht Untergang bedeutet) im Kino einen Sonnenuntergang genießen kann; andererseits reicht er seinem ›Schüler‹, der sich vor Menschenblut ekelt, einen Becher Blut mit den Worten: »Trink und stell dir vor, es sei Wein« – eine Umkehrung der ›Einbildung‹ beim heiligen Abendmahl.

Die Verweltlichung – im Sinne von Verleiblichung oder Beleibung – zeigt sich auch am Bild eines zunehmend physiologisch definierten ›Anderen‹, der dem säkular-christlichen Kollektivkörper biologische Grenzen und damit eine reale Präsenz zu verleihen scheint. So erklärt es sich, daß auf dem Laterankonzil von 1215 nicht nur die Transsubstantiationslehre, sondern auch die Bestimmung erlassen wurde, daß der Jude den gelben Fleck zu tragen habe: Der Jude wurde fortan als sichtbarer, d. h. ›realer Anderer‹ gekennzeichnet, und lange später sollten die Rassenlehren des 19. Jahrhunderts diese Vorstellung zur biologischen Realität erklären. Bei diesem Prozeß spielten auch Sexualbilder eine wichtige Rolle. Bevor im nächsten Kapitel von der *säkularen* Gestalt der Sexualbilder die Rede ist, soll hier zunächst ihre Erscheinung in den *christlichen* Lehren behandelt werden.

Die Rolle der Sexualbilder

Die ›Materialisierung‹ des *kollektiven Imaginären* im Paradigma des *Kollektivkörpers* zeigte sich besonders deutlich an den Geschlechterbildern, mit denen die Gemeinschaft ausgestattet wurde. Sie entsprachen der ›Naturalisierung‹ der symbolischen Geschlechterordnung, von der schon im Kapitel II und III die Rede war, bezogen sich aber nun auf den Gemeinschaftskörper. Von zentraler Bedeutung war dabei die Ehemetapher. Ebenso wie Christus als Haupt und ›Bräutigam‹ der Gemeinde der Gläubigen gilt, wird auch der Bischof bei seiner Ordination zum *sponsus* der Kirche: Der Ring, den er über seinen Finger streift, besiegel die Ehe.[209] Das Bild wird im Spätmittelalter auf das Verhältnis des Königs zu seinem Reich übertragen. Der König wird bei seiner Krönung zum ›Gatten‹ des Reichs ernannt, zum *maritus rei publicae*.[210] So schrieb der neapolitanische Jurist Lucas de Penna Mitte des 14. Jahrhunderts:

>»Zwischen dem Fürsten und der *res publica* wird ein moralischer und politischer Heiratsvertrag geschlossen. Und genau wie eine geistliche und göttliche Ehe zwischen einer Kirche und ihrem Prälaten geschlossen wird, so wird eine weltliche und irdische Ehe zwischen Fürst und Staat geschlossen. Und genau wie die Kirche in dem Prälaten ist und der Prälat in der Kirche…, so ist der Fürst im Staate und der Staat im Fürsten.«[211]

Stellt der Mann das ›Haupt‹ der Ehegemeinschaft und die Frau den Leib des Mannes dar, so bildet der Staat den mystischen oder politischen Körper, mit dem der Fürst verheiratet wird. Von der Unauflöslichkeit seiner ›Ehe‹ mit dem Reich leitet sich wiederum das Gesetz der Unveräußerlichkeit des Fiskalbesitzes ab: Das öffentliche Eigentum wird zur ›Mitgift‹ der bräutlichen *res publica*, und dementsprechend, so Penna, sei der ›Gatte‹ nur berechtigt zur Nutzung des Eigentums seiner Frau, nicht aber zu dessen Veräußerung.[212] Die Ehemetapher ging so weit, nicht nur Treue, sondern sogar ›Liebe‹ von den ›Ehegatten‹ zu verlangen. Bei der Krönungszeremonie des französischen Königs im Jahre 1547 wurde König Heinrich II. der Ring mit den Worten überreicht: »Le roy espousa solennellement le royaume.« Die Rubriken des Ordo von 1594 besagten, »der König heirate am Tag der Krönung sein Königreich, um untrennbar mit seinen Untertanen verbunden zu sein, auf daß sie einander wie Gatte und Gattin liebten«.[213] Die christliche Forderung nach der Unauflösbarkeit der Ehe spiegelt sich in der Unauflösbarkeit der Beziehung zwischen Herrscher und Kollektivkörper wider. Ist es auch schwer zu sagen, ob sich die Konstruktion ›Ehe‹ vom Kollektivkörper oder die Konstruktion ›Kollektivkörper‹ von der Ehe ableitet, so hängt zumindest beides eng miteinander zusammen.

Aufschlußreich ist in diesem Kontext auch die Etymologie des Wortes ›Glied‹, das sich sowohl auf das männliche Zeugungsglied als auch auf die Gemeinschaft im Sinne von ›Mitgliedschaft‹ bezieht. Der Lehrsatz des Apostels Paulus, daß die einzelnen Gläubigen als ›Glieder‹ in Christus einen unteilbaren Leib bilden,[214] verweist auf eine enge Beziehung zwischen zeugender Macht und Kollektivkörper. Eine solche Sexualsymbolik im Kontext der Gemeinschaftsbildung kommt auch im Bild von Brian Stock zum Ausdruck, wenn er schreibt, daß die Schriftlichkeit das mittelalterliche Leben und Denken ›penetriert‹ habe.[215] Doch so präsent die Sexualsymbolik im Zusammenhang mit der Konstitution des Kollektivkörpers auch ist, so selten ist andererseits davon die Rede, daß sich in dieser Hinsicht ein historischer Wandel vollzogen hat: eine Verlagerung der Fruchtbarkeitssymbolik. Aufschlußreich für diesen historischen Wandel ist die Debatte zwischen dem Kunsthistoriker Leo Steinberg und der Mediävistin Caroline Walker Bynum über *The Sexuality of Christ*.[216]

Der mittelalterliche Mensch, so betont Caroline Walker Bynum, nahm die lebensspendende Gestalt des Erlösers oft als weiblich wahr. Sie führt drei Hauptgründe dafür an: Erstens repräsentierte der weibliche Körper schon seit der Antike die Materie, das Fleisch – im Gegensatz zum männlichen Körper, der mit ›Geistigkeit‹ gleichgesetzt wurde. »Der Geist verhält sich zum Fleisch wie das Männliche zum Weiblichen«, so lautete die mittelalterliche Definition.[217] Die Menschwerdung Gottes beinhaltete also, daß der (männliche) Geist mit dem menschlichen Körper auch ›weibliche‹ Elemente angenommen habe. Der ›materialisierte‹ Gott ist Patrix und Matrix zugleich. »Der Mann repräsentiert die Göttlichkeit des Sohnes Gottes«, so schrieb Hildegard von Bingen, »und die Frau seine Menschlichkeit.«[218] Zweitens, so Bynum weiter, wurde die Ecclesia »in den Texten als der Leib Christi, nicht nur als seine Braut identifiziert, und diese Identifizierung führte in einer Reihe von Textpassagen zur Behandlung von Jesus als Mutter. Die Verbindung beruhte auf der Vorstellung, daß Lehrer und Autoritäten nährend sein sollten; daher galten die Kirche, die Kirchenführer und das Haupt der Kirche selbst als Mütter.«[219] Diese Vorstellung offenbarte sich auch in zahlreichen Abbildungen, auf denen die Wunden des Heilands als mütterlich Milch spendende Brust dargestellt wurden, von der sich der Gläubige ernährt. Bei Katharina von Siena heißt es:

»Wir müssen uns so verhalten wie das kleine Kind, das nach Milch verlangt. Es nimmt die Brust seiner Mutter, legt den Mund an und zieht mit der Kraft des Fleisches die Milch. So müssen auch wir uns verhalten, wenn wir ernährt werden wollen. Wir müssen uns an die Brust des gekreuzigten Christus heften, die die Quelle der Barmherzigkeit ist, und durch dieses Fleisch werden wir Milch erhalten.«[220]

Die Analogie mit der Mütterlichkeit läßt die Kreuzigung selbst als den Moment der Geburt und Entbindung erscheinen, in der das Selbstopfer Christi zum Tod in der Niederkunft wird. So erklärte Marguerite von Oingt:

Quirizio da Murano, *Der Erlöser, ca. 1475. Die Wunde als nährender
Busen.*

»Mein süßer Herr, [...] bist Du nicht meine Mutter und mehr als meine Mutter? [...] Denn als der Moment Deiner Niederkunft kam, wurdest Du auf das harte Bett des Kreuzes gelegt. [...] Und Deine Nerven und alle Deine Adern waren zerschlagen. Und wahrlich, es ist nicht erstaunlich, daß Deine Venen geplatzt sind, als Du an einem Tag die ganze Welt geboren hast.«[221]

Drittens sei Christus Mensch geworden, indem er von einer Frau geboren wurde. Das heißt, die Gestalt Christi verdankt ihre menschlichen Anteile einer Frau, in der er ›zur Welt kam‹. In zahlreichen Texten der Kirche ist von Maria als dem Tabernakel, dem Gefäß, dem Mantel oder der Kleidung Christi die Rede. »So verbanden viele mittelalterliche Vorstellungen Weiblichkeit, das Fleisch und den Leib des Herrn. Nicht nur war Christus durch das Fleisch einer Frau zu Fleisch geworden; sein eigenes Fleisch vollbrachte auch weibliche Dinge: es blutete, es blutete Nahrung, und es brachte Leben hervor.«[222]

Ganz anders die Interpretation von Steinberg, die vor allem auf ikonographischen Beobachtungen beruht: Steinberg konstatiert, daß in den Darstellungen des Spätmittelalters und der Renaissance das männliche Geschlecht Jesu immer deutlicher hervorgehoben wird. Diese Darstellungen waren neu – noch das frühe Mittelalter legte Wert darauf, das Geschlecht Jesu zu *verbergen*.[223] Ab 1260 jedoch – d. h. fast zeitgleich mit der Transsubstantiationslehre, worauf Steinberg allerdings nicht eingeht – erscheinen Darstellungen von Jesus als Kind, auf denen die Muttergottes die Aufmerksamkeit des Betrachters auf sein – entblößtes – Geschlecht lenkt. Ab etwa 1310 bilden sich in der Malerei vier Motive heraus, die den Körper Christi entweder völlig entblößt oder spärlich mit Schleiern verhüllt zeigen (ein Motiv, das die Bedeutung des Verborgenen noch betont). Daneben gibt es auch Darstellungen der Madonna, die mit ihrer Hand auf das Geschlecht des Erlösers weist. Steinberg folgert, daß in diesen Darstellungen die antike Bedeutung des Phallus auf die christliche Religion übertragen wird. In der Antike bedeutete der Phallus Macht und mit ihr Fruchtbarkeit und Überwindung des Todes, und er erschien deshalb auch auf vielen Grabstätten.[224] Diese ›Gleichsetzung von Erektion mit Resurrektion‹[225] werde im christlichen Kontext jedoch anders ausgelegt: Die Überwindung des Todes bestehe in der Überwindung der Körperlichkeit selbst. Denn, so argumentiert Steinberg weiter, Gott ist Fleisch geworden, um auf diese Weise die Sterblichkeit des Fleisches zu überwinden. Wenn also die Genitalien von Christus in den Darstellungen des Spätmittelalters und der Renaissance eine immer wichtigere Rolle spielen, so deshalb, weil Gott mit seiner

Hans Baldung Grien, Die Heilige Familie, 1511.

Menschwerdung auch ein Geschlecht angenommen habe. Er überwinde aber seine Menschlichkeit, Geschlechtlichkeit und Fleischlichkeit. Deshalb sei Jesus auch von einer Jungfrau geboren und lebe er keusch. »Unser jungfräulicher Herr«, so nennt ihn der heilige Hieronymus, eine »Jungfrau geboren aus dem Schoß einer Jungfrau«. [226] Das bedeute, so Steinberg, in christologischen Worten:

> »Ebenso wie die Auferstehung Christi den Tod des sterblichen Körpers überwand, so triumphierte auch die Keuschheit über die Sünde. Dieses Fleisch nahm Christus an, als er Mensch wurde; und indem er sich frei von seiner Bürde und befreit von seiner Versuchung erklärte, desinkarnierte er die Inkarnation selbst.« [227]

Die Sexualisierung des Mensch gewordenen Gottes durch die Zueignung des Phallus wird also gleichsam zur Voraussetzung für die christliche Überwindung der Geschlechtlichkeit und des Fleisches. Durch den wiederholten Hinweis auf die Scham des Herrn, so Steinberg, soll die Überwindbarkeit der Gefühle, die sich mit der Scham verbinden, dargestellt werden. Anders als in der Antike, wo der idealisierte männliche Körper auf Geistigkeit verweise, gehe es in diesen Darstellungen um die Überwindung der Geschlechtlichkeit und der Sexualität selbst. So braucht das Geschlecht von Jesus auch nicht vor den Augen des Betrachters verborgen zu werden – im Gegenteil:

> »Erlöst von der Sünde und der Scham, zeugt das geschlechtliche Glied Christi von der ›eingeborenen‹ Unschuld, die mit Adam verlorenging. Wir können sagen, daß Michelangelos nackte Christusgestalten – am Kreuz, verstorben oder auferstanden – wie das nackte Jesuskind sind: weder verschämt noch beschämend, sondern im wahrsten Sinne und zutiefst ›scham-los‹.« [228]

In diesem Kontext geht Steinberg auch auf die Beschneidung Jesu ein, die sowohl für die frühchristliche Kirchenlehre als auch für die Christologie des Mittelalters von eminenter Bedeutung war. Allen Autoren sei gemeinsam, daß sie die Beschneidung Jesu aus ihrem jüdischen – *und aus ihrem physischen* – Kontext herauszulösen und zu ›christianisieren‹ versuchten: Bei Paulus wird die Beschneidung mit der Taufe gleichgesetzt und als eine ›geistige Beschneidung‹ umschrieben. Augustinus bezeichnete die Beschneidung Christi als einen Akt der Reinigung von der ›Erbsünde‹ [229] – eine Vorstellung, die der jüdischen Religion fremd ist, wohl aber auf die Taufe verweist. Bernhard von Clairvaux (1091–1153) sah in der Beschneidung den Beweis, daß Jesus der »wahre Sohn

Maerten van Heemskerck, Schmerzensmann, ca. 1550.

Abrahams« sei[230] (mithin die Christen das eigentliche ›Erwählte Volk Gottes‹), während bei anderen Autoren die Beschneidung als Teil des Erlösungswerks interpretiert wird. Sie stelle den Beginn der Passionsgeschichte dar. Deshalb, so erklärt der heilige Ambrosius, erübrige sich dieser Ritus auch für den Christen. »Da sich Christus für alle geopfert hat, braucht der einzelne nicht mehr das Blutopfer der Beschneidung zu erbringen.«[231] Das heißt, die Beschneidung, die in der jüdischen Tradition – besonders deutlich in der verhinderten Opferung Isaaks – ausdrücklich *an die Stelle* des Blutopfers tritt, wird umgedeutet und im christlichen Zusammenhang zu einem *Teil des Blutopfers* erklärt. In diesem Sinne interpretieren auch Kirchenväter vom 2. Jahrhundert bis zu Thomas von Aquin im 13. Jahrhundert die Beschneidung als Teil einer *neuen* Schöpfungsgeschichte. Da die Welt in sieben Tagen erschaffen worden sei und die Beschneidung am achten Tag nach der Geburt erfolge, sei in dieser symbolischen Handlung die Auferstehung Christi – und damit die Auferstehung aller Menschen und der Beginn einer neuen Welt – vorweggenommen: einer neuen Welt des transfigurierten Leibes, in der die menschliche Fleischlichkeit endgültig überwunden sei. Der englische Benediktiner Beda (673–735) (dem die Geschichtsforschung u. a. die Einführung der christlichen Zeitrechnung zu verdanken hat) bezeichnete die Beschneidung als Vorwegnahme der endgültigen Reinigung »von allen Flecken der Sterblichkeit«. Wir freuen uns, so verkündete er, auf »unsere wahre und völlige Beschneidung, wenn am Tag des Jüngsten Gerichts alle Seelen die Verderbnis des Fleisches überwunden haben«.[232] Thomas von Aquin faßte schließlich die sieben Gründe zusammen, weshalb Christus beschnitten wurde: 1. um die Realität seiner Fleischwerdung zu beweisen; 2. um den Gott des Alten Testaments, der die Beschneidung verlangte, zu bestätigen; 3. um zu beweisen, daß er dem Stamme Abrahams angehöre; 4. um den Juden keinen Vorwand zu geben, ihn nicht als einen der ihren zu sehen; 5. um die Menschen die Tugend des Gehorsams zu lehren; 6. um die Reinigung des sündigen Fleisches, das er angenommen hat, zu vollziehen; 7. um die Last des Gesetzes auf sich zu nehmen, auf daß die Menschen von dieser Bürde befreit werden.[233]

Diese verschiedenen Versuche, die Beschneidung zu christianisieren, machen deutlich, daß die Positionen von Bynum und Steinberg – so unvereinbar sie auf den ersten Blick erscheinen mögen – eigentlich gar keinen Widerspruch darstellen. Denn die Darstellungen, auf die Bynum sich bezieht, heben die Menschwerdung Gottes hervor, die Darstellun-

Lucas Cranach d.Ä., Heilige Dreieinigkeit, ca. 1515–18.

Jean Malouel, Pietà, um 1400.

gen von Steinberg aber die Überwindung menschlicher Sterblichkeit und Körperlichkeit. Das eine ist ohne das andere gar nicht denkbar. Die beiden Interpretationen ergeben erst recht keinen Widerspruch, wenn man diese Darstellungen unter dem Blickwinkel einer *histori-schen Entwicklung* betrachtet, bei der eine allmähliche Verlagerung der geschlechtlichen Symbolik stattfindet. Dafür spricht auch die Tatsache, daß die Abbildungen Christi, auf die sich Steinberg bezieht, die also das männliche Geschlecht Christi in den Mittelpunkt rücken, vor allem im Spätmittelalter und in der Renaissance entstehen, während die Bilder, die die Weiblichkeit des Erlösers betonen, im Mittelalter Hochkonjunktur haben, mit der Renaissance aber weitgehend verschwinden.[234]

Daß sich beide Lesarten anbieten, zeigt sich an einigen Darstellungen, auf die sich sowohl Bynum als auch Steinberg beziehen: Dort fließt das Blut aus der Wunde des Gekreuzigten in dessen Lenden. Die Belege, die Bynum anführt, verweisen darauf, daß das Blut und die Wunden des Erlösers als ›nährender Busen‹ gelesen wurden, also als Hinweis auf seine ›Weiblichkeit‹. Steinberg hingegen interpretiert dieselben Darstellungen als Rückbezug der ›letzten Wunde‹ Christi auf seine ›erste Wunde‹: als Verknüpfung von Kreuzigung und Beschneidung,[235] die die Menschwerdung des Erlösers beglaubigt und seine Männlichkeit exponiert – eine Deutung, die er überzeugend belegt. So zitiert er zahlreiche Prediger des 15. Jahrhunderts, darunter Bernardino Carvajal, der 1484 in einer Predigt vor Papst Sixtus IV. die Beschneidung als Beweis gegen die Irrlehren der (gnostischen) Häretiker anführte, die Christus nur einen ›vergeistigten Leib‹ zugestehen wollten:

»Durch die Beschneidung bewies er, daß er sich wahrhaft im mensch-lichen Fleisch inkarniert hatte. Manichäus, Apollinarius und Valentinus schütteten darüber Häresien aus, als Manichäus Christus einen phanta-stischen, Apollinarius ihm einen göttlichen und Valentinus einen himm-lischen Körper zuschrieben, was den natürlichen Schmerz im beschnittenen Fleisch des Herrn ausschließt. Doch wenn Blut floß, so gab es auch Schmer-zen, verstärkt sogar im kindlichen Fleisch. Deshalb hat sich das mensch-liche Fleisch Christi am deutlichsten in seiner Beschneidung gezeigt.«[236]

Der Zusammenhang von Beschneidung und Kreuzigung läßt sich jedoch auch als ein Verweis auf die christliche *Überwindung* der ›Be-schneidung‹ lesen, die die Schrift am Körper verübt hat: als Manife-station einer ›geistigen Fruchtbarkeit‹, die Fleisch geworden ist. Dafür spricht auch die Tatsache, daß auf einigen Auferstehungsdarstellungen, die Steinberg zitiert, Jesus nicht nur mit einem erigierten Glied, sondern auch in Verbindung mit dem Stier abgebildet wird. Christus erhebt sich aus dem Grab, »während ein gehörnter Stier – als das Wappentier des heiligen Lukas mit neuer Macht versehen – zwischen die Schenkel Christi unter sein Glied rückt«.[237] Der Stier erscheint als Emblem des Evangelisten Lukas, der als Schutzheiliger des Bildes (und damit auch der Bild gewordenen Sprache) gilt, und wird mit dem Glied des auferstandenen Heilands in Beziehung gesetzt: Deutlicher könnte die Anspielung auf das Konzept einer ›geistigen Fruchtbarkeit‹ kaum ausfallen. Doch bei Christus verbindet sich diese Symbolik mit dem Anspruch auf die Menschwerdung Gottes. Ebendiese Verknüpfung verweist darauf, daß es bei den Darstellungen, die die Kreuzigung mit der Beschneidung assoziieren, um eine Form von ›geistiger Fruchtbarkeit‹ geht, die nicht die Überwindung des Fleisches, sondern die Materialisierung der geistigen Fruchtbarkeit im Fleische meint. Dies wird auch noch in einem anderen Aspekt der Darstellungen sinnfällig.

Die Abbildung, die die Wunde der Kreuzigung mit dem Schoß des Herrn verbindet, läßt sich auch als Verweis auf die ›weiblichen‹ Eigenschaften des Heilands lesen: auf die *blutenden Wunden der Frau*, die Menstruation. Angesichts der Bedeutung, die dem weiblichen Blut als Symbol der Fruchtbarkeit in der Frühgeschichte und der Antike zugewiesen wurde,[238] eine Symbolik, die sich auch im Opferkult widerspiegelte, erscheint es naheliegend, daß die Darstellungen der ›weiblich‹ konnotierten Wunden des Erlösers auch diese Fruchtbarkeitssymbolik beinhalteten und in diesem Sinne verstanden wurden. Im Bild der Kreuzigung wurde diese Fruchtbarkeitssymbolik auf eine transzendente – und damit geistige und ›männliche‹ – Ebene übertragen.[239]

Wie präsent noch weit über das Mittelalter hinaus die allgemeine Fruchtbarkeitssymbolik des weiblichen Blutes war,[240] beweisen christliche medizinische Lehren wie auch die Bücher des volksmedizinischen Aberglaubens. Hildegard von Bingen (gest. 1179) rühmte in ihren *Libri subtilitatum diversarum natur creatur*, dem ältesten in Deutschland verfaßten Werk der Klostermedizin, Menstrualblutbäder beim Aussatz.[241] Noch in einem Arzneischatz von 1681 wird das ›monatliche Geblüt‹ als Heilmittel gegen »die Rose oder auch andere Geschwulste und Schmerzen« empfohlen.[242] An anderer Stelle wurde das Menstruationsblut gegen Kinderlosigkeit verschrieben.[243] Die im Mittelalter massenhaft erschienenen Bußbücher geben indirekten Aufschluß über die weit verbreitete Fruchtbarkeitssymbolik des Menstruationsblutes: Für die Herstellung eines Liebestranks mit Menstruationsblut wurde eine

Kerkerstrafe von drei bis fünf Jahren angedroht.[244] Nicht nur dem Menstrualblut, dem weiblichen Blut überhaupt (vor allem dem der Jungfrau) wurde eine heilsame Wirkung zugesprochen – eine Vorstellung, die später in die Angst vor den magischen Kräften dieses Blutes umschlagen sollte: Das Blut von schwangeren Frauen, so ein verbreiteter Aberglaube, verleihe Dieben die Macht, unhörbar und unsichtbar zu sein.[245] War das weibliche Blut in vielen Legenden der Antike in Verbindung mit Weisheit und geheimem Wissen gebracht worden, so schien es nun über unheilvolle ›magische‹ Kräfte zu verfügen.[246]

Der ›Geschlechtswandel‹, den die Symbolik des Blutes im Mittelalter durchlief – er beinhaltete, daß sich das Blut als Symbol von Fruchtbarkeit nicht auf Weiblichkeit, sondern auf das Heilswerk des Erlösers bezog –, hatte die ›Dämonisierung‹ des Menstruationsbluts zur Folge.[247] Das ›weibliche Blut‹ wurde nun gleichgesetzt mit ›Unreinheit‹, sogar ›Gift‹,[248] und, als Ursprung der ›Erbsünde‹, als Gegensatz zum ›männlichen Blut‹ begriffen. So schreibt Jakob Böhme: »Des Weibes Blut hätte den Zorn Gottes nicht versöhnet. Es mußte es nur des Mannes Blut tun, denn das Weib gehöret in [den] Mann und wird im Reich Gottes eine männliche Jungfrau sein als Adam war, kein Weib.«[249] Daß eine solche Umwertung in enger Beziehung zum Kreuz gesehen wurde, läßt sich u. a. daran ablesen, daß gerade den ›Hexen‹ unterstellt wurde, bei ihren angeblichen ›Teufelsmessen‹ (die als Verspottung des heiligen Abendmahls galten) nicht Wein, sondern Menstruationsblut zu trinken.[250] Viele Kirchengesetze aus dem 8. bis 11. Jahrhundert verweigerten menstruierenden Frauen den Zugang zur Kirche bzw. das Recht, das heilige Abendmahl zu empfangen.[251] Die Vorstellung von der Unreinheit des weiblichen Blutes hat sich bis in die Jetztzeit erhalten und schlägt sich in der (auch von Medizinern vertretenen) Ansicht nieder, daß die Frau während der Menstruation ›unzurechnungsfähig‹ oder gar ›krank‹ sei.

Der Prozeß einer geschlechtlichen Umkehrung der Symbolik des Blutes – eine Umkehrung, die Raum schafft für eine männliche oder ›geistige‹, transzendente Besetzung der Symbolik des ›fruchtbaren Blutes‹ – vollzieht sich zeitgleich mit der Durchsetzung der Transsubstantiationslehre. Das heißt, er begleitet die Durchsetzung der Vorstellung von der ›Wirklichkeit‹ des Blut gewordenen Weines. Parallel dazu vollzieht sich auch die Umkehrung des Bildes vom *Gral*, ursprünglich ein heidnisches Symbol für den blutenden, fruchtbaren weiblichen Schoß. Der Tempel, in dem sich der Gral befinden sollte, wurde auf dem heiligen Berg *Montsalvat* (›Berg des Heils‹) oder *Montjoie* (›Berg der Freude‹) angesiedelt.

So hieß auch die Burg, in die sich (laut der im Kapitel III behandelten Fassung der Artus-Legende des 13. Jahrhunderts) Königin Guenièvre mit ihrem Geliebten Lancelot zurückzog. Um 1200 – parallel zur Neuschreibung der Artus-Legende – taucht der Gral in veränderter Form auf: als Gefäß, in dem nicht das Blut der Frau, sondern das des *Heilands* bewahrt wurde. Mit dem Ende des Mittelalters scheint der Vorgang einer ›Christianisierung‹ der Symbolik des fruchtbaren Blutes bzw. ihre Übertragung auf den gekreuzigten männlichen, d. h. geistigen Körper abgeschlossen. Damit werden auch die Darstellungen der ›Weiblichkeit‹ der Wunden des Erlösers obsolet. Denn nun gilt auch ohne diese ›weibliche‹ Umcodierung das Blut des Erlösers als ›heilsam‹ und mit überirdischer Kraft versehen. So können auch zunehmend Darstellungen erscheinen, die die Männlichkeit des Erlösers hervorheben.

Während also in der jüdischen Tradition das Blut Symbol der Segregation – zwischen Mann und Frau, Gott und Mensch – ist, findet in der christlichen Tradition eine Überlagerung statt, bei der die traditionelle Symbolik des weiblichen Blutes auf die ›geistige Fruchtbarkeit‹ übertragen wird. Der Prozeß ähnelt der Aneignung der ›sinnlichen‹ Eigenschaften der mündlichen Sprache durch die Schrift, wie sie sich in der Geschichte des vollen phonetischen Alphabets vollzieht. Und vergleichbar der Gegenüberstellung von irrationaler Mündlichkeit (Muttersprache) und rationaler Schriftlichkeit (Vatersprache) gab es den Gegensatz zwischen dem ›bösen‹ weiblichen und dem ›guten‹ geistigen Blut. Auch in der jüdischen Tradition gibt es Bilder, in denen das Volk Israel als ›Braut Gottes‹ beschrieben wird.[252] Aber erstens ist die metaphorische Ebene dieses Bildes sehr deutlich als solche gekennzeichnet, und zweitens wird weder, wie schon im Kapitel II beschrieben, dem Gott selbst ein Geschlecht zugewiesen, noch findet eine ›Aneignung‹ der Symbolik von Weiblichkeit durch die Gottheit statt. Eben wegen dieses Unterschieds spielen im Antisemitismus diffamatorische Sexualbilder eine zentrale Rolle.

Im Zusammenhang mit den Sexualbildern, die zur ›Naturalisierung‹ des Kollektivkörpers beitragen, spielt auch der Aspekt der Verletzlichkeit eine wichtige Rolle. War in der griechischen Antike eine symbolische Ordnung entstanden, in der der männliche Körper zum Symbolträger des Geistigen und der weibliche Körper zum Symbolträger des Fleisches, des sterblichen Leibes erklärt wurde, so übernimmt in der christlichen Tradition der Kollektivkörper *beide* symbolischen Formen. Er erscheint einerseits ›unsterblich‹, weil er kein physischer, sondern ein Sozialkörper, das Resultat einer ›Imagination‹ ist; andererseits ist er aber auch ›penetrierbar‹ und verwundbar wie der weibliche Körper, der innerhalb der Gemeinschaft als die ›verwundbare‹ Stelle des Kollektivs gilt. Das ist der Hintergrund für die kollektiven Vergewaltigungen von Frauen in Kriegssituationen (vor allem der Neuzeit), die darauf abzielen, den *Gemeinschaftskörper* des Feindes zu verletzen. Der Begriff der ›Vergewaltigung‹ selbst stammt ursprünglich aus der gewaltsamen Landnahme und wurde zumeist gleichgesetzt mit ›Raub‹; erst im Verlauf des 19. Jahrhunderts trat die heutige Bedeutung des sexuellen Gewaltakts in den Vordergrund. Das gilt auch für die englische Sprache, wo sich der Begriff des ›rape‹ (von lat. ›raptus‹) zunächst vor allem auf Plünderung und Raub bezog, bevor er seine heute vorwiegend sexuelle Bedeutung annahm.[253]

Das Bild der ›Verwundbarkeit‹ verleiht dem imaginären Kollektivkörper den Anschein von Wirklichkeit, von ›realer‹ körperlicher Präsenz. Das heißt, der Gemeinschaftskörper erwirbt Anspruch darauf, ein realer Körper zu sein, indem ihm mit der Symbolik von Weiblichkeit auch die Verletzlichkeit zuwächst. Auch hierin unterscheidet sich der christliche Kollektivkörper von der jüdischen Form der Gemeinschaftsbildung. Während der versehrte und verletzliche Körper im Judentum vor allem im Bild der Beschneidung eine wichtige Rolle spielt und sich damit auf den einzelnen, männlichen Körper (und die Zeichen der Schrift) bezieht, verweist der verletzte Körper im Christentum auf ein kollektives Heilsgeschehen im Sinne einer Materialisierung des Zeichens. Das erklärt die Faszination für den verletzten Körper in der christlichen Gesellschaft. Im Mittelalter, so schreibt Miri Rubin, war die

»Vorstellung des Leibes alles andere als eindeutig. Eher als Bild des Zerrissenen und Enthaupteten denn als Bild der Einheit und Harmonie belebte der Körper die Phantasie, aber auch den konkreten Alltag der Zeitgenossen: der Körper war nicht unverletzlich. In den Straßen und auf den Plätzen spätmittelalterlicher Städte wurde während der Fronleichnams- und Osterspiele der Körper von Christus auf jede nur denkbare Weise gemartert.«[254]

Indem der Gemeinschaftskörper – durch die Wunde, das Blut und in den verschiedenen Sexualbildern Christi – irdische, weltliche, ›reale‹ Züge annimmt, erhöht sich seine Anziehungskraft auf die Psyche des einzelnen. Durch die Verwundung erscheint er einerseits physisch und irdisch, andererseits sind seine imaginären, d. h. den einzelnen Körper transzendierenden Eigenschaften aber auch Garant seiner Unsterblichkeit. Für das Individuum beinhaltet die Tatsache, ›Glied‹ dieses imaginären Körpers zu sein, das Versprechen von Unsterblichkeit. Zugleich bietet die ›materielle Weltlichkeit‹ und Verletzlichkeit dieses Körpers aber auch die Sicherheit, daß es sich um einen ›realen‹ Körper handelt. Das heißt, die Sexualbilder, die den Kollektivkörper mit dem weiblichen Körper gleichsetzen, dienen nicht nur der Codierung im Sinne von ›Fruchtbarkeit‹, sondern auch im Sinne von ›Verletzlichkeit‹, weil diese ›physische Realität‹ impliziert. Damit entsteht aber eine Paradoxie, die im säkularen Kontext das Verhältnis von Kollektivkörper und ›Weiblichkeit‹ begleiten wird. Während die antike Symbolik des ›fruchtbaren Schoßes‹ und die Funktion des weiblichen Körpers, Symbolträger der sinnlich wahrnehmbaren Welt zu sein, zunehmend auf die Gemeinschaft, auf die Kirche und später auf die Nation und den ›Volkskörper‹ der Rassenlehren übergehen, wird dem individuellen weiblichen Körper zunehmend die Symbolik der ›Anomalie‹ zugewiesen, als deren Inkarnation er schon in den aristotelischen Lehren erschien: Er repräsentiert das Unvollkommene, wird zum Inbegriff des ›Unreinen‹ und das ›Tor‹, durch das das ›Ungeistige‹ in den Gemeinschaftskörper Einlaß findet. Das heißt, es konkurrieren zwei ›Frauenkörper‹ miteinander: Der eine ›Frauenkörper‹ repräsentiert die Gemeinschaft, und der andere inkarniert die weibliche ›Anomalie‹. Diese widersprüchliche Symbolik begleitet einerseits den Fortschritt in Wissenschaft und Technik, andererseits aber auch die Geschichte der ›Frauenkrankheiten‹. Von beidem soll in den folgenden Abschnitten die Rede sein.

Das Gen als ›Corpus Christi mysticum‹

Die Genforschung wird oft als Selbstermächtigung des Menschen interpretiert, als Versuch, sich göttliche Macht anzueignen, und in dieser Hinsicht als der christlichen Demut konträr beschrieben. Dagegen wäre einzuwenden, daß der Diskurs über das Gen durchaus *in* der christlichen Tradition verwurzelt ist – vor allem unter dem Aspekt einer ›naturalisierten‹ geistigen Fruchtbarkeit. So schwierig es ist, die Genealogie bestimmter Denkstrukturen und geistiger Erbschaften nachzuweisen – weil überprüfbare oder quantifizierbare ›Beweise‹ fehlen –, so wenig kann man es für einen Zufall halten, daß gerade in der Genwissenschaft viele Bilder auftauchen, die auch der christlichen

Glaubenslehre eigen sind – nur daß sie nun im Gewand von Naturwissenschaft und mathematisierbarer Logik erscheinen.

So glauben viele Wissenschaftler des 20. Jahrhunderts durchaus an die Existenz eines ›letzten und einheitlichen Ordnungsprinzips‹, das seine Gesetze schon offenbart hat oder noch offenbaren wird. In *A Brief History of Time* schreibt Stephen Hawking, daß die Wissenschaftler »das Denken Gottes« enthüllen.[255] Der Physiker George Smoot hat die ›Big-Bang-Theorie‹ mit der »treibenden Kraft des Universums« verglichen: »und ist diese nicht Gott?«[256] Leon Ledermann, ein Nobelpreisträger der Physik, hat die subatomare Einheit, von der er glaubt, daß sie über alles bestimmt, das »Gott-Partikel« genannt. Er hoffe, daß sich eines Tages die gesamte Physik auf eine Formel reduzieren lasse, »so einfach und elegant, daß sie auf einem T-Shirt Platz findet«.[257] Mögen solche Aussagen noch als Versuch einer ›religiösen Aufladung‹ (oder Sakralisierung) der modernen Naturwissenschaften gelten, so muß man sich dennoch der Tatsache bewußt sein, daß die Erkenntnisse der modernen Wissenschaft das Produkt eines Programms sind, das sie ›vorschreibt‹ – und in diesem Bezug zu einem Zeichensystem besteht die Ähnlichkeit zur christlichen Religion, deren Entstehung eng mit dem Alphabet zusammenhängt.

In ihrem Buch *The DNA Mystique* vergleichen Dorothy Nelkin und Susan Lindee die Rolle des Gens im 20. Jahrhundert mit der christlichen Seele:

»Vom Körper unabhängig, erscheint DNS unsterblich. Als Fundament von Identität, macht DNS individuelle Unterschiede, die moralische Ordnung und menschliches Schicksal erklärbar. Unfähig zur Täuschung, ist DNS Garant des wahren Selbst und so auch von Bedeutung für das Problem des Authentischen, d. h. eines ›gestalteten Selbst‹ [fashioned self], dessen Körper mit Täuschungsabsicht manipuliert und geschmückt wird.«[258]

Der Vergleich mit der Seele ist nicht ganz überzeugend. Denn die Seele ist immaterieller Art. Sie ist zwar an das Individuum gebunden, verweist aber auf die transzendenten Anteile seines Seins. Das Gen hingegen ist materiell und immateriell zugleich, und am Jenseits hat die Genforschung nur beschränktes Interesse. Wohl aber bietet sich der Vergleich mit der Hostie an, dem *Corpus Christi mysticum*, mit dem sowohl der Leib Christi, das ›Fleisch gewordene Wort‹, als auch die Gemeinde der Gläubigen bezeichnet wird. Beide Funktionen hat das Gen, das man auch als *die* Metapher der Moderne bezeichnen könnte, übernommen. Das Gen ist Zeichen und Fleisch zugleich, eine

Metapher für den individuellen *und* den kollektiven Körper, und es bietet das Versprechen einer fleischlichen Unsterblichkeit. Wie Hostie und heiliges Abendmahl macht es das Göttliche ›gegenwärtig‹, es birgt die Erlösung von der ›Erbsünde‹ (erblicher Krankheit oder Behinderung); und wie bei der Transsubstantiation verspricht es wundersame Verwandlungen und ›Wunderheilungen‹. Es ist die Leib gewordene Schrift.

Mit der Gentechnologie, so schreibt Hans-Jörg Rheinberger,

»wird das Labor, diese privilegierte Schmiede epistemischer Dinge, in den Organismus selbst verlegt und damit potentiell unsterblich, fängt sie doch an, mit der eigenen Schreibmaschine des Seins zu schreiben. Das größte Entzifferungsprojekt dieses Jahrhunderts, das Vorhaben, das menschliche Genom zu sequenzieren, ist auf den Weg gebracht – auf den Weg des Biochip.«[259]

Die ›DNS-Mystik‹ begann als eine linguistische Fiktion, erfunden vom dänischen Genetiker Wilhelm Johannsen im Jahre 1909, um eine angenommene Zelleneinheit zu beschreiben, die bestimmte Eigenschaften hervorrufen kann. Johannsen übernahm den Begriff wiederum von dem deutschen Physiologen Hugo de Vries, der den Begriff des ›Pangens‹ von Charles Darwins ›Pangenesis‹ abgeleitet hatte: Mit Pangenesis (der Verweis auf die Bibel kommt nicht von ungefähr) war die Theorie über den Ursprung der biologischen Variation gemeint. Für die erste Generation der experimentellen Genetiker Anfang des 20. Jahrhunderts bezeichnete das ›Gen‹ eine physische Eigenschaft – die Flügelform oder Augenfarbe der Fliege *Drosophila* z. B., die sich von einem (bis dahin nicht identifizierten) Substrat von Erbmaterial herzuleiten schien.[260] Heute begreift man DNS (aus der sich das ›Genom‹ zusammensetzt) nicht als Vorgabe für eine bestimmte körperliche Eigenschaft, sondern als eine Art von Interaktion der ›Gene‹ mit sich selbst und dem weiteren Umfeld. Das hat dazu geführt, daß der Körper selbst nicht als eine Gegebenheit betrachtet wird, sondern – vergleichbar dem Computer – als ein ›Satz von Anweisungen‹, als ein ›Programm‹, das von einer Generation zur nächsten weitergegeben wird:

»Menschen sind die ›readouts‹ [Computerausdrucke] ihrer Gene. Wenn Wissenschaftler den Text entziffern und decodieren können, die Markierungen auf der Karte klassifizieren und Anweisungen lesen können, so die Vorstellung, dann werden sie auch die Essenz der menschlichen Wesen rekonstruieren, menschliche Krankheit und die menschliche Natur selbst entschlüsseln können, um so die letzten Antworten auf das Gebot ›Kenne dich selbst‹ zu geben. Der Genetiker Walter Gilbert beginnt seine öffentlichen Vorlesungen über Gensequenzierung damit, daß er eine Kompaktdiskette aus der Tasche zieht und dem Publikum verkündet: ›Das sind Sie‹.«[261]

»Hoc est corpus meum« ... Die Geste des Genetikers erinnert an die Worte des Priesters während der Messe, wenn die Glocke den Akt der Verwandlung von Hostie und Wein in Fleisch und Blut verkündet hat. Nur, hier verläuft der Prozeß umgekehrt: Aus dem Körper – »das sind Sie« – wird eine Diskette, ein Programm, das allerdings wiederum den Körper zu verwandeln verspricht.

»Die Schrift des Lebens ist in den Schriftraum des Labors transponiert, zum epistemischen Ding gemacht, in die Welt der mittleren Dimensionen geholt, in denen unsere Sinnesorgane operieren. Der Biologe, als Forscher, arbeitet nicht mehr mit den Genen der Zelle – er weiß ebensowenig wie jeder andere, was das ›wirklich‹ ist – er arbeitet mit experimentell in einem Repräsentationsraum produzierten Graphemen. Wenn er wissen will, was sie bedeuten, hat er keine andere Möglichkeit, als diese Artikulation von Graphemen durch eine andere zu interpretieren. Die Interpretation eines Sequenzgels kann nie etwas anderes sein als ein weiteres Sequenzgel.«[262]

Die modernen Industriegesellschaften, so hat Emile Durkheim 1893 geschrieben, beruhen nicht mehr auf sakralen Symbolsystemen. Das Heilige sei auf das Individuum übergegangen.[263] Von ebendiesem Prozeß erzählt das Gen, das Genetiker selbst manchmal mit ›der Bibel‹, dem ›Heiligen Gral‹, dem ›Buch des Menschen‹ vergleichen.[264] Das Gen erscheint wie ein sakraler Text, der über die Schöpfung der Natur wie über die moralische Ordnung bestimmt. Manchmal wird das Gen auch mit einem ›Wörterbuch‹, einer ›Bibliothek‹, einer ›Karte‹, einem ›Rezept‹, einem ›Referenzwerk‹ verglichen. Auch Christus ist Gral, Buch, Bibel und Speise zugleich. So erstaunt es nicht, daß die Wochenzeitschrift *Time* eine Titelgeschichte zur Genetik im Januar 1994 (»Genetik. Die Zukunft ist jetzt! Neue Durchbrüche zur Heilung von Krankheiten und Rettung von Leben...«) mit dem Titelbild eines Mannes versah, der sowohl den Gekreuzigten als auch den (über die Sterblichkeit) triumphierenden Christus darstellen könnte – um seinen Leib gewunden: die Doppelhelix der genetischen Kette. Mit dem unsterblichen Gen wird die christliche ›Auferstehung des Fleisches‹ Wirklichkeit – und zwar auf Erden.

In seinem Bestseller von 1976, *The Selfish Gene*, hat Richard Dawkins die Menschen »Überlebensmaschinen« genannt: »Roboter, blind programmiert zur Erhaltung der selbstsüchtigen Moleküle, die Gene genannt werden«.[265] In seiner Darstellung erscheint der menschliche Körper nicht als Energielieferant für die Maschinen (wie etwa im Film *Matrix*), sondern selbst als Maschine. Dabei erinnert Dawkins' Bild auch an die Gnosis mit dem auf der Erde eingefangenen Licht bzw. an Plotins Bild vom Menschen, der das *eidolon* und Spiegelbild eines jenseitigen, unsterblichen Lichtkörpers darstellt. Bilder wie diese zeigen deutlich, daß der Diskurs über das Gen – gleichgültig, ob auf populärer oder auf wissenschaftlicher Ebene – an eine christliche Erbschaft anschließt, bei der sich das unsterbliche Wort mit einem sterblichen Körper verbindet.

Ebenso wie Christus Gott und Mensch zugleich, unsichtbar und dennoch materiell ist, verbinden sich auch in der DNS Kultur und Natur, Zeichen und Fleisch. In den Worten von James Watson, Nobelpreisträger und ehemaliger Leiter des *Human Genome Project*, ist das ›Schreibprogramm‹ DNS »das, was uns menschlich macht«.[266] Deshalb haben Abtreibungsgegner DNS auch als »die Buchstaben eines göttlichen Alphabets« bezeichnet, »das die einzigartigen Charakteristika eines neuen Individuums ausschreibt«.[267]

Schon die Eugeniker der Jahrhundertwende sprachen von einem »Körperextrakt«, dem »Beständigkeit, die zu Unsterblichkeit führt«, eigen sei.[268] »Das ewige Leben«, schrieben die amerikanischen Eugeniker Paul Popenoe und Roswell Hill Johnson in den 1920er Jahren, »ist mehr als nur eine Redensart oder ein theologisches Konzept«. Der Tod einer riesigen Agglomeration hochspezialisierter Zellen habe wenig Bedeutung, sobald das Keimplasma weitergegeben worden sei, denn es enthalte »die Seele selbst« des Individuums.[269] Anfang dieses Jahrhunderts führte die Zeugung und Züchtung von ›wertvollem Erbgut‹ in den USA zu den sogenannten ›Better Babies Contests‹. Auf einem Photo ist die Gewinnerin des Wettbewerbs von 1914 zu sehen: die sechs Monate alte Virginia June Nay, nackt auf dem Boden vor einem Bündel Getreideähren sitzend.[270] Solche Photoinszenierungen erinnern an mittelalterliche Darstellungen von Christus. Die Kornähren neben dem Abbild des Erlösers verwiesen auf das Brot, die Hostie: den Leib des Herrn als Speise, die Unsterblichkeit verleiht. Bei den Eugenikern hatte das ›unsterbliche Erbgut‹ diese Funktion übernommen. ›Better Crops‹ (›besseres Getreide‹) war das Schlagwort, unter dem für hochwertigen Nachwuchs geworben wurde.

Prämiert wurde auf den ›Better Babies Contests‹ nicht etwa die Schönheit des Kindes, sondern seine Übereinstimmung mit Durch-

schnittsnormen wie Körpergröße, Wachstum etc. »Die verschrobensten Babies konnten Preise gewinnen, denn es galten nur die objektiven Maße. Für jede ›Abweichung von der Norm‹ in der Größe, Entwicklung oder Form wurden Punkte abgezogen.«[271] Die Norm an sich wurde zum ›heiligen Text‹, sie erschien wie ein ›Kanon‹, der sich dem Körper eingeschrieben hat. Aber anders als beim Bildhauer Polyklet in der Antike, der Normen und Proportionen für den idealen Körper aufgestellt hat, geht es nicht um die ›Idee‹ des Körpers, sondern um einen Körper aus Fleisch und Blut. Im säkularen Kontext treten an die Stelle des ›Heiligen‹ bzw. der ›Sünde‹ nun ›normal‹ und ›deviant‹, die wiederum mit ›natürlich‹ und ›unnatürlich‹ gleichgesetzt werden. Auf diese Weise wurde die Eugenik zu einer ›civil religion‹, in deren Zentrum das ›sakralisierte Kind‹ stand: [272] ein Topos, der seinen christlichen Ursprung kaum verleugnen kann.

The Gene as a Cultural Icon lautet der Untertitel zum Buch von Nelkin und Lindee. Auch dieses Bild verweist auf christliche Traditionen, in denen die Ikone das Heilige ›gegenwärtig‹ machen und durch die Betrachtung Anteil an der Unsterblichkeit Gottes oder der Märtyrer verleihen soll. Das galt auch für die Reliquie. Reliquien sind »Überbleibsel eines ›heiligen‹, d.h. mit zauberhafter Kraft geladenen Menschen, in denen diese Machtgeladenheit fortdauert. Sie sind in erster Linie dessen Leichnam oder Teile desselben«,[273] in zweiter Linie Gegenstände, welche er getragen hat. »Als Träger von Zauberkraft und Glücksbringer werden die Reliquien häufig von ihrem Herkunftsort, dem Grab, an andere Orte verbracht (Translation).«[274] Die Reliquien werden in derselben Weise verehrt wie andere heilige Gegenstände. »Sie werden berührt und geküßt, damit ihre Heiligkeitskraft auf Seele und Leib des Verehrers übergeht.«[275] Der christliche Reliquienkult nahm seinen Ausgang beim Märtyrergrab und führte dazu, daß »die Überreste der Märtyrer und anderer Heiliger geteilt, ja förmlich zersplittert [wurden], damit möglichst viele an ihrer Wunderkraft (dynamis, charis) teilhaben konnten«.[276] Sowohl in der West- als auch in der Ostkirche wurde es zur Regel, daß nur über Reliquien die Eucharistie gefeiert werden durfte. »Bei der Reliquienverehrung haben Fiktion und Betrug eine große Rolle gespielt. Dies wird besonders deutlich bei Reliquien wie der Vorhaut, dem Schweiß und Blut Christi, der Milch Marias.«[277] (Um dem zu begegnen, schuf das Trienter Konzil, 1545–63, Regeln, die zur Folge hatten, daß heute alle für öffentliche Verehrung bestimmten Reliquien durch bischöfliches Siegel als authentisch bestätigt sein müssen.) Sol-

Werkstatt Friedrich Herlin, Christus mit Ähren und Trauben, 1469.
Die lebendige Hostie.

che Funktionen von Ikone und Reliquie werden heute auf das Gen übertragen – und zwar nicht nur im ›Volksglauben‹. Kary Mullis, dem 1993 der Nobelpreis für die Entwicklung einer in der Genwissenschaft relevanten Vergrößerungstechnik verliehen wurde, hat eine Firma gegründet, die Postkarten oder Schmuckstücke verkauft, die die Gene berühmter Popstars, Sportler, Wissenschaftler und anderer säkularer Heiliger enthalten.[278] »Die Leute können die Karten als Totems oder Reliquien benutzen«, so Mullis, »aber sie können auch mehr über die Gene lernen, indem sie die unterschiedlichen Sequenzen der Stars vergleichen.«[279] Und in einem anderen Interview erklärt er: »Wenn wir die Erlaubnis bekommen könnten, jemanden wie Elvis Presley zu benutzen, könnten wir das ›Gen des Monats‹ herausbringen, und man könnte sie sammeln, wie man Briefmarken sammelt.«[280]

›Gene mapping‹, die Kartographie der Gene, hatte schon um 1910 begonnen. Aber erst mit der Erfindung des Computers konnte die Erfassung der menschlichen Gene in großem Maßstab durchgeführt werden. Nachdem auch neue Labortechniken entwickelt worden waren, begann 1989 in den Vereinigten Staaten das ›human gene mapping program‹, das über 15 Jahre laufen soll und für das allein von staatlicher Seite in den USA Kosten von drei Milliarden Dollar veranschlagt wurden.[281] Ähnliche Projekte laufen bekanntlich auch in der Europäischen Gemeinschaft, in Rußland, Japan und anderen Industrieländern. Drei Annahmen und Versprechen verbinden sich mit dem Human-Genom-Projekt: erstens das Gen als Kern von Identität, zweitens das Gen als Mittel, menschliches Verhalten sowie Gesundheit vorauszusehen und zu beeinflussen, und drittens das Gen als Grundlage eines Textes, der die ›natürliche Ordnung‹ definiert. Vor allem die Hoffnung, dank des Gens künftige Entwicklungen voraussehen und planen zu können, begleitet die Genomforschung, die auf diese Weise auch für den sozialen Körper relevant wird. So nennen Genetiker das Genom auch

»›Delphisches Orakel‹, eine ›Zeitmaschine‹, eine ›Reise in die Zukunft‹, eine ›medizinische Kristallkugel‹. Der Nobelpreisträger und erste Direktor des amerikanischen Human Genome Projects, James Watson, erklärt in öffentlichen Interviews, daß ›unser Schicksal in unseren Genen liegt‹. Zukunftsgerichtete Szenarien versprechen, daß die genetische Voraussage die Kontrolle über Verhalten und Krankheit erhöhen wird, und ein Genetiker verspricht, daß die derzeitigen Methoden zur Behandlung der Depression ›bald so primitiv erscheinen werden wie die traditionellen Grippemittel‹.«[282]

Galt einst Gott als Herr über das Schicksal und die Zukunft, so ist der genetische Code an diese Stelle gerückt. Hatte Descartes den menschlichen Körper mit der Uhr verglichen und Leibniz im Zahlensystem – oder der Universalmathematik – den Gottesbeweis gesehen,[283] so geht die Genetik davon aus, daß sich die der Natur inhärente Berechenbarkeit durch Experimente ›lesen‹ lasse. Tatsächlich ist die Experimentalwissenschaft jedoch nichts anderes als eine »Maschine zur Herstellung von Zukunft«, wie der Biologe und Nobelpreisträger François Jacob diagnostiziert hat.[284] Daß die ›Empirie‹ ihren eigenen Text programmieren kann, dafür sorgt heute vor allem der Computerchip, dessen Entwicklung von der Genetik nicht zu trennen ist und der nun im Genomprojekt einen neuen Kanon verfaßt.

»Es gibt in der Wissenschaft nichts, was dieser permanenten Vorgängigkeit der Repräsentation entginge, diesem ständigen Gleiten einer Repräsentation unter die andere, die damit gleichzeitig ihren eigenen Begriff unterläuft. Wissenschaftliche Probleme erzeugen Repräsentationsketten, die zwar einen gewissen formalen Zusammenhang aufweisen, die zumindest in Serien oder Sequenzen anzuordnen sind, deren Glieder jedoch keineswegs notwendigerweise in einer ›Beziehung von Ursache und Wirkung zueinander stehen‹ müssen, wie schon Claude Bernard, der große französische Biologe und Experimentalphysiologe des 19. Jahrhunderts, bemerkte. Ihre Aufeinanderfolge gehorcht weder einer deduktiven Logik noch einer physikalischen Kausalität.«[285]

Wie im christlichen Mittelalter der ›gelbe Fleck‹ des Juden, der zeitgleich mit der Transsubstantiationslehre eingeführt wurde, werden nun die Gene zu einem Mittel, zwischen ›uns‹ und ›den anderen‹ zu unterscheiden. Der ›moderne‹ Mythos lautet: »Die Genetik kann soziale Harmonie (die auf gemeinsamer Herkunft basiert) sowie soziale Unterschiede (die auf der Rasse beruhen) rechtfertigen. Genetische Erklärungen können das Individuum von Verantwortung für Handlungen freisprechen, aber die Gene des Individuums können auch dazu dienen, Schuld zuzuweisen. Der Rekurs auf Genetik kann Schicksal besagen – Glück im Spiel – oder ein moralisches Urteil aussprechen: Es gibt ›gute‹ und ›schlechte‹ Gene.«[286] Gibt es – dank des Gens – eine nachweisliche, biologisch definierte ›Erbsünde‹, so birgt das Gen auch, vergleichbar der Hostie, die Absolution, die Erlösung von der Schuld. Denn was die Gene vorbestimmt haben, darüber kann der Mensch nicht entscheiden. Behielt sich die Kirche das Recht vor, den ›Sünder‹ nicht in geweihter Erde zu bestatten und ihm damit auch das Recht auf Auferstehung und ewiges Leben zu verweigern, so sagt nun der Genetiker Francis Crick: »Kein neugeborenes Kind sollte zum Menschen erklärt werden, bevor es bestimmten Tests bezüglich seiner genetischen Veranlagung unterzogen worden ist. [...] Falls es diese Tests nicht besteht, verwirkt es das Recht auf Leben.«[287] Wird der einzelne im heiligen Abendmahl durch das gemeinsam verspeiste Opfer zu einem Teil des *Corpus Christi mysticum*, so garantiert auch die gemeinsame DNS die Zugehörigkeit zur menschlichen Art.

»In Rechtsstreiten über das Sorgerecht von Kindern spielt die genetische Verwandtschaft zunehmend eine wichtigere Rolle als emotionale oder soziale Bindungen.«[288] Die genetische Familie knüpft sowohl an die christliche Gemeinschaft des Blutes als auch an die säkularen Bilder vom ›Volkskörper‹ an, aus denen die Eugenik im 19. Jahrhundert hervorging. Die neuen Bilder der ›Blutsgemeinschaft‹ stellen einen radikalen Wandel gegenüber den Konzepten der Entwicklungspsychologie und der Psychiatrie in den 60er und 70er Jahren des 20. Jahrhunderts dar, in denen die Vorstellung dominierte, daß das soziale Umfeld und die emotionale Erfahrung mehr Einfluß auf die Entwicklung des Kindes bzw. auf psychische Erkrankung haben als die Erbanlagen. Diese Auffassung hatte sich durchgesetzt, nachdem der Nationalsozialismus der Welt die Konsequenzen einer ›praktizierten‹ eugenischen Logik vor Augen geführt hatte. Der Schrecken scheint nachgelassen zu haben.

Das heißt, man muß die rasante Entwicklung der Gentechnologie ab den 80er Jahren nicht nur als Folge neuer wissenschaftlicher Erkenntnisse begreifen, sondern diese ihrerseits als Folge eines neuen Denkens in Modellen des ›kalkulierbaren‹ biologischen und sozialen Körpers. Der Wandel zeigt sich nicht nur im Rechtsstreit über das Sorgerecht, sondern auch im Adoptionsrecht. Zunehmend wird das Recht adoptierter Kinder anerkannt, ihre biologische Herkunft zu erfahren,[289] wogegen nichts einzuwenden wäre, wenn adoptierte Kinder nicht zugleich als »unsichtbar« und als »phantasy people« beschrieben würden. So in einem Buch von 1994, in dem sich Betty Jean Lifton mit der Suche adoptierter Kinder »nach Ganzheit« beschäftigt. Sie seien »Leute ohne Ich«, weil sie von ihren biologischen Verbindungen, ihren »Seelengefährten«, abgeschnitten seien und ihre Gene nicht kennen.[290] *Psychology Today* verkündet, daß adoptierte Kinder weniger Selbstachtung hätten, weil sie ihre genetischen Wurzeln nicht kennen.[291] Kurz: in der Debatte ›nature versus nurture‹ hat die Natur wieder die Oberhand gewonnen. Allerdings handelt es sich dabei um eine ›Natur‹

»Kinder zu kaufen«, um 1900.

gentechnischer und computergesteuerter Art, bei der die ›Eltern‹ und ›Wurzeln‹ von der Maschine bestimmt werden. Sagt Christus zu seinen Jüngern: »Wer Vater oder Mutter mehr liebt als mich, ist meiner nicht wert. Und wer Tochter oder Sohn mehr liebt als mich, ist meiner nicht wert«[292] – eine Forderung, in der sich der Wunsch des Frühchristentums artikulierte, die genealogische Kette zu durchbrechen –, so erhebt nunmehr die Genetik Anspruch auf eine geistige (berechenbare) Elternschaft.

Im 20. Jahrhundert hat die DNS die Funktion übernommen, die das ›reine‹ und erlösende Blut für das Christentum hatte. So werden nun vom Gen auch ›Wunderheilungen‹ und ›große Durchbrüche‹ erwartet, die nicht nur die Heilung von Krebs und Herzkrankheiten bringen, sondern sogar Alterungsprozesse verhindern sollen. Wenn die Zeitschrift *Nature* im Jahre 1993 die Wissenschaftler vor einem voreiligen »Triumphalismus« im Zusammenhang mit den genetischen Entdeckungen warnt, so nur deshalb, weil die Enttäuschung dieser Erwartungen zu Unglauben, Mißtrauen und Ablehnung führen könnte.[293] Hier sei an die Debatten um die Transsubstantiationslehre erinnert und die jahrhundertelangen Bemühungen, die ihre Durchsetzung bei den ›Ungläubigen‹ erforderte. Es bedurfte der Visionen von Nonnen sowie vieler »Gregor-« und »Bolseno-Wunder«, bevor die Lehre anerkannt wurde. Eine ähnliche ›Aura‹ umgibt heute das Gen, an das es zu ›glauben‹ gilt. Wer nicht glaubt, wird zu den ›Verstockten‹ gerechnet, die die ›wahre Botschaft‹ noch nicht anzunehmen bereit sind.

Auf ein Wunder hoffen heute viele unfruchtbare Eltern. Mehr als eine Milliarde Dollar wird allein in den USA jährlich für ›infertility treatment‹ aufgebracht.[294] Und es soll auch die ›Frucht‹ selbst verbessert werden. 1980 wurde die erste Spermabank gegründet. Zwölf Jahre später gab es schon mehr als hundert in den USA, darunter auch eine Bank, die das Sperma von Nobelpreisträgern anbietet. Damit ist das Gen nicht nur zu einem Handelsobjekt geworden, sondern auch zu einer Ware, die *geistige* Vaterschaft verspricht, ein zutiefst christliches Konzept. Die genetische Forschung, die mit dem ›Recht auf Wurzeln‹ begründet wird, hat paradoxerweise auch zu anonymer Elternschaft geführt.

Daneben ist die Genwissenschaft auch vom Gedanken einer ›geschlechtslosen‹ Konzeption geleitet, auf deren christliche Herkunft kaum verwiesen zu werden braucht. Dank der Gentechnologie ist die ›Jungfrauengeburt‹ heute nicht mehr religiöses Dogma, sondern praktizierte Medizin:

»In Großbritannien soll erstmals ein Kind durch Jungfernzeugung geboren werden. Eine junge Frau, die noch keinen Geschlechtsverkehr hatte, wurde in einer Klinik von Birmingham künstlich befruchtet und suchte sich Haut-, Augen- und Haarfarbe des Samenspenders aus. Drei weitere Frauen, die ebenfalls ohne sexuellen Verkehr ein Kind empfangen wollen, werden für umgerechnet DM 500,– von der Klinik behandelt. Nach den Angaben des Hospitals steigt die Zahl der Frauen, die Jungfrau und Mutter in einem bleiben wollen.«[295]

Die Fortschritte der Genwissenschaft sind nicht das einzige Symptom für die ›Naturalisierung‹ des kollektiven Imaginären. Sie zeigt sich auch auf anderen Ebenen – und auch hier spielen Sexualbilder eine wichtige Rolle.

Der ›mütterliche‹ Kollektivkörper

»Wer ist also in unserer Geschichte die Mutter?« fragt Yerushalmi, der sich mit dem Verhältnis von Freud und seinem Vater beschäftigt: »Ich antworte schlicht und kühn – die Thora, die Lehre, die Offenbarung, die im Hebräischen grammatikalisch weiblich ist und im Midrasch mit einer Braut verglichen wird.«[296] Die Heilige Schrift als ›Mutter‹, der sich das ›Wort Gottes‹ eingeprägt hat: das entspricht auch vielen christlichen Darstellungen, in denen die Muttergottes als Matrix die Patrix der Vatersprache ›empfängt‹ oder die Ecclesia zum Vorbild für die Matrix der säkularen *imagined communities* wird. (Der aus dem Griechischen stammende Begriff der *ecclesia* bedeutet soviel wie ›politische Gemeinschaft‹ und wurde erst von Paulus zur ›Glaubensgemeinschaft‹ umdefiniert: Insofern enthält der Begriff von Anfang an eine weltliche Dimension.) Der Unterschied zur Thora als Mutter besteht jedoch darin, daß jene laut gelesen werden muß, während die christliche Matrix eine Tendenz zur ›Materialisierung‹ des geschriebenen Wortes aufweist. Die Geschichte des Gens ist dafür ein Beispiel. Ein anderes Beispiel sind die technischen Bilder des *immersive environments*, die in den modernen medialen Techniken (wie dem Kino) die ›Niederlassung im Mutterschoß‹ ermöglichen. Ein weiterer Ausdruck für die ›Verweiblichung des Kollektivkörpers‹ ist die Entstehung des modernen ›Mutter Staats‹.[297]

Wie schon Kirche und Glaubensgemeinschaft[298] nimmt auch die ›Nation‹ mütterliche Eigenschaften an:

»Was dem Liebenden das Auge ist – jenes besondere und doch gewöhnliche Auge, mit dem er oder sie geboren ist – das ist dem Patrioten die Sprache – welche Muttersprache auch immer ihm oder ihr die Geschichte hat zukommen lassen. In dieser Sprache, der man zum ersten Mal an Mutters Rockzipfel begegnet und von der man erst im Grab scheidet, wird die Vergangenheit wieder heraufbeschworen, werden Gemeinschaften vorgestellt und die Zukunft erträumt.«[299]

Anderson vergleicht den Nationalismus mit der ersten Liebe zur Mutter. Aber ist es nicht eher so, daß die Gemeinschaft selbst die Trägerin dieses ›Rocks‹ ist, an dessen Zipfel sich das ›Kind‹ hält? Nicht nur wegen der ›behausenden‹ Eigenschaften der Sprache, sondern auch wegen der ›Natürlichkeit‹ und ›Körperlichkeit‹, die die Gemeinschaft angenommen hat. Am deutlichsten werden die mütterlichen Eigenschaften des Kollektivkörpers bei der Entstehung des Sozialstaats im 19. Jahrhundert. Der soziale Wohlfahrtsstaat nahm auf vielen Ebenen ›elterliche Eigenschaften‹ an: Als Kontrollinstanz, wie Foucault sie beschrieben hat,[300] erscheint er als ›Vater Staat‹. Daneben zeigte er auch zunehmend das Gesicht der ›Mutter‹. Er übernimmt Aufgaben der Fürsorge – im Fall von Not und Bedürftigkeit –, die einst vom ›Landesvater‹ erwartet wurden. Diese Eigenschaften werden zunehmend als ›mütterlich‹ begriffen. An die Stelle der biologischen Generationenkette von Eltern zu Kind tritt der abstrakte ›Generationenvertrag‹: In den meisten Industrieländern wurde Ende des 19. Jahrhunderts die Rentenversicherung eingeführt.[301] Die Rentengesetze hatten zum Inhalt, daß – unabhängig von Verwandtschaftsverhältnissen – die aufeinanderfolgenden Generationen für die Versorgung der Kinder und der Alten verantwortlich sind. Die ›mütterlichen Eigenschaften‹ des Sozialstaats zeigen sich besonders deutlich daran, daß mit seiner Entstehung auch eine Fülle von neuen ›Frauenberufen‹ aufkommt, in denen Frauen – als Krankenschwestern, Sozialfürsorgerinnen, Kindergärtnerinnen etc. – Aufgaben übernehmen, die in traditionellen Gesellschaften Frauen obliegen. Nur geschieht es nun ›im Auftrag‹ des Staates; Frauen selbst werden somit auch zu den Agenten der *Mater*ialisierung des Kollektivkörpers. Parallel dazu entwickelt die ›Übermutter‹ mit der Eugenik auch ihre eigene ›Reproduktionsfähigkeit‹. Die Entwicklung der ›mütterlichen‹ Eigenschaften des Kollektivkörpers läßt sich – in Umkehrung – auch daran erkennen, daß der Hungerstreik in den modernen Industriestaaten zu einer der wichtigsten Waffen der innenpolitischen Auseinandersetzung wurde.[302] Eine solche Waffe kann nur in Überflußgesellschaften und in Gemeinschaf-

Der Brunnen der Regeneration auf den Trümmern der Bastille, 1793.
›Mutter Staat‹.

ten wirksam werden, die ihr Selbstverständnis in die mütterliche Versorgung und ›Behausung‹ ihrer Mitglieder gesetzt haben. Zugleich ist es kein Zufall, daß ausgerechnet die Suffragetten als erste kollektiv zur Waffe des Hungerstreiks griffen. An ihnen führte der Staat die ersten Zwangsernährungen der Geschichte des Abendlandes durch.

Die ›Verweiblichung‹ des Kollektivkörpers hatte zur Folge, daß das Bild des ›Mutter Staats‹ zunehmend das Bild der individuellen, leiblichen Mutter überlagerte. Freud hat die Entwicklung des ›Über-Ichs‹ als Internalisierung des Elternbildes beschrieben.»Im Laufe der individuellen Entwicklung wird ein Anteil der hemmenden Mächte in der Außenwelt verinnerlicht, es bildet sich im Ich eine Instanz, die sich beobachtend, kritisierend und verbietend dem übrigen entgegenstellt. Wir nennen diese neue Instanz das Über-Ich.«[303] Es fragt sich jedoch, ob das Über-Ich nicht eher als internalisiertes Elternbild *des Kollektivkörpers* zu definieren ist. Wenn man sich das Über-Ich nicht als innere Repräsentation der biologischen Eltern, sondern als die der ›kollektiven Eltern‹ vorstellt, so entspricht diese Verlagerung der Aneignung elterlicher Eigenschaften durch den Staat. Das bietet auch die Möglichkeit, die übermächtigen Formen zu begreifen, die das kollektive Imaginäre – als Nation, Sozialstaat oder auch als mediales Netzwerk – angenommen hat. Im letzten Kapitel wurde die Frage gestellt, warum zur Zeit des Nationalsozialismus einige Menschen zwischen dem imaginären und dem realen ›Juden‹ zu unterscheiden vermochten und andere nicht. Eine denkbare Antwort darauf lautet, daß dies in der Fähigkeit oder Unfähigkeit begründet war, zwischen den leiblichen (mithin sterblichen und fehlbaren) Eltern und den imaginären ›Eltern‹ zu differenzieren, die der (unsterbliche, unfehlbare) Kollektivkörper bildet. Dabei geht es nicht um das individuelle Verhalten der leiblichen Eltern oder um eine konkrete Vorbildfunktion, sondern um die *Differenzierung* zwischen den genealogischen und den ›kollektiven Eltern‹. Die Erfahrung, Teil einer genealogischen Kette zu sein, bringt die eigene Verletzlichkeit zum Bewußtsein. Das Christentum trat jedoch an, die genealogische Kette zu durchbrechen und durch eine imaginäre zu ersetzen; und dieses Bestreben scheint sich auf vielfältige Weise im Prozeß der ›Naturalisierung‹ des Kollektivkörpers zu wiederholen.

Freud bezieht sich bei der Entstehung des Über-Ichs weitgehend auf die kontrollierenden Instanzen, die in das Über-Ich einfließen, weniger auf den Aspekt der ›Fürsorglichkeit‹. Dennoch spricht er nicht von einer *väterlichen*, sondern von einer *elterlichen* Instanz. Die Entstehung des

Protest gegen die Zwangsernährung der Suffragetten, Wahlplakat 1911.

Über-Ichs habe einen Triebverzicht zur Folge, aber auch einen Lustgewinn, eine Ersatzbefriedigung:

»Den Mechanismus dieses Lustgewinns glauben wir zu verstehen. Das Über-Ich ist Nachfolger und Vertreter der Eltern (und Erzieher), die die Handlungen des Individuums in seiner ersten Lebensperiode beaufsichtigt hatten; es setzt die Funktionen derselben fast ohne Veränderung fort. Es hält das Ich in dauernder Abhängigkeit, es übt einen ständigen Druck auf dasselbe aus.«[304]

Aber ist es nicht so, daß bei der Entstehung des Über-Ichs neben der kontrollierenden Funktion auch die fürsorgliche eine wichtige Rolle spielt? Damit würde sich der Lustgewinn (oder die Ersatzbefriedigung) nicht nur durch den ›Stolz‹ auf eine ›wertvolle Leistung‹ erklären, sondern auch durch die Verinnerlichung der Sicherheit, die die Fürsorge und ›Mütterlichkeit‹ im Sinne von Geborgenheit beinhaltet. Das setzt allerdings voraus, daß das Über-Ich tatsächlich als das internalisierte Spiegelbild einer *kollektiven* Instanz begriffen wird. Daß diese kollektive Instanz als mütterlich und lustvoll erlebt werden kann, haben wir am Beispiel der *immersive environments* gesehen. Schon aus Gründen ihres zeitgleichen Entstehens scheint es legitim, in dieser Hinsicht das Kino mit dem Sozialstaat zu vergleichen.

›Reparenting‹ – übersetzt: ›Umeltern‹ oder ›mit neuen Eltern versehen‹ – lautet das Schlagwort, unter dem heute die Behandlung von dissoziativen Identitätsstörungen steht.[305] Bei den Patienten handelt es sich überwiegend um Frauen. Abgesehen davon, daß viele Beobachter das Krankheitsbild, das manchmal auch ›Syndrom der Multiplen Persönlichkeit‹ genannt wird, als iatrogen, d.h. vom Therapeuten oder der Umwelt suggeriert,[306] wenn nicht gar aufgezwungen[307] betrachten, ist die vorgeschlagene Therapie des ›Reparenting‹ sehr aufschlußreich. Nach der ›Umerziehung‹, dem großen pädagogischen Projekt der Aufklärung, steht jetzt das tiefergehende, die Emotionen und Bindungen betreffende, gleichsam die Ebene des Imaginären erreichende ›Umeltern‹ an. Mit seiner Hilfe soll das erreicht werden, was in der Therapie auch die ›Integration‹ des Individuums genannt wird. Mit ›Integration‹ ist die Wiederzusammenführung der dissoziierten Identitäten und Ichs gemeint. Aber das Wort ist nicht minder aufschlußreich als der Begriff des ›Reparenting‹. Beide Begriffe deuten auf eine Form von ›Therapie‹, die die Verlagerung von den biologischen zu den kollektiven ›Eltern‹ beinhaltet.

Schon im 18. Jahrhundert, lange vor der Entstehung des modernen

Sozialstaates, war ein neues ›Mutterbild‹ entstanden, als dessen wichtigster, aber keineswegs einziger Propagandist Jean-Jacques Rousseau gelten darf: Es wurde prägend für Generationen von Frauen, die in der ›Mütterlichkeit‹ ihre Berufung zu sehen begannen.[308] Dieses Mütterlichkeitsideal, das sich auf die einzelne Frau bezog, überlagerte sich mit dem Bild der ›kollektiven Mutter‹, so daß die Grenzen zwischen ›Mutter Staat‹ und leiblicher Mutter undeutlich wurden. Das hatte wiederum Rückwirkungen auf die Wahrnehmung der leiblichen, biologischen Mutter. Eben weil er abstrakt und kollektiv ist, ist der ›Mutter Staat‹ übermächtig und überfürsorglich. Doch die Kritik an dieser Überfürsorglichkeit richtet sich nicht gegen ihn, sondern gegen die *individuellen* Mütter. Das findet u.a. in dem paradoxen Phänomen seinen Ausdruck, daß einerseits hohe Anforderungen an die ›Mütterlichkeit‹ der leiblichen Mütter gestellt werden, andererseits aber den Müttern vorgeworfen wird, durch ihre Überfürsorglichkeit psychische Störungen bei ihren Kindern herbeizuführen. Die neuere Psychiatrie, die sich dieser Paradoxie bewußt ist, hat dafür den Begriff des ›mother blaming‹ oder gar ›mother bashing‹ eingeführt. Am deutlichsten zeigt sich das Phänomen an den modernen Eßstörungen, die vor allem junge Frauen betreffen und zumeist als Auflehnung der Töchter gegen eine übermächtige Mutter interpretiert werden. Nicht durch Zufall entstand dieses Krankheitsbild in den Industrieländern und kamen die ersten Fälle fast zeitgleich mit der Entstehung des Sozialstaates auf. So bietet es sich an, die Auflehnung gegen die Mutter als eine Auflehnung gegen das Verschwimmen der Grenzen zwischen der leiblichen Mutter und der kollektiven Mutter zu begreifen. Im folgenden Abschnitt soll die Geschichte weiblicher Eßstörungen in ihrem Zusammenhang mit der Entwicklung des westlichen Kollektivkörpers gelesen werden. In den ›Frauenkrankheiten‹ offenbart sich die Kehrseite der Geschichte des Fortschritts und der Naturalisierung des kollektiven Imaginären.

Kollektivkörper und weibliche Nahrungsverweigerung

Das Wort ›Kompanie‹ – und davon abgeleitet: die ›Kumpanei‹ oder französisch *copain* (Kamerad) – leitet sich vom lateinisch/französischen Wort für Brot *(pane, pain)* ab. Es handelt sich um eine Tischgemeinschaft; und aus dieser als ›rein‹ und männlich konzipierten ›Kompanie‹, die auch eine Form von Norm und Gemeinschaftskörper darstellt, ist der weibliche Körper ausgeschlossen: Das entspricht seiner symbolischen Funktion als ›Anomalie‹ des Gemeinschaftskörpers. Als Speise oder als Brot, das gemeinsam verzehrt wird, ist der weibliche Körper jedoch nicht ausgeschlossen. Wir haben weiter oben gesehen, wie eng die Einnahme der Hostie – das Opfer des Herrn, dessen Verzehr die Vereinigung mit Gott bedeutet – mit der Einswerdung der Geschlechter zusammenhängt. In der Nahrungs*verweigerung*, die in der abendländischen Geschichte weiblicher Verhaltensmuster eine wichtige Rolle spielt, scheint sich die weibliche Verweigerung dieser Gleichsetzung auszudrücken.

Die Legende der heiligen *Wilgefortis* erzählt folgende Begebenheit: Wilgefortis war die siebte Tochter des Königs von Portugal – eines tyrannischen Herrschers, der wegen seiner Grausamkeit gefürchtet war. Als Wilgefortis zwölf Jahre alt wurde, versprach ihr Vater die Hand seiner Tochter einem sizilianischen Sarazenenfürsten. Wilgefortis hatte sich geschworen, ihr Leben nicht einem Mann, sondern Gott zu weihen – ein Wunsch, der, nach einigen Versionen der Legende zu schließen, mit den ›inzestuösen Aufmerksamkeiten‹ ihres Vaters zusammenhing. Um ihrer Weigerung zu heiraten Nachdruck zu verleihen, unterwarf sich Wilgefortis einer strengen Askese und nahm kaum mehr Nahrung zu sich. Gleichzeitig betete sie zu Gott, er möge sie aller Schönheit berauben. Gott erhörte sie: Er ließ ihr einen Bart wachsen. Der Bräutigam zog sich zurück, verständlicherweise. Wilgefortis' Vater aber ließ seine widerspenstige Tochter ans Kreuz schlagen. Am Kreuz betete sie, daß die Menschen der »Passion gedenken mögen, der alle Frauen unterworfen sind«. [309]

Die Legende um Wilgefortis muß irgendwann zwischen 700 und 1000 unserer Zeitrechnung entstanden sein. Lange Zeit blieb der Kult auf Portugal beschränkt. Ab 1200 aber breitet er sich auch auf andere Länder Europas aus – d. h. er gewinnt an Bedeutung zeitlich parallel zu der von Brian Stock beschriebenen Verwandlung der oralen Gesellschaft in eine Gesellschaft der Schrift –, eine Verwandlung, die einerseits die Festigung der Macht der Kirche und andererseits die allmähliche Herausbildung eines ›sakralisierten‹ Königtums implizierte. Bald danach sollten sich die Transsubstantiationslehre und das Dogma von der Unauflösbarkeit der Ehe durchsetzen. In einigen Gebieten Deutschlands und Österreichs taucht die heilige Wilgefortis als *Heilige Kümmernis* auf, in Spanien als *St. Liberata* und in den Niederlanden als *St. Ontkommena*. [310] Der Name Wilgefortis selbst ist eine Ableitung aus

Die heilige Kümmernis, Fresko, ca. 1400, Bozen.

dem Lateinischen: *virgo fortis* (die starke Jungfrau). Schließlich kam der Kult auch nach England, wo aus Wilgefortis *St. Uncumber* wurde: eine Heilige, zu der Frauen beteten, die unter schwierigen oder tyrannischen Ehemännern zu leiden hatten. Sie erhofften sich Unterstützung von *St. Uncumber*, die ihrem Vater und einem potentiellen Ehemann widerstanden hatte: ›to *un*cumber‹, so die etwas ungewöhnliche Wortschöpfung für diesen Widerstand (die Inversion von englisch *encumber* = bedrängen; französisch *encombrement* = Bedrängnis, Enge). Eine Statue der bärtigen heiligen Uncumbra ist heute noch in Westminster Abbey zu besichtigen – in der von Heinrich VII. erbauten *Lady's Chapel*.

Die Legende der heiligen Wilgefortis ist in mehr als einer Hinsicht interessant: Sie verweist auf ein frühes (aber keineswegs das früheste bekannte[311]) Beispiel einer jungen Frau, die sich durch Nahrungsverweigerung einer Zwangsheirat widersetzt. Sie stellt den Zusammenhang zwischen inzestuösen Übergriffen und dem Wunsch her, der Sexualität zu entsagen; und sie verweist auf die enge und zum Teil paradoxe Beziehung zwischen der weiblichen Nahrungsverweigerung und der christlichen Idealisierung des Martyriums: Schon der Tatsache, daß Wilgefortis gekreuzigt wird und von der »Passion aller Frauen« spricht, ist zu entnehmen, daß es sich hier um eine Erlösungsmetapher handelt. Allerdings gibt es einen prägnanten Unterschied zwischen diesem ›Erlösungstod‹ und dem Tod des christlichen Heilands. Der Sohn Gottes opfert sich für die Menschheit: Der Gläubige empfängt die Gnade der Erlösung, indem er beim Meßopfer das Blut trinkt, das aus den Wunden des Heilands fließt, und sich so mit dem Herrn vereint. Im Fall von Wilgefortis (die sehr oft als eine ›weibliche Christusgestalt‹ dargestellt wurde) scheint hingegen die ›Erlösung‹ darin zu bestehen, daß *keine Vereinigung* stattfindet und daß das Blut aus der ›Wunde‹ der Frau versiegt: Eine der deutlichsten Folgen weiblicher Nahrungsverweigerung besteht im Ausbleiben der Menarche bzw. dem Versiegen der Menstruation.

Die ›heilige Anorexie‹

Daß Eßstörungen unter jungen Frauen nicht neu sind und keineswegs nur mit der Moderne zusammenhängen, das zeigen viele Untersuchungen, die sich mit den fastenden Frauen der Klöster befassen: Frauen, die wegen ihrer asketischen Lebensweise – und dazu gehörte vor allem die Nahrungsverweigerung – als Heilige verehrt wurden.[312] Der Historiker und Mediävist Rudolph Bell, der sich vor allem mit den Zeugnissen italienischer Klosterfrauen des 13. Jahrhunderts beschäftigt hat, weist darauf hin, daß fast die Hälfte der weiblichen Heiligen dieser Zeit ›anorektische‹ Verhaltensmuster zeigten. (Er zählte insgesamt 42.) Schon lange vorher war mit dem Ideal des ›engelhaften‹ Leibes ein Ideal weiblicher Religiosität entstanden, das eng mit der Nahrungsverweigerung zusammenhing.[313] Die Nahrungsverweigerung verfolgte nun jedoch ein anderes Ziel: Richtete sie sich bei den frühchristlichen Frauen gegen die Tradition der Antike, so war mit der Nahrungsverweigerung der Klosterfrauen des Hochmittelalters die Geschlechterordnung der Kirche gemeint.

Bell entwirft von den »heiligen Anorektikerinnen«, wie er sie nennt, ein klinisches Bild, das er von den klassischen Lehrmeinungen der modernen Psychologie und Psychiatrie über die Anorexie ableitet. Es handelt sich also um eine Rückprojektion moderner Theorien auf das 12. und 13. Jahrhundert und beinhaltet dabei eine ›Psychologisierung‹ des Verhaltens, die die geistigen und sozialen Hintergründe aus dem Blickfeld rückt. Dieses Interpretationsmuster ist fragwürdig. Vielmehr ist die Essensverweigerung dieser Heiligen in engem Zusammenhang mit der Geschichte der Kirche und einer damit einhergehenden spezifischen Form von weiblicher Religiosität zu sehen. Ein Blick in die Hagiographien zeigt, daß die einzige Möglichkeit für Frauen, den Heiligenstatus zu erlangen, in einem Verzicht auf Körperlichkeit bestand: entweder durch die Bewahrung der Jungfräulichkeit oder, stellvertretend für die Keuschheit, durch die Nahrungsverweigerung. Männliche Heilige hingegen fanden auch durch ›Taten‹ – vor allem durch die Mission – Eingang in die Hagiographien. Für den Mann bedeutete das Klosterleben die Verweigerung des umgebenden Alltags, weltlicher Macht und Reichtümer. Der ›heilige Einsiedler‹ war die Idealgestalt vieler Mönchsklöster, zumindest bis ins 7. Jahrhundert. Für die Frau hingegen stellte das Kloster eine Möglichkeit dar, geistiger Tätigkeit nachzugehen und sich einer kulturellen Codierung des weiblichen Körpers zu entziehen, die diesen zum ›Leib‹ männlicher Geistigkeit erklärt hatte.

Im Fasten ist laut Bell einer der grundlegenden Unterschiede zwischen männlicher und weiblicher Askese im Mittelalter zu suchen: Während Mönche fasteten, um sich von der Sünde zu ›reinigen‹, die sich *außerhalb* ihres Körpers befand (mit dieser ›Sünde‹ war alles Weltliche gemeint, vor allem aber die Unreinheit, die der Umgang mit Frauen brachte), fasteten Frauen, um sich vom eigenen, vom weiblichen Körper zu befreien.[314] So gibt es kaum Beispiele eines männlichen Fastens ›bis zum Tode‹, während der Tod oft als das eigentliche Ziel weiblichen Fastens erscheint. Das Fasten bedeutete für den Mönch, den »Geist zu stählen für den Kampf zur Verteidigung des Glaubens«.[315] Für die Frauen hieß das Fasten hingegen ›Vergeistigung‹ und Überwindung der mit Weiblichkeit gleichgesetzten Fleischlichkeit. Zugleich entsprach die Nahrungsverweigerung auch einer Auflehnung gegen das christliche Vereinigungsideal: Die Verweigerung der Ehe war der häufigste Grund für den freiwilligen Eintritt ins Kloster und die Fastenrituale.

Das bekannteste Beispiel einer ›heiligen Anorektikerin‹ ist Katharina von Siena. Mit den Worten »Ich muß Gott dienen, nicht Männern!« verkündete sie ihrem Vater und ihren Brüdern den Entschluß, sich den Heiratsplänen der Familie zu widersetzen.[316] Es dauerte lange, bis die Familie ihr Einverständnis zum Eintritt ins Kloster gab. Durch das Fasten erhöhte Katharina von Siena den Druck auf ihre Familie. Nicht die Nahrungs*aufnahme*, sondern die Nahrungs*verweigerung* symbolisierte für sie und andere Frauen die Vereinigung mit Gott. Beim Lesen der Zeugnisse, die die fastenden Klosterfrauen hinterlassen haben, kann man sich allerdings des Eindrucks nicht erwehren, daß Gott für manche auch zum ›Instrument‹ wurde, dem Mann das Verfügungsrecht über den weiblichen Körper zu entziehen. So widersetzte sich Katharina von Racconigi (die ebenfalls durch Nahrungsverweigerung zur Heiligen wurde) mit Erfolg den Anordnungen des Dominikanerordens, dem sie unterstand. Als das Oberhaupt des Ordens sie aufforderte, in ihre Heimatstadt zurückzukehren (aus der sie vorher vertrieben worden war), schrieb sie:

> »Vater, ich bin eine gehorsame Tochter, und ich habe mich durch mein Gelübde verpflichtet, bis zum Tode allen Gesetzen meines Ordens zu folgen – aber es gibt Dinge, zu denen mich das Gesetz nicht verpflichtet; und in diesem Fall will ich nicht gehorchen. Da [...] diese Rückkehr gegen den ausdrücklichen Willen Gottes geschähe, der nicht will, daß ich wieder in meiner Heimat lebe, so mögen Sie mir verzeihen, aber ich komme nicht heim.«[317]

Daß es bei einer solchen Verweigerung kirchlicher Befehle auch um weibliche Selbstbestimmung ging, das zeigt nicht zuletzt die Verehrung der Bevölkerung für die asketischen Klosterfrauen, die noch zu Lebzeiten als Heilige verehrt wurden. Als Umiliana de' Cerchi, die sich einer strengen Fastenordnung verschrieben hatte, am 19. Mai 1246 starb, verbreitete sich die Nachricht wie ein Lauffeuer über Florenz. Eine Menschenmenge versammelte sich vor dem Haus der Verstorbenen und trug sie im Triumphzug zur Kirche Santa Croce. Auf dem Weg wurden die Kleidung und sogar der Leichnam selbst von der Bevölkerung in Fetzen gerissen und als eine Art von ›Reliquie‹ in Gewahrsam genommen. Nur der Kopf der Verstorbenen konnte noch in der Nähe des Altars bestattet werden.[318]

Das Fasten als ›Kloster im Kopf‹

Auch außerhalb der Klöster gab es viele ›fastende Frauen‹. Für sie wurde die Nahrungsverweigerung in vielleicht noch größerem Maße zum Instrument einer Verweigerung der symbolischen Geschlechterordnung und zum Mittel, geistige Unabhängigkeit zu erringen. Das Fasten mußte gleichsam die schützenden Mauern des Klosters *ersetzen*. Bevor der Vater und die Brüder dem Wunsch der Katharina von Siena, in ein Kloster einzutreten, nachgaben, suchte sie im Fasten und in der Selbstkasteiung einen Ersatz. Ihrem Beichtvater erklärte sie: »Es genügt, dir eine Zelle im Kopf zu bauen, aus der du nie ausbrechen kannst.«[319] Für die fastenden Frauen bot die Nahrungsverweigerung eine Möglichkeit, ›Mauern um das Ich zu bauen‹ – Mauern, die das Ich gegen den eigenen Ausbruch wie auch gegen das Eindringen der anderen schützen sollten. Dieser Aspekt hat viel gemein mit der modernen Magersucht, die zugleich Auflehnung gegen die ›feste Burg‹ Familie *und* die Konstruktion einer Festung um das Ich darstellt.[320] In beiden Fällen geht es um die Abgrenzung des individuellen weiblichen Körpers gegen den Kollektivkörper und die unterschiedlichen Weiblichkeitsdefinitionen, die er hervorbrachte.

Die Essensverweigerung als ›Kloster im Kopf‹, als Ersatz für das Leben hinter schützenden Mauern? Der Eindruck verstärkt sich, folgt man der weiteren Entwicklung. Schon ab dem 14. Jahrhundert verbreitete sich das Fasten immer mehr unter Frauen außerhalb der Klöster. Bis zur Reformation, so schreibt Bell, ging der Anteil an ›Anorektikerinnen‹ unter den weiblichen Heiligen zurück, aber der Einfluß des »anorektischen Modells« breitete sich aus: »Die heilige Anorexie verließ das Kloster und ließ sich in den Häusern nieder – fast die Hälfte aller italienischen Heiligen des 14. und 15. Jahrhunderts sind nie Nonnen gewesen.«[321] Die ›heilige Anorexie‹, so könnte man aber auch sagen, ließ sich in dem Maße in den Häusern nieder, wie auch Gott aus der Kirche in das ›Herz‹ des einzelnen wanderte. Diese Verlagerung Gottes ›nach innen‹ – in Form von ›Gewissen‹ oder ›Pünktlichkeit‹ – vollzog sich mit der Reformation.[322] (Vermutlich würde eine Untersuchung unter dem

Aspekt der Religionszugehörigkeit auch ergeben, daß die ›säkulare Anorexie‹ zunächst vorwiegend in protestantischen bzw. reformierten Gegenden aufgetaucht ist.) Die Ausbreitung der Anorexie auf die weltliche Gemeinschaft entspricht zeitlich der allmählichen Verweltlichung und ›Naturalisierung‹ des Gemeinschaftskörpers, die u. a. im Aufkommen des Begriffs ›Nation‹ für die Staatsgemeinschaft und später in der Herausbildung von deren ›mütterlichen‹ Eigenschaften ihren Ausdruck fand.

Die Kirche versuchte, der Ausbreitung des Fastens durch strenge Kontrollen Herr zu werden. Verweigerte eine Frau die Nahrung, so hatte sie ebenso viele Chancen, der Besessenheit durch den Teufel beschuldigt wie heiliggesprochen zu werden. Es gab sogar mehrere fastende Frauen, die hingerichtet wurden, weil sie sich des ›heimlichen Essens‹ schuldig gemacht hatten.[323] Berühmt wurde der Fall der Anna Lamenittia aus Augsburg im Jahre 1513. Von ihr hieß es, sie habe im Alter von zwei bis achtzehn Jahren keine Nahrung zu sich genommen. Unter ihren Zeitgenossen glaubten manche, sie verfüge über Wunderkräfte. Genau das beunruhigte den Klerus. Die Kirche ließ die junge Frau in ein Kloster bringen, das der Schwester Kaiser Maximilians I. unterstand. Dort wurde sie Tag und Nacht beobachtet und schließlich des ›verstohlenen Essens‹ überführt. Sie gestand und wurde aus Augsburg verbannt. Fünf Jahre später wurde sie in Freiburg als Ehebrecherin ertränkt.[324] Offenbar übte Anna Lamenittia auf ihre Zeitgenossen immer noch eine große Anziehungskraft aus: Eine Aura umgab sie, die nur durch eine weltliche Beschuldigung wie Ehebruch aufzuheben war. (Auf eine ähnliche Weise bemühten sich auch die kirchlichen Gerichte, die Aura, die die Figur der Jeanne d'Arc umgab, zu zerstören, indem sie ihr den Verlust der Jungfräulichkeit nachzuweisen versuchten.[325])

Dank der Verbreitung des Buchdrucks liegen über die Fälle der ›fastenden Jungfrauen‹ des 16. Jahrhunderts eine ganze Reihe von Berichten vor, die die allmähliche Verweltlichung der ›heiligen Anorexie‹ deutlich machen.[326] Diese Schriften zeigen, daß sich neben dem kirchlichen auch ein medizinisches Interesse am weiblichen Fasten zu regen begann. In den medizinischen Schriften tauchen schon einige der Grundmuster auf, die auch für den Umgang mit der modernen Anorexie bezeichnend sind. Vielen Ärzten des 16. Jahrhunderts ging es vornehmlich darum, nachzuweisen, daß die ›fastenden Jungfrauen‹ Schwindlerinnen seien und heimlich Nahrung zu sich nähmen.[327] Sie verfolgten dabei ein anderes Ziel als der Klerus, der dem Auszug des Heiligen aus dem *hortus conclusus* der Kirche Einhalt zu gebieten versuchte. Den Ärzten ging es darum nachzuweisen, daß kein Mensch von der Hostie allein leben kann. Auf diese Weise sollte der Glaube an Wunderkräfte zerschlagen werden, auf dem nicht nur die Aura dieser Mädchen, sondern auch die Macht der Kirche beruhte. Es handelte sich also um eine Variante des Machtkampfs zwischen Kirche und Aufklärung, wie er sich im 18. Jahrhundert noch sehr viel deutlicher zeigen sollte – und dieser Machtkampf wurde u. a. auf dem Territorium des Körpers der ›fastenden Frauen‹ ausgetragen. Die Taxierung des weiblichen Körpers war jedoch sehr ähnlich bei Klerus und Ärzteschaft: Sowohl die Träger der transzendenten wie die der säkularen ›Heilslehren‹ zeigten ein tiefes Mißtrauen gegenüber der weiblichen Nahrungsverweigerung – und dieses Mißtrauen hat sich bis heute gehalten.

Die Vorstellung, daß sich hinter der Nahrungsverweigerung von Frauen eine Form von ›Verlogenheit‹ verbergen könnte, manifestierte sich in den scharfen Prüfungen, denen die Kirchenmänner oder Ärzte die ›fastenden Mädchen‹ unterwarfen. Heute zeigt sie sich in Aussagen wie dieser: »Es ist eine wohlbekannte Tatsache, daß Magersüchtige selten, wenn überhaupt die ganze Wahrheit sagen« – so das Verdikt einer bekannten italienischen Anorexie-Therapeutin.[328] Hinter diesem Vorwurf der ›Verlogenheit‹ verbirgt sich ein Schema, das eng mit den Vorstellungen jedes Zeitalters von weiblicher ›Andersartigkeit‹ und ›Anomalie‹ zusammenhängt: Ihr, die fastenden Frauen, so besagt das Deutungsmuster, verweist auf ein ›falsches Sein‹, das nicht der ›wahren Weiblichkeit‹ entspricht. In dieser Spaltung zwischen der ›wahren‹ und ›falschen‹ Weiblichkeit spiegelt sich die Dichotomie zwischen dem ›guten‹, ›reinen‹ Blut der Märtyrer und dem ›schlechten‹, ›unreinen‹ Blut des weiblichen Körpers (Menstruation) wider, von der weiter oben die Rede war. Die Tatsache, daß hinter der Nahrungsverweigerung zunächst Schwindel und Verstellung vermutet werden, deutet auf ein Paradoxon hin: Es wird zwar nicht bestritten, daß in der Nahrungsverweigerung von Frauen etwas spezifisch ›Weibliches‹ zum Ausdruck kommt – aber dieses spezifisch ›Weibliche‹ wird zugleich als ›Unwahrheit‹ bezeichnet.

Durch den Topos der Verlogenheit läßt sich die Frage nach einer ›weiblichen‹ Motivation für die Nahrungsverweigerung umgehen. Sowohl in der Vergangenheit als auch heute sind nur sehr unbefriedigende Erklärungen dafür zu finden, warum das Fasten (das ›heilige‹ der mittelalterlichen Klosterfrauen wie das ›kranke‹ der heutigen Anorektikerinnen) weit mehr Frauen und Mädchen betrifft als Männer und Knaben. Die Ärzte der Vergangenheit erklärten sich diese Tatsache mit der im *corpus hippocraticum* getroffenen ›Feststellung‹, daß »das Fasten für Knaben schwieriger ist als für Mädchen«.[329] Heute werden oft Vorstellungen über das Schlankheitsideal oder das Modediktat, dem sich Frauen angeblich so leicht unterwerfen, als Erklärung für weibliche Nahrungsverweigerung vorgebracht. Oder es ist die Rede davon, daß sich dahinter die ›Angst, erwachsen zu werden‹, oder die ›Ablehnung der Frauenrolle‹ verberge.[330] Fragt man jedoch, warum in den modernen Industriestaaten eine solche Angst oder Verweigerung so auffallend zugenommen haben soll, so werden als Erklärung die ›Ich-Schwäche‹ der jungen Frauen oder gar Selbstzerstörungswünsche angeführt.[331] Ein solches Erklärungsmuster entspricht zwar der Vorstellung von weiblicher ›Anfälligkeit‹, die im 19. Jahrhundert zur ›weiblichen Natur‹ erklärt wurde, steht aber in völligem Gegensatz zur allgemeinen Charakterisierung der ›typischen Anorektikerin‹. Bei Selvini Palazzoli ist zu lesen, daß sich die Magersüchtigen durch besondere Willensstärke, Energie, Leistungsfähigkeit, Intelligenz, geistige Regheit auszeichnen.[332] Andere Therapeuten beschreiben sie als Menschen von »starker, explosiver, untergründiger Vitalität«. Es wird ihnen eine »leidenschaftliche, wenn auch unterdrückte Liebe zum Leben« nachgesagt.[333] Das sind Beschreibungen, die sich schwerlich mit ›Ich-Schwäche‹, einem Selbstzerstörungswunsch oder Selbstzweifeln in Deckung bringen lassen.

Schließlich sind solche Erklärungsmuster, die auf Ansätzen der Ich-Schwäche beharren, auch deshalb unbefriedigend, weil der geistesgeschichtliche Hintergrund der Symptombildung aus dem Blickfeld verschwindet. Allein die Tatsache, daß *ein* Zeitalter das weibliche Fasten in den Bereich der Heilslehre, das *andere* aber in den Bereich der ›Krankheit‹ verweist, sollte nachdenklich stimmen und den Blick von der Symptombildung auf die Interpreten lenken. Auch die Tatsache, daß dieser Wandel der Umkehrung entspricht, die sich in der Geschichte der Sexualität vollzogen hat, sollte zu denken geben: Wurde geschlechtliche Lust im Christentum gerne mit dem Stigma der ›Sünde‹ behaftet, so wird sie heute mit ›Gesundheit‹ und ›Normalität‹ gleichgesetzt – gerade bei Frauen, die am deutlichsten unter dem Anspruch der sexuellen Leistungsgesellschaft stehen. Diese Umwertung der Sexualität entspricht wiederum der historischen Entwicklung des Gemeinschaftskörpers, der mit seiner ›Naturalisierung‹ zunehmend ›sinnliche‹, ›weibliche‹ Gestalt annahm. Auf einen sozial- und kulturgeschichtlichen Hintergrund deu-

Schweizer Schule, Das Martyrium der heiligen Agathe, 1473. ›Weibliche Opferbereitschaft‹.

tet schließlich auch die Tatsache hin, daß die ›moderne Anorexie‹ zuerst in den Industrieländern des 19. Jahrhunderts auftauchte,[334] die allesamt aus der Tradition des Christentums hervorgegangen sind. Damit soll nicht eine individuell-psychologische Prädisposition zur Magersucht bestritten werden, mit dem Konzept der ›Ich-Schwäche‹ ist diese Erscheinung jedoch schwerlich zu fassen.

Rudolph Bell schließt aus der Entstehung und Ausbreitung der ›säkularen Anorexie‹, daß sich um die Zeit der Renaissance eine Auffassung weiblicher ›Heiligkeit‹ als Konsequenz von Opferbereitschaft *und* Willensstärke durchzusetzen beginnt:

>»Die heiligen Frauen konnten nicht mehr als passives Gefäß göttlicher Gnade betrachtet werden, das der männlichen Führung bedurfte. Das Bild der Frau als Objekt, das über keine innere Spiritualität verfügt, wurde vom Bild der Frau als Subjekt ersetzt, als Herrin ihres Schicksals. Eine lebendige, mächtige Alternative zu den beiden Marias, der Jungfrau und der konvertierten Prostituierten, hatte sich durchgesetzt.«[335]

Die Verbreitung des ›anorektischen Modells‹ läßt sich auch anders interpretieren: Nicht weibliche Opferbereitschaft und Willensstärke wurden anerkannt, sondern die Opferbereitschaft war *zu einem Teil des weiblichen Willens geworden.* So wie mit der Renaissance und der Reformation ›Gott nach innen genommen‹ wurde, begann auch die Opferbereitschaft das weibliche Selbstbild, ja die Libido von Frauen zu prägen. Damit wurden Frauen selbst zu den Agenten einer ›Verweiblichung‹ des Kollektivkörpers, und dieser Prozeß spiegelt sich u. a. in der Tatsache wider, daß mit der Säkularisierung auch die Opferbereitschaft des ›Erlösers‹ auf das Bild der Frau übergeht. Hatte eine ›Dämonisierung‹ des weiblichen Blutes stattgefunden, die es erlaubte, die weibliche Fruchtbarkeitssymbolik auf den Kollektivkörper zu übertragen, so wirkte dieses kollektive Bild wiederum zurück und führte zur Idealisierung weiblichen Opferwillens.

Die Säkularisierung des ›Opfertodes‹
Eine der Begleiterscheinungen des sich zunehmend verweltlichenden Christentums bestand in der Säkularisierung der Idee der ›Erlösung‹. »Der üppige Gebrauch, den die Neuzeit in Alltagssprache, Moral, Politik, Juristerei und vor allem Militärwesen von dem Wort ›Opfer‹ macht, ist m. E. nur aus der Tradition der christlichen Opfertheologie zu erklären.«[336] Dieser Gebrauch zeigt sich auf vielen Ebenen: etwa im ›Opfertod‹ des Soldaten am ›Altar‹ des Vaterlandes[337] – ein Opfer-

tod, dem eine christlich gefärbte Sakralisierung der Nation, des Staates, der Partei oder anderer politischer Gemeinschaften vorausgegangen war, die damit die Funktion einer Heilsgemeinschaft annahmen. Die Verweltlichung des Opfertodes zeigt sich auch an der Rolle, die der Weiblichkeit in der säkularen Gesellschaft zugewiesen wird. (Das Wort ›Opfer‹ wird hier *nicht* im Sinne einer Gegenüberstellung von ›Täter‹ und ›Opfer‹ benutzt, sondern bezieht sich auf die christliche Tradition des ›Blutopfers‹, das Erlösung bringt.)

Um etwa 1800, also mit der allgemeinen Durchsetzung des Säkularisierungsprozesses, taucht in der Literatur und den bildenden Künsten eine Fülle von Frauengestalten auf, die Elisabeth Bronfen so treffend mit dem Begriff der ›Schönen Leiche‹ umschrieben hat.[338] Es sind Frauengestalten, die eine frappierende Ähnlichkeit mit der Gestalt des Erlösers aufweisen: Frauen, die geopfert werden oder die sich selbst opfern, damit ein Mann die Erlösung findet. Die Erringung der Unsterblichkeit, die im christlichen Kontext an den Kollektivkörper geknüpft ist, verbindet sich im 19. Jahrhundert zunehmend mit dem weiblichen Opfer. Erlangt der Christ durch den Opfertod des Heilands Anrecht auf das ewige Leben, so erwirbt der säkulare Christ – als Dichter, Künstler oder Wissenschaftler – durch den Tod der Geliebten eine irdische, künstlerische Unsterblichkeit. Hierin liegt der entscheidende Unterschied zwischen dem ›Selbstopfer‹ des ›Helden‹ (für das Vaterland) und dem der ›Geliebten‹: Während der gefallene Soldat durch seinen Opfertod als ›Glied‹ des Kollektivkörpers Anteil an der Unsterblichkeit der Gemeinschaft hat, verschafft der weibliche Opfertod einem *anderen* die Erlösung, d. h. das Anrecht darauf, unsterblich zu werden. Klaus Theweleit hat dargestellt, wie viele Frauenopfer das Werk verschiedener Schriftsteller, Wissenschaftler und Künstler gefordert hat, und er fügt hinzu, dieses Werk hätte auch ohne den (physischen oder psychischen) Tod der betroffenen Frauen entstehen können.[339] Dabei unterschätzt er allerdings die Bedeutung des Opfertodes als Mittel der *Sakralisierung* eines Werkes: Mag sein, daß in den Augen dieser Künstler ihr Werk nur dann der Zeit widerstehen (ihnen also die Unsterblichkeit verschaffen) wird, wenn auch ein Opfertod damit verbunden ist.

Mit anderen Worten: Die Gestalt des Heilands, der sich für die anderen opfert (das Konzept eines einmaligen göttlichen ›Selbstopfers‹, das der christlichen Heilsbotschaft zugrunde liegt, unterscheidet die christliche von allen anderen Religionen), nimmt ab 1800 – mit der Entstehung des neuen modernen Staates – zunehmend weibliche Züge an.[340] »Alle Abendmahltexte des Novalis (ob die fünfte der *Hymnen an die Nacht*, ob das Abendmahlgedicht aus dem Zyklus der *Geistlichen Lieder* oder ob fragmentarische Notizen wie ›Ist die Umarmung nicht etwas dem Abendmahl Ähnliches?‹) haben diese auffallende Gemeinsamkeit: sie feminisieren und erotisieren das christliche Sakrament.«[341] Und das gilt auch für andere Autoren: »Die Geschichte vom Opfer eines göttlichen Sohnes schreiben Goethe, Novalis und de Sade in seltsamer Übereinstimmung in die Geschichte von Frauenopfern um.«[342] Goethe habe zwar, so Hörisch, »der Logik des Opfers überhaupt ein Ende zu machen versucht«,[343] doch konnte auch er nichts an der Macht dieser Metaphorik ändern, die für die Weiblichkeitskonstrukte des 19. Jahrhunderts prägend werden sollte – nicht nur auf literarischer Ebene, sondern auch auf ›realer‹, d. h. psychischer und sozialer.

Die symbiotische Liebesbeziehung als Opfer und Erlösung

Das christliche Ideal der ›Einswerdung‹ der Geschlechter, das die Vereinigung mit Gott widerspiegelte und in der Unauflösbarkeit der Ehe einen Ausdruck fand, führte um 1800 zu einem weltlichen Ideal der Zweisamkeit, das von Begriffen wie ›Symbiose‹ und ›Harmonie‹ geprägt ist – also ebenfalls in der Aufhebung der Zweiheit besteht und die Verwandlung von Zweisamkeit in ›Einsamkeit‹ beinhaltet. Hatte das Christentum die Unauflösbarkeit der Ehe eingeführt, so entstand nun die Forderung nach der ›Liebesehe‹. Ehe und Liebesbeziehung werden als ein ›Wir‹ konzipiert, als eine ›feste Burg‹, in der Ich und Du miteinander verschmolzen sind. In der Literatur des 19. Jahrhunderts findet das symbiotische Liebesideal im (schon erwähnten) Topos der inzestuösen Liebesbeziehung zwischen Bruder und Schwester seine Entsprechung. In der Literatur vor 1800 taucht das Motiv kaum auf – und wenn, dann als ›Fluch‹, der auf einer Beziehung lastet. Nun aber erscheint die Vereinigung von zwei Gleichen wie die höchste, die vollendete Form ›wahrer Liebe‹ – keiner Liebe, die Verzicht auf Sexualität bedeutet, ganz im Gegenteil: Der Inzest wird zum Ausdruck der letzten Erfüllung – einer Erfüllung, die jenseits der Grenzen des Ichs führt. Allerdings endet sie in den literarischen Vorlagen fast immer mit dem Tod der Schwester/Geliebten. Wie eng das Ideal einer inzestuösen Liebesbeziehung mit christlichen Heils- und Opfervorstellungen verwoben ist, läßt sich deutlich am Beispiel des Dichters Georg Trakl darstellen. Trakl verband eine nicht nur imaginäre, sondern auch reale inzestuöse Liebesbeziehung mit seiner Schwester Grete. »Karfreitagskind«, nennt er sie in seinem

Gedicht *An die Schwester*, und im Dramenfragment *Offenbarung und Untergang* schreibt er: »O, die Schwester singend im Dornbusch und das Blut rinnt von ihren silbernen Fingern. Schweiß von ihrer wächsernen Stirn. Wer trinkt ihr Blut?«[344]

Viele Frauen übernahmen die Rolle, in ihren Liebesbeziehungen für den Opfertod des Heilands einzustehen, bereitwillig. Die Anziehungskraft dieser Rolle ist nicht schwer zu verstehen, impliziert sie doch eine mythische Aufwertung des Weiblichen bei gleichzeitiger Erotisierung des Opfertodes. Das spiegelt sich deutlich in der von Frauen geschriebenen Literatur des 19. und 20. Jahrhunderts wider, in der die Verbindung von Liebe und Selbstauslöschung eine zentrale Rolle spielt. Karoline von Günderode schrieb in einem ihrer Liebesgedichte: »Eins im Andern sich zu finden / Dass der Zweiheit Gränzen schwinden / Und des Daseins Pein.«[345] Mit 28 Jahren nahm sie sich das Leben. Eine solche ›weibliche Literatur‹, die sich an einigen der großen Dichterinnen und Schriftstellerinnen exemplarisch wiederholen wird – von den Brontë-Schwestern über Virginia Woolf (die zeitlebens unter Eßstörungen litt[346]) bis zu Sylvia Plath oder Ingeborg Bachmann –, läßt sich einerseits als ein verzweifeltes Gegen-den-Tod-Anschreiben interpretieren.[347] Doch gerade die zentrale Bedeutung der Thematik ›Tod‹ in den Texten dieser Frauen und nicht zuletzt das gewaltsame Ende, das sie fanden, muß auch als Hinweis darauf begriffen werden, daß die Todeszuweisung als übermächtig, ja sogar als Eros erfahren wurde. Andererseits geht in der von Frauen geschriebenen Literatur diese ›Erotisierung‹ oft mit der ›Herstellung‹ eines ätherischen, von Sinnlichkeit gereinigten Leibes einher. Die Frauen werden ›blutleer‹, ihnen wird ›eiskalt‹, bevor sie ihrer Todessehnsucht nachgeben.[348] Die Bilder der ›Blutleere‹ und ›Blässe‹ dieser Frauengestalten erinnern an den anorektischen Körper, und die Schriften selbst implizieren womöglich die Verweigerung des ›ordentlichen Opfers‹: Ein Leib, der schon fast ›ausgeblutet‹, ›ausgekühlt‹ und halbtot ist, bietet kein geeignetes Bild für ein Opfer, das nach ›sprudelndem Blut‹ und ›lebendigem Fleisch‹ verlangt.

Die Anorexie als Verweigerung des weiblichen Opfers

Nun wäre es einfach zu sagen, die Magersucht, die sich im 19. Jahrhundert in großem Maße auszubreiten beginnt, entspräche der Aneignung der neuen weiblichen Rolle, die der Frau in der Liebesbeziehung den Untergang zuweist. Wenn in der Anorexie jedoch eines zum Ausdruck kommt, so die Weigerung, eine weltliche Liebesbeziehung einzugehen, die Liebesbeziehung zu einem Mann aus Fleisch und Blut. Hinter der Nahrungsverweigerung der ›heiligen Anorektikerinnen‹ verbarg sich, wie vorher beschrieben, die Verweigerung der Ehe und der Kampf um geistige Autonomie. Hier ist es ähnlich. Doch während sich die ›heiligen Anorektikerinnen‹ ihrer Vereinnahmung durch die ›Allianz‹ mit Gott widersetzten – im Kloster erlebten sie die ›Vereinigung‹ mit Gott als eine spirituelle Symbiose –, vollzieht die ›säkulare Anorektikerin‹ eine Spaltung des Ichs: Dem sichtbaren, körperlichen Selbst wird ein idealisiertes, körperloses Ich gegenübergestellt, das gleichsam an die Stelle Gottes rückt. War Gott mit der Säkularisierung zunehmend ›nach innen‹ genommen worden, so spaltet sie ihn als ›Ich-Ideal‹ – als das körperlose Andere des Selbst – wieder ab. Beiden Formen von Nahrungsverweigerung, der ›heiligen‹ wie der ›weltlichen‹, ist gemeinsam, daß sie sich auf die jeweilige Rolle des weiblichen Körpers im Kollektivkörper beziehen.

Es mag paradox erscheinen, daß ausgerechnet die Anorexie Ausdruck einer Verweigerung des weiblichen ›Opfertodes‹ sein soll, beinhaltet diese Form der Verweigerung doch in vielen Fällen den realen Tod. Aber der Tod der Magersüchtigen ist kein ›Selbstopfer‹: Er bringt den anderen keine Erlösung. Im Gegenteil: Er löst Entsetzen aus. Eine Armee von Therapeuten wird mobilisiert, ihn zu verhindern. Tatsächlich gibt es kaum eine andere Krankheit, die ihre Umwelt derartig beunruhigt und in Bewegung setzt, keine andere Symptombildung, die so tiefe Veränderungen in der Familienstruktur herbeiführt wie die Magersucht. Statt der Weigerung, ›Frau zu werden‹, kommt in der Magersucht die Weigerung zum Ausdruck, die der Weiblichkeit zugeschriebene Rolle des ›Selbstopfers‹ zu übernehmen oder erotisch zu besetzen. Die Magersüchtige, so scheint diese Symptombildung zu sagen, weigert sich, ein Liebesverhältnis einzugehen, das Symbiose, Eins-Werdung besagt; und sie weigert sich, ihr Leben – oder genauer: ihre Sterblichkeit – zur ›Erlösung‹ der anderen herzugeben; zum ›Brot‹ zu werden, das die Einheit der ›Kompanie‹ herstellt.

Die Magersüchtige und das Ideal der symbiotischen Familie

Daß sich hinter der Magersucht eine Verweigerung des psychischen Selbstopfers verbirgt, zeigt sich auch auf anderer Ebene. Edward Shorter weist darauf hin, daß die ersten Fälle einer neuen weiblichen Nahrungsverweigerung schon Anfang des 19. Jahrhunderts auftauchen – lange bevor das Schlankheitsideal für Frauen eine Rolle spielte. (Erst gegen

Ende des 19. Jahrhunderts berichten einige Ärzte über Fälle von Nahrungsverweigerung, die die Mädchen oder Frauen mit dem Gefühl, ›zu dick‹ zu sein, begründeten.[349]) Von seinen Arbeiten über die Geschichte der modernen Familie ausgehend, sieht Shorter einen Zusammenhang zwischen diesen Eßstörungen und der Entstehung eines neuen Familientypus:

> »Ich glaube, daß die sentimentale Familie des 19. Jahrhunderts über eine ganz eigene emotionale Dynamik verfügte, und daß diese Dynamik eine neue Art von Konflikten bei dem Kampf um psychische Trennung und persönliche Autonomie hervorgebracht hat. In dem Maße, in dem junge Frauen eine größere emotionale Autonomie anstrebten, bedurfte es neuer Hebel, mit denen autoritäre oder überprotegierende Eltern in Bewegung gesetzt werden konnten. Einen solchen Hebel mochte der freiwillige Hungertod darstellen.
>
> [...] Eine Drohung mit freiwilliger Selbstzerstörung durch den Hungertod erscheint nur glaubwürdig in einem Familienklima, in dem die verschiedenen Familienmitglieder durch Gefühle und Zärtlichkeiten aneinandergekettet sind. Im traditionellen Familienleben wäre die Drohung, nichts zu essen, entweder mit einem Gähnen aufgenommen worden, oder sie hätte einen Besuch beim örtlichen Priester zur Folge gehabt, um die ›Dämonen‹ auszutreiben. Im Kontext der modernen Familie des 19. Jahrhunderts können wir die Anorexie vielleicht als eine der neuen ›Neurosen der Intimität‹ betrachten.«[350]

Die Anorexie als Mittel zur Sprengung der Familienketten? Die These ist nicht neu, eher die historische Sicht auf diesen Zusammenhang. Es fragt sich jedoch, ob mit der Verweigerung nicht auch die spezifischen Weiblichkeitskonstrukte gemeint waren, die damit einhergingen. In der neuen Idee der ›Familie‹ – ähnlich der Liebesbeziehung zwischen den Geschlechtern – war der Frau die Rolle der ›Erlöserin‹ zugewiesen worden. Das zeigt sich besonders deutlich am Kern dieses Familienmodells: dem Ideal der ›sich aufopfernden Mutter‹, das mit der Aufklärung entstand und das für die Pädagogen und Ärzte des 19. Jahrhunderts zum Leitbild eines neu entdeckten ›Mutterinstinkts‹ wurde.[351] Diese Idealisierung der Mütterlichkeit entstand zeitgleich mit der Aneignung ›mütterlicher‹ Eigenschaften durch den Gemeinschaftskörper. Die Ideologie der Mütterlichkeit, die mit Rousseau ihren Anfang nahm, unterlag demselben Denken, das auch den Staat als ›Mutter‹ idealisierte. Das Bild des ›mütterlichen Staats‹ überlagerte sich mit dem der ›aufopfernden Mutter‹, und beide verschmolzen in der Vorstellung einer überfürsorglichen und übermächtigen Mutter. So mag es sich erklären, daß es vor allem Töchter waren, die ›anorektische Hebel‹ in Bewegung setzten.

Die Anorexie erscheint nun einerseits wie das Spiegelbild der Rolle, die der Frau in der Familie zugewiesen wird. Andererseits – und hier ist Shorters ›Neurose der Intimität‹ aufschlußreich – richtet sich das Nein der Magersüchtigen *gegen* die engen Familienbande, gegen die ›feste Burg‹ Familie. Vor dem Einsetzen der Eßstörungen, so heißt es, sei das anorektische Mädchen oft überangepaßt, konfliktunfähig, ja sie wird sogar als Trägerin der Familienharmonie beschrieben.[352] Mit dem Beginn der Eßstörungen aber setzen Konflikte ein, die die gesamte Familienstruktur in Frage stellen – Konflikte, die nicht mit Worten, sondern mit dem Körper ausgetragen werden. In vielen Lehrbüchern wird die Auflehnung der Mädchen als eine Auflehnung gegen die Mutter interpretiert, die als Kern der ›festen Burg‹ Familie gilt. Dagegen ließe sich die These aufstellen, daß es sich nicht um eine Auflehnung gegen die Mutter, sondern um eine Auflehnung gegen die ›geopferte Mutter‹ handelt: gegen das Bild einer Mutter, die im Kollektivkörper ›aufgegangen‹ ist, also gegen ein Konstrukt, das mit der Säkularisierung entstand und allmählich zur weiblichen ›Natur‹ erklärt worden war. Eine ganze Reihe von Untersuchungen zeigen, daß die Magersucht besonders häufig in solchen Familien auftaucht, in denen erstens eine besonders rigide Vorstellung von ›Familienharmonie‹ vorherrscht und zweitens die Ehefrau zu Beginn der Ehe auf jedes Eigenleben, insbesondere den Beruf, verzichtet hatte – nicht ohne Widerwillen.[353] Oft reagieren die Mütter magersüchtiger Mädchen auf die Anforderungen des Familienlebens mit »märtyrerhafter Anpassung«, »Selbstverwirklichung durch Verblassen« und »totaler Hingabe, die sich in Intoleranz, Perfektionismus und Ritualen ausdrückt«.[354] Dieses ›Verblassen‹ der Mutter (das selbst wie eine Karikatur des ›Selbstopfers‹ erscheint und damit auch als Aufforderung zur Verweigerung interpretiert werden kann) greifen die magersüchtigen Töchter auf und verstärken es durch ihre Symptombildung. Durch die Magersucht versucht die Tochter also nicht, sich gegen die Mutter abzugrenzen, sondern das *Verblassen der Mutter* sichtbar zu machen; sie weigert sich nicht, erwachsen zu werden, sondern, wie die Mutter, im ›mütterlichen Kollektivkörper‹ zu verschwinden. Man könnte, entgegen den landläufigen Thesen über das Verhältnis zwischen Töchtern mit Eßstörungen und ihren Müttern, sogar die Behauptung aufstellen, daß die magersüchtige Tochter eine Art von Solidaritätskampf mit der Mutter oder einen Unabhängigkeitskampf für die Mutter

Illustration aus der »Gartenlaube«, ca. 1890. ›Geistige Mütterlichkeit‹.

führt. Tatsächlich gehört zu den tiefgehenden Umwälzungen, die die Magersüchtigen – oder deren Therapie – in den Familien herbeiführen, sehr oft die, daß die Mutter ihren eigenen Weg zu suchen beginnt. Indem die Symptome der Tochter diese Wirkung zeitigen, entsteht auch ein Riß zwischen dem Bild des ›mütterlichen Staats‹ und dem der leiblichen Mutter. Es wird eine Differenz zwischen dem Bild der individuellen Mutter und der abstrakten Mutter, dem Gemeinschaftskörper, hergestellt.

Natürlich soll nicht unterstellt werden, daß ein solches Ziel bewußt angestrebt wird. Dennoch ist es offenbar, daß sich hinter der Entstehung und Verbreitung der Magersucht in den Industrieländern ein kulturelles, kollektives Muster verbirgt, als dessen *Gegenbild* die Störung zu begreifen ist. Daß die engen Familienbande allein noch keine befriedigende Erklärung für die Entwicklung von Eßstörungen bieten, darauf verweisen auch Erkenntnisse, die bei einer transkulturellen Betrachtung zutage treten. Um nur einen Vergleich zu skizzieren: Sollte die Anorexie tatsächlich eine kultur- oder religionsunabhängige ›Neurose der Intimität‹ darstellen, die sich auf die Familie bezieht, so müßte sie unter orthodoxen jüdischen Familien in der Diaspora besonders verbreitet sein. Diese Familien erfüllen – in geradezu idealtypischer Form – alle Kriterien, die in den Lehrbüchern als typische Voraussetzungen für die Entwicklung von Eßstörungen beschrieben werden: enge, manchmal auch als erdrückend beschriebene Familienbande, mit einer Mutter im Zentrum, zu deren wichtigsten Aufgaben die Erziehung der Kinder und die Kontrolle der Ernährungsgewohnheiten gehören. Nach den Kriterien der Lehrbücher müßten orthodoxe jüdische Familien geradezu reihenweise Töchter mit Eßstörungen produzieren. Das ist aber nicht der Fall. Es gibt eine ganze Reihe von Untersuchungen, die gezeigt haben, *daß* es Formen von Störungen gibt, die in jüdischen Familien häufiger vorkommen (z. B. Angstneurosen) oder seltener sind (z. B. Alkoholismus) als in anderen Familien.[355] In keiner dieser Untersuchungen ist ein Hinweis auf Eßstörungen zu finden. Wohl aber findet man Hinweise auf Eßstörungen in ›assimilierten‹ jüdischen Familien.[356] Auch in der Literatur spielt das Thema keine Rolle. In den Erzählungen und Romanen von jüdischen Frauen, die Anfang dieses Jahrhunderts mit ihren Familien aus Osteuropa in die USA emigrierten und sich dort, gerade als Frauen, mit einer völlig neuen Lebenswelt konfrontiert sahen, wird die Emanzipation aus der ›festen Burg‹ Familie thematisiert: die Ablehnung der traditionellen Frauenrolle und die damit einhergehenden Konflikte mit der Mutter. Auch die Verwerfung der Speisegesetze wird verhandelt.[357] An keiner Stelle taucht jedoch die Magersucht als Metapher für diesen Konflikt oder als Konfliktlösungsstrategie auf. Dies läßt sich als ein weiterer Hinweis darauf interpretieren, daß die heutigen weiblichen Eßstörungen mit einer ›Neurose der Intimität‹ zusammenhängen, die nicht die Familie an sich meint, sondern ein abstraktes – oder auch synthetisches – Konzept von Familie: den Gemeinschaftskörper. Der Eindruck, daß es sich um den kollektiven Körper handelt, wird auch durch die Tatsache verstärkt, daß – im Gegensatz zu den jüdisch-orthodoxen Familien – eine ganze Reihe von Untersuchungen über Eßstörungen in afro-amerikanischen Familien vorliegen, in Familien also, die nach christlich-westlichen Mustern leben.[358] Das gleiche gilt für Japan, das mit der Öffnung der eigenen Kultur für die ›Heilslehren‹ der westlichen Wirtschaft auch säkular-christliches Gedankengut übernommen hat.[359]

Zwei Arten von Autonomie

Der Theorie, daß enge, erdrückende Familienbande die Ursache für anorektische Verhaltensmuster bilden, steht zugleich eine Theorie gegenüber, die die Eßstörungen als Reaktion auf die im 20. Jahrhundert an Frauen herangetragene Forderung, ›autonom‹ zu sein, interpretiert. Nicht die Bevormundung, sondern das Recht auf Selbstbestimmung werde verweigert.[360] Laut einer von Catherine Steiner-Adair zitierten Untersuchung unter amerikanischen College-Studentinnen waren die Frauen, die einem Weiblichkeitsideal von Erfolg und Unabhängigkeit nacheiferten (›super women‹ genannt), für Eßstörungen anfälliger als die ›wise women‹, die sich von diesem Ideal distanzierten.[361] Steiner-Adair bezieht sich bei der Interpretation der Untersuchung auf die Thesen von Carol Gilligan, laut denen die weibliche Psyche eher auf Einbindung in ein Beziehungsgeflecht als auf individuelle Autonomie ausgerichtet sei.[362] So deutet sie die Eßstörungen der ›super women‹ als Anpassung an das moderne Ideal der unabhängigen Frau: eine Anpassung, die den weiblichen Bedürfnissen zuwiderlaufe und auf die viele Frauen deshalb mit Eßstörungen reagierten. Das Verhalten der ›wise women‹ aber interpretiert sie als Folge einer gelungenen Integration in das soziale Beziehungsgeflecht und als Fähigkeit, an »eigenen, mit den anderen in Widerstreit liegenden Werten« festzuhalten. Nun möchte man ihr entgegnen: Worin besteht Autonomie, wenn nicht gerade darin, die Existenz des Anderen – und damit auch die eigene Abhängigkeit –

zu akzeptieren und am eigenen Urteil auch dann festzuhalten, wenn die umgebenden Wertvorstellungen anders sind? Noch wichtiger erscheint aber folgendes: Diese Theoriebildung offenbart, daß heute zwei völlig gegensätzliche Vorstellungen von ›Autonomie‹ miteinander konkurrieren, und ebendiese Konkurrenz bietet auch einen Schlüssel zur Beantwortung der Frage, warum in der einen Theoriebildung die Eßstörungen als Reaktion auf mangelnde Autonomie, in der anderen aber als Verweigerung der Autonomie interpretiert werden können.

Mit der einen Autonomie ist ein Verhalten gemeint, das die Existenz des Anderen akzeptiert und in ihr auch die für das Ich notwendige Seinsbestätigung findet. Dieser Autonomie steht heute eine andere gegenüber, die als ›fremddiktierte‹ Autonomie zu umschreiben ist. Anders gesagt: Das Ideal von Harmonie und Symbiose in den zwischengeschlechtlichen Beziehungen spiegelt sich nicht nur in der Rolle der ›verblassenden‹ Frau wider. Es zeigt sich auch an seinem Gegenbild: der ›emanzipierten Frau‹, die zum Weiblichkeitsideal des 20. Jahrhunderts geworden ist. Ebendieses lebendige, ›fleischliche‹ Gegenbild verdeutlicht erst recht, warum ausgerechnet Eßstörungen zu der ›Frauenkrankheit‹ der Moderne wurden.

Fast gleichzeitig mit dem Ideal der ›verblassenden‹ oder ›geopferten‹ Frau entstand im 19. Jahrhundert ein neuer Weiblichkeitsentwurf, der in den Gestalten von Carmen, Lulu oder Salome seinen Prototyp finden sollte: ein Frauentypus, der mit den Begriffen von Leidenschaft, Lust, Lebendigkeit umschrieben werden kann und in dem das ›dämonische Blut‹ der Frauen eine neue ›positive‹ Lesart zu finden schien. Dieser Frauentypus repräsentierte das Gegenteil von Sterblichkeit und Opfertod.[363] (Daß auch diese Frauengestalten alle einen gewaltsamen Tod erleiden, steht auf einem anderen Blatt.) Dieser Frauentypus war aus ›heißem Blut‹ und ›unersättlichem Fleisch‹ gemacht – und versinnbildlichte den sexuellen Aspekt einer ›Naturalisierung‹ des Kollektivkörpers. Nicht durch Zufall entstand dieses Weiblichkeitsideal ausschließlich in den Köpfen männlicher Literaten und Künstler,[364] während es in den Texten der Schriftstellerinnen, die um die Selbstdefinition von Frauen rangen, nicht auftaucht. In diesem Typus von Frau, der sich nicht nur durch seine ›Leidenschaftlichkeit‹ auszeichnet, mit dem vielmehr auch die erfolgreiche, ›emanzipierte‹ Frau gemeint ist – eine Frau, die sich von niemandem etwas sagen läßt und die in keiner Abhängigkeit steht, schon gar nicht von einem Mann (in diesem Bild kommt also auch die von Steiner-Adair zitierte ›super woman‹ zum Vorschein) –, hat heute normativen Charakter gewonnen für jede Frau, die eine ›echte Frau‹ sein will. Das bedeutet aber, daß die Frau nur dann zu einer weiblichen Person aus Fleisch und Blut werden kann, wenn sie sich in die ›Kopie‹ einer imaginären Frau verwandelt und zur Verkörperung ›männlicher Weiblichkeit‹ wird.

In der Symptombildung der weiblichen Eßstörungen kommt die Weigerung zum Ausdruck, den eigenen Körper zur ›Inkarnation‹ von Weiblichkeitsimaginationen herzugeben. Bei der Anorexie, so schreibt die Therapeutin Selvini Palazzoli, gehe es um die »Beherrschung der Triebe«, um die »Unterwerfung des Körpers«.[365] Die Eßstörungen als Versuch, die Fleischwerdung der falschen[366] – oder: der phallschen – Frau im eigenen Körper zu verhindern? So gesehen, bekommen die Worte, mit denen Selvini Palazzoli den innersten Trieb ihrer anorektischen Patientinnen umschreibt, einen völlig neuen Sinn: »*Diese Form der Unfleischlichkeit ist kein Todeswunsch* – ganz im Gegenteil. Sie ist im wesentlichen eine irreale Spannung und eine Ablehnung der Existenz *qua* Leben und Sterben im Körperlichen.«[367] Bei dieser ›Autonomie‹ geht es darum, die Differenz zwischen dem Selbst und den Schöpfungen des kollektiven Imaginären aufrechtzuerhalten. Man kann es auch anders beschreiben: Es ist die Paradoxie selbst der Anforderungen an die Weiblichkeit, die verweigert wird.

Der Kollektivkörper als ›Nervensystem‹

Es wurde schon darauf hingewiesen, daß sich in der Moderne neben dem Bild der gemeinsamen ›Blutbahnen‹ auch eine andere Metapher für den Kollektivkörper durchsetzte, die die Gemeinschaft als ein ›Nervensystem‹ begreift – auch hier in Analogie zum Individualkörper. Diese Metapher beruht auf den medialen Vernetzungen, die sich vor allem im Industriezeitalter entwickelten und – nach dem Buchdruck und den nationalen Währungen – auch Dampfschiff, Eisenbahn, Telekommunikationsmittel und schließlich das Internet umfassen. Daneben trug auch die homogenisierende Wirkung der visuellen und akustischen Simulationstechniken dazu bei, daß das Netz der Kommunikationsfäden, die die Gemeinschaft durchzogen und synchronisierten, immer enger wurde.

Die Bilder der sozialen Gemeinschaft als ›Nervensystem‹ beruhten auf neuen Erkenntnissen der Medizin, hatten aber auch Rückwirkungen auf die medizinischen Vorstellungen vom menschlichen Körper. Im Jahre 1751 führte Robert Whytt den Begriff der *vis nervosa* ein. [368] Alexander Monro wies im Jahre 1787 auf jene hin, die den Nervenstrom mit dem galvanischen Strom gleichsetzten. [369] Ab 1800 entwickelte sich eine heftige Diskussion über die hypothetische Identität des galvanischen Stroms und des Nervenstroms. Luigi Rolando erkannte in den Lamellen des Kleinhirns die vollkommenen Elemente einer galvanischen Batterie; [370] und Georges de Cuvier schrieb:

»Wenn viele Physiologen als Ursprung der Nerventätigkeit einen unerklärlichen Strom annehmen, so werden sie in ihren Urteilen schwankend, wenn es sich darum handelt, ihn mit einer anderen unerklärlichen Kraft zu vergleichen, die wir schon kennen: für die einen ist er *identisch* mit dem elektrischen Strom; für die anderen ist er diesem nur *ähnlich* und kann wie der Magnetstrom nur eine einfache Abart von ihm sein; für die dritten schließlich ist die Nervenkraft eine Kraft *sui generis*.« [371]

Mit seiner Theorie vom Magnetismus wird Franz Anton Mesmer die Unterscheidung zwischen dem elektrischen und dem psychischen Strom zum Verschwinden bringen. Aufschlußreich ist in dieser Hinsicht der Begriff der ›Influence‹, der sich von ›Fluidum‹ ableitet und ebenfalls auf die Strommetapher verweist. So beschreibt Karl Christian Wolfart in seinem Vorwort zu Mesmers Buch über den »thierischen Magnetismus«:

»Es wird nemlich unter *Influence* nicht der bloße einfache Einfluß, sondern das Ein- und Ausströmende, das Ein- und Ausflutende, das Hin- und Zurückwirken, kurz ein wechselseitiges Wirken verstanden. Um demnach gleich das eigentlich Wesentliche der Influenzen anzudeuten, konnten sie durch keinen Ausdruck so bestimmt, so allen Forderungen entsprechend, als durch den der *Wechselwirkungen* wiedergegeben werden.« [372]

Im Jahre 1841 beschrieb Charles MacKay eine mesmerische Sitzung (bei der ihm zunächst die Prädominanz von Frauen und Mädchen auffiel) folgendermaßen: Die Frauen saßen im Kreise um ein Gefäß mit ›magnetisiertem Wasser‹, einander an den Händen haltend. »Assistenz-Magnetiseure, im allgemeinen kräftige, gut aussehende junge Männer«, betraten den Raum. Sie umfaßten die Knie der Patientinnen »und massierten ihre Brüste, den Torso, während sie in ihre Augen blickten«. Dazu gab es »einige wilde Noten auf dem Harmonium oder Pianoforte oder die melodiöse Stimme eines verborgenen Opernsängers«. Die Frauen und Mädchen wurden allmählich immer erregter, ihre Gesichter erröteten sichtbar, »bis sie schließlich, eine nach der anderen in konvulsive Zustände verfielen. Einige weinten und rissen sich die

Haare, andere lachten, bis ihnen die Tränen die Wangen hinunterliefen, während wieder andere schrieen und tobten, bis sie ganz gefühllos wurden.« Nach der Krise erschien Mesmer persönlich, streichelte ihr Gesicht, das Rückgrat, die Brust und den Bauch, bis sie wieder zu Bewußtsein kamen.[373] Ähnliche hysterische Konvulsionen erreichte Charcot einige Jahrzehnte später in der Salpêtrière durch das Einschalten des Lichts und das Aufstellen der Photoapparate. Ob ›thierischer Magnetismus‹, der Strom, das Licht oder der Photoapparat – es besteht eindeutig eine Beziehung zwischen Technik und Psyche, und in mehr als einer Hinsicht erscheint das eine wie ein Experimentierfeld für das andere.

Parallel zu dieser Entwicklung vollzog sich eine ›Säkularisierung‹ des Begriffs der ›Seele‹, die durch Ärzte wie La Mettrie und Herz, aber auch von theologischer Seite, etwa durch Schleiermacher, vorangetrieben wurde. Schleiermacher verglich die religiöse Erfahrung mit einem Natur- und Liebeserlebnis:

»Ich liege am Busen der unendlichen Welt: ich bin in diesem Augenblick ihre Seele, denn ich fühle alle ihre Kräfte und ihr unendliches Leben, wie mein eigenes, sie ist in diesem Augenblicke mein Leib, denn ich durchdringe ihre Muskeln und ihre Glieder wie meine eigenen, und ihre innersten Nerven bewegen sich nach meinem Sinn und meiner Ahndung wie die meinigen. Die geringste Erschütterung, und es verweht die heilige Umarmung, und nun erst steht die Anschauung vor mir als eine abgesonderte Gestalt, ich messe sie, und sie spiegelt sich in der offenen Seele wie das Bild der sich entwindenden Geliebten in dem aufgeschlagenen Auge des Jünglings, und nun erst arbeitet sich das Gefühl aus dem Innern empor, und verbreitet sich wie die Röte der Scham und der Lust auf seiner Wange. Dieser Moment ist die höchste Blüte der Religion.«[374]

Von einer solchen ›Blüte der Religion‹ war es nicht mehr weit bis zu einem technischen oder medizinischen Konzept der Seele, über das Medizin und Philosophie ab dem späten 18. Jahrhundert in scharfen Wettstreit traten.[375] Lange vor Freud wurde so die ›Seele‹ zu einem Synonym für das Unbewußte.

Der säkularisierte Begriff der ›Seele‹ sowie das Bild eines von der Technik abgeleiteten menschlichen Nervensystems wurden wiederum auf die soziale Gemeinschaft übertragen, deren ›Nervensystem‹ in der Technik selbst bestand. War bis zur Aufklärung von den ›Nerven‹ nur im Zusammenhang mit dem menschlichen Körper die Rede – auf metaphysischer Ebene etwa bei Plotin, auf naturwissenschaftlicher

Ebene bei Bacon[376] –, so mehrten sich im 19. Jahrhundert die Vorstellungen, daß auch das soziale Netz ein ›Nervensystem‹ darstelle. Indem etwa Ernst Haeckel die technischen Errungenschaften auf den Körper und die Seele übertrug, deutete er auch die Möglichkeit der umgekehrten Übertragung an:

»Die Einrichtung und Tätigkeit dieses Seelenapparates pflegt man mit einem elektrischen Telegraphensystem zu vergleichen; die Nerven sind die Leitungsdrähte, das Gehirn die Zentralstation, die Muskeln und Sensillen die untergeordneten Lokalstationen. Die motorischen Nervenfasern leiten die Willensbefehle oder Impulse zentrifugal von diesem Nervenzentrum zu den Muskeln und bewirken durch deren Kontraktion Bewegungen; die sensiblen Nervenfasern dagegen leiten die verschiedenen Empfindungen zentripetal von den peripheren Sinnesorganen zum Gehirn und statten Bericht ab von den empfangenen Eindrücken der Außenwelt.«[377]

Bei Haeckel hatten die modernen Kommunikationsmittel die Funktion, die Descartes dem Räderwerk beimaß: Sie dienten als Metapher für die Geschlossenheit und perfekte Koordination des Körpers – und dieses Bild eines koordinierten Ganzen wurde wiederum auf die Gemeinschaft übertragen. Marx verwandte den Begriff des Nervensystems auf der ökonomischen Ebene. »Durch die ›Unveräußerlichkeit‹ des Grundbesitzes«, so schrieb er, werden »die sozialen Nerven des Privateigentums abgeschnitten.«[378] Die Pazifisten hingegen (die nicht durch Zufall zunächst in den hochindustrialisierten Ländern England und Frankreich Fuß faßten)[379] setzten auf das Bild des sozialen ›Nervensystems‹, um ihr Ideal einer friedlichen – d. h. koordinierten und konsensuellen – Gemeinschaft zu verwirklichen. Noch wenige Jahre vor dem Ausbruch des Ersten Weltkriegs sah Alfred H. Fried, einer der ersten Preisträger des Friedensnobelpreises, in diesem ›Nervensystem‹ eine Garantie für den Weltfrieden:

»Eisenbahn und Dampfschiffe durchqueren die Welt und führen die Kultur in die entlegensten Gefilde, wie die Adern das Blut in die Teile des Körpers, und Telegraph und Telephon haben sich zum Nervensystem der zivilisierten Welt entwickelt.«[380]

Bei Fried treten beide Bilder des Gemeinschaftskörpers hervor. Er bezog sich sowohl auf ein System von ›Blutbahnen‹ als auch auf ein System von ›Nervensträngen‹; und auch für das Geld griff er auf das alte Bild des Blutkreislaufs zurück: Er bezeichnete die »grossen Kapitalien« als »das rote Blut des internationalen Handels«.[381] Bei vielen anderen Theoretikern hingegen erschienen die beiden Konzepte des Kollektivkörpers wie Gegensätze. Oft wirkt ihr Rückgriff auf das Bild der kollektiven Blutbahnen sogar wie eine Flucht vor den beängstigenden Neuerungen der Moderne, die mit den technischen Kommunikationsmitteln entstanden waren. Das gilt besonders für das Konzept vom ›Volkskörper‹ und der ›Gemeinsamkeit des Blutes‹, in dem sich das Bild eines physiologischen Kollektivkörpers mit antimodernistischen Strömungen verband.

Die medialen Bedingungen als konstitutive Faktoren der nationalen Gemeinschaft sind bis in die Jetztzeit aktiv und erhalten eine besondere Bedeutung in den modernen Gesellschaften, die sich durch ethnische, sprachliche oder religiöse *Viel*falt auszeichnen und deren Homogenität und ›Identität‹ oft durch ein engmaschiges Netz von Kommunikationsfäden überhaupt erst hergestellt wird – etwa die Vereinigten Staaten von Amerika. Aber sie können auch in einem Land wie Japan, das über eine größere religiöse und soziale Homogenität verfügt als jede andere moderne Industrienation, eine konstitutive Rolle spielen. Als Beispiel sei ein kurzer Bericht der ARD zitiert, der 1995 nach dem Sarin-Attentat in der Untergrundbahn von Tokio ausgestrahlt wurde. Die Bilder dieses Berichts zeigten das dichte Verkehrsnetz, die technischen Überwachungsanlagen, die gleichgeschalteten Telekommunikationszentralen, während der Kommentar wie selbstverständlich das Bild einer Gemeinschaft als ›Nervensystem‹ aufgriff. An diesem Beispiel, in dem es um einen Terrorangriff von Japanern auf Japaner ging, wird deutlich erkennbar, wie sehr das Netzwerk der Medien als Grundlage eines gesellschaftlichen Konsenses betrachtet wird, der Gewalt innerhalb der Gemeinschaft ausschließt.

»Tokios U-Bahnen schnell und sicher, Kontrolleure nicht nötig, Hooligans und Schmierer sind hier unbekannt. Acht Millionen Pendler reisen täglich zur Arbeit und zurück in die Vorstädte. Zwölf Linien, die Nervenstränge eines hochspezialisierten Systems. [...] Die Attentatsorte, wie ein Ring um das Zentrum und den Kaiserpalast, zeigen die Systematik des Verbrechens. Der Anschlag richtet sich [...] gegen eine der sichersten Metropolen der Welt. [...] Tokio mit seiner drangvollen Enge kann nur aufgrund eines gesellschaftlichen Konsenses überleben. So wirkt selbst das tägliche Chaos auf den Straßen geordnet und wird kollektiv ertragen. [...] Ideologische Konflikte fehlen weitgehend, das Verantwortungsgefühl ist allgemein und groß. Auch deshalb konnte Japan bisher auf allzu strenge Sicherheitsvorkehrungen in öffentlichen Einrichtungen verzichten, Monitorüberwachung war genug. Wer gesellschaftliche Tabus verletzt, gar Verbrechen begeht, bewirft laut den Vorstellungen des Shintoismus das Gesicht seiner Eltern mit Schmutz. Diese religiöse Doktrin wirkt schärfer womöglich als das bürgerliche Gesetz. Das sichere Netzwerk der Japaner aus Tradition und Pragmatismus hat durch die U-Bahn-Anschläge von heute jedoch erhebliche Risse bekommen. Tokio wird noch unwirklicher. Das verheerende Erdbeben von Kobe, eine Naturkatastrophe, haben die Japaner psychisch überraschend schnell verarbeitet. Im Umgang mit bösartigen Anschlägen jedoch erweist sich die hochtechnisierte Gesellschaft als beinahe hilflos.«[382]

Sarin selbst ist ein Gift, das das Nervensystem angreift. So erscheint es fast wie eine Umsetzung der Metaphorik vom ›Nervensystem‹, daß die Attentäter sich ausgerechnet dieses Gifts bedienten, um die »Nervenstränge eines hochspezialisierten Systems« zu treffen.

Das Bild des sozialen ›Nervensystems‹ hatte wiederum Rückwirkungen auf das medizinische Menschenbild in der modernen Hirnforschung: Ging die neurophysiologische Hirnforschung bis vor kurzem noch von der festen Verortung bestimmter Fähigkeiten und Speichersysteme im Gehirn aus, so verlagert sie sich heute zunehmend auf die Erforschung von Kohärenz und Synchronität, d.h. auf die Fähigkeit des Hirns, verschiedene Gebiete und Fähigkeiten miteinander zu vernetzen.[383]

Auch Sexualität und Technik wurden zunehmend in einen Zusammenhang gebracht. Das hat Rachel Maines in ihrem Buch *The Technology of Orgasm* am Beispiel der Geschichte des Vibrators dargestellt. Ursprünglich als ›therapeutisches Instrument‹ eingeführt, sollte er bald zeigen, wie sehr die sexuelle Befriedigung als ein Produkt der modernen Technik betrachtet wurde. Ein Lehrbuch über Elektrotherapie von 1894 »plädierte für den Einsatz der Faradisation gegen Amenorrhö und weibliche Unfruchtbarkeit – trotz der technischen Schwierigkeiten, die Batterien gefüllt, geladen und einsatzbereit zu halten«.[384] Dahinter stand einerseits die Vorstellung, daß durch Strom sexuelle Erregung erzeugt werden könne, andererseits aber auch die pragmatische Überlegung, daß sich die zeitraubende und personalintensive manuelle Erregung, wie sie von Mesmers Assistenten bewerkstelligt worden war, durch einen – menschlicher Ausdauer weit überlegenen – Apparat ersetzen ließe. So lautete eine Werbung der *American Vibrator Company of St. Louis, Missouri* in der Zeitschrift *Woman's Home Companion* im Jahre 1906: »Die Anzahl und die Stärke der Bewegungen, die mit der Hand ausgeführt werden können, sind sehr beschränkt; der per-

Die Elektrifizierung des Haushalts, Ende 19. Jahrhundert.

fekt angepaßte American Vibrator hingegen läuft *unbeschränkt* und ist zu einer Geschwindigkeit und Vielfalt der Bewegungen fähig, die ein Mensch nie erzielen könnte.«[385] Als die Elektrifizierung der Haushalte begann, gehörte der Vibrator zu den ersten elektrischen ›Haushaltsgeräten‹: Nach der Einführung der Nähmaschine im Jahre 1889 hielt er schon im darauffolgenden Jahr, zeitgleich mit Ventilator, Teekocher und Toaster, seinen Einzug. Er »ging dem elektrischen Staubsauger um neun und dem elektrischen Bügeleisen um zehn Jahre voraus; die elektrische Bratpfanne entstand erst mehr als ein Jahrzehnt später, in dieser Reihenfolge womöglich Konsumentenpräferenzen widerspiegelnd«.[386] Angeboten wurde der Vibrator als Heilmittel gegen »Neuralgie, Kopfschmerzen und Falten«.[387]

Angesichts dieser Wechselbeziehung zwischen Technik und Sexualität, die in der Behandlung der Hysterikerinnen ihren deutlichsten Ausdruck fand, erstaunt es nicht, daß Breuer in den *Studien zur Hysterie* das Krankheitsbild nach dem Modell einer elektrischen Anlage beschrieb:

> »Wir hätten uns eine zerebrale Leitungsbahn nicht wie einen Telephondraht vorzustellen, der nur dann elektrisch erregt ist, wenn er fungieren, d. h. hier: ein Zeichen übertragen soll; sondern wie jene Telephonleitungen, durch welche konstant ein galvanischer Strom fließt und welche unerregbar werden, wenn dieser schwindet. – Oder, besser vielleicht, denken wir an eine vielverzweigte elektrische Anlage für Beleuchtung und motorische Kraftübertragung; es wird von dieser gefordert, daß jede Lampe und jede Kraftmaschine durch einfaches Herstellen eines Contactes in Funktion gesetzt werden könne. Um dies zu ermöglichen, zum Zwecke der Arbeitsbereitschaft, muß auch während funktioneller Ruhe in dem ganzen Leitungsnetz eine bestimmte Spannung bestehen, und zu diesem Behufe muß die Dynamomaschine eine bestimmte Menge von Energie aufwenden. – Ebenso besteht ein gewisses Maß von Erregung in den Leitungsbahnen des ruhenden, wachen , aber arbeitsbereiten Gehirnes.«[388]

Der ›nervöse Typ‹

Initiation bedeutet wörtlich ›Eintritt‹ und hat die Bedeutung der Einweihung und Aufnahme in eine Gemeinschaft. Im religiösen und politischen Kontext bedeutet sie Einweihung in die Geheimlehre, Aufnahme in den Geheimbund. In beiden Fällen impliziert sie, daß ein Individuum

zu einem Glied der Gemeinschaft wird. Deshalb geben die Initiationsriten auch immer Aufschluß über den Gemeinschaftskörper, in den sie
einführen. In den modernen Industriegesellschaften sind die Initiationsriten weitgehend verschwunden. Ulrike Brunotte beschreibt einige der
Mutproben, denen sich Jugendliche, oft unter Einsatz ihres Lebens,
unterziehen – im Survival Training, bei Selbstverletzungen oder beim
U-Bahn-Surfen –, als mögliche Form moderner Initiationsriten. Bei dieser »Suche nach Todesnähe, Schmerz und Gewalt« gehe es vor allem
darum, »sich überhaupt noch als ›real‹ zu erfahren. Der soziale Raum
wird in die eigene Regie übernommen und scheint auf den einsamen
Rauschpunkt oder die rauhe körperliche Berührung mit der Wirklichkeit geschrumpft.«[389] Eine solche ›Privatisierung‹ der Initiation würde
allerdings belegen, daß die Initiationsriten als Erscheinungsform des
Kollektivkörpers tatsächlich verschwunden sind. Es stellt sich jedoch
die Frage, ob nicht gerade in dem Verschwinden der Wirklichkeit das
›Anliegen‹ oder der Sinn des modernen Kollektivkörpers zu suchen sein
könnte, indem schwindelerregende Räume hergestellt werden, in denen
das Individuum lustvoll eintauchen kann. Zugleich stellt sich die Frage,
ob sich die Initiationsriten nicht doch erhalten haben – in einer ›inver-
tierten‹ Form: als ›Anomalien‹. Zumindest erfüllen die ›Anomalien‹ eine
ähnliche Funktion wie die Initiation: Sie sind Indikator für das spezifische Konzept des Kollektivkörpers – als sein Negativbild. Diese erscheinen wie eine ›Initiation nach außen‹ und ließen sich vielleicht als
›Exitiation‹ bezeichnen.

Dem Kollektivkörper als ›Nervensystem‹ entspricht das Konzept des
›nervösen Typs‹, das mit Aufklärung und Industrialisierung an Bedeutung gewinnt. Der Begriff der ›Neurose‹ wurde im 18. Jahrhundert vom
schottischen Neuropathologen William Cullen (1712–1790) geprägt,
um die ›Nervenkrankheiten‹ zu bezeichnen, mit denen er alle »wider-
natürlichen Zufälle der Empfindung und Bewegung« und eine »widernatürliche Beschaffenheit des Nervensystems« meinte.[390] Sein Konzept
der ›Neurose‹ hatte mit dem heutigen Verständnis des Begriffs wenig
zu tun. Wohl aber kann man darin ein Spiegelbild der Gesellschaft als
›Nervensystem‹ erkennen. Cullen betrachtete das gesamte Leben als
eine Funktion ›nervöser Energien‹ und die Krankheit als eine ›nervöse
Störung‹.

Das Krankheitsbild eines angegriffenen ›Nervensystems‹ erwies sich
als besonders geeignet für die Debatten über die Gefahren der Onanie,
bestand doch ein allgemeines Einverständnis darüber, daß die Ma-

sturbation ›Nervenschwäche‹, körperliche Erschöpfungszustände, Gehirn- und Rückenmarkschwund bewirke und sogar bis zum Tod führen könne. Die Vorstellung, daß die ›Selbstbefleckung‹ eine tödliche Krankheit sei, verdankte sich einerseits christlichen Traditionen, die die ›Vergeudung‹ des Samens mit der Abtreibung und deshalb auch mit Sünde und einem ›Mord‹ an der göttlichen Schöpfung in Verbindung brachten. (Die weibliche Onanie beschäftigte den Zeitgeist sehr viel weniger, weil kein Samen ›vergeudet‹ wurde.) Mit der Aufklärung verlagerte sich der Vorwurf gegen die Onanie auf eine medizinische Ebene: Aus der Todsünde wurde eine tödliche ›Krankheit‹ – vergleichbar der Verlagerung des Begriffs der ›Seele‹ von einer religiösen auf eine psychologische Ebene. Auf der anderen Seite wurden dem ›Onanisten‹ aber auch Weichlichkeit und Unmännlichkeit zugeschrieben: die ›mollitia‹, die einst auch zur Kennzeichnung des ›passiven Homosexuellen‹ gedient hatte. »Ein ›mollis‹, ein Weichling, ist derjenige, der seine Rolle, die ihm aufgrund seines Geschlechts zugeschrieben ist, aufgibt und nicht die Härte des starken, in andere Körper eindringenden Mannes zeigt: So wird der ›mollis‹ zum ›semivir‹, zu einem halben Mann, zu einer Art gesellschaftlichem Zwitter. Denn er nimmt die Rolle der Frauen ein, die aufgrund der ihnen zugeschriebenen Natur passiv sein müssen.«[391] Auf diese Gleichsetzung mit Weiblichkeit verweist auch ein Teil der Störungen, die als Folge der Onanie beschrieben werden: Sehstörungen, Traurigkeit, konvulsivische und spasmische Lähmungserscheinungen, Atemstörungen, Starrsucht, Fallsucht – allesamt Symptome, die auch als typische Erscheinungsformen der Hysterie, ›Frauenkrankheit‹ par excellence, galten.

Bei der Gleichsetzung von Onanie mit ›Verweiblichung‹ waren neue Parameter am Werke, die dem Topos des ›vergeudeten Samens‹ eine hochaktuelle Bedeutung verliehen. Hinter der Beschwörung der Gefahren der Onanie stand die Angst vor einem Sexualtrieb, der sich aus dem Dienst an der Fortpflanzung gelöst hatte. »Ein gemäßigter Beyschlaf ist nützlich, wenn die Natur den Trieb dazu gegeben hat. Ist man aber nur durch die Einbildungskraft dazu gereizet worden, so schwächet er die Kräfte der Seele«, schreibt der Lausanner Arzt Samuel Auguste Tissot 1758 in seiner einflußreichen Abhandlung über die Gefahren der Onanie.[392] Die neue Angst bezog sich nicht mehr auf ein Vergehen gegen die göttliche Schöpfung, sondern auf einen Sexualtrieb, der den Mächten der Einbildung unterlag. Tatsächlich ließen die Errungenschaften der Medizin die Trennung von Sexual- und Reproduktionstrieb nicht nur denkbar, sondern alsbald auch realisierbar erscheinen. Was mit der ›Krankheit‹ der Onanie wie der ›Nervosität‹ verhandelt wurde, war nicht der ›vergeudete Samen‹, sondern die *Freisetzung des Sexualtriebs*, die paradoxerweise ausgerechnet von der medizinischen Forschung vorangetrieben wurde, die die Gefahren der Onanie beschwor.

Noch bis William Harvey (1578–1657) erschien die Zeugung als ein unerklärlicher Vorgang, über den es die unterschiedlichsten Spekulationen gab.[393] Im späteren 17. Jahrhundert glaubten Vertreter der Theorie der ›Präformation‹, daß entweder das Spermatozoon oder das weibliche Ei ein fertig geformtes kleines Lebewesen enthalte. Erst Anfang des 19. Jahrhunderts wurde durch die Zellenlehre und durch die Entdeckung des Eisprungs eine neue Grundlage für die Befruchtungstheorie geschaffen. Um 1875 verschaffte eine verbesserte Mikroskopiertechnik Einsicht in den Vorgang der Verschmelzung von Spermakern und Eikern. Dieser allmähliche und – verglichen mit anderen Erkenntnissen über den menschlichen Körper – späte Erkenntnisgewinn eröffnete zum ersten Mal die Perspektive einer technischen Umsetzung von Phantasien über eine sowohl geplante als auch gesteuerte, d. h. ›verbesserte‹, den Zufall ausschließende Fortpflanzung. Die Phantasien eines Eingriffs in die Fortpflanzung waren nicht neu. Schon Platon hatte im *Staat* gefordert, daß die menschliche Fortpflanzung einer rationalen Planung der Auslese und Züchtung unterworfen werde. Zu Beginn der Neuzeit hatte Francis Bacon diese Phantasien in konkrete Entwürfe von tierischer und menschlicher Züchtung übertragen. Doch bis zur genauen Kenntnis der Zeugungsvorgänge implizierten diese Züchtungsphantasien und ihre praktische Umsetzung immer die ›Kanalisierung‹ des Sexualtriebs. Nun wurde es denkbar, direkt in das Erbgut einzugreifen und die Fortpflanzung als unabhängig von der Sexualität und ›normalen‹ Zeugungsvorgängen zu denken. Dementsprechend fanden die Hoffnungen auf eine geplante und homogenisierte menschliche Reproduktion ihren Niederschlag in den Theorien der Eugeniker, den Vorläufern der modernen Gentechnologie.

Die Tatsache, daß der Sexualtrieb nicht mehr als notwendige ›Begleiterscheinung‹ der Reproduktion erschien, hatte notwendigerweise zur Folge, daß er als selbständiger ›Trieb‹ begriffen wurde, der auch da aktiv werden konnte, wo der Reproduktionstrieb kein Ziel zu verfolgen hatte: etwa bei der Homosexualität. Die ›Freisetzung‹ des Sexualtriebs, die mit der Entwicklung der Fortpflanzungstechnologien einherging, führte dazu, daß gegen Ende des 19. Jahrhunderts die Debatten um den ›nervösen Typ‹ und die ›nervöse Gesellschaft‹ hohen Kurs hatten.[394] Es entstanden die Sexualwissenschaften, die in Berlin – mit Iwan Bloch, Magnus Hirschfeld, Albert Eulenburg – ihr aktivstes Zentrum fanden. Ihre Entstehung ist von den Debatten über die Onanie und den ›nervösen Typ‹ nicht zu trennen. Hatten allerdings die Ärzte des späten 18. Jahrhunderts mit der Onanie die Gefahren eines ›unabhängigen‹ Sexualtriebs beschworen, so sollten die Sexualwissenschaftler des späten 19. Jahrhunderts die ›Normalität‹ eines solchen Triebs postulieren. Auf diese Weise trugen die Sexualwissenschaften auch dazu bei, daß aus den *biologischen* Kategorien Sexualität und Geschlecht *kulturelle* oder geistige, psychische Kategorien wurden – ein Paradigma, das mit dem ausgehenden 20. Jahrhundert zum Mainstream-Diskurs geworden ist: Bei Jacques Lacan oder Judith Butler z. B. ist Sexualität nur mehr eine Funktion von Sprache und Zeichen oder Performanz.

Wenn aber der Sexualtrieb selbst kulturellen Mustern unterlag und von der ›Einbildungskraft‹ (und nicht von biologischen Faktoren) dominiert wurde, so lag es nahe, auch das Geschlecht als Produkt *kultureller* Zuschreibung zu verstehen. Genau das geschah, parallel zur Entwicklung der Eugenik: Ab Mitte der 1860er Jahre verkündete der Jurist Karl Heinrich Ulrichs in umfangreichen Schriften seine These vom »dritten Geschlecht«.[395] Magnus Hirschfeld sollte später den Begriff durch den der »sexuellen Zwischenstufen« ergänzen. Mit anderen Worten: Im Verlauf des 19. Jahrhunderts trat neben die traditionelle *biologische* Definition des Geschlechts eine kulturelle oder psychologische, die besagte, daß man zwar biologisch ein Mann sein, aber wie eine Frau empfinden (und denken) könne – und umgekehrt. In ebendieser ›kulturellen‹ Definition des Geschlechts ist der Grund für die Gleichsetzung des ›Onanisten‹ mit Weiblichkeit und Unmännlichkeit zu suchen. In gewisser Weise schloß sich mit dieser Entwicklung auch ein Kreis, der mit der Entstehung des griechischen Alphabets begonnen hatte: War damals eine symbolische Geschlechterordnung entstanden, die allmählich ›biologisiert‹ und ›naturalisiert‹ worden war, so führte das Konzept des ›kulturellen Geschlechts‹ nun wieder zurück zu seinem Ursprung: dem Zeichen und der Sprache. Allerdings war diese im Verlauf ihrer Geschichte zunehmend nach dem Gesetz der Schrift gestaltet worden.

Es versteht sich, daß die biologische Definition von ›Geschlecht‹ mit der psychisch-kulturellen Definition schwer zu vereinbaren war; und dementsprechend bekämpften sich die Theoretiker der beiden Positionen auch zutiefst. Das zeigte sich u. a. an den Auseinandersetzungen für oder gegen das Wahlrecht oder die Zulassung von Frauen zu den Universitäten, bei denen letztlich die Frage verhandelt wurde: Sind Frauen aus biologischen (mithin unveränderbaren) Gründen von politischer Verantwortung und höherer Bildung auszuschließen; oder handelt es sich um kulturelle und mithin transformierbare Gesetze? Es zeigte sich auch an den unterschiedlichen Theorien *innerhalb* der Sexualwissenschaften zur Homosexualität. Unter den Sexualreformern, die sich alle für eine Aufhebung der Strafrechtsbestimmungen gegen die Homosexualität einsetzten, gab es zwei Strömungen. Die eine Fraktion war der Ansicht, daß Homosexualität nicht strafbar, weil angeboren und mithin von der Natur vorgegeben sei.[396] Die andere hingegen hielt sie für eine ›kulturelle‹ Erscheinung, der mit ›Erziehungsmaßnahmen‹, aber nicht mit dem Strafrecht beizukommen sei.[397]

Gegen Ende des 19. Jahrhunderts hatte sich der Begriff des ›nervösen Typs‹ vom Paradigma der ›Onanie‹ gelöst und fand ganz allgemein Anwendung auf Menschen, denen unterstellt wurde, daß sich ihre Erscheinung und ihr Verhalten jeder *eindeutigen* Zuordnung widersetze, darunter den tradierten biologisch definierten Mustern von ›Männlichkeit‹ und ›Weiblichkeit‹. Der Begriff der ›Nervosität‹ wurde auf Homosexuelle sowie auf Frauen übertragen, die für das Stimmrecht auf die Straße gingen oder für das Recht kämpften, an den Universitäten zugelassen zu werden. »Die Nervosität unserer Zeit«, so befürchtete ein Theologe, werde durch das Frauenstudium zunehmen.[398] Ein Mediziner wiederum hielt die Frauen zwar für fleißiger als Männer:

»Gerade dieser Fleiß aber, welcher die Veranlagung zum Teil ersetzen soll, wird es dann wieder sein, welcher den zu Nervenkrankheiten besonders disponierten Frauen schädlich wird. Dieser, wie die Aufregungen, welche die Examina hervorrufen, und welchen das weibliche Geschlecht viel weniger gewachsen ist als das männliche, wird beim Ende des Studiums die ›nervöse Frau‹ hervorgebracht haben.«[399]

Hinter diesem Bild einer mangelnden sexuellen ›Eindeutigkeit‹ stand die Vorstellung des Simulanten und der Dissimulation: des Schwindlers, der sich zur Selbstdarstellung der modernen Simulationstechniken bediente. Es verband sich mit dem Bild der modernen Großstadt, ihrer Rastlosigkeit, den rasch wechselnden Rhythmen, undurchschaubaren Beziehungsgeflechten, die das Stadtleben und seine Kommunikationsmittel zwischen den Menschen knüpften. Dieses Stadtleben mit seinen

›schrägen‹ Typen, die als Dandys, als Schwule oder als Frauen in Männerkleidung die Cafés und Nachtbars bevölkerten, sowie die anderen Neuerungen der Moderne wurden für Nervenkrankheiten und ›Neurasthenie‹ verantwortlich gemacht. Die amerikanische ›Zivilisation‹ wurde zum Paradigma der Verbindung von medialen Techniken und psychischer ›Nervosität‹. Der amerikanische Physiologe George Beard, der auch den Begriff der ›Neurasthenie‹ prägte, definierte ›Nervosität‹ als »Nervenlosigkeit« und »Mangel an Nervenkraft«.[400] Im Vorwort zu seinem Buch *American Nervousness* schreibt er, daß die Hauptursache für den raschen Anstieg an Nervosität in der »modernen Zivilisation« zu suchen sei, die sich von der »alten Zivilisation« durch fünf Faktoren unterscheide: »die Dampfkraft, das Zeitungswesen, den Telegraphen, die Wissenschaften und die geistige Tätigkeit von Frauen«. Unter solchen Bedingungen der modernen Zivilisation müsse unweigerlich die »Nervosität in ihren vielen Varianten« entstehen.[401] Interessanterweise führt Beard die ›geistige Tätigkeit‹ von Frauen nicht als eine Folge der modernen Zivilisation an, sondern rechnet sie zu den auslösenden Faktoren. Andere betrachteten die ›moderne Sexualität‹ als das Resultat eines »ins Ungemessene gesteigerten Verkehrs«, der »weltumspannenden Drahtnetze des Telegraphen und Telephons« und der »Hast und Aufregung« in den Städten, die »immer raffinierter und unruhiger« geworden seien: »Die erschlafften Nerven suchen ihre Erholung in gesteigerten Reizen, in stark gewürzten Genüssen, um dadurch noch mehr zu ermüden.«[402] Freud widerspricht dieser Auffassung. In seiner Abhandlung über *Die kulturelle Sexualmoral und die moderne Nervosität* schreibt er, daß sich »die eigentlichen Formen des nervösen Krankseins« wohl auf die Kultur zurückführen lassen, aber »der schädigende Einfluß der Kultur [reduziert sich] im wesentlichen auf die schädliche Unterdrückung des Sexuallebens der Kulturvölker (oder Schichten) durch die bei ihnen herrschende ›kulturelle‹ Sexualmoral«.[403] Gleichgültig, ob die treibende Kultur der Stadt oder die den Trieb unterdrückende kulturelle Sexualmoral für die moderne ›Nervosität‹ verantwortlich gemacht wurde: immer wurde eine enge Wechselbeziehung zwischen der Kultur und dem Sexualverhalten angenommen. Der ›nervöse Typ‹ galt damit als Spiegelbild einer ›kulturellen Gemeinschaft‹. Er reflektiert das Bild eines Kollektivkörpers, der entweder als Instanz der ›kulturellen Sexualmoral‹ zum Unterdrücker oder als ›Dampfmaschine‹ zum ›Erreger‹ eines neuen Krankheitsbildes geworden war. Das Krankheitsbild wirkte seinerseits auf die neue Metaphorik einer Gemeinschaft

Der ›nervöse Typ‹ – das undefinierbare Geschlecht.

zurück, deren Triebkraft und ›Erregung‹ auf der ›Einbildungskraft‹ der modernen Simulationstechniken beruhten.

Daß das Paradigma des ›nervösen Typs‹ von politischer und gesellschaftlicher Brisanz war, zeigte sich daran, daß über den Körper des ›Juden‹ die gleichen Debatten wie über den geschlechtlichen Körper geführt wurden. Dafür sorgte schon die Gleichsetzung von Nervosität mit ›Zivilisation‹ und ›Amerikanischer Krankheit‹.[404] Da Juden über Jahrhunderte von vielen Berufszweigen und von Landbesitz ausgeschlossen worden waren, hatten sie nach der ›Emanzipation‹ vor allem in den Berufen Fuß gefaßt, die den Modernisierungen des Industriezeitalters geschuldet waren. Sie wurden tatsächlich zu ›Schrittmachern‹ der Moderne und zur Symbolgestalt der Gemeinschaft als ›Nervensystem‹. Vor allem in Deutschland waren die Debatten um den jüdischen Körper nicht minder polarisiert als die um das Frauenwahlrecht und die Zulassung von Frauen zum Studium – und auch hier ging es explizit um die Frage: Ist die ›jüdische Identität‹ *biologisch* bedingt, oder handelt es sich um eine *kulturelle* Identität? Diese Frage stand im Zentrum der antisemitischen Debatten, etwa auch um den Zugang von Juden zur Universität, zu öffentlichen Ämtern und akademischen Berufen. Zwar hatten Juden männlichen Geschlechts seit der Reichsgründung das Recht, an deutschen Hochschulen zu studieren. Aber die Berufung auf einen Lehrstuhl war ihnen weitgehend verwehrt, wie etwa das Beispiel von Georg Simmel zeigt, dem die Ernennung zum ordentlichen Professor versagt blieb, obgleich seine Vorlesungen um 1900 zu *den* kulturellen Ereignissen von Berlin gehörten.

In der Frage der ›jüdischen Identität‹ vertraten die Antisemiten zwei unterschiedliche Positionen, in denen sich wiederum die beiden Konzepte des Kollektivkörpers widerspiegelten: Die biologisch argumentierenden Theoretiker beriefen sich auf das Bild einer Gemeinschaft der Blutbahnen; die anderen auf das Bild einer kulturellen Gemeinschaft als ›Nervensystem‹. Allerdings führten beide Positionen zu demselben Ergebnis: Für die eine Fraktion war es die unveränderliche ›Rasse‹, für die andere war es der unveränderliche ›jüdische Geist‹, die den ›Juden‹ definierten. Dieser ›jüdische Geist‹ wurde als konstitutiv für eine spezifische und unverrückbare ›Natur‹ des ›Juden‹ betrachtet. So schrieb Arthur Dinter, Autor des ersten Rassenromans *Sünde wider das Blut*:[405] »Der Geist ist nicht […] ein Erzeugnis der Rasse, sondern umgekehrt ist die Rasse, der Körper, die irdische Erscheinung eines Menschen, ein Erzeugnis seines Geistes. Der Geist ist's, der sich den Körper baut, nicht ist es umgekehrt.«[406] Und gerade in den Juden »verkörpern sich Geister hochentwickelter Intelligenz«. Darin bestehe »ihre teuflische Bosheit und Gefährlichkeit für die arischen Rassen«.[407]

Solche Bilder ›jüdischer Gefahr‹ spielten besonders im Kontext der Assimilation eine wichtige Rolle. Nicht die orthodoxen, sondern die ›assimilierten‹ Juden – diese ›Fremden‹, denen man ihre Fremdheit nicht mehr richtig ansehen konnte, die Kaftan, Bart und Schläfenlocken abgelegt und sich mit dem ›Wirtsvolk‹ vermischt hatten –, wurden als Gefährdung betrachtet. Die Darstellung jüdischer Gefährlichkeit und mangelnder ›Sichtbarkeit‹ war wiederum durchsetzt von den Bildern einer mangelnden geschlechtlichen Eindeutigkeit. Die antisemitischen Klischees vom ›unsichtbaren Juden‹ vermischten sich mit den Feindbildern eines undefinierbaren neuen Frauen- und Männertypus, der sich der biologischen Definition der Geschlechter entzog. So erklärte der ›Rassenforscher‹ Otto Hauser, auf dessen *Geschichte des Judentums* sich später die Nationalsozialisten berufen sollten,[408] in seinem Aufsatz *Juden und Deutsche*:

»Bei keinem Volk findet man nun so viel Weibmänner und Mannweiber wie bei den Juden. Deshalb drängen sich so viel Jüdinnen zu männlichen Berufen, studieren alles mögliche, von der Rechtswissenschaft, Heilkunde bis zur Theologie, werden Gruppen- und Volksvertreterinnen. Betrachtet man diese jüdischen Frauen auf die sekundären Geschlechtsmerkmale hin, so kann man bei gut zwei Dritteln von ihnen deren Verwischung feststellen. Der deutliche Bartanflug ist überaus häufig, die Brüste dagegen unausgebildet, das Haar bleibt kurz.«[409]

Die Vorstellung einer *Aufhebung der biologischen Sexualdifferenz* überlagerte sich mit dem Bild der deutsch-jüdischen ›Assimilation‹: Die Verwischung der Grenzen zwischen Männern und Frauen wurde gleichgesetzt mit der Verwischung der Grenzen zwischen Juden und Deutschen. Die Assimilation selbst wurde mit dem Geschlechtsakt verglichen. So verwendet Werner Sombart in seinem Aufsatz *Artvernichtung oder Arterhaltung* den Begriff der ›Paarung‹:

»Ich wünschte es im Interesse unserer deutschen Volksseele, daß sie von der Umklammerung durch den jüdischen Geist befreit würde, damit sie sich wieder in ihrer Reine entfalten könnte. Ich wünschte, daß die ›Verjudung‹ so breiter Gebiete unseres öffentlichen und geistigen Lebens ein Ende nähme: zum Heil der deutschen Kultur, aber ebensosehr auch der jüdischen. Denn ganz gewiß leidet diese ebensosehr unter der unnatürlichen Paarung.«[410]

So ist es nicht erstaunlich, daß die Gegner der Frauenemanzipation im großen und ganzen identisch waren mit den Gegnern der deutsch-jüdischen ›Assimilation‹. In beiden Fällen drückte sich die Angst vor einer Auflösung der Gemeinschaft aus. »Sandhaufen«, »Atomisierung der Gesellschaft« waren die Schlagworte für die Gefahr, der das Bild eines biologischen Organismus oder des ›Volkskörpers‹ gegenüber-gestellt wurde.[411]

Weil sich das Bild sexueller Undefinierbarkeit, das in der Diffamie-rung des ›nervösen Typs‹ seinen Ausdruck fand, mit dem Bild des assi-milierten ›Juden‹ verband, dem die gleiche ›Undefinierbarkeit‹ unterstellt wurde, spielten auch dieselben Krankheitsbilder eine Rolle: Hysterie, Neurasthenie, Nervosität wurden nicht nur als typische Krankheiten von Frauen auf dem Weg in die Emanzipation, sondern auch als typisch jüdische Krankheiten betrachtet. Hieß es, daß geistige Tätigkeit beim weiblichen Körper zu ›nervöser Erkrankung‹ führe, so wurde die Prä-disposition ›des Juden‹ auf eine angebliche »Überstrapazierung und Erschöpfung des Gehirns« zurückgeführt.[412] Solche Vorstellungen wur-den wiederum von vielen Juden übernommen. So vertrat der jüdische Arzt Rafael Becker 1918 vor einem zionistischen Akademikerverein die Ansicht, daß ›die jüdische Nervosität‹ die Folge von Emanzipation, Assimilation und Akkulturation sei.[413] Er akzeptierte also das Krank-heitsbild, machte aber den Verlust einer jüdischen ›Identität‹ und die Auflösung der jüdischen Gemeinschaft für die Krankheit verantwort-lich. Dem standen psychiatrische Ansichten gegenüber wie die von Jean-Martin Charcot, der jahrhundertelange Inzucht (also erbliche Faktoren) als Ursache für die Erscheinung ›jüdischer Nervosität‹ diagnostizierte.[414] In beiden Fällen besagte ›Nervosität‹ Undefinierbarkeit.

Um der biologischen – mithin unveränderbaren – Definition des Kör-pers zu entgehen, setzten sich viele Frauen und viele Juden ihrerseits für eine ›kulturelle‹ Definition des Körpers ein. Die Frauen erhofften sich von der Überwindung biologischer Deutungsmuster den Zugang zu höherer Bildung und zu Berufen, die ihnen bis dahin verschlossen blieben. Für die Juden implizierte sie die Befreiung von den Klischees, die die rassistischen Antisemiten an das Bild des Juden zu heften ver-suchten.

Die Berufung auf kulturelle Faktoren hatte u. a. zur Folge, daß Frauen wie Henriette Schrader-Breymann und Helene Lange den Kampf um Frauenbildung mit dem Schlagwort der ›geistigen Mütterlichkeit‹ führ-ten. Diese sei »nicht allein an die eigene Kinderstube, nicht allein an die physische Mütterlichkeit« gebunden, sondern werde überall wirksam, wo »die Frau auch außerhalb des Hauses zum mütterlichen Wirken berufen« sei.[415] Die Mädchenbildung, so forderten sie, solle dieser »psychischen Mütterlichkeit«, die zur Hebung der nationalen Sittlichkeit beitrage, Rechnung tragen. Da sie von der »geistigen Mütterlichkeit« überzeugt waren, bejahten Helene Lange und ihre Mitstreiterinnen im Kampf um Bildung auch das Zölibat, das allen amtierenden Lehrerinnen auferlegt wurde. Das Wesen der Frau, so Helene Lange, zeichne sich ohnehin durch »eine geistigere Auffassung des Sexuellen« aus.[416] Solche Bilder einer ›geistigen‹ Weiblichkeit trugen ihrerseits dazu bei, die Weichen für die sozialpädagogischen Ausbildungs- und Berufszweige zu stellen, die heute die Bildungs- und Berufswege von Frauen prägen. Damit wurden Frauen selbst zu den Agenten und ›Schrittmachern‹ der weiter oben beschriebenen abstrakten und kollektiven ›Mütterlichkeit‹ des modernen Staates. Auch trugen sie dazu bei, daß sich das Bild vom ›Mutter Staat‹ mit dem der einzelnen Frau überlagern konnte.

Auch für Juden, die die Gleichberechtigung im Staat anstrebten, war das Konzept eines Kollektivkörpers als ›Nervensystem‹ anziehend. Die Vorstellung einer medialen oder textuellen Gemeinschaft als ›Nervensystem‹ eröffnete die Möglichkeit einer *kulturellen* Integration in die Gesellschaft. (Hier sei an die in Kapitel I dargestellten Theorien von Marcus Herz über den Schwindel erinnert.) Dem entsprachen die Bestrebungen vieler ›assimilierter‹ Juden um eine ›kulturelle‹ Definition des ›Jüdischen‹, die sich allerdings oft nur vermittelt ausdrückten: u.a. in Sexualbildern. Es ist schon oft darüber gerätselt worden, warum, wie Erwin Haeberle schreibt, »die überwältigende Mehrheit der sexologischen Pioniere Juden waren«.[417] *Eine* Antwort auf diese Frage mag in der Tatsache zu suchen sein, daß der ›jüdische Körper‹ zu einem Konstrukt rassistischer Ideologien geworden war. Da die Sexualwissenschaften die *kulturelle* Codierung des Körpers betonten, boten sie auch die Möglichkeit, diesem Konstrukt die physiologische Basis zu entziehen, also das rassistische Bild des jüdischen Körpers zu ›dekonstruieren‹. Georg Simmels Interesse für die Geschlechterfrage ließe sich in diesem Sinne lesen: Indem er über den ›Fremdkörper‹ Frau sprach, thematisierte er zugleich den ›Fremdkörper‹ des Juden – ohne ihn explizit zu benennen.[418]

Daß mit dem ›nervösen Typ‹ Fragen des Kollektivkörpers verhandelt wurden, geht auch aus der Tatsache hervor, daß Nietzsche den Begriff der ›Nervosität‹, die von den Antisemiten zur ›jüdischen Krankheit‹ erklärt worden war, auf die Wagnerianer übertrug:

> »Ich stelle diesen Gesichtspunkt voran: Wagners Kunst ist krank. Die Probleme, die er auf die Bühne bringt – lauter Hysteriker-Probleme –, das Konvulsivische seines Affekts, seine überreizte Sensibilität, sein Geschmack, der nach immer schärferen Würzen verlangte, seine Instabilität, die er zu Prinzipien verkleidete, nicht am wenigsten die Wahl seiner Helden und Heldinnen, diese als physiologische Typen betrachtet (– eine Kranken-Galerie! –): alles zusammen stellt ein Krankheitsbild dar, das keinen Zweifel läßt. Wagner est une névrose. [...] Der Erfolg Wagners – sein Erfolg bei den Nerven und folglich bei den Frauen – hat die ganze ehrgeizige Musiker-Welt zu Jüngern seiner Geheimkunst gemacht.
> Am unheimlichsten freilich bleibt die Verderbnis der Nerven. Man gehe nachts durch eine größere Stadt: überall hört man, daß mit feierlicher Wut Instrumente genotzüchtigt werden – ein wildes Geheul mischt sich dazwischen. Was geht da vor? – Die Jünglinge beten Wagner an... Bayreuth reimt sich auf Kaltwasserheilanstalt. – Typisches Telegramm aus Bayreuth: bereits bereut.«[419]

Nietzsches Gebrauch des Begriffs ›nervöser Typ‹ macht deutlich, daß sich hinter diesem Topos eigentlich die Frage der modernen *Konstitution* des Kollektivkörpers verbarg. Sahen die Antisemiten sowie die Gegner der Frauenemanzipation im ›nervösen Typ‹ die Symbolgestalt einer Auflösung des Gemeinschaftskörpers, so wird er bei Nietzsche zur Symbolgestalt für die Gefahren eines modernen, medial bedingten Kollektivkörpers selbst. Das Bild der ›Nervosität‹ besagt bei Nietzsche: Suggestibilität, Abhängigkeit – und den ›Cagliostro‹ dieser Suggestibilität sah er in der Gestalt Wagners: nicht nur, weil Wagners Schriften zu Politik und Ästhetik zu den ersten Texten eines rassistischen Antisemitismus gehörten,[420] sondern auch, weil Wagner in seinem Werk ein Konzept von Kunst vertrat, das die ›Behausung‹ in der Ohnmacht einforderte:

> »Gerade, weil nichts moderner ist als diese Gesamterkrankung, diese Spätheit und Überreiztheit der nervösen Maschinerie, ist Wagner der moderne Künstler par excellence, der Cagliostro der Modernität. In seiner Kunst ist auf die verführerischste Art gemischt, was heute alle Welt am nötigsten hat – die drei großen Stimulantia der Erschöpften, das Brutale, das Künstliche und das Unschuldige (Idiotische).«[421]

Mit anderen Worten, je mehr der ›nervöse Typ‹ zur Anomalie der Gemeinschaft erklärt wird, desto deutlicher wird auch, daß sich der

Kollektivkörper über dieses Bild konstituiert: Er konstituiert sich jedoch nicht nur über die ›Anomalie‹, sondern auch über den ›Fremdkörper‹. Auf den ersten Blick erscheinen die beiden Begriffe wie Synonyma. Doch während die ›Anomalie‹ die Funktion des ›Problems‹ erfüllt und zur Fortentwicklung des medialen Kollektivkörpers beiträgt – auch das spricht dafür, in Topoi wie dem vom ›nervösen Typ‹ eine Form von moderner ›Initiation‹ zu sehen –, stellt der ›Fremdkörper‹ das Ausgeschlossene dar, das Nicht-Integrierbare. In dieser Negativfunktion macht er allerdings auch, nicht anders als die ›Anomalie‹, die Gestalt des Kollektivkörpers sichtbar. Von diesem ›Fremdkörper‹ soll im nächsten Kapitel die Rede sein.

KAPITEL VI
DER ›FREMDKÖRPER‹

Säkularisierung

In seinem Buch *Der Sinn der Geschichte* (1925) schrieb der Religionsphilosoph und Historiker Nikolai Berdjajew:

»Ich entsinne mich, daß es mir in meinen Jugendtagen, als mich die materialistische Deutung der Geschichte anzog und ich sie an den Geschicken der Völker nachweisen wollte, schien, daß als das allergrößte Hindernis hierfür das Geschick des jüdischen Volkes sich zeige und daß eben vom materialistischen Gesichtspunkte aus jenes Geschick völlig unerklärlich sei. Es muß gestanden werden, daß von jeglichem materialistischen und positiv-geschichtlichen Standpunkte aus dieses Volk längst schon hätte aufhören müssen zu bestehen. [...] Dieses Geschick läßt sich nicht mit jenen Anpassungsprozessen erklären, mit denen man auf materialistische Weise die Völkergeschichte zu erklären versucht. Das Ausdauern des jüdischen Volkes in der Geschichte, seine Unausrottbarkeit, das Fortbestehen seiner Existenz als eines der ältesten Völker der Welt unter ganz ausnahmsweisen Bedingungen, jene verhängnisvolle Rolle, die dieses Volk in der Geschichte spielt – alles das weist auf besondere, mystische Grundlagen seines historischen Geschicks hin.«[1]

Nach den Gaskammern des ›Dritten Reichs‹ erscheint die lange Lebensdauer der jüdischen Gemeinschaft noch viel bemerkenswerter. Aber es ist zweifelhaft, ob sie sich mit ›mystischen Grundlagen‹ beantworten läßt. In den vorhergehenden Kapiteln wurde gezeigt, worin sich die jüdische von der christlichen Gemeinschaftsbildung unterscheidet, und es fragt sich, ob nicht genau diese Unterschiede einen der Schlüssel zum Geheimnis der langen Lebensdauer der jüdischen Volks- und Religionsgemeinschaft bieten. Aus mehreren Gründen: Zunächst einmal waren die Unterschiede an sich ›identitätsstiftend‹. Sowohl die jüdische als auch die christliche Religionsgemeinschaft definierten sich durch die Abgrenzung gegen die anderen Gemeinschaften – und ganz speziell gegen die andere biblische Religion. Doch dies geschah im Judentum durch eine Reihe von Regeln, die sich auf die *eigene* Gemeinschaft bezogen. So verhinderten die Speisegesetze jede Form von ›Kumpanei‹. Auch die hebräischen Namen, das Festhalten an der geheiligten Sprache sowie die betont jüdische Kleidung trugen, so Paul Mendès-Flohr, zur Integrität der jüdischen Identität bei. Mit Hilfe dieser drei Mittel könne »der einzelne Jude gemeinschaftliche Abgrenzung und Schutz vor den Verlockungen anderer Kulturen und Wissensbilder gewährleisten«.[2] Für die Christen hingegen, die weder eine Speise- und Kleiderregelung noch eine geheiligte Sprache hatten, erhielt die Definition des ›Fremdkörpers‹ eine identitätsstiftende Funktion. Diese Rolle wurde insbesondere der jüdischen Religionsgemeinschaft zugewiesen, deren andere Auslegung der Bibel für das Christentum in den Worten von Jeshajahu Leibowitz ein »fürchterliches Problem« darstellte (während die christliche Auslegung der Bibel für die jüdische Religion ohne Bedeutung sei).[3] Die christlichen Bilder vom ›jüdischen Fremdkörper‹ bestimmten wiederum auf historische Weise das Leben von Juden als ›Gemeinschaft der Fremden‹. Damit mögen sie sogar zur Definition des jüdischen Selbstbildes als ›geschlossener Gemeinschaft‹ beigetragen haben.

Ein anderer Grund für das lange Überleben der jüdischen Gemeinschaft ist der ›dynamische‹ Umgang mit der Heiligen Schrift, die in der Auslegung immer wieder neu belebt wurde. Die Weitergabe von Wissen, so Mendès-Flohr, war akkumulativ und dynamisch, wobei es sich ständig weiterentwickelte und dabei neue Einsichten, Informationen und Erfahrungen verarbeitete. Das ging »über die reine katechetische Wiederholung dessen, was zu Gottes geoffenbartem Wort bisher gesagt und gelehrt worden ist, weit hinaus. Oft brachte gerade das, was durch Kommentierung in die Tradition einfloß, z. B. durch die Mystiker, radikale Neuerungen.«[4] Als das normative System einer Schriftreligion »ist das Judentum erzkonservativ, in hermeneutischer Hinsicht beweist es hingegen oft innovative Kühnheit«.[5] Diese ständige ›Verlebendigung‹ des Textes (die der christlichen ›Vergegenwärtigung‹ des Kreuzesgeschehens beim heiligen Abendmahl oder in der Ikone einerseits ähnelt, andererseits konträr ist) hatte zur Folge, daß religiöses Studium und Leben eng miteinander verwoben waren:

»Es besteht im Judentum ursprünglich und an sich gar kein Unterschied zwischen Leben und Lehre […] Gottesdienst ohne das ausgebreitete tiefgründige Studium der Tora war prinzipiell undenkbar. Nur Unterschiede der geistigen Kapazität konnten eine Trennung von Gottesdienst und Torastudium entschuldbar erscheinen lassen; die sozialen Differenzen vermochten einen solchen Unterschied nicht allgemein auszuprägen; denn der Hausierjude konnte ein sehr großer Gelehrter sein.«[6]

Die hermeneutische Belebung des Textes fand nicht nur innerjüdisch, sondern auch in der geistigen Auseinandersetzung mit den griechischen und christlichen Traditionen statt. So ist es den Bemühungen des großen Schriftgelehrten Akiba Ben Joseph (gest. 136 n. Chr.) zu verdanken, daß sich eine aktive Auseinandersetzung mit dem Hellenismus vollzog. Ihm gelang es, wie Ignaz Maybaum schreibt, »den griechischen Logos für eine Darstellung des Judentums dienstbar zu machen«:

>»Akiba hat mit erfolgreicher Energie griechische Einflüsse aus seiner Lehre ferngehalten. Trotzdem ist er als Lehrer nicht mehr der bloße Traditionalist. Er läßt in seiner *Methode* – allerdings nur in ihr, nicht in der Sache – nicht weniger als ein Philo den griechischen Logos zu seinem Rechte kommen. Sein Lehrhaus unterschied sich von der Art der früheren Lehrhäuser, in denen nur Gegebenes und Fertiges memoriert wurde. Die Schüler wurden als intellektuelle Menschen, als Denkende, Fragende, Forschende an den Stoff herangebracht. Akiba überliefert nicht bloß, er lehrt die Überlieferung. Ohne ihn, heißt es, wäre die Tora vergessen worden, der gegenüber er leistete, was in der Vergangenheit Esra geleistet hat.«[7]

Der allmähliche christliche Säkularisierungsprozeß – und die jüdische Diaspora befand sich weitgehend in einem christlichen Rahmen – sollte diese aktive Auseinandersetzung erschweren. Dies hing damit zusammen, daß ›Säkularisierung‹[8] für das Christentum eine ganz andere Bedeutung hatte als für die jüdische Religionsgemeinschaft, nämlich Weltwerdung des Glaubens, eine Vorstellung, die der jüdischen Religion fremd ist. »Unter den Vorschriften des mosaischen Gesetzes«, so schrieb Moses Mendelssohn, »lautet kein einziges: du sollst glauben oder nicht glauben; sondern alle heißen: Du sollst tun oder nicht tun! Dem Glauben wird nicht befohlen, denn der nimmt keine anderen Befehle an, als die im Weg der Überzeugung zu ihm kommen.«[9] Das Christentum hingegen, das zwischen Glauben und Vernunft unterschied, konnte den Glaubenszweifel nicht zulassen. Eben weil Wissenschaft (oder Logik) und Religion als *Gegensatz* betrachtet wurden, entwickelte das Christentum ein mächtiges Bedürfnis, die weltliche Wirklichkeit den Glaubensgrundsätzen *anzupassen*. Für das christliche Denken stellte die Veränderung der Welt, der physisch wahrnehmbaren Wirklichkeit, eine religiöse *Notwendigkeit* dar. Nur so ließ sich der Abgrund zwischen Logik und Leben, zwischen Berechenbarkeit und Natur überbrücken. Das wurde besonders deutlich in der Scholastik, die den Glauben auf den Boden der Vernunft zu stellen versuchte. Es zeigte sich aber auch daran, daß keine andere Religion der Welt eine derartige Wirkungsmacht gegenüber der ›Wirklichkeit‹ entfaltete, was sich nach innen als Prozeß der Verweltlichung und ›Naturalisierung‹ – der Verlagerung von der Kirchengemeinschaft zur nationalen Gemeinschaft – und nach außen als Christianisierung und Kolonialisierung fremder Kulturen zeigte. Die jüdische Religion hingegen, die die bestehende Welt, in den Worten von Max Brod, als »Diesseitswunder«, d. h. als Offenbarung und Gabe Gottes betrachtete, bedurfte nicht einer solchen verändernden Kraft und entwickelte auch keine dem Christentum vergleichbare historische Dynamik. Andererseits bezog die jüdische Gemeinschaft aus ihrer eigenen Dynamik aber auch eine spezifische Widerstandskraft gegen die realitätsverändernde Macht des Christentums. Während sich die Kulturen ohne Schrift dem abstrakten Denken und der Überlagerung durch das Christentum (oder durch andere Schriftgesellschaften) nicht zu entziehen vermochten, widersetzte sich die Textgemeinschaft des jüdischen Volkes der christlichen Mission. So ist einer der Schlüssel zum Verständnis des langen Überlebens der jüdischen Religions- und Volksgemeinschaft auch in der spezifischen Form von Schriftlichkeit zu suchen.[10]

Die jüdische Religionsgemeinschaft wurde durch das Exil innerhalb der christlichen Gemeinschaft auf eine besondere Weise mit der realitätsverändernden Macht der christlichen Säkularisierung konfrontiert. Sie beinhaltete die ›Sakralisierung‹ nationaler Gemeinschaften und die Verweltlichung religiöser Denkstrukturen, wie sie am Beispiel der modernen visuellen Techniken und der Genwissenschaft dargestellt wurde. Durch die Verwandlung der Kirchengemeinschaft in einen Nationalstaat wurde aus dem kirchlichen Feiertag ganz selbstverständlich der staatlich vorgeschriebene soziale Ruhetag; die Ideale christlichen Ehe- und Familienlebens gingen ins Ehe- und Familienrecht ein;[11] und christliche Heilslehren prägten die medizinischen Vorstellungen über den menschlichen Körper und die biologische Beschaffenheit der Geschlechter. Die Verlagerung von der Kirchengemeinschaft zum säkularen Staat vollzog sich in Deutschland spät, dafür aber um so deutlicher. Nicht nur ist die Trennung von Kirche und Staat bis heute nicht vollzogen; darüber hinaus erscheint die noch immer geltende Definition nationaler Zugehörigkeit durch das *ius sanguinis* wie eine Verweltlichung der Symbolik der Kommunion, die u. a. die Bildung einer Blutsgemeinschaft bedeutet.

Kennzeichnend für das Verhältnis von säkular-christlicher und jüdischer Gemeinschaft war die Politisierung des Begriffs der ›Assimilation‹. Der Begriff, der sich neuen Erkenntnissen der Biologie im späten 18. Jahrhundert verdankte, bedeutete wörtlich ›Anähnlichung‹ und bezeichnete »die Überführung der von einem Lebewesen aufgenommenen Stoffe in Körpersubstanz«. Am wichtigsten ist dabei die Kohlendioxyd-Assimilation: »Diese Assimilation erfolgt in der Regel in den Chloroplasten im Licht, das die zum Aufbau der energiereichen Substanzen erforderliche Energie bereitstellt.«[12] Schon ab 1800 erfuhr dieser Begriff eine Übertragung auf die deutsch-jüdischen Beziehungen: Er beinhaltete einerseits ›Anähnlichung‹, ›Angleichung‹, ›Verschmelzung‹ und verlieh andererseits der nationalen Gemeinschaft den Anschein eines ›Organismus‹. Der Begriff der ›Assimilation‹ nahm viele Implikationen voraus, die ab der Mitte des 19. Jahrhunderts im Diskurs des antisemitischen Rassismus eine Rolle spielen sollten. Parallel dazu wurde die jüdische Gemeinschaft und Kultur mit einer Art von ›Energiespender‹ gleichgesetzt, der im Zuge der ›Assimilierung‹ selbst im ›Wirtsorganismus‹ aufzugehen hatte. Was für die jüdische Gemeinschaft ›Akkulturation‹ bedeutete, beinhaltete für die säkular-christliche Gemeinschaft – unausgesprochen – zugleich die energetische Aufladung des nationalen Diskurses und seine ›Versinnlichung‹.

Mit dem Beginn des christlichen Säkularisierungsprozesses entstand für die jüdische Religions- und Volksgemeinschaft eine Situation, die in ihrer Reichweite nur mit dem Beginn der Diaspora zu vergleichen ist. Denn die weltliche oder nationale Definition des christlichen Gemeinschaftskörpers geriet notwendigerweise mit den weltlichen Definitionen der jüdischen Gemeinschaft in Konflikt. »Die Religion schrieb vor, anders zu reden, sich anders zu kleiden, anders zu essen, sich anders zu freuen und zu trauern, anders und anderes zu denken«, schreibt Max Wiener. Das Prinzip einer eigenen Sprache, eigener Gesetze und eines eigenen Sittenkodex ließ »die Juden ein Volk inmitten eines anderen sein. Und doch war der Quell, aus dem für den jüdischen Geist Sinn und Rechtfertigung des gesamten nationalen Gehalts erfloß, die unmittelbare Gewißheit göttlicher Berufung.«[13] An die Stelle von Religionspraxis und Lehre trat ein weltliches Verständnis von ›jüdischer Identität‹. Aufschlußreich ist schon die Frage nach der Orthodoxie selbst, die bis dahin in der jüdischen Tradition keine Rolle gespielt hatte. »Es sei daran erinnert, daß die sogenannte jüdische Orthodoxie ein Produkt des europäischen neunzehnten Jahrhunderts ist; Moses Mendelssohn, der 1786 in Berlin starb, bezeichnete sich selbst nicht als orthodoxen Juden, obwohl er sich streng an die Tora hielt. Das gleiche gilt für Maimonides oder die rabbinischen Gelehrten, die den Talmud herausgaben. Auch König David bezeichnete sich nicht als orthodox.«[14] Der

Begriff der ›Orthodoxie‹ ergab überhaupt erst einen Sinn, als eine andere Form, Judentum zu leben, denkbar, wenn nicht gar notwendig geworden war – und das geschah unter dem Druck der christlichen Säkularisierung. »Ihren Anfang nahm die Säkularisierung des jüdischen Wissens in Berlin, wo in den zwanziger und dreißiger Jahren des neunzehnten Jahrhunderts eine akademische Disziplin mit dem bezeichnenden Namen *Wissenschaft des Judentums* ins Leben gerufen wurde.«[15] Durch die Entwicklung der ›modernen Wissensbilder‹ in den säkular-christlichen Gemeinschaften trat das jüdische Denken aus der »heiligen Tradition« ins Reich des »kulturellen Erbes«. Das hatte für den Zusammenhalt der jüdischen Gemeinschaft schwerwiegende Folgen: »Während Tradition sich auf eine Konzeption von endgültiger Wahrheit und absolutem Wert gründet, richtet sich Erbe nach selektiven und relativen Kriterien.«[16]

So kommt es nach der Emanzipation, im Kontext der ›Assimilation‹, zum ersten Mal in der Geschichte jüdischen Denkens nicht nur zu unterschiedlichen, miteinander konkurrierenden, sondern auch zu *unvereinbaren* Auslegungen der jüdischen Religion – und zwar gerade unter den engagiertesten Juden. Es bestand Uneinigkeit darüber, ob ›echtes Judentum‹ in der Orthodoxie, in einer reformierten Konzeption der Lehre, im Zionismus oder etwa, wie Hermann Cohen es nannte, in einer ›Religion der Vernunft aus den Quellen des Judentums‹ zu finden sei. Zum ersten Mal dachten engagierte Juden wie Abraham Geiger (1810–1874) über eine Abspaltung, über die Entstehung einer jüdischen ›Konfession‹ nach christlichem Glaubensmuster nach.[17] Man diskutierte über eine neue Auslegung der jüdischen Gesetze, die dem säkular-christlichen Staat angemessen sei. In der 2. Rabbinerversammlung von 1845 wurde eine Bestimmung erlassen, die »jüdischen Beamten den Dienst am Sabbath nicht nur gestattete, sondern ihn geradezu als eine besondere *mizwa* charakterisierte«.[18] Der moderne Staat mit seiner sozialen Gesetzgebung wurde dabei »als eine Art legitimer Vorläufer der gottgewollten messianischen Ordnung auf Erden proklamiert«.[19] Anderen Reformern erschienen politischer Fortschritt, Liberalismus sowie die technischen Errungenschaften als Vorboten des messianischen Zeitalters.[20] Zugleich begann man, nach dem ›Sinn‹ der Sakralgesetze zu fragen: Die Hygiene wurde zur Begründung für die Beschneidung und das Verbot von Schweinefleisch angeführt. Indem man aber nach dem Sinn fragte, schuf man auch die Möglichkeit, diesen Sinn als wissenschaftlich ›unsinnig‹ zu widerlegen, und bahnte so den Weg für eine Abschaffung der Zeremonialgesetze. Mit diesen Entwicklungen war, wie Max Wiener schreibt, »aus einer Religion, die ihrem ursprünglichen Sinne nach und zufolge einer Geschichte von fast 2000 Jahren in eminenter Bedeutung Sache der Gemeinschaft gewesen war, [...] – ob man es zugibt oder nicht – wesentlich Anliegen des Einzelnen geworden«.[21] Das heißt, für die jüdische Gemeinschaft stellten die christliche Säkularisierung und der Impuls, der von ihr auf die jüdische Gemeinde ausging, eine tiefe Bedrohung dar, tiefer, als es in ihrer Geschichte seit der Entstehung des Christentums der Fall gewesen war. So erscheint rückblickend die Gründung eines jüdischen Staates – und der frühe Zionismus beweist es – schon lange vor Auschwitz als eine historische Notwendigkeit.

Parallel zur Entstehung eines ›nationalen Judentums‹, wie es der Zionismus gegen Ende des 19. Jahrhunderts proklamierte, fand eine stärkere Hinwendung zu den *geistigen* Traditionen des Judentums statt: zu den Traditionen, die sich mit dem Begriff einer ›Kultur des Zweifels‹ umschreiben lassen. »Unter allen Wandlungen, welche die religiös-kulturelle Verfassung des Judentums seit etwa hundert Jahren erfahren hat«, so schrieb Hermann Cohen (1842–1918), »ist keine so frappant wie die Verminderung oder gar das Verschwinden der jüdischen Gelehrsamkeit unter den modernen Juden«.[22] Ist diese Behauptung haltbar? Fand nicht eher eine *Verlagerung* ›jüdischen Denkens‹ und jüdischer ›Gelehrsamkeit‹ auf eine säkulare Ebene statt? »Den klassischen jüdischen Texten entfremdet«, so schreibt Yerushalmi, »spricht der psychologische Jude gern von unveräußerlichen jüdischen Zügen. Befragt man ihn weiter, so nennt er als typische jüdische Eigenschaften unter anderem Intellektualität und geistige Unabhängigkeit, höchste ethische und moralische Normen, Sinn für soziale Gerechtigkeit und Unbeirrbarkeit angesichts der Verfolgung.«[23] Die Entstehung neuer Denk- und Deutungsmuster, wie sie mit Sigmund Freud, Georg Simmel oder Franz Kafka das geistige Klima der Jahrhundertwende in Wien, Berlin oder Prag prägten, ist auch im Kontext einer *geistigen* Tradition zu sehen, für die Zugehörigkeit zur Religionsgemeinschaft Ausbildung der Kritik- und Denkfähigkeit bedeutete.[24] Nicht zu Unrecht verglich Ignaz Maybaum die geistigen Auseinandersetzungen, die Akiba im 2. Jahrhundert mit dem griechischen Logos führte, mit der Herausforderung, die das säkulare Christentum für die Juden im Zuge der Emanzipation darstellte:

»Eine Systematik wurde an den gesamten überlieferten Stoff heran-gebracht, und die verschiedenen Disziplinen – Geschichtsschreibung, Exegese, Philologie, Religionsphilosophie – verselbständigten sich. Diese Dinge sind uns so selbstverständlich geworden, daß viele schon die hier geleistete Pionierarbeit des deutschen Judentums vergessen. Dabei handelt es sich nicht bloß um Methodik. Es handelt sich darum, dem Juden Treue zum Judentum in einer neuen Zeit und Umwelt möglich zu machen. Die nicht selbst in die neue Zeit hineingeschritten waren, waren unfähig, der Entfremdung entscheidend entgegenzutreten. Sie konnten rufen: Bleibt Juden und werft euch nicht weg an den Geist des Jahr-hunderts. Diese Rufer waren treu, aber sie waren auch Epigonen. Sie konn-ten nicht lehren, mitten im Leben der Neuzeit sich frei zu bewegen und doch Juden zu bleiben. Im deutschen Judentum setzte dagegen ein geisti-ges Ringen ein, die Auseinandersetzung mit dem europäischen Geist der Neuzeit.«[25]

Die geistigen Auseinandersetzungen um die wahre Form des ›Jü-disch-Seins‹, die durch die Konfrontation mit dem christlichen Säku-larisierungsprozeß ausgelöst worden waren, schlugen sich in vielen Innovationen des 19. und 20. Jahrhunderts nieder. Eine von ihnen ist die Psychoanalyse. An Freud gerichtet, schreibt Yerushalmi:

»Ich glaube, daß Sie im tiefsten Herzen davon überzeugt waren, daß die Psychoanalyse selbst eine weitere, wenn nicht die letzte, verwandelte Ausprägung des Judentums ist, welche, aller illusorischen religiösen For-men entkleidet, die entscheidenden monotheistischen Merkmale bewahrt, wenigstens in dem Sinne, wie Sie sie verstanden und geschildert haben. Kurzum, meines Erachtens glaubten Sie, die Psychoanalyse sei gottloses Judentum, genau wie Sie ein gottloser Jude. Ich glaube aber nicht, daß Sie wollten, daß wir das wissen.«[26]

Freud selbst machte keinen Hehl aus seiner Überzeugung, daß das ›jüdische Denken‹ auch in säkularer Form überlebte. Allerdings hatte er Schwierigkeiten zu definieren, worin es besteht. In einem Brief von 1926 an Mitglieder der jüdischen B'nai-Brith-Loge schrieb er, daß ihn weder der Glaube noch der ›nationale Stolz‹ ans Judentum gebunden habe. »Aber es blieb ganz anderes übrig, das die Anziehung des Judentums und der Juden unwiderstehlich machte, viele dunkle Gefühlsmächte, um so gewaltiger, je weniger sie sich in Worten erfassen ließen, ebenso wie die klare Bewußtheit der gleichen inneren seelischen Konstruktion.«[27]

Ein anderer Aspekt jüdisch-säkularen Denkens mag in der Ent-stehung der Sexualwissenschaft zu suchen sein, die sich zeitgleich und inhaltlich eng verwandt mit der Psychoanalyse entwickelte und zu deren

Pionieren ebenfalls viele jüdische Wissenschaftler gehörten. Die Sexualwissenschaft, die die kulturelle Codierung des Körpers betonte, bot ihnen die Möglichkeit, sich die antisemitischen Stereotypen vom ›jüdischen Körper‹ vom Leibe zu halten. Aber es gab zweifellos auch andere Gründe. In allen Gemeinschaften hat das Regelwerk, das über das Sexualverhalten bestimmt,[28] eine politische Funktion, und deshalb steht der Codex, der das Sexualleben reguliert, auch im Zentrum der Gemeinschaftsgesetze. In den Industrieländern verschwanden diese Regulierungen allmählich – und dieser Wandel hing u. a. mit der ›Naturalisierung‹ des christlichen Kollektivkörpers zusammen. Das heißt, die Sexualität selbst war zu einem ›Vehikel‹ des Säkularisierungsprozesses geworden. So ließe sich das Interesse jüdischer Wissenschaftler für die Sexualwissenschaft auch damit erklären, daß sie der ›Christianisierung‹ des Sexualtriebs etwas entgegenzuhalten versuchten.

Man ist gewohnt, die ›sexuelle Emanzipation‹, die sich seit der Aufklärung vollzogen hat, als Herauslösung aus der Bevormundung durch die Kirche zu lesen. Sie läßt sich aber auch in dem Sinne einer Fortführung interpretieren, wie Peter Gardella es in seinem Buch *Innocent Ecstasy: How Christianity Gave America an Ethic of Sexual Pleasure* getan hat. Gardella zeigt, wie sehr die christliche Doktrin von der ›unschuldigen Ekstase‹ der Mystiker dazu beitrug, der sexuellen Emanzipation des 20. Jahrhunderts den Weg zu bahnen.[29] Eine der Protagonistinnen dieser Emanzipationsbewegung war Margaret Sanger, die Begründerin der amerikanischen Bewegung für Geburtenkontrolle. Sanger war gläubige Christin und vertrat in ihrem Buch *Happiness in Marriage* die Ansicht, daß die Sexualbefriedigung, inkarniert im simultanen Orgasmus, als Sakrament zu betrachten sei.[30] Die Geburtenkontrolle sei notwendig, um den Paaren die Möglichkeit zu geben, ihre Sexualtechniken so zu perfektionieren, daß sie im Moment des Orgasmus das »spirituelle Mysterium einer Kommunion der beiden Naturen erreichen können«.[31] Aus symbiotischer Geschlechterordnung und dem Dogma der Unauflösbarkeit der Ehe war bei ihr der synchrone Geschlechtsakt geworden. Gardella schreibt dazu: »Die Sexperten erbten ihren Glauben an die Befreiung durch Orgasmus von Christen, die die Erlösung von der Sünde im Moment der religiösen Ekstase gefunden hatten.« Für sie wurde der Orgasmus zu einer ›transzendenten‹ Erfahrung, und die Suche nach dem Orgasmus als Äquivalent von religiöser Ekstase sei so zu einer Art von asketischer Praxis geworden.[32] »Genau jener christliche Impuls, der die Doktrin der Sinnlichkeit als Sünde hervorgebracht hatte, setzte sich fort in der Doktrin eines entkörperten Sex.«[33]

Wenn aber die sexuelle Emanzipation – vergleichbar der Genwissenschaft – als Fortführung christlicher Phantasien zu lesen ist, so ist es ganz offenbar, daß die jüdische Tradition des Umgangs mit Sexualität in Widerspruch zu der ›Sexualität‹ geraten mußte, die mit der Säkularisierung das westliche Denken dominierte. Das mag ein Grund für das Interesse jüdischer Wissenschaftler an der Sexualwissenschaft gewesen sein und würde zugleich einige Paradoxien im Denken der sexualwissenschaftlichen Pioniere erklären. So bezeichnete Magnus Hirschfeld, obgleich selbst Homosexueller, die Homosexualität »als einen Fluch der Natur« und hielt den Wunsch vieler Homosexueller, heterosexuell zu empfinden, für »gewiß berechtigt«.[34] Einerseits vertrat er die Theorie von den ›sexuellen Zwischenstufen‹, setzte sich andererseits aber auch für die Bewahrung der sexuellen *Differenz* ein und nahm sogar schreckliche Eingriffe an Patienten vor, um die ›richtige Sexualordnung‹ wiederherzustellen. Auch hielten er, Iwan Bloch, Albert Moll, Albert Eulenburg und andere Sexualwissenschaftler am *Zusammenhang* von Reproduktion und Sexualität fest, obgleich die Sexualwissenschaft ihre Entstehung der *Trennung* von Sexualtrieb und Fortpflanzung verdankte. Zugleich waren sie überzeugt von den Segnungen der Eugenik, die Hirschfeld für »ein Kernstück der ganzen Sexualwissenschaft« hielt![35] Hierin, wie auch im Hinblick auf den Glauben an die ›Objektivität‹ der Naturwissenschaften, waren sie ganz Wissenschaftler ihrer Zeit.[36] Allerdings wurde nie geklärt, was mit ›Wissenschaftlichkeit‹ eigentlich gemeint war. In seiner Rezension von Blochs *Handbuch der Sexualwissenschaft* erklärte der Monistenführer Wilhelm Ostwald: »Wir haben es hier [...] mit einer letzten Stufe der *Verwissenschaftlichung* zu tun, durch welche nacheinander alle einzelnen Disziplinen des menschlichen Denkens und Handelns der Verwaltung durch die Priester entzogen und der Verwaltung durch die Wissenschaft übergeben werden.«[37] Er betrachtete also die moderne Wissenschaft als Erbin der Priester. Auf der anderen Seite erklärten aber Wissenschaftler wie Freud, daß sie *gerade als Juden* besonders offen für die Strukturen modernen wissenschaftlichen Denkens seien. »Wir Juden haben es im ganzen leichter, weil uns das mystische Element abgeht.«[38]

Daß hier zwei unterschiedliche Vorstellungen vom ›wissenschaftlichen Geist‹ vorliegen könnten – von denen sich die eine christlichen und die andere jüdischen Denktraditionen verdankte –, zeigt sich auch an dem unterschiedlichen Verständnis der Eugenik selbst. Für Hirschfeld implizierte sie nicht eine radikale Veränderung des Bestehenden, sondern die ›Verbesserung‹ der menschlichen Art *mit den Mitteln der Fortpflanzung.* Er setzte sich für eine positive Eugenik ein, lehnte jedoch die negative Eugenik sowie die Zwangssterilisierung strikt ab.[39] »Wer darf heiraten? Wer darf nicht heiraten?« war für ihn die Frage,[40] und selbst hierbei setzte er auf Freiwilligkeit.[41] Seine Überzeugung von einem *notwendigen* Zusammenhang von Fortpflanzung und Sexualität ging sogar so weit, daß er die Homosexualität zu einer Art von ›natürlicher Eugenik‹ erklärte. Homosexualität und andere sexuelle Zwischenstufen seien »weniger Degenerationserscheinungen an sich [...] als (zur Unfruchtbarmachung bestimmte) Vorbeugemittel der Degeneration«.[42] Hermann Rohleder, einer der wenigen Nichtjuden in der Sexualwissenschaft, machte sich hingegen für die ›negative Eugenik‹ stark, mit dem Ziel, »die Vererbung der Minderwertigen zu verringern; denn diese Gruppen der geistig Minderwertigen füllen unsere Irrenhäuser, Gefängnisse, Zuchthäuser, Besserungs- und Erziehungsanstalten der verschiedenen Art bzw. ein Teil desselben läuft nach abgebüßter Strafe frei herum und hat das Recht auf Fortpflanzung wie jeder Vollwertige«.[43] Rohleder empfahl auch, die Masturbation bei Männern durch die Beschneidung (ohne Anästhesie) und bei Frauen durch »möglichst schmerzhafte – doch ungefährliche – Ätzungen der Clitoris«, wie er sagte, zu »behandeln«.[44] Die Wegbereiter der Eugenik waren der Überzeugung, daß es notwendig sei, die Fortpflanzung von der Sexualität zu trennen; Hirschfeld hingegen vertrat ein konträres Konzept – und dieses Konzept mochte der Geschlechterordnung der jüdischen Tradition geschuldet sein, die die sexuelle Differenz betonte.

»Die jüdische Kultur vergibt keine Verdienstorden für zölibatäres Verhalten«, schreibt David Biale lakonisch in seinem Buch *Eros and the Jews.*[45] Sexualität wird als Teil der Conditio humana betrachtet; sie bietet – als Bedingung der Fortpflanzung – die Möglichkeit, die Regeneration der Gemeinschaft zu sichern; ist zugleich aber auch Symptom menschlicher Unvollständigkeit und der Differenz zu Gott. Das heißt, die Sexualität erscheint nicht nur als eine ›notwendige Funktion‹ der Fortpflanzung, sondern andersherum auch die Fortpflanzung als eine Funktion der symbolischen Geschlechterordnung. Werden durch die sexuelle Differenz die Unvollständigkeit des Menschen und die Differenz von Mensch und Gott hervorgehoben, so erscheint die Fortpflanzung selbst wie ein ›Mittel‹, den Menschen immer wieder an diese Unvollständigkeit zu erinnern. Diese Tradition wirft ein ganz anderes Licht auf Hirschfelds Festhalten an der sexuellen Differenz und am Zusammenhang von Reproduktion und Geschlechtsleben. Dahinter könnte sich der jüdische Bezug zur Betonung menschlicher Unvollständigkeit verbergen.

Allerdings stellt sich die Frage, ob sich in der Moderne überhaupt am Zusammenhang von Sexualität und Fortpflanzung festhalten ließ und ob sich das Denken der Differenz nicht auch auf ein anderes Terrain verlagert hat – auf ein Terrain, das auch den anderen säkularen Strömungen ›jüdischen Denkens‹ entsprechen würde: Ironie, Ambivalenz und Zweifel. Auf die Beispiele von Philip Roth und Woody Allen eingehend, deren Auseinandersetzung mit der ›jüdischen Identität‹ unentwegt um die Frage der Sexualität kreist, fragt sich David Biale, ob sich eine Verlagerung des Differenzdenkens auf das *Reden über* die Geschlechtlichkeit vollzogen hat: von den Genitalien zum gesprochenen Wort. Die ›Sexualität‹ scheint hier an die vielfältige Bedeutung des »Erkennens« anzuschließen, das nicht nur den Geschlechtsakt, sondern auch eine intellektuelle, experimentelle, emotionale und spirituelle Aktivität bezeichnet. »Die sexuellen Unsicherheiten der Charaktere, die Allen spielt, sind in ihrer Quintessenz jüdisch«, schreibt Biale. »Im Gegensatz zur theologischen Vorschrift von Sex ohne Schuldgefühl […], schlägt Allen vor, daß Juden das Schuldgefühl ohne Sex perfektioniert haben.«[46] Bedenkt man, daß das Festhalten am Zusammenhang von Sexualität und Fortpflanzung auch den ›Sinn‹ hatte, den Menschen an seine Unvollständigkeit zu erinnern – und daß Ironie, Zweifel und Ambivalenz einen geistigen Ausdruck für dieses ›Differenzdenken‹ darstellen –, so erscheint Biales Interpretation einleuchtend. Gewiß, *Portnoy's Complaint* oder *Zelig* bieten sich nicht unbedingt als Modelle von erfülltem Sexualleben an, aber vielleicht doch als Vorbild für eine Sexual*wissenschaft*, die vom Wissen um die Bedeutung ›der Sexualität‹ zeugt. Ein solches Konzept von ›Wissenschaft‹ erscheint allemal notwendig, wenn man sieht, wie sehr das Bild des ›Juden‹ im Antisemitismus von Sexualbildern durchsetzt war. Dabei wird deutlich, daß die Bilder vom ›jüdischen Fremdkörper‹ einen präzisen Negativabdruck der im Kapitel V beschriebenen Bilder vom christlichen und säkular-christlichen Kollektivkörper darstellen. Deshalb sind es auch dieselben Begriffe – z. B. ›Reinheit‹, ›Blut‹ und ›Opfer‹ –, die eine wichtige Rolle spielen.

Sexualisierung: Der Körper des Juden als ›Konversionssymptom‹

Nationen rufen Liebe hervor, schreibt Benedict Anderson, und die »kulturellen Schöpfungen des Nationalismus – in Poesie, Prosa, Musik, gestaltenden Künsten – zeigen diese Liebe in tausenderlei Formen, doch kennt man kaum entsprechende Gegenstücke, die Angst und Abscheu zum Ausdruck zu bringen.«[47] Das gilt nur bedingt. Im deutschen Sprachraum fanden durchaus nicht nur die ›Liebe zur Nation‹, sondern – verknüpft mit dem Bild des Juden als ›Fremdkörper‹ – auch Angst und Abscheu künstlerischen Ausdruck. In einigen antisemitischen Texten des 19. Jahrhunderts – z. B. den Romanen von Wilhelm Raabe oder Gustav Freytag – zeigte sich die Abscheu auf direkte Weise, in anderen auf indirekte Weise, etwa durch die Idealisierung des Bruder-Schwester-Inzests, der sich im 19. Jahrhundert bei allen deutschsprachigen Autoren großer Beliebtheit erfreute, außer bei jüdischen Schriftstellern, die in dem Motiv zu Recht die deutsch-jüdische ›Assimilation‹ – die ›Anähnlichung‹ und ›Verschmelzung‹ – thematisiert sahen. Sexualbilder spielten generell eine wichtige Rolle. So wie sie zur ›Naturalisierung‹ des christlichen Kollektivkörpers beitrugen, wurden sie auch zum Leitfaden des säkularen Antijudaismus, der ab der Mitte des 19. Jahrhunderts die Form eines ›biologischen‹ Antisemitismus annahm.

Während am Beispiel der Debatten um den ›nervösen Typ‹ die Ähnlichkeiten zwischen den Bildern des ›assimilierten Juden‹ und der ›emanzipierten Frau‹ hervorgehoben wurden, gilt es hier, das Augenmerk auf die Unterschiede zu richten, die zwischen dem Bild des weiblichen Körpers als ›Anomalie‹ und dem des ›Juden‹ als ›Fremdkörper‹ bestanden. Während die ›Anomalie‹ des weiblichen oder ›verweiblichten‹ männlichen Körpers der Mythomotorik der Gemeinschaft diente, wurde über das Konstrukt des jüdischen ›Fremdkörpers‹ die Grenze zwischen dem kollektiven Selbst und dem kollektiven ›Anderen‹ errichtet. Dank der Bilder von der ›jüdischen Rasse‹ nahm der ›Volkskörper‹ der ›arischen‹ Phantasie zunehmend physiologische Züge an, und je weiter die ›Assimilation‹ fortschritt, desto biologischer wurden die Stereotypen vom ›Juden‹.

Das Wort ›Stereotyp‹ entstand – wie der Begriff der ›Assimilation‹ – im späten 18. Jahrhundert. Aber anders als die ›Assimilation‹ stammt der Begriff nicht aus dem Diskurs der Naturwissenschaften, sondern aus dem Buchdruck. Etymologisch leitet sich das Wort ›stereotyp‹ von den griechischen Begriffen *stereos* (steif, fest, hart) und *týpos* (Schlag, Form, Muster, Prägung) ab. Mit dem Stereotyp war eine Art von Stempel gemeint, der der *Patrize* des Buchdrucks entsprach und diese überflüssig machte – in einem Akt typographischen ›Vatermords‹. Im Zeitungsgewerbe schuf das Stereotyp die Möglichkeit einer fast unbegrenzten Vervielfältigung von Zeitungsseiten und bildete ab 1860 die Grundlage für die Rotationsmaschine, die im Hochdruckverfahren Papierrollen bedrucken konnte.[48] Damit waren zum ersten Mal die Voraussetzungen gegeben, den Anforderungen der Massenpresse gerecht zu werden. Darüber hinaus verweist das ›Stereotyp‹ auch auf das griechische Wort *stereon*, also auf die Bedeutung von ›Raum‹, ›Figur‹, ›Gestalt‹.[49] Aus diesen Bedeutungen – fest, Prägung und Gestalt – leitet sich wiederum ab dem frühen 19. Jahrhundert die übertragene Bedeutung von ›Stereotyp‹ ab: unveränderlich, üblich bzw. ›Denken in starren schematischen Formeln‹.[50] Ähnlich wie der Begriff ›Klischee‹ (der sich von französisch *cliché* ableitet: Bildstock, Druckstock, Druckplatte, übertragen: ›Abgegriffenes‹, sowie *clicher*, nachbilden, was sich wiederum vom deutschen Wort *Klitsch*, ›breiige Masse‹, ableitet),[51] kommt der Begriff des Stereotyps also aus dem Zeitungswesen und verweist damit auch auf den Kontext der medialen Vernetzung. Diese Begriffsgeschichte zeigt, daß nicht nur die nationalen Gemeinschaften – als *imagined communities* – ein Produkt des Buchdrucks sind, sondern auch deren Gegenbilder: darunter das ›Klischee‹ und ›Stereotyp‹ des ›Juden‹, das zeitgleich mit der Rotationspresse und dem massenhaften Einsatz des ›Bildstocks‹ in der Presse aufkommt.

Für den ›Arier‹ verkörperte ›der Jude‹ nicht den ›falschen‹ Glauben wie für den Christen, sondern sein Körper selbst galt als ›falsch‹ – und die Konnotationen von ›Weiblichkeit‹ dienten der Untermauerung der rassistischen Theorien von der ›anderen‹ Beschaffenheit des jüdischen Körpers. Bezieht Christus seine ›Menschlichkeit‹ (oder Körperlichkeit) aus der Tatsache, daß er von einer sterblichen Frau geboren wurde,[52] so dienten im säkularen Diskurs der Antisemiten die ›weiblichen Anteile‹, die dem Juden zugewiesen werden, als Beweis dafür, daß der ›Jude‹ als Verkörperung der Sünde und des Bösen nicht dem Bereich des Imaginären angehörte, sondern ›Leib‹ ist.

Die Vermischung von Transzendenz und weltlicher Politik, von Religion und Geschlechtlichkeit erklärt, weshalb die antisemitischen Bilder eine solche Anziehungskraft auf viele Menschen ausüben konnten. Daß ausgerechnet ein Jude – Otto Weininger – zu denen gehörte, die

Postkarte, Ende 19. Jahrhundert. ›Klischee‹ und ›Stereotyp‹.

diese Vorstellungen am deutlichsten formuliert haben, zeigt, wie sehr die christlichen Bilder vom Körper des ›Juden‹ nicht nur auf die christliche Wahrnehmung, sondern auch auf die jüdische Selbstwahrnehmung Einfluß ausübten – einen Einfluß, zu dem paradoxerweise gerade die Emanzipation der Juden den Weg bereitete: Die Gleichstellung der Juden durch die ›Emanzipation‹ hatte nicht die Anerkennung ›jüdischer Andersheit‹, sondern eine Form der ›Gleichschaltung‹ zur Folge. Sie führte dazu, daß viele Juden – freiwillig oder unfreiwillig – christliche Denkmuster übernahmen und sich zu eigen machten. Weininger war zum Protestantismus konvertiert, und seine Phantasien vom Körper des ›Juden‹ stellten ein ›Konversionssymptom‹ in jedem Sinne des Wortes dar.

»Es bereitet jedem, der über beide, über das Weib und über den Juden, nachgedacht hat, eine eigentümliche Überraschung, wenn er wahrnimmt, in welchem Maße gerade das Judentum durchtränkt scheint von jener Weiblichkeit, deren Wesen einstweilen nur im Gegensatze zu allem Männlichen ohne Unterschiede zu erforschen getrachtet wurde. Er könnte hier überaus leicht geneigt sein, dem Juden einen größeren Anteil an Weiblichkeit zuzuschreiben als dem Arier, ja am Ende eine platonische *Metexis* [Teilhabe, CvB] auch des männlichsten Juden am Weibe anzunehmen sich bewogen fühlen.«[53]

Weininger war Student der Philosophie und 23 Jahre alt, als 1903 sein Buch *Geschlecht und Charakter* erschien. Es erregte sehr schnell großes Aufsehen – vor allem nach Weiningers Freitod. Wenige Monate nach dem Erscheinen des Buches nahm er sich das Leben – im Sterbehaus des ›großen Deutschen‹ Beethoven in Wien. Wegen dieses Selbstmordes sollte Adolf Hitler später von Weininger als dem »einzigen anständigen Juden« sprechen. Der Erfolg von Weiningers Buch beruhte auf seiner ›Erlösungstheorie‹, die christlichen wie säkularen Ansprüchen genügte. Der Mensch, so verheißt das Werk, werde die Erlösung finden, wenn er alles Weibliche und alles Jüdische in sich überwunden habe. ›Frau‹ und ›Jude‹ werden zum Maßstab der Selbstdefinition: das ›Nicht-Ich‹, an dem sich das Ich mißt, oder, wie es bei Weininger heißt: »der Abgrund, über dem das Christentum aufgerichtet ist«.[54]

Weininger gehörte zu den wenigen Antisemiten, die darauf hinwiesen, wie sehr das Christentum des Judentums zur Selbstdefinition bedarf. Während fast alle anderen Judenfeinde eine Abhängigkeit des Judentums vom Christentum zu etablieren versuchten, schrieb Weininger:

Klischee und Stereotyp.

»Das Christentum ist die absolute Negation des Judentums; aber es hat zu diesem dasselbe Verhältnis, welches alle Dinge mit ihren Gegenteilen, jede Position mit der Negation verbindet, welche durch sie überwunden ist. Noch mehr als Frömmigkeit und Judentum sind Christentum und Judentum nur aneinander, und durch ihre wechselseitige Ausschließung zu definieren.«[55]

So versuchte Weininger – etwa im Gegensatz zu Houston Stewart Chamberlain – auch nicht, Christus aus seinem jüdischen Kontext herauszulösen. Im Gegenteil: Für ihn stellt das Judentum die glücklich überwundene Versuchung dar, die Jesus erst seine Größe verleiht: »Christus war ein Jude, aber, um das Judentum in sich am vollständigsten zu überwinden, denn wer über den mächtigsten Zweifel gesiegt, der ist der gläubigste, wer über ödste Negation sich erhoben hat, der positivste Bejaher.«[56] Vielleicht müsse deshalb der nächste Religionsstifter auch *durch* das Judentum hindurchgehen.

Wichtig an Weiningers Werk ist die Frage nach dem ›Sinn‹ oder der Funktion der Sexualbilder im Antisemitismus. Als Jude vermochte Weininger die antisemitischen Projektionen besonders genau zu erfassen. Darüber hinaus gab es bei ihm auch eine starke Identifikation mit dem ›Weiblichen‹, die dem Geist des ›décadent‹ des 19. Jahrhunderts entsprach, der sich gerne mit den Symptomen und dem Namen der ›Frauenkrankheit‹ Hysterie schmückte.[57] Bei Weininger hing diese Identifizierung auch mit der Zuweisung von weiblichen Eigenschaften an den ›Juden‹ zusammen. In seiner ›Erlösungstheorie‹ gingen zwei prägnante Bilder des Christentums eine Ehe ein: die weibliche ›Leiblichkeit‹ und das, was er selbst als jüdische »Vieldeutigkeit«[58] bezeichnete.

Zweifel und Fleischlichkeit

Der ›Jude‹ hatte immer schon die christlichen Glaubenszweifel verkörpert: Dies hing einerseits mit der Delegierung der christlichen Glaubenszweifel an die Juden zusammen, andererseits aber auch mit der jüdischen Religion selbst, die sich als ›Übung in geduldiger Erwartung‹ definieren läßt, während sich die christliche als eine Religion der ›Erfüllung‹ versteht. Für Weininger verkörperte ›der Jude‹ den Zweifel schlechthin. Er sah im ›Juden‹ den deutlichsten Gegensatz zur arischen Eindeutigkeit oder »Einfalt«. Dabei trat an die Stelle der geistigen oder religiösen Tradition des Judentums die Definition einer fiktiven ›Rasse‹: Indem dem ›Juden‹ weibliche Elemente zugewiesen wurden, erschien das, was ihn vom Christen – vom Arier, dem biologisch definierten

Christen – unterschied, als eine *physiologische*, d.h. *sichtbare* Differenz. War im *Hexenhammer* von der »Unersättlichkeit der fleischlichen Begierde« beim Weibe die Rede, so hieß es bei Weininger:

»Männer, die kuppeln, haben immer Judentum in sich; und damit ist der Punkt der stärksten Übereinstimmung zwischen Weiblichkeit und Judentum erreicht. Der Jude ist stets lüsterner, geiler, wenn auch merkwürdigerweise, vielleicht im Zusammenhange mit seiner eigentlich antimoralischen Natur, sexuell weniger potent, und sicherlich aller großen Lust weniger fähig als der arische Mann.«[59]

Die Gleichsetzung des ›Juden‹ mit dem ›Weib‹ hatte eine lange Geschichte. Schon im Mittelalter zirkulierten Legenden, laut denen männliche Juden an Monatsblutungen litten.[60] Auch wurde in einigen dieser Legenden und später sogar in ›wissenschaftlichen‹ Theorien des 19. Jahrhunderts die Beschneidung mit der Kastration verglichen.[61] Als ›Beschnittener‹ galt der Jude als ›unvollständiger Mann‹, mithin als weiblich. Dieser geschlechtlichen Codierung entsprechend, war im Wiener Slang der Jahrhundertwende ›Jud‹ auch ein gebräuchlicher Ausdruck für die Klitoris und wurde weibliche Masturbation ›mit dem Juden spielen‹ genannt.[62]

Daneben gab es noch andere Gründe für die Sexualisierung des jüdischen ›Fremdkörpers‹, die den Antisemitismus von anderen rassistischen Ideologien unterschied. Während in allen anderen Formen des Rassismus der Fremdenhaß mit dem Verschwinden des Unterschieds zurückgeht, nahm der antisemitische Rassismus mit der Assimilation der Juden zu. Darüber hinaus wurde der ›Jude‹ einerseits als impotent dargestellt, andererseits galt er aber auch als der Sexualtriebtäter, als Inkarnation der Vorstellungen von extremer ›Männlichkeit‹. So erklärte der NS-Rassenideologe Hans F. K. Günther: »Es liegt […] im Wesen des Mannes, daß er vergewaltigen will; es liegt auch […] im Wesen des Weibes, daß es vergewaltigt sein will. Das gilt weit über das Geschlechtliche hinaus.«[63] Während ›der Schwarze‹ oder ›der Araber‹ als sexuell unersättlich *und* als männlich potent galten, wurde der ›Jude‹ als ›lüstern‹, ›geil‹ und als ›unmännlich‹ dargestellt. Diese Zuschreibung eines paradoxen Sexualtriebs ist nur mit den widersprüchlichen Vorstellungen des späten 19. Jahrhunderts über ›das Weib‹ zu vergleichen. Für die einen Theoretiker – so etwa für den deutschen Psychiater Richard von Krafft-Ebing – war »das Weib, welches dem Geschlechtsgenuß nachgeht«, eine »abnorme Erscheinung«,[64] während für andere, etwa den englischen Sexualforscher Havelock Ellis, der ganze weibliche Körper ein erogenes

Gebilde darstellte. Verglichen mit dem »umfangreichen Geschlechts-apparat des Weibes«, so Ellis, sei der männliche »geradezu verküm-mert«; und der Wissenschaftler fügte hinzu, daß man deshalb auch in vielen Ländern auf die Amputation der Klitoris verzichtet habe: Wegen der erogenen Veranlagung des gesamten weiblichen Körpers habe sie sich als sinnlos erwiesen.[65]

Auf den ersten Blick erscheinen diese beiden theoretischen Positio-nen über die weibliche Sexualität unvereinbar. Bei näherem Hinsehen erweist sich jedoch, daß beide Theorien letztlich in *einer* Vorstellung konvergieren: Die Frau *hat* keine Libido, sondern sie *ist* die Libido. So auch bei Weininger, der die Sexualität der beiden Geschlechter folgen-dermaßen verglich:

»Die Frau ist *nur* sexuell, der Mann ist *auch* sexuell: [...] Darum weiß der Mann um seine Sexualität, während die Frau sich ihrer Sexualität schon darum gar nicht bewußt werden und sie somit in gutem Glauben in Abrede stellen kann, *weil sie nichts ist als Sexualität, weil sie die Sexualität selbst ist.* [...] Grob ausgedrückt: der Mann hat den Penis, aber die Vagina hat die Frau.«[66]

Aus dieser Beschaffenheit ›der Frau‹ leitete Weininger wiederum die Tatsache ab, daß das »absolute Weib« kein Ich habe. Dasselbe behaup-tete er aber auch vom ›Juden‹: »Der echte Jude hat wie das Weib kein Ich und darum auch keinen Eigenwert.«[67] Hier taucht jedoch ein Wider-spruch auf. Weininger erklärte die Ichlosigkeit der Frau mit der Tat-sache, daß »den Frauen, weil sie nur sexuell sind, die zum Bemerken der Sexualität wie zu allem Bemerken notwendige *Zweiheit*« fehle.[68] Die des Juden aber erklärte er genau entgegengesetzt:

»Des Juden psychische Inhalte sind sämtlich mit einer gewissen Zweiheit oder Mehrheit behaftet; über diese Ambiguität, diese Duplizität, ja Multi-plizität kommt er nie hinaus. [...] Diese innere Vieldeutigkeit, diesen Man-gel an unmittelbarer innerer Realität irgend eines psychischen Geschehens, die Armut an jenem An- und Für-sich-Sein, aus welchem allein höchste Schöpferkraft fließen kann, glaube ich als Definition dessen betrachten zu müssen, was ich das Jüdische als Idee genannt habe. Es ist wie ein Zustand *vor* dem *Sein*, ein ewiges Irren draußen vor dem Tor der Realität. [...] *Inner-liche Vieldeutigkeit*, ich möchte es wiederholen, ist *das absolut Jüdische*, *Einfalt das absolut Unjüdische*.«[69]

Die Frau verfügt also über kein Bewußtsein, weil sie sich nicht in die Zweiheit von Betrachter und Betrachteter spalten kann. Der Jude aber erscheint ichlos, *weil* seine Psyche durch ebendiese Zweiheit gekennzeichnet ist. Auch dieser Widerspruch löst sich, wenn man ›das Weib‹ und ›den Juden‹ als Gegensatzpaar derselben Konstruktion begreift: Während Weininger bzw. sein Zeitalter Zweifel an der ›Wirklichkeit‹ der Frau oder der Biologie zu entwickeln begannen – im Bild des ›nervösen Typs‹ wird das besonders deutlich –, wurde der Jude in der Phantasie des Ariers zur *Inkarnation* des Zweifels: zu einer ›sichtbaren‹ und damit ›Wirklichkeit‹ gewordenen Zweiheit, die biologisch bestimmt war, aus Blut und Rasse bestand. Die Glaubenszweifel, die er einst *symbolisierte*, nahmen in seinem Körper physische Gestalt an.

Allerdings verbarg sich hinter den Rassentheorien auch die Angst vor dem ›geistigen Juden‹. Das verraten viele Erscheinungen des rassistischen Judenhasses. So war der Begriff der ›Entartung‹ (wie der der ›Assimilation‹) zwar dem Wortschatz der Biologen entnommen, bezeichnet und diffamiert wurde damit aber eine *Geisteshaltung*, vor allem in der Kunst. Auch die Begriffe ›semitisch‹ und ›germanisch‹ sind symptomatisch für diesen Vorgang: Beide Begriffe bezeichnen einen Sprachraum; bei den rassistischen Antisemiten wurden daraus jedoch Rassenbegriffe. Aus dem *geistigen* Gegensatz ›Jude‹ wurde so ein *leiblicher* ›Anderer‹ – und die Tatsache, daß ihm die Weiblichkeit, d. h. weibliche ›Leiblichkeit‹ und die biologische ›Andersheit‹ der Frau zugewiesen wurde, trug zu dieser Verleiblichung bei. Aber das allein genügt noch nicht als Erklärung für die Funktion und Wirkungsmacht der Sexualbilder im säkularen, rassistischen Antisemitismus.

Die Verweltlichung des ›Opfers‹

Die Säkularisierung brachte der europäischen Gesellschaft die Befreiung vom christlichen Ideal der Askese. Dieses Ideal hat die jüdische Religion nie gekannt: Während ein katholischer Priester nicht heiraten darf und auch für den christlichen Laien der sexuelle Verzicht einen höheren Stellenwert einnimmt als die geschlechtliche Befriedigung, ist ein unverheirateter Rabbiner die Ausnahme. Nach der Säkularisierung und der ›Emanzipation des Fleisches‹ erhob nun auch der Nichtjude Anspruch auf sexuelle Befriedigung. Das galt nicht nur für diejenigen, die sich von der Kirche abwandten. Im Christentum selbst vollzog sich mit der Säkularisierung ein Wandel, der es dem Gläubigen erlaubte, die ›sexuelle Erlösung‹ einzufordern, wie nicht nur das oben zitierte Beispiel von Margaret Sanger zeigt.

Dieser Prozeß hatte zur Folge, daß eine weltliche, sinnliche Vorstellung vom ›verklärten Leib‹ entstand.[70] Im Kapitel V wurde schon die

Verweiblichung des christlichen ›Opfers‹ beschrieben, die u.a. in der weiblichen Nahrungsverweigerung ihr Negativbild fand. Dieser Wandel spiegelte sich auch in den säkularen Bildern des rassistischen Antisemitismus wider. Das zeigen die Ritualmordbeschuldigungen, die in der zweiten Hälfte des 19. Jahrhunderts Europa epidemisch überzogen. War in den mittelalterlichen Legenden ausschließlich von ermordeten Knaben die Rede, so waren in den ›rassistischen‹ Ritualmordbeschuldigungen zumeist junge Frauen die ›Opfer‹.[71] Zugleich wurden Juden zunehmend beschuldigt, christliche – sprich: arische – Frauen zu vergewaltigen und Mädchenhandel zu betreiben.

Die Ritualmordbeschuldigungen offenbaren ein Paradoxon, das dem Christentum wie dem rassistischen Antisemitismus eigen ist: In beiden ›Religionen‹ – der christlichen wie der arischen[72] – ist der Opfertod zentraler Bestandteil der Heilsbotschaft. Ohne das Opfer gibt es keine ›Erlösung‹. Doch wie im Neuen Testament die Kreuzigung des Herrn, so wird auch der ›Tod‹ der Frau zur ›Schuld‹ des Juden erklärt.[73] Die ›Verweiblichung‹ des Kollektivkörpers, die mit seiner ›Naturalisierung‹ einherging, hatte zur Folge, daß im Antisemitismus das ›Sexualverbrechen‹ oder die ›Rassenschande‹ an die Stelle der Kreuzigungsmetapher trat. Hier liegt der eigentliche Schlüssel zur Bedeutung der Sexualbilder im säkularen Antisemitismus. Aus dem *corpus dei* wurde der ›Volkskörper‹, und dessen Symbolträger war nicht ein allegorischer, sondern der ›reale‹ weibliche Körper. Dem Juden wurde – wie in der Passionsgeschichte – die Rolle zuteil, das ›Opfer‹ der ›Rassenschande‹ auszusetzen, mithin auf säkulare Weise zu ›kreuzigen‹.

Die Opfer- und Erlöserrolle, die ›der Frau‹ seit der Säkularisierung zugewiesen wurde, zeigte sich auf vielen Ebenen und spielte nicht nur in Deutschland eine wichtige Rolle. Sie trat im schon beschriebenen Ideal der ›aufopfernden Mutter‹ ebenso zutage wie im Motiv der ›zerbrechlichen‹ Frau, dem Schönheitsideal eines ätherischen, schwindsüchtigen Frauenkörpers. Sie trug auch zu einem Wandel des Selbstbildes und Begehrens vieler Frauen bei, die ihre Liebeserfüllung und sexuelle Befriedigung in der ›Opferrolle‹ suchten oder suchen. Dieser Wandel steht am Ursprung des Gefallens, den viele Frauen an der Begegnung mit dem Unheilvollen oder sogar dem Gewalttätigen in einer Liebesbeziehung finden. Im Nationalsozialismus manifestierte sich diese Vorstellung einer ›Selbstverwirklichung‹ durch ›Selbstopfer‹ deutlich bei Frauen wie Lydia Gottschewski, die für die ›Rechte der Frauen‹ kämpfte und dabei entschieden (wenn auch vergebens) gegen das Keuschheitsideal der Män-

Der Nürnberger Jude Otto Mayer

pflegte seine Opfer zu kreuzigen. In völlig nacktem Zustande band
er sie an ein eigens dazu angefertigtes Holzkreuz und schändete
sie, sobald aus den Wundmalen das Blut floß.

nerbünde zu Felde zog.[74] Gottschewski umschrieb die Rolle der Frau unter dem Hakenkreuz mit Worten, die deutlich an das ›Selbstopfer‹ des Heilands erinnern: »Das entscheidende Merkmal dieser Frauen ist ihre Opferbereitschaft für das Ganze, eine aus der Kraft des neuen Glaubens erzeugte Fähigkeit zur unaufhörlichen Pflichterfüllung.« Auf diese Weise, so schreibt sie weiter, kommen Frauen zu »einem sehr leisen, sehr stillen und unbetonten Herrschen, dessen Sinn immer und immer das Dienen bleibt. Und das sich dort am schönsten verwirklicht, wo das Ich zurücktritt hinter dem Du und dem Wir, wo es sich hingibt und verschwendet an ein Größeres: an Kind, Familie und Volk.«[75]

Das Bild von der Frau als ›Erlöserin‹ der Gemeinschaft mag die Begeisterung erklären, die viele Frauen dem Nationalsozialismus entgegenbrachten. Die eigentliche Antwort auf die vieldiskutierte Frage nach der weiblichen ›Mittäterschaft‹ am Nationalsozialismus[76] wäre so vor allem in der Erotisierung des weiblichen ›Selbstopfers‹ zu suchen: Durch die Annahme der ›Erlöserrolle‹, durch ihre Bemühung um eine ›Selbstverwirklichung‹ durch das ›Selbstopfer‹ trugen Frauen erheblich dazu bei, daß sich die Verweltlichung der Kreuzigungsmetapher vollziehen konnte – ein Prozeß, der seinerseits das Kernstück des rassistischen Antisemitismus bildete. Diese Erkenntnis ist nicht nur im Kontext des Nationalsozialismus von Bedeutung: Die Opfer- und Erlöserrolle, die mit der Moderne der Frau zugewiesen wurde, hat eine Form von weiblicher Libido und Emotionalität hervorgebracht, die viele Frauen internalisiert haben. Eine solche libidinöse Besetzung des Opfers kann als Hinweis darauf gewertet werden, wie tief die individuellen, geschlechtlichen ›Triebe‹ von den Gesetzen eines kollektiven Imaginären, den Gesetzen der Geschichte gesteuert werden. Es sind Gesetze, die nicht nur das Verhältnis der Geschlechter in jeder Epoche neu definieren, sondern auch die Sexualtriebe in den Dienst des Politischen nehmen. Dieselben Gesetze, die den ›Opfertod‹ zum Teil der ›weiblichen Identität‹ und des ›weiblichen Begehrens‹ werden ließen, bestimmten auch über die Gefühle, die ›dem Juden‹ entgegengebracht wurden. Hier scheint die politische Dimension der im Kapitel V beschriebenen Verweigerung des weiblichen Opfers auf.

Die Verweltlichung der christlichen ›Reinheit‹

Die Zuweisung der Opfer- und Erlöserrolle an Frauen taucht mit der Säkularisierung in der Mythenbildung aller europäischen Länder auf. Als Beispiel für Frankreich sei hier auf François René de Chateaubriands

René und *Atala* verwiesen. Die Literatur der englischen Romantik ist ebenfalls durchsetzt von solchen Vorstellungen, die zum Teil von Frauen selbst literarisch inszeniert wurden. In der deutschen Mythenbildung kam zu dieser Idealisierung des weiblichen Opfers noch ein verstärkter Bezug zur ›Reinheit‹, der in der Kunst und Literatur anderer Länder eine weniger große Rolle spielte. Er ist ein Indiz dafür, daß der Säkularisierungsprozeß in Deutschland weniger in einer Sakralisierung des Weltlichen als in einer Verweltlichung des Religiösen bestanden hat.

Das christliche Opfer- und Erlösungsideal steht in enger Beziehung zum Ideal der ›Reinheit‹. Das zeigt eine Passage aus der *Dreieinigkeitslehre* von Augustinus, die nicht nur die Verknüpfung von Opferkult und Reinheitsideal, sondern auch den Zusammenhang zwischen Reinheitskult und Sexualität verdeutlicht. Um etwa 400 n. Chr. schreibt Augustinus, daß nur ein Opfer, das der »Materie derer entnommen wurde, für die es dargebracht« wird, zur »Reinigung der Befleckten« dienen könne:

>»Und was wäre angemessener, von der Menschheit genommen, um für sie dargebracht zu werden, als Menschenfleisch? Was ist so geeignet für die Opferung wie sterbliches Fleisch?
>
>Und welches Fleisch ist so rein, die Befleckung der Sterblichen zu reinigen, wie jenes, das ohne Befleckung durch fleischliche Begierde gezeugt und geboren wurde im Schoße und aus dem Schoße einer Jungfrau? Kurz: Welches Opfer könnte in so willkommener Weise dargebracht und angenommen werden wie unser Fleisch, das der Leib unseres Priesters ist?«[77]

Dieses Reinheits- und Erlösungsideal des Christentums, dem das Konzept der Erlösung von der ›Erbsünde‹ zugrunde lag, verwandelte sich mit der Säkularisierung – und zwar besonders im deutschsprachigen Raum – in ein weltliches Ideal, das ebenfalls die Reinheit des Blutes zum höchsten Gesetz erhob, nun aber auf den Geschlechtsverkehr übertrug. Theodor Fritsch nannte in seinem *Antisemiten-Katechismus* (1887) die Reinhaltung des Blutes als das wichtigste der *Zehn deutschen Gebote*:

>»Erstes Gebot: Du sollst Dein Blut reinhalten. – Erachte es als ein Verbrechen, Deines Volkes edle arische Art durch Juden-Art zu verderben. Denn wisse, das jüdische Blut ist unverwüstlich und formt Leib und Seele nach Juden-Art bis in die spätesten Geschlechter.«[78]

Im säkularen Kollektivkörper trat die *sexuelle* ›Kommunion‹ der Geschlechter an die Stelle der Vereinigung mit dem Herrn beim Abendmahl. Die dem Christentum eigene Gleichsetzung von Abendmahl und

›Liebesakt‹ verlagerte sich auf die Geschlechtlichkeit selbst. Das Ideal der geschlechtlichen Symbiose, das dem christlichen Gebot der Unauflösbarkeit der Ehe zugrunde liegt, wurde biologisiert. Der Vorgang zeigte sich besonders deutlich an der Umdeutung des Begriffs der ›Blutschande‹. Hatte diese einst die ›Sünde‹ des Verkehrs mit dem eigenen Blut bezeichnet – also den Inzest –, so fand im deutschen Sprachraum im Verlauf des 19. Jahrhunderts eine genaue Umkehrung statt: Aus der inzestuösen ›Blutschande‹ wurde die ›Sünde‹ des Verkehrs mit dem *anderen*, dem fremden Blut. Wo der Begriff der ›Blutschande‹ in diesem Sinne auftauchte, war mit dem ›fremden Blut‹ immer das jüdische gemeint.

Parallel zur Abgrenzung gegen das *fremde* Blut des Juden fand eine Aufwertung des *eigenen* Blutes statt, die sich – auch das spiegelt die Geschichte der ›Blutschande‹ wider – in einer Aufweichung des Inzestverbots, ja mehr noch: in einer Idealisierung des Geschlechtsverkehrs mit den Frauen ›des eigenen Blutes‹ niederschlug. Dies läßt sich daran ablesen, daß der literarische Topos einer Liebesbeziehung zwischen Bruder und Schwester, der in vielen Varianten auftauchte,[79] oft mit antisemitischen Bildern durchsetzt war. Fast immer werden die Geschwister als ›Erwählte‹ beschrieben, was an das traditionelle Streben des Christentums erinnert, das jüdische Volk als ›erwählte Gemeinde‹ abzulösen. Den säkularen Judenfeinden geht es aber nicht darum, eine ›erwählte Glaubensgemeinde‹ (im Sinne einer *imagined community*) zu bilden, sondern das ›erwählte Volk‹ zu *verkörpern*.

Das Wort ›Inzest‹ leitet sich ab von lateinisch *castus* (›rein‹, ›unschuldig‹, ›anständig‹); das lateinische Wort *carere* heißt auch: ›sich enthalten‹, ›frei sein‹. In der Antike implizierte diese ›Keuschheit‹ nicht unbedingt sexuelle Enthaltung, sondern verwies eher auf eine ›kultische Sexualität‹.[80] Diese Vorgeschichte erklärt, daß der ›Inzest‹ im säkularen Kontext eine Bedeutung annehmen konnte, die sich auf eine der ›Göttlichkeit‹ geweihte Sexualität bezog. Die ›kultische Sexualität‹ diente im säkularen Kontext der ›Vergöttlichung‹ des Kollektivkörpers. Das wird besonders deutlich bei Richard Wagner, bei dem der Inzest als eine Art von arischem Messianismus erscheint: Im *Ring des Nibelungen* begeht das Geschwisterpaar Siegmund und Sieglinde Inzest, um das bedrohte Wälsungenblut zu schützen: »Braut und Schwester / bist du dem Bruder – so blühe denn Wälsungenblut«, heißt es in der *Walküre*.[81] Die oberste Gottheit, Wotan, duldet die inzestuöse Beziehung, weil nur so der ›Held‹ Siegfried gezeugt werden kann, der über quasigöttliche Kräfte verfügt:

»Not tut ein Held,
der, ledig göttlichen Schutzes,
sich löse vom Göttergesetz.

So nur taugt er
zu wirken die Tat,
die, wie not sie den Göttern,
dem Gott doch zu wirken verwehrt.«[82]

Bei anderen Autoren wird das Motiv irdischer konturiert als bei Wagner. Dennoch bleibt auch dort die religiöse Dimension deutlich spürbar – ganz offenkundig in Thomas Manns Roman *Der Erwählte*; deutlich aber auch in Robert Musils *Mann ohne Eigenschaften*, wo die Geschwister Ulrich und Agathe von ihrer Liebesbeziehung die ›unio mystica‹[83] oder ›den anderen Zustand‹ der Mystiker erhoffen, den Ulrich zuvor in der Religion und in der Mathematik vergeblich gesucht hat. In dem Trivialroman *Die Verdammten* von Frank Thiess taucht das Motiv in ganz ähnlicher Weise auf: Erst die Vereinigung der Geschwister ermögliche es den Menschen, »auserwählt« und »Gott ganz nahe zu sein«.[84] An die Stelle der Einswerdung mit Gott tritt die sexuelle Vereinigung mit der Schwester, der Symbolträgerin eines Kollektivkörpers, der aus ›gemeinsamen Blutbahnen‹ besteht. Das heißt, der Leib der ›Schwester‹ nimmt im säkularen Kontext die Stelle der Hostie ein; und statt der ›Hostienschändung‹ werden Juden nun der ›Rassenschande‹ beschuldigt.

Wie eng dieses Liebesideal des Geschwisterinzests mit dem Feindbild des ›Juden‹ zusammenhing, zeigt sich nicht nur daran, daß in den literarischen Werken sehr oft Juden als Gegenfiguren zu den ›erwählten‹ Geschwistern auftauchen, sondern auch an den vielen Bildern, in denen die Eindeutigkeit – die Befreiung von der Vieldeutigkeit und vom Zweifel – als ›Reinheit‹ bzw. als Befreiung von der ›Erbsünde‹ beschrieben wird. »Die Sünde wider Blut und Rasse«, schreibt Hitler in *Mein Kampf*, »ist die Erbsünde dieser Welt und das Ende einer sich ihr ergebenden Menschheit.«[85] So ist es auch kein Zufall, daß dieser Topos in der von Juden verfaßten deutschen Literatur nicht auftaucht – mit wenigen Ausnahme; von einer wird noch die Rede sein.

Trat die historisch-politische Wirkungsmacht der säkularen Vorstellungen, die die Geschlechterrollen und das Bild des ›Juden‹ prägten, im Wandel des Begriffs der ›Blutschande‹ besonders deutlich zutage, so stellt sich die Frage, ob dieser Topos nicht auch bei der Entstehung der Psychoanalyse eine gewisse Rolle spielte. Ist es nicht vielleicht auch dem Aufkommen dieser Bilder, die den Inzest idealisierten und für den antisemitischen Diskurs dienstbar machten, zu verdanken, daß gegen Ende des 19. Jahrhunderts eine Lehre entstand, deren Kern die Notwendigkeit bildet, *den Inzestwunsch zu überwinden*? Die Universalität des Inzestwunsches, die Freud unterstellte, ist oft bestritten worden. Aber es fragt sich, ob nicht dennoch von einer ›Allgemeingültigkeit‹ die Rede sein kann, die sich auf diese Epoche und auf diesen Raum bezieht.

Die zweifache ›Assimilation‹

Mit der Säkularisierung vollzog sich also ein Wandel, bei dem aus der christlichen Reinheitsvorstellung die Forderung nach Geschlechtsverkehr mit dem eigenen Blut wurde. Paradoxerweise fand auf diese Weise eine Annäherung an die Gesetze der jüdischen Religion statt, der das christliche Askeseideal schon deshalb fremd ist, weil sich als Jude definiert, wer eine Jüdin zur Mutter hat: Ein solches auf der Generation beruhendes Konzept ist schwerlich mit dem Keuschheitsideal zu vereinbaren. Indem nun aber der ›Arier‹ den ›Volkskörper‹ sakralisierte und den weiblichen Körper zum Symbolträger dieses ›Volkskörpers‹ erklärte, wurde die christliche ›Glaubensgemeinschaft‹ in eine erbliche oder völkische Gemeinschaft überführt. Diese mit der Säkularisierung entstandene Überlagerung von *imagined community* und ›Blutsgemeinschaft‹ verstärkte die Unvereinbarkeit zwischen der jüdischen Gemeinschaft und dem säkular-christlichen Kollektivkörper.

Im allgemeinen wird unter ›Assimilation‹ die enorme Anpassungsleistung der Juden an die deutsche Gesellschaft verstanden – d. h. ihre Akkulturation. Tatsächlich fand aber – gerade durch den Vorgang der Verweltlichung – auch eine ›Assimilation‹ der christlichen Religion an die Gesetze der jüdischen statt: eine Angleichung, die die Rivalität der nicht durch Zufall sich selbst als ›völkisch‹ bezeichnenden Religion mit dem jüdischen Volk um die ›Erwähltheit‹ um vieles steigerte. Zugleich fand eine ›Assimilation‹ der Geschlechter statt, die sich im Ideal der Geschwisterliebe wie im Diskurs über den ›nervösen Typ‹ niederschlug. Die geschlechtliche ›Assimilation‹ zeigte sich nicht nur an der ›Vermännlichung‹ der Frau, sondern auch an den Ansprüchen des männlichen Geschlechts auf ›Weiblichkeit‹. Das läßt sich am Beispiel Weiningers und vieler anderer Autoren und Künstler des 19. Jahrhunderts, wie etwa Flaubert, belegen. Dieser Aspekt der ›Assimilation‹, der sich auch als

Der Jude als Schänder des germanischen Volkskörpers, antisemitische Karikatur, ca. 1920.

Aneignung von ›jüdischer‹ oder ›weiblicher‹ Identität umschreiben ließe, mag erklären, weshalb sich sowohl Juden als auch Frauen – trotz Emanzipation – als ›Fremdkörper‹ im ›deutschen Volk‹ empfanden.

Die Parallelen in dieser Hinsicht sind auffallend: Viele Sätze aus den Erinnerungen von Jakob Wassermann, *Mein Weg als Deutscher und Jude*, könnten auch in den Texten von Frauen stehen, die Anfang dieses Jahrhunderts um das Stimmrecht, um das Recht auf Bildung oder um die Anerkennung als Anwältinnen, Ärztinnen, Staatsbürgerinnen kämpften. Wenn Wassermann berichtet, daß er »die Seele der deutschen Welt« nie ganz zu überzeugen vermochte, erinnert das an die vergeblichen Kämpfe von Frauen, die Vorurteile gegen das weibliche Geschlecht zu überwinden:

> »Ich mußte sie von Leistung zu Leistung von mir und meiner Sache überzeugen, ich mußte die glühendste Überredung, die äußerste Anstrengung aufwenden, wo andere sich mit einem ›seht her‹ begnügen durften. [...] Sie konnten gelegentlich auf den Kredit hin lässig werden; ich mußte mich stets wieder legitimieren, stets mit meinem ganzen Vermögen einstehen wie einer, dem es nicht erlaubt ist, sässig zu sein und auf erworbenem Grund zu ackern und zu ernten.«[86]

Wenn Wassermann wiederum von »jenem in den Volkskörper gedrungenen dumpfen, starren, fast sprachlosen Haß« spricht, von dem »der Name Antisemitismus fast nichts aussagt, weil er weder die Art noch die Quelle, noch die Tiefe, noch das Ziel zu erkennen gibt«, so erinnert dies an die ambivalenten und sexuell besetzten Gefühle, die weiblicher ›Andersartigkeit‹ entgegengebracht wurden: »Gier und Neugier sind in ihm, Blutdurst, Angst, verführt zu werden, Lust am Geheimnis und Niedrigkeit der Selbsteinschätzung. Er ist in solcher Verquickung und Hintergründigkeit ein besonderes deutsches Phänomen. Es ist ein deutscher Haß.«[87]

Aufschlußreich ist die Parallele zwischen weiblicher ›Anomalie‹ und jüdischem ›Fremdkörper‹ auch da, wo Wassermann von seiner inneren Gespaltenheit in den Jugendjahren spricht und die Reaktionen seiner Psyche auf die Gewalt beschreibt, der er sich ohnmächtig ausgesetzt fühlte: »Ich hatte den Forderungen, mit denen man meine Natur vergewaltigen wollte, nur Trotz entgegenzusetzen, schweigenden Trotz, schweigendes Anderssein.«[88] In den Jahrzehnten der ›Assimilation‹ entstand in den Industrieländern jene ›Frauenkrankheit‹, die diesem ›schweigenden Trotz‹ sehr ähnelt: die Magersucht, die Symptombildung des ›Unsichtbar-Werdens‹ und des ›schweigenden Anders-Seins‹, durch die sich ein Ich der gewaltsamen Aufdrängung einer fremden ›Natur‹ zu entziehen versucht.

›Weibliche Anomalie‹ – ›jüdischer Fremdkörper‹

Mit der ›Assimilation‹ wuchs – bei Juden wie bei Frauen – die Empfindung, ein ›Fremdkörper‹ zu sein: kein Fremdkörper für die anderen, sondern ein dem Ich *entfremdeter* Körper. Dieses Gefühl entsprach den Zuschreibungen: Denn in dem Maße, in dem die Christen den Juden und Männer den Frauen zu ähneln begannen, nahm auch das Bedürfnis zu, Frauen und Juden als ›Andere‹ neu zu definieren: als das ›Nicht-Ich‹, das dem Ich Abgrenzung und damit die notwendige Seinsbestätigung liefert. Frauen wurde die neue Andersheit durch die Fabrikation eines Frauenbildes zugewiesen, das Leidenschaft und Fleischeslust bedeutete. Was hundert Jahre zuvor noch als Rechtfertigung für die Hinrichtung von Frauen auf dem Scheiterhaufen gedient hatte, wurde nun im Bild einer triebhaften ›weiblichen Natur‹ mit der Aura der ›Lebendigkeit‹ versehen. Es entstanden Frauengestalten wie Carmen, Judith, Salome, die nicht durch Zufall oft einen Rückgriff auf alttestamentarische Frauengestalten darstellten. In diesem Frauentypus spiegelte sich das stereotype Frauenbild der ›schönen Jüdin‹ wider, das bis ins 19. Jahrhundert eine wichtige Rolle spielte, nach 1900 aber fast völlig verschwand. Vermutlich ging es unter, weil im antisemitischen Zusammenhang ›der Jude‹ an sich schon ›feminisiert‹ war, eine Zuschreibung, die mit dem Bild der ›schönen Jüdin‹ in Konflikt geraten mußte. Dieses neue Bild ›echter‹ Weiblichkeit wurde von vielen Frauen wiederum als der ›Fremdkörper‹ erfahren, auf dessen ›Fleischeslust‹ sie mit dem Aushungern oder Erbrechen ihres Körpers reagierten.

Das jüdische ›Nicht-Ich‹ entstand durch die Fabrikation eines Bildes vom ›Anderen‹, das nicht minder libidinös besetzt war als die Gestalt der Carmen, das aber von Gefühlen der Abgrenzung und des Hasses bestimmt wurde. Auch dieses Bild des ›Anderen‹ stützte sich auf ›Natur-Theorien‹ eines ›rassigen Körpers‹ und eines ›heißen Blutes‹. So ist es kein Zufall, daß Prosper Mérimées *Carmen* im Jahre 1845 erschien, also fast zeitgleich mit dem ersten Text des rassistischen Antisemitismus: Richard Wagners Schrift *Das Judentum in der Musik.* Das neue Feindbild des ›Juden‹ bildete sich nach demselben Muster der projektiven Umkehrung, das auch dem christlichen Antijudaismus eigen war: So wie die Ritualmordbeschuldigungen gegen Juden eine Umkehrung der christlichen Abendmahlsthematik darstellten, gehörte im rassistischen Antisemitismus auch der Inzest zu den typischen Vorwürfen gegen die Juden – etwa bei Wilhelm Marr, dem Erfinder des Wortes ›Antisemitismus‹,[89] aber auch bei Houston Stewart Chamberlain, der paradoxerweise sowohl die »Vermischung« mit anderen Völkern als auch die »Inzucht« für die »Degeneration« der jüdischen Rasse verantwortlich machte;[90] ähnlich auch bei Arthur Dinter, dem Verfasser des ersten ›Rassenromans‹ *Die Sünde wider das Blut*.[91] Der *Völkische Beobachter* schließlich bezeichnete den Inzest als zur »Natur des Juden« gehörig und begründete damit die Notwendigkeit der ›Rassengesetze‹.[92]

Die Stereotypen jüdischer ›Andersheit‹ sollten die Assimilation – die uneingestandene der Christen wie die eingestandene der Juden – rückgängig machen und ›den Juden‹ als ›Anderen‹ wieder ›sichtbar‹ werden lassen. Die Imagination einer physischen Verfolgung ›des Juden‹ (wie sie in einigen Texten schon zeitgleich mit den ersten Emanzipationsgesetzen im späten 18. Jahrhundert auftauchte) führte dieses Phantasma der Sichtbarmachung weiter: Durch die physische Verfolgung hoffte der Antisemit, den ›Ewigen Juden‹ seiner Phantasie in eine Gestalt aus Fleisch und Blut zu verwandeln. Für den ›Arier‹ wurde der Tod zum *einzigen sicheren, weil realen* Mittel der Unterscheidung zwischen sich und dem Juden: Die Gewißheit, daß ›der Jude‹ verschieden ist, hatte der Arier erst dann, wenn alle Juden endgültig ›verschieden‹ waren. In dieser Vorstellung von ›Erlösung‹ kann man schon deutlich einen der Stränge erkennen, die zur ›Endlösung‹ führen sollten. Allerdings besteht zwischen den Phantasmen des rassistischen Antisemitismus und der Realität der ›Endlösung‹ ein Abgrund, den auch dieses Erklärungsmuster, das die Verweltlichung der Religion und die Biologisierung des Gemeinschaftskörpers und des ›Fremdkörpers‹ zum Inhalt hat, nicht erhellen kann.

Zur Geschichte des Begriffs ›Die Intellektuellen‹

Die rassistischen Bilder des ›Juden‹, die auf dem Konzept einer anderen Rasse und eines anderen Blutes beruhten, stellten nicht die einzigen Versuche dar, den ›Fremdkörper‹ zu konstruieren. Wie in der ›weiblichen Anomalie‹ spiegelte sich auch im ›jüdischen Fremdkörper‹ der Kollektivkörper wider – und als im 19. Jahrhundert zwei Konzepte des Kollektivkörpers miteinander konkurrierten, entstanden auch zwei verschiedene Bilder vom ›jüdischen Fremdkörper‹: Das eine beruhte auf dem Bild des ›anderen Blutes‹; das andere stellte, wie der ›nervöse Typ‹, den Negativabdruck des ›medialen Kollektivkörpers‹ dar: Es war das Feindbild ›jüdischer Intellektualität‹, das mindestens ebensoviel historische Wirkungsmacht entfaltete wie die rassistischen Bilder vom ›Juden‹. Obgleich mit dem Begriff des Intellektuellen nicht der ›Fleisch gewordene Jude‹, sondern der ›geistige Jude‹ diffamiert wurde, weisen die Strukturen der Diffamation bemerkenswerte Parallelen auf. Schon daran erkennt man, daß die beiden Zerrbilder eine ähnliche Funktion zu erfüllen hatten: als Konstrukte der ›Andersartigkeit‹ den Gemeinschaftskörper zu definieren.

Der Begriff des ›Intellektuellen‹[93] taucht an einigen Stellen schon zu Beginn des 19. Jahrhunderts auf – als Adjektiv sogar schon gegen Ende des 17. Jahrhunderts; als solches ist er um 1800 ein viel verwendeter Begriff.[94] Seine politische Tragweite erlangt das Wort ›Intellektueller‹ aber erst mit der ›Dreyfus-Affäre‹, die sich von 1894 bis 1899 hinzog. Diente der Begriff zunächst zur *Beschimpfung* der Dreyfus-Verfechter, die sich – allen voran Emile Zola – für die Rehabilitierung des Offiziers Alfred Dreyfus einsetzten, so sollte sich dies im weiteren Verlauf ändern. Dreyfus, ein Elsässer und einziger Jude im französischen Generalstab, war zu Unrecht des Landesverrats beschuldigt und verurteilt worden – und in Frankreich wurde der Begriff ›Intellektueller‹ zum Leitmotiv einer Schlacht um den ›Rechtsstaat‹, bei der zuletzt dessen Verfechter den Sieg davontrugen. Im Verlauf dieser Debatte gelang es denen, gegen die sich das Schimpfwort ›Intellektueller‹ richtete, ihn positiv umzuwerten. Die Auswirkungen dieser Umdeutung sind in Frankreich bis heute spürbar. Das französische Nationalgefühl des späten 19. Jahrhunderts bildete sich nicht gegen die Intellektuellen heraus, obgleich die Dreyfus-Verurteilung mit ihrem Vorwurf des ›Verrats am Vaterland‹ und ihren antisemitischen Schlagworten genau darauf abzielte. Vielmehr gelang es den Verfechtern von Dreyfus, den Begriff des ›Intellektuellen‹ mit Bedeutungen zu füllen wie: ›demokratisch‹, ›Gewissen‹, ›wissenschaftlich‹, ›progressiv‹ und ›politisiert‹ (heute würde man sagen: ›engagiert‹). Mehr noch: Es gelang ihnen, mit diesem »Fahnenwort«, das in Frankreich nicht minder emotional geladen war als in Deutschland, ein gruppenkonstituierendes Zeichen *für* die Nation zu setzen.[95] Dietz Bering stellt deshalb zu Recht die Frage, ob »die unterschiedliche Geschichte der deutschen und der französischen Version des Faschismus nicht auch aus diesem Punkte erklärt werden könnte«.[96]

Der Macher der öffentlichen Meinung

Antisemitische Postkarte, ca. 1900.

Die ›Intellektuellen‹ in Deutschland

Im deutschen Sprachraum tauchte der Begriff des ›Intellektuellen‹
zuerst in Berichten über die Dreyfus-Affäre auf und bürgerte sich nur
zögernd ein. Von Anfang an herrschte ein Mißtrauen, auch bei den Intellektuellen selbst. Im Vokabular des liberal-humanistischen Bürgertums
wurde er fast nur polemisch benutzt und dem ›Geistigen‹ gegenübergestellt: ein Begriff, dem Bedeutungen wie ›Seele‹, ›innerlich‹, ›poetisch‹
und ›metaphysisch‹ zugeordnet wurden. Durch dieselben Definitionen
wurde wiederum die deutsche ›Kultur‹ gegen die fremdländische ›Zivilisation‹ abgegrenzt. Der ›Geistige‹ wurde dank dieser Konnotationen
sehr leicht nutzbar für die antisemitische Propaganda, die ›undeutsch‹
zu einem Synonym für ›jüdisch‹ gemacht hatte.

Der Begriff des ›Geistigen‹ setzte sich auch bei vielen Intellektuellen
durch, die sich der Aufklärung verschrieben hatten – so bei Heinrich
Mann, der zu den wenigen Deutschen der Weimarer Republik gehörte,
die den Begriff des ›Intellektuellen‹ nicht in herabsetzender Weise benutzten.[97] Doch er strich das Wort im Laufe der 20er Jahre aus seinem
aktiven Wortschatz. Als er 1928 vor der neu gegründeten *Akademie der
Dichtkunst* zum Thema ›Dichtkunst und Politik‹ referierte, war bei ihm
nur noch von den ›Geistigen‹ die Rede, denen er die Rolle von Hohe-
priestern zuwies:

> »Wenn trotz Hindernissen und Rückfällen ohne Zahl dennoch sittliche
> Fortschritte erreicht sind und der immer wieder versuchte Zweifel, ob sitt-
> liches Handeln der Natur des Menschen entspricht, heute nicht mehr gedul-
> det zu werden braucht, wem ist es zu danken? Doch einzig und allein jener
> Menschenklasse der Geistigen, die sich empören können, was ihr anderen
> schon in der Jugend verlernt, die vom Menschen das Allgemeine und Ewige
> kennen und lehren, das ihr anderen nur flüchtig einmal erblickt, – und die
> richten, im tiefsten Ernst allein richten dürfen, denn durch sie richtet ein
> Höherer, der Geist heißt.«[98]

Die Feindseligkeit gegenüber dem Begriff ›Intellektueller‹ war allen
politischen Lagern in Deutschland gemeinsam, und seine diffamatorische Verwendung blieb deshalb auch keineswegs nur der Rechten vorbehalten.

Die deutsche Linke und die ›Intellektuellen‹

Die deutsche Arbeiterbewegung – organisiert in zwei mächtigen
Blöcken, der Sozialdemokraten und der Kommunisten – gehörte bis zur
Gründung des NS-Staates zu den bestorganisierten und einflußreich-

sten Europas. In beiden Parteien waren von Anfang an viele akademisch ausgebildete Männer und Frauen aktiv. Dennoch zeigte sich ein tiefes Mißtrauen gegenüber den ›Intellektuellen‹, nicht nur bei den Kommunisten. Hatte schon Ferdinand Lassalle die Instruktion erteilt, daß ›Literaten‹ nur nach ausdrücklicher Genehmigung des Vorstands in die Partei aufgenommen werden konnten,[99] so verkündete August Bebel auf dem SPD-Parteikongreß von 1903: »Seht euch jeden Parteigenossen an, aber wenn es ein Akademiker oder ein Intellektueller ist, dann seht ihn euch doppelt und dreifach an.«[100] Das Protokoll der Sitzung vermerkt »stürmischen Beifall«. Der gesamte dreitägige Kongreß war der »Akademikerfrage« gewidmet, d. h. der Frage: Schadet die »bürgerliche Intelligenz« der »proletarisch-revolutionären Partei«? Es war keineswegs der einzige Parteitag, auf dem diese Frage debattiert wurde.[101]

Die Gefahr, die die deutschen Arbeiterparteien bei den Intellektuellen witterten, hieß »Revisionismus«. Tatsächlich offenbart aber die Begriffsgeschichte des ›Intellektuellen‹ in der kommunistischen Partei, die die Feindseligkeit gegen die Intellektuellen schärfer artikulierte als die Sozialdemokraten, daß es nicht die Angst vor der ›Rechten‹ war, die sich hinter dieser Feindseligkeit verbarg. Bei den Kommunisten waren es vor allem die Aktivisten der linken Flügel, die als ›Intellektuelle‹ diffamiert und später aus der Partei ausgeschlossen wurden. Um so mehr erstaunt es, daß Clara Zetkin die *Immunität* der Intellektuellen gegen kapitalistische Beeinflussung unterstrich. In ihrer Schrift *Die Intellektuellenfrage* heißt es:

»Der soziale Gegensatz zwischen Kopf- und Handarbeit, zwischen Intellektuellen und Proletariern, hat seine Wurzel in dem Umstand, daß die Kopfarbeit nicht durch die Maschine ersetzt werden kann, daß der Kopfarbeiter einer längeren beruflichen Ausbildung bedarf. Der geistige Arbeiter kann für die Ausbeutungsbedürfnisse des Kapitalismus nicht so rasch herangedrillt, ›angelernt‹ werden wie der Handarbeiter.«[102]

Eigentlich hätte ein solcher »Kopfarbeiter« von der kommunistischen Partei als besonders zuverlässiger Kampfgefährte betrachtet werden müssen. Tatsächlich war aber seine Immunität gegen den ›Drill‹ und die ›Anlernbarkeit‹ das, was den Intellektuellen der KPD suspekt machte. Bei den deutschen Kommunisten wurde aus dem ›Intellektuellen‹ allmählich ein Schimpfwort mit zwei Bedeutungen, die sich gegenseitig verstärkten: Zum einen verwies es auf die Zugehörigkeit zur Klasse der verhaßten ›Bürgerlichen‹, zum anderen diente es der Diffamierung einer Geisteshaltung, die Lenin in seiner berühmten und oft zitierten Streitschrift *Ein Schritt vorwärts, zwei Schritte zurück* charakterisiert hat. Er warf den Intellektuellen vor, »durch und durch vom bürgerlichen Individualismus durchtränkt« zu sein:

>»Niemand wird zu leugnen wagen, daß die Intellektuellen als besondere Schicht der modernen kapitalistischen Gesellschaft im großen und ganzen gekennzeichnet ist gerade durch den Individualismus und die Unfähigkeit zur Disziplin und Organisation […]; hierdurch unterscheidet sich diese Gesellschaftsschicht ungünstig vom Proletariat, darin besteht eine der Erklärungen für die Schwächlichkeit und die Wankelmütigkeit der Intellektuellen.«[103]

Hinter einer solchen Charakterisierung stand die Befürchtung, daß sich der Intellektuelle – mit seinem Individualismus, der auch als »Opportunismus« oder »Disziplinlosigkeit« gekennzeichnet wurde – als hinderlich erweisen könnte bei der Bildung der Kommunistischen Internationale. Die Befürchtung hatte zur Folge, daß die KPD, die von der Rechten in Deutschland ihrerseits als ›Partei der Intellektuellen‹ beschimpft wurde,[104] die innerparteiliche Auseinandersetzung mit der Intellektuellenschelte führte – einer Waffe, die sogar die Intellektuellen der Partei untereinander und gegen sich selbst zogen. So forderte der Dichter Johannes R. Becher 1928 vom ›Intellektuellen‹ in der Arbeiterbewegung nichts weniger als die Selbstauslöschung:

>»Der Intellektuelle, der zum Proletariat kommt, muß den größten Teil dessen, was er seiner bürgerlichen Abstammung verdankt, verbrennen, bevor er in Reih und Glied mit der proletarischen Kampfarmee mitmarschiert. Es scheint beinahe so, daß er alles verbrennen muß, was er früher verehrte, alles verehren muß, was er früher verbrannte. Er muß auf seine Individualität, auf seinen Bildungsdünkel verzichten, er muß eine Unmenge falscher Theorien, falscher Vorstellungen aufgeben, die ihm seine Herkunft, seine Hochschule eingeprägt haben. Er muß von vorne anfangen.«[105]

Die deutsche Rechte und die ›Intellektuellen‹

Galten die Intellektuellen der Linken als Gefahr für den *internationalen* Zusammenschluß der Arbeiter, so sahen die Rechten in ihnen das Haupthindernis bei der Herausbildung der *Nationalgemeinschaft*. Die nationalsozialistische Intellektuellenfeindlichkeit unterschied sich von der Intellektuellenfeindlichkeit der Arbeiterparteien in einem entscheidenden Punkt: dem Haß auf ›den Juden‹. Mit der Intellektuellenhetze der Nationalsozialisten war immer ein ›Feind‹ im ›Volkskörper‹

gemeint. ›Jüdisch‹ wurde zu einem Synonym für ›intellektuell‹; und so verwundert es nicht, daß ›der Intellektuelle‹ mit genau denselben Vokabeln umschrieben wurde, die auch der Diffamation des ›jüdischen Blutes‹ und der ›jüdischen Rasse‹ dienten: ›giftig‹, ›fremd‹ oder ›zersetzend‹. Ein bekannter nationalsozialistischer Kalendervers lautete:

»Hinfort mit diesem Wort, dem bösen,
Mit seinem jüdisch-grellen Schein!
Nie kann ein Mann von deutschem Wesen
Ein Intellektueller sein.«[106]

Nicht auf der antisemitischen, wohl aber auf der gruppenkonstitutiven Ebene traf sich die linke mit der rechten Intellektuellenfeindlichkeit: Sowohl für die Kommunisten als auch für die Nationalsozialisten waren die Intellektuellen ›Verräter‹, ›Entwurzelte‹, ›Heimatlose‹ oder einfach nur ›Charakterlose‹ (Begriffe, die allesamt schon in der Dreyfus-Debatte eine Rolle gespielt hatten). In beiden Fällen ging es um den Vorwurf einer mangelnden Identifizierung mit der politischen Gemeinschaft, um das Verdikt, ›nicht ganz dazuzugehören‹. Es ging um den Außenseiter, den Fremden, der die Vollständigkeit und ›Einheit‹ entweder der Partei oder des ›Volkskörpers‹ in Frage stellte (zugleich aber auch durch seinen Ausschluß festigte).

Bei näherem Hinsehen erweist sich auch die Intellektuellenfeindlichkeit der Linken (die mit der Konzeption des ›Volkskörpers‹ nichts im Sinne hatte) als erstaunlich biologistisch – und es sind diese Biologismen, die auf einen Zusammenhang von Geschlechterbildern und Intellektuellenfeindlichkeit verweisen, wie er auch den rassistischen Antisemitismus kennzeichnet. Wurden bei den Nationalsozialisten der Intellektuelle und der Jude der ›gesunden‹ arischen Rasse gegenübergestellt, so bildete der ›Intellektuelle‹ bei den Kommunisten das Gegenstück zum ›gesunden‹ Proletarier (hierin die Tradition des Christentums fortführend, die *illiterati* mit ›ländlicher Einfachheit‹ und ›gesunder Ursprünglichkeit‹ gleichzusetzen). Als Beispiel sei ein Artikel zitiert, der im September 1926 im KPD-Organ *Die Rote Fahne* erschien:

»Innerhalb der Partei hat sich gerade im Verlauf der letzten Diskussion eine neue Schicht verantwortungsbewußter, tatkräftiger Parteiarbeiter herausgebildet, die in ihrem weiteren Wachstum tausendmal wertvoller für die revolutionäre Arbeit ist, als ein Grüppchen verfaulter partei- und klassefremder Elemente [...], die durch die gesunde Kraft der Partei ausgestoßen wurden.«[107]

Dieselbe Zeitschrift bezeichnete einen Genossen, der wegen »Zersetzung« aus der Partei ausgeschlossen worden war, als »Schädling«, »Parteischädling«. Er sei ein »rettungslos pathologisch gewordener Mensch«, den die Partei ausstoßen müsse.[108]

Ob also der Intellektuelle als ›Rassenfremder‹ oder als ›Klassenfremder‹ gesehen wurde:[109] das Vokabular war in beiden Fällen einer biologistischen Terminologie verpflichtet, in der ›Krankheit‹ und ›Gesundheit‹ einander gegenübergestellt wurden. Daß sich eine solche Terminologie keineswegs erst gegen Ende der Weimarer Republik durchsetzte und nicht nur mit dem Druck des nationalsozialistischen Vormarschs zustande kam, das zeigt ein Text, der schon 1919 in einer linksmarxistischen Zeitschrift erschien, geschrieben von Pol Michels, dem die Erfindung des Begriffs der ›Intellektuaille‹ (zusammengesetzt aus ›intellektuell‹ und ›Kanaille‹) zu verdanken ist: »Man ist entsetzt über die äußerst aktive Rolle, welche die Intellektuellen als Erreger völkischer Krankheiten spielen, und zu Tode bestürzt über die kläglich passive Haltung, die sie beim Genesungsprozeß der Völker observieren.«[110] So groß die Unterschiede zwischen der Linken und der Rechten in der Weimarer Republik auch waren, im Verhältnis zum ›Intellektuellen‹ zeigten sich doch bemerkenswerte Ähnlichkeiten: eine Erbschaft, mit der sich deutsche Intellektuelle bis heute auseinanderzusetzen haben.

Die ›Intellektuellen‹ und die ›Weiblichkeit‹

Die Implikationen dieser Opposition von ›gesund‹ und ›krank‹ lassen sich nur mit Blick auf das Selbstbild des ›Ariers‹ bzw. des Arbeiters erschließen: Während der Arbeiter als Glied einer »Einheitsfront« galt[111] und der ›Arier‹ durch ›Reinheit‹ die ›Einheit‹ des ›Volkskörpers‹ fand, erschien der Intellektuelle als Verkörperung der »Zweideutigkeit«[112] oder als »gespaltenes Zwitterwesen«.[113] Beide Bilder tauchten bei der Linken wie bei der Rechten auf und entsprachen zugleich den antisemitischen Definitionen des ›Juden‹. Das Selbstbild der arischen Rasse bzw. der Arbeiterklasse zeichnete sich hingegen durch die ›Unversehrtheit‹ und Geschlossenheit des Gemeinschaftskörpers aus. Diese Zuschreibung wurde noch durch die Tatsache verstärkt, daß dem Arier wie dem Arbeiter Begriffe wie ›Instinkt‹, ›Herz‹, ›Charakter‹ zugeordnet wurden, die alle auf eine Eindeutigkeit des ›Gefühls‹ verweisen. Der ›Intellektuelle‹ dagegen wurde als »gefühlsarm«, »blutleer«, »steril«, »kalt«, »unnatürlich« und »abstrakter Theoretiker« bezeichnet.[114] Diese Zuschreibungen bildeten allerdings im Rahmen des antisemitischen Feindbildes vom ›Intellektuellen‹ ein Paradoxon. Als ›Sexual-triebtäter‹ und ›Rassenschänder‹ wurden ›dem Juden‹ einerseits ein »unverwüstliches Blut« (Theodor Fritsch) und ein »unersättlicher Geschlechtstrieb« (Otto Weininger) unterstellt, andererseits war hier von intellektuell/jüdischer ›Blutleere‹ die Rede.

Bei aller Widersprüchlichkeit ist diesen Zuschreibungen jedoch eines gemeinsam: Sie entsprachen den Bildern von ›Weiblichkeit‹, die einerseits als ›triebhaft‹, andererseits auch als ›krank‹ definiert wurde. Besonders deutlich wird diese paradoxe Zuschreibung im Krankheitsbild der Hysterikerin.[115] Nicht nur die Intellektuellendiffamation der Rechten, auch die der Linken ist durchsetzt von medizinischen, ›naturwissenschaftlichen‹ Begriffen: Der ›Intellektuelle‹ wird als »schwankend« und »krank«,[116] als »dekadent« oder »affektiert« umschrieben[117] – Zuschreibungen, die ab der Aufklärung das Bild von ›Weiblichkeit‹ prägten, gleichsam als ›wissenschaftlicher‹ Ersatz für christliche Zuschreibungen an den Frauenkörper. Aus ›infektuöser‹ Weiblichkeit war ›defekte‹ Weiblichkeit geworden. Daß mit diesen Zuweisungen an den ›Intellektuellen‹ auch tatsächlich der Vergleich mit Weiblichkeit gemeint war, zeigt der häufige Gebrauch des Begriffs ›hysterisch‹. So forderte das Zentralkomitee 1925 die Berliner Parteileitung auf, »den Kampf gegen alles Ungesunde in der Partei auf[zu]nehmen und alle kominternfeindlichen Tendenzen, alles Hysterische und Schwankende aus der Leitung der Partei [zu] entfernen«.[118] Auch Lenin sprach in einem Aufsatz, der 1929 in der *Linkskurve* erschien und mit dem er die Forderung nach einer »proletarischen Literatur« unterstrich, von »hysterischen Intellektuellen«.[119]

Wie die Intellektuellen galten auch die Hysterikerinnen als ›ewige Verneiner‹; auch ihnen wurden ›Simulation‹ und Schwindel, ›Wankelmut‹, ›Verlogenheit‹ und ›Unberechenbarkeit‹ unterstellt. Auch sie wurden als ›Unzuverlässige‹ und ›Zwitterwesen‹ bezeichnet. Dennoch läßt sich die Hysterie nicht einfach mit dem ›Intellektuellen‹ gleichsetzen. Beide waren Spiegelbilder des Kollektivkörpers, doch auf unterschiedliche Weise. Gegen Ende des 19. Jahrhunderts – zeitgleich mit der Verbreitung des Begriffs ›Intellektueller‹ – begann die Hysterie von der Bühne des abendländischen Geschehens zu verschwinden. In den Jahren, in denen mit der Dreyfus-Affäre der ›Intellektuelle‹ als Schimpfwort in aller Munde war, zelebrierten die Hysterikerinnen in der Pariser Salpêtrière ihre letzten großen Auftritte. Danach verschwand die hysterische Symptombildung aus den Krankenhäusern der Industrieländer – ein Phänomen, für das es keine medizinische Erklärung gab. Begreift man jedoch die Hysterie, wie den ›nervösen Typ‹, als das ›Problem‹ und damit auch als den Motor eines Kollektivkörpers, der sich als ›Nervensystem‹ versteht, so läßt sich dieses ›Verschwinden‹ auch als Prozeß der ›Integration‹ in den Kollektivkörper lesen. Anders beim ›Intellektuellen‹, dessen Erscheinen zeitlich mit dem Erscheinen der ersten großen Anorexie-Studien einherging. Die Anorexie entsprach auf seltsame Weise dem Bild intellektueller ›Blutleere‹, ›Sterilität‹, ›Unnatürlichkeit‹ und ›Gefühlsarmut‹; und auch sie tauchte, wie die Intellektuellen, zunächst in den großen Metropolen der Moderne, London und Paris, auf.[120] Doch eines unterschied die beiden: Während der ›Intellektuelle‹ mit biologistischen Begriffen diffamiert wurde, galt die Anorexie als eine ›Krankheit‹, die die ›Inkarnation‹ bzw. ›Beleibung‹ des Kollektivkörpers verweigerte.

Die ›Intellektuellen‹ und die ›Versehrtheit‹

Warum aber wurde das Bild des ›Intellektuellen‹ mit ›Weiblichkeit‹ konnotiert? Diese Konnotation hing mit der Entwicklung des ›medialen Kollektivkörpers‹ selbst zusammen, die nicht nur einen Wandel der Rolle des Intellektuellen, sondern auch der symbolischen Geschlechterordnung zur Folge hatte. Das zeigt sich besonders deutlich an der Geschichte der Schriftkritik, die schon in der frühen Neuzeit, mit der Erfindung der Druckerpresse und dem Übergang der christlich-europäischen Gesellschaft zu einer vollen Schriftkultur, eingesetzt hatte. Sie verstärkte sich im Laufe der folgenden Jahrhunderte und führte mit der Aufklärung – also etwa zeitgleich mit dem Beginn einer allgemeinen Alphabetisierung – zu einer regelrechten Schriftlichkeitsdebatte. Die Muster dieser Schriftkritik ähnelten denen, die hundert Jahre später als Diffamation des Intellektuellen auftauchten: Hatte das geschriebene Wort über Jahrhunderte eine definitorische Macht über die Gesellschaft ausgeübt, so galt es nunmehr als ›blutleer‹, wenn nicht gar ›zersetzend‹. Der Theologe Friedrich Schleiermacher übertrug die Schriftkritik sogar auf das Buch der Bücher und verkündete, daß »jede heilige Schrift [...] nur ein Mausoleum der Religion« sei.[121] Und der Staats- und Gesellschaftstheoretiker Adam Müller klagte, daß die schriftliche Kommunikation die Entstehung einer nationalen Gemeinschaft, die durch Einheit und Einheitlichkeit gekennzeichnet sei, verhindere. Die »gegenwärtige Gesellschaft« sei »zersplittert in sich selbst«, und dieser Zustand sei der Schrift zu verdanken, deren »Charakterlosigkeit« darin läge, Abwesenheit und Mangel zu verkörpern.[122] Von diesen Charakterisierungen ist es nicht mehr weit bis zur »Wankelmütigkeit« und »Zwitterhaftigkeit« des Intellektuellen, der die ›Einheit‹ und ›Einheitlichkeit‹ der Partei oder des Volkskörpers gefährdete.

Das heißt, der ›Intellektuelle‹ wurde kritisiert und diffamiert, weil er schrieb bzw. ein Denken verkörperte, das mit der Schriftlichkeit in Zusammenhang gebracht wurde. Waren die Schriftgelehrten – gleichgültig, ob Theologen, Philosophen oder Naturwissenschaftler – einst als Konstrukteure und Wegbereiter des Kollektivkörpers wahrgenommen worden, so wurden ihnen nun Eigenschaften der ›Dekonstruktion‹ zugeschrieben, die die ›Zersetzung‹ der Gemeinschaft beinhalteten. Das heißt, die Schrift, die am Ursprung eines Phantasmas von *Unversehrtheit* und Homogenität stand, wurde mit ›Zerstörung‹ gleichgesetzt – ein Bild, das in den nationalsozialistischen Bücherverbrennungen seine plastische Umsetzung finden sollte. Der Repräsentant des ›Geistes‹, einst Verkörperung des ›Unvergänglichen‹, wurde unter dem Begriff des ›Intellektuellen‹ zum Träger von Versehrtheit und Zersetzung erklärt. Damit wurden ihm jene Eigenschaften zugeschrieben, die in der symbolischen Ordnung der Schrift von der Weiblichkeit ›inkarniert‹ worden waren. Gegen Ende des 19. Jahrhunderts vollzog sich also ein Paradigmenwechsel: ›Geist‹ und ›Männlichkeit‹ sind nicht mehr identisch; und der ›entleibte Geist‹, der einst Unsterblichkeit verhieß, wird mit der Konnotation des Mangels und der Versehrtheit behaftet. Dieser Wandel manifestierte sich in der Diffamation des Intellektuellen wie im Verschwinden der spektakulären hysterischen Symptombildung. Der mediale Kollektivkörper hatte begonnen, sich zu ›hysterisieren‹, d. h. sich einen sinnlichen Leib zuzulegen – allerdings nach den Gesetzen einer ›Sinnlichkeit‹, die von der Schrift diktiert wurde und die sich alsbald in den technischen Bildern ebenso wie in den akustischen Speichersystemen, Radio, Fernsehen und dem Computer, niederschlagen sollte. Deshalb war das, wofür die Schrift auch stand – nämlich Abstraktion, Intellektualität und *logos*, also das ›Nichtsinnliche‹ – überflüssig, ja sogar zur Bedrohung geworden. Für eine Schriftlichkeit, die sich einen ›Körper‹ zugelegt hatte, der Mündlichkeit wie Bildlichkeit implizierte, stellte der ›Intellektuelle‹ eine Gefahr dar. So erstaunt es nicht, daß dem Intellektuellen Bilder ›zerstörerischer Weiblichkeit‹ zugeordnet wurden.

In Anknüpfung an das berühmte Diktum von Kant könnte man sagen, daß die Aufklärung den ›Ausgang des Menschen aus seiner selbstverschuldeten *Unmündlichkeit* bedeutete. Von nun an sollte sich der Körper des Alphabets zunehmend als ein ›mündlicher‹ zeigen, und seine Versinnlichung schlug sich sowohl in den antisemitischen Rassenbildern als auch in der Entwicklung der technischen Sehgeräte nieder. Auch sie, insbesondere die Photographie, trugen zu einer neuen Codierung des ›jüdischen Fremdkörpers‹ bei.

Die ›zwei Körper des Juden‹

In den Jahren 1894 bis 1899, als in Frankreich der Offizier Dreyfus vor Gericht stand, fand in Polna (Mähren) ein Prozeß gegen den jüdischen Schusterlehrling Leopold Hilsner statt, der des Ritualmordes an einer jungen Frau beschuldigt wurde. Es war eine ›Dreyfus-Affäre‹ traditioneller Art. Wurde beim Dreyfus-Prozeß die Gleichsetzung von ›jüdisch‹ und ›intellektuell‹ verhandelt, so ging es im Prozeß von Polna um den jüdischen ›Fremdkörper‹ des rassistischen Antisemitismus mit seinen Blutbeschuldigungen. In demselben Jahr wurde in England der Schriftsteller Oscar Wilde wegen Homosexualität verurteilt. Allen drei Prozessen war eigen, daß sie mit einem vorher nicht gekannten Medienaufwand verfolgt wurden. Die Londoner Abendzeitungen verdoppelten ihre Auflage während der Berichterstattung über den Prozeß gegen Wilde.[123] Auf der anderen Seite wurde die Wiederaufnahme des Prozesses gegen Dreyfus erst durch Presseveröffentlichungen herbeigeführt. Die Presse und mit ihr die Öffentlichkeit stellten die Arena und zugleich das eigentliche Thema der Prozesse dar.

In demselben Jahr führten in Berlin die Skladanowskys und wenige Monate später in Paris die Brüder Lumière die ersten Filmstreifen vor. In Wien veröffentlichten Joseph Breuer und Sigmund Freud die *Studien zur Hysterie*. Während die Verbindung zwischen den drei Prozessen von 1894/95 offenbar ist – in allen drei Fällen ging es um ›Fremdkörper‹ –, soll im folgenden dargestellt werden, daß sie auch mit den beiden anderen Ereignissen, die die Welt der Simulationstechniken – und, im Fall der Psychoanalyse, ihrer Dekonstruktion – betreffen, in einem nicht nur zeitlichen Zusammenhang stehen.

In allen drei Prozessen ging es um das Verhältnis von Fiktion und Wirklichkeit: Bei Dreyfus und Hilsner waren gefälschte Unterschriften, unwahre Zeugenaussagen im Spiel. Im Prozeß gegen Wilde – bei dem ebenfalls bezahlte Zeugenaussagen eine Rolle spielten – stützte sich die

Anklage auf das *literarische Werk* des Autors. Das führte dazu, daß seine Bücher schon während der Verhandlungen aus dem Handel verschwanden und die zum Teil sehr erfolgreichen Bühnenstücke in England für Jahrzehnte nicht mehr auf den Spielplänen erschienen.[124] Aber so wichtig in allen drei Fällen die Fiktion auch war, es gab doch eine ›Wirklichkeit‹, für die die drei vor Gericht standen: Bei Dreyfus und Hilsner bestand sie in ihrer jüdischen Herkunft, bei Wilde ging es um seine Homosexualität. Diese andere ›Wirklichkeit‹ beruhte wiederum auf einer gemeinsamen Fiktion: der Fiktion vom jüdischen und vom homosexuellen ›Körper‹. Letztlich war es die Auseinandersetzung mit *dieser* Frage, die die Öffentlichkeit in Erregung versetzte und so Wirklichkeit schuf: die ›Wirklichkeit‹ eines ›Fremdkörpers‹, auf der die kollektive Identität beruhte.

Versuchte sich die Donaumonarchie als katholischer Staat zu konstituieren, so waren die Anschuldigungen gegen Hilsner dem Arsenal christlicher Feindbilder entnommen. Wollte sich Frankreich – nach der Niederlage gegen die Preußen – gerne als modernen, militärisch unverwundbaren Staat imaginieren, so wurde gegen einen jüdischen Offizier der Vorwurf des Landesverrats erhoben. England hatte weder mit religiöser Spaltung noch mit nationalen Niederlagen zu kämpfen. Aber es krankte, dank seiner industriellen Fortschrittlichkeit, an den Bedrohungen der Moderne und den Umwälzungen der Sozialstrukturen. In England waren 1851 die ersten gewerkschaftlichen Organisationen entstanden; Frauen hatten begonnen, das Wahlrecht zu fordern – eine Auseinandersetzung, die schon bald nach 1895 in militante Konflikte übergehen sollte. So schien es naheliegend, daß in England ausgerechnet ein Homosexueller, der die Geschlechtsidentität – und mit ihr Fragen der symbolischen Ordnung – in Frage stellte, als ›nationale Gefahr‹ gesehen wurde: Die Gesetze gegen Homosexualität, nach denen Wilde verurteilt wurde, waren erst zehn Jahre zuvor erlassen worden; und sie waren strenger als in irgendeinem anderen europäischen Land.[125] Die Gesetze entsprachen dem Bedürfnis nach einer *neuen* ›social purity‹, das mit den sozialen Umwälzungen zusammenhing. George Mosse schreibt, daß der Nationalismus des 19. Jahrhunderts dazu beitrug, die bürgerliche Moral durchzusetzen: »Er absorbierte und sanktionierte die Mittelschichtsverhaltensweisen und -normen und spielte die entscheidende Rolle dabei, die bürgerliche Moral über alle Klassen der Bevölkerung auszubreiten, wie sehr diese Klassen einander auch haßten und verachteten.«[126] Daß die Sexualität als verunreinigend für den Nationalkörper galt,[127] scheint der ›Versinnlichung‹ des Staates zu widersprechen. Doch gilt es, zwischen der Versinnlichung des Kollektivkörpers und der Sexualität des Individuums zu unterscheiden. Gerade weil der Staat – etwa als ›Mutter Staat‹ – einen sexualisierten ›Körper‹ annahm, forderte er vom Individuum die Desexualisierung. Dem widersprachen der Körper und das Sexualverhalten von Wilde. Schon als Ire war sein Körper dem englischen Nationalkörper nicht einzuverleiben. Darüber hinaus entsprach sein Körper auch nicht dem Ideal der Desexualisierung. Um so mehr empörte die Unbekümmertheit, mit der er in seinen modischen Auftritten diesen Körper ins Blickfeld rückte. Eve Kosofsky-Sedgwick spricht in diesem Zusammenhang von Wildes ›Chuzpah‹:

> »Wildes entfremdende physische Erbschaft einer körperlichen Unförmigkeit von der national-irischen Mutter und einer Schwerfälligkeit vom keltisierenden Vater unterstrich mit jeder Bewegung, mit der er sich und seinen Typus in den Vordergrund rückte, die Zerbrechlichkeit, Unwahrscheinlichkeit und Fremdheit – und zugleich die Macht, neue Wahrnehmungsmuster herbeizuführen – der neuen homo-homosexuellen Bildhaftigkeit männlich-männlichen Begehrens. Eben dadurch betonte sie auch auf dramatische Weise, daß sich der englische Nationalkörper nicht mit dem britischen oder dem irischen gleichsetzen ließ – eine Gleichsetzung, auf deren Boden national/imperiale Beziehungen geknüpft werden sollten.«[128]

Die Bilder des ›Juden‹ und des ›Homosexuellen‹

Eine Gemeinsamkeit von ›Juden‹ und ›Homosexuellen‹ besteht darin, daß sie sich äußerlich nicht von den anderen unterscheiden. In dem Vorwurf der mangelnden ›Erkennbarkeit‹, den die Antisemiten des 19. Jahrhunderts gegen die assimilierten Juden richteten, lag einer der Gründe dafür, daß sie dem ›Juden‹ physische Merkmale zuweisen wollten, die auf eine biologische, sichtbare Andersheit verwiesen. Etwas Ähnliches galt auch für den Homosexuellen. In beiden Fällen wurde der Körper durch die Gleichsetzung mit ›Krankhaftigkeit‹ biologisiert.

Die Begriffe, mit denen Juden wie Homosexuelle beschrieben wurden, besagten: Furcht vor Krankhaftigkeit und Angst vor Infektion. Sowohl die Charakterisierung der Juden als auch die der Homosexuellen diente der Gegenüberstellung von ›gesund‹ und ›krank‹, die sich mit den Kategorien ›schön‹ und ›häßlich‹ überlagerten.[129] Ebenso wie der Jude Dreyfus als eine Gefahr für den französischen Nationalkörper galt, hieß es auch von den Homosexuellen in England, sie seien ›ansteckend‹. Allein die Berichterstattung über den Prozeß gegen Wilde, so erklärte der Premierminister Salisbury 1896 vor dem House of Lords, habe zu einer »Epidemie« ähnlicher Vergehen geführt.[130] Er stützte sich dabei auf die Aussage »eines sehr angesehenen Arztes«. Noch heute offenbart sich die Vorstellung, daß die Homosexualität ›ansteckend‹ sei, in vielen Theorien, die unterstellen, daß es einer einmaligen Verführung bedürfe, um aus einem ›normalen‹ Jungen einen Homosexuellen zu machen.[131] So wie dem ›Juden‹ unterstellt wurde – als Sexualtriebtäter und Rassenschänder –, den ›gesunden Volkskörper‹ zu ›vergiften‹, so galt auch der Homosexuelle als »Verletzung der nationalen Wahrheit«, wie ein englischer Geistlicher schrieb.[132] Dabei entsprach die Vorstellung, daß der männliche Jude über die ›Rassenschande‹ den männlichen Arier infiziere, ihrerseits einer homosexuellen Phantasie, bei der die Frau nur die Rolle eines imaginären Bindeglieds einnimmt.[133]

Das Vokabular zur Charakterisierung von Homosexuellen und Juden verwies auf Krankheit und erhöhte Sterblichkeit. Dies kommt in den zentralen Begriffen ›schlaff‹, ›dekadent‹, ›entartet‹ zum Ausdruck: pseudomedizinischen Begriffen, mit denen auf Degeneration und frühen Verfall angespielt werden sollte. Juden und Homosexuellen wurde also nicht nur unterstellt, Krankheiten zu *verbreiten*, sondern auch – aufgrund ihrer schwächlichen Konstitution – früh zu sterben. Auf das Bild des Juden in den Werken von Gustav Freytag und Edouard Drumont verweisend, schreibt Mosse:

> »Erschöpfung spielte eine wichtige Rolle innerhalb dieser Ikonographie, im Gegensatz zu jener jugendlichen Energiegeladenheit, welche die Gesellschaft brauchte und so hoch schätzte. Juden und sogenannte Perverse wurden oft als hinfällig, dem Tode nahe und als Opfer frühzeitigen Alterns dargestellt.«[134]

Nicht durch Zufall entstanden die Begriffe ›Antisemitismus‹ und ›Homosexueller‹ beide fast zeitgleich in den 60er Jahren des 19. Jahrhunderts:[135] Beide Wortschöpfungen zielten darauf ab, einem fiktiven Körper den Anschein wissenschaftlicher, physiologischer Authentizität zu verleihen. Juden wie Homosexuellen wurde nicht nur eine exzessive Sexualität nachgesagt – sie verkörperten auch in dieser Hinsicht das Gegenmuster zum Ideal des desexualisierten, dem ›Volkskörper‹ eingegliederten Leibes –, darüber hinaus unterstellte man ihnen auch eine Form von ›weiblicher‹ Sinnlichkeit, die durch Triebhaftigkeit gekennzeichnet sei und bei der ›Wollust‹ an die Stelle von ›Liebe‹ trete.[136]

Insgesamt galten Juden wie Homosexuelle als unmännlich, effeminiert.[137] Diese Charakterisierungen kennen wir aus der Beschreibung des ›nervösen Typs‹. Dabei verwiesen die ›Nervenkrankheiten‹, die dem Körper des ›Juden‹ und dem des ›Homosexuellen‹ angedichtet wurden, ihrerseits auf eine lange Geschichte hysterischer ›Simulation‹ und ›Verlogenheit‹.[138] »Die Hysterie«, so drückte es Weininger aus, »ist die organische Krisis der organischen Verlogenheit des Weibes.«[139] Hinter den Vorstellungen vom Körper des Juden und des Homosexuellen verbarg sich also nicht nur die Idee einer Gefährdung des Volkskörpers, sondern auch die eines Schwindels. Beiden Körpern wurde unterstellt, zu simulieren, nicht ›ganz echt‹ zu sein. Doch während den Rassisten die Juden als unheilbar galten,[140] vertraten die meisten Theoretiker die Ansicht, daß Homosexuelle durch Stärkung der Willenskraft wieder auf den Weg der ›Gesundheit‹ zu führen seien – eine Vorstellung, die sich auch im Nationalsozialismus halten sollte.

Wurden Juden wie Homosexuelle von ihren Gegnern als »Staat im Staate« angesehen,[141] so bedienten sich auch beide des Feindbilds vom ›Verschwörer‹, um den anderen zu diffamieren und auf diese Weise das Selbstbild vor der Stereotypisierung zu schützen. Maximilian Hardens Aussagen über Homosexuelle erscheinen wie eine direkte Übernahme der antijüdischen Polemik in den *Protokollen der Weisen von Zion*: »Überall finden sich Männer dieses Stammes, an Gerichtshöfen, in hohen Positionen des Heeres und der Marine, in Ateliers, in den Redaktionen großer Zeitungen [...] unter Kaufleuten, Lehrern und sogar Richtern. Alle vereint gegen ihren gemeinsamen Feind.«[142] Umgekehrt griffen Homosexuelle wie Benedikt Friedländer zu Rassenbildern, wenn sie erklärten, die Angriffe auf Homosexuelle würden von Juden geführt, die es darauf abgesehen hätten, die arische Männlichkeit und Selbstsicherheit zu untergraben.[143]

Sowohl das Bild des Juden als auch das des Homosexuellen wurden »orientalisiert«,[144] in die ›Fremde‹ verlegt: ein Muster, das der Idealisierung der orientalischen Frau im Fin de siècle ebenso entsprach wie der Charakterisierung der Stadt als einer Opium- und Lasterhöhle. Die Großstadt, die sowohl die Moderne, die Industrialisierung als auch die sogenannte Dekadenz symbolisierte, galt als die Heimat der Juden und der Homosexuellen, der Intellektuellen und Künstler. Zu den ›orientalischen‹ Bildern der Großstadt gaben die Werke und die Selbstdarstellung der sogenannten ›dekadenten‹ Künstler reichlich Anlaß. So schreibt Kosofsky-Sedgwick über Wildes *Bildnis des Dorian Gray*:

Der
getaufte Jude
weder Jude noch Chrift.

An monstrum – nescio

Wien,

bei Sebastian Hartl, burgerl. Buchbinder, in der
Singerstraße neben St. Stephansthor.

1781.

Anonyme Schrift, Wien 1781. Assimilation als Simulation.

»In der zutiefst exotisierten und verherrlichten Opiumware verdichten sich viele der Problemstellungen, die in der Gegenüberstellung ›natürlich‹ und ›unnatürlich/künstlich‹, ›Selbstbestimmung‹ und ›Suchtabhängigkeit‹, dem ›Eigenen‹ und dem ›Fremden‹ enthalten sind und deren Grundmotiv mit der Art zusammenhängt, wie der Roman männliche homosexuelle Identität definiert.«[145]

Doch hier zeigen sich auch die Unterschiede zwischen dem Bild des ›Juden‹ und dem des ›Homosexuellen‹: War der Begriff des ›Intellektuellen‹ zu einem Synonym für ›Jude‹ geworden, so wurde der ›Homosexuelle‹ zunehmend mit dem Künstler gleichgesetzt. Und so wie sich Juden auch tatsächlich nicht nur als ›Intellektuelle‹ beschimpfen ließen, sondern sich auch die Aufgaben des Intellektuellen als Kritiker der Gemeinschaft zu eigen machten, so übernahmen viele Künstler das Fremdbild des Homosexuellen. »Homosexualität ist die vornehme Krankheit des Künstlers«, schrieb etwa Théophile Gautier.[146]

Den Verfechtern der neuen bürgerlichen Moral erschien die Stadt als Ort des Lasters, der ›unnatürlichen‹ und der ›unechten Zivilisation‹, dem sie das ›gesunde Landleben‹ oder den sportlich gestählten Körper gegenüberstellten. Den Künstlern der Décadence hingegen erschien die Stadt – *wegen* ihrer Sündigkeit – als der Ort der ›echten‹ oder ›existentiellen‹ Erfahrung.[147] In gewisser Weise griffen die Künstler der Décadence also die Feindbilder der Verderblichkeit, die sich gegen den Homosexuellen – und damit auch gegen den Künstler – richteten, auf und besetzten sie ›erotisch‹. Sie suchten in diesen Bildern das ›wahre Leben‹, so wie jüdische Schriftsteller und Theoretiker sich ihrerseits im Entwurf des ›Intellektuellen‹ zurechtfanden. Doch die Funktionen, die beiden innerhalb der Gesellschaft zugewiesen wurden und die sie erfüllten, weisen einen fundamentalen Unterschied auf: Die Rolle des Künstlers bestand in der ›Versinnlichung‹ des ›medialen Kollektivkörpers‹, die des Intellektuellen hingegen in der Dekonstruktion der ›Versinnlichung‹.

Der ›falsche Körper‹

Die Frage nach der ›Echtheit‹ stand im Zentrum der Debatten um den homosexuellen und den jüdischen Körper. Der Homosexuelle verlange nach »Pose, Publikum und Theater«, so schreibt Weininger. Er brauche das Leben in der Stadt, weil er in einer artifiziellen Welt lebe.[148] Vom Juden hieß es, er verfüge über keine »echte schöpferische Potenz«, ihm fehle jenes »An- und Für-sich-Sein, aus welchem allein höchste Schöpferkraft fließen kann«.[149] Unfähig, originale Werke zu schaffen, könne der Jude nur nachahmen, die Werke anderer reproduzieren. Die ›schöpferische Potenz‹ des Dandys und Décadent wurde jedoch nicht in Frage gestellt.

Die Frage nach der Befähigung zur ›echten Kunst‹ entsprach den Auseinandersetzungen des 19. Jahrhunderts um die Photographie. 1859 hatte Baudelaire die Photographie als ›seelenlose‹, materialistische Wiedergabetechnik des Industriezeitalters gegeißelt.[150] Er umschrieb sie mit Worten, die sich fast wörtlich auf das Bild des Juden übertragen lassen, dem das ›echte Schöpfertum‹, die Fähigkeit, ein ›wahres Kunstwerk‹ zu schaffen, fehle. Bei dem Vorwurf der ›Unnatürlichkeit‹ und des ›Entarteten‹ ging es auch um die ›Echtheit‹ des Bildes; und diese Auseinandersetzung wurde – auf unterschiedliche Weise – auf das Bild des ›Juden‹ und des ›Homosexuellen‹ projiziert. Wilde nahmen seine Zeitgenossen seine ›wandelbare Persönlichkeit‹ übel. Man machte ihm zum Vorwurf, die »geschmeidige, anpassungsfähige Natur« eines »Schriftsteller-Komödianten« zu haben.[151] Den assimilierten Juden wurde dagegen unterstellt, daß ihre Assimilation eine ›Maske‹ darstelle, hinter der sich immer noch der ›echte Jude‹ verberge.[152]

Die Rolle der technischen Bilder im Kontext von ›Assimilation‹ und ›Simulation‹ zeigt sich besonders deutlich bei der Behandlung der Hysterie, die als die Krankheit der Simulation galt, weil es für die Symptombildung keine organische Ursache gab. Dennoch entzündete sich um die Jahrhundertwende eine europaweite Debatte um die Rolle der ›Wirklichkeit‹ des hysterischen Symptoms, und die Grundlage dieser Debatte bildete die Photographie. Charcot, der sich selbst als »Künstler« bezeichnete und sein Krankenhaus ein »lebendiges Museum der Pathologie« nannte,[153] hatte zwischen 1870 und 1880 in der Salpêtrière regelrechte Photolabors eingerichtet, in denen die hysterischen Symptome auf die Platte gebannt wurden. Auf diese Weise sollte die physiologische Wirklichkeit der hysterischen Symptome bewiesen und ›reproduzierbar‹ gemacht werden. Es erwies sich jedoch, daß sie in einem ganz anderen Sinne des Wortes reproduzierbar waren. Denn die hysterischen Anfälle wurden durch den Akt des Photographierens überhaupt erst erzeugt. Oft genügte schon das Einschalten der Lampen, um bei den Patientinnen den gewünschten Anfall auszulösen, und dieser verlief immer nach demselben Schema. Deshalb zweifelten viele Beobachter an der ›Echtheit‹ der Symptome; sie hielten sie für suggeriert – vom Meister selbst. Für Charcot hingegen galten die Photos als ›Beweis‹ dafür, daß es sich bei der Hysterie um ein physisches, ja sogar erbliches und unveränderbares Symptom handelte:

»Es scheint, daß die Hysteroepilepsie nur in Frankreich existiert, ich könnte sogar sagen, und man hat es gelegentlich gesagt, nur in der Salpêtrière; als ob ich sie kraft meines Willens geformt hätte. Das wäre wirklich eine wunderbare Sache, wenn ich auf diese Weise nach der Laune meiner Kapricen und meiner Phantasie Krankheiten erfinden könnte. Aber in Wirklichkeit bin ich einzig der Photograph; ich trage das ein, was ich sehe.«[154]

Nach dem Tod Charcots verschwanden die hysterischen Anfälle, die die Salpêtrière weltberühmt gemacht hatten. Keinem seiner Nachfolger gelang es, bei den Patientinnen die gleichen Anfälle auszulösen, die der Meister als ›typischen Verlauf‹ beschrieben hatte. Das medizinische Lehrgebäude Charcots beruhte auf Photos einer Wirklichkeit, die er selbst inszeniert hatte – und gerade die Photographie, durch die man meinte die ›Echtheit‹ der Symptome unter Beweis stellen zu können, brachte den Beweis dafür, daß es sich um ein suggeriertes – und damit auch um ein ›unechtes‹ – Symptom gehandelt hatte.

Freud, der seine Entdeckung des Unbewußten ebenfalls Hysterikerinnen verdankte, schlug einen anderen Weg ein. Anders als Charcot (von dem Freud in seinem Nachruf schrieb, er sei eine »künstlerisch begabte Natur […], ein ›visuel‹, ein Seher«[155]) behandelten Freud und Breuer ihre Patientinnen nicht durch das Bild, sondern durch das Wort. Freud begriff das Symptom als ein Bild, das sich dem Körper eingeschrieben hatte und das es mit Hilfe von Worten zu dekonstruieren galt, um es zum Verschwinden zu bringen. Während sich in Charcots Behandlungsform die Bejahung der modernen Simulationstechniken widerspiegelte, zeugte Freuds Methode der ›Zersetzung‹ durch Sprache von der Funktion und dem Verhalten des ›Intellektuellen‹.

Mosse hat das 19. Jahrhundert als ein »visuelles Zeitalter« bezeichnet und den Rassismus als eine »zentral visuell ausgerichtete Ideologie« umschrieben.[156] Er betont die Ähnlichkeit von Photographie und Stereotypie. Nicht durch Zufall waren die Theoretiker des rassistischen Antisemitismus und die Theoretiker, die nach äußeren Merkmalen für den Homosexuellen, den ›Entarteten‹ oder den ›devianten Typ‹ suchten, von der Vorstellung besessen, daß die Photographie fähig sei, ihnen die notwendigen Beweise für ihre Vorstellungen zu liefern. Francis Galton kopierte Photos übereinander, um einen ›Typus‹ nachzuweisen, den er für die psychische und physische Essenz des ›Juden‹ hielt. Die Photographie stützte die Vorstellung, daß es möglich sei, das ›Typische‹ der Rasse oder des ›devianten‹ Körpers zu definieren. Wie sehr die Photographie nicht als Bild, sondern als ›Realität‹ verstanden wurde, zeigt auch die von Mosse konstatierte merkwürdige Tatsache, daß die Nationalsozialisten zwar nackte Statuen akzeptierten und in großer Zahl herstellen ließen, jedoch Nacktphotos verboten.[157] Offenbar wurde das zweidimensionale Abbild des nackten Körpers als ›wirklichkeitsnäher‹ begriffen als die dreidimensionale Skulptur.

Während viele Juden – als Intellektuelle oder auch als Psychoanalytiker – darum bemüht waren, das ›Cliché‹ zu ›dekonstruieren‹, eigneten sich viele Künstler der Décadence die technische Bildhaftigkeit an, die dem modernen Körper zugewiesen wurde.

»›Wie traurig!‹ flüsterte Dorian und hielt die Augen noch immer auf das Bild gerichtet. ›Wie traurig! Ich werde alt werden und häßlich und widerlich. Aber dieses Bild wird immer jung bleiben. Er wird nie über den heutigen Junitag hinaus altern ... Wenn es doch umgekehrt sein könnte! Dafür – dafür – gäbe ich alles! Ja, nichts auf der Welt wäre mir dafür zuviel! Ich gäbe meine Seele dafür hin!‹«[158]

Die Photographie schuf die Phantasie, durch einen Rollentausch mit dem eigenen Abbild dem Verfall und der Sterblichkeit Einhalt gebieten zu können. Auch in diesem Kontext sind viele Bilder von Verfall und Tod zu sehen, die dem Juden, dem Homosexuellen und dem ›Entarteten‹ zugewiesen werden: Der Jude stirbt, so die Implikation der antisemitischen Rassenbilder, aber das nationale oder arische Ich, das sich im entsexualisierten ›Photo‹ widerspiegelt, überwindet den Tod. Auf der einen Seite werden dem Juden also die Eigenschaften zugewiesen, die bei der Photographie als Signum des ›Unechten‹ gelten – das Industrielle, die Reproduzierbarkeit –, während ihm auf der anderen Seite die Eigenschaften abgesprochen werden, die der Photographie ihre Macht zu verleihen scheinen: die Herrschaft über Zeit und Verfall.

Die von der Photographie getragene Vorstellung, daß es einen ›echten‹ und einen ›falschen‹ Körper gibt, erinnert auf seltsame Weise an das alte Konzept der ›zwei Körper des Königs‹, das die Entstehungsgeschichte des christlichen Kollektivkörpers begleitet hatte. Gleichzeitig wurden auch alte gnostische Phantasien aufgegriffen, nach denen das im ›weltlichen Kerker‹ gefangene Ich in der anderen Welt des Lichts ein anderes Ich hat, mit dem es sich zu vereinigen gilt. Dieses Bild geht im Christentum auf das Ideal der Geschlechtersymbiose über, um dann sowohl in der antisemitischen als auch in der ›dekadenten‹ Literatur wieder aufzutauchen. Das zeigt sich sowohl im Ideal des Geschwisterinzests als auch in dem androgynen Schönheitsideal, das den Bildern von Gustave Moreau[159] wie den Werken der ›germanischen Kunst‹[160] eignet. Es zeigt sich aber auch an neuen Begehrensstrukturen. »Das Ende des 19. Jahrhunderts«, so schreibt Eve Kosofsky-Sedgwick, »markiert nicht nur die überstürzte Verbreitung des neuen Wortes ›homosexuell‹, sondern auch eines männlich-männlichen Begehrens, das auf dem Bild der Gleichheit beruhte.«[161] Im Zusammenhang mit dem *Bildnis des Dorian Gray* macht sie auch darauf aufmerksam, daß eine zentrale Entwicklungskategorie in der Verlagerung des homosexuellen Motivs bestand: An die Stelle des ›klassischen‹ Modells eines Verhältnisses zwischen einem älteren und einem jüngeren Mann trete beim jungen Dorian Gray »eine unentrinnbare narzißtische Spiegelbeziehung zum Abbild des eigenen Körpers im Portrait«.[162]

›»Meine Seele sehen?‹, murmelte Dorian Gray, stand vom Sofa auf und wurde beinah weiß vor Angst.
›Ja‹, antwortete Hallward ernst, und ein tiefer schmerzlicher Klang bebte in seiner Stimme, ›deine Seele sehen. Aber das kann nur Gott.‹
Ein bitterhöhnisches Gelächter schrillte aus dem Mund des Jüngeren.
›Du sollst sie sehen, noch heute nacht‹, rief er aus und nahm die Lampe vom Tisch. [...]
›Ja‹, fuhr er fort und trat näher an ihn heran und blickte ihm starr in die ernsten Augen, ›ich werde dir meine Seele zeigen! Du sollst das Machwerk sehen, von dem du glaubst, daß nur Gott es sehen kann.‹«[163]

Wenn man sich nun erinnert, daß hinter dem jüdischen Bilderverbot das Prinzip der Differenz – zwischen Mensch und Gott und zwischen den Geschlechtern – steht, so erkennt man, daß im Begehren der Décadence nach einer Vereinigung mit dem ›Gleichen‹ verweltlichte christliche Phantasien und die Tradition des ›eingebildeten Geschlechts‹ am Werke sind.

Spiegelbildliche Körper

Mario Praz hat den ›ennui‹ – die Langeweile – und den Sadismus als spezifische Kennzeichen des 19. Jahrhunderts bezeichnet.[164] Tatsächlich erscheint das eine untrennbar vom anderen: Der Lebensüberdruß, das Gefühl, keine Wirklichkeit erfahren zu können, ist eng verbunden mit der Faszination für den Tod als der letzten echten oder ›sinnlichen‹ Erfahrung.[165] Das Motiv eines erotisch besetzten Todes trat sowohl in den literarischen Werken des ›soldatischen Mannes‹ als auch in denen der

Décadence zutage.[166] Die sexuelle Erfahrung wird als Lust am Tod, der Tod als ›sinnliche‹ Erfahrung begriffen. Die Austauschbarkeit zeigt sich am Wandel des Sadismus-Motivs, auf den Praz hinweist:

> »Die Funktion der Flamme, die anzieht und verzehrt, übt in der ersten Jahrhunderthälfte der dämonische Mann (der Byronsche Held), in der zweiten Jahrhunderthälfte die dämonische Frau aus; der zum Untergang verurteilte Falter ist zunächst die Frau, später der Mann. Doch es handelt sich nicht nur um Konventionen und literarische Einflüsse; auch in der künstlichsten Form spiegelt die Literatur stets irgendwie das zeitgenössische Leben wider. Es ist interessant, das Nebeneinander der Geschlechter im 19. Jahrhundert zu verfolgen: Die Vorliebe für den androgynen Typus gegen Ende des Jahrhunderts beweist deutlich, daß sich Funktionen und Ideale in einem Zustand trüber Verwirrung befinden. Der anfangs zum Sadismus tendierende Mann neigt am Ende des Jahrhunderts zum Masochismus.«[167]

Die Frauen- und Männergestalten der Décadence bezogen sich jedoch nicht auf die ›realen‹ Geschlechter; vielmehr handelte es sich um Schöpfungen, die das abgespaltene Selbst der Künstler verkörperten. Praz, der Algernon Charles Swinburne (dessen Hauptwerke zwischen 1859 und 1881 erschienen) als eine der Schlüsselfiguren betrachtet, die die Erotisierung der Sterblichkeit vorangetrieben haben, schreibt über die Frauengestalten des Autors: »Sie stellen lediglich die Projektion seiner eigenen gestörten Sinnlichkeit dar: Sie sind mehr Idole, das heißt [...] Trugbilder, als wirkliche Wesen aus Fleisch und Blut.«[168] Swinburne unterstellt dem Mann das Bestreben, im dichterischen Werk »das willenlose Opfer der rasenden Wut einer schönen Frau zu sein«.[169] So entsprechen die Gestalten der grausamen Frauen, die gegen Ende des 19. Jahrhunderts die Literatur und bildende Kunst bevölkern, letztlich der Phantasie, daß es möglich sei, durch die Kunst ein ›Du‹ zu schaffen, das dem Ich, über Wollust und Grausamkeit, das existentielle Gefühl verleiht, real zu sein. Daß sich hinter den Gestalten der ›grausamen Frau‹ in Wirklichkeit eine phantasierte Männlichkeit, ein abgespaltener Teil des Selbst – also ein Spiegelbild – verbirgt, zeigt sich u. a. an der Figur der Sphinx, deren ›Geheimnis‹ Flaubert wie Wilde und Weininger für die ›Männlichkeit‹ beanspruchen. Im *Bildnis des Dorian Gray* definierte Wilde das weibliche Geschlecht als »Sphinx ohne Geheimnis«.[170] Und Weininger schrieb: »Das Weib als die Sphinx! Ein ärgerer Unsinn ist kaum je gesagt, ein ärgerer Schwindel nie aufgeführt worden. Der Mann ist unendlich rätselhafter, unvergleichlich komplizierter.«[171]

Die Macht dieser ›spiegelbildlichen Frauen‹ ging von ihren Augen aus. Dabei phantasierte sich der Künstler als erblindendes (kastriertes) Opfer ihres Blicks. So schrieb Swinburne in einem Jugenddrama: »Deine Schönheit macht mich blind und heiß, sie durchbohrt mir die Stirn.«[172] Wenn also die ›grausamen Frauen‹ ein als weiblich imaginiertes abgespaltenes Selbst darstellen, so ist mit diesem ›Du‹ auch der Blick selbst gemeint. In der Macht, die dem Auge der erotisch-grausamen Frau zugeschrieben wird, und in der Passivität des männlichen Ichs, das sich diesem Blick ausliefert, spiegelt sich ein Selbstbild wider, das dem photographischen Bild und der Sehnsucht nach einer Vereinigung mit dem anderen Selbst entspricht. Dieses Begehren geht einher mit der Erfahrung der Welt als ›unwirklich‹. So werden Fäulnis, Siechtum und Verfall zum Mittel, den ›künstlichen Welten‹ den Anschein von Wirklichkeit zu verleihen.

Der ›Jude‹ als Verkörperung des Verfalls

Wilde sollte am eigenen Leib erfahren, was Wirklichkeit bedeutet. In gewisser Weise suchte er sogar die Bestrafung und das Unheil. Nicht nur in der Liebesbeziehung zu Lord Douglas, die bei näherer Betrachtung viele Elemente eines Verhältnisses zur ›grausamen Frau‹ aufweist. Wilde verzichtete auch, gegen den Rat seiner Freunde, darauf, sich seiner Verhaftung durch die Flucht nach Frankreich zu entziehen. In *De Profundis* hat er seiner Erfahrung von ›Wirklichkeit‹ Ausdruck verliehen:

> »Ich erinnere mich, als ich bei der letzten Verhandlung auf der Anklagebank saß und Lockwoods schändliche Verleumdungen über mich hörte [...] und krank wurde vor Entsetzen über das, was ich hörte, da kam es plötzlich wie eine Erleuchtung über mich: wie herrlich wäre es, wenn ich dies alles über mich selbst aussagen würde.«[173]

Andere versuchten, einer anderen ›Wirklichkeit‹ durch den Rückgriff auf Bilder der Kreuzigung und der Passionsgeschichte zu begegnen. Das erklärt die Faszination der Décadence für das Christentum. Nach dem Erscheinen von Joris-Karl Huysmans' Roman *A rebours* (1884) schrieb Jules Barbey d'Aurevilly, daß dem Verfasser eines solchen Buches »nur noch die Wahl zwischen der Mündung einer Pistole und den Füßen des Kreuzes« bleibe.[174] Huysmans sollte sich für letzteres entscheiden, und seine Lust am Kreuzesgeschehen war geleitet von dem Gefühl der Langeweile: »Der ekelhafte Gestank der Kneipen, der verfälschte ätzende Weihrauch, die abgestandenen oder verpesteten Gerüche der

Schenken und Nachtasyle – alles, wogegen seine Sinne sich empörten, erregte sein Genie. Es war, als ob das Ekelhafte und Abscheuliche in jeder Gestalt ihn zur Beobachtung zwinge und als ob die Scheußlichkeiten aller Art die Geburt eines eigens zu ihrer Beobachtung geschaffenen Künstlers in einem Menschen auslösten, der eigens dazu gemacht war, darunter zu leiden.«[175] In Rémy de Gourmonts Gedicht *Oraisons mauvaises* (Böse Gebete) heißt es:

> »Dein Mund sei gebenedeit, denn er gehört einer Ehebrecherin. / Er schmeckt nach frischen Rosen und alter Erde, / er hat die dunklen Säfte der Blumen und des Schilfes in sich aufgesogen: / Wenn er spricht, klingt es wie ein fernes Rauschen im Schilf, / und dieser Rubin, ruchlos vor Wollust, ganz blutig und ganz kalt, / das ist Christi letzte Wunde am Kreuz.«[176]

Der Sadismus bedarf der christlichen Vorstellung von ›Sünde‹ und Unreinheit, um im Gewand von Blasphemie und Obszönität auftreten zu können. So betet Swinburne zu *Our Lady of Sensual Pain*:

> »Ich bin vom äußersten Portal / zu dem Heiligtum vorgedrungen, wo Sünde ein Gebet ist: / Was tut es, ob der Gottesdienst tödlich ist? / O, unsere Liebe Frau der Qualen, was tut es? / Dir allein gehört der letzte Wein, den ich ausgieße, / der letzte in dem Kelch, den wir leeren, / o, grimmige, brünstige Dolores, / Unsere Liebe Frau der Schmerzen.«[177]

Die Autoren der Décadence waren vor allem vom Katholizismus angezogen. Swinburne erlebte mit zwölf Jahren, während er die Eucharistie empfing, eine »Anbetungsekstase«,[178] Wilde bekannte sich in *De Profundis* zum franziskanischen Katholizismus;[179] und ebenso legten Villiers de l'Isle Adam, Barbey d'Aurevilly und Huysmans Formen von tiefer Frömmigkeit an den Tag, die bei letzterem bis zum Eintritt ins Kloster führten. Allerdings war diese neue Religiosität ihrerseits nicht ganz ›echt‹. Das durchschauten schon Zeitgenossen wie Anatole France, der über die neokatholischen Impulse einiger Künstler schrieb: »Sie glauben nicht, aber sie möchten glauben. [...] Diesen Geistern mit ihrem zerbrechlichen Sinn für das Neue gefällt es zu glauben, daß sie glauben.«[180] Nicht weniger gehe es ihnen darum, *andere* glauben zu machen, daß sie glauben. Eine solche Erkenntnis von ›simulierter‹ Gläubigkeit mußte die Erfahrung der Irrealität – und damit auch die Virtualität der eigenen Existenz – noch verstärken.

So erstaunt es nicht, daß einige Autoren nicht in den Bildern der christlichen Passionsgeschichte, sondern in denen ›des Juden‹ nach der

Erfahrung der ›Wirklichkeit‹ suchten. Die Vermischung von Eros, Jüdin und Verfall kommt deutlich in einem frühen Liebesgedicht von Baudelaire zum Ausdruck. Es ist an eine junge Jüdin gerichtet, die er als »Flittchen«, als eine früh gealterte »arme Unreine« beschreibt und »meine Perle, mein Juwel, meine Königin« nennt:

> »Sie schielt, und die Wirkung dieser seltsamen Augen, / welche von schwarzen Wimpern beschattet sind, länger als die eines Engels, / ist derart, daß alle Augen, zu denen man verdammt ist, / für mich ihr von Ringen umgebenes Judenauge nicht aufwiegen.«[181]

War dem säkular-christlichen Kollektivkörper durch die Entwicklung der technischen Sehgeräte ein Gefühl eingeschrieben, das ›Unwirklichkeit‹ bedeutete, so lieferte er mit dem rassistischen Antisemitismus ein Gegenbild, von dem sich viele Autoren und Künstler eine *Aufhebung* dieses Gefühls erhofften: Im Bild des ›Juden‹ verdichtete sich für sie die andere ›Wirklichkeit‹. Bei Maurice Barrès, der erst mit der Dreyfus-Affäre »von der Raserei der antisemitischen Verfolgung erfaßt« wurde,[182] zeigt sich der Zusammenhang besonders deutlich: Zwischen seinem Werk *Vom Blute, von der Wollust und vom Tode* und seinen späteren antisemitischen Positionen besteht eine enge Beziehung, deren gemeinsamer Nenner die christliche Tradition bildet, in der das Blut zu *der* Metapher von Wirklichkeit wurde – und diese Metapher war nun – mit der Biologisierung des Antijudaismus – eng mit dem Bild des ›Juden‹ verknüpft. Dem Wirklichkeitsverlust konnte nur die Anbindung an eine *reale* Figur entgegenwirken. Die ›Juden‹ konnten dem »Ich« dazu verhelfen, einen Ort ›außerhalb des Gesetzes‹ zu finden,[183] und die Projektionen, die sich auf seinen Körper richteten, hatten auch die Sicherheit zu vermitteln, daß es eine existentielle Wirklichkeit gibt. Gegen Ende des 19. Jahrhunderts hatte die Gestalt des ›Juden‹ eine Funktion übernommen, die einst dem ›Körper des Königs‹ zugekommen war – nur in Umkehrung. Repräsentierte der ›sakralisierte‹, gekrönte Körper des Königs die Unvergänglichkeit der Nation, die im vergänglichen, sexualisierten, menschlichen Körper desselben Monarchen ihr Gegenbild fand (auf den Sarkophagen wird der König oft drastisch als von Würmern zernagtes Skelett dargestellt), so hatte sich nun dieses Gegenbild in die vergängliche und mit Sexualbildern ›aufgeladene‹ Gestalt des ›Juden‹ verlagert. Er verkörperte eine ›Realität‹, zu der der christliche und säkular-christliche Kollektivkörper – vor allem in seiner medialen Bedingtheit – keinen Zugang mehr zu verschaffen vermochte.

Simulierte Erinnerung

Die Realität der nationalsozialistischen Vernichtungslager verbietet eigentlich die Frage nach der ›Symbolik‹ des ›jüdischen Körpers‹ als Repräsentanten von ›Wirklichkeit‹. Dennoch ist dieses Bild noch immer aktiv – wenn auch auf andere Weise: im Zusammenhang mit der Frage nach der *Erinnerung* an den Genozid. Das sei am Beispiel von Spielbergs Film *Schindlers Liste* skizziert.

Es geht nicht nur um die Debatte, ob in Claude Lanzmanns *Shoah* oder in Steven Spielbergs *Schindlers Liste* die angemessene filmische Repräsentationsform für die Realität der Vernichtungslager gefunden wurde. Tatsächlich ist die Kritik Eric Santners, daß Lanzmann, indem er die Unrepräsentierbarkeit des Genozids behauptet, das Vernichtungslager mit Gott gleichsetzt, nicht ganz von der Hand zu weisen.[184] Zugleich spricht Lanzmanns Film aber auch gegen eine solche Interpretation. Er hat mit Hilfe des Mediums Film dargestellt, wie Auschwitz und die anderen Vernichtungslager ›funktionierten‹. Lanzmann hat nur bestritten, daß sich die Erfahrung von Auschwitz visuell *zeigen* lasse. Das Kino ist, ich erinnere, der Ort der *Vergegenwärtigung* eines Ereignisses, in dem der Zuschauer »*mit*-gekreuzigt, *mit*-begraben, *mit*-auferweckt« wird.[185] In Lanzmanns Film wird nur für die, die es am eigenen Leibe erfuhren, vergegenwärtigt, für die anderen jedoch *nacherzählt*.

Spielbergs Film versucht zu ›vergegenwärtigen‹: nicht nur durch die mediale Form des Spielfilms, sondern gerade durch die dokumentarischen Elemente. Die historische Genauigkeit, die exakte Rekonstruktion der Orte und der Ereignisse, die von Überlebenden bestätigt wird, das Stilmittel der beweglichen Kamera, das sonst dem Dokumentarfilm vorbehalten bleibt (40 Prozent des Films hat Kameramann Janusz Kaminski mit der Handkamera gedreht) und nicht zuletzt das Widersprüchliche der Hauptfigur selbst: All diese Elemente verleihen dem Film seine ›Glaubwürdigkeit‹. Sie lassen den Eindruck entstehen, als seien diese Szenen »vor 50 Jahren gedreht und jetzt erstmals gezeigt worden«.[186] Das entsprach der erklärten Absicht des Regisseurs, der zu seinem Team vor Beginn der Dreharbeiten sagte: »Wir produzieren keinen Film, sondern ein Dokument. Praktisch alles, was ich je in Dokumentarfilmen oder Büchern über den Holocaust gesehen habe, ist mir als eine Folge von schwarzweißen Bildern in Erinnerung geblieben.«[187] Von ›Realismus‹ ist auch dann die Rede, wenn Kritiker in diesen Bildern »nicht die Ästhetik der alten Wochenschauen, die da wiederkehrt«, sehen, »sondern das Prinzip der Fernsehreportage, die Schnappschuß-Realität der Straßenbilder aus Sarajevo und Phnom Penh, zurückgespiegelt in eine Vergangenheit, in der es kein Fernsehen gab«. Auf diese Weise habe »Spielberg den Kampf um die Erinnerung gewonnen, den er in *Schindlers Liste* ausficht«.[188] Spielberg bestand darauf, an den *Originalschauplätzen* in Krakau und Umgebung, in Schindlers alter Fabrik und in seiner Wohnung zu drehen; er ließ den Set für die Szenen in Auschwitz direkt neben der Gedenkstätte aufbauen (das Tor ist original, aber weil sich der Schauplatz außerhalb der Gedenkstätte befindet, liest sich die Schrift auf dem Eingangstor, ›Arbeit macht frei‹, als Aufforderung, die ›nach draußen‹ und nicht ins Lager führt). All diese Faktoren weisen darauf hin, daß die eigentliche ›message‹ von *Schindlers Liste* die ›Wirklichkeit‹ selbst ist.[189] Um diese Botschaft zu vermitteln, ›bedient‹ sich der Film des realen Genozids an den Juden.

Spielberg nannte seine Dreharbeiten in Krakau »vier Monate auf dem Friedhof«.[190] Wenn man zum Vergleich Barrès zitiert, der sich an Spanien »mit seinen von Verwesungsgeruch erfüllten Kirchen« begeisterte und schrieb: »Was habe ich in Toledo, in Venedig und Sparta vor allem geliebt? Was zog mich an Persien besonders an? Die Friedhöfe«,[191] so soll damit nicht unterstellt werden, daß Spielberg den Ort Auschwitz mit nekrophiler Wollust besetzt hat. Dennoch ist der christliche Hintergrund einer Bildersprache, bei der sich der Begriff ›Wirklichkeit‹ mit dem Bild des Juden, toter Juden, überlagert, unübersehbar.

Die Bilder des Films sind ›glaubwürdig‹, aber die Glaubwürdigkeit nimmt unterschiedliche Formen an, je nachdem ob es sich um die Wahrnehmung der Überlebenden (und ihrer Nachfahren) oder um die von Menschen handelt, die in einer christlichen Denkwelt aufgewachsen sind: Für die einen mögen die Bilder tatsächlich die Bewahrung einer Erinnerung beinhalten. Für die anderen besteht die Anziehungskraft dieses Films jedoch in der Begegnung mit der ›Wirklichkeit‹. So können sich bei den Zuschauern, die in der christlichen Bilderwelt aufgewachsen sind, das fließende Blut, das in mehreren Einstellungen in Großaufnahme zu sehen ist, oder der rote Mantel des ermordeten Mädchens der Erinnerung in einer Weise einschreiben, die nicht der Realität der Vernichtungslager, sondern dem eigenen Bedürfnis entspricht, der Realität zu begegnen. Das heißt, der ›Jude‹ und der Genozid werden zu Repräsentationsfiguren einer immer schwerer zu erreichenden ›Wirklichkeit‹ und Auschwitz zum Ort einer ›existentiellen Erfahrung‹.

Mag sein, daß Spielbergs Film mehr Menschen erreicht hat als Lanzmanns *Shoah*[192] und daß durch ihn das Wissen um den Genozid eine weite Verbreitung fand. Aber es stellt sich die Frage, ob hier nicht die Gefahr besteht, daß die *Erinnerung* an das Reale zu einer *Ästhetik* des ›Realen‹ wird, die das Gegenteil von dem bewirkt, was Erinnerung bedeutet. In der *Zeit* vom 25. März 1994 schrieb Andreas Kilb:

»Claude Lanzmann, der Regisseur der epochalen Dokumentation *Shoah*, hat diesen Einspruch gegen Spielberg formuliert: ›Er hat Bilder eingesetzt, wo in *Shoah* keine waren, und Bilder töten die Imagination.‹ Das ist wahr.

Wahr ist aber auch, daß die wenigen Überlebenden, die noch das Grauen bezeugen können, allmählich aussterben und daß nur Bilder imstande sind, ihre Erinnerungen wenigstens in Bruchstücken einer fernsehsüchtigen Nachwelt zu überliefern. Die Menschen, die in *Schindlers Liste* strömen, wollen nicht vergessen, sie wollen das Vergessen überwinden. Das war Spielbergs Ziel. Er hat es erreicht.«

Es mag aber sein, daß die Menschen, »die in *Schindlers Liste* strömen«, weniger »das Vergessen« als das ›Irreale‹ zu überwinden suchen – und daß der Film dieses Ziel erreicht, indem er ihnen eine christliche Metaphorik anbietet, die sich sowohl der Symbolik des Blutes als Verweis auf ›Wirklichkeit‹ bedient als auch der Gestalt des ›Juden‹ als Symbolfigur des ›realen Anderen‹. In einem ähnlichen Sinne haben auch die Attentate gegen die Gedenkstätte von Sachsenhausen, gegen jüdische Friedhöfe oder die Synagogen etwas mit der Suche nach der ›Wirklichkeit‹ zu tun – einer ›Wirklichkeit‹, die diesen Orten – als Orten ›des Juden‹ – zugewiesen wird und die ihnen als Orten des realen Genozids eignet. Repräsentierte der ›Jude‹ zunächst in der Imagination des Antisemiten die Wirklichkeit, so scheinen die Vernichtungslager und zerstörte Synagogen den Wirklichkeitsgehalt dieser Phantasie zu beweisen.

Ob Spielberg es will oder nicht, dieser Film könnte in einem völlig anderen Sinne rezipiert worden sein, als vom Regisseur beabsichtigt, nämlich im Sinne einer christlichen ›Besetzung‹ der Vernichtungslager. Dies ist nicht etwa mit den Versuchen gleichzusetzen, die Gedenkstätten des Genozids zu ›christianisieren‹ und ihnen den Anschein christlicher Märtyrerstätten zu verleihen. *Schindlers Liste* besetzt vielmehr die *Erinnerung* an Auschwitz mit einer Bild- und ›Gefühlswelt‹, die in der Tradition des Christentums gründet und die nur im Kontext der christlichen Heilsbotschaft ihren ›Sinn‹ findet. Dabei offenbart der Film zugleich das Problem, das seit der Entstehung der technischen Bilder über jede Form von kulturellem Gedächtnis bestimmt: die Frage, ob nicht gerade das Medium, dem heute zunehmend die Erinnerung an die Wirklichkeit des Grauens anvertraut wird, zugleich das Medium ist, das die Lust am Grauen befriedigt.

Die Abspaltung des ›Weiblichen‹ vom ›jüdischen Körper‹

Was bewirkten die antisemitischen Bilder vom ›Juden‹ bei Juden? Diese Frage bezieht sich vor allem auf ›assimilierte‹ Juden. Juden, die einer abgeschlossenen, ›orthodoxen‹ Gemeinschaft angehörten oder nach Palästina ausgewandert waren, konnten sich den Zuschreibungen der anderen in einer ganz anderen Weise entziehen als Juden, die innerhalb der säkular-christlichen Gemeinschaft lebten. Für die ›assimilierten‹ Juden bedeutete Säkularisierung in erster Linie Herauslösung aus den eigenen religiösen Traditionen, eben weil sie für die Christen die Verweltlichung religiöser Bräuche beinhaltete, also die Verlagerung in Gesetz und Alltagsleben brachte. Allerdings bedeutete die Aufgabe jüdischer Orthopraxie nicht notwendigerweise, daß *kulturelle* jüdische Traditionen untergehen mußten. Sie nahmen neue Formen an, die zugleich weltlich und spirituell waren. Es entstand eine säkulare ›Kultur des Zweifels‹, wie sie sich etwa im Bild des ›Intellektuellen‹ widerspiegelte, das zwar für die Antisemiten eine diffamatorische Funktion hatte, aber von vielen Juden positiv besetzt wurde. Schriftsteller wie Jakob Wassermann eigneten sich das Bild des ›intellektuellen Juden‹ an, um daraus eine spezifische Form von ›Identität‹ und schöpferischer Kraft abzuleiten. Ein gut Teil ›jüdischer‹ Philosophie des späten 19. Jahrhunderts läßt sich als Ausdruck eines ›jüdischen Denkens‹ begreifen, das sich aus der religiösen Tradition gelöst hatte.[193] Nicht nur auf philosophischen und literarischen, auch auf künstlerischen Gebieten fand eine Suche nach solchen Ausdrucksformen statt. So interpretiert Hartmut Zelinsky Arnold Schönbergs atonale Musik wie sein Werk überhaupt als Gegenentwurf zu Richard Wagners christlich-säkularem Gesamtkunstwerk.[194] In Prag, wo die jüdische Gemeinschaft von der österreichischen Kaiserkrone gezwungen worden war, deutsch zu sprechen (als Gegengabe für die Zugeständnisse der Emanzipationsgesetze), entstand eine große deutschsprachige Literatur, die sich als Gegenentwurf zur ›deutschen‹ Literatur lesen läßt. Dennoch hatte die Säkularisierung zur Folge, daß sich viele Juden leichter als vorher christliche Denkmuster aneigneten und sich deshalb auch mit deren antisemitischen Inhalten auseinandersetzen mußten.

Im folgenden Abschnitt sollen einige Versuche von jüdischen Schriftstellern und Wissenschaftlern skizziert werden, mit den antisemitischen Konstrukten vom ›jüdischen Körper‹ umzugehen. Viele von ihnen hängen mit Sexualbildern zusammen, wie schon am Beispiel der Entstehung der Sexualwissenschaften gezeigt wurde. Frauen reagierten auf die Konstrukte von ›Weiblichkeit‹ und auf die Paradoxie dieser Konstrukte auf unterschiedliche Weise: mit Entzugsformen etwa in der Symptombildung der Anorexie, bejahend in der Erotisierung der ›Opferrolle‹ und ambivalent im Krankheitsbild von Hysterie, Neurasthenie und ›Nervosität‹, die zwar der ›Anomalie‹ zugeordnet wurden, zugleich aber auch ein getreues Spiegelbild des ›modernen‹ Kollektivkörpers boten. Zu den affirmativen Reaktionen von Frauen gehörte die ›Erotisierung der Opferrolle‹, die besonders unter denjenigen Verbreitung fand, die sich die Bilder des Antisemitismus zu eigen gemacht hatten und ihre ›Behausung‹ im nationalistischen Gemeinschaftskörper suchten. Daneben gab es auch fortschrittliche Frauen, die sich von der Zuweisung der Opferrolle zu befreien versuchten – darunter vor allem solche, die für den Zugang zu höherer Bildung kämpften. Susanne Omran, die einige progressive Frauengruppen des deutschen Kaiserreichs untersuchte, hat gezeigt, daß auch unter diesen Frauen die Bilder vom jüdischen oder intellektuellen ›Fremdkörper‹ verbreitet waren. Welche Funktion hatten diese Bilder für sie? Viele fortschrittliche Frauen bedienten sich antisemitischer Bilder, um die eigene Vaterlandsliebe unter Beweis zu stellen. Da sie in ihrem Kampf um Bildung oder um die Gleichberechtigung als ›widernatürlich‹ galten und ihre ›Zweideutigkeit‹ mit jüdischer ›Fremdheit‹ gleichgesetzt wurde, versuchten sie, die eigene Legitimität und ›Dazugehörigkeit‹ zu betonen, indem sie die Differenz zum ›jüdischen Fremdkörper‹ hervorhoben. An Beispielen wie denen von Helene Stoecker oder Rosa Mayreder zeigt Omran, wie sich engagierte Frauen für die Geburtenregelung einsetzten und dabei den von Paul Möbius und anderen vorgebrachten Polemiken gegen die ›Gehirndamen‹ begegneten, indem sie Bilder von Gemeinschaft und Körperlichkeit propagierten, die direkt oder indirekt den Ausschluß des ›jüdischen Fremdkörpers‹ implizierten.[195]

Etwas Vergleichbares gab es auch auf jüdischer Seite in umgekehrter Form: Juden, die die Assimilation und Integration in die nationale Gemeinschaft anstrebten, mußten sich mit den rassistischen Bildern auseinandersetzen, die dem Juden ›weibliche‹ Eigenschaften zuschrieben, um ihn als ›Fremdkörper‹ zu stigmatisieren. Um sich diese biologistischen oder naturalistischen Konstrukte vom Leibe zu halten, griffen sie zu einem ganz ähnlichen Instrumentarium wie Frauen, die als widernatürliche ›Gehirndamen‹ mit dem ›Juden‹ gleichgesetzt wurden. Bedienten sich Frauen antisemitischer Bilder, um das ihnen zugeschriebene ›Jüdische‹ abzuspalten, so griffen Juden auf frauenfeindliche Bilder zurück, um zu beweisen, daß ihnen nichts ›Weibliches‹ eigen sei. Dieses Vorgehen war nicht so verbreitet wie der Antisemitismus unter den Frauen der Frauenbewegung und auch weniger offensichtlich. Dennoch manifestierte es sich in einer Reihe von Phänomenen, die kurz skizziert werden sollen, bevor es an einem Beispiel aus der Trivialliteratur der Jahrhundertwende ausführlicher dargestellt wird.

Eines der deutlichsten Beispiele für die jüdische Abspaltung des ›Weiblichen‹ ist Otto Weiningers weit verbreitetes Werk *Geschlecht und Charakter*, das einerseits zur Vermischung der Bilder vom ›Juden‹ und vom ›Weib‹ beitrug (weshalb die Antisemiten das Werk liebten); andererseits ermöglichte gerade diese Überlagerung die »Überwindung«, so Weininger, alles Weiblichen *und* Jüdischen im Selbst. Eine vergleichbare Abspaltung zeigte sich auf kollektiver Ebene im Bild der ›Jewish Mother‹, das als Stereotyp fast ausschließlich in der von Juden verfaßten Literatur auftaucht, in der jüdischen Tradition aber eigentlich keinen Ort hat und keinen Sinn ergibt. Mit dieser Karikatur wurde nicht nur die Jüdin als Frau, sondern auch *die* Symbolgestalt jüdischer Identität in der Diaspora diffamiert. Die Karikatur der ›jüdischen Mutter‹ taucht erst im Rahmen von Emanzipation und Assimilation auf. Einige Autoren betrachten die Gestalt als das Produkt der Emigrationssituation, die vor allem in Amerika zur Auflösung der Familie, jüdischer Traditionen und damit auch zur »Zerstörung der Vaterfigur« geführt habe. In dieser Situation seien die Mütter zu Garantinnen einer Kontinuität jüdischer Traditionen geworden. »Die ›Mamme‹ wurde zur Schlüsselfigur des Familienzusammenhalts für ihre Kinder, denn sie war die Beschützerin. [...] Sie erzog ihre Söhne dazu, das zustande zu bringen, was der Vater nicht geschafft hatte. [...] Das war die schlichte Religion der Mütter.« Es seien ›neue Juden‹ entstanden, die in neue Berufszweige gingen: »All diese ›neuen Juden‹, so erzählen sie in ihren zahlreichen Autobiographien, hatten schwache Väter gehabt – sie waren ihre eigenen Vorfahren.«[196] Gewiß ist es richtig, daß Mütter zu Trägerinnen jüdischer Kontinuität bei der Immigration in die ›Neue Welt‹

wurden. Aber ebenso richtig ist es auch, daß jüdische Frauen und Töchter zu Vorkämpfern der Modernisierung wurden – ob dies nun die Herauslösung aus den Heirats- und Familientraditionen[197] oder den Kampf um Bildung betraf. Unter den Frauen, die für das Recht auf höhere Bildung kämpften, hatten Jüdinnen einen überproportional hohen Anteil. In einem Aufsatz mit dem Titel *Das Zion der jüdischen Frau* machte Martin Buber – und er war nicht der einzige – die Frauen der jüdischen Gemeinde ebendeshalb für die Auflösung der jüdischen Familie verantwortlich. In der emanzipierten Frau zeige sich »das Grundleiden des modernen Juden, das Überwuchern des Nervenleidens«. An dem »Assimilationsfanatismus« hätten die Frauen, »die sich am leichtesten der Umgebung anschmiegen und deren Art annehmen«, den größten Anteil. Der »königliche Schönheitsdrang der jüdischen Frauen« werde durch sie »zu einer geschmacklosen und ungesunden Prunksucht verzerrt«. Dieser »Entartung« stellt er das Ideal der »Mutter« gegenüber, von der die nationale Erneuerung ausgehen werde. »Von unserem Herde, von dem uns stets das Feuer des Lebens kam, wird uns auch die Erlösung kommen.«[198]

Die Interpretation, die Frauen zu den Garantinnen der Kontinuität in der Immigration macht, übersieht die Tatsache, daß der Emigration nach Amerika schon viele andere jüdische Emigrationswellen vorausgegangen waren, ohne daß dabei eine Karikatur der ›jüdischen Mutter‹ entstand. Neu an dieser Emigration war die Tatsache, daß sie – gleichgültig, ob sie in die USA oder nach Berlin führte – mit einem Prozeß der ›Assimilation‹ verbunden war. Die Karikatur der ›Jewish Mother‹ hing offenbar weniger mit der spezifischen Rolle der Mutter in der Emigration zusammen als mit den Veränderungen, die die Integration in die säkular-christliche Gesellschaft mit sich brachte. Tatsächlich erscheint das Bild der ›Jewish Mother‹ wie eine Karikatur der Mütterlichkeitsideologie, die nach Rousseau das westliche Denken und das Bild der ›weiblichen Natur‹ bestimmte. In das Stereotyp der ›jüdischen Mutter‹ fließen also zwei Strömungen ein, von denen die eine in den Veränderungen der jüdischen Familien und der besonderen Situation der Mutter in den christlich-säkularen Gesellschaften gründet, während die andere mit der Ideologie der Mütterlichkeit zusammenhängt, die die Entstehung des ›Mutter Staats‹ begleitete. In beiden Fällen ist das Stereotyp der ›jüdischen Mutter‹ ein Produkt des Säkularisierungsprozesses, der für die Juden mit der ›Assimilation‹ auch Akkulturation bedeutete. Durch die Karikatur der ›Mutter‹ wurden die Probleme, mit denen sich die jüdische Gemeinschaft auseinanderzusetzen hatte, zu einem Problem der ›Weiblichkeit‹ umfunktioniert.

Die Karikatur der ›Jewish Mother‹ (die bei Woody Allen oder Philip Roth, immer wieder zu voller Blüte gebracht, wie ein unerschöpflicher Energiespender künstlerischer Potenz erscheint) wurde zum Vorläufer eines anderen Stereotyps von Weiblichkeit, das in den 1970er Jahren in den USA aufkam: die *American Jewish Princess*, abgekürzt JAP. Sie stellt »eine innerjüdische Variation des Bildes von der ›belle juive‹ dar, allerdings ohne deren wesentliches Merkmal ›Lust auf Sex‹. Die ›JAP‹ ist zwar schön und begehrenswert, aber passiv und frigid, und sie verweigert ihrem jüdischen Mann die Sexualität.«[199] Sie stellt den Gegenentwurf zur »allzeit bereiten, supererotischen Schickse« dar.[200] Zugleich ist dieses »anspruchsvolle Luxusweibchen«, das seinen Mann finanziell ausbeutet, »die komplementäre Ergänzung zur ›Jewish Mother‹, die ihren Sohn kontrolliert«.[201] Hatte schon Buber das antisemitische Klischee des ›reichen‹ und ›protzenden‹ Juden ›verweiblicht‹, so erlebt das Klischee[202] hier eine politische – antisemitische – Dimension, auf die Evelyn Torton Beck hingewiesen hat:

»Jüdische Feministinnen haben wiederholt die negativen Auswirkungen des JAP-Stereotyps analysiert, aber die tatsächliche Bedeutung wurde nicht begriffen. Erst als aus den Angriffen auf jüdische Frauen Angriffe auf jüdische Männer wurden, erst als Hakenkreuz-Graffiti mit ›Kill Jews‹ und ›Give Hitler a Second Chance‹ neben Graffiti mit ›Kill JAPs‹ erschienen, änderte sich das. Da wurde auch denen, die bis dahin auf der Harmlosigkeit des Stereotyps bestanden hatten, klar, daß ›JAP-free zones‹ das Äquivalent der ›judenreinen‹ Räume im nationalsozialistischen Deutschland sind.«[203]

Schließlich haben Sander Gilman und andere dargestellt, wie eng Freuds Theorie über die weibliche Sexualität mit der Bemühung zusammenhing, das ›Jüdische‹ vom Selbst abzuspalten. Gilman fragt sich, ob Freuds Theorien zum weiblichen Geschlecht als einem ›kastrierten‹ Geschlecht nicht auch im Licht der antisemitischen Theorien zu lesen sind, die den Körper des ›Juden‹ mit ›Kastration‹ und ›Weiblichkeit‹ gleichsetzen.[204] In diesen Kontext gehört auch Freuds Vorstellung, daß die Frau im Verlauf ihrer sexuellen Reifung die Klitoris zu ›überwinden‹ habe. Die Klitoris, so Freud, sei ein »Organ, dessen Reizbarkeit der Sexualität des kleinen Mädchens männlichen Charakter verleiht«, und es bedürfe »eines Verdrängungsschubes in den Pubertätsjahren [...], um durch Hinwegräumung dieser männlichen Sexualität das Weib entstehen zu lassen«.[205] Bedenkt man nun, daß nicht nur die Klitoris, sondern auch die Beschneidung als Form von ›Kastration‹ begriffen wurde (nicht nur von den Antisemiten, auch Freud bezeichnete die Beschneidung als einen »symbolischen Ersatz der Kastration«,[206] und sein Schüler Theodor Reik sah in der »symbolischen Kastration« gar ein Mittel der Verhinderung von Inzest[207]), so erscheint es nicht abwegig, Freuds Weiblichkeitstheorien als einen Versuch zu interpretieren, das ›Jüdische‹ vom Körper des männlichen Juden abzuspalten. Feministische Theoretikerinnen haben hervorgehoben, daß in Freuds *Sexualtheorie* die angebliche ›Kastration‹ des weiblichen Geschlechts die Voraussetzung für die ›Vollständigkeit‹ des männlichen Geschlechts bilde.[208] Aber ist es angesichts der Überlagerung von weiblicher und jüdischer ›Kastration‹, die im kollektiven Imaginären um 1900 eine wichtige Rolle spielte, nicht eher naheliegend, in Freuds Sexualtheorie den Versuch einer ›Vervollständigung‹ des *jüdischen* Mannes zu sehen? Wenn Freud, so Gilman, die Notwendigkeit betonte, daß die Frau die ›Klitoris überwinden‹ müsse, wolle sie zu einer ›normalen Weiblichkeit‹ gelangen, so sei damit auch der ›Jud‹ im weiblichen Körper gemeint:

»Dank Freuds Bedürfnis, sich von der Unterstellung einer besonderen Natur des ›jüdischen Körpers‹ durch die Schaffung eines universellen ›männlichen‹ Körpers zu distanzieren, wurden Rassenkategorien in Geschlechterkategorien überführt. Die Macht dieses Konstrukts ist so groß, daß heute die Tatsache dahinter verschwindet, daß es sich um Reaktionsbildungen handelte und die Theorien von Männlichkeit und Weiblichkeit als Primärkategorien in Freuds System gehandelt werden.«[209]

›Der Weg nach Zion‹

Der Autor Kurt Münzer versuchte wiederum, auf literarische Weise mit der Gleichsetzung von ›Jude‹ und ›Weiblichkeit‹ umzugehen. Sein Roman *Der Weg nach Zion* erschien 1907, also fast zeitgleich mit Weiningers *Geschlecht und Charakter* (1903) und Freuds Schrift *Über infantile Sexualtheorien* (1908). Wie Weininger und Freud war auch Münzer (1879–1944) ›assimilierter‹ Jude; und wie sie griff er die Bilder des kollektiven Imaginären seiner Zeit auf. Seine Romane gehörten zur vielgelesenen Trivialliteratur um die Jahrhundertwende. Einige erreichten 20 Auflagen und mehr. Da gerade Trivialliteratur die Bilder des kollektiven Imaginären ungebrochener wiedergibt als die ›hohe Literatur‹, sind diese Texte für die Entzifferung kollektiver Phantasien geeignet. Die *Große Jüdisch-Nationale Biographie* von 1925, ein Lexikon über »namhafte jüdische Männer und Frauen aller Zeiten«, charakterisiert Münzer als »geistreichen Erzähler«, der Philosophie, Kunstgeschichte und Medizin studiert und zehn Jahre »in Kliniken und Irrenhäusern gewirkt« habe, bevor er sich ganz dem Schreiben zuwandte: »In seinen Romanen von figurenreicher Phantasie verwendet er oft mit viel Geschmack entzückende Helden des modernen Großstadtlebens, die durch bunte Abenteuer ziehen, um endlich wieder heimzufinden.«[210]

Münzers Roman *Der Weg nach Zion* bildet eine der ganz wenigen Ausnahmen zur Regel, daß der Topos des Geschwisterinzests, der von sehr vielen deutschsprachigen Schriftstellern zwischen 1800 und 1945 aufgegriffen wurde, in der von Juden verfaßten Literatur so gut wie nicht auftaucht. Daß der Inzest als Liebesmotiv in der jüdischen literarischen Tradition keine Rolle spielt, hängt einerseits mit der Tatsache zusammen, daß das Motiv mit der symbolischen Geschlechterordnung der jüdischen Tradition schwer vereinbar ist (während das christliche Ideal der Vereinigung der Geschlechter gerade im Inzestmotiv seinen Ausdruck findet), andererseits aber auch mit der Rolle dieses Motivs in der antisemitischen Literatur. Münzer bedient sich des Motivs auch nicht im Sinne eines ›jüdischen Liebesideals‹, ganz im Gegenteil: Er setzt es in Parallele zur deutsch-jüdischen ›Assimilation‹ und den Gefahren, die damit einhergehen.

Münzers (600 Seiten langer) Roman hat einen komplizierten, vielgleisig verlaufenden Erzählstrang, der nur verkürzt wiederzugeben ist. Ephraim und Rebekka Unrast sind die Kinder eines orthodox lebenden jüdischen Paares. Schon die Namen der beiden Hauptfiguren sind aufschlußreich: Seit Walter Scotts Roman *Ivanhoe*, der in Deutschland in zahlreichen Auflagen erschien,[211] war die Gestalt der heroischen Jüdin Rebecca zum Prototyp der »schönen Jüdin« geworden, als welche sie auch in Münzers Roman angesprochen wird.[212] Ephraim hingegen stellt die traditionelle Gestalt des ›geliebten Sohnes‹ dar. Im Buch *Jeremia* wird er als das Symbol der ›verlorenen Stämme‹ genannt und als ›Wanderer im Exil‹ geschildert, »und der Text des Propheten deutet die Aussicht auf Rückkehr und Versöhnung mit Gott, dem Vater, an«.[213] Der Vater von Rebekka und Ephraim hat einen kleinen Krämerladen; die Eltern arbeiten hart, um ihre drei Kinder zu erziehen bzw. Rebekka unter die Haube zu bringen. Ephraim will Schriftsteller werden, stößt aber mit den Plänen auf wenig Verständnis beim Vater. Für Rebekka, die von einer ›Liebesheirat‹ träumt, haben die Eltern einen Mann ausgesucht – ebenfalls ein jüdischer Kaufmann –, mit dem, der Tradition entsprechend, eine handfeste Mitgift ausgehandelt wird.

Die Romanhandlung setzt eine Woche vor dem Verlobungstermin ein. Rebekka, eine auffallende Erscheinung, von der es im Roman immer wieder heißt, daß sie für eine »große Aufgabe«, ein »außerordentliches Schicksal« bestimmt sei, beschließt, zusammen mit Ephraim das elterliche Haus zu verlassen. Der Fluch des Vaters begleitet die Kinder. Bei diesem Schritt in die Freiheit spielen der Schriftsteller Erasmus Schreyvogel und seine Frau Sibille eine wichtige Rolle. Beide sind Nichtjuden. Er ist »der erste Mann des literarischen Berlin«[214] – allerdings, wie sich bald zeigt, ein Schwindler, der seinen Ruhm den Arbeiten anderer verdankt und neidvoll auf die schöpferische Kraft des jungen Juden blickt:

> »›Ja‹, sagte er nachdenklich, ›ja, er kann etwas. Er ist vielleicht der, auf den wir warten; der, der uns vergessen machen wird. Es ist Größe in seinen Gedanken und Tiefe in seiner Sprache. Das Buch, das ich von ihm gelesen habe, möchte ich wohl geschrieben haben.‹«[215]

Heißt es bei Weininger, dem Juden fehle jenes »An- und Für-sich-Sein, aus welchem allein höchste Schöpferkraft fließen kann«,[216] so erscheint der Jude bei Münzer als dem Nichtjuden an Tiefe des Gefühls und an literarischer Fähigkeit weit überlegen. Beide Schreyvogels führen eine vampiristische Existenz, leben vom Aussaugen der anderen. Er bedient sich der Manuskripte, die ihm von jungen, unbekannten, stets jüdischen Schriftstellern anvertraut werden, um sie als eigene Werke herauszugeben. Auch Ephraims Theaterstück *Der Sündenbock*, ein Drama, das von der Geschichte des jüdischen Volkes in der Diaspora handelt, wird unter dem Namen von Schreyvogel uraufgeführt. Die Figur Schreyvogels erinnert in mancher Hinsicht an Nietzsches Urteil über Wagner als Cagliostro: »Es muß etwas Falsches an ihm sein«, sagt Ephraim zu seiner Schwester, »eine Lüge, etwas Niedriges und Verächtliches, daß das ganze Volk so an ihm hängt, ihn bewundert, vergöttert.«[217] Schreyvogels Erfolg und vor allem die bedingungslose Gefolgschaft, die ihm seine Umwelt zu leisten bereit ist, werden mit denselben Worten umschrieben, mit denen Nordau und Nietzsche Wagner-Anhänger charakterisierten.[218] Daß Max Nordau als Jude zur Kennzeichnung der Bayreuth-Gemeinde den geschichtsträchtigen Begriff der ›Entartung‹ prägte, zeigt wiederum die Wechselwirkung, die zwischen dem Antisemitismus, der Abwehr der antisemitischen Projektionen und den Reaktionen auf diese Abwehr bestand.

Schreyvogels Frau Sibille, von unersättlichem sexuellem Appetit, saugt in stetig wechselnden Liebesbeziehungen das Blut aus den Männern: Sie ist der Prototyp des grausamen Vamps, der in der Literatur und bildenden Kunst der Jahrhundertwende allerdings sehr oft als Jüdin dargestellt wird. »Merkwürdig!« so sagt einer ihrer Geliebten,

»›Sie sehen so kalt und unbewegt aus und sind dabei die fleischgewordene Leidenschaft. Sie haben so kleine Kinderhände, aber wenn Sie mich umarmen, dann werden Sie zu Pranken, und Ihre Lippen, die so blaß sind und so dünn, werden im Kuß zwei Schwerter, die von Blut leben.‹

Über das Gesicht der Frau ging ein Lächeln voll Lüsternheit und Grausamkeit. ›Von Blut leben‹, sagte sie und schloß die Augen.«[219]

Sibille verführt Ephraim, während der Schriftsteller es auf Ephraims Schwester Rebekka abgesehen hat, die in ihm, dem »Großen des literarischen Berlin«, den Mann ihrer Träume, die ›wahre Liebe‹ zu finden meint. Rebekka zieht in das Haus der Schreyvogels. Dort werden sie und ihr Bruder als »Geschwister«[220] aufgenommen – einer von mehreren Hinweisen darauf, wie sehr der Autor die Assimilation von Juden und Deutschen mit dem Inzestmotiv (und dem im Antisemitismus sinnverkehrten Begriff der ›Blutschande‹) assoziiert.

Rebekka will ein Kind von Schreyvogel. Dieser Sohn, so erklärt sie, sei erwählt, die Menschheit zu retten:

»›Mutter werden‹, dachte sie, ›Mutter von dem, den ich liebe! Wie ein heiliges Fest müßte die Nacht sein, wo ich empfange. In Reinheit und Keuschheit will ich ihn tragen. Und ein Gottessohn sollte es sein und leben, die Menschen zu beglücken, ihnen die Freude zu bringen.‹«[221]

Die Zeugung dieses ›Gottessohnes‹, so will es Rebekka, soll ohne Begierde erfolgen. Als sie merkt, daß Schreyvogel dazu nicht fähig ist, erkennt sie, daß die Liebe zu ihm »nur Lüge und Traum gewesen« ist.[222] »Dir ist es ein Spiel und Lust und mir Andacht und Heiligkeit«, sagt sie zu ihm.[223] Er habe nur ihren »Leib begehrt«, aber nicht das »Opfer ihrer Seele angenommen«. Statt »restlos ineinander aufzugehen«, sei sie ihm »fremd geblieben«.[224] Hier findet eine Umkehrung der antisemitischen Klischees statt: Der Nichtjude erscheint als der ›Triebtäter‹, während die Jüdin Rebekka sich eine Rolle als Frau wünscht, die von christlichen Vorstellungen geprägt ist. Darauf verweist nicht nur das Ideal der begierdelosen Zeugung, sondern auch das ›Opfer ihrer Reinheit‹, das sie dem Geliebten darbringen will. Auch wenn Schreyvogel Rebekka »die Auferstandene eines toten Geschlechts«[225] nennt und ihr verkündet: »Deine Erlösung liegt nicht auf Erden«,[226] implizieren diese Worte zugleich eine Umkehrung des Bildes vom Juden, der in den antisemitischen Texten als unfähig zum Transzendenten beschrieben wird.

In dem Maße, in dem sich das Bild Schreyvogels als Illusion erweist, verdichten sich bei Rebekka die Konturen eines anderen – des wahren – Geliebten:

> »Das Licht bedeckte den Boden, und da begann es zu rauchen, zu wallen, es hob sich etwas heraus. Es war ein Mensch, der daraus wuchs, ein Mann: der Kopf hatte die Augen des Bruders, seine Stirn und seinen Mund und überall den durchbrechenden Glanz seiner Seele.
> Rebekka beugte sich vor, ihm entgegen. Wie ein Bräutigam stand er im Licht und hob die wesenlosen Arme winkend.«[227]

Rebekka verläßt das Haus der Schreyvogels und zieht zu ihrem Bruder. Sie versucht ihn von der Notwendigkeit ihrer Bestimmung zu überzeugen, einen ›Heiland‹ zu gebären:

> »Fühlst Du nicht, daß uns die Natur nur aus demselben Schoß hat kommen lassen, damit wir uns wieder zusammenfinden, wieder Eins und einzig werden, wie wir es vor unserem Leben waren, wo unsere Keime zusammen im Urschoß schliefen? Fühlst Du nicht, daß die Natur uns füreinander bestimmt hat, Bruder und Schwester?«[228]

Rebekkas Inzestpläne stellen das Spiegelbild des Bruder-Schwester-Topos in der Literatur des 19. Jahrhunderts dar; auch hier geht es um eine säkular-kultische Sexualität, die Göttlichkeit besagt: »Einer soll aber kommen und den Frieden bringen.«[229] Zugleich beziehen sie sich auch auf die deutsch-jüdische Assimilation, die Thomas Mann ebenfalls mit dem Inzestmotiv assoziiert, doch auf andere Weise. In der Novelle *Wälsungenblut* begehen Siegmund und Sieglinde ›Blutschande‹, um die Überlegenheit des eigenen Blutes herauszustellen und als ›Rache‹ an dem Eindringling, mit dem sich die Schwester (aus Gründen des sozialen Aufstiegs, also der Assimilation) verlobt hat, und an der christlichen Gesellschaft überhaupt.[230] Manns jüdisches Geschwisterpaar verübt also eine ›Blutschande‹, die der ›Blutschande‹ des antisemitischen Diskurses gegenübergestellt wird.

Münzers Gestalt Ephraim hingegen – und hier liegt der *entscheidende* Unterschied zwischen diesem Roman und der Behandlung des Inzesttopos bei anderen Schriftstellern – schreckt vor den inzestuösen

Wünschen der Schwester zurück. Daraufhin verläßt ihn Rebekka. Sie lebt von der Prostitution – allerdings einer Prostitution ›kultischer‹ Art, in der sie ihre Reinheit bewahrt. Alle Männer in ihrer Umgebung – es gibt viele, die die ›schöne Jüdin‹ begehren – konstatieren immer wieder, daß Rebekka unerreichbar sei. Dabei vollbringt Münzer das Kunststück, dieses ›Göttliche‹, das in Rebekka Gestalt annimmt, wie eine Mischung aus dem unsichtbaren, unfaßbaren Gott der jüdischen Religion, dessen Name unaussprechlich ist, und dem sichtbaren, Mensch gewordenen christlichen Gott darzustellen. So bekennt einer ihrer Geliebten:

> »Niemand kann sie kennen, sie ist nicht zu erschöpfen. […] Sie erfüllt alles, überall begegne ich ihr. Und sie ist alles; alles sehe ich in ihr. Ich habe vor ihr gekniet wie noch nie in meinem Leben vor etwas Heiligem. Ehrfurchtsvolle Andacht, inbrünstige Anbetung, keusche Demut brachte ich ihr entgegen. Ich faßte sie nicht. Sie blieb mir fremd wie ein Gott, an dem nur das wenige Menschliche zu begreifen ist.«[231]

Münzers ›Assimilation‹ christlicher Motive zeigt sich nicht nur daran, daß er in den verschiedenen Facetten der Gestalt Rebekkas jüdische und christliche Motive aufgreift: Sie ist Prototyp der ›schönen Jüdin‹, die Retterin des Volkes Israel *und* zugleich Mensch gewordener Gott, ›jungfräuliche‹ Mutter sowie ›Erlöserin‹ der Menschheit. Es zeigt sich auch an der Tatsache, daß sich Rebekka vom Inzest die Zeugung des ›Erlösers‹ erhofft: ein Motiv des ›reinen‹ und ›unvermischten‹ Blutes, das nicht nur in der christlichen Lehre, sondern auch in säkularchristlichen Mythen wie Richard Wagners *Walküre* und der Zeugung Siegfrieds eine wichtige Rolle spielt.[232] Dieser Aspekt ist ganz entscheidend für den weiteren Verlauf und das Ende des Romans. Zuvor entwickelt Münzer aber noch drei Möglichkeiten ›jüdischer Erlösung‹ aus den Widersprüchen der Assimilation.

Die erste besteht in der Assimilation als ›Rache‹. Ein Freund Ephraims hält um Rebekkas Hand an, und diesen Heiratsantrag begleitet ein Monolog über das Verhältnis von Christen und Juden in der Assimilation. Hier zeigt sich, wie Münzer antisemitische Klischees aufgreift und umzuinterpretieren versucht. Die Unbekümmertheit, mit der das geschieht, erscheint uns heute – nach den Vernichtungslagern – schwer nachvollziehbar.

> »»Nicht bloß wir Juden sind so entartet und am Ende einer ausgesogenen, aufgebrauchten Kultur. Alle Rassen von Europa – vielleicht haben wir sie infiziert, haben wir ihr Blut verdorben. Überhaupt ist ja alles heute ver-

judet. Unsere Sinne sind in allen lebendig, unser Geist regiert die Welt. Wir sind die Herren. [...] Wir haben uns eingefressen in die Völker, die Rassen durchsetzt, verschändet, die Kraft gebrochen, alles mürbe, faul und morsch gemacht mit unserer abgestandenen Kultur.‹ [...] Rebekka sah seinen modischen Anzug nicht, nicht das Gesicht, dessen Rasseschönheit im Laufe der Jahrhunderte sich verflacht und abgewandelt hatte in gleichgültigen Typus. Im langen Kaftan stand ein Jude da, ein Jude aus finsteren Zeiten, dem man kein Loch zum Schlafen gegönnt, den man von Steinwurf zu Steinwurf, von Schmach zu Schmach getrieben hatte; ein Jude, der gewandert war von Christi Tod an bis zum heutigen Tage, durch den Haß der Christen hindurch, in ewiger Verfolgung, rastlos bei Tag und bei Nacht, mit Hunden gehetzt, geknechtet und geschlagen; ein Jude, der seinem Gott hatte dienen müssen heimlich und versteckt wie bei verbrecherischen Taten, dem seine heiligen Gebräuche zum Fluch geworden waren, den wie ein wildes Tier auszurotten man getrachtet hatte.«[233]

Daß Münzer in dieser ›Rache‹ nicht die Lösung für die Problematik der Assimilation sieht, geht aus den Worten Rebekkas hervor: »Wie Ihr leidet! Daß ich Euch erlösen könnte!« Ihr Aufruf richtet sich zugleich an das gesamte jüdische Volk:

»Einer muß kommen, und Euch erlösen. Nicht sterben darf er für Euch, leben muß er für Euch. Nicht hinaufgehen und Euch oben ein Heim bereiten. Die Erde muß Euch wieder eine Heimat werden. Ihr müßt [...] nicht warten auf einen Tod, hinter dem Gerechtigkeit steht. Was Ihr an Glück und Freude verlangt, sollt Ihr Euch auf dieser Welt schaffen. Hier unten sollt Ihr selig sein.«[234]

Obgleich Rebekkas ›Erlösungsmodell‹ kein christliches Blutopfer darstellt, gehört ihre Vorstellung dennoch in den postchristlichen Kontext der Jahrhundertwende: Ob es sich um die Jugendbewegung, um nationale, sozialistische oder national-soziale Strömungen handelte, alle waren getragen von dieser Vorstellung einer *weltlichen* Erlösung. Auch die messianische Zions-Sehnsucht verlagerte sich in dieser Zeit von der religiösen auf die politische Ebene des Zionismus. Ein Teil der heidnischen Religionsströmungen stand den antisemitischen Rassenlehren nahe, und auch Münzers Roman ist durchsetzt von irdischen Religionsideen: Die eine Figur des Romans möchte in der Musik »untergehen, ertrinken, mit gelösten Gliedern treiben«,[235] und die andere ruft ihre Freunde dazu auf, »ihren Geist aufzugeben und wieder Körper zu werden«.[236]

Im Gegensatz zu vielen anderen Autoren, die in der Assimilation und der Integration der Juden in die bürgerliche Gesellschaft die Befreiung der Juden von der ›ewigen Wanderung‹ sehen und die lang ersehnte Einkehr in eine ›Heimat‹, beschreibt Münzer die Assimilation als den *Auslöser* einer rastlosen Existenz. Damit nähern wir uns dem Ende des Romans und der eigentlichen ›Erlösung‹, die Münzer anzubieten hat. Wie vorauszusehen, bewegt sich das ganze Geschehen auf das eine Ereignis zu, das Rebekka von Anfang an angestrebt hatte. Es kommt zum Beischlaf der Geschwister, nachdem Rebekka den verstörten Ephraim, dessen Stück *Der Sündenbock* unter dem Namen Schreyvogels mit viel Erfolg uraufgeführt worden ist, vor dem Theater aufgegriffen und zu sich nach Hause geführt hat. Die Szene der ›Verführung‹ – sie überreicht ihm »eine silberne Schale mit dunklem Wein«[237] – erinnert an den Liebestrank in *Tristan und Isolde* sowie den Heiligen Gral, der dem ›reinen Tor‹ Parzival gereicht wird, und konnotiert somit auch die christliche Eucharistie. Ephraim schreckt zunächst zurück: »Eine namenlose Angst ergriff ihn. ›Ich will auch gehen‹, sagte er flehend und fühlt sich doch der Schwester verfallen. Ihm graute vor dem letzten Rest der Nacht. Rebekkas Wunsch hatte Gestalt und bedrängte ihn.« Dann greift er aber zum ›Liebestrank‹. »Wie ein Schlag fuhr es durch seinen Körper. Ein plötzlicher heftiger Rausch befiel ihn.« Rebekka führt ihn in ein Zimmer, das, wie sie sagt, vor ihm noch kein Mann betreten habe. »›Bist Du bereit?‹ flüsterte sie. ›Bist Du ohne Lust, nur Zweck, Wille, göttlicher Vollstrecker, Befruchter?‹ [...] Bruder, Bräutigam‹, flüsterte die Schwester dicht vor ihm. Aus weiter Ferne klang es: ›vom Mutterleibe an bin ich Dein‹.«[238] Für den Rest der Liebesszene begnügt sich Münzer mit wenigen Sätzen, in denen beschrieben wird, wie »alle Stimmen im Schauer der Schöpfung verstummen«.[239]

Nicht nur die Kürze der Beschreibung, auch andere Details machen deutlich, daß der – endlich vollzogene – Inzest für Münzer noch nicht das Ende des Romans sein kann. Die Ereignisse überstürzen sich: Ephraim flieht aus dem Haus seiner Schwester und beschließt, mit einer mit zwei Kugeln geladenen Pistole, die er sich bei Schreyvogel besorgt hat, seinem und Rebekkas Leben ein Ende zu setzen.

»›Ich komm Dich holen‹, murmelte er. ›Ja‹, sagte sie leuchtend. ›Schon heut hätten wir fahren können. Wo warst Du?‹

Er blickte sie groß an und sagte feierlich: ›Nein, wir sterben. [...] Diese Nacht muß ungeschehen gemacht werden, ihre letzte Spur vernichtet. [...] Soll unser Kind leben? Das Kind des Incestes?‹«[240]

Dann schießt er auf sie: zweimal. Die Kugeln sind verschossen, er bleibt am Leben. Und nun tritt die ›wirkliche Erlösung‹ ein: die Rückkehr zur alten heimatlosen Existenz des ›Ewigen Juden‹. Ephraim nimmt das Schicksal und den Namen an, die ihm in die Wiege gelegt worden waren:

> »Er begriff alles, er lebte! er mußte weiterwandern, wandern, wandern – unbekannten Zielen zu, unverstandenen Wünschen nach! Und wenn er zusammenbrach, kam der Nächste, kam die ungezählte Schar der Brüder. Hundert Mal hundert Jahreszeiten schliefen in der Erde; er würde sie alle leben, er Ephraim Unrast, er ewig derselbe in den anderen, in allen jenen, die nicht sterben. Er mußte leben, weiterleben über alle Zeit hinaus, über alles Kommen und Gehen der Geschlechter. Ohne Richtung ging der Weg, von Leben zu Leben, von Tod zu Tod, durch hundert Schicksale, durch allen Haß der Feinde…«[241]

Im Gegensatz zu anderen Inzestromanen, in denen die Vereinigung von Bruder und Schwester zur ›Reinheit durch Einheit‹ führt, wird hier der Inzest zum Auslöser einer endgültigen Umkehr erklärt: vom Weg der Assimilation, für die der Inzest eine Metapher ist. Es geht damit auch um eine Absage an die Suche nach Integration, nach ›Heimat‹ und nach Befreiung von der Rolle des ›Zweiflers‹. Ephraim, der ›Wanderer im Exil‹, wird wieder zu Ephraim *Unrast*, indem er sich der Faszination des Inzests, die zugleich eine Annäherung an das säkularisierte Christentum und die Bejahung der deutsch-jüdischen ›Assimilation‹ darstellt, entzieht. Dieser Entzug erweist sich als um so schwieriger, als das säkularisierte Christentum eine Annäherung an die weltlichen Seiten der jüdischen Traditionen zu vollziehen scheint. Der Assimilation und der Inzestphantasie – die auch, wie in der Eucharistie, die ›Verspeisung‹ des Anderen beinhaltet – kann Ephraim nur entsagen, indem er auf die Assimilation verzichtet und zugleich die ›Schwester‹ tötet: das Weibliche vom Selbst abspaltet, das die Antisemiten dem Körper des ›Juden‹ zugewiesen hatten.

In wenigen Romanen wird so deutlich, in welche Widersprüche assimilierte Juden durch die weltlich gewordenen christlichen Zuschreibungen an ›den Juden‹ geraten waren. Das jüdische ›Frauenopfer‹, wie es bei Münzer – aber auf andere Weise eben auch bei Freud, Weininger sowie in den kollektiven Phantasien über die ›jüdische Mutter‹ oder die ›Jewish American Princess‹ – zutage tritt, macht erst die Tragweite der Situation offenbar, zu der die Phantasmen des rassistischen Antisemitismus geführt hatten. Die Tragik der Situation bestand u. a. darin, daß einer der

Auswege im ›Frauenopfer‹ zu liegen schien. Damit war zugleich ein Weg vorgezeichnet, den die christliche Säkularisierung selbst gegangen war: Verweltlichung durch ›Verweiblichung‹ von Opfer und Erlösung. Es ist allerdings schwer zu beurteilen, ob Münzer mit diesem Roman die Ausweglosigkeit der Assimilation oder eine mögliche Befreiung aus ihr darstellen wollte. 1927 veröffentlichte er einen Roman unter dem Titel *Jude ans Kreuz!*. Die Hauptfigur des Romans, ein junger Mann aus dem Schtetl, der nach Berlin kommt und im Treiben der Großstadt seinen Glauben und seine Bindungen an die jüdische Gemeinschaft verliert, versucht, wie ein Heiliger die Liebe unter den Menschen zu verbreiten: Er stellt eine Christusfigur dar, die auch am Kreuz den Tod findet. In diesem Roman beschreibt Münzer die Gefahren der Assimilation und den ›dumpfen Haß‹ der Antisemiten, denen er mit der Beschwörung der Christusgestalt zu begegnen versucht. Eine ähnliche Paradoxie durchzieht auch den *Weg nach Zion*: ein Titel, der nach ›jüdischer Erlösung‹ (aus der ›Assimilation‹) klingt, dabei aber viele Muster einer christlichen ›Erlösung‹ aufgreift.

Die Ausweglosigkeit, in die Juden durch die vielseitigen Implikationen des christlichen Säkularisierungsprozesses geraten waren, hat Arthur Schnitzler (1862–1931) vielleicht am deutlichsten in Worte gefaßt. In seinem Roman *Der Weg ins Freie*, der 1908, also ein Jahr nach Münzers *Weg nach Zion*, erschien, beschrieb er die drei Wege, die vielen Juden um 1900 noch als mögliche Antwort auf ihre Situation erschienen: Assimilation, Zionismus und Sozialismus. Er betrachtete keine von ihnen als Lösung und bekannte sich statt dessen zu einem strikten Individualismus:

»Für unsere Zeit gibt es keine Lösung, das steht einmal fest. Keine allgemeine wenigstens. Eher gibt es hunderttausend verschiedene Lösungen. Weil es eben eine Angelegenheit ist, die bis auf weiteres jeder mit sich selbst abmachen muß, wie er kann. Jeder muß selbst dazusehen, wie er herausfindet aus seinem Ärger, oder aus seiner Verzweiflung, oder aus seinem Ekel, irgendwohin, wo er wieder frei aufatmen kann. Vielleicht gibt es wirklich Leute, die dazu bis nach Jerusalem spazieren müssen [...]. Ich fürchte nur, daß manche, an diesem vermeintlichen Ziel angelangt, sich erst recht verirrt vorkommen würden. Ich glaube überhaupt nicht, daß solche Wanderungen ins Freie sich gemeinsam unternehmen lassen.«[242]

Den von Münzer vorgeschlagenen ›Weg nach Zion‹ haben die wenigsten jüdischen Intellektuellen der Jahrhundertwende eingeschlagen. Die meisten jüdischen Künstler, Schriftsteller, Philosophen, Intellektuellen suchten eher den von Schnitzler vorgeschlagenen ›Weg ins Freie‹. Das zeigt sich an vielen künstlerischen und theoretischen Entwürfen, die in Berlin, Prag, Wien und an vielen anderen Stätten zu einem kulturellen Innovationsschub führten, der sich noch heute auf das westliche Denken und die kulturellen Entwicklungen auswirkt. Nicht alle, aber viele unter diesen Intellektuellen arbeiteten mit der Feder, und nicht durch Zufall wurde dem Begriff des ›Literaten‹ in Deutschland eine ähnliche diffamatorische Bedeutung zugewiesen wie dem des ›Intellektuellen‹.[243] Die Tatsache, daß sich diese Intellektuellen für ihre ›Dekonstruktionsarbeit‹ vor allem der geschriebenen Sprache bedienten, hing nicht nur mit der hohen Valorisierung des Wortes in der jüdischen Tradition zusammen, sondern auch mit der Tatsache, daß in der Ideologie des säkular-christlichen Gemeinschaftskörpers die geschriebene Sprache zunehmend als ›destruktiv‹, zersetzend und ›herzlos‹ betrachtet wurde. Reflektierte die Abwendung von der geschriebenen Sprache den Prozeß der Versinnlichung des Kollektivkörpers, so spiegelte sich in der Hinwendung zum geschriebenen Wort ein Bekenntnis zu seiner Dekonstruktion wider.

Im folgenden und letzten Abschnitt dieses Kapitels soll dargestellt werden, daß sich das Bekenntnis zum geschriebenen Wort nicht nur in Texten wiederfand, sondern auch im Bereich der visuellen Künste. Dabei soll der Blick auf die Architektur gerichtet werden: erstens, weil die Architektur selbst eine Form von ›Schriftlichkeit‹ darstellt, wie Erwin Panofsky am Verhältnis von Scholastik und Gotik dargestellt hat;[244] und auch Victor Hugo verglich in seinem Roman *Notre-Dame de Paris* die Baukunst mit dem Alphabet: »Die Baukunst begann wie jede Schrift. Zunächst war sie Alphabet. Man richtete einen Stein auf, und das war der Buchstabe.«[245] Zweitens ist die Architektur aber auch als Spiegelbild der jeweiligen Vorstellungen von Gemeinschaft zu lesen. Da der Begriff ›Kanon‹ ursprünglich aus der Baukunst kommt, bevor er in der griechischen Antike (bei Polyklet) auf den Körper und schließlich auch auf Texte mit Normcharakter übertragen wurde, erstaunt es nicht, daß sich in Architektur und Stadtplanung die verschiedenen Konzepte des Kollektivkörpers besonders deutlich widerspiegeln. Die Architektur ist Buch und Körper zugleich; deshalb hatte der Buchdruck auch wichtige Konsequenzen für die Architektur:

»Für die Vermittlung von Architektur bedeutete die Einführung des Buches, insbesondere des *illustrierten Buches*, eine epochale Veränderung ihrer Wirkungsweise. Spätestens mit Palladio trat der physischen Existenz von Bauwerken eine weitere zur Seite, die sich über die Jahrhunderte als noch wirkungsvoller erweisen sollte. Stichwortartig könnte man die beiden Manifestationen von Architektur als diejenigen des *Baus* und des *Buches* bezeichnen. Palladio war wohl der erste, der so für seine Projekte eine doppelte Präsenz erwirkte: Einerseits bestanden die Bauten in der Wirklichkeit, wie auch immer an- und eingepaßt, andererseits fanden sie in graphischer Form weiteste Verbreitung. Ihre systematische Wiedergabe, die sich prinzipiell auf Grund- und Aufriß abstützt und diese in ihrer technischen Entsprechung gegenseitig aufwertete, verhalf den Publikationen von Serlio und Palladio nicht nur zu weitester Verbreitung, sie führte auch eine bildhafte Aufwertung der *Fassade* herbei.«[246]

Mit der Architektur, die sie hervorbringt, stellt eine Gesellschaft sich selbst dar; sie verleiht dem Kollektivkörper eine symbolische und sichtbare Form. Der großen Architektur – ob es sich um Kathedralen oder um Städte handelte – lag, wie der Gesellschaft selbst, immer das Konzept eines Körpers zugrunde: Der Baukörper war Spiegelbild des sozialen Körpers, und dieser beruhte wiederum auf der Analogie zum menschlichen Körper.

Bekannt ist die Geschichte des Architekten Deinokrates aus dem 4. Jahrhundert v. Chr., der Alexander dem Großen den Plan unterbreitete, dem Berg Athos die Form einer männlichen Statue zu verleihen. In ihrer linken Hand sollte eine Stadt angesiedelt werden, in der rechten eine große Schale, die das Wasser sämtlicher Flüsse des Berges auffangen sollte. Alexander verwarf zwar den gigantischen Plan, machte Deinokrates aber zu seinem Berater und Architekten.[247] In der Architekturtheorie der Antike bis zur Renaissance spielte diese Geschichte eine wichtige Rolle. Denn der Körper diente als Vorbild für architektonische Entwürfe. So bezeichnete der römische Militärtechniker und Baumeister Vitruv, der unter Cäsar und Augustus tätig war und das einzige aus der Antike erhaltene architekturtheoretische Werk hinterlassen hat, »symmetria« und »proportio« als wichtigste Kriterien für den Bau eines Tempels. Die verschiedenen Teile eines Tempels müßten in einem festen Verhältnis zueinander stehen »wie die Glieder eines wohlgeformten Menschen«.[248] Er griff damit das Bild Polyklets vom idealen Körper auf, der sich durch ›harmonische Proportionen‹ auszeichnet.

War für Vitruv der menschliche Körper Maßstab für präzise Proportionen in der Architektur, so bildete sich in seiner Nachfolge allmählich die Vorstellung heraus, daß die Analogie von Gebäude und Körper dazu diene, dem *Gemeinschaftskörper* eine zwar symbolische, aber in Stein gehauene Form zu verleihen. Schon die Arche Noah wurde als Allegorie des Alten Bundes gelesen, als ein Sinnbild der alttestamentarischen Gemeinschaft, die in ihren schützenden Wänden die Sintflut überdauern konnte.[249] Die frühen Kirchenväter interpretierten die Arche als wichtigste Präfiguration der *Ecclesia*.[250] Das Bild der Gemeinschaft als *corpus Christi mysticum* spiegelte sich wiederum in den großen Sakralbauten des Mittelalters wider: Längsschiff und Querschiff der Kathedralenarchitektur verliehen der Figur des Gekreuzigten symbolischen Ausdruck.

In der Renaissance übertrug der Maler, Bildhauer und Baumeister Francesco di Giorgio Martini die Körpermetaphorik auf die gesamte Stadtplanung. Von der »Ähnlichkeit der Stadt mit dem menschlichen Körper«[251] leitete er die Forderung ab, daß die verschiedenen Einzelarchitekturen und Stadtteile so aufeinander abzustimmen seien, daß ein harmonisches Stadtganzes entstehe:

»Man muß bedenken, daß alle Teilungen und Glieder des Körpers von vollkommenem Maß und Umfang sind; genauso muß man dies bei der Stadt und bei anderen Gebäuden beachten. [...] Wenn man in einer Stadt keine Festung errichten muß, gibt man ihren Platz der Kathedrale, die mit ihrem vorgelagerten Platz zum Rathaus in Beziehung steht. Und auf der gegenüberliegenden Seite und Rundung des Nabels [sei] die zentrale Piazza. Andere Kirchen und Plätze sind gemäß den Händen und Füßen anzulegen. Und so wie die Augen, Nase, Ohren, Mund, Gedärme und andere Innereien und Glieder innerhalb und im Innern des Körpers nach seinem Bedürfnis und Nutzen angeordnet sind, so muß man es auch bei der Stadt beachten.«[252]

In der Renaissance beginnt aber auch schon ein Prozeß, in dessen Verlauf diese Rolle der Architektur, den Gemeinschaftskörper zu *symbolisieren*, allmählich verschwinden wird. In der modernen Architekturtheorie spielt die Gleichsetzung von Körper, Gemeinschaft und Architektur kaum mehr eine Rolle. Natürlich sind die modernen Stadtplaner zugleich Soziologen – sie interessieren sich für das Miteinander der einzelnen ›Glieder‹ einer Gemeinschaft. Ebenso beziehen auch die

Idealstadt, ca. 1600. Architektur als geschlossener Raum.

Architekten von Einzelbauten in ihre Überlegungen die Bedingungen ein, unter denen der menschliche Körper in den Industriegesellschaften zu leben hat. Aber beides bedeutet noch nicht, daß die architektonischen Entwürfe der Gegenwart dem kollektiven Körper eine symbolische Form verleihen. Im Gegenteil, es scheint keine zentralen Konzepte mehr für die architektonische Gestaltung der Großstädte zu geben, außer wenn es darum geht, einen immer dichteren Verkehr zu verflüssigen und die Städteplanung selbst den Bedingungen der Verkehrsmittel anzupassen. Was verbirgt sich hinter dieser Entwicklung?

Die nächstliegende Antwort lautet, daß es keinen Gemeinschafts*körper* mehr gibt. Daß die Gemeinschaft nicht mehr in der Analogie zum Individualkörper eine Darstellung ihrer Einheit und Geschlossenheit sucht und mithin auch die Architektur den Auftrag verloren hat, dieses Verhältnis zu reflektieren. Doch diese Antwort hält einer Prüfung nicht stand. In Wirklichkeit gibt es den Gemeinschaftskörper mehr denn je. Die seit der Renaissance, mit der Erfindung des Buchdrucks, der Vereinheitlichung von Währungen immer enger verwobenen Gemeinschaften haben einen wachsenden Apparat von Versorgungs-, Verwaltungs- und Kontrolleinrichtungen geschaffen, ohne die heute die meisten Einwohner der Industriestaaten überhaupt nicht lebensfähig wären. Die Apparate funktionieren über das ›Nervensystem‹ der medialen Vernetzung, und sie sind zugleich das Produkt der beschleunigten Verkehrswege und Kommunikationsmittel dieses ›Nervensystems‹, das Entfernungen verkleinert oder zum Verschwinden gebracht hat. Wenn sich aber der Gemeinschaftskörper in der Neuzeit zugleich ausgeweitet und verdichtet hat, so sind die Gründe für das Ausbleiben einer Architektur, die ihm symbolische Form verleiht, vielleicht nicht in einem Zuwenig, sondern in einem Zuviel an Gemeinschaft zu suchen: in dem Mangel an Leere, an offenen Stellen in der Topographie.

Die Architektur des 19. Jahrhunderts mit ihren findigen Ingenieuren und Technikern versuchte noch, der Entwicklung des modernen Gemeinschaftskörpers Rechnung zu tragen. Mit den Schneisen und Boulevards, die sie mitten durch Städte wie Paris und Berlin zogen, mit den Bahnhöfen, Glaspalästen und Weltausstellungen reflektierten Architektur und Ingenieurtechnik die Entwicklung des expandierten und verdichteten Gemeinschaftskörpers.[253] Doch spätestens nach dem Ersten Weltkrieg, mit der Entstehung des ›totalitären‹ Gemeinschaftskörpers, zeigte sich, daß diese Form von Technik nicht mehr eine symbolische Darstellung beinhaltete, sondern selbst zur Grundlage des Gemeinschaftskörpers geworden war. Unter den Faschisten in Italien, den Stalinisten in der Sowjetunion und den Nationalsozialisten in Deutschland wurde die Architektur, die einst dazu berufen war, im anthropomorphen Gebäude ein Bild für die Geschlossenheit und Einheitlichkeit der Gemeinschaft zu geben, zu einem der Motoren einer Einmauerung der Gemeinschaft. Die rationale, technische, an den Bedürfnissen der Industrialisierung geschulte Architektur lieferte die theoretischen und praktischen Vorlagen, nach denen die mythischen Aspekte der faschistischen und nationalsozialistischen Ideologien in die ›Wirklichkeit‹ umgesetzt werden konnten. In der *Dialektik der Aufklärung* haben Horkheimer und Adorno dieses doppelte Gesicht der Moderne beschrieben,[254] in der die pseudoreligiösen Aspekte die dahinterliegende technische Rationalität, das ›Räderwerk‹, verbergen sollten. Der Vorgang ähnelt der Entstehungsgeschichte der technischen Bilder, die »erfunden wurden, um die Texte wieder magisch zu laden«.[255]

Am Beispiel der Entwürfe von Albert Speer wird immer wieder darauf hingewiesen, wie sehr nicht nur die Ingenieure, sondern auch die schöpferischen Baumeister und Stadtplaner des 20. Jahrhunderts dem totalitären Gemeinschaftskörper eine Gestalt aus Stein und Stahl verliehen. Seltener wird jedoch erwähnt, daß das auch für eine Architektur gilt, die nicht der Sympathie mit rechtsextremen politischen Bewegungen verdächtigt werden kann. Auch in den Programmen und Manifesten des *Bauhauses* offenbaren sich Visionen einer Gemeinschaft, die nicht weit entfernt sind von den totalitären Phantasien eines hermetischen ›Volkskörpers‹. In seinem 1919 formulierten *Programm des Staatlichen Bauhauses Weimar* schreibt Walter Gropius: »Das letzte, wenn auch ferne Ziel des Bauhauses ist das Einheitskunstwerk – der große Bau –, in dem es keine Grenze gibt zwischen monumentaler und dekorativer Kunst.«[256] Und im einleitenden *Manifest* heißt es:

»Wollen, erdenken, erschaffen wir gemeinsam den neuen Bau der Zukunft, der alles in einer Gestalt sein wird: Architektur und Plastik und Malerei, der aus Millionen Händen der Handwerker einst gen Himmel steigen wird als kristallenes Sinnbild eines neuen kommenden Glaubens.«[257]

Es versteht sich, und Gropius weist selbst darauf hin, daß diesem Selbstverständnis von Architektur das Ideal des Kathedralenbaus zugrunde liegt. Aber während das 12. Jahrhundert in der Analogie von Gebäude und Körper eine Gemeinschaft *herzustellen* versuchte, die erst im Entstehen begriffen war, hatte sich mit der Industriegesellschaft des 19. und 20. Jahrhunderts eine Gemeinschaft gebildet, die es *nicht mehr* erlaubte, die Architektur als *symbolische* Form zu betrachten. Sie war, ob sie es wollte oder nicht, zum ideologischen und technischen Werkzeug politischer Wirklichkeit geworden. Natürlich konnte 1919 noch niemand ahnen, was die Verwirklichung der Metapher von der Gemeinschaft des ›Einen Körpers‹ tatsächlich bedeuten würde. Aber schon bald sollte die nationalsozialistische Architektur einen »Kanon von Darstellungsformen« schaffen, die »sprachähnlich wie vorsprachlich zu nutzen waren«. Die Architektur des Nationalsozialismus, so Rolf Sachsse, »hatte geräuschlos zu funktionieren, durfte sich selbst nicht thematisieren«.[258]

Vor dem Hintergrund dieser beiden Entwicklungen – eines übermächtig gewordenen Gemeinschaftskörpers und einer Architektur, die zu verschleiern versucht, daß Architektur ›Stein gewordenes Wort‹ darstellt – ist es zu verstehen, daß im späten 20. Jahrhundert eine Baukunst entstand, die zu dem Wort zurückzuführen versucht und die sich selbst als ›Dekonstruktion‹, als Antibaukunst versteht. Einem ihrer bedeutendsten Repräsentanten, Daniel Libeskind, ist es mit dem Jüdischen Museum in Berlin gelungen, Dekonstruktion in der Konstruktion selbst sichtbar zu machen. Für Libeskind ist die Reflexion über die moderne Architektur mindestens ebenso wichtig wie der Bau selbst. Seine Arbeiten sind exemplarisch für einen Teil der modernen Architekturphilosophie; und sie sind zugleich exemplarisch für die Art, wie jüdische Intellektuelle die Auseinandersetzungen, die der christliche Säkularisierungsprozeß schuf, fruchtbar gemacht haben, um die Kontinuität ›jüdischen Denkens‹ im nichtreligiösen Kontext zu sichern.[259]

Libeskinds Entwurf für das Jüdische Museum von Berlin erscheint in mehr als einer Hinsicht wie ein Gegenentwurf zum Konzept eines hermetischen kollektiven Körpers. Bedenkt man, wie sehr die ›Dekonstruktion‹ auch als Dekonstruktion der Metaphorik des Gemeinschaftskörpers zu verstehen ist, dann wird deutlich, daß Libeskind im wahrsten Sinne des Wortes ein ›jüdisches Museum‹ gebaut hat: Es beherbergt nicht nur die Erinnerung an jüdisches Leben in Berlin und Deutschland, sondern auch jüdische Gegenwart. Gegenwart in jedem Sinne des Wortes: als Präsenz im Jetzt und als ein Verharren im ›Gegen‹. Es stellt der Konstruktion des Gemeinschaftskörpers (der zum Teil auf dem Konstrukt des ›jüdischen Körpers‹ errichtet wurde) ein Gegenmodell gegenüber.

Die *voided voids*, die Leerräume, die sich an mehreren Stellen durch die gesamte Höhe des Gebäudes ziehen, verleihen dem Vakuum, das der Genozid hinterlassen hat, symbolischen Ausdruck: der Leere, die die deportierten und ermordeten Juden in der jüdischen Gemeinschaft wie im deutschen Geistesleben hinterlassen haben; der Leere der verbrannten Bücher; der Leere, die im Nationalsozialismus durch den Zusammenbruch aller Gesetze von Ethos und Menschlichkeit entstanden ist; und der Leere, die die Teilung Deutschlands in der Mitte Berlins zurückließ. Diese Leerstellen waren in Berlin weiterhin spür- und erfaßbar, als das Gebäude mehr als ein halbes Jahrhundert nach dem Ende des Nationalsozialismus errichtet wurde. »Der neue Erweiterungsbau«, so sagt Libeskind, »ist als ein Emblem konzipiert, in dem das Nicht-Sichtbare sich als Leere, als das Unsichtbare manifestiert.«[260] Die *voided voids* repräsentieren die Leerstellen und stellen zugleich das moderne Konzept eines geschlossenen Gemeinschaftskörpers in Frage. Sie verleihen nicht der Einheit und Geschlossenheit, sondern dem ›verschwundenen Leerraum‹ im modernen Gemeinschaftskörper symbolischen Ausdruck.

Libeskinds Architekturentwürfe sind als Entwürfe für symbolische Orte zu begreifen, die die unsichtbaren Stellen markieren, an denen sich Vergangenheit und Zukunft, die Verstorbenen und die Lebenden, jüdische und nichtjüdische Geistestraditionen treffen. So beinhaltet dieser Bau, wie Libeskinds Entwurf für das Felix-Nussbaum-Museum in Osnabrück, auch die Erinnerung an jüdisches *Leben* in Deutschland. Die Begegnung von Vergangenheit und Zukunft soll sich in einer Architektur manifestieren, in der das Ungenannte überdauert und in der, wie er sagt, »ein Nichtzweifeln an dem, das man nicht sieht«, seinen Ausdruck findet.[261] Libeskind selbst hat seinen Entwurf für das Jüdische Museum mit Schönbergs unvollendeter Oper *Moses und Aron* verglichen. Hier gehe es um die Auseinandersetzung von Bild und Schrift, um den Konflikt »zwischen gesprochener und massenproduzierter Volkswahrheit und der geoffenbarten und unvorstellbaren Wahrheit«. Und so wie Moses »nicht in der Lage [ist], die Offenbarungen Gottes durch irgendwelche Bilder zu vermitteln«, so sei auch Schönberg bei diesem Stoff an der Schöpfung eines »musikalischen Bildes« gescheitert. Daher sei die Oper *notwendigerweise* unvollendet geblieben. Moses' Worte, die ohne Musik am Ende der Oper stehen – »Oh Wort, du Wort, das mir fehlt« –, beschreibt Libeskind als a-musikalische Erfüllung des Wortes.[262]

In Libeskinds Entwürfen treffen sich Ästhetik und Geschichtsphilosophie; sie setzen kulturdiagnostische Metaphern materiell um. Er betont immer wieder die Verantwortung des Architekten für die Lebensqualität der Gesellschaft. Mit ›Lebensqualität‹ ist bei ihm jedoch nicht Komfort gemeint, sondern die Eröffnung eines Raums, in dem es sich denken läßt. In genau diesem Kontext nimmt die Metapher des Baus als menschlicher Körper eine neue Form an. Die Mauern des Gebäudes werden zur Haut, unter der sich Denkräume verbergen. »Die Haut, die Kutte der Seele«, so drückt er es einmal auf poetische Weise aus, »versteckt einen tauben Mönch, der Meinungen unter ihre Kapuze saugt.«[263] Seine Entwürfe schaffen Räume für das Gedächtnis, Voraussetzung für jede Form von Denken. »Bedeutsame Architektur zu schaffen heißt nicht, Geschichte zu parodieren, sondern sie zu artikulieren, heißt nicht, Geschichte auszulöschen, sondern sich mit ihr auseinanderzusetzen.«[264] Deshalb ist Libeskind auch nicht nur Erbauer, er *verhindert* auch das Bauen, wenn dieses zur Auslöschung des Gedächtnisses beizutragen droht. Als die Stadt Oranienburg 1993 den Bau einer großen Wohnsiedlung neben der Gedenkstätte des Konzentrationslagers Sachsenhausen plante und einen Wettbewerb ausschrieb, zu dem auch Libeskind eingeladen wurde, reichte er einen Entwurf ein, der nicht eine Wohnsiedlung, sondern den Erhalt und die Gestaltung der Gedenkstätte vorsah. Sein Entwurf, der bei den Beratungen der Jury einen dramatischen Streit heraufbeschwor, führte schließlich dazu, daß die Stadt von den Bauplänen wieder Abstand nahm.

Architektur stellt für Libeskind eine Gestalt der Sprache dar: Sie ist eine Denkstruktur, die die Umsetzung von Metaphern in eine visuelle Form beinhaltet, die einerseits Konkretisierung im Gebauten bedeutet, andererseits aber auch Sprache bleibt, zur historischen Reflexion anregt. Die moderne Architektur, so Libeskind, darf weder auf einer »ultimativen Beherrrschung der Technik« beruhen noch »mittels stummer Monumente ihre eigene Tradition erfinden«. Vielmehr muß sie bestrebt sein, eine »tiefere Ordnung zu erforschen, die nicht allein in sichtbaren Formen, sondern auch in unsichtbaren und verborgenen Quellen verankert ist, die die Kultur selbst – das Denken, die Kunst, die Literatur, den Gesang und die Bewegung – speisen«.[265] Damit wird Architektur zum Abbild eines umfassenden Begriffs von ›Kultur‹: Sie bezeichnet die Gesamtheit der ungeschriebenen, unausgesprochenen Gesetze, nach denen Menschen denken, handeln, fühlen. Aber sie versteht sich nicht als Instrument, das die Gesetze *niederlegt*, sondern als Werkzeug ihrer

Entzifferung. In der modernen Gesellschaft haben wir es oft mit ›ungeschriebenen‹ Gesetzen zu tun, mit ›vorsprachlichen‹ Gesetzen, die ihre Herkunft ›verschleiern‹ und so wie die visuellen Techniken »geräuschlos funktionieren«. Dennoch sind diese Gesetze in den säkularen Gesellschaften nicht minder wirkungsmächtig als in Gesellschaften mit festgelegter religiöser oder ideologischer Tradition. So gehört heute die ›Decodierung‹ zu den wichtigsten Aufgaben einer künstlerischen oder theoretischen Kulturarbeit. Das Werk von Daniel Libeskind trägt dazu bei, diese Aufgabe zu erfüllen: mit Hilfe ebenjener Mittel – Architektur, Medienverbund –, die das geschriebene Denken erfunden hatte, um die eigene Medialität zum Verschwinden zu bringen und die ›Texte magisch zu laden‹. Dabei bleibt immer ein Bewußtsein von der schöpferischen Macht jahrtausendealter Zeichen erhalten, in denen sich einst ein unsichtbarer Gott zu erkennen gab: »Einen Menschen in einer Sekunde zu erschaffen, braucht seine Zeit…«[266]

KAPITEL VII
DAS BEHAGEN
IN DER SCHULD

Welche Rolle spielt die Schuld für das kollektive Imaginäre und für die Homogenisierung der christlichen und postchristlichen Gemeinschaft? Die Schuld ist natürlich ein facettenreicher Begriff, der einerseits auf individueller, andererseits aber auch auf kollektiver Ebene eine Rolle spielt. Schuldig kann der einzelne sowohl gegenüber einem anderen als auch gegenüber der Gemeinschaft werden, deren Regeln er verletzt. Auch Gemeinschaften können untereinander schuldig werden – wie die deutsche Nation gegenüber dem jüdischen Volk. Aber gibt es eine kollektive Schuld? Das ist nach 1945 bestritten worden. Es gebe keine kollektive Schuld der Deutschen, sagte Theodor Heuß, der erste Präsident der Bundesrepublik, nur eine kollektive Scham. Doch das Schamgefühl ist eng an die Erfahrung der Leiblichkeit gebunden und kann daher schwerlich kollektive Formen annehmen. Oder ist die Rede von einer ›kollektiven Scham‹ als Verweis auf die ›Wirklichkeit‹ und Leiblichkeit des kollektiven Körpers zu lesen?

Mit der Frage nach einer kollektiven Schuld oder Scham stellt sich auch die Frage: Gibt es ein kollektives Ethos? Ethisches Verhalten beruht auf der Wahrnehmung des anderen, und diese Wahrnehmung impliziert die Erkenntnis der eigenen ›Unvollständigkeit‹. In genau dieser Hinsicht unterscheidet sich aber der Kollektivkörper vom individuellen, menschlichen Körper. Der kollektive Körper ist weder sterblich, noch ist er geschlechtlich und ›unvollständig‹ – auch dann nicht, wenn er sexuell codiert wird, um ›sinnlich‹ zu erscheinen. Darin besteht zwar die Anziehungskraft des Kollektivkörpers auf das Individuum, das sich als ›Glied‹ eines kollektiven Körpers erfährt, der ›leiblich‹ erscheint und dennoch ewig und unsterblich ist. Doch welche Implikationen hat die Imagination der Gemeinschaft als kollektiver ›Körper‹ für ethisches Verhalten? Widerspricht nicht das Selbstbild der griechisch-christlichen Gemeinschaft, die sich als ›ein Körper‹ imaginiert und dem Individuum darin eine ›Behausung‹ bietet, dem Prinzip dieses kollektiven Ethos?

Deshalb stellt sich die Frage, ob die unterschiedlichen Formen von Gemeinschaftsbildung Einfluß auf das ethische Verhalten der Individuen ausüben. Brian Stock schreibt, daß mündliche Kommunikation nur in »kleinen, isolierten Gemeinschaften mit einem starken Netzwerk von Verwandtschaft und Gruppensolidarität« funktionieren könne.[1]

Dieses auf Gegenseitigkeit beruhende ›Netzwerk‹ prägt auch das zwischenmenschliche Verhalten: Wer reziproke Gewalt befürchten muß, verhält sich vorsichtiger als jemand, der sich für unangreifbar oder unverletzbar hält.[2] Spinoza nannte die Selbsterhaltung das Fundament der Tugend:

> »Da nun ferner die Tugend [...] nichts anderes ist, als nach den Gesetzen seiner eigenen Natur handeln, und da niemand sein Sein [...] zu erhalten sucht als nach den Gesetzen seiner eigenen Natur, so folgt daraus: *Erstens*, daß die Grundlage der Tugend eben das Bestreben ist, sein eigenes Sein zu erhalten, und daß das Glück darin besteht, daß der Mensch sein Sein zu erhalten vermag. *Zweitens* folgt, daß die Tugend um ihrer selbst willen erstrebt werden müsse und daß es nichts gibt, was vortrefflicher und uns nützlicher wäre, um dessentwillen man es erstreben müßte, als eben sie.«[3]

Das Prinzip der Reziprozität kann auch auch auf kollektiver Ebene wirken. Im Ersten Weltkrieg ließen alle kriegführenden Parteien am Weihnachtsabend die Waffen ruhen. Für jede Seite hätte ein Überraschungsangriff in dieser Situation Vorteile gebracht. Wenn alle davon absahen, so deshalb, weil sie befürchten mußten, bei Nichtbeachtung des stillschweigenden Abkommens selbst zum Opfer eines Überraschungsangriffs zu werden. Aber kann dies schon als Ethos gelten? Hier handelt es sich eher um die Akzeptierung von Zwängen. Ethisches Verhalten hingegen basiert auf der Anerkennung eines *abstrakten* Gesetzes, das seine Gültigkeit auch dann behält, wenn der andere anonym bleibt und keine unmittelbare Rache zu befürchten ist. Von Ethos kann nur die Rede sein, wenn Rücksicht auf einen abstrakten Anderen genommen wird.

Die verschiedenen Schriftsysteme ließen Gemeinschaften entstehen, deren Kohärenz auf einer ›heiligen Schrift‹, einem abstrakten Gesetzeskodex oder ganz allgemein den Bedingungen der Kommunikationstechniken beruht. Jede dieser Gemeinschaften zeichnet sich erstens durch eigene Normen ethischen Verhaltens und zweitens durch ein spezifisches Beziehungssystem zwischen Individuum und Gemeinschaft aus. Könnte es nicht sein, daß die jeweilige Struktur der Gemeinschaftsbildung wiederum über die Formen des individuellen ethischen Verhaltens entscheidet? Um dieser Frage nachzugehen, muß man zunächst die Unterschiede zwischen Schuld und Scham betrachten.

Scham und Schuld

Die Scham, so Hilge Landweer, beruht auf dem Gefühl, »daß ich eine Norm verletzt habe, die ich ›eigentlich‹ anerkenne«.[4] Deshalb hängt, wie im Kapitel III beschrieben, das Gefühl der Scham auch eng mit der Geschichte des Sehens und Betrachtetwerdens zusammen (vgl. Kapitel ›Das ein-gebildete Geschlecht‹). Von Aristoteles[5] bis Sartre haben Philosophen immer wieder auf diesen Zusammenhang hingewiesen. Sartre, dem es in *Das Sein und das Nichts* um das Verhältnis von Subjekt und Objekt geht, beschreibt die Situation eines Menschen, der einen Park betritt, in dem er sich alleine wähnt. Er fühlt sich als Zentrum des Feldes, bis er einen anderen entdeckt. Nun sieht er sich gezwungen, den Blick des anderen auf ihn in seine Betrachtung einzubeziehen.[6] Die Erfahrung des Blicks eines anderen verschafft ihm das Gefühl zu existieren – »Es genügt, daß der Andere mich anblickt, damit ich das bin, was ich bin«–,[7] geht aber auch mit einem Gefühl von Verletzlichkeit einher. Durch die Perspektivverschiebung nimmt er sich selbst als verwundbar wahr:

»Der Blick, den die *Augen* manifestieren, von welcher Art sie auch sein mögen, ist reiner Verweis auf mich selbst. Was ich unmittelbar erfasse, wenn ich die Zweige hinter mir knacken höre, ist nicht, daß *jemand da* ist, sondern daß ich verletzlich bin, daß ich einen Körper habe, der verwundet werden kann, daß ich einen Platz einnehme und daß ich in keinem Fall aus dem Raum entkommen kann, wo ich wehrlos bin, kurz, daß ich gesehen werde.«[8]

Dieser Erfahrung ähnelt die Scham, die eng an die physische Wahrnehmung des Selbst gebunden ist: »Die Scham oder der Stolz enthüllen mir den Blick des Anderen und mich selbst am Ziel dieses Blicks, sie lassen mich die Situation eines Erblickten *erleben*, nicht *erkennen*.«[9] Dieses Gefühl des ›Erblicktwerdens‹ drückt sich laut dem Moralphilosophen Bernard Williams in dem Bedürfnis aus, sich verstecken oder das Gesicht verbergen zu wollen, ja »im Verlangen danach, ganz zu verschwinden, nicht mehr da zu sein. Es ist nicht der Wunsch, im Boden zu versinken, wie die Leute sagen, sondern daß der Ort, den ich besetze, augenblicklich leer sei.«[10]

Weil das Schamgefühl des Individuums eng mit dem Körper und dem Sehen verbunden ist, nimmt es auch sichtbare Formen an: Erröten, Stammeln, Abwendung des Blicks sind körperliche Reaktionen auf den Blick des anderen. Ist der Körper, wie Castoriadis schreibt, »das Scharnier der Verschränkung von Selbst und Anderen«,[11] so gilt dies auch für die

Scham, die nach Williams Mittler zwischen dem Selbst und der Welt sei.[12] Die Scham sei immer »interaktiv« und beruhe auf einer Form von »bonding«.[13] Doch auch wenn die Scham immer den Blick des anderen impliziere, so genüge oft schon der »imaginierte Blick eines imaginierten Anderen«. Der imaginäre Beobachter bilde die Grundlage einer »erweiterten sozialen Scham«;[14] er stelle einen ›internalisierten Anderen‹ dar:

> »Es mag seltsam erscheinen, die Scham mit einem Prozeß der Internalisierung erklären zu wollen. Doch die Wurzel der Scham liegt weniger in der sichtbaren Nacktheit selbst als in dem, was in den meisten, wenn auch nicht allen, Kulturen darin auf mächtige Weise zum Ausdruck kommt [...]. Die Wurzel der Scham liegt in einer allgemeineren Exponiertheit, in einer Situation der Benachteiligung, die ich verallgemeinernd als Verlust von Macht bezeichnen möchte. Das Gefühl der Scham stellt die Reaktion des Subjekts auf das Bewußtsein dieses Verlustes dar.«[15]

Als Ausdruck von Machtlosigkeit kann die Scham eine wichtige Funktion für das Individuum übernehmen. Gabriele Taylor hat die Scham als »das Gefühl des Selbstschutzes« beschrieben.[16] Im Kriegsgeschehen der Antike spielte die Scham in diesem Sinne eine wichtige Rolle. Das zeigen Homers Schlachtenbeschreibungen, in denen sich häufig Appelle an *aidós* finden, was soviel wie ›Scham‹, ›Ehrfurcht‹, ›Scheu‹ bedeutet. Ajax ruft den Kriegern zu: »Seid nun Männer, o Freund', und Scham erfüll euch die Herzen! / Ehret euch selbst untereinander im Ungestüm der Feldschlacht! Denn wo sich ehrt ein Volk, stehn mehrere Männer denn fallen.«[17] Das Wort *aidós* taucht sogar als Schlachtruf auf.[18] Das bedeutet aber, daß sich das Schamgefühl von demselben Trieb – der Selbsterhaltung – ableitet, der laut Spinoza auch das Fundament der Tugend bildet. So gesehen erscheint ethisches Verhalten mit der Scham vereinbar, wenn nicht sogar zwingend verbunden.

Bezieht sich die Scham auf das Gefühl, gegen eine Norm verstoßen zu haben, die von den anderen verkörpert wird, so geht es bei der Schuld eher um abstrakte Gesetze. Die Schuld bezieht sich also auf ein Vergehen, das mit der symbolischen Ordnung zusammenhängt. Anders als in der jüdischen Tradition hat aber die symbolische Ordnung, auf der die christlich-griechische Gemeinschaftsbildung basiert, ein kollektives Imaginäres hervorgebracht, das seinen Ursprung vergessen zu machen bestrebt ist. In diesem Rahmen impliziert das Gefühl der Schuld – anders als die Scham – nicht die Differenzierung zwischen Individuum und Gemeinschaft, sondern die Aufhebung dieser Unterscheidung. Die Schuld basiert nicht auf einem internalisierten Anderen, sondern auf internalisierten *Normen* – und diese führen zu einem Verschwinden der Grenzen zwischen dem Ich und dem Wir. Schuld entsteht da, wo »es keine Distanz zwischen Subjekt und internalisierter Gestalt gibt; die Schuld stellt ein Gefühl dar, das im Angesicht einer Abstraktion, eines Moralgesetzes erfahren wird, die zu einem Teil des Selbst geworden sind«.[19] Die Scham hingegen ist moralisch neutral, weil sie keinem abstrakten Gesetz unterliegt. Bei der Schuld stellt der ›Andere‹ selbst ein Abstraktum dar. Es gibt keine auf einem *konkreten* Anderen basierende Reziprozität: Die ›Gegenseitigkeit‹ beruht auf einem Gesetz, das willkürlich verändert werden kann und dazu beiträgt, die Grenze zwischen Individuum und Gemeinschaft aufzuheben. »Wenn die Vorstellung von Schuld jenseits eines bestimmten Punktes verfeinert wird und die primitive Grundlage von Angst und Zorn hinter sich läßt, basiert sie auf dem Respekt vor einem abstrakten Gesetz und beinhaltet keine besondere Verbindung zu den Opfern *[victims]*.«[20] Die Schuld bringt also in gewisser Hinsicht die Erfahrung der Gegenseitigkeit zum Verschwinden, weil der ›Andere‹ – über das abstrakte Gesetz – mit dem Selbst identisch wird. Das gilt aber vor allem für die Gemeinschaft, die ein abstraktes Gesetz, das der symbolischen Ordnung zugehört, ›naturalisiert‹ und in das kollektive Imaginäre überführt hat. Wie soll unter diesen Bedingungen Ethos, das auf der Erkenntnis der eigenen Verletzlichkeit beruht, entstehen? »Wenn der Andere auf der Ebene des Ethos definiert wird, spielt er dann noch irgendeine bedeutende Rolle bei diesen geistigen Prozessen? Hat er einen selbständigen Anteil an meiner Psychologie, wenn er aus meinen eigenen gegebenen Materialien konstruiert wird? Wenn seine Handlungen nur als Reaktionen imaginiert werden auf das, was ich für richtig halte, so verdient er es, gestrichen zu werden: Er ist kein *Anderer*.«[21]

Im Ethos ist das Paradox enthalten, daß es einerseits auf abstrakten Gesetzen beruht, auf denen das Zusammenleben der Gemeinschaften basiert – es erfordert also eine gewisse Bereitschaft zur ›Homogenisierung‹ –, andererseits aber eines Individuums bedarf, das sich als ›unvollständig‹ begreift, um wirkungsmächtig zu werden. Ein Individuum kann sich auch dann ethisch verhalten, wenn es damit Schuld auf sich lädt: Eine Familie, die unter den Nationalsozialisten Juden dazu verhalf, im Versteck zu überleben, machte sich schuldig (im Sinne des ›Gesetzes‹), verhielt sich aber ethisch. Kann aber eine Gemeinschaft sich ethisch verhalten? Sie müßte in Widerspruch zur Norm geraten, zum Prinzip also, das die Kohäsion von Gemeinschaften sichert. Und enthält diese Frage nicht den Schlüssel zu einem Problem, das sich in der Moderne verschärft hat? Dieses Problem besteht darin, daß derselbe Mensch, der individuell davor zurückschreckt, einem anderen Leid zuzufügen, in der Gruppe dazu fähig wird, wenn nicht sogar Befriedigung darin findet. Wir haben gesehen, wie sehr das griechisch-christliche Denken dazu beitrug, Gemeinschaftsstrukturen entstehen zu lassen, bei denen das Ich mit dem Wir symbiotisch verschmilzt. Es hat sich auch gezeigt, daß Gemeinschaften, die sich als ›Schriftkultur der Unbelesenen‹ definieren lassen – im Sinne von Unfähigkeit, zwischen symbolischer und ›natürlicher‹ Ordnung zu unterscheiden –, eine besondere Neigung zu Gewalt eigen ist. Die Tatsache, daß ein abstraktes, symbolisches ›Gesetz‹ mit einem ›Naturgesetz‹ verwechselt wird, läßt es richtig erscheinen, der angeblichen ›Natur‹ zu ihren Rechten zu verhelfen, auch mit Gewalt. Dies hat auch Folgen für die Frage des Ethos. Ethisches Verhalten setzt voraus, daß ich das abstrakte Gesetz von der ›Natur‹ unterscheide, also als symbolische Ordnung erkenne, der ich mich in einem *bewußten Akt* zu unterwerfen habe, um den Fortbestand einer abstrakten Gemeinschaft zu sichern.

Damit stellt sich auch die Frage nach der *kollektiven Schuld* in besonderer Weise. Es sind – vor allem in der Moderne – immer wieder kollektive Verbrechen begangen worden. Warum soll es dann nicht auch eine kollektive Schuld für diese Verbrechen geben? Anders als von Theodor Heuß angenommen, läßt sich die Scham eben nicht auf das Kollektiv übertragen. Das Schamgefühl, das an die individuelle Leiblichkeit und an das Bewußtsein der eigenen Sterblichkeit gebunden ist, ist der kollektiven Erfahrung konträr. Eine Nation mit ihrem ›imaginierten Körper‹ kann sich weder entblößen (im Sinne einer sexuellen Scham) noch Schmerzen (im physischen Sinne) empfinden; deshalb bleibt ihr – als Nation – das Gefühl der Scham verwehrt. Gewiß können Individuen, die dieser Nation angehören, Scham dafür empfinden, daß in ihrem Namen kollektive Verbrechen verübt wurden; doch diese Scham geht von jedem einzeln aus. Und auch wenn es viele sind, so bleibt es eine individuelle Empfindung, die mit dem Begriff des ›Kollektiven‹ nicht zu fassen ist. Die Schuld hingegen unterliegt abstrakten Gesetzen. Es gibt sie sogar dann, wenn ein großer Teil der Bevölkerung nicht zu ›Tätern‹ geworden ist und sich nicht unmittelbar an der Ausübung der Verbrechen beteiligt hat. Das Prinzip der Schuld beruht auf der ›Existenz‹ der Gemeinschaft selbst und damit auch auf der *Zugehörigkeit* zu diesem sozialen Körper, der dem einzelnen – ob er handelt oder nicht – eine ›Behausung‹ bietet.

Jeder, der in dieser ›Behausung‹ aufgehoben ist – und wir haben gesehen, daß Menschen unterschiedlich auf diese ›Zugehörigkeit‹ reagieren können –, wird so mitschuldig an den kollektiv begangenen Verbrechen.

»Phänomenal läßt sich nur konstatieren, daß öffentliche Schambekenntnisse niemals unmittelbarer Gefühlsausdruck sein können, da dies den leiblichen Richtungen der Scham widerspräche.«[22] Warum ist dann nach 1945 so viel von der kollektiven Scham die Rede? Vom Wunsch, ›im Boden zu versinken‹, kann hier schwerlich die Rede sein; sonst würde die Scham nicht so öffentlich zur Schau gestellt. Oder könnte dieses Schamgefühl als Symptom dafür zu lesen sein, daß der eigene Körper als vom Kollektivkörper ununterscheidbar erfahren wird. Dann wären aber in diesem ›Schamgefühl‹ dieselben Kräfte aktiv, die zu den Verbrechen selbst geführt haben und die auf der Identifizierung des Selbst mit dem Wir beruhen. Dieses Schamgefühl wäre dem Gefühl, das dem Ethos zugrunde liegt, geradezu konträr, denn ethisches Verhalten verlangt vom Individuum einerseits die Bereitschaft, die Bindungskraft abstrakter Normen anzuerkennen, andererseits aber auch die Bereitschaft, sich *nicht* mit den Normen zu identifizieren, nicht das Ich und das Wir in eins fließen zu lassen.

Parallel zu diesem ›kollektiven Schamgefühl‹ hat sich im modernen Sprachgebrauch auch ein neues Konzept von Schuld durchgesetzt, das der individuellen Scham sehr ähnlich ist. Vor allem der aus der Psychoanalyse stammende Begriff des ›Schuldgefühls‹ hat Ähnlichkeit mit der Erfahrung der Depotenzierung, die Williams als die Grundlage des Schamgefühls beschrieben hat. Landweer bezeichnet diesen modernen Schuldbegriff als »Ungenauigkeit des Alltagssprachgebrauchs«.[23] Doch läßt sich diese andere Bedeutung allein mit der Nachlässigkeit der Alltagssprache abtun? Liegt hier nicht womöglich eine tatsächliche Verlagerung der Bedeutung von ›Schuld‹ im Sinne von ›Scham‹ vor – und stellt diese nicht womöglich eine Reaktion auf die Verwischung der Grenze zwischen dem Ich und dem Wir dar? Wir haben gesehen, daß die Schuld ein Gesetz des Kollektivs darstellt und daß die Scham an die individuelle Erfahrung gebunden ist. Wenn sich aber die Schuld die Charakteristika der Leiblichkeit angeeignet hat und so zu einem ›Motor‹ des kollektiven Imaginären geworden ist, das einzelne Ichs in die Gemeinschaftserfahrung einbindet, so könnte es doch sein, daß sich auch ein Konzept von ›Schuld‹ durchgesetzt hat, das sich dieser Gemeinschaftserfahrung verwehrt. Das würde bedeuten, daß es zwei Konzepte von Schuld gibt, von denen das eine zum ›dionysischen Gefühl‹ beiträgt, mit dem Nietzsche in der *Geburt der Tragödie* das Kollektivverhalten beschrieben hat, während das andere dem Kollektivverhalten konträr ist. In Wirklichkeit ist die Sache aber noch komplizierter, weil auch das Gefühl von Depotenzierung zur Gemeinschaftsbildung beitragen kann. Und um den verschiedenen Funktionen von Schuld für die Gemeinschaftsbildung näherzukommen, sollen zunächst die unterschiedlichen Konzepte von ›Schuld‹ in der jüdischen und der christlichen Tradition betrachtet werden. Auch hier beruht dieser Vergleich notwendigerweise auf idealtypischen Charakterisierungen, die sich zudem in diesem Fall vor allem auf die Westkirche des Christentums beziehen, das allerdings historisch auch wirkungsmächtiger wurde als die Ostkirche.

›Schuld‹ in der jüdischen und der christlichen Tradition

Freud erklärte die ›Schuld‹ zur Quelle religiösen Denkens. Nur sie könne den »Zwangscharakter erzeugen, der den religiösen Phänomenen zukommt«.[24] Im Schuldbewußtsein für den ›Vatermord‹, »das von den Propheten ohne Unterlaß wachgehalten wurde«, sah er die Grundlage der jüdischen Religion. Dieses habe »einen integrierenden Inhalt des religiösen Systems« gebildet und dabei noch eine »andere oberflächliche Motivierung, die seine wirkliche Herkunft geschickt maskierte«, zur Folge gehabt: Solange sich die Verheißungen nicht erfüllten,

»bot das Schuldgefühl ob der eigenen Sündhaftigkeit eine willkommene Entschuldung Gottes. Man verdiente nichts Besseres, als von ihm bestraft zu werden, weil man seine Gebote nicht hielt, und im Bedürfnis, dieses Schuldgefühl, das unersättlich war und aus soviel tieferer Quelle kam, zu befriedigen, mußte man diese Gebote immer strenger, peinlicher und auch kleinlicher werden lassen. In einem neuen Rausch moralischer Askese legte man sich immer neue Triebverzichte auf und erreichte dabei wenigstens in Lehre und Vorschrift ethische Höhen, die den anderen Völkern unzugänglich geblieben waren.«[25]

Im Gegensatz zum Christentum kennt die jüdische Religion die ›Erbsünde‹ nicht. Dementsprechend gilt die Gestalt der Eva als *Urmutter*, die »Mutter aller Lebendigen«,[26] und nicht als Verkörperung des Sündenfalls und der Verführung wie im Christentum. Für die jüdische Religion ist die Sexualität selbst auch nicht sündhaft: weil sie erstens die Kontinuität der Gemeinschaft sichert und weil zweitens der Geschlechtlichkeit auch die ›Unvollständigkeit‹ eingeschrieben ist.

Die ›Sünde‹ in der jüdischen Religion besteht im Abfall von den Gesetzen Gottes: eine Sünde, die nicht nur den einzelnen, sondern die Gemeinschaft selbst gefährdet. Gott kann nur unter seinem Volk wohnen, wenn das ›Haus‹ rein und durch keine Sünde ›verseucht‹ ist. »Die Gegenwart Gottes erfordert somit, daß jeder Sünder und jeder Unreine aus dem Volk ausgestoßen wird.«[27] Sünde und Unreinheit sind nicht nur die private Angelegenheit des einzelnen, sondern sie erstrekken sich auf ganz Israel. Sie »verhalten sich gewissermaßen wie eine Epidemie, die vom Schuldigen her über ganz Israel um sich greift und das Land, sogar bis zum Heiligtum, infiziert«.[28] So kennt die Priesterschaft zahlreiche Reinigungsrituale und Sühneopfer, ein eigenes für jede Form von Vergehen. Ist das Verschulden gegen Gott so groß, daß es durch Rituale und Sühneopfer nicht gelöscht werden kann, so droht dem Sünder der Verstoß aus der Gemeinschaft – wie etwa beim Sünder, der gesteinigt wird, weil er am Sabbat gearbeitet hat. Entscheidend an diesem Konzept von Schuld ist also der Bezug zur Gemeinschaft, und jeder Verstoß gegen die Gebote Gottes stellt ein Vergehen an der Gemeinschaft dar, weil er dazu führt, »daß Gott sich aus seiner Wohnstätte zurückzieht«[29] und somit das Überleben der Gemeinschaft gefährdet ist.

Mit der Säkularisierung verlagert sich dieses Konzept von Schuld auf eine andere Ebene. Es bezieht sich nun direkter auf die Gemeinschaft selbst und nicht auf das ›Wohnen‹ Gottes in der Gemeinschaft. Freud hat die Schuldgefühle beschrieben, die ihn bei seinen Betrachtungen von Michelangelos *Moses* befielen. Er habe versucht, dem zürnenden Blick standzuhalten: »und manchmal habe ich mich dann behutsam aus dem Halbdunkel des Innenraumes geschlichen, als gehörte ich selbst zu dem Gesindel, auf das sein Auge gerichtet ist, das keine Überzeugung festhalten kann, das nicht warten und nicht vertrauen will und jubelt, wenn es die Illusion des Götzenbildes wiederbekommen hat«.[30] Yerushalmi fragt sich nun: »Welche Macht der Erde konnte bei einem Mann wie Freud, der um eine neue Wissenschaft von der menschlichen Seele rang und zu Recht darauf stolz war, der ›kompakten Majorität‹ nicht gefolgt zu sein, solche Schuldgefühle auslösen – wenn nicht jüdische Schuld im wahrsten Sinne des Wortes?«[31] Freuds ›Schuld‹ (und sein Schuldgefühl) habe darin bestanden, sich der jüdischen Religion, der Religion des Vaters, entfremdet zu haben. Erst durch die Arbeit am *Mann Moses* habe er diese Schuld beglichen. Er habe nun endlich den väterlichen Auftrag erfüllt – allerdings auf eine Weise, die weniger dem traditionellen Religionsbegriff als einem modernen Begriff von ›jüdischer Identität‹ geschuldet ist.

»Meine These ist also, daß die Auflösung der Schuld, die Freud in San Pietro in Vincoli (und gewiß nicht nur dort) empfunden hatte, einen psychologischen Sieg darstellt. Dadurch, daß er *Der Mann Moses* schreibt, gehorcht er nachträglich dem Vater und erfüllt durch erneutes eingehendes Bibelstudium dessen Auftrag. Gleichzeitig bewahrt er sich durch seine Interpretation die Unabhängigkeit vom Vater. Er bestreitet die ›materielle Wahrheit‹ des biblischen Berichts, verkündet aber voller Entdeckerfreude dessen ›historische Wahrheit‹.«[32]

Im jüdischen Denken beinhaltet die Säkularisierung der ›Schuld‹ also Treue gegenüber der jüdischen Gemeinschaft. Folgt man der im Kapitel II vorgeschlagenen Gleichsetzung der Gestalt ›Moses‹ mit der Schriftlichkeit selbst, so könnte man auch sagen, daß Freud sich zur ›Beschneidung‹, dem Symbol des Bundes, bekennt, die zugleich ein Bekenntnis zu einer spezifischen Wirkungsmacht der Schriftlichkeit beinhaltet – einer Wirkungsmacht, die wir als Anerkennung der Differenz, der ›Unvollständigkeit‹ beschreiben könnten. (Daß Freud diese ›Unvollständigkeit‹ auch als ›Kastration‹ beschrieben hat – und mit dem Begriff der ›Schuld‹ sowohl die Schuld am ›Vatermord‹ als auch die Angst vor der Kastration durch den Vater bezeichnet hat –, mag der Tatsache geschuldet sein, daß er in einer Kultur lebte, die die ›Unvollständigkeit‹ tatsächlich mit Kastration gleichsetzte: Als Vorstellung charakterisiert diese Gleichsetzung eher das griechisch-christliche Denken als das jüdische.)

Wenn es stimmt, daß ethisches Verhalten einerseits auf der Bejahung abstrakter Normen und andererseits auf der Verantwortung des einzelnen für das Wohlergehen der Gemeinschaft beruht; und wenn es stimmt, daß die jüdische Tradition sowohl das Wissen um die Abstraktheit der Normen als auch die individuelle Verantwortung für ihre Einhaltung fordert – eine Forderung, die im Bilderverbot wie in der Betonung der Geschlechterdifferenz ihre tiefste Prägung erfährt –, so hätten wir es in der jüdischen Tradition, im religiösen wie im säkularen Kontext, mit einem Konzept von Gemeinschaft zu tun, das der Paradoxie ethischen Verhaltens in Schriftgesellschaften gerecht zu werden scheint: Sie fordert einerseits die Akzeptierung kollektiver Normen, verlangt andererseits aber auch die Unterwerfung unter diese Normen als bewußte individuelle Entscheidung.

Anders das Konzept der ›Schuld‹ im Christentum. Sah Freud im Schuldbewußtsein für den ›Vatermord‹ die Quelle der jüdischen Religion, so sah er die des Christentums in der Befreiung von dieser Erbschaft:

»*Paulus*, ein römischer Jude aus *Tarsus*, griff dieses Schuldbewußtsein auf und führte es richtig auf seine ursprüngliche Quelle zurück. Er nannte diese die ›Erbsünde‹, es war ein Verbrechen gegen Gott, das nur durch den Tod gesühnt werden konnte. Mit der Erbsünde war der Tod in die Welt gekommen. In Wirklichkeit war dies todwürdige Verbrechen der Mord am später vergötterten Urvater gewesen. Aber es wurde nicht an die Mordtat erinnert, sondern anstatt dessen ihre Sühnung phantasiert, und darum konnte diese Phantasie als Erlösungsbotschaft (Evangelium) begrüßt werden. Ein Sohn Gottes hatte sich als Unschuldiger töten lassen und damit die Schuld Aller auf sich genommen. Es mußte ein Sohn sein, denn es war ja ein Mord am Vater gewesen.«[33]

Der ›Erlöser‹ konnte, so Freud, in der Phantasie der Zeitgenossen »kein anderer sein als der Hauptschuldige, der Anführer der Brüderbande, die den Vater überwältigt hatte«. Christus sei »der Erbe einer unerfüllt gebliebenen Wunschphantasie«, daß es einem einzelnen gelungen sei, den Vater zu bezwingen und so einen »Ersatz für die aufzugebende, in der Gemeinschaft untergehende Vateridentifizierung zu schaffen«.[34]

Wenn aber die große Idee des Paulus darin bestand, zu sagen, »wir sind von aller Schuld erlöst, seitdem einer von uns sein Leben geopfert hat, um uns zu entsühnen«,[35] so stellt sich die Frage, welche Funktion die Schuld in der christlichen Religion haben kann. Wenn das Selbstopfer des Sohnes die Erlösung von der ›Schuld‹ am Vater mit sich gebracht hat, worauf beruht dann die Macht von Schuld und Sünde in der christlichen Lehre? Und warum tritt dieses Gefühl von Schuld gerade in den antisemitischen Bildern und Handlungen immer wieder besonders deutlich zutage? Zur Beantwortung dieser Fragen möchte ich zunächst eine Lektüre von Shakespeares *Hamlet* aus der Perspektive christlicher Schuld anbieten.

Hamlet

Der *Hamlet*-Stoff läßt sich aus verschiedenen Gründen unter dem Aspekt der Schuld lesen. Erstens gibt es im *Hamlet* einen Königsmord (die Tötung eines ›großen Mannes‹). Zweitens erscheint das Konzept der ›Sohnesreligion‹ der Figur des Hamlet nicht ganz fremd: Allerdings geht es bei Hamlet nicht um den Mord am Vater, sondern um die Rache für diesen Mord; auch ist das ›Selbstopfer‹ des Sohnes besonderer Art.

Anders als Christus opfert Hamlet sich nicht, sondern er nimmt eine Schuld in Form von Depotenzierung auf sich. Aus diesem Grund gilt Hamlet, mit seinen Selbstzweifeln und seiner Handlungsunfähigkeit, auch als Prototyp des ›modernen Schuldgefühls‹. Von einigen Theoretikern wird dieses Schuldgefühl als »dispositional guilt« umschrieben – ein Begriff, der sich mit »einem der Psyche eingeschriebenen Schuldgefühl« übersetzen ließe; oder auch: als ›erworbene Eigenschaft‹, die den Anschein einer angeborenen Eigenschaft angenommen hat. Auch das von Williams beschriebene Schuldkonzept eines internalisierten Anderen findet sich in der Figur des Hamlet repräsentiert. Drittens läßt sich am Beispiel des *Hamlet* auch der Frage nachgehen, wie es zur zweiten Bedeutung von ›Schuld‹ im Sinne von Depotenzierung kommen konnte. Insgesamt, so die These, verbirgt sich in Shakespeares Drama der Ursprung eines zugleich christlichen und *modernen* Konzepts der Schuld.

Shakespeares *Hamlet* entstand zwischen 1601 und 1604 (es gibt zwei Fassungen), ist also zeitlich dem Prozeß der Säkularisierung zuzuordnen (wo man deren Beginn auch immer ansetzen mag: ob mit der Transsubstantiationslehre, der ›Erfindung der Nation‹, der Renaissance in der Kunst oder dem Beginn des ›wissenschaftlichen Denkens‹). Darüber hinaus gibt es wenige Stoffe, die über so lange Zeit ihre Aktualität bewahrt haben wie der *Hamlet*. Die Inhalte dieses Dramas, obgleich Literatur und deshalb Teil des ›kulturellen Gedächtnisses‹, sind offenbar auch ›Krypte‹ im Sinne von Abraham und Torok: Sie transportieren ein ›Geheimnis‹, das dem kollektiven Gedächtnis eingeschrieben ist, aber nicht laut gesagt wird.

Shakespeares *Hamlet* ist oft als ein Werk interpretiert worden, in dem es um Inzest geht bzw. um die Unfähigkeit des Sohnes, sich von der Mutter zu lösen. Tatsächlich benutzt Shakespeare das Wort »incest«, bezieht es aber auf die Ehe Gertrudes mit dem Mörder ihres ersten Ehemannes. So sagt der Geist zu Hamlet: »Laß das königliche Bett von Dänemark kein Lager sein von Unzucht und fluchbeladner Blutschande [*incest*].«[36] Doch ist die Tatsache, daß Gertrude das Ehebett mit dem Bruder ihres ermordeten Mannes teilt, kein »inzestuöses Verbrechen«. Auch das Verhältnis zum Sohn ist nicht im Sinne einer inzestuösen Beziehung zu lesen: In der einzigen Szene, die sich überhaupt als ein Hinweis auf ein zu enges Mutter-Sohn-Verhältnis interpretieren ließe – das Gespräch zwischen Hamlet und der Königin in Gertrudes Schlafzimmer –, erscheint der Geist des Vaters, um *zwischen* Mutter und Sohn zu treten. Die Szene stellt eine geradezu paradigmatische Umsetzung des Lacanschen *Nom-du-Père* dar (vor allem, wenn man bedenkt, daß laut Lacan »der Symbolische Vater, soweit er dieses Gesetz bedeutet, wohl der Tote Vater ist«[37]).

Es kann also nicht vom Inzest im traditionellen Sinne die Rede sein; dennoch bietet sich eine andere Interpretationsmöglichkeit für den Topos des ›incest‹ in diesem Werk an. Die ›Blutschande‹ erscheint als eine Parabel für ein anderes Vergehen oder eine Grenzüberschreitung, um die es Shakespeare zu gehen scheint. Neben dem Brudermord (der im *Hamlet* mehrfach im Zusammenhang mit »incest« erwähnt wird) gibt es auch die Anklage gegen eine Geschlechterordnung, die Symbiose, das Verschwinden der geschlechtlichen Differenz und die Auflösung des Unterschieds zwischen dem Ich und Du beinhaltet. Hamlet nennt seinen Onkel und Stiefvater »Mutter«. Er erklärt: »Vater und Mutter sind Mann und Weib, Mann und Weib sind ein Fleisch: somit meine Mutter.«[38] Dies ist der ›Inzest‹, den Shakespeare meint. »Der Trank, der Trank, ich bin vergiftet!« Mit diesen Worten auf den Lippen stirbt Hamlets Mutter Gertrude, nachdem sie von ihrem eigenen Ehemann vergiftet worden ist. Ihr vergifteter Trank könnte sich auch auf eine Geschlechterordnung beziehen, der das Ideal der ›Blutsbande‹ zugrunde liegt und die als ›Blutschande‹ gelesen wird. Daß dieser ›Inzest‹ als tödlich begriffen wird, zeigt sich in der letzten Szene, als Hamlet den König mit einem vergifteten Schwert ersticht und ihm den Trank reicht: »Hier, du blutschänderischer, mörderischer, verfluchter Däne, trink dies Gebräu aus.«[39] Im Original folgt dann der Satz: »Is thy union here?«, der in den deutschen Übersetzungen einfach übergangen wird. Dennoch spricht gerade das Bild der ›union‹, Vereinigung, dafür, daß Shakespeare mit dem ›gift'gen Becher‹ auch den Abendmahlskelch meinte.

Die Vorstellung einer Geschlechterordnung, die Aufhebung der Differenz und symbiotische Vereinigung besagt, war zu Shakespeares Zeiten noch relativ jung. Sie war erst im Hochmittelalter entstanden, gleichzeitig mit einem neuen Konzept der Liebe zu Gott, das ebenfalls Verschmelzung und Einswerdung des Fleisches beinhaltete und in der Transsubstantiationslehre seine ›Naturalisierung‹ erfuhr. Die Kritik an der christlichen Verknüpfung der ›Passion‹ des Fleisches mit der ›Passion‹ des heiligen Abendmahls findet an mehreren Stellen im *Hamlet* ihren Ausdruck. Zum Beispiel, wenn Hamlet zu Horatio sagt: »Gebt mir den Mann, der nicht Sklave seiner Leidenschaft [*passion*] ist, und ich will ihn in meiner Herzensmitte tragen, ja im Herzen meines Herzens, so wie dich.«[40] Das neue Konzept von Liebe, das die Unauflösbarkeit der Ehe zur Folge hat, setzte sich im 13. Jahrhundert zeitgleich mit der ersten Niederlegung des Hamlet-Stoffes durch.[41] Diese Faktoren werfen ein besonderes Licht auf Gertrudes »vergifteten Trank«. Während sich in der Kirche Blut und Wein bei der Konsekration in einem gleichsam magischen Akt in den realen Leib und das reale Blut des Erlösers verwandeln, weiht der König im Schlußakt von *Hamlet* den Becher mit den Worten: »Der König wird auf Hamlets besseren Atem trinken, und in den Becher wird er eine Einzelperle werfen, köstlicher als jene, die vier Könige nacheinander in der Krone Dänemarks getragen haben.«[42] Mit diesen Worten erhebt er den Becher und wirft eine Perle hinein. Im gleichen Moment vollzieht sich mit dem Trank ein magischer Wandel: Aber anders als bei der Messe verwandelt sich der Wein nicht in Blut, das Unsterblichkeit verleiht, sondern er wird zu tödlichem Gift. Daß mit diesem Gift auch *Blut* gemeint ist, dafür spricht Hamlets Monolog, wenn er die nächtliche Geisterzeit beschwört, in der »die Hölle selbst Verpestung auf die Erde haucht: Jetzt könnt' ich heißes Blut trinken«.[43] Oder auch die Tatsache, daß das Gift, mit dem Hamlets Vater ermordet wird (der Saft der Eibe), als »Feind des menschlichen Blutes« bezeichnet wird: Es vereine sich »so rasch wie Quecksilber« mit dem Körper des Menschen und bringe mit »jäher Kraft, wie saure Tropfen in der Milch, dünnes und gesundes Blut« zum Gerinnen.[44] Während sich im Christentum die Lebendigkeit des geopferten Blutes (Christi oder der Märtyrer) darin manifestiert, daß sich geronnenes Blut verflüssigt – davon erzählen die Legenden und Wunder der blutenden Hostien, der blutenden Ikonen oder auch das zweimal jährlich sich ereignende Wunder von Neapel, wo sich das in einer Phiole aufbewahrte Blut des heiligen Gennaro verflüssigt[45] –, ist im *Hamlet* von einer Substanz die Rede, die das lebendig pulsierende Blut zum Stillstand bringt.

Um diese Frage scheint es Shakespeare im Zusammenhang mit der Schuld zu gehen: um das Ideal einer Geschlechterbeziehung, die ihre Anziehungskraft aus der Analogie zur religiösen Vereinigung mit Gott bezieht und die ebendeshalb auf politischer Ebene große Wirkungsmacht entfaltet. Der Inzest spielt, wie wir gesehen haben, im säkularen Kontext eine wichtige Rolle. Die sexuelle Vereinigung mit der Schwester tritt gleichsam *an die Stelle* der Einswerdung mit Gott. Im Säkularisierungsprozeß *ersetzt* der ›Inzest‹ die Kommunion, den Verzehr des göttlichen Körpers: ein Vorgang, der sich u. a. im Gegenbild vom ›giftigen‹ oder ›zersetzenden‹ Blut des ›Juden‹ zeigt. Das soll natürlich nicht heißen, daß Shakespeare schon die historischen und politischen Dimensionen eines Topos kannte, der erst sehr viel später, vor allem im rassistischen Antisemitismus, seine volle Bedeutung erlangen sollte. Eine Dimension, die für seine Zeit jedoch erkennbar war, ist die Verlagerung der Fruchtbarkeitssymbolik des Blutes von einer weiblichen (oder generativen) Symbolik zu einer Symbolik der *geistigen* Fruchtbarkeit. Die These lautet also, daß Shakespeare mit dem ›vergifteten Becher‹ auch den Kelch meinte, in dem der Christ seit dem Mittelalter seine Erlösung suchte.

Der Vorwurf, den Hamlet gegen seine Mutter wie gegen Ophelia erhebt, lautet: Wankelmütigkeit *[fickleness]*. Er beklagt ihre Verführbarkeit, Anfälligkeit – eine Verführbarkeit, die sein Geist gewordener Vater ausdrücklich in Beziehung zum Vorwurf des Inzestes setzt:

»Ja, jenes blutschänderische, jenes ehebrecherische Tier gewann durch Hexerei seines Verstandes, durch Verrätergaben – o schnöder Verstand und Gaben. Die die Macht besitzen, so zu verführen – zu seiner schändlichen Wollust den Willen meiner scheinbar völlig tugendhaften Königin.«[46]

In dem vorgeschlagenen Kontext könnte mit dieser ›Wankelmütigkeit‹ der Frauen die mangelnde Fähigkeit oder Bereitschaft gemeint sein, an der Unterscheidung zwischen den Geschlechtern festzuhalten. Erinnert sei an die im vorigen Kapitel behandelte ›Mitschuld‹ der Frauen im Nationalsozialismus, die vor allem in der ›Erotisierung‹ der ›Opferrolle‹ bestand. John Carroll, ein englischer Historiker, der sich im Rahmen einer Geschichte der ›Schuld‹ mit dem *Hamlet*-Stoff beschäftigt hat, reiht Hamlet in den »matriziden Schuldtypus« ein: ein Typus, der aus einer engen Mutterbindung heraus eine Aggressionshemmung entwickelt habe und seine Aggressionen deshalb gegen das Selbst richte.[47] Für Carroll besteht das ›eigentliche‹ Problem Hamlets in der Unmöglichkeit, sich gegen die Mutter abzugrenzen. Setzt man jedoch an die Stelle dieses Konflikts das Problem einer Abgrenzung gegen das andere Geschlecht, deren Aufhebung das Ideal der christlichen Geschlechterordnung charakterisiert, so verschiebt sich die Perspektive. Der Ausspruch »Schwachheit, dein Name ist Weib«[48] und die Forderung Hamlets an seine Mutter, dem neuen Ehemann das Bett zu verbieten, beziehen sich so auf die sexuelle Verführbarkeit, durch die die Aufhebung der Geschlechterdifferenz und das Ideal der symbiotischen Vereinigung in das Leben der Gemeinschaft Einzug halten und ihre politische Wirkungsmacht entfalten konnten. Auch Hamlets vieldeutige

Bemerkung an Ophelia, »geh in ein Nonnenhaus«[49], gewinnt in diesem Kontext einen eigenen Sinn. »Nunnery« wird im Deutschen mit Kloster oder ›Nonnenhaus‹ übersetzt, war im Elisabethanischen England aber auch ein Umgangswort für Bordell[50] – und beides, das Kloster wie das Bordell, waren die einzigen Orte, in denen Frauen sich dem neuen Konzept von ›symbiotischer‹ Sexualität und Liebe zu entziehen vermochten.

Auch die Form, in der sich die Ermordung des Vaters vollzieht, spricht dafür, daß im *Hamlet* die Erbschaft eines ›naturalisierten‹ christlichen Glaubens verhandelt wird: Das Gift, an dem Hamlets Vater stirbt, wird ihm *ins Ohr* geträufelt. Das Gehör ist, wie schon dargestellt, das Organ der ›Hörigkeit‹ wie auch das einer ›geistigen Befruchtung‹, bei der die mündliche Sprache durch das geschriebene Wort geprägt wird. Der Vater/Geist sagt zu Hamlet: »Schenk dem aufmerksam Gehör, was ich enthüllen werde«; und Hamlet antwortet ihm ge*hor*sam: »Sprich, ich bin gehalten zu hören.« Der Geist, der nicht über die Höllenqualen, die er erleidet, sprechen mag, sagt dennoch: »Aber solches Verkünden ewiger Dinge vor Ohren aus Fleisch und Blut darf nicht geschehn. Höre, höre, o höre! Wenn du deinen Vater je geliebt hast.« Im Original ist nicht von ›ewigen Dingen‹, sondern von ›eternal blazon‹ die Rede, was auf das mit der Schuld eng verbundene christliche Konzept des Fegefeuers anspielt. Schließlich sei die ›Lüge‹ über den Tod des Königs – man hatte verbreitet, der König sei an einem Schlangenbiß gestorben – dem ›Ohr des Reiches‹ eingeträufelt worden und habe das ganze Land so vergiftet, wie er selbst vergiftet worden sei: »So wird das Ohr ganz Dänemarks durch eine falsche Darstellung von meinem Tode kraß getäuscht.«[51] Das Ohr als Pforte eines blinden, ergebenen Glaubens hat nicht nur sprachliche, sondern auch geschlechtliche Aspekte. Weil der Mensch das Ohr nicht abzuschirmen vermag gegen das von außen Eindringende, ist das Gehör oft mit dem weiblichen Körper verglichen worden. Das Ohr ist gleichsam die ›wunde Stelle‹ des menschlichen Körpers, so wie der weibliche Körper als die ›wunde Stelle‹ des Gemeinschaftskörpers gilt.

Mit der Renaissance eignet sich der männliche Christ jedoch einen ›penetrierenden‹ Blick an.[52] Auf diese Weise setzt sich eine neue Form von Gläubigkeit durch, die nicht mehr ›Hörigkeit‹ besagt. Der Christ wird zum *Subjekt* seines Glaubens. Er empfindet sich immer weniger als der ›Gnade‹ unterworfen und setzt das sehende Ich an die Stelle, an der vorher der ›blinde Glauben‹ stand. In Shakespeares *Hamlet* wird das von den Augen geleitete Subjekt durch Claudius bzw. Laertes verkörpert. Beide verachten das Wort. Claudius und Laertes stellen ›Taten über Worte‹ und würden auch nicht davor zurückschrecken, Hamlet in der Kirche zu töten, während Hamlet Claudius nicht töten kann, als er ihn im Gebet vertieft sieht. Claudius zu Laertes: »Hamlet kommt wieder, was würdet Ihr wohl unternehmen, um Euch als Eures Vaters Sohn zu zeigen in der Tat mehr als in Worten?« – Laertes: »Ihm die Kehle durchschneiden in der Kirche.«[53] Hamlet dagegen beklagt sich, daß er, statt zu handeln, auf Worte angewiesen sei: »Daß ich, Sohn eines teuren, ermordeten Vaters, von Himmel und Hölle zu meiner Rache angetrieben, wie eine Hure meinem Herzen Luft verschaffen muß.«[54] Das »Herz mit Worten auspacken«: Solche Bilder scheinen die Entstehung der Psychoanalyse vorwegzunehmen – und Hamlet gehört auch zu den beliebtesten dramatischen Stoffen psychoanalytischer Theorie. Andererseits vertraut Hamlet aber auch auf die Macht der Worte: Er schreibt ein Stück, durch das er die Schuld von Claudius ans Licht zu bringen hofft. »Ich hab gehört, daß schuldbeladene Geschöpfe, die in einem Schauspiel saßen, durch die geschickte Anlage der Handlung so ins Herz getroffen wurden, daß sie ihre Missetaten alsbald laut verkündet haben.«[55] Es besteht also ein Widerspruch zwischen Hamlets Glauben an die Worte und seiner Skepsis gegenüber den Worten. Bedenkt man jedoch den historischen Kontext, d. h. die Tatsache, daß die nicht lange vorher entstandene Druckerpresse die gesprochene Sprache neu zu ordnen und zu homogenisieren begonnen hatte, so löst sich dieser Widerspruch: Die Figur des Hamlet erzählt einerseits von der Ohnmacht der gesprochenen Sprache gegenüber dem sehenden und ›handelnden Subjekt‹ (das die Schriftlichkeit verkörpert); andererseits wird aber auch der Hoffnung Ausdruck verliehen, daß das gehörte Wort zu *treffen* vermag. Als Theaterautor kannte Shakespeare die Macht der gesprochenen Sprache; gleichzeitig scheint in der Figur des Hamlet auch das Bild einer geschriebenen Sprache auf, die sich die Macht des gesprochenen Wortes *angeeignet* hat.

Claudius stellt in jeder Hinsicht die Gegenfigur zu Hamlet dar. Er ist das ›handelnde Subjekt‹, das Worte durch Taten ersetzt. Claudius verkörpert den Schuldtypus, der sich schuldig *gemacht* hat, während Hamlet ein Schuldgefühl verkörpert, das an keine reale Schuld, kein konkretes Vergehen gebunden ist. Hamlets ›Schuld‹ ähnelt der christlichen Erbsünde, die sich hier aber der Psyche des Individuums eingeschrieben hat und internalisiert wurde. Repräsentiert Claudius das

›handelnde Subjekt‹ ohne Gewissen, so stellt Hamlet ein Subjekt dar, das sich über die Nachdenklichkeit konstituiert. »So macht das Überlegen Feige aus uns allen«, sagt er (Shakespeare spricht nicht von ›Überlegen‹, sondern von *conscience*, was auch ›Gewissen‹ bedeutet).[56] In diesem ›gewissenhaften Feigling‹ ist einerseits der Schuldtypus im Sinne von Depotenzierung enthalten, andererseits aber auch ein modernes Selbstkonzept. Denn auch diese Form von ›Schuld‹ dient der Subjektkonstitution. Bei den beiden Schuldkonzepten, als deren Prototypen Hamlet und Claudius gelten können, handelt es sich um zwei konträre Formen der Subjektbildung, die jedoch beide in engem Zusammenhang mit dem griechisch-christlichen Denken zu sehen sind.

›Schuld‹ im klassischen Griechenland

In seinem schönen Buch *Die Hochzeit von Kadmos und Harmonia*, in dem auf hintergründige Weise auch die Geschichte griechischer Schriftlichkeit erzählt wird, hat Roberto Calasso die von vielen Göttern bevölkerte Welt des homerischen Epos beschrieben. Die von ihm entworfene Figur des ›Helden‹ gleicht weder dem Freudschen ›Heros‹ (der den Vater tötet und die ›Sohnesreligion‹ begründet) noch dem ›handelnden Subjekt‹, wie es von Claudius verkörpert wird. Während diese durch Übertretung von Verboten und Ermächtigungen zu ›Helden‹ werden, zeichnet sich der Held bei Homer dadurch aus, daß er von höheren Kräften gesteuert wird:

»Wenn das Leben sich im Begehren oder im Schmerz oder auch im Nachdenken heftiger regte, wußten die homerischen Helden, daß ein Gott auf sie einwirkte. Sie erlitten und beobachteten ihn, doch das, was sich ereignete, war vor allem für sie selbst überraschend. Ihrer Regungen, ihrer Schandtaten, aber auch ihres Ruhmes in dieser Weise beraubt, waren sie wenig geneigt, den Ursprung der Taten sich selbst zuzuschreiben. ›In dir nicht seh ich den Grund, der Grund liegt nur bei den Göttern‹, sagt der greise Priamos, als er Helena am Skäischen Tor erblickt. Er konnte sie weder hassen, noch konnte er ihr die Schuld am neunjährigen Blutvergießen geben, auch wenn der Körper der Helena das eigentliche Bild dieses Krieges darstellte, der bald in einem Massaker enden sollte. [...] Moderne Menschen sind vor allem auf ihre Verantwortung stolz, doch wissen sie dabei nicht einmal, ob die Stimme, mit der sie antworten wollen, ihre eigene ist. Die homerischen Helden kannten ein so sperriges Wort wie ›Verantwortung‹ nicht, und sie hätten auch nicht daran geglaubt. Für sie ist es, als würde jede

Untat in einem Zustand geistiger Unzurechnungsfähigkeit begangen. Doch diese Unzurechnungsfähigkeit bedeutet hier: wirkende Gegenwart eines Gottes.«[57]

Die Psyche und das Handeln werden von den verschiedenen Göttern – oder den antagonistischen Kräften, für die sie stehen – regiert. Diese Kräfte schreiben sich dem Ich ein, werden aber als ›fremde Mächte‹ wahrgenommen. Wie später im Christentum ist auch hier die Grenze zwischen Gott und Mensch fließend. Das zeigt sich an den Liebesbeziehungen zwischen Göttern und Menschen und den Halbgöttern, die daraus hervorgehen; es zeigt sich auch an der Art, wie miteinander verhandelt wird, Geschenke getauscht und Opfer angenommen oder verweigert werden. Menschen sitzen an der Tafel des Olymp, und Götter erscheinen als Hirten oder Wanderer in den Häusern der Menschen. Doch sind Menschen wie Götter den *Mächten des Schicksals* unterworfen, gegen die auch die Götter nichts auszurichten vermögen. Die Götter können den Tod ihrer Lieblinge vielleicht hinauszögern, aber nicht verhindern. Schuld besteht hier in der Mißachtung der Übermacht des Schicksals.

Der Übergang zu einem anderen Konzept von Schuld beginnt in der nachhomerischen Zeit, mit der Tragödie, die ihre Entstehung – wie im Kapitel II am Beispiel von Euripides dargestellt – den Umwälzungen verdankt, die der Untergang der mündlichen Kultur und das Aufkommen einer neuen, vom Alphabet bestimmten Ordnung mit sich brachten. Beim Handeln des Ödipus sind keine Götter am Werke. Allein besiegt Ödipus die Sphinx. Doch auch auf ihm lastet das alte Konzept von Schuld. Denn die Schuld des Ödipus entsteht schon vor seiner Geburt, indem sein Vater der Weissagung – und somit dem vom Schicksal vorgegebenen Verlauf – zu entgehen versucht und den Befehl erteilt, den Sohn zu töten. Von diesem Versuch, den Mächten des Schicksals *zu entgehen*, nimmt die Katastrophe ihren Lauf: eine Katastrophe, die – man denke hier wiederum an Hamlet – erstens in der Ermordung des Vaters, zweitens in der Sünde des Inzests, drittens im Tod der Frau/Mutter und viertens in der Erblindung des Ödipus bestehen wird (die Freud als symbolische Kastration gedeutet hat).

In der Gestalt des Ödipus zeichnet sich aber auch schon die Figur des klassischen Griechenlands ab, die durch das Gesetz des Logos und des Denkens in abstrakten Möglichkeiten geprägt ist. Ödipus – der das Rätsel der unergründlichen Sphinx mit dem Verstand löst und sie zugleich tötet; der selber den Voraussagungen des Orakels zu entgehen versucht, indem er nicht nach Hause zurückkehrt – repräsentiert eine neue Form des Umgangs mit dem Schicksal, die an Claudius, den neuzeitlichen Typus des ›handelnden Subjekts‹, denken läßt. Das heißt, das Schicksal des Ödipus beschreibt einerseits den homerischen Menschen, der Schuld auf sich lädt, wenn er dem Schicksal zu entgehen sucht, andererseits aber auch das ›neue Subjekt‹, das Schuld auf sich lädt, wenn es nicht handelt. Damit sind in Ödipus selbst gewissermaßen die beiden Formen von ›Schuld‹ vorweggenommen, die das Handeln von Claudius und die Handlungsunfähigkeit von Hamlet begleiten werden.

Die Entstehung eines neuen Schuldkonzeptes, dem ein handelndes Subjekt zugrunde liegt (während in der jüdischen Religion das Handeln dazu dient, *nicht* schuldig zu werden), vollzieht sich zeitgleich mit der Durchsetzung der Alphabetschrift in der griechischen Antike. Sowohl Ödipus als auch Hamlet sind Gestalten eines Umbruchs, der durch die Alphabetschrift herbeigeführt wird. Während in der Tragödie des Ödipus der Übergang von Mündlichkeit zu Schriftlichkeit enthalten ist, entsteht die Figur des Hamlet in einer Epoche, in der das christliche Abendland in eine ›volle Schriftkultur‹ überführt wird. Mit der im *Ödipus* angelegten Verbindung von Subjekt und Schuld ist eine Konfiguration vorgezeichnet, die im christlichen Konzept von Schuld konstitutiv werden sollte.

Die ›unentrinnbare‹ Schuld im Christentum

Auch im Zusammenhang mit der ›Schuld‹ erweist sich die Gnosis als ›Übergang‹ vom Hellenismus zum Christentum. Die gnostische Vorstellung von Schuld hat viel Ähnlichkeit mit der antiken Vorstellung eines Ausgeliefertseins an eine Übermacht. Nur besteht diese Übermacht, anders als in der homerischen Welt, in den Mächten des *Bösen*. Das gnostische Konzept der Schuld besagt ›Entfremdung‹. »In der gnostischen Fassung der Offenbarung«, so schreibt Hans Jonas,

»ist Adam nicht der Sünder, sondern Opfer archontischer Verfolgung – letztlich das Opfer des Urfalls, auf den die Existenz der Welt und sein eigenes Dasein zurückgehen. Hier liegt ein einfaches Kriterium für das vor, was ›christlich‹ (orthodox) oder gnostisch (›häretisch‹) ist: ob nämlich die Schuld Adam oder den Archonten trifft, ob sie menschlich oder göttlich ist, ob sie innerhalb oder vor der Schöpfung auftritt. Der Unterschied betrifft das Zentrum des gnostischen Problems.«[58]

Für die Gnosis hat nur das Individuum, nicht die Gemeinschaft, die Möglichkeit, zur Erlösung zu finden. So schreibt der Neuplatoniker Porphyrios (233–304), der u. a. die Werke Plotins herausgab:

»Trachte danach, in dich selbst aufzusteigen und aus dem Körper einzusammeln alle deine zerstreuten und solange in die Vielheit zersplitterten Glieder in der großen Kraft und Macht der Einigung. Sammle und einige die angeborenen Ideen und versuche die zu entwirren, die vermengt sind, und die ans Licht zu bringen, die verdunkelt sind.«[59]

Es gibt also – wie für die Gestalt des Ödipus – nicht nur das Ausgeliefertsein an die ›Mächte‹, sondern auch ein handelndes Subjekt, das ›sich sammeln‹ soll. Dennoch bleibt der Akt der Erlösung der Gnade überlassen, die nur ›empfangen‹, nicht mit dem Willen durchgesetzt werden kann. Dieser individuelle Erlösungsgedanke wird im Christentum zu einer kollektiven Erlösungsvorstellung, noch verstärkt mit der Etablierung der christlichen Kirche, die zeitlich der Verbreitung des lateinischen Alphabets entspricht. Im Christentum geht es nicht mehr um die ›Einigung‹ der ›Vielheit‹ des Selbst, sondern um die Einswerdung im Gemeinschaftskörper, und bei diesem Prozeß spielen sowohl der Wille als auch die ›Schuld‹ eine wichtige Rolle. Bei Augustinus heißt es in der *Lehre von der Dreieinigkeit*:

»Da wir uns durch die Missetat der Gottlosigkeit von dem einen und wahren und höchsten Gott getrennt haben, von ihm abgewichen und abgefallen sind, uns in die Vielheit zerstreut haben, zerrissen durch die Vielheit und an ihr hängend, war es notwendig, daß [...] die Vielheit in den Ruf nach dem Kommen des Einen (Christus) einstimmte [...] und wir, ungehindert durch die Vielheit, zu Einem kämen [...] und, gerechtfertigt durch die Gerechtigkeit des Einen, eins würden.«[60]

Die ›Schuld‹, die die Menschen durch ihren ›bösen Willen‹ auf sich geladen haben, *drängt* sie dazu, mit den vielen anderen ›eins‹ zu werden. Sie wird zu einem ›Motor‹ der christlichen Gemeinschaftsbildung. Demgegenüber akzentuiert das Konzept der Schuld in der jüdischen Religion die Gefährdung der *bestehenden* Gemeinschaft als ›Haus Gottes‹. Der Drang zur Einswerdung verstärkt sich mit der Etablierung der kirchlichen Macht. Für den frühmittelalterlichen Christen genügte immerhin die Taufe, um sich von der Erbsünde zu reinigen. Im Verlauf des Mittelalters setzt sich jedoch die Vorstellung durch, daß es zur Befreiung von der Schuld mehr als der Taufe bedarf. (Dieser Bedeutungsverlust der Taufe wird später zu den spanischen ›Gesetzen der

Reinheit‹ führen, mit denen sich schon im 16. Jahrhundert eine physiologische Definition des Christen wie des Nichtchristen, des Juden und des Mauren, anbahnt.) Das Fegefeuer gewinnt an Bedeutung; durch Selbstkasteiung oder Ablaßhandel versuchen die Gläubigen, dem Schrecken einer Strafe im Jenseits zu entgehen (oder zumindest die Dauer zu reduzieren). Gleichzeitig setzt sich in der weltlichen Gesetzgebung die Vorstellung durch, daß der einzelne über einen freien Willen zum Guten oder zum Bösen verfügt. Ab dem 13. Jahrhundert unterscheiden etwa die Theoretiker des englischen Strafrechts zwischen strafbarem Handeln und dem »Willen, eine Straftat zu begehen«. So schreibt Henry de Bracton, daß eine Straftat nur begangen wurde, »wenn eine schuldhafte Absicht dazukommt«.[61] Eine solche Entwicklung impliziert die Entstehung eines Subjekts, das nicht nur für seine Handlungen, sondern auch für sein *Denken* verantwortlich ist: gleichsam die säkulare Fortführung des Verbots der Glaubenszweifel, in der die Gestalt des Claudius als ›handelndes Subjekt‹ vorgezeichnet ist.

Die Herausbildung des handelnden Subjekts spiegelt sich auch in der Entstehung des Gewissens wider, dessen facettenreiche Geschichte Heinz D. Kittsteiner beschrieben hat. Er zeigt, wie sich von der griechischen Antike bis zum Beginn der Neuzeit eine allmähliche Verlagerung von einer göttlichen Instanz ›draußen‹ zur ›inneren Stimme‹ vollzieht. »Bei Homer«, schreibt er, »haben die Personen noch kein in sich reflektiertes Selbst.« Wenn davor gewarnt wird, daß eine Handlung fehlschlagen könnte, »dann ertönt keine Stimme aus dem eigenen Inneren, sondern es naht ein Gott mit einer Botschaft«, und diese besagt: »Bedenke das Ende!« Goethes Vers »Was der Mensch als Gott verehrt, ist sein eigenstes Inneres herausgekehrt« stehe am Ende eines langen Prozesses der Verinnerlichung, der die Vorstellung von den Göttern als ›Projektion‹ überhaupt erst ermöglicht habe. »Historisch müßte man genau umgekehrt sagen: Das Innere des Menschen ist das Göttliche in den Menschen hineingenommen.«[62]

Die Entstehung des Gewissens ging einher mit der Herausbildung eines neuen Konzepts von ›Schuld‹, das sich auch als Säkularisierung der ›Erbsünde‹ umschreiben ließe. Es ist ein Wandel, der in engem Zusammenhang mit der Säkularisierung im Sinne einer ›Realisierung‹ oder ›Naturalisierung‹ der christlichen Heilsbotschaft und ihrer Glaubensgrundsätze zu lesen ist. ›Erbsünde‹ bedeutet, daß es eigentlich keinen Ausweg aus der Tatsache der Schuld gibt – weder durch die Einübung in den Zweifel, wie sie die jüdische Religion lehrt, noch durch Schicksalsergebenheit (im Sinne der homerischen Helden). Die Kreuzigung, die im Christentum die ›Erlösung‹ von der Erbsünde beinhaltet, verstärkt sogar das Konzept einer unentrinnbaren ›Erbsünde‹. Denn diese Erlösung verdankt sich einem Gott, der sich selbst opfert. In allen anderen Religionen sind es die Menschen, die dem Gott oder den Göttern opfern – das geschieht auf der Basis eines *do ut des*: Ich gebe, damit du mir gibst.[63] Im Christentum hingegen erbringt der Gott selbst das höchste Opfer: Er opfert sich in seinem Sohn, in dem er menschliche Gestalt angenommen hat. Diese Form von Opfer ist in jeder Hinsicht einmalig: Anders als in anderen Religionen, die das Gottesopfer kennen (etwa die eleusinischen Mysterien oder der sterbliche Zeus der alten kretischen Kultur), ist dieser göttliche Opfertod herausgelöst aus dem zyklischen Zeitdenken: Er wird nicht wiederholt und gilt für die Ewigkeit. Ein solches Geschenk ist nicht nur religionsgeschichtlich einmalig; es ist auch eine Ungeheuerlichkeit. Denn dieses göttliche ›Geschenk‹ erlaubt keine Gegenleistung, keinen Ausweg aus der Schuld – weder durch Sühne noch durch andere Formen des Handelns. (Dieses gilt, das sei hier nochmals angemerkt, vor allem für die römische Kirche. Für den Glauben der Ostkirche ist das göttliche Opfer weniger zentral als die Gestalt des Christus als das ›Fleisch gewordene Wort‹. Deshalb sieht man in den Gotteshäusern der Ostkirche auch kaum Märtyrerdarstellungen. Wie schon in den vorhergehenden Kapiteln bezieht sich die vorliegende Argumentation vor allem auf die Dogmen und Glaubensinhalte der römisch-katholischen und der protestantischen Kirche. Für letztere z. B. stellt der Karfreitag den höchsten kirchlichen Feiertag dar.)

Dennoch kommt der christliche Begriff der ›Schuld‹ ursprünglich aus dem Kontext des Tausches. In vorchristlicher Zeit war damit auch das ›Blutgeld‹ gemeint, durch das eine Familie den Mord, den eines ihrer Mitglieder begangen hatte, bei einer anderen sühnen konnte. ›Schuld‹ stammt hier also aus einem Kontext, in dem die Blutrache abgelöst wird durch eine höhere Instanz, die Recht spricht oder neutrale Tauschware als Möglichkeit der Entsühnung anbietet. Die Etymologie des Wortes ›Schuld‹ macht die Herkunft aus dem Tauschgeschäft deutlich. Der Begriff leitet sich ab vom althochdeutschen Wort *sculd*, das für das 8. Jahrhundert nachweisbar ist:

»*Schuld* bezeichnet zunächst eine ›Verpflichtung oder Leistung‹, die einem obliegt, dann speziell die ›Verpflichtung zu einer Geldzahlung, die aus einem Darlehen erwächst‹, und steht sowohl für ›entliehenes, zurückzuzahlendes Geld‹ als auch (vom Gläubiger her gesehen) für ›verliehenes Geld,

Guthaben‹. Bereits im Ahd. nimmt *Schuld* (unter kirchlichem Einfluß) über ›Verpflichtung zur Buße‹ die Bedeutung ›Missetat, Vergehen, begangenes Unrecht‹ an. Daraus entwickelt sich in rechtssprachlicher Verwendung ›Anklage, Anschuldigung, zur Last gelegtes Verbrechen, Beschuldigung‹.«[64]

Die Kreuzigung des Heilands, die Paulus ins Zentrum des christlichen Heilsgedankens stellt, das Selbstopfer Gottes, ist aber eine ›Schuld‹ und eine ›Zahlungsverpflichtung‹, die kein Mensch begleichen, von der sich also auch kein Gläubiger durch die Taufe und die Zugehörigkeit zur Gemeinde Christi befreien kann. Der Christ wird durch die Taufe Teil einer Religionsgemeinschaft, aber er bleibt dennoch ›schuldig‹, weil er in der Schuld eines Gottes steht, der sich für ihn geopfert hat. Dabei besteht ein enger Zusammenhang zwischen Schuld und Zugehörigkeit zur Gemeinschaft. Die ›unentrinnbare‹ Schuld wird zu einer homogenisierenden Wirkungsmacht: Nichts schafft so intensive ›Hörigkeit‹ wie eine Schuld, die nicht gesühnt und nicht abgetragen werden kann.

Der Zusammenhang von Glaube und Schuld wird noch dadurch verstärkt, daß sich im Mittelalter, ab etwa 1200, eine enge Beziehung zwischen Credo und Kredit, zwischen Glaube und Gläubiger, zwischen den Schulden des Tauschgeschäftes und dem Tauschgeschäft mit der Schuld anbahnt. Das der Bibel unbekannte Fegefeuer, so hat Jacques Le Goff dargestellt, wurde von der Kirche »nach dem Bild der rückzahlbaren Verschuldung eingerichtet [...], um irdischen Zins- und Zahlungsverkehr theologisch zu entschuldigen«.[65] Das heißt, der Glaube übernimmt die Bindungskraft der Schuld, die der ›Schuld‹ – in diesem Fall einer unentrinnbaren Schuld – eignet, und dabei wird gerade das Geld zu einem Mittel der ›Emanzipation‹, der Befreiung aus der Schuld.

Das Konzept einer unentrinnbaren Schuld, die sich dem Individuum als eigener ›Wille‹ einschreibt, wurde ganz allgemein zur Basis eines ambivalenten Emanzipationsdrangs des Christentums: Auf der einen Seite gab es einen Drang zur Sühne und zur Selbstgeißelung, bei dem das Martyrium des Heilands in ein eigenes Martyrium – ein ›eigenes‹ Selbstopfer – verwandelt wird. Auf der anderen Seite bestand aber auch der Drang zur Säkularisierung im Sinne von Verweltlichung: ein Drang, der dem Christentum stärker als irgendeiner anderen Religion eingeschrieben ist. Das hatte eine seltsame Paradoxie zur Folge: Keine andere Religion der Welt hat die Erkenntnisse der Wissenschaft und der Vernunft so erbittert bekämpft und verfolgt wie die christliche. Zugleich hat aber auch keine andere religiöse Kultur so viele Wissenschaftler und wissenschaftliche Neuerungen hervorgebracht wie das Christentum. [66] Man könnte das mit der Tatsache erklären, daß die Wissenschaftler und Ingenieure, die die Neuerungen herbeiführten, Ungläubige waren und außerhalb der christlichen Gesellschaft standen. Ebensogut lassen sich diese Wissenschaftler aber auch als Repräsentanten des christlichen Säkularisierungsdrangs verstehen, der u. a. aus der Erfahrung der Abhängigkeit und der Unmöglichkeit erwuchs, die Schuld abzutragen. Nicht durch Zufall beinhalten die großen wissenschaftlichen und technischen Neuerungen des Abendlandes immer einen Ausbau der Macht über die Natur; sie verweisen auf eine Ermächtigung über die Schöpfung selbst. Der Christ, der auf die Gnade Gottes keinen Einfluß auszuüben vermag, drängt (mehr als die Gläubigen anderer Religionen) hinaus aus der Abhängigkeit. Er möchte Krankheit und Heilung (um nur diese Beispiele zu erwähnen, die so eng mit menschlicher Sterblichkeit und der Erfahrung von Ohnmacht zusammenhängen) sowie Glück, Macht und Liebe als Zustand erfahren, auf den er durch eigenes Handeln Einfluß zu nehmen vermag.

Die ›Aufklärung‹, die sich eigentlich als ›Herauslösung‹ aus der Bevormundung durch die Kirche begriff, lieferte das philosophische Rüstzeug dafür, daß sich diese ›Emanzipation‹ auch *in* der Religion selbst vollziehen konnte. Der Mensch, so Kant, stelle sich die Erhabenheit Gottes gerne in Bildern von Ungewitter und Erdbeben vor, weil in diesen das Gefühl der eigenen Ohnmacht zum Ausdruck komme. Deshalb scheine auch für die meisten Völker »Niederwerfen, Anbetung mit niederhängendem Haupte, mit zerknirschten angstvollen Gebärden und Stimmen, das einzigschickliche Benehmen in Gegenwart der Gottheit zu sein«. Doch diese ›Gemütsstimmung‹ entspreche nicht wahrer Religiosität, zu der nicht Angst und Unterwerfung, sondern »ruhige[n] Kontemplation und ganz freies Urteil erforderlich ist«. Nur wenn der Mensch »eine dessen Willen gemäße Erhabenheit der Gesinnung bei sich selbst erkennt«, seien auch jene Wirkungen der Macht angetan, »in ihm die Idee der Erhabenheit dieses Wesens zu erwecken«. [67] Ein solches Konzept von der Göttlichkeit, deren Macht erst erkannt wird, wenn diese im Selbst gefunden worden ist, bildet die Grundlage eines Wissensdrangs, den Castoriadis als »Beherrschung und Aneignung der Natur« beschrieben hat. Im Unterschied zu vielen anderen Theoretikern [68] beruht für ihn dieser Wissensdrang nicht auf den Errungenschaften der Technik, sondern geht diesen voraus:

»Die aufeinander folgenden Umwälzungen, die sich im ›rationalen Wissen‹ aller bekannten Gesellschaften finden lassen, setzen stets einen grundlegenden Wandel des gesamten imaginären Weltbildes (und der Vorstellungen vom Wesen und Ziel des Wissens selbst) voraus. Die letzte dieser Umwälzungen, die vor einigen Jahrhunderten im Abendland stattfand, hat jene eigentümliche imaginäre Vorstellung geschaffen, derzufolge alles Seiende ›rational‹ (und insbesondere mathematisierbar) ist, nach der der Raum des möglichen Wissens von Rechts wegen vollständig ausgeschöpft werden kann und wonach das Ziel des Wissens in der Beherrschung und Aneignung der Natur liegt.«[69]

So entstand im 19. Jahrhundert eine Philosophie und Wissenschaftlichkeit, die die Erkenntnisse des *Menschen* zum Gottesbeweis erhob. Hegel, der »das System der reinen Vernunft als das Reich des reinen Gedankens« faßt, setzt dieses wiederum mit Gott gleich.[70] Er erklärt seine Philosophie zur Artikulation der »Gedanken Gottes vor der Schöpfung«.[71] Und Charles Darwin, dessen Evolutionstheorien bis heute als unvereinbar mit der christlichen Lehre gelten, schreibt: »Aus dem Kampf der Natur, aus Hunger und Tod geht also unmittelbar das Höchste hervor, das wir uns vorstellen können: die Erzeugung immer höherer und vollkommener Wesen. Es ist wahrlich etwas Erhabenes um die Auffassung, daß der Schöpfer den Keim alles Lebens, das uns umgibt, nur wenigen oder gar nur einer einzigen Form eingehaucht hat.«[72]

Wo der Christ diesem Emanzipationsdrang nicht nachgibt (oder nachzugeben vermag), verharrt er in den Schuldgefühlen – und diese Schuldgefühle bieten wiederum einen der Schlüssel zur Frage, warum im Zusammenhang mit christlicher Schuld die antisemitischen Bilder eine solche Rolle spielen: Es geht um *Be*schuldigungen, deren psychische ›Logik‹ sich etwa so umschreiben ließe: Wenn es gelingt zu beweisen, daß nicht Gott sich für mich geopfert hat, sondern daß Christus als ›Opfer‹ eines ›jüdischen Verbrechens‹ ans Kreuz geschlagen wurde, so eröffnet sich ein Ausweg aus den Gefühlen der Schuld, die das (unerwiderbare) Selbstopfer Gottes mir bereitet. Dieser Projektion der ›Schuld‹ entspricht die Doppelbedeutung des Wortes ›Opfer‹ in der deutschen Sprache: Auf der einen Seite ›opfert‹ der Herr seinen Sohn zur Erlösung der Menschheit, und auf der anderen gilt der Gekreuzigte als ›Opfer‹ eines jüdischen Verbrechens.[73] So stehen die Ritualmordbeschuldigungen gegen Juden sowohl im Zusammenhang mit den (abgespaltenen) Glaubenszweifeln als auch mit der Frage der christlichen ›Schuld‹ gegenüber dem christlichen Gott. In dem Vorwurf, daß Juden ›unschuldiges

Christenblut‹ trinken, offenbart sich eigentlich das *christliche* Ritual des Meßopfers. Aber es taucht in invertierter Form auf: als Verbrechen der Juden. Auf diese Weise bleibt einerseits das Martyrium integraler Bestandteil des christlichen Glaubens: Die ›Opfer‹ der Ritualmordbeschuldigungen werden als Heilige verehrt, die für ihren Glauben gestorben sind. Andererseits kann sich der Christ aber auch mit dem Geopferten identifizieren: Der Jude, so die unbewußte Vorstellung hinter den Ritualmordbeschuldigungen, opfert mich (verkörpert durch das unschuldige Christenkind) seinem Gott, aber ich sterbe für meinen Glauben, d. h. in Wirklichkeit bringe ich mit meinem Tod, gleichsam im Tauschverfahren, meinem Gott ein Opfer, das ich ihm sonst nicht bringen könnte.[74] Die Delegierung der ›Schuld‹ an einen anderen bedeutet die Entlastung von den eigenen unentrinnbaren Schuldgefühlen.

Im Puritanismus, im Bedürfnis der Reformation nach einer direkten Beziehung zu Gott, der die Verinnerlichung der göttlichen Macht vorausgeht, in der Entwicklung des ›Gewissens‹, offenbart sich einerseits der Säkularisierungsdrang, der dem Christentum eigen ist. Andererseits wird aber auch deutlich, daß die treibende Kraft dieses Säkularisierungsdrangs, und damit auch der Entstehung des sich selbst ermächtigenden Subjekts, das Gefühl der *Schuld* ist. Hier stoßen wir aber auf die *Gemeinsamkeit* des ›handelnden Subjekts‹ Claudius und des zur Handlung unfähigen Hamlet: Es gibt auf der einen Seite ein Subjekt, das sein Ich setzt, indem es einen Mord begeht – ein Subjekt, das sich gerade durch die Schuld, die es auf sich lädt, aus dem befreit, was Kant später zur Definition des Christentums dienen wird, der »selbstverschuldeten Unmündigkeit«. Und auf der anderen Seite gibt es ein Subjekt, das keine moralische Schuld auf sich geladen hat und dennoch die Last der Schuld empfindet. In diesem Subjekt ist die ›Erbsünde‹ zum Teil des Ich geworden.

Mit anderen Worten: Was wir heute unter dem Begriff des ›Schuldgefühls‹ handeln (in seiner Extremform entspricht es der depressiven Struktur), stellt auch eine Form von Subjektbildung dar. Denn dieses Subjekt basiert auf der Tatsache, daß Gott – als Gewissen – nach innen genommen wurde. Die Unmöglichkeit, sich aus der Schuldigkeit gegenüber Gott zu befreien, wird der eigenen Psyche eingeschrieben und zum Teil der Identitätskonstruktion. Deshalb ist die Figur der ›internalisierten Schuld‹ mindestens ebensosehr treibende Kraft des abendländischen Fortschritts wie das ›handelnde Subjekt‹. Das ›schuldige Subjekt‹ setzt sich selbst – im Sinne des Fichteschen ›Ich‹ –, indem es sich für ›schuldig‹

erklärt. Auf diese Weise wird es zum Subjekt einer Beziehung, die es zum Objekt erklärt hat. Es handelt sich um eine ›Schuld‹, die dazu angetan ist, die Erfahrung der Abhängigkeit und ›Hörigkeit‹ aufzuheben – indem sie dem Selbst die Abhängigkeit einschreibt. Statt ihn zu *erleiden*, wird das Ich zum Subjekt des eigenen Leidens – ein Aspekt, der im Christentum schon in der Idealisierung des Martyriums vorausgenommen ist.

Diese verschiedenen Konzepte von ›Schuld‹ erscheinen wiederum wie ein Spiegelbild der verschiedenen Bedeutungen von ›Schwindel‹: Dieser kann erlitten, lustvoll erlebt oder auch verübt werden. Dasselbe gilt für die Schuld, die vom Subjekt als Machtlosigkeit erlitten oder in Selbstermächtigung umgewandelt werden kann; als solche führt sie wiederum zu Handlungen, die verübt werden. Auch im Verhältnis zur Gemeinschaft zeigt die Schuld eine ambivalente Wirkungsmacht. Einerseits hat die Schuld (als ›Schuldgefühl‹) Gemeinsamkeiten mit der individuellen Scham; in dem Fall verweist sie, wie etwa bei Hamlet, auf einen ›Fremdkörper‹, der gegen die Normen verstößt. Auf der anderen Seite wird diese Schuld – als Element des Fortschritts und der Selbstermächtigung – aber auch zu einem Motor der Gemeinschafts*bildung*. In den Debatten um die ›Scham‹ oder ›Schuld‹ des deutschen Volkes nach dem Nationalsozialismus zeigte sich diese Ambivalenz besonders deutlich. Ein Teil des Nachkriegsdeutschlands war geprägt von einem ›Behagen in der Schuld‹, das an die ›behausenden‹ Eigenschaften des Kollektivkörpers anzuknüpfen schien.

Das Behagen in der Schuld

Besiegte Nationen oder Gemeinschaften, die in einer größeren Gemeinschaft ›aufgegangen‹ sind, kennen kollektive Gefühle von Depotenzierung. Ein solches Gefühl kollektiver ›Depotenzierung‹ wurde zu einem Merkmal ostdeutscher ›Identität‹ nach der Wiedervereinigung. Es wurde aber positiv umgedeutet und bestimmte – oder bestimmt noch heute – über politische Orientierungen und Wahlverhalten. Es ähnelt der ›Schuld‹, die dem Ich als Teil der Identitätskonstruktion eingeschrieben wird. Das westliche Nachkriegsdeutschland beherrschte eine ähnliche Erfahrung der Depotenzierung, und diese Art des ›Schuldgefühls‹ im Sinne von Depotenzierung war für die erste Generation nach dem Nationalsozialismus prägender als das Schuldgefühl für die kollektiv begangenen Verbrechen. Es hatte also identitätsbildenden Charakter.

So erklärt es sich, daß auch nach den kollektiven Verbrechen des Nationalsozialismus ein Volk mit *christlichen* Metaphern, durch das Kreuz und die Verherrlichung des Martyriums, der Schuld zu begegnen versuchte, die es auf sich geladen hatte. Die ersten Filme der Nachkriegsjahre, in denen – anders als in den 50er Jahren – der Nationalsozialismus durchaus thematisiert wurde,[75] waren durchsetzt von christlichen Deutungsmustern, in denen nicht nur Weihnachten und das Kreuz, sondern auch Motive der Schuld im Sinne von Opfer auftauchten. Das gleiche galt auch für die Literatur: »Wo der Liebesblick Gottes hinfällt, zeichnet er auch ein Kreuz«, schrieb Elisabeth Langgässer.[76] Oder das Leiden wurde als Form von Liebe verherrlicht: »So sind also Kreuz und Liebe eins? – Oh Jesus Christus, wie fein bist Du, wenn es gilt, eine Seele zu gewinnen.«[77] Bei Reinhold Schneider wird das Leiden als Sinngebung umschrieben: »Das Heil dieser Welt ist in der Armut und im Tode.«[78] Aufschlußreich ist auch sein Aufsatz gegen den Selbstmord, der, 1947 erschienen, wie ein Aufruf zum Verbleib im Leiden und in der Schuld erscheint. Für Schneider wird der entthronte Ödipus, der, obgleich schuldig, nicht in den Freitod ging, zum »König seines Leids«.[79] »Eine Würde schimmert im Ertragen des Untragbaren auf. [...] Ödipus durchlitt die Schmach seines Blutes, die ungewollte Schuld.«[80] Auch Werner Bergengruen besingt den Schmerz als Erlösung, die den einzelnen bereichert:

»Jeder Schmerz entläßt dich reicher
Preise die geweihte Not
Und aus nie geleertem Speicher
Nährt dich das geheime Brot.«[81]

Bei ihm ist sogar von der Notwendigkeit des Opfers die Rede, das ein einzelner – stellvertretend für die Gemeinschaft – auf sich zu nehmen habe: »Es ist von Zeit zu Zeit notwendig, daß jemand um des Volkes willen aus freien Stücken ein Leiden auf sich nimmt.«[82] Einem solchen Konzept von ›Sühne‹ ist es zu verdanken, daß der Genozid an den Juden nicht nur gleichgesetzt werden konnte mit dem Leiden des *deutschen* Volkes, sondern auch der Selbstermächtigung diente. Wie sehr das Leiden mit der Subjektkonstitution einhergeht, zeigt besonders deutlich ein Gedicht von Gertrud von Le Fort aus den frühen 50er Jahren:

»Ich war der Verblutende in allen ihren Schlachten
Ich war der zu Tode Getroffene jeder Walstatt
Ich war der Gefangene, den der Hunger würgte
Ich war der Vermißte, der in Nacht und Grauen verdarb

Ich war der Erstickte in den gift'gen Kammern des Verbrechens
Ich war der Gemarterte, bei dessen Schrei kein Herz brach

Ich war der Verschüttete in den Kellern der verbrannten Städte
Ich war der ausweglos Verirrte ihrer Flammenwälder.«[83]

Das Modell der Schuld, bei dem sich das Ich einerseits als ›victim‹ sieht, andererseits aber auch seine ›Identität‹ aus dieser Rolle bezieht, ist bis heute wirksam, nicht nur in der christlichen Lyrik, auch im säkularen Kontext: Das Ich, das Anspruch darauf erhebt, das Leiden *erlebt* zu haben und daran *gewachsen* zu sein, ist in der Pietà an der Berliner Neuen Wache, mit der der Opfer nationalsozialistischer Verbrechen und der deutschen Kriegsopfer gemeinsam gedacht wird, ebenso am Werke wie im geplanten Mahnmal für die jüdischen Opfer der Gaskammern. In solchen Konzepten offenbart sich eine ›Schuld‹, die nicht Scham besagt, sondern Zeugnis ablegt von der Macht und ›Wiederkehr‹ des kollektiven Selbst.

Es liegt nahe, daß ein solches Konzept von Schuld auch über ethisches Verhalten bestimmt. Wenn Schuld zur Selbstermächtigung umfunktioniert werden kann, warum sollte dann nicht auch Ethos der Selbstermächtigung dienen? Wenn die Schuld an sich zu einem Prinzip wird, durch das die Grenzen zwischen dem Ich und dem Wir fließend werden, woher soll Ethos, das auf dem Gefühl eigener Unvollständigkeit beruht, seine Notwendigkeit beziehen? Es wurde im Zusammenhang mit dem Verhältnis von Psychoanalyse und Geschichte die Frage gestellt, ob der abendländische Gedanke des Fortschritts nicht auch als Überführung in die Ordnung des Imaginären zu begreifen ist: als eine Überführung, die sich mit den Mitteln der Technik und der Rationalität vollzieht und das Ziel verfolgt, den Schmerz des Bewußtseins auszulöschen. Einem ähnlichen Ziel scheint auch das christlich-abendländische Konzept der Schuld zu dienen. Es gibt einerseits eine ›unentrinnbare Schuld‹, andererseits hat ebendieses Konzept aber auch zur Folge, daß ein ›lustvolles Versinken‹ in der Schuld stattfindet: nicht im Sinne einer Akzeptierung der Schuld, sondern im Sinne einer Ermächtigung durch die Schuld. So reflektiert dieses ›Behagen in der Schuld‹ auch die in den vorigen Kapiteln beschriebene Geschichte des ›Fortschritts‹ und des ›Schwindels‹: Bei allen dreien paart sich das Streben nach Omnipotenz mit dem Begehren – und der Herstellung – eines Zustands, in dem das Ich (in jedem Sinne des Wortes) ›aufgehoben‹ ist.

NACHWORT
DAS IMAGINÄRE UND SEINE WIRKLICHKEITSMACHT

Ein Schlußwort? Gar ein Fazit? Das wird bei der Fülle der angeschnittenen Stoffe und der dargestellten historischen Prozesse niemand erwarten. Wenn es dennoch einen Gedanken gibt, der alle Kapitel durchzieht, so der von der Wirklichkeitsmacht des Imaginären. Diese hat auch Castoriadis in seinem Buch *Gesellschaft als imaginäre Institution* dargestellt.[1] Doch erscheint bei ihm das Imaginäre wie eine Primärkraft, die sich aus keiner anderen Quelle als der ihres eigenen Seins nährt: ein Imaginäres, das über parthenogenetische Fähigkeiten verfügt. Diese Vorstellung wird hier nicht vertreten. Vielmehr erscheint das Imaginäre – wie seine Wirklichkeitsmacht – als das Resultat eines historischen Vorgangs: Aus der symbolischen Ordnung hervorgegangen, die auf der vollen Alphabetschrift basiert, wird das ›Imaginäre‹ als eine Kraft verstanden, die ihre ›Welt- und Wirklichkeitswerdung‹ einfordert und erlangt. Diese ›Verwirklichung‹ oder Materialisierung des Imaginären – die als ein Spezifikum der griechisch-christlichen Tradition beschrieben wird – läßt sich auf vielen Ebenen verfolgen, ob es sich um die Geschlechterordnung, die soziale Gemeinschaft, die Simulationstechniken oder das Bild des ›Fremdkörpers‹ handelt.

Um wirklichkeitsmächtig zu werden, muß das Imaginäre seine Herkunft im Symbolischen und seine ›irrealen‹ Eigenschaften zum Verschwinden bringen. Es darf nicht als das ›Imaginäre‹ wahrnehmbar werden und kann seine historische Wirkungsmacht nur dadurch entfalten, daß das Wissen von der Geschichte seiner ›Weltwerdung‹ dem Vergessen und der Verdrängung anheimgegeben wird. Auf dieser Kunst der Verkleidung beruht wiederum die Anziehungskraft des Imaginären: Nur ein Imaginäres, das von sich sagen kann, es sei die ›Wirklichkeit‹ selbst, wird als ›Behausung‹ empfunden. Bei diesem Vorgang spielen die Simulationstechniken zur Herstellung eines *immersive environments* eine wichtige Rolle: Gemeinsam ist allen, daß sie sich als Techniken der Auslöschung der *techné* beschreiben lassen.

Wir hatten allerdings gesehen, daß es nicht nur ein individuelles, sondern auch ein *kollektives* ›verkryptetes‹ Wissen gibt, das unausgesprochen und unbenannt von Generation zu Generation weitergegeben wird und das, nicht weniger als das bewußte Wissen, dem kulturellen Gedächtnis eingeschrieben ist. Wie entziffern sich dieses Wissen und das

Gedächtnis, in dem es bewahrt ist? – Der wichtigste Schlüssel zur Entzifferung der Geschichte des christlichen kollektiven Imaginären und seiner Wirkungsmacht ist in der Geschichte des ›jüdischen Denkens‹ zu suchen. Einerseits spiegelt sich in den christlichen Bildern vom ›Fremdkörper des Juden‹ die Geschichte des christlichen Imaginären wider; andererseits reflektiert der Wandel jüdischer Denktraditionen aber auch die Bemühungen, die christlichen Konstrukte zu erkennen und ihnen ihre Wirkungsmacht zu entziehen. Darüber hinaus spielt auch die Tatsache, daß beiden Denktraditionen ähnliche und doch so unterschiedliche Schriftsysteme zugrunde liegen, eine wichtige Rolle. Diese ›Vergleichbarkeit‹, die viele andere hervorgebracht hat, führte sowohl zu einer ständigen Friktion als auch zur gegenseitigen Durchdringung der beiden Denktraditionen. Die Ähnlichkeiten führten immer wieder zu violenten Versuchen der Abspaltung, wie sie sich – vor allem von seiten des Christentums – in verschiedenen Epochen manifestiert haben, während die Friktion zum Auslöser und Motor einer historisch sich immer wieder verändernden Gegensätzlichkeit von jüdischem und christlichem Denken wurde. Das heißt, die ›ursprüngliche‹, religiöse Gegensätzlichkeit wurde noch durch den historischen Prozeß verstärkt, den das volle phonetische Alphabet auslöste, indem es die ›Weltwerdung‹ des abstrakten Denkens einforderte.

Die historische Wechselbeziehung der beiden Traditionen wird oft mit dem irreführenden Begriff der ›jüdisch-christlichen Kultur‹ bezeichnet, der eine Art von Gemeinsamkeit unterstellt. Von einer solchen ›Gemeinsamkeit‹ kann schwerlich die Rede sein. Prägnanter sind die Gegensätze, wie sie sich vor allem in den Konzepten der Gemeinschaftsbildung zeigen. Während die jüdische Tradition in immer erneuerter Form die Unterscheidung zwischen dem Symbolischen und dem ›Realen‹ betont, läßt sich die christliche Religion als ein einmaliger, großangelegter Versuch verstehen, die Wunde zwischen Zeichen und Körper zu schließen. Entscheidend ist jedoch, daß *beide* Denkstrukturen in der Geschichte des Abendlandes wirkungsmächtig werden und sich gegenseitig durchdringen sollten. Denn obgleich sie Gegensätze bilden, ist es heute nicht möglich, die jüdische und die christliche Tradition als voneinander getrennt zu denken – nicht etwa, weil sie eine Einheit darstellen, sondern wegen der Tatsache, daß sie sich in einem ständigen Verhältnis zueinander definiert und entwickelt haben. Das war bereits für die Entstehung des Christentums konstitutiv. Insofern es antrat, die ›offene Wunde‹ zwischen Zeichen und Körper zu schließen, entstand es auch, um die jüdische Religion, die auf das Erinnern und damit das Offenhalten dieser ›Wunde‹ ausgerichtet ist, zu widerlegen. »Das Christentum ist die Aufhebung des Judentums«, so die prägnante Formulierung von Jeshajahu Leibowitz.[2] Dennoch hielten sich die jüdischen Denktraditionen; sie durchliefen Wandel, um immer wieder in derselben und dennoch verwandelten Gestalt aufzutauchen. Die ständige Sinnerneuerung, die mit der mündlichen Exegese der Thora verknüpft ist, erscheint dabei wie eine der Voraussetzungen für diese Kontinuität im Wandel.

Die Weise, in der sich jüdisches und christliches Denken in der Auseinandersetzung miteinander veränderten, hat Pierre Legendre in seinem schönen Aufsatz *Die Juden interpretieren verrückt* dargestellt. Der Titel ist ein wörtliches Zitat aus dem Codex Justinianus vom Jahre 554,[3] in dem den Juden unter Androhung der Todesstrafe untersagt wurde, Widerspruch gegen die Doktrin der Auferstehung, des jüngsten Gerichts und der Erschaffung der Engel zu erheben. Das kaiserliche Dekret diente dazu, Juden – mit ihrer anderen Auslegung der Heiligen Schrift – als ›Söhne des Teufels‹ zu brandmarken, »weil ihre Genealogie eine von der Wahrheit des Textes her als solche erkennbare *falsche* Genealogie, das heißt, ein Betrug ist. Die Juden sind *falsch,* juristisch falsch, wie gefälschte Schriftstücke; sie sind die *falschen Nachkommen Abrahams,* sie haben den Text *falsch* verstanden, die Formel Abrahams ›et semen eius‹ *falsch interpretiert*«.[4] War dies zunächst ein theokratischer Akt, so wurde laut Legendre daraus der Signifikant ›jüdisch‹, d. h. eine ›jüdische‹ Selbstdefinition – und diese stelle bis heute die ›christliche Identität‹ in Frage. »Die jüdische Frage ist, mit anderen Worten, für den okzidentalen Menschen die radikalste Form der Fragen *Was ist ein Text?* und *Was heißt sprechen?*«[5] Aus dieser Fragestellung sei Jahrhunderte später u. a. die Psychoanalyse hervorgegangen: das »Unternehmen, die verdeckten Strukturen des christlichen und industriellen Universums offenzulegen«.[6] Damit sagt Legendre aber auch, daß sich die jüdischen Denktraditionen und ihre Veränderungen in einem Dialog mit den sich wandelnden Denkstrukturen des Christentums befanden – daß also der ›jüdischen Identität‹, die zunächst als ›falsche Lesart‹ interpretiert wurde, ebendeshalb auch die ›Aufgabe‹ und Möglichkeit zufielen, das christliche Imaginäre als Imaginäres zu ›enttarnen‹.

Welche Funktion hat die Geschlechterordnung bei dieser Auseinandersetzung? Da die Geschlechterordnung im Zentrum jeder Form von Gemeinschaftsbildung steht – sie dient in der jüdischen Religion der

Unterscheidung zwischen dem Symbolischen und dem ›Realen‹, während sie im griechisch-christlichen Denken der ›Verkörperlichung‹ des Imaginären dient –, offenbaren sich sowohl die Gegensätze als auch die Wechselbeziehung zwischen den beiden Denktraditionen am deutlichsten in der Geschlechterordnung. Sind die Geschlechterrollen im einen Fall Agenten des Symbolischen und im anderen der Wirkungsmacht des Imaginären, so sind sie zugleich Indikator für den historischen Wandel. Das heißt, die Geschlechterbilder sind ›Motor‹ des ›Materialisierungsprozesses‹ und zugleich ein Schlüssel bei seiner ›Entzifferung‹ und Dekonstruktion.

So gesehen handelt es sich bei der Geschichte des Imaginären und seiner Wirklichkeitsmacht um einen (unendlichen?) dialektischen Prozeß: Die eine Seite erfindet immer wieder neue ›Simulationstechniken‹, um den Verlust zu kompensieren, den die volle Alphabetschrift dem einzelnen und der Gemeinschaft zugefügt hatte. Sie errichtet eine ›Behausung ohne Wände‹, in der der Mensch, das ›schwindlige Geschöpf‹, einerseits wohlig aufgehoben ist, andererseits aber auch immer mehr den Boden unter den Füßen verliert. Das Subjekt kann das ›Sein‹ in dieser Unterkunft – je nachdem – entweder erleiden, lustvoll erleben oder beides zugleich. Je größer das Leiden, desto intensiver die Bemühung, die ›Behausung‹ mit neuen simulierten ›Wänden‹ und virtuellen ›Böden‹ zu versehen. Die andere Seite hingegen unternimmt immer wieder den Versuch, den dahinterstehenden Schwindel aufzudecken. ›Der König ist ohne Kleider‹, sagt sie, oder ›das Haus hat keine Wände‹; sie versucht, dem ›schwindligen Geschöpf‹ die Augen zu öffnen. Um allen Mißverständnissen vorzubeugen: Die Geschichte dieser Wechselbeziehung wird nicht auf bewußte Weise von einzelnen begabten Simulationstechnikern oder klugen Skeptikern vorangetrieben; vielmehr handeln diese als Agenten von zwei Strömungen, die miteinander im Dialog stehen und die *beide* ihre Wirklichkeitsmacht entfaltet haben. Denn die ›westliche Kultur‹ ist nicht minder das Resultat ›jüdischen Denkens‹ als des griechisch-christlichen. Seien sie noch so konträr – im Denken jedes westlichen Menschen treffen heute *beide* Denktraditionen aufeinander. Das gilt nicht nur für die Zeit vor 1933 oder nach Auschwitz, sondern auch für den Nationalsozialismus selbst, der sich als Versuch begreifen läßt, die Gespaltenheit des westlichen Subjekts bzw. der westlichen Gemeinschaftsbildung durch die mit aller Gewalt erzwungene Abspaltung der einen Strömung aufzuheben. Damit soll dem Genozid kein nachträglicher ›Sinn‹ verliehen, sondern die Unmöglichkeit dieser Abspaltung konstatiert werden – allen Auslöschungs- und Vernichtungsversuchen zum Trotz.

Von der Wechselbeziehung dieser konträren Denkströmungen, in der es um Betrüger und Simulanten, um schwindelerregende Räume und Erregungsschwindel, um ›verrückte Interpreten‹ und ›falsche Lesarten‹ *und* um die Möglichkeiten geht, die Wirklichkeitsmacht des kollektiven Imaginären zu hinterfragen, wollte dieser *Versuch über den Schwindel* erzählen.

ANMERKUNGEN

Zu Kapitel I

1 William Shakespeare, *Viel Lärm um Nichts*, in: ders., *Sämtliche Werke: Komödien*, übers. v. Schlegel/Tieck, hg. v. Anselm Schlösser, Berlin/Weimar 1975, Bd. 1, S. 637.

2 Siehe u. a. Wolfgang Pfeifer (Hg.), *Etymologisches Wörterbuch des Deutschen*, Berlin 1989, Bd. 4; Hermann Paul (Hg.), *Deutsches Wörterbuch*, 9., vollständig neu bearbeitete Aufl., Tübingen 1992.

3 Ab dem frühen 18. Jahrhundert entwickelte John Law die ersten Assignaten und Banknoten, vgl. Hans Christoph Binswanger, *Geld und Magie*, Stuttgart 1985.

4 *Brockhaus Enzyklopädie*, Wiesbaden 1971, Stichwort *Wechsel*, Bd. 20, S. 93f.

5 Walter Mitzka (Hg.), *Trübners Deutsches Wörterbuch*, Berlin 1955, Bd. 6, S. 286.

6 »Le vertige paraît résulter d'une perturbation de l'innervation céphalique, presque toujours d'origine périphérique. Il est souvent *visuel*, ainsi lorsque l'on regarde en bas d'un lieu élevé, ou chez les malades cherchant fixer un objet. La vision peut rester nette, avec tournoiment apparent des objets, ou être obscurcis (vertige de nébreux), et dans ce cas les objets paraissent nébuleux et confus dans l'espace, et le regard devient incertain.« *La Grande Encyclopédie. Inventaire raisonné des sciences, des lettres et des arts*, Paris (Société anonyme de la grande encyclopédie) o. J., Bd. 31, S. 890. Ein deutsches Lexikon des 18. Jahrhunderts verweist auf die psychische Dimension dieses Schwindels durch das Sehen mit einem interessanten Beispiel: »Also sind viel Priester, die, wenn sie auf der Kanzel stehen, und unten soviel Leute sehen, den Schwindel bekommen, daher sie sich angewöhnen, mit geschlossenen Augen zu predigen.« *Großes vollständiges Universal Lexikon aller Wissenschaften und Künste*, Leipzig/Halle 1743, Bd. 36, S. 503.

7 Jacob u. Wilhelm Grimm, *Deutsches Wörterbuch*, Leipzig 1899, Bd. 9, S. 2656.

8 Friedrich Schiller, *Don Carlos*, III, 2.

9 August v. Platen, Dichtungen, zit. n. Moriz Heyne, *Deutsches Wörterbuch von Jacob und Wilhelm Grimm*, München 1984, Bd. 15, Sp. 2653.

10 Platon, *Der Staat*, in: ders., *Sämtliche Werke*, Berlin 1940, Bd. 2, S. 174.

11 Thomas Morus, *Utopia*, übers. u. mit sachlichen Anmerkungen versehen v. Ignaz Emanuel Wessely, München 1896 (Sammlung gesellschaftswissenschaftlicher Aufsätze, H. 12/13), S. 99.

12 Gottfried Wilhelm Leibniz, *Neue Abhandlungen über den menschlichen Verstand*, ins Deutsche übers., mit Einleitung, Lebensbeschreibung des Verfassers u. erläuternden Anmerkungen versehen v. C. Schaarschmidt, Leipzig ²1904, S. 545.

13 Ebd.

14 Georg Wilhelm Friedrich Hegel, *Phänomenologie des Geistes*, in: ders.,

Werke, auf der Grundlage der Werke v. 1832–1845 neu edierte Ausgabe, Redaktion Eva Moldenhauer u. Karl Markus Michel, Frankfurt a.M. 1979, Bd. 3, S. 61.

15 Georg Wilhelm Friedrich Hegel, *Wissenschaft der Logik*, in: ders., *Werke*, Bd. 5, S. 265. Vgl. Immanuel Kant, *Kritik der Praktischen Vernunft*, in: ders., *Werke in zwölf Bänden*, hg. v. Wilhelm Weischedel, Frankfurt a.M. 1977, Bd. 7, S. 300ff. Bei dem Zitat handelt es sich um eine Paraphrasierung Kants durch Hegel.

16 Hegel, *Wissenschaft der Logik*, S. 265.

17 Ebd., S. 266.

18 Sören Kierkegaard, *Entweder-Oder*, München 1975, S. 338.

19 Ebd.

20 Friedrich Nietzsche, *Die fröhliche Wissenschaft,* in: ders., *Werke in drei Bänden*, hg. v. Karl Schlechta, München 1954, Bd. 2, S. 120.

21 Friedrich Nietzsche, *Also sprach Zarathustra,* in: ebd., Bd. 2, S. 344.

22 Stéphane Mallarmé, *Plainte d'automne* (1867), in: ders., *Œuvres complètes*, Paris 1945, S. 270.

23 Brief an Louise Colet, 8./9. Mai 1852, in: Gustave Flaubert, *Œuvres*, hg. v. Maurice Nadeau, Lausanne 1964.

24 Brief an Louise Colet, 14. August 1853, ebd.

25 Gustave Flaubert, *Madame Bovary*, in der revidierten Übers. v. Arthur Schurig, Frankfurt a.M. 1976, S. 437.

26 Jean Starobinski, *Kleine Geschichte des Körpergefühls*, mit einer Einleitung v. Hans Robert Jauß, aus dem Französischen v. Inga Pohlmann, Frankfurt a.M. 1991, S. 57f.

27 Brief an Louise Colet, 31. August 1846, in: Gustave Flaubert, *Correspondance*, hg. v. Jean Bruneau, Paris 1973, Bd. 1.

28 Jean-Paul Sartre, *Der Idiot der Familie. Gustave Flaubert, 1821–1857*, deutsch v. Traugott König, Reinbek 1977, Bd. 5, S. 602.

29 Vgl. Christina v. Braun / Gabriele Dietze (Hg.), *Die Multiple Persönlichkeit – Krankheit, Medium oder Metapher?*, Frankfurt a.M. 1999.

30 Brief an Louise Colet, 23. Dezember 1853, in: Flaubert, *Œuvres*.

31 Peter Matussek, *Performing Memory. Kriterien für einen Vergleich analoger und digitaler Gedächtnistheater*, in: *Paragrana. Zeitschrift für Historische Anthropologie* 10, 2001, H. 1, S. 291–320, 304. Wie für viele Begriffe, die dem Zeitgeist entsprechen, gibt es auch für den Begriff des ›immersive environments‹ keinen Erfinder; er stammt aus der Subkultur der späten 70er oder frühen 80er Jahre des 20. Jahrhunderts. Näheres zu dem Begriff: Monika Fleischmann, *Virtualität und Interaktivität als Medium. Die Auflösung des Raumes*, in: *GMD-Spiegel* 1, 1996, S. 42–44; Oliver Grau, *Verlust der Zeugen. Das lebendige Werk*, in: Götz-Lothar Darsow (Hg.), *Metamorphosen. Gedächtnismedien im Computerzeitalter*, Stuttgart-Bad Cannstatt 2000, S. 101–121; Ernst Roland, *Jenseits der Immersion – Der hybride Raum*, in: *Computer als Medium – ›Hyperkultur IX‹*, Lüneburg 2000.

32 Brief an Louise Colet, 23. Dezember 1853, in: Flaubert, *Œuvres*.

33 Charles Baudelaire, *Œuvres complètes*, hg. u. kommentiert v. Y.-G. Le Dantec, Paris 1932, Bd. 1, S. 37.

34 Ein Beispiel dafür ist das späte Gedicht *Der Abgrund* (1862): »Mit seinem Abgrund mußte stets Pascal umgeh'n. / – Weh! Abgrund ist das Tun, der Traum, das Wort, Verlangen! / Und über meine Haare, die gesträubt von Bangen, / Fühl ich so manches Mal den *Hauch* der Angst hinweh'n. // Überall dehnt furchtbar lockend sich der Raum, / Oben und unten, Stille, Tiefe, Meeresstrand... / Auf meiner Nächte Grund malt Gott mit weißer Hand / Endlos und vielgestaltig einen bösen Traum. // Ich fühl im Schlaf mich wie von einem Loch erschreckt – / Weiß nicht, wohin es führt –, das vages Grauen weckt; / Zu allen Fenstern schaut Unendlichkeit herein; // Mein Geist, der immer quälend Schwindel spürt, / Neidet dem Nichts, daß es so ungerührt. / – Ach, niemals zu entgeh'n den Zahlen und dem Sein!« Charles Baudelaire, *Die Blumen des Bösen*, übers. v. Monika Fahrenbach-Wachendorf, Stuttgart 1980, S. 295f.

35 Johann Wolfgang v. Goethe, *Wilhelm Meisters Lehrjahre*, in: *Goethes Werke*, Hamburger Ausgabe in 14 Bdn., textkritisch durchgesehen u. mit Anmerkungen versehen v. Erich Trunz, Hamburg 1948ff., Bd. 8, S. 31f.

36 Johann Wolfgang v. Goethe, *Dichtung und Wahrheit*, in: *Goethes Werke*, Bd. 9, S. 374.

37 Immanuel Kant, *Kritik der Urteilskraft*, in: ders., *Werke* , Bd. 10, S. 184f.

38 Vgl. dazu Werner Beiweis, *Zur Realität des Imaginären. Steven Spielbergs ›Schindlers Liste‹*, Wien 1995.

39 Ruth und Dieter Groh betrachten Petrarcas Bergbesteigung als Allegorie für das dichterische Werk. »Petrarcas Berg«, so sagen sie, »*ist* das Werk«. Aber auch wenn der Berg nur eine Allegorie für das Werk darstellt, so ist es doch aufschlußreich, daß Petrarca sich des Blicks von oben als Bild für die Emanzipation bzw. die Herauslösung aus der Unmündigkeit bedient. Ruth Groh / Dieter Groh, *Petrarca und der Mont Ventoux*, in: *Merkur*, 1992, H. 46, S. 290–307.

40 Thomas Kleinspehn, *Vom Schlachtenmahl zum Erlebnisessen*, in: *Geschmack*, Kunst- u. Ausstellungshalle der BRD, Göttingen 1996, S. 263–283.

41 Bettina Mathes, *Verhandlungen mit Faust*, Königstein/Ts. 2001, S. 106.

42 Klaus Schreiner, *Si homo non pecasset...*, in: ders. / Norbert Schnitzler (Hg.), *Gepeinigt, begehrt, vergessen. Symbolik und Sozialbezug des Körpers im späten Mittelalter und in der frühen Neuzeit*, München 1992, S. 41–84, 52.

43 Daniela Hammer-Tugendhat, *Erotik und Geschlechterdifferenz. Aspekte der Aktmalerei Tizians*, in: D. Erlach / M. Reisensteiner / K. Vocelka (Hg.), *Privatisierung der Triebe? Sexualität in der frühen Neuzeit*, Frühneuzeitliche Studien, Bd. 1, Frankfurt a. M./Berlin/Bern/New York 1994, S. 367–446.

44 Exemplare sind heute in Florenz wie im Wiener Museum der Medizingeschichte zu besichtigen.

45 In Kapitel III werde ich ausführlicher auf die Geschichte des Sehens eingehen und verzeichne hier nur die Elemente, die für die Geschichte des Schwindels von Bedeutung sind.

46 Es ist übrigens auffallend, daß es sich bei diesen technischen Neuerungen der Moderne oft um Errungenschaften von Brüdern handelt (Montgolfier, Skladanowsky, Lumière). Dieses Phänomen könnte mit den Anforderungen der modernen Technik zusammenhängen, die ganz generell, anders als das ›Medium‹ Schrift, Teamarbeit verlangt. Gleichzeitig erscheint es wie ein Spiegelbild des Doppelgängermotivs, das ebenfalls eng mit Fragen des Sehens und der Verdoppelung des Ichs zusammenhängt. In seinem Roman *Stark. The Dark Half* hat Stephen King diesen Topos aufgegriffen: Der Doppelgänger ist Zwillingsbruder und zugleich das Körper (Fleisch) gewordene Alter ego des Schriftstellers: seine Romanfigur. Stephen King, *Stark*, aus dem Amerikanischen übers. v. Christel Wiemken, München 1989.

47 Vgl. Thomas Kleinspehn, *Der Flüchtige Blick. Sehen und Identität in der Kultur der Neuzeit*, Reinbek 1989.

48 »Es war sein *Auge*, das Stark [der Doppelgänger des Schriftstellers, CvB] sich wünschte – das er verlangte. Das dritte Auge, das, in seinem Gehirn vergraben, nur nach innen blicken konnte.« King, *Stark*, S. 443f., 455.

49 Florian Rötzer, in: ders. / Peter Weibel (Hg.), *Cyberspace. Zum medialen Gesamtkunstwerk,* München 1993, S. 81–113, 103.

50 Keine zwölf Monate nach dem »Toleranzpatent« Kaiser Josephs II. von Österreich (1781/82), durch das den Juden zum ersten Mal das Recht eingeräumt wurde, die Schule oder Universität zu besuchen (unter der Bedingung, daß sie deutsch und nicht tschechisch sprechen), erschien in Prag ein Buch unter dem Titel: *Über die Unnütz- und Schädlichkeit der Juden im Königreich Böhmen und Mähren*, s. a. Anonym, *Der getaufte Jude – weder Jude noch Christ*, Wien 1781.

51 Zit. n. Alex Bein, *Die Judenfrage. Biographie eines Weltproblems*, Stuttgart 1980, Bd. 1, S. 163.

52 Gustav Liebe, *Das Judentum in der deutschen Vergangenheit*, Leipzig 1903, S. 91.

53 Vgl. Detlev Claussen, *Vom Judenhaß zum Antisemitismus. Materialien einer verleugneten Geschichte*, Darmstadt 1987, S. 94–109.

54 Jean-Martin Charcot, *Leçons du Mardi à la Salpêtrière*, Paris (Progrès médical) 1889, Bd. 2, S. 11f. Sander L. Gilman hat dargestellt, wie verbreitet auch unter Juden selbst, darunter bei Freud, die Vorstellung war, daß Juden anfälliger für Neurasthenie und psychische Störungen seien. Sander L. Gilman, *Freud, Race and Gender*, Princeton, N.J. 1993, S. 93ff.

55 Fritz Hippler, »Reichsfilmintendant«, *Der Ewige Jude*, NS-Propagandafilm 1940.

56 Martin Burckhardt, *Vom Geist der Maschine. Eine Geschichte kultureller Umbrüche*, Frankfurt a. M. 1999, S. 201ff.

57 Martin Burckhardt setzt den Moment, an dem das ›mediale Netz‹ im kollektiven Imaginären an die Stelle der ›repräsentativen Monarchie‹ als Symbol des Gemeinschaftskörpers tritt, mit den Versuchen des Abbé Nollet im Jahre 1746 an. Nollet, der die Geschwindigkeit des Stroms messen wollte, hatte etwa 500 Mönche miteinander verdrahtet, und als er den Stromkreislauf schloß, standen alle gleichzeitig unter Strom. Burckhardt, *Vom Geist der Maschine*, S. 221ff.

58 Julien Offray de La Mettrie, *Traité du Vertige*, in: ders., *Œuvres de Médecine*, o. O. 1751, S. 10.
59 Ebd., S. 35.
60 Ebd., S. 42f.
61 Ebd., S. 42.
62 Marcus Herz, *Versuch über den Schwindel*, Berlin 1786, S. 75.
63 Ebd., S. 107f. Im Text heißt es weiter bei Herz: »Bei derjenigen Verwirrung hingegen, die aus der zu schnellen Folge der Vorstellungen entspringt, wird die ganze Seele in einen gleichen verwirrten Zustand gesetzt, so daß sie keine ihrer Tätigkeiten, selbst diejenige, welche zur Aufrechterhaltung ihres Körpers erfordert wird, gehörig auszuüben im Stande ist. Wir können also sagen: Der Schwindel ist derjenige Zustand der Verwirrung, in welchem die Seele wegen der zu schnellen Folge der Vorstellungen sich befindet.«(S. 109f.) Für die Entstehung des Schwindels (die er als »der erste Grad jeder angefangenen Ohnmacht« definiert (S. 131), bedarf es bestimmter Voraussetzungen, die z. T. mit der Veranlagung des Indivduums zusammenhängen:
»1. Je langsamer der natürliche Gang der Vorstellungen bey einem Menschen ist, desto größer ist dessen Geneigtheit zum Schwindel; und so umgekehrt, je schneller jener, desto geringer diese.
2. Je empfindsamer das Nervensystem ist, je leichter die Nerven von geringen Gegenständen verändert und in Thätigkeit gesetzt werden, desto leichter die Entstehung des Schwindels; und so umgekehrt.«
3. Im allgemeinen betreffe der Schwindel die »höheren Sinne«, vor allem die des Gesichts.
4. Er entstehe durch die schnelle Absonderung des Nervensaftes.
5. »Wenn das Gehirn und die Nerven in dem Zustand der Abspannung oder Erschlaffung sich befinden, und dem Eindringen des Nervensaftes nicht gehörig Widerstand leisten können, so muß dessen Absonderung schneller geschehen, und einen Schwindel verursachen.« Ebd., S. 112.
64 Ebd., S. XLf. Weiter heißt es: »die Eigenschaften der Seele werden eben so durch Anschauung, vermittels des inneren Sinnes, als die Eigenschaften der Körper durch Anschauung der äußeren Sinne erkannt. Ich kann es mir daher nicht erklären, warum die Naturbeschreiber mehr Sorgfalt auf die Beobachtung der Windungen und Schnörkel der Schneckenhäuser, der Strahlenzahl der Fische, oder auch der Triebe der Thiere anwenden, als auf die Beobachtung der Neigungen, Fähigkeiten und Triebe der menschlichen Seele, dazu ihnen die tägliche Erfahrung soviel Data an die Hand giebt.« Ebd.
65 Benedict Anderson, *Die Erfindung der Nation. Zur Karriere eines folgenreichen Konzepts*, übers. v. Benedikt Burkard u. Christoph Münz, erweiterte Ausgabe, Berlin 1998.
66 Christina v. Braun, *Und der Feind ist Fleisch geworden,* in: dies. / Ludger Heid (Hg.), *Der Ewige Judenhaß*, Bonn/Stuttgart 1990, Berlin 2000, S. 149–213.
67 Herz, *Versuch über den Schwindel*, S. 201f., 203.
68 La Mettrie, *Vertige*, S. 43f.
69 Zur Tatsache, daß gerade bei der Hysterie die Projektionen auf den weib-

lichen Körper und die ›Inszenierung‹ seiner Symptome korrelieren, vgl. Christina v. Braun, *Nicht Ich. Logik Lüge Libido*, Frankfurt a. M. 1985, S. 60–85.

70 Vgl. Christina v. Braun, *Der Frauenkörper als Norm und Anomalie des Gemeinschaftskörpers,* in: dies./Dietze (Hg.), *Die Multiple Persönlichkeit,* S. 60–85.

71 Julia Kristeva, *Le langage, cet inconnu. Une initiation à la linguistique,* Paris 1981, S. 10.

72 Gustav Bergmann, *Logical Positivism, Language and the Reconstruction of Metaphysics,* in: Richard Rorty (Hg.), *The Linguistic Turn. Essays in Philosophical Method,* Chicago 1992, S. 62–71.

73 Rorty, *Introduction,* in: ders., *The Linguistic Turn,* S. 33.

74 Ebd.

75 W. J. T. Mitchell, *Iconology, Image, Text, Ideology,* Chicago 1986; ders., *Picture Theory. Essays on Verbal and Visual Representations,* Chicago 1994; ders., *Der Pictorial Turn,* in: Christian Kravagna (Hg.), *Privileg Blick. Kritik der visuellen Kultur,* Berlin 1997, Ed. ID-Archiv, S. 15–40.

76 Mitchell, *Der Pictorial Turn,* S. 26f.

77 Ebd., S. 33.

78 Ebd., S. 19.

79 Ebd.

80 »Es ist falsch zu sagen: ich denke. Man müßte sagen: es denkt mich. Ich ist ein anderer.« Arthur Rimbaud, *Seherbriefe,* in: ders., *Sämtliche Dichtungen,* zweisprachige Ausgabe, übers. v. Walther Küchler, Darmstadt 1997, S. 367f.

81 Vgl. Christina v. Braun, ›Frauenkrankheiten‹ als Spiegelbild der Geschichte, in: Farideh Akashe-Böhme, *Von der Auffälligkeit des Leibes,* Frankfurt a. M. 1995, S. 98–129.

82 Arthur Rimbaud, *Seherbriefe,* in: ders., *Gedichte,* französisch u. deutsch, hg. v. Karlheinz Barck, Leipzig 1989, S. 155.

83 Ebd.

84 Arthur Rimbaud, *Böses Blut,* übers. v. Fritz Rudolf Fries, in: ders., *Gedichte,* hg. v. Barck, S. 75ff.

85 Ebd., S. 156.

86 Arthur Rimbaud, in: ders., *Sämtliche Dichtungen,* übers. v. Küchler, S. 153.

87 Rimbaud, *Gedichte,* hg. v. Barck, S. 156.

88 Arthur Rimbaud, *Sämtliche Dichtungen,* zweisprachige Ausgabe, übers. v. Thomas Eichhorn, München 1997, S. 375.

89 Richard Wagner, Brief an Mathilde Wesendonk, in: ders., *Tagebuchblätter und Briefe 1853–1871,* hg. v. Wolfgang Golther, Berlin 1906, S. 170.

90 Adolf Hitler, *Mein Kampf,* München 1940, S. 116, s. a. S. 525ff.

91 Rimbaud, *Gedichte,* hg. v. Barck, S. 99.

92 Rimbaud, *Das poetische Werk,* S. 44.

93 Jean-Paul Sartre, *Der Idiot der Familie,* Bd. 1, S. 25.

94 Ebd., Bd. 4, S. 230.

95 Ebd., S. 236.

96 Ebd., S. 240.

97 Ebd., Bd. 3, S. 981.

98 Brief an George Sand v. 30. Oktober 1870, zit. n. Sartre, *Der Idiot der Familie*, Bd. 5, S. 508.

99 Sartre, *Der Idiot der Familie*, Bd. 5, S. 595f.

Zu Kapitel II

1 1896 hatten die ersten sechs Abiturientinnen – unter großer Anteilnahme der Öffentlichkeit – das Abitur extern am Viktoria-Luise-Lyzeum abgelegt.

2 Rudolf v. Virchow, *Das Weib und die Zelle*, zit. n. Rosa Mayreder, *Zur Kritik der Weiblichkeit*, Jena/Leipzig ²1907, S. 17.

3 Max Planck, in: Arthur Kirchhoff (Hg.), *Die akademische Frau. Gutachten hervorragender Universitätsprofessoren, Frauenlehrer und Schriftsteller über die Befähigung der Frau zum wissenschaftlichen Studium und Berufe*, Berlin 1897, S. 257f.

4 Philipp v. Nathusius, *Zur Frauenfrage*, Halle 1871, S. 104ff.

5 Lorenz v. Stein, *Die Frau auf dem Gebiete der Nationalökonomie* (1875), Stuttgart ⁶1886, S. 92ff.

6 Heinrich v. Sybel, *Über die Emanzipation der Frau*, Bonn 1870, S. 12ff.

7 Georg Lewin, in: Kirchhoff, *Die akademische Frau*, S. 73.

8 Heinrich von Treitschke, *Politik. Vorlesungen gehalten an der Universität zu Berlin*, hg. v. Max Cornicelius, Leipzig 1897, Bd. 1, S. 236ff.

9 Otto v. Gierke, in: Kirchhoff, *Die akademische Frau*, S. 25ff.

10 In: Kirchhoff, *Die akademische Frau*, S. 128.

11 Hermann v. Soden, in: Kirchhoff, *Die akademische Frau*, S. 13.

12 Theodor L. W. v. Bischoff, *Das Studium und die Ausübung der Medicin durch Frauen*, München 1872. Diese Schrift ist uns nur deshalb überliefert, weil Hedwig Dohm 1874 eine brillante Streitschrift gegen Bischoff verfaßte: Hedwig Dohm, *Emanzipation*, Reprint Zürich 1982, Zitate Bischoff S. 78f.

13 Jacques Lacan, *La science et la vérité*, in: ders., *Ecrits II*, Paris 1971, S. 219–244, 235.

14 Harold A. Innis, *Empire & Communications,* hg. v. David Godfrey, Victoria/Toronto 1986, S. 7f.

15 Vgl. Nicole Loraux, *Die Trauer der Mütter. Weibliche Leidenschaft und die Exzesse der Politik*, aus dem Französischen v. Eva Moldenhauer, Frankfurt a. M./New York 1990.

16 Euripides, *Die Schutzflehenden*, in: ders., *Werke in drei Bänden*, übers. v. Dietrich Ebener, hg. v. Jürgen Werner u. Walter Hagemann, Berlin/Weimar 1996, Bd. 1, S. 286.

17 Stephen Scully, Vorwort, in: Euripides, *Suppliant Women*, übers. v. Rosanna Warren u. Stephen Scully, New York/Oxford 1995, S. 4f., 14.

18 Jan Assmann, *Das kulturelle Gedächtnis. Schrift, Erinnerung und politische Identität in frühen Hochkulturen*, München 1999, S. 301. Assmann hat Havelock und Goody dafür kritisiert, daß sie das Schriftsystem selbst

als Auslöser der »Revolution« des Denkens in Griechenland betrachten. Sosehr ich Assmanns Kritik an Havelocks »Höherbewertung« des griechischen Alphabets nachvollziehen kann, so sehr erscheint mir wiederum seine eigene Bewertung fragwürdig, laut der das Schriftsystem bei der Entstehung der verschiedenen Denkmuster und Formen der Gemeinschaftsbildung eine untergeordnete Rolle spiele. Beide Religionsformen hängen eng mit dem jeweiligen Schriftsystem zusammen und bilden als solche unvereinbare Gegensätze.

19 Jeder Tempel beginnt, sein eigenes Schriftsystem zu entwickeln. »Dieser Prozeß beruht auf einer systematischen Ausschöpfung der dem hieroglyphischen Schriftsystem – im Gegensatz zur daraus abgeleiteten Kursivschrift – inhärenten Bildhaftigkeit, die es erlaubt, ständig neue Zeichen einzuführen und die Welt der Dinge gleichsam als ein unerschöpfliches Typeninventar zu betrachten.« Assmann, *Das kulturelle Gedächtnis*, S. 182.

20 Jan Assmann, *Moses der Ägypter. Entzifferung einer Gedächtnisspur*, München 1998, S. 159.

21 Jack Goody / Ian Watt, *Konsequenzen der Literalität*, in: dies. / Kathleen Gough (Hg.), *Entstehung und Folgen der Schriftkultur*, mit einer Einleitung v. Heinz Schlaffer, übers. v. Friedhelm Herborth, Frankfurt a.M. 1986, S. 63–122, 82.

22 Josef Hayim Yerushalmi, *Réflexions sur l'oubli*, in: ders. (Hg.), *Usages de l'oubli. Colloques de Royaumont*, Paris 1988, S. 7–21, 15; s. a. Micha Brumlik, *Schrift, Wort und Ikone. Wege aus dem Bilderverbot*, Frankfurt a.M. 1994, S. 14–60.

23 »Die Frühzeit Israels von den Anfängen bis ins 7. Jh. hat man sich polytheistisch und zwar im Sinne eines Staatssummodeismus vorzustellen. Jahwe ist Staatsgott, wie Assur in Assyrien und Marduk in Babylonien, Amun-Ägypten, aber er wird nicht exklusiv verehrt, sondern als Oberhaupt eines Pantheons. [...] Die Religion Israels ist lediglich eine regionale Variante gemein-vorderorientalischer Kulte und Vorstellungen.« Assmann, *Das kulturelle Gedächtnis*, S. 203. – Ab etwa 875 kommt es zu einer puritanischen Kultreform, aus der sich die ›Jahwe-Allein-Bewegung‹ entwickeln wird. Sie wird sich gegen die in Israel immer wieder erstarkenden Baal-Kulte richten, es kommt zu heftigen Konflikten, die sich vor allem intern gegen die eigenen ›Abtrünnigen‹ wenden. »Die Überlieferung ist natürlich nach dem Sieg dieser Partei rückwirkend vereinseitigt worden, so daß uns die polytheistisch-synkretistische Kultur Altisraels nur im Negativabdruck ihrer Gegner erhalten blieb (ähnlich wie die heidnischen Religionen in der – allerdings sehr viel sorgfältiger bewahrenden – Kritik der Kirchenväter). Was die Texte als den unaufhörlichen Konflikt des notorisch abtrünnigen und vergeßlichen Volkes Israel mit den Forderungen seiner eigenen Religion darstellen, hat sich in der historischen Wirklichkeit als der Konflikt einer monotheistischen Minderheit mit der polytheistischen-synkretistischen Mehrheit abgespielt. Auch diese Mehrheit, um es noch einmal klarzustellen, war Jahwe-gläubig. Das Königshaus hatte sich zweifellos zum besonderen Patron des Jahwe-Kults gemacht. Aber ihnen galt Jahwe als der höchste, nicht als der *einzige* Gott.«

Ebd., S. 203. – Aus dem jahrhundertelangen Ringen zwischen majoritärem Jahwe-Kult und minoritärem Monotheismus entsteht wiederum »etwas weltgeschichtlich Neues, nämlich ›Religion‹ im eigentlichen Sinne einer ausdifferenzierten Wert-, Sinn- und Handlungssphäre, die begrifflich scharf abgesondert ist gegen die Bereiche der Kultur und der Politik. [...] Auf diese Weise entsteht Religion im Kontext von – und in Abgrenzung gegen – Kultur, und zwar nicht die fremde, sondern die eigene Kultur, die als entfremdet, abtrünnig, vergeßlich gebrandmarkt wird.« Ebd., S. 204.

24 Assmann, *Das kulturelle Gedächtnis*, S. 202.

25 Ebd., S. 294f.

26 Ebd., S. 213.

27 Ebd., S. 214.

28 Ebd., S. 201.

29 Ebd., S. 176.

30 Sigmund Freud, *Der Mann Moses und die monotheistische Religion*, in: ders., *Gesammelte Werke*, Bd. 16, S. 101–246, 214.

31 Ebd., S. 143.

32 Ebd., S. 146.

33 Ebd., S. 168.

34 Ebd., S. 169.

35 Ebd., S. 173.

36 Jack Goody berichtet von einem bezeichnenden Beispiel aus den Traditionen von Nordghana, wo die jeweiligen Herrschaftsverhältnisse zu einer Neuerzählung der Ursprungsmythen der Stämme führen. Als die Briten um 1900 ihre Herrschaft über das Gebiet ausweiteten, zeichneten sie die Mythen auf. 60 Jahre später waren durch Grenzveränderungen und die Auflösung eines Bezirks neue Herrschaftsverhältnisse entstanden. Dem versuchten neue Ursprungsmythen Rechnung zu tragen, die nun allerdings nicht mehr mit den von den Briten vorher aufgezeichneten Berichten übereinstimmten. Es entstanden Probleme für die ›Geschichtsschreibung‹ der Briten, denen nicht bewußt war, daß in oralen Kulturen die Vergangenheit »manipuliert« wird, um der jeweiligen gegenwärtigen Situation zu entsprechen und diese zu legitimieren. »Im Laufe der Übermittlung, so sehen wir an diesem Beispiel der Genealogien, verändert sich das soziale Element des Erinnerns, ein Prozeß, dem andere Elemente der Kultur, z. B. Mythen und heiliges Wissen im allgemeinen, in ähnlicher Weise unterliegen.« Jack Goody / Ian Watt, *Konsequenzen der Literalität*, in: dies. / Kathleen Gough (Hg.), *Entstehung und Folgen der Schriftkultur*, S. 71f.

37 Freud, *Moses*, S. 174.

38 Ebd., S. 241.

39 Ebd.

40 Ebd., S. 205.

41 Vgl. Noam Chomsky, *Language and Mind*, New York 1968; ders., *Cartesianische Linguistik*, Tübingen 1971; ders., *Rules and Representations*, New York 1980.

42 Freud, *Moses*, S. 222f.

43 Harald Haarmann, *Universalgeschichte der Schrift*, Frankfurt a. M. / New York 1991, S. 310ff.

44 Ebd., S. 289.

45 Assmann, *Das kulturelle Gedächtnis*, S. 280.

46 So wurde aus jedem Vertragsbruch zugleich eine Versündigung an den Göttern, das Urmodell der Sünde überhaupt. Assmann bezeichnet das als die »Theologisierung der Geschichte«: »Von daher wird verständlich, in welch ungeheurem Maße sich eine solche Theologisierung der Geschichte verschärfen mußte, als ein Volk auf die Idee verfiel, seinen Gott nicht nur zum Schutzherrn eines politischen Bündnisvertrags anzurufen, sondern mit ihm selbst einen solchen Vertrag zu schließen, als wäre er der Großkönig von Ägypten oder Assyrien. Dadurch werden zwei völlig neue Größen geschaffen: der Gott als *Herr* und das *Volk* als Subjekt der Geschichte. Einen solchen Vertrag kann man nicht auf Zeit schließen; es ist evident, daß der hier in Anspruch genommene Zeithorizont in Urzeit und Endzeit ausgreift.« Assmann, *Das kulturelle Gedächtnis*, S. 256f.

47 Ebd., S. 206.

48 Lev 19,2.

49 Ex 29,46.

50 Alfred Marx, *Opferlogik im alten Israel*, in: Bernd Janowski / Michael Welker (Hg.), *Opfer. Theologische und kulturelle Kontexte*, Frankfurt a. M. 2000, S. 129–149, 140.

51 »Das Ereignis, das die gesamte Bedeutungsgeschichte des Kanonbegriffs strukturiert, ist das Vordringen der Kategorie der Identität. Hier liegt jedenfalls der Schlüssel für das Problem der Motivationsstruktur. Denn die Heiligung einer bestimmten Tradition läuft immer auf die Heiligung einer bestimmten Gemeinschaft hinaus. Aus dem neutralen Orientierungsinstrument Kanon wird dann eine Überlegensstrategie kultureller Identität. Die Juden, die sich der Strenge ihres Gesetzes beugen, tun dies im Bewußtsein, ein ›heiliges Volk‹ zu sein.« Assmann, *Das kulturelle Gedächtnis*, S. 127.

52 Ebd., S. 273.

53 »Genau wie in Griechenland die Homer-Überlieferung verläuft auch in Israel die Thora-Überlieferung als ein ethnogenetischer Prozeß. Mit dem Text *verfestigt* sich zugleich ein nationales Zusammengehörigkeitsbewußtsein. Beide Prozesse sind abgeschlossen, bevor, schon in der Perserzeit, der allgemeine mittelmeerweltliche Kulturwandel einsetzt, in dessen Verlauf sich Griechenland zu einer Buch- und Lesekultur wandelt und im Israel des Zweiten Tempels das Schriftgelehrtentum zum Hüter der Überlieferung und Träger des kulturellen Gedächtnisses wird. Die Schriftgelehrten blicken auf die Propheten, wie die Philologen auf die Klassiker zurück: als eine endgültig abgeschlossene, unfortsetzbare Epoche. In Israel währt sie von ›Mose bis Artaxerxes‹ (Esra und Nehemia), in Griechenland von Homer bis Euripides.« Assmann, *Das kulturelle Gedächtnis*, S. 280.

54 Benedict Anderson, *Die Erfindung der Nation. Zur Karriere eines folgenreichen Konzepts*, übers. v. Benedict Burkard u. Christoph Münz, Berlin 1998 (*Imagined Communities*, London 1983).

55 Assmann, *Das kulturelle Gedächtnis*, S. 173. Micha Brumlik betont – mit Berufung auf Herodots *Historien* – die unterschiedliche Berufung von

Griechenland und Israel auf die ägyptische Tradition: »Während sich die antiken Griechen ihrer Ursprünge in der ägyptischen Kultur deutlich bewußt waren, läßt sich Vergleichbares für die Beziehung zur israelitischen Kultur nicht sagen.« Brumlik, *Schrift, Wort und Ikone*, S. 23.

56 Ebd., S. 97.

57 Ebd., S. 98.

58 Diese Vorstellung einer ›revolving nature‹ findet ihre bildliche Umsetzung in der Uroboros-Schlange wie überhaupt in vielen Schlangenmythen. Ebendeshalb erfährt das Schlangensymbol, das sich auf die Fruchtbarkeit der Erde und auf ein zyklisches Zeitdenken bezieht, unter dem Einfluß der Schrift einen Wandel, der die Schlange zum Symbol der Sünde und der ›falschen Erkenntnis‹ werden läßt. Vgl. Christina v. Braun, *Die Macht des Drachen. Wandlungen des Symbols Drachen und Schlange*, Film (ZDF) 1984.

59 Assmann, *Das kulturelle Gedächtnis*, S. 99.

60 Ebd., S. 143.

61 Martin Heidegger, *Über den Humanismus* (1946), Frankfurt a. M. 1991, S. 24.

62 Ebd., S. 29f.

63 Ebd., S. 30.

64 Ebd., S. 18.

65 Ebd., S. 10f.

66 Ebd., S. 51.

67 Hartmut Zelinsky hat das ausführlich und an zahlreichen Beispielen belegt. Ich verdanke seinen Arbeiten viele Einsichten. Hartmut Zelinsky, *Richard Wagner – ein deutsches Thema. Eine Dokumentation zur Wirkungsgeschichte Wagners, 1876–1976*, Berlin/Wien 1983.

68 Richard Wagner an Mathilde Wesendonk, in: Richard Wagner, *Tagebuchblätter und Briefe 1853–1871*, hg. v. Wolfgang Golther, Berlin 1906, S. 170.

69 Assmann, *Das kulturelle Gedächtnis*, S. 99.

70 Gekürzter Teil aus der Klage:
»Man kann sich nicht mit den Worten der Vorfahren schmücken,
denn die Nachkommen werden sie herausfinden.
Hier spricht nicht einer, der schon gesprochen hat, sondern
der erst sprechen wird, auf daß ein anderer finde, was er sagen wird.
Nicht eine Rede, von der man nachher sagen wird:
›das haben sie früher gemacht‹,
und auch keine Rede, die sagen wird:
›leere Suche ist es, es ist erlogen‹,
und keiner wird seinen Namen Anderen erwähnen.
Ich habe dies gesagt entsprechend dem, was ich gesehen habe,
angefangen von der ersten Generation bis zu denen, die nach uns kommen:
sie haben das Vergangene nachgeahmt.«
Zit. n. Assmann, *Das kulturelle Gedächtnis*, S. 97f.

71 Hinter der Forderung, daß die Schriftzeichen immer Bilder bleiben mußten, stand die Befürchtung, »daß mit solcher Lockerung auch die Gesetze

des Gemeinwesens an Verbindlichkeit einbüßen würden«. Assmann, *Das kulturelle Gedächtnis*, S.173.

72 Ebd., S.176f.

73 Das hängt mit den kommunikativen Aspekten der Sprache zusammen, die den einzelnen zum Teil einer Gemeinschaft werden läßt. Erst durch die Sprache entsteht diese Wechselbeziehung zwischen Gemeinschaft und individuellem Ich, die Assmann folgendermaßen charakterisiert hat: »1. Ein Ich wächst von außen nach innen. Es baut sich im Einzelnen auf kraft seiner Teilnahme an den Interaktions- und Kommunikationsmustern der Gruppe, zu der er gehört, und kraft seiner Teilhabe an dem Selbstbild der Gruppe. Die Wir-Identität der Gruppe hat also Vorrang vor der Ich-Identität des Individuums, oder: Identität ist ein soziales Phänomen bzw. ›soziogen‹.
2. Eine kollektive oder Wir-Identität existiert nicht außerhalb der Individuen, die das ›Wir‹ konstituieren und tragen. ›Sie ist eine Sache individuellen Wissens und Bewußtseins.‹«
Aus dem Zusammenhang der beiden Thesen ergibt sich ein Doppelsinn des Wortes ›soziogen‹. Insgesamt erscheine die Gesellschaft »nicht als eine dem Einzelnen gegenüberstehende Größe, sondern als konstituierendes Element seines Selbst«. – Da die kollektive Identität eine »Frage der *Identifikation* seitens der beteiligten Individuen« darstellt, kann man auch erkennen, wovon sich die Doppelbedeutung des Wortes ›Identität‹ ableitet, mit der einerseits das ›Gleiche‹ und andererseits das ›Unverwechselbare‹ gemeint ist. Assmann, *Das kulturelle Gedächtnis*, S.130ff.

74 »Von Anfang an wird klargestellt, daß Zugehörigkeit nicht nur eine Sache des Blutes, der Abstammung, angeborener Rechte ist. Zwischen der ethnischen Identität und der religiösen Identität, d.h. zwischen ›Israel‹ und dem *wahren* Israel wird scharf unterschieden.« Assmann, *Das kulturelle Gedächtnis*, S.211.

75 Ebd., S.158f.

76 Otto Brunner / Werner Conze / Reinhart Koselleck (Hg.), *Geschichtliche Grundbegriffe*, Stuttgart 1985, Bd.5, S.137.

77 Ebd., S.138.

78 Ernst H. Kantorowicz, *Die zwei Körper des Königs. Eine Studie zur politischen Theologie des Mittelalters*, übers. v. Walter Theimer u. Brigitte Hellmann, München 1990.

79 Brunner, *Geschichtliche Grundbegriffe*, S.140.

80 Hans F.K. Günther, *Rassenkunde des jüdischen Volkes*, München 1931, S.314f.

81 Assmann, *Das kulturelle Gedächtnis*, S.160.

82 Esr 9–10. Schon Josija hatte die ›Wiederentdeckung‹ der Schrift Gottes mit einer feierlichen Erneuerung des Bundes verbunden. 2 Kö 23, 1–3. »Josija stand mit seiner Wiederaufnahme älterer Motive der israelitischen Religion keineswegs alleine – der gesamte Vordere Orient (in Ägypten, Assyrien und Babylon) war im 7. Jahrhundert durch eine Restauration älterer Kultformen geprägt. Gleichwohl ist Josijas Reform einzig zu nennen, da sie – jedenfalls im Vorderen Orient – den ersten und einzigen Fall der Gründung einer Buchreligion darstellt, einer Religion also, in der heilige

Schriften den Tempel- und Opferkult nicht mehr begleiten, sondern ihm systematisch vorangehen.« Brumlik, *Schrift, Wort und Ikone*, S. 36f.

83 Zit. n. Assmann, *Das kulturelle Gedächtnis,* S. 198.

84 Ebd., S. 206.

85 Ebd.

86 Haarmann, *Universalgeschichte der Schrift*, S. 279.

87 Assmann, *Das kulturelle Gedächtnis*, S. 267 (Fußnote).

88 Illich kritisiert zu Recht, daß der Begriff »Muttersprache« von Anfang an mißbraucht wurde. »Das Wort ›Muttersprache‹ instrumentalisiert vom ersten Augenblick an, da es gebraucht wird, die Alltagssprache im Dienst eines institutionellen Anliegens. [...] Mit Muttersprache bezeichnen wir nicht den gemeinen Ausdruck einer Gemeinschaft, sondern das Sprachmittel, das eine rationell organisierte Gesellschaft für sich schafft, erhält und verteidigt, um es allen ihren Mitgliedern aufzuzwingen.« Mit Hilfe dieser ›Muttersprache‹, die in Wahrheit eine ›Vatersprache‹, also Schriftsprache war, die sich lediglich die Ausdrucksformen und das Vokabular der regionalen Mundarten angeeignet hatte, sei von Mönchen missionarische und erzieherische Arbeit geleistet und zum Beispiel auch Luthers Bibelübersetzung unters Volk gebracht worden; schließlich sei sie auch dazu eingesetzt worden, die Existenz der Nationalstaaten zu rechtfertigen. Ivan Illich, *Die warenhafte Muttersprache*, in: ders., *Vom Recht auf Gemeinheit*, Reinbek 1982, S. 36f. Illich beschreibt hier also nicht nur die Spaltung der Sprache in eine gesprochene und eine geschriebene, sondern auch die ›magische Aufladung‹ der geschriebenen Sprache durch die gesprochene, auf die ich schon im Zusammenhang mit dem ›Schwindel‹ eingegangen bin.

89 Assmann, *Das kulturelle Gedächtnis*, S. 267.

90 »Die Sprache gibt nach Aristoteles *tà en psychê* (›das in der Seele‹), die Schrift hingegen *tà en phonê* (›das in der Stimme‹) wieder. Die Schrift ist etwas zweifach Äußerliches; ihre Inhaltsseite bezieht sich auf die Ausdrucksseite der Sprache. Eine solche Theorie bringt die Schrift in dreifache Distanz zur Welt: Die Begriffe beziehen sich auf die Welt, die Sprache bezieht sich auf die Begriffe, und die Schrift bezieht sich auf die Sprache, und zwar nicht auf der Ebene der begrifflichen, sondern der phonetischen Artikulation. Das extreme Gegenstück dazu ist die ägyptische Hieroglyphenschrift. Sie bezieht sich mit ihrer realistischen Bildhaftigkeit unmittelbar auf die Welt und mit ihrer Zeichenfunktion sowohl auf die phonetische als auch auf die semantische Ebene der Sprache. Sie gibt also nicht nur ›was in der Stimme ist‹, sondern auch ›was in der Psyche ist‹ und darüber hinaus auch noch ›was in der Welt ist‹ wieder.« Assmann, *Das kulturelle Gedächtnis*, S. 265.

91 »Platonismus fürs Volk«, nannte Nietzsche das Christentum und sagte damit auch, daß das Denken, das in der griechischen Klassik seinen Siegeszug antrat, im Christentum eine Materialisierung fand. Friedrich Nietzsche, *Jenseits von Gut und Böse*, in: ders., *Werke in drei Bänden,* hg. v. Karl Schlechta, München 1954, Bd. 2, S. 566.

92 Zit. n. Assmann, *Das kulturelle Gedächtnis*, S. 284 (Fußnote).

93 Christina v. Braun, *Nicht Ich. Logik Lüge Libido*, Frankfurt a. M. 1985, S. 102f.

94 Schalom Ben-Chorin, *Die Problematik jüdischer Theologie*, in: ders. / Verena Lenzen (Hg.), *Jüdische Theologie im 20. Jahrhundert*, München 1988, S. 9–17, 9.

95 Assmann, *Das kulturelle Gedächtnis*, S. 270f.

96 Ebd., S. 271.

97 Yigal Blumenberg, *Psychoanalyse – eine jüdische Wissenschaft? Von den jüdischen Wurzeln der Psychoanalyse und der Abwehr von Tradition und Fremdsein*, in: *Forum der Psychoanalyse* 12, 1996, S. 156–178, 171.

98 Arnold Goldberg, *Der verschriftete Sprechakt als rabbinische Literatur*, in: Aleida Assmann / Jan Assmann / Christoph Hardmeier (Hg.), *Schrift und Gedächtnis. Beiträge zur Archäologie der literarischen Kommunikation*, München 1983, S. 123–140, 124.

99 Yigal Blumenberg, *Freud, ein gottloser Jude. Zur Frage der jüdischen Wurzeln der Psychoanalyse*, in: *Luzifer-Amor. Zeitschrift zur Geschichte der Psychoanalyse*, Nr. 19, 1997, S. 33–80, 63.

100 Martin Buber, *Der Glaube des Judentums* (1928), in: Ben-Chorin/Lenzen (Hg.), *Jüdische Theologie im 20. Jahrhundert*, S. 147–160, 149.

101 Assmann, *Das kulturelle Gedächtnis*, S. 189.

102 Moses Mendelssohn, *Jerusalem*, in: ders., *Schriften zur Philosophie, Aesthetik und Apologetik*, mit Einleitungen, Anmerkungen u. einer biographisch-historischen Charakteristik Mendelssohns, hg. v. Moritz Brasch, Hildesheim 1968, Bd. 2, S. 434f.

103 Ebd., S. 451.

104 Peter Brown, *Die Keuschheit der Engel. Sexuelle Entsagung, Askese und Körperlichkeit im frühen Christentum*, aus dem Englischen v. Martin Pfeiffer, München 1994, S. 74.

105 Freud, *Moses*, S. 194.

106 Röm 2,29.

107 1 Kor 11,25.

108 Assmann, *Das kulturelle Gedächtnis*, S. 272f.

109 Niklas Luhmann, zit. n. Assmann, *Das kulturelle Gedächtnis*, S. 124.

110 Assmann, *Das kulturelle Gedächtnis*, S. 107.

111 Ebd., S. 127.

112 Klaus Theweleit, der diesen Aspekt der »Opferung« Eurydikes durch Orpheus an vielen historischen Beispielen überzeugend beschrieben hat, scheint mir diesen Aspekt zu vernachlässigen: den Aspekt, daß Eurydike eine Symbolgestalt der gesprochenen Sprache und Orpheus eine Symbolgestalt der Schrift darstellt. Klaus Theweleit, *Buch der Könige*, 4 Bde., Frankfurt a. M./Zürich 1989ff. Dabei bildet die symbolische Zuordnung der gesprochenen, materiellen, körperlichen Sprache an das weibliche Geschlecht und der geistigen, immateriellen Schrift an das männliche wiederum den Hintergrund für die geschlechtliche Zuordnung in diesem Mythos.

113 Assmann, *Das kulturelle Gedächtnis*, S. 124.

114 Ebd., S. 109.

115 Vgl. Ilza Veith, *Hysteria. The History of a Disease*, Chicago/London 1965.

116 Vgl. Braun, *Nicht Ich*, S. 83–150.

117 Sigmund Freud, *Quelques considérations pour une étude comparative des paralysies motrices organiques et hystériques*, in: ders., *Gesammelte Werke*, Bd. 1, S. 37–55, 50f.

118 Assmann, *Das kulturelle Gedächtnis*, S. 288.

119 Ebd., S. 281.

120 Ebd., S. 78ff.

121 Judith Butler, *Körper von Gewicht. Die diskursiven Grenzen des Geschlechts*, aus dem Amerikanischen v. Karin Wördemann, Berlin 1995, S. 22. Zur Maskerade s. dies., *Das Unbehagen der Geschlechter*, Frankfurt a. M. 1991, S. 209ff.

122 Freud, *Gesammelte Werke*, Bd. 1, S. 10.

123 Maurice Halbwachs, *Das Gedächtnis und seine sozialen Bedingungen*, Frankfurt a. M. 1985, S. 121; s. a. ders., *Das kollektive Gedächtnis*, Frankfurt a. M. 1985.

124 Assmann, *Das kulturelle Gedächtnis*, S. 134.

125 Ebd., S. 206.

126 Max Nordau, *Entartung*, Berlin 1896, S. 372.

127 Assmann, *Das kulturelle Gedächtnis*, S. 135.

128 Tykwa Frymer-Kensky, *Law and Philosophy. The Case of Sex in the Bible*, in: Jonathan Magonet (Hg.), *Jewish Explorations of Sexuality*, Providence/Oxford 1995, S. 3–16, 4.

129 Lev 15,16–18.

130 Frymer-Kensky, *Law and Philosophy*, S. 5.

131 Hannah Rockman, *Sexual Behaviour among Ultra-Orthodox Jews*, in: Magonet (Hg.), *Jewish Explorations of Sexuality*, S. 191–204, 195.

132 Vgl. Carola G. Merlini, *Il campo lessicale dei verbi di purità in ebraico antico*, Dissertation in ›Semitistica‹, Semitische Linguistik, Univ. Florenz 1998/99.

133 Susannah Heschel, *Sind Juden Männer? Können Frauen jüdisch sein? Die gesellschaftliche Definition des männlich/weiblichen Körpers*, in: Sander L. Gilman / Robert Jütte / Gabriele Kohlbauer-Fritz (Hg.), ›*Der scheijne Jidd‹. Das Bild des ›jüdischen Körpers‹ in Mythos und Ritual*, Wien 1998, S. 86–96, 95.

134 Sigmund Freud, *Die Traumdeutung*, in: ders., *Gesammelte Werke*, Bd. 2/3, S. 361.

135 Ich verdanke den Hinweis auf dieses Buch Martin Burckhardt, dem ich an dieser Stelle hierfür wie auch für viele andere Anregungen, die ich seinen Schriften und Gesprächen entnommen habe, meinen besonderen Dank aussprechen möchte.

136 Alfred Kallir, *Sign and Design. The Psychogenetic Source of the Alphabet*, London 1961, S. 6 (deutsch: *Sign and Design. Die psychogenetischen Quellen des Alphabets*, Berlin 2001).

137 Kallir, *Sign and Design*, S. 2.

138 Vgl. u. a. Merritt Ruhlen, *The Origin of Language. Tracing the Evolution of the Mother-Tongue*, New York 1996.

139 Kallir, *Sign and Design*, S. 25.

140 Ebd., S. 23.

141 Ebd., S. 50.

142 Ebd., S. 39.

143 Ebd., S. 77.

144 Ebd., S. 78.

145 Walter Burkert, *Antike Mysterien. Funktionen und Gehalt*, München 1990, S. 13.

146 Ebd., S. 24f.

147 Assmann, *Das kulturelle Gedächtnis*, S. 221.

148 Dt 31,9–13.

149 Assmann, *Moses*, S. 223.

150 Ebd., S. 95ff.

151 1 Kö. 12,28; Brumlik, *Schrift, Wort und Ikone*, S. 38f.

152 Mendelssohn, *Jerusalem*, S. 450.

153 *Brockhaus-Enzyklopädie*, Wiesbaden 1971, Bd. 12, S. 629, Stichwort *Mithras*.

154 Vgl. Günter Dux, *Die Zeit in der Geschichte. Ihre Entwicklungslogik vom Mythos zur Weltzeit*, Frankfurt a. M. 1989.

155 Burkert, *Antike Mysterien*, S. 73.

156 Ebd., S. 13.

157 Ebd., S. 90.

158 Aristoteles, *Über die Zeugung der Geschöpfe*, Bd. 14, Buch 1, S. 71f.; Buch 2, S. 87f. u. 81f., Buch 1, S. 66f.

159 Thomas Laqueur, *Auf den Leib geschrieben. Die Inszenierung der Geschlechter von der Antike bis Freud*, aus dem Englischen v. Jochen Bußmann, Frankfurt a. M. 1992, S. 50.

160 Bettina Mathes führt mehrere Beispiele aus medizinischen Schriften des 15. und 16. Jahrhunderts an: Bettina Mathes, *Verhandlungen mit Faust*, Königstein/Ts. 2001, S. 19.

161 Burkert, *Antike Mysterien*, S. 31.

162 Für die frühe Neuzeit vgl. Mathes, *Verhandlungen mit Faust*, S. 58f.

163 Vgl. dazu die Kritik in: Braun, *Nicht Ich*, S. 188; Jane Gallop, *Thinking through the Body*, New York 1988, S. 126; Elizabeth Grosz, *Jacques Lacan: A Feminist Introduction*, London 1995, S. 119.

164 Jacques Lacan, *Die Bedeutung des Phallus*, in: ders., *Schriften*, hg. v. Norbert Haas, Weinheim/Berlin ³1991, Bd. 2, S. 128.

165 Ebd.

166 Brumlik diagnostiziert deshalb auch eine große Nähe von Christentum und Islam, in dem er ein ›bilderloses Christentum‹ sieht: »Wie ein Christentum, das sich im 8. Jahrhundert zur radikalen Bilderlosigkeit bekehrt hätte, heute aussehen würde, wissen wir nicht. Daß es dem Islam sehr ähnlich wäre, scheint gewiß.« Brumlik, *Schrift, Wort und Ikone*, S. 54. Allerdings läßt sich die Bilderverehrung – wie im Kapitel III zu zeigen sein wird – nur schwerlich von der weiteren Entwicklung des Christentums trennen. Insofern ist es problematisch, sich über ein bilderloses Christentum Gedanken zu machen: Erstens hat es auch christliche Bilderstürme gegeben, zweitens ist die Geschichte christlicher Visualität auch nicht getrennt von der Entwicklung und Rolle der anderen Sinneswahrnehmungen und ihrer Medien – der Schrift, der Musik – zu betrachten.

167 Jacques Derrida, *Zirkumfession*, in: Geoffrey Bennington / Jacques Der-

rida, *Jacques Derrida. Ein Portrait*, aus dem Französischen v. Stefan Lorenzer, Frankfurt a.M. 1994, S.82f. Natürlich gibt es auch in der jüdischen Geschichte Erscheinungen, auf die der Begriff ›Kult der Schriftlichkeit ohne die Schrift‹ zutrifft. Das gilt für die Zeit vor Esra wie für heute. Im vorliegenden Kontext ist jedoch von idealtypischen Erscheinungen die Rede, und diese scheinen einen engen Zusammenhang zwischen Schriftlichkeit und Beschneidung zu etablieren.

168 James Henry Breasted, *Geschichte Ägyptens*, übers. v. Hermann Ranke, Wien 1936, S.213. Die englische Originalausgabe, auf die sich Freud bezog, war 1906 erschienen.

169 Ebd., S.232.

170 Freud, *Moses*, S.127.

171 Ebd., S.117.

172 Ebd., S.149.

173 Ebd., S.208.

174 Ebd., S.197f.

175 Breasted, *Geschichte Ägyptens*, S.217.

176 Ebd., S.219.

177 Ebd.

178 Ebd.

179 Ebd., S.231.

180 Ebd., S.225.

181 Ebd.

182 Assmann, *Moses*, S.250.

183 Ebd., S.251.

184 Ebd., S.252.

185 Breasted, *History of Egypt*, zit.n. Freud, *Moses*, S.120.

186 Assmann, *Moses*, S.253.

187 Leni Riefenstahl in einem Interview mit Michel Delahaye, in: *Cahiers du Cinéma*, Nr.170, September 1965, S.42–52, 62f., 46, 49.

188 Assmann, *Moses*, S.253.

189 Burkert, *Antike Mysterien*, S.71.

190 Herbert Brekle, *Dynamische (A)Symmetrien. Strukturkonstanten im Entwicklungsprozeß unserer Buchstabenform*, in: *Blick in die Wissenschaft*, Forschungsmagazin der Universität Regensburg, 1996, H.4, S.70–76, 73.

191 Auch der Islam steht unter dem Gesetz einer Konsonantenschrift. Da er jedoch lange nach dem Christentum entstand und – etwa in Ägypten oder Jordanien – viele Stämme und Bevölkerungsgruppen, die zunächst christlich waren, zum Islam übertraten, kann man annehmen, daß das volle phonetische Alphabet und die Denkmuster, die es schuf, auch auf eine Kultur und Gesellschaft einwirken konnte, die einer anderen – später angenommenen – Schrifttradition entsprachen.

192 Freud, *Moses*, S.221.

193 Ebd., S.226.

194 Ebd., S.216.

195 Ebd.

196 Ebd., S.193.

197 An dieser Stelle beruft sich Freud übrigens auf Ernest Jones, der im Stiertöter Mithras eine Personifikation der Heldengestalt sieht (Freud, *Moses*, S. 193). Er macht dabei auch auf die lange Zeit aufmerksam, in der Christentum und Mithraskult miteinander konkurrierten. Das würde beinhalten, daß sich für ihn in der Figur des Stiertöters (metaphorisches Bild für den ›Urvater‹ oder ›großen Mann‹ und Symbolgestalt der Alphabetschrift) auch der Übergang von der (jüdischen) Vaterreligion zur (christlichen) ›Sohnesreligion‹ widerspiegelt. Freud, *Moses*, S. 245.

198 Ebd., S. 217.

199 Ebd., S. 220.

200 »Nach Warburton beginnt jedes Schriftsystem an diesem gemeinsamen Ausgangspunkt und entwickelt sich dann in verschiedene Richtungen. Die Unterschiede erklärt er mit einem Konzept, für das später Herder berühmt wird: der *genius of the people* = Volksgeist.« Assmann, *Moses*, S. 152.

201 Freud, *Moses*, S. 217.

202 »Die Geschichte wird in großartiger Verdichtung erzählt, als ob sie sich ein einziges Mal zugetragen hätte, was sich in Wirklichkeit über Jahrtausende erstreckt hat und in dieser Zeit ungezählt oft wiederholt worden ist.« Freud, *Moses*, S. 186f.

203 Ebd., S. 187.

204 Ebd., S. 196.

205 Das gilt übrigens auch für die Gestalt des Minos, der sowohl als Stiertöter und Begründer des Kults als auch als Erfinder der Schrift verehrt wurde.

206 Breasted, *History of Egypt*, zit. n. Freud, *Moses*, S. 104f.

207 Die Allgemeinheit dieses Namens könnte auch ein anderes Phänomen erklären, das Assmann als »geradezu zwingenden Beweis« für die Identität von Moses und Echnaton anführt. In seiner *Geschichte Ägyptens*, die er um ca. 300 v. Chr. auf Griechisch verfaßte, berichtet der ägyptische Priester Manetho von einer Legende, laut der es unter Amenophis III. (dem Vorgänger von Echnaton) einen Aufstand ›Aussätziger‹ gegeben habe; viele Details dieses Berichtes stimmen mit der Geschichte der Amarna-Periode der ägyptischen Geschichte überein. Der Anführer des Aufstandes, Osarsiph, habe, so Manetho, den Beinamen ›Moses‹ angenommen. Jan Assmann, *Es bleibt die Unterscheidung zwischen wahrer und falscher Religion*, in: *Frankfurter Allgemeine Zeitung*, 28.12.2000, S. 49. Eine solche Benennung verweist nicht unbedingt auf die Identität von zwei historischen Gestalten, sondern könnte auch bedeuten, daß der Name ›Moses‹ eine allgemeine Geisteshaltung bezeichnet, die – in den Augen der Ägypter – mit ›Fremdheit‹ gleichgesetzt wird. Dafür spricht auch die Tatsache, daß in dieser Legende von einem Aufstand ›Aussätziger‹ die Rede ist, was mit dem historischen Amarna wenig zu tun hat, wohl aber mit Krankheit und Seuche als Sinnbild von Fremdheit und religiösem Abfall. Manethos Bericht, der nur in Fragmenten erhalten ist, gilt einerseits als einigermaßen zuverlässige Quelle für die Chronologie der ägyptischen Dynastien, wurde andererseits aber auch mit ›belehrender Absicht‹ verfaßt. Sie war von Ptolomäus I. in Auftrag gegeben worden, nachdem Ägypten als Folge der Siege Alexanders des Großen unter griechische Herrschaft geriet. Während sich Manetho, der noch Zugang zu den alten, inzwischen so gut

wie vollständig verlorenen Annalen hatte, für die Frühzeit weitgehend auf die überlieferten Fakten beschränkte, reicherte er seine Geschichte Ägyptens für die späteren Epochen zunehmend mit semihistorischen Informationen und Legenden an. Manethos Texte wurden ihrerseits kopiert und mit – beabsichtigten oder unbeabsichtigten – Zusätzen und Veränderungen versehen. »Therefore«, so schreibt die *Encyclopaedia Britannica*, »Manethos work, as handed down to us, is short of useless«. *Encyclopaedia Britannica*, CD 1997, Multi-User Version, hg. v. Robert McHenry u.a. (entspricht *New Encyclopaedia Britannica*, 15. Ausgabe), Suchwort *Manetho*.

208 In der jüdischen Religionsgeschichte kam es immer wieder vor, daß die Berufung auf Abraham gegen die Berufung auf Moses ausgespielt wurde. Die beiden Gestalten repräsentieren, neben vielen anderen unterschiedlichen Traditionen, auch die von biologischer Vaterschaft (Abraham) und ›geistiger Vaterschaft‹ (Moses) und reflektieren die beiden Seiten des Judentums: den ›sprechenden Körper‹ und die Schriftlichkeit. Ein ›jüdischen Denken‹, das nicht beide Seiten umfaßt, ist schwer vorstellbar, und deshalb erscheint die Betonung einer Gegensätzlichkeit, die auch in der israelischen Tagespolitik zur Zeit wieder eine Rolle spielt, kaum nachvollziehbar. Vgl. Jörg Bremer, *Die Kinder Abrahams müssen das Erbe ihres Ahnherrn antreten*, in: *Frankfurter Allgemeine Zeitung*, 28.12.2000, S.49.

209 Haarmann, *Universalgeschichte der Schrift*, S.279.

210 Friedrich Kluge, *Etymologisches Wörterbuch der deutschen Sprache*, neu bearbeitet v. Elmar Seebold, Berlin/New York 1989, S.494.

211 Ebd., S.483.

212 Kallir, *Sign and Design*, S.241.

213 Ebd., S.245.

214 Ebd., S.248.

215 Jacques Lacan, *Funktion und Feld des Sprechens und der Sprache in der Psychoanalyse*, übers. v. Klaus Laermann, in: ders., *Schriften*, Frankfurt a.M. 1975, Bd.1, S.71–169, 100.

216 Freud, *Moses*, S.201f.

217 Ebd., S.178f.

218 Ebd., S.186.

219 Ebd., S.200.

220 Ebd., S.230.

221 Ebd., S.206.

222 Yosef Hayim Yerushalmi, *Freuds Moses. Endliches und unendliches Judentum*, aus dem Amerikanischen v. Wolfgang Heuß, Berlin 1992, S.108.

223 Ebd., S.136.

224 Freud, *Traumdeutung*, S.518.

225 Buber, *Der Glaube des Judentums*, S.149.

226 Kallir, *Sign and Design*, S.40.

227 Das Bild der Beschneidung in einem übertragenen, psychischen Sinne taucht auch schon in der jüdischen Tradition auf, besonders deutlich bei Jeremia, wo auch von der »Beschneidung des Herzens« die Rede ist. Jer 4,4.

228 Hebr 9,13–14.
229 Aleida Assmann, *Erinnerungsräume. Formen und Wandlungen des kulturellen Gedächtnisses*, München 1999, S. 241f.
230 Jacques Lacan, *Das Drängen des Buchstabens im Unbewußten oder die Vernunft seit Freud*, übers. v. Norbert Haas, in: ders., *Schriften*, Weinheim/Berlin ³1991, Bd. 2, S. 15–55.
231 Friedrich Nietzsche, *Zur Genealogie der Moral. Eine Streitschrift*, in: ders., *Werke in drei Bänden*, Bd. 2, S. 802.
232 Nicht durch Zufall ist man geneigt, an Fichtes selbstgesetztes ›Nicht-ich‹ zu denken.

Zu Kapitel III

1 Zit. n. Hans Jonas, *Gnosis. Die Botschaft des fremden Gottes*, hg. v. Christian Wiese, Frankfurt a. M. 1999, S. 122.
2 Ebd., S. 71.
3 Ebd., S. 11.
4 Ebd., S. 40.
5 Peter Sloterdijk / Thomas Macho (Hg.), *Weltrevolution der Seele. Ein Lese- und Arbeitsbuch der Gnosis von der Spätantike bis zur Gegenwart*, Zürich 1993, s. u. a. S. 505–513.
6 Zit. n. Jonas, *Gnosis*, S. 72.
7 Zit. n. ebd., S. 343f.
8 Ebd., S. 59.
9 Ebd., S. 26.
10 Ebd., S. 26f.
11 Ebd., S. 45.
12 Ebd., S. 34.
13 Ebd.
14 Ebd., S. 45.
15 Ebd.
16 Ebd., S. 31.
17 Ebd., S. 31f.
18 Ebd., S. 43.
19 Ebd., S. 46.
20 Ebd., S. 76.
21 Ebd., S. 118.
22 Ebd., S. 91.
23 Ebd., S. 156.
24 Ebd., S. 103.
25 Zit. n. ebd., S. 103.
26 Ebd., S. 115.
27 Ebd., S. 296.
28 Ebd., S. 297.
29 Ebd., S. 300.
30 Ebd., S. 298.
31 Ebd., S. 302.

32 Harold A. Innis, *Empire & Communications*, hg. v. David Godfrey, Victoria/Toronto 1986, S. 7f.
33 Jonas, *Gnosis*, S. 302.
34 Ebd., S. 86.
35 Joh 3,6f.
36 Röm 8,13; vgl. auch Röm 7,24ff.
37 Jonas, *Gnosis*, S. 271.
38 Ebd., S. 326.
39 Ebd.
40 Ebd., S. 350.
41 Ebd., S. 243.
42 Max Brod, *Das Diesseitswunder oder Die jüdische Idee und ihre Verwirklichung* (1939), in: Schalom Ben-Chorin / Verena Lenzen (Hg.), *Jüdische Theologie im 20. Jahrhundert*, München 1988, S. 196–210, 204f.
43 Jonas, *Gnosis*, S. 315.
44 Ebd., S. 142.
45 Ebd., S. 351.
46 Ebd., S. 250.
47 Ebd., S. 269f.
48 Ebd., S. 199.
49 Jean Starobinski, *Psychoanalyse und Literatur*, übers. aus dem Französischen v. Eckhart Rohloff, Frankfurt a. M. 1990, S. 6.
50 Friedrich Kluge (Hg.), *Etymologisches Wörterbuch der deutschen Sprache*, Berlin/New York [22]1989, S. 84f.
51 Platon, *Der Staat*, in: ders., *Sämtliche Werke*, Berlin 1940, Bd. 2, S. 201.
52 Ebd.
53 Ebd.
54 Platon, *Hauptwerke*, ausgewählt u. hg. v. Wilhelm Nestle [der die Übersetzung v. Schleiermacher zugrunde legte, allerdings grundlegend überarbeitete], Stuttgart 1973, S. 194.
55 Platon, *Der Staat*, S. 202.
56 Ebd., S. 241.
57 Ebd., S. 354.
58 Ebd.
59 Platon, *Timaios*, in: ders., *Sämtliche Werke*, Berlin 1940, Bd. 3, S. 109ff.
60 Platon, *Der Staat*, S. 230ff. Oder auch: »Der mit Göttlichem und Wohlgeordnetem umgehende Jünger der wahren Wissenschaft wird demnach auch wohlgeordnet und göttlich, soweit es einem Menschen möglich ist.« Ebd.
61 Ebd., S. 232ff.
62 Platon, *Politeia*, in: ders., *Sämtliche Werke*, hg. v. Walter F. Otto, Ernesto Grassi u. Gert Plamböck, übers. v. Friedrich Schleiermacher, Reinbek 1963, Bd. 3, S. 214.
63 Anselm von Canterbury, *Warum Gott Mensch geworden*, übersetzt u. glossiert v. Wilhelm Schenz, Regensburg/Rom/New York/Cincinnati [2]1902, S. 74ff.
64 Nicolaus von Cues, *Von der Wissenschaft des Nichtwissens*, in: ders., *Des*

Cardinals und Bischofs Nicolaus von Cusa wichtigste Schriften, übers. v. F. A. Scharpff, Freiburg i. Br. 1862, S. 46.

65 Ebd.

66 Ebd., S. 45ff.

67 Agrippa von Nettesheim, *Ungewißheit und Eitelkeit aller Künste und Wissenschaften*, in: ders., *Die Eitelkeit und Unsicherheit der Wissenschaften und die Verteidigungsschrift*, hg. v. Fritz Mauthner, München 1913, Bd. 1, S. 10ff.

68 Michel de Montaigne, *Schutzschrift für Raimond von Sebonde*, in: ders., *Essais [Versuche] nebst des Verfassers Leben*, nach der Ausgabe v. Pierre Coste, übers. v. Johann Daniel Tietz, Zürich 1992, Bd. 2, S. 138.

69 Ebd., S. 113.

70 Baruch Spinoza, *Theologisch-politische Abhandlung*, übers. u. erläutert v. J. H. v. Kirchmann, Berlin 1870, S. 37.

71 Ebd., S. 88.

72 Ebd., S. 205.

73 Ebd., S. 102.

74 René Descartes, *Abhandlung über die Methode, richtig zu denken und Wahrheit in den Wissenschaften zu suchen*, in: ders., *Philosophische Werke*, übers., erläutert u. mit einer Lebensbeschreibung des Descartes versehen v. J. H. v. Kirchmann, Berlin 1870, Abt. 1, S. 52.

75 René Descartes, *Prinzipien der Philosophie*, in: ders., *Philosophische Werke*, Abt. 3, S. 30.

76 René Descartes, *Meditationen*, unveränderter Nachdruck der ersten deutschen Gesamtausgabe v. 1915, hg. u. übers. v. Artur Buchenau, Hamburg 1972, S. 61.

77 Ebd., S. 62f.

78 »Weil die Sinnen unsern Streit nicht entscheiden können, da sie selbst voll Ungewißheit sind: so muß es die Vernunft thun. Allein, keine Vernunft kann sich ohne eine andere Vernunft fest setzen. Also gehen wir ohne Ende zurück. Unsere Einbildungskraft macht sich nicht an die außer uns befindlichen Dinge, sondern wirkt durch die Vermittelung der Sinnen: und die Sinnen fassen keinen außer uns befindlichen Gegenstand; sondern bloß die in ihnen selbst vorgehenden Veränderungen. Also gründet sich die Einbildung und die Erscheinung nicht auf den Gegenstand, sondern auf die Veränderung, welche in den sinnlichen Werkzeuge vorgeht, und auf desselben Leiden. Diese Veränderung aber, und der Gegenstand selbst, sind verschiedene Dinge. Wer also nach den Erscheinungen urtheilet, urtheilet nach etwas andern, als dem Gegenstande selbst.« Montaigne, *Schutzschrift für Raimond von Sebonde*, Bd. 2, S. 378.

79 Blaise Pascal, *Gedanken über die Religion und einige andere Gegenstände*, übers. aus dem Französischen v. Karl Adolf Blech, mit einem Vorwort v. August Neander, Berlin 1840, S. 195.

80 René Descartes, *Untersuchungen über die Grundlagen der Philosophie, worin das Dasein Gottes und die Unterschiedenheit der menschlichen Seele von ihrem Körper bewiesen wird*, in: ders., *Philosophische Werke*, übers., erläutert u. mit einer Lebensbeschreibung des Descartes versehen v. J. H. v. Kirchmann, Abt. 1–3, Berlin 1870, Abt. 2, S. 108f.

81 Thomas Hobbes, *Grundzüge der Philosophie,* Teil 1: *Lehre vom Körper,* übers. v. Max Frischeisen-Köhler, Leipzig 1949, S. 78.

82 Ebd., S. 56f.

83 Gottfried Wilhelm Leibniz, *Die Theodicee,* übers. v. J. H. v. Kirchmann, Leipzig 1879, S. 457.

84 Gottfried Wilhelm Leibniz, *Neue Abhandlungen über den menschlichen Verstand,* übers. ins Deutsche, mit Einleitung, Lebensbeschreibung des Verfassers u. erläuternden Anmerkungen versehen v. C. Schaarschmidt, Leipzig ²1904, S. 259.

85 Ebd.

86 John Locke, *Versuch über den menschlichen Verstand,* in vier Büchern, übers. u. erläutert v. J. H. v. Kirchmann, Berlin 1872, Bd. 2, S. 254f.

87 Ebd., S. 255. Weiter heißt es dann bei Locke: »Will trotzdem Jemand so zweifelsüchtig sein, seinen Augen nicht trauen und behaupten, dass Alles, was wir während unsers ganzen Lebens sehen und hören, fühlen und schmecken, denken und thun, nur eine Reihe täuschender Erscheinungen eines Traumes, ohne Wirklichkeit seien, und so das Dasein aller Dinge und unser ganzes Wissen in Zweifel ziehn, so möchte ich ihm vorhalten, dass, wenn Alles ein Traum ist, er dann auch nur träume, wenn er diese Zweifel erhebt, und dass deshalb ein wachender Mensch nicht nöthig habe, ihm darauf zu antworten. Indess mag er, wenn es ihm beliebt, träumen; ich antwortete ihm folgendermassen: Die Gewissheit, dass die Dinge wirklich bestehn, wenn das Zeugniss der Sinne dafür spricht, ist nicht allein so gross, als unser Zustand erreichen kann, sondern auch so gross, als unsere Lage erfordert. Denn unsere Vermögen sind nicht für die ganze Ausdehnung des Seins eingerichtet, und auch nicht für ein vollkommenes, klares, umfassendes Wissen der Dinge, was allen Zweifels und aller Bedenken ledig ist, sondern sie dienen der Erhaltung von uns, in denen sie sind; sie sind den Bedürfnissen des Lebens angepasst, und sie erfüllen diesen Zweck gut genug, wenn sie uns nur von den Dingen sichere Kenntniss geben, die uns angemessen oder unangemessen sind.« Der Zweifler, so sagt er, solle nur seinen Finger in eine brennende Kerze halten und dann sehen, ob der Schmerz ihn von der Wirklichkeit des Feuers überzeuge; ebd.

88 Adam Müller, *Zwölf Reden über die Beredsamkeit und deren Verfall in Deutschland,* hg. v. Jürgen Wilke, Stuttgart 1983, S. 31. Die Kritik an der Schrift, die um 1800 nicht nur bei den Staatstheoretikern, sondern auch bei Schriftstellern und Künstlern auftaucht, war natürlich schon viel älter. Sie spielt schon bei Platon eine wichtige Rolle – etwa im *Kratylos* oder im *Phaidros,* wo er die Schrift mit der Malerei vergleicht, die nur vortäusche, etwas ›Lebendiges‹ zu zeigen: »Denn die Erzeugnisse auch dieser stehen wie lebendig da; wenn du sie aber etwas fragst, schweigen sie sehr vornehm. Geradeso auch die Reden: du könntest meinen, sie sprechen, als verständen sie etwas: wenn du aber in der Absicht, dich zu belehren, nach etwas von dem Gesprochenen fragst, zeigen sie immer nur eines und dasselbe an. Und wenn sie einmal geschrieben ist, so treibt sich jede Rede aller Orten umher gleicherweise bei den Verständigen wie nicht minder bei denen, für die sie gar nicht paßt, und weiß nicht, bei wem sie eigentlich reden und nicht reden soll; vernachlässigt aber und ungerecht geschmäht,

hat sie immer ihren Vater als Helfer nötig; denn selbst vermag sie weder sich zu wehren noch sich zu helfen.« Anstelle einer solchen ›vaterlosen‹ Rede fordert Platon, daß die Schrift zu einer Widerspiegelung werde »der lebendigen und beseelten Rede des Wissenden, von der die geschriebene mit Recht ein Abbild genannt werden mag«. Platon, *Phaidros*, in: ders., *Sämtliche Werke*, Berlin 1940, Bd.2, S.475f. Platons Schriftkritik ist sehr ambivalent, was sich nicht nur darin niederschlägt, daß er seine Gedanken verschriftlicht hat, sondern auch in seiner Philosophie, deren Bilder und Grundsätze nur auf der Basis des Schriftdenkens und des Prinzips der Abstraktion zu begreifen sind. Man könnte den Unterschied zwischen Platons Schriftkritik und der Schriftkritik der Zeit um 1800 auf folgende Kurzformel bringen: Platon ›verübelt‹ es der Schriftlichkeit, daß ihr die Anbindung an die Körperlichkeit fehlt, während die Schriftkritik um 1800 das geschriebene Wort für ›überflüssig‹ erklärt, *weil* sich die Schriftlichkeit die Qualitäten der mündlichen Sprache angeeignet bzw. die Anbindung an die Körperlichkeit – und ihre Beherrschung – erreicht hat.

89 Daß sich der Empirismus von Locke und Hobbes auf eine Art von ›Wirklichkeit‹ bezieht, die ihre Entstehung einem Zeichensystem verdankt, dafür spricht übrigens auch die Tatsache, daß sich beide ausgiebig mit der Frage des Geldes beschäftigt haben – realitätserzeugendes Zeichensystem schlechthin, in dem beide jedoch Materie und die ›Wirklichkeit‹ selbst sahen.

90 Immanuel Kant, *Träume eines Geistersehers*, in: ders., *Werke in zwölf Bänden*, hg. v. Wilhelm Weischedel, Frankfurt a. M. 1977, Bd.2, S.952f.

91 Ebd., S.955.

92 Leibniz, *Neue Abhandlungen über den menschlichen Verstand*, S.68ff. bzw. S.128ff.

93 Isaac Newton, *Philosophiae naturalis principia mathematica 1687*, deutsch: *Mathematische Grundlagen der Naturphilosophie*, ausgewählt, übers., eingeleitet u. hg. v. E.Dellian, Hamburg 1988, S.44.

94 Immanuel Kant, *Kritik der reinen Vernunft*, in: ders., *Werke in zwölf Bänden*, hg. v. Wilhelm Weischedel, Frankfurt a. M. 1977, Bd.3, S.201.

95 Ebd., S.116f.

96 Ebd., S.148.

97 Ebd., S.188f.

98 Immanuel Kant, *Kritik der Urteilskraft*, in: ders., *Werke in zwölf Bänden*, Bd.10, S.249.

99 Kant, *Kritik der reinen Vernunft*, S.149.

100 »Die Gemütskräfte also, deren Vereinigung (in gewissem Verhältnisse) das Genie ausmachen, sind Einbildungskraft und Verstand. Nur, da, im Gebrauch der Einbildungskraft zum Erkenntnisse, die Einbildungskraft unter dem Zwange des Verstandes und der Beschränkung unterworfen ist, dem Begriffe desselben angemessen zu sein; in ästhetischer Absicht aber die Einbildungskraft frei ist, um über jene Einstimmung zum Begriffe, doch ungesucht, reichhaltigen unentwickelten Stoff für den Verstand, worauf dieser in seinem Begriffe nicht Rücksicht nahm, zu liefern, welchen dieser aber, nicht sowohl objektiv zum Erkenntnisse, als subjektiv

zur Belebung der Erkenntniskräfte, indirekt also doch auch zu Erkenntnissen anwendet: so besteht das Genie eigentlich in dem glücklichen Verhältnisse, welches keine Wissenschaft lehren und kein Fleiß erlernen kann, zu einem gegebenen Begriffe Ideen aufzufinden, und andrerseits zu diesen den Ausdruck zu treffen, durch den die dadurch bewirkte subjektive Gemütsstimmung, als Begleitung eines Begriffs, anderen mitgeteilt werden kann.« Kant, *Kritik der Urteilskraft*, S. 253.

101 Die »ästhetische Idee ist eine einem gegebenen Begriffe beigesellte Vorstellung der Einbildungskraft«, deren »Gefühl die Erkenntnisvermögen belebt und mit der Sprache, als bloßem Buchstaben, Geist verbindet«. Kant, *Kritik der Urteilskraft*, S. 253.

102 »Wenn man dagegen den Wert der schönen Künste nach der Kultur schätzt, die sie dem Gemüt verschaffen, und die Erweiterung der Vermögen, welche in der Urteilskraft zum Erkenntnisse zusammen kommen müssen, zum Maßstabe nimmt: so hat Musik unter den schönen Künsten sofern den untersten (so wie unter denen, die zugleich nach ihrer Annehmlichkeit geschätzt werden, vielleicht den obersten) Platz, weil sie bloß mit Empfindungen spielt. Die bildenden Künste gehen ihr also in diesem Betracht weit vor; denn, indem sie die Einbildungskraft in ein freies und doch zugleich dem Verstande angemessenes Spiel versetzen, so treiben sie zugleich ein Geschäft, indem sie ein Produkt zu Stande bringen, welches den Verstandesbegriffen zu einem dauerhaften und für sich selbst sich empfehlenden Vehikel dient, die Vereinigung derselben mit der Sinnlichkeit und so gleichsam die Urbanität der obern Erkenntniskräfte zu befördern. Beiderlei Art Künste nehmen einen ganz verschiedenen Gang: die erstere von Empfindungen zu unbestimmten Ideen; die zweite Art aber von bestimmten Ideen zu Empfindungen. Die letztern sind von bleibendem, die erstern nur von transitorischem Eindrucke. Die Einbildungskraft kann jene zurückrufen und sich damit angenehm unterhalten; diese aber erlöschen entweder gänzlich, oder, wenn sie unwillkürlich von der Einbildungskraft wiederholt werden, sind sie uns eher lästig als angenehm. Außerdem hängt der Musik ein gewisser Mangel der Urbanität an, daß sie, vornehmlich nach Beschaffenheit ihrer Instrumente, ihren Einfluß weiter, als man ihn verlangt (auf die Nachbarschaft), ausbreitet, und so sich gleichsam aufdringt, mithin der Freiheit andrer, außer der musikalischen Gesellschaft, Abbruch tut; welches die Künste, die zu den Augen reden, nicht tun, indem man seine Augen nur wegwenden darf, wenn man ihren Eindruck nicht einlassen will. Es ist hiemit fast so, wie mit der Ergötzung durch einen sich weit ausbreitenden Geruch bewandt. Der, welcher sein parfümiertes Schnupftuch aus der Tasche zieht, traktiert alle um und neben sich wider ihren Willen und nötigt sie, wenn sie atmen wollen, zugleich zu genießen; daher es auch aus der Mode gekommen ist. – Unter den bildenden Künsten würde ich der Malerei den Vorzug geben: teils weil sie, als Zeichnungskunst, allen übrigen bildenden zum Grunde liegt; teils weil sie weit mehr in die Region der Ideen eindringen, und auch das Feld der Anschauung, diesen gemäß, mehr erweitern kann, als es den übrigen verstattet ist.« Kant, *Kritik der Urteilskraft*, S. 269ff.

103 Ebd., S. 151ff.

104 Ebd., S. 152.
105 Friedrich Wilhelm Joseph v. Schelling, *Ideen zu einer Philosophie der Natur*, in: ders., *Werke. Auswahl in drei Bänden*, hg. u. eingeleitet v. Otto Weiß, Leipzig 1907, Bd. 1, S. 161.
106 Ebd., S. 160.
107 Friedrich Wilhelm Joseph v. Schelling, *Philosophische Untersuchungen über das Wesen der menschlichen Freiheit und die damit zusammenhängenden Gegenstände*, in: ders., *Werke*, Bd. 3, Fn. 38.
108 Die von Franz Anton Mesmer (1734–1815) entwickelte Lehre vom »animalischen Magnetismus« besagte, daß es ein den Organismus belebendes ›Fluid‹ gebe, das in Verbindung mit einem den Kosmos durchdringenden ›Fluid‹ (Weltäther) stehe. Jede Bewegung im All habe Rückwirkungen auf das ›Nervenfluid‹ des Menschen. Krankheiten seien auf Störungen dieses ›Fluids‹ zurückzuführen, das andererseits von ›Magnetopathen‹ durch ›magnetische Striche‹ zur Heilung gebracht werden könne. Vgl. Heinz Schott (Hg.), *Der sympathetische Arzt. Texte zur Medizin im 18. Jahrhundert*, München 1998. Mesmer, der Theologie und Medizin studiert hatte, schuf mit dieser Lehre ein ›Heilmodell‹, das von vielen als ein säkulares (›wissenschaftliches‹) Konzept kosmischer Einheit verstanden wurde und insofern pseudoreligiöse Aspekte enthielt. Stefan Zweig sollte später in den ›Heilerfolgen‹ Mesmers die Suggestion am Werke sehen. Stefan Zweig, *Heilung durch den Geist. Mesmer, Mary Baker-Eddy, Freud*, Leipzig 1931. In Mesmers Bild vom ›Nervenfluid‹ spiegelt sich auch das Konzept des ›medialen Kollektivleibs‹ wider, dessen Zusammenhalt auf einem ›Nervensystem‹ beruht.
109 Schelling, *Philosophische Untersuchungen über das Wesen der menschlichen Freiheit und die damit zusammenhängenden Gegenstände*, S. 260.
110 Schelling, *Ideen zu einer Philosophie der Natur*, S. 270.
111 Friedrich Wilhelm Joseph v. Schelling, *Von der Weltseele*, in: ders., *Werke*, Bd. 1, S. 460.
112 Ludwig Feuerbach, *Das Wesen des Christentums*, 2 Bde., hg. v. Werner Schuffenhauer, Berlin 1956, Bd. 1, S. 209.
113 Ebd., Bd. 1, S. 22.
114 Ebd., Bd. 2, S. 371.
115 Ebd.
116 Eduard v. Hartmann, *Philosophie des Unbewussten*, 10., erweiterte Aufl. in drei Theilen, Leipzig o. J. [1869], Bd. 1, S. 456f. Hartmann verweist hier (in der überarbeiteten Auflage) u. a. auf: Albert Moll, *Hypnotismus*, Berlin 1889, S. 79–85, u. Richard v. Krafft-Ebing, *Eine experimentelle Studie auf dem Gebiete des Hypnotismus*, Stuttgart 1888.
117 Hartmann, *Philosophie des Unbewussten*, Bd. 1, S. 456f.
118 Ebd., S. 458.
119 Ebd.
120 Spinoza, *Theologisch-politische Abhandlung*, S. 30.
121 »Der Mensch hat Anteil an einer nicht-irdischen göttlichen Art des Seins. [...] Der Parallelismus scheint anzudeuten, daß der Geist im Menschen ein Geist des Allmächtigen ist.« Abraham J. Heschel, *Der Mensch, ein heiliges Bild*, in: ders., *Die ungesicherte Freiheit. Essays zur menschlichen Exi-

stenz, aus dem Englischen übers. v. Ruth Olmesdahl, Neukirchen-Vluyn 1985, S. 124–136, 125, 131.

122 »Als primäre Offenbarungsgröße, als Vorsehung und Deutung, als Gottes Repräsentant in der Welt«, steht der Logos zwischen Gott und dem Menschen. Er ist »Abbild und Urbild, auf das sich der Mensch immer wieder bezieht.« *Theologische Realenzyklopädie*, hg. v. G. Krause u. G. Müller u. a., Berlin/New York 1993, Bd. 6, S. 493. Philo, der, soweit bekannt ist, »trotz seiner Zeitgenossenschaft vom frühen Christentum nicht die geringste Kenntnis hatte, entwarf unabhängig davon eine Lehre vom Logos als Sohn Gottes«. Micha Brumlik, *Schrift, Wort und Ikone. Wege aus dem Bilderverbot*, Frankfurt a. M. 1994, S. 46. Betrachtet man die Lehre vom Sohn Gottes als Fleischwerdung des Zeichens und Philos Eingebettetsein in den Hellenismus und das Denken, das aus dem griechischen Alphabet hervorgegangen war, so ist dieser Entwurf nicht ganz erstaunlich – auch bei einem jüdischen Denker.

123 Oder auch: In der *Genesis* lustwandelt Gott in der Abendkühle im Paradies (Gen 3,8), oder er schließt die Tür der Arche hinter Noah (Gen 7,16).

124 Die Forschung sei sich heute weitgehend darüber einig, so schreibt Brumlik, »daß das Bilderverbot im alten Israel nur im Zusammenhang mit der Kultzentralisation in Judäa und Jerusalem zu erklären ist«. Brumlik, *Schrift, Wort und Ikone*, S. 29.

125 Kurt Galling u. a. (Hg.), *Die Religion in Geschichte und Gegenwart. Handwörterbuch für Theologie und Religionswissenschaft*, 3., völlig neu bearbeitete Aufl., ungekürzte Studienausgabe, Tübingen 1957, Bd. 1, S. 1268, 1270.

126 *Theologische Realenzyklopädie*, Bd. 6, S. 520.

127 Brumlik, *Schrift, Wort und Ikone*, S. 28f.

128 Ebd., S. 519.

129 Ebd., S. 523.

130 Ebd., S. 533.

131 Freud, *Moses*, S. 221.

132 Ebd., S. 220.

133 Gen 3,5.

134 Platon, *Das Gastmahl*, in: ders., *Hauptwerke*, ausgewählt u. hg. v. Wilhelm Nestle, Stuttgart 1973, S. 113–142, 116.

135 Micha Brumlik, *Anerkennung und Erkenntnis in der geschlechtlichen Liebe. Anmerkungen zu Positionen biblischen Denkens*, in: *Babylon*, Nr. 13–14, 1994, S. 112–118, 117f.

136 Jonas, *Gnosis*, S. 155.

137 Ebd., S. 156.

138 *Theologische Realenzyklopädie*, Bd. 6, S. 501.

139 Jonas, *Gnosis*, S. 59.

140 Ebd., S. 60.

141 Meister Eckehart, *Deutsche Predigten und Traktate*, hg. u. übers. v. Josef Quint, Zürich 1979, S. 399.

142 Jonas, *Gnosis*, S. 60.

143 Vgl. Michel Serres, *Die Legende der Engel*, übers. aus dem Französischen v. Michael Bischoff, Frankfurt a. M. 1995; Hartmut Böhme, *Virtuelle Po-*

pulationen. Kommunikation und Identitätsformen im Cyberspace aus der Sicht der Religionsgeschichte, Vortrag, gehalten am 14.10.2000 in Hamburg (erscheint 2002).

144 Peter Brown, *Die Keuschheit der Engel. Sexuelle Entsagung, Askese und Körperlichkeit im frühen Christentum,* übers. aus dem Englischen v. Martin Pfeiffer, München 1994, S. 383.

145 Ebd., S. 101.

146 Ebd., S. 275.

147 Ebd., S. 171f.

148 Ebd., S. 447.

149 Ebd., S. 220.

150 Christoph Riedel, *Subjekt und Individuum. Zur Geschichte des philosophischen Ich-Begriffes,* Darmstadt 1989.

151 In diesem Zusammenhang ist der Bericht seines Biographen Porphyrios aufschlußreich, laut dem Plotin es nicht zuließ, porträtiert zu werden, denn er maß seiner physischen Erscheinung keine Bedeutung bei. Auch habe er sich geweigert, das Datum seiner Geburt zu enthüllen, denn, so sagte er, der Moment des Eintritts seiner Seele in den Körper sei eher Grund zur Trauer als zur Feier. Kallistos Ware, *My Helper and my Enemy. The Body in Greek Christianity,* in: Sarah Coakley (Hg.), *Religion and the Body,* Cambridge 1997, S. 90–110, 92.

152 1 Kor 11,7.

153 Gen 1,27.

154 Aurelius Augustinus, *Über die Dreifaltigkeit,* XII,10.

155 Vgl. Kari Elisabeth Børresen, *Subordination and Equivalence,* Washington, D.C. o. J., S. 25–30. Für die Weiterführung dieser Gedanken bei Thomas von Aquin s. Joseph Francis Hartel, *FEMINA UT IMAGO DEI,* in: *The Integral Feminism of St. Thomas Aquinas,* Rom 1993, S. 280–284.

156 Brown, *Die Keuschheit der Engel,* S. 299.

157 Im Christentum wird der Granatapfel auch zum Symbol der Kirche, des Bluts der Märtyrer und tritt als Attribut der Caritas in Erscheinung. In diesen Bedeutungen ist schon der Prozeß der ›Sexualisierung‹ angelegt, der sich im Mittelalter vollzieht und der ›Versinnlichung‹ bzw. ›magischen Aufladung‹ des christlichen Gemeinschaftskörpers durch Sexualbilder dienen wird, vgl. Kapitel V.

158 1 Kor 10,17.

159 Röm 12,5; s. a. 1 Kor 12,27.

160 Eph 5,23.

161 Eph 5,28.

162 Vgl. Christina v. Braun, *Der sinnliche und übersinnliche Jude,* in: Sander L. Gilman / Robert Jütte / Gabriele Kohlbauer-Fritz (Hg.), *»Der scheijne Jidd«. Das Bild des ›jüdischen Körpers‹ in Mythos und Ritual,* Wien 1998, S. 97–108.

163 Gen 9,4.

164 Ez 3,3.

165 Meister Eckehart, *Reden der Unterweisung,* in: ders., *Deutsche Predigten und Traktate,* S. 83f.

166 Andrew Louth, *The Body in Western Catholic Christianity*, in: Coakley (Hg.), *Religion and the Body*, S. 111–130, 122f.

167 Meister Eckehart, *Betrachtungen, Trostschrift*, in: ders., *Schriften*, übertragen v. Hermann Büttner, Düsseldorf 1959, S. 271.

168 Thomas von Aquin, *Summa Theologica*, Bd. 13, Teil I, Frage 92,3, in: *Deutsche Thomas-Ausgabe*, München/Heidelberg 1941, Bd. 7, S. 36f.

169 Uwe Wesel, *Vater Recht*, in: Johannes Bilstein / Barbara Straka / Matthias Winzen (Hg.), *Dein Wille geschehe… Das Bild des Vaters in zeitgenössischer Kunst und Wissenschaft*, Köln 2000, S. 100–104, 104.

170 Vgl. Christina v. Braun, *Die ›Blutschande‹ – Wandel eines Begriffs: Vom Inzesttabu zu den Nürnberger Rassengesetzen*, in: dies., *Die schamlose Schönheit des Vergangenen. Zum Verhältnis von Geschlecht und Geschichte*, Frankfurt a. M. 1989, S. 81–112. Ich komme auf diesen Topos in Kapitel VI zurück.

171 *Theologische Realenzyklopädie*, Bd. 6, S. 526. Die Ausbildung der Dreieinigkeitslehre im 2. Jahrhundert führte allerdings schon vorher zu einer Aufweichung des Bilderverbots, die auch das Auftauchen von Bildern in den Kirchen zur Folge hatte. Allerdings wurde die Bilderverehrung noch geahndet und von den Bischöfen als Götzendienst verurteilt. Das änderte sich erst gegen Ende des 4. Jahrhunderts. Brumlik, *Schrift, Wort und Ikone*, S. 47f.

172 Leopold Kretzenbacher, *Das verletzte Kultbild. Voraussetzungen, Zeitschichten und Aussagewandel eines abendländischen Legendentypus*, München 1977, S. 7f.

173 An anderer Stelle schrieb er auch: »Alle Kreaturen sind ein Fußstapfen Gottes.« Meister Eckehart, *Fragmente*, in: ders., *Mystische Schriften*, aus dem Mittelhochdeutschen übertragen u. mit einem Nachwort versehen v. Gustav Landauer (1903), Frankfurt a. M. 1991, S. 169.

174 Der Prozeß hat auch viel – der kleine Exkurs in den ›Schwindel‹ sei gestattet – mit der Geschichte des Geldes zu tun: Bei keinem anderen Zeichen ist die Sehnsucht nach der Wiederzusammenführung von Symbol und Symbolisiertem in Form eines materialisierten Zeichens so deutlich spürbar. Das Bedürfnis begann schon mit den ersten Münzen und Wechseln, es verstärkte sich mit der Einführung der Assignaten und des Papiergeldes ab dem 18. Jahrhundert und wurde nahezu unersättlich, als mit der Aufhebung der Goldparität um 1970 jede Anbindung des Zeichens an die Realität verschwunden war. Die Liebe zum ›Konsumobjekt‹, der ›Konsumrausch‹ in den Industrieländern, läßt sich auch als Versuch begreifen, dem Zeichen (Geld) durch das Konsumobjekt wieder eine materielle Wirklichkeit zu verschaffen, das Zeichen durch den Stoff ›magisch aufzuladen‹ und damit auch wieder die Einheit von Symbol und Symbolisiertem herzustellen. Will sagen: man kann auch das Wirtschaftsleben unter christlicher Perspektive lesen.

175 Thomas Laqueur hat einige von ihnen beschrieben: ders., *Auf den Leib geschrieben. Die Inszenierung der Geschlechter von der Antike bis Freud*, übers. aus dem Englischen v. H. Jochen Bußmann, Frankfurt a. M./New York 1992.

176 Von einem sagenhaften König Artus ist schon in älteren Texten die Rede,

aber die erste umfassende Niederschrift der Legende entsteht 1136 mit Geoffrey de Monmouths *Historia regum Britanniae*. 1155 ins Französische übersetzt, wird die Legende vom heiligen Gral zum Stoff, um den die ersten Romane der französischen Literatur kreisen. Anfang des 13. Jahrhunderts wird die Legende zunehmend in einen christlichen Kontext versetzt: Das Blut des heiligen Grals entstamme den Wunden Christi und sei über Joseph von Arimathien an die Bretonen gelangt. In dieser Hinsicht ist es nicht uninteressant, daß die christlich gefärbte Artus-Legende, die 1225 niedergelegt wird, fast zeitgleich mit der Durchsetzung der Transsubstantiationslehre entsteht. In dieser Fassung nimmt die Geschichte von Lancelot und der Königin Guenièvre auch größeren Raum ein. Vgl. *Dictionnaire des Mythes littéraires*, hg. v. Pierre Brunel, Paris 1988, S. 180ff. Im folgenden wird sich das Augenmerk weniger auf die Geschichte des Grals als auf die Liebesbeziehung richten, in deren Verwicklungen sich einerseits schon das Prinzip des ›consensus facit nuptias‹ zeigt (obgleich verboten, wird die Liebesbeziehung auch als ›wahre Liebe‹ beschrieben), andererseits aber auch die Rolle des Blicks für die Geschlechtlichkeit offenbart.

177 *König Artus und seine Tafelrunde*, in: *Europäische Dichtung des Mittelalters*, in Zusammenarbeit mit Wolf-Dieter Lange neuhochdeutsch hg. v. Karl Langosch, Stuttgart 1986, S. 506. Die hier zitierte Ausgabe basiert auf verschiedenen, auch deutschsprachigen, Versionen der Legende.

178 Ebd., S. 544, 693.

179 Ebd., S. 697.

180 Für eine Zusammenfassung der Hauptpositionen in dieser Debatte vgl. Aleida Assmann, *Erinnerungsräume. Formen und Wandlungen des kulturellen Gedächtnisses*, München 1999, S. 266–269.

181 Vgl. Christina v. Braun, *Die schamlose Schönheit des Vergangenen. Zum Verhältnis von Geschlecht und Geschichte,* Frankfurt a. M. 1989, S. 113–141.

182 Istvan Rév, *In Mendacio Veritas (In Lies There Lies the Truth)*, in: *Representations,* Nr. 35, Sommer 1991, S. 1–20, 17f. Rév schreibt weiter: »Die, welche diese fiktiven Texte verfaßt haben, wollten sie als reale historische Dokumente ausgeben, als Beweise für die, deren Leben sie erschaffen wollten. Aber indem sie diese falschen Lebensgeschichten schreiben, schufen sie ihre eigenen Geschichten, ihre eigenen Leben.«

183 Horst Wenzel, *Schrift und Bild. Zur Repräsentation der audiovisuellen Wahrnehmung im Mittelalter,* in: *Akten der Deutschen Germanistentage 1992,* hg. v. Johannes Janota, Tübingen 1993, S. 97–117, 102f.

184 Ebd., S. 104.

185 Ebd., S. 115.

186 Die Vorstellung einer Hierarchie zwischen den Medien Schrift und Bild entspricht laut Hans Belting einer modernen Sicht. Vgl. Hans Belting, *Das Bild als Text. Wandmalerei und Literatur im Zeitalter Dantes,* in: ders. / Dieter Blume (Hg.), *Malerei und Stadtkultur in der Dantezeit. Die Argumentation der Bilder,* München 1989, S. 23–64.

187 Ebd., S. 52; s. a. Martin Burckhardt, *Metamorphosen von Raum und Zeit,* S. 138ff.

188 Klaus Schreiner, *Si homo non pecasset...*, in: ders. / Norbert Schnitzler (Hg.), *Gepeinigt, begehrt, vergessen. Symbolik und Sozialbezug des Körpers im späten Mittelalter und in der frühen Neuzeit*, München 1992, S. 41–84, 52.

189 Das mag erstaunen, lag Campins Bild doch vor der Erfindung der Gutenberg-Presse (ca. 1450). Schon lange vorher waren jedoch viele Reproduktionstechniken bekannt; im 14. Jahrhundert waren viele Klöster zu ›Kopieranstalten‹ geworden.

190 Martin Burckhardt, *Muttergottesweltmaschine. Über den Zusammenhang von unbefleckter Empfängnis und technischer Reproduktion*, in: *Metis*, Nr. 11, Schwerpunkt ›Reinheit‹, 1996, S. 26–44, s. a. ders., *Vom Geist der Maschine. Eine Geschichte kultureller Umbrüche*, Frankfurt a. M. 1999, S. 136ff.

191 Erwin Panofsky, *Die Perspektive als symbolische Form* (1924–25), in: ders., *Deutschsprachige Aufsätze*, hg. v. Karen Michels u. Martin Warnke, Berlin 1998, Bd. 2, S. 664–757, 666. Der letzte Satz ist ein Zitat von Ernst Cassirer, *Philosophie der symbolischen Formen II (Das mythische Denken)* (1925), Darmstadt 1977, S. 107f.

192 Norman Bryson, *Vision and Painting: The Logic of the Gaze*, London 1983, S. 96.

193 Mieke Bal, *Reading Rembrandt: Beyond the World-Image Opposition*, Cambridge 1991, S. 148. Den Hinweis auf diesen Text verdanke ich Bettina Mathes.

194 Wilhelm Heinrich Wackenroder / Ludwig Tieck, *Herzensergießungen eines kunstliebenden Klosterbruders*, Stuttgart 1994, S. 73, 28.

195 Gustav Anton v. Seckendorff, *Vorlesungen über Deklamation und Mimik*, Braunschweig 1816, Bd. 1, zit. n. Ursula Geitner, *Die Sprache der Verstellung. Studien zum rhetorischen und anthropologischen Wissen im 17. und 18. Jahrhundert*, Tübingen 1992, S. 338f.

196 Johann Wolfgang v. Goethe, *Dichtung und Wahrheit*, in: *Goethes Werke*, Hamburger Ausgabe in 14 Bdn., textkritisch durchgesehen u. mit Anmerkungen versehen v. Erich Trunz, Hamburg 1948ff., Bd. 9, S. 447.

197 Vilém Flusser, *Für eine Philosophie der Fotografie*, Göttingen ⁵1991, S. 13.

198 Vilém Flusser, *Eine unglaubliche Geschichte*, in: *Imitation und Mimesis*, hg. v. Hans Ulrich Reck, *Kunstforum International*, Bd. 114, Juli/August 1991, S. 60–62, 61.

199 Sander L. Gilman, *Rasse, Sexualität und Seuche. Stereotype aus der Innenwelt der westlichen Kultur*, Kapitel: *Goethes Gespür. Fühlen, Sehen und Sexualität*, Reinbek 1992, S. 37–75, 48.

200 Hartmut Böhme, *Der Tastsinn im Gefüge der Sinne. Anthropologische und historische Ansichten vorsprachlicher Aisthesis*, in: *Die Sinne: Tasten. Kunst- und Ausstellungshalle der Bundesrepublik*, Göttingen 1996, S. 185–210, 201.

201 Gilman, *Rasse, Sexualität und Seuche*, S. 46.

202 Vgl. Christina v. Braun, *Böses Blut. Mythen und Wirkungsgeschichte der Syphilis*, Film (WDR) 1995.

203 Madonna, *SEX*, Photos v. Steven Meisel; unpaginiert, München 1992.

204 »Über den Blick wird Sexualität zur Schau gestellt, Intimes über die Inszenierung sichtbar gemacht.« Thomas Kleinspehn, *Der Flüchtige Blick. Sehen und Identität in der Kultur der Neuzeit*, Reinbek 1989, S.123.
205 Gilman, *Rasse, Sexualität und Seuche*, S.58.
206 Flusser, *Für eine Philosophie der Fotografie*, S.16.
207 Otto Fenichel, *Psychoanalyse und Gesellschaft*, Frankfurt a.M. 1972, S.149.
208 Gert Mattenklott, *Das gefräßige Auge oder: Ikonophagie*, in: ders., *Der Übersinnliche Leib. Beiträge zur Metaphysik des Körpers*, Reinbek 1982, S.78–102.
209 Christian Metz, *Foto, Fetisch*, in: *Kairos*, Nr.1/2, 1989, S.4–9, 5.
210 Philippe Dubois, *Der fotografische Akt. Versuch über ein theoretisches Dispositiv*, aus dem Französischen v. Dieter Hornig, hg. u. mit einem Vorwort v. Herta Wolf, Amsterdam/Dresden 1998, S.163, 93.
211 Peter Wollen, *Le feu et la glace*, in: *Photographies*, Nr.4, Paris 1984, S.17–21, 17.
212 Roland Barthes, *Die Helle Kammer. Bemerkungen zur Photographie*, übers. v. Dietrich Leube, Frankfurt a.M. 1985, S.22f.
213 Vgl. Kathrin Hoffmann-Curtius, *Trophäen und Amulette. Die Fotografien von Wehrmachts- und SS-Verbrechen in den Brieftaschen der Soldaten*, in: *Fotogeschichte. Beiträge zur Geschichte und Aesthetik der Fotografie*, 2000, H.78, S.63–76.
214 Im nicht erwiderbaren Blick offenbart sich das moderne »sehende Subjekt«: »Sein Werk«, so schreibt Kobena Mercer über Richard Mapplethorpes Photographien von schwarzen Männern, »scheint das politische Unbewußte der weißen Ethnie offenzulegen. Es offenbart die grundlegende Ambivalenz einer Vorstellung, in der die weiße Haut als kulturelle Identität gesehen wird, deren hegemonialer Anspruch auf der ›Unsichtbarkeit‹ beruht.« Kobena Mercer, *Skin Head Sex Thing. Racial Difference and the Homoerotic Imaginary*, in: *How Do I Look? Queer Film and Video*, hg. v. Bad Object Choices, Seattle 1991, S.169–210, 189; vgl. auch Richard Dyer, *White*, in: *Screen* 29, Nr.4, Herbst 1988, S.44–64.
215 Kleinspehn, *Der Flüchtige Blick*, S.123.
216 Zit.n. Bernard Williams, *Shame and Necessity*, Berkeley/Los Angeles/London 1993, S.79.
217 Ebd., S.78.
218 Zum ›bösen Blick‹ vgl. Kleinspehn, *Der Flüchtige Blick*, S.42f.
219 Ebd., S.109.
220 Emiles und Sophies Verlobung vollzieht sich nach folgendem Muster: »Kaum hat sie ihn geküßt, als der entzückte Vater in die Hände klatscht und *noch einmal, noch einmal* ruft, und Sophie, ohne sich bitten zu lassen, ihm sofort zwei Küsse auf die andere Wange gibt; aber fast im gleichen Augenblick flieht sie in die Arme ihrer Mutter und birgt ihr von Schamröte entflammtes Gesicht an diesem mütterlichen Busen, erschreckt über alles, was sie getan hat.« Jean-Jacques Rousseau, *Emil oder Über die Erziehung* (1762), übers. aus dem Französischen v. Eleonore Sckommodau, hg. v. Martin Rang, Stuttgart 1980, S.880f.

221 Die sogenannten ›Schwangerschaftsmale‹ haben hohen Kurs in dieser Zeit. Vgl. Kleinspehn, *Der Flüchtige Blick,* S. 170f. Sie sind ein Zeichen dafür, daß der weibliche Körper auch als ›durchsichtig‹ phantasiert wird; die Blicke dringen in ihn ein.

222 Jean-Jacques Rousseau, *Die Bekenntnisse* (1782–89), München 1981, S. 77f.

223 Ernst Theodor Amadeus Hoffmann, *Der Sandmann,* in: ders., *Werke,* 4 Bde., Frankfurt a. M. 1967, Bd. 3, S. 19.

224 Das Denken des Industriezeitalters ist durchsetzt von der Phantasie einer künstlichen Fabrikation des Menschen, bei der das Subjekt einen anderen ›nach seinem Wunschbild‹ zu erzeugen vermag. Wie eng diese Phantasie einer Schöpfung des anderen durch Licht und Photographie mit den Techniken der Reproduktion zusammenhängt, zeigt sich an vielen Beispielen – von Philippe Auguste de Villiers de l'Isle Adams *Eva der Zukunft* (1886) bis zu Fritz Langs *Metropolis* (1927). Jürgen Manthey hat allerdings dargestellt, daß diese Phantasie eines ›zeugenden Blicks‹ eine lange Vorgeschichte in der christlich-abendländischen Kultur hat. Jürgen Manthey, *Wenn Blicke zeugen könnten. Eine psychohistorische Studie über das Sehen in Literatur und Philosophie,* München 1983. Man könnte also sagen, daß die Phantasie des zeugenden Blicks nicht mit der Erfindung der technischen Sehgeräte entsteht, wohl aber darin ihre Erfüllung findet.

225 Vgl. David Green, *Veins of Resemblance. Photography and Eugenics,* in: *The Oxford Art Journal* 7, Nr. 2, 1985, S. 5–16.

226 Vgl. Christina v. Braun, *Das geteilte Ich. Gestalten des Selbst in der Moderne,* Film (WDR) 1996.

227 Hans Christian Andersen, *Der Schatten,* in: ders., *Sämtliche Werke,* Bd. 1, Leipzig 1853; s. a. Christina v. Braun, *Die Schatten werden kürzer,* in: Peter Sloterdijk (Hg.), *Vor der Jahrtausendwende. Berichte zur Lage der Zukunft,* Frankfurt a. M. 1990, S. 528–546.

228 Freud, *Gesammelte Werke,* Bd. 1, S. 282f.

229 Hans-Thies Lehmann, *Das Kino und das Imaginäre,* in: Doron Kiesel / Ernst Karpf (Hg.), *Kino und Couch. Zum Verhältnis von Psychoanalyse und Film,* Arnoldshainer Filmgespräche, Frankfurt a. M. 1990, Bd. 7, S. 75–98, 78.

230 Gaylyn Studlar, *Schaulust und Masochistische Ästhetik,* übers. aus dem Amerikanischen v. Annette Brauerhoch, in: *Frauen und Film,* Dezember 1985, H. 39, S. 15–35.

231 Hugo von Hofmannsthal, *Der Ersatz für die Träume,* in: ders., *Drei Kleine Betrachtungen. Gesammelte Werke. Prosa,* Frankfurt a. M. 1955, Bd. 4, S. 49.

232 Raphael Schulte, *Zeit als Glaubenserlebnis,* in: Hans Michael Baumgartner (Hg.), *Zeitbegriffe und Zeiterfahrung,* Freiburg i. B./München 1994, S. 217–269, 254f.

233 Metz, *Foto, Fetisch,* S. 5; Barthes, *Die Helle Kammer,* S. 22f.

234 Meister Eckehart, *Fragmente,* in: *Mystische Schriften,* S. 171. An anderer Stelle heißt es bei Eckehart: »Darum, was vor tausend Jahren geschehen ist und nach tausend Jahren geschehen wird und jetzt geschieht, das ist eins in

der Ewigkeit. Darum, was Gott vor tausend Jahren getan und geschaffen hat und nach tausend Jahren tun wird und was er jetzt tut, das ist nichts als *ein* Werk.« Ders., *Deutsche Predigten und Traktate*, S. 36.

235 *Theologische Realenzyklopädie*, Bd. 6, S. 532.

236 Freud, *Das Unbewußte*, in: ders., *Gesammelte Werke*, Bd. 10, S. 286; ders., *Neue Folge der Vorlesungen zur Einführung in die Psychoanalyse*, in: ders., *Gesammelte Werke*, Bd. 15, S. 80.

237 Metz, *Foto, Fetisch*, S. 6.

238 Nietzsche hat den Zustand des Bayreuth-Pilgers als »wunderbare Selbstentzweiung« umschrieben. Norbert Bolz, der in Richard Wagner den eigentlichen Erfinder dieses medialen Erlebnisses sieht, schreibt dazu: Das Individuum »inkarniert sich in anderen Leibern, schüttelt seine bürgerliche Vergangenheit, seine soziale Stellung ab; es genießt die ›wunderbare Selbstentzweiung‹ dessen, dem Zerstörung zum Luxus, Schmerz zur Lust und der Untergang zum Genuß ersten Ranges wird«. Norbert Bolz, *Theorie der Neuen Medien*, München 1990, S. 36.

239 Stanislav Grof, *Neue Bewußtseinsforschung und elektronische Medien*, in: Peter Felixberger (Hg.), *Aufbruch in neue Lernwelten*, Wien 1994, S. 64–80.

240 Flusser, *Für eine Philosophie der Fotografie*, S. 77.

241 Gustav Bergmann, *Logical Positivism, Language and the Reconstruction of Metaphysics*, in: Richard Rorty (Hg.), *The Linguistic Turn. Essays in Philosophical Method*, Chicago 1992, S. 63–71, 70.

242 Novalis, *Schriften. Die Werke Friedrich von Hardenbergs*, hg. v. Paul Kluckhohn u. Richard Samuel, 2., ergänzte, erweiterte u. verbesserte Aufl., Stuttgart 1960ff., Bd. 2, S. 663.

243 Ebd., S. 650.

244 Ebd., S. 415.

245 Freud, *Einführung in die Psychoanalyse*, in: ders., *Gesammelte Werke*, Bd. 11, S. 226.

246 Gilman, *Rasse, Sexualität und Seuche*, S. 41f.

247 Novalis, *Schriften*, Bd. 3, S. 97.

248 Ebd., Bd. 2, S. 650.

249 Ebd., Bd. 1, S. 302.

250 Zit. n. Brauerhoch, *A Mother to Me*, S. 62.

251 Jean Laplanche / Jean Bertrand Pontalis, *Fantasme originaire, fantasme des origines, origines des fantasmes*, in: *Les Temps modernes* 19, April 1964, H. 25, S. 1833–68, 1868.

252 Annette Brauerhoch, *A Mother to Me. Auf den Spuren der Mutter – im Kino*, in: *Frauen und Film*, Februar 1995, H. 56/57, S. 59–77; s. a. dies., *Die gute und die böse Mutter. Kino zwischen Melodrama und Horror*, Marburg 1996.

253 Kasimir S. Malewitsch, *Der Suprematismus* (1927), in: *Neue Bauhausbücher*, hg. v. Hans M. Wingler, Mainz/Berlin 1980, S. 64–100, 65.

254 Ebd.

255 Ebd., S. 66, 76.

256 Ebd., S. 96.

257 Kazimir S. Malevich, *In Nature there exists...*, in: ders., *The Artist, Infi-*

nity, Suprematism. Unpublished Writings 1913–33, Kopenhagen 1978, S. 133.

258 Ebd., S. 147f.
259 Ebd.
260 Malevich, *The Being*, in: ders., *The Artist*, S. 57.
261 Wayne Koestenbaum, *Königin der Nacht. Oper, Homosexualität und Begehren*, aus dem Amerikanischen übers. v. Joachim Kalka, Stuttgart 1996, S. 52f.
262 Ebd., S. 19.
263 Ebd., S. 235.
264 Ebd., S. 184.
265 Ebd., S. 214f.
266 Ebd., S. 52f.
267 Ebd., S. 64.
268 Ebd., S. 56f.
269 1 Kor 10,17.
270 Röm 12,5; s.a. 1 Kor 12,27.
271 Eph 5,23 u. 28.
272 Koestenbaum, *Königin der Nacht*, S. 236.
273 Horst Wenzel, *Sehen und Hören, Schrift und Bild. Kultur und Gedächtnis im Mittelalter*, München 1995, S. 59f.
274 Koestenbaum, *Königin der Nacht*, S. 74f.
275 Wenzel, *Sehen und Hören*, S. 60.
276 Petrus Berchorius, *Repertitorium Morale*, zit. n. Klaus Schreiner, »... *wie Maria geleicht einem puch.*« *Beiträge zur Buchmetaphorik des hohen und späten Mittelalters*, in: *Archiv für Geschichte des Buchwesens* 11, 1971, Sp. 1449f.
277 Zit. n. Wenzel, *Sehen und Hören*, S. 437.
278 Vgl. Burckhardt, *Vom Geist der Maschine*, S. 118–142.
279 Koestenbaum, *Königin der Nacht*, S. 236.
280 Ebd., S. 264.
281 Ebd., S. 64f.
282 Ebd., S. 264f.
283 Ebd., S. 169.
284 Zit. n. Koestenbaum, *Königin der Nacht*, S. 182.
285 Ebd.
286 Uta C. Schmidt, *Der Volksempfänger – das Tabernakel der Moderne. Das Radio als Mischung von pseudoreligiöser Sendung und Aufklärung*, Vortrag in der Evangelischen Akademie Tutzing zum Thema ›Gehör und Hörigkeit‹, 24.–26.3.2000. Die Quelle, die sie zitiert: Ferdinand Eckardt, *Im Rundfunk. Kult des neuen Staates*, in: *Rufer und Hörer* 3, 1933/34, H. 11, S. 503–505.
287 Thomas Y. Levin, *Vor dem Piepton. Eine kleine Geschichte der Voice Mail*, in: Ulrich Raulff / Gary Smith (Hg.), *Wissensbilder. Strategien der Überlieferung*, Berlin 1999, S. 279–318, 287, 295.
288 »Die Funktechnik bot mit der Vorstellung und Bezeichnung von ›Senden‹ und ›Empfangen‹ bereits ein vorbereitetes Assoziationsfeld, die massenmediale Kommunikation als körperliches Empfangen von zuvor verschick-

ten Sendungen – Segnungen – auszuformulieren, als einen Prozeß von ›einseitiger Aktivität mit einseitiger Passivität‹. Ganz in der Tradition der Massenpsychologie seit Ende des 19. Jahrhunderts wurde die Masse dabei als Weib bedacht – das Bild von der Empfängnis deutet es an. Die wissenschaftlich begründete und alltagssprachlich reproduzierte Identifikation der Masse mit dem Weiblichen bei anerkannten Massenpsychologen wie Taine, Tade, Sighele oder Le Bon ging so weit, daß man die der Masse zugeschriebenen Attribute der Frau lesen kann und umgekehrt. Aus der Tatsache, daß die Masse ein Weib sei, schlossen die einflußreichen Wissenschaftler in einem zweiten gedanklichen Schritt, daß man sie auch wie ein Weib zu behandeln habe und die einzig angemessene Reaktion auf die zivilisatorische Bedrohung durch die Masse ihre politische, rechtliche und gesellschaftliche Unterdrückung sei. Sie griffen dazu auf ein konventionalisiertes Denkmodell zurück, denn indem sie die Masse in Bildern und Phantasie vom Wesen der Frau dachten, glaubten sie, einen erfolgreichen Handlungsschlüssel ableiten zu können, ihre angebliche Wildheit und Leidenschaft in den Griff zu bekommen. Im Grunde, so meinte der angesehene Massenpsychologe Le Bon, sei es mit der Masse nicht anders als mit den Frauen: Sie warte nur darauf, erobert, verführt und unterjocht zu werden. Sie müsse mit starker Hand, mit Härte und Strenge angefaßt werden, ein Deutungsmuster, das in Hitlers *Mein Kampf* wiederkehrt: ›Die Masse ist wie ein Weib und als solche mache ich sie mir gefügig.‹« Uta C. Schmidt, *Der Antennenhut. Frauenkörper in gesellschaftlichen Mediatisierungsprozessen am Beispiel des frühen Rundfunks (1923–1933)*, in: *Metis*, Schwerpunkt: Medien und Gender, 1998, H. 13, S. 31–50, 46f.

289 So schreibt eine ›Empfängerin‹ 1934 an das Radio: »Und nun soll – bald vielleicht – mein heißer Wunsch in Erfüllung gehen; wir werden von unserem Führer hören, von ihm als dem ›Menschen‹, denn als Führer, als Staatsmann, ist er ja so groß, daß mein kleines Hirn ihm gar nicht folgen kann, auf seinem Höhenflug… ich werde alles fernhalten, daß uns nichts und niemand diese Stunde stört. Ich werde dann mein Sonntagskleid anziehen und zu unserem Hakenkreuzwimpel einen frischen Blumenstrauß auf den Tisch stellen, und dann kann der Führer zu Besuch kommen in unsere stille Stube.« Hörerpost v. März 1934, WDR, Hist. Arch. 34,2x1b, zit. n. Schmidt, *Der Volksempfänger – das Tabernakel der Moderne*, S. 2; s. a. dies., *Radioaneignung*, in: Inge Marßolek / Adelheid v. Seilern (Hg.), *Zuhören und Gehörtwerden*, Bd. 1: *Radio und Nationalsozialismus. Zwischen Lenkung und Ablenkung*, Tübingen 1998, S. 243–360, 338.

290 Yigal Blumenberg, *Psychoanalyse – eine jüdische Wissenschaft? Von den jüdischen Wurzeln der Psychoanalyse und der Abwehr von Tradition und Fremdsein*, in: *Forum der Psychoanalyse*, 1996, H. 12, S. 156–178, 173f.

291 Aussage im Dokumentarfilm *Duras filme* v. Jérôme Beaujour u. Jean Mascolo über die Autorin und die Dreharbeiten zu ihrem Film *Agatha*.

292 Teresa de Lauretis, *Film and the Visible*, in: *How Do I Look? Queer Film and Video*, hg. v. Bad Object Choices, Seattle 1991, S. 223–263, 231f.

293 Vgl. Matthias Vogel, *Vom Verschwinden und Erscheinen der Körper auf dem Bildschirm. Lauterkeit und Lügenhaftigkeit des Video*, in: *Imita-*

tion und Mimesis, Kulturforum International, Bd. 114, Juli/August 1991, S. 254–261.

294 Valérie Valère, *Das Haus der verrückten Kinder. Ein Bericht*, übers. ins Deutsche v. Uli Aumüller, Reinbek 1991, S. 20.

295 William Gull, *Anorexia hysterica*, in: *Brit. Med. Journal 2*, 1873, S. 527ff.; Ernest Charles Lasègue, *De l'anorexie hystérique*, in: *Arch. gén. méd.* 21, 1873, S. 385ff.

296 Zit. n. Günther H. Seidler, *Zwischen Skylla und Charybdis. Die unumgängliche Scham der anorektischen Frau*, in: ders. (Hg.), *Magersucht. Öffentliches Geheimnis*, Göttingen/Zürich 1993, S. 167–188, 167.

297 Zum Thema Magersucht und Ich-Bild vgl. Christina v. Braun, *Nicht Ich. Logik Lüge Libido*, Frankfurt a. M. 1985.

298 Richard v. Krafft-Ebing, *Psychopathia Sexualis* I, 1886, Neudruck München 1984, S. 12f.

299 Vgl. Thomas Laqueur, *Auf den Leib geschrieben. Die Inszenierung der Geschlechter von der Antike bis Freud*, übers. aus dem Englischen v. H. Jochen Bußmann, Frankfurt a. M./New York 1992.

300 Franz Kafka, Eintrag v. 30.10.1911, in: ders., *Tagebücher 1910–23*, hg. v. Max Brod, Frankfurt a. M. 1984, S. 82.

301 Kafka, Eintrag v. 3.1. 1912, ebd., S. 144.

302 Henrike Thomsen, *Hunger Kunst*, in: *Berliner Zeitung*, 22./23.1.2000.

303 Franz Kafka, *Sämtliche Erzählungen*, hg. v. Paul Raabe, Frankfurt a. M. 1979, S. 220f.

304 Hans-Thies Lehmann, *Der buchstäbliche Körper. Zur Selbstinszenierung der Literatur bei Franz Kafka*, in: Gerhard Kurz (Hg.), *Der junge Kafka*, Frankfurt a. M. 1984, S. 213–241, 224.

Zu Kapitel IV

1 Yigal Blumenberg, *Freud, ein gottloser Jude. Zur Frage der jüdischen Wurzeln der Psychoanalyse*, in: *Luzifer-Amor. Zeitschrift zur Geschichte der Psychoanalyse*, Nr. 19, 1997, S. 33–80, 69f.

2 Zit. n. Blumenberg, *Freud, ein gottloser Jude*, S. 39.

3 Sigmund Freud, *Der Mann Moses und die monotheistische Religion*, in: ders., *Gesammelte Werke*, Frankfurt a. M. 1964ff., Bd. 16, S. 198.

4 Freud, *Moses*, S. 206.

5 Ebd., S. 206f.

6 Ebd., S. 207.

7 Zit. n. Benedict Anderson, *Die Erfindung der Nation. Zur Karriere eines folgenreichen Konzepts*, übers. v. Benedikt Burkard u. Christoph Münz, Berlin 1998, S. 14.

8 Vgl. Sigrid Schade / Sigrid Weigel / Monika Wagner (Hg.), *Allegorien und Geschlechterdifferenz*, Köln/Weimar/Wien 1994; Silke Wenk, *Versteinerte Weiblichkeit. Allegorie in der Skulptur der Moderne*, Köln 1996.

9 Yigal Blumenberg, *Psychoanalyse – eine jüdische Wissenschaft? Von den jüdischen Wurzeln der Psychoanalyse und der Abwehr von Tradition*

und Fremdsein, in: *Forum der Psychoanalyse*, 1996, H.12, S.156–178, 175f.

10 Maurice Halbwachs, *Das Gedächtnis und seine sozialen Bedingungen*, Frankfurt a.M. 1985, u. ders., *Das kollektive Gedächtnis*, Frankfurt a.M. 1985.

11 Halbwachs, *Das Gedächtnis und seine sozialen Bedingungen*, S.121.

12 Wie sehr die ›bewußten‹ Gedächtnisinhalte bei der Bildung der Gemeinschaft eine Rolle spielen, läßt sich deutlich am Beispiel Deutschlands nach den 40 Jahren Teilung und unterschiedlicher kultureller Gemeinschaftsbildung beobachten. So rasch und scheinbar reibungslos sich die politische und wirtschaftliche Einheit vollzog, so schwierig und langwierig erscheint die ›kulturelle‹ Vereinigung. So gibt es sehr unterschiedliche, ja konträre Bestrebungen in der Suche nach Gemeinsamkeiten: Für einige erscheint der Rückbezug zum Kaiserreich gruppenkonstitutiv; für andere gibt es den Rückbezug zur Avantgarde der Weimarer Republik; ihr verdankt sich ein Teil der neuen Aura von Berlin-Mitte und des Scheunenviertels um die Synagoge an der Oranienburger Straße. Schließlich bildet sich ein gruppenkonstitutives Gedächtnis auch um die Erinnerung an die ›gemeinsame Schuld‹ für die nationalsozialistischen Verbrechen. Das stellt keinen Beleg für die Thesen von Daniel Goldhagen in *Hitlers willige Vollstrecker* dar, erklärt aber einen Teil der enthusiastischen Rezeption dieses Buchs, in dem ein Bild des deutschen Antisemitismus gezeichnet wird, das fast genetisch erscheint und eben hierin seine Anziehung auf eine ›Gruppenidentität‹ haben könnte. Die drei kollektiven Erinnerungen schließen an völlig unterschiedliche Bilder von deutscher ›Gemeinsamkeit‹ an, und die Konsolidierung der Gemeinschaft wird sich vermutlich über die Austragung dieses Konfliktes vollziehen.

13 Thomas Macho, *Umsturz nach innen. Figuren der gnostischen Revolte*, in: Peter Sloterdijk / Thomas Macho (Hg.), *Weltrevolution der Seele. Ein Arbeits- und Lesebuch der Gnosis von der Spätantike bis zur Gegenwart*, Zürich 1993, S.485–521, 486f.

14 Nicolas Abraham, *Notules sur le fantôme*, in: ders. / Maria Torok, *L'Ecorce et le noyau*, Paris 1987, S.426–433, 426f.

15 Nicolas Abraham / Maria Torok, *Le caveau intrapsychique,* in: dies., *L'Ecorce et le noyau*, S.265f.

16 Abraham, *Notules sur le fantôme*, S.430.

17 Ebd., S.429.

18 Aleida Assmann, *Erinnerungsräume. Formen und Wandlungen des kulturellen Gedächtnisses*, München 1999, S.264.

19 Reinhart Koselleck, *Vier Minuten für die Ewigkeit. Das Totenreich vermessen – Fünf Fragen an den Holocaust*, in: *Frankfurter Allgemeine Zeitung*, 9.1.1997; ebenfalls in: *Der Denkmalstreit – Das Denkmal? Dokumentation*, hg. v. Ute Heimrod, Günter Schlusche u. Horst Seferens, Berlin 1999, S.600.

20 Jean-François Lyotard, *Heidegger und ›Die Juden‹*, Wien 1988, S.21.

21 Assmann, *Erinnerungsräume*, S.262f.

22 Jean-François Lyotard, *Vortrag in Wien und Freiburg zu »Heidegger und die Juden«*, Wien 1990, S.21ff.

23 Vgl. dazu die sehr schönen Ausführungen von Roberto Calasso, *Die Hochzeit von Kadmos und Harmonia*, übers. aus dem Italienischen v. Moshe Kahn, Frankfurt a. M./Leipzig 1993.

24 Thomas Macho wies mich darauf hin, daß das Zerschlagen der Schenkel am Kreuz eine Form von Strafe war, die aus Persien kam und vor allem bei aufständischen Sklaven praktiziert wurde. Sie hatte zur Folge, daß der Kreuzigungstod besonders grausam war, weil sich der Hingerichtete nicht mehr erheben konnte und am Kreuz zugleich erstickte. Daß Jesus aber einer gewesen sei, der ›sich noch erheben konnte‹ und der zudem auch ›auferstand‹, habe das Christentum zu einer Religion gemacht, die unter den Sklaven große Verbreitung fand. Persönliche Mitteilung.

25 Joh 19,33.

26 Vamik Volkan, *Blutsgrenzen. Die historischen Wurzeln und die psychologischen Mechanismen ethnischer Konflikte und ihre Bedeutung bei Friedensverhandlungen*, übers. aus dem Englischen v. Klaus Kochmann, Bern/München/Wien 1999, S. 87.

27 Lyotard, *Vortrag in Wien und Freiburg zu »Heidegger und die Juden«*, S. 23.

28 Halbwachs, *Das Gedächtnis und seine sozialen Bedingungen*, S. 389f.

29 Jack Goody / Ian Watt, *Konsequenzen der Literalität*, in: dies. / Kathleen Gough (Hg.), *Entstehung und Folgen der Schriftkultur*, mit einer Einleitung v. Heinz Schlaffer, übers. v. Friedhelm Herborth, Frankfurt a. M. 1986, S. 63–122, 75f.

30 Erving Goffman, *Rahmen-Analyse. Ein Versuch über Organisation von Alltagserfahrungen*, Frankfurt a. M. 1977.

31 Mario Erdheim, *Die gesellschaftliche Produktion von Unbewußtheit. Eine Einführung in die ethnopsychoanalytischen Prozesse*, Frankfurt a. M. 1982, S. 210f.

32 Gilles Deleuze / Félix Guattari, *Anti-Ödipus. Kapitalismus und Schizophrenie I*, Frankfurt a. M. ⁵1988, S. 79.

33 Charlotte Berardt, *Das Dritte Reich des Traums*, München 1966, S. 25f.

34 Horacio Amigorena / Marcel Vignar, *Zwischen Außen und Innen: die Tyrannische Instanz*, in: *Psyche* 7, Juli 1979, S. 610–619, 610.

35 Immanuel Kant, *Idee zu einer allgemeinen Geschichte in weltbürgerlicher Absicht*, in: *Berlinische Monatsschrift* 4, 1784.

36 Stahl Stenslie, in: Sybille Berg, *Zauberwort Cyber-Sex. Alle reden davon. Prinz hat's gemacht. Wie war's?*, in: *Prinz* 5, Mai 1994.

37 Walter Benjamin, *Gesammelte Schriften*, hg. v. Rolf Tiedemann u. Herrmann Schweppenhäuser, Frankfurt a. M. 1982, Bd. V/2, S. 126.

38 Ebd., Bd. V/1, S. 577.

39 Bei vielen nichtmonotheistischen Religionen ist mit ›Religion‹ primär die religiöse Praxis gemeint. Zum Begriff der ›Religion‹ vgl. Hans-Michael Haußig, *Der Religionsbegriff in den Religionen*, Berlin/Bodenheim 1999.

40 Eric Voegelin hat in den 30er Jahren den Begriff der »politischen Religionen« geprägt, um vor allem den Nationalsozialismus zu charakterisieren. Er meinte damit allerdings eine Ideologie und die quasireligiösen Elemente, die diese transportieren kann. Mit dem »kollektiven Imaginären«

sind auch kollektive Muster gemeint, die sich nicht mit dem Begriff der Ideologie fassen lassen. Vgl. Eric Voegelin, *Die politischen Religionen*, 1938, Neudruck München 1992.

41 Freud, *Moses*, S. 208f.

42 Cornelius Castoriadis, *Gesellschaft als imaginäre Institution. Entwurf einer politischen Philosophie*, übers. v. Horst Brühmann, Frankfurt a. M. 1990, S. 440. Allerdings liegt dank der Genwissenschaft gerade die Jungfernzeugung nicht mehr außerhalb des Möglichen. Davon wird im nächsten Kapitel die Rede sein.

43 Jacques Lacan, *Funktion und Feld des Sprechens und der Sprache in der Psychoanalyse*, übers. aus dem Französischen v. Klaus Laermann, in: ders., *Schriften*, Frankfurt a. M. 1975, Bd. 1, S. 71–169, 117.

44 Jacques Lacan, *Das Drängen des Buchstabens im Unbewußten oder die Vernunft seit Freud*, übers. v. Norbert Haas, in: ders., *Schriften*, Weinheim/Berlin ³1991, Bd. 2, S. 15–55.

45 »Die tiefgreifenden und undurchsichtigen Beziehungen zwischen Symbolischem und Imaginärem lassen sich ahnen, sobald man folgendes in Erwägung zieht: Das Imaginäre muß das Symbolische benutzen, nicht nur um sich ›auszudrücken‹ — das versteht sich von selbst –, sondern um überhaupt zu ›existieren‹, um etwas zu werden, das nicht mehr bloß virtuell ist. Der elaborierteste Wahn ist ebenso wie die geheimste und verschwommenste Phantasie aus ›Bildern‹ gemacht, doch diese Bilder stehen für etwas anderes, haben also symbolische Funktion. Aber auch umgekehrt setzt der Symbolismus die Einbildungskraft *(capacité imaginaire)* voraus, denn er beruht auf der Fähigkeit, in einem Ding ein anderes — oder: ein Ding anders, als es ist — zu sehen. In dem Maße jedoch, wie das Imaginäre letztlich auf eine ursprüngliche Fähigkeit zurückgeht, sich mit Hilfe der Vorstellung ein Ding oder eine Beziehung zu vergegenwärtigen, die nicht gegenwärtig sind (die in der Wahrnehmung nicht gegeben sind oder es niemals waren), werden wir von einem letzten oder *radikalen Imaginären* als der gemeinsamen Wurzel des *aktualen Imaginären* oder des *Symbolischen* sprechen. Es handelt sich dabei um die elementare und nicht weiter rückführbare Fähigkeit, ein Bild hervorzurufen.« Castoriadis, *Gesellschaft als imaginäre Institution*, S. 218.

46 Ebd., S. 399.

47 Ebd., S. 452f.

48 Ebd., S. 435.

49 Ebd.

50 Ebd., S. 449f.

51 Ebd., S. 413f.

52 »Was ich (seit 1964) das gesellschaftliche Imaginäre nenne — ein seither aufgegriffener und ein wenig unbesonnen gebrauchter Ausdruck — oder allgemeiner als das Imaginäre bezeichne, hat nichts mit den Vorstellungen zu tun, die gegenwärtig unter diesem Titel in Umlauf sind. Insbesondere hat es nichts mit dem gemein, was gewisse psychoanalytische Strömungen als ›imaginär‹ vorstellen: das Spekulare, ›Spiegelhafte‹, das offensichtlich nur ein Bild *von*, ein reflektiertes Bild ist, anders gesagt: das *Widerspiegelung* und damit ein Abfallprodukt der platonischen Ordnung (des *eidolon*)

ist — auch wenn diejenigen, die davon reden, sich über die Herkunft dieser Vorstellung im unklaren sind. Das Imaginäre geht nicht vom Bild im Spiegel oder im Blick des anderen aus. Vielmehr ist der ›Spiegel‹ selbst, seine Möglichkeit, der andere als Spiegel, erst Wirkung des Imaginären, das eine Schöpfung *ex nihilo* ist. Wer vom ›Imaginären‹ spricht und darunter das ›Spiegelhafte‹, die Widerspiegelung oder gar das ›Fiktive‹ versteht, wiederholt nur — meist unwissentlich — die Behauptung, die ihn auf ewig an irgendeinen Winkel der berühmten Höhle festkettet: die Behauptung nämlich, daß (diese Welt) notwendig Bild *von etwas* sei. Das Imaginäre, von dem ich spreche, ist kein Bild *von*. Es ist unaufhörliche und (gesellschaftlich-geschichtliche und psychisch) wesentlich *indeterminierte* Schöpfung von Gestalten/Formen/Bildern, die jeder Rede *von* ›etwas‹ zugrunde liegen. Was wir ›Realität‹ und ›Rationalität‹ nennen, verdankt sich überhaupt erst ihnen.« Castoriadis, *Gesellschaft als imaginäre Institution*, S. 11f.

53 »Das Frappierende an diesem Fall – und man kann bei der Lektüre des mosaischen Gesetzes noch andere finden – ist die Maßlosigkeit der Strafe, das Fehlen jeder notwendigen Verbindung zwischen der Tat (dem Verstoß) und ihren Folgen (dem Inhalt der Strafe). Die Steinigung ist schließlich nicht das einzige Mittel, die Leute zur Achtung des Sabbat zu bringen; die Institution (die Strafe) geht eindeutig über die Erfordernisse einer rationalen Verkettung von Ursachen und Wirkungen, Mitteln und Zwecken hinaus.« Castoriadis, *Gesellschaft als imaginäre Institution*, S. 219f.

54 Ebd., S. 220f.

55 Ebd., S. 218.

56 Jan Assmann, *Das kulturelle Gedächtnis. Schrift, Erinnerung und politische Identität in frühen Hochkulturen*, München 1999, S. 288.

Zu Kapitel V

1 Vgl. u. a. Jacques Le Goff, *Head or Heart? The Political Use of Body Metaphors in the Middle Ages*, in: Michel Feher u. a. (Hg.), *Fragments for a History of the Human Body*, 3 Bde., New York 1989, Bd. 2, S. 12–27. Eindrücklich hat auch Karin Wieland das Zusammenspiel von Wort und Blut für die Hochzeit des Mittelalters und den Beginn der Neuzeit und die damit einhergehende geschlechtliche Codierung beschrieben: »Dem leidensgeschichtlichen Schema zufolge ist der Christus als der Auferstandene ohne den empirischen Jesus nicht zu denken. Nur weil das Wort Fleisch und Blut geworden ist, können die Menschen Erlösung finden. [...] Auf dem Glauben an die zeugende Kraft der Worte beruht die europäische Kultur. Das gilt für fiction und non-fiction gleichermaßen: also für das Recht, die Wissenschaft, die Literatur. [...] Mit dem Begriffspaar Worte und Blut wird eine historische Entwicklungspsychologie des männlichen Selbst nachgezeichnet, so wie sie sich in Europa von 1000 bis 1500 herausgebildet hat. Die Metamorphose beginnt mit der magischen Einheit in der Gestalt des gesalbten Königs, und sie endet in der nach den Wertsphären der Kunst, Wissenschaft und Politik differenzierten

Männlichkeitstypologie der italienischen Renaissance. Der Gang der verschiedenen Koordinationen von Worten und Blut vollzieht sich über die ewige Wiederkehr des gleichen Problems: Worte, die das Blut zu überwinden suchen, aber immer wieder des Bluts bedürfen, um sich ihres Seinsgrunds zu vergewissern. [...] Ins Auge gefaßt wird das geschichtliche Fortleben geistiger Schablonen, die den Zuweisungscharakter und die Produktivkraft des menschlichen Einbildungsvermögens bestimmen. Durch ihre historischen Transformationen hindurch erhält sich das konstitutive Schema: Der Mensch erschafft sich mit Worten und findet sich gebunden ans Blut.« Karin Wieland, *Worte und Blut. Das männliche Selbst im Übergang zur Neuzeit*, Frankfurt a.M. 1998, S.13f. Allerdings berücksichtigt Wieland – obgleich sie vorwiegend mit Texten arbeitet – nicht genügend die Tatsache, daß es sich bei diesen ›Worten‹ um Erzeugnisse der Schrift handelt – auch dann, wenn sie gesprochen werden. Erst nachdem sie den historischen Prozeß der Abstraktion durch die Alphabetschrift durchlaufen hatten, konnten die ›Worte‹ die von ihr beschriebene ›zeugende Macht‹ annehmen.

2 1 Kor 12,12.

3 Zit.n. Ernst H. Kantorowicz, *Die zwei Körper des Königs. Eine Studie zur politischen Theologie des Mittelalters*, übers. v. Walter Theimer u. Brigitte Hellmann, München 1990, S.206.

4 Ebd., S.207f.

5 Zit.n. Kantorowicz, *Die zwei Körper des Königs*, S.209.

6 Ebd., S.212.

7 Aussage der Kronjuristen um 1550 (unter Elisabeth I.), zit.n. Kantorowicz, *Die zwei Körper des Königs*, S.31.

8 Ebd., S.496.

9 Ebd., S.216f.

10 Ebd., S.33.

11 1 Kor 15, 42f. u. 52f.

12 Zit.n. Kantorowicz, *Die zwei Körper des Königs*, S.36.

13 Ebd., S.39.

14 Ebd., S.68.

15 Ebd., S.339.

16 Ebd., S.333.

17 Ebd., S.259.

18 Zit.n. ebd., S.137.

19 Ebd., S.143.

20 Ebd., S.158.

21 Ebd., S.203f.

22 Ebd., S.217.

23 Ebd., S.220.

24 Ebd., S.416.

25 Ebd.

26 Ebd., S.421.

27 Ebd., S.419f.

28 Ebd., S.431.

29 Ebd., S.221.

30 Ebd., S. 243f.

31 Ebd., S. 249.

32 1. Johannes-Brief 3,16.

33 Kantorowicz, *Die zwei Körper des Königs*, S. 255.

34 Ebd., S. 246f.

35 Ebd., S. 314f.

36 Ebd., S. 258.

37 Es handelt sich also um einen ›symbolischen Vater‹, wie er auch dem im Kapitel II beschriebenen Konzept der ›geistigen Fruchtbarkeit‹ eignet.

38 Kantorowicz, *Die zwei Körper des Königs*, S. 44.

39 Auf den Zusammenhang zwischen dem englischen Bürgerkrieg, der Hinrichtung von Karl I. und der Entstehung des modernen Staates wird ausführlicher eingegangen in: Martin Burckhardt, *Vom Geist der Maschine. Eine Geschichte kultureller Umbrüche*, Frankfurt a. M. 1999, S. 155–199.

40 René Girard, *Das Heilige und die Gewalt*, aus dem Französischen v. Elisabeth Mainberger-Ruh, Frankfurt a. M. 1994.

41 Thomas Hobbes, *Leviathan. Oder Stoff, Form und Gewalt eines kirchlichen und bürgerlichen Staates*, hg. u. eingeleitet v. Iring Fetscher, Frankfurt a. M. 1999, S. 194.

42 Hobbes, *Leviathan*, 31. Kap.: *Vom natürlichen Reich Gottes*, S. 279. Carl Schmitt, der durchaus die christlichen Dimensionen in Hobbes' *Leviathan* gesehen hat, vergleicht diesen allerdings eher mit einer ›Maschine‹ als mit einem Organismus. Carl Schmitt, *Der Leviathan in der Staatslehre von Thomas Hobbes*, Hamburg 1938. Dabei übersieht er freilich, daß diese ›Person‹ zwar durchaus ein Artefakt darstellt, aber ein Artefakt, das ebendiese imaginären Eigenschaften ›verschwinden‹ zu machen versuchte – vergleichbar der christlichen Glaubensgemeinschaft und später den Nationalgemeinschaften.

43 Vgl. Iring Fetscher, Einleitung zum *Leviathan*, S. XXXIV–XXXIX.

44 Hobbes, *Leviathan*, S. 340.

45 Jochen Hörisch, *Brot und Wein. Die Poesie des Abendmahls*, Frankfurt a. M. 1992, S. 19.

46 Ebd.

47 Ebd., S. 25.

48 Benedict Anderson, *Die Erfindung der Nation. Zur Karriere eines folgenreichen Konzepts*, übers. v. Benedikt Burkard u. Christoph Münz, erweiterte Ausgabe, Berlin 1998.

49 Brian Stock, *The Implications of Literacy. Written Language and Models of Interpretation in the Eleventh and Twelfth Centuries*, Princeton 1983, S. 3.

50 Ebd., S. 4.

51 Ebd., S. 8.

52 Ebd., S. 4.

53 Ebd., S. 8.

54 Ebd., S. 9.

55 Ebd., S. 10.

56 Ebd., S. 18.

57 Ebd.
58 Ebd., S. 22.
59 Ebd., S. 26.
60 Ebd., S. 27.
61 Ebd., S. 28.
62 Ebd., S. 29.
63 Ebd., S. 34.
64 Ebd., S. 32.
65 Ebd., S. 33.
66 Ebd., S. 38.
67 Ebd., S. 48.
68 Ebd., S. 60.
69 Ebd., S. 62.
70 Ebd., S. 63.
71 Ebd., S. 80.
72 Ebd., S. 82.
73 Kitzinger, zit. n. Stock, *The Implications of Literacy*, S. 82.
74 Erwin Panofsky, *Gotische Architektur und Scholastik. Zur Analogie von Kunst, Philosophie und Theologie im Mittelalter*, hg. v. Thomas Frangenberg, Köln 1989, S. 24f.
75 Ebd., S. 28.
76 Vgl. u. a. Bruno Reudenbach, *Gemeinschaft als Körper und Gebäude*, in: Klaus Schreiner / Norbert Schnitzler (Hg.), *Gepeinigt, begehrt, vergessen. Symbolik und Sozialbezug des Körpers im späten Mittelalter und in der frühen Neuzeit*, München 1992, S. 171–198.
77 Stock, *The Implications of Literacy*, S. 86.
78 Ebd., S. 85.
79 Ebd., S. 86.
80 Ebd.
81 Anderson, *Die Erfindung der Nation*, S. 120.
82 Ebd., S. 13.
83 Ebd., S. 14.
84 Ebd.
85 Ebd., S. 16.
86 Ebd., S. 14f.
87 Stock, *The Implications of Literacy*, S. 16.
88 Anderson, *Die Erfindung der Nation*, S. 16.
89 Ebd., S. 18.
90 Ebd., S. 22f.
91 Ebd., S. 30.
92 »Man hat geschätzt, daß in den etwa vierzig Jahren, die zwischen der Veröffentlichung der Gutenberg-Bibel und dem Ende des 15. Jahrhunderts liegen, mehr als 20 Millionen Bücher in Europa gedruckt wurden. [...] Zwischen 1500 und 1600 erreichte die Produktion 150 bis 200 Millionen. [...] Das Buch war gewissermaßen das erste auf moderne Weise massenproduzierte Industriegut.« In dieser Hinsicht kündigt das Buch die Konsumgüter des Industriezeitalters an. Anderson, *Die Erfindung der Nation*, S. 36.

93 Lucien Febvre / Henri-Jean Martin, *The Coming of the Book. The Impact of Printing, 1450–1800*, London 1976, S. 291ff.
94 Anderson, *Die Erfindung der Nation*, S. 36f.
95 Ebd., S. 45.
96 Ebd., S. 37.
97 Ebd., S. 39.
98 Febvre/Martin, *The Coming of the Book*, S. 289f.
99 Anderson, *Die Erfindung der Nation*, S. 41.
100 Eric Hobsbawm, *Europäische Revolutionen*, München 1978, S. 240.
101 Anderson, *Die Erfindung der Nation*, S. 70.
102 Ebd., S. 45.
103 Ebd., S. 79.
104 Ebd., S. 124.
105 Ebd.
106 Ebd., S. 126.
107 Ebd., S. 118.
108 Ebd., S. 119.
109 Zit. n. Anderson, *Die Erfindung der Nation*, S. 150.
110 Sybilla Nikolow, *Die anschauliche Sprache der Daten. Studien zur Geschichte der visuellen Rhetorik einer Darstellungstechnik*, unveröffentl. Manuskript 1999; s. a. dies., *Der soziale und der biologische Körper des Juden*, in: Sander L. Gilman / Robert Jütte / Gabriele Kohlbauer-Fritz (Hg.), ›*Der scheijne Jidd*‹. *Das Bild des ›jüdischen Körpers‹ in Mythos und Ritual*, Wien 1998, S. 45–56.
111 Wenige Jahrzehnte nach der Französischen Revolution, die für viele als Stunde Null der modernen Nationen galt, wurden akademische Lehrstühle für Geschichte geschaffen: im Jahre 1810 an der Universität Berlin und 1812 an der Sorbonne unter Napoleon I. Im zweiten Viertel des 19. Jahrhunderts war sie formell als ›Disziplin‹ mit eigenen Fachzeitschriften etabliert. Vgl. Anderson, *Die Erfindung der Nation*, S. 167.
112 Ebd., S. 170.
113 Ebd., S. 171.
114 Freilich sind die ›Gesetze‹ und Regeln, nach denen die Vergangenheit oder Geschichte verlaufen, zumeist nur nachträglich erkennbar. Jeshajahu Leibowitz geht noch weiter. Er sagt, daß nichts *un*berechenbarer sei als die Geschichte, weil der Mensch über Bewußtsein und Willen verfüge – während es in der Natur ausschließlich Notwendigkeiten gebe. Diese Erkenntnis gilt allerdings in erhöhtem Maße für die Gesellschaften des vollen phonetischen Alphabets, das in einem bis dahin nicht bekannten Maße die Herauslösung von Willen und Bewußtsein aus der Natur ermöglichte. Gerade der Wille zur Berechenbarkeit bildet also die Grundlage der historischen Unberechenbarkeit des Abendlandes. Interview mit Jeshajahu Leibowitz, in: Christina v. Braun, *Der Ewige Judenhaß*, Filmtrilogie, Köln (WDR) 1990.
115 Günter Dux, *Die Zeit in der Geschichte. Ihre Entwicklungslogik vom Mythos zur Weltzeit*, Frankfurt a. M. 1989, S. 205.
116 Noch bei *Homer*, so schreibt Dux, haftet die Zeit »an dem Geschehen und ist noch nicht verselbständigt. Das ändert sich im 6. Jahrhundert. *Thales*

sagt von der Zeit, sie sei die klügste von allen, da sie alles entdecke; und *Solon* schreibt der Zeit zu, die Wahrheit ans Licht zu bringen. Der Personifikation folgt die Deifikation: *Bellerophon* verleiht ihr alsbald göttliche Attribute; die Zeit, sagt er, ist nicht geschaffen – also ewig. Und in einem Fragment, von dem unsicher ist, ob es *Euripides* oder *Critias* zuzuschreiben ist, heißt es gar: sie schaffe sich selbst! Göttlicher geht es nicht! Von nun an ist die Zeit auch der Schöpfer allen Geschehens, ausgestattet mit allen Attributen der Souveränität: Sie ist allmächtig, alles beherrschend; und sie schließt alles und jedes, das hernach ans Licht kommt, in einer noch nicht entfalteten Potentialität in sich ein. Es verschlägt danach kaum noch, sie bei *Sophokles* auch wirklich als Gott bezeichnet zu finden.« Dux, *Die Zeit in der Geschichte*, S. 269f.

117 »Die *Maori* schreiben den Geschlechtsorganen eine lebenschaffende und lebenserhaltende Kraft zu. Der für sie in solchen Zusammenhängen benutzte Ausdruck *tawhito* bedeutet ›Ursprung, Quelle‹. Zugleich aber schreiben sie ihnen zerstörische Kraft zu. Der Phallus kann einen Mann erschlagen. Ebenso zerstört das weibliche Organ, die *yoni*, Leben. Es ist, sagen sie, das *tawhito* von *Hine-nai-te-po*, die Vulva also der Göttin des Todes, die das Leben zerstört.« Dux, *Die Zeit in der Geschichte*, S. 216.

118 Vgl. Edward G. Richards, *Mapping Time. The Calendar and Its History*, Oxford 1998.

119 Vgl. Christina v. Braun, *Von Wunschtraum zu Alptraum. Eine Geschichte des utopischen Denkens*, Film, München (BR) 1984.

120 Dux, *Die Zeit in der Geschichte*, S. 271.

121 Zit. n. Otto Mayr, *Uhrwerk und Waage*, München 1987, S. 53.

122 Lewis Mumford, *Technics and Civilization*, New York 1963, S. 15; David S. Landes, *Revolution in Time. Clocks and the Making of the Modern World*, Cambridge/London 1983, S. 70.

123 »Die Zeitmessung war kein elementares menschliches Bedürfnis wie Nahrung, Kleidung oder Wohnung; wenn man überhaupt von einem praktischen Bedürfnis sprechen konnte, dann war es ein abgeleitetes, das eine weit fortgeschrittene Zivilisation kennzeichnete. Im mittelalterlichen Europa hat sich das Bedürfnis nach einem verläßlichen Zeitmesser am stärksten in der Verwaltung organisierter Gemeinschaften bemerkbar gemacht.« Mayr, *Uhrwerk und Waage*, S. 32f.

124 Das jüdische Denken unterscheidet zwischen einer Zeit des Vollbrachten und des Unvollbrachten. Vgl. *Enzyklopädie Philosophie*, hg. v. Hans Jörg Sandkühler, Hamburg 1999, S. 1803. In der jüdischen Tradition ist nicht die Gegenwart entscheidend, sondern die zu gestaltende Zukunft. »Im Judentum kommt es über die Vorstellung einer außerordentlich langen, ja endlosen Zeit hinaus nicht zur ›Übertreibung‹ oder zum Umkippen in eine andere Grundkategorie von zeitloser Ewigkeit. Es kommt nicht zu einem Umschlagen von Zeitquantität in eine andere Zeitqualität. Dies ist die entscheidende Voraussetzung auch dafür, daß keine mystische Versenkung in Ewigkeitsgefühle stattfindet, keine Hinwendung zu Zeitlosigkeitsträumen, zur völligen Beruhigung der Seelen – sondern im Gegenteil zu eschatologischen und apokalyptischen Zukunftsvisionen, die das Zeitbewußtsein aktivieren, ja gelegentlich sogar aufpeitschen.« Rudolf Wen-

dorff, *Zeit und Kultur*, Opladen 1980, S. 35. Der jüdische Gläubige lebt in der Erwartung der ›kommenden Zeit‹ und eines Heils, das in der Zukunft liegt. Daher läßt sich die jüdische Religion als ›Religion der Verheißung‹ umschreiben. »Jedes Ereignis der Geschichte in der Vergangenheit, Gegenwart und Zukunft erhält nun seinen eigentlichen Sinn von dieser Endzeit als Endziel aus. Das Ende der Zeit ist Fixpunkt, dessen zeitliche Präzisierung zwar noch offen ist, von dem alles in der Geschichte Vorhergehende aber seinen Platz und seine Relation erhält.« Ebd., S. 36.

125 Thorleif Boman, *Das hebräische Denken im Vergleich mit dem griechischen*, Göttingen 1977, S. 124f. Ganz allgemein verweist Boman in seinem erhellenden (auf Sprachstrukturen beruhenden) Vergleich griechischen und hebräischen Denkens auf die unterschiedliche Rolle von Mündlichkeit und Schriftlichkeit.

126 Mayr, *Uhrwerk und Waage*, S. 47.

127 Joseph Weizenbaum, *Die Macht der Computer und die Ohnmacht der Vernunft*, übers. v. Udo Rennert, Frankfurt a. M. 1982, S. 44.

128 Aaron J. Gurjewitsch, *Das Weltbild des mittelalterlichen Menschen*, Dresden 1978, S. 167.

129 René Descartes, *Untersuchungen über die Grundlagen der Philosophie, worin das Dasein Gottes und die Unterschiedenheit der menschlichen Seele von ihrem Körper bewiesen wird*, in: ders., *Philosophische Werke*, übers., erläutert u. mit einer Lebensbeschreibung des Descartes versehen v. J. H. v. Kirchmann, Abt. 1–3, Berlin 1870, Abt. 2, S. 110.

130 »Die liberalen Staats- und Wirtschaftsideen eines Locke, Hume und Smith werden auf dem Hintergrund von Zeitvorstellungen der Newtonschen Physik entworfen. [...] Auf dem Hintergrund der klassischen Physik des 19. Jahrhunderts propagierte die Lausanner Schule wie z. B. Walras oder Pareto das Studium linearer dynamischer Systeme in der Ökonomie. Die Zeitvorstellungen waren der klassischen Mechanik und Thermodynamik des Gleichgewichts entlehnt. Man sprach von Gleichgewicht, Stabilität, Elastizität, Expansion, Zeitfluß, Druck, Widerstand, Reibung etc. Das individuelle menschliche Verhalten wird als rational und zeitlich voraussehbar (›homo oeconomicus‹) unterstellt.« Klaus Mainzer, *Zeit. Von der Urzeit zur Computerzeit*, München 1995, S. 115–117. Begriffe wie ›Widerstand‹ und ›Übertragung‹ werden später wiederum in der Trieblehre Freuds auftauchen.

131 Gottfried Wilhelm Leibniz, *Grundwahrheiten der Philosophie (Monadologie)*, übers. v. Christian Horn, Frankfurt a. M. 1962, S. 117.

132 »Und wie der Fötus sich im Tier bildet, wie tausend andere Wunder der Natur durch einen bestimmten, von Gott eingepflanzten *Instinkt* erzeugt werden, d. h. vermöge der *göttlichen Präformation*, die diese bewunderungswürdigen, auf mechanische Weise so schöne Wirkungen hervorbringenden Automaten erschaffen hat; so kann man ohne Schwierigkeiten schließen, daß die Seele ein geistiger, noch weit bewunderungswürdiger Automat ist, und daß sie diese schönen Vorstellungen, woran unser Wille keinen Anteil hat, und die innere Kunst nicht erreichen kann, durch göttliche Präformation erzeugt. Die Tätigkeit der geistigen Automaten, d. h. der Seelen, ist durchaus nicht mechanisch, aber sie enthält mitunter das

Schöne der Mechanik.« Gottfried Wilhelm Leibniz, *Die Theodizee*, übers. v. Arthur Buchenau, Hamburg 1968, S. 21f.

133 Isaac Newton, *Philosophiae naturalis principia mathematica 1687*, deutsch: *Mathematische Grundlagen der Naturphilosophie*, ausgewählt, übers., eingeleitet u. hg. v. Ed. Dellian, Hamburg 1988, S. 44; s. a. das Vorwort v. Dellian, S. XVIIIf.; Klaus Mainzer, *Zeit*, S. 121.

134 Gottfried Wilhelm Leibniz, *Neue Abhandlungen über den menschlichen Verstand,* ins Deutsche übers., mit Einleitung, Lebensbeschreibung des Verfassers u. erläuternden Anmerkungen versehen v. C. Schaarschmidt, Leipzig ²1904, S. 68, 128.

135 *Brockhaus Enzyklopädie*, Mannheim ¹⁹1994, Bd. 28, S. 3988f., Stichwort *Zeit*, Bd. 28, S. 3988f.

136 Landes, *Revolution in Time*, S. 230f., 442f.

137 Ebd., S. 7.

138 Vgl. Heinz D. Kittsteiner, *Die Entstehung des modernen Gewissens*, Frankfurt a. M./Leipzig 1991.

139 Landes, *Revolution in Time*, S. 69.

140 Anderson, *Die Erfindung der Nation*, S. 181.

141 Ebd., S. 166f.

142 Sigmund Freud, *Neue Folge der Vorlesungen zur Einführung in die Psychoanalyse*, in: ders., *Gesammelte Werke*, Bd. 15, S. 80.

143 Vladimir Nabokov, *Sprich, Erinnerung, sprich. Wiedersehen mit einer Autobiographie*, aus dem Englischen v. Dieter E. Zimmer, Reinbek 1984, S. 140f.

144 Vladimir Nabokov, *Ada oder Das Verlangen,* aus dem Amerikanischen übertragen v. Uwe Friesel u. Marianne Therstappen, Reinbek 1974, S. 410.

145 Ebd., S. 96.

146 Peter Brown, *Die Keuschheit der Engel. Sexuelle Entsagung, Askese und Körperlichkeit im frühen Christentum*, aus dem Englischen v. Martin Pfeiffer, München 1994, S. 312f.

147 Ebd., S. 311f.

148 Ebd., S. 99.

149 Wendorff, *Zeit und Kultur,* S. 233.

150 Platon, *Timaios*, in: ders., *Sämtliche Werke*, hg. v. Walter F. Otto, Ernesto Grassi u. Gert Plamböck, übers. v. Friedrich Schleiermacher, Reinbek 1963, Bd. 5, S. 212.

151 Das Wort ist keine Ableitung von »hystera« (Gebärmutter), sondern von »hysteresis« (Zurückbleiben) bzw. »hysteron« (das Spätere). Hystera ist seinerseits aber wortverwandt mit hysteron, denn das Wort bedeutet ursprünglich »das letzte oder unterste Eingeweide im Leib der Frau«. Franz Passow, *Handwörterbuch der griechischen Sprache*, Leipzig 1857, Bd. 2, 2. Abt., S. 2179f. Andere Autoren führen die Wortbildung wiederum auf das altindische ›uttara‹ zurück, das sowohl ›oberer, höherer‹ als auch ›hinterer, späterer‹ bedeutet. Hjalmar Frisk, *Griechisches Etymologisches Wörterbuch*, Heidelberg 1961, S. 975f.

152 Passow, *Handwörterbuch der griechischen Sprache*, S. 2181.

153 Ich habe den Zusammenhang an anderer Stelle ausführlicher behandelt:

Christina v. Braun, *Der weibliche Körper als Norm und Anomalie des Gemeinschaftskörpers*, in: dies. / Gabriele Dietze (Hg.), *Die multiple Persönlichkeit. Krankheit, Medium oder Metapher?*, Frankfurt a. M. 1999.

154 Vgl. Christina v. Braun, *Nicht Ich. Logik Lüge Libido*, Frankfurt a. M. 1985.

155 Ian Hacking, *Two Souls in One Body*, in: James Chandler u. a. (Hg.), *Questions of Evidence. Proof Practice and Persuasion across the Disciplines*, Chicago/London 1994, S. 433–462, 452.

156 Vgl. u. a. Otto Gaupp, *Zur Geschichte des Wortes »rein«*, Diss. Tübingen 1920; Ludwig Wolff, *Zur Bedeutungsgeschichte des Wortes ›rein‹*, in: *Zeitschrift für Deutsches Altertum und deutsche Literatur* 67 (1930), S. 263–271.

157 Wilfried Paschen, *Rein und Unrein. Eine wortgeschichtliche Untersuchung der Vorstellungen im biblischen Hebräisch und ihres Fortlebens in Qumran und in der Rede Jesu*, Diss. Würzburg 1968, S. 83.

158 Mary Douglas, *Reinheit und Gefährdung. Eine Studie zu Vorstellungen von Verunreinigung und Tabu*, übers. v. Brigitte Luchesi, Frankfurt a. M. 1988, S. 78.

159 Zit. n. Brown, *Die Keuschheit der Engel*, S. 237.

160 Es war das Schlagwort der Bewegung des ›alldeutschen‹ Antisemiten Georg Ritter von Schönerer (1842–1921), der für den Anschluß Österreichs an das Deutsche Reich eintrat. Als Katholik wurde er auch zum Vorkämpfer der ›Los-von-Rom-Bewegung‹ und trat zum Protestantismus über. Sein Feindbild vom ›Juden‹ als dem ›Fremdkörper‹ in einem deutschen Einheitsstaat übte einen wichtigen Einfluß auf Hitler aus.

161 René Girard hat in seiner Untersuchung über das *Heilige und die Gewalt* an vielen Beispielen dargestellt, wie eng der Bezug zwischen dem ›Eigenen‹ und dem ›Fremden‹ (oder Unreinen) ist. Vgl. René Girard, *Das Heilige und die Gewalt*, aus dem Französischen v. Elisabeth Mainberger-Ruh, Frankfurt a. M. 1992.

162 Bruce J. Malina, *Rituale der Lebensexklusivität. Zu einer Definition des Opfers*, in: Bernd Janowski / Michael Welker (Hg.), *Opfer. Theologische und kulturelle Kontexte*, Frankfurt a. M. 2000, S. 23–57, 31.

163 Sigmund Freud, *Der Mann Moses und die monotheistische Religion*, in: ders., *Gesammelte Werke*, Bd. 16, S. 230.

164 Girard, *Das Heilige und die Gewalt*, S. 156.

165 Ebd., S. 18.

166 Natürlich hielten sich auch im christlichen Volksglauben viele Rituale, in denen das Heilige und Unheilige eng miteinander verbunden blieben. Der Theologe Hermann L. Strack hat um die Jahrhundertwende in seiner Untersuchung über *Das Blut im Glauben und Aberglauben der Völker*, durch die er einer Neubelebung antisemitischer Ritualmordbeschuldigungen zu begegnen suchte, zahlreiche Beispiele dafür zusammengetragen. So habe sich im Volksglauben bis lange in die Neuzeit hinein die Vorstellung gehalten, daß vom Blut der Hingerichteten heilbringende Kräfte ausgehen. Das Blut der Hingerichteten symbolisierte das Böse, das es vom Kollektivkörper abzuspalten galt. Durch diesen Ausschluß sollte es Heilung bringen – nicht nur für den Kollektivkörper, sondern auch für den einzelnen, der

hoffte, durch die Berührung mit diesem Blut von Epilepsie und anderen Krankheiten geheilt zu werden. Hermann L. Strack, *Das Blut im Glauben und Aberglauben der Menschheit*, Leipzig [8]1911. – In der Faszination, die die Hinrichtungen der Französischen Revolution ausübten – obgleich mit der Einführung der Guillotine der Tod in Serie ging –, war noch ein Überbleibsel dieses Glaubens an die magischen Kräfte des (geopferten) Blutes der Hingerichteten enthalten. Vgl. Guy Lenôtre, *Die Guillotine*, aus dem Französischen v. Simon Michelet, Berlin 1996.

167 Fritz Hippler (Regie), Eberhard Taubert (Buch), *Der Ewige Jude*, 1940.

168 Zit. n. Francis Courtade / Pierre Cadars, *Histoire du Cinéma Nazi*, Paris 1972, S. 202.

169 Vgl. Brown, *Die Keuschheit der Engel*, S. 98–117.

170 Wenn sich heute auch in christlichen Gemeinden vielerorts die Feuerbestattung durchgesetzt hat, so bedeutet das natürlich nicht, daß die Schrift ihre prägende Bedeutung für das Abendland verloren hätte. Es bedeutet nur, daß bestimmte Qualitäten der Schrift – etwa die der Vergeistigung und Abstraktion – ihre Schlüsselfunktion für die Gemeinschaftsbildung verloren haben.

171 Das Numen: von lat. *nuere*, sich neigen, nickend: ein Willens- oder Wirkungsausdruck, der auf ein göttliches Wesen ohne persönlichen Gestaltcharakter übertragen worden ist, um dann die Gottheit selbst zu bezeichnen. Rudolf Otto hat davon das Wort ›numinos‹ abgeleitet, das die spezifische Erlebnisform des Heiligen (bzw. des Dämonischen) – im Unterschied zum ethisch Vorbildlichen – in seiner Ambivalenz von ›gut‹ und ›strafend‹ kennzeichnen soll. Vgl. Rudolf Otto, *Das Heilige. Über das Irrationale in der Idee des Göttlichen und sein Verhältnis zum Rationalen*, Breslau 1917 (München 1987).

172 Vgl. Christina v. Braun, *Der Einbruch der Wohnstube in die Fremde*, Bern 1987.

173 Johannes Döller, *Die Reinheits- und Speisegesetze des Alten Testaments in religionsgeschichtlicher Beleuchtung*, Münster 1917.

174 Paschen, *Rein und Unrein*, S. 91f.

175 Mk 7,15.

176 Vgl. Louis Moulinier, *Le pur et l'impur dans la pensée des Grecs*, Paris 1952; Sigmund Mowinckel, *Religion und Kultus*, Göttingen 1953.

177 Vgl. z. B. Wolfgang Schadewaldt, *Furcht und Mitleid*, in: *Deutsche Vierteljahresschrift für Literaturwissenschaft u. Geistesgeschichte*, Nr. 30, 1956, S. 137–140.

178 Vgl. *Varia variorum. Festgabe für Karl Reinhardt, dargebracht von Freunden und Schülern zum 14. Februar 1951*, Münster/Köln 1952.

179 Vgl. Nicole Loraux, *Die Trauer der Mütter. Weibliche Leidenschaft und die Exzesse der Politik*, aus dem Französischen v. Eva Moldenhauer, Frankfurt a. M./New York 1990.

180 Josef Breuer, *Fräulein Anna O. …*, in: Sigmund Freud / Josef Breuer, *Studien über Hysterie* (1895), Frankfurt a. M. 1970, S. 20–40, 27.

181 Allerdings kann es dabei auch zur Entstehung oder Suggestion von ›falschen Erinnerungen‹ kommen, deren Bewußtwerdung ebenfalls als ›Befreiung‹ erfahren wird. Vgl. Kapitel III.

182 Brown, *Die Keuschheit der Engel*, S. 135.
183 Strack, *Das Blut im Glauben und Aberglauben der Menschheit*, S. 75f.
184 Vgl. Christina v. Braun, *Böses Blut. Mythen und Wirkungsgeschichte der Syphilis*, Film, Köln (WDR) 1993.
185 Adolf Hitler, *Mein Kampf*, ungekürzte Ausgabe, München 1940, S. 270.
186 Vgl. Christina v. Braun, *Die ›Blutschande‹ – Wandlungen eines Begriffs: Vom Inzestverbot zu den Rassengesetzen*, in: dies., *Die schamlose Schönheit des Vergangenen. Über das Verhältnis von Geschlecht und Geschichte*, Frankfurt a. M. 1989, S. 81–112.
187 Das erscheint wie eine Tautologie. Wie sehr es sich dennoch um ein ›Gesetz‹ des kollektiven Imaginären handelt, kann jeder leicht im Alltag beobachten: An Orten, die einem fremd sind und deren Sprache man womöglich nicht spricht, wird der Schmutz deutlicher wahrgenommen als in einer vertrauten Umgebung. Auf der anderen Seite neigen wir auch dazu, Gefühle von Fremdheit in einer Umgebung (oder gegenüber einer fremden Person) mit Worten und Bildern zu umschreiben, die mangelnde Sauberkeit (oder schlechten Geruch) implizieren.
188 Annick Le Guérer, *Die Macht der Gerüche. Eine Philosophie der Nase*, Stuttgart 1994, S. 157.
189 Hanns Bächtold-Stäubli führt im *Handwörterbuch des Deutschen Aberglaubens*, Berlin/Leipzig 1927ff., zahlreiche Beispiele für die einheitsstiftende Funktion der Vermischung von Blut auf; vgl. Stichwort *Blut*.
190 Vgl. Strack, *Das Blut im Glauben und Aberglauben der Menschheit*.
191 Gen 9,4f.
192 Aus dem Gebot des Schacherns wird im Antisemitismus das Bild vom ›Zins-Juden‹, der seine Schuldner ›ausblutet‹.
193 Die Blut-und-Boden-Metaphorik der ›arischen‹ Ideologie erscheint wie eine karikaturale – weil des religiösen Kontextes entleerte – Reproduktion dieser Vorstellung. Ihrer religiösen Bedeutung entleert sind diese Bilder vor allem deshalb, weil es in der arischen (oder säkular-christlichen) Vorstellungswelt keinen abstrakten Gott gibt, dem das Blut ›gehört‹. Denn die Ideologie des ›Volkskörpers‹ bestreitet ja gerade jede Form von Abstraktion und betrachtet diesen als weltliches ›Corpus‹, als eine physiologische Wirklichkeit.
194 Alessandro Diotallevi, *La benefizia di Dio verso gl'uomini e l'ingratitudine degli uomini versa Dio considerazioni* (1716), zit. n. Piero Camporesi, *The Consecrated Host: A Wondrous Excess*, in: Michel Feher / Ramona Nadaff / Nadia Tazi (Hg.), *Fragments for a History of the Human Body*, New York 1989, Bd. 1, S. 220–237, 227.
195 Camporesi, *The Consecrated Host*, S. 232.
196 Vgl. Marie-José Baudinet, *The Face of Christ. The Form of the Church*, in: Feher/Nadaff/Tazi (Hg.), *Fragments for a History of the Human Body*, Bd. 1, S. 148–156, 150f.
197 Vgl. Karl Hausberger, *Die ›Deggendorfer Gnad‹. Grundzüge ihrer Entstehung und Geschichte*, in: *Regensburger Bistumsblatt: Kirchengeschichte*, 16.2.1992.
198 Camporesi, *The Consecrated Host*, S. 220.

199 Ebd., S. 225. Einige Autoren führen die Etymologie des Wortes ›Hokuspokus‹ zurück auf das ›hoc est corpus meum‹ beim Meßakt. Diese Ableitung ist allerdings umstritten, wird aber auch im Grimmschen Wörterbuch – zusammen mit anderen Ableitungen – erwähnt: »die bisherigen erklärungsversuche haben theils auf einen möglichen zusammenhang mit ochse und bock als opferthieren hingewiesen, theils auf eine verstümmelung der abendmahlformel hoc est corpus meum darin gesucht.« *Grimmsches Wörterbuch*, Bd. 4,2, Sp. 1732. Im Kontext der Alphabetschrift erscheint auch die Ableitung von den Opfertieren Ochse und Bock von Interesse.

200 Zit. n. Camporesi, *The Consecrated Host*, S. 233.

201 Yosef Hayim Yerushalmi, *Assimilation and Racial Anti-Semitism. The Iberian and the German Models*, in: *Leo Baeck Memorial Lectures*, Nr. 26, New York 1982, S. 8ff.

202 Zit. n. Yerushalmi, *Assimilation and Racial Anti-Semitism*, S. 16.

203 Freud, *Moses*, S. 197f.

204 Jakob Böhme, *Von der Menschwerdung Jesu Christi*, hg. v. Gerhard Wehr, Frankfurt a. M. 1995, S. 112.

205 Böhme, *Von der Menschwerdung Jesu Christi*, S. 281.

206 Friedrich Christoph Oetinger, *Biblisches und Emblematisches Wörterbuch*, 1776, zit. n. Böhme, *Von der Menschwerdung Jesu Christi*, S. 16.

207 Ludwig Feuerbach, *Das Wesen des Christentums*, 2 Bde., hg. v. Werner Schuffenhauer, Berlin 1956, S. 234.

208 Vgl. Christina v. Braun, Stichwort *Blut*, in: *Metzler Lexikon Religion*, Stuttgart 1999, Bd. 1, S. 169ff.

209 Kantorowicz, *Die zwei Körper des Königs*, S. 222.

210 Ebd., S. 225.

211 Zit. n. ebd., S. 225.

212 Ebd., S. 227.

213 Ebd., S. 232.

214 Röm 12,5; s. a. 1 Kor 12,27.

215 Stock, *The Implications of Literacy*, S. 11.

216 So der Titel des Buchs von Leo Steinberg, *The Sexuality of Christ in Renaissance Art and in Modern Oblivion*, New York 1983, 2., erweiterte Aufl., Chicago/London 1996. Caroline Walker Bynum, *Fragmentation and Redemption. Essays on Gender and the Human Body in Medieval Religion*, New York 1991, deutsch: *Fragmentierung und Erlösung*, Frankfurt a. M. 1995.

217 Zit. n. Bynum, *Fragmentation and Redemption*, S. 98.

218 Zit. n. ebd.

219 Ebd., S. 93.

220 Zit. n. ebd., S. 96.

221 Zit. n. ebd., S. 97.

222 Ebd., S. 101.

223 Steinberg, *The Sexuality of Christ*, S. 26f.

224 Ebd., S. 46.

225 Ebd., S. 83.

226 Zit. n. ebd., S. 18.

227 Ebd., S. 18.
228 Ebd., S. 24.
229 Ebd., S. 50.
230 Zit. n. ebd., S. 54f.
231 Zit. n. ebd., S. 51.
232 Zit. n. ebd., S. 53.
233 Zit. bei ebd., S. 56.
234 Gerhard Wolf, ›Velaverunt faciem eius‹. Überlegungen zum Christusbild des Quattrocento, in: Kritische Berichte, 1991, H. 4, S. 5–18.
235 »From Circumcision to Crucifixion«, in: Steinberg, The Sexuality of Christ, S. 59.
236 Ebd., S. 63.
237 Ebd., S. 89.
238 Bilder des ›fruchtbaren‹ oder ›göttlichen‹ Menstruationsbluts sind aus fast allen Kulturen überliefert. Ich will mich auf einige frühe Beispiele beschränken, die einen Einfluß auf das christliche Denken gehabt haben könnten: So wurden ägyptische Pharaonen ›göttlich‹, indem sie ›das Blut der Isis‹ zu sich nahmen. Ernest A. Wallis Budge, Gods of the Egyptians, New York 1969, Bd. 1, S. 43, Bd. 2, S. 298. In Griechenland wurde Menstruationsblut als der ›übernatürliche rote Wein‹ bezeichnet, den Mutter Hera – als Hebe – den Göttern verabreichte. Robert Graves, The Greek Myths, New York 1955, Bd. 1, S. 188. Auch die Vorstellung, der Mensch sei aus geronnenem Menstruationsblut geformt (eine Vorstellung, die sich an einigen medizinischen Fakultäten Europas bis ins 18. Jahrhundert hielt), verweist auf diesen Zusammenhang von weiblichem Blut und Fruchtbarkeit. Robert Briffault, The Mothers, New York 1927, Bd. 2, S. 444f. Die ›fruchtbare‹ Bedeutung des Menstruationsbluts hat sich bis weit in die Neuzeit gehalten – etwa im englischen Wort ›flower‹, Blume, für Menstruation. Vgl. Penelope Shuttle / Peter Redgrove, Die weise Wunde Menstruation, aus dem Englischen v. Elma Schleif, Frankfurt a. M. 1980.
239 Solche Bilder knüpften nicht nur an das weibliche Blut, sondern auch an die Symbolik des Blutes in der jüdischen Religion an, wo das Blut Symbol der Schöpfungsmacht Gottes ist: Der Name ›Adam‹ leitet sich vom (weiblichen) Wort adamah ab, was soviel wie ›blutige Erde‹ heißt. Samuel H. Hooke, Middle Eastern Mythology, Harmondsworth 1963, S. 110.
240 Ernest Crawley, The Mystic Rose, New York 1960, S. 241; s. a. Briffault, The Mothers, Bd. 2, S. 411.
241 Strack, Das Blut im Glauben und Aberglauben der Völker, S. 36f.
242 Zit. n. ebd., S. 9.
243 Ebd., S. 42.
244 Ebd., S. 28f.
245 Strack zitiert einige Polizeiberichte, in denen dieser Aberglauben deutlich wird. Ebd., S. 75f.
246 Christliche Autoren vertraten noch im 17. Jahrhundert die Ansicht, daß alte Frauen über magische – und damit gefährliche – Kräfte verfügten, weil sie ihr Menstruationsblut zurückbehielten. Hier verband sich die Vorstellung von der geheimen Macht des Menstruationsbluts mit der der All-

macht des weiblichen Auges, des ›bösen Blicks‹, der Frauen unterstellt wurde. Edward S. Gifford, *The Evil Eye*, New York 1958, S. 26.

247 Vgl. Esther Fischer-Homberger, *Krankheit Frau. Aus der Geschichte der Menstruation in ihrem Aspekt als Zeichen eines Fehlers*, in: dies., *Krankheit Frau*, Darmstadt 1984, S. 34ff.

248 So etwa bei dem Arzt Theophrastus Paracelsus, in: *Opus Paramirum*, Liber quartus, hg. v. Franz Strunz, Jena 1904, S. 155; s. a. Bächtoldt-Stäubli (Hg.), *Handwörterbuch des deutschen Aberglaubens*, Bd. 2, S. 1756.

249 Böhme, *Von der Menschwerdung Gottes*, S. 105.

250 Helen C. Sargent / George L. Kittredge, *English and Scottish Popular Ballads*, Boston 1932, S. 64.

251 Briffault, *The Mothers*, Bd. 2, S. 396; Joan Morris, *The Lady Was a Bishop*, New York 1973, S. 110. Schon ab dem 3. Jahrhundert ist in der christlichen Kirche eine Tendenz zur Wiederbelebung der alttestamentarischen Regeln zur Menstruation zu beobachten, nach denen die Blutungen des weiblichen Körpers als ›unrein‹ betrachtet werden; vgl. Kallistos Ware, *The Body in Greek Christianity*, in: Sarah Coakley (Hg.), *Religion and the Body,* Cambridge 1997, S. 90–110, 98. Doch anders als in der jüdischen Religion beziehen sie sich nicht auf den Geschlechtsverkehr, sondern auf das Recht, die Kommunion zu empfangen, sich also *mit Gott* zu vereinen. Das heißt, es taucht im Zusammenhang mit der Menstruation eine ›geschlechtliche‹ Symbolik auf, die jedoch eine ganz andere Bedeutung hat als in der jüdischen Religion.

252 Besonders deutlich wird die Parallele von Gemeinschaft und weiblichem Körper in den Schriften des Propheten Ezechiel, wo Israel als Braut Gottes beschrieben wird, die er mit Gold und Silber geschmückt habe und die dennoch von ihm wieder abgefallen sei. Sie habe ›Unzucht‹ mit fremden ›Mannsbildern‹ getrieben – den Ägyptern, Assyrern, Philistern, Samaritern etc. –, und Gott werde über sie richten, ›wie man Ehebrecherinnen und Mörderinnen richtet‹. Ez 16,1–63. Der ›Ehebruch‹ wird zum Bild für den ›Bündnisbruch‹.

253 Ausführlicher zur etymologischen Geschichte der ›Vergewaltigung‹: Angela Koch, *Geschlechtercodierung im polenfeindlichen Diskurs der ›Gartenlaube‹, 1870–1920*, Diss., unveröffentlichtes Manuskript, 2001.

254 Miri Rubin, *Der Körper der Eucharistie*, in: Klaus Schreiner / Norbert Schnitzler (Hg.), *Gepeinigt, begehrt, vergessen. Symbolik und Sozialbezug des Körpers im späten Mittelalter und in der frühen Neuzeit*, München 1992, S. 23–40, 31.

255 Stephen Hawking, *A Brief History of Time*, New York 1988.

256 Zit. n. Bryan Appleyard, *In Science We Trust*, in: *New York Times*, 7.4.1993.

257 Leon Lederman, *The God Particle*, New York 1992.

258 Dorothy Nelkin / M. Susan Lindee, *The DNA Mystique. The Gene as a Cultural Icon*, New York 1995, S. 2. Den Hinweis auf dieses Buch mit seinem reichhaltigen Material zu den Phantasien, die die Genforschung begleiten, verdanke ich Bärbel Mauss.

259 Hans-Jörg Rheinberger, *Alles, was überhaupt zu einer Inskription führen*

kann, in: Ulrich Raulff / Gary Smith (Hg.), *Wissensbilder. Strategien der Überlieferung,* Berlin 1999, S. 265–278, 272.

260 Nelkin/Lindee, *The DNA Mystique,* S. 3.
261 Ebd., S. 6.
262 Rheinberger, *Alles, was überhaupt zu einer Inskription führen kann,* S. 273.
263 Emile Durkheim, *De la division du travail social: Etude sur l'organisation des sociétés supérieures,* Paris 1983, deutsch: *Über soziale Arbeitsteilung. Studie über die Organisation höherer Gesellschaften,* Frankfurt a. M. 1977.
264 Nelkin/Lindee, *The DNA Mystique,* S. 6f., 39.
265 Richard Dawkins, *Das egoistische Gen,* übers. v. Karin de Sousa Feirreira, Berlin/Heidelberg/New York 1978, S. VIII, s. a. S. 23ff., 40ff.
266 Zit. n. J. Laroff, *The Gene Hunt,* in: *Time,* 20.3.1989, S. 62–71.
267 Gary Bergel, *When You Were Formed in Secret,* Reston, Va. 1988, S. 2.
268 Alfred E. Crawley, *The Idea of the Soul,* London 1909, S. 209, 211. Der Aufsatz war dem Eugeniker Francis Galton gewidmet.
269 Paul Popenoe / Roswell Hill Johnson, *Applied Eugenics,* New York 1920, S. 29.
270 Nelkin/Lindee, *The DNA Mystique,* S. 28.
271 Ebd., S. 29.
272 Ebd., S. 31.
273 *Die Religion in Geschichte und Gegenwart. Handwörterbuch für Theologie und Religionswissenschaft,* hg. v. Kurt Galling u. a., Tübingen ³1986, S. 1043ff.
274 Ebd.
275 Ebd.
276 Ebd.
277 Ebd.
278 Nelkin/Lindee, *The DNA Mystique,* S. 49.
279 Interview mit Rick Weiss, *Techny to Trendy, new products hum DNA's tune,* in: *New York Times,* 8.9.1992.
280 Kary Mullis, in: *Omni,* April 1992, S. 69–92.
281 Nelkin/Lindee, *The DNA Mystique,* S. 6.
282 Ebd., S. 6f.
283 Vgl. Gottfried Wilhelm Leibniz, *Die Theodicee,* übers. v. J. H. v. Kirchmann, Leipzig 1879.
284 Zit. n. Rheinberger, *Alles, was überhaupt zu einer Inskription führen kann,* S. 275.
285 Ebd., S. 274.
286 Nelkin/Lindee, *The DNA Mystique,* S. 16.
287 Zit. n. Dennis Chamberland, *Genetic Engineering: Promise and Threat,* in: *Christianity Today,* 7.2.1986, S. 20.
288 Nelkin/Lindee, *The DNA Mystique,* S. 151.
289 Nelkin und Lindee zitieren ausführlich das Beispiel eines Journalisten, der die Suche nach seinen ›Wurzeln‹ beschreibt. Zwölf Jahre lang mußte er gegen die Adoptionsbehörden kämpfen, bevor er tatsächlich den Namen seiner Mutter erfuhr. »Der Journalist beschrieb sich als einen Menschen,

der weder ›real‹ noch ›ganz‹ sei, solange er seine Mutter nicht kenne.« Als er ihr schließlich begegnet, genügen ein paar Worte, um in ihr die eigene Persönlichkeit wiederzufinden. »Ihr Gesicht war unheimlich vertraut. Ich hatte es mein Leben lang im Spiegel angesehen [...]. Ich war real.« Der ›unstillbare Durst‹ nach den Wurzeln führt schließlich auch zum Vater. »Ich spürte eine Vervollständigung. [...] Zum ersten Mal in meinem Leben konnte ich aufhören zu suchen.« Ebd., S. 68f.

290 Betty Jean Lifton, *Journey of the Adopted Self. A Quest for Wholeness*, New York 1994.

291 Kenneth Kaye, *Turning Two Identities into One*, in: *Psychology Today*, November 1980, S. 46–50.

292 Mt 10,37.

293 *Has Nature overwhelmed Nurture?*, in: *Nature* 366, 11.11.1993.

294 Nelkin/Lindee, *The DNA Mystique*, S. 63.

295 *Tageszeitung*, Berlin, 12.3.1999.

296 Yosef Hayim Yerushalmi, *Freuds Moses. Endliches und unendliches Judentum*, aus dem Amerikanischen v. Wolfgang Heuß, Berlin 1992, S. 136.

297 Den Begriff ›Mutter Staat‹ habe ich auch schon an anderer Stelle verwendet, mußte aber kürzlich feststellen, daß er auch schon von anderen ›erfunden‹ wurde: »Nach dem Gesagten könnte man den Eindruck gewinnen, die Wendung vom *Vater Staat* sei seit der Französischen Revolution und der sie begleitenden Brüderlichkeitssemantik antiquiert und stehe im politischen Abseits. Daß dies nicht der Fall war, haben die Brüder bewirkt, indem sie den Staat zum Sozial- und Wohlfahrtsstaat weiterentwickelt und so die dem Staat im revolutionären Königsmord genommene Väterlichkeit wieder hergestellt haben. Freilich ist *Vater Staat* dabei – durchaus in Korrespondenz zum Wandel gesellschaftlicher Leitvorstellungen – zum bloßen Unterhaltszahler geworden. [...] Aus Vater Staat ist Mutter Staat geworden, die bloß liebt und nichts fordert, alles versteht und und verzeiht usw. Die Kritik der intellektuellen Linken am Paternalismus als Strategie der Unterbindung von Freiheit und Selbständigkeit hat hierin ihr Pendant von rechts: was als Paternalismus angeprangert werde, sei, seitdem Vater Staat seine Rüstung abgelegt habe und ihm Brüste gewachsen seien, bloßer Materialismus.« Herfried Münkler, *Vater Staat*, in: Johannes Bilstein / Barbara Straka / Matthias Winzen (Hg.), *Dein Wille geschehe... Das Bild des Vaters in zeitgenössischer Kunst und Wissenschaft*, Köln 2000, S. 105–108, 108. Auch für Münkler sind die ›mütterlichen‹ Eigenschaften des Sozialstaats als Aneignung von ›Weiblichkeit‹ zu begreifen.

298 »Und seine Mutter und seine Brüder kamen, blieben draußen stehen und schickten zu ihm, ihn zu rufen. Um ihn her saß das Volk, als man ihm sagte: ›Siehe, deine Mutter und deine Brüder und deine Schwester sind draußen und suchen dich.‹ Da antwortete er ihnen: ›Wer ist meine Mutter und wer sind meine Brüder?‹ Und indem er auf die rings um ihn Sitzenden blickte, sprach er: ›Siehe, das sind meine Mutter und meine Brüder. Wer den Willen Gottes tut, der ist mir Bruder und Schwester und Mutter.‹« Mk 3,31–35.

299 Anderson, *Erfindung der Nation*, S. 133.

300 Michel Foucault, *Überwachen und Strafen. Die Geburt des Gefängnisses*, aus dem Französischen v. Walter Seitter, Frankfurt a. M. 1975.

301 Deutschland 1889: Zunächst als Invaliditäts- und Altersversicherung, 1911 wurden diese durch die Hinterbliebenenrente und den Kinderzuschuß ergänzt.

302 Vgl. Christina v. Braun, *Die Angst der Satten. Über Hungerstreik, Hungersnot und Überfluß*, Filmessay, Köln (WDR) 1991.

303 Freud, *Moses*, S. 224.

304 Ebd.

305 Vgl. u. a. Frank W. Putnam, *Diagnosis and Treatment of Multiple Personality Disorder*, New York/London 1989, S. 153; John O. Beahrs, *Unity and Multiplicity. Multilevel Consciousness of Self in Hypnosis, Psychiatric Disorder and Mental Health*, New York 1982, S. 12, 137–140; Joan Frances Casey, *Ich bin viele. Eine ungewöhnliche Heilungsgeschichte*, Reinbek 1992, S. 270f., 274f.

306 Vgl. Ray Aldridge-Morris, *Multiple Personality. An Exercise in Delusion*, London 1989; Richard Ofshe / Ethan Watters, *Die mißbrauchte Erinnerung. Von einer Therapie, die Väter zu Tätern macht*, Stuttgart 1996.

307 Vgl. u. a. den Dokumentarfilm von Ilan Flammer, in dem mehrere Beispiele von Opfern behandelt werden: *La mémoire abusée (Die mißbrauchte Erinnerung). Les Multiples Personnalités de Rachel Downing*, Arte 1994.

308 Vgl. Monika Simmel, *Erziehung zum Weibe. Mädchenbildung im 19. Jahrhundert*, Frankfurt a. M. 1980; Elisabeth Badinter, *Die Mutterliebe. Geschichte eines Gefühls vom 17. Jahrhundert bis heute*, aus dem Französischen v. Friedrich Griese, München/Zürich 1981.

309 Vgl. J. Hubert Lacy, *Anorexia Nervosa and a Bearded Female Saint*, in: *British Medical Journal* 285, Juli–Dezember 1982, S. 1816f., 1816; s. a. David Hugh Farmer, *Oxford Dictionary of Saints*, London 1978; Joris Karl Huysmans, *De Tout*, Paris ⁹1903, S. 273–280, 309–311.

310 Vgl. Jean Gessler, *La Légende da sainte Wilgefortis ou Ontcommer, la vierge miraculeusement barbue*, Brüssel/Paris 1938.

311 Aus dem 4. Jahrhundert ist ein Brief des heiligen Hieronymus erhalten, in dem er an sein Mündel Eustochium, eine junge Frau aus wohlhabendem Hause, schreibt: »Laß deine Kameraden Frauen sein, die blaß und dünn sind vom Fasten, so daß Du Dir jeden Tag mit wirklicher Aufrichtigkeit sagen kannst: ›Ich begehre, zu sterben und mit Christum zu sein.‹« Eustochiums Schwester Blessila, die ebenfalls unter der Vormundschaft des Heiligen stand, starb an dieser Empfehlung. (Dafür wurde sie heiliggesprochen); zit. n. Marina Warner, *Joan of Arc. The Image of Female Heroism*, London 1981. Blässe bedeutet auch ›blutleer‹ – eine Bedeutung, die hier nicht übersehen werden sollte.

312 Aldo Borghi, *Evoluzione Storica delle Conoscenze sul Problema della Cosidetta Anoressia Psicogena*, in: *Episteme* 7, 1973, S. 243–271; I. S. L. Loudun, *Chlorosis, anaemia, and anorexia nervosa*, in: *British Medical Journal* 281, 20.–27.12.1980, S. 1669–75; Petr Skrabanek, *Notes towards the History of Anorexia Nervosa*, in: *Janus. Révue Internationale de*

l'Histoire des Sciences, de la Médecine, de la Pharmacie et de la Technique, Bd. LXX, Amsterdam 1983, S. 109–128; Rudolph M. Bell, *Holy Anorexia*, Chicago/London 1985; William L. Parry-Jones, *Archival Exploration of Anorexia Nervosa*, in: *Journal of Psychiatric Research* 19, 1985, S. 95–100; Joan Jacobs Brumberg, *Fasting Girls. The Emergence of Anorexia Nervosa as a Modern Disease*, Cambridge/London 1988; Edward Shorter, *The First great Increase in Anorexia Nervosa*, in: *Journal of Social History* 21, 1987, S. 69–96.

313 Bell, *Holy Anorexia*, S. 149.

314 Vgl. Donald Weinstein / Rudolph M. Bell, *Saints and Society. The Two Worlds of Western Christendom, 1000–1700*, Chicago 1982.

315 Bell, *Holy Anorexia*, S. 117.

316 Ebd., S. 42.

317 Zit. n. ebd., S. 160.

318 Ebd., S. 92.

319 Zit. n. ebd., S. 42.

320 Insofern ist das Bild des ›Goldenen Käfigs‹, das Hilde Bruch entwirft, ein treffendes. Vgl. Hilde Bruch, *Der Goldene Käfig. Das Rätsel der Magersucht*, Frankfurt a. M. 1980.

321 Bell, *Holy Anorexia*, S. 149.

322 Vgl. Kittsteiner, *Die Entstehung des modernen Gewissens*.

323 Petr Skrabanek, *Notes towards the History of Anorexia Nervosa*, S. 109. 1546 wurde z. B. Margarethe Ulmer aus Esslingen hingerichtet, weil sie des ›heimlichen Essens‹ überführt worden war. Zum Tode verurteilt wurde auch die ›heilige Jungfrau von Kent‹, von der es hieß, daß sie nur von der Hostie lebte. Skrabanek, S. 114. Bell vermutet – und er steht nicht allein –, daß auch Jeanne d'Arc zu den fastenden Mädchen gehörte und daß dies die Aura mitbestimmte, die die ›Jungfrau‹ umgab. Bell, *Holy Anorexia*, S. XI; s. a. Marina Warner, *Joan of Arc. The Image of Female Heroism*, London 1981.

324 Skrabanek, *Notes towards the History of Anorexia Nervosa*, S. 111ff.

325 Vgl. Georges u. Andrée Duby, *Die Prozesse der Jeanne d'Arc*, aus dem Französischen v. Eva Moldenhauer, Berlin 1985; Régine Pernoud, *Vie et mort de Jeanne d'Arc*, Paris 1982.

326 Vgl. z. B. Paullus Lentulus, *Historia admiranda de prodigiosa Apolloniae Schreierae, virginis in agro Bernensis*, inedia (Bern 1604); L. Grünewald, *Margaretha Weyss, das Wundermädchen von Roth*, 1542; Simon Portius, *De puella germanica, quae fere biennium vixerat sine cibo, potuque*, Florenz 1551; J. Wierus, *De lamiis liber, item de commentitiis jejuniis* (1577), in: ders., *Opera omnia*, Amsterdam 1660; P. Rollin, *Histoire mémorable d'une fille d'Anjou, laquelle a étée quatre ans sans user d'aucune nourriture, que d'un peu d'eau commun*, Paris 1587.

327 Das galt besonders für Joannis Wierus (Johannes Weyer), *De lamiis liber*.

328 Mara Selvini Palazzoli, *Magersucht*, aus dem Italienischen v. Hilde Weller, Stuttgart 1982, S. 26.

329 Zit. n. Skrabanek, *Notes towards the History of Anorexia Nervosa*, S. 115.

330 Vgl. z. B. Helmut Thomä, *Anorexia Nervosa. Geschichte, Klinik und Theorien der Pubertätsmagersucht*, Bern/Stuttgart 1961; B. Sommer, *Die Pubertätsmagersucht als leib-seelische Störung einer Reifungskrise*, in: *Psyche* 9, 1955/56, S. 307ff.

331 Vgl. z. B. D. Schwartz / M. Thompson / C. Johnson, *Anorexia nervosa and bulimia, the socio-cultural context*, in: *International Journal of Eating Disorders* 1, 1982, S. 20–36; S. C. Wooley / O. W. Wooley, *Eating Disorders, Obesity and Anorexia*, in: *Women and Psychotherapy*, hg. v. Annette Brodsky u. Rachel Hare-Mustin, New York 1980; D. M. Garner / P. E. Garfinkel / K. M. Bernis, *A multidimensional psychotherapy for anorexia nervosa*, in: *International Journal of Eating Disorders* 1, 1982, S. 24ff. Für einen Überblick über die Geschichte der Magersucht s. Tilman Habermas, *Zur Geschichte der Magersucht. Eine medizinpsychologische Rekonstruktion*, Frankfurt a. M. 1994.

332 Selvini Palazzoli, *Magersucht*, S. 48, 92.

333 Hildegard Hiltmann / Günter Clauser, *Psychodiagnostik und aktiv-analytische Psychotherapie Jugendlicher, dargestellt an der Pubertätsmagersucht*, in: *Praxis der Psychotherapie*, München 1961, Bd. 6, H. 4, S. 168–178, 173., u. Selvini Palazzoli, *Magersucht*, S. 87.

334 1873 tauchen in Paris und London fast zeitgleich die ersten Anorexie-Studien auf: William Gull, *Anorexia hysterica*, in: *Brit. Med. Journal* 2, 1873, S. 527ff.; Ernest Charles Lasègue, *De l'anorexie hystérique*, in: *Arch. gén. méd.* 21, 1873, S. 385ff.

335 Bell, *Holy Anorexia*, S. 150.

336 Hildegard Canczik-Lindemaier, *Tun und Geben. Zum Ort des sogenannten Opfers in der römischen Kultur*, in: Bernd Janowski / Michael Welker (Hg.), *Opfer*, S. 58–85, 80.

337 Kathrin Hoffmann-Curtius, *Opfermodelle am Altar des Vaterlandes seit der Französischen Revolution*, in: Gudrun Kohn-Waechter (Hg.), *Schrift der Flammen. Opfermythen und Weiblichkeitsentwürfe im 20. Jahrhundert*, Berlin 1991, S. 57–92.

338 Vgl. Elisabeth Bronfen, *Die weibliche Leiche. Eine motivische Konstante vom 18. Jahrhundert bis in die Moderne*, in: Renate Berger / Inge Stephan (Hg.), *Weiblichkeit und Tod in der Literatur*, Köln/Wien 1987; s. a. dies., (Hg.), *Die schöne Leiche. Weibliche Todesbilder in der Moderne*, München 1992.

339 Klaus Theweleit, *Das Buch der Könige*, Frankfurt a. M. 1989ff.

340 Man könnte dem entgegenhalten, daß eines der ersten literarischen Werke, in denen dieses weltliche ›Selbstopfer‹ auftaucht, nämlich Goethes *Werther*, gerade kein ›weibliches Opfer‹ inszeniert. Allerdings ist dem entgegenzuhalten, daß es sich auch hier um eine Aneignung von Weiblichkeitsmustern handelt, wie sie sich sowohl in der Literatur der Empfindsamkeit als auch später in der Aneignung ›hysterischer‹ Symptome durch Schriftsteller und Künstler zeigen wird. »Die Aneignung des weiblichen Todes als eines letzten Stabilisierungsentwurfes Werthers, der Versuch also, sich das Andere, *Weibliche* einzuverleiben, mißlingt und entlarvt ebenfalls lediglich die Diskursivierung des *Weiblichen*.« Susanne Komfort-Hein, *Phantasmen empfindsamer Suche nach dem ›reinen‹ Selbst.*

Zu einer literarischen Initiationsgeschichte des modernen Subjekts im 18. Jahrhundert, in: *Metis,* Sonderheft ›Reinheit‹, 1997, H. 11, S. 78–89, 88.

341 Hörisch, *Brot und Wein,* S. 180.

342 Ebd., S. 181.

343 Ebd.

344 Georg Trakl, *Dichtungen und Briefe,* historisch-kritische Ausgabe, hg. v. Walther Killy u. Hans Szklenar, 2 Bde., Salzburg 1987, Bd. 1, S. 455. An einer anderen Stelle heißt es: »Sterbende brachen sie mit wächsernen Händen das Brot, das blutende. Weh der steinernen Augen der Schwester, da beim Mahle ihr Wahnsinn auf die nächtige Stirn des Bruders trat, der Mutter unter leidenden Händen das Brot zu Stein ward. O der Verwesten.« Ebd., S. 150.

345 Karoline von Günderode, *Die eine Klage,* in: dies., *Die Schatten eines Traums. Gedichte, Prosa, Briefe, Zeugnisse von Zeitgenossen,* hg. u. mit einem Essay versehen v. Christa Wolf, Darmstadt 1979, S. 90.

346 Vgl. Louise DeSalvo, *Virginia Woolf. Die Auswirkungen sexuellen Mißbrauchs auf ihr Leben und ihr Werk,* aus dem Amerikanischen v. Elfi Hartenstein, München 1990.

347 Vgl. Elisabeth Bronfen, *Nur über ihre Leiche. Tod, Weiblichkeit und Ästhetik,* München 1994, S. 582ff.

348 Dagmar v. Hoff, *Die Inszenierung des ›Frauenopfers‹ in Dramen von Autorinnen um 1800,* in: *Argument-Sonderband* (172/173), Hamburg 1988, S. 255–262; s. a. dies., *Dramen des Weiblichen. Deutsche Dramatikerinnen um 1800,* Opladen 1989.

349 Shorter, *The First Great Increase in Anorexia Nervosa,* S. 81.

350 Ebd., S. 83f.

351 Vgl. Monika Simmel, *Erziehung zum Weibe. Mädchenbildung im 19. Jahrhundert,* Frankfurt a. M. 1980; Elisabeth Badinter, *Die Mutterliebe. Geschichte eines Gefühls vom 17. Jahrhundert bis heute,* aus dem Französischen v. Friedrich Griese, München/Zürich 1981.

352 Vgl. z. B. Salvador Minuchin / Bernice L. Rosman / Lester Baker, *Psychosomatic Families. Anorexia Nervosa in Context,* Cambridge, Mass. 1978.

353 Selvini Palazzoli, *Magersucht,* S. 279.

354 Evelyne Kestemberg / Jean Kestemberg / Simone Décobert, *La faim et le corps,* Paris 1972, S. 126f.

355 Um einige Untersuchungen zu nennen: Ailon Shiloh / Ida Cohen Selavan (Hg.), *Ethnic Groups of America. Their Morbidity, Mortality and Behavior Disorders,* Bd. 1: *The Jews,* Springfield, Ill. 1973/74; Richard M. Goodman, *Genetic Disorders among the Jewish People,* Baltimore 1979; Richard M. Goodman / Arno G. Motulsky, *Genetic Diseases among Ashkenazi Jews,* New York 1979; Henry Rothshild, *Diseases of the Jews,* in: ders., *Biocultural Aspects of Disease,* New York 1981.

356 Susan Weidmann Schneider, *Jewish and Female. A Guide and Sourcebook for Today's Jewish Women,* New York 1984, S. 246.

357 Vgl. Gisela Ecker, *Einzug in das ›Promised Land‹ oder ›Lost in Translation‹? Ostjüdinnen auf dem Weg vom ›shtetl‹ zum ›American dream‹,* in:

Sabine Schilling / Inge Stephan / Sigrid Weigel (Hg.), *Jüdische Kultur und Weiblichkeit in der Moderne*, Köln 1994, S. 229–243.

358 L. K. G. Hsu, *Are the eating disorders becoming more common in blacks?*, in: *Int. J. Eating Disorders* 6, 1987, S. 113–124; A. J. Pumaregia / P. Edwards / C. B. Mitchell, *Anorexia nervosa in black adolescents*, in: *J. Amer. Acad. Child. Psychiat.* 23, 1984, S. 111–114; P. H. Robinson / A. Andersen, *Anorexia nervosa in American blacks*, in: *J. Psychiat. Res.* 19, 1985, S. 183–188; T. J. Silber, *Anorexia nervosa in black adolescents*, in: *J. Nat. Med. Assn.* 76, 1984, S. 29–32. Ähnliche Untersuchungen gelten auch für Briten aus den ehemaligen Kolonialgebieten: J. Hubert Lacy / B. M. Dolan, *Bulimia in British Blacks and Asians*, in: *Brit. J. Psychiatry* 152, 1988, S. 73–79.

359 Vgl. z. B. H. Suematsu / H. Ishikawa / T. Kuboki / T. Ito, *Statistical Studies on Anorexia Nervosa in Japan*, in: *Psychother. Psychosom.* 43, 1985, S. 96–103; Y. Nogami / F. Yabana, *On kibarashi-gui (binge eating)*, in: *Folia Psychiat. Neurol. Japon* 31, 1977, S. 159–166. Die Empfänglichkeit Japans für christliches Gedankengut, die sich auch an der erstaunlichen Verbreitung antisemitischer Schriften zeigt, mag mit verschiedenen Faktoren zusammenhängen, über die hier nur spekuliert werden kann: mit der jahrhundertelangen Abgeschlossenheit der Insel, die Japan, das kaum mit anderem Denken in Berührung kam, wenig immun gegen das ›Fremde‹ machte; mit der raschen Industrialisierung des Landes, die eine tiefgehende Akkulturation und damit vielleicht auch eine übergroße Bereitschaft mit sich brachte, sich den Normen der ›postchristlichen‹ Gesellschaft anzupassen; und schließlich mit der ohnehin engen Verwandtschaft des Christentums mit dem Buddhismus, die sich nicht zuletzt an der beiden Religionen gemeinsamen Idealisierung der Keuschheit und der Askese offenbart. Vgl. hierzu u. a. Mircea Eliade, *Histoire des Croyances et des idées religieuses*, Bd. 2: *De Gautama Bouddha au triomphe du christianisme*, Paris 1978. Auf die Verwandtschaft von Buddha und Christus verweist auch Edouard Schuré, *Les grands initiés*, Paris 1889 (deutsch: *Die großen Eingeweihten*, Leipzig 1925). Schuré war zugleich ein Wegbereiter der wagnerianischen und antisemitischen ›Heilsidee‹ in Frankreich.

360 Vgl. u. a. Tilman Habermas, *Heißhunger. Historische Bedingungen der Bulimia nervosa*, Frankfurt a. M. 1990.

361 Catherine Steiner-Adair, *The Body Politic. Normal Female Adolescent Development and the Development of Eating Disorders*, in: Carol Gilligan / Nona P. Lyons / Trudy J. Hanmer (Hg.), *Making Connections. The Relational Worlds of Adolescent Girls at Emma Willard School*, Cambridge/London 1990, S. 162–182; s. a. dies., *Körperstrategien. Weibliche Adoleszenz und die Entwicklung von Eßstörungen*, in: Karin Flaake / Vera King (Hg.), *Weibliche Adoleszenz. Zur Sozialisation junger Frauen*, Frankfurt a. M. 1992, S. 240–253.

362 Carol Gilligan, *Die andere Stimme. Lebenskonflikte und Moral der Frau*, München 1984; s. a. dies., *Auf der Suche nach der verlorenen Stimme in der weiblichen Adoleszenz – Shakespeares Schwestern unterrichten*, in: Flaake/King, *Weibliche Adoleszenz*, S. 40–63.

363 Vgl. Christina v. Braun, *Von Liebeskunst zur Kunst-Liebe*, in: dies., *Die schamlose Schönheit des Vergangenen. Über das Verhältnis von Geschlecht und Geschichte*, Frankfurt a. M. 1989, S. 37–50.

364 Vgl. Christina v. Braun, *Männliche Hysterie, Weibliche Askese – Zum Paradigmenwechsel der Geschlechterrollen*, in: ebd., S. 51–80.

365 Selvini Palazzoli, *Magersucht*, S. 102.

366 In der Anorexie, so Selvini Palazzoli, wird der Körper mit der ›Lüge‹ gleichgesetzt, während der schwindende Körper als Beweis von ›Echtheit‹ gesehen wird; ebd., S. 94.

367 Ebd., S. 102.

368 Robert Whytt, *An Essay on the Vital and other Involuntary Motions of Animal*, Edinburgh 1751, Kap. 1.

369 Zit. bei Walter Riese, *A History of Neurology*, New York 1959, S. 53f.

370 Vgl. Jean Starobinski, *Psychoanalyse und Literatur*, aus dem Französischen v. Eckhart Rohloff, Frankfurt a. M. 1990, S. 27f.

371 Zit. n. ebd., S. 28.

372 *Mesmerismus, oder System der Wechselwirkungen, Theorie und Anwendung des thierischen Magnetismus als die allgemeine Heilkunde zur Erhaltung des Menschen von Dr. Friedrich Anton Mesmer*, hg. v. Karl Christian Wolfart, Berlin 1814, S. XXIX.

373 Charles MacKay, *Extraordinary Popular Delusions and the Madness of the Crowds*, London 1841, Reprint New York 1972, S. 318, 323.

374 Friedrich Schleiermacher, *Über die Religion. Rede an die Gebildeten unter ihren Verächtern*, Hamburg 1958, S. 41.

375 Hier wäre als einer der ersten der Wiener Arzt Ernst von Feuchtersleben (1806–1849) zu nennen, der 1845 ein *Lehrbuch der ärztlichen Seelenkunde* veröffentlichte, in dem er auch die Begriffe ›Psychose‹ und ›psychiatrisch‹ einführte. Auf der anderen Seite interessierte sich aber auch die Philosophie zunehmend für die ›Seele‹ und die psychische Erkrankung, allen voran Kant, der eine eigene Klassifizierung der psychischen Krankheiten vorschlug, in der die verschiedenen Formen von Erkrankung mit Entwicklungsstufen der Zivilisation verglichen wurden. Immanuel Kant, *Von der Macht des Gemüths durch den blossen Vorsatz Seiner krankhaften Gefühle Meister zu sein*, Leipzig 1929.

376 Plotin, *Die Enneaden*, übers. v. Hermann Friedrich Müller, Berlin 1878–80, Bd. 2, S. 30. – Francis Bacon, *Große Erneuerung der Wissenschaften*, in: ders., *Franz Baco's Neues Organon*, übers., erläutert u. mit einer Lebensbeschreibung des Verfassers versehen v. J. H. Kirchmann, Berlin 1870, S. 263.

377 Ernst Haeckel, *Die Welträtsel*, in: ders., *Gemeinverständliche Werke*, hg. v. Heinrich Schmidt-Jena, Leipzig/Berlin o. J., Bd. 3, S. 168.

378 Karl Marx, *Zur Kritik der Hegelschen Rechtsphilosophie. Kritik des Hegelschen Staatsrechts*, in: ders. / Friedrich Engels, *Werke*, hg. v. Institut für Marxismus-Leninismus beim ZK der SED, Berlin 1956ff., Bd. 1, S. 305.

379 Vgl. u.a. Wilfried Eisenbeiß, *Die bürgerliche Friedensbewegung in Deutschland während des Ersten Weltkriegs. Organisation, Selbstverständnis und politische Praxis 1913/14–1919*, Frankfurt a. M./Bern 1980; Reinhold Lütgemeier-Davin, *Pazifismus zwischen Kooperation*

und *Konfrontation. Das Deutsche Friedenskartell in der Weimarer Republik*, Köln 1982; Helmut Donat / Karl Holl (Hg.), *Die Friedensbewegung. Organisierter Pazifismus in Deutschland, Österreich und in der Schweiz*, Düsseldorf 1983. Alle diese Werke zum Pazifismus betonen die ›Verspätung‹ des deutschen Pazifismus im Vergleich mit dem anderer europäischer Industrieländer; s. a. Christina v. Braun, ›*Die Waffen nieder!*‹ *Eine Geschichte des Pazifismus im deutschen Reich*, Filmessay, Köln (WDR) 1984.

380 Alfred H. Fried, *Handbuch der Friedensbewegung*, Wien/Leipzig 1905, S. 36.

381 Ebd., S. 43.

382 ARD, *Brennpunkt*, 20.3.1995.

383 Vgl. Detlef Linke, *Das Gehirn*, München 1999.

384 Rachel P. Maines, *The Technology of Orgasm*. ›*Hysteria*‹, *the Vibrator, and Women's Sexual Satisfaction*, Baltimore/London 1999, S. 83.

385 Zit. n. ebd., S. 103.

386 Ebd., S. 100.

387 Ebd.

388 Joseph Breuer, in: ders. / Sigmund Freud, *Studien zur Hysterie*, S. 156.

389 Ulrike Brunotte, *Ritual und Erlebnis. Theorien der Initiation und ihre Aktualität in der Moderne*, in: *Zeitschrift für Religions- und Geistesgeschichte*, 2000, H. 4, S. 349–367, 367.

390 Zit. n. Karl Braun, *Die Krankheit Onania. Körperangst und die Anfänge moderner Sexualität im 18. Jahrhundert*, Frankfurt a. M. 1995, S. 67.

391 Ebd., S. 148.

392 Zit. n. ebd., S. 47.

393 William Harvey kam nach embryologischen Studien an befruchteten Hühnereiern zur Überzeugung: »Alles Lebendige stammt aus dem Ei.« William Harvey, *Über die Erzeugung der Tiere* (1651). Vgl. Walter Pagel, *William Harvey's Biological Ideas*, Basel 1967; Geoffrey Keynes, *The Life of William Harvey*, Oxford 1978; Walter L. v. Brunn, *Kreislauffunktion in William Harveys Schriften*, Berlin 1967.

394 Vgl. Joachim Radkau, *Das Zeitalter der Nervosität. Deutschland zwischen Bismarck und Hitler*, München 1998.

395 Karl Heinrich Ulrichs, *Forschungen über das Räthsel der mann-männlichen Liebe*, Berlin 1864–79.

396 Über Magnus Hirschfeld schreibt Manfred Herzer: »Nur selten vergaß er, die Homosexualität als einen ›Fluch der Natur‹ zu bezeichnen, und den Wunsch vieler Homosexueller, heterosexuell zu empfinden, hielt er stets für ›gewiß berechtigt‹.« Manfred Herzer, *Magnus Hirschfeld. Leben und Werk eines jüdischen, schwulen und sozialistischen Sexologen*, Frankfurt a. M./New York 1992, S. 8. Siehe hierzu auch die Ausführungen im nächsten Kapitel.

397 Vgl. Iwan Bloch, *Das Sexualleben unserer Zeit in seinen Beziehungen zur modernen Kultur*, Berlin 1909, u. Magnus Hirschfeld, *Die Homosexualität des Mannes und des Weibes*, Berlin 1914.

398 Prof. Dr. theol. et phil. August Dorner, Universität Königsberg, in: Arthur Kirchhoff (Hg.), *Die akademische Frau. Gutachten hervorragender*

Universitätsprofessoren, Frauenlehrer und Schriftsteller über die Befähigung der Frau zum wissenschaftlichen Studium und Berufe, Berlin 1897, S. 4.

399 Prof. Dr. med. Emmanuel Wendel, Friedrich Wilhelms Universität zu Berlin, in: ebd., S. 133; s. a. Prof. Dr. phil. Jacob Caro: »In der eigentlichen Wissenschaft, in dem Heiligtum der Universitäten, da halte ich an den alten Satz: mulier taceat in ecclesia. [...] Edle Frauen haben einen natürlichen Instinkt für die von Gott gewollte Weltordnung. Mit künstlichen Eingriffen in sie soll man die Insufficienzen unserer neurasthenischen Gesellschaft nicht kurieren wollen«, in: ebd., S. 186.

400 George Beard, *American Nervousness. Its Causes and Consequences*, New York 1881, S. 5.

401 Ebd., S. VI–VII.

402 Sigmund Freud, *Die kulturelle Sexualmoral und die moderne Nervosität*, in: ders., *Gesammelte Werke*, Bd. 7, S. 146. Die von ihm zitierte Stelle ist entnommen: Wilhelm Erb, *Über die wachsende Nervosität unserer Zeit*, Heidelberg 1893.

403 Freud, *Die kulturelle Sexualmoral und die moderne Nervosität*, S. 148.

404 Vgl. August Forel, *Die sexuelle Frage*, München 1906.

405 Arthur Dinter, *Die Sünde wider das Blut* (1917), Leipzig 1927.

406 Arthur Dinter, *Die Rassen- und Judenfrage im Lichte des Geistchristentums*, in: *Der Jud ist schuld...? Diskussionsbuch über die Judenfrage*, Basel/Berlin/Leipzig/Wien 1932, S. 95–106, 96.

407 Ebd., S. 101.

408 Otto Hauser, *Geschichte des Judentums*, Weimar 1921.

409 Zit. n. Gottfried Feder (Mitglied des Reichstags), *Die Judenfrage*, in: *Der Jud ist schuld...?*, S. 53–68, 61.

410 Werner Sombart, *Artvernichtung oder Arterhaltung*, ebd., S. 249–253, 252.

411 Otto Gierke, in: Kirchhoff (Hg.), *Die akademische Frau*, S. 21–27, 25f.

412 Martin Engländer, *Die auffallend häufigen Krankheitserscheinungen der jüdischen Rasse*, Wien 1902, zit. n. Sander L. Gilman, *Difference and Pathology. Stereotypes of Sexuality, Race and Madness*, Ithaca/London 1985, S. 156.

413 Rafael Becker, *Die Jüdische Nervosität. Ihre Art, Entstehung und Bekämpfung* (Vortrag gehalten vor der Zürcher zionistischen Akademikervereinigung, Zürich 1918), zit. bei Robert Jütte, *Der kranke und der gesunde Körper*, in: Gilman/Jütte/Kohlbauer-Fritz (Hg.), ›Der scheijne Jidd‹, S. 133–144, 137; s. a. Sander L. Gilman, *Freud, Race, and Gender*, Princeton 1993, S. 111f.; Gilman, *Difference and Pathology*, S. 159f.

414 Die Antisemiten erfanden dafür den widersprüchlichen Begriff der »Mischlinginzucht«, vgl. Otto Hauser, *Geschichte des Judentums*.

415 Henriette Schrader-Breymann, *Zur Frauenfrage*, Wolfenbüttel 1865, S. 11. In dieser Schrift führte Henriette Schrader-Breymann den Begriff der ›geistigen Mütterlichkeit‹ ein.

416 Helene Lange, *Lebenserinnerungen*, Berlin 1921, S. 159f.

417 Erwin J. Haeberle, *The Jewish Contribution to the Development of Se-*

xology, in: *The Journal of Sex Research*, Bd. 18, Nr. 4, November 1982, S. 305–323, 307.

418 So beschreibt Simmel am Beispiel der Sprache von Lyrikerinnen, wie sehr sich das ›Weibliche‹ – vergleichbar dem ›Jüdischen‹ – in der bestehenden Kultur als ›Fremdkörper‹ erfahre: »Gewiß ist das Herausbringen der weiblichen Nuance, ihre Objektivierung, auch in der literarischen Kultur sehr schwierig, weil die allgemeine Form der Dichtung, innerhalb deren es geschieht, eben männliche Produkte sind und daraufhin wahrscheinlich einen leisen inneren Widerspruch gegen die Erfüllung mit einem spezifisch weiblichen Inhalt zeigen. Namentlich an weiblicher Lyrik, und zwar gerade an sehr gelungener, empfinde ich oft zwischen dem personalen Inhalt und der künstlerischen Form eine gewisse Zweiheit, eine unterirdische Unbehaglichkeit, als hätte die schaffende Seele und ihr Ausdruck nicht ganz denselben Stil.« Georg Simmel, *Weibliche Kultur* (1902), in: ders., *Schriften zur Philosophie und Soziologie der Geschlechter*, hg. v. Heinz-Jürgen Dahme u. Klaus Christian Köhnke, Frankfurt a. M. 1985, S. 145–176, 166. Eine solche Beschreibung von Fremdheit entspricht genau dem antisemitischen Klischee vom Juden, etwa bei Otto Weininger: »Des Juden psychische Inhalte sind sämtlich mit einer gewissen Zweiheit oder Mehrheit behaftet; über diese Ambiguität, diese Duplizität, ja Multiplizität kommt er nie hinaus.« Otto Weininger, *Geschlecht und Charakter*, Wien/Leipzig ¹⁶1917, S. 442.

419 Friedrich Nietzsche, *Der Fall Wagner*, in: ders., *Werke in drei Bänden*, hg. v. Karl Schlechta, München 1954, Bd. 2, S. 918.

420 Die ersten wichtigen Arbeiten zu diesem Thema sind zu verdanken: Hartmut Zelinsky, *Richard Wagner – ein deutsches Thema. Eine Dokumentation zur Wirkungsgeschichte Richard Wagners 1876–1975*, Frankfurt a. M. 1976, Berlin/Wien 1983; ders., *›Der Plenipotentarius des Untergangs‹ oder der Herrschaftsanspruch der antisemitischen Kunstreligion des selbsternannten Bayreuther Erlösers Richard Wagner*, in: *Neohelicon* IX,1, Budapest/Amsterdam 1982, S. 145–176.

421 Nietzsche, *Der Fall Wagner*, S. 913.

Zu Kapitel VI

1 Nikolaj A. Berdiajew, *Der Sinn der Geschichte. Versuch einer Philosophie der Menschheitsgeschichte,* aus dem Russischen v. Otto v. Taube, Tübingen 1949, S. 135f.

2 Paul Mendès-Flohr, *Wissensbilder im modernen jüdischen Denken*, in: Ulrich Raulff / Gary Smith (Hg.), *Wissensbilder. Strategien der Überlieferung*, Berlin 1999, S. 221–240, 230.

3 Jeshajahu Leibowitz, in: Christina v. Braun, *Der Ewige Judenhaß*, Filmtrilogie, Teil 1: *Christlicher Antijudaismus*, 1990; s. a. ders., *Gespräche über Gott und die Welt*, hg. v. Michael Shashar, übers. v. Matthias Schmidt, Frankfurt a. M. 1990.

4 Mendès-Flohr, *Wissensbilder im modernen jüdischen Denken*, S. 226.

5 Ebd., S. 228.

6 Hermann Cohen, zit. n. ebd., S. 234.

7 Ignaz Maybaum, *Haggada und Halacha* (1935), in: Schalom Ben Chorin / Verena Lenzen (Hg.), *Jüdische Theologie im 20. Jahrhundert. Ein Lesebuch*, München/Zürich 1988, S. 59–73, 66.

8 Der Begriff der ›Säkularisierung‹ hat eine vielschichtige Bedeutung, die einer genaueren Klärung bedarf. Sprachlich leitet sich der Begriff von lat. *saeculum* – in der Bedeutung von Geschlecht, Generation oder auch Zeitalter – her. In der Vulgata ist ›saeculum‹ ambivalent besetzt: Einerseits verweist der Begriff auf eine große Zeitspanne, andererseits aber auch auf ›diese Welt‹ unter der Macht Satans. Im mittelalterlichen Sprachgebrauch steht der ›weltliche Mensch‹ als ›saeculis‹ dem durch das Mönchsgelübde gebundenen ›religiosus‹ gegenüber. Seit Ende des 16. Jahrhunderts wird der Begriff der *saecularisatio* von französischen Kirchenrechtlern und Juristen zur Bezeichnung des Übergangs eines Ordensgeistlichen in den weltlichen Stand benutzt. Später erweitert sich der Begriff zur Bezeichnung des Übergangs kirchlichen Eigentums in weltliche Hände. Erst im 19. Jahrhundert wird der Begriff der ›Säkularisierung‹ zu einer geschichtstheoretischen oder geschichtsphilosophischen Kategorie, nun aber mit einer ambivalenten Bedeutung – er beinhaltet die Emanzipation aus der Bevormundung durch die Kirche bzw. Entkirchlichung und verweist zugleich auf die schwindende Integrationskraft der Religion bzw. die Entleerung religiöser Gehalte, impliziert also auch eine ›Verfallsgeschichte‹. Insa Eschebach / Susanne Lanwerd, *Säkularisierung, Sakralisierung und Kulturkritik,* in: *Metis*, Schwerpunkt ›Säkularisierung – Sakralisierung‹, 2000, H. 18, S. 10–26. Im vorliegenden Kontext wird der Begriff im Sinne der ›Weltwerdung‹ christlich-religiösen Denkens verwendet.

9 Zit. n. Max Wiener, *Jüdische Religion im Zeitalter der Emanzipation* (1933), in: Ben Chorin/Lenzen, *Jüdische Theologie im 20. Jahrhundert*, S. 103–132, 113.

10 »Der gnostischen Versuchung«, so schreibt Buber, »erwidert die ›Weisung‹, die Thora, mit dem wahrhaft grundlegenden Ruf (Dt. 29,28) ›Das Geheime ist bei Ihm, unserem Gott, / das Offenbare ist bei uns und unseren Söhnen / auf immer: / alle Worte dieser Weisung zu tun‹«. Martin Buber, *Der Glaube des Judentums*, in: Ben Chorin / Lenzen, *Jüdische Theologie im 20. Jahrhundert*, S. 147–160, 155.

11 1875 wurden in Deutschland zivile Standesämter eingeführt, die von nun an Geburt und Eheschließung beglaubigten. Das verstärkte einen ohnehin schon seit dem 18. Jahrhundert beobachtbaren Trend zur ›Entkirchlichung‹ – vor allem in den protestantischen Gebieten. Allerdings ist dieser Trend keineswegs mit einem Sterben des religiösen Denkens gleichzusetzen, wie der Historiker Lucian Hölscher gezeigt hat. So hätten Mitte des 19. Jahrhunderts in vielen deutschen Landeskirchen ein Drittel, manchmal sogar zwei Drittel der protestantischen Bevölkerung auf eine kirchliche Beerdigung verzichtet; diese seien jedoch in der zweiten Hälfte des 19. Jahrhunderts wieder angestiegen, um schon vor dem Ersten Weltkrieg praktisch überall 100 Prozent zu erreichen: »Meine These lautet, daß sich die Bedeutung unserer religiösen Diskurse in den letzten zweihundert Jahren so stark verändert haben, daß auch die Rede vom Sterben der Religion

nur jeweils innerhalb einer spezifischen Konstellation sinnvoll ist – und zwar als zeitgebundene Erfahrung und Erwartung an die Zukunft und Vergangenheit. Von einem Niedergang oder Aufleben religiöser Systeme, von einer Säkularisierung, einer religiösen Aufklärung oder Entkirchlichung läßt sich m.E. überhaupt nicht im Sinne objektiver geschichtlicher Prozesse sprechen, sondern lediglich im Sinne subjektiver, mehr oder weniger gruppen- und epochenspezifischer Geschichtsentwürfe.« Lucian Hölscher, *Kann Religion sterben?* Vortrag an der Humboldt-Universität zu Berlin im Rahmen der Ringvorlesung »Religion und Moderne«, 5.12.2000; s.a. ders., *Atlas zur religiösen Geographie im protestantischen Deutschland 1850–1940,* Berlin 2001.

12 *Brockhaus in 20 Bänden,* Wiesbaden 1966, Bd. 1, S. 799, Stichwort *Assimilation.* Für den Hinweis auf die Geschichte des Assimilationsbegriffs danke ich Susanne Omran, *Forschungsprojekt zur Geschichte und politischen Diskursivierung des ›Assimilations‹-Begriffs,* unveröffentlichtes Manuskript, 2000.

13 Wiener, *Jüdische Religion im Zeitalter der Emanzipation,* S. 106.

14 Mendès-Flohr, *Wissensbilder im modernen jüdischen Denken,* S. 229.

15 Ebd., S. 232.

16 Ebd., S. 230.

17 Wiener, *Jüdische Religion im Zeitalter der Emanzipation,* S. 111.

18 Ebd., S. 116.

19 Ebd.

20 Ebd., S. 119.

21 Ebd., S. 122.

22 Zit. n. Mendès-Flohr, *Wissensbilder im modernen jüdischen Denken,* S. 234.

23 Yosef Hayim Yerushalmi, *Freuds Moses. Endliches und unendliches Judentum,* aus dem Amerikanischen v. Wolfgang Heuß, Berlin 1992, S. 28.

24 Vgl. Astrid Deuber-Mankowsky, *Der frühe Walter Benjamin und Hermann Cohen. Jüdische Werte, kritische Philosophie, vergängliche Erfahrung,* Berlin 2000.

25 Maybaum, *Haggada und Halacha,* S. 66.

26 Yerushalmi, *Freuds Moses,* S. 146.

27 Ernst Freud (Hg.), *Sigmund Freud. Sein Leben in Bildern und Texten,* Frankfurt a. M. 1985, S. 138.

28 Wenn hier von ›Sexualität‹ die Rede ist, so geht es nicht um den Sexualakt, sondern um ›die Sexualität‹. Diese entspricht einer kulturellen Codierung, die der Sexualität selbst ihren ›Sinn‹ verleiht. Schon Michel Foucault hat darauf hingewiesen, daß der Sexualakt nicht identisch ist mit den verschiedenen kulturellen Konstrukten, die ›Sexualität‹ genannt werden. Michel Foucault, *Sexualität und Wahrheit,* 3 Bde., Frankfurt a. M. 1983–89. Vgl. auch David Halperin, *Is there a History of Sexuality?,* in: *History and Theory* 28, Nr. 3, 1989, S. 257–274. Der Unterschied zwischen der individuellen Sexualerfahrung und ›der Sexualität‹ ähnelt dem zwischen dem individuellen und dem kulturellen Gedächtnis, und wie das kulturelle Gedächtnis hat auch ›die Sexualität‹ (im kollektiven Singular) eine gemein-

schaftsbildende Funktion. Ich beziehe mich hier auf den kollektiven, kulturellen Begriff von Sexualität.

29 Peter Gardella, *Innocent Ecstasy. How Christianity Gave America an Ethic of Sexual Pleasure*, New York/Oxford 1985, S. 210.

30 Margaret Sanger, *Happiness in Marriage*, New York 1939.

31 Ebd., S. 141.

32 Gardella, *Innocent Ecstasy*, S. 7, 117.

33 David Biale, *Eros and the Jews. From Biblical Israel to Contemporary America*, New York 1992, S. 210.

34 Manfred Herzer, *Magnus Hirschfeld. Leben und Werk eines jüdischen, schwulen und sozialistischen Sexologen*, Frankfurt a. M./New York 1992, S. 8.

35 Magnus Hirschfeld, *Einführung in die Sexualwissenschaft,* in: *Medizinische Monatsschrift* 7, Shanghai (Tung-Chi-Universität), 1931/32, H. 5, S. 159–173, 171.

36 Im Vorwort zu ihrer *Zeitschrift für Sexualwissenschaft* schrieben Eulenburg und Bloch, daß sie »vorurteilslos und voraussetzungslos Wissenschaft« betreiben. Albert Eulenburg / Iwan Bloch, *Vorbemerkung der Herausgeber,* in: *Zeitschrift für Sexualwissenschaft* I, N.F., 1914/15, S. 1. Hirschfeld erklärte, »die Sexualwissenschaft muß wie die Biologie überhaupt von der Naturbetrachtung ihren Ausgang nehmen und zu ihr immer wieder zurückführen«. Magnus Hirschfeld, *Zur Methodik der Sexualwissenschaft,* in: *Zeitschrift für Sexualwissenschaft* 1, 1908, S. 681–705, 681.

37 Wilhelm Ostwald, *Rezension zu Iwan Bloch, ›Die Prostitution‹,* in: *Das monistische Jahrhundert* 2, 1913/14, S. 902f.

38 Sigmund Freud / Karl Abraham, *Briefe, 1907–1926,* hg. v. Hilda C. Abraham, Frankfurt a. M. 1980, S. 57.

39 Magnus Hirschfeld, *Geschlechtskunde*, 4 Bde., Stuttgart 1926–30. Noch expliziter ders., *Das Erbgericht. Betrachtungen zum deutschen Sterilisationsgesetz,* in: *Die Sammlung* 1, 1934, S. 309–319; ders., *Phantom Rasse. Ein Hirngespinst als Weltgefahr,* in: *Wahrheit*, Prag, 1934/35.

40 Hirschfeld, *Einführung in die Sexualwissenschaft*, S. 171 (gekürzt).

41 Magnus Hirschfeld, *Über Sexualwissenschaft,* in: *Zeitschrift für Sexualwissenschaft* 1, 1908, S. 1–19, 9. Vgl. dazu auch den erhellenden Aufsatz von Andreas Seeck, *Aufklärung oder Rückfall? – Das Projekt der Etablierung einer ›Sexualwissenschaft‹ und deren Konzeption als Teil der Biologie,* in: *Mitteilungen der Magnus Hirschfeld-Gesellschaft*, Nr. 26/27, Juli 1998, S. 5–30.

42 Magnus Hirschfeld, *Geschlechtskunde*, Bd. 3: *Einblicke und Ausblicke*, Stuttgart 1930, S. 15.

43 Hermann Rohleder, *Sexualphilosophie und Sexualethik*, Hamburg 1923, S. 80.

44 Hermann Rohleder, *Die Masturbation: Eine Monographie für Ärzte und Pädagogen*, Berlin 1899, S. 304.

45 Biale, *Eros and the Jews*, S. 217.

46 Ebd., S. 206.

47 Benedict Anderson, *Die Erfindung der Nation. Zur Karriere eines folgen-reichen Konzepts*, erweiterte Ausgabe, übers. v. Benedikt Burkard u. Christoph Münz, Berlin 1998, S.122.

48 Für den Hinweis auf die Geschichte des Begriffs ›Stereotyp‹ danke ich Angela Koch, *Geschlechtercodierung im polenfeindlichen Diskurs der ›Gartenlaube‹, 1870–1920*, Diss., unveröffentlichtes Manuskript, 2001.

49 Friedrich Kluge (Hg.), *Etymologisches Wörterbuch der deutschen Sprache*, Berlin/New York 1989, S.700.

50 *Deutsches Fremdwörterbuch*, Berlin/New York 1978, Bd.4, S.448.

51 Kluge (Hg.), *Etymologisches Wörterbuch der deutschen Sprache*, S.378.

52 Vgl. Caroline Walker Bynum, *Mystikerinnen und Eucharistieverehrung im 13. Jahrhundert*, in: dies., *Fragmentierung und Erlösung. Geschlecht und Körper im Glauben des Mittelalters*, übers. v. Brigitte Große, Frankfurt a. M. 1991, S.109–147.

53 Otto Weininger, *Geschlecht und Charakter*, Wien/Leipzig [16]1917, S.415f.

54 Ebd., S.449f.

55 Ebd., S.449.

56 Ebd., S.450.

57 Vgl. Christina v. Braun, *Männliche Hysterie, Weibliche Askese – zum Paradigmenwechsel der Geschlechterrollen*, in: dies., *Die schamlose Schönheit des Vergangenen. Zum Verhältnis von Geschlecht und Geschichte*, Frankfurt a. M. 1989, S.51–80.

58 Weininger, *Geschlecht und Charakter*, S.443.

59 Ebd., S.423.

60 Léon Poliakov, *Geschichte des Antisemitismus*, Bd.2: *Das Zeitalter der Verteufelung und des Ghettos,* übers. v. Rudolf Pfisterer, Worms 1978, S.67f.

61 Sander L. Gilman ist ausführlich auf den Zusammenhang von Beschneidung, Weiblichkeit und Antisemitismus eingegangen, in: ders., *Freud, Race and Gender*, Princeton 1993.

62 Sander L. Gilman, *Freud, Race and Gender*, in: Jonathan Magonet (Hg.), *Jewish Explorations of Sexuality*, Providence/Oxford 1995, S.135–156, 149.

63 Hans F.K. Günther, *Ritter, Tod und Teufel. Der heldische Gedanke* (2), München 1924, S.68.

64 Richard v. Krafft-Ebing, *Psychopathia Sexualis I*, 1886, Neudruck München 1984, S.12f.

65 Havelock Ellis, *The Mechanism of Detumescence*, in: ders., *Studies in the Psychology of Sex*, Kingsport, Tenn. 1942, Bd.2, Teil 1, S.132.

66 Weininger, *Geschlecht und Charakter*, S.114ff.

67 Ebd., S.418.

68 Ebd., S.116.

69 Ebd., S.442f.

70 Der Prozeß ist eine genaue Umkehrung der mittelalterlichen ›Erotisierung‹ der Askese. Nunmehr wird die Erotik ›verklärt‹, indem sie Gesetzen der Askese und der ›Reinheit‹ unterworfen wird.

71 So etwa in den beiden berühmtesten Ritualmordprozessen: dem von Tisza-Eszlar in Ungarn (1882) und dem von Polna in Mähren (1899).

Vgl. Christina v. Braun / Ludger Heid (Hg.), *Der Ewige Judenhaß*, Bonn/ Stuttgart 1990, Berlin 2000, S. 169ff.

72 Eric Voegelin hat als einer der ersten den Nationalsozialismus als ›politische Religion‹ bezeichnet. Berücksichtigt man die Verweltlichung der christlichen Metaphern in der arischen Heilslehre, so erscheint es gerechtfertigt, von einer ›arischen Religion‹ zu sprechen. Diese Bezeichnung überdeckt viele Unterschiede zwischen den säkularen ›Heilsbewegungen‹ und den tatsächlichen Religionen. Aber der Begriff ist dennoch brauchbar, weil er die Anziehungskraft erklärt, die die arische Heilslehre auf viele Menschen ausgeübt hat. Vgl. Eric Voegelin, *Die politischen Religionen*, 1938, Neudruck München 1992.

73 Von diesem Paradoxon leitet sich wiederum die seltsame Doppelbedeutung des Wortes ›Opfer‹ in der deutschen Sprache ab: Einerseits ›opfert‹ der Herr seinen Sohn zur Erlösung der Menschheit; andererseits ist der Heiland das ›Opfer‹ eines ›jüdischen Verbrechens‹. Im Englischen und Französischen wird zwischen *sacrifice* und *victim/victime* unterschieden. Allerdings stellt sich angesichts der Paradoxie des christlichen Opfergedankens die Frage, ob nicht ein Begriff, der beide Bedeutungen umfaßt, den Sinn am besten wiedergibt.

74 Lydia Gottschewski, *Männerbund und Frauenfrage. Die Frau im neuen Staat*, München 1934, S. 41f.

75 Ebd., S. 37f.

76 Vgl. z. B. Lerke Gravenhorst / Carmen Tatschmurat (Hg.), *TöchterFragen. NS-FrauenGeschichte*, Freiburg i. Br. 1990.

77 Aurelius Augustinus, *Über die Dreifaltigkeit*, IV. Buch, II. Teil, 4. Abschnitt: XIV, 19. Der Text ist nicht ins Deutsche übersetzt, liegt aber in einer deutsch-französischen Ausgabe vor: *La Trinité*, in: *Œuvres de Saint Augustin*, übers. v. M. Mellet u. Th. Camelot, Texte de l'édition Bénédictine, Brügge 1955, Bd. 4, S. 386ff.

78 Theodor Fritsch, *Antisemiten-Katechismus. Eine Zusammenstellung des wichtigsten Materials zum Verständnis der Judenfrage*, Leipzig 1887, S. 313.

79 Vgl. Christina v. Braun, *Die ›Blutschande‹ – Wandlungen eines Begriffs. Vom Inzesttabu zu den Rassengesetzen*, in: dies., *Die schamlose Schönheit des Vergangenen*, Frankfurt a. M. 1989, S. 81–112. – In der Literatur vor 1800 taucht die (asexuelle) Geschwisterbeziehung oft als eine Art von Schutz vor den Gefahren und der Gewalt der Sexualbeziehungen auf. In der serbischen Literatur und in serbischen Ritualen hat sich diese Tradition bis ins 20. Jahrhundert erhalten (vgl. Inge Vielhauer, *Bruder und Schwester. Untersuchungen und Betrachtungen zu einem Urmotiv zwischenmenschlicher Beziehung*, Bonn 1979). Sie taucht in diesem Sinne auch in den Werken von Franz Kafka oder von Ingeborg Bachmann auf. Im ›arischen‹ Kontext wird das Motiv jedoch mit erotischen Konnotationen versehen, die das Gegenteil von ›Schutz‹ implizieren: Der Bruder, der als ›Beschützer‹ vor der Gewalt der Sexualität gegolten hatte, wird zum Begehrenden selbst. Diese ›Umfunktionierung‹ des Motivs läßt sich mit der des ›gelben Sterns‹ durch die Nationalsozialisten vergleichen, die das christliche Symbol des gelben Flecks, durch das der Jude als ›Ausgeschlos-

sener‹ gekennzeichnet wurde, mit der Form des Davidssterns verbanden. Das heißt, der Jude wurde durch ebenjenes Symbol ausgesondert und der Verfolgung ausgeliefert, das für ihn traditionell Heimat und Geborgenheit symbolisierte.

80 Zur Geschichte der ›kultischen Sexualität‹ vgl. Eugen Fehrle, *Die Kultische Keuschheit im Altertum*, Gießen 1901. Den Hinweis auf diese Schrift verdanke ich Ulrike Brunotte, die in ihrem Buch *Puritanismus und Pioniergeist. Die Faszination der Wildnis im frühen Neu-England*, New York/Berlin 2000, generell erhellende Einsichten in die wechselvolle Begriffsgeschichte der ›Reinheit‹ bietet.

81 Richard Wagner, *Die Walküre*, I. Aufzug, 3. Szene.

82 Ebd., II. Aufzug, 1. Szene.

83 So wird die Vereinigung mit der Schwester als eine Art von Gotteserfahrung beschrieben bei Robert Musil, *Der Mann ohne Eigenschaften*, in: ders., *Gesammelte Werke*, hg. v. Adolf Frisé, Reinbek 1978, Bd. 3, S. 761, 764f.

84 Frank Thiess, *Die Verdammten*, Berlin 1922, S. 410f.

85 Adolf Hitler, *Mein Kampf*, ungekürzte Ausgabe, München 1940, S. 272.

86 Jakob Wassermann, *Mein Weg als Deutscher und Jude* (1921), in: ders., *Deutscher und Jude. Reden und Schriften 1904–1933*, hg. v. Dierk Rodewald, Heidelberg 1984, S. 88f.

87 Ebd., S. 60.

88 Ebd., S. 37.

89 Wilhelm Marr, *Der Judenspiegel*, Hamburg 1862, S. 43.

90 Houston Stewart Chamberlain, *Die Grundlagen des XIX. Jahrhunderts*, München 1909, S. 44.

91 Arthur Dinter, *Die Sünde wider das Blut* (1917), Leipzig 1927, S. 210.

92 Hans-Georg Stümke / Rudi Finkler, *Rosa Winkel – Rosa Listen. Homosexuelle und ›gesundes Volksempfinden‹ von Auschwitz bis heute*, Reinbek 1981, S. 284.

93 Vgl. Dietz Berings materialreiche und differenzierte Untersuchung zu diesem Thema: *Die Intellektuellen. Geschichte eines Schimpfwortes*, Stuttgart 1978. Ich zitiere nach der Ausgabe Berlin/Wien 1982.

94 Etwa bei Immanuel Kant, *Kritik der reinen Vernunft*, in: ders., *Werke in zwölf Bänden*, hg. v. Wilhelm Weischedel, Frankfurt a. M. 1977, Bd. 3, S. 148ff.

95 Bering, *Die Intellektuellen*, S. 65.

96 Ebd., S. 67.

97 Ebd., S. 310.

98 Heinrich Mann, *Essays*, in: ders., *Ausgewählte Werke in Einzelausgaben*, 13 Bde., hg. u. mit einem Nachwort versehen v. A. Kantorowicz, Berlin 1954ff., Bd. 1, S. 325.

99 *Handbuch der sozialdemokratischen Parteitage von 1863 bis 1909*, bearbeitet v. Wilhelm Schröder, München 1910, S. 18.

100 *Parteitagsprotokolle der SPD 1903*, ebd., S. 225.

101 Bering, *Die Intellektuellen*, S. 72.

102 Clara Zetkin, *Ausgewählte Reden und Schriften*, Bd. 3: *Auswahl aus den Jahren 1924–1933*, Berlin 1960, S. 11.

103 Wladimir Iljitsch Lenin, *Ein Schritt vorwärts, zwei Schritte zurück*, in: ders., *Sämtliche Werke*, Wien/Berlin 1930, Bd. 6, S. 270f.
104 Bering, *Die Intellektuellen*, S. 153.
105 Johannes R. Becher, *Partei und Intellektuelle*, in: *Die Rote Fahne*, 25.11.1928.
106 *Deutsche Drogistenzeitung* v. 1934, zit. n. Bering, *Die Intellektuellen*, S. 1.
107 *Die Rote Fahne*, 12.9.1926.
108 *Die Rote Fahne*, 12.1.1926.
109 Bering, *Die Intellektuellen*, S. 252.
110 Pol Michels, *Das Verbrechen der Intellektuaille* (1919), in: *Deutsche Intellektuelle 1910–1933. Aufrufe, Pamphlete, Betrachtungen*, hg. u. mit einem Kommentar versehen v. Michael Stark, Heidelberg 1984, S. 173–176, 175.
111 Bering, *Die Intellektuellen*, S. 182.
112 Karl Kautsky, *Bernstein und das sozialdemokratische Programm. Eine Antikritik*, Stuttgart 1899, S. 133.
113 Bering, *Die Intellektuellen*, S. 176.
114 Ebd., S. 113ff.
115 So schrieb Jean Lorrain über die Schriftstellerin Marguerite Eymery (die unter dem Pseudonym Rachilde die Romane *Monsieur Venus*, 1884, und *Madame de Sade*, 1886, veröffentlicht hatte): »Ihr Ich, dessen Leib unverwüstlich war, schritt durch die Hysterie ihrer Zeit wie der Salamander durch die Flammen; sie lebte mehr mit den Nerven der anderen als mit ihren eigenen.« Jean Lorrain, *Mademoiselle Salamandre*, in: *Courrier Français*, 12.12.1886.
116 Bering, *Die Intellektuellen*, S. 242ff.
117 Ebd., S. 246.
118 *Die Rote Fahne*, 25.10.1925.
119 *Die Linkskurve* 1, Nr. 2, 1929, S. 1–4.
120 1873 tauchen in Paris und London fast zeitgleich die ersten Anorexie-Studien auf: William Gull, *Anorexia hysterica*, in: *Brit. Med. Journal* 2, 1873, S. 527f.; Ernest Charles Lasègue, *De l'anorexie hystérique*, in: *Arch. gén. méd.* 21, 1873, S. 385–403.
121 Friedrich Schleiermacher, *Über die Religion. Rede an die Gebildeten unter ihren Verächtern*, Hamburg 1958, S. 77.
122 Adam Müller, *Zwölf Reden über die Beredsamkeit und deren Verfall in Deutschland*, hg. v. Jürgen Wilke, Stuttgart 1983, S. 31. Zur Geschichte der Schriftkritik nach Platon vgl. auch Kapitel III, Anm. 88.
123 Richard Davenport-Hines, *Sex, Death and Punishment. Attitudes to Sex and Sexuality in Britain since the Renaissance*, London 1991, S. 138.
124 Davenport-Hines, *Sex, Death and Punishment*, S. 135ff.
125 Ebd., S. 132.
126 George Mosse, *Nationalismus und Sexualität. Bürgerliche Moral und sexuelle Normen*, München 1985, S. 18.
127 Ebd., S. 151.
128 Eve Kosofsky-Sedgwick, *Nationalisms and Sexualities in the Age of*

Wilde, in: Andrew Parker / Mary Russo / Doris Sommer / Patricia Yaeger (Hg.), *Nationalisms & Sexualities,* New York/London 1992, S. 235–245, 242f.

129 Davenport-Hines, *Sex, Death and Punishment,* S. 140.
130 Ebd., S. 139.
131 Vgl. u. a. Helmut Kentler, in: Hans-Georg Wiedemann, *Homosexuelle Liebe. Für eine Neuorientierung der christlichen Ethik,* Stuttgart 1982, S. 34; s. a. Rüdiger Lautmann, *Gesellschaft und Homosexualität,* Frankfurt a. M. 1977, S. 12; s. a. Udo Rauchfleisch, *Angst vor Homosexualität,* in: ders. (Hg.), *Homosexuelle Männer in Kirche und Gesellschaft,* Düsseldorf 1993, S. 87–108, 90f.
132 »Injury of national truth«, zit. n. Davenport-Hines, *Sex, Death and Punishment,* S. 127.
133 Vgl. Sander L. Gilman, in: Christina v. Braun, *Böses Blut. Mythen und Wirkungsgeschichte der Syphilis,* Film, Köln (WDR) 1994.
134 Mosse, *Nationalismus und Sexualität,* S. 172.
135 Mit dem Begriff der ›Homosexualität‹ prägte der ungarische Arzt Karoly Benkert 1869 ein neues ›Krankheitsbild‹. Mit dem Begriff des ›Antisemitismus‹ erfand der Journalist Wilhelm Marr 1862 eine moderne, ›wissenschaftliche‹ Form von Antijudaismus. Wilhelm Marr, *Der Judenspiegel,* Hamburg 1862, S. 43.
136 Mosse, *Nationalismus und Sexualität,* S. 49.
137 Ebd., S. 174.
138 Christina v. Braun. *Nicht Ich. Logik Lüge Libido,* Frankfurt a. M. 1985, S. 53ff., 114ff.
139 Weininger, *Geschlecht und Charakter,* S. 361.
140 »Für den Rassismus jedoch war ein gesunder Jude ein Widerspruch in sich.« Mosse, *Nationalismus und Sexualität,* S. 181.
141 Ebd., S. 176.
142 Zit. n. Isabel V. Hull, *The Entourage of Kaiser Wilhelm II., 1888–1919,* Cambridge 1982, S. 136.
143 Mosse, *Nationalismus und Sexualität,* S. 55.
144 Kosofsky-Sedgwick, *Nationalisms and Sexualities in the Age of Wilde,* S. 238.
145 Ebd., S. 242.
146 Zit. n. Marion Luckow, *Die Homosexualität in der literarischen Tradition,* Stuttgart 1962, S. 29. Während der Psychiater Richard von Krafft-Ebing 1898 von einem medizinisch erwiesenen Zusammenhang zwischen ›homosexueller Dekadenz‹ und künstlerischer Empfänglichkeit schrieb, (zit. bei Luckow, S. 29), verkündeten die Künstler der Dekadenz, daß »der Mensch immer verfeinerter, immer weiblicher, immer göttlicher wird«. Mosse, *Nationalismus und Sexualität,* S. 59.
147 Vgl. Braun, *Böses Blut.*
148 Mosse, *Nationalismus und Sexualität,* S. 185.
149 Weininger, *Geschlecht und Charakter,* S. 443.
150 Charles Baudelaire, *Le public moderne et la photographie, Salon de 1859,* in: ders., *Œuvres complètes,* hg. u. kommentiert v. Y.-G. Le Dantec, Paris 1932, Bd. 2, S. 220f.

151 Mario Praz, *Liebe, Tod und Teufel. Die schwarze Romantik*, München 1988, S. 223.
152 Poliakov, *Geschichte des Antisemitismus*, Bd. 7: *Zwischen Assimilation und ›Jüdischer Weltverschwörung‹*, 1988, S. 68.
153 Jean-Martin Charcot, *Leçons sur les maladies du système nerveux*, in: ders., *Œuvres complètes*, hg. v. Babinski, Bourneville, Bernard, Férré, Guinon, Marie u. Gilles de la Tourette, Brissaud, Sevestre, Paris 1886–93, Bd. 3, S. 4.
154 Jean-Martin Charcot, *Leçons du mardi à la Salpêtrière*, Notes de cour de MM Blin, Charcot et Colin, in: *Policlinique*, Paris 1887/88, Bd. 1, S. 178.
155 Sigmund Freud, *Nachruf auf Jean-Martin Charcot*, in: ders., *Gesammelte Werke*, Bd. 1, S. 22.
156 Mosse, *Nationalismus und Sexualität*, S. 19, 171.
157 Ebd., S. 214.
158 Oscar Wilde, *Das Bildnis des Dorian Gray*, Wiesbaden o. J., S. 26.
159 Vgl. Christina v. Braun, *Kunst und Künstlichkeit. Claude Monet, Gustave Moreau und die Photographie*, Film, Köln (WDR) 1984.
160 Mosse, *Nationalismus und Sexualität*, S. 216.
161 Kosofsky-Sedgwick, *Nationalisms and Sexualities in the Age of Wilde*, S. 242.
162 Ebd.
163 Wilde, *Das Bildnis des Dorian Gray*, S. 120.
164 Praz, *Liebe, Tod und Teufel*, S. 147. Oder auch: »Das einzig Schreckliche in der Welt ist Langeweile«, sagt Lord Henry zu Dorian, »das ist die einzige Sünde, für die es keine Vergebung gibt.« Wilde, *Das Bildnis des Dorian Gray*, S. 167.
165 Mosse, *Nationalismus und Sexualität*, S. 59.
166 In seinem Einleitungsgedicht *Au Lecteur* zum Band *Fleurs du Mal* schreibt Baudelaire: »Doch unter den Schakaln, den Panthern, den Hetzhündinnen, den Affen, den Skorpionen, Geiern, Schlangen, den Untieren allen, die da belfern, heulen, grunzen, kriechen in der ruchlosen Menagerie unserer Laster, / Ist eines häßlicher, und böser noch, und schmutziger! Ob es gleich keine großen großen Glieder reckt, noch laute Schreie ausstößt, zertrümmerte es gern die ganze Erde, und gähnend schluckt es die Welt ein; / Die Langeweile ists! – Das Auge schwer von willenloser Träne, träumt sie von Blutgerüsten, ihre Wasserpfeife schmauchend; du kennst es, Leser, dieses zarte Scheusal…« Charles Baudelaire, *Die Blumen des Bösen* (1857), deutsch v. Friedhelm Kemp, Frankfurt a. M. 1966, S. 6f.
167 Praz, *Liebe, Tod und Teufel*, S. 183f.
168 Ebd., S. 195.
169 Zit. n. Georges Lafourcade, *La Jeunesse de Swinburne (1837–1867)*, 2 Bde., Paris 1928, Bd. 2, S. 132.
170 Wilde, *Das Bildnis des Dorian Gray*, S. 163.
171 Weininger, *Geschlecht und Charakter*, S. 371.
172 Zit. n. Praz, *Liebe, Tod und Teufel*, S. 197.
173 Zit. n. Edouard Roditi, *Oscar Wilde. Dichter und Dandy*, München 1947, S. 158.
174 Jules Barbey d'Aurevilly in einem Artikel von 1884, zit. n. Joris-Karl Huys-

mans, *Gegen den Strich*, Vorwort, aus dem Französischen v. Franz Jacob, Zürich 1965, S. 52.

175 Paul Valéry, *Erinnerungen an J.-K. Huysmans*, ebd., S. 371.

176 Zit. n. Praz, *Liebe, Tod und Teufel*, S. 313.

177 Zit. n. Praz, *Liebe, Tod und Teufel*, S. 211.

178 Ebd., S. 194.

179 Roditi, *Oscar Wilde*, S. 143.

180 Zit. n. René Ternois, *Zola et son temps*, Paris 1961, S. 166.

181 Zit. n. Praz, *Liebe, Tod und Teufel*, S. 61f.

182 Poliakov, *Geschichte des Antisemitismus*, Bd. 7, S. 66.

183 Der französische Schriftsteller Charles Du Bos (1882–1939) schrieb über Byron: »Innerhalb der Gesetze empfindet er nichts; außerhalb der Gesetze fühlt er bis in den Grund.« Charles Du Bos, *Byron et le besoin de la fatalité*, Paris 1929, S. 158.

184 Eric L. Santner, persönliche Mitteilung, s. a. ders., *History beyond the Pleasure Principle: Some Thoughts on the Representation of Trauma*, in: Saul Friedlander (Hg.), *Probing the Limits of Representation*, Cambridge/London 1992, S. 143–154.

185 Raphael Schulte, *Zeit als Glaubenserlebnis*, in: Hans Michael Baumgartner (Hg.), *Zeitbegriffe und Zeiterfahrung*, Freiburg i. Br./München 1994, S. 217–269, 254f.

186 Dietmar Kanthak, in: *Der Generalanzeiger*, Bonn, 2.3.1994.

187 Ebd.

188 Andreas Kilb, in: *Die Zeit*, 4.3.1994.

189 Der Mythos des Realen ergriff auch den Schöpfer selbst: Es sei ihm nicht möglich gewesen, mit Schauspielern, die sich im Kostüm eines Obersturmbannführers auf dem Set bewegten, ›small talk‹ zu betreiben, sagte Spielberg bei der Pressekonferenz, zit. bei Kanthak.

190 Manfred Riepe / Stefan Müller, in: *Die Tageszeitung*, 3.3.1994.

191 Maurice Barrès, *Cahiers II*, Paris 1930, S. 216.

192 An dieser Behauptung sind allerdings Zweifel anzumelden. Eine Ausstrahlung im Fernsehen erreicht leicht mehr als die drei Millionen Zuschauer, die *Schindlers Liste* in Deutschland gesehen haben. Allein die Sicherheitsmaßnahmen, die die Sendeanstalten während der ersten Ausstrahlung von *Shoah* ergriffen (einige verwandelten sich geradezu in Festungen), zeigen, daß man durchaus mit einer Wirkung dieses Films rechnete – allerdings mit einer anderen als der intendierten.

193 Vgl. Deuber-Mankowsky, *Der frühe Walter Benjamin und Hermann Cohen*.

194 Hartmut Zelinsky, *Arnold Schönberg – der Wagner Gottes*, in: *Neue Zeitschrift für Musik*, April 1986, S. 5–26.

195 Susanne Omran, *Frauenbewegung und ›Judenfrage‹. Diskurse um Rasse und Geschlecht nach 1900*, Frankfurt a. M./New York 2000.

196 Arthur Hertzberg, *Die Entdeckung der Jüdischen Mutter*, in: ders., *Shalom Amerika! Die Geschichte der Juden in der Neuen Welt*, übers. v. Sylke Tempel, Frankfurt a. M./Wien 1992, S. 143, 161. Im englischen Originaltext heißt das Kapitel *The Invention of the Jewish Mother* – also die ›Erfindung‹ der jüdischen Mutter.

197 Vgl. z. B. Gisela Ecker, *Einzug in das ›Promised Land‹ oder ›Lost in Translation‹? Ostjüdinnen auf dem Weg vom ›shtetl‹ zum ›American dream‹*, in: Inge Stephan / Sabine Schilling / Sigrid Weigel (Hg.), *Jüdische Kultur und Weiblichkeit in der Moderne*, Köln 1994, S. 229–243.

198 Martin Buber, *Das Zion der jüdischen Frau*, in: ders., *Die jüdische Bewegung*, Berlin 1920, S. 28–38, 34ff.

199 Gabriele Kohlbauer-Fritz, *›La belle juive‹ und die ›schöne Schickse‹*, in: Sander L. Gilman / Robert Jütte / Gabriele Kohlbauer-Fritz (Hg.), *›Der scheijne Jidd‹. Das Bild des ›jüdischen Körpers‹ in Mythos und Ritual*, Wien 1998, S. 109–121, 119.

200 Ebd., S. 120.

201 Ebd., S. 119f.

202 Vgl. Riv Ellen Prell, *Why Jewish Princesses Don't Sweat. Desire and Consumption in Postwar American Culture*, in: Norman L. Kleeblatt (Hg.), *Too Jewish? Challenging Traditional Identities*, New York 1996, S. 74–92.

203 Evelyn Torton Beck, *Therapy's Double Dilemma: Anti-Semitism and Misogyny*, in: Rachel Josefowitz Siegel / Ellen Cole (Hg.), *Jewish Women in Therapy. Seen but not Heard*, New York/London 1991, S. 19–30, 25.

204 Vgl. Sander L. Gilman, *The Case of Sigmund Freud. Medicine and Identity at the Fin de Siècle*, Baltimore/London 1994.

205 Sigmund Freud, *Über infantile Sexualtheorien*, in: ders., *Gesammelte Werke*, Bd. 7, S. 179.

206 Freud, *Moses*, S. 230.

207 Theodor Reik, *Die Pubertätsriten der Wilden: Über einige Übereinstimmungen im Seelenleben der Wilden und der Neurotiker*, in: *Imago* 6, 1915/16, S. 125–144.

208 So etwa, wenn er schreibt, daß erst mit der Vollendung der Entwicklung zur Zeit der Pubertät die sexuelle Polarität mit männlich und weiblich zusammenfalle. »Das Männliche faßt das Subjekt, die Aktivität und den Besitz des Penis zusammen, das Weibliche setzt das Objekt und die Passivität fort. Die Vagina wird nun als Herberge des Penis geschätzt, sie tritt das Erbe des Mutterleibes an.« Sigmund Freud, *Die infantile Genitalorganisation* (1920–24), in: ders., *Gesammelte Werke*, Bd. 13, S. 297f.

209 Sander L. Gilman, *Freud, Race and Gender*, in: Magonet (Hg.), *Jewish Explorations of Sexuality*, S. 155.

210 Salomon Wininger u. a. (Hg.), *Große Jüdische National-Biographie. Ein Nachschlagewerk für das jüdische Volk und dessen Freunde*, Czernowitz 1925–36, Bd. 4, S. 476.

211 Die erste Übersetzung erschien 1822: Sir Walter Scott, *Ivanhoe*, aus dem Englischen v. Elise v. Hohenhausen geb. v. Ochs, Zwickau 1822.

212 Kurt Münzer, *Der Weg nach Zion*, Berlin/Stuttgart/Leipzig 1907, S. 110, 84.

213 Yerushalmi, *Freuds Moses*, S. 106.

214 Münzer, *Der Weg nach Zion*, S. 64.

215 Ebd., S. 65.

216 Weininger, *Geschlecht und Charakter*, S. 242f.

217 Münzer, *Der Weg nach Zion*, S. 222.

218 Max Nordau, *Entartung*, Berlin 1896, S. 372, 375f.; Friedrich Nietzsche, *Der Fall Wagner*, in: ders., *Werke in drei Bänden*, hg. v. Karl Schlechta, München 1954, Bd. 2, S. 918ff.

219 Münzer, *Der Weg nach Zion*, S. 3.

220 Ebd., S. 183f., 188, 193, 241.

221 Ebd., S. 81.

222 Ebd., S. 243.

223 Ebd., S. 242.

224 Ebd., S. 258.

225 Ebd., S. 22.

226 Ebd., S. 258.

227 Ebd., S. 244f.

228 Ebd., S. 358.

229 Ebd., S. 242.

230 Thomas Mann, *Wälsungenblut*, in: ders., *Sämtliche Erzählungen*, Frankfurt a. M. 1963, S. 324.

231 Münzer, *Der Weg nach Zion*, S. 476f.

232 Die Macht dieses säkular-christlichen Motivs zeigt sich daran, daß es nicht nur in Literatur und Oper, sondern auch in realen Liebesbeziehungen der Zeit eine wichtige Rolle spielte. So wollte Sabina Spielrein von C. G. Jung, der sie als Patientin behandelte und zugleich ein Liebesverhältnis mit ihr eingegangen war, ein Kind, das sie ›Siegfried‹ nennen wollte: In der Gestalt des Kindes sollten das christliche und jüdische Prinzip miteinander vereint werden. Zur Schwangerschaft kam es nicht, wohl aber zur Trennung von Jung, dessen Antagonismus zu Freud immer deutlicher geworden war. Freud schrieb ihr später: »Nachträglich gestehe ich ein, daß mir Ihre Phantasie von der Geburt des Heilands aus einer Mischvereinigung gar nicht sympathisch war. In seiner antisemitischsten Zeit hat ihn der Herrgott aus bester jüdischer Rasse geboren werden lassen.« Brief v. 20. August 1912, zit. n. Aldo Carotenuto, *Tagebuch einer heimlichen Symmetrie. Sabina Spielrein zwischen Jung und Freud*, übers. v. Dorothea Agerer, Freiburg i. Br. 1986, S. 120.

233 Münzer, *Der Weg nach Zion*, S. 291ff.

234 Ebd., S. 290.

235 Ebd., S. 469f.

236 Ebd., S. 470. In dieser Szene wird schließlich ein nackter Mann hereingeführt, ein Stummer, dem alle zu Füßen fallen: »›Sehet‹, ruft der Maler Petersen, ›Sehet, der Mensch, der Mensch! Fallet hin, betet, betet.‹«Am Ende der Szene erheben alle die Stimme und singen ›Freude schöner Götterfunken‹ (S. 471f.).

237 Ebd., S. 577.

238 Ebd., S. 584f.

239 Ebd., S. 585.

240 Ebd., S. 601f.

241 Ebd., S. 603f.

242 Arthur Schnitzler, *Der Weg ins Freie*, Berlin 1924, S. 284.

243 Deuber-Mankowsky, *Der frühe Walter Benjamin und Hermann Cohen*, S. 356ff.

244 Erwin Panofsky, *Gotische Architektur und Scholastik. Zur Analogie von Kunst, Philosophie und Theologie im Mittelalter*, hg. v. Thomas Frangenberg, Köln 1989.

245 Zit. n. Rolf Sachsse, *Bild und Bau. Zur Nutzung technischer Medien beim Entwerfen von Architektur*, Bauwelt-Fundamente 113, Braunschweig/Wiesbaden 1997, S. 169f.

246 Kurt W. Forster, *Gebäude als Archive und Verliese des Wissens*, in: Raulff/Smith (Hg.), *Wissensbilder*, S. 241–264, 248.

247 Bruno Reudenbach, *Die Gemeinschaft als Körper und Gebäude. Francesco di Giorgios Stadttheorie und die Visualisierung von Sozialmetaphern im Mittelalter*, in: Klaus Schreiner / Norbert Schnitzler (Hg.), *Gepeinigt, begehrt, vergessen. Symbolik und Sozialbezug des Körpers im späten Mittelalter und in der frühen Neuzeit*, München 1992, S. 171–198, 171.

248 Zit. n. Reudenbach, ebd., S. 172.

249 Ebd., S. 186.

250 Vgl. Hartmut Boblitz, *Die Allegorese der Arche Noahs in der frühen Bibelauslegung*, in: *Frühmittelalterliche Studien* 6, 1972, S. 150–170.

251 Francesco di Giorgio Martini, *Trattati di architettura ingegneria e arte militare*, zit. n. Reudenbach, *Die Gemeinschaft als Körper und Gebäude*, S. 174.

252 Zit. n. Reudenbach, ebd., S. 175.

253 Vgl. Christina v. Braun, *Macht und Elend der Metropole. Stadt und Gesellschaft im Paris des 19. Jahrhunderts*, Film, Köln (WDR) 1979.

254 Max Horkheimer / Theodor W. Adorno, *Dialektik der Aufklärung. Philosophische Fragmente*, Frankfurt a. M. 1969.

255 Vilém Flusser, *Für eine Philosophie der Fotografie*, Göttingen ⁵1991, S. 16.

256 Walter Gropius, *Manifest und Programm des Staatlichen Bauhauses in Weimar*, April 1919, in: *Bauhaus Weimar 1919–1924. Materialien zum Bauhaus*, hg. v. Museumspädagogischen Dienst Berlin, Berlin 1996, S. 52.

257 Ebd.

258 Sachsse, *Bild und Bau*, S. 190.

259 Libeskind wurde 1946 in Lodz geboren, der Großteil seiner Familie überlebte nicht den Holocaust. Mit den Eltern nach Israel ausgewandert, studierte er dort zunächst Musik. 1960 kam er nach New York , wo er sich mit Malerei und Mathematik auseinandersetzte, bevor er an der Cooper Union School in New York Architektur studierte. 1965 nahm er die amerikanische Staatsbürgerschaft an. Von 1978 bis 1985 war Libeskind Dekan der Architekturfakultät der Cranbrook Academy of Arts in Bloomfiel Hills, Michigan. 1986 gründete er in Mailand das Architecture Intermundium. Als 1989 sein Entwurf für den Erweiterungsbau des Berlin Museums mit der Abteilung Jüdisches Museum den ersten Preis gewann, zog Libeskind mit seiner Familie nach Berlin.

260 Daniel Libeskind, *Between the Lines. Erweiterung des Berlin Museums mit Abteilung Jüdisches Museum*, in: ders., *Radix-Matrix. Architekturen und Schriften*, New York 1994, S. 100–102, 102.

261 Ebd.; Libeskind zitiert hier den Hebräerbrief 11,1.
262 Libeskind, *Between the Lines*, S. 101.
263 Daniel Libeskind, *Vom Pflaster aus fischen*, in: ders., *Kein Ort an seiner Stelle. Schriften zur Architektur – Visionen für Berlin*, hg. v. Angelika Stepken, Dresden/Basel 1995, S. 24–40, 32.
264 Daniel Libeskind, *Die Banalität der Ordnung*, ebd., S. 146–153, 150.
265 Daniel Libeskind, *Symbol und Interpretation*, ebd., S. 216–224, 223.
266 Daniel Libeskind, *Beurteilung eines Tages Traumas oder Ein Zweiter Blick auf Sisyphos*, ebd., S. 58–67, 63.

Zu Kapitel VII

1 Brian Stock, *The Implications of Literacy. Written Language and Models of Interpretation in the Eleventh and Twelfth Centuries*, Princeton 1983, S. 16.
2 Wenn sich Frauen überhaupt ethischer verhalten – genauer: seltener straffällig werden – als Männer, so hat das weniger mit einem angeborenen Instinkt von Verantwortung für den anderen als mit dieser Frage der Reziprozität zu tun: Da sich Frauen als physisch unterlegen und deshalb auch als leichter verletzlich erfahren, besteht für sie, aus Selbstschutz, auch eine größere Notwendigkeit, ethische Normen als bindend zu betrachten.
3 Baruch Spinoza, *Ethik*, aus dem Lateinischen v. Jakob Stern, hg. v. Helmut Seidel, Leipzig 1975, S. 278; s. a. Spinoza, *Theologisch-politische Abhandlung*, übers. u. erläutert v. J. H. v. Kirchmann, Berlin 1870, S. 209–220.
4 Hilge Landweer, *Scham und Macht. Phänomenologische Untersuchungen zur Sozialität eines Gefühls*, Tübingen 1999, S. 47.
5 Aristoteles, *Rhetorik*, II. Buch, 1384a.
6 Jean-Paul Sartre, *Das Sein und das Nichts. Versuch einer phänomenologischen Ontologie*, in: ders., *Gesammelte Werke. Philosophische Schriften I*, deutsch v. Hans Schöneberg u. Traugott König, Reinbek 1994, S. 459ff.
7 Ebd., S. 473.
8 Ebd., S. 467.
9 Ebd., S. 471.
10 Bernard Williams, *Shame and Necessity*, Berkeley/Los Angeles/London 1993, S. 78.
11 »Schließlich wollen wir noch daran erinnern – was nur scheinbar von unserem Thema abführt –, daß der Träger dieser Einheit von Subjekt und Nicht-Subjekt im Subjekt, als das Scharnier der Verschränkung von Selbst und Anderem, der Körper ist. Der Körper ist eine ›materielle‹ Struktur, die einen virtuellen Sinn in sich trägt. Der Körper ist nicht Entfremdung – das wäre Unsinn –, er bedeutet vielmehr Teilhabe an der Welt und am Sinn, Anbindung und Beweglichkeit. Der Körper konstituiert eine erste Form des Bedeutungsuniversums, und zwar noch vor allem reflexiven Denken.« Cornelius Castoriadis, *Gesellschaft als imaginäre Institution. Entwurf einer politischen Philosophie*, übers. v. Horst Brühmann, Frankfurt a. M. 1990, S. 180.

12 Williams, *Shame and Necessity*, S. 101.

13 Ebd., S. 83.

14 Ebd., S. 82.

15 Ebd., S. 220.

16 Gabriele Taylor, *Pride, Shame and Guilt*, Oxford 1985, S. 81.

17 Homer, *Ilias*, 15.561; hier in der Übersetzung v. Johann Heinrich Voß, Stuttgart 1955.

18 Homer, *Ilias*, 5.787.

19 Williams, *Shame and Necessity*, S. 219f.

20 Ebd., S. 222.

21 Ebd., S. 84.

22 Landweer, *Scham und Macht*, S. 52.

23 Ebd., S. 47.

24 Sigmund Freud, *Der Mann Moses und die monotheistische Religion*, in: ders., *Gesammelte Werke*, Bd. 16, S. 208f.

25 Ebd., S. 243f.

26 Gen 3,20. Zur Erbsünde: In Ezechiel geht das Alte Testament ausführlich auf die Frage ein, ob die Sünde erblich sei: »Das Wort des Herrn erging an mich: Wie kommt ihr dazu, im Land Israel das Sprichwort zu gebrauchen: Die Väter essen saure Trauben, und den Söhnen werden die Zähne stumpf? So wahr ich lebe – Spruch Gottes, des Herrn –, keiner soll mehr dieses Sprichwort gebrauchen. Alle Menschenleben sind mein Eigentum, das Leben des Vaters ebenso wie das Leben des Sohnes, sie gehören mir. Nur wer sündigt, soll sterben.« Ez 18,1–4. Der Text geht dann noch ganz explizit auf die Möglichkeit ein, daß ein Vater rechtschaffen sein könne, sein Sohn jedoch nicht; nur letzterer werde verurteilt: »Er hat alle diese Greueltaten verübt, darum muß er sterben. Er ist selbst schuld an seinem Tod.« Ez 18,13.

27 Alfred Marx, *Opferlogik im Alten Israel*, in: Bernd Janowski / Michael Welker (Hg.), *Opfer. Theologische und kulturelle Kontexte*, Frankfurt a. M. 2000, S. 129–149, 141; s. a. J. Milgrom, *Israel's Sanctuary: The Priestly ›Picture of Dorian Gray‹*, in: *Revue Biblique* 83, 1976, S. 390–399.

28 Marx, *Opferlogik im Alten Israel*, S. 142.

29 Vgl. Ez 10–11.

30 Sigmund Freud, *Der Moses des Michelangelo*, in: ders., *Gesammelte Werke*, Bd. 10, S. 174f.

31 Yosef Hayim Yerushalmi, *Freuds Moses. Endliches und unendliches Judentum*, aus dem Amerikanischen v. Wolfgang Heuß, Berlin 1992, S. 111.

32 Ebd., S. 113.

33 Freud, *Moses*, S. 192.

34 Ebd., S. 193.

35 Ebd., S. 244.

36 William Shakespeare, *Hamlet*, hg., übers. u. kommentiert v. Holger M. Klein, Stuttgart 1993, Bd. 1, I,5, S. 102f.

37 Jacques Lacan, *Über eine Frage, die jeder möglichen Behandlung der Psychose vorausgeht*, in: ders., *Schriften*, Olten/Freiburg i. Br. 1973, Bd. 2, S. 61–118, 89.

38 Shakespeare, *Hamlet*, IV,3, S. 226f.

39 Ebd., V,2, S. 305.

40 Ebd., III,2, S. 173.

41 Die Urfassung des *Hamlet*-Stoffes wird in der *Lieder-Edda* erwähnt; ihre erste Fassung liegt in der *Historia Danica* des Saxo Grammaticus (um 1150 – um 1220) vor. Die Transsubstantiationslehre wird auf dem Laterankonzil von 1215 zur offiziellen Kirchenlehre erhoben.

42 Shakespeare, *Hamlet*, V,2, S. 300f.

43 Ebd., III,2, S. 194f.

44 Ebd., I,5, S. 101f.

45 Vgl. Christina v. Braun, *Böses Blut. Mythen und Wirkungsgeschichte der Syphilis*, Film, Köln (WDR) 1994.

46 Shakespeare, *Hamlet*, I,5, S. 100f.

47 John Carroll, *Guilt. The Grey Eminence behind Character, History and Culture*, London/Boston/Melbourne/Henley 1985, S. 71, 74.

48 Shakespeare, *Hamlet*, I,2, S. 75.

49 Ebd., III,1, S. 164.

50 Carroll, *Guilt*, S. 35.

51 Shakespeare, *Hamlet*, I,5, S. 98ff.

52 Horst Wenzel macht zu Recht darauf aufmerksam, daß sich die Bedeutung des Sehens nicht erst mit der Verbreitung der Schrift, d. h. dem Buchdruck, durchsetzt, sondern schon im höfischen Leben des Mittelalters eine wichtige Rolle spielt, wo das Lernen »durch Anschauung« stattfindet. »Gegenüber der weit verbreiteten These, daß in oralen Kulturen das Ohr (das Hören) Vorrang habe vor dem Auge, daß die Dominanz des Sehens erst mit der Schrift und besonders mit der Erfindung des Buchdrucks sich durchsetzte, ist einzuwenden, daß höfische Sozialisation grundsätzlich zwar alle Sinne einbegreift, aber den Vorrang des Auges erfordert.« Horst Wenzel, *Imaginatio und Memoria. Medien der Erinnerung im höfischen Mittelalter*, in: Aleida Assmann / Dietrich Harth (Hg.), *Mnemosyne. Formen und Funktionen der kulturellen Erinnerung*, Frankfurt a. M. 1991, S. 57–82, 59. Doch während das Sehen im höfischen Leben schon sehr früh eine Rolle spielt, gewinnt es für den Glauben erst im Hochmittelalter an Bedeutung, und erst im Zusammenhang mit der Entstehung der Zentralperspektive gewinnt der Blick auch seine definitorische Macht.

53 Shakespeare, *Hamlet*, IV,7, S. 259.

54 Ebd., II,2, S. 154f.

55 Ebd.

56 »Thus conscience does make cowards of us all«, ebd., III,1, S. 160.

57 Roberto Calasso, *Die Hochzeit von Kadmos und Harmonia*, aus dem Italienischen v. Moshe Kahn, Frankfurt a. M./Leipzig 1993, S. 101f.

58 Hans Jonas, *Gnosis. Die Botschaft des fremden Gottes*, hg. u. mit einem Nachwort versehen v. Christian Wiese, Frankfurt a. M. 1999, S. 362.

59 Porphyrios, *Epistula ad Marcellam X*, zit. n. Jonas, *Gnosis*, S. 89.

60 Aurelius Augustinus, *Über die Dreifaltigkeit*, IV, 11. Der Text ist nicht ins Deutsche übersetzt, liegt aber in einer deutsch-französischen Ausgabe vor:

La Trinité, in: *Œuvres de Saint Augustin*, übers. v. M. Mellet u. Th. Camelot, Texte de l'édition Bénédictine, Brügge 1955, Bd. 4, S. 386ff.

61 Zit. n. Carroll, *Guilt*, S. 105.

62 Heinz Dieter Kittsteiner, *Die Entstehung des modernen Gewissens*, Frankfurt a. M./Leipzig 1991, S. 19.

63 Vgl. Hanns Bächtold-Stäubli (Hg.), *Handwörterbuch des Deutschen Aberglaubens*, Berlin/Leipzig 1927ff., Stichworte *Blut* (Bd. 1, S. 1434–42) und *Opfer* (Bd. 1, S. 458f.; Bd. 2, S. 1598f.; Bd. 3, S. 1439f.; Bd. 4, S. 1361ff.; Bd. 5, S. 9f., 568f.; Bd. 6, S. 156ff.; Bd. 8, S. 172f., 901ff.).

64 *Etymologisches Wörterbuch des Deutschen Zentralinstituts der Sprachwissenschaft*, Berlin 1989, S. 1577.

65 Jacques Le Goff, *Wucherzins und Höllenqualen. Ökonomie und Religion im Mittelalter,* Stuttgart 1988, zit. n. Jochen Hörisch, *Brot und Wein. Die Poesie des Abendmahls*, Frankfurt a. M. 1992, S. 19f.

66 Vgl. u. a. Stanislav Andreski, *Religion, Science and Morality*, in: *The Encounter*, London, Juni 1987, S. 62–66.

67 Immanuel Kant, *Kritik der Urteilskraft*, in: ders., *Werke in zwölf Bänden*, hg. v. Wilhelm Weischedel, Frankfurt a. M. 1977, Bd. 10, S. 187.

68 Zum Beispiel Jonas, *Gnosis*, S. 388f.

69 Castoriadis, *Gesellschaft als imaginäre Institution*, S. 454.

70 Georg Wilhelm Friedrich Hegel, *Die Wissenschaft der Logik*, in: ders., *Sämtliche Werke*, hg. v. Hermann Glockner, Stuttgart 1958, Bd. 4, S. 45f.

71 *Georg Friedrich Wilhelm Hegel in Selbstzeugnissen und Bilddokumenten*, dargestellt v. Franz Wiedmann, Reinbek 1965, S. 48.

72 Charles Darwin, *Die Entstehung der Arten durch die natürliche Zuchtwahl*, übers. v. Carl W. Neumann, Stuttgart 1963, S. 678.

73 Die französische wie die englische Sprache unterscheiden nicht nur zwischen ›sacrifice‹, dem religiösen Opfer, und ›victim‹, dem Opfer eines Verbrechens oder eines Autounfalls; es gibt auch zwei unterschiedliche Begriffe für die zwei Bedeutungen von ›Schuld‹: im Englischen ›guilt‹ und ›debt‹; im Französischen: ›culpabilité‹ und ›dette‹ (das allerdings auch im moralischen Sinne verwendet wird). Siehe auch Kapitel VI, Anm. 73.

74 Vgl. Christina v. Braun, ›… *Und der Feind ist Fleisch geworden‹. Der rassistische Antisemitismus*, in: dies. / Ludger Heid (Hg.), *Der Ewige Judenhaß*, Stuttgart/Bonn 1990, Berlin 2000, S. 149–213.

75 Einige Beispiele: Fred Zinnemann, *Das Siebte Kreuz*, USA 1944; Wolfgang Staudte, *Die Mörder sind unter uns*, Deutschland 1946; Artur Brauner / Eugen York, *Morituri*, Deutschland 1948. Vgl. Frank Stern, *Zwischen Kreuz und Schabbat-Leuchter. Religiöse Katharsis im Nachkriegsfilm*, Vortrag, gehalten an der Humboldt-Universität zu Berlin im Rahmen der Ringvorlesung »Religion und Moderne«, 12.12.2000.

76 Elisabeth Langgässer, *Märkische Argonautenfahrt*, Hamburg 1950, S. 394.

77 Gertrud v. Le Fort, *Der Papst aus dem Ghetto. Die Legende des Geschlechts Pier Leone*, München 1948, S. 242.

78 Reinhold Schneider, *Innozenz und Franziskus*, Frankfurt a. M. 1952, S. 236.

79 Reinhold Schneider, *Über den Selbstmord*, Baden-Baden 1947, S. 15.
80 Ebd., S. 14.
81 Werner Bergengruen, *Die heile Welt*, München 1950, S. 20.
82 Werner Bergengruen, *Der Großtyrann und das Gericht*, München 1947, S. 169.
83 Gertrud v. Le Fort, *Gedichte*, Frankfurt a. M. 1953, S. 49.

Zum Nachwort

1 Cornelius Castoriadis, *Gesellschaft als imaginäre Institution. Entwurf einer politischen Philosophie*, übers. v. Horst Brühmann, Frankfurt a. M. 1990.
2 Jeshajahu Leibowitz, in: Christina v. Braun, *Der Ewige Judenhaß*, Teil 1: *Christlicher Antijudaismus*, Filmtrilogie, WDR/NDR 1990; s. a. Jeshajahu Leibowitz, *Gespräche über Gott und die Welt*, hg. v. Michael Shashar, übers. v. Matthias Schmidt, Frankfurt a. M. 1990.
3 Im Prolog der Novelle 146 heißt es: »[...] insensatis semetipsos interpretationibus tradentes [...]«, zit. n. Pierre Legendre, »*Die Juden interpretieren verrückt«. Gutachten zu einem klassischen Text*, aus dem Französischen v. Anton Schütz, in: Psyche 43, Januar 1989, S. 20–39.
4 Ebd., S. 24.
5 Ebd.
6 Ebd., S. 25.

ZITIERTE LITERATUR

Abraham, Nicolas / Torok, Maria, *L'Ecorce et le noyau*, Paris 1987.

Agrippa v. Nettesheim, *Die Eitelkeit und Unsicherheit der Wissenschaften und die Verteidigungsschrift*, hg. v. Fritz Mauthner, München 1913.

Akashe-Böhme, Farideh, *Von der Auffälligkeit des Leibes*, Frankfurt a. M. 1995.

Aldridge-Morris, Ray, *Multiple Personality. An Exercise in Delusion*, London 1989.

Amigorena, Horacio / Vignar, Marcel, *Zwischen Außen und Innen: die Tyrannische Instanz,* in: *Psyche* 7, Juli 1979, S. 610–619.

Andersen, Hans Christian, *Der Schatten*, in: ders., *Sämtliche Werke*, Band 1, Leipzig 1853.

Anderson, Benedict, *Die Erfindung der Nation. Zur Karriere eines folgenreichen Konzepts*, übers. v. Benedikt Burkard u. Christoph Münz, erweiterte Ausgabe, Berlin 1998.

Andreski, Stanislav, *Religion, Science and Morality*, in: *The Encounter*, London, Juni 1987, S. 63–66.

Anselm v. Canterbury, *Warum Gott Mensch geworden*, übers. u. glossiert v. Wilhelm Schenz, Regensburg/Rom/New York/Cincinnati ²1902.

Aristoteles, *Über die Zeugung der Geschöpfe*, Buch II, in: ders., *Die Lehrschriften*, hg. u. übertragen v. Paul Gohlke, Paderborn 1959, Bd. 14.

Assmann, Aleida, *Erinnerungsräume. Formen und Wandlungen des kulturellen Gedächtnisses*, München 1999.

Assmann, Jan, *Das kulturelle Gedächtnis. Schrift, Erinnerung und politische Identität in frühen Hochkulturen*, München 1999.

Assmann, Jan, *Moses der Ägypter. Entzifferung einer Gedächtnisspur*, München 1998.

Augustinus, Aurelius, *La Trinité (De Trinitate)*, in: *Œuvres de Saint Augustin*, Bd. 4, übers. v. M. Mellet u. Th. Camelot, Texte de l'édition Bénédictine, Brügge 1955.

Bacon, Francis, *Franz Baco's Neues Organon*, übers. v. J. H. v. Kirchmann, Berlin 1870.

Badinter, Elisabeth, *Die Mutterliebe. Geschichte eines Gefühls vom 17. Jahrhundert bis heute*, München 1981.

Bächtold-Stäubli, Hanns, *Handwörterbuch des Deutschen Aberglaubens*, Berlin/Leipzig 1927ff.

Bal, Mieke, *Reading Rembrandt. Beyond the World-Image Opposition*, Cambridge 1991.

Barrès, Maurice, *Cahiers II*, Paris 1930.

Barthes, Roland, *Die Helle Kammer. Bemerkungen zur Photographie*, übers. v. Dietrich Leube, Frankfurt a. M. 1985.

Baudelaire, Charles, *Die Blumen des Bösen* (1857), übers. v. Monika Fahrenbach-Wachendorf, Stuttgart 1980.

Baudelaire, Charles, *Œuvres complètes*, hg. u. kommentiert v. Y.-G. Le Dantec, Paris 1932.

Baudinet, Marie-José, *The Face of Christ. The Form of the Church*, in: Feher, Michel / Nadaff, Ramona / Tazi, Nadia (Hg.), *Fragments for a History of the Human Body*, New York 1989, Bd. 1, S. 148–156.

Baumgartner, Hans Michael (Hg.), *Zeitbegriffe und Zeiterfahrung*, Freiburg i. Br./München 1994.

Beahrs, John O., *Unity and Multiplicity. Multilevel Consciousness of Self in Hypnosis, Psychiatric Disorder and Mental Health*, New York 1982.

Beard, George, *American Nervousness. Its Causes and Consequences*, New York 1881.

Bein, Alex, *Die Judenfrage. Biographie eines Weltproblems*, 2 Bde., Stuttgart 1980.

Beiweis, Werner, *Zur Realität des Imaginären. Steven Spielbergs ›Schindlers Liste‹*, Wien 1995.

Bell, Rudolph M., *Holy Anorexia*, Chicago/London 1985.

Belting, Hans, *Bild und Kult*, München 1991.

Belting, Hans / Blume, Dieter (Hg.), *Malerei und Stadtkultur in der Dantezeit. Die Argumentation der Bilder*, München 1989.

Ben-Chorin, Schalom / Lenzen, Verena (Hg.), *Jüdische Theologie im 20. Jahrhundert. Ein Lesebuch*, München/Zürich 1988.

Benjamin, Walter, *Gesammelte Schriften*, hg. v. Rolf Tiedemann u. Herrmann Schweppenhäuser, Frankfurt a. M. 1982.

Bennington, Geoffrey / Derrida, Jacques, *Jacques Derrida. Ein Portrait*, aus dem Französischen übers. v. Stefan Lorenzer, Frankfurt a. M. 1994.

Berardt, Charlotte, *Das Dritte Reich des Traums*, München 1966.

Berdiajew, Nikolaj A., *Der Sinn der Geschichte. Versuch einer Philosophie der Menschheitsgeschichte*, aus dem Russischen v. Otto v. Taube, Tübingen 1949.

Bergengruen, Werner, *Der Großtyrann und das Gericht*, München 1947.

Bergengruen, Werner, *Die heile Welt*, München 1950.

Berger, Renate / Stephan, Inge (Hg.), *Weiblichkeit und Tod in der Literatur*, Köln/Wien 1987.

Bering, Dietz, *Die Intellektuellen. Geschichte eines Schimpfwortes* (1978), Berlin/Wien 1982.

Biale, David, *Eros and the Jews. From Biblical Israel to Contemporary America*, New York 1992.

Binswanger, Hans Christoph, *Geld und Magie*, Stuttgart 1985.

Bischoff, Theodor Ludwig W. v., *Das Studium und die Ausübung der Medizin durch Frauen*, München 1872.

Bloch, Iwan, *Das Sexualleben unserer Zeit in seinen Beziehungen zur modernen Kultur*, Berlin 1909.

Blumenberg, Yigal, *Freud, ein gottloser Jude. Zur Frage der jüdischen Wurzeln der Psychoanalyse*, in: *Luzifer-Amor. Zeitschrift zur Geschichte der Psychoanalyse*, Nr. 19, 1997.

Blumenberg, Yigal, *Psychoanalyse – eine jüdische Wissenschaft? Von den jüdischen Wurzeln der Psychoanalyse und der Abwehr von Tradition und Fremdsein*, in: *Forum der Psychoanalyse* 12, 1996.

Boblitz, Hartmut, *Die Allegorese der Arche Noahs in der frühen Bibelauslegung*, in: *Frühmittelalterliche Studien* 6, 1972.

Böhme, Hartmut, *Der Tastsinn im Gefüge der Sinne. Anthropologische und historische Ansichten vorsprachlicher Aisthesis*, in: *Die Sinne: Tasten*. Kunst- und Ausstellungshalle der Bundesrepublik, Göttingen 1996, S. 185–210.

Böhme, Hartmut, *Virtuelle Populationen. Kommunikation und Identitätsformen im Cyberspace aus der Sicht der Religionsgeschichte*, Vortrag, gehalten am 14.10.2000 (erscheint 2002 im Band *Interface 5*).

Böhme, Jakob, *Von der Menschwerdung Jesu Christi*, hg. v. Gerhard Wehr, Frankfurt a.M. 1995.

Bolz, Norbert, *Theorie der Neuen Medien*, München 1990.

Boman, Thorleif, *Das hebräische Denken im Vergleich mit dem griechischen*, Göttingen 1959.

Borghi, Aldo, *Evoluzione Storica delle Conoscenze sul Problema della Cosidetta Anoressia Psicogena, Episteme 7*, 1973.

Børresen, Kari Elisabeth, *Subordination and Equivalence*, Washington o.J. [ca. 1981].

Borst, Arno, *Computus, Zeit und Zahl in der Geschichte Europas*, Berlin 1991.

Brauerhoch, Annette, *A Mother to Me. Auf den Spuren der Mutter – im Kino*, in: *Frauen und Film*, H. 56/57, Februar 1995, S. 59–77.

Brauerhoch, Annette, *Die gute und die böse Mutter. Kino zwischen Melodrama und Horror*, Marburg 1996.

Braun, Christina v., Artikel zum Stichwort *Blut*, in: *Metzler Lexikon Religion*, Stuttgart 1999.

Braun, Christina v., *Der Einbruch der Wohnstube in die Fremde*, Bern 1987.

Braun, Christina v., *Nicht Ich. Logik Lüge Libido*, Frankfurt a.M. 1985.

Braun, Christina v., *Die schamlose Schönheit des Vergangenen. Zum Verhältnis von Geschlecht und Geschichte*, Frankfurt a.M. 1989.

Braun, Christina v. / Dietze, Gabriele (Hg.), *Die Multiple Persönlichkeit – Krankheit, Medium oder Metapher?*, Frankfurt a.M. 1999.

Braun, Christina v. / Heid, Ludger (Hg.), *Der Ewige Judenhaß*, Stuttgart/Bonn 1990, Berlin 2000.

Braun, Karl, *Die Krankheit Onania. Körperangst und die Anfänge moderner Sexualität im 18. Jahrhundert*, Frankfurt a.M. 1995.

Breasted, James Henry, *Geschichte Ägyptens*, übers. v. Hermann Ranke, Wien 1936.

Brekle, Herbert, *Dynamische (A)Symmetrien. Strukturkonstanten im Entwicklungsprozeß unserer Buchstabenform*, in: *Blick in die Wissenschaft. Forschungsmagazin der Universität Regensburg*, H. 8, 1996, S. 70–76.

Breuer, Joseph / Freud, Sigmund, *Studien zur Hysterie*, Leipzig/Wien 1895.

Briffault, Robert, *The Mothers*, New York 1927.

Bronfen, Elisabeth, *Nur über ihre Leiche. Tod, Weiblichkeit und Ästhetik*, deutsch v. Thomas Lindquist, München 1994.

Bronfen, Elisabeth (Hg.), *Die schöne Leiche. Weibliche Todesbilder in der Moderne*, München 1992.

Bronfen, Elisabeth, *Die weibliche Leiche. Eine motivische Konstante vom 18. Jahrhundert bis in die Moderne*, in: Berger, Renate / Stephan,

Inge (Hg.), *Weiblichkeit und Tod in der Literatur*, Köln/Wien 1987, S. 87–115.

Brown, Peter, *Die Keuschheit der Engel. Sexuelle Entsagung, Askese und Körperlichkeit im frühen Christentum*, aus dem Englischen v. Martin Pfeiffer, München 1994.

Bruch, Hilde, *Der Goldene Käfig. Das Rätsel der Magersucht*, Frankfurt a. M. 1980.

Brumberg, Joan Jacobs, *Fasting Girls. The Emergence of Anorexia Nervosa as a Modern Disease*, Cambridge/London 1988.

Brumlik, Micha, *Anerkennung und Erkenntnis in der geschlechtlichen Liebe. Anmerkungen zu Positionen biblischen Denkens*, in: *Babylon*, Nr. 13/14, 1994, S. 112–118.

Brumlik, Micha, *Schrift, Wort und Ikone. Wege aus dem Bilderverbot*, Frankfurt a. M. 1994.

Brunner, Otto / Conze, Werner / Koselleck, Reinhart (Hg.), *Geschichtliche Grundbegriffe*, Stuttgart 1985.

Brunotte, Ulrike, *Puritanismus und Pioniergeist. Die Faszination der Wildnis im frühen Neu-England*, New York/Berlin 2000.

Brunotte, Ulrike, *Ritual und Erlebnis. Theorien der Initiation und ihre Aktualität in der Moderne*, in: *Zeitschrift für Religions- und Geistesgeschichte*, H. 4, 2000, S. 349–367.

Bryson, Norman, *Vision and Painting. The Logic of the Gaze*, London 1983.

Buber, Martin, *Das Zion der jüdischen Frau*, in: ders., *Die jüdische Bewegung*, Berlin 1920, S. 28–38.

Budge, E. A. Wallis, *Gods of the Egyptians*, New York 1969.

Burckhardt, Martin, *Metamorphosen von Raum und Zeit*, Frankfurt a. M. 1995.

Burckhardt, Martin, *Muttergottesweltmaschine. Über den Zusammenhang von unbefleckter Empfängnis und technischer Reproduktion*, in: *Metis*, Nr. 11, Schwerpunkt ›Reinheit‹, 1996, S. 26–44.

Burckhardt, Martin, *Vom Geist der Maschine. Eine Geschichte kultureller Umbrüche*, Frankfurt a. M. 1999.

Burkert, Walter, *Antike Mysterien. Funktionen und Gehalt*, München 1990.

Butler, Judith, *Körper von Gewicht. Die diskursiven Grenzen des Geschlechts*, aus d. Amerikanischen v. Karin Wördemann, Berlin 1995.

Butler, Judith, *Das Unbehagen der Geschlechter*, Frankfurt a. M. 1991.

Bynum, Caroline Walker, *Fragmentation and Redemption. Essays on Gender and the Human Body in Medieval Religion*, New York 1991.

Calasso, Roberto, *Die Hochzeit von Kadmos und Harmonia*, aus dem Italienischen v. Moshe Kahn, Frankfurt a. M./Leipzig 1993.

Camporesi, Piero, *The Consecrated Host: A Wondrous Excess*, in: Feher, Michel / Nadaff, Ramona / Tazi, Nadia (Hg.), *Fragments for a History of the Human Body*, New York 1989, Bd. 1, S. 220–237.

Canczik-Lindemaier, Hildegard, *Tun und Geben. Zum Ort des sogenannten Opfers in der römischen Kultur*, in: Janowski, Bernd / Welker, Michael (Hg.), *Opfer. Theologische und kulturelle Kontexte*, Frankfurt a. M. 2000.

Carotenuto, Aldo, *Tagebuch einer heimlichen Symmetrie. Sabina Spielrein zwischen Jung und Freud,* übers. v. Dorothea Agerer, Freiburg i.Br. 1986.

Carroll, John, *Guilt. The Grey Eminence behind Character, History and Culture,* London/Boston/Melbourne/Henley 1985.

Casey, Joan Frances, *Ich bin viele. Eine ungewöhnliche Heilungsgeschichte,* Reinbek 1992.

Cassirer, Ernst, *Philosophie der symbolischen Formen II (Das mythische Denken),* Darmstadt 1977.

Castoriadis, Cornelius, *Gesellschaft als imaginäre Institution. Entwurf einer politischen Philosophie,* übers. v. Horst Brühmann, Frankfurt a.M. 1990.

Chamberlain, Houston Stewart, *Die Grundlagen des XIX. Jahrhunderts,* München 1909.

Chamberland, Dennis, *Genetic Engineering: Promise and Threat,* in: *Christianity Today,* 7.2.1986.

Chandler, James, u.a. (Hg.), *Questions of Evidence, Proof Practice and Persuasion across the Disciplines,* Chicago/London 1994.

Charcot, Jean-Martin, *Leçons du mardi à la Salpêtrière,* Notes de cour de MM Blin, Charcot et Colin, in: *Policlinique,* Paris 1887/88.

Charcot, Jean-Martin, *Œuvres complètes,* hg. v. Babinski, Bourneville, Bernard, Férré, Guinon, Marie u. Gilles de la Tourette, Brissaud, Sevestre, Paris 1886–93.

Chomsky, Noam, *Cartesianische Linguistik,* Tübingen 1971.

Chomsky, Noam, *Language and Mind,* New York 1968.

Chomsky, Noam, *Rules and Representations,* New York 1980.

Claussen, Detlev, *Vom Judenhaß zum Antisemitismus. Materialien einer verleugneten Geschichte,* Darmstadt 1987.

Coakley, Sarah (Hg.), *Religion and the Body,* Cambridge 1997.

Courtade, Francis / Cadars, Pierre, *Histoire du Cinéma Nazi,* Paris 1972.

Crary, Jonathan, *Techniques of the Observer. On vision and Modernity in the 19th Century,* Cambridge, Mass. 1992.

Crawley, Ernest, *The Idea of the Soul,* London 1909.

Crawley, Ernest, *The Mystic Rose,* New York 1960.

Darwin, Charles, *Die Entstehung der Arten durch die natürliche Zuchtwahl,* übers. v. Carl W. Neumann, Stuttgart 1963.

Davenport-Hines, Richard, *Sex, Death and Punishment. Attitudes to Sex and Sexuality in Britain since the Renaissance,* London 1991.

Dawkins, Richard, *Das egoistische Gen,* übers. v. Karin de Sousa Ferreira, Berlin/Heidelberg/New York 1978.

Deleuze, Gilles / Guattari, Félix, *Anti-Ödipus. Kapitalismus und Schizophrenie I,* Frankfurt a.M. ⁵1988.

Derrida, Jacques, *Grammatologie,* Frankfurt a.M. 1990.

Derrida, Jacques, *Die Schrift und die Differenz,* Frankfurt a.M. 1972.

DeSalvo, Louise, *Virginia Woolf. Die Auswirkungen sexuellen Mißbrauchs auf ihr Leben und ihr Werk,* aus dem Amerikanischen v. Elfi Hartenstein, München 1990.

Descartes, René, *Philosophische Werke,* übers., erläutert u. mit einer Lebensbeschreibung des Descartes versehen v. J.H. v. Kirchmann, Berlin 1870.

Descartes, René, *Meditationen,* unveränderter Nachdruck der ersten deutschen Gesamtausgabe von 1915, hg. u. übers. v. Artur Buchenau, Hamburg 1972.

Deuber-Mankowsky, Astrid, *Der frühe Walter Benjamin und Hermann Cohen. Jüdische Werte, Kritische Philosophie, vergängliche Erfahrung,* Berlin 2000.

Deutsches Wörterbuch, hg. v. Hermann Paul, 9., vollständig neu bearbeitete Aufl., Tübingen 1992.

Dictionnaire des Mythes littéraires, hg. v. Pierre Brunel, Paris 1988.

Dinter, Arthur, *Die Sünde wider das Blut* (1917), Leipzig 1927.

Döller, Johannes, *Die Reinheits- und Speisegesetze des Alten Testaments in religionsgeschichtlicher Beleuchtung,* Münster 1917.

Dohm, Hedwig, *Emanzipation,* Neudruck Zürich 1982.

Donat, Helmut / Holl, Karl (Hg.), *Die Friedensbewegung. Organisierter Pazifismus in Deutschland, Österreich und in der Schweiz,* Düsseldorf 1983.

Douglas, Mary, *Reinheit und Gefährdung. Eine Studie zu Vorstellungen von Verunreinigung und Tabu,* übers. v. Brigitte Luchesi, Frankfurt a.M. 1988.

Dubois, Philippe, *Der fotografische Akt. Versuch über ein theoretisches Dispositiv,* aus dem Französischen v. Dieter Hornig, hg. u. mit einem Vorwort v. Herta Wolf, Amsterdam/Dresden 1998.

Du Bos, Charles, *Byron et le besoin de la fatalité,* Paris 1929.

Duby, Georges / Duby, Andrée, *Die Prozesse der Jeanne d'Arc,* aus dem Französischen v. Eva Moldenhauer, Berlin 1985.

Durkheim, Emile, *De la division du travail social: Etude sur l'organisation des sociétés supérieures,* Paris 1983, deutsch: *Über soziale Arbeitsteilung. Studie über die Organisation höherer Gesellschaften,* Frankfurt a.M. 1977.

Dux, Günter, *Die Zeit in der Geschichte. Ihre Entwicklungslogik vom Mythos zur Weltzeit,* Frankfurt a.M. 1989.

Dyer, Richard, *White,* in: *Screen* 29, Nr. 4, Herbst 1988.

Eckehart, Meister, *Deutsche Predigten und Traktate,* hg. u. übers. v. Josef Quint, Zürich 1979.

Eckehart, Meister, *Mystische Schriften,* aus dem Mittelhochdeutschen übertragen u. mit einem Nachwort versehen v. Gustav Landauer (1903), Frankfurt a.M. 1991.

Eckehart, Meister, *Schriften,* übertragen v. Hermann Büttner, Düsseldorf 1959.

Eisenbeiß, Wilfried, *Die bürgerliche Friedensbewegung in Deutschland während des Ersten Weltkriegs. Organisation, Selbstverständnis und politische Praxis 1913/14–1919,* Frankfurt a.M./Bern 1980.

Eliade, Mircea, *De Gautama Bouddha au triomphe du christianisme,* Paris 1978.

Ellis, Havelock, *Studies in the Psychology of Sex,* Kingsport, Tenn. 1942.

Erdheim, Mario, *Die gesellschaftliche Produktion von Unbewußtheit. Eine Einführung in die ethnopsychoanalytischen Prozesse,* Frankfurt a.M. 1982.

Eschebach, Insa / Lanwerd, Susanne, *Säkularisierung, Sakralisierung und Kulturkritik*, in: *Metis*, H. 18, Schwerpunkt ›Säkularisierung – Sakralisierung‹, 2000, S. 10–26.

Etymologisches Wörterbuch der deutschen Sprache, hg. v. Friedrich Kluge, Berlin/New York ²²1989.

Etymologisches Wörterbuch des Deutschen, hg. v. Wolfgang Pfeifer, Berlin 1989.

Euripides, *Suppliant Women*, übers. v. Stephen Scully u. Rosanna Warren, New York/Oxford 1995.

Euripides, *Werke in drei Bänden,* übers. v. Dietrich Ebener, hg. v. Jürgen Werner u. Walter Hagemann, Berlin/Weimar 1996.

Europäische Enzyklopädie der Philosophie und Wissenschaft, hg. v. Hans Jörg Sandkühler, Hamburg 1999.

Farmer, David Hugh, *Oxford Dictionary of Saints*, Oxford 1978.

Febvre, Lucien / Martin, Henri-Jean, *The Coming of the Book. The Impact of Printing, 1450–1800,* London 1976.

Feher, Michel / Nadaff, Ramona / Tazi, Nadia (Hg.), *Fragments for a History of the Human Body*, 3 Bde., New York 1989.

Fehrle, Eugen, *Die Kultische Keuschheit im Altertum*, Gießen 1901.

Fenichel, Otto, *Psychoanalyse und Gesellschaft,* Frankfurt a. M. 1972.

Feuerbach, Ludwig, *Das Wesen des Christentums*, hg. v. Werner Schuffenhauer, 2 Bde., Berlin 1956.

Fischer-Homberger, Esther, *Krankheit Frau*, Darmstadt 1984.

Flaubert, Gustave, *Correspondance,* hg. v. Jean Bruneau, Paris 1973.

Flaubert, Gustave, *Madame Bovary*, übers. v. Arthur Schurig, Frankfurt a. M. 1976.

Flaubert, Gustave, *Œuvres de Gustave Flaubert*, hg. v. Maurice Nadeau, Lausanne 1964.

Flaubert, Gustave / Sand, George, *Eine Freundschaft in Briefen*, hg. v. Alphonse Jacobs, Frankfurt a. M. 1992.

Fleischmann, Monika, *Virtualität und Interaktivität als Medium. Die Auflösung des Raumes*, in: *GMD-Spiegel* 1, 1996, S. 42–44.

Flusser, Vilém, *Für eine Philosophie der Fotografie*, Göttingen ⁵1991.

Flusser, Vilém, *Eine unglaubliche Geschichte*, in: *Imitation und Mimesis*, hg. v. Hans Ulrich Reck, *Kunstforum International*, Bd. 114, Juli/August 1991, S. 60–62.

Forel, August[e], *Die sexuelle Frage*, München 1906.

Foucault, Michel, *Überwachen und Strafen. Die Geburt des Gefängnisses*, aus dem Französischen v. Walter Seitter, Frankfurt a. M. 1975.

Freud, Ernst (Hg.), *Sigmund Freud. Sein Leben in Bildern und Texten*, Frankfurt a. M. 1985.

Freud, Sigmund, *Gesammelte Werke*, Frankfurt a. M. 1964ff.

Freud, Sigmund / Abraham, Karl, *Briefe, 1907–1926*, hg. v. Hilda C. Abraham, Frankfurt a. M. 1980.

Fried, Alfred H., *Handbuch der Friedensbewegung*, Wien/Leipzig 1905.

Friedlander, Saul (Hg.), *Probing the Limits of Representation*, Cambridge/London 1992.

Frisk, Hjalmar, *Griechisches Etymologisches Wörterbuch*, Heidelberg 1961.

Fritsch, Theodor, *Antisemiten-Katechismus. Eine Zusammenstellung des wichtigsten Materials zum Verständnis der Judenfrage*, Leipzig 1887.

Frymer-Kensky, Tykwa, *Law and Philosophy. The Case of Sex in the Bible*, in: Magonet, Jonathan, *Jewish Explorations of Sexuality*, Providence/Oxford 1995, S. 3–16.

Gallop, Jane, *Thinking through the Body*, New York 1988.

Gardella, Peter, *Innocent Ecstasy. How Christianity Gave America an Ethic of Sexual Pleasure*, New York/Oxford 1985.

Garner, D. M. / Garfinkel, P. E. / Bernis, K. M., *A Multidimensional Psychotherapy for Anorexia Nervosa*, in: *International Journal of Eating Disorders*, I:24, 1982.

Gaupp, Otto, *Zur Geschichte des Wortes »rein«*, Diss. Tübingen 1920.

Geitner, Ursula, *Die Sprache der Verstellung. Studien zum rhetorischen und anthropologischen Wissen im 17. und 18. Jahrhundert*, Tübingen 1992.

Gessler, Jean, *La Légende de sainte Wilgeforte ou Ontcommer, la vierge miraculeusement barbue*, Brüssel/Paris 1938.

Gifford, Edward S., *The Evil Eye*, New York 1958.

Gilligan, Carol, *Die andere Stimme*, München 1984.

Gilligan, Carol / Lyons, Nona P. / Hanmer, Trudy J. (Hg.), *Making Connections. The Relational Worlds of Adolescent Girls at Emma Willard School*, Cambridge/London 1990.

Gilman, Sander L., *The Case of Sigmund Freud. Medicine and Identity at the Fin de Siècle*, Baltimore/London 1994.

Gilman, Sander L., *Difference and Pathology. Stereotypes of Sexuality, Race and Madness*, Ithaca, N.Y. 1985.

Gilman, Sander L., *Freud, Race and Gender*, Princeton 1993.

Gilman, Sander L., *Rasse, Sexualität und Seuche. Stereotype aus der Innenwelt der westlichen Kultur*, Reinbek 1992.

Gilman, Sander L. / Jütte, Robert / Kohlbauer-Fritz, Gabriele (Hg.), ›*Der scheijne Jidd‹. Das Bild des ›jüdischen Körpers‹ in Mythos und Ritual*, Wien 1998.

Girard, René, *Das Heilige und die Gewalt*, aus dem Französischen v. Elisabeth Mainberger-Ruh, Frankfurt a. M. 1992.

Goethe, Johann Wolfgang v., *Goethes Werke*, Hamburger Ausgabe in 14 Bdn., textkritisch durchgesehen u. mit Anmerkungen versehen v. Erich Trunz, Hamburg 1948ff.

Goffman, Erving, *Rahmen-Analyse. Ein Versuch über Organisation von Alltagserfahrungen*, Frankfurt a. M. 1977.

Goldberg, Arnold, *Der verschriftete Sprechakt als rabbinische Literatur*, in: Assmann, Aleida / Assmann, Jan / Hardmeier, Christoph (Hg.), *Schrift und Gedächtnis. Beiträge zur Archäologie der literarischen Kommunikation*, München 1983, S. 123–140.

Goodman, Richard M., *Genetic Disorders among the Jewish People*, Baltimore 1979.

Goodman, Richard M. / Motulsky, Arno G., *Genetic Diseases among Ashkenazi Jews*, New York 1979.

Goody, Jack / Watt, Ian / Gough, Kathleen (Hg.), *Entstehung und Folgen der Schriftkultur*, mit einer Einleitung v. Heinz Schlaffer, übers. v. Friedhelm Herborth, Frankfurt a. M. 1986.

Gottschewski, Lydia, *Männerbund und Frauenfrage. Die Frau im neuen Staat*, München 1934.

Grau, Oliver, *Verlust der Zeugen. Das lebendige Werk*, in: Darsow, Götz-Lothar (Hg.), *Metamorphosen. Gedächtnismedien im Computerzeitalter*, Stuttgart-Bad Cannstatt 2000, S. 101–121.

Gravenhorst, Lerke / Tatschmurat, Carmen (Hg.), *TöchterFragen. NS-FrauenGeschichte*, Freiburg i. Br. 1990.

Graves, Robert, *The Greek Myths*, New York 1955.

Graves, Robert, *The White Goddess*, New York 1958.

Green, David, *Veins of Resemblance: Photography and Eugenics*, in: *The Oxford Art Journal* 7, Nr. 2, 1985.

Grimm, Jacob / Grimm, Wilhelm, *Deutsches Wörterbuch*, Leipzig 1899.

Grof, Stanislav, *Consciousness, Research and Electronic Media. Ansätze einer neuen Bewußtseinsforschung*, in: Felixberger, Peter (Hg.), *Aufbruch in neue Lernwelten*, Wien 1994, S. 64–80.

Groh, Ruth / Groh, Dieter, *Petrarca und der Mont Ventoux*, in: *Merkur* 46, 1992, S. 290–307.

Gropius, Walter, *Manifest und Programm des Staatlichen Bauhauses in Weimar*, April 1919, in: *Bauhaus Weimar 1919–1924. Materialien zum Bauhaus*, hg. v. Museumspädagogischen Dienst Berlin, Berlin 1996.

Grosz, Elizabeth, *Jacques Lacan: A Feminist Introduction*, London 1995.

Grünewald, L., *Margaretha Weyss, das Wundermädchen von Roth*, o. O. 1542.

Günderode, Karoline v., *Die Schatten eines Traums. Gedichte, Prosa, Briefe, Zeugnisse von Zeitgenossen*, hg. u. mit einem Essay versehen v. Christa Wolf, Darmstadt 1979.

Günther, Hans F. K., *Rassenkunde des jüdischen Volkes*, München 1931.

Günther, Hans F. K., *Ritter, Tod und Teufel. Der heldische Gedanke*, München 1924.

Gull, William, *Anorexia hysterica*, in: *Brit. Med. Journal* 2, 1873.

Gurjewitsch, Aaron J., *Das Weltbild des mittelalterlichen Menschen*, Dresden 1978.

Haarmann, Harald, *Universalgeschichte der Schrift*, Frankfurt a. M./New York 1991.

Habermas, Tilman, *Heißhunger. Historische Bedingungen der Bulimia nervosa*, Frankfurt a. M. 1990.

Habermas, Tilman, *Zur Geschichte der Magersucht. Eine medizinpsychologische Rekonstruktion*, Frankfurt a. M. 1994.

Hacking, Ian, *Two Souls in One Body*, in: Chandler, James, u. a. (Hg.), *Questions of Evidence, Proof Practice and Persuasion across the Disciplines*, Chicago/London 1994, S. 433–462.

Haeberle, Erwin J., *The Jewish Contribution to the Development of Sexology*, in: *The Journal of Sex Research*, Nr. 4, November 1982, S. 305–323.

Haeckel, Ernst, *Gemeinverständliche Werke*, hg. v. Heinrich Schmidt-Jena, Leipzig/Berlin o. J. [ca. 1924].

Halbwachs, Maurice, *Das Gedächtnis und seine sozialen Bedingungen*, Frankfurt a. M. 1985.

Halbwachs, Maurice, *Das kollektive Gedächtnis*, Frankfurt a. M. 1985.

Halperin, David, *Is there a History of Sexuality?*, in: *History and Theory* 28, Nr. 3, 1989, S. 257–274.

Hammer-Tugendhat, Daniela, *Erotik und Geschlechterdifferenz. Aspekte der Aktmalerei Tizians*, in: Erlach, Daniela u. a. (Hg.), *Privatisierung der Triebe? Sexualität in der frühen Neuzeit, Frühneuzeitliche Studien*, Bd. 1, Frankfurt a. M./Berlin/Bern/New York 1994, S. 367–446.

Handwörterbuch der Griechischen Sprache, hg. v. Franz Passow, Leipzig 1857.

Handwörterbuch des Deutschen Aberglaubens, hg. v. Hanns Bächtold-Stäubli, Berlin/Leipzig 1927ff.

Hartmann, Eduard v., *Philosophie des Unbewussten*, Leipzig [10]1890.

Hattel, Joseph Francis, *FEMINA UT IMAGO DEI*, in: *The Integral Feminism of St. Thomas Aquinas*, Rom 1993.

Hausberger, Karl, *Die ›Deggendorfer Gnad‹. Grundzüge ihrer Entstehung und Geschichte*, in: *Regensburger Bistumsblatt: Kirchengeschichte*, 16.2.1992.

Hauser, Otto, *Geschichte des Judentums*, Weimar 1921.

Haußig, Hans-Michael, *Der Religionsbegriff in den Religionen*, Berlin/Bodenheim 1999.

Havelock, Eric A., *Schriftlichkeit. Das griechische Alphabet als kulturelle Revolution*, Weinheim 1990.

Hawking, Stephen, *A Brief History of Time*, New York 1988.

[Hegel, Georg Wilhelm Friedrich,] *Georg Wilhelm Friedrich Hegel in Selbstzeugnissen und Bilddokumenten*, dargestellt v. Franz Wiedmann, Reinbek 1965.

Hegel, Georg Wilhelm Friedrich, *Sämtliche Werke*, hg. v. Hermann Glockner, Stuttgart 1958.

Heidegger, Martin, *Über den Humanismus* (1946), Frankfurt a. M. 1991.

Herodot, *Historien*, München 1961.

Hertzberg, Arthur, *Shalom, Amerika! Die Geschichte der Juden in der Neuen Welt*, übers. v. Sylke Tempel, Frankfurt a. M./Wien 1992.

Herz, Marcus, *Versuch über den Schwindel*, Berlin 1786.

Herzer, Manfred, *Magnus Hirschfeld. Leben und Werk eines jüdischen, schwulen und sozialistischen Sexologen*, Frankfurt a. M./New York 1992.

Heschel, Abraham J., *Die ungesicherte Freiheit. Essays zur menschlichen Existenz*, aus dem Englischen übers. v. Ruth Olmesdahl, Neukirchen-Vluyn 1985.

Heschel, Susannah, *Sind Juden Männer? Können Frauen jüdisch sein? Die gesellschaftliche Definition des männlich/weiblichen Körpers*, in: Gilman, Sander L. / Jütte, Robert / Kohlbauer-Fritz, Gabriele (Hg.), *›Der scheijne Jidd‹. Das Bild des ›jüdischen Körpers‹ in Mythos und Ritual*, Wien 1998, S. 86–96.

Hiltmann, Hildegard / Clauser, Günter, *Psychodiagnostik und aktiv-analytische Psychotherapie Jugendlicher, dargestellt an der Pubertäts-*

magersucht, in: *Praxis der Psychotherapie*, Bd. 6, München 1961, S. 168–178.

Hirschfeld, Magnus, *Einführung in die Sexualwissenschaft*, in: *Medizinische Monatsschrift* 7, Shanghai 1931/32.

Hirschfeld, Magnus, *Das Erbgericht. Betrachtungen zum deutschen Sterilisationsgesetz*, in: *Die Sammlung* 1, 1934.

Hirschfeld, Magnus, *Geschlechtskunde*, 4 Bde., Stuttgart 1926–30.

Hirschfeld, Magnus, *Die Homosexualität des Mannes und des Weibes*, Berlin 1914.

Hirschfeld, Magnus, *Phantom Rasse. Ein Hirngespinst als Weltgefahr*, in: *Wahrheit*, Prag 1934/35.

Hirschfeld, Magnus, *Über Sexualwissenschaft*, in: *Zeitschrift für Sexualwissenschaft* 1, 1908.

Hirschfeld, Magnus, *Zur Methodik der Sexualwissenschaft*, in: *Zeitschrift für Sexualwissenschaft* 1, 1908.

Hitler, Adolf, *Mein Kampf*, ungekürzte Ausgabe, München 1940.

Hobbes, Thomas, *Grundzüge der Philosophie*, übers. v. Max Frischeisen-Köhler, Leipzig 1949.

Hobbes, Thomas, *Leviathan. Oder Stoff, Form und Gewalt eines kirchlichen und bürgerlichen Staates*, hg. u. eingeleitet v. Iring Fetscher, Frankfurt a. M. 1999.

Hobsbawm, Eric, *Europäische Revolutionen*, München 1978.

Hölscher, Lucian, *Atlas zur religiösen Geographie im protestantischen Deutschland 1850–1940*, Berlin 2001.

Hörisch, Jochen, *Brot und Wein. Die Poesie des Abendmahls*, Frankfurt a. M. 1992.

Hoff, Dagmar v., *Dramen des Weiblichen. Deutsche Dramatikerinnen um 1800*, Opladen 1989.

Hoff, Dagmar v., *Die Inszenierung des ›Frauenopfers‹ in Dramen von Autorinnen um 1800*, in: *Argument-Sonderband* (172/173), Hamburg 1988.

Hoffmann, Ernst Theodor Amadeus, *Werke*, 4 Bde., Frankfurt a. M. 1967.

Hoffmann-Curtius, Kathrin, *Opfermodelle am Altar des Vaterlandes seit der Französischen Revolution*, in: Gudrun Kohn-Waechter (Hg.), *Schrift der Flammen. Opfermythen und Weiblichkeitsentwürfe im 20. Jahrhundert*, Berlin 1991, S. 57–92.

Hoffmann-Curtius, Kathrin, *Trophäen und Amulette. Die Fotografien von Wehrmachts- und SS-Verbrechen in den Brieftaschen der Soldaten*, in: *Fotogeschichte. Beiträge zur Geschichte und Aesthetik der Fotografie*, H. 78, 2000, S. 63–76.

Hofmannsthal, Hugo von, *Der Ersatz für die Träume*, in: ders., *Drei Kleine Betrachtungen. Gesammelte Werke. Prosa*, Frankfurt a. M. 1955, Bd. 4.

Homer, *Ilias*, übers. v. Johann Heinrich Voß, Stuttgart 1955.

Hooke, Samuel H., *Middle Eastern Mythology*, Harmondsworth, Middlesex 1968.

Horkheimer, Max / Adorno, Theodor W., *Dialektik der Aufklärung. Philosophische Fragmente*, Frankfurt a. M. 1969.

Hsu, L. K. G., *Are the eating disorders becoming more common in blacks?*, in: *International Journal of Eating Disorders*, 1987.

Hull, Isabel V., *The Entourage of Kaiser Wilhelm II., 1888–1919*, Cambridge 1982.

Huysmans, Joris-Karl, *De Tout*, Paris 1903.

Huysmans, Joris-Karl, *Gegen den Strich*, aus dem Französischen v. Franz Jacob, Zürich 1965.

Illich, Ivan, *Die warenhafte Muttersprache*, in: ders., *Vom Recht auf Gemeinheit*, Reinbek 1982.

Innis, Harold A., *Empire & Communications*, hg. v. David Godfrey, Victoria/Toronto 1986.

Janowski, Bernd / Welker, Michael (Hg.), *Opfer. Theologische und kulturelle Kontexte*, Frankfurt a. M. 2000.

Jonas, Hans, *Gnosis. Die Botschaft des fremden Gottes*, hg. u. mit einem Nachwort versehen v. Christian Wiese, Frankfurt a. M. 1999.

Der Jud ist schuld...? Diskussionsbuch über die Judenfrage, Basel/Berlin/Leipzig/Wien 1932.

Kafka, Franz, *Tagebücher 1910–23*, hg. v. Max Brod, Frankfurt a. M. 1984.

Kallir, Alfred, *Sign and Design. The Psychogenetic Source of the Alphabet*, London 1961 (deutsch: *Sign and Design. Die psychogenetischen Quellen des Alphabets*, Berlin 2001).

Kant, Immanuel, *Ideen zu einer allgemeinen Geschichte in weltbürgerlicher Absicht*, in: *Berlinische Monatsschrift* 4, 1784.

Kant, Immanuel, *Werke in zwölf Bänden*, hg. v. Wilhelm Weischedel, Frankfurt a. M. 1977.

Kantorowicz, Ernst H., *Die zwei Körper des Königs. Eine Studie zur politischen Theologie des Mittelalters*, übers. v. Walter Theimer u. Brigitte Hellmann, München 1990.

Kautsky, Karl, *Bernstein und das sozialdemokratische Programm. Eine Antikritik*, Stuttgart 1899.

Kaye, Kenneth, *Turning Two Identities into One*, in: *Psychology Today*, November 1980.

Kestemberg, Evelyne / Kestemberg, Jean / Décobert, Simone, *La faim et le corps*, Paris 1972.

Kierkegaard, Sören, *Entweder-Oder*, München 1975.

King, Stephen, *Stark. The Dark Half*, aus dem Amerikanischen übers. v. Christel Wiemken, München 1989.

Kirchhoff, Arthur (Hg.), *Die akademische Frau. Gutachten hervorragender Universitätsprofessoren, Frauenlehrer und Schriftsteller über die Befähigung der Frau zum wissenschaftlichen Studium und Berufe*, Berlin 1897.

Kittsteiner, Heinz D., *Die Entstehung des modernen Gewissens*, Frankfurt a. M./Leipzig 1991.

Kleinspehn, Thomas, *Der Flüchtige Blick. Sehen und Identität in der Kultur der Neuzeit*, Reinbek 1989.

Kleinspehn, Thomas, *Vom Schlachtenmahl zum Erlebnisessen*, in: *Geschmack*, hg. v. der Kunst- u. Ausstellungshalle der BRD, Göttingen 1996, S. 263–283.

Koch, Angela, *Geschlechtercodierung im polenfeindlichen Diskurs der ›Gartenlaube‹, 1870–1920*, Diss., unveröffentlichtes Manuskript, 2001.

König Artus und seine Tafelrunde, in: *Europäische Dichtung des Mittelalters,* hg. v. Karl Langosch, Stuttgart 1986.

Koestenbaum, Wayne, *Königin der Nacht. Oper, Homosexualität und Begehren,* aus dem Amerikanischen übers. v. Joachim Kalka, Stuttgart 1996.

Kohlbauer-Fritz, Gabriele, *La ›belle juive‹ und die ›schöne Schickse‹,* in: Gilman, Sander L. / Jütte, Robert / Kohlbauer-Fritz, Gabriele (Hg.), *›Der scheijne Jidd‹. Das Bild des ›jüdischen Körpers‹ in Mythos und Ritual,* Wien 1998, S.109–121.

Kohn-Waechter, Gudrun (Hg.), *Schrift der Flammen. Opfermythen und Weiblichkeitsentwürfe im 20. Jahrhundert,* Berlin 1991.

Komfort-Hein, Susanne, *Phantasmen empfindsamer Suche nach dem ›reinen‹ Selbst. Zu einer literarischen Initiationsgeschichte des modernen Subjekts im 18. Jahrhundert,* in: *Metis,* Sonderheft ›Reinheit‹, H.11, 1997, S.78–89.

Krafft-Ebing, Richard v., *Eine experimentelle Studie auf dem Gebiete des Hypnotismus,* Stuttgart 1888.

Krafft-Ebing, Richard v., *Psychopathia Sexualis I* (1886), Neudruck München 1984.

Kravagna, Christian (Hg.), *Privileg Blick. Kritik der visuellen Kultur,* Berlin 1997.

Kremers, Heinz / Schoeps, Julius (Hg.), *Das jüdisch-christliche Religionsgespräch,* Stuttgart/Bonn 1988.

Kretzenbacher, Leopold, *Das verletzte Kultbild. Voraussetzungen, Zeitschichten und Aussagewandel eines abendländischen Legendentypus,* München 1977.

Kristeva, Julia, *Le langage, cet inconnu. Une initiation à la linguistique,* Paris 1981.

Lacan, Jacques, *Schriften,* Bd. 1, übers. v. Klaus Laermann, Frankfurt a. M. 1975.

Lacan, Jacques, *Schriften,* Bd. 2, hg. v. Norbert Haas, Weinheim/Berlin ³1991.

Lacy, J. Hubert, *Anorexia Nervosa and a Bearded Female Saint,* in: *British Medical Journal* 285, Juli/Dezember 1982, S. 1816f.

Lacy, J. Hubert / Dolan, B. M., *Bulimia in British Blacks and Asians,* in: *Brit. J. Psychiatry,* 1988, S.73–79.

Lafourcade, Georges, *La Jeunesse de Swinburne (1837–1867),* 2 Bde., Paris 1928.

La Mettrie, Julien Offray de, *Traité du Vertige,* in: ders., *Œuvres de Médecine,* o. O. 1751.

Landes, David S., *Revolution in Time. Clocks and the Making of the Modern World,* Cambridge/London 1983.

Landweer, Hilge, *Scham und Macht. Phänomenologische Untersuchungen zur Sozialität eines Gefühls,* Tübingen 1999.

Lange, Helene, *Lebenserinnerungen,* Berlin 1921.

Langgässer, Elisabeth, *Märkische Argonautenfahrt,* Hamburg 1950.

Laplanche, Jean / Pontalis, Jean-Bertrand, *Fantasme originaire, fantasme des origines, origines des fantasmes,* in: *Les Temps modernes,* April 1964, S.1833–68.

Laqueur, Thomas, *Auf den Leib geschrieben. Die Inszenierung der Geschlechter von der Antike bis Freud*, aus dem Englischen v. H. Jochen Bußmann, Frankfurt a. M./New York 1992.

Lasègue, Ernest Charles, *De l'anorexie hystérique*, in: *Arch. gén. méd.* 21, 1873, S. 385ff.

Lauretis, Teresa de, *Film and the Visible*, in: *How Do I Look? Queer Film and Video*, hg. v. Bad Object Choices, Seattle, Wash. 1991, S. 223–263.

Lautmann, Rüdiger, *Gesellschaft und Homosexualität*, Frankfurt a. M. 1977.

Le Fort, Gertrud v., *Gedichte*, Frankfurt a. M. 1953.

Le Fort, Gertrud v., *Der Papst aus dem Ghetto. Die Legende des Geschlechtes Pier Leone*, München 1948.

Lederman, Leon, *The God Particle*, New York 1992.

Legendre, Pierre, ›*Die Juden interpretieren verrückt.‹ Gutachten zu einem klassischen Text*, aus dem Französischen v. Anton Schütz, in: *Psyche,* Januar 1989, S. 20–39.

Le Goff, Jacques, *Head or Heart? The Political Use of Body Metaphors in the Middle Ages*, in: Feher, Michel / Nadaff, Ramona / Tazi, Nadia (Hg.), *Fragments for a History of the Human Body*, New York 1989, Bd. 2, S. 12–27.

Le Guérer, Annick, *Die Macht der Gerüche. Eine Philosophie der Nase*, Stuttgart 1994.

Lehmann, Hans-Thies, *Der buchstäbliche Körper. Zur Selbstinszenierung der Literatur bei Franz Kafka*, in: Kurz, Gerhard (Hg.), *Der junge Kafka,* Frankfurt a. M. 1984, S. 213–241.

Lehmann, Hans-Thies, *Das Kino und das Imaginäre*, in: Kiesel, Doron / Karpf, Ernst (Hg.), *Kino und Couch. Zum Verhältnis von Psychoanalyse und Film*, Arnoldshainer Filmgespräche, Frankfurt a. M. 1990, Bd. 7, S. 75–98.

Leibniz, Gottfried Wilhelm, *Grundwahrheiten der Philosophie (Monadologie)*, übers. v. Christian Horn, Frankfurt a. M. 1962.

Leibniz, Gottfried Wilhelm, *Neue Abhandlungen über den menschlichen Verstand*, ins Deutsche übers. v. C. Schaarschmidt, Leipzig ²1904.

Leibniz, Gottfried Wilhelm, *Die Theodicee*, übers. v. J. H. v. Kirchmann, Leipzig 1879.

Leibowitz, Jeshajahu, *Gespräche über Gott und die Welt*, hg. v. Michael Shashar, übers. v. Matthias Schmidt, Frankfurt a. M. 1990.

Lenin, Wladimir I., *Sämtliche Werke*, Wien/Berlin 1930.

Lenôtre, Guy, *Die Guillotine*, aus dem Französischen v. Simon Michelet, Berlin 1996.

Lentulus, Paullus, *Historia admiranda de prodigiosa Apolloniae Schreieriae, virginis in agro Bernensi inedia*, Bern 1604.

Levin, Thomas Y., *Vor dem Piepton. Eine kleine Geschichte der Voice Mail*, in: Raulff, Ulrich / Smith, Gary (Hg.), *Wissensbilder. Strategien der Überlieferung,* Berlin 1999, S. 279–318.

Libeskind, Daniel, *Kein Ort an seiner Stelle. Schriften zur Architektur – Visionen für Berlin*, hg. v. Angelika Stepken, Dresden/Basel 1995.

Libeskind, Daniel, *Radix-Matrix. Architekturen und Schriften*, New York 1994.

Liebe, Gustav, *Das Judentum in der deutschen Vergangenheit*, Leipzig 1903.

Lifton, Betty Jean, *Journey of the Adopted Self. A Quest for Wholeness*, New York 1994.

Linke, Detlef, *Das Gehirn*, München 1999.

Locke, John, *Versuch über den menschlichen Verstand*, in vier Büchern, übers. u. erläutert v. J. H. v. Kirchmann, Berlin 1872.

Loraux, Nicole, *Die Trauer der Mütter. Weibliche Leidenschaft und die Exzesse der Politik*, aus dem Französischen v. Eva Moldenhauer, Frankfurt a. M./New York 1990.

Loudun, I. S. L., *Chlorosis, anaemia, and anorexia nervosa*, in: British Medical Journal 281, 20.–27.12.1980.

Louth, Andrew, *The Body in Western Catholic Christianity*, in: Coakley, Sarah (Hg.), *Religion and the Body*, Cambridge 1997, S. 111–130.

Luckow, Marion, *Die Homosexualität in der literarischen Tradition*, Stuttgart 1962.

Lütgemeier-Davin, Reinhold, *Pazifismus zwischen Kooperation und Konfrontation. Das Deutsche Friedenskartell in der Weimarer Republik*, Köln 1982.

Lyotard, Jean-François, *Heidegger und ›Die Juden‹*, Wien 1988.

Lyotard, Jean-François, *Vortrag in Wien und Freiburg zu »Heidegger und die Juden«*, Wien 1990.

MacKay, Charles, *Extraordinary Popular Delusions and the Madness of the Crowds*, London 1841.

Macho, Thomas, *Umsturz nach innen: Figuren der gnostischen Revolte*, in: Sloterdijk, Peter / Macho, Thomas, *Weltrevolution der Seele. Ein Arbeits- und Lesebuch der Gnosis*, Zürich 1993, S. 485–521.

Madonna, *SEX*, Fotos v. Steven Meisel, München 1992.

Magonet, Jonathan (Hg.), *Jewish Explorations of Sexuality*, Providence/Oxford 1995.

Maines, Rachel P., *The Technology of Orgasm. ›Hysteria‹, the Vibrator, and Women's Sexual Satisfaction*, Baltimore/London 1999.

Mainzer, Klaus, *Zeit. Von der Urzeit zur Computerzeit*, München 1995.

Malevich, Kazimir S., *The Artist, Infinity, Suprematism. Unpublished Writings 1913–33*, Kopenhagen 1978.

Malewitsch, Kasimir S., *Der Suprematismus* (1927), in: *Neue Bauhausbücher*, hg. v. Hans M. Wingler, Mainz/Berlin 1980, S. 64–100.

Malina, Bruce J., *Rituale der Lebensexklusivität. Zu einer Definition des Opfers*, in: Janowski, Bernd / Welker, Michael (Hg.), *Opfer. Theologische und kulturelle Kontexte*, Frankfurt a. M 2000, S. 23–57.

Mallarmé, Stéphane, *Plainte d'automne* (1867), in: ders., *Œuvres complètes*, Paris 1945.

Mann, Heinrich, *Ausgewählte Werke in Einzelausgaben*, hg. u. mit einem Nachwort versehen v. Alfred Kantorowicz, Berlin 1954ff.

Mann, Thomas, *Sämtliche Erzählungen*, Frankfurt a. M. 1963.

Manthey, Jürgen, *Wenn Blicke zeugen könnten. Eine psychohistorische Studie über das Sehen in Literatur und Philosophie*, München 1983.

Marr, Wilhelm, *Der Judenspiegel*, Hamburg 1862.

Marx, Alfred, *Opferlogik im Alten Israel*, in: Janowski, Bernd / Welker, Michael (Hg.), *Opfer. Theologische und kulturelle Kontexte*, Frankfurt a. M. 2000, S. 129–149.

Marx, Karl / Friedrich Engels, *Werke*, hg. v. Institut für Marxismus-Leninismus beim ZK der SED, Berlin 1956.

Mathes, Bettina, *Verhandlungen mit Faust / Engendering Faust/ Faustus dekonstruiert. Körper – Visualität – Identität und Geschlecht in der frühen Neuzeit*, Königstein/Ts. 2001.

Mattenklott, Gert, *Der Übersinnliche Leib. Beiträge zur Metaphysik des Körpers*, Reinbek 1982.

Matussek, Peter, *Performing Memory. Kriterien für einen Vergleich analoger und digitaler Gedächtnistheater*, in: *Paragrana. Zeitschrift für Historische Anthropologie* 10, 2001, H. 1, S. 291–320.

Mayr, Otto, *Uhrwerk und Waage*, München 1987.

Mayreder, Rosa, *Zur Kritik der Weiblichkeit*, Jena/Leipzig 1907.

Mendelssohn, Moses, *Schriften zur Philosophie, Aesthetik und Apologetik*, hg. v. Moritz Brasch, Hildesheim 1968.

Mendès-Flohr, Paul, *Wissensbilder im modernen jüdischen Denken*, in: Raulff, Ulrich / Smith, Gary (Hg.), *Wissensbilder. Strategien der Überlieferung*, Berlin 1999, S. 221–240.

Mercer, Kobena, *Skin Head Sex Thing. Racial Difference and the Homoerotic Imaginary*, in: *How Do I Look? Queer Film and Video*, hg. v. Bad Object Choices, Seattle, Wash. 1991, S. 169–210.

Merlini, Carola G., *Il campo lessicale dei verbi di purità in ebraico antico*, Diss. in Semitistica / Semitische Linguistik, Univ. Florenz 1998/99.

Metz, Christian, *Foto, Fetisch*, in: *Kairos*, Nr. 1/2, 1989, S. 4–9.

Milgrom, J., *Israel's Sanctuary: The Priestly ›Picture of Dorian Gray‹*, in: *Revue Biblique* 83, 1976.

Minuchin, Salvador / Rosman, Bernice / Baker, Lester, *Psychosomatic Families. Anorexia Nervosa in Context*, Cambridge, Mass. 1978.

Mitchell, William J. Thomas, *Iconology, Image, Text, Ideology*, Chicago 1986.

Mitchell, William J. Thomas, *Der Pictorial Turn*, in: Kravagna, Christian (Hg.), *Privileg Blick. Kritik der visuellen Kultur*, Berlin 1997, S. 15–40.

Mitchell, William J. Thomas, *Picture Theory. Essays on Verbal and Visual Representations*, Chicago 1994.

Montaigne, Michel de, *Essais [Versuche] nebst des Verfassers Leben*, nach der Ausgabe v. Pierre Coste, übers. v. Johann Daniel Tietz, Zürich 1992.

Morris, Joan, *The Lady Was a Bishop*, New York 1973.

Morus, Thomas, *Utopia*, übers. v. Ignaz Emanuel Wessely, München 1896.

Mosse, George, *Nationalismus und Sexualität. Bürgerliche Moral und sexuelle Normen*, München 1985.

Moulinier, Louis, *Le pur et l'impur dans la pensée des Grecs*, Paris 1952.

Mowinckel, Sigmund, *Religion und Kultus*, Göttingen 1953.

Müller, Adam, *Zwölf Reden über die Beredsamkeit und deren Verfall in Deutschland*, hg. v. Jürgen Wilke, Stuttgart 1983.

Münkler, Herfried, *Vater Staat*, in: Bilstein, Johannes / Straka, Barbara / Win-

zen, Matthias (Hg.), *Dein Wille geschehe... Das Bild des Vaters in zeitgenössischer Kunst und Wissenschaft*, Köln 2000.

Münzer, Kurt, *Der Weg nach Zion*, Berlin/Stuttgart/Leipzig 1907.

Musil, Robert, *Gesammelte Werke*, hg. v. Adolf Frisé, Reinbek 1978.

Nabokov, Vladimir, *Ada oder Das Verlangen*, aus dem Amerikanischen übers.
v. Uwe Friesel u. Marianne Therstappen, Reinbek 1974.

Nabokov, Vladimir, *Sprich, Erinnerung, sprich. Wiedersehen mit einer Autobiographie*, aus dem Englischen v. Dieter E. Zimmer, Reinbek 1984.

Nathusius, Philipp v., *Zur Frauenfrage*, Halle 1871.

Nelkin, Dorothy / Lindee, M. Susan, *The DNA Mystique. The Gene as a Cultural Icon*, New York 1995.

Newton, Isaac, *Philosophiae naturalis principia mathematica 1687*, deutsch:
Mathematische Grundlagen der Naturphilosophie, ausgewählt, übers.,
eingeleitet u. hg. v. Ed. Dellian, Hamburg 1988.

Nietzsche, Friedrich, *Kritische Gesamtausgabe*, hg. v. Giorgio Colli u. Maz-
zino Montinari, Berlin 1968.

Nietzsche, Friedrich, *Werke in drei Bänden*, hg. v. Karl Schlechta, München
1954.

[Nikolaus v. Kues], *Des Cardinals und Bischofs Nicolaus von Cusa wichtigste
Schriften*, übers. v. F. A. Scharpff, Freiburg i. Br. 1862.

Nikolow, Sybilla, *Die anschauliche Sprache der Daten. Studien zur Geschichte der visuellen Rhetorik einer Darstellungstechnik*, unveröffentl.
Manuskript 1999.

Nikolow, Sybilla, *Der soziale und der biologische Körper des Juden*, in: Gilman, Sander L. / Jütte, Robert / Kohlbauer-Fritz, Gabriele (Hg.), ›*Der
scheijne Jidd*‹. *Das Bild des ›jüdischen Körpers‹ in Mythos und Ritual*,
Wien 1998, S. 45–56.

Nogami, Y., Yabana, F., *On kibarashi-gui (binge eating)*, in: *Folia Psychiat.
Neurol. Japon* 31, 1977.

Nordau, Max, *Entartung*, Berlin 1896.

Novalis, *Schriften. Die Werke Friedrich von Hardenbergs*, hg. v. Paul Kluckhohn u. Richard Samuel, Stuttgart ²1960ff.

Ofshe, Richard / Watters, Ethan, *Die mißbrauchte Erinnerung. Von einer Therapie, die Väter zu Tätern macht*, Stuttgart 1996.

Omran, Susanne, *Frauenbewegung und ›Judenfrage‹. Diskurse um Rasse und
Geschlecht nach 1900*, Frankfurt a. M./New York 2000.

Ostwald, Wilhelm, *Rezension zu Iwan Bloch: ›Die Prostitution‹*, in: *Das monistische Jahrhundert* 2, 1913/14.

Otto, Rudolf, *Das Heilige. Über das Irrationale in der Idee des Göttlichen und
sein Verhältnis zum Rationalen*, Breslau 1917 (München 1987).

Palazzoli, Mara Selvini, *Magersucht*, aus dem Italienischen v. Hilde Weller,
Stuttgart 1982.

Panofsky, Erwin, *Gotische Architektur und Scholastik. Zur Analogie von
Kunst, Philosophie und Theologie im Mittelalter*, hg. v. Thomas Frangenberg, Köln 1989.

Panofsky, Erwin, *Die Perspektive als symbolische Form* (1924–25), in: ders.,
Deutschsprachige Aufsätze, Bd. 2, hg. v. Karen Michels u. Martin Warnke,
Berlin 1998, S. 664–757.

Paracelsus, Theophrastus, *Volumen Paramirum und Opus Paramirum*, hg. v. Franz Strunz, Jena 1904.

Parker, Andrew / Russo, Mary / Sommer, Doris / Yaeger, Patricia (Hg.), *Nationalisms & Sexualities*, New York/London 1992.

Parry-Jones, William L., *Archival Exploration of Anorexia Nervosa*, in: *Journal of Psychiatric Research* 19, 1985, S. 95–100.

Pascal, Blaise, *Gedanken über die Religion und einige andere Gegenstände*, aus dem Französischen übers. v. Karl Adolf Blech, mit einem Vorwort v. August Neander, Berlin 1840.

Paschen, Wilfried, *Rein und Unrein. Eine wortgeschichtliche Untersuchung der Vorstellungen im biblischen Hebräisch und ihres Fortlebens in Qumran und in der Rede Jesu*, Diss. Würzburg 1968.

Pernoud, Régine, *Vie et mort de Jeanne d'Arc*, Paris 1982.

Platon, *Hauptwerke*, ausgewählt u. hg. v. Wilhelm Nestle, Stuttgart 1973.

Platon, *Sämtliche Werke*, Berlin 1940.

Platon, *Sämtliche Werke*, hg. v. Walter F. Otto, Ernesto Grassi u. Gert Plambböck, übers. v. Friedrich Schleiermacher, Reinbek 1963.

Plotin, *Die Enneaden*, übers. v. Hermann Friedrich Müller, Berlin 1878–80.

Polgar, Alfred, *Das Drama im Kinematographen*, in: Grossmann, Stefan (Hg.), *Das Tagebuch*, Berlin 1927, S. 1758–60.

Poliakov, Léon, *Geschichte des Antisemitismus*, 8 Bde., übers. v. Rudolf Pfisterer, Worms 1977ff.

Popenoe, Paul / Johnson, Roswell Hill, *Applied Eugenics*, New York 1920.

Portius, Simon, *De puella germanica, quae fere biennium vixerat sine cibo, potuque*, Florenz 1551.

Praz, Mario, *Liebe, Tod und Teufel. Die schwarze Romantik*, München 1988.

Prell, Riv Ellen, *Why Jewish Princesses Don't Sweat. Desire and Consumption in Postwar American Culture*, in: Kleeblatt, Norman L. (Hg.), *Too Jewish? Challenging Traditional Identities*, New York 1996.

Pumaregia, A. J. / Edwards, P. / Mitchell, C. B., *Anorexia nervosa in black adolescents*, in: *J. Amer. Acad. Child. Psychiat.* 23, 1984, S. 111–114.

Putnam, Frank W., *Diagnosis and Treatment of Multiple Personality Disorder*, New York/London 1989.

Radkau, Joachim, *Das Zeitalter der Nervosität. Deutschland zwischen Bismarck und Hitler*, München 1998.

Rauchfleisch, Udo (Hg.), *Homosexuelle Männer in Kirche und Gesellschaft*, Düsseldorf 1993.

Raulff, Ulrich / Smith, Gary (Hg.), *Wissensbilder. Strategien der Überlieferung*, Berlin 1999.

Reik, Theodor, *Die Pubertätsriten der Wilden: Über einige Übereinstimmungen im Seelenleben der Wilden und der Neurotiker*, in: *Imago* 6, 1915/16, S. 125–144.

[Reinhardt, Karl:] *Varia variorum. Festgabe für Karl Reinhardt, dargebracht von Freunden und Schülern am 14. Februar 1951*, Münster/Köln 1952.

Die Religion in Geschichte und Gegenwart. Handwörterbuch für Theologie und Religionswissenschaft, hg. v. Kurt Galling u. a., Tübingen ³1986.

Reudenbach, Bruno, *Die Gemeinschaft als Körper und Gebäude. Francesco di Giorgios Stadttheorie und die Visualisierung von Sozialmetaphern im*

Mittelalter, in: Schreiner, Klaus / Schnitzler, Norbert (Hg.), *Gepeinigt, begehrt, vergessen. Symbolik und Sozialbezug des Körpers im späten Mittelalter und in der frühen Neuzeit,* München 1992, S. 171–198.

Rév, Istvan, *In Mendacio Veritas (In Lies There Lies the Truth),* in: *Representations,* Nr. 35, Sommer 1991, S. 1–20.

Rheinberger, Hans-Jörg, *Alles, was überhaupt zu einer Inskription führen kann,* in: Raulff, Ulrich / Smith, Gary (Hg.), *Wissensbilder. Strategien der Überlieferung,* Berlin 1999, S. 265–278.

Richards, Edward G., *Mapping Time. The Calendar and Its History,* Oxford 1998.

Riedel, Christoph, *Subjekt und Individuum. Zur Geschichte des philosophischen Ich-Begriffes,* Darmstadt 1989.

Riefenstahl, Leni, *Interview,* in: *Cahiers du Cinéma,* Nr. 170, Paris 1965.

Riese, Walter, *A History of Neurology,* New York 1959.

Rimbaud, Arthur, *Gedichte,* französisch u. deutsch, hg. v. Karlheinz Barck, Leipzig 1989.

Rimbaud, Arthur, *Das poetische Werk,* München 1980.

Rimbaud, Arthur, *Sämtliche Dichtungen,* zweisprachige Ausgabe, übers. v. Thomas Eichhorn, München 1997.

Rimbaud, Arthur, *Sämtliche Dichtungen,* zweisprachige Ausgabe, übers. v. Walther Küchler, Darmstadt 1997.

Robinson, P. H. / Andersen, A., *Anorexia nervosa in American blacks,* in: *J. Psychiat. Res.* 19, 1985.

Roditi, Edouard, *Oscar Wilde. Dichter und Dandy,* München 1947.

Rötzer, Florian / Weibel, Peter (Hg.), *Cyberspace. Zum medialen Gesamtkunstwerk,* München 1993.

Rohleder, Hermann, *Die Masturbation. Eine Monographie für Ärzte und Pädagogen,* Berlin 1899.

Rohleder, Hermann, *Sexualphilosophie und Sexualethik,* Hamburg 1923.

Roland, Ernst, *Jenseits der Immersion – Der hybride Raum,* in: *Computer als Medium – ›Hyperkultur IX‹,* Lüneburg 2000.

Rollin, P., *Histoire mémorable d'une fille d'Anjou, laquelle a étée quatre ans sans user d'aucune nourriture, que d'un peu d'eau commun,* Paris 1587.

Rorty, Richard (Hg.), *The Linguistic Turn. Essays in Philosophical Method,* Chicago 1992.

Rothshild, Henry, *Biocultural Aspects of Disease,* New York 1981.

Rousseau, Jean-Jacques, *Die Bekenntnisse* (1782–89), München 1981.

Rousseau, Jean-Jacques, *Emil oder Über die Erziehung* (1762), aus dem Französischen v. Eleonore Sckommodau, hg. v. Martin Rang, Stuttgart 1980.

Rubin, Miri, *Der Körper der Eucharistie,* in: Schreiner, Klaus / Schnitzler, Norbert (Hg.), *Gepeinigt, begehrt, vergessen. Symbolik und Sozialbezug des Körpers im späten Mittelalter und in der frühen Neuzeit,* München 1992, S. 23–40.

Ruhlen, Merritt, *The Origin of Language. Tracing the Evolution of the Mother-Tongue,* New York 1996.

Sachsse, Rolf, *Bild und Bau. Zur Nutzung technischer Medien beim Entwerfen von Architektur,* Bauwelt-Fundamente 113, Braunschweig/Wiesbaden 1997.

Sanger, Margaret, *Happiness in Marriage*, New York 1939.

Sargent, Helen Child / Kittredge, George Lyman, *English and Scottish Popular Ballads*, Boston 1932.

Sartre, Jean-Paul, *Der Idiot der Familie. Gustave Flaubert, 1821–1857*, übers. v. Traugott König, Reinbek 1977.

Sartre, Jean-Paul, *Das Sein und das Nichts. Versuch einer phänomenologischen Ontologie*, in: ders., *Gesammelte Werke. Philosophische Schriften I*, deutsch v. Hans Schöneberg u. Traugott König, Reinbek 1994.

Schade, Sigrid / Weigel, Sigrid / Wagner, Monika (Hg.), *Allegorien und Geschlechterdifferenz*, Köln/Weimar/Wien 1994.

Schadewaldt, Wolfgang, *Furcht und Mitleid?*, in: *Deutsche Vierteljahresschrift für Literaturwissenschaft und Geistesgeschichte*, Nr. 30, 1956, S. 137–140.

Schelling, Friedrich Wilhelm Joseph v., *Werke. Auswahl in drei Bänden*, hg. u. eingeleitet v. Otto Weiß, Leipzig 1907.

Schiller, Friedrich von, *Don Carlos*, München 1984.

Schleiermacher, Friedrich Daniel Ernst, *Über die Religion. Reden an die Gebildeten unter ihren Verächtern*, Leipzig 1911.

Schmidt, Uta C., *Der Antennenhut. Frauenkörper in gesellschaftlichen Mediatisierungsprozessen am Beispiel des frühen Rundfunks (1923–1933)*, in: *Metis*, Schwerpunkt »Medien und Gender«, 1998, H. 13, S. 31–50.

Schmidt, Uta C., *Radioaneignung*, in: Marßolek, Inge / Seilern, Adelheid v. (Hg.), *Zuhören und Gehörtwerden*, Bd. 1: *Radio und Nationalsozialismus. Zwischen Lenkung und Ablenkung*, Tübingen 1998, S. 243–360.

Schmitt, Carl, *Der Leviathan in der Staatslehre von Thomas Hobbes*, Hamburg 1938.

Schneider, Reinhold, *Innozenz und Franziskus*, Wiesbaden 1952.

Schneider, Reinhold, *Über den Selbstmord*, Baden-Baden 1947.

Schneider, Susan Weidmann, *Jewish and Female. A Guide and Sourcebook for Today's Jewish Women*, New York 1984.

Schnitzler, Arthur, *Der Weg ins Freie*, Berlin 1924.

Schopenhauer, Arthur, *Die Welt als Wille und Vorstellung*, Zürich 1977.

Schott, Heinz (Hg.), *Der sympathetische Arzt. Texte zur Medizin im 18. Jahrhundert*, München 1998.

Schrader-Breymann, Henriette, *Zur Frauenfrage*, Wolfenbüttel 1865.

Schreiner, Klaus, ›*... wie Maria geleicht einem puch‹. Beiträge zur Buchmetaphorik des hohen und späten Mittelalters*, in: *Archiv für Geschichte des Buchwesens* 11, 1971, S. 1449f.

Schreiner, Klaus / Schnitzler, Norbert (Hg.), *Gepeinigt, begehrt, vergessen. Symbolik und Sozialbezug des Körpers im späten Mittelalter und in der frühen Neuzeit*, München 1992.

Schröder, Wilhelm, *Handbuch der sozialdemokratischen Parteitage von 1863 bis 1909*, München 1910.

Schuré, Edouard, *Les grands initiés*, Paris 1889 (deutsch: *Die großen Eingeweihten. Skizze einer Geheimlehre der Religionen*, Leipzig 1925).

Schwartz, D. / Thompson, M. / Johnson, C., *Anorexia nervosa and bulimia, the socio-cultural context*, in: *International Journal of Eating Disorders*, 1982, S. 20–36.

Scott, Sir Walter, *Ivanhoe*, aus dem Englischen übers. v. Elise v. Hohenhausen, Zwickau 1822.

Seeck, Andreas, *Aufklärung oder Rückfall? – Das Projekt der Etablierung einer ›Sexualwissenschaft‹ und deren Konzeption als Teil der Biologie*, in: Mitteilungen der Magnus Hirschfeld-Gesellschaft, Nr. 26/27, Juli 1998.

Seidler, Günther H. (Hg.), *Magersucht. Öffentliches Geheimnis*, Göttingen/ Zürich 1993.

Serres, Michel, *Die Legende der Engel*, übers. aus dem Französischen v. Michael Bischoff, Frankfurt a. M. 1995.

Shakespeare, William, *Hamlet*, hg., übers. u. kommentiert v. Holger M. Klein, Stuttgart 1993.

Shakespeare, William, *Viel Lärm um Nichts*, in: ders., *Sämtliche Werke: Komödien*, Bd. 1, übers. v. Schlegel/Tieck, hg. v. Anselm Schlösser, Berlin/ Weimar 1975.

Shiloh, Ailon / Selavan, Ida Cohen (Hg.), *Ethnic Groups of America. Their Morbidity, Mortality and Behavior Disorders*, Springfield, Ill. 1973/74.

Shorter, Edward, *The First great Increase in Anorexia Nervosa*, in: Journal of Social History, Sommer 1988, S. 69–96.

Shuttle, Penelope / Redgrove, Peter, *Die weise Wunde Menstruation*, aus dem Englischen übers. v. Elma Schleif, Frankfurt a. M. 1980.

Siegel, Rachel Josefowitz / Cole, Ellen (Hg.), *Jewish Women in Therapy. Seen but not Heard*, New York/London 1991.

Silber, T. J., *Anorexia nervosa in black adolescents*, in: J. Nat. Med. Assn., 1984.

Simmel, Georg, *Schriften zur Philosophie und Soziologie der Geschlechter*, hg. v. Heinz-Jürgen Dahme u. Klaus Christian Köhnke, Frankfurt a. M. 1985.

Simmel, Monika, *Erziehung zum Weibe. Mädchenbildung im 19. Jahrhundert*, Frankfurt a. M. 1980.

Skrabanek, Petr, *Notes towards the History of Anorexia Nervosa*, in: Janus. Révue Internationale de l'Histoire des Sciences, de la Médecine, de la Pharmacie et de la Technique, Bd. LXX, Amsterdam 1983, S. 109–128.

Sloterdijk, Peter (Hg.), *Vor der Jahrtausendwende. Berichte zur Lage der Zukunft*, Frankfurt a. M. 1990.

Sloterdijk, Peter / Macho, Thomas (Hg.), *Weltrevolution der Seele. Ein Lese- und Arbeitsbuch der Gnosis von der Spätantike bis zur Gegenwart*, Zürich 1993.

Sommer, B., *Die Pubertätsmagersucht als leib-seelische Störung einer Reifungskrise*, in: Psyche 9, 1955/56.

Spinoza, Baruch de, *Ethik*, aus dem Lateinischen v. Jakob Stern, hg. v. Helmut Seidel, Leipzig 1975.

Spinoza, Baruch, *Theologisch-politische Abhandlung*, übers. u. erläutert v. J. H. v. Kirchmann, Berlin 1870.

Stark, Michael, *Deutsche Intellektuelle 1910–1933. Aufrufe, Pamphlete, Betrachtungen*, Heidelberg 1984.

Starobinski, Jean, *Kleine Geschichte des Körpergefühls*, mit einer Einleitung v. Hans Robert Jauß, aus dem Französischen v. Inga Pohlmann, Frankfurt a. M. 1991.

Starobinski, Jean, *Psychoanalyse und Literatur*, aus dem Französischen v. Eckhart Rohloff, Frankfurt a.M. 1990.

Stein, Lorenz v., *Die Frau auf dem Gebiete der Nationalökonomie* (1875), Stuttgart ⁶1886.

Steinberg, Leo, *The Sexuality of Christ in Renaissance Art and in Modern Oblivion*, New York 1983, 2., erweiterte Aufl., Chicago/London 1996.

Steiner-Adair, Catherine, *Körperstrategien. Weibliche Adoleszenz und die Entwicklung von Eßstörungen*, in: Flaake, Karin / King, Vera (Hg.), *Weibliche Adoleszenz. Zur Sozialisation junger Frauen*, Frankfurt a.M. 1992, S. 240–253.

Stephan, Inge / Schilling, Sabine / Weigel, Sigrid (Hg.), *Jüdische Kultur und Weiblichkeit in der Moderne*, Köln 1994.

Stock, Brian, *The Implications of Literacy. Written Language and Models of Interpretation in the Eleventh and Twelfth Centuries*, Princeton 1983.

Strack, Hermann L., *Das Blut im Glauben und Aberglauben der Menschheit*, Leipzig ⁸1911.

Studlar, Gaylyn, *Schaulust und Masochistische Ästhetik*, aus dem Amerikanischen v. Annette Brauerhoch, in: *Frauen und Film*, H. 39, 1985.

Stümke, Hans-Georg / Finkler, Rudi, *Rosa Winkel – Rosa Listen. Homosexuelle und ›gesundes Volksempfinden‹ von Auschwitz bis heute*, Reinbek 1981.

Suematsu, H. / Ishikawa, H. / Kuboki, T. / Ito, T., *Statistical Studies on Anorexia Nervosa in Japan*, in: *Psychother. Psychosom.* 43, 1985, S. 96–105.

Sybel, Heinrich v., *Über die Emanzipation der Frau*, Bonn 1870.

Taylor, Gabriele, *Pride, Shame and Guilt*, Oxford 1985.

Ternois, René, *Zola et son temps*, Paris 1961.

Theologische Realenzyklopädie, hg. v. G. Krause u. G. Müller u.a., Berlin/New York 1993.

Theweleit, Klaus, *Buch der Könige*, Frankfurt a.M./Zürich 1989ff.

Thiess, Frank, *Die Verdammten*, Berlin 1922.

Thomä, Helmut, *Anorexia Nervosa. Geschichte, Klinik und Theorien der Pubertätsmagersucht*, Bern/Stuttgart 1961.

Thomas v. Aquin, *Summa Theologica*, in: *Deutsche Thomas-Ausgabe*, München/Heidelberg 1941.

Trakl, Georg, *Dichtungen und Briefe*, historisch-kritische Ausgabe, hg. v. Walther Killy u. Hans Szklenar, 2 Bde., Salzburg 1987.

Treitschke, Heinrich v., *Politik. Vorlesungen gehalten an der Universität zu Berlin*, hg. v. Max Cornicelius, Leipzig 1897.

Trübners Deutsches Wörterbuch, hg. v. Walter Mitzka, Berlin 1955.

Ulrichs, Karl Heinrich, *Forschungen über das Räthsel der mann-männlichen Liebe*, Berlin 1864–79.

Universal Lexikon aller Wissenschaften und Künste, Großes vollständiges, Leipzig/Halle 1743.

Valère, Valérie, *Das Haus der verrückten Kinder. Ein Bericht*, übers. v. Uli Aumüller, Reinbek 1991.

Veith, Ilza, *Hysteria. The History of a Disease*, Chicago/London 1965.

Vielhauer, Inge, *Bruder und Schwester. Untersuchungen und Betrachtungen zu einem Urmotiv zwischenmenschlicher Beziehung*, Bonn 1979.

Voegelin, Eric, *Die politischen Religionen* (1938), Neudruck München 1992.

Vogel, Matthias, *Vom Verschwinden und Erscheinen der Körper auf dem Bildschirm. Lauterkeit und Lügenhaftigkeit des Video*, in: *Imitation und Mimesis, Kulturforum International*, Bd. 114, Juli/August 1991.

Volkan, Vamik, *Blutsgrenzen. Die historischen Wurzeln und die psychologischen Mechanismen ethnischer Konflikte und ihre Bedeutung bei Friedensverhandlungen*, aus dem Englischen v. Klaus Kochmann, Bern/München/Wien 1999.

Wackenroder, Wilhelm Heinrich / Tieck, Ludwig, *Herzensergießungen eines kunstliebenden Klosterbruders* (1797), Stuttgart 1994.

Wagner, Richard, *Tagebuchblätter und Briefe 1853–1871*, hg. v. Wolfgang Golther, Berlin 1906.

Walker, Barbara G. (Hg.), *Das geheime Wissen der Frauen*, Frankfurt a. M. 1993.

Walker Bynum, Caroline, *Fragmentierung und Erlösung*, Frankfurt a. M. 1995.

Warner, Marina, *Joan of Arc. The Image of Female Heroism*, London 1981.

Wassermann, Jakob, *Mein Weg als Deutscher und Jude*, in: ders., *Deutscher und Jude. Reden und Schriften 1904–1933*, hg. v. Dierk Rodewald, Heidelberg 1984.

Weininger, Otto, *Geschlecht und Charakter,* Wien/Leipzig 1917.

Weinstein, Donald / Bell, Rudolph M., *Saints and Society. The Two Worlds of Western Christendom, 1000–1700*, Chicago 1982.

Wendorff, Rudolf, *Zeit und Kultur*, Opladen 1980.

Wenk, Silke, *Versteinerte Weiblichkeit. Allegorie in der Skulptur der Moderne*, Köln 1996.

Wenzel, Horst, *Imaginatio und Memoria. Medien der Erinnerung im höfischen Mittelalter*, in: Assmann, Aleida / Harth, Dietrich (Hg.), *Mnemosyne. Formen und Funktionen der kulturellen Erinnerung*, Frankfurt a. M. 1991.

Wenzel, Horst, *Schrift und Bild. Zur Repräsentation der audiovisuellen Wahrnehmung im Mittelalter*, in: *Akten der Deutschen Germanistentage 1992*, hg. v. Johannes Janota, Tübingen 1993, S. 57–82.

Wenzel, Horst, *Sehen und Hören, Schrift und Bild. Kultur und Gedächtnis im Mittelalter*, München 1995.

Wesel, Uwe, *Vater Recht*, in: Bilstein, Johannes / Straka, Barbara / Winzen, Matthias (Hg.), *Dein Wille geschehe... Das Bild des Vaters in zeitgenössischer Kunst und Wissenschaft*, Köln 2000.

Whytt, Robert, *An Essay on the Vital and other Involuntary Motions of Animal*, Edinburgh 1751.

Wiedemann, Hans-Georg, *Homosexuelle Liebe. Für eine Neuorientierung der christlichen Ethik*, Stuttgart 1982.

Wieland, Karin, *Worte und Blut. Das männliche Selbst im Übergang zur Neuzeit*, Frankfurt a. M. 1998.

Wieri, Joannis (Weyer, Johannes), *Opera omnia*, Amsterdam 1660.

Wilde, Oscar, *Das Bildnis des Dorian Gray*, Wiesbaden o. J.

Williams, Bernard, *Shame and Necessity*, Berkeley/Los Angeles/London 1993.

Wininger, Salomon, u.a. (Hg.), *Große Jüdische National-Biographie. Ein Nachschlagewerk für das jüdische Volk und dessen Freunde*, Czernowitz 1925–36.

Wolf, Gerhard, ›*Velaverunt faciem eius*‹. *Überlegungen zum Christusbild des Quattrocento*, in: *Kritische Berichte*, H. 4, 1991, S. 5–18.

Wolfart, Karl Christian (Hg.), *Mesmerismus, oder System der Wechselwirkungen, Theorie und Anwendung des thierischen Magnetismus als die allgemeine Heilkunde zur Erhaltung des Menschen von Dr. Friedrich Anton Mesmer*, Berlin 1814.

Wolff, Ludwig, *Zur Bedeutungsgeschichte des Wortes* ›*rein*‹, in: *Zeitschrift für Deutsches Altertum und deutsche Literatur* 67, 1930, S. 263–271.

Wollen, Peter, *Le feu et la glace*, in: *Photographies*, Nr. 4, Paris 1984, S. 17–26.

Wooley, O. W., *Eating Disorders, Obesity and Anorexia*, in: *Women and Psychotherapy*, hg. v. Annette Brodsky u. Rachel Hare-Mustin, New York 1980.

Yerushalmi, Yosef Hayim, *Assimilation and Racial Anti-Semitism. The Iberian and the German Models*, in: *Leo Baeck Memorial Lectures*, Nr. 26, New York 1982.

Yerushalmi, Yosef Hayim, *Freuds Moses. Endliches und unendliches Judentum*, aus dem Amerikanischen v. Wolfgang Heuß, Berlin 1992.

Yerushalmi, Yosef Hayim, *Reflexions sur l'oubli*, in: ders. (Hg.), *Usages de l'oubli. Colloques de Royaumont*, Paris 1988.

Zelinsky, Hartmut, *Arnold Schönberg – der Wagner Gottes*, in: *Neue Zeitschrift für Musik*, April 1986, S. 5–26.

Zelinsky, Hartmut, ›*Der Plenipotentarius des Untergangs*‹ *oder der Herrschaftsanspruch der antisemitischen Kunstreligion des selbsternannten Bayreuther Erlösers Richard Wagner*, in: *Neohelicon* IX, 1, Budapest/Amsterdam 1982, S. 145–176.

Zelinsky, Hartmut, *Richard Wagner – ein deutsches Thema. Eine Dokumentation zur Wirkungsgeschichte Richard Wagners 1876–1975*, Frankfurt a. M. 1976, Berlin/Wien 1983.

Zetkin, Clara, *Ausgewählte Reden und Schriften*, Bd. 3: *Auswahl aus den Jahren 1924–1933*, Berlin 1960.

Zweig, Stefan, *Heilung durch den Geist. Mesmer, Mary Baker-Eddy, Freud*, Leipzig 1931.

PERSONENREGISTER

Brown, Peter 90, 193f., 196, 328f., 344
Bruch, Hilde 614
Brumlik, Micha 112, 186, 190, 564, 572, 583, 585
Brunotte, Ulrike 421, 627
Bryson, Norman 213
Buber, Martin 89, 498f., 622
Burckhardt, Martin 212, 560, 571, 586, 591, 599
Burkert, Walter 111, 113f., 130
Butler, Judith 98
Byron, Lord 488

Cagliostro, Alessandro Graf von 432, 502
Calasso, Roberto 538, 595
Callas, Maria 241, 247
Campanella, Tommaso 322
Campin, Robert 212, 587
Camporesi, Piero 349, 607
Canczik-Lindemaier, Hildegard 615
Caro, Jacob 620
Carotenuto, Aldo 633
Carroll, John 535
Carvajal, Bernardino 367
Castoriadis, Cornelius 280, 282, 284–286, 523, 545, 551, 596, 635
Chacheperreseneb 79, 155
Chamberlain, Houston Stewart 452, 466
Charcot, Jean-Martin 36, 415, 430, 484f.
Chateaubriand, François René de 458f.
Chomsky, Noam 70, 565
Christine de Pisan 322
Cicero, Marcus Tullius 154
Claussen, Detlev 560
Clinton, Bill 277
Cohen, Hermann 440f.
Colet, Louise 21
Cranach d. Ä., Lucas 365
Crick, Francis 382
Cullen, William 421
Cuvier, Georges de 414

Daguerre, Jacques 251
Darsow, Götz-Lothar 558
Darwin, Charles 132, 374, 546
Dawkins, Richard 375f.

Décobert, Simone 616
Deinokrates 511
Delahaye, Michel 573
Deleuze, Gilles 595
Dépardieu, Gérard 249
Derrida, Jacques 78, 120
DeSalvo, Louise 616
Descartes, René 45, 93, 170f., 325, 381, 416
Deuber-Mankowsky, Astrid 623, 631, 633
Diana, Prinzessin von Wales 276
Diderot, Denis 180
Dietrich, Marlene 229
Dietze, Gabriele 558, 604
Dinter, Arthur 428, 466
Dohm, Hedwig 563
Döller, Johannes 606
Donat, Helmut 619
Dorner, August 619
Douglas, Alfred Lord 489
Douglas, Mary 336
Dreyfus, Alfred 36, 50, 467, 474, 477–479, 491
Drumont, Edouard 480
Dubois, Philippe 220
Du Bos, Charles 631
Duby, Andrée 614
Duby, Georges 614
Duchamp, Marcel 235
Duras, Marguerite 249f.
Durkheim, Emile 375
Dux, Günter 321f., 572

Echnaton (eigtl. Amenophis IV.), Pharao 112, 121–129, 574
Eckehart (Eckhart), Meister 192, 202, 204, 230, 236, 239, 288
Ecker, Gisela 616, 632
Eduard II., König von England 299
Eichmann, Adolf 272
Eisenbeiß, Wilfried 618
Eliade, Mircea 617
Elisabeth I., Königin von England 294f., 598
Ellis, Havelock 453f.
Ephraim 34
Erdheim, Mario 273f.
Eschebach, Insa 622
Esra 64, 72f., 81f., 188, 573
Eulenburg, Albert 424, 444, 624

Euripides 61f., 96, 539, 602
Eustathius 328f.
Eustochium, Julia, hl. 613
Eymery, Marguerite (Pseud. Rachilde) 628

Febvre, Lucien 601
Fehrle, Eugen 627
Fenichel, Otto 220
Fetscher, Iring 599
Feuchtersleben, Ernst von 618
Feuerbach, Ludwig 180f., 355
Fichte, Johann Gottlieb 547, 576
Fischer-Homberger, Esther 610
Flaubert, Gustave 21–24, 30, 43, 46f., 52f., 76, 228, 462, 488
Fleischmann, Monika 558
Flusser, Vilém 215, 220, 233
Forel, Auguste 620
Foucault, Michel 258, 386, 623
France, Anatole 490
Franz I., König von Frankreich 300
Freud, Jakob 138
Freud, Sigmund 33, 66–71, 91, 96f., 100, 106, 120f., 123–125, 128–132, 135–139, 141, 182, 188f., 206, 228, 230f., 256f., 259f., 273, 278f., 287, 327, 338, 354, 388, 415, 426, 441f., 444, 462, 477, 485, 499f., 508, 528–531, 538f., 574, 582, 633
Freytag, Gustav 447, 480
Fried, Alfred H. 416
Friedländer, Benedikt 480
Friedlander, Saul 631
Friedrich II., Kaiser des Heiligen Römischen Reichs 298
Friedrich II., König von Preußen 34
Friedrich, Caspar David 214
Fritsch, Theodor 459, 474
Frymer-Kensky, Tykwa 103

Galen 115
Galilei, Galileo 288, 325
Galling, Kurt 583
Gallop, Jane 572
Galton, Francis 178, 227, 485
Gardella, Peter 443
Gaupp, Otto 605
Gautier, Théophile 483
Geiger, Abraham 440
Gelb, Ignace J. 59

Gennaro, hl. 345, 534
Gierke, Otto von 56
Gifford, Edward S. 610
Gilbert, Walter 375
Gilligan, Carol 411
Gilman, Sander L. 234, 499f., 560, 584, 625
Girard, René 303, 338, 605
Glagau, Otto 34, 36
Godard, Jean-Luc 250
Goethe, Johann Wolfgang von 24f., 214, 276, 404, 542, 615
Goffman, Erving 271
Goldberg, Arnold 570
Goldhagen, Daniel 594
Goody, Jack 59, 563
Gottschewski, Lydia 456f.
Gourmont, Rémy de 490
Grau, Oliver 558
Gravenhorst, Lerke 626
Graves, Robert 609
Green, David 589
Greenaway, Peter 250
Gregor von Nyssa, hl. 195, 329
Grimm, Jacob 557
Grimm, Wilhelm 557
Grof, Stanislav 232
Groh, Dieter 559
Groh, Ruth 559
Gropius, Walter 515
Grosz, Elizabeth 572
Grünewald, Matthias 275
Guattari, Félix 595
Gull, William 593, 628
Günderode, Karoline von 405
Günther, Hans F. K. 82, 453
Gurjewitsch, Aaron 325
Gutenberg, Johannes 245, 316, 600

Haarmann, Harald 72, 565
Habermas, Tilman 615, 617
Hacking, Ian 605
Haeberle, Erwin 431
Haeckel, Ernst 416
Halbwachs, Maurice 100, 260, 270–272
Halperin, David 623
Hammer-Tugendhat, Daniela 559
Harden, Maximilian 480
Hartmann, Eduard von 181f., 184
Harvey, William 305, 423, 619